Christian Jäger · Examens-Repetitorium Strafrecht Besonderer Teil

UNIREP JURA

Herausgegeben von Prof. Dr. Mathias Habersack

Examens-Repetitorium
Strafrecht Besonderer Teil

von

Dr. Christian Jäger

o. Professor an der Friedrich-Alexander-Universität Erlangen-Nürnberg

8., neu bearbeitete Auflage

Christian Jäger, Jahrgang 1965, Studium der Rechtswissenschaften in München, Promotion (1995) und Habilitation (2002) ebendort, Assessorexamen 1993. Venia legendi für die Fächer Strafrecht, Strafprozessrecht und Jugendstrafrecht. Von August 2003 bis September 2008 Lehrstuhl für Strafrecht und Strafprozessrecht an der Universität Trier. Von Oktober 2008 bis September 2013 Lehrstuhl für Strafrecht und Strafprozessrecht, insbesondere Wirtschaftsstrafrecht und Medizinrecht an der Universität Bayreuth. Seit Oktober 2013 Inhaber des Lehrstuhls für Strafrecht, Strafprozessrecht, Wirtschafts- und Medizinstrafrecht an der Friedrich-Alexander-Universität Erlangen-Nürnberg. Ebendort seit Januar 2014 Direktor der Forschungsstelle für Wirtschafts- und Medizinstrafrecht (FoWiMed) und seit April 2012 Gastprofessor an der Université de Bordeaux.

Ausgewählte Veröffentlichungen: Der Rücktritt vom Versuch als zurechenbare Gefährdungsumkehr, 1996; Beweisverwertung und Beweisverwertungsverbote im Strafprozess, 2003; Die Abwägbarkeit menschlichen Lebens im Spannungsfeld von Strafrechtsdogmatik und Rechtsphilosophie, ZStW 115 (2003), 765 ff.; Zurechnung und Rechtfertigung als Kategorialprinzipien im Strafrecht, 2006; Das Verbot der Folter als Ausdruck der Würde des Staates, Festschrift für Herzberg, 2008, 539 ff.; Der Feind als Paradigmenwechsel im Recht – Zu Existenz und Tauglichkeit eines Feindstrafrechts als Mittel zur Verteidigung des Rechtsstaats, Festschrift für Claus Roxin II, 2011, 71 ff.; Der Arzt im Fadenkreuz der juristischen Debatte um assistierten Suizid, JZ 2015, S. 875 ff.; Das dualistische Notwehrverständnis und seine Folgen für das Recht auf Verteidigung, GA 2016, 258 ff.; Tatbestandsmäßigkeit, Rechtswidrigkeit und Schuld – Drei Standorte im juristischen Dilemma „Leben gegen Leben", Festschrift für Rogall, 2018, 171 ff.

Bibliografische Information der Deutschen Nationalbibliothek
Die Deutsche Nationalbibliothek verzeichnet diese Publikation in der Deutschen Nationalbibliografie; detaillierte bibliografische Daten sind im Internet über <http://dnb.d-nb.de> abrufbar.

ISBN 978-3-8114-4839-1

E-Mail: kundenservice@cfmueller.de
Telefon: +49 89 2183 7923
Telefax: +49 89 2183 7620
www.cfmueller.de
www.cfmueller-campus.de

© 2019 C.F. Müller GmbH, Waldhofer Str. 100, 69123 Heidelberg

Dieses Werk, einschließlich aller seiner Teile, ist urheberrechtlich geschützt. Jede Verwertung außerhalb der engen Grenzen des Urheberrechtsgesetzes ist ohne Zustimmung des Verlages unzulässig und strafbar. Dies gilt insbesondere für Vervielfältigungen, Übersetzungen, Mikroverfilmungen und die Einspeicherung und Verarbeitung in elektronischen Systemen.

Satz: Gottemeyer, Rot
Druck: CPI Clausen & Bosse, Leck

Vorwort

Die zahlreichen Änderungen, die das Strafgesetzbuch in der letzten Legislaturperiode erfahren hat, sowie der neuerliche Abverkauf meines Repetitoriums zum Strafrecht Besonderer Teil haben, wie schon beim Allgemeinen Teil, eine Neuauflage erforderlich gemacht. Der nunmehr bereits in 8. Auflage vorliegende Besondere Teil erscheint wieder zeitgleich mit dem Allgemeinen Teil, sodass die beiden Bände erneut den gesamten Examensstoff aus den exakt gleichen Berichtszeiträumen umfassen. Rechtsprechung und Literatur konnten noch bis Anfang 2019 eingearbeitet werden.

Berücksichtigt sind wiederum alle mir examensrelevant erscheinenden aktuellen Entwicklungen aus Rechtsprechung und Literatur. Wichtige Entscheidungen des BGH sind als klausurmäßig gelöste Fälle aufgenommen worden (wie etwa der Pfandflaschen-Fall, der Sicherungsspinnen-Fall, der Casanova-Fall, der Selbstbedienungssparkassen-Fall, der Raser-Fall und der Lügner-Fall). Auch im Übrigen sind viele, meist klausurmäßig gelöste Beispiele aus der neueren Judikatur hinzugekommen (etwas der Nachstellungssuizid-Fall, der Störsender-Fall, der Keller-Fall, der Kuhfuß-Fall, der Salatbar-Fall, der Parkkrallen-Fall oder der Beschlagnahmeverhinderungs-Fall). Einen Schwerpunkt dieser 8. Auflage bildet schließlich auch die Erfassung bedeutsamer Gesetzesentwicklungen der vergangenen Legislaturperiode, die eine sprichwörtliche Springflut neuer Strafvorschriften hervorgebracht hat. So sind nunmehr der zwischenzeitlich in Kraft getretene Tatbestand des § 315d StGB „Verbotene Kraftfahrzeugrennen", aber auch die wichtigen Änderungen der §§ 113 ff., 238, 244 StGB in der Neuauflage berücksichtigt. Gleiches gilt für die neu geschaffenen §§ 265c, d StGB.

Im Übrigen folge ich weiter meiner Zielsetzung, Grundwertungen und System des Besonderen Teils des Strafrechts sowie seine Verzahnung mit dem Allgemeinen Teil möglichst verständlich darzustellen und den Studierenden anhand einschlägiger Fälle aufzuzeigen, welche Bedeutung dem Strukturdenken in der Klausurbearbeitung zukommt. Das Buch bleibt damit systematisches Lehrbuch und Fallsammlung in einem.

Dank schulde ich meinen wissenschaftlichen Mitarbeiterinnen und Mitarbeitern (in alphabetischer Reihenfolge) Frau *Dr. Gloria Berghäuser*, Herrn *Patrick Gaschler*, Herrn *Johannes Gründel*, Frau *Tanja Waldmann* und Frau *Kerstin Ziegler*. Durch ihre wertvolle Unterstützung haben sie die rasche Fertigstellung der Neuauflage möglich gemacht und sind mir bei der Neubearbeitung auf vielfältige Weise helfend zur Seite gestanden. Zu danken habe ich aber auch meiner Sekretärin, Frau *Brigitte Gräßl*, die bei der Einfügung der neuen Fälle behilflich war und damit maßgeblich dazu beigetragen hat, dass die Arbeiten an dieser Neuauflage zügig abgeschlossen werden konnten. Ebenso gilt mein Dank den an meinem Lehrstuhl beschäftigten studentischen Hilfskräften (in alphabetischer Reihenfolge) Frau *Franziska Görlitz*, Frau *Marie Götze*, Frau *Chiara Hartung*, Frau *Anja Knobloch*, Frau *Veronika Kremer*, Herrn *Fabian Meinberger*, Frau *Johanna Schmitt* und Herrn *Johannes Weichselbaum*, die mir bei der Recherche sowie bei der Korrektur des Textes und des Sachverzeichnisses unterstützend zugearbeitet haben.

Vorwort

Frau *Alexandra Burrer* sowie Herrn *Michael Schmidt* vom Verlag C.F. Müller danke ich wiederum für die hervorragende und freundliche Zusammenarbeit.

Den Lesern der Vorauflage schulde ich schließlich Dank für die zahlreichen wertvollen Hinweise und Anregungen. Zuschriften erreichen mich am besten unter meiner E-Mail-Adresse: str3-jaeger@fau.de.

Erlangen, im März 2019   *Christian Jäger*

Vorwort zur 1. Auflage

Die freundliche Aufnahme, die mein Repetitorium zum Strafrecht Allgemeiner Teil bei den Studierenden erfahren hat, hat mich darin bestärkt, ein Repetitorium zum Besonderen Teil folgen zu lassen. Das nunmehr vorliegende Buch liefert das notwendige Examenswissen zum Besonderen Teil des Strafrechts in einem Band und vervollständigt damit den Lehrstoff des materiellen Strafrechts, den der Student im Examen zu beherrschen hat. Dabei habe ich die Materie in drei große Kapitel aufgeteilt:

Kapitel 1: Delikte gegen höchstpersönliche Rechtsgüter
Kapitel 2: Delikte gegen das Vermögen
Kapitel 3: Weitere examensrelevante Deliktsgruppen.

Daraus wird bereits ersichtlich, dass dieses Lehrbuch vor allem darauf ausgerichtet ist, den Studierenden die zusammengehörenden Deliktsbereiche näher zu bringen, um das notwendige Gespür für examenstypische Zusammenhänge zu schärfen. Denn nirgends ist das Erkennen des rechtsgutsbezogenen Kontexts, in dem die Probleme stehen, so wichtig wie im Besonderen Teil des Strafrechts.

Aus diesem Grunde habe ich auch die bereits dem Allgemeinen Teil zugrunde liegende integrative Fallmethode beibehalten. Die vor allem an der höchstrichterlichen Rechtsprechung ausgerichteten Fälle und Lösungen sollen die Studierenden in die Lage versetzen, nicht nur das Einzelproblem zu erfassen, sondern auch die größeren Gesamtzusammenhänge zu erkennen, um auf diese Weise auch für die Bearbeitung unbekannter Klausursachverhalte gerüstet zu sein.

Leicht verändert gegenüber dem Allgemeinen Teil ist das Erscheinungsbild. Die Fälle sind nun ganz klar durch Einrahmungen kenntlich gemacht, sodass der Leser deutlich zwischen systematischem Text und Anwendung des Stoffs im Fall unterscheiden kann. Ich habe mit dieser grafischen Veränderung einem von Studierenden vielfach geäußerten Wunsch Rechnung getragen und werde diese neue Gestaltungsform auch in der 2. Auflage meines Repetitoriums zum Allgemeinen Teil übernehmen.

Meiner Mitarbeiterin *Frau Michaela Krämer* danke ich herzlich für die bei der Erstellung und Durchsicht des Manuskripts geleistete wertvolle Hilfe sowie für die Ausarbeitung des Stichwortverzeichnisses. Ohne ihre unermüdliche – zum Teil auch die Fallausarbeitung betreffende – fachlich kompetente Unterstützung wäre ein so rasches Erscheinen dieses Bandes sicherlich nicht möglich gewesen. Gleicher Dank gilt meinen studentischen Hilfskräften (in alphabetischer Reihenfolge) *Frau Rieke Detering, Herrn Andreas Ernst, Herrn Sebastian Jäger, Frau Helene Rörig, Frau Irene Walker* sowie *Frau Eva Wallberg*, die mir bei der Fallarbeit, bei der Einfügung von Literaturhinweisen sowie bei der Korrektur des Textes behilflich waren. Zu danken habe ich aber auch meiner Sekretärin *Frau Marlies Kessler*, die für die Herstellung des Typoskripts verantwortlich zeichnet und mir in jeder Bearbeitungsphase mit bewundernswerter Ausdauer, Gelassenheit und Übersicht zur Seite gestanden hat. Die Einheitlichkeit der Zitierweise ist maßgeblich auf ihre zuverlässige Arbeit am Computer zurückzuführen. Ein besonderer Dank geht schließlich einmal mehr an *Frau Alexandra*

Vorwort zur 1. Auflage

Burrer vom Verlag C.F. Müller, die das Entstehen dieses Bandes engagiert unterstützt und vorbildlich redaktionell betreut hat.

Last but not least will ich mich wieder bei meinen Studenten bedanken, die es ermöglicht haben, dass ich den Stoff dieses Buches in den Vorlesungen erproben und zur Diskussion stellen konnte. Dementsprechend möchte ich alle Leser erneut aufrufen, gegebenenfalls durch Kritik und Anregung unter der E-Mail-Adresse christian.jaeger@uni-trier.de zur künftigen Ausgestaltung und Verbesserung dieses Bandes beizutragen.

Trier, im August 2005 *Christian Jäger*

Inhaltsverzeichnis

	Rn.	Seite
Vorwort		V
Vorwort zur 1. Auflage		VII
Abkürzungsverzeichnis		XXV
Literaturverzeichnis		XXVIII

Kapitel 1
Delikte gegen höchstpersönliche Rechtsgüter

	Rn.	Seite
§ 1 Delikte gegen das Leben	1	1
A. *Geschütztes Rechtsgut sowie Verhältnis der Tötungsdelikte untereinander und zu den Tatbeständen der vorsätzlichen Körperverletzung*	2	1
I. Geschütztes Rechtsgut	2	1
1. Der Lebensbeginn	3	1
2. Das Lebensende	5	3
II. Das Verhältnis der Tötungsdelikte untereinander	6	3
1. Folgen der BGH-Lösung	7	4
2. Folgen der Literatur-Lösung	8	4
3. Bedeutung bei tatbezogenen Merkmalen	9	4
4. Bedeutung bei täterbezogenen Merkmalen	10	5
5. Konsequenzen für die Fallbearbeitung	11	5
6. Konsequenzen für den Klausuraufbau	12	6
a) Sachverhalte ohne Teilnahmeprobleme	12	6
b) Sachverhalte mit Teilnahmeproblemen	15	7
7. Sonderproblem: Mord und Totschlag in Mittäterschaft	16	11
III. Das Verhältnis der Tötungstatbestände zu den Körperverletzungstatbeständen	19	12
1. Das Verhältnis der Tötungsdelikte zu §§ 223 ff. StGB	19	12
2. Das Verhältnis der Tötungsdelikte zu § 226 I StGB	22	14
3. Das Verhältnis der Tötungsdelikte zu § 226 II StGB	23	15
4. Das Verhältnis der Tötungsdelikte zu § 227 StGB	24	15
5. Das Verhältnis der Tötungsdelikte zu den Abtreibungsdelikten nach §§ 218 ff. StGB	25	15
B. *Die Tötungsdelikte im Einzelnen*	25a	16
I. Totschlag nach § 212 StGB	26	17
II. Mord nach § 211 StGB	27	17
1. Der Tatbestand des Mordes	27	17
2. Die einzelnen Mordmerkmale	28	17
a) Mordlust	28	17

b) Befriedigung des Geschlechtstriebs	29	17
c) Habgier	30	18
d) Sonstige niedrige Beweggründe	31	18
e) Heimtücke	32	19
f) Grausamkeit	39	28
g) Gemeingefährlichkeit des Mittels	40	29
h) Ermöglichung einer Straftat	41	29
i) Verdeckung einer Straftat	42	30
III. Tötung auf Verlangen nach § 216 StGB	47	35
1. Verhältnis zu anderen Tötungsdelikten	47	35
2. Der Tatbestand des § 216 StGB	50	37
a) Ausdrückliches Verlangen	50	37
b) Ernstliches Verlangen	51	37
c) Tötung	52	37
IV. Sonderproblem: Suizid, Tötung auf Verlangen und Sterbehilfe	53	38
1. Mitwirkung an fremder Selbsttötung	53	38
2. Sterbehilfe (Euthanasie)	60	41
V. Geschäftsmäßige Förderung der Selbsttötung nach § 217 StGB	63a	43
1. Geschützte Rechtsgüter	63b	43
2. Der Tatbestand des § 217 StGB	63c	43
a) Die Tathandlungen	63c	43
b) Die Geschäftsmäßigkeit der Tathandlungen	63g	44
c) Der subjektive Tatbestand	63h	45
3. Rechtfertigung	63i	45
4. Der Ausschluss der Teilnahmestrafbarkeit nach § 217 II StGB	63j	46
a) Fehlende Geschäftsmäßigkeit der Teilnahme	63k	46
b) Notwendige Teilnahme des Suizidwilligen	63l	47
5. Problem: Die Anwendung des § 217 StGB auf Ärzte und medizinisches Hilfspersonal	63m	47
VI. Fahrlässige Tötung nach § 222 StGB	64	48
VII. Aussetzung nach § 221 StGB	65	48
1. Wesen der Aussetzung und Verhältnis zu anderen Delikten	65	48
2. Der Tatbestand der Aussetzung	66	49
a) Objektiver Tatbestand	66	49
aa) § 221 I Nr. 1 StGB = Jedermannsdelikt	66	49
bb) § 221 I Nr. 2 StGB = Sonderdelikt	67	49
cc) Gefahrverursachung	68	49
dd) Tun und Unterlassen	69	50
b) Subjektiver Tatbestand	69	50
3. Strafschärfungen nach § 221 II Nr. 1, 2; III StGB	70	50
4. Sonderproblem: Erfolgsqualifizierter Versuch nach § 221 III StGB	70a	51

| § 2 | Delikte gegen die körperliche Unversehrtheit | 71 | 52 |

A. Geschütztes Rechtsgut und Verhältnis zu anderen Delikten 71   52
B. Die einzelnen Körperverletzungsdelikte 72   52
    I. Einfache Körperverletzung nach § 223 StGB 72   52
    II. Gefährliche Körperverletzung nach § 224 StGB 74   53
        1. § 224 I Nr. 1 StGB 75   54
        2. § 224 I Nr. 2 StGB 77   56
        3. § 224 I Nr. 3 StGB 79   62
        4. § 224 I Nr. 4 StGB 80   62
        5. § 224 I Nr. 5 StGB 82   64
    III. Schwere Körperverletzung nach § 226 StGB 85   65
        1. § 226 I Nr. 2 StGB 85   66
        2. § 226 I Nr. 3 StGB 86   68
    IV. Körperverletzung mit Todesfolge nach § 227 StGB 87   69
        1. Sonderproblem 1: Schwere Folge als Konsequenz aus Handlung oder Erfolg? 88   70
        2. Sonderproblem 2: Körperverletzung mit Todesfolge durch Unterlassen, §§ 227, 13 StGB 91   72
    V. Körperverletzung im Amt nach § 340 StGB 94   73
    VI. Misshandlung von Schutzbefohlenen nach § 225 StGB 95   74
    VII. Beteiligung an einer Schlägerei nach § 231 StGB 96   74

| § 3 | Delikte gegen die persönliche Freiheit | 97 | 76 |

A. Nachstellung nach § 238 StGB 97   76
    I. Grundtatbestand nach § 238 I StGB 97a 76
        1. Tathandlung 97a 76
        2. Tatmittel 97b 77
            a) Aufsuchen der räumlichen Nähe (Nr. 1) 97b 77
            b) Versuch der Kontaktaufnahme durch Verwendung von Telekommunikationsmitteln und Ähnlichem (Nr. 2) 97b 77
            c) Bestellungen und Anzeigen unter dem Namen des Opfers (Nr. 3) 97b 77
            d) Drohung mit Verletzung von Leib, Leben oder Freiheit (Nr. 4) 97b 77
            e) Andere vergleichbare, die Lebensgestaltung schwerwiegend beeinträchtigende Handlungen (Nr. 5) 97b 78
        3. Eignung zu schwerwiegender Beeinträchtigung 97c 78
    II. Qualifikation nach § 238 II StGB 97f 81
    III. Erfolgsqualifikation nach § 238 III StGB 97g 81
B. Nötigung nach § 240 StGB 98   82
    I. Tathandlungen, Tatmittel und Tatziel 98   82
        1. Tathandlungen 98   82

2. Die Mittel der Nötigung: Gewalt oder Drohung mit einem empfindlichen Übel 99	83
a) Gewalt 99	83
b) Drohung mit einem empfindlichen Übel 100	84
aa) Sonderproblem 1: Drohung mit einem Unterlassen 101	85
bb) Sonderproblem 2: Drohung durch Unterlassen 102	85
3. Taterfolg.. 103	86
II. Rechtswidrigkeit nach § 240 II StGB 104	87
1. Grundsätzliches 104	87
2. Sonderproblem: Berücksichtigung von Fernzielen im Rahmen der Verwerflichkeitsprüfung 106	89
C. Freiheitsberaubung nach § 239 StGB 111	95
I. Geschütztes Rechtsgut und Verhältnis zu anderen Delikten 111	95
II. Die Tathandlungen 112	96
1. Einsperren... 112	96
2. Freiheitsberaubung in sonstiger Weise 115	97
3. Tatbestandsausschließendes Einverständnis................. 116	97
4. Rechtswidrigkeit... 117	98
5. (Erfolgs-)Qualifizierte Tatbestände 118	98
D. Erpresserischer Menschenraub und Geiselnahme nach §§ 239a, 239b StGB 119	98
E. Widerstand gegen Vollstreckungsbeamte und professionelle Helfer nach §§ 113, 114, 115 III StGB 124	101
I. Geschütztes Rechtsgut des § 113 StGB und Verhältnis zu anderen Delikten 124	101
II. Der objektive Tatbestand des § 113 StGB 127	104
1. Vollstreckungshandlung eines inländischen Amtsträgers (vgl. § 11 StGB) 127	104
2. Tathandlungen 128	104
III. Subjektiver Tatbestand 129	104
IV. Tatbestandsannex: Rechtmäßige Diensthandlung nach § 113 III S. 1 StGB 130	104
V. Besonders schwere Fälle nach § 113 II StGB 130a	105
VI. Irrtümer des Täters 131	106
1. Irrtum über Amtsträgereigenschaft bzw. Vornahme einer Vollstreckungshandlung 131	106
2. Irrtum über die Rechtmäßigkeit der Amtshandlung 132	107
VII. Tätlicher Angriff auf Vollstreckungsbeamte nach § 114 StGB 132a	107
1. Diensthandlung eines inländischen Vollstreckungsbeamten (vgl. § 11 StGB) 132a	108
2. Tathandlung 132a	108
3. Entsprechende Geltung der Strafzumessungs- und Irrtumsregeln nach § 113 II bis IV StGB..................... 132a	109
VIII. Erweiterung des Schutzbereichs durch § 115 StGB 132b	109

§ 4 Beleidigungsdelikte 133   111

A. Allgemeines 133   111
  I. Der Ehrbegriff als Grundlage aller Beleidigungsdelikte 133   111
     1. Faktischer Ehrbegriff 133   111
     2. Normativ-faktischer Ehrbegriff 134   111
     3. Normativer Ehrbegriff 135   111
     4. Stellungnahme 136   111
  II. Geschütztes Rechtsgut und Verhältnis der Beleidigungsdelikte
      untereinander 137   111
     1. Geschütztes Rechtsgut 137   111
     2. Verhältnis der Beleidigungsdelikte untereinander 138   112

B. Die Beleidigungsdelikte im Einzelnen 142   113
  I. Beleidigung nach § 185 StGB 142   113
     1. Tathandlung 142   113
        a) Ehrverletzende Tatsachenbehauptungen gegenüber
           dem Betroffenen 142   113
        b) Ehrverletzende Werturteile gegenüber dem Betroffenen
           selbst oder gegenüber Dritten 145   114
     2. Äußerungsformen der Beleidigung 146   114
     3. Kundgabe der Ehrkränkung 147   117
     4. Subjektiver Tatbestand 148   118
     5. Rechtswidrigkeit 149   118
     6. Sonderproblem 1: Beleidigung eines Einzelnen unter einer
        Kollektivbezeichnung 150   118
     7. Sonderproblem 2: Beleidigung eines Kollektivs 151   119
  II. Üble Nachrede nach § 186 StGB 154   121
     1. Tathandlung 154   121
        a) Behaupten 155   122
        b) Verbreiten 156   122
        c) Drittbezug der Tatsache 157   122
        d) Eignung zur Rufschädigung 160   124
     2. Subjektiver Tatbestand 161   124
     3. Tatbestandsannex: Nichterweislichkeit der Wahrheit 162   124
     4. Rechtswidrigkeit 163   124
     5. Qualifizierungen 164   124
  III. Verleumdung nach § 187 StGB 165   125
     1. Tathandlung 165   125
     2. Wahrheitsbeweis 166   125
     3. Kreditgefährdung 167   125
     4. Qualifizierungen 168   125
  IV. Wahrnehmung berechtigter Interessen nach § 193 StGB 169   125

§ 5 Delikte gegen den persönlichen Lebens- und Geheimbereich 173a 128

A. Die Verletzung des geistigen Persönlichkeitsbereichs 173a 128
    I. Die Verletzung der Vertraulichkeit des Wortes nach § 201 StGB .. 173a 128
        1. Geschütztes Rechtsgut 173a 128
        2. Schutzobjekt 173a 128
        3. Tathandlungen 173b 128
        4. Unbefugtes Handeln 173c 129
    II. Die Verletzung des höchstpersönlichen Lebensbereichs durch Bildaufnahmen nach § 201a StGB 173d 129
        1. Geschütztes Rechtsgut 173d 129
        2. Schutzobjekt 173e 130
        3. Tathandlungen 173f 131
        4. Unbefugtes Handeln 173g 131
        5. Medienfreiheiten sowie Informationszugang und Informationsverbreitung 173h 132
    III. Die Verletzung des Briefgeheimnisses nach § 202 StGB 173i 132
        1. Geschütztes Rechtsgut 173i 132
        2. Tatobjekt 173i 132
        3. Tathandlungen nach § 202 I StGB 173i 132
    IV. Das Ausspähen von Daten und verwandte Delikte nach §§ 202a, 202b, 202c StGB 173j 133
    V. Die Verletzung und Verwertung von Privatgeheimnissen nach §§ 203, 204 StGB 173k 133
        1. Geschütztes Rechtsgut 173k 133
        2. Tatobjekt 173k 133
        3. Tathandlung 173k 133
        4. Unbefugtes Handeln 173l 133
        5. § 204 StGB 173l 134
    VI. Strafantragserfordernis nach § 205 StGB 173l 134

B. Schutz des gegenständlichen Persönlichkeitsbereichs durch § 123 StGB . 173m 134
    I. Geschütztes Rechtsgut 173m 134
    II. Tatobjekte 173m 134
    III. Tathandlungen des Eindringens und Verweilens trotz Aufforderung zum Entfernen 173n 134

Kapitel 2
Delikte gegen das Vermögen

§ 6 Diebstahl und Unterschlagung 174 136

A. Allgemeines 174 136
    I. Das geschützte Rechtsgut 174 136
    II. Verhältnis Diebstahl – Unterschlagung 177 137

B. Der Diebstahlstatbestand im Einzelnen	182	139
I. Objektiver Tatbestand	182	139
1. Sache	183	140
2. Beweglich	187	143
3. Fremd	188	143
a) Sonderproblem 1: Tanken, ohne zu bezahlen	191	145
b) Sonderproblem 2: Irrelevanz von Rückwirkungsfiktionen bei der Fremdheitsbestimmung	197	151
4. Wegnahme	198	151
a) Gewahrsamsbegriff	198	151
b) Abgrenzung Diebstahl – Betrug	202	154
c) Abgrenzung Diebstahl – Computerbetrug	210c	159
d) Vollendung des Diebstahls	211	162
II. Subjektiver Tatbestand	214	165
1. Vorsatz	214	165
2. Absicht, sich oder einem Dritten die Sache rechtswidrig zuzueignen	215	165
a) Gegenstände und Elemente der Zueignungsabsicht	215	165
aa) Sachsubstanzzueignung	216	166
bb) Sachwertzueignung	217	166
b) Abgrenzung von Selbst- und Drittzueignungsabsicht	240	184
c) Täterschaft und Teilnahme beim Diebstahl	242	185
d) Die Rechtswidrigkeit der beabsichtigten Zueignung	243	185
e) Sonderproblem: Irrtum über die Rechtswidrigkeit der Zueignung	245	186
§ 7 Schwere Fälle des Diebstahls	248	190
A. Rechtsnatur und Anwendbarkeit des § 243 StGB	248	190
I. Rechtsnatur	248	190
II. Anwendbarkeit des § 243 StGB	249	190
B. Die einzelnen Regelbeispiele	250	191
I. Einbruchs- und Nachschlüsseldiebstahl, § 243 I S. 2 Nr. 1 StGB	250	191
II. Diebstahl besonders geschützter Gegenstände, § 243 I S. 2 Nr. 2 StGB	252	192
III. Gewerbsmäßiger Diebstahl, § 243 I S. 2 Nr. 3 StGB	254	196
IV. Kirchendiebstahl, § 243 I S. 2 Nr. 4 StGB	255	196
V. Diebstahl öffentlicher Sachen, § 243 I S. 2 Nr. 5 StGB	256	196
VI. Diebstahl unter Ausnutzung von Bedrängnis, § 243 I S. 2 Nr. 6 StGB	257	197
VII. Diebstahl von Waffen und Sprengstoff, § 243 I S. 2 Nr. 7 StGB	258	197
C. Sonderprobleme	259	197
I. Sonderproblem 1: Der Versuch eines Regelbeispiels	259	197
II. Sonderproblem 2: Der Vorsatzwechsel beim Diebstahl und seine Auswirkungen auf die Anwendbarkeit des § 243 StGB	262	198

§ 8 Qualifizierte Fälle des Diebstahls ... 267 / 201

- I. Diebstahl mit Waffen oder anderen gefährlichen Werkzeugen, § 244 I Nr. 1a StGB ... 267 / 201
  1. Waffen ... 268 / 201
  2. Anderes gefährliches Werkzeug ... 269 / 202
     a) Subjektivierende Auffassungen ... 270 / 202
     b) Objektivierende Auffassungen ... 271 / 203
     c) Stellungnahme ... 272 / 203
- II. Diebstahl mit sonstigen Werkzeugen oder Mitteln, § 244 I Nr. 1b StGB ... 273 / 206
- III. Bandendiebstahl, § 244 I Nr. 2 StGB ... 274 / 207
  1. Begriff der Bande ... 274 / 207
  2. Tatausführung unter Mitwirkung eines anderen Bandenmitglieds ... 275 / 207
- IV. Wohnungseinbruchsdiebstahl, § 244 I Nr. 3 StGB ... 276 / 208
  1. Wohnungsbegriff ... 277 / 208
  2. Keine dauerhaft genutzte Privatwohnung bei § 244 I Nr. 3 StGB ... 277a / 208
- V. Privatwohnungseinbruchsdiebstahl, § 244 IV StGB ... 277b / 209
- VI. Geringwertigkeitsprivileg des § 243 II StGB ... 278 / 210
- VII. Vorsatzwechsel im Rahmen des § 244 IV bzw. III Nr. 1 StGB ... 279 / 211
- VIII. Verhältnis von § 244 IV bzw. I Nr. 3 StGB zu § 243 I S. 2 Nr. 1 StGB ... 280 / 211

§ 9 Raub und räuberischer Diebstahl ... 281 / 212

- I. Einfacher Raub nach § 249 StGB ... 281 / 212
  1. Geschütztes Rechtsgut und Verhältnis zu anderen Delikten ... 281 / 212
  2. Objektiver Tatbestand ... 282 / 212
     a) Nötigungsmittel ... 282 / 212
        aa) Gewalt gegen eine Person ... 282 / 212
        bb) Drohung mit gegenwärtiger Gefahr für Leib und Leben ... 284 / 213
        cc) Zeitpunkt von Gewalt und Drohung ... 285 / 214
     b) Wegnahme ... 286 / 214
     c) Objektiver Zusammenhang zwischen Gewalt und Wegnahme ... 286a / 215
  3. Der subjektive Tatbestand ... 287 / 217
     a) Vorsatz ... 287 / 217
     b) Finale Verknüpfung von Nötigung und Wegnahme ... 288 / 218
        aa) Fortdauer des Gewalteinsatzes ... 289 / 218
        bb) Wirkung eines zuvor aus anderem Grund geübten Gewalteinsatzes ... 290 / 218
     c) Absicht der Selbst- oder Drittzueignung ... 293 / 222

II. Schwerer Raub nach § 250 StGB	294	223
III. Raub mit Todesfolge nach § 251 StGB	300	234
1. Rechtsnatur und Verhältnis zu anderen Delikten	300	234
2. Der Tatbestand der Erfolgsqualifikation	301	235
IV. Räuberischer Diebstahl nach § 252 StGB	304	238
1. Rechtsnatur und Verhältnis zu anderen Delikten	304	238
2. Objektiver Tatbestand	304a	239
a) Vollendeter Diebstahl oder Raub als Vortat	304a	239
aa) Zeitlicher Anwendungsbereich des § 252 StGB	305	239
bb) Persönlicher Anwendungsbereich des § 252 StGB	306	240
b) Betroffensein auf frischer Tat	307	240
c) Tathandlung: Gewalt oder Drohung mit gegenwärtiger Gefahr für Leib und Leben	308	244
3. Subjektiver Tatbestand	309	244

§ 10 Betrug ... 310   246

A. Geschütztes Rechtsgut und Verhältnis zu anderen Delikten	310	246
I. Verhältnis Betrug – Erpressung	311	246
II. Verhältnis Betrug – Untreue	314	247
III. Verhältnis Betrug – Diebstahl	315	247
B. Der Tatbestand des Betruges im Einzelnen	316	248
I. Täuschungshandlung durch Vorspiegelung falscher oder Entstellung bzw. Unterdrückung wahrer Tatsachen	316	248
1. Tatsachen	316	248
2. Die Täuschungshandlung	317	248
a) Täuschung durch positives Tun	317	248
aa) Ausdrückliche Täuschung durch positives Tun	317	248
bb) Konkludente Täuschung durch positives Tun	318	249
b) Täuschung durch Unterlassen	322	260
II. Irrtum	330	266
III. Vermögensverfügung	331	268
1. Freiwilligkeit: Erstes Merkmal zur Abgrenzung des Trickdiebstahls vom Sachbetrug	332	268
2. Unmittelbarkeit: Zweites Merkmal zur Abgrenzung des Trickdiebstahls vom Sachbetrug	335	269
3. Vermögensverfügung des Geschädigten oder bestimmter Dritter: Drittes Merkmal zur Abgrenzung von Diebstahl und Betrug	341	272
IV. Vermögensschaden	350	285
1. Vermögensbegriff	350	285
a) Juristischer Vermögensbegriff (veraltet)	351	285
b) Wirtschaftlicher Vermögensbegriff (h. M.)	352	285
c) Juristisch-ökonomischer Vermögensbegriff	353	285
2. Schadensbegriff	358	289

        a) Schadensbegründung durch objektiv-individuellen
           Vermögensvergleich 359   289
           aa) Objektive Komponente: Vergleich des Vermögens
               vor und nach der Verfügung 360   289
           bb) Individuelle Komponente: Vergleich im Hinblick
               auf den individuellen Vermögensträger
               (persönlicher Schadenseinschlag) 361   290
        b) Schadensbegründung durch Zweckverfehlung 362   293
        c) Schadensbegründung durch Vermögensgefährdung........ 363   294
           aa) Erschleichen einer Unterschriftsleistung 364   296
           bb) Eingehungs-/Anstellungsbetrug 365   296
        d) Schadensbegründung bei Kompensation 369   299
  V. Subjektiver Tatbestand des Betrugs 370   300
  VI. Rechtswidrigkeit der erstrebten Eigen- oder Drittbereicherung
     sowie Vorsatz diesbezüglich 373   302

§ 11 Erpressung und räuberische Erpressung 374   303

  I. Erpressung nach § 253 StGB 374   303
    1. Geschütztes Rechtsgut und Verhältnis zu anderen
       Delikten... 374   303
    2. Objektiver Tatbestand 375   303
       a) Tathandlung...................................... 375   303
       b) Tatopfer 376   305
       c) Nachteil 377   306
    3. Subjektiver Tatbestand 377f   311
  II. Räuberische Erpressung nach § 255 StGB.................... 378   311
    1. Geschütztes Rechtsgut und Verhältnis zu anderen
       Delikten... 378   311
    2. Objektiver Tatbestand 379   311
       a) Tathandlung...................................... 379   311
       b) Tatopfer 380   312
       c) Nachteil 380c   316
    3. Subjektiver Tatbestand 380f   318
  III. Klausurtypische Sachverhaltskonstellationen zum Verfügungs-
      problem bei der Erpressung und räuberischen Erpressung........ 381   319

§ 12 Untreue 388   326

A. Rechtsnatur, geschütztes Rechtsgut und Verhältnis
   zu anderen Delikten 388   326
B. Die beiden Tatbestandsalternativen des Untreuetatbestandes 389   327
  I. Der Missbrauchstatbestand nach § 266 I Alt. 1 StGB 389   328
  II. Der Treubruchstatbestand nach § 266 I Alt. 2 StGB 390   331
  III. Vermögensnachteil 391   332
  IV. Abschlussbeispiele und Fälle 392   338

§ 13 Anschlussdelikte: Begünstigung, Hehlerei und Geldwäsche 393 347

A. *Begünstigung*.. 393 347
    I. Geschütztes Rechtsgut und Verhältnis zu anderen Delikten...... 393 347
    II. Tatbestand 394 347
        1. Rechtswidrige Vortat eines anderen 394 347
        2. Tathandlung: Hilfeleisten 395 347
        3. Subjektiv: Vorsatz und Vorteilssicherungsabsicht 396 348

B. *Hehlerei* 397 348
    I. Wesen der Hehlerei, geschütztes Rechtsgut und Verhältnis
       zu anderen Delikten 397 348
    II. Übersicht über die Problemschwerpunkte 398 349
        1. Wer ... ein anderer 399 349
        2. Eine Sache.. 400 350
        3. Gegen fremdes Vermögen gerichtete rechtswidrige Tat 401 351
        4. Erlangt hat 402 352
        5. Sich-Verschaffen, Absetzen und Absetzenhelfen 403 352
            a) Sich oder einem Dritten verschaffen bzw. ankaufen 403 352
            b) Absetzen oder Absetzenhelfen 406 354
        6. Subjektiver Tatbestand: Vorsatz und Bereicherungsabsicht
           für sich oder einen Dritten 409 357
            a) Vorsatz 409 357
            b) Bereicherungsabsicht 410 357

C. *Gewerbsmäßige (Banden-)Hehlerei nach §§ 260, 260a StGB* 413 358

D. *Geldwäsche nach § 261 StGB* 414 359
    I. Geschütztes Rechtsgut und Verhältnis zu anderen Delikten...... 415 359
    II. Der Tatbestand der Geldwäsche 416 359
        1. Gegenstand der Geldwäsche 416 359
        2. Die einzelnen Tathandlungen 417 359
        3. Subjektiver Tatbestand 419 360
    III. Sonderproblem: Geldwäsche durch Entgegennahme von
        Verteidigerhonorar 420 360

Kapitel 3
Weitere examensrelevante Deliktsgruppen

§ 14 Urkunds- und Geldfälschungsdelikte 425 364

A. *Urkundsdelikte* 425 364
    I. Geschütztes Rechtsgut und Verhältnis der Urkundsdelikte
       untereinander sowie zu anderen Delikten 425 364
    II. Allgemeine Probleme der Urkundsdelikte 427 365
        1. Verständliche verkörperte menschliche Gedanken-
           erklärung 428 365

2. Zum Beweis geeignet und bestimmt	429	365
a) Beweiseignung	429	365
b) Beweisbestimmung	429	365
3. Erkennbarkeit des Ausstellers	430	366
III. Besondere Probleme der Urkundsdelikte unter Einschluss der Urkundenunterdrückung	431	367
1. Herstellen einer unechten Urkunde nach § 267 I Alt. 1 StGB	431	367
a) Keine Urkundenfälschung bei geistigem Diebstahl	432	367
b) Keine Urkundenfälschung bei schriftlicher Lüge	435	372
c) Keine Urkundenfälschung bei zulässiger Vertretung	436	372
2. Verfälschen einer echten Urkunde nach § 267 I Alt. 2 StGB	440	374
3. Zusammengesetzte Urkunde	444	378
4. Gesamturkunde	450	382
5. Sonderproblem: Urkundseigenschaft von Fotokopien	451	383
IV. Fälschung technischer Aufzeichnungen nach § 268 StGB	453a	386
B. Geldfälschungsdelikte, §§ 146 ff. StGB	454	390
I. Geschütztes Rechtsgut und Verhältnis der Geldfälschungsdelikte untereinander sowie zu anderen Delikten	454	390
II. Tatobjekt	455	390
III. Tathandlungen	456	391
1. Nachmachen von Geld, § 146 I Nr. 1 Alt. 1 StGB (Parallelfall zu § 267 I Alt. 1 StGB)	456	391
2. Verfälschen echten Geldes, § 146 I Nr. 1 Alt. 2 StGB (Parallelfall zu § 267 I Alt. 2 StGB)	457	391
3. Inverkehrbringen als echt, § 146 I Nr. 3 StGB (Parallelfall zu § 267 I Alt. 3 StGB)	458	391
4. Sichverschaffen und Inverkehrbringen von Falschgeld, §§ 146 I Nr. 2, 3, 147 StGB	459	392
a) Bösgläubigkeit des Täters bei Erwerb des Falschgeldes	459	392
b) Gutgläubigkeit des Täters bei Erwerb des Falschgeldes	460	392
c) Problem: Inverkehrbringen nach §§ 146 I Nr. 3, 147 StGB durch Weitergabe an eingeweihte Dritte	461	392
5. Strafbarkeit von Vorbereitungshandlungen, § 149 StGB	462	394
C. Wertpapier- und Wertzeichenfälschung, §§ 148, 151, 152a StGB	463	394
I. Wertzeichenfälschung nach § 148 StGB	463	394
II. Wertpapierfälschung nach § 151 StGB	464	394
III. Fälschung von Zahlungskarten und Vordrucken für Euroschecks nach § 152a StGB	465	395
§ 15 Delikte im Straßenverkehr	466	396
I. Räuberischer Angriff auf Kraftfahrer nach § 316a StGB	467	396
1. Geschütztes Rechtsgut und Verhältnis zu anderen Delikten	467	396
2. Tatbestand	468	397
a) Tathandlung: Angriff verüben	468	397

b) Ausnutzung der besonderen Verhältnisse des
Straßenverkehrs 469 399
c) Subjektiver Tatbestand 472 405
II. Gefährlicher Eingriff in den Straßenverkehr nach § 315b StGB... 473 405
III. Gefährdung des Straßenverkehrs nach § 315c StGB 480 411
   1. Die Struktur des § 315c StGB 480 411
   2. Einzelprobleme des § 315c StGB 481 411
     a) Die Fahruntauglichkeit nach § 315c I Nr. 1a StGB 481 411
     b) Grob verkehrswidriger und rücksichtsloser Verstoß
        nach § 315c I Nr. 2a–g StGB (sog. sieben Todsünden) 482 412
     c) Gefährdung durch Tathandlung 483 412
IV. Verbotene Kraftfahrzeugrennen nach § 315d StGB 488a 415
   1. Grund und Aufbau der Regelung 488b 416
   2. Tathandlung 488c 417
     a) Die Tathandlungen des § 315d I Nr. 1 und Nr. 2 StGB 488c 417
     b) Die Tathandlung des § 315d I Nr. 3 StGB 488d 418
   3. Herbeiführen konkreter Lebens-, Leibes- oder erheblicher
     Sachgefahr nach § 315d II und IV StGB 488e 419
   4. Versuchsstrafbarkeit nach § 315d III StGB nur in den Fällen
     des § 315d I Nr. 1 StGB 488f 419
   5. Erfolgsqualifikation des § 315d V StGB 488g 420
   6. Verhältnis zu anderen Delikten 488h 420
V. Trunkenheit im Verkehr nach § 316 StGB 489 425
VI. Unerlaubtes Entfernen vom Unfallort nach § 142 StGB 490 426
   1. Geschütztes Rechtsgut und Verhältnis zu anderen Delikten ... 490 426
   2. Gesetzliche Systematik 491 427
   3. Einzelprobleme 497 432
   4. Häufigstes Klausurproblem zu § 142 StGB:
     Unvorsätzliches Entfernen vom Unfallort 499 433
   5. Tätige Reue nach § 142 IV StGB 500 434
VII. Unbefugter Gebrauch von Fahrzeugen, § 248b StGB............ 500a 434
   1. Geschütztes Rechtsgut und Verhältnis zu anderen Delikten ... 500a 434
   2. Tatobjekt 500b 435
   3. Tathandlung 500c 435
   4. Fehlende Befugnis zur Ingebrauchnahme 500d 435
     a) Der nicht so berechtigte Fahrer 500d 436
     b) Der nicht mehr berechtigte Fahrer 500d 436
     c) Auswirkungen des (mutmaßlichen) Einverständnisses
        auf die Unbefugtheit 500d 436
VIII. Fahren ohne Fahrerlaubnis nach § 21 StVG 501 438

§ 16 Brandstiftungsdelikte 502 439

A. Allgemeines 502 439
  I. Gesetzesaufbau und Verhältnis der Brandstiftungsdelikte
    untereinander sowie zu anderen Delikten 502 439

II. Inbrandsetzen bzw. durch Brandlegung ganz oder teilweise Zerstören als gemeinsame Tathandlung der Brandstiftungsdelikte . 503 439

B. Die einzelnen Delikte 505 441
   I. Einfache Brandstiftung nach § 306 StGB 505 441
   II. Schwere Brandstiftung nach § 306a StGB 506 442
      1. Schwere Brandstiftung nach § 306a I StGB 506 442
      2. Schwere Brandstiftung nach § 306a II StGB 513 447
   III. Besonders schwere Brandstiftung nach § 306b StGB 514 448
      1. Besonders schwere Brandstiftung nach § 306b I StGB 514 448
      2. Besonders schwere Brandstiftung nach § 306b II StGB 517 449
   IV. Brandstiftung mit Todesfolge nach § 306c StGB 518 453
   V. Fahrlässige Brandstiftung nach § 306d StGB 521 456
   VI. Herbeiführen einer Brandgefahr nach § 306f StGB 522 457

C. Exkurs: Versicherungsmissbrauch nach § 265 StGB 523 457
   I. Geschütztes Rechtsgut und Verhältnis zu anderen Delikten 523 457
   II. Tatobjekt und Tathandlung 524 458
   III. Subjektiver Tatbestand 525 459

§ 17 Sachbeschädigungsdelikte 526 461
   I. Sachbeschädigung nach § 303 StGB 526 461
      1. Geschütztes Rechtsgut und Verhältnis zu anderen Delikten ... 526 461
      2. Tathandlungen nach § 303 I StGB 527 461
         a) Beschädigen 527 461
            aa) Sonderproblem 1: Hinzufügen von Gegenständen 528 461
            bb) Sonderproblem 2: Verunstalten von Gegenständen 529 462
         b) Zerstören 530 462
         c) Subjektiver Tatbestand 531 463
         d) Strafantrag 532 463
      3. Tathandlung nach § 303 II StGB 532a 463
   II. Qualifizierte Fälle der Sachbeschädigung 533 464
      1. Zerstörung von Bauwerken nach § 305 StGB 533 464
      2. Zerstörung wichtiger Arbeitsmittel nach § 305a StGB 534 464
   III. Gemeinschädliche Sachbeschädigung nach § 304 StGB 535 464

§ 18 Computerdelikte im weitesten Sinne 536 466
   I. Datenveränderung nach § 303a StGB 536 466
      1. Geschütztes Rechtsgut und Verhältnis zu anderen Delikten ... 536 466
      2. Tatobjekt und Tathandlung 537 466
   II. Computersabotage nach § 303b StGB 538 468
      1. Geschütztes Rechtsgut 538 468
      2. Tathandlungen 539 468
   III. Ausspähen von Daten nach § 202a StGB 540 469
      1. Geschütztes Rechtsgut und Verhältnis zu anderen Delikten ... 540 469

2. Tatobjekt 541	469
3. Tathandlung 541a	470
IV. Abfangen von Daten nach § 202b StGB 541b	471
1. Geschütztes Rechtsgut und Verhältnis zu anderen Delikten ... 541b	471
2. Tatobjekte und Tathandlung 541b	471
V. Vorbereiten des Ausspähens und Abfangens von Daten nach § 202c StGB 541c	472
1. Geschütztes Rechtsgut und Verhältnis zu anderen Delikten ... 541c	472
2. Tatobjekte und Tathandlung 541c	472
VI. Datenhehlerei nach § 202d StGB 541d	472
1. Geschütztes Rechtsgut 541d	472
2. Tatobjekte und Tathandlung 541d	473
3. Subjektiver Tatbestand und Tatbestandsausschluss 541d	473
VII. Computerbetrug nach § 263a StGB 542	474
1. Geschütztes Rechtsgut 542	474
2. Tatobjekte und Tathandlungen 543	475

§ 19 Delikte gegen die Rechtspflege 548   480

A. Allgemeines 548   480

B. Aussagedelikte nach §§ 153 ff. StGB 549   480

    I. Allgemeine Probleme 549   480
       1. Falsche Aussage 549   480
       2. Verpflichtung zur Wahrheit 554   482
       3. Klausurproblem: Meineid Jugendlicher 557   484
   II. Die klausurbedeutsamen Tatbestände 558   484
       1. Falsche uneidliche Aussage nach § 153 StGB 558   484
       2. Meineid und eidesgleiche Bekräftigung nach §§ 154, 155 StGB 559   485
       3. Falsche Versicherung an Eides statt nach § 156 StGB 560   486
       4. Berichtigung falscher Angaben nach § 158 StGB 561   486
       5. Versuch der Anstiftung zur Falschaussage nach § 159 StGB ... 564   488
       6. Verleitung zur Falschaussage nach § 160 StGB 566   488

C. Straftatbestände im Umfeld der Aussagedelikte 572   493

    I. Falsche Verdächtigung nach § 164 StGB/Vortäuschen einer Straftat nach § 145d StGB 572   493
   II. Strafvereitelung nach § 258 StGB 573   496

D. Exkurs: Gefangenenbefreiung nach § 120 StGB 577   498

    I. Fremdbefreiung 577   498
   II. Selbstbefreiung unter Beteiligung anderer..................... 578   499

§ 20 Amtsdelikte 580   501

    I. Geschütztes Rechtsgut und Verhältnis der Delikte untereinander sowie zu anderen Delikten 580   501
   II. Täter und Teilnehmer 584   502

III. Einzelne Problemlagen anhand von Fällen und Beispielen 585   503
  1. Täterschaft und Teilnahme 585   503
  2. Begriff des Vorteils 587   503
  3. Begriff des „Forderns eines Vorteils" nach
     §§ 331 I, 332 I, III StGB 588a 503
  4. Unrechtsvereinbarung 589   504
  5. Unrechtsvereinbarung nach §§ 332 I, III, 334 I, III StGB 592   508
  6. Amtsträgereigenschaft 593a 509
  7. Diensthandlung 596   514

§ 21 Straftaten gegen die Umwelt 597   515

I. Geschütztes Rechtsgut und Verhältnis zu anderen Delikten 597   515
II. Die Akzessorietät des Umweltstrafrechts in den
    §§ 324, 326 I StGB 598   515
  1. Formelle Akzessorietätstheorie
     (Lehre von der Verwaltungsakzessorietät) 599   515
  2. Rechtsmissbrauchstheorie 600   515
  3. Materielle Akzessorietätstheorie 601   516
  4. Stellungnahme 602   516
III. Schwerpunkt Allgemeiner Teil 603   516
  1. Unterlassungstäterschaft kraft Garantenstellung aus Amts-
     oder Dienstpflichten 603   516
  2. Täterschaftsprobleme 604   517

§ 22 Jagdwilderei 605   519

I. Geschütztes Rechtsgut 605   519
II. Der Tatbestand 606   519
  1. § 292 I Nr. 1 StGB 607   519
  2. § 292 I Nr. 2 StGB 608   520
III. Abgrenzung von § 242 StGB (selten § 246 StGB) einerseits
     und § 292 StGB andererseits 609   520
  1. Eigentumserwerb durch den Jagdausübungsberechtigten 609   520
  2. Irrtum des Täters über das Tatobjekt 610   521
     a) Der Täter hält Wild für eine fremde Sache 610   521
     b) Der Täter hält eine fremde Sache für Wild 611   521

Sachverzeichnis 523

Abkürzungsverzeichnis

a. A.	andere(r) Ansicht
aaO	am angegebenen Ort
ablehn.	ablehnend
abw.	abweichend
a. E.	am Ende
a. F.	alte Fassung
AG	Amtsgericht
ähnl.	ähnlich
AK-	Alternativkommentar zum Strafgesetzbuch (-*Bearbeiter*)
Alt.	Alternative
Anm.	Anmerkung
Art.	Artikel
AT	Allgemeiner Teil
Aufl.	Auflage
BayObLG	Bayerisches Oberstes Landesgericht
BayObLGSt	Entscheidungen des Bayerischen Obersten Landesgerichts in Strafsachen
Bd.	Band
BeckRS	Beck-Rechtsprechung
BGB	Bürgerliches Gesetzbuch
BGBl	Bundesgesetzblatt (Teil, Seite)
BGH	Bundesgerichtshof
BGHSt	Entscheidungen des Bundesgerichtshofes in Strafsachen
BGHZ	Entscheidungen des Bundesgerichtshofes in Zivilsachen
BJagdG	Bundesjagdgesetz
BR-Drucks.	Bundesrats-Drucksache
Bspr.	Besprechung
BT	Besonderer Teil
BT-Drucks.	Bundestags-Drucksache
BVerfG	Bundesverfassungsgericht
BVerfGE	Entscheidungen des Bundesverfassungsgerichts
ders.	derselbe
differenz.	differenzierend
DRiZ	Deutsche Richterzeitung
DSVollz	Dienst- und Sicherheitsvorschriften für den Strafvollzug
EGStGB	Einführungsgesetz zum Strafgesetzbuch
einschr.	einschränkend
fG	freiwillige Gerichtsbarkeit
Fn.	Fußnote
FS	Festschrift
GA	Goltdammer's Archiv für Strafrecht
gem.	gemäß
GG	Grundgesetz
h. A.	herrschende Auffassung

Abkürzungsverzeichnis

HKGS-	Handkommentar Gesamtes Strafrecht *(-Bearbeiter)*
h. L.	herrschende Lehre
h. M.	herrschende Meinung
Hrsg.	Herausgeber
Hs.	Halbsatz
i. E.	im Ergebnis
InsO	Insolvenzordnung
i. S.	im Sinne
i. V. m.	in Verbindung mit
JA	Juristische Arbeitsblätter
JEK	Jahrbuch Ethik in der Klinik
JGG	Jugendgerichtsgesetz
JK	Jura-Rechtsprechungskartei, Beilage der Zeitschrift Juristische Ausbildung (Jura)
JR	Juristische Rundschau
Jura	Juristische Ausbildung
JuS	Juristische Schulung
JW	Juristische Wochenschrift
JZ	Juristenzeitung
Kap.	Kapitel
KG	Kammergericht
krit.	kritisch
LG	Landgericht
Lit.	Literatur
LK-	Leipziger Kommentar zum Strafgesetzbuch *(-Bearbeiter)*
LM	Entscheidungen des Bundesgerichtshofes im Nachschlagewerk von Lindenmaier, Möhring u.a.
m. Anm.	mit Anmerkung
m. Bspr.	mit Besprechung
MDR	Monatsschrift für Deutsches Recht
MedR	Medizinrecht
MüKo-	Münchener Kommentar zum Strafgesetzbuch *(-Bearbeiter)*
m. w. N.	mit weiteren Nachweisen
NdsRpfl	Niedersächsische Rechtspflege
n. F.	neue Fassung
NJW	Neue Juristische Wochenschrift
NK-	Nomos-Kommentar zum Strafgesetzbuch *(-Bearbeiter)*
NStZ	Neue Zeitschrift für Strafrecht
OLG	Oberlandesgericht
RegE	Regierungsentwurf
RG	Reichsgericht
RGSt	Entscheidungen des Reichsgerichts in Strafsachen
Rn.	Randnummer
Rspr.	Rechtsprechung

Abkürzungsverzeichnis

Sch/Sch/	Schönke/Schröder, Strafgesetzbuch *(/Bearbeiter)*
SK-	Systematischer Kommentar zum StGB *(-Bearbeiter)*
S/S/W	Satzger/Schluckebier/Widmaier *(-Bearbeiter)*
StGB	Strafgesetzbuch
StPO	Strafprozessordnung
str.	strittig
StrRG	Strafrechtsreformgesetz
st. Rspr.	ständige Rechtsprechung
StV	Strafverteidiger
StVollzG	Gesetz über den Vollzug der Freiheitsstrafe und der freiheitsentziehenden Maßregeln der Besserung und Sicherung (Strafvollzugsgesetz)
TierSchG	Tierschutzgesetz
übereinst.	übereinstimmend
u. U.	unter Umständen
UWG	Gesetz gegen den unlauteren Wettbewerb
vgl.	vergleiche
WaffG	Waffengesetz
wistra	Zeitschrift für Wirtschafts- und Steuerstrafrecht
WStG	Wehrstrafgesetz
ZStW	Zeitschrift für die gesamte Strafrechtswissenschaft (Band, Jahr und Seite)
zusf.	zusammenfassend
zust.	zustimmend
zutr.	zutreffend
zw.	zweifelhaft

Literaturverzeichnis

AK-StGB, Alternativkommentar zum Strafgesetzbuch, Band 3, 1986 (hrsg. von *Wassermann*)
  (zit.: AK-*Bearbeiter*)
Arzt/Weber/Heinrich/Hilgendorf, Strafrecht, Besonderer Teil, 3. Auflage 2015
  (zit.: *Arzt/Weber*, BT)
Bamberger/Roth, Kommentar zum Bürgerlichen Gesetzbuch, 3. Auflage 2012
Beulke, Klausurenkurs im Strafrecht III, 5. Auflage 2018
Binding, Lehrbuch des gemeinen deutschen Strafrechts, Besonderer Teil I, 2. Auflage 1902
  (zit.: *Binding*, BT/1)
Blei, Strafrecht, Besonderer Teil, 12. Auflage 1983 (zit.: *Blei*, BT)
Bockelmann, Das Strafrecht des Arztes, 1968
Dencker/Struensee/Nelles/Stein, Einführung in das 6. Strafrechtsreformgesetz, 1998
  (zit.: *Bearbeiter*, Einführung in das 6. StrRG)
Erman, Kommentar zum Bürgerlichen Recht, 14. Auflage 2014
Eisele, Die Regelbeispielsmethode im Strafrecht, 2004
Eisele, Strafrecht Besonderer Teil I, Straftaten gegen die Person und die Allgemeinheit,
  4. Auflage 2017
Eisele, Strafrecht, Besonderer Teil II, Eigentumsdelikte, Vermögensdelikte und
  Urkundendelikte, 4. Auflage 2017
Eser, Strafrecht IV, Schwerpunkt Vermögensdelikte, 4. Auflage 1983 (zit.: *Eser*, Strafrecht IV)
Fischer, Strafgesetzbuch, 66. Auflage 2019 (zit.: *Fischer*)
Frank, Das Strafgesetzbuch für das Deutsche Reich, 18. Auflage 1931 (zit.: *Frank*, Strafrecht)
Gössel/Dölling, Strafrecht, Besonderer Teil, Band 1, Delikte gegen Persönlichkeits- und
  Gemeinschaftswerte, 2. Auflage 2004 (zit.: *Gössel/Dölling*, BT/1)
Gössel, Strafrecht, Besonderer Teil, Band 2, Straftaten gegen materielle Rechtsgüter des
  Individuums, 1996 (zit.: *Gössel*, BT/2)
Gössel, Strafrecht, Fälle und Lösungen, 8. Auflage 2001 (zit.: *Gössel*, Strafrecht)
Gropp, Deliktstypen mit Sonderbeteiligung, 1992
Heinrich, Die gefährliche Körperverletzung, 1993
v. Heintschel-Heinegg, Strafgesetzbuch, 3. Auflage 2018
v. Heintschel-Heinegg, Beck'scher Online Kommentar StGB, 40. Edition 2018
  (zit.: BeckOK-*Bearbeiter*)
Hilgendorf, Einführung in das Medizinstrafrecht, 2016
  (zit.: *Hilgendorf*, Medizinstrafrecht)
Hillenkamp, 40 Probleme aus dem Strafrecht, Besonderer Teil, 12. Auflage 2013
  (zit.: *Hillenkamp*, BT)
Hohmann/Sander, Strafrecht, Besonderer Teil I, Vermögensdelikte, 3. Auflage 2011
  (zit. *Hohmann/Sander*, BT/1)
Jäger, Examens-Repetitorium Strafrecht Allgemeiner Teil, 9. Auflage 2019 (zit.: *Jäger*, AT)
Jakobs, Die Konkurrenz von Tötungsdelikten mit Körperverletzungsdelikten, 1967
Jakobs, Strafrecht Allgemeiner Teil, 2. Auflage 1991 (zit.: *Jakobs*, AT)
Jescheck/Weigend, Lehrbuch des Strafrechts, Allgemeiner Teil, 5. Auflage 1996
  (zit.: *Jescheck/Weigend*, AT)
Joecks/Jäger, Strafgesetzbuch, Studienkommentar, 12. Auflage 2018 (zit.: *Joecks/Jäger*)
Kindhäuser, Strafgesetzbuch, Lehr- und Praxiskommentar, 7. Auflage 2017
  (zit.: *Kindhäuser*, LPK)
Kindhäuser, Strafrecht, Besonderer Teil I, Straftaten gegen Persönlichkeitsrechte, Staat und
  Gesellschaft, 8. Auflage 2017 (zit.: *Kindhäuser*, BT/1)
Kindhäuser/Böse, Strafrecht, Besonderer Teil II, Straftaten gegen Vermögensrechte,
  10. Auflage 2019 (zit.: *Kindhäuser/Böse*, BT/2)

Krey/Hellmann/Heinrich, Strafrecht, Besonderer Teil, Band 1, 16. Auflage 2015
  (zit.: *Krey*, BT/1)
Krey/Hellmann/Heinrich, Strafrecht, Besonderer Teil, Band 2, 17. Auflage 2015
  (zit.: *Krey/Hellmann*, BT/2)
Kudlich, Strafrecht, Besonderer Teil I, Prüfe dein Wissen, 4. Auflage 2016
  (zit.: *Kudlich*, BT/1, PdW)
Kudlich, Strafrecht, Besonderer Teil II, Prüfe dein Wissen, 4. Auflage 2016
  (zit.: *Kudlich*, BT/2, PdW)
Küper/Zopfs, Strafrecht, Besonderer Teil, Definitionen mit Erläuterungen, 10. Auflage 2018
  (zit.: *Küper/Zopfs*, BT)
Küpper/Börner, Strafrecht, Besonderer Teil 1, Delikte gegen Rechtsgüter der Person und
  Gemeinschaft, 4. Auflage 2017 (zit.: *Küpper/Börner*, BT I/1)
Lackner/Kühl, Strafgesetzbuch, 29. Auflage 2018 (zit.: Lackner/*Kühl* oder Lackner/Kühl/*Heger*)
Leipziger Kommentar, Strafgesetzbuch, 12. Auflage 2006 ff. (zit.: LK-*Bearbeiter*)
v. Liszt/Schmidt, Lehrbuch des deutschen Strafrecht, 25. Auflage 1927
  (zit.: *von Liszt/Schmidt*, Strafrecht)
Matt/Renzikowski, Strafgesetzbuch, 2013 (zit.: Matt/Renzikowski/*Bearbeiter*)
Maurach/Schroeder/Maiwald, Strafrecht, Besonderer Teil, Teilband 1,
  Straftaten gegen Persönlichkeits- und Vermögenswerte, 10. Auflage 2009
  (zit.: *Maurach/Schroeder/Maiwald*, BT/I)
Maurach/Schroeder/Maiwald, Strafrecht, Besonderer Teil, Teilband 2, Straftaten gegen
  Gemeinschaftswerte, 10. Auflage 2013 (zit.: *Maurach/Schroeder/Maiwald*, BT/II)
Mitsch, Strafrecht, Besonderer Teil 2, Vermögensdelikte, 3. Auflage 2015 (zit.: *Mitsch*, BT/II)
MüKo-BGB, Münchner Kommentar zum Bürgerlichen Gesetzbuch, 7. Auflage 2015 ff.
  (zit.: MüKo-*Bearbeiter*, BGB)
MüKo-StGB, Münchner Kommentar zum Strafgesetzbuch, 3. Auflage 2016 ff.
  (zit.: MüKo-*Bearbeiter*)
NK-StGB, Nomos-Kommentar zum Strafgesetzbuch, 5. Auflage 2017 (zit.: NK-*Bearbeiter*)
Otto, Grundkurs Strafrecht, Die einzelnen Delikte, 7. Auflage 2005 (zit.: *Otto*, BT)
Otto/Bosch, Übungen im Strafrecht, 7. Auflage 2010
Palandt, Kommentar zum Bürgerlichen Gesetzbuch, 78. Auflage 2019
  (zit.: Palandt/*Bearbeiter*)
Puppe, Strafrecht, Allgemeiner Teil im Spiegel der Rechtsprechung, 3. Auflage 2016
  (zit.: *Puppe*, AT/1)
Rengier, Strafrecht, Allgemeiner Teil, 10. Auflage 2018
Rengier, Strafrecht, Besonderer Teil I, Vermögensdelikte, 20. Auflage 2018 (zit.: *Rengier*, BT/1)
Rengier, Strafrecht, Besonderer Teil II, Delikte gegen die Person und die Allgemeinheit,
  19. Auflage 2018 (zit.: *Rengier*, BT/2)
Roxin, Strafrecht, Allgemeiner Teil, Band I. Grundlagen, Der Aufbau der Verbrechenslehre,
  4. Auflage 2006 (zit.: *Roxin*, AT/I)
Roxin, Strafrecht, Allgemeiner Teil, Band II. Besondere Erscheinungsformen der Straftat, 2003
  (zit.: *Roxin*, AT/II)
Roxin/Schroth, Handbuch des Medizinstrafrechts, 4. Auflage 2010
Roxin/Schünemann/Haffke, Strafrechtliche Klausurenlehre mit Fallrepetitorium,
  5. Auflage 1994 (zit.: *Roxin/Schünemann/Haffke*)
Satzger/Schluckebier/Widmaier, Strafgesetzbuch, 4. Auflage 2019 (zit.: S/S/W-*Bearbeiter*)
Schlegelberger, Gesetz über die Angelegenheiten der freiwilligen Gerichtsbarkeit,
  6. Auflage 1952 (zit.: *Schlegelberger*, FG Bd. I)
Schmidhäuser, Strafrecht, Besonderer Teil, 2. Auflage 1983 (zit.: *Schmidhäuser*, BT)
Schmidt/Priebe, Strafrecht, Besonderer Teil I, 14. Auflage 2015 (zit.: *Schmidt/Priebe*, BT/1)
Schmidt/Priebe, Strafrecht, Besonderer Teil II, 14. Auflage 2015 (zit.: *Schmidt/Priebe*, BT/2)
Schönke/Schröder, Strafgesetzbuch, 30. Auflage 2019 (zit.: Sch/Sch/*Bearbeiter*)

Literaturverzeichnis

Schroth, Strafrecht, Besonderer Teil: Strukturen, Aufbauschemata, Fälle und Definitionen, 5. Auflage 2010 (zit.: BT)
SK-StGB, Systematischer Kommentar zum Strafgesetzbuch von *Rudolphi, Horn, Günther, Hoyer* und *Wolter*; 9. Auflage 2017 (zit.: SK-*Bearbeiter*)
Stratenwerth/Kuhlen, Allgemeiner Teil, Die Straftat, 6. Auflage 2011 (zit.: *Stratenwerth/Kuhlen*, AT)
Strauß, Strafrecht, Fälle und Lösungen, 3. Auflage 1998
Thomas/Putzo, Kommentar zur ZPO, 37. Auflage 2016
Welzel, Deutsches Strafrecht, 11. Auflage 1969
Wessels/Beulke/Satzger, Strafrecht, Allgemeiner Teil. Die Straftat und ihr Aufbau, 48. Auflage 2018 (zit.: *Wessels/Beulke/Satzger*, AT)
Wessels/Hettinger/Engländer, Strafrecht, Besonderer Teil/1, Straftaten gegen Persönlichkeits- und Gemeinschaftswerte, 42. Auflage 2018 (zit.: *Wessels/Hettinger/Engländer*, BT/1)
Wessels/Hillenkamp/Schuhr, Strafrecht, Besonderer Teil/2, Straftaten gegen Vermögenswerte, 41. Auflage 2018 (zit.: *Wessels/Hillenkamp/Schuhr*, BT/2)
Zimmermann, Praktikum der freiwilligen Gerichtsbarkeit, 6. Auflage 2004 (zit.: *Zimmermann*, Praktikum der fG)
Zöller, Strafrecht, Besonderer Teil I, Vermögensdelikte, 2. Auflage 2015 (zit.: *Zöller*, BT/1)
Zöller/Fornoff/Gries, Strafrecht, Besonderer Teil II, Delikte gegen Rechtsgüter der Person und der Allgemeinheit, 2008 (zit.: *Zöller/Fornoff/Gries*, BT/2)

Kapitel 1

Delikte gegen höchstpersönliche Rechtsgüter

Achtung Klausur: *Zu beachten ist bei den Delikten gegen höchstpersönliche Rechtsgüter, dass der Klausurschwerpunkt regelmäßig im Allgemeinen Teil des Strafrechts liegen wird (Zurechnung, Rechtfertigung, Schuld, Versuch und Rücktritt, Unterlassen, Fahrlässigkeit). Vor diesem Hintergrund sind vor allem Klausuren, die aus dem Bereich der Delikte gegen das Leben und die körperliche Unversehrtheit stammen, stets zu sehen.* 1

§ 1 Delikte gegen das Leben

A. Geschütztes Rechtsgut sowie Verhältnis der Tötungsdelikte untereinander und zu den Tatbeständen der vorsätzlichen Körperverletzung

I. Geschütztes Rechtsgut

Geschütztes Rechtsgut der Tötungsdelikte ist nach allgemeiner Auffassung das menschliche Leben mit dem Angriffsobjekt des geborenen Menschen.[1] Die Tötungsdelikte sind daher nur zwischen Lebensbeginn und Lebensende anwendbar. 2

1. Der Lebensbeginn

Die Anwendbarkeit der Tötungstatbestände (§§ 211 ff. StGB) gegenüber den Abtreibungsvorschriften (§§ 218 ff. StGB) hängt davon ab, wann das Leben als Mensch beginnt: Insoweit zeigte der durch das 6. StrRG aufgehobene, bis zum 1.4.1998 aber noch gültige alte § 217 StGB, dass das menschliche Leben mit der Geburt beginnen sollte (Gesetzeswortlaut des ehemaligen § 217 StGB in der Fassung bis zum 1.4.1998: „... in oder gleich nach der Geburt tötet ..."). Nach diesem alten § 217 StGB wurde eine Mutter, die ihr nichteheliches Kind in oder gleich nach der Geburt tötet, privilegiert bestraft, jedoch wurde nicht angezweifelt, dass es sich dabei um ein Tötungsdelikt handelte. Damit war klar, dass das menschliche Leben strafrechtlich „in der Geburt" beginnt. Nach h. M. wurde dabei der Beginn der Geburt durch das Einsetzen der Eröffnungswehen (im Gegensatz zu Treib- und Presswehen) gekennzeichnet.[2] 3

Die Aufhebung des § 217 StGB in seiner bis zum 1.4.1998 gültigen Fassung hat zu dem Streit geführt, ob mit Beseitigung der Vorschrift der Lebensbeginn nicht mehr „in der

---

[1] Vgl. nur *Gössel/Dölling*, BT/1, § 1, Rn. 1; *Lackner/Kühl*, vor § 211, Rn. 1; *Otto*, BT, § 2, Rn. 3; *Eisele*, BT/I, Rn. 27; eingehend zum objektiven Tatbestand des § 212 StGB *Kühl*, JA 2009, 321 ff.; siehe zum strafrechtlichen Schutz am Lebensbeginn *Sowada*, GA 2011, 389 ff.
[2] BGHSt 32, 194; *Sch/Sch/Eser/Sternberg-Lieben*, vor §§ 211 ff., Rn. 13; *Lüttger*, JR 1971, 133 ff.

Geburt" (d. h. mit den Eröffnungswehen) einsetzt, sondern möglicherweise erst nach der Geburt.[3]

Gegen die Wahl eines neuen Zeitpunkts des Lebensbeginns spricht aber, dass die Aufhebung des damaligen § 217 StGB lediglich der Beseitigung einer nicht mehr als zeitgemäß empfundenen Privilegierung von Tötungen nichtehelicher Kinder dienen sollte; dagegen ist nicht davon auszugehen, dass der Gesetzgeber mit der Streichung auch die bisherige Bestimmung des Zeitpunktes des Lebensbeginns in Frage stellen wollte.[4] Für eine Beibehaltung der Bestimmung des Lebensbeginns mit Einsetzen der Eröffnungswehen streitet auch, dass die Eröffnungswehen den Moment kennzeichnen, in dem das Kind bei normalem Geburtsverlauf beginnt, den Körper der Mutter von selbst zu verlassen. Anders als bei der Schwangerschaft kann man ab diesem Zeitpunkt daher nicht mehr davon sprechen, dass die Mutter ihren Körper für eine Austragung weiter zur Verfügung stellt. Für eine Beibehaltung des bisherigen Abgrenzungszeitpunkts ist ferner anzuführen, dass das in der Geburt befindliche Kind gegenüber ärztlichen Fehleingriffen während des Geburtsvorgangs erhöht schutzwürdig ist.[5]

4 **Achtung Klausur:** *Sollte in der Prüfungsarbeit die Frage auftauchen, ob §§ 212 ff. oder §§ 218 ff. StGB anwendbar sind, so empfiehlt es sich, kurz auf Folgendes hinzuweisen: „Da die Aufhebung des bis zum 1.4.1998 geltenden § 217 StGB durch das 6. StrRG lediglich der Beseitigung einer nicht mehr als zeitgemäß empfundenen Privilegierung von Tötungen nichtehelicher Kinder dienen sollte, ist nicht davon auszugehen, dass der Gesetzgeber den Zeitpunkt des Lebensbeginns mit Einsetzen der Eröffnungswehen in Frage stellen wollte." Daher sollte man in der Klausur den Inhalt des alten § 217 StGB zumindest wiedergeben können. Mit dem neuen, erst seit Dezember 2015 gültigen § 217 StGB (geschäftsmäßige Förderung des Suizids) hat diese Problematik dagegen überhaupt nichts zu tun!*

Einwirkungen auf die Leibesfrucht fallen daher, solange der Geburtsvorgang noch nicht eröffnet ist, ausschließlich unter §§ 218 ff. StGB. § 212 StGB sowie § 222 und § 229 StGB sind in diesem Stadium nach h. M. nicht anwendbar, selbst wenn die pränatale Einwirkung zu postnatalen Schädigungen führt.[6] Die Problematik veranschaulicht folgendes aus der Rechtsprechung stammendes

Beispiel:[7] A stach auf die in der 25. Woche schwangere B mehrmals mit einem Messer ein. Im Krankenhaus wurde B durch einen Notfall-Kaiserschnitt von einer Tochter T entbunden. T verstarb auf der Frühgeborenen-Station 16 Tage später an den Folgen eines durch die Stiche im Mutterleib erlittenen Herz-Kreislauf-Stillstandes. Strafbarkeit des A im Hinblick auf den Tod der T?

Lösung: In Betracht kommt hier eine Strafbarkeit wegen eines vollendeten Tötungsdelikts nach §§ 211, 212 StGB. Voraussetzung dafür wäre jedoch, dass es sich bei der Tochter bereits

---

3 Vgl. etwa *Herzberg/Herzberg*, JZ 2001, 1112; zu Recht gegen eine Änderung des maßgeblichen Zeitpunkts aber *Fischer*, vor §§ 211 ff., Rn. 6 f.; *Struensee*, Einführung in das 6. StrRG, 2/6; *Wessels/Hettinger/Engländer*, BT/1, Rn. 9.
4 Näher hierzu *Jäger*, JuS 2000, 31 f.; a. A. *Herzberg/Herzberg*, JZ 2001, 1112.
5 Lesenswert dazu *Küper*, GA 2001, 515 ff.; BT-Drucks. 13/8587, S. 35, 81.
6 Vgl. statt vieler *Rengier*, BT/2, § 3, Rn. 2 ff. m. w. N.; *Kudlich*, BT/2, PdW, S. 1 f.; 46 f.; a. A. zu Unrecht LG Aachen JZ 1971, 507 im Contergan-Fall.
7 Nach BGH NStZ 2008, 393 ff. m. Bspr. *Jäger*, Jura 2009, 53 ff.; *F.-C. Schroeder*, JR 2008, 252 f.

um einen Menschen als taugliches Opfer der §§ 211 ff. StGB gehandelt hat. Dabei beginnt zwar das menschliche Leben auch nach Fortfall des bis zum 1.4.1998 gültigen ehemaligen § 217 StGB grundsätzlich mit der Geburt, d. h. mit Beginn der Eröffnungswehen. Problematisch ist jedoch im vorliegenden Fall, dass die Stiche zu einem Zeitpunkt gesetzt wurden, zu dem die Tochter noch Leibesfrucht im Mutterbauch war, wohingegen der endgültige Tod erst nachgeburtlich eingetreten ist. Der BGH sieht diesbezüglich jedoch zu Recht den Zeitpunkt der Einwirkung als maßgeblich an, da es andernfalls von Zufälligkeiten abhinge, ob der Fötus bereits im Mutterbauch abgetötet wird oder das Kind erst nach der Geburt aufgrund des ursprünglichen Eingriffs im Mutterbauch verstirbt (vgl. auch § 8 StGB). Deshalb sei im vorliegenden Fall § 218 StGB einschlägig. Dies gelte auch dann, wenn das Kind noch einige Zeit nach der Geburt überlebe, weil kein Unterschied bestehen dürfe, ob das Kind aufgrund der Handlung bereits als Leibesfrucht oder erst nach Ausstoßung aus dem Mutterleib versterbe. Im konkreten Fall war A daher wegen Schwangerschaftsabbruchs in einem besonders schweren Fall nach § 218 I, II S. 2 Nr. 2 StGB zu bestrafen.[8]

Bei einer durch Kaiserschnittentbindung erfolgenden Geburt soll nach wohl h. M. die Öffnung des Uterus der entscheidende Zeitpunkt für den Lebensbeginn sein.[9]

Entscheidend ist aber jedenfalls, dass das Kind im Zeitpunkt der Geburt auch tatsächlich gelebt hat (siehe oben das geschützte Rechtsgut!).[10] Keine Rolle spielt dagegen die weitere Lebensfähigkeit.[11]

2. Das Lebensende

Die Anwendbarkeit der Tötungsdelikte endet umgekehrt mit dem Tod, wobei dieser Zeitpunkt nach h. M. durch den Hirntod im Sinne eines vollständigen Funktionsausfalls des Gesamthirns gekennzeichnet ist.[12]

II. Das Verhältnis der Tötungsdelikte untereinander

Nach h. L. ist der Grundtatbestand der vorsätzlichen Tötung der in § 212 StGB unter Strafe gestellte Totschlag.[13] Der in § 211 StGB geregelte Mord bildet demgegenüber eine Qualifizierung zu § 212 StGB, während die in § 216 StGB unter Strafe gestellte Tötung auf Verlangen einen privilegierten Fall der vorsätzlichen Tötung darstellt.[14]

Demgegenüber steht der BGH in st. Rspr. auf dem Standpunkt, dass die genannten Tatbestände (§§ 211, 212, 216 StGB) sich nicht nur graduell, sondern ihrer Art nach derart unterscheiden, dass es sich um jeweils eigenständige Tatbestände handelt (siehe dazu auch Rn. 15).[15]

---

8 Vgl. zur ausführlichen Fallschilderung und -lösung *Jäger*, Jura 2009, 53 ff. Näher zum Delikt des Schwangerschaftsabbruchs allgemein *Satzger*, Jura 2008, 425 ff.
9 LK-*Rissing-van-Saan/Rosenau*, vor §§ 211 ff., Rn. 7; *Isemer/Lilie*, MedR 1988, 68; *Sch/Sch/Eser/Sternberg-Lieben*, vor §§ 211 ff., Rn. 13.
10 Vgl. hierzu *Kindhäuser*, BT/1, § 1, Rn. 8 m. w. N.
11 Vgl. aber *Gropp*, GA 2000, 1, der de lege ferenda auf die Lebensfähigkeit des Ungeborenen abhebt.
12 Auch dazu *Kindhäuser*, BT/1, § 1, Rn. 9 m. w. N.
13 LK-*Jähnke*, 11. Auflage, vor §§ 211 ff., Rn. 39; vgl. auch *Roxin*, in: Rechtsprechung, Gesetzgebung, Lehre: Wer regelt das Strafrecht?, 2010, S. 21 ff.; zur Abgrenzung von Mord und Totschlag *Grünewald*, JA 2012, 401 ff.
14 Vgl. *Gössel/Dölling*, BT/1, § 1, Rn. 7; *Sch/Sch/Eser/Sternberg-Lieben*, vor §§ 211 ff., Rn. 7 m. w. N.
15 Erstmals in BGHSt 1, 368, 372.

Maßgeblich ist dieser Meinungsstreit insbesondere im Bereich der Teilnahme, und zwar vor allem dann, wenn bei Haupttäter und Teilnehmer unterschiedliche Mordmerkmale vorliegen bzw. nicht vorliegen.

1. Folgen der BGH-Lösung

7 Folgt man der Auffassung des BGH, nach der Mord und Totschlag eigenständige Tatbestände mit unterschiedlichem Unrechtsgehalt darstellen, so kann § 28 II StGB im Bereich der §§ 211, 212 StGB keine Anwendung finden, weil sämtliche Mordmerkmale straf**begründend** sind, § 28 II StGB sich aber nur auf straferhöhende oder strafmildernde Merkmale bezieht.[16]

Für den BGH ist vielmehr nach den üblichen Akzessorietätsgrundsätzen (§ 28 I StGB) entscheidend, ob der Teilnehmer das Vorliegen des Mordmerkmals in der Person des Täters gekannt hat. Hat der Teilnehmer das Vorliegen des Mordmerkmals gekannt, so haftet er als Teilnehmer am Mord und seine Strafe wird nur nach § 28 I StGB gemildert, sofern in seiner Person keine Mordmerkmale vorliegen.[17]

Hat der Teilnehmer das Vorliegen des Mordmerkmals nicht gekannt, so folgt bereits aus § 16 StGB, dass eine Teilnehmerhaftung im Hinblick auf den Mord ausscheidet. Es kommt dann nur Teilnahme am Totschlag nach § 212 StGB in Frage.

2. Folgen der Literatur-Lösung

8 Folgt man der h. L., der zufolge Mord nur einen qualifizierten Fall des Totschlags darstellt, so ist der Weg zur Anwendung des § 28 II StGB eröffnet, weil die Mordmerkmale dann nicht strafbegründend, sondern straf**erhöhend** wirken, wie § 28 II StGB voraussetzt.[18]

3. Bedeutung bei tatbezogenen Merkmalen

9 Akut wird der Streit freilich nur bei sog. täterbezogenen Merkmalen, da § 28 StGB nur bei besonderen **persönlichen** Merkmalen einschlägig ist. Bei tatbezogenen Mordmerkmalen gelten dagegen die üblichen Akzessorietätsgrundsätze, sodass hier allein entscheidend ist, ob der Teilnehmer das Vorliegen des tatbezogenen Mordmerkmals im Hinblick auf den Haupttäter gekannt hat. Da hier weder § 28 I StGB noch § 28 II StGB gelten können, ergeben sich bei ihnen also keine Unterschiede zwischen BGH-Auffassung und Literaturmeinung.[19] Vielmehr gilt nach beiden Auffassungen, dass der Teilnehmer das tatbezogene Mordmerkmal gekannt haben muss, § 16 StGB!

Tatbezogen sind dabei diejenigen Mordmerkmale, die den Unrechtsgehalt der Tat typisieren. Dies sind alle Merkmale der 2. Gruppe (heimtückisch, grausam, mit gemeingefährlichen Mitteln).[20]

---

16 LK-*Rissing-van-Saan/Rosenau*, vor §§ 211 ff., Rn. 143; MüKo-Schneider, vor §§ 211 ff., Rn. 187.
17 Hierzu ausführl. *Küper*, JZ 1991, 761 ff.
18 Vgl. *Fischer*, § 211 ff., Rn. 6 ff. m. w. N.
19 *Wessels/Hettinger/Engländer*, BT/1, Rn. 160 m. w. N.
20 Differenz. in Bezug auf die Mordmerkmale Heimtücke und Grausamkeit LK-*Schünemann*, § 28, Rn. 72 f.

4. Bedeutung bei täterbezogenen Merkmalen

Der Streit ist dagegen bei sog. täterbezogenen Mordmerkmalen bedeutsam. Das sind solche Mordmerkmale, die in der Person des Täters begründet sind. Dies ist bei den Merkmalen der 1. und 3. Gruppe der Fall (Mordlust, Befriedigung des Geschlechtstriebs, Habgier, sonstige niedrige Beweggründe, zur Verdeckung bzw. Ermöglichung einer Straftat). Da diese Mordmerkmale persönliche Merkmale i. S. v. § 28 StGB sind, wird bei ihnen der Streit um die Anwendbarkeit von § 28 I StGB einerseits und § 28 II StGB andererseits relevant.[21]

5. Konsequenzen für die Fallbearbeitung

Beispiel 1: A stiftet B an, C zu erschießen. B greift jedoch ohne Wissen des A nicht zur Pistole, sondern wirft eine Handgranate in einen voll besetzten, gerade an einer Haltestelle stoppenden Bus, in dem C sich befindet. C wird neben anderen Opfern bei dem Anschlag getötet.

Lösung 1: B hat sich hier des Mordes schuldig gemacht, da er zu einem gemeingefährlichen Mittel gegriffen hat (die Frage der Heimtücke sei zunächst einmal ausgeblendet).

A kann dagegen unstreitig nur wegen Anstiftung zum Totschlag bestraft werden, da er das qualifizierende Mordmerkmal der „Gemeingefährlichkeit" nicht gekannt hat und es sich dabei um ein tatbezogenes, d. h. allgemeinen Akzessorietätsgrundsätzen unterliegendes Merkmal handelt.

Umkehrbeispiel: B tötet den C entgegen der Vorstellung des Anstifters A nicht durch eine Handgranate, sondern durch Erschießen.

In diesem Fall hat sich B nur wegen Totschlags strafbar gemacht (für Heimtücke gibt der Sachverhalt nichts her).

A dagegen ist hier wegen Anstiftung zum Totschlag sowie wegen idealkonkurrierender versuchter Anstiftung zum Mord strafbar.

Beispiel 2: B tötet seinen Vater C, um früher in den Genuss der Erbschaft zu kommen. Angestiftet wurde er dazu von A, der selbst keine Vorteile aus der Erbschaft hat.

Lösung 2: B ist hier wegen Mordes zu bestrafen, da er aus Habgier getötet hat.

Nach Ansicht des BGH kommt es für die Teilnehmer-Strafbarkeit des A darauf an, ob A das Motiv des B gekannt hat.[22] Hat er es nicht gekannt, so kann A nur wegen Anstiftung zum Totschlag strafbar sein, weil ein Exzess des Haupttäters vorliegt, § 16 StGB. Hat A das Motiv des B dagegen gekannt, so ist A nach §§ 211, 26 StGB strafbar und es kann nur eine Strafmilderung nach §§ 28 I, 49 I StGB stattfinden, weil die Mordmerkmale straf*begründend* sind und das Mordmerkmal beim Teilnehmer selbst fehlt.[23]

Nach der Literaturauffassung sind die Mordmerkmale dagegen straf*erschwerend*, sodass bei den täterbezogenen Merkmalen § 28 II StGB zur Anwendung gelangt. Danach ist nicht entscheidend, welches persönliche Merkmal beim Haupttäter vorliegt, sondern ob und welches persönliche Merkmal der Teilnehmer in seiner Person erfüllt. Hier fehlt das Mordmerkmal der Habgier beim Teilnehmer A, sodass dieser nur nach §§ 212, 26, 28 II StGB strafbar ist. Es kommt also nicht nur zu einer Strafmilderung (wie der BGH dies annimmt), sondern sogar zu einer Tatbestandsverschiebung.

Umkehrbeispiel: A möchte an die Erbschaft seines Vaters C gelangen. Deshalb stiftet er den B an, den C zu töten. B tut dies, weil C die Tochter des B vergewaltigt hat.

---

21 *Fischer*, § 211, Rn. 94 ff. m. w. N.; *Rengier*, BT/2, § 5 Rn. 8 ff. mit Argumenten für die Lit.-Meinung.
22 Siehe BGH StV 1982, 208; 1987, 386.
23 Vgl. *Sch/Sch/Eser/Sternberg-Lieben*, § 211, Rn. 46 m. w. N.

B ist hier nur wegen Totschlags nach § 212 StGB strafbar. Es liegt bei ihm nicht einmal ein niedriger Beweggrund vor, da das Tötungsmotiv sittlich nicht auf niedrigster Stufe steht.

Aber auch A kann nach der BGH-Auffassung nur wegen Anstiftung zum Totschlag bestraft werden, da die Mordmerkmale für ihn strafbegründend sind, sodass ihm der Weg zu § 211 StGB über § 28 II StGB verschlossen ist. Auch § 28 I StGB hilft dem BGH hier nicht weiter, da das persönliche Merkmal beim Teilnehmer nicht fehlt, sondern gerade vorhanden ist. Der BGH kann hier daher nur nach §§ 212, 26 StGB bestrafen.

Die Literatur kann dagegen wiederum über § 28 II StGB zur Bestrafung wegen Anstiftung zum Mord nach §§ 211, 26 StGB gelangen, da sie die Mordmerkmale als straferschwerend begreift und für sie daher nur ausschlaggebend ist, ob der Teilnehmer das persönliche Merkmal erfüllt.

Beispiel 3: A stiftet den B zur Tötung des C an, weil A seinen Nachbarn C wegen seines Reichtums einfach hasst und loswerden will (niedriger Beweggrund). B tötet den C tatsächlich, weil er bei C ein paar Wertsachen mitgehen lassen will (Habgier).

Lösung 3: B ist hier wieder wegen Mordes zu bestrafen (Habgier).

Zugunsten des Teilnehmers A müsste der BGH eigentlich § 28 I StGB anwenden und eine Strafmilderung zulassen, da A das Mordmerkmal des Haupttäters B fehlt. Da dem BGH dieses Ergebnis aber offensichtlich ungerecht erscheint, hat er hier die Theorie der **gekreuzten Mordmerkmale** entworfen. Danach ist eine Strafmilderung nach § 28 I StGB ausgeschlossen, wenn dem Teilnehmer zwar das Mordmerkmal des Haupttäters fehlt, der Teilnehmer aber in seiner Person zumindest auch ein vergleichbares Mordmerkmal wie der Haupttäter erfüllt. Vorliegend sei dies der Fall, da Habgier nur ein Unterfall des Merkmals „niedrige Beweggründe" sei. Letztlich wird der BGH in diesem Sinne sogar alle persönlichen Mordmerkmale für vergleichbar erklären können, sodass stets eine Kreuzung von persönlichen Mordmerkmalen denkbar ist, da auch Verdeckungs- und Ermöglichungsabsicht wohl nur besondere Formen eines „niedrigen Beweggrundes" sind.[24] **Vorsicht:** Der Teilnehmervorsatz muss sich aber auch dabei auf das vom Haupttäter verwirklichte Mordmerkmal erstrecken.

Die Literaturauffassung tut sich hier wesentlich leichter. Denn sie entscheidet wiederum nur danach, ob in der Person des Teilnehmers ein Mordmerkmal erfüllt ist und kommt daher über § 28 II StGB problemlos zu einer Bestrafung wegen Anstiftung zum Mord nach §§ 211, 26 StGB.

6. Konsequenzen für den Klausuraufbau

a) Sachverhalte ohne Teilnahmeprobleme

12 Die genaue Verortung der Mordmerkmale im Prüfungsaufbau ist umstritten[25] und eine Entscheidung darüber, ob es sich bei Mord und Totschlag um selbstständige Tatbestände oder um Grund- und Qualifikationstatbestand handelt, ist grundsätzlich auch nicht erforderlich.

Sieht man § 211 StGB als eigenständiges Delikt, so bietet es sich an, § 211 StGB auch losgelöst von § 212 StGB zu prüfen. Die objektiven Mordmerkmale wären bei einem solchen Aufbau im objektiven Tatbestand des Mordes zu prüfen, während im subjektiven Tatbestand neben dem Tötungsvorsatz der Vorsatz bezüglich der objektiven Mordmerkmale (2. Gruppe) sowie sämtliche subjektiven Mordmerkmale (1. Gruppe und 3. Gruppe) anzusiedeln wären.[26]

---

24 Vgl. BGHSt 35, 126.
25 Vgl. etwa die Aufbauhinweise bei *Wessels/Hettinger/Engländer*, BT/1, Rn. 154 ff.
26 Siehe dazu BGHSt 1, 368, 371.

Kopflastig mutet ein derartiger Aufbau jedoch deshalb an, weil dann die objektiven Mordmerkmale geprüft werden, bevor überhaupt feststeht, dass ein Tötungsvorsatz besteht.

Geschickter erscheint es daher, zunächst unter einem eigenen Prüfungspunkt den Totschlag hinsichtlich Tatbestandsmäßigkeit, Rechtswidrigkeit und Schuld vollständig abzuhandeln und sodann unter einem weiteren Prüfungspunkt den Mord im Hinblick auf das Vorliegen von objektiven bzw. subjektiven Mordmerkmalen zu untersuchen.[27] Nach der Literaturauffassung ist dies deshalb möglich, weil Totschlag und Mord ohnehin im Verhältnis von Grundtatbestand und Qualifikation stehen.[28] Aber auch nach Auffassung des BGH ist ein solches Vorgehen nicht ausgeschlossen, weil der BGH in seiner Entscheidung BGHSt 36, 231 festgestellt hat, dass jeder Mord – trotz seiner Eigenständigkeit – einen Totschlag enthält.[29]

Aber Achtung: Bei der Versuchsprüfung ist ein solcher getrennter Aufbau nicht erforderlich und vielleicht sogar zu umständlich. Denn beim Versuch müssen ohnehin sämtliche Mordmerkmale im Tatentschluss geprüft werden, und zwar sowohl die objektiven, weil sich auf sie der Tatentschluss beziehen muss, als auch alle subjektiven Mordmerkmale, weil der Tatentschluss Absichten und Motive mit umfasst. Hier bietet sich also ein gemeinsamer Aufbau an (vgl. Spurenbeseitigungs-Fall, Rn. 43 f.!).

Bisweilen ist ein einheitlicher Aufbau – sei es beim vollendeten oder versuchten Delikt – sogar unvermeidlich, und zwar dann, wenn der Sachverhalt Mordmerkmale als problematisch aufwirft und gleichzeitig eine Rechtfertigung oder Entschuldigung in Betracht kommt. Beginnt man hier nämlich mit § 212 StGB und rechtfertigt oder entschuldigt den Täter diesbezüglich, so kann man den Mord nicht mehr sinnvoll prüfen. Um also überhaupt zu den Mordmerkmalen zu kommen, muss man hier gemeinsam aufbauen, d. h. objektive Mordmerkmale im objektiven Tatbestand sowie subjektive Mordmerkmale im subjektiven Tatbestand prüfen und erst anschließend eine Rechtfertigung oder Entschuldigung bejahen (vgl. Raubkopie-Fall, Rn. 33 f.).

b) Sachverhalte mit Teilnahmeproblemen

Enthält der Sachverhalt Teilnahmeprobleme, so muss man sich allerdings entscheiden, ob man der Literatur (Grund- und Qualifikationstatbestand) oder der Rspr. (selbstständige Tatbestände) folgt.

Folgt man der Literatur, so ist nach dem subjektiven Tatbestand eine Tatbestandsverschiebung nach § 28 II StGB zu prüfen und in diesem Gliederungspunkt gleichzeitig die BGH-Auffassung abzulehnen, weil man zu einer Strafzumessungsverschiebung nach § 28 I StGB nicht mehr kommen kann.

Folgt man dem BGH, so ist nach dem subjektiven Tatbestand eine Tatbestandsverschiebung nach § 28 II StGB abzulehnen und nach der Schuld in der Strafzumessung eine Strafzumessungsverschiebung nach § 28 I StGB anzunehmen.

---

27 Für diesen Aufbau auch *Beulke*, Klausurenkurs im Strafrecht III, Rn. 92.
28 S. o. Rn. 6.
29 BGH NJW 1989, 1009.

Die besseren Gründe dürften dabei für die Lit. sprechen: Denn dass die vom BGH befürwortete strikt akzessorische Betrachtung ungerecht ist, zeigt sich gerade, wenn täterbezogene Mordmerkmale in der Person des Anstifters erfüllt sind, während sie in der Person des Haupttäters fehlen. Dem Anstifter, der in seiner Person ein täterbezogenes Mordmerkmal (etwa einen niedrigen Beweggrund) erfüllt, gereicht nämlich nach der BGH-Auffassung das beim Haupttäter zu verzeichnende zufällige Fehlen persönlicher Mordmerkmale zum Vorteil. Da nämlich in einem derartigen Fall § 28 I StGB nicht anwendbar ist (das Merkmal fehlt beim Teilnehmer ja nicht, sondern es ist vorhanden), kann der Anstifter nur streng akzessorisch nach §§ 212, 26 StGB bestraft werden. In einem Schuldstrafrecht, in dem jeder Täter grundsätzlich nach seiner eigenen Schuld zu bestrafen ist, kann ein solches Ergebnis nicht akzeptiert werden. Denn anders als bei den objektiven Mordmerkmalen, die zu Recht rein akzessorisch behandelt werden, weil sie an der Tat anknüpfen, weisen die subjektiven Mordmerkmale zumindest auch einen an der Person orientierten Schuldbezug auf, der eine strikte tatbestandsakzessorische Behandlung zwingend ausschließen muss.

Aber auch im umgekehrten Fall führt die Auffassung des BGH von der Selbstständigkeit der Tatbestände zu unbilligen und unpraktischen Ergebnissen. Fehlt nämlich das täterbezogene Mordmerkmal (z. B. niedriger Beweggrund) beim Teilnehmer, während der Haupttäter ein solches aufzuweisen hat, so verurteilt der BGH im Falle der Kenntnis des Mordmerkmals akzessorisch wegen Teilnahme am Mord und mildert die Strafe nach §§ 28 I, 49 I StGB. Nach § 49 I Nr. 1 StGB würde dies dann für die Anstiftung zum Mord zu einem Strafrahmen von drei bis fünfzehn Jahren führen, während die Strafe für die eigentlich in der Person des Teilnehmers verwirklichte Anstiftung zum Totschlag bei fünf bis fünfzehn Jahren liegen würde. Zur Vermeidung dieses Wertungswiderspruchs ist der BGH in einer Entscheidung aus dem Jahre 2006[30] davon ausgegangen, dass die für eine Beteiligung am Totschlag zu verhängende Mindeststrafe eine „Sperrwirkung" entfaltet, sodass diese Mindeststrafe nicht unterschritten werden kann. Man sieht hieran, dass der BGH durch seine Auffassung immer wieder zu neuen „Schönheitskorrekturen" gezwungen ist, die bei einer Anwendung der Literaturauffassung nicht erforderlich sind. Immerhin hat der 5. Senat des BGH in einer aufsehenerregenden Entscheidung[31] selbst darauf hingewiesen, dass der Rspr. zum Verhältnis von Mord und Totschlag mit gewichtigen Argumenten entgegengehalten wird, dass sie zu unüberbrückbaren Wertungswidersprüchen führt und unnötig kompliziert sei. Zugrunde lag dieser beachtenswerten, aber leider vereinzelt gebliebenen Entscheidung folgender

15a **Fall 1:** Der dem kurdischen Raum entstammende D war ermordet worden. Seine Angehörigen A (Neffe des D, der den D jedoch nicht näher kannte), B (Sohn des D) und die C (Frau des D) beschlossen, sich deshalb an dem mutmaßlichen Täter (T) zu rächen, um die „Familienehre" wieder herzustellen. Zu diesem Zwecke fuhr der B mit seinem Auto nach längerer – von T erkannter Verfolgung – an den in seinem Wagen sitzenden T heran, wäh-

---

30 BGH NStZ 2006, 34.
31 BGH NStZ 2006, 286.

rend die im Fond des Wagens sitzende C dem Beifahrer A die Pistole des B übergab. Mit dieser erschoss A den T in dessen Wagen. Strafbarkeit von A, B und C? (**Blutrache-Fall** nach BGH NStZ 2006, 286 ff.[32])

Lösung:

A. Strafbarkeit des A

I. In Betracht kommt eine Strafbarkeit wegen **Totschlags nach § 212 StGB**.
1. Tatbestandsmäßigkeit
Durch den mit Tötungsvorsatz auf T abgegebenen letalen Schuss hat A den objektiven und subjektiven Tatbestand des § 212 StGB erfüllt.
2. Rechtfertigungs- und Schuldausschließungsgründe sind nicht ersichtlich.
Ergebnis: A ist strafbar wegen Totschlags nach § 212 StGB.

II. Denkbar wäre darüber hinaus auch eine Strafbarkeit wegen **Mordes nach § 211 StGB**.
1. Zu prüfen ist zunächst das Vorliegen des objektiven Mordmerkmals der Heimtücke. Gegen dessen Vorliegen spricht aber, dass T angesichts der offensichtlich bereits stattgefundenen Verfolgung den auf ihn gerichteten Angriff erkannt hatte, sodass nicht mehr von einer auf Arglosigkeit beruhenden Wehrlosigkeit ausgegangen werden kann.
2. Als subjektives Mordmerkmal kommt das Vorliegen eines niedrigen Beweggrundes im Hinblick auf das Tötungsmotiv der „Blutrache" in Betracht. Der BGH differenziert hier allerdings: Ein niedriger Beweggrund wird im Falle der „Blutrache" in aller Regel in denjenigen Fällen ohne Weiteres anzunehmen sein, in denen allein die Verletzung eines Ehrenkodexes als todeswürdig angesehen wird oder in denen ein Angehöriger einer Sippe als Vergeltung für das Verhalten eines anderen Sippenangehörigen, an dem ihn keine persönliche Schuld trifft, getötet wird. Andererseits sei aber beim Verlust naher Angehöriger durch eine Gewalttat eine rachemotivierte Tötung nicht ohne Weiteres als Mord aus niedrigen Beweggründen zu bewerten, was insbesondere dann gelte, wenn der Täter aus einer besonderen Belastungssituation infolge des Verlustes einer wesentlichen Bezugsperson bzw. aus ähnlichen, nicht per se niedrigen Motiven heraus gehandelt hat.
Da A vorliegend in einem weiteren Verwandtschaftsgrad zu seinem Onkel stand und diesen nicht einmal näher kannte, hat der BGH im vorliegenden Fall einen niedrigen Beweggrund bejaht.
Ergebnis: Folgt man dem BGH, so ist A wegen Mordes nach § 211 StGB strafbar.

III. Die gleichzeitig verwirklichte **mittäterschaftliche Körperverletzung nach §§ 223, 224 I Nr. 2 Alt. 1, 4 und 5 StGB** tritt im Wege der Gesetzeskonkurrenz zurück.

B. Strafbarkeit des B

I. In Betracht kommt eine Strafbarkeit wegen **mittäterschaftlicher Tötung nach §§ 212, 25 II StGB**.
1. B hat den Schuss auf das Opfer nicht selbst abgegeben, sondern nur den Wagen bei der Tatausführung gesteuert. In Betracht kommt aber eine täterschaftliche Verwirklichung, wenn A und B in Mittäterschaft gehandelt haben (§ 25 II StGB). In diesem Fall müsste B sich auch den mittäterschaftlichen Anteil des A über die Zurechnungsnorm des § 25 II StGB zurechnen lassen.
Voraussetzung für ein mittäterschaftliches Handeln ist jedoch neben einem gemeinsamen Tatplan auch eine gemeinsame Ausführungshandlung.

15b

---

32 Vgl. dazu *Kudlich*, JA 2006, 573 ff.; *Satzger*, JK 8/06, StGB § 211/50; *Kudlich/Tepe*, GA 2008, 92 ff.; *Grünewald*, NStZ 2010, 1 ff.

Vorliegend beruhte das Vorgehen von A und B auf einem gemeinsamen Plan. Auch hat B im Zeitpunkt der Tat einen funktional wesentlichen Tatbeitrag durch das Steuern des Verfolgungsfahrzeugs geleistet, der über das Ob und Wie der Tat entschied. Nach der Tatherrschaftslehre ist daher von einem gemeinschaftlichen Zusammenwirken im Ausführungsstadium auszugehen. Aber selbst wenn man der eher subjektiv gefärbten Rspr. folgt, so hatte B als Sohn des Getöteten ein maßgebliches Interesse an der Tat, das ihn zum Mittäter erhebt.

2. Rechtfertigungs- und Schuldausschließungsgründe sind nicht ersichtlich.

Ergebnis: B ist wegen mittäterschaftlichen Totschlags nach §§ 212, 25 II StGB strafbar.

II. Zu prüfen ist, ob darüber hinaus auch eine Strafbarkeit wegen **mittäterschaftlichen Mordes nach §§ 211, 25 II StGB** in Betracht kommt.

1. Zur Heimtückefrage gilt das bereits unter Punkt A Gesagte (vgl. dazu oben).

2. Zu prüfen ist, ob der Beweggrund der „Blutrache" auch bei B als niedrig anzusehen ist. Im Unterschied zu A ist jedoch zugunsten des B davon auszugehen, dass dieser in einer festen Bindung zu seinem getöteten Vater stand und B daher unter dessen Tötung in besonderer Weise gelitten hat. Die Gesamtumstände der Tat geben daher keinen Anlass dazu, sie als besonders verwerflich und verachtenswert zu betrachten.

B wäre daher lediglich wegen mittäterschaftlichen Totschlags nach §§ 212, 25 II StGB zu bestrafen.

Fraglich ist allerdings, ob Mittäterschaft im Verhältnis von Mord und Totschlag überhaupt möglich ist. Nach der Lit., die zwischen Totschlag und Mord ein Verhältnis von Grundtatbestand und Qualifizierung sieht, ist diese Frage unzweifelhaft zu bejahen und § 28 II StGB anzuwenden, sodass je nach Vorliegen oder Fehlen eines besonderen persönlichen Merkmals § 211 StGB oder § 212 StGB in Betracht kommen.

Dagegen müsste der BGH aufgrund seines Verständnisses von Mord und Totschlag als selbstständige, völlig unterschiedliche Tatbestände an der Möglichkeit der Mittäterschaft zweifeln. Insbesondere kann er dann mangels Stufenverhältnis § 28 II StGB nicht anwenden und § 28 I StGB ist ebenfalls nicht einschlägig, da diese Vorschrift nur von Anstifter und Gehilfen, nicht aber von Mittätern spricht.

Dennoch hat der BGH eine Mittäterschaft für möglich erachtet (vgl. BGHSt 36, 231, der sogleich im Bleikristallvase-Fall, Rn. 17 f. noch ausführlich mit den Gründen besprochen wird).

Ergebnis: Nach allen Auffassungen hat sich B daher nach §§ 212, 25 II StGB wegen Totschlags in Mittäterschaft strafbar gemacht.

III. Die gleichzeitig verwirklichte **mittäterschaftliche gefährliche Körperverletzung nach §§ 223, 224 I Nr. 2 Alt. 1, 4 und 5, 25 II StGB** tritt dahinter zurück.

C. Strafbarkeit der C

I. In Betracht kommt zunächst eine Strafbarkeit wegen **mittäterschaftlichen Mordes nach §§ 211, 25 II StGB**.

Voraussetzung hierfür wäre jedoch nach der Tatherrschaftslehre, dass die C einen wesentlichen Tatbeitrag im Ausführungsstadium geleistet hat, der über das Ob und Wie der Tatverwirklichung entscheidet. Beim bloßen Reichen einer Pistole kann dies wohl nicht angenommen werden, da es sich dabei um einen Mitwirkungsbeitrag handelt, der die C lediglich zu einer Randfigur im Gesamtgeschehen machte. Anders könnte man allenfalls nach der subjektiven Theorie der Rspr. urteilen, wenn man davon ausgeht, dass die C ein eigenes besonderes Tatinteresse hatte. Der Sachverhalt gibt jedoch für derartige Erwägungen nur wenig her. Denkbar ist genauso gut, dass die C lediglich mehr oder weniger widerstrebend bei der Tatausführung mitgewirkt hat und sich gerade deshalb auf eine Randbeteiligung beschränkt hat.

II. In Betracht kommt daher lediglich eine **Beihilfe zum Mord nach §§ 211, 27 StGB**.

1. Eine vorsätzliche rechtswidrige Haupttat liegt vor.
2. Die C handelte auch vorsätzlich hinsichtlich der Gehilfenschaft und des Erfolges.
3. Fraglich ist, ob eine Tatbestandsverschiebung nach § 28 II StGB für die C in Betracht kommt. Dies wäre zumindest dann der Fall, wenn bei ihr ein strafschärfendes Merkmal, das beim Haupttäter gegeben ist, gefehlt hat. Denkbar wäre insoweit das Mordmerkmal des niedrigen Beweggrundes. Angesichts der intensiven Bindung zwischen Ehefrau und getötetem Ehemann kann bei ihr – ebenso wie bei B – nicht davon ausgegangen werden, dass es sich bei ihrem „Blutrache"-Motiv um einen niedrigen Beweggrund handelte.
Fraglich ist dennoch, ob unter Zugrundelegung der BGH-Rspr. eine Anwendung des § 28 II StGB überhaupt in Betracht kommt. Dies wäre nämlich nicht der Fall, wenn man Mord und Totschlag nicht als Delikte im Verhältnis von Qualifikation und Grundtatbestand begreift, sondern als eigenständige Tatbestände. Anwendbar wäre dann nur § 28 I StGB, der zu einer strikt akzessorischen Strafbarkeit nach §§ 211, 27 StGB mit bloßer Strafmilderungsmöglichkeit nach § 49 I StGB führen würde.
Geradezu bahnbrechend zweifelt der BGH erstmalig selbst an dieser von ihm bisher in st. Rspr. vertretenen Lösung und erkennt an, dass sie zu schwer überbrückbaren Wertungswidersprüchen und unausgewogenen Ergebnissen führt, die nicht nur der sonst üblichen Systematik widersprächen, sondern auch unnötig kompliziert seien.[33] Gerade im vorliegenden Fall kämen diese Wertungswidersprüche besonders anschaulich zur Geltung: Die gemeinschaftlich durch die Mittäter begangene Tötung kann schwerlich als Verwirklichung zweierlei verschiedenen Unrechts und zweier selbstständiger Tatbestände verstanden werden, sondern stellt sich als ein Tötungsunrecht i. S. v. § 212 StGB dar, zu dem lediglich bei einem der Täter mit dem Mordmerkmal der niedrigen Beweggründe besonders schwerwiegende persönliche Umstände (vgl. § 28 II StGB) hinzukommen. Ein solches Verhältnis entspräche aber nach der üblichen Systematik demjenigen zwischen Grunddelikt und Qualifikation. Gerade bei der Beihilfehandlung der C werde dies besonders deutlich. Ihre Unterstützung der gemeinschaftlichen Tötung des T lasse sich nicht künstlich in eine objektive Beihilfe zum Mord einerseits und eine objektive Beihilfe zum Totschlag andererseits aufspalten.
Am Ende hat der BGH die Frage aber dennoch offen gelassen und ist einer endgültigen Entscheidung ausgewichen, indem er davon ausgegangen ist, dass die C auch unter Zugrundelegung der bisherigen Rspr. nicht wegen Beihilfe zum Mord bestraft werden könne, weil das bei A vorliegende Mordmerkmal der niedrigen Beweggründe nicht vom Vorsatz der C umfasst gewesen sei. Diese sei nämlich ihrem Kulturkreis so sehr verhaftet gewesen, dass sie nicht erkennen konnte, dass die bei A vorliegende Gesinnung eine Niedrigkeit des Beweggrundes begründete.

III. Gegeben ist aber jedenfalls eine Strafbarkeit wegen **Beihilfe zum Totschlag nach §§ 212, 27 StGB**.

Näher zur Verortung von § 28 II StGB einerseits und § 28 I StGB andererseits *Jäger*, AT, Rn. 254, 264.

7. Sonderproblem: Mord und Totschlag in Mittäterschaft

Nach der Literatur, die überwiegend Totschlag und Mord als Grundtatbestand und Qualifikation begreift, ist die Möglichkeit von Mord und Totschlag in Mittäterschaft unproblematisch zu bejahen. Aber auch der BGH hat eine solche Möglichkeit bejaht,

---

33 Der BGH nimmt dabei ausdrücklich die von *Puppe* und mir kurz zuvor geübte Kritik auf (vgl. BGH NStZ 2006, 288 unter Verweis auf *Puppe*, JZ 2005, 902 ff. sowie *Jäger*, JR 2005, 477).

obwohl er beide Tatbestände als völlig selbstständig betrachtet. Zu entscheiden hatte er dabei folgendes

17 **Beispiel:** Die M überredete ihren Sohn S dazu, ihre Tante T gemeinsam zu töten. M forderte S auf, die schlafende T mit einer Bleikristallvase zu erschlagen, was S auch tat. Dabei war S sich nicht bewusst, gerade den Schlaf der T auszunutzen. Strafbarkeit von S und M nach § 212 bzw. § 211 StGB? (**Bleikristallvase-Fall** nach BGHSt 36, 231)

18 **Lösung:** S hat sich lediglich wegen Totschlags gem. § 212 StGB strafbar gemacht. M hat sich wegen mittäterschaftlicher Tötung nach §§ 212, 25 II StGB strafbar gemacht. Zusätzlich ist M wegen mittäterschaftlichen Mordes nach §§ 211, 25 II StGB zu bestrafen, da M objektiv die Arg- und Wehrlosigkeit der T zu Tötungszwecken ausnutzte und damit heimtückisch vorging.[34] Der Annahme eines mittäterschaftlichen Mordes steht nicht die Tatsache entgegen, dass S, dessen Tatbeiträge der M über § 25 II StGB zugerechnet werden, sich nur nach § 212 StGB strafbar gemacht hat. Ausgehend von der Literaturauffassung, die Totschlag und Mord als Grundtatbestand und Qualifizierung begreift, ist grundsätzlich § 28 II StGB anwendbar, sodass die beteiligten Mittäter problemlos nach § 212 StGB einerseits und § 211 StGB andererseits bestraft werden können. Geht man dagegen mit dem BGH davon aus, dass Mord und Totschlag „selbstständige, voneinander unabhängige Tatbestände mit verschiedenem Unrechtsgehalt"[35] sind, so verbietet sich eine Anwendung des § 28 II StGB. Auch hilft § 28 I StGB nicht weiter, da dieser nur Anstifter und Gehilfen, nicht aber Mittäter betrifft. Der BGH geht jedoch mittlerweile davon aus, dass es sich auch bei der Verletzung unterschiedlicher Strafnormen um die gleiche Straftat handeln kann, wenn von diesen „die eine vollständig in der anderen enthalten ist".[36] Hieraus folgt, dass Mittäterschaft auch dann möglich ist, wenn bei einem einheitlichen Tötungsziel einer der Täter Mordmerkmale verwirklicht und nur deshalb „verschiedene" Strafgesetze erfüllt werden.[37] Überträgt man diese Grundsätze auf den zugrunde liegenden Fall, so ergibt sich, dass M, da sie – wie gezeigt – Mordmerkmale aufweist, den objektiven Tatbestand des § 211 StGB über die Zurechnungsnorm des § 25 II StGB erfüllt, obwohl der gemeinsam mit ihr tötende S keine Mordmerkmale verwirklichte und sich „nur" gem. § 212 StGB strafbar gemacht hat. Die §§ 223, 224 StGB sind tatbestandsmäßig, rechtswidrig und schuldhaft verwirklicht; jedoch treten sie hinter der vollendeten Tötung zurück.

III. Das Verhältnis der Tötungstatbestände zu den Körperverletzungstatbeständen

1. Das Verhältnis der Tötungsdelikte zu §§ 223 ff. StGB

19 Nach ganz h. M. schließen sich Tötungsvorsatz und Körperverletzungsvorsatz nicht gegenseitig aus, sodass strukturell jede vorsätzliche Tötung zugleich auch eine vorsätzliche Körperverletzung mitverwirklicht, da die Tötung die intensivste Form einer Körperverletzung darstellt.[38] Die Körperverletzung wird daher als notwendiges Durchgangsstadium der Tötung grundsätzlich mitverwirklicht (sog. Einheitstheorie).[39] Die vor allem früher vertretene sog. Gegensatztheorie, nach der sich Tötungs- und Körperverletzungsvorsatz ausschließen, sollte in der Klausur eher nicht vertreten werden.[40]

---

34 Vgl. *Otto*, BT, § 4, Rn. 11; einschr. *Sch/Sch/Eser/Sternberg-Lieben*, § 211, Rn. 23.
35 BGHSt 1, 370; 22, 377; BGH StV 1984, 69.
36 BGHSt 36, 234.
37 BGHSt 36, 235; BGH NStZ 2006, 286 (vgl. Fall 1, Rn. 15a f.).
38 Vgl. zur h. M. *Sch/Sch/Eser/Sternberg-Lieben*, § 212, Rn. 17; *Rengier*, BT/2, § 21, Rn. 3.
39 Vgl. hierzu BGHSt 16, 122; *Schmitt*, JZ 1962, 389; *Rengier*, BT/2, § 21, Rn. 3; Matt/Renzikowski/*Safferling*, § 212, Rn. 86.
40 Vgl. dazu *Arzt/Weber*, BT, § 2, Rn. 86 f.

Die Folge der Einheitstheorie ist allerdings nicht, dass notwendig Idealkonkurrenz zwischen dem Tötungsdelikt und dem Körperverletzungsdelikt anzunehmen ist.[41] Vielmehr gilt Folgendes:

a) Ist das Tötungsdelikt vollendet, so tritt das notwendig mitverwirklichte Körperverletzungsdelikt grundsätzlich hinter diesem Tötungsdelikt als subsidiär zurück.[42]

b) Ist das Tötungsdelikt hingegen nur versucht, so tritt die gleichzeitig verwirklichte Körperverletzung hierzu in Idealkonkurrenz, da nur auf diese Weise der Unrechtsgehalt des mitverwirklichten Körperverletzungsdelikts im Urteilstenor zum Ausdruck gebracht werden kann.[43]

Sonderproblem: Sperrwirkung der Privilegierung des § 216 StGB gegenüber §§ 224, 226 StGB im Falle des Rücktritts

Das Problem wird veranschaulicht durch folgenden kurzen

Fall 2: Die schwer krebskranke B bittet den Arzt A, ihr eine tödliche Spritze zu verabreichen. A tut dies aus Mitleid, entsinnt sich dann aber doch seines hippokratischen Eides und verabreicht ihr – nachdem schon Vergiftungserscheinungen eingesetzt hatten – ein lebensrettendes Gegengift. Infolge der schon eingetretenen Vergiftung verfällt die B allerdings in ein schweres Siechtum. Strafbarkeit des A? **(Gegengift-Fall)**

Lösung:
I. Denkbar ist eine Strafbarkeit wegen **versuchter Tötung auf Verlangen, §§ 216 II, 22, 23 StGB**.
1. Der Tötungserfolg ist nicht eingetreten.
2. Die Strafbarkeit des Versuchs ergibt sich aus § 216 II StGB.
3. A hatte auch Tatentschluss hinsichtlich des § 216 StGB, da sein Vorsatz auf Umstände gerichtet war, die im Falle der Vollendung § 216 StGB verwirklicht hätten.
4. Durch die Verabreichung des Giftes lag auch nach allen Theorien ein unmittelbares Ansetzen zum Versuch vor.
5. Rechtfertigungs- und Schuldausschließungsgründe sind nicht ersichtlich.
6. Gegeben ist jedoch der persönliche Strafaufhebungsgrund des Rücktritts, da A freiwillig den Erfolg der Tat verhindert hat (§ 24 I S. 1 Alt. 2 StGB).

Ergebnis: A ist nicht strafbar nach §§ 216 II, 22, 23 StGB.

II. In Betracht kommt jedoch eine Bestrafung **wegen gefährlicher Körperverletzung nach §§ 223, 224 I Nr. 1 Alt. 1, Nr. 2 Alt. 2 und Nr. 5 StGB**.
1. Tatbestandsmäßigkeit
Der Erfolg des Körperverletzungsdeliktes war bereits eingetreten, da die Wirkungen des Gifts schon eingesetzt hatten. Dabei liegen auch die Voraussetzungen der Qualifikation nach § 224 I Nr. 1 Alt. 1, 2 Alt. 2 und 5 StGB vor, da die Körperverletzung durch Beibringung von Gift bzw. mittels eines gefährlichen Werkzeugs erfolgte und sich auch als das Leben gefährdende Behandlung darstellte. A hatte auch Verletzungsvorsatz im Hinblick

---

[41] Hierzu umfassend *Jakobs*, Die Konkurrenz von Tötungsdelikten mit Körperverletzungsdelikten, 1967, S. 119 ff.
[42] Vgl. *Fischer*, § 211, Rn. 107 m. w. N.
[43] So nun auch die Rspr. in BGHSt 44, 196 (unter Aufgabe von BGHSt 16, 122; 21, 265; 22, 248) m. zust. Anm. *Satzger*, JR 1999, 203.

auf §§ 223, 224 StGB, da sich Tötungs- und Körperverletzungsvorsatz nicht ausschließen (herrschende Einheitstheorie im Gegensatz zur früher vertretenen Gegensatztheorie). Fraglich ist allerdings, ob aus der Privilegierungsfunktion des § 216 StGB nicht eine Sperre für die Anwendung des § 224 StGB erwächst.[44] Hätte A nämlich die Tötung auf Verlangen vollendet, so wären alle Körperverletzungsdelikte dahinter grundsätzlich als subsidiär zurückgetreten. Die Anwendung des § 224 StGB, der ein höheres Strafmaß als § 216 StGB erlaubt, liefe damit im Ergebnis auf ein Rücktrittsverbot hinaus.[45]
Indessen ist die Annahme einer Sperrwirkung im Falle eines Zusammentreffens von § 216 StGB und § 224 StGB zu verneinen, da Friktionen durch die Annahme eines minder schweren Falls nach § 224 I a. E. StGB vermieden werden können, ohne dass es einer teleologischen Reduktion im Tatbestandsbereich bedarf.[46]

2. Rechtfertigungs- und Schuldausschließungsgründe sind nicht ersichtlich.

3. Für die Strafzumessung ist dann aber die rechtsfolgenbeschränkte Sperrwirkung des § 216 StGB für § 224 StGB zu berücksichtigen, sodass ein minder schwerer Fall nach § 224 I a. E. StGB anzunehmen ist.

III. Denkbar ist auch eine Bestrafung wegen **schwerer Körperverletzung nach 226 I Nr. 3 Alt. 2 StGB**.
1. Zur Verwirklichung des Grunddelikts vgl. oben.
2. Als schwere Folge der Körperverletzung ist die B in Siechtum verfallen, sodass der objektive Tatbestand des § 226 StGB grundsätzlich erfüllt wäre. Fraglich ist allerdings, ob § 216 StGB nicht wenigstens im Verhältnis zu § 226 StGB eine Sperrwirkung entfalten muss.[47]
Tatsächlich wird man eine derartige Sperrwirkung deshalb annehmen müssen, weil andernfalls der Rücktritt vom Versuch des Vergehens nach § 216 StGB zu einer Bestrafung wegen eines Verbrechens nach § 226 StGB führen könnte. Die für § 224 StGB befürwortete rechtsfolgenbeschränkte Sperrwirkung genügt also im Verhältnis zu § 226 StGB nicht. Zwar kennt auch § 226 StGB minder schwere Fälle, jedoch ändern diese nicht den Verbrechenscharakter, sodass ein Rückgriff auf § 226 StGB im Falle des Vorliegens eines Versuchs des § 216 StGB grundsätzlich ausgeschlossen sein muss.[48]

Ergebnis: Eine Strafbarkeit nach § 226 I Nr. 3 Alt. 2 StGB scheidet aus.

IV. Gesamtergebnis: A ist strafbar wegen eines minder schweren Falles der gefährlichen Körperverletzung nach §§ 223, 224 I a. E. StGB.

2. Das Verhältnis der Tötungsdelikte zu § 226 I StGB

Etwas anders als bei §§ 212 ff. und 223 f. StGB stellt sich die Beurteilung dagegen beim Verhältnis von Tötungsdelikt und schwerer Körperverletzung nach § 226 I StGB dar:

a) Sofern das Tötungsdelikt hier vollendet wurde, scheidet § 226 I StGB bereits tatbestandlich aus, da die dort geschilderten Folgen ein Überleben des Opfers voraussetzen.

---

44 Siehe *Sch/Sch/Eser/Sternberg-Lieben*, § 212, Rn. 25.
45 Vgl. SK-*Sinn*, § 216, Rn. 24; *Hirsch*, ZStW 93 (1981), 931.
46 So *Jäger*, JuS 2000, 31, 37; LK-*Jähnke*, 11. Auflage, § 216, Rn. 20; a. A. die h. M., die eine Sperrwirkung annimmt; vgl. *Fischer*, § 216, Rn. 15 m. w. N.
47 Siehe zum Streitstand *Jäger*, JuS 2000, 31, 37.
48 Siehe hierzu *Sch/Sch/Eser/Sternberg-Lieben*, § 212, Rn. 25.

b) Idealkonkurrenz ist allerdings denkbar, wenn § 226 I StGB vollendet wurde, während die Tötung im Stadium des Versuchs stecken blieb, da dann der Unrechtsgehalt des § 226 I StGB im Urteilstenor mit erfasst werden muss.[49]

3. Das Verhältnis der Tötungsdelikte zu § 226 II StGB

Für das Verhältnis der Tötungsdelikte zur beabsichtigten schweren Körperverletzung nach § 226 II StGB gilt, dass das Tötungsdelikt grundsätzlich die Anwendbarkeit des § 226 II StGB ausschließt. Dies gilt auch für das versuchte Tötungsdelikt, da nicht gleichzeitig eine Tötung und eine Folge des § 226 StGB gewollt sein können, weil die Folgen des § 226 StGB ein Überleben des Opfers voraussetzen (hier gilt also ausnahmsweise die Gegensatztheorie).[50]

23

4. Das Verhältnis der Tötungsdelikte zu § 227 StGB

Der Tatbestand der Körperverletzung mit Todesfolge nach § 227 StGB hat im Falle des Vorliegens eines vorsätzlichen vollendeten Tötungsdelikts keinen eigenständigen Anwendungsbereich.[51] Denn das stärkere Tötungsdelikt konsumiert im Falle der Vollendung die nur strukturell gegebene Körperverletzung mit Todesfolge.[52]

24

5. Das Verhältnis der Tötungsdelikte zu den Abtreibungsdelikten nach §§ 218 ff. StGB

Hier kommt es grundsätzlich darauf an, ob auf das Opfer im Mutterleib eingewirkt wird (dann Abtreibung) oder ob die Einwirkungshandlung erst nach der Geburt, das heißt außerhalb des Mutterleibs, vorgenommen wird (dann Tötungsdelikt). Abgrenzungsprobleme ergeben sich allerdings bei der Herbeiführung einer Frühgeburt.[53] Hier gilt Folgendes:

25

a) Verstirbt das Kind gleich nach der Geburt, weil es nicht lebensfähig ist, so sind ausschließlich §§ 218 ff. StGB anwendbar.[54] Anders ist es dagegen, wenn der Täter an dem nicht lebensfähigen Kind zur Sicherheit weitere Handlungen vornimmt, die zur Beschleunigung des Todeseintritts führen; in einem solchen Fall soll Idealkonkurrenz zwischen §§ 218 ff. StGB und §§ 211 ff. StGB vorliegen.[55]

b) Ist das Kind dagegen trotz des zur Frühgeburt führenden Eingriffs lebensfähig und bewirkt der Täter erst durch weitere Handlungen den Tod, so liegt eine versuchte Abtreibung mit realkonkurrierendem Tötungsdelikt vor.[56]

---

49 So jetzt auch BGHSt 44, 196; *Schröder*, JR 1969, 265.
50 BGH NStZ 1997, 233.
51 *Fischer*, § 227, Rn. 12.
52 Siehe zur Konsumtion sowie insgesamt zu den Konkurrenzen *Jäger*, AT, Rn. 382 ff.
53 *Sch/Sch/Eser/Weißer*, § 218, Rn. 22 m. w. N.
54 Vgl. BGHSt 10, 5.
55 BGHSt 10, 291.
56 BGHSt 13, 21.

B. Die Tötungsdelikte im Einzelnen

25a **Vorbemerkung:** *Immer wieder wird eine Reform der Tötungsdelikte diskutiert.[57] Ausgangspunkt der Überlegung ist dabei vor allem § 211 StGB als Verkörperung der nationalsozialistisch geprägten Tätertypenlehre (vgl. Wortlaut: „Mörder ist, wer ..." statt der üblichen Formulierung „Wer ..."). Allerdings hat Köhne darauf hingewiesen, dass viele der in § 211 StGB genannten Mordmerkmale keinen nationalsozialistischen Ursprung haben. Vielmehr gilt dies nur für die Mordmerkmale „niedrige Beweggründe und zur Befriedigung des Geschlechtstriebs", während die übrigen einem Vorentwurf des Schweizerischen Strafgesetzbuchs von 1894 entstammen.[58] Freilich ändert dies nichts an der Reformbedürftigkeit des § 211 StGB, da die Auslegung der Mordmerkmale mit großen Schwierigkeiten verbunden ist. Insbesondere gilt dies für das Mordmerkmal der Heimtücke, zu dem sich nicht nur auf Voraussetzungsseite eine mittlerweile fast unüberschaubare Kasuistik entwickelt hat, sondern auch auf Strafzumessungsseite die gesetzlich unausweichliche lebenslange Freiheitsstrafe durch den BGH zur Vermeidung unbilliger Härten mit seiner sog. Rechtfolgenlösung in Extremfällen umgangen wird. Die Spannweite der Änderungsvorschläge ist weit: So haben etwa Deckers/Fischer/König/Bernsmann[59] für eine vollständige Streichung des § 211 StGB und für eine einfache Neuformulierung des § 212 StGB nach dem Vorbild Österreichs plädiert: „Wer einen Menschen tötet, wird mit Freiheitsstrafe nicht unter fünf Jahren oder mit lebenslanger Freiheitsstrafe bestraft". Dem hat aber T. Walter[60] zu Recht widersprochen und darauf hingewiesen, dass man auf diese Weise sogar hinter den Stand des österreichischen Vorbilds zurückfallen würde, da das österreichische StGB zumindest in der Strafzumessung (§ 33 öStGB) Erschwerungsgründe kennt, die den Mordmerkmalen ähnlich sind. Angesichts der maximalen Strafhöhe ist eine derart minimalistische Ausgestaltung daher abzulehnen, zumal durch sie der als problematisch zu bezeichnende bisherige Strafrahmensprung von 15 Jahren Freiheitsstrafe bei Totschlag auf lebenslange Freiheitsstrafe bei Mord der Sache nach beibehalten würde. Auch die von anderen[61] vorgeschlagene Umwandlung der Mordmerkmale in Regelbeispiele würde sich dem Vorwurf der Unbestimmtheit ausgesetzt sehen, da der Richter in der Anwendung der Regelbeispiele gänzlich frei wäre. Insgesamt ist daher der Reformbedarf zwar nicht zu leugnen, jedoch wird sich der Gesetzgeber dabei seiner Präzisierungspflicht nicht entziehen können.[62] Dass es in nächster Zeit zu einer Reform kommen wird, scheint wegen der Schwierigkeiten, die mit einer derartigen Umgestaltung der §§ 211 ff. StGB verbunden sind, unwahrscheinlich.*

---

57 Vgl. zur Diskussion etwa zuletzt v.a. *Deckers/Fischer/König/Bernsmann*, NStZ 2014, 9 ff.; *Haas*, ZStW 128 (2016), 316 ff.; *Köhne*, JuS 2014, 1071; *Kubik/Zimmermann*, StV 2013, 582 ff.; *Mitsch*, StV 2014, 366 ff.; *ders.*, JR 2015, 122 ff.; *T. Walter*, NStZ 2014, 368 ff.
58 Näher *Köhne*, JuS 2014, 1071.
59 *Deckers/Fischer/König/Bernsmann*, NStZ 2014, 9 ff.
60 *T. Walter*, NStZ 2014, 368 ff.
61 *Kubik/Zimmermann*, StV 2013, 582 ff.; *Eser*, 53. DJT – Gutachten D; AE-Leben GA 2008, 193, (200, 210 ff.); *Geilen*, JR 1980, 309 (315); *Steinhilber*, Mord und Lebenslang, S. 257; *Zipf*, Festschrift für Würtenberger, S. 151 (155).
62 Eine gute Arbeitsgrundlage liefert *T. Walter*, NStZ 2014, 374.

I. Totschlag nach § 212 StGB[63]

Tötung ist jede Lebensverkürzung. Es spielt daher keine Rolle, ob das Opfer auch ohne die Einwirkung des Täters früher oder später gestorben wäre.

26

Achtung Klausur: *Fehlt es ersichtlich an einem Tötungsvorsatz (etwa weil der Sachverhalt sagt, A schlage den B, um diesen körperlich zu züchtigen; B fällt unglücklich mit dem Kopf auf den Boden und stirbt), so sollte man § 212 StGB zügig unter Hinweis auf den fehlenden Vorsatz ablehnen und sich dann den Körperverletzungsdelikten (im Beispielsfall v. a. § 227 StGB) zuwenden. Eine umständliche Prüfung des objektiven Tatbestands wirkt dann nämlich gekünstelt!*

Umgekehrt gilt andererseits, dass die Tötungsdelikte ausführlich anzusprechen sind, sofern der Sachverhalt Hinweise für einen – sei es auch nur bedingten – Tötungsvorsatz gibt.

II. Mord nach § 211 StGB

1. Der Tatbestand des Mordes

Der Tatbestand des Mordes sieht lebenslange Freiheitsstrafe für Tötungshandlungen vor, die aufgrund ihrer besonderen Verwerflichkeit nach Auffassung des Gesetzgebers ein so hohes Strafmaß fordern. Dabei kann sich die Verwerflichkeit sowohl aus besonderen Tatmotiven (1. und 3. Gruppe) als auch aus besonderen Tatumständen (2. Gruppe) ergeben.

27

2. Die einzelnen Mordmerkmale

a) Mordlust

Diese liegt vor, wenn der Täter tötet, weil er eine „unnatürliche Freude an der Vernichtung menschlichen Lebens empfindet".[64]

28

b) Befriedigung des Geschlechtstriebs

Zur Befriedigung des Geschlechtstriebs handelt erstens der Täter vor allem dann, wenn er gegenüber dem Opfer mit mindestens bedingtem Tötungsvorsatz Gewalt anwendet, um sich geschlechtlich befriedigen zu können.[65]

29

Zur Befriedigung des Geschlechtstriebs handelt zweitens aber auch derjenige, der in der Tötung des Opfers geschlechtliche Befriedigung findet (sog. Lustmord). Laut BGH kommt dieser auch dann in Betracht, wenn sich der Täter erst später durch Betrachtung eines die Tötung dokumentierenden Videofilms befriedigen will, wie dies in den sog. Kannibalen-Fällen geschehen ist[66]; im zweiten Kannibalen-Fall (BGH

---

63 Zum Totschlag im besonders schweren Fall siehe *Köhne*, Jura 2011, 741 ff.
64 BGH NJW 1953, 1440, wobei diese Definition immerhin seltsam anmutet, weil sie suggeriert, es gebe auch eine natürliche Freude an der Tötung von Menschen.
65 BGHSt 19, 101, 105 und BGH NStZ 2016, 469 m. Anm. *Drees*; *Hinz*, JR 2016, 576; *Jäger*, JA 2016, 629; eingehend zu den Mordmerkmalen Mordlust und Befriedigung des Geschlechtstriebs *Köhne*, Jura 2009, 100 ff.
66 Vgl. dazu BGH NJW 2005, 1877 m. Anm. *Kudlich*, JuS 2005, 958.

NStZ 2016, 469) blieb allerdings unklar, ob sich das Opfer nicht selbst getötet hat, sodass dann überhaupt kein Tötungsdelikt in Frage käme. Allenfalls zu denken wäre in diesem Fall an den neuen § 217 StGB, sofern der Kannibale, der die Hängevorrichtung zur Verfügung stellte, in die sich das Opfer möglicherweise selbst fallen ließ, mit Wiederholungsabsicht handelte, weil er vorhatte, weitere Opfer auf diese Weise ums Leben zu bringen. Denn Wiederholungsabsicht begründet grundsätzlich bereits Geschäftsmäßigkeit im Sinne des § 217 StGB. Fraglich ist allerdings, ob § 217 StGB hier einschlägig sein kann. Er will nämlich vor allem einem gesellschaftlichen Druck zur Begehung von Selbsttötungen vorbeugen. Man wird aber nicht behaupten können, dass ein gesellschaftlicher Druck zur Ermöglichung seiner eigenen Schlachtung zu befürchten ist.[67]

Schließlich handelt drittens auch zur Befriedigung des Geschlechtstriebes, wer tötet, um sich danach an der Leiche zu befriedigen.[68]

Nicht dagegen soll nach h. M. genügen, wenn der Täter etwa einen Begleiter tötet, um sich an einer Frau vergehen zu können, weil hier mit der Tötung selbst keine Befriedigung erstrebt wird.[69] Gegeben ist hier vielmehr Ermöglichungsabsicht.

c) Habgier

30 Diese liegt vor, wenn der Täter bei seiner Tötungshandlung von einem Streben nach Gewinn um jeden Preis beherrscht ist.[70] Nicht maßgeblich ist, ob der Täter in Gewinnerzielungsabsicht oder in der Absicht der Ersparung von Aufwendungen handelt.[71] Habgier ist daher auch dann anzunehmen, wenn der Täter eine Befreiung von seiner Unterhaltspflicht erreichen will.[72]

Habgier soll aber nach umstrittener Auffassung fehlen, wenn der Täter einen Anspruch auf den Vermögensvorteil hat.[73]

Achtung Klausur: *Habgier ist nur dann gegeben, wenn der Täter tötet, um die Vermögensmehrung durch den Tod herbeiführen zu können. Nicht ausreichend ist dagegen, wenn der Täter erst nach dem Tod des Opfers den Entschluss fasst, sich zu bereichern.*[74]

d) Sonstige niedrige Beweggründe

31 Sie sind anzunehmen, wenn die Beweggründe der Tat nach allgemeiner sittlicher Wertung auf tiefster Stufe stehen und deshalb besonders verwerflich, ja verächtlich sind.[75]

---

67 Näher dazu *Jäger*, JA 2016, 632.
68 BGHSt 7, 353.
69 Vgl. *Gössel/Dölling*, BT/1, § 4, Rn. 42 m. w. N.; Matt/Renzikowski/*Safferling*, § 211, Rn. 13; a. A. Maurach/Schroeder/Maiwald, BT/I, § 2, Rn. 32.
70 Näher zum Mordmerkmal der Habgier *Köhne*, Jura 2008, 805 ff.
71 So die h. M.; siehe *Maurach/Schroeder/Maiwald*, BT/I, § 2, Rn. 33; Lackner/*Kühl*, § 211, Rn. 4; *Schmidhäuser*, Reimers-FS, S. 445 ff.; a.A. *Mitsch*, JuS 1996, 124; vgl. auch SK-*Sinn*, § 211, Rn. 19.
72 Vgl. *Gössel/Dölling*, BT/1, § 4, Rn. 47; BGHSt 10, 399.
73 *Arzt/Weber*, BT, § 2, Rn. 60; *Rengier*, BT/2, § 4, Rn. 13a; a. A. LK-*Rissing-van-Saan/Zimmermann*, § 211, Rn. 19 m. w. N.
74 Vgl. *Fischer*, § 211, Rn. 10.
75 St. Rspr.; vgl. nur BGHSt 3, 132; NStZ 1997, 81; 1998, 352; 1999, 129. Näher zu diesem Mordmerkmal *Bosch*, Jura 2015, 803 ff.; *Kett-Straub*, JuS 2007, 515 ff.; *Köhne*, Jura 2008, 808 ff.; eingehend *Kühl*, JA 2009, 566 ff.

Beispielhaft ist die Tötung des Lebenspartners, um sich dem Geliebten zuwenden zu können. Aber auch Rache, Hass, Eigensucht sowie Eifersucht kommen als niedrige Beweggründe in Frage, sofern sie ihrerseits wiederum auf niedrigen Motiven beruhen. Im Falle der Eifersucht wäre dies etwa dann der Fall, wenn z. B. der betrogene Ehemann aus egozentrischen Gründen („nicht mit mir") handelt, nicht dagegen, wenn es sich um nachvollziehbare Eifersuchtsgründe handelt oder sich ein Ehepartner gegenüber dem anderen mit einem Ehebruch brüstet.[76] In einem Fall hat der BGH auch anlässlich einer außergewöhnlich brutalen Tatbegehungsweise (der Täter hatte seinem Opfer einen großen Teil des Darms herausgerissen und in Form eines Kranzes um den Hals gelegt) das Vorliegen von niedrigen Beweggründen für möglich gehalten.[77] In der Literatur ist dies auf Kritik gestoßen.[78] Tatsächlich ist es fragwürdig, das brutale Tatbild (objektiv) zur Begründung des niedrigen Motivs (subjektiv) heranzuziehen, zumal im konkreten Fall die Mordmerkmale der Grausamkeit und der Mordlust den Gesichtspunkt der Brutalität wesentlich deutlicher abbilden und daher nicht auf das allgemeine Motivmerkmal der niedrigen Beweggründe zurückgegriffen werden sollte.

Achtung Klausur: *Vorsicht ist insbesondere geboten, wenn zugleich spezielle Mordmerkmale erfüllt sind. Dann darf auf der Grundlage allein dieses besonderen Merkmals nicht zugleich ein niedriger Beweggrund angenommen werden. So darf etwa das Motiv der Beuteerzielung nicht als niedriger Beweggrund eingestuft werden, wenn dieses bereits das Merkmal der Habgier erfüllt. Habgier ist dann das spezielle Mordmerkmal, das das allgemeine Mordmerkmal der niedrigen Beweggründe verdrängt.[79] Anders würde es sich allerdings verhalten, wenn ein im Unrechtsgehalt über die Beuteerzielungsabsicht hinausgehender menschenverachtender Vernichtungswille erkennbar ist.[80]*

Subjektiv ist erforderlich, aber auch ausreichend, dass der Täter die Umstände kennt, die die Tat als besonders verwerflich erscheinen lassen. Nicht dagegen ist notwendig, dass der Täter seine Motive selbst für niedrig hält.[81] Vgl. zur Blutrache o. Rn. 15a f.

e) *Heimtücke*

Die Auslegung des Merkmals „Heimtücke" ist in Rspr. und Literatur umstritten.[82] Nach h. M. handelt heimtückisch, wer in feindlicher Willensrichtung das Opfer unter bewusster Ausnutzung der objektiven Arg- und Wehrlosigkeit tötet.[83] Eine starke Literaturauffassung verlangt darüber hinausgehend einen verwerflichen Vertrauensbruch,[84] was jedoch mit dem Wortlaut „Heimtücke" nur schwer vereinbar erscheint.[85] In der Klausur spricht daher vieles dafür, sich der Definition der h. M. anzuschließen und lediglich eine Ausnutzung der Arg- und Wehrlosigkeit in feindlicher Willensrichtung zu verlan-

32

---

76 BGH NStZ 1995, 181.
77 BGH StV 2015, 691.
78 Vgl. *Bartsch*, StV 2015, 718.
79 BGH NStZ-RR 2018, 76.
80 BGH aaO.
81 BGH NJW 1967, 1140.
82 Näher *Geppert*, Jura 2007, 270 ff.; *Eisenberg*, JA 2013, 34 ff.
83 BGHSt 18, 88; 19, 321; 32, 382; 39, 353; krit. dazu *Otto*, Jura 1994, 147; vgl. auch *Küper*, JuS 2000, 740 ff; dazu *Puppe*, NStZ 2009, 208 f.
84 Vgl. etwa *Otto*, BT, § 4, Rn. 25 m. w. N.
85 Zu Recht kritisch auch *Schroth*, BT, S. 69 unter Hinweis darauf, „dass es nicht unmittelbar einleuchtet, wieso bei Überfällen auf Unbekannte generell Heimtücke nicht in Betracht kommen soll".

gen. Dabei ist weder erforderlich, dass der Täter die Arg- und Wehrlosigkeit herbeigeführt hat, noch dass er sie absichtlich ausnutzt (zweifelhaft). Ausreichend ist schon, dass der Täter die Umstände erkannt hat, aus denen sich die Arg- und Wehrlosigkeit des Opfers ergibt, und der Täter sich trotzdem nicht von seiner Tat abhalten lässt.[86] Folgerichtig ist Heimtücke auch dann zu bejahen, wenn der Täter sein ahnungsloses Opfer zunächst nur mit Körperverletzungsvorsatz angreift, dann aber unter bewusster Ausnutzung des Überraschungseffekts unmittelbar zur Tötung übergeht und es dem Opfer nicht mehr möglich ist, sich erfolgversprechend zur Wehr zu setzen, sodass die hierdurch geschaffene Situation bis zur Tötungshandlung fortdauert.[87] Jedoch verneint der BGH Heimtücke, wenn die Handlungsweise des Täters einer spontanen Eingebung entspringt (vgl. dazu unten Spurenbeseitigungs-Fall, Rn. 43 f.).

Arglosigkeit ist gegeben, wenn sich das Opfer keines Angriffs von Seiten des Täters versieht, wobei ausschlaggebend der Zeitpunkt der konkreten Tatbegehung ist, sodass die Arglosigkeit nicht deshalb entfällt, weil das Opfer abstrakt Grund zur Annahme eines Anschlags auf sich hat.[88] Eine bloß latente Angst des Opfers schließt Heimtücke nicht aus (BGH Urt. v. 20.8.2012 – 4 StR 84/12).

Als Zeitpunkt der konkreten Tatbegehung, für den die Arg- und Wehrlosigkeit des Opfers vorliegen muss, ist auf den Beginn des ersten mit Tötungsvorsatz geführten Angriffs abzustellen.[89] Einen in diesem Zusammenhang relevanten Fall hatte der BGH zu entscheiden. Dem Sachverhalt des Falles nachgebildet ist folgendes

Beispiel:[90] A fuhr nachts in Selbstmordabsicht und bei ausgeschalteten Scheinwerfern mit seinem Auto in entgegengesetzter Fahrtrichtung auf der Autobahn, um einen Frontalzusammenstoß herbeizuführen. Kurz bevor es zur Kollision kam, gab A seine Selbstmordabsicht jedoch auf, bremste und schaltete das Licht wieder an. Der Fahrer des entgegenkommenden Fahrzeugs konnte jedoch nicht mehr rechtzeitig ausweichen, sodass es zu einem Zusammenstoß kam, bei dem drei Insassen des entgegenkommenden Wagens getötet und drei weitere verletzt wurden. A überlebte.

Lösung: Der BGH ist auch hier davon ausgegangen, dass hinsichtlich der Arg- und Wehrlosigkeit des Opfers auf den Beginn des ersten mit Tötungsvorsatz geführten Angriffs abzustellen ist. So gesehen habe A zur Ausführung seines wenigstens mit bedingtem Tötungsvorsatz geführten Angriffs schon durch das gezielte Zufahren mit seinem unbeleuchteten Pkw auf das entgegenkommende Fahrzeug angesetzt. Die zu diesem Zeitpunkt gegebene Arg- und Wehrlosigkeit der Fahrzeuginsassen des entgegenkommenden Wagens bestand dabei laut BGH auch nach dem Erkennen der Gefahrensituation fort, weil die daraufhin verbliebene kurze Zeitspanne[91] auch für den Führer des entgegenkommenden Pkws keine Möglichkeit mehr ließ, dem Angriff auszuweichen. Infolgedessen habe A die Fahrzeuginsassen des entgegenkommenden Fahrzeugs heimtückisch getötet. Darüber hinaus hat der BGH auch das Mordmerkmal des gemeingefährlichen Mittels bejaht, da bei der konkreten Anwendung des Kfz eine Mehrzahl von Menschen an Leib und Leben gefährdet werden konnte und A die vom Kfz ausgehende Gefahr nicht in seiner Gewalt gehabt habe (vgl. dazu sogleich u. Rn. 40). Neben dem Mord ist in einem derartigen Fall selbstverständlich auch eine vorsätzliche Gefährdung des Straßenverkehrs nach § 315c I Nr. 2 f StGB

---

86 BGH NJW 1967, 1141.
87 BGH NStZ-RR 2016, 43 m. Anm. *Hecker*, JuS 2016, 364 ff.
88 BGHSt 18, 88.
89 Vgl. dazu schon BGHSt 19, 322.
90 BGH NStZ 2006, 503 ff.
91 Vgl. dazu *Küper*, GA 2014, 611 ff.

sowie ein vorsätzlicher gefährlicher Eingriff in den Straßenverkehr nach § 315b I Nr. 3, III i. V. m. § 315 III Nr. 1a StGB und eine Sachbeschädigung nach § 303 I StGB anzunehmen. Obwohl § 315c StGB eine Anwendung des § 315b StGB regelmäßig sperrt, weil § 315c StGB für Vorgänge im fließenden Verkehr abschließend ist, ist § 315b StGB vorliegend anwendbar, da die Handlungsweise des A eine Pervertierung des Straßenverkehrs darstellt, bei der ausnahmsweise § 315b neben § 315c StGB zur Anwendung gelangen kann (vgl. dazu näher u. Rn. 474).

Hinweis: *Der Fall ist übrigens auch deshalb interessant, weil es durch das Anschalten der Scheinwerfer im letzten Moment nicht zu einem Frontalzusammenstoß gekommen war, sodass weitere Insassen des entgegenkommenden Kfz überlebten. Der BGH hat hinsichtlich dieser Insassen einen versuchten Mord geprüft, diesbezüglich jedoch einen strafbefreienden Rücktritt vom Versuch angenommen, da für die Verhinderung keine Bestleistung erforderlich sei (vgl. zu diesem Problemkreis Jäger, AT, Rn. 320 sowie Rn. 326a, 326b).*[92]

Die Rechtsprechung hat den Grundsatz, dass Heimtücke die Arglosigkeit des Angegriffenen bei Tatbeginn voraussetzt, dahingehend modifiziert, dass das Merkmal ausnahmsweise auch vorliegt, wenn der Täter das Opfer mit Tötungsvorsatz planmäßig in einen Hinterhalt lockt, um eine günstige Gelegenheit zur Tötung zu schaffen, und die entsprechenden Vorkehrungen und Maßnahmen bei Ausführung der Tat noch fortwirken[93] (im konkreten Fall hatte der Täter auf seine getrennt lebende Frau in der Garage gewartet, sie dort unentrinnbar umklammert und – nach Bedrohung mit einem an den Hals gehaltenen Spieß – schließlich zugestochen; allerdings ist *Engländer* darin Recht zu geben, dass man hier auch schon in der Umklammerung den Versuchsbeginn hätte sehen können, sodass sich das Problem hier wohl in Wahrheit nicht stellte).

Arglosigkeit ist aber andererseits regelmäßig dann nicht gegeben, wenn der Täter dem Opfer offen feindselig gegenüber tritt, es sei denn, die Zeitspanne zwischen dem Erkennen der Gefahr und dem unmittelbaren Angriff ist so kurz, dass keine Möglichkeit verbleibt, dem Angriff auf irgendeine Weise zu begegnen.[94] Ebenso fehlt es an der Arglosigkeit, wenn der Täter die Tat zuvor angekündigt hat[95] oder wenn der eigentlichen Tötungshandlung schon Tätlichkeiten unmittelbar vorausgegangen waren.[96] Interessant ist in diesem Zusammenhang folgender vom BGH entschiedener

Fall 3: A handelte mit CD- und Video-Raubkopien. B wusste davon und erpresste ihn. Eines Tages kam B in Begleitung des C zu A und forderte erneut die Zahlung von 5000 € Schweigegeld unter Androhung der Einschaltung der Polizei und Zerstörung der Wohnung. Als B zum Zeichen dafür, dass es ihm ernst war, gegen A's CD-Sammlung trat und zum Handy griff, um anzudeuten, dass er die Polizei rufen wolle, übergab A den geforderten Geldbetrag an den Begleiter C, da er nicht daran zweifelte, dass B ihn nun telefonisch anzeigen wolle. B stand zu diesem Zeitpunkt mit den Händen in der Hosentasche im Wohnzimmer. Plötzlich trat A, der wütend darüber war, dass B ihm das gesparte Geld wegnehmen wollte, und der sich auch seine Existenz nicht vernichten lassen wollte, hinter

33

---

92 Vgl. zu diesem Fall im Einzelnen BGH NStZ 2006, 504.
93 BGH NStZ 2015, 31 m. Anm. *Engländer*; zuvor bereits BGHSt 32, 384; BGH NStZ 2010, 450.
94 BGH JuS 2012, 562 m. Anm. *Hecker*.
95 BGH NStZ 2007, 268 f. Dazu *Satzger*, JK 10/07, StGB § 211/52.
96 BGHSt 20, 301; vgl. auch *Beckemper*, JA 2004, 99 ff.; *Otto*, NStZ 2004, 142; *Rengier*, NStZ 2004, 233 ff.; siehe aber auch BGH NStZ 2009, 30 m. krit. Anm. *Schneider*; BGH NStZ 2014, 574 m. Anm. *Liebhart*.

B, riss dessen Kopf zurück, zog ein Messer aus der Tasche und schlitzte dem B damit mehrfach die Halsschlagader auf. B sank sofort tot zu Boden. Strafbarkeit des A? (**Raubkopie-Fall** nach BGH NStZ 2005, 332).[97]

34

Lösung:

I. In Betracht kommt Strafbarkeit wegen **Mordes nach §§ 211, 212 StGB** durch Zufügung der tödlichen Schnittverletzungen.

Aufbauhinweis *(der natürlich in der Klausur niemals gebracht werden darf, da ein gewählter Aufbau immer für sich selbst zu sprechen hat):* Hier ist ein Fall gegeben, in dem sich (ausnahmsweise) ein einheitlicher Aufbau empfiehlt, da sich Rechtswidrigkeitsprobleme stellen. Im Falle einer getrennten Prüfung von §§ 212 und 211 StGB könnte man anderenfalls schon bei § 212 StGB zur Rechtfertigung kommen und sich die Mordprüfung auf diese Weise abschneiden! Durch die Umkehrung der Reihenfolge (erst Zitierung des § 211, sodann des § 212 StGB) im Kopfsatz legt man sich dabei nicht klar fest, ob es sich um selbstständige Tatbestände oder um Grunddelikt und Qualifikation handelt. Im Normalfall ist eine solche Festlegung nämlich auch nicht erforderlich.*

1. Tatbestandsmäßigkeit

a) Objektiver Tatbestand

A hat einen anderen Menschen, den B, getötet. Fraglich ist, ob er auch ein objektives Mordmerkmal erfüllt hat.

In Betracht kommt vorliegend das Mordmerkmal der Heimtücke nach § 211 II Var. 5 StGB, wobei heimtückisch handelt, wer in feindlicher Willensrichtung die Arg- und Wehrlosigkeit des Opfers bewusst zu dessen Tötung ausnutzt. Arglos ist in diesem Sinne jedoch nur derjenige, der sich zum Tatzeitpunkt keines Angriffs versieht.

Dafür könnte vorliegend tatsächlich sprechen, dass B zum Zeitpunkt der Tat mit den Händen in den Hosentaschen dastand. Fraglich ist jedoch andererseits, wie es sich auswirkt, dass B auf A zuvor einen erpresserischen Angriff verübt hat, der nicht nur im Fortwirken einer Dauergefahr, sondern in einer konkreten Tathandlung des B bestand, die unmittelbar die Verletzung beachtlicher Rechtsgüter des A besorgen ließ: B war hier zu A gekommen, um eine weitere Zahlung zu fordern. Dieser Forderung verlieh er durch den Tritt gegen das CD-Regal sowie durch die Androhung der Zerstörung der Wohnung Nachdruck. Auch war das Geld bereits an C übergeben, sodass ein endgültiger Vermögensverlust zu besorgen war. Es war damit zumindest eine Notwehrlage gegeben.

Nach Auffassung des BGH hat das spätere Opfer mit seinem eigenen Angriff seine Arglosigkeit hinsichtlich eines Gegenangriffs bereits verloren.[98] Mag B auch im Augenblick des Angriffs durch A nicht mit einem solchen gerechnet haben, so war er deshalb nach Meinung des BGH dennoch nicht arglos im Sinne der heimtückischen Begehungsweise. Dies gelte jedenfalls dann, wenn der Erpresser im Angesicht des Erpressten im Begriff sei, seine Tat zu vollenden.

A handelte daher nach Auffassung des BGH jedenfalls nicht heimtückisch.

b) Subjektiver Tatbestand

A handelte mit Tötungsvorsatz. Darüber hinaus könnte auch ein subjektives Mordmerkmal gegeben sein. Laut Sachverhalt ging A davon aus, dass B ihn tatsächlich wegen seines nach dem UrhG strafbaren Handels mit Raubkopien anzeigen werde. Dies wollte A durch die Tötung zumindest auch verhindern, sodass das subjektive Mordmerkmal der Verdeckungsabsicht nach § 211 II Var. 9 StGB vorliegt. Denn die Verdeckungsabsicht muss nicht das einzige Ziel des Täters sein. Es genügt, wenn es die Handlungsweise des Täters maßgeblich mitprägt.

---

97 Vgl. zu diesem Fall auch schon BGH NStZ 2003, 425.
98 BGH NStZ 2003, 426.

> A hat damit den Tatbestand des Mordes objektiv wie subjektiv verwirklicht.
> 2. In Betracht kommt jedoch eine **Rechtfertigung** durch Notwehr.
> a) Eine Notwehrlage war – wie gezeigt – gegeben.
> b) Ob die Verteidigungshandlung allerdings erforderlich war, ist fraglich, zumal B ruhig mit den Händen in der Hosentasche dastand und das Geld bereits an C übergeben war, sodass eine Rückerlangung durch Tötung des B nicht wahrscheinlich war.
> Auch könnte man an der Gebotenheit der Verteidigung zweifeln, wenn man auf den vorausgehenden illegalen Handel mit Raubkopien abstellt und darin ein notwehreinschränkendes vorwerfbares Vorverhalten im Sinne einer Provokation der Notwehrlage sieht. Jedoch dürfte dies schon deshalb abzulehnen sein, weil sich dieses rechtswidrige Verhalten nicht gerade gegen ein Rechtsgut des B richtete.[99]
> c) Jedoch soll es nach Auffassung des BGH unabhängig hiervon am Verteidigungswillen gefehlt haben, weil A sich „auch aus Wut ... in erster Linie den Erpresser B vom Hals schaffen" und sein Geschäft aufrechterhalten wollte.[100] Der Verteidigungszweck bezüglich des überreichten Geldes trete demgegenüber in den Hintergrund.
> Eine Rechtfertigung durch Notwehr scheidet daher aus.
> 3. **Entschuldigungsgründe** sind ebenfalls nicht ersichtlich.
> **Ergebnis:** A ist nach Auffassung des BGH wegen Mordes nach § 211 StGB zu bestrafen.
>
> **II.** Die gleichzeitig verwirklichte **gefährliche Körperverletzung nach §§ 223, 224 I Nr. 2, 5 StGB** tritt dahinter im Wege der Gesetzeskonkurrenz zurück.

Der soeben geschilderte Fall zeigt, dass der BGH bei der Ablehnung der Arglosigkeit sehr weit geht, wenn Angriffe des Opfers unmittelbar vorausgegangen sind. **35**

Allerdings ist auch nach Auffassung des BGH Heimtücke zu bejahen, wenn zwischen Ehegatten ein Streit mit Tätlichkeiten vorausgegangen, dieser aber beendet war und das Opfer ruhend bzw. schlafend erschlagen wird.[101] Auch nimmt der BGH Arg- und Wehrlosigkeit an, wenn der Tötungshandlung zwar eine Todesdrohung vorausgeht, das Opfer aber davon ausgehen darf, dass diese nicht ernst gemeint sein kann.[102] Der Fall, den der BGH konkret zu entscheiden hatte, lag so, dass ein Ehemann seiner Ehefrau eine Pistole vor das Gesicht hielt. Als diese ihrem Kind gegenüber äußerte, es brauche keine Angst zu haben, da der Ehemann ohnehin nicht schieße, drückte dieser aus einer Entfernung von 2 cm ab und tötete seine Frau. Der BGH hat hier Heimtücke angenommen, da der Täter seine Frau jahrelang bereits in vergleichbarer Weise mit vorgehaltener Pistole genötigt und niemals geschossen hatte. Hieraus schloss der BGH, dass sich die Frau keines Angriffs von Seiten des Täters versah, da dieser jahrelang leere Todesdrohungen ausgestoßen hatte. Der Täter habe die Arg- und Wehrlosigkeit der Frau dabei auch bewusst ausgenutzt, da er die Umstände kannte, die deren Arg- und Wehrlosigkeit begründeten (er hatte gehört, dass die Frau gegenüber ihrem Kind geäußert hatte, er schieße ohnehin nicht).

---

99 So jedenfalls BGH NStZ 2003, 428.
100 In diesem Sinne nun überraschend BGH NStZ 2005, 334, ohne zu prüfen, ob fehlender Verteidigungswille nur zur Versuchsstrafbarkeit führen muss (dazu *Jäger*, AT, Rn. 129 ff.).
101 BGHSt 7, 218.
102 Vgl. BGH NStZ 2005, 688.

Auch sonst erstreckt der BGH den Anwendungsbereich der Heimtücke auf Fälle, in denen nur eine latente Angst des Opfers vor Angriffen des Täters besteht. Dies zeigt folgendes, aus der Rechtsprechung stammendes

Beispiel: K und A hatten über mehrere Jahre eine außereheliche Beziehung aus der drei Kinder hervorgingen. Auch nachdem sich A von K getrennt hatte, erschien dieser noch regelmäßig in deren Wohnung und bedrohte A. Nach einer Tätlichkeit wurde K schließlich durch die Polizei der Wohnung verwiesen. An das ihm auferlegte Rückkehrverbot hielt sich K jedoch nicht. Da A zudem eine Schusswaffe bei K gesehen hatte, zog sie aus Angst in eine neue Wohnung. Dennoch lebte A auch in der Folgezeit stets in Angst vor K, der ihren Aufenthaltsort ausfindig machen wollte. Auf Initiative der A kam es zur Sitzung des sog. Ältesten- bzw. Familienrates, wobei dieser entschied, K habe die Trennung von A zu akzeptieren. K reagierte hierauf mit der Äußerung, dass er etwas so Schlimmes mit A anstellen werde, dass sie sich auch „gleich selbst wegmachen könne". Aufgrund dessen lebte A auch fortgesetzt in ständiger Angst vor K, der weiterhin ihren Aufenthaltsort ausfindig zu machen versuchte. Etwa ein halbes Jahr später erblickte K die A und ihren Bruder B auf einem Parkplatz vor einem Supermarkt. Auch wenn A den K nicht wahrnahm war sie noch immer in erheblicher und konkreter Sorge, dass K stets auftauchen und sie überfallen könnte. K fuhr sodann mit voller Beschleunigung los, um A und B zu Fall zu bringen. Als sich B wieder aufrichtete, wurde er von K niedergeschlagen, bevor dieser die flüchtende A verfolgte, wobei er ihr seinen Tötungsvorsatz zu verstehen gab. Er schlug sie dann sogleich zu Boden, richtete die Pistole an ihren Hals und drückte ab. Dem nun flüchtenden K stellte sich wiederum B in den Weg, woraufhin K ihm mit Tötungsvorsatz in den Kopf schoss. Sowohl A als auch B überlebten die Schüsse (nach BGH NStZ 2013, 337 ff.[103]).

Lösung: Problematisch ist in diesem Beispiel das Mordmerkmal der Heimtücke, da fraglich ist, ob A bei Beginn des ersten mit Tötungsvorsatz geführten Angriffs des K mit einem gegen seine körperliche Unversehrtheit gerichteten erheblichen Angriff rechnete. Zu beachten ist dabei, dass eine auf früheren Aggressionen beruhende latente Angst des Opfers seine Arglosigkeit erst dann aufhebt, wenn es deshalb im Tatzeitpunkt mit Feindseligkeiten des Täters rechnet. Die Rspr. hat daher auch bei Opfern, die aufgrund von bestehenden Konfliktsituationen oder früheren Bedrohungen dauerhaft Angst um ihr Leben haben, einen Wegfall der Arglosigkeit erst dann in Betracht gezogen, wenn ein akuter Anlass für die Annahme bestand, dass der ständig befürchtete schwerwiegende Angriff auf ihr Leben oder ihre körperliche Unversehrtheit nun unmittelbar bevorsteht. A hatte den in seinem Pkw wartenden K bis wenige Sekunden vor der Tat nicht bemerkt. Ihre Befürchtung, er werde sie „irgendwann einmal erwischen", beruhte auf vorangegangenen, zum Teil mehrere Monate zurückliegenden Todesdrohungen und dem Wissen um Nachstellungen des K. Umstände, die zu einer auf die Tatsituation bezogenen Aktualisierung und Konkretisierung dieser Befürchtung geführt haben, sind nicht erkennbar. Die Tatsache, dass A von dem auf ihr Leben gerichteten Angriff getroffen wurde, als sie mit ihrem gefüllten Einkaufswagen das belebte Gelände eines Supermarktes verließ, legt die Annahme nahe, dass sie sich jedenfalls in diesem Moment keines konkreten Angriffs von Seiten des K versah und in einer hilflosen Situation überrascht wurde. Nach dem mit Verletzungsvorsatz geführten überraschenden Angriff mit dem Pkw war A zwar noch eine kurze Flucht möglich, doch vermochte sie sich aufgrund der Kürze der ihr verbleibenden Reaktionszeit dem mit Tötungsvorsatz nachsetzenden K nicht mehr zu entziehen oder wirkungsvolle Gegenmaßnahmen zu ergreifen. Demgemäß ist das Mordmerkmal der Heimtücke zu bejahen.

36 Heimtücke soll andererseits jedenfalls dann ausscheiden, wenn das Opfer überhaupt nicht in der Lage ist, Argwohn zu entwickeln. Dies soll nach zweifelhafter Rspr. etwa bei Kleinkindern gelten, sodass Heimtücke im Falle der Tötung von Kleinkindern nur dann denkbar ist, wenn die Arglosigkeit einer Aufsichtsperson ausgenutzt[104] oder

---

103 M. Anm. *Bosch*, JK 4/13, § 211/66.
104 BGH StV 2013, 631 m. Bspr. *Jahn*, JuS 2013, 364 ff.; Matt/Renzikowski/*Safferling*, § 211, Rn. 44.

wenn instinktive Abwehrmechanismen beim Kleinkind umgangen werden, was etwa dann der Fall ist, wenn ein giftiges Mittel der Nahrung beigemischt wird, damit das Kind die Einnahme nicht wegen des schlechten Geschmacks verweigert.[105] Zwar ist im Rahmen der Ausnutzung der Arglosigkeit einer Aufsichtsperson nicht erforderlich, dass der potenziell schutzbereite Dritte ‚zugegen' ist. Der schutzbereite Dritte muss aufgrund der Umstände des Einzelfalls allerdings wirksam Schutz erbringen können, wofür eine gewisse räumliche Nähe erforderlich ist.[106] Im Übrigen nimmt der BGH Heimtücke grundsätzlich auch bei der Tötung Schlafender an, da die Arglosigkeit „mit in den Schlaf genommen werde", sofern man nicht nur trotz Argwohns vom Schlaf übermannt werde.[107] Dies gilt auch für schutzbereite Aufsichtspersonen, die sich in dem Vertrauen schlafen legen, dass sich kein Angriff auf die Schutzperson ereignen werde (BGH NStZ 2013, 158 f.). Dagegen gilt die Annahme von Arglosigkeit nach st. Rspr. nicht für Bewusstlose und damit auch nicht für im Krankenhaus befindliche Komapatienten.[108] Bei ihnen kommt allerdings wiederum die Ausnutzung der Arg- und Wehrlosigkeit schutzbereiter Pflegekräfte in Betracht und zwar entweder, weil die Pflegekraft tatsächlich Dienst tut oder weil diese im Vertrauen auf den Täter keinen Dienst tut.[109]

Darüber hinaus ist notwendig, dass der Täter in feindlicher Willensrichtung handelt,[110] was nicht der Fall ist, wenn der Täter „zum Besten" des Opfers tätig wird.[111] Dies kommt z. B. dann in Frage, wenn ein Ehemann Frau und Kinder tötet, um ihnen die Schmach eines bekannt werdenden Bankrotts zu ersparen oder wenn ein Ehemann seine schwerkranke, schlafende Ehefrau aus Mitleid tötet, um ihre Qualen zu beenden (der Fall ist freilich nur dann von Bedeutung, wenn kein Verlangen der Tötung von Seiten der Frau vorliegt, da anderenfalls bereits § 216 StGB eingreifen würde, der § 211 StGB sperrt). **37**

Interessant ist im Zusammenhang mit der Tötung von Kleinkindern und der Frage der feindlichen Willensrichtung das folgende, der Rspr. des BGH entstammende **37a**

Beispiel:[112] M war von seiner Ehefrau unter Zurücklassung der beiden Kinder, die 1 Jahr und 9 Monate bzw. 5 Jahre und 4 Monate alt waren, verlassen worden. Deshalb fasste M den Entschluss, sich zu töten und die von ihrer Mutter verlassenen Kinder mit in den Tod zu nehmen, weil er sich um die Zukunft der beiden Kinder nach seinem Tod sorgte und er seine Ehefrau zum anderen auch „anklagen" und ihr zeigen wollte, dass sie den Tod der Kinder durch eine Rückkehr zu ihm hätte verhindern können. Er erstach daher seine beiden Kinder. Sein anschließender Selbsttötungsversuch scheiterte jedoch.

Lösung: Der BGH hat hier eine heimtückische Tötung und damit einen Mord an dem 1 Jahr und 9 Monate alten Kind verneint, da man zwar beim Niederlegen zum Schlafen die Arglosigkeit mit in den Schlaf nehme, das Alter des Tatopfers von nur einem Jahr und neun Monaten einem Heimtückemord jedoch entgegenstehe, weil ein Kleinkind bereits konstitutionell nicht

---

105 Vgl. BGHSt 8, 216; ausführlich *Mitsch*, JuS 2013, 783 ff.
106 BGH NStZ 2015, 215 mit Anm. *Hecker*, JuS 2015, 370.
107 Vgl. BGHSt 48, 256 m. Bspr. *Jahn*, JuS 2007, 960 ff.; *Kudlich*, JA 2007, 901 f.
108 Vgl. dazu BGH NStZ 2008, 93 f. m. Bspr. *Bosch*, JA 2008, 389 ff.
109 BGH aaO.
110 BGHSt 9, 385.
111 LK-*Rissing-van Saan/Zimmermann*, § 211, Rn. 122 m. w. N.
112 BGH NStZ 2006, 338 ff.; dazu *Satzger*, JK 10/06, StGB § 211/51.

fähig sei, jemand anderem Argwohn entgegenzubringen und schutzbereite Dritte nicht anwesend waren. Auch hat der BGH die Annahme eines niedrigen Beweggrundes verneint, da es dem Vater zumindest auch um die Sorge um die Zukunft der Kinder gegangen sei, weshalb von einem verachtenswerten Motiv nicht gesprochen werden konnte. Dagegen hat der BGH gegenüber dem 5 Jahre und 4 Monate alten Kind einen Heimtückemord angenommen, da dies bereits ein Alter sei, in dem ein normal entwickeltes Kind einen auf sein Leben zielenden Angriff erkennen und danach versuchen kann, Hilfe herbeizurufen, den Täter umzustimmen oder in sonstiger Weise dem Anschlag zu begegnen.[113] Dabei hat der BGH auch eine feindliche Willensrichtung angenommen, da es dem Täter nicht nur um die Sorge um die Zukunft des Kindes gegangen sei, sondern auch eine „Anklage" der Ehefrau gewollt war, weshalb der Vater in feindlicher Willensrichtung gegenüber seinen Kindern gehandelt habe, die er für seine Rachegelüste opferte. Der Fall zeigt, dass der BGH zwar bei der Frage des niedrigen Beweggrundes ein Motivbündel dahingehend berücksichtigt, dass eine Sorge um das zukünftige Wohl des Kindes die Tötung als insgesamt nicht verachtenswert erscheinen lassen kann. Dagegen soll offensichtlich die feindliche Willensrichtung nur dann entfallen, wenn es dem Täter ausschließlich um das Wohl des Opfers geht.

Das Problem der heimtückischen Tötung eines Kleinkindes und die Anforderungen an die Schutzbereitschaft eines Dritten verdeutlicht auch folgendes

Beispiel: A tötete eine zwei Wochen alte Tochter sowie 2 Jahre später einen eineinhalb Monate alten Sohn, indem sie ihnen das Spucktuch so weit wie möglich in den Mund stopfte und gleichzeitig die Nase zuhielt. A fühlte sich jeweils überfordert, weil sie ihre schreienden Kinder nicht beruhigen konnte. Der unnatürliche Todeseintritt wurde in beiden Fällen nicht erkannt und ein plötzlicher Kindstod angenommen. Für ihren in der Folge geborenen weiteren Sohn verschrieben die Ärzte einen Überwachungsmonitor, der den Herzschlag und die Atmung des Kindes während des Schlafs kontrollieren sollte und empfahlen der A und ihrem Ehemann E, das Kind nachts nicht alleine schlafen zu lassen. Während der ersten vier Wochen schlief E mit dem Sohn im Schlafzimmer und A übernachtete im Wohnzimmer. Anschließend schlief A mit dem Sohn im Schlafzimmer, während E nachts wach blieb. E wachte am Bett des Kindes und spielte zwischendurch am PC. Eines Tages wurde A gegen 5.00 Uhr morgens von E geweckt, woraufhin A aufstand und E sich schlafen legte. Etwa eine Stunde später setzte A den ohnehin lediglich vier Stunden am Tag angeschlossenen Überwachungsmonitor außer Betrieb und fütterte ihren Sohn. Als er zu schreien anfing, geriet A erneut in eine Überforderungssituation und tötete ihn auf dieselbe Weise wie ihre anderen Kinder. Anschließend weckte A den E, der sofort mit Reanimationsmaßnahmen begann, die jedoch erfolglos blieben.[114]

Lösung: Der BGH hält hier das Mordmerkmal der Heimtücke für möglich. Dabei ist nicht auf die Arg- und Wehrlosigkeit des Kleinkindes abzustellen, da dieses aufgrund seines Alters noch zu keinerlei Argwohn oder Gegenwehr fähig war, sondern auf die Arg- und Wehrlosigkeit eines schutzbereiten Dritten. Als schutzbereiter Dritter kommt hier E in Betracht. Denn es ist nicht erforderlich, dass der potenziell schutzbereite Dritte „zugegen" ist. Schutzbereiter Dritter ist vielmehr jede Person, die den Schutz eines Kleinkindes vor Leib- und Lebensgefahr dauernd oder vorübergehend übernommen hat und diesen im Augenblick der Tat entweder tatsächlich ausübt oder dies deshalb nicht tut, weil sie dem Täter vertraut. Der schutzbereite Dritte muss den Schutz auch wirksam erbringen können, wofür eine gewisse räumliche Nähe erforderlich ist. Der BGH bejaht die Schutzbereitschaft des E, der regelmäßig über den Schlaf seines Sohnes wachte. Er war aufgrund der räumlichen Nähe im Nebenzimmer und der Konzentration auf das Kind auch zum wirksamen Schutz des Kindes in der Lage gewesen. Da E sich jedoch im Vertrauen auf A schlafen gelegt hatte, war er nicht in der Lage, den tödlichen Angriff auf das

---

113 Vgl. auch bereits BGH NStZ 1995, 230 für ein dreijähriges Kind.
114 BGH NStZ 2013, 158 mit Anm. *Bohnhorst/Skeries*, StV 2014, 340; *Bosch*, JK 5/13, StGB § 211/68; *Jahn*, JuS 2013, 364; *Theile*, ZJS 2014, 307.

Leben seines Sohnes abzuwehren.¹¹⁵ Nicht erforderlich sei, dass A die Arg- und Wehrlosigkeit des E herbeigeführt, ihn also weggelockt hat.¹¹⁶ Ausreichend sei vielmehr, dass der Täter die von ihm erkannte Arglosigkeit bewusst zur Tatbegehung ausnutzt, unabhängig davon, worauf diese beruht.¹¹⁷

Einigkeit besteht darüber hinaus darin, dass das Merkmal der Heimtücke eng ausgelegt werden muss. So hat auch das BVerfG die Auffassung vertreten, dass bei Taten, denen keine besondere Verwerflichkeit anhaftet, gewährleistet sein müsse, dass den Täter nicht die unverhältnismäßig hohe Freiheitsstrafe des § 211 StGB treffe.¹¹⁸ Bis heute ungeklärt ist allerdings, wie eine solche Restriktion zu erreichen ist: **38**

– Teilweise wird in der Literatur Heimtücke ganz grundsätzlich nur dann bejaht, wenn ein besonderer Vertrauensbruch vorliegt (s. dazu bereits oben!).¹¹⁹
Kritik: Damit kommt eine Heimtücketötung praktisch nur noch im Nahbereich (etwa zwischen Ehegatten, Angehörigen einer nichtehelichen Lebensgemeinschaft, eng befreundeten Personen etc.) in Frage, was durch den Wortlaut „Heimtücke" jedoch nicht gestützt wird.

– Teilweise wird in der Literatur auch eine einzelfallbezogene sog. negative Typenkorrektur unter Heranziehung konkreter Verwerflichkeitserwägungen vorgeschlagen.¹²⁰
Kritik: Damit wird die Norm des § 211 StGB jedenfalls bei der Auslegung des Heimtückemerkmals der Rechtsunsicherheit preisgegeben, zumal dann sogar ein Durchgriff nach unten auf § 213 StGB vielfach unvermeidbar sein wird.¹²¹

– Dagegen vertritt der BGH in st. Rspr. die sog. Rechtsfolgenlösung. Danach soll eine Ersetzung der lebenslangen Freiheitsstrafe in Ausnahmefällen durch eine analoge Anwendung des § 49 I Nr. 1 StGB möglich sein, sofern gewichtige außergewöhnliche Milderungsgründe vorliegen. Diese Rechtsfolgen- oder Strafzumessungslösung ist aber nach der Rspr. nur bei Taten in Betracht zu ziehen, die durch eine notstandsnahe, ausweglos erscheinende Situation motiviert, in großer Verzweiflung begangen, aus tiefem Mitleid oder aus ‚gerechtem Zorn' aufgrund einer schweren Provokation verübt worden sind oder in einem vom Opfer verursachten und ständig neu angefachten, zermürbenden Konflikt oder in schweren Kränkungen des Täters durch das Opfer ihren Grund haben, die das Gemüt immer wieder heftig bewegen.¹²²
Kritik: Hiergegen wurde in der Literatur eingewandt, dass § 211 StGB angesichts seines klaren Wortlauts (§ 211 I StGB: „lebenslange Freiheitsstrafe") für eine derartige Rechtsfolgenlösung keinen Raum lasse.

---
115 Dagegen bezweifelt *Bosch*, JK 5/13, § 211/68, dass auch ein schutzbereiter Dritter seine Arglosigkeit mit in den Schlaf nehmen kann. Ebenso fordern *Bohnhorst/Skeries*, StV 2014, 342 f., dass die Einbeziehung schutzbereiter Dritter auf den tatsächlich Schutzbereiten begrenzt bleibt. Denn nur wer seine Wächteraufgabe tatsächlich wahrnehme, komme als schutzbereiter Dritter in Betracht.
116 *Theile*, ZJS 2013, 309.
117 Krit. hierzu *Jahn*, JuS 2013, 366 m. w. N.
118 BVerfGE 45, 262.
119 *M.-K. Meyer*, JR 1979, 485 ff.
120 *Sch/Sch/Eser/Sternberg-Lieben*, § 211, Rn. 10; *SK-Sinn*, § 211, Rn. 8.
121 *Schneider*, NStZ 2005, 429 spricht anschaulich davon, dass dadurch eine „rasante sanktionsrechtliche Talfahrt" eingeleitet würde.
122 BGHSt 30, 105, 120 ff.; BGH NStZ-RR 2018, 585 m. Anm. *Hinz*, JR 2018, 585 und *Stam*, JZ 2018, 1053; *Reichenbach*, Jura 2009, 176 ff.

§ 1 *Delikte gegen das Leben*

Achtung Klausur: *Die Frage ist so umstritten, dass man jede der genannten Auffassungen in der Klausur vertreten kann. Wichtig ist nur, dass dies am richtigen Ort geschieht. Die Lehre vom Vertrauensbruch sowie die negative Typenkorrektur schließen die Heimtücke als objektives Tatbestandsmerkmal aus. Die Strafzumessungslösung des BGH lässt dagegen das Merkmal der Heimtücke bestehen und wirkt sich erst nach der Schuld in der Strafzumessung aus. Schließt man sich dem BGH an, so sollte man dies also auch erst in der Strafzumessung tun. Schließt man sich dagegen einer der Literaturauffassungen an, so muss man natürlich schon im Rahmen der Diskussion des Heimtückemerkmals die Strafzumessungslösung des BGH mitbehandeln und ablehnen, da man bei Ablehnung der Heimtücke mit der Literatur natürlich nicht mehr zur Strafzumessung gelangen kann!*

Im Übrigen gilt: *Die Lehre vom Vertrauensbruch ist stets (d. h. nicht nur in Ausnahmefällen!) in der Klausur zu bringen, da sie zu einer grundsätzlichen teleologischen Reduktion führt und damit schon die Definition des Heimtückemerkmals als solche betrifft.*

f) Grausamkeit

39 Eine grausame Tötung liegt vor, wenn der Täter dem Opfer aus gefühlloser, unbarmherziger Gesinnung besondere Schmerzen oder Qualen zufügt.[123] Entscheidend ist die innere Gesinnung des Täters, sodass das äußere grausame Erscheinungsbild der Tat für sich gesehen nicht genügt. Allerdings reicht es aus, dass die Gesinnung aus den Tatumständen heraus erkennbar wird, was etwa grundsätzlich dann der Fall ist, wenn der Täter das Opfer foltert oder verhungern bzw. verdursten lässt.[124] Der Versuchsbeginn des Mordes durch grausame Tötung ist nach der Rechtsprechung des BGH bei einem engen räumlich-situativen Zusammenhang trotz zeitlicher Streckung des Geschehens gegeben. Dazu folgendes

Beispiel:[125] A warf die N, die ihn verlassen wollte, im Wohnzimmer auf die Couch und setzte sich auf sie. Er war jetzt entschlossen, sie durch anhaltendes Würgen zu quälen und sie sodann zu töten. Er drückte wiederholt unter Todesdrohung ihren Kehlkopf, bis sie erschlaffte, und lockerte sodann den Griff wieder, um hierduch den Tötungsprozess hinauszuzögern. Er nahm auch ein Kissen, das er ihr mit den Knien aufs Gesicht drückte. So sitzend meldete er sich telefonisch auf der Arbeitsstelle krank und äußerte N gegenüber, dass er sich jetzt Zeit genommen habe und sie ohnehin 5 Tage keiner vermissen werde. Auf ihre Frage, warum er kein Messer nehme, sagte er, dass dies keinen Spaß mache. Sodann fesselte er die N, trank zwei Liter Wein und schlief ungewollt ein. N konnte sich befreien und fliehen.

Lösung: Der BGH weist hier zwar auf die lange Dauer bis zum eigentlich gewollten Tötungsakt hin. Entscheidend sei aber, dass A Leib und Leben der N bereits in dem Zeitpunkt, in dem er sich ihrer in Tötungsabsicht bemächtigte, unmittelbar und konkret gefährdete. Es sei ein räumlich-situativer Zusammenhang gegeben gewesen. Dabei sei die zeitliche Streckung nicht nur unschädlich, sondern sogar wesentliches Element des grausamen Tötungsprozesses gewesen. Daher sei ein unmittelbares Ansetzen zur grausamen Tötung zu bejahen und A deshalb wegen Mordversuchs zu bestrafen. Die gleichzeitig verwirklichte gefährliche Körperverletzung nach §§ 223, 224 I Nr. 2 (Kissen nach konkreter Anwendung) und Nr. 5 StGB sowie die Freiheits-

---

123 BGHSt 3, 180; siehe auch *Köhne*, Jura 2009, 265 ff.
124 BGH MDR bei *Dallinger* 1974, 14.
125 BGH NStZ 2014, 447 m. Anm. *Bosch*, JK 2015, S. 114; *Schuhr*, HRRS 2014, 402.

beraubung mit (beabsichtigter) Todesfolge nach § 239 I, IV StGB stehen hierzu in Tateinheit, § 52 StGB.

g) Gemeingefährlichkeit des Mittels

Davon ist auszugehen, wenn der Täter die Auswirkungen seiner Tötungshandlung nicht beherrscht, was z. B. bei der Herbeiführung von Explosionen, aber auch bei Brunnenvergiftungen oder Überschwemmungen der Fall ist.[126] Genügen kann sogar das Töten mit einem Maschinengewehr in der Öffentlichkeit, da dann die Tötung anderer Personen grundsätzlich nicht ausgeschlossen werden kann (nicht ausreichend ist es allerdings, wenn A mit einer normalen Pistole auf B schießt und dabei damit rechnet, dass er auch den daneben stehenden C treffen könnte; hier sind die Folgen doch so überschaubar, dass nicht von einer Gemeingefährlichkeit des Mittels ausgegangen werden kann).[127] Auch die Benutzung eines Kfz als Instrument der Tötung kann zur Bejahung des Merkmals der Gemeingefährlichkeit führen, wenn in der konkreten Tatsituation eine Mehrzahl von Menschen an Leib und Leben gefährdet sind, weil der Täter die Ausdehnung der Gefahr nicht in seiner Gewalt hat (im konkreten Fall war dies zu bejahen, da der Täter mit bedingtem Tötungsvorsatz in den mit zahlreichen Gästen besetzten Terrassenbereich eines Straßencafés gefahren war; vgl. zu einem Fall der gemeingefährlichen Verwendung eines Kfz, bei dem regelmäßig auch § 315b StGB zu problematisieren ist, bereits o. Rn. 32).[128] Nach ständiger Rechtsprechung des BGH ist allerdings eine gemeingefährliche Tötung durch Unterlassen grundsätzlich nicht möglich. Es reicht nicht, wenn der Täter eine bereits vorhandene gemeingefährliche Situation nutzt, unabhängig davon, ob die Gefahr zufällig entstanden, von einer dritten Person verursacht oder von ihm selbst ohne Tötungsvorsatz herbeigeführt worden ist.[129]

40

h) Ermöglichung einer Straftat

Zur Ermöglichung einer Straftat handelt der Täter, wenn er tötet, um die Begehung weiterer strafbarer Handlungen gem. § 11 I Nr. 5 StGB, d. h. Verbrechen oder Vergehen, zu ermöglichen.[130] Dies ist etwa dann der Fall, wenn der Täter einen Wachmann tötet, um in einem Supermarkt Geld stehlen zu können. Nach h.M.[131] setzt Ermöglichungsabsicht nicht voraus, dass zwischen Tötung und anderer Tat eine Zäsur liegt. Auch ohne Zäsur handele es sich daher bei einem durch Tötung erstrebten Raub (sog. Raubmord) um eine „andere" Tat im Sinne des § 211 StGB.

41

Ein spektakuläres Beispiel liefern auch die sog. Kannibalen-Fälle, in denen die Täter töteten (im zweiten Fall war allerdings unklar, ob nicht Selbsttötung des Opfers vorlag, vgl. näher Rn. 29), um die Leiche bzw. Leichenteile des Opfers anschließend zu verspeisen. Der BGH hat hier neben dem Merkmal der Befriedigung des Geschlechts-

---

126 BGH NJW 1985, 1477 f.; *Zöller/Fornoff/Gries*, BT/2, S. 51. Vgl. OLG Dresden NJW 1948, 274; BGHSt 38, 353 m. Anm. *Rengier*, JZ 1993, 364; *Mitsch*, JuS 1996, 215 ff.
127 Vgl. OLG Dresden NJW 1948, 274; BGHSt 38, 353 m. Anm. *Rengier*, JZ 1993, 364; *Mitsch*, JuS 1996, 215 ff.
128 Vgl. dazu BGH NStZ 2006, 272 f. m. Anm. *Jahn*, JuS 2006, 88 f.; *Satzger*, JK 1/06, StGB § 211/47.
129 BGH NStZ 2010, 87.
130 Siehe nur *Maurach/Schroeder/Maiwald*, BT/I, § 2 III, Rn. 34.
131 MüKo-*Schneider*, § 211, Rn. 260.

triebes (vgl. schon oben Rn. 29) auch eine Tötung zur Ermöglichung der Störung der Totenruhe (§ 168 StGB) für denkbar erachtet.[132] Problematisch ist hieran freilich, dass der spätere Verzehr mit dem Opfer verabredet war, sodass eine strafbare Handlung nach § 168 StGB überhaupt nur dann in Frage kommt, wenn man – anders als bei § 189 StGB – durch § 168 StGB nicht nur das Ehrgefühl des Einzelnen, sondern auch das allgemeine Pietätsgefühl, über das das Opfer nicht verfügen kann, als mitgeschützt ansieht.[133] Neuerdings hat der BGH für die Kannibalen-Fälle darüber hinaus nochmals festgestellt, dass die Rechtsfolgenlösung (d.h. die analoge Anwendung des § 49 I Nr. 1) und damit die Möglichkeit einer Strafmilderung hier grundsätzlich nicht in Frage kommt, weil diese Strafzumessungslösung nur einschlägig sein kann, wenn außergewöhnliche Umstände vorliegen (näher zu den Ausnahmesituationen, in denen die Rechtsfolgenlösung in Betracht kommt oben Rn. 38).

i) Verdeckung einer Straftat

42 Zur Verdeckung tötet, wer die Aufdeckung oder Aufklärung einer anderen strafbaren Handlung gem. § 11 I Nr. 5 StGB verhindern will.[134] Der Wunsch zu fliehen begründet für sich gesehen noch nicht das Merkmal der Verdeckungsabsicht, es sei denn, es geht dem Täter darum, durch die Tötung unerkannt zu bleiben. Typische Fälle der Verdeckungsabsicht sind das Erschießen eines Tatzeugen oder das Zufahren auf einen Polizeibeamten, bei dem der Täter ein tödliches Überfahren billigend in Kauf nimmt, um unerkannt zu bleiben.[135] Die Entdeckung der Tat schließt einen Mord in Verdeckungsabsicht nicht aus, solange der Täter durch die Tötung des Opfers noch eine Möglichkeit sieht, seine vollständige oder endgültige Überführung zu vereiteln.[136] Andererseits genügt es für Verdeckungsabsicht nicht, dass sich der Täter bei einer – wie dieser weiß – bereits vollständig aufgedeckten Tat lediglich seiner Festnahme entziehen will. Dies hat der BGH in anderem Zusammenhang, nämlich bei § 315 III Nr. 1b StGB, so entschieden,[137] jedoch kann auch für § 211 StGB nichts anderes gelten.

Achtung Klausur: *Nicht übersehen darf man, dass die Absicht auf die Verdeckung einer „anderen" Straftat zielen muss. Sofern im Verlauf eines einheitlichen Tötungsgeschehens nur Verdeckungsabsicht hinzukommt, genügt dies nicht, weil dann mit der Tötung keine andere, sondern dieselbe Straftat verdeckt wird. Dies zeigt ein aus der Rechtsprechung stammender*

42a **Fall 4**: Getrieben von der Wahnvorstellung, aus der Wohnung der B würden mittels einer besonderen Tapete Schallwellen belästigender Lieder in seine eigene Wohnung geleitet, folgte A der B unbemerkt in deren Wohnung, um sie darauf anzusprechen. Dabei führte A ein Küchenmesser mit 12 cm Klingenlänge bei sich, um B, falls erforderlich, Angst machen zu können. Zudem trug A Handschuhe, um keine Fingerabdrücke zu hinterlassen. Nachdem B den A bemerkte und zu schreien begann, hielt er dieser zunächst den Mund zu und

---

132 BGH NJW 2005, 1878; ebenso BGH NStZ 2016, 469; krit. dazu *Hinz*, JR 2016, 582 f.
133 So denn tatsächlich BGH, aaO.
134 BGHSt 11, 268.
135 BGHSt 15, 291.
136 BGHSt 56, 239 m. Anm. *Jäger*, JA 2011, 792.
137 BGH StV 2018, 431.

forderte sie unter Drohung mit dem Messer auf, zukünftig die Musik leiser zu stellen. Nachdem B sich jedoch losreißen konnte und weiter schrie, stach A in Kenntnis der Gefährlichkeit seines Handelns in ihre Brust- und Bauchgegend. Ob er dabei mit Tötungsvorsatz handelte, ließ sich später nicht mehr klären. Nach einem anschließenden Gerangel zwischen A und B, dem aus Sicht des A ein noch „relativ normales" weiteres Gespräch folgte, würgte A die B mehrere Minuten mit Tötungsabsicht aus Angst vor Strafe wegen der Messerstiche und um die vorangegangene gefährliche Körperverletzung zu verdecken. Nachdem B bewusstlos geworden war, fügte A ihr weitere Stiche in den Hals, den Oberkörper sowie den Oberarm zu. B verstarb schließlich an einer Kombination aus Ersticken und Verbluten. Strafbarkeit des A? Die Schuldfähigkeit des A ist zu unterstellen. (**Schallwellen-Fall** leicht abgewandelt nach BGH NStZ 2015, 458[138])

Lösung:

A. Sachverhaltsalternative 1: A hatte bei den ersten Stichen in Brust- und Bauchgegend keinen Tötungsvorsatz

I. Die Zufügung der Messerstiche in Brust- und Bauchgegend begründet keine Strafbarkeit wegen **vorsätzlicher Tötung nach § 212 StGB**, da es dem A zu diesem Zeitpunkt jedenfalls am erforderlichen Tötungsvorsatz fehlte.

II. In Betracht kommt jedoch eine Strafbarkeit wegen **gefährlicher Körperverletzung nach §§ 223, 224 I Nr. 2, 5 StGB**.

1. Die Zufügung der Messerstiche begründet unproblematisch eine Strafbarkeit wegen Körperverletzung nach § 223 StGB, da darin eine körperliche Misshandlung sowie eine Gesundheitsschädigung zu sehen ist.

2. Verwirklicht ist auch der Qualifikationstatbestand des § 224 I Nr. 2 Alt. 2, da es sich bei dem Messer um ein gefährliches Werkzeug handelt. Darüber hinaus ist auch § 224 I Nr. 5 verwirklicht, da die Stiche als lebensgefährdende Behandlung zu qualifizieren sind.

3. A handelte auch mit Körperverletzungsvorsatz hinsichtlich Grundtatbestand und Qualifikation. Bezüglich § 224 I Nr. 5 StGB ist für den Vorsatz lediglich erforderlich, dass der Täter die Umstände kannte, aus denen sich die Gefährlichkeit seines Handelns ergab. Vorliegend handelte A jedenfalls in Kenntnis der Gefährlichkeit seines Handelns, sodass diese Voraussetzung zu bejahen ist.

4. Rechtfertigungs- und Schuldausschließungsgründe sind nicht ersichtlich. Insbesondere ist die Schuldfähigkeit des A laut Bearbeitervermerk zu unterstellen.

Ergebnis: A hat sich durch die ersten Stiche wegen gefährlicher Körperverletzung nach §§ 223, 224 I Nr. 2 Alt. 2, Nr. 5 StGB strafbar gemacht.

III. A könnte sich darüber hinaus durch das nachfolgende Würgen der B sowie durch die unmittelbar nachfolgenden Stiche in Hals, Oberkörper und Oberarm wegen **Totschlags nach § 212 StGB** strafbar gemacht haben.

1. Der Tatbestand – Tod der B – ist kausal und zurechenbar durch das Würgen und Zustechen verwirklicht worden (vgl. Sachverhalt Kombination aus Ersticken und Verbluten).

2. A handelte laut Sachverhalt bei diesem zweiten Tatgeschehen auch mit Tötungsabsicht, sodass Vorsatz unproblematisch zu bejahen ist.

3. Rechtfertigungs- und Schuldausschließungsgründe sind nicht ersichtlich.

Ergebnis: A ist strafbar wegen Totschlags nach § 212 StGB.

---

138 M. Anm. *Jäger*, JA 2015, 711 ff.; *Satzger*, JK 2016, 328, § 211.

IV. Fraglich ist, ob auch eine Strafbarkeit wegen **Mordes nach § 211 StGB** zu bejahen ist. In Betracht kommt das Mordmerkmal der Verdeckungsabsicht. Nach den Sachverhaltsangaben tötete A die B aus Angst vor Strafe wegen der Messerstiche und um die vorangegangene gefährliche Körperverletzung zu verdecken. Die Tötungshandlung diente danach der Verdeckung einer anderen Straftat.
Im Ergebnis ist daher eine Strafbarkeit wegen Mordes nach § 211 II Var. 9 StGB zu bejahen.

V. Das vorausgehende Zuhalten des Mundes verwirklicht auch eine **vollendete Nötigung nach § 240 StGB**.

VI. Fraglich ist auch, ob eine **weitere Nötigung nach § 240 StGB** darin zu sehen ist, dass A die B aufforderte, künftig die Musik leiser zu stellen.
Die Aufforderung konnte jedoch auch nach der Vorstellung des Täters noch nicht dazu führen, dass der gewünschte Enderfolg eintritt. Daher kann in der Anweisung keine vollendete Nötigung gesehen werden.

VII. Gegeben ist jedoch eine **versuchte Nötigung nach §§ 240 I, III, 22, 23 StGB**, da das gewaltsame Festhalten dazu dienen sollte, dass diese sich zukünftig nach den Wünschen des A richtete.

Gesamtergebnis zu Sachverhaltsalternative 1: A hat sich wegen gefährlicher Körperverletzung nach § 224 I Nr. 2 Alt. 2, Nr. 5 StGB sowie wegen Mordes nach § 211 StGB strafbar gemacht. Da bei Unterstellung eines zu Beginn noch fehlenden Tötungsvorsatzes kein Fortsetzungs- bzw. Gesamtvorsatz bestand, stehen die Taten zueinander in Tatmehrheit. Die vollendete und gegebenenfalls versuchte Nötigung treten zu der gefährlichen Körperverletzung in Tateinheit.

B. Sachverhaltsalternative 2: A hatte bei den ersten Stichen bereits Tötungsvorsatz

I. In Betracht kommt in diesem Fall eine **einheitliche Tötung nach § 212 StGB** durch die anfänglichen Messerstiche sowie das anschließende Würgen und die Verabreichung weiterer tödlicher Messerstiche.

1. Sofern A von Beginn an mit Tötungsvorsatz handelte, lag ein einheitliches Tötungsgeschehen vor, wobei der Erfolg – der Tod der B – wiederum kausal und zurechenbar von A verwirklicht wurde. Trotz vorübergehender Zäsur handelte es sich in diesem Fall um eine einheitliche Tötung, die zunächst mit (bedingtem) Tötungsvorsatz begann und später mit Absicht fortgeführt wurde.

2. Rechtfertigungs- und Schuldausschließungsgründe sind nicht ersichtlich.

Ergebnis: A ist wegen Totschlags nach § 212 StGB strafbar.

II. Fraglich ist, ob auch ein **Mord wegen Verdeckungsabsicht** infrage kommt, wenn A von Beginn an mit Tötungsvorsatz gehandelt hat. Der BGH hat dies im vorliegenden Fall zu Recht verneint: Um eine andere Straftat im Sinne von § 211 II Var. 9 StGB handelt es sich nicht, wenn der Täter nur diejenige Tat verdecken will, die er gerade begeht, was etwa dann der Fall ist, wenn während einer einheitlichen Tötungshandlung die Verdeckungsabsicht nur noch als weiteres Motiv für die Tötung hinzutritt. Dem ist zuzustimmen. Denn da der Täter mit der Tötungshandlung eine andere Tat verdecken muss, ist dieses Mordmerkmal nicht erfüllt bei einer „von vornherein" auf Tötung gerichteten sukzessiven Tatausführung, insbesondere wenn eine mit zumindest bedingtem Tötungsvorsatz begonnene Handlung mit nachträglicher Verdeckungsabsicht fortgeführt wird.[139] Auch eine kurzfristige Unterbrechung, wie sie hier vorgelegen hat, ändert daher nichts an einer Einheitlichkeit des Tötungsgeschehens, sodass eine Verdeckungsabsicht ausscheidet.

Ergebnis: Eine Strafbarkeit des A wegen Mordes scheidet aus.

---

139 BGH NStZ 1990, 385 m. Anm. *Hohmann*, JR 1991, 212.

III. Die gleichzeitig mit der Tötung der B verwirklichte **gefährliche Körperverletzung nach §§ 223, 224 I Nr. 2 Alt. 2, Nr. 5 StGB** tritt im Wege der Gesetzeskonkurrenz (Subsidiarität) hinter § 212 StGB zurück.

IV. Die **Nötigung sowie die versuchte Nötigung nach § 240 StGB bzw. §§ 240, 22, 23 StGB** treten in Tateinheit zu § 212 StGB.

C. Auflösung der aus der Sachverhaltsungewissheit resultierenden unterschiedlichen Rechtsfolgen

Da zwischen Mord und Totschlag keine rechtsethische und psychologische Vergleichbarkeit zu verzeichnen ist, kommt eine Wahlfeststellung keinesfalls in Betracht. Vielmehr handelt es sich um ein Stufenverhältnis, sodass in dubio pro reo von derjenigen Sachverhaltsalternative auszugehen ist, die sich für den Täter als die günstigste darstellt. Insoweit ist zugunsten des Angeklagten davon auszugehen, dass bereits zum Zeitpunkt der ersten Stiche ein Tötungsvorsatz gegeben war und ohne deutliche Zäsur eine Verdeckungsabsicht im Gesamtverlauf hinzutrat. Denn in diesem Fall handelt es sich um ein einheitliches Tötungsgeschehen, sodass keine Absicht der Verdeckung einer anderen Straftat angenommen werden kann.

Gesamtergebnis: A hat sich wegen vorsätzlicher Tötung nach § 212 StGB strafbar gemacht. § 224 StGB tritt dahinter im Wege der Subsidiarität zurück.

Hinweis: *Da § 211 StGB die Verdeckung einer anderen Straftat voraussetzt, zwingt der in dubio pro reo-Grundsatz hier dazu, bei der Ersttat einen stärkeren Vorsatz (nämlich Tötungsvorsatz) anzunehmen, um bei der Zweittat eine Verdeckungsabsicht ablehnen zu können. Auf den ersten Blick erscheint dies zwar merkwürdig, jedoch hängt dies mit der besonderen Struktur der Verdeckungsabsicht zusammen, die auf eine andere Straftat verweist. Für den Täter ist es daher günstig, wenn man zu dem Ergebnis gelangt, dass keine andere Tat vorgelegen hat, und dies ist eben nur dann der Fall, wenn ein einheitliches Tötungsgeschehen bejaht wird. Man kann dies auch nicht durch Annahme eines niedrigen Beweggrundes überspielen, weil man sonst das Ergebnis des speziellen Motivmerkmals umgehen würde.*

Umstritten ist, ob der Täter den Tod des Opfers gerade als Mittel zur Verdeckung einer Straftat einsetzen muss, oder ob es genügt, dass der Tod nur Folge der verdeckenden Handlung ist. Die Problematik veranschaulicht folgendes

Beispiel: A hatte in seiner Wohnung den B erstochen. Um die Spuren der Tat zu verdecken, 43 beschloss er in einer spontanen Eingebung, das dreistöckige Haus in Brand zu setzen. A wusste, dass in den oberen Stockwerken noch zwei Frauen wohnten, die vermutlich schon schliefen. Dass diese bei dem Brand ums Leben kommen könnten, nahm A aber billigend in Kauf, weil ihm die Spurenbeseitigung durch den Brand wichtiger war. A setzte seine Polstermöbel und Gardinen in Brand und verließ das Haus. Das Feuer erstickte mangels Sauerstoffs. (**Spurenbeseitigungs-Fall** nach BGH NStZ 1996, 189[140])

Lösung: A hat bzgl. B jedenfalls einen Totschlag nach § 212 StGB verwirklicht (für Mordmerkmale gibt der Sachverhalt nichts her). Hinsichtlich der beiden Frauen kommt ein versuchter Mord nach §§ 211, 212, 22, 23 StGB in Betracht. A könnte vorbehaltlosen Tatentschluss zur Verdeckung einer Straftat gehabt haben. Problematisch ist insoweit, dass die Tötung der Frauen von A nicht als notwendiges Mittel zur Verdeckung der Tat gedacht war, sondern hierfür nach der Vorstellung des A das Niederbrennen des Hauses genügte, als dessen mögliche Folge er sich den Tod der Frauen vorstellte. Verlangt man daher, dass gerade der Tod eines anderen als Mittel zur Verdeckung der eigenen Straftat gewollt sein muss, so würde vorliegend eine Verdeckungsabsicht ausscheiden. Nach Auffassung des BGH besteht aber zu einer derartigen restriktiven

---

140 Vgl. dazu auch *Schmidt*, JuS 1996, 655; *Mitsch*, JuS 1997, 788 ff.

Auslegung des Merkmals der Verdeckungsabsicht (ebenso wie bei der Ermöglichungsabsicht!) kein Grund: „Es kommt nicht auf den Todes*erfolg* hinsichtlich eines bestimmten Menschen, sondern auf die Tötungs*handlung* als Mittel zur Verdeckung an ... Denn die Tat ist nicht nur besonders verwerflich, wenn ein bestimmter Verfolger oder möglicher Entdecker bedingt vorsätzlich getötet wird, um eine Straftat zu verdecken, sondern nicht minder auch dann, wenn sogar gänzlich Unbeteiligte, von denen Entdeckung nicht zu befürchten ist, um der Verdeckung willen bedingt vorsätzlich ums Leben gebracht werden." Damit hat A sich bzgl. der beiden Frauen wegen versuchten Mordes strafbar gemacht. Zudem ist jedenfalls eine versuchte schwere Brandstiftung nach §§ 306a I Nr. 1, 22, 23 StGB gegeben. Darüber hinaus liegt auch eine versuchte besonders schwere Brandstiftung, §§ 306b II Nr. 1, 2 (auch hier Verdeckungsabsicht), 22, 23 StGB vor. Ferner hat A eine versuchte Brandstiftung mit Todesfolge nach §§ 306c, 22, 23 StGB verwirklicht. §§ 211, 22, 23 StGB an den beiden Frauen und §§ 306b, 306c, 22, 23 StGB stehen zueinander in Tateinheit, § 52 StGB. Zu diesen Taten steht § 212 StGB an B wiederum in Tatmehrheit, § 53 StGB.

45 Auch bei der Tötung durch Unterlassen entscheidet der BGH nicht anders.[141] Allerdings ergeben sich dort in Wahrheit auch Probleme hinsichtlich der Modalitätenäquivalenz:

Beispiel: Autofahrer A hat den Radfahrer B bei Nacht mit 1,1 ‰ angefahren. Obwohl er weiß, dass B schwer verletzt ist und sogar sterben kann, nimmt er dessen Tod in Kauf und fährt weiter, ohne ihm zu helfen, weil er weiß, dass er sich strafbar gemacht hat (vgl. § 315c StGB und § 229 StGB), und diesbezüglich keine Schererreien mit der Polizei haben will. Mord durch Unterlassen wegen Verdeckungsabsicht?[142]

Lösung: Auch hier könnte man im Sinne des soeben geschilderten Beispiels davon ausgehen, dass der in Kauf genommene Tod nicht notwendiges Mittel zur Verdeckung ist, sondern nur eine Begleiterscheinung, da schon das Davonfahren zur Verdeckung genügt. Nach Auffassung des BGH ändert dies aber nichts an der Verdeckungsabsicht.

Dennoch wird man hier aber einen Mord ablehnen müssen. Denn zwar hindert der bedingte Vorsatz eine solche Annahme nicht (der bedingte Vorsatz genügt für den Todeserfolg, die Absicht betrifft die Verdeckung der anderen Straftat!), aber der Täter unterlässt hier nur etwas, er deckt also nur nicht auf, während er beim aktiven Tun eine Tat mit der Tötung zudeckt. Das Unterlassen entspricht also nicht einem aktiven Verdecken, § 13 I a. E. StGB.[143]

46 Umstritten ist schließlich auch, ob Verdeckungsabsicht voraussetzt, dass der Täter die Abwehr staatlicher Strafverfolgung verhindern will oder ob es auch genügt, wenn es dem Täter bei seiner Tötung darum geht, dass die Straftat einem Privaten nicht bekannt wird.[144] Der BGH hat sich für die weite Auffassung entschieden und eine Verdeckungsabsicht gegenüber Privaten in einem Fall genügen lassen, in dem die Täter dem späteren Opfer wahrheitswidrig die Lieferung von Haschisch versprochen und es so zu einer Vorauszahlung von 5000 € veranlasst hatten. Obwohl die Täter mit einer Anzeige von Seiten des Opfers nicht rechneten, töteten sie das Opfer, weil sie dessen Reaktion für den Fall fürchteten, dass dieses merkte, dass es „abgelinkt" worden war. Der BGH hat hier Mord wegen Verdeckungsabsicht angenommen, weil die Verheimlichung nicht notwendig gegenüber Strafverfolgungsbehörden erfolgen müsse, sondern auch Private betreffen könne. Zur Begründung hat der BGH angeführt, dass das

---

141 Vgl. dazu auch *Theile*, JuS 2006, 110.
142 BGHSt 7, 287.
143 So auch *Grünwald*, JuS 1965, 311, 313; *Arzt/Weber*, BT, § 2, Rn. 65; a. A. LK-*Rissing-van-Saan/Zimmermann*, § 211, Rn. 52.
144 BGHSt 41, 8; zust. *Saliger*, StV 1998, 19; vgl. BGH NStZ 1999, 243 sowie hierzu *Otto*, JK 1999, § 211/6.

Delikt des Mordes nicht die Belange der Rechtspflege schütze, sodass eine restriktive Auslegung nicht angezeigt sei. Auch eine Straftatverdeckung, die darauf gerichtet ist, sich den Erhalt der Beute gegenüber Privaten zu sichern, falle daher grundsätzlich unter das Merkmal der Verdeckungsabsicht. Diese Rspr. ist allerdings fraglich, weil sich das Merkmal der Verdeckungsabsicht nicht in der „Verknüpfung von Unrecht mit weiterem Unrecht" erschöpft, sondern durch ihren Bezug zur „Straftat" nach § 11 I Nr. 5 StGB doch einen Strafverfolgungszusammenhang aufweist.[145] Nur der Strafverfolgungsbezug kann die Beschränkung auf die Verdeckung von „Straftaten" plausibel machen. Für eine einengende Auslegung des § 211 StGB im Rahmen der Verdeckungsabsicht spricht im Übrigen auch, dass die Härte in der Rechtsfolge eine Milde in den Voraussetzungen verlangt sowie die Tatsache, dass in Fällen der geschilderten Art ohnehin häufig das Merkmal der Habgier oder sonstiger niedriger Beweggründe zu bejahen sein wird.[146]

III. Tötung auf Verlangen nach § 216 StGB

1. Verhältnis zu anderen Tötungsdelikten

Wie schon das Verhältnis Mord/Totschlag, so ist auch das Verhältnis Totschlag/Tötung auf Verlangen umstritten. Während der BGH in § 216 StGB einen gegenüber § 212 StGB eigenständigen Tatbestand erblickt, sieht die h. L. in § 216 StGB einen Privilegierungstatbestand im Verhältnis zu § 212 StGB.

47

Allerdings führt die Auffassung des BGH hier im Falle der Teilnahme zu noch größeren Problemen als bei §§ 212 und 211 StGB. Das zeigt folgender

> **Fall 5:** A will seine schwer krebskranke Frau F auf deren ausdrückliche und ernsthafte Bitte hin töten. Dass er dadurch auch an deren Vermögen kommt, ist ihm ein willkommener Nebeneffekt, wenngleich A's Mitleid bei weitem im Vordergrund steht. Ohne die Krankheit und ohne das flehentliche Verlangen der F könnte A sie niemals töten. Das Gift zur Tötung besorgt die B. Sie tut dies nur, weil sie den A für sich haben will. A spritzt der F das tödliche Gift. Strafbarkeit von A und B? **(Motivbündel-Fall)**

48

> **Lösung:**
> **A. Strafbarkeit des A**
> A ist hier strafbar wegen **Tötung auf Verlangen nach § 216 StGB**.
> Bei einem Motivbündel gibt nämlich dasjenige Motiv den Ausschlag, das die Tat prägt. Dies war vorliegend aber eindeutig die Mitleidsmotivation.
> Damit kommt § 216 StGB zur Anwendung, der eine Heranziehung des § 211 StGB sperrt, auch wenn der grundsätzlich Habgier begründende Wunsch nach Vermögensmehrung unterschwellig vorhanden war.

49

---

[145] Wie hier i. E. *Küper*, JZ 1995, 1162; *Sowada*, JZ 2000, 1035; *Brocker*, MDR 1996, 228; *Buttel/Rotsch*, JuS 1996, 329; *Rengier*, BT/2, § 4, Rn. 56; dem BGH zust. allerdings *Saliger*, ZStW 109 (1997), 317; *Hohmann/Sander*, BT/1, § 2, Rn. 83; LK-*Rissing-van-Saan/Zimmermann*, § 211, Rn. 45; *Fischer*, § 211, Rn. 69.
[146] Vgl. BGH NStZ-RR 1999, 234; *Rengier*, BT/2, § 4, Rn. 19; vgl. auch *Kudlich*, BT/2, PdW, S. 23.

B. Strafbarkeit der B

I. In Betracht kommt **Beihilfe zur Tötung auf Verlangen nach §§ 216, 27 StGB**

1. Eine vorsätzliche rechtswidrige Haupttat nach § 216 StGB ist gegeben.
2. Die B hat dazu auch vorsätzlich Hilfe geleistet, indem sie das Gift besorgte.
3. Fraglich ist jedoch, ob eine Tatbestandsverschiebung nach § 28 II StGB in Frage kommt, da die B nicht aus Mitleid gehandelt hat.

Sieht man die Motivierung durch das Verlangen mit der h. M. als besonderes persönliches Merkmal,[147] so kommt nach der Literatur über § 28 II StGB tatsächlich eine Tatbestandsverschiebung weg von § 216 StGB und hin zu § 212 StGB in Frage, da B das mildernde Merkmal in ihrer Person nicht aufweist. Da sie selbst sogar aus einem niedrigen Beweggrund handelt, hat sie vielmehr sogar ein strafschärfendes Merkmal verwirklicht, sodass sie danach sogar über eine erneute Anwendung des § 28 II StGB wegen Beihilfe zum Mord nach §§ 211, 27 StGB strafbar wäre.

Dem BGH ist dieser Weg über die doppelte Heranziehung des § 28 II StGB jedoch verschlossen, da er § 216 StGB weder als Strafmilderungsgrund noch § 211 StGB als Strafschärfungsgrund begreift. Er kann daher nur § 28 I StGB heranziehen. Dieser führt hier aber zu absurden Ergebnissen: Denn nach dieser Vorschrift müsste das Fehlen von persönlichen Merkmalen zu einer Strafmilderung führen. Dass aber das Fehlen einer Mitleidsmotivation mit einer Strafmilderung belohnt werden soll, kann nicht ernsthaft in Betracht kommen. Dies sieht auch der BGH, weshalb er in solchen Fällen danach fragt, welche Tat denn verwirklicht wäre, wenn der Milderungsgrund beim Haupttäter nicht eingreifen würde.[148] Vorliegend wäre dies ein Mord gewesen, weil ohne das Vorliegen des Mitleids bei A ein Mord aus Habgier hätte angenommen werden müssen.

Auch der BGH will daher mit dieser hypothetischen Überlegung zu einer Beihilfebestrafung nach §§ 211, 27 StGB gelangen. Der Streit über das Verhältnis der §§ 211, 212 und 216 StGB zueinander braucht daher vorliegend nicht entschieden zu werden, wenngleich der vorliegende Fall – soviel sei hier gesagt – eindeutig die Vorzüge der Literatur-Auffassung unterstreicht.

4. Rechtfertigungs- und Schuldausschließungsgründe sind nicht ersichtlich.

II. Ergebnis: B ist nach allen genannten Auffassungen wegen Beihilfe zum Mord nach §§ 211, 27 StGB strafbar.

Hinweis: *Die Problematik des Motivbündels hat letztlich auch im vom BGH entschiedenen sog. Kannibalen-Fall eine Rolle gespielt. Der BGH hat dort das Vorliegen einer Tötung auf Verlangen mit der nachvollziehbaren Begründung in Zweifel gezogen, dass die Befriedigung des Geschlechtstriebes (vgl. zu diesem Fall schon oben Rn. 29) beim Angeklagten so sehr im Vordergrund gestanden habe, dass das Tötungsverlangen dadurch vollkommen in den Hintergrund gedrängt worden sei. Anders als im soeben geschilderten Fall war die Tötung dort also nicht vom Verlangensmotiv, sondern von einem Mordmotiv geprägt. Daneben hat der BGH im Kannibalen-Fall auch die Mordmerkmale „niedriger Beweggrund" und „Ermöglichung einer Straftat" (nämlich Störung der Totenruhe) für denkbar erachtet (vgl. dazu oben Rn. 41).*

---

[147] Vgl. *Mitsch*, JuS 1996, 312; SK-*Sinn*, § 216, Rn. 17; LK-*Rissing-van-Saan*, § 216, Rn. 57; Sch/Sch/Eser/*Sternberg-Lieben*, § 216, Rn. 18; differenz. *Schünemann*, Jura 1980, 579.
[148] BGH NJW 1953, 1440, allerdings den früheren § 217 StGB betreffend; vgl. auch *Kudlich*, BT/2, PdW, S. 35.

2. Der Tatbestand des § 216 StGB

a) Ausdrückliches Verlangen

Dieses liegt nur vor, wenn das Opfer – über die bloße Zustimmung zur Tötung hinausgehend – seinen Tod zum Tatzeitpunkt ernstlich begehrt und dies unmissverständlich zum Ausdruck gebracht hat.[149] Allerdings bedeutet „ausdrücklich" nicht, dass das Verlangen nur in Sprachform kundgetan werden kann. Vielmehr genügen auch unmissverständliche Zeichen und Gesten.[150]

b) Ernstliches Verlangen

Von einer Ernstlichkeit ist nur auszugehen, wenn das Opfer in der Lage ist, die Tragweite seiner Entscheidung zu überblicken. Zwang und Irrtum (nach h. M. auch der Motivirrtum, da es sich um eine qualifizierte Form der Einwilligung handelt) schließen die Ernstlichkeit aus.[151]

Ein Verlangen in depressiver Augenblicksstimmung ist nach Ansicht des BGH nicht als ernstliches Tötungsverlangen anzuerkennen, wenn es nicht von innerer Festigkeit und Zielstrebigkeit, also von einer tieferen Reflexion des Tatopfers über seinen Todeswunsch getragen wird.[152] Das ist anzunehmen, wenn ein etwaiges Verlangen nur beiläufig erwähnt wird und es einer depressiven Augenblicksstimmung entspringt und nicht von tieferer Reflexion des Opfers getragen ist (im konkreten Fall hatte die an einem riesigen Bauchhöhlenmyom leidende B ihren Ehemann „ernsthaft und eindeutig" gebeten, sie zu erschießen. Nachdem sie sich auf das Wohnzimmersofa gelegt hatte, trat A tatsächlich von hinten an sie heran und schoß ihr mit tödlicher Wirkung in den Kopf. Hier verneinte der BGH mangels innerer Festigkeit und Zielstrebigkeit des Sterbewunsches eine Anwendung des § 216 StGB).

c) Tötung

Hier ist abzugrenzen zur straflosen Beihilfe zum Selbstmord. Entscheidend ist, wer die Herrschaft über den „point of no return" innehat.[153] Liegt sie beim Opfer, so ist die Mitwirkung des anderen nur straflose Selbstmordteilnahme. Liegt sie beim Täter, so ist strafbare Tötung auf Verlangen gegeben.

Beispiel 1: B bittet den A, ihm ein tödliches Gift zu spritzen. A tut dies.

Lösung: Hier ist eine Strafbarkeit nach § 216 StGB gegeben.

Beispiel 2: B bittet den A, ihm eine tödliche Spritze zu besorgen. A tut dies und B spritzt sich das Gift selbst.

Lösung: Hier liegt nur eine straflose Teilnahme am Selbstmord des B vor. Ob eine Unterlassungsstrafbarkeit nach Bewusstloswerden des B möglich ist, ist umstritten (s. sogleich Rn. 57).

Beispiel 3: B, der sich nicht mehr bewegen kann, bittet den A, ihm ein Glas Gift in den Mund zu flößen. A tut dies.

---

149 Vgl. nur BGHSt 19, 137; siehe auch *Steinhilber*, JA 2010, 430 ff.
150 Vgl. dazu LK-*Rissing-van-Saan*, § 216, Rn. 19 m. w. N.
151 Siehe etwa BGHSt 19, 135; LK-*Rissing-van-Saan*, § 216, Rn. 20 ff.; eingehend *Gierhake*, GA 2012, 291 ff.
152 BGH NStZ 2011, 340; BGH NStZ 2012, 85 m. Anm. *Hecker*, JuS 2012, 365.
153 Vgl. dazu etwa *Helgerth*, JR 1976, 45; *Roxin*, NStZ 1987, 347.

Lösung: Es handelt sich um einen Grenzfall. Wenn B den verabreichten Schluck noch selbst ausspucken kann, wird man nur Beihilfe des A zum Selbstmord des B annehmen können, da dann die Herrschaft über den „point of no return" bei B liegt. Ist B dagegen zu einem Ausspucken überhaupt nicht mehr in der Lage, so wird das Pendel eher hin zu § 216 StGB ausschlagen.[154]

IV. Sonderproblem: Suizid, Tötung auf Verlangen und Sterbehilfe

Besonders klausurrelevant sind Probleme aus den Bereichen der Beteiligung an fremdem Selbstmord sowie der Sterbehilfe:[155]

1. Mitwirkung an fremder Selbsttötung

Vgl. zum Klausurprüfungsaufbau an dieser Stelle zunächst zwingend *Jäger*, AT, Rn. 351!

53 a) Die Teilnahme an fremder Selbsttötung ist grundsätzlich straflos, was sich bereits daraus ergibt, dass die Selbsttötung keine teilnahmefähige strafbare Handlung darstellt. Anstiftung und Beihilfe zum Suizid unterliegen daher nicht der Strafbarkeit. Allerdings ist zu beachten, dass der Gesetzgeber mit dem am 10.12.2015 in Kraft getretenen § 217 StGB die *geschäftsmäßige* Förderung des Suizids unter Strafe gestellt hat (näher zu dieser Vorschrift unten Rn. 63a ff.). Jedenfalls die nur einmalig beabsichtigte Hilfe zur Selbsttötung bleibt damit aber nach wie vor straflos.

54 b) Denkbar ist dagegen eine Beteiligung im Sinne einer Tötung in mittelbarer Täterschaft.

Eine strafbare Tötung in mittelbarer Täterschaft kann gegeben sein, wenn das Opfer durch Täuschung oder Zwang dazu gebracht wird, Hand an sich zu legen.[156]

Beispiel: A zwingt B mit gezogener Pistole, aus dem Fenster zu springen. Ebenso, wenn A den B dazu veranlasst, eine Hochspannungsleitung anzufassen, indem er ihm vorspiegelt, er habe die Sicherung ausgeschaltet.

Lösung: Im Einzelnen ist hier allerdings umstritten, unter welchen Voraussetzungen es an einer Freiverantwortlichkeit des Opfers fehlt: Nach der sog. Schuldlösung sind §§ 3 JGG, 19, 20, 35 sowie 16 StGB analog heranzuziehen.[157] Das Opfer muss sich also in einer Situation befunden haben, in der seine Verantwortlichkeit bzw. sein Vorsatz hinsichtlich der Herbeiführung des eigenen Todes ausgeschlossen waren.

Nach der sog. Einwilligungslösung ist dagegen § 216 StGB analog heranzuziehen, sodass bereits ein noch so geringer Willensmangel des Vordermanns eine unmittelbare Täterschaft des Hintermanns begründen kann.[158]

---

154 Wie hier *Blei*, JA 1974, 103; *Otto*, Tröndle-FS, 1989, S. 163, Fn. 26; a. A. LK-*Rissing-van-Saan*, § 216, Rn. 37.
155 Vgl. dazu auch die Überblicksbeiträge von *Bechtel*, JuS 2016, 882 ff.; *Duttge*, NStZ 2006, 479 ff.; *Otto*, NJW 2006, 2217 ff.; *Schreiber*, NStZ 2006, 473 ff.; *Kühl*, Jura 2010, 81 ff.
156 So Lackner/*Kühl*, vor §§ 211 ff., Rn. 13 ff.; LK-*Rissing-van-Saan*, vor §§ 211 ff., Rn. 99; für unmittelbare Täterschaft *Spendel*, JuS 1974, 749, 751 f.
157 *Roxin*, NStZ 1984, 72; LK-*Schünemann*, § 25, Rn. 106 ff.
158 *Krey/Hellmann/Heinrich*, BT/1, Rn. 88 ff.; Lackner/*Kühl*, vor §§ 211 ff., Rn. 13 ff. m. w. N.

Eine Rolle spielen die verschiedenen Auffassungen vor allem dann, wenn der Hintermann eine Motivation beim Vordermann erregt, die noch nicht als verantwortungs- oder vorsatzausschließend betrachtet werden kann.

Beispiel: A spiegelt der F vor, sie habe ein unheilbares Krebsleiden, weshalb er ihr nur zur Einnahme eines tödlichen Giftes raten kann, um sich weitere Qualen zu ersparen. In Wahrheit ist die Frau kerngesund. Die Frau nimmt das tödliche Gift aufgrund ihres Irrtums ein.

Lösung: Hier hat der beim Opfer erzeugte Irrtum nicht das Gewicht eines Verantwortungsausschlusses (weder ist die Steuerungs- und Einsichtsfähigkeit herabgesetzt, noch handelt es sich um einen Nötigungsdruck; auch weiß das Opfer, dass es seinen eigenen Tod herbeiführt). Nach der Schuldlösung wäre daher eine Tötung in mittelbarer Täterschaft zu verneinen.[159]

Dagegen läge nach der sog. Einwilligungslösung eine mittelbare Täterschaft vor, weil jede noch so geringe Täuschung/Druckausübung die Ernsthaftigkeit des Tötungswunsches beseitigt und damit mittelbare Täterschaft begründen kann.[160]

Näher zum Ganzen *Jäger*, AT, Rn. 247, 351.

c) Straflose Teilnahme am Selbstmord ist dagegen gegeben, wenn jemand nur zur freiverantwortlichen Selbsttötung anstiftet oder diese fördert.[161] 55

Beispiel: A fordert den B auf, sich zu erschießen, weil dies für ihn und für seine Familie das Beste sei (Anstiftung) oder A gibt dem B eine Pistole, damit sich dieser erschießen kann (Beihilfe).

d) Fahrlässige Tötung ist denkbar, wenn jemand einen anderen in den Tod treibt, ohne dies zu erkennen.[162] 56

Beispiel: Arzt A erklärt dem Vater V, dass dieser seiner 10-jährigen Tochter T nicht ununterbrochen vorwerfen dürfe, sie habe die Scheidung ihrer Eltern verschuldet, weil die Tochter T sicherlich Selbstmord begehen würde. V, der die Sorgen des Arztes für übertrieben hält, stellt diese Behauptung der Tochter gegenüber jedoch immer wieder auf, bis diese tatsächlich Selbstmord begeht und in einem Abschiedsbrief darauf hinweist, dass sie die Beschuldigungen ihres Vaters bezüglich der Scheidung nicht länger ertragen konnte.

Allerdings gilt dies nur, wenn das Opfer nicht freiverantwortlich handelt, wie dies bei einer Zehnjährigen der Fall sein dürfte. Handelt das Opfer dagegen freiverantwortlich (wäre die Tochter im Beispielsfall also etwa 16 Jahre oder älter), so scheidet eine Haftung Dritter wegen fahrlässiger Tötung grundsätzlich aus. Denn wenn schon die aktive Teilnahme (Anstiftung oder Beihilfe) an der freiverantwortlichen Selbsttötung straflos ist, so muss dies erst recht für die fahrlässige Bewirkung gelten.

Näher dazu *Jäger*, AT, Rn. 44 ff.

e) Eine Tötung durch Unterlassen wegen Nichthinderung der Vollendung des Selbstmordes wird teilweise für möglich gehalten: 57

So nimmt die Rspr. bei Bewusstloswerden des Opfers einen sog. Tatherrschaftswechsel an, der dazu führe, dass ein Garantenpflichtiger zur Rettung des Opfers tätig werden muss.[163]

---

159 Vgl. ausführl. LK-*Schünemann*, § 25, Rn. 106 ff.
160 Vgl. *Neumann*, JA 1987, 244 ff.
161 Statt vieler *Rengier*, BT/2, § 8, Rn. 1 ff.
162 Sch/Sch/Eser/Sternberg-Lieben, vor §§ 211 ff., Rn. 37 m. w. N.
163 BGHSt 2, 150 ff.; 7, 268; 13, 166; JR 1955, 104; unterstützt von einem Teil der Lehre vgl. *Schwalm*, Engisch-FS, 1969, 535 ff.; *Geilen*, JZ 1974, 153 f.

§ 1 Delikte gegen das Leben

In der Literatur ist diese Auffassung zu Recht auf Ablehnung gestoßen, weil die Bestrafung des Garanten dann von der zufälligen Frage abhängt, ob eine Rettung überhaupt noch möglich ist und außerdem auch nicht einzusehen ist, weshalb eine Garantenstellung dahin gehen soll, die freie Entscheidung eines anderen, aus dem Leben zu scheiden, zu vereiteln.[164] Vereinzelt hat dies immerhin auch der BGH anerkannt.[165]

58 f) Umstritten ist, ob die Nichthinderung einer Selbsttötung als unterlassene Hilfeleistung nach § 323c StGB bestraft werden kann. Im Wesentlichen hängt die Beantwortung dieser Frage davon ab, ob der Selbsttötungsversuch einen Unglücksfall i. S. v. § 323c StGB darstellt. Der BGH bejaht diese Frage.[166] Die Literatur lehnt die Annahme eines Unglücksfalls hingegen teilweise ab, weil es sich dabei nicht um ein plötzliches Ereignis handele.[167]

59 g) Problematisch ist die Abgrenzung von strafbarer Tötung auf Verlangen nach § 216 StGB einerseits und strafloser Selbstmordteilnahme andererseits beim sog. einseitig fehlgeschlagenen Doppelselbstmord.[168]

Maßgeblich ist auch hier grundsätzlich, wer die Herrschaft über den „point of no return" innehatte (vgl. auch Rn. 52).

– Nehmen etwa A und seine Frau B jeweils eine tödliche Dosis Gift ein, so liegt die Tatherrschaft bei beiden, sodass die Anregung zum Selbstmord bzw. die gemeinsame Begehung eine straflose Anstiftung bzw. eine straflose psychische Beihilfe zum Selbstmord des jeweils anderen darstellt.

– Ebenso liegt der Fall, wenn A und B vereinbaren, gemeinsam aus dem Leben zu scheiden und dabei in der Weise vorgehen, dass sie einen Schlauch vom Auspuff eines Wagens ins Wageninnere legen und A anschließend auf das Gaspedal tritt, um bei beiden eine Kohlenmonoxidvergiftung zu bewirken. Auch hier liegt nämlich die Tatherrschaft materiell – obwohl allein A aktiv tätig wird – bei beiden, da beide die Herrschaft über das Geschehen insofern inne haben, als sie jeweils noch die Möglichkeit haben, den tödlichen Vorgang jederzeit abzubrechen (für B besteht immerhin die Möglichkeit, den Wagen noch rechtzeitig zu verlassen).[169]

– Anders ist der Fall zu beurteilen, dass B sich zunächst von A töten lässt, indem sie sich etwa eine tödliche Spritze setzen lässt und A ihr danach in den Tod nachfolgen möchte. Wenn A hier überlebt, so hatte allein er die Herrschaft über den „point of no return" inne, sodass eine Strafbarkeit aus § 216 StGB gegeben ist.

---

164 Lackner/*Kühl*, vor §§ 211 ff., Rn. 15; *Achenbach*, Jura 2002, 544; *Sch/Sch/Eser/Sternberg-Lieben*, vor §§ 211 ff., Rn. 42 f.
165 Vgl. BGHSt 13, 162.
166 BGHSt (GrS) 6, 147 ff.; 13, 169.
167 Vgl. dazu *Wessels/Hettinger/Engländer*, BT/1, Rn. 65 ff.; *Arzt/Weber*, BT, § 3, Rn. 33; *Sch/Sch/Sternberg-Lieben/Hecker*, § 323c, Rn. 8.
168 *Sch/Sch/Eser/Sternberg-Lieben*, § 216, Rn. 11.
169 A. A. BGHSt 19, 135, 137 ff.; dagegen aber zu Recht *Schroth*, BT, S. 74.

2. Sterbehilfe (Euthanasie)

Unter Euthanasie versteht man nach *Engisch* die durch Mitleid bestimmte, direkt gewollte und aktiv ins Werk gesetzte Lebensverkürzung bei einem unheilbaren Leiden und mehr oder minder großer Todesnähe.[170] Zu merken ist dabei Folgendes:

a) Verlangt ein schwerkranker, über den Sachverhalt aufgeklärter Patient, der noch **60** fähig ist, einen eigenverantwortlichen Willen zu bilden,[171] den Abbruch der Behandlung, so ist auch der Arzt an diesen Willen gebunden (der Arzt ist nicht Vormund des Patienten, sodass er auch nicht als Garant handlungspflichtig ist).[172]

b) Die rechtliche Behandlung der schmerzlindernden Lebensverkürzung (indirekte **61** Euthanasie), die also nicht nur das Sterben erleichtert, sondern bei der eine Verkürzung des Lebens zumindest bewusst in Kauf genommen wird, ist äußerst umstritten.

Die wohl h. M. geht davon aus, dass auch in solchen Fällen eine Tötung vorliegt, dass aber in Ausnahmesituationen eine Rechtfertigung über § 34 StGB in Frage kommt.[173] Andere verneinen in derartigen Fällen den Tötungsvorsatz (zweifelhaft) oder nehmen eine Pflichtenkollision an.[174] Gegen Letztere spricht allerdings, dass hier nicht zwei gleichrangige Handlungspflichten kollidieren, sondern eine Handlungs- und eine Unterlassungspflicht (einerseits Pflicht zur Rettung, andererseits Pflicht zur Unterlassung einer Lebensverkürzung). Nach wieder anderer Ansicht fallen Schmerzlinderungen selbst dann, wenn sie lebensverkürzende Auswirkungen haben, nicht unter das Tötungsverbot. Danach ist also der Schutzbereich der Norm teleologisch zu reduzieren.[175] Tatsächlich sprechen für diese Auffassung die besseren Gründe, weil eine Schmerzlinderung nicht als Tötung, sondern als letzter Lebensdienst begriffen werden muss.[176]

c) Gänzlich umstritten ist schließlich die rechtliche Beurteilung des ärztlichen Be- **62** handlungsabbruchs (z. B. Abschalten des Beatmungsgeräts). Eine sichere Grenze bildete seit jeher das Erreichen eines Stadiums, in dem das Leben unaufhaltsam verlischt und eine Wiedererlangung des Bewusstseins auf Seiten des Patienten ausgeschlossen ist.[177] Ab diesem Zeitpunkt gibt es anerkanntermaßen ohnehin keine Pflicht mehr zur Weiterbehandlung. Besondere Probleme ergeben sich jedoch bei einem Behandlungsabbruch in einem Stadium, in dem das Leben noch nicht unaufhaltsam erlischt, sodass also nicht von unmittelbarer Todesnähe gesprochen werden kann. In einem solchen Fall ist ein Behandlungsabbruch allenfalls dann möglich, wenn der Patient dies fordert oder wenn von einer mutmaßlichen Einwilligung auszugehen ist. Problematisch ist dabei allerdings, dass aktive Sterbehilfe nach h. M. stets verboten ist (Argument aus § 216 StGB), weshalb die h. M. die Möglichkeit eines Behandlungsabbruchs bisher

---
170 Vgl. *Engisch*, Recht und Medizin, 1990.
171 Zur Problematik der Sterbehilfe bei dementen Personen vgl. *Magnus*, NStZ 2013, 1 ff.
172 Siehe auch *Sch/Sch/Eser/Sternberg-Lieben*, vor §§ 211 ff., Rn. 21.
173 So Rspr. und Lit., vgl. BGHSt 46, 279, 285; *Otto*, BT, § 6, Rn. 42; *Dölling*, MedR, 1987, 7; *Schöch*, NStZ 1997, 410; Falllösung bei *Thoss*, JA 2001, 951, 955 f.
174 Zur Annahme einer Pflichtenkollision *Leonardy*, DRiZ 1986, 289.
175 Vgl. zu dieser Ansicht *Krey/Heinrich*, BT/1, 14. Aufl. Rn. 14.
176 Vgl. dazu *Wessels/Hettinger/Engländer*, BT/1, Rn. 37.
177 So auch BGHSt 40, 257 (Kemptener Fall); *Gössel/Dölling*, BT/1, § 2, Rn. 50 ff.; *Roxin/Schroth*, Medizinstrafrecht, 1993, 99 f.; *Ackermann*, MedR 1999, 387, 389.

dadurch zu begründen versuchte, dass sie den Behandlungsabbruch in ein Unterlassen uminterpretierte (sog. Unterlassen durch Tun) und eine Garantenpflicht zur Weiterbehandlung in derartigen extremen Fällen sodann ablehnte.[178] Mittlerweile folgt der BGH seit einer wegweisenden Entscheidung dieser normativen Umbewertung eines aktiven Tuns in ein Unterlassen nicht mehr.[179] Entscheidend sei vielmehr, dass ein „Behandlungsabbruch" stattfinde. Dieser könne im Falle einer Einwilligung oder mutmaßlichen Einwilligung gerechtfertigt sein, gleichviel, ob es sich dabei um ein Unterlassen oder um ein aktives Tun handle (zur klausurmäßigen Lösung dieses Falles und zur Problematik des entsprechenden Patientenwillens siehe *Jäger*, AT, Rn. 335a ff.; zwingend nachlesen). Anders als bislang soll es dabei gleichgültig sein, ob die Behandlung durch den Arzt, durch einen Betreuer bzw. Bevollmächtigten oder durch einen von diesen als Hilfsperson hinzugezogenen Dritten abgebrochen wird.

63 d) Die gesetzlichen Regelungen[180] hinsichtlich Patientenverfügungen unterstreichen noch einmal, dass Dritte, v. a. Ärzte und andere behandelnde Personen, grundsätzlich an den Willen des Patienten gebunden sind, da sie das Selbstbestimmungsrecht des Patienten zu respektieren haben. Sofern in der konkreten Behandlungssituation der Patient keinen rechtserheblichen Willen mehr bilden kann, geben die **§§ 1901a ff. BGB** (unbedingt lesen!) nun genaue Regelungen für die Fragen der Feststellung, Verbindlichkeit und Umsetzung des Patientenwillens vor:

aa) Liegt eine wirksame Patientenverfügung vor (Anforderungen siehe § 1901a I S. 1 BGB), so hat der Betreuer oder Bevollmächtigte zu prüfen, ob die Feststellungen in der Verfügung auf die aktuelle Lebens- und Behandlungssituation zutreffen. Sofern dies der Fall ist, hat er dem niedergelegten Willen des Patienten Geltung zu verschaffen.

bb) Sofern keine Patientenverfügung existiert oder diese nicht auf die beschriebene Situation passt, hat der Betreuer oder Bevollmächtigte den mutmaßlichen Willen des Patienten festzustellen und auf dieser Grundlage dann die Entscheidung über Weiterbehandlung oder über Behandlungsabbruch zu treffen. Allerdings bedarf es hier einer eingehenden Erforschung des mutmaßlichen Patientenwillens anhand früherer mündlicher und schriftlicher Äußerungen, wobei auch ethische oder religiöse Überzeugungen und sonstige persönliche Wertvorstellungen einzubeziehen sind. Im Zweifel gilt hier der Grundsatz in dubio pro vita.[181]

cc) Als wichtige Klarstellung enthält § 1901a III BGB den Hinweis, dass die beschriebenen Regelungen unabhängig von Art und Stadium der Erkrankung des Betreuten gelten, also ein irreversibler tödlicher Verlauf o. ä. nicht (mehr) erforderlich ist. Nach § 1901b BGB müssen zumindest Arzt und Betreuer bzw. Bevollmächtigter auf Grundlage des medizinischen Befundes den Willen des Patienten feststellen. Sollte Uneinigkeit über den Willen des Betreuten bestehen, bedarf es gem. § 1904 BGB der Genehmigung des Betreuungsgerichts (sog. Konfliktmodell).[182]

---

178 Vgl. *Engisch*, Dreher-FS, 1977, 325 ff.; *Roxin*, Engisch-FS, 395 ff.; *Rengier*, BT/2, § 7, Rn. 5 ff.
179 BGH NStZ 2010, 630.
180 Drittes Betreuungsrechtsänderungsgesetz vom 29.7.2009 (in Kraft am 1.9.2009), BGBl I S. 2286.
181 Vgl. auch zu den Anforderungen an die Ermittlung des mutmaßlichen Willens BGH JZ 2015, 39 m. Anm. *Duttge*.
182 Näher dazu siehe NK-*Neumann*, Vor § 211, Rn. 114, 136 ff.; *Fischer*, Vor § 211, Rn. 32 ff.

V. Geschäftsmäßige Förderung der Selbsttötung nach § 217 StGB[183]

Seit dem 10.12.2015 verbietet § 217 StGB die geschäftsmäßige Förderung der Selbsttötung (kurz: Suizidhilfe) bei einer Androhung von Freiheitsstrafe bis zu drei Jahren oder Geldstrafe.[184] Mit dem Verbot will der Gesetzgeber die Tätigkeit von Sterbehilfeorganisationen oder sonstigen professionellen Suizidhelfern unterbinden.

63a

1. Geschützte Rechtsgüter

§ 217 StGB verfolgt eine doppelte Zielsetzung: Die Vorschrift schützt individuelle Rechtsgüter, indem sie das Leben und die Selbstbestimmung des jeweiligen Suizidwilligen vor der abstrakten Gefahr einer interessengeleiteten Manipulation und Beeinflussung durch geschäftsmäßig tätige Suizidhelfer und Suizidhilfeorganisationen bewahrt.[185] Darüber hinaus wirkt sie generell, indem sie das Leben und die Selbstbestimmung aller Menschen davor zu schützen sucht, dass ein geschäftsmäßiges Angebot zur Verharmlosung des Suizids beiträgt oder sogar einen Erwartungsdruck des Inhalts schafft, dass ein solches Angebot in Zeiten von Krankheit oder Alter wahrgenommen werden soll.[186]

63b

2. Der Tatbestand des § 217 StGB

a) Die Tathandlungen

aa) Objektiv tatbestandsmäßig handelt derjenige, der einem anderen geschäftsmäßig die Gelegenheit zur Selbsttötung gewährt, verschafft oder vermittelt. § 217 I StGB nimmt damit ausschließlich auf die Förderung einer potenziellen Selbsttötung Bezug. Nicht erfasst sind demgegenüber Sachverhalte der Sterbehilfe, die infolge der Abgrenzung von Täterschaft und Teilnahme nach dem Tatherrschaftskriterium bereits eine täterschaftliche Fremdtötung (statt Hilfe zur Selbsttötung) darstellen.[187]

63c

bb) Außerdem setzt § 217 StGB keinen Taterfolg, d. h. weder einen vollendeten noch einen versuchten Suizid voraus. Es handelt sich um ein abstraktes Gefährdungsdelikt[188] mit einer problematisch weit vorverlagerten Strafbarkeit.

63d

cc) Eine Gelegenheit zur Selbsttötung *gewährt* oder *verschafft* derjenige Täter, der „äußere Umstände herbeiführt, die geeignet sind, die Selbsttötung zu ermöglichen oder wesentlich zu erleichtern ...".[189] Unter diese Definition fallen insbesondere das Gewähren und Verschaffen tödlicher Medikamente. Dabei unterscheidet sich das Gewähren in der Weise vom Verschaffen, dass die äußeren Umstände dem Täter beim Gewähren der Gelegenheit bereits zur Verfügung stehen. Demgegenüber muss der

63e

---

183 Lesenswert der Lernbeitrag von *Gaede*, JuS 2016, 385 ff.
184 BGBl I S. 2177; vgl. zu Entstehungsgeschichte und Bewertung dieser Vorschrift auch *Jäger*, JZ 2015, 875 ff.; *Henking*, JR 2015, 174 ff.
185 BT-Drucks. 18/5373, S. 10, 11, 13 u. 17.
186 BT-Drucks. 18/5373, S. 2, 8, 11.
187 Siehe dazu auch *Berghäuser*, ZStW 128 (2016), 766 f.; *Eidam*, medstra 2016, 21; BeckOK-*Oğlakcıoğlu*, § 217, Rn. 19 u. 37.1.
188 BT-Drucks. 18/5373, S. 3, 16.
189 BT-Drucks. 18/5373, S. 18.

Täter im Fall des Verschaffens erst noch dafür sorgen, dass die äußeren Umstände für eine Selbsttötung gegeben sind.[190]

Beispiel: Wenn der Täter dem Suizidwilligen eine tödliche Medikamentendosis überlässt, die sich bereits in seinem Vorrat befindet, gewährt er ihm eine Gelegenheit zur Selbsttötung. Wer hingegen die tödliche Medikamentendosis für den Suizidwilligen bestellt, verschafft ihm eine solche Gelegenheit.

63f dd) Eine Gelegenheit zur Selbsttötung *vermittelt* derjenige Täter, der „den konkreten Kontakt zwischen einer suizidwilligen Person und der Person, die die Gelegenheit zur Selbsttötung gewährt oder verschafft, ermöglicht, wobei allein der Hinweis auf eine ohnedies allgemein bekannte Stelle nicht ausreicht".[191] Kennzeichnend für die täterschaftliche Vermittlung soll dabei sein, dass der Täter mit beiden Personen in Verbindung steht und deren grundsätzliche Bereitschaft für die Leistung bzw. Inanspruchnahme einer Suizidhilfe abgeklärt hat.[192]

Beispiel: Wer in Absprache mit dem Suizidwilligen beim Suizidhilfeverein anruft, den Termin für den Suizid vereinbart etc., der fällt unter § 217 I StGB, sofern er geschäftsmäßig handelt. Nicht dagegen einschlägig sind in diesem Fall die §§ 217, 26 StGB. Diese wären z. B. dann gegeben, wenn ein Dritter den Suizidhilfeverein anruft und mit der Suizidassistenz beauftragt, *ohne dass er diesbezüglich mit dem Suizidwilligen Rücksprache gehalten hat*.[193] Sofern der Dritte ein Angehöriger ist, kann dieser allerdings noch Straffreiheit nach § 217 II StGB erlangen (dazu sogleich Rn. 63j ff.).

b) Die Geschäftsmäßigkeit der Tathandlungen

63g Ein tatbestandsmäßiges Handeln nach § 217 I StGB setzt überdies voraus, dass der Täter geschäftsmäßig handelt (strafbegründendes Merkmal gemäß § 28 I StGB).

„Geschäftsmäßig im Sinne der Vorschrift handelt ..., wer die Gewährung, Verschaffung oder Vermittlung der Gelegenheit zur Selbsttötung zu einem dauernden oder wiederkehrenden Bestandteil seiner Tätigkeit macht, unabhängig von einer Gewinnerzielungsabsicht und unabhängig von einem Zusammenhang mit einer wirtschaftlichen oder beruflichen Tätigkeit".[194] Damit erfasst das Verbot des § 217 I StGB jede auf Wiederholung angelegte Förderung des Suizids.[195] Weitergehend handelt auch derjenige Täter tatbestandsmäßig, der zum ersten Mal eine Gelegenheit zur Selbsttötung gewährt, verschafft oder vermittelt, soweit sein Handeln nur „den Beginn einer auf Fortsetzung angelegten Tätigkeit darstellt".[196]

Diese weite Definition geschäftsmäßigen Handelns hat zur Folge, dass § 217 I StGB nach seinem Wortlaut nicht nur kommerzielle Angebote der Suizidhilfe erfasst, sondern auch solche, die unabhängig von einem Willen zur Gewinnerzielung allein in

---

190 BT-Drucks. 18/5373, S. 18. Näher zu diesen und weiteren Beispielen möglicher Tathandlungen nach § 217 StGB: *Berghäuser*, ZStW 128 (2016), 761 f.; *Hilgendorf*, Medizinstrafrecht, Kap. 5, Rn. 19; *ders.*, JZ 2014, 549.
191 BT-Drucks. 18/5373, S. 18.
192 BT-Drucks. 18/5373, S. 18.
193 BeckOK-*Oğlakcıoğlu*, § 217, Rn. 43.
194 BT-Drucks. 18/5373, S. 17.
195 Krit. etwa *Duttge*, NJW 2016, 122; *Eidam*, medstra 2016, 19; *Hecker*, GA 455; *Hoven*, ZIS 2016, 3 u. 7; *Roxin*, NStZ 2016, 189; *Saliger*, medstra 2015, 138.
196 BT-Drucks. 18/5373, S. 17; vgl. *Fischer*, Vor § 52, Rn. 63.

Wiederholungsabsicht erbracht werden. So könnte § 217 I StGB auch ein Verbot ärztlicher Suizidassistenz enthalten[197] (vgl. aber zu einer restriktiven Auslegung des Begriffs der Geschäftsmäßigkeit nachfolgend Rn. 63m).

Taupitz[198] hat § 217 I StGB sogar für völlig inkonsistent erklärt, weil sich die Geschäftsmäßigkeit, also die Wiederholungsabsicht, auf die Gelegenheit zur Selbsttötung eines konkreten Suizidwilligen beziehen muss (vgl. Wortlaut: „in der Absicht, die Selbsttötung eines anderen zu fördern, *diesem* hierzu *geschäftsmäßig* ..."). Man müsse daher nach dem Wortlaut, so *Taupitz*, ein und derselben Person mehrfach die Gelegenheit zum Suizid bieten wollen, was selbstverständlich – außer bei einem Fehlschlag des Suizids – nicht der Fall sei. Jedoch müsse man diesen Wortlaut wegen Art. 103 II GG ernst nehmen. Dies ist ein sehr scharfsinniger Einwand, jedoch wird man den Wortlaut doch auch so verstehen können, dass sich Geschäftsmäßigkeit nicht auf den konkreten Anderen, sondern nur auf die Hilfehandlung (gewähren, verschaffen, vermitteln) bezieht, sodass der Täter, wenn er einem konkreten Anderen hilft, diese Hilfe geschäftsmäßig (d.h. wiederholt bzw. mit Wiederholungsabsicht auf weitere Personen) anbieten muss. Der Wortsinn der Fachsprache „geschäftsmäßig" bedeutet eben „obwohl der Täter dies schon getan hat oder noch einmal tun will". Setzt man diese Bedeutung in § 217 I StGB anstatt des Wortes geschäftsmäßig ein, so bezieht es sich nicht auf den konkreten Anderen, sondern auf die Tathandlung.[199]

c) *Der subjektive Tatbestand*

Der subjektive Tatbestand des § 217 I StGB setzt neben dem allgemeinen Tatvorsatz **63h** die Absicht des Täters, die Selbsttötung eines anderen zu fördern, voraus. Dabei ist es hinreichend, dass sich die Absicht i. S. eines dolus directus ersten Grades nur auf die suizidbezogene Förderungshandlung bezieht. Bezüglich des Eintritts des Suiziderfolgs muss der Täter hingegen nur bedingt vorsätzlich handeln.[200] Es reicht also, dass der Täter nur billigend in Kauf nimmt, dass der Suizidwillige von seinem Hilfsangebot tatsächlich Gebrauch machen könnte.

3. Rechtfertigung

Was die Rechtfertigung der geschäftsmäßigen Suizidhilfe betrifft, kann die (erklärte **63i** oder mutmaßliche) Einwilligung des Suizidenten nach zutreffender Ansicht keine rechtfertigende Wirkung erzeugen.[201] Zwar kann der Suizident in die Gefährdung (nicht Vernichtung) seines eigenen Lebens wirksam einwilligen. Weil § 217 StGB ein abstraktes Gefährdungsdelikt ist, steht einer solchen Einwilligung nicht die Unverfügbarkeit menschlichen Lebens entgegen.[202] Dafür aber verhindert die allgemeinschützende Zielsetzung des § 217 StGB, dass eine Einwilligung des Suizidenten rechtfertigend wirken kann. Denn soweit § 217 StGB das Leben und die Selbstbe-

---

197 Siehe dazu etwa auch *Gaede*, medstra 2016, 65 f.; *Weißer*, ZStW 128 (2016), 132.
198 *Taupitz*, medstra 2016, 324.
199 Weiterführend und ebenfalls krit. gegenüber der von *Taupitz* vertretenen Ansicht *Berghäuser*, GA 2017, 383.
200 BT-Drucks. 18/5373, S. 19.
201 Anders aber *Hilgendorf*, Medizinstrafrecht, Kap. 5, Rn. 20.
202 *Hilgendorf*, Medizinstrafrecht, Kap. 5, Rn. 20.

stimmungsfreiheit Dritter vor einem mit dem Suizidhilfeangebot verbundenen Gewöhnungseffekt und Erwartungsdruck bewahren soll, steht dieser Schutz nicht zur Disposition des Suizidenten.[203]

Ebenso muss nach richtiger Auffassung eine Rechtfertigung der geschäftsmäßigen Suizidhilfe im Wege des allgemeinen rechtfertigenden Notstandes nach § 34 StGB ausscheiden. Mit dem Verbot der geschäftsmäßigen Suizidhilfe hat der Gesetzgeber klargestellt, dass diese Art der Unterstützung kein angemessenes Mittel i. S. d. § 34 S. 2 StGB bilden kann. Könnten sich Sterbehilfevereine auf Notstandsregeln berufen, um ihre geschäftsmäßige Tätigkeit zu rechtfertigen, würde hierdurch das vom Gesetzgeber gewählte Schutzkonzept unterlaufen.[204]

4. Der Ausschluss der Teilnahmestrafbarkeit nach § 217 II StGB

63j § 217 II StGB enthält einen persönlichen Strafausschließungsgrund, der Angehörige (§ 11 I Nr. 1 StGB) und andere, dem Suizidwilligen nahestehende Personen von einer Strafbarkeit wegen Teilnahme an einer geschäftsmäßigen Förderung der Selbsttötung (also von den §§ 217, 26 bzw. 27 StGB) ausnimmt, solange sie nicht selbst geschäftsmäßig handeln.[205]

a) Fehlende Geschäftsmäßigkeit der Teilnahme

63k Im einzelnen Konfliktfall dürfen Angehörige und andere nahestehende Personen des Suizidwilligen aus Gewissensgründen daher weiterhin dessen Inanspruchnahme professioneller Suizidhilfe unterstützen. Anders wäre die Teilnahmestrafbarkeit nach dem Gesetzeswortlaut nur dann zu beurteilen, wenn der Angehörige bzw. die nahestehende Person mit Wiederholungsabsicht (und damit geschäftsmäßig; siehe oben Rn. 63g) handelt.

Beispiel: Der Sohn darf seinen Vater zwar im Einzelfall zu einem Suizidhilfeverein fahren. Behält er sich dabei jedoch vor, im Bedarfsfall auch seiner Mutter entsprechende Hilfe zu leisten[206], wären die Voraussetzungen des Strafausschließungsgrundes nach § 217 II StGB nicht erfüllt. Insofern entschiede über die Strafbarkeit des Sohnes nach §§ 217 I, 27 StGB also, ob das Kind innerhalb seiner Familie nur in einem oder in mehreren Fällen die Inanspruchnahme professioneller Suizidhilfe unterstützen möchte. Es erscheint schwer vorstellbar, dass dieses Ergebnis dem Willen des Gesetzgebers entspricht (näher sogleich Rn. 63m am Ende).

---

203 Ausführlich dazu *Berghäuser*, ZStW 128 (2016), 771 ff.; im Ergebnis entsprechend BeckOK-*Oğlakcıoğlu*, § 217, Rn. 38.
204 Ähnlich gelagert ist die Frage, ob die Nothilfe eines Abtreibungsgegners geboten i. S. d. § 32 StGB oder angemessen i. S. d. § 34 S. 2 StGB sein kann. Sie wird zu Recht verneint; näher dazu *Satzger*, JuS 1997, 804; ferner *Berghäuser*, Das Ungeborene im Widerspruch, 2015, 661 f. m. w. N. in Fn. 462 u. 576 f. m. Fn. 134.
205 Siehe dazu BT-Drucks. 18/5373, S. 19 f.
206 Vgl. *Roxin*, NStZ 2016, 189.

b) Notwendige Teilnahme des Suizidwilligen

Der potenzielle Suizident selbst soll nach Auffassung des Gesetzgebers und des BVerfG bereits nach den Grundsätzen einer notwendigen Teilnahme nicht vom Tatbestand des § 217 StGB erfasst sein.[207]

63l

5. Problem: Die Anwendung des § 217 StGB auf Ärzte und medizinisches Hilfspersonal

Die Einführung des § 217 StGB hat zur Folge, dass sich auch Ärzte und medizinisches Hilfspersonal bei Hilfeleistungen für Suizidwillige einem Strafbarkeitsrisiko aussetzen. Die weite Definition des strafbegründenden Merkmals der Geschäftsmäßigkeit schließt auch die von einer Wiederholungsabsicht geleitete ärztliche Suizidassistenz ein.[208]

63m

Dies aber entspricht nicht dem Willen des Gesetzgebers. Der Gesetzgeber wollte weder die Hilfe beim Sterben in palliativmedizinischen Einrichtungen noch „im Einzelfall und aus altruistischen Motiven erfolgende Fälle von Hilfestellung bei der Selbsttötung" von § 217 StGB erfasst sehen.[209] Um das medizinische und pflegerische Personal gemäß dem gesetzgeberischen Willen vor einer Strafbarkeit nach § 217 StGB zu bewahren, bedarf es deshalb einer restriktiven Auslegung des Merkmals der Geschäftsmäßigkeit.[210]

Unter Hinweis darauf, dass der Gesetzgeber die „im Einzelfall" erfolgende Hilfestellung nicht von § 217 StGB erfasst sehen wollte, wird für eine geschäftsmäßige Suizidhilfe etwa vertreten, dass sie die „Hauptaufgabe des Geschäfts" darstellen müsse oder aber auf eine Art und Weise erfolgen müsse, „die sie nicht mehr nur als ultima ratio innerhalb einer gewachsenen Patientenbeziehung" ausweist. In all jenen Fällen, in denen eine „zahlenmäßig begrenzte, fern jeder Routine erbrachte persönliche Hilfe in schwierigen persönlichen Konfliktsituationen" vorläge, soll das medizinische Personal hingegen nicht tatbestandsmäßig handeln.[211]

Zu einem entsprechenden Ergebnis gelangt man, wenn man die notwendige restriktive Auslegung daran anknüpft, dass die Gesetzesbegründung „aus altruistischen Motiven erfolgende Fälle (Plural!)"[212] von Hilfestellung" aus dem Anwendungsbereich des § 217 StGB ausnimmt. Daran anknüpfend sollten aus einem konkreten Behandlungsverhältnis fließende Gewissensentscheidungen des Arztes in seiner persönlichen Bindung zum Patienten nicht von § 217 StGB erfasst sein. Denn gerade derartige persönliche Gewissensentscheidungen unterscheiden sich vom institutionalisierten

---

207 BT-Drucks. 18/5373, S. 20; BVerfG medstra 2016, 99; krit. aber *Berghäuser*, ZStW 128 (2016), 773 ff.; *Hecker*, GA 2016, 461; BeckOK-*Oğlakcıoğlu*, § 217, Rn. 1.2 u. 43.
208 Siehe dazu etwa *Berghäuser*, ZStW 128 (2016), 765 f. u. 769 f.; *Duttge*, NJW 2016, 122 u. 124; *Roxin*, NStZ 2016, 190.
209 BT-Drucks. 18/5373, S. 17 f.
210 Dazu, dass der Gesetzgeber gut daran getan hätte, die Straffreiheit des medizinischen und pflegerischen Personals in einem gesonderten Absatz des § 217 StGB deutlich anzuordnen, siehe *Jäger*, JZ 2015, 883.
211 So *Gaede*, medstra 2016, 66; entsprechend *ders.*, JuS 2016, 390.
212 Klammerzusatz vom *Verfasser*.

Suizidhilfeangebot der Sterbehilfevereinigungen, die nach dem Willen des Gesetzgebers unter Strafe gestellt werden sollten.[213]

Hinweis: *Eine restriktive Auslegung dieser Art eröffnet auch die Möglichkeit, andere Fälle von § 217 StGB auszunehmen, in denen Gewissensgründe eine ausschlaggebende Rolle spielen, so etwa die von einer Wiederholungsabsicht begleitete familiäre Hilfestellung beim Suizid (vgl. soeben Rn. 63k). Auch hier sollte eine Täterschaft nach § 217 I StGB oder eine Teilnehmerschaft nach §§ 217 I, 26, 27 StGB ausgeschlossen sein (zur eigentlich begrenzten Straflosigkeit der Teilnahme nach § 217 II StGB, der seinem strikten Wortlaut nach eigentlich eine mehrfache Teilnahme verbieten würde, siehe ebenfalls bereits soeben Rn. 63k). Unterstützungshandlungen, die auf nachvollziehbaren Gewissensentscheidungen in Einzelfällen basieren, würden danach weder im Arzt-Patienten-Verhältnis noch im Angehörigenverhältnis oder in einem sonstigen sozialen Nahbereich dem Tatbestand des § 217 StGB unterfallen.*[214]

VI. Fahrlässige Tötung nach § 222 StGB

64 Das Delikt wirft für sich gesehen keine besonderen Probleme auf. Größtes Augenmerk ist hier aber auf die Prüfung der Erfolgszurechnung zu legen, das heißt auf den Zusammenhang zwischen Sorgfaltspflichtverletzung und Erfolg (Stichwort: Unterbrechung des Zurechnungszusammenhangs → fehlende rechtliche Relevanz, Schutzzweck der Norm, rechtmäßiges Alternativverhalten). Vgl. dazu ausführlich die Darstellung der Zurechnung und der Fahrlässigkeit in *Jäger*, AT, Rn. 26 ff., 374 ff.

VII. Aussetzung nach § 221 StGB[215]

1. Wesen der Aussetzung und Verhältnis zu anderen Delikten

65 Zum Verständnis der Vorschrift muss man sich zunächst § 221 StGB sorgfältig durchlesen!

Sie sehen, dass das Delikt nur einen Gefahrerfolg voraussetzt; es handelt sich somit um ein konkretes Gefährdungsdelikt.[216] Daher gehen die Tötungsdelikte als Verletzungserfolgsdelikte grundsätzlich vor.

Wichtig ist dies deshalb, weil neben § 221 I Nr. 2 StGB häufig §§ 212, 22, 23, 13 StGB und § 323c StGB erfüllt sind. § 323c StGB tritt aber hinter § 221 I Nr. 2 StGB zurück und dieser wiederum hinter §§ 212, 22, 23, 13 StGB.[217]

Die Todeserfolgsqualifikation des § 221 III StGB verdrängt § 222 StGB, während sie hinter § 212 StGB zurücktritt.[218]

---

213 So schon *Jäger*, Jahrbuch Ethik in der Klinik (JEK), Interessen und Gewissen – Moralische Zielkonflikte in der Medizin, 9 (2016), 298 f.
214 *Jäger*, aaO, JEK 9 (2016), 299 f.
215 Vgl. auch *Hacker/Lautner*, Jura 2006, 274; *Wengenroth*, JA 2012, 584 ff.
216 *Sch/Sch/Eser/Sternberg-Lieben*, § 221, Rn. 1.
217 LK-*Krüger*, § 221, Rn. 91 ff. m. w. N.; a. A. Lackner/Kühl/*Heger*, § 221, Rn. 9 aus Gründen der Klarstellung.
218 BGH NStZ 1983, 424; *Sch/Sch/Eser/Sternberg-Lieben*, § 221, Rn. 18.

2. Der Tatbestand der Aussetzung

a) *Objektiver Tatbestand*

Der Tatbestand hat zwei Alternativen:

aa) § 221 I Nr. 1 StGB = Jedermannsdelikt

„In hilflose Lage versetzen" setzt nach h. M. kein räumliches Verbringen, d. h. keine Veränderung des Aufenthaltsortes des Opfers mehr voraus[219] und kann durch jede Verursachung oder Steigerung der Hilfsbedürftigkeit des Betroffenen, etwa durch Faustschläge oder durch Anfahren mit dem Auto, bewirkt werden.[220]

66

Das Verhältnis von Nr. 1 und Nr. 2 ist damit nicht ganz eindeutig. Der BGH geht aber davon aus, dass nach Erfüllung des § 221 I Nr. 1 auch die anschließende Verwirklichung des § 221 I Nr. 2 StGB möglich ist (zw.).[221] Die Tathandlungen können danach also auch „im Rudel" auftreten!

bb) § 221 I Nr. 2 StGB = Sonderdelikt

Dieses kann nur von Garanten verwirklicht werden. In den Schutzbereich fallen alle Menschen, Kinder wie Erwachsene, Kranke wie Gesunde.[222]

67

„Im Stich lassen" (statt bis zum 6. StrRG „verlassen") geschieht normalerweise durch räumliche Trennung. Durch die Wendung „im Stich lassen" hat der Gesetzgeber aber klar gestellt, dass auch ein Verlassen ohne räumliche Trennung, d. h. durch geistiges Alleinlassen, den Tatbestand erfüllt.[223]

Beispiel: Eine Krankenschwester kümmert sich nicht um einen Patienten, sondern liest ein Buch, während dieser langsam stirbt; ein Vater nimmt Tabletten, um sich zu töten und lässt sein Kleinkind dadurch im Stich, wobei der Selbstmord misslingt.

cc) Gefahrverursachung

§ 221 I Nr. 1 und 2 StGB verlangen weiter, dass der Täter die hilflose Person durch die Tathandlung einer konkreten Gefahr aussetzt.

68

Neben der Gefahr des Todes genügt auch die Gefahr einer schweren Gesundheitsschädigung, d. h. einer Folge i. S. d. § 226 StGB (z. B. Lähmung, Gliedverlust, etc.) und darüber hinaus auch das Verfallen in eine ernste langwierige Krankheit sowie die erhebliche Beeinträchtigung der Arbeitskraft und anderer körperlicher Fähigkeiten.[224]

Hinweis: *Lernen Sie diese Definition auswendig, weil das 6. StrRG das Merkmal der „schweren Gesundheitsschädigung" in zahlreichen Vorschriften eingeführt hat.*

---

219 So etwa noch *Krey/Heinrich*, BT/1, 14. Aufl., Rn. 134; Wie hier BGH JZ 2008, 951 ff. m. Anm. *Hardtung*; ebenso jetzt *Krey/Hellmann/Heinrich*, BT/1, Rn. 134; *Kudlich*, BT/2, PdW, S. 41; allgemein *Sternberg-Lieben/Fisch*, Jura 1999, 45 ff.
220 Vgl. zu einem besonders brutalen Fall durch körperliche Misshandlung BGHSt 52, 153 ff. m. Bspr. *Hardtung*, JZ 2008, 953 ff.; *Jahn*, JuS 2008, 647 ff.
221 Vgl. BGHSt 52, 153 ff.; a. A. *Jäger*, JuS 2000, 31 ff.
222 Zutreffend *Rengier*, BT/2, § 10, Rn. 3.
223 BGH JZ 2008, 951 ff. m. Anm. *Hardtung*; *Wessels/Hettinger/Engländer*, BT/1, Rn. 223; *Sch/Sch/Eser/Sternberg-Lieben*, § 221, Rn. 6 f.; *Lesch*, JA 1998, 474 f.
224 Hierzu *Hellmann*, JuS 2003, 18; *Rengier*, ZStW 111 (1999), 24; *ders.*, BT/2, § 10, Rn. 16.

Wegen des konkreten Gefahrerfordernisses muss der Tatbestand verneint werden, wenn z. B. die Mutter das Kind an einem belebten Ort aussetzt oder der vom Autofahrer angefahrene, liegen gelassene Motorradfahrer schon rettungslos tödlich verletzt war.[225] In letztgenanntem Fall steht der bei entsprechendem Gefährdungsvorsatz verbleibende bloße Versuch des § 221 I StGB nicht unter Strafe. Es kommen dann nur die §§ 212, 22, 23, 13; 221 III, 22, 23; 323c StGB in Betracht.

dd) Tun und Unterlassen

69 Schließlich gilt für beide Tatbestandsalternativen, dass sie sowohl durch positives Tun als auch durch Unterlassen begangen werden können.[226]

Beispiele: Bergführer A sieht zu, wie sich sein Schützling S in der Bergwand rettungslos versteigt. A will dies auch, weil er S hasst. Hier ist ein Versetzen durch Unterlassen anzunehmen.

Die Mutter überlegt sich beim Großeinkauf im Supermarkt, dass sie aus dem langweiligen Alltag ausbrechen wolle. Sie nimmt das Einkaufsgeld und setzt sich damit nach Italien ab. Ihr zwei Wochen altes Kind lässt sie durch die unterlassene Rückkehr bewusst im Stich.

Hinweis: *In der Literatur ist umstritten, ob § 221 I Nr. 2 StGB sowohl durch Tun als auch durch Unterlassen verwirklicht werden kann und ob sich um ein (ausnahmsweise) normiertes unechtes Unterlassungsdelikt oder um ein echtes Unterlassungsdelikt handelt. Der BGH[227] hat sich der letztgenannten Ansicht angeschlossen. Durch die Qualifikation als echtes Unterlassungsdelikt sei zudem § 13 II StGB nicht anwendbar. Letzteres kann man indessen aus systematisch-teleologischer Sicht anzweifeln, da dem Unterlassungstäter bei § 221 I Nr. 1 StGB eine Strafmilderung zu Gute kommen kann, und es sich bei dem „im Stich lassen" gegenüber dem „Versetzen" gerade um die mit geringerer krimineller Energie verbundene Tatbestandsalternative handelt.*[228]

b) Subjektiver Tatbestand

Hier ist Vorsatz erforderlich; bedingter genügt. Der Täter muss in sein Bewusstsein aufgenommen haben, dass es zu einer bedrohlichen Verschlechterung der Lage kommen werde.[229]

3. Strafschärfungen nach § 221 II Nr. 1, 2; III StGB

70 Keinesfalls übersehen werden dürfen in der Klausur die Strafschärfungstatbestände nach § 221 II Nr. 1, 2 und III StGB (bitte lesen!).

§ 221 II Nr. 1 StGB wäre z. B. in unserem obigen Mutter/Kind-Fall gegeben; besonders § 221 II Nr. 2 und III StGB werden in der Klausur immer wieder vergessen, obwohl es sich dabei um erfolgsqualifizierte Delikte handelt, für die eine höhere Strafandrohung gilt und auf die § 18 StGB anwendbar ist, sodass fahrlässiges Herbeiführen der Folge genügt.

---

225 So RGSt 7, 113; JW 1938, 2334.
226 Näher dazu *Jäger*, JuS 2000, 34 f.; BGHSt 25, 218; 38, 81; a. A. *Schroth*, BT, S. 79 bzgl. Versetzens.
227 BGH NJW 2012, 546 m. Anm. *Jäger*, JA 2012, 154 sowie *Momsen*, StV 2013, 54 ff.
228 Siehe hierzu auch *Jäger*, JA 2012, 154.
229 RG DR 1941, 193 m. Anm. *Mezger*; BGHSt 22, 73 f.

4. Sonderproblem: Erfolgsqualifizierter Versuch nach § 221 III StGB

Umstritten ist, ob auch eine versuchte Aussetzung mit Todesfolge möglich ist.

70a

Beispiel: A legt das schlafende Baby seiner Nachbarin in den Kofferraum seines Wagens und fährt mit ihm in den Wald, wo er es allein zurücklassen will. Bei einem Unfall auf dem Weg in den Wald wird das Kind im Kofferraum zu Tode gequetscht.

Lösung: Fraglich ist hier, ob eine versuchte Aussetzung mit Todesfolge nach §§ 221 III, 22, 23 StGB angenommen werden kann. Dies hängt zunächst von zweierlei ab. Zum einen muss man zulassen, dass sich der Todeserfolg nicht aus dem Aussetzungserfolg (denn zu einem solchen ist es gar nicht mehr gekommen), sondern schon aus der Aussetzungshandlung ergeben kann (näher zu diesem bei erfolgsqualifizierten Delikten allgemeinen Problem *Jäger*, AT, Rn. 381 ff.). Zum anderen muss man mit der h. M. die versuchte Aussetzung mit Todesfolge nach § 221 III StGB für möglich halten, obwohl der Versuch des Grunddelikts (§ 221 I StGB) bei isolierter Betrachtung nicht strafbar ist. Tatsächlich spricht für diese h. M., dass es sich bei § 221 III StGB um ein Verbrechen handelt und die Frage der Versuchsstrafbarkeit aus dem Gesamtunrecht und nicht allein aus dem Grunddelikt abzuleiten ist. Danach könnte man hier eine versuchte Aussetzung mit Todesfolge annehmen, sofern man davon ausgeht, dass der Versuch der Aussetzung bereits mit der Fahrt in den Wald begonnen hat. Dafür könnte sprechen, dass es sich hier bereits mit der Fahrt um einen Schutzminderungsfall handelt (vgl. *Jäger*, AT, Rn. 298). Verneint man dies dagegen, so bleibt nur eine Strafbarkeit nach § 222 StGB. Dagegen scheitert eine Freiheitsberaubung mit Todesfolge nach § 239 I, IV StGB, weil bei einem Baby auf Opferseite bereits die für den Grundtatbestand der Freiheitsberaubung notwendige Minimalvoraussetzung einer natürlichen Fähigkeit zur willkürlichen Ortsveränderung fehlt (vgl. Rn. 114).

§ 2 Delikte gegen die körperliche Unversehrtheit

Hinweis: *Diese Delikte spielen in der Klausur eine häufige Rolle. Der Schwerpunkt liegt hier aber – ebenso wie bei den Delikten gegen das Leben – meist weniger bei der Tatbestandsbestimmung als vielmehr bei Problemen des Allgemeinen Teils.*

A. Geschütztes Rechtsgut und Verhältnis zu anderen Delikten

71 Die Körperverletzungsdelikte dienen dem Schutz der körperlichen Unversehrtheit. Wichtig ist vor allem ihr Verhältnis zu den Delikten gegen das Leben. Dieses Verhältnis wurde bereits ausführlich oben in Rn. 19 ff. dargestellt!

Darüber hinaus ist von Bedeutung, dass Körperverletzungsdelikte nicht selten mit den Delikten der Freiheitsberaubung und Nötigung nach §§ 239, 240 StGB zusammentreffen können. Man denke nur an den Fall, dass A den B mit einem schmerzhaften Schlag niederstreckt, um ihn festzunehmen, weil er ihn auf frischer Tat erwischt hat (vgl. § 127 StPO, der dann als Rechtfertigungsgrund eingreifen kann; lehrreich hierzu auch der sog. Spanner-Fall, vgl. *Jäger*, AT, Rn. 158 f.). Sie müssen also bei Körperverletzungen zumindest einmal über §§ 239, 240 StGB mit nachdenken!

B. Die einzelnen Körperverletzungsdelikte

I. Einfache Körperverletzung nach § 223 StGB

72 Körperliche Misshandlung ist jede üble unangemessene Behandlung, durch die das körperliche Wohlbefinden oder die körperliche Unversehrtheit nicht nur unerheblich beeinträchtigt wird.[1] Seelische Beeinträchtigungen als solche genügen nicht. Erforderlich sind vielmehr körperliche Auswirkungen. Danach erfüllt die bloße Erregung von Ekelgefühlen durch Anspucken das Tatbestandsmerkmal nicht. Das Hervorrufen von Brechreiz dagegen genügt; allerdings muss der Vorsatz des Täters auf das Hervorrufen des Brechreizes auch gerichtet sein.[2]

Gesundheitsschädigung ist das Herbeiführen oder Steigern eines nicht nur unerheblichen anormalen körperlichen Zustandes.[3]

Die Ansteckung eines anderen, z. B. die Infizierung mit HIV, ist daher tatbestandsmäßig i. S. v. § 223 StGB, weil der körperliche Normalzustand des Opfers tiefgreifend

---

[1] Vgl. BGHSt 25, 277; *Küper/Zopfs*, BT, S. 253; S/S/W-*Momsen/Momsen-Pflanz*, § 223, Rn. 5.
[2] Vgl. zum Ganzen BGH NStZ 2016, 27.
[3] Vgl. BGHSt 36, 6; 43, 354; *Küper/Zopfs*, BT, S. 180; vgl. auch BGH NJW 2013, 3383 m. Bspr. *Jahn*, JuS 2014, 559 ff., wonach bei einer bloß emotionalen Reaktion auf Stalking keine Gesundheitsschädigung vorliegt.

verändert wird und zwar unabhängig davon, ob die HIV-Erkrankung bereits ausgebrochen ist (hier liegt sogar eine gefährliche Körperverletzung nach § 224 I Nr. 1, 5 StGB vor; vgl. dazu sogleich!).

Der **ärztliche Heileingriff** stellt nach Ansicht der Rspr. stets eine körperliche Misshandlung nach § 223 StGB dar, die nur gerechtfertigt sein kann.[4] Diese Rechtfertigungslösung wird jetzt auch durch § 630d BGB gestützt, da der Behandelnde danach verpflichtet ist, vor Durchführung einer medizinischen Maßnahme die Einwilligung des Patienten einzuholen (wobei neben der Einwilligung auch eine mutmaßliche Einwilligung – vgl. § 630d I S. 4 BGB – oder ein rechtfertigender Notstand in Frage kommen).

73

Die h. L. sieht dagegen den lege artis durchgeführten Heileingriff entweder grundsätzlich nicht als Körperverletzung an oder jedenfalls dann nicht, wenn der Eingriff erfolgreich verlaufen ist.[5]

Sollte dieses Problem in der Klausur akut werden, so kann man beide Auffassungen gut vertreten. Geschickter ist es aber wohl, unter Hinweis auf § 630d BGB der Rspr. zu folgen, um sich keine Probleme abzuschneiden. Solange es außerdem keine Norm zum Schutz gegen eigenmächtige Heileingriffe gibt, erscheint die Einwilligungslösung vorzugswürdig (die h. L. kann bei eigenmächtigen (erfolgreichen) Heileingriffen – etwa bei einem Arzt, der den sich gegen eine Operation sträubenden Patienten kurzerhand betäubt und dann operiert – nur einen unzureichenden Schutz über §§ 239, 240 StGB erreichen, was dem Unrechtsgehalt jedoch nicht gerecht wird, weil diese Vorschriften nicht auf den körperlichen Integritätsschutz zielen).

Ebenso wie die fahrlässige Körperverletzung nach § 229 StGB ist auch die vorsätzliche einfache Körperverletzung gem. § 223 StGB Antragsdelikt, vgl. § 230 StGB!

II. Gefährliche Körperverletzung nach § 224 StGB

§ 224 StGB ist ein qualifizierter Tatbestand gegenüber § 223 StGB und nach h. M. ein konkretes Gefährdungsdelikt (str.).[6]

74

Achtung Klausur: *Wenn Sie in der Prüfungsarbeit ein Körperverletzungsdelikt erkennen, müssen Sie immer § 224 StGB durchlesen, und zwar sämtliche Alternativen, weil einzelne Begehungsweisen des § 224 StGB andernfalls leicht übersehen werden!*

Merken Sie sich nun noch Folgendes:

---

4 So etwa BGHSt 11, 111; 43, 308; näher dazu *Jäger*, JuS 2000, 34; *Rengier*, BGH-FS, 2000, 477.
5 Vgl. näher *Arzt/Weber/Heinrich/Hilgendorf*, BT, § 6, Rn. 96 ff; SK-*Wolters*, § 223, Rn. 55 f.; *Bockelmann*, Das Strafrecht des Arztes, 1968, S. 62.
6 Umfassend zu diesem Delikt *M. Heinrich*, Die gefährliche Körperverletzung, 1993; *ders.*, JA 1995, 601 ff.; *Kretschmer*, Jura 2008, 916 ff.; zur Verwirklichung des § 224 StGB durch Unterlassen *Wengenroth*, JA 2014, 428 ff.

1. § 224 I Nr. 1 StGB

Durch das 6. StRG (in Kraft getreten am 1.4.1998) hat der Gesetzgeber diese Alternative neu ins Gesetz eingefügt.[7]

75 a) Als Stoffe i. S. d. § 224 I Nr. 1 StGB kommen alle natürlich und mechanisch wirkenden Substanzen wie Viren (z. B. HIV), Bakterien, Salzsäure, zerstoßenes Glas etc. in Frage.[8] Die Infizierung des Sexualpartners mit HIV erfüllt daher § 224 I Nr. 1 StGB, wobei allerdings meist nur ein Versuch nachweisbar sein wird (§§ 224 I Nr. 1, 22, 23 StGB), weil praktisch nur innerhalb eines halben Jahres nach der Infizierung bewiesen werden kann, dass gerade der Täter das Virus übertragen hat; danach verändert sich das Virus, sodass die genetischen Informationen des Überträgers nicht mehr feststellbar sind (zu § 224 I Nr. 5, vgl. unten Rn. 82 f.; vgl. im Übrigen zu den Zurechnungs- und Vorsatzproblemen in *Jäger*, AT, Rn. 53 f.).

Wichtig ist auch, dass der Stoff nach richtiger Auffassung im konkreten Fall geeignet sein muss, die Gesundheit in erheblichem Maße zu schädigen, da nur so erreicht werden kann, dass der Unrechtsgehalt des § 224 I Nr. 1 StGB dem des § 224 I Nr. 2 StGB, der ebenfalls ein Erheblichkeitsmoment voraussetzt (s. sogleich), angeglichen wird (das Einflößen von Alkohol wird also regelmäßig nicht genügen).[9] Im Ergebnis zutreffend lehnte deshalb das OLG Dresden beim Verbrühen mit heißem Kaffee die Verwirklichung einer gefährlichen Körperverletzung ab.[10] Eine so kurze termische Einwirkung auf die Haut ohne Tiefenausdehnung eines Hautdefektes kann den besonderen Unrechtsgehalt des § 224 I Nr. 1 StGB nicht begründen. Im Übrigen muss sich auch der Vorsatz des Täters auf die Umstände beziehen, die die Gesundheitsschädlichkeit des Stoffes erzeugen.

Auch der BGH hat sich angesichts eines geradezu schockierenden Sachverhalts der Auffassung angeschlossen, derzufolge eine konkrete Eignung des Stoffes zu erheblicher Gesundheitsschädigung und ein diesbezüglicher Vorsatz notwendig sind. Die Entscheidung betraf folgenden

75a **Fall 6:** Ein vierjähriges Mädchen hatte aus Versehen ca. 32 Gramm Salz anstatt Zucker in ihren Pudding eingerührt. Da ihr der Pudding widerwärtig schmeckte, ließ das Kind ihn stehen. Die Mutter M, die in die Küche kam und den zurückgelassenen Pudding sah, wurde wütend und veranlasste das sich sträubende Kind zu dessen Erziehung und Bestrafung, den Pudding vollständig aufzuessen. Sie wusste zwar, dass das Kind seinen Pudding versalzen hatte, ihr war dabei aber nicht bewusst, dass die Aufnahme von 0,5 bis 1 Gramm Kochsalz pro Kilogramm Körpergewicht (das Kind wog zur Tatzeit 15 kg) in der Regel zum Tode führt. Vielmehr nahm die M an, dass der Genuss nur zu Übelkeit, Magenverstimmung oder Bauchschmerzen führen würde. Kurze Zeit später kam es zu Übelkeit und Erbrechen. Der Zustand verschlechterte sich zusehends, sodass die M ihr Kind ins

---

7 Davor galt der frühere § 229 StGB (Giftbeibringung), der mit vielen dogmatischen Zweifelsfragen belastet war.
8 Näher Lackner/*Kühl*, § 224, Rn. 1 m. w. N.
9 Vgl. dazu *Jäger*, JuS 2000, 35; *Krey/Hellmann/Heinrich*, BT/1, Rn. 248; NK-*Paeffgen/Böse*, § 224, Rn. 7; *Schmidt/Priebe*, BT/1, Rn. 307; *Wessels/Hettinger/Engländer*, BT/1, Rn. 291.
10 OLG Dresden NStZ-RR 2009, 337, allerdings mit wenig überzeugender Begründung.

Krankenhaus brachte, wo es bereits in komatösem Zustand eintraf. Trotz Notfallbehandlung war das Kind nicht mehr zu retten. Strafbarkeit der M? (**Kochsalz-Fall** nach BGH NStZ 2006, 506 f.[11])

Lösung:

I. In Betracht kommt hier zunächst eine Strafbarkeit wegen **Körperverletzung mit Todesfolge nach § 227 I StGB**.
Der BGH hat hier jedoch zu Recht eine Strafbarkeit nach § 227 StGB mangels Vorhersehbarkeit des tödlichen Erfolges verneint, denn ein Laie ist sicherlich nicht in der Lage, die Gefährlichkeit von geringen Mengen handelsüblichen Speisesalzes einzuschätzen.

II. Zu prüfen ist aber, ob sich die M wegen **gefährlicher Körperverletzung nach § 224 I Nr. 1 oder Nr. 5 StGB** strafbar gemacht hat.
Der BGH hat eine Strafbarkeit nach dieser Vorschrift bejaht und diesbezüglich für erforderlich aber auch genügend erachtet, dass die Substanz nach ihrer Art und dem konkreten Einsatz zu einer erheblichen Gesundheitsschädigung geeignet ist (ausschlaggebend seien Art der Anwendung, Menge bzw. Konzentration sowie Alter und Konstitution des Opfers im jeweiligen Einzelfall). Im gegebenen Fall kann dies bejaht werden, da die eingenommene Kochsalzmenge bei dem Kleinkind zu Übelkeit und Erbrechen führte.
Diesbezüglich wird man auch Vorsatz der M annehmen können, da sie davon ausgegangen ist, dass sich bei dem Kind Übelkeit und Erbrechen einstellen könnte.
Dagegen wird man § 224 I Nr. 5 StGB nicht bejahen können, da ein Vorsatz, d. h. eine Kenntnis der Umstände, die eine Lebensgefahr begründen, nicht sicher feststellbar ist.

III. **Ergebnis und Konkurrenzen:** Bejaht man § 224 StGB, so tritt § 223 I StGB dahinter zurück. Die gleichzeitig verwirklichte Nötigung durch Erzwingung des Verzehrs des Puddings hat gegenüber der Körperverletzungshandlung keinen eigenständigen Unrechtsgehalt (a. A. angesichts der unterschiedlich geschützten Rechtsgüter vertretbar, sodass man auch Tateinheit annehmen könnte).

b) Das „Beibringen" i. S. d. Vorschrift setzt die Herstellung einer Körper-Stoff-Beziehung voraus, wobei dies nach h. M. entweder intern (z. B. durch Schlucken) oder extern (z. B. durch Begießen mit Säure) erfolgen kann.[12]

Nach der durch das 6. StRG geschaffenen Gesetzesfassung ist dies jedoch wenig einleuchtend, weil dann das Verhältnis von § 224 I Nr. 1 StGB und § 224 I Nr. 2 StGB völlig verschwimmt. Will man die beiden Alternativen überhaupt noch voneinander abgrenzen, so muss der Gesetzgeber bei § 224 I Nr. 1 StGB eine andere Wirkrichtung gemeint haben als bei § 224 I Nr. 2 StGB: Entfaltet der gesundheitsschädigende Stoff seine Wirkung im Körperinneren, so ist § 224 I Nr. 1 StGB gegeben, anderenfalls ist § 224 I Nr. 2 StGB zu bejahen.[13]

Folgt man dagegen der h. M., so hätte § 224 I Nr. 1 StGB nur einen kleinen eigenständigen Anwendungsbereich, etwa wenn jemandem eine Dosis Alkohol verabreicht wird, die zwar die Gesundheit i. S. d. § 224 I Nr. 1 StGB zu schädigen geeignet ist,

---

11 Vgl. dazu *Bosch*, JA 2006, 743 ff.; *Satzger*, JK 9/06, StGB § 224/5.
12 So etwa *Küpper/Börner*, BT I/1, § 2, Rn. 10; MüKo-*Hardtung*, § 224, Rn. 10; *Rengier*, BT/2, § 14, Rn. 19; *Schroth*, BT, S. 95; *Wessels/Hettinger/Engländer*, BT/1, Rn. 289.
13 So auch *Arzt/Weber*, BT, § 6, Rn. 53; LK-*Grünewald*, § 224, Rn. 11; NK-*Paeffgen/Böse*, § 224, Rn. 10; näher *Jäger*, JuS 2000, 35.

aber keine erhebliche Körperverletzung herbeizuführen vermag. Indessen ist kaum anzunehmen, dass der Gesetzgeber den § 224 I Nr. 1 StGB für einen derartigen Ausnahmefall aufgenommen hat, während die Bestimmung im Übrigen eigentlich überflüssig wäre, weil jede Giftbeibringung dann selbstverständlich auch eine gefährliche Körperverletzung mittels eines gefährlichen Werkzeugs ist.

76a Der BGH ist jedoch bis heute bei seiner Auffassung geblieben, wonach auch eine externe Herstellung einer Körper-Stoff-Beziehung genügt. Dazu auch ein aus der neueren Rechtsprechung stammendes

Beispiel:[14] A zündete aus einem spontanen Entschluss heraus das Hemd des B, das dieser am Körper trug, mit einem Feuerzeug an. B konnte das Feuer zwar schnell löschen, erlitt aber eine schmerzhafte Brandwunde, was B billigend in Kauf genommen hatte, ohne den Tod des B herbeiführen zu wollen.

Lösung: Der BGH hat hier § 224 I Nr. 1 Alt. 2 StGB bejaht. Als gesundheitsschädliche Stoffe kommen danach alle Substanzen in Betracht, die nach ihrer Art und dem konkreten Einsatz zu einer erheblichen Gesundheitsschädigung geeignet sind. Gleichgültig sei daher, ob die Wirkung mechanisch, biologisch, chemisch oder thermisch erfolgt. Auch sei unmaßgeblich, dass bereits zuvor ein äußerlicher Kontakt zwischen Hemd und Körper des B bestand. Ausreichend sei es vielmehr, dass der Täter eine Ursache dafür gesetzt hat, dass die brennende Substanz ihre gesundheitsschädliche thermische Wirkung entfalten konnte. Zu § 224 I Nr. 2 Alt. 2 StGB hat der BGH im konkreten Fall nicht Stellung genommen. Jedoch ließe sich in der Verwendung des Feuerzeugs ohne weiteres auch ein gefährliches Werkzeug sehen. Im Übrigen ist auch eine Sachbeschädigung nach § 303 I StGB am Hemd zu bejahen, die zu § 224 I StGB in Tateinheit tritt.

2. § 224 I Nr. 2 StGB

77 a) **Waffen** sind solche im technischen Sinn, also Gegenstände, die ihrem Wesen nach dazu bestimmt sind, durch mechanische oder chemische Einwirkung Verletzungen hervorzurufen.[15] In Betracht kommen danach Schuss- und Schlagwaffen (wie z. B. Revolver, Gaspistole, Schlagring) oder chemische Substanzen (der Wortsinn lässt dies zu, da man auch von chemischen Waffen spricht).

78 b) **Gefährlich** ist ein Werkzeug, das seiner konkreten Art und seiner konkreten Anwendung nach geeignet ist, erhebliche Verletzungen herbeizuführen und das als Angriffs- oder Verteidigungsmittel verwendet wird (nicht z. B. das Operationsbesteck des Arztes).[16]

In Betracht kommen danach alle Schlag- und Stichwerkzeuge, sofern sie bei der konkreten Anwendung in Bezug auf den konkreten Körperteil des Opfers erhebliche Verletzungen herbeiführen können. Häufig taucht hier in Klausuren der Tritt mit dem beschuhten Fuß auf, der nach der Rspr. grundsätzlich genügt, und zwar nicht nur, wenn es sich um einen festen, schweren Schuh handelt, sondern ggf. auch dann, wenn mit einem „normalen Straßenschuh" mit Wucht oder zumindest heftig dem Tatopfer in besonders empfindliche Körperteile getreten wird.[17]

---

14 BGH NStZ-RR 2018, 209.
15 Vgl. nur *Rengier*, BT/2, § 14, Rn. 27 ff.
16 Siehe auch BGH NJW 1978, 1206; Lackner/*Kühl*, § 224, Rn. 5.
17 Vgl. BGH NStZ 2010, 151.

Gleichgültig ist auch der Aggregatszustand des Werkzeuges (fest, flüssig, gasförmig), sodass Messer, Hammer, Schere, Salzsäure oder auch giftige Gase in Frage kommen (so zumindest nach h. M., die § 224 Nr. 2 neben § 224 Nr. 1 StGB anwendet, siehe zum Streit oben Rn. 76).

Keine gefährlichen Werkzeuge sind dagegen nach h. M. eigene Körperteile, sodass auch Faustschläge, Handkantenschläge oder Tritte mit unbeschuhtem Fuß nicht unter § 224 I Nr. 2 StGB fallen.[18] Gegen die teilweise in der Literatur vertretene Gegenauffassung spricht hier tatsächlich das Analogieverbot, das das Verständnis eines Körperteils als „Werkzeug" seinem Wortsinn nach nicht zulässt.[19]

Nicht unter § 224 I Nr. 2 StGB können nach h. M. auch solche Vorgänge gefasst werden, in denen die Körperverletzung mit Hilfe von unbeweglichen Gegenständen herbeigeführt wird (etwa wenn das Opfer gegen eine Hauswand geschleudert wird).[20] Der in der Literatur vertretenen Gegenauffassung, die auf die vergleichbare Wirkweise aufmerksam macht, ist auch hier das Analogieverbot entgegenzuhalten, weil der Wortsinn „Werkzeug" auf einen beweglichen bzw. bewegbaren Gegenstand hindeutet.[21] Allerdings geht die Rechtsprechung des BGH hier sehr weit, indem sie § 224 I Nr. 2 StGB selbst in solchen Konstellationen verneint, in denen der Täter ein bewegliches Werkzeug dazu verwendet, um das Opfer gegen einen unbeweglichen Gegenstand zu schleudern. Verdeutlicht wird diese problematische Tendenz durch folgenden

Fall 7: A war mit der Liebesbeziehung seiner Tochter C zu D nicht einverstanden und verlangte mehrfach, dass sich C von D trenne. Nachdem alle Versuche der Einflussnahme scheiterten, entschloss sich A seiner Tochter C und dem D aufzulauern. Als C und D mit einem von D gelenkten Motorroller losfuhren, verfolgte A die beiden mit dem Pkw, in dem auch B, der Sohn des A, als Beifahrer saß. Während der Verfolgungsfahrt fuhr A gezielt mehrfach von hinten auf den Roller auf. Dabei schob er mit seinem Pkw den Motorroller über die Fahrbahn sowie über eine Verkehrsinsel in ein sich anschließendes Gebüsch, wo der Motorroller zum Stehen kam und umstürzte. Dabei hatte D die Kontrolle über den Roller verloren und fiel, ebenso wie die C, vom Roller herunter. Bei dem Sturz auf den Boden zog sich D Prellungen an der Hüfte zu. Aus Angst vor einem befürchteten weiteren Angriff ergriff er die Flucht. A lief zu seiner Tochter und zerrte sie in den Pkw. A fuhr sodann mit C davon und verbrachte sie in eine Werkstatt. Dort beschimpften A und B die C und schlugen sie unter anderem mit einem Schlüsselbund. A verlangte dabei von C erneut, dass sie sich von D trenne. A drohte ihr, dass er anderenfalls sowohl D als auch C selbst

78a

---

18 Vgl. dazu BGH GA 1984, 125; *Joecks/Jäger*, § 224, Rn. 22; LK-*Grünewald*, § 224, Rn. 17; *Rengier*, BT/2, § 14, Rn. 36; a. A. *Hilgendorf*, ZStW 112 (2000), 822 ff.; *Maurach/Schroeder/Maiwald*, BT/I, § 9, Rn. 15; allerdings nimmt der BGH an, dass auch Schläge mit der bloßen Hand in das Gesicht oder gegen den Körper des Opfers eine das Leben gefährdende Behandlung i. S. v. § 224 I Nr. 5 StGB sein können, sofern Umstände in der Tatausführung oder individuelle Besonderheiten beim Tatopfer vorliegen, die das Gefahrpotential der Handlung im Vergleich zu einer einfachen Körperverletzung nach § 223 StGB deutlich erhöhen, BGH StV 2013, 439 f.
19 Richtig insoweit Lackner/*Kühl*, § 224, Rn. 3.
20 BGHSt 22, 235; *Krey/Hellmann/Heinrich*, BT/1, Rn. 261; vgl. auch BGH NZV 2007, 481 ff. m. Anm. *Krüger*; a. A. *M. Heinrich*, JA 1995, 725; *Küpper*, JuS 2000, 226.
21 Wie hier BGH NStZ 1998, 362; MüKo-*Hardtung*, § 224, Rn. 16; *ders.*, JuS 2008, 963; *Joecks/Jäger*, § 224, Rn. 24 f.; a. A. LK-*Grünewald*, § 224, Rn. 21; *Otto*, BT, § 16, Rn. 7; *Rengier*, BT/2, § 14, Rn. 37 ff.; differenz. SK-*Wolters*, § 224, Rn. 19 f.

> umbringen würde. Unter dem Eindruck der Drohungen und Schläge von A und B sagte sie schließlich zu der Aufforderung des A, sich von D zu trennen, „ja", ohne dies jedoch ernst zu meinen. Strafbarkeit von A? (**Anfahr-Fall** leicht abgewandelt nach BGH StV 2013, 438[22])

78b

Lösung:
A. Sachverhaltskomplex 1: Anfahren mit dem Pkw
I. A könnte sich dadurch, dass er D mit dem Auto vom Roller stieß und dieser sich beim Sturz auf den Boden Prellungen zuzog, wegen **vorsätzlicher Körperverletzung nach § 223 I StGB** strafbar gemacht haben.

1. Tatbestandsmäßigkeit
Die Herbeiführung der Prellungen stellt ohne Weiteres eine üble unangemessene Behandlung dar, die zu nicht nur unerheblichen Beeinträchtigungen des körperlichen Wohlbefindens in Gestalt der erlittenen Schmerzen führt. Daher ist eine körperliche Misshandlung zu bejahen. In gleicher Weise liegt eine Gesundheitsschädigung vor, da es sich bei den bewirkten Prellungen um einen pathologischen Zustand handelt.

2. Bezüglich der Bewirkung des Verletzungserfolges handelte A auch zumindest mit bedingtem Vorsatz, da er davon ausging, dass beim Herabstürzen vom Motorroller Verletzungen eintreten konnten.

3. Rechtfertigungs- und Schuldausschließungsgründe sind nicht ersichtlich.

4. Ergebnis: A hat sich nach § 223 I StGB strafbar gemacht.

II. Fraglich ist, ob auch eine **gefährliche Körperverletzung nach § 224 I Nr. 2 Alt. 2 und Nr. 5 StGB** gegeben ist.

1. Denkbar ist insoweit zunächst, dass A durch das Anfahren mit dem Auto eine Körperverletzung mittels eines gefährlichen Werkzeugs herbeigeführt hat. Gefährliches Werkzeug ist jeder bewegliche Gegenstand, der nach seiner konkreten Beschaffenheit und der konkreten Art seiner Anwendung geeignet ist, erhebliche Verletzungen herbeizuführen. Problematisch ist dabei vorliegend, dass die eigentliche Verletzung nicht durch das Anfahren mit dem Fahrzeug, sondern erst durch den Aufprall auf dem Boden bewirkt wurde. Ob dies für eine Anwendung des § 224 I Nr. 2 Alt. 2 StGB genügt, ist umstritten:

a) Der BGH hat im konkreten Fall eine Anwendbarkeit mit Bezug auf den Aufprall auf dem Untergrund verneint. Zwar könne ein fahrendes Fahrzeug, das zur Verletzung einer Person eingesetzt wird, ein gefährliches Werkzeug sein, wenn bereits durch den Anstoß eine nicht unerhebliche Beeinträchtigung des körperlichen Wohlbefindens und damit eine körperliche Misshandlung nach § 223 I StGB ausgelöst worden ist. Sei die erlittene Verletzung dagegen durch den anschließenden Sturz und nicht durch den unmittelbaren Kontakt zwischen Kraftfahrzeug und Körper entstanden, so scheide eine Anwendbarkeit des § 224 I Nr. 2 Alt. 2 StGB aus.

b) In der Literatur ist dieser Standpunkt des BGH bestritten worden.[23] So wurden etwa Entscheidungen des BGH kritisiert, wonach es nicht für eine gefährliche Körperverletzung genügen sollte, wenn das Opfer von einem fahrenden oder bremsenden Kfz herunter geschleudert und durch den Aufprall auf die Straße erheblich verletzt wurde.[24] Hingewiesen wurde dabei darauf, dass auch eine mittelbare Verursachung der Verletzungen durch einen beweglichen Gegenstand genügen müsse.

---

22 M. Anm. *Jäger*, JA 2013, 472 ff.
23 Vgl. dazu *Jäger*, JA 2013, 472 ff.; vgl. dazu auch die spätere Entscheidung des OLG Hamm NStZ-RR 2014, 141 m. Bspr. *Kudlich*, JA 2014, 474 ff.
24 Vgl. BGH NStZ 2007, 405; BGH BeckRS 2011, 19236; OLG Jena NStZ-RR 2008, 74 mit Kritik von *Eckstein*, NStZ 2008, 125 ff.; *Rengier*, BT/2, § 14 Rn. 42.

c) Da die unterschiedlichen Auffassungen zu unterschiedlichen Ergebnissen führen, ist ein Streitentscheid erforderlich: Die besseren Gründe sprechen dabei für die Literatur, die eine Anwendbarkeit der Vorschrift im vorliegenden Fall für möglich hält. Denn die Vorschrift des § 224 I Nr. 2 Alt. 2 StGB verlangt lediglich, dass die Körperverletzung „mittels" eines gefährlichen Werkzeugs verursacht wird. Wenn aber der Täter die kinetischen Kräfte des Fahrzeugs ausnutzt, um sein Opfer von einem Motorroller zu schleudern, so wird die Verletzung des Opfers mittels des bewegbaren Gegenstandes „Kraftfahrzeug" nicht nur dann verursacht, wenn der Erfolg durch den Anstoß des Kfz eintritt, sondern auch dann, wenn die Verletzung erst durch das nachfolgende Abwerfen vom Motorroller bewirkt wird. Dies zeigt auch der Wortlaut „mittels", wonach die Körperverletzung durch den bewegbaren Gegenstand lediglich „vermittelt" sein muss. Folgte man dem BGH, so wäre es zwar als gefährliche Körperverletzung zu qualifizieren, wenn jemand ein schweres Katapult gegen den Körper eines Menschen schnellen lässt, nicht aber, wenn er den Menschen in dasselbe Katapult einspannt, um diesen durch die Luft zu schleudern und im Wege des Aufpralls auf der Straße zu verletzen.

Ergebnis: A ist nach richtiger Auffassung wegen des Schleuderns auf den Boden auch nach § 224 I Nr. 2 Alt. 2 StGB strafbar. Nur wenn man der Argumentation des BGH folgt, scheidet diesbezüglich eine Strafbarkeit nach § 224 I Nr. 2 Alt. 2 StGB aus. Der BGH hält dann jedoch eine Verwirklichung des § 224 I Nr. 2 Alt. 2 StGB im Wege des Anfahrens durch die ausgelösten psychosomatischen Störungen des Opfers für möglich. Zwar reichen Angst- und Panikgefühle als rein psychische Empfindungen regelmäßig nicht aus, um eine Körperverletzung nach § 223 StGB zu begründen. Etwas anderes könne jedoch dann gelten, wenn diese psychischen Einwirkungen zu einem pathologischen, somatisch objektivierbaren Zustand geführt haben. Angesichts der Tatsache, dass sich die auf einem ungeschützten Motorroller fahrenden Geschädigten im belebten Stadtverkehr unversehens dem mit einem Pkw ausgeführten Angriff ausgesetzt sahen, sei insoweit nicht ausgeschlossen, dass bereits das Auffahren auf den Roller unmittelbar Auswirkungen auf die körperliche Verfassung der Geschädigten hatte, die den Grad einer Gesundheitsschädigung im Sinne der §§ 223, 224 StGB erreichten. Diese Argumentation macht aber letztlich nur deutlich, dass auch der BGH eine Bestrafung aus § 224 I Nr. 2 Alt. 2 StGB für wünschenswert hält. Dann aber spricht dies umsomehr für die Auffassung der Literatur, die eine mittelbare Herbeiführung eines Körperverletzungserfolges für § 224 I Nr. 2 Alt. 2 StGB genügen lässt.

2. Nicht gegeben ist § 224 I Nr. 4 StGB. Dass der Sohn des A passiv als Beifahrer neben seinem Vater im Auto saß, macht ihn noch nicht zum Gehilfen. Es fehlt daher an der wirkungsverstärkenden Beteiligung einer weiteren am Tatort anwesenden Person (näher Rn. 81). Anders könnte man nur entscheiden, wenn B anfeuernd auf A eingewirkt hätte. Hierfür gibt der Sachverhalt aber nicht genug her.

3. Ob darüber hinaus § 224 I Nr. 5 StGB verwirklicht wurde, hängt von den konkreten Tatumständen – insbesondere von der Geschwindigkeit des Fahrzeugs – ab. Selbst wenn man mit dem BGH eine abstrakte Lebensgefährdung genügen lässt,[25] kann eine solche bei geringer Geschwindigkeit zu verneinen sein.

4. Hinsichtlich der jedenfalls nach der Lit. gegebenen Verwirklichung des § 224 I Nr. 2 Alt. 2 StGB handelte A mit Vorsatz.

Ergebnis: Eine Strafbarkeit nach § 224 I Nr. 2 StGB ist zu bejahen.

III. Gegeben ist auch eine Strafbarkeit **wegen gefährlichen Eingriffs in den Straßenverkehr nach § 315b I Nr. 3 StGB**. Zwar werden Vorgänge im fließenden Verkehr grundsätzlich nicht von § 315b StGB erfasst, da diese Vorschrift prinzipiell nur verkehrsfremde Eingriffe von außen pönalisiert. Jedoch ist die Vorschrift ausnahmsweise dann im fließenden Verkehr anwendbar, wenn der Täter sein Kfz absichtlich zu verkehrsfremden Zwecken einsetzt und

---

25 Vgl. BGHSt 2, 193; 43, 346.

dieses daher zur Pervertierung des Straßenverkehrs nutzt (näher dazu Rn. 473 ff.). Zusätzlich verlangt der BGH in derartigen Fällen jedoch auch das Vorliegen eines zumindest bedingten Schädigungsvorsatzes, der hier aber angenommen werden kann, da der Täter davon ausgehen musste, dass sich das Opfer beim Aufprall auf den Boden verletzen kann.

IV. Darüber hinaus dürfte durch das Anfahren auch eine **vorsätzliche Sachbeschädigung nach § 303 I StGB** am Motorroller verwirklicht worden sein. Der Sachverhalt enthält hierzu jedoch keine näheren Angaben.

B. Sachverhaltskomplex 2: Das Geschehen nach dem Anfahren

I. Denkbar wäre insoweit eine Strafbarkeit wegen **unerlaubten Entfernens vom Unfallort nach § 142 I StGB**. Insoweit hat sich A als Unfallbeteiligter (§ 142 V StGB) unzweifelhaft vom Unfallort entfernt. Auch wenn D geflohen war, wird man davon ausgehen können, dass jedenfalls die C eine am Unfallort anwesende feststellungsbereite Person war.
Problematisch ist allerdings vorliegend, dass A den Unfall vorsätzlich herbeigeführt hat. Ob in einem solchen Fall § 142 StGB zur Anwendung gelangt, ist fraglich, da unter einem Unfall nur ein plötzliches Ereignis zu verstehen ist, das mit den typischen Gefahren im Straßenverkehr in Zusammenhang zu bringen ist. Dabei wird von der h.M. zumindest dann das Vorliegen eines Unfalls in diesem Sinne verneint, wenn dieser absichtlich herbeigeführt wurde. Danach wäre vorliegend § 142 StGB eher auszuschließen, da der Täter die Opfer absichtlich von hinten zu Fall gebracht hat. Der BGH hat dagegen in der Vergangenheit § 142 StGB auch in Fällen angewandt, in denen es dem Täter nicht vorrangig um die Herbeiführung des Unfalls, sondern um die Erreichung anderer Ziele gegangen ist.[26] Die besseren Gründe sprechen jedoch auch vorliegend für eine Verneinung des § 142 StGB, da sich bei dem vorsätzlichen Anfahren keine typischen Verkehrsgefahren, sondern ein allgemeines Lebensrisiko verwirklicht hat.

II. Erfüllt ist jedoch eine **Freiheitsberaubung nach § 239 StGB** durch das anschließende Festhalten der C.

III. Fraglich ist, ob auch eine **Nötigung nach § 240 StGB** zu bejahen ist.
Problematisch ist diesbezüglich, ob es zu einem Nötigungserfolg gekommen ist. Dabei ist davon auszugehen, dass bloße unbedeutende Zwischenstufen, die für den endgültigen Erfolg nach der Vorstellung des Täters unmaßgeblich sind, nicht genügen können, um eine Nötigung nach § 240 StGB zu bejahen. Die vorgetäuschte Äußerung der C, zur Familie zurückkehren zu wollen, konnte daher auch nach der Vorstellung des Täters noch nicht zu dem von ihm gewünschten Enderfolg führen. Daher kann in der Abnötigung dieser Aussage keine vollendete Nötigung gesehen werden.

IV. Gegeben ist jedoch eine **versuchte Nötigung nach §§ 240 I, III, 22, 23 StGB**, da das gewaltsame Festhalten der Tochter dazu dienen sollte, dass diese sich zukünftig nach den Wünschen der Familie richtete und keine Kontakte mehr zu D pflegte.

V. Darüber hinaus ist auch eine Strafbarkeit wegen **Bedrohung mit einem Verbrechen nach § 241 StGB** gegeben. Hierfür genügt die Ankündigung, die C unter der Bedingung zu töten, dass sie sich nicht von D trenne.[27] § 241 tritt aber nach richtiger Auffassung auch hinter dem Nötigungsversuch zurück.[28]

VI. Zu prüfen ist schließlich noch eine Strafbarkeit wegen **Geiselnahme nach § 239b StGB**. Hier ist jedoch zu beachten, dass nach der Rechtsprechung im Zwei-Personen-Verhältnis eine gewisse „Stabilisierungslage" (vgl. Rn. 119 ff.) erforderlich ist. Diese kann hier allerdings angenommen werden, da durch die Verbringung in die Werkstatt eine stabile Zwi-

---

[26] Näher dazu *Sch/Sch/Sternberg-Lieben*, § 142 Rn. 19.
[27] Vgl. BGHSt 16, 387.
[28] BGH NStZ 2006, 342 im Anschluss an *Jäger*, JR 2005, 478; a.A. zu Unrecht BayObLG JR 2003, 477.

schenlage entstanden war, in der das Opfer den Angriffen des Täters ungeschützt ausgesetzt war. Jedoch muss zwischen der Zwangslage und der abzunötigenden Handlung nach der Rechtsprechung auch ein funktionaler und zeitlicher Zusammenhang bestehen, d.h. die abgenötigte Handlung muss während der Dauer der Zwangslage vorgenommen werden. Da jedoch, wie bereits erörtert, die Zusage der C noch keine eigenständige Bedeutung hatte und die Trennung von D erst später erfolgen sollte, liegen die Voraussetzungen des § 239b nicht vor. Hier kann auch kein Versuch des § 239b StGB angenommen werden, da A nach seiner Vorstellung die Zwangslage des Opfers nicht funktional und zeitlich zusammenhängend ausnutzte, um das Opferverhalten zu bewirken.

VII. Gegeben ist aber eine gemeinschaftliche gefährliche Körperverletzung nach **§ 224 I Nr. 2 Alt. 2 und Nr. 4 StGB** durch das Schlagen mit dem Schlüsselbund.

VIII. Denkbar ist schließlich noch eine Strafbarkeit wegen **Beleidigung nach § 185 StGB** durch die erfolgten Beschimpfungen. Hier kommt es jedoch auf den genauen Inhalt der Äußerungen an, zu denen sich der Sachverhalt nicht näher verhält.

C. Gesamtergebnis und Konkurrenzen: A hat sich im ersten Sachverhaltskomples wegen gefährlicher Körperverletzung nach § 224 I Nr. 2 Alt. 2 StGB, wegen gefährlichen Eingriffs in den Straßenverkehr nach § 315b I Nr. 3 StGB sowie gegebenenfalls wegen Sachbeschädigung nach § 303 I StGB strafbar gemacht. Die Taten stehen zueinander in Tateinheit, § 52 StGB. Im zweiten Sachverhaltskomplex hat sich A wegen versuchter Nötigung nach §§ 240 I, III, 22, 23 StGB sowie wegen Freiheitsberaubung nach § 239 StGB und gefährlicher Körperverletzung nach § 224 I Nr. 2 Alt. 2 und 4 StGB strafbar gemacht. Auch diese Taten stehen zueinander in Tateinheit, § 52 StGB. Die Taten des ersten und des zweiten Sachverhaltskomplexes stehen zueinander in Tatmehrheit, § 53 StGB.

Hinweis: *In einer späteren Entscheidung[29] hat der BGH diese Rechtsprechung noch einmal bestätigt. Allerdings lag der Fall dort so, dass der A mit seinem Auto ganz plötzlich vor dem Motorroller des B einscherte und dabei hoffte, dass sich B aufgrund eines durch Ausweichen oder Abbremsen ausgelösten Sturzes Verletzungen zuziehen werde. B konnte aber noch rechtzeitig anhalten und einen Sturz vermeiden. Auch hier hat der BGH nur eine versuchte einfache Körperverletzung nach §§ 223 I, II, 22, 23, nicht aber eine versuchte gefährliche Körperverletzung nach §§ 224 I Nr. 2 Alt. 2, II, 22, 23 StGB angenommen, da A den B nicht mittels eines gefährlichen Werkzeugs verletzen wollte, sondern durch den Sturz auf die Straße. Das lässt sich hier eher vertreten, weil in diesem Fall die Verletzung nicht mittels der Bewegungskräfte des Fahrzeugs, sondern durch ein Eigenverhalten des Opfers ausgelöst werden soll, das sich dem Fahrzeug als Hindernis (und nicht der Kraft seiner Bewegung) gegenübersieht. Neben dem Versuch der einfachen Körperverletzung nach §§ 223 II, 22, 23 StGB ist in diesem Fall jedenfalls auch eine Strafbarkeit wegen Nötigung nach § 240 StGB (Einsatz von Gewalt durch Nutzung des Fahrzeugs als physische Barriere), wegen gefährlichen Eingriffs in den Straßenverkehr nach § 315b I Nr. 2 (Pervertierung durch Hindernisbereiten) und wegen versuchter Sachbeschädigung nach §§ 303 II, 22, 23 StGB gegeben.*

---

29 BGH NStZ-RR 2015, 244; vgl. dazu auch *Stam*, NStZ 2016, 713.

3. § 224 I Nr. 3 StGB

79 Hinterlistig ist ein Überfall, wenn die Angriffsabsicht vom Täter planmäßig verdeckt wird.[30] Dies ist insbesondere bei vorgetäuschter Friedfertigkeit der Fall.

Achtung Klausur: *Der Begriff der Hinterlist darf nicht gleichgesetzt werden mit Arglosigkeit, sodass ein Angriff von hinten für sich gesehen nicht genügt. Erforderlich wäre vielmehr ein Anschleichen auf leisen Sohlen. Ebenso handelt es sich um einen hinterlistigen Überfall im Falle eines verdeckten Beibringens von Schlafmitteln.*[31]

4. § 224 I Nr. 4 StGB

80 a) Bei der mit einem anderen Beteiligten gemeinschaftlich begangenen Körperverletzung müssen nach h. M. mindestens zwei Personen am Tatort anwesend sein (Bestrafungsgrund ist die höhere Gefährlichkeit!).

Nach dem BGH soll es aber nicht genügen, wenn der andere Mittäter am Tatort zwar anwesend ist, er sich aber nicht mit der Verletzung des Opfers beschäftigt. Dazu folgendes

Beispiel: A führte, wie mit den Mittätern E und F geplant, als „Lockvogel" die Eheleute X und Y absprachegemäß an einem Gebüsch vorbei. Beim Passieren der Stelle sprangen E und F dem Tatplan entsprechend aus dem Gebüsch in der Absicht, X zu berauben und gegebenenfalls auch Gewalt anzuwenden. Während sich F entgegen der Abrede passiv verhielt, versetzte E dem X sofort einen Faustschlag und forderte die Herausgabe des mitgeführten Geldes. A beteiligte sich an dem Angriff auf den X nicht eigenhändig, sondern brachte die Y, als diese fliehen wollte, zu Fall und drohte ihr, er werde „die Knarre" zücken, wenn sie nicht liegenbleibe.[32]

Lösung: Laut BGH liegt eine gemeinschaftliche Begehungsweise i. S. d. § 224 I Nr. 4 StGB nur vor, wenn Täter und Beteiligter bei Begehung der Körperverletzung einverständlich zusammenwirken. Eine gemeinschaftliche Begehungsweise liegt dagegen nicht vor, wenn sich – wie hier – mehrere Opfer nur einem Angreifer ausgesetzt sehen, ohne dass die Positionen ausgetauscht werden. A soll daher nur wegen mittäterschaftlicher einfacher Körperverletzung strafbar sein (§§ 223, 25 II StGB). Mit der vorliegenden Entscheidung schränkt der BGH überraschend den Anwendungsbereich des § 224 I Nr. 4 StGB selbst für den Fall ein, dass der am Tatort anwesende Beteiligte sich eine Körperverletzung als Mittäter zurechnen lassen muss. Die Entscheidung ist auch deshalb problematisch, weil X sich natürlich auch durch die Drohungen des A gegenüber der Frau, er werde eine Knarre ziehen, eingeschüchtert fühlen musste.[33]

81 b) Umstritten ist bis heute, ob Mittäterschaft erforderlich ist oder ob eine Begehung durch einen Täter und einen Gehilfen genügt.

aa) Mehrheitlich geht die Meinung dahin, dass das 6. StrRG diesem Streit endgültig ein Ende gesetzt habe, indem § 224 I Nr. 4 StGB nun ausdrücklich von „Beteiligten" spricht und damit auch das Zusammenwirken von Täter und Teilnehmer für ausreichend erklärt (vgl. Legaldefinition in § 28 II StGB).[34]

---

30 BGH GA 1961, 241; *Küper/Zopfs*, BT, S. 328.
31 Vgl. BGH NStZ 1992, 490.
32 BGH NStZ 2015, 584 f. m. Anm. *Jäger*, JA 2015, 793 ff.
33 *Jäger*, JA 2015, 794; mir folgend *Satzger*, Jura 2016, S. 452, § 224 I Nr. 4 StGB.
34 Vgl. hierzu BGHSt 47, 383 m. Bspr. *B. Heinrich*, JR 2003, 213; *Küper*, GA 2003, 363; *Hardtung*, JuS 2008, 964; i. d. S. auch *Hörnle*, Jura 1998, 178; *Jäger*, JuS 2000, 35 f.; Lackner/*Kühl*, § 224, Rn. 1b; zur restriktiven Auslegung des Tatbestands *Gerhold*, Jura 2010, 379 ff.

bb) Nach einer in der Literatur vertretenen Mindermeinung soll dagegen nach wie vor Mittäterschaft von am Tatort Anwesenden erforderlich sein. Begründet wird dies damit, dass das Gesetz von „gemeinschaftlich begeht" spricht und damit auf den Wortlaut des § 25 II StGB verweise.[35]

cc) Stellungnahme: Vorzugswürdig erscheint die Auffassung, die auch das Zusammenwirken eines Täters mit einem Gehilfen für ausreichend erklärt. Die Tatsache, dass der Gesetzgeber die Wendung „Beteiligten" aufgenommen hat, lässt vermuten, dass er das Merkmal „gemeinschaftlich" eher im untechnischen Sinn versteht. Abgesehen davon besteht der Strafgrund des § 224 I Nr. 4 StGB in der erhöhten Gefährlichkeit, die auch durch einen Gehilfen durchaus herbeigeführt werden kann (man denke nur an den Fall, dass ein Gehilfe dem Täter eine Eisenstange reicht, damit dieser das Opfer leichter zusammenschlagen kann). Berücksichtigt man dies, so wird man unter bestimmten Umständen sogar die psychische Beihilfe als ausreichend erachten müssen, sofern hierdurch die Aggressivität des Haupttäters gesteigert und die Körperverletzung damit intensiviert wird.[36]

Achtung Klausur: *Zu berücksichtigen ist allerdings, dass sich die Beteiligungsform nach dem Grad der Mitwirkung bestimmt. Das zeigt folgendes*

Beispiel:[37] Während eines Streitgesprächs mit B geriet T immer mehr in Wut und schlug B schließlich mit der Faust in das Gesicht. B wehrte sich und schlug seinerseits zurück. Daraufhin bedrohte A, der T zu dem Gespräch begleitete, den B, um T die Fortsetzung des Angriffs zu ermöglichen. Als B versuchte zu fliehen, warf ihm T eine Eisenstange wie ein Speer hinterher und schlug B noch zusätzlich mit einem Schalungsbrett mehrfach kräftig auf den Kopf. Strafbarkeit des A?

Lösung: A hat T nur bei der Zufügung der Faustschläge unterstützen wollen. Der Einsatz der Eisenstange sowie des Schalungsbretts kann ihm nicht zugerechnet werden. A hat lediglich eine Beihilfehandlung geleistet, die jedoch zur Begründung der Strafbarkeit nach § 224 I Nr. 4 StGB ausreicht. Durch diese gemeinschaftliche Tatbegehung i. S. d. § 224 I Nr. 4 StGB wird jedoch nicht automatisch eine Mittäterschaft von A und T begründet. Es bleibt vielmehr für die Frage der Beteiligungsform bei den allgemeinen Abgrenzungsregeln.[38] A hatte keine Tatherrschaft über das Geschehen, ebenso wollte er die Tat nicht als eigene, insofern kommt für ihn nur eine Bestrafung als Gehilfe nach §§ 224 I Nr. 4, 27 StGB in Betracht.

Richtig ist es jedenfalls, wenn die ganz h. M. den untätigen Garanten weiterhin nicht unter § 224 I Nr. 4 StGB fasst (Grund: Unterlassen erhöht die Gefährlichkeit prinzipiell nicht!).

c) Str. ist darüber hinaus, ob § 224 I Nr. 4 StGB auch dann anwendbar ist, wenn das Tatopfer von der Beteiligung einer zweiten Person nichts weiß.

81a

Beispiel:[39] Entsprechend gemeinsamem Tatplan warten A und B darauf, dass der C mit seinem Wagen entlang fährt. Der in der Nähe der Straße versteckte B informiert mit seinem Handy den weiter entfernt mit einem Gewehr stehenden A, als C in seinem Wagen die Straße entlang kommt. Auf die Information hin schießt B auf die Reifen des C. Dabei sollte C zumindest er-

---
35 *Renzikowski*, NStZ 1999, 382; *Schroth*, NJW 1998, 2861; *ders.*, JZ 2003, 215; *ders.*, BT, S. 75.
36 Vgl. zum Ganzen *Jäger*, JuS 2000, 35 f.
37 Nach BGH NStZ-RR 2009, 10 ff.
38 Ausführlich zur Abgrenzung Täterschaft und Teilnahme siehe *Jäger*, AT, Rn. 222 ff.
39 Nach BGH NStZ 2006, 572 ff.; dazu *Satzger*, JK 8/06, StGB § 224/4.

schreckt werden. Da B ein geübter Schütze war, gingen A und B davon aus, dass C zwar nicht durch die Schüsse verletzt werden könne, nahmen aber in Kauf, dass es durch das Erschrecken zu einem Unfall kommt. Zwar trafen die Schüsse die Räder, C blieb jedoch unverletzt. Strafbarkeit von A und B?

Lösung: Gegeben ist hier auf jeden Fall ein mittäterschaftlicher vorsätzlicher gefährlicher Eingriff in den Straßenverkehr nach § 315b I Nr. 1 StGB. Nicht erfüllt ist dagegen eine mittäterschaftliche versuchte gefährliche Körperverletzung nach §§ 223, 224 I Nr. 2, 22, 25 II StGB, da diese voraussetzen würde, dass die Körperverletzung durch ein von außen auf den Körper des Tatopfers einwirkendes gefährliches Tatmittel verursacht wird. Vorliegend war jedoch der Vorsatz von A und B nicht darauf gerichtet, dass C mittels der eingesetzten Waffe verletzt wird, sondern allenfalls durch ein mittelbar aufgrund der Schüsse ausgelöstes Unfallgeschehen.

Dagegen bejahte der BGH eine Strafbarkeit wegen versuchter gefährlicher Körperverletzung nach §§ 224 I Nr. 4, 22, 23 StGB aufgrund bewussten Zusammenwirkens mindestens zweier Personen bei der Körperverletzung. Noch einmal bestätigte er dabei, dass eine eigenhändige Mitwirkung des anderen Beteiligten nicht notwendig ist, sondern jede physische oder psychische Unterstützung genügt. Dabei sei vorliegend sogar ein mittäterschaftliches Zusammenwirken anzunehmen, da die telefonische Informierung am Tatort das Tatgeschehen maßgeblich prägte und für den Taterfolg mitentscheidend war. Ausschlaggebend für die Anwendbarkeit des § 224 I Nr. 4 StGB ist zudem nach Ansicht des BGH allein die verstärkte Gefährlichkeit und nicht die Kenntnis des Opfers vom Zusammenwirken der Täter. Gerade der vorliegende Fall zeige, dass ein dem Opfer nicht bekanntes Zusammenwirken sogar gefährlicher sein kann, als ein offenes gemeinsames Auftreten. Die für diesen Fall teilweise in der Lit. behauptete Unanwendbarkeit des § 224 I Nr. 4 StGB[40] sei daher abzulehnen.

Achtung Klausur: *In der Prüfungsarbeit müssen Sie zunächst den Tatnäheren unter dem Gesichtspunkt der §§ 223, 224 I Nr. 4 StGB prüfen und innerhalb der Qualifikation inzident die Beteiligungsform (Mittäterschaft, Gehilfenschaft) des anderen untersuchen. Ausnahmsweise können Sie hier also den Teilnehmer nicht nach dem Haupttäter prüfen. Zur Teilnehmerschaft des anderen können Sie dann allerdings anlässlich dessen späterer Prüfung noch einmal zurückkehren.*

5. § 224 I Nr. 5 StGB

82 a) Eine lebensgefährdende Behandlung liegt vor bei objektiver Eignung der Behandlung zur Lebensgefährdung. Nach Auffassung des BGH ist es nicht erforderlich, dass die Behandlung das Leben konkret gefährdet; ausreichend ist vielmehr, dass die Art der Behandlung nach den Umständen des Einzelfalls generell dazu geeignet ist (abstrakte Gefährdung genügt also).[41] Ein Teil der Literatur verlangt dagegen eine konkrete Gefährdung.[42]

Wenn in der Klausur ohnehin eine konkrete Gefahr eingetreten ist, kann man diesen Streit offen lassen. Anders ist es dagegen, wenn eine konkret eingetretene Gefahr nicht erkennbar ist oder jedenfalls nicht geschildert wird. Dies ist etwa nach Ansicht

---

40 Vgl. dazu etwa *Fischer*, § 224, Rn. 24 f., m. w. N.
41 Vgl. hierzu BGHSt 2, 193; BGH NStZ-RR 1997, 67; *Gössel/Dölling*, BT/1, § 13, Rn. 48 f.; MüKo-*Hardtung*, § 224, Rn. 42; SK-*Wolters*, § 224, Rn. 36; *Wessels/Hettinger/Engländer*, BT/1, Rn. 307; a. A. NK-*Paeffgen/Böse*, § 224, Rn. 27; *Küpper*, Hirsch-FS, S. 595 f., die § 224 I Nr. 5 StGB als konkretes Gefährdungsdelikt begreifen.
42 *Sch/Sch/Stree/Sternberg-Lieben*, 27. Aufl., § 224, Rn. 12.

des BGH der Fall, wenn ein Arzt an einem Patienten ohne ersichtlichen Grund eine Vielzahl von Röntgenuntersuchungen vornimmt[43] (nicht gegeben ist in diesem Fall dagegen § 311 StGB, da sich die Strahlen nicht unkontrolliert ausbreiten[44]). Denn hier liegt zumindest die abstrakte Gefahr von Langzeitschäden vor. Wer dagegen eine konkrete Gefährdung verlangt, wird § 224 I Nr. 5 StGB in diesem Fall eher verneinen müssen. Auch beim Sexualverkehr eines HIV-Infizierten (zur Verwirklichung des § 224 I Nr. 1 StGB siehe bereits oben Rn. 75) ist jedenfalls von einer abstrakten Gefährlichkeit auszugehen, selbst wenn eine konkrete Gefahr nicht zu verzeichnen ist.[45] Ebenso sollte man zu dem Streit Stellung nehmen, wenn A auf B mit einem 7 cm langen, harten, spitzkantigen Schraubendreher in Richtung des Brustbereichs einsticht (was abstrakt lebensgefährlich ist), B sich aufgrund seiner Abwehr nur leicht verletzt (sodass also keine konkrete Lebensgefährdung eingetreten ist).[46]

b) Maßgeblich ist jedenfalls immer die Gefährlichkeit der Behandlung und nicht der verursachten Verletzung.[47] Allerdings kann sich die Gefährlichkeit auch unmittelbar aus dem Behandlungserfolg ergeben. So nimmt der BGH beim Geschlechtsverkehr eines HIV-Infizierten mit einem nicht infizierten Partner eine lebensgefährdende Behandlung nach § 224 I Nr. 5 StGB an, obwohl nicht der Sexualkontakt als solcher, sondern die daraus möglicherweise resultierende Ansteckung lebensgefährdend ist. Der BGH geht aber davon aus, dass eine Unterscheidung zwischen beidem sinnvoll nicht möglich sei. Auch hier kommt aber in der Praxis regelmäßig nur eine Versuchsbestrafung in Frage, da schon eine Ursächlichkeit für den Grunddeliktserfolg nach § 223 StGB nur für einen sehr kurzen Zeitraum nach der Infizierung nachweisbar ist. 83

c) Für den Vorsatz genügt nach ganz h. M., dass der Täter die Umstände kennt, aus denen sich die Gefährlichkeit ergibt.[48] 84

Vgl. zur klausurmäßigen Lösung eines „HIV-Falles", bei dem es meist auch um Zurechnungsprobleme sowie um Delikte gegen das Leben geht (eine Tötung oder ein Tötungsversuch scheitern jedenfalls am Vorsatz), *Jäger*, AT, Rn. 53 f.

III. Schwere Körperverletzung nach § 226 StGB

Das 6. StrRG hat hier überwiegend Klarstellungen gebracht. Der Gesetzestext ist aus sich heraus verständlich. Im Folgenden wird daher nur auf diejenigen Alternativen besonders eingegangen, die Probleme beinhalten:

---

43 BGHSt 43, 346 m. lesenswerter ablehn. Bspr. *Jung*, MedR 1998, 329; siehe auch *Detter*, JA 1998, 535 ff.; *Jerouschek*, JuS 1999, 746 ff.
44 Vgl. BGHSt 43, 356.
45 Vgl. BGHSt 36, 9. Allerdings wird man hier durchaus auch eine konkrete Gefahr annehmen können, weil eine Nichtansteckung allein vom Zufall abhängt.
46 Vgl. dazu BGH NStZ-RR 2010, 176, der in diesem Fall eine lebensgefährdende Behandlung, § 224 I Nr. 5 StGB, bejaht hat.
47 Vgl. BGH StV 1988, 65.
48 BGHSt 36, 15; Lackner/*Kühl*, § 224, Rn. 9; *Fischer*, § 224, Rn. 32.

1. § 226 I Nr. 2 StGB

85 Als Glied kommen alle Körperteile in Betracht, die eine besondere Funktion haben und mit dem Körper durch Gelenke verbunden sind, wie z. B. Arme, Beine, Finger etc.

Nach Teilen des Schrifttums soll sogar jeder Körperteil mit abgeschlossener Existenz und besonderer Funktion im Gesamtorganismus darunter fallen, das heißt auch innere Organe, wie z. B. Niere, Lunge etc.[49] Gegen diese Auffassung wird von der h. M. aber zu Recht das Analogieverbot ins Feld geführt. Denn das Gesetz spricht von „dauernd nicht mehr gebrauchen"; dies ist aber bei inneren Organen ohnehin nicht möglich, weil sie nicht benutzt werden, sondern auf vegetativer Basis funktionieren.[50]

Seit dem 6. StrRG ist das Herbeiführen der dauerhaften Unbrauchbarkeit eines Gliedes seinem Verlust gleichgestellt. Erfasst werden hiervon insbesondere Fälle der Lähmung.

Das Merkmal der Wichtigkeit bestimmt sich nach einem Teil der Lehre aus der Sicht des individuell Betroffenen (z. B. der kleine Finger des Konzertpianisten).[51] Nach h. M. ist die Wichtigkeit gemäß der objektiven Bedeutung im Gesamtorganismus zu bestimmen,[52] was freilich dem Opferschutz insbesondere bei der beabsichtigten schweren Körperverletzung nach § 226 II StGB nicht ohne Weiteres gerecht wird (z. B. wenn jemand dem Pianisten den kleinen Finger abhackt, um dessen Berufsausübung zu verhindern). Allerdings ist der h. M. dennoch zuzugeben, dass man das Körperverletzungsdelikt des § 226 StGB nicht einfach in ein Delikt zum Schutz bestimmter sozialer Rollen uminterpretieren darf. Der BGH verfolgt daher zu Recht eine differenzierende Auffassung, wonach zu unterscheiden ist „zwischen individuellen *sozialen* Bezügen, die vom Rechtsgüterschutz der §§ 223, 226 nicht erfasst sind (insb. Beruf), und der individuellen *körperlichen* Verfassung (z. B. Rechts- oder Linkshändigkeit; Vorschädigung)"[53], die in die Beurteilung der Wichtigkeit des Gliedes einfließen müssen. Die Gegenansicht, die selbst den letztgenannten Gesichtspunkt beim Wichtigkeitsurteil unberücksichtigt lässt, widerspreche dem heutigen Verständnis eines gleichberechtigten Zusammenlebens von Menschen unterschiedlicher körperlicher Beschaffenheit. Für einen Menschen ohne Hände, etwa in Folge einer körperlichen Behinderung, der gelernt hat, seine Zehen als Fingerersatz einzusetzen, seien diese Zehen für das Hantieren ebenso wichtig wie die Finger für einen nicht behinderten Menschen.[54] Der BGH machte anlässlich dieser Entscheidung deutlich, dass es nicht nur auf individuelle Körpereigenschaften, sondern auch auf dauerhafte körperliche Vorschädigungen des Verletzten ankomme. Der konkrete Fall zeigt im Übrigen, dass man bei der klausurmäßigen Bearbeitung von Fällen ggf. genau darauf zu achten hat, sämtliche beeinträchtigte Glieder einer Einzelbetrachtung zu unterziehen. Deshalb soll die Entscheidung hier kurz nachgezeichnet werden durch folgenden

---

49 *Rengier*, BT/2, § 15, Rn. 8; *ders.*, BGH-FS, 2000, 471; *Otto*, BT, § 17, Rn. 6.
50 Vgl. BGHSt 28, 100 m. Anm. *Hirsch*, JZ 1979, 109 sowie *Ebert*, JA 1979, 278; *Jäger*, JuS 2000, 37; *Wessels/Hettinger/Engländer*, BT/1, Rn. 314.
51 *Lackner/Kühl*, § 226, Rn. 3; *Rengier*, BT/2, § 15, Rn. 10 ff.
52 So etwa RGSt 64, 201; *Küpper/Börner*, BT I/1, § 2, Rn. 24; *Joecks/Jäger*, § 226, Rn. 14 ff.
53 Vgl. *Fischer*, § 226, Rn. 7 m. w. N.
54 BGHSt 51, 256 ff.

Fall 8: A und B überwältigten den C und hielten dessen Hand so am Boden fest, dass A ihm mit einem kleinen Beil zwei Glieder des rechten Mittelfingers vollständig und den Zeige- sowie Ringfinger der rechten Hand nahezu vollständig abtrennen konnte. Dabei forderten A und B den C auf, er solle künftig den Jungen J in Ruhe lassen (A und B gingen davon aus, dass C diesen misshandelt hatte). Während die Verletzung am Ringfinger durch chirurgisches „Wiederannähen" folgenlos ausheilte, musste der Zeigefinger im Mittelgelenk versteift werden, sodass er dort ganz und gar unbeweglich wurde (**Hackebeilchen-Fall** nach BGHSt 51, 256 ff.[55]).

Lösung:

I. Neben einer **mittäterschaftlichen gefährlichen Körperverletzung** nach §§ 223 I, 224 I Nr. 2 StGB liegt hier auch eine mit einem anderen Beteiligten **gemeinschaftlich begangene Körperverletzung** nach § 224 I Nr. 4 StGB vor.

II. Darüber hinaus hat der BGH eine **mittäterschaftliche absichtliche schwere Körperverletzung** nach § 226 II i. V. m. § 226 I StGB angenommen. Dabei kann diese Vorschrift hier nicht auf die gesamte Hand des C bezogen werden, da diese nicht dauernd unbrauchbar i. S. eines vollständigen Funktionsverlusts geworden ist.
Das vollständige Abtrennen der beiden ersten Glieder des Mittelfingers bedeutet aber den Verlust zweier Körperglieder. Jedoch hat der BGH den Ring- und Mittelfinger stets als unwichtige Körperglieder eingestuft. Mangels „Wichtigkeit" der Körperglieder scheidet daher auch in dieser Hinsicht eine Anwendung des § 226 StGB aus. Fraglich ist daher, ob die Versteifung des rechten Zeigefingers die dauerhafte Unbrauchbarkeit eines wichtigen Körpergliedes darstellt und deshalb unter § 226 I Nr. 2 StGB subsumiert werden kann. Der BGH hat dies bejaht und die Wichtigkeit des Zeigefingers als Körperglied auch im Hinblick auf die individuelle Körpereigenschaft und dauerhafte körperliche Vorschädigung des Verletzten bejaht. Ausgehend hiervon sei der Zeigefinger der rechten Hand des Tatopfers ein wichtiges Körperglied i. S. d. § 226 I Nr. 2 StGB gewesen, und zwar unabhängig davon, ob der Verletzte Rechts- oder Linkshänder war. Es sei nämlich auf die Besonderheit Bedacht zu nehmen, dass dem Opfer durch die Tat auch dessen rechter Mittelfinger teilweise abgetrennt wurde und daher die durch die Versteifung des Zeigefingers eingetretenen Funktionsverluste nicht einmal teilweise durch den Mittelfinger übernommen werden konnten. Die dauernde Gebrauchsunfähigkeit werde nicht etwa dadurch beseitigt, dass die „Zeigefunktion" aufrecht erhalten geblieben sei. Denn die dauernde Gebrauchsunfähigkeit setze keinen vollständigen Funktionsverlust voraus. Entscheidend sei vielmehr die massive Einschränkung sowohl beim Greifen als auch beim Halten und Arbeiten. Gerade der „Pinzettengriff" des Daumens und des Zeigefingers gehe durch eine derartige Beeinträchtigung verloren.

Zwischenergebnis: A hat sich daher nach § 226 II i. V. m. I Nr. 2 Alt. 2 StGB strafbar gemacht.

III. Dagegen kann eine **Geiselnahme** nach § 239b I Alt. 1 StGB nicht bejaht werden, da die Bemächtigung nicht in funktionalem und zeitlichem Zusammenhang dazu ausgenutzt werden sollte, das Opfer zu einem bestimmten Verhalten zu bewegen. Das Opfer sollte vielmehr nur in Zukunft ein bestimmtes Verhalten unterlassen.

IV. Gegeben sind aber eine **mittäterschaftliche (versuchte) Nötigung** nach §§ 240, 25 II StGB sowie in Idealkonkurrenz (vgl. Rn. 111) eine **mittäterschaftliche Freiheitsberaubung** nach §§ 239, 25 II StGB, die zu § 226 II StGB in Tateinheit treten.

---

55 M. Bspr. *Bosch*, JA 2007, 818 ff.; *Hardtung*, NStZ 2007, 702; *Jahn*, JuS 2007, 866 f.; *Jesse*, NStZ 2008, 605 ff.; *Paeffgen/Grosse-Wilde*, HRRS 2007, 363 ff.

Zur Problematik der dauernden Gebrauchsunfähigkeit noch folgendes aktuelles

Beispiel:[56] A stieß im Streit mit einem Messer auf B ein. B hob zur Abwehr seine Hände und wurde dort durch das Messer getroffen. Dadurch kam es unter anderem zu Schnittverletzungen an seiner linken Hand mit Durchtrennungen aller Beugesehnen von vier Fingern einschließlich der Nerven. Die linke Hand wurde infolgedessen weitgehend gebrauchsunfähig. Allerdings sind die Bewegungseinschränkungen der Finger zu einem Teil darauf zurückzuführen, dass N auf die erforderliche Nachsorge seiner Verletzungen verzichtete. Bei entsprechender Physiotherapie und Nachbehandlung wäre die Einschränkung der Bewegungsmöglichkeit deutlich geringer gewesen.

Lösung: Der BGH nimmt dazu Stellung, ob möglicherweise das Merkmal der „dauernden" Gebrauchsunfähigkeit (normativ) zu verneinen sein könnte, weil das Opfer hier Behandlungsmöglichkeiten etwa durch Physiotherapie nicht wahrgenommen hat. Im Ergebnis verneint der BGH dies jedoch: Die erhöhte Strafdrohung des § 226 StGB sei an das Ausmaß der vom Täter schuldhaft hervorgerufenen Rechtsgutsverletzung geknüpft. Für dessen Beurteilung sei im Grundsatz der Zeitpunkt des Urteils maßgebend. Die dem A vorhersehbare Dauerhaftigkeit des Funktionsverlusts der linken Hand des Nebenklägers beruhe vorliegend auf der Verletzungshandlung des A. Dass der Verletzte eine medizinische Behandlung zur Beseitigung oder Abmilderung der eingetretenen Beeinträchtigungen unterlässt, könne nicht dazu führen, diese vom Täter herbeigeführte gravierende Folge als Gradmesser seiner Strafwürdigkeit auszugrenzen. Das im Anwendungsbereich des § 226 StGB ohnehin stets außerordentlich schwer getroffene Opfer wird – ausgenommen von einer hier nicht gegebenen extrem gelagerten Konstellation wie etwa der Böswilligkeit – in aller Regel aus Tätersicht nicht zu hinterfragende Gründe haben, weitere Behandlungen nicht auf sich zu nehmen, selbst wenn diese nach ärztlicher Beurteilung sinnvoll wären. Zu nennen sei insbesondere die Furcht vor den mit jeder (Folge-)Operation verbundenen Risiken und Leiden oder auch nur vor schmerzhaften Nachbehandlungen. Diese Begründung überzeugt wenig. Zum einen ist die Verweigerung der Inanspruchnahme von Physiotherapie, auch wenn sie mit Schmerzen verbunden ist, als ein äußerst unvernünftiges Verhalten des Opfers einzustufen, das dem Täter nicht ohne weiteres angelastet werden kann. Zum anderen ist aber auch bei der Herbeiführung einer dauerhaften Entstellung anerkannt, dass mögliche Schönheitseingriffe, die kein besonderes Risiko bergen, zu einer Verneinung des § 226 I Nr. 3 StGB führen können. Anders ist es nur bei schwierigen, erfolgsunsicheren Schönheitsoperationen (s. sogleich Rn. 86). Diese Rechtsprechung sollte man auch auf § 226 I Nr. 2 übertragen.

2. § 226 I Nr. 3 StGB

86 Hier taucht in Klausuren immer wieder die Frage auf, ob das Ausschlagen von Schneidezähnen eine dauernde Entstellung i. S. d. § 226 StGB begründet. Zumeist wird man dies verneinen müssen, sofern eine Beseitigung der Entstellung durch eine Zahnprothese einfach möglich ist. Anders ist es jedoch bei erforderlichen schwierigen und erfolgsunsicheren Schönheitsoperationen.

Das 6. StrRG hat als schwere Folge auch das Verfallen in geistige Krankheit oder Behinderung aufgenommen, wobei sich das Adjektiv „geistige" nach zutreffender Auffassung wegen des Wortlauts „oder" sowohl auf „Krankheit" als auch auf „Behinderung" bezieht.[57] Bei der Abgrenzung von „geistiger Krankheit" und „geistiger Behinderung" wird man davon ausgehen können, dass die „geistige Krankheit" alle Zustände des § 20 StGB umfasst, wohingegen die „geistige Behinderung" Gehirnver-

---

56 BGHSt 62, 36 m. Anm. *Kudlich*, JA 2017, 470 ff.; *Grünewald*, NJW 2017, 1763.
57 Vgl. dazu *Hörnle*, Jura 1998, 179; *Jäger*, JuS 2000, 37; *Schroth*, NJW 1998, 2862; *ders.*, BT, S. 77 f.

letzungen mit körperlich behindernden Folgen meint (etwa Bewegungsstörungen aufgrund eines, durch einen Schlag herbeigeführten, Blutgerinnsels im Gehirn).[58]

Achtung: *Die „weibliche Genitalverstümmelung" ist (anders als ursprünglich geplant) nicht in § 226 StGB erfasst, sondern hat eine eigenständige Regelung in § 226a StGB erfahren.*[59]

IV. Körperverletzung mit Todesfolge nach § 227 StGB

Vgl. hierzu die ausführliche Darstellung der erfolgsqualifizierten Delikte im Allgemeinen Teil (*Jäger*, AT, Rn. 376 ff.). 87

Wichtig ist hier der spezifische Gefahrzusammenhang zwischen Grundtatbestand und schwerer Folge. Dazu noch einige Beispiele:

Beispiel 1:[60] A warf den Hochsitz, auf dem Jäger J saß, um. Dieser brach sich den Knöchel und wurde operiert. Nach seiner Entlassung hütete J fast ununterbrochen das Bett. Er war nämlich nicht darauf hingewiesen worden, dass er sich bewegen müsse, um der Gefahr einer Lungenembolie entgegenzuwirken. Tatsächlich entstand eine Embolie, an deren Folgen J starb.

Lösung: Nach Auffassung des BGH ist hier § 227 StGB erfüllt. Die Vorschrift sei nicht etwa deshalb abzulehnen, weil die zunächst verursachte Verletzung (Knöchelbruch) für sich genommen nicht lebensbedrohlich erschien. Denn die Sprunggelenksfraktur hat typisch zu einem längeren Krankenlager des Verletzten geführt, das nicht außerhalb jeder Lebenswahrscheinlichkeit die Entwicklung lebensgefährlicher Embolien beförderte. Auch sei das Verkennen von Gefahren und das Nichtergreifen wirksamer Gegenmaßnahmen nicht derart unwahrscheinlich, dass hierdurch der spezifische Gefahrzusammenhang im Rahmen des § 227 StGB unterbrochen würde. Damit hält sich der BGH im Rahmen der h. A., die bei Kunstfehlern, sofern sie nicht grob fahrlässiger Natur sind, eine Unterbrechung des Zurechnungszusammenhangs verneint (fraglich ist freilich, ob die völlige Nichtaufklärung bzgl. der Notwendigkeit von Bewegung nicht doch eher als grobe Fahrlässigkeit hätte gewertet werden müssen).

Beispiel 2:[61] A und B misshandelten den C in dessen im 10. Stockwerk gelegener Wohnung, um eine Geldherausgabe zu erzwingen. Die Schläge waren dabei so hart, dass es bei C zu zeitweiligen Bewusstseinsstörungen kam. Zur Erholung ließen A und B den C daher am offenen Fenster Luft schnappen. Angesichts der Übermacht und Brutalität geriet C in Panik, verlor die Selbstkontrolle und ließ sich wortlos aus dem Fenster fallen. Der Sturz war tödlich.

Lösung: Folgt man der Auffassung des BGH, dass zum einen die deliktspezifische Gefahr auch von der Körperverletzungshandlung ausgehen kann und zum anderen keine Kausalität zwischen Körperverletzungserfolg und dem Tod des Opfers erforderlich ist,[62] so kommt eine Strafbarkeit nach § 227 StGB in Betracht. Diese hat der BGH auch bejaht, da der Tod des verletzten C noch die unmittelbare Folge der Körperverletzung gewesen sei, auch wenn dieser erst durch den Sturz aus dem Fenster herbeigeführt wurde. Die Fähigkeit des Opfers zu klaren Denkabläufen und folgerichtigem Handeln sei vorliegend nicht mehr gegeben gewesen, sodass im Gegensatz zu Bsp. 3 das Opfer nicht mehr in der Lage war, eine eigenverantwortliche Entscheidung zu treffen. Vielmehr sei die Reaktion des Opfers die naheliegende, spezifische Folge der durch

---

58 Vgl. dazu lesenswert *Schroth*, NJW 1998, 2862 f.; näher differenz. *Rengier*, ZStW 111 (1999), 17 f.
59 Näher dazu *Fischer*, § 226a, Rn. 1 ff.; *Tonio Walter*, DIE ZEIT vom 4.7.2013, S. 13; *Zöller/Thörnich*, JA 2014, 167.
60 Fall nach BGHSt 31, 26.
61 Vgl. BGH NStZ 1992, 335 f.
62 Siehe dazu Fn. 66 und 67.

die Misshandlung herbeigeführten Paniksituation gewesen, sodass von einem eigenverantwortlichen Handeln des Verletzten als selbstständige Ursache nicht gesprochen werden könne.

Beispiel 3:[63] A schlug die B so, dass ihr Nasenbein brach. Aus Angst vor A floh die B auf den Balkon, wo sie das Gleichgewicht verlor und tödlich in die Tiefe stürzte.

Lösung: Lässt man mit dem BGH zu, dass die deliktspezifische Gefahr auch von der Körperverletzungshandlung ausgehen kann und es keiner Kausalität zwischen Körperverletzungserfolg und dem Tod des Opfers bedarf,[64] so kann § 227 StGB hier grundsätzlich einschlägig sein. Hier hat der BGH eine Strafbarkeit nach § 227 StGB jedoch abgelehnt, weil der tödliche Ausgang nicht mehr Ausfluss der dem Grundtatbestand des § 223 StGB eigentümlichen Gefahr gewesen sei. Vielmehr sei ein eigenverantwortliches Verhalten des Opfers hinzugetreten und erst hierdurch der tödliche Erfolg bewirkt worden. Der BGH hat daher im Ergebnis nur eine Strafbarkeit wegen vorsätzlicher Körperverletzung nach § 223 StGB (durch den Schlag auf die Nase) sowie wegen fahrlässiger Tötung nach § 222 StGB (wegen der ursächlichen Bewirkung der tödlichen Flucht, die auch nach allgemeiner Lebenserfahrung vorhersehbar gewesen sei) angenommen. Dabei stehen diese Delikte zueinander in Tateinheit.

Beispiel 4:[65] A versetzte seiner Ehefrau E mit einem 20 cm langen Küchenmesser in Verletzungsabsicht einen Stich in den Rücken. „In einer Kurzschlussreaktion" stieg sie bei ihrer Flucht mit „Schwung" auf das schmale Fensterbrett, rutschte aus und fiel mit tödlicher Wirkung etwa 25 m in die Tiefe.

Lösung: Im Gegensatz zum soeben genannten Beispiel 3 hat der BGH hier eine Strafbarkeit wegen Körperverletzung mit Todesfolge bejaht. Er hat dies damit begründet, dass von dem Verhalten des A – Messerstich in den Rücken nach Todesdrohung bei auswegloser Lage des Opfers – auch die Gefahr ausging, dass E, die um ihr Leben fürchten musste, in Panik geriet und bei riskanten Fluchtversuchen zu Tode kommt. Die Entscheidung im Fall „Rötzel" (s. soeben Beispiel 3) stehe dem nicht entgegen, da sich E hier weit stärker und damit anders als im Fall „Rötzel" einer konkret lebensgefährlichen Körperverletzung ausgesetzt gesehen habe, was eine abweichende Bewertung der Typizität der Opferreaktion begründen könne. Unabhängig davon hält der 5. Senat des BGH die Entscheidung des 3. Senats des BGH im Fall Rötzel ohnehin für zu restriktiv. Sofern die anderen Senate dem 5. Strafsenat folgen, steht zu erwarten, dass bei allen Körperverletzungen von einigem Gewicht, die eine tödliche Flucht des Opfers auslösen, künftig § 227 StGB bejaht werden wird. Im konkreten Fall verdrängt § 227 StGB die §§ 223, 224 sowie § 222 StGB.

1. Sonderproblem 1: Schwere Folge als Konsequenz aus Handlung oder Erfolg?

88 Umstritten und ungelöst ist die Frage, ob sich die schwere Folge aus dem Körperverletzungserfolg ergeben haben muss oder ob es genügt, dass die schwere Folge aus der Körperverletzungshandlung resultiert.

Die Frage ist vor allem deshalb von Bedeutung, weil von ihr abhängt, inwieweit man den Versuch einer Körperverletzung mit Todesfolge zulassen will.

---

63 BGH NJW 1971, 152.
64 Siehe dazu wieder Fn. 66 und 67.
65 BGH NStZ 2008, 278 m. Anm. *Bosch*, JA 2008, 547 ff.

Nach der vom BGH vertretenen Auffassung genügt es, dass die schwere Folge aus der Handlungsgefahr des Grunddelikts resultiert.[66] Danach ist ohne Weiteres eine versuchte Körperverletzung mit Todesfolge möglich.

Nach einer starken Literaturauffassung ist dagegen erforderlich, dass die schwere Folge das Resultat des Körperverletzungserfolges ist (sog. Letalitätstheorie).[67] Danach ist eine Strafbarkeit wegen versuchter Körperverletzung mit Todesfolge ausgeschlossen.

Interessant ist in diesem Zusammenhang folgendes

Beispiel: Die Skinheads A und B verfolgten den Ausländer C, um ihn zu verprügeln. C floh in Panik und konnte die Verfolger abhängen. In seiner Todesangst wollte C sich aber in ein Haus flüchten und trat deshalb eine Glastür ein, wobei er sich so schwer verletzte, dass er in kurzer Zeit verblutete. (**Gubener Menschenjagd-Fall** nach BGH NStZ 2003, 149[68])

Lösung: A und B haben eine versuchte gefährliche Körperverletzung gem. §§ 223, 224 I Nr. 4, 22, 23 StGB verwirklicht, da A und B jeweils den Tatentschluss gefasst hatten, C „mit einem anderen Beteiligten gemeinschaftlich" zu verprügeln (vgl. § 224 I Nr. 4 StGB). Spätestens durch die Verfolgung hatten alle Beteiligten nach ihrer Vorstellung auch unmittelbar zur Tatbestandsverwirklichung angesetzt. Fraglich ist jedoch, ob auch eine Strafbarkeit aus § 227 StGB in Frage kommt, wenn als Grunddelikt nur eine versuchte Körperverletzung vorliegt. Die Antwort auf diese Frage hängt davon ab, wie man die Wendung „durch die Körperverletzung" in § 227 StGB versteht: Versteht man hierunter mit einer Literaturauffassung die Notwendigkeit eines Körperverletzungserfolges, aus dem sich der spätere Todeserfolg ergeben haben muss (sog. Letalitätstheorie), so ist eine bloß versuchte Körperverletzung mit Todesfolge ausgeschlossen. Lässt man dagegen mit der Rspr. genügen, dass eine Körperverletzungshandlung vorliegt, so ist eine Strafbarkeit wegen versuchter Körperverletzung mit Todesfolge denkbar. Tatsächlich hat der BGH im vorliegenden Fall neuerlich bestätigt, dass es für eine Bestrafung aus § 227 StGB ausreiche, wenn sich die spezifische Gefahr der Grunddeliktshandlung verwirklicht, weil die auf den Angriff hin erfolgte Panikreaktion geradezu typisch gewesen sei. In der Literatur hat die Entscheidung des BGH Kritik ausgelöst, weil die Wendung „durch die Körperverletzung" in § 227 StGB ihrem Sinn nach doch einen Körperverletzungserfolg voraussetze.

Stellungnahme: Tatsächlich erscheint die Auslegung des BGH im Hinblick auf § 227 StGB mit dem Wortsinn „Körperverletzung" nur schwer vereinbar. Auch dürfte die gesetzgeberische Intention bei der Schaffung dieser Vorschrift darin gelegen haben, tödliche Konsequenzen aus einem Körperverletzungserfolg zu verhindern. Die besseren Gründe sprechen daher wohl für die Literaturauffassung, sodass eine Strafbarkeit wegen versuchter Körperverletzung mit Todesfolge nach zutreffender Ansicht abzulehnen gewesen wäre (a. A. aber selbstverständlich mit dem BGH vertretbar). Neben der versuchten gefährlichen Körperverletzung haben sich aber A und B gem. § 222 wegen fahrlässiger Tötung und mittäterschaftlicher Nötigung gem. § 240 StGB in Tateinheit strafbar gemacht. Folgt man dagegen dem BGH, so liegt eine versuchte gefährliche Körperverletzung mit Todesfolge in Tateinheit mit mittäterschaftlicher Nötigung vor. § 222 tritt hinter §§ 227, 22, 23 StGB zurück. Vgl. im Übrigen näher zur Problematik des Versuchs einer Erfolgsqualifikation *Jäger*, AT, Rn. 381.

Achtung Klausur: *Zu achten ist bei § 227 StGB darauf, dass sich die Todesfolge stets aus einer vorsätzlich verwirklichten Körperverletzung ergeben muss. Dies war auch das*

---

66 BGHSt 14, 110; ebenso *Rengier*, BT/2, § 16, Rn. 4; *Wessels/Hettinger/Engländer*, BT/1, Rn. 330 f. Vgl. dazu auch *Gössel/Dölling*, BT/1, § 13, Rn. 86; *Zöller/Fornoff/Gries*, BT/2, S. 127.
67 *Jakobs*, JR 1986, 380; *Kühl*, BGH-FS, 2000, S. 255; *Roxin*, AT/I, § 10, Rn. 115; *ders.*, AT/II, § 29, Rn. 329; grundlegend *Hirsch*, GA 1972, 75.
68 Vgl. dazu auch die krit. Bspr. von *Heger*, JA 2003, 455; *Laue*, JuS 2003, 745.

Kernproblem in dem sog. Psycholyse-Fall.[69] *Dort hatte der Arzt in einer psychotherapeutischen Sitzung bewusstseinserweiternde Drogen vergeben. Da ihm ein Wiegefehler unterlaufen war, verstarben zwei Patienten und weitere fünf Gruppenmitglieder wurden verletzt. Der BGH hat hier angenommen, dass die von A gewollte Drogenvergabe wegen freiverantwortlicher Selbstgefährdung der Patienten objektiv nicht zurechenbar sei (die Patienten wussten um die Gefährlichkeit und Unzulässigkeit der Einnahme). Die darüber hinausgehende – durch den Wiegefehler erfolgte – Überdosierung der Drogen stellt aber nur eine fahrlässige Körperverletzung dar, sodass hieran die Todesfolge nach § 227 StGB nicht anknüpfen kann. Der BGH bejahte daher lediglich eine Strafbarkeit nach § 222 StGB hinsichtlich der verstorbenen Patienten sowie nach § 229 StGB hinsichtlich der im Übrigen geschädigten Patienten* (näher zu diesem Fall *Jäger*, AT, Rn. 46 f.).

2. Sonderproblem 2: Körperverletzung mit Todesfolge durch Unterlassen, §§ 227, 13 StGB

91 Die Möglichkeit einer Körperverletzung mit Todesfolge durch Unterlassen wird vom BGH uneinheitlich behandelt.[70]

So setzt der Vorwurf (hier an eine Ehefrau), sich an einer Körperverletzung mit Todesfolge durch Unterlassen beteiligt zu haben, nach Auffassung des BGH voraus, dass sich der Vorsatz des Unterlassungstäters auf eine vom Handelnden (hier Ehemann) begangene Körperverletzung bezieht, die nach Art, Ausmaß und Schwere den Tod des Opfers befürchten lässt.[71] Das heißt, der Tod muss für den Unterlassungstäter aus der Art der Körperverletzung vorhersehbar sein, was nicht der Fall ist, wenn die Ehefrau weiß, dass ihr Mann in ihrer Abwesenheit das Kind schlagen wird, nicht aber die konkrete gefährliche Art und Weise der Schläge miterlebt. Wegen fehlenden nachweisbaren Vorsatzes verneinte der BGH im gegebenen Fall auch §§ 224, 13 StGB. Es blieb aber auf jeden Fall eine Bestrafung wegen Misshandlung Schutzbefohlener durch Unterlassen gem. §§ 225 I Nr. 1, 2; 13 StGB, d. h. Quälen durch Unterlassen, weil die Ehefrau gegen die ihr bekannten häufigen Misshandlungen durch ihren Ehemann nie eingeschritten ist (Quälen setzt typischerweise mehrere Handlungen oder Handlungen einer großen Intensität voraus!). Gegeben sein kann darüber hinaus auch fahrlässige Tötung (wenn Gewalteskalationen vorhersehbar waren) und unterlassene Hilfeleistung.

Kritik: Die Beschränkung der Körperverletzung mit Todesfolge durch Unterlassen auf Fälle, in denen die eigentliche Verletzung bereits zuvor durch einen Gewalttäter stattgefunden hat, ist fragwürdig, weil das Unterlassen der Ehefrau in einem solchen Fall dennoch zu einer Intensivierung der körperlichen Schädigung mit nachfolgendem Tode führt. Das Abstellen auf die bereits zuvor erfolgte körperliche Misshandlung, die die eigentliche Todesursache bilde, ist daher zu einseitig.

---

69 BGH NStZ 2011, 341 m. Anm. *Jäger*, JA 2011, 474 ff.
70 Zur fehlenden Einheitlichkeit der Rechtsprechung in diesem Bereich *Engländer*, NStZ 2018, 137 ff.; ebenso *Jansen*, ZStW 130 (2018), 1088.
71 BGH NStZ 1995, 589.

In einem neueren Fall hat der BGH jedenfalls eine Körperverletzung durch Unterlassen mit Todesfolge (§§ 223, 227, 13 StGB) in einem Fall angenommen, in dem die Mutter die zum Tode des gemeinsamen Kindes führenden Gewalthandlungen, deren sie gewärtig wurde, nicht verhindert hat.[72]

Ebenso bejaht der BGH eine Körperverletzung durch Unterlassen mit Todesfolge, wenn der Unterlassende zuvor die Gefahr selbst geschaffen hat. Dazu das folgende aktuelle

Beispiel:[73] A begab sich nach einem Club-Besuch zusammen mit G und einigen weiteren Personen in die Wohnung des G, um dort weiter zu feiern. Unmittelbar nach Eintreffen konsumierte A dort auf der Toilette GBL (Gamma-Butyrolacton, eine berauschende Substanz, die etwa in Reinigungsmitteln enthalten ist) in einer Dosis von etwa 2 ml. Die Konsummenge entnahm er mittels einer Spritze einer kleinen Flasche mit unverdünntem und hochkonzentriertem GBL, die er in seiner Hosentasche mit sich führte, nach dem Konsum aber im Wohnzimmer abstellte. Obwohl A einigen der Anwesenden gegenüber äußerte, dass das in der Flasche befindliche GBL wegen seiner Konzentration nur in ganz kleinen Konsumeinheiten eingenommen werden dürfe, trank der zu diesem Zeitpunkt stark alkoholisierte G aus der Flasche einen großen Schluck. Dabei wusste er zwar, dass sich GBL in der Flasche befand, ging jedoch von einer konsumfähigen Dosierung aus. A wurde über den Konsum durch G unterrichtet. G begab sich alsbald ins Schlafzimmer und schlief ein. Als A nach ihm schaute, hatte er nicht den Eindruck, G befinde sich in Lebensgefahr. Als nach einiger Zeit W, der zusammen mit G in der Wohnung lebte, zurückkam, schickte er die Gäste weg und bemerkte später, dass sich der Gesundheitszustand des G erheblich verschlechtert hatte. Ein herbeigerufener Notarzt brachte G ins Krankenhaus, wo er vier Tage später infolge eines durch das GBL verursachten Atemstillstands und einer dadurch hervorgerufenen Hirnschädigung verstarb. 92

Lösung: Nach Ansicht des BGH ist bei einer Körperverletzung durch Unterlassen mit Todesfolge der erforderliche spezifische Gefahrzusammenhang regelmäßig – soweit nicht allgemeine Gründe für einen Ausschluss der Zurechenbarkeit der schweren Folge eingreifen – gegeben, wenn der Garant in einer vorwerfbaren Weise den lebensgefährlichen Zustand herbeigeführt hat, aufgrund dessen der Tod der zu schützenden Person eintritt. 93

V. Körperverletzung im Amt nach § 340 StGB

Dieser Paragraph ist kaum klausurrelevant und lässt sich mit dem Gesetzestext gut handhaben. Wichtig ist nur, dass man die Körperverletzung im Amt nicht vergisst. Die Vorschrift spielt insbesondere bei Körperverletzungen durch Lehrer oder Polizeibeamte eine Rolle. So ist etwa auch bei der Frage, ob ein Polizeibeamter einen Entführer foltern darf, um dadurch Menschenleben zu retten (sog. Rettungsfolter) auf § 340 StGB abzustellen.[74] 94

---

72 BGH NStZ 2017, 410 m. Anm. *Hillenbrand*, StRR 2017, 18.
73 BGH NStZ 2017, 223 ff. m. Anm. *Kudlich*, JA 2017, 229 ff.
74 Näher dazu mit klausurmäßiger Darstellung *Jäger*, JA 2008, 678; vgl. auch *ders.*, Herzberg-FS, 2008, S. 543 f. m. w. N.

VI. Misshandlung von Schutzbefohlenen nach § 225 StGB

95 Auch sie spielt nur eine geringe Rolle und die Lektüre des Gesetzestextes hilft hier bereits in hohem Maße[75] (vgl. im Übrigen soeben Misshandlungs-Fall, Rn. 91)!

Wichtig ist hier hinsichtlich des Grundtatbestandes des § 225 I StGB nur, dass es sich beim Tatopfer um eine schutzbefohlene Person handeln muss. Hierbei muss das Opfer entweder unter 18 Jahren oder wegen Gebrechlichkeit oder Krankheit wehrlos sein. Im Verhältnis zum Täter muss eine Schutzbefohleneneigenschaft bestehen, die in § 225 I Nr. 1–4 StGB näher beschrieben ist (für § 225 I Nr. 1 StGB gilt wie bei § 221 I Nr. 2 StGB, dass der Täter Beschützergarant im Verhältnis zum Opfer sein muss). Als Tathandlungen kommen in Betracht: Quälen (Zufügung länger dauernder oder sich wiederholender erheblicher Schmerzen oder Leiden, so die Tathandlung der Tierquälerei in § 17 Nr. 2b TierSchG, die freilich in der Klausur nicht genannt werden sollte),[76] oder die Misshandlung, die körperlicher oder seelischer Natur sein kann, sofern sie aus roher und gefühlloser Gesinnung erfolgt, sowie schließlich die Gesundheitsschädigung durch böswillige Vernachlässigung der Sorgepflicht (bei Lust am fremden Leid, Hass oder Eigensucht).[77]

VII. Beteiligung an einer Schlägerei nach § 231 StGB

96 Hier sollten Sie sich sechs Punkte merken:[78]

1. Eine Schlägerei i. S. v. § 231 StGB muss von mindestens 3 Personen ausgetragen werden.[79]

2. Die schwere Folge (Tod eines Menschen oder eine schwere Körperverletzung nach § 226 StGB) ist nach h. M. objektive Strafbarkeitsbedingung, sodass sich der Vorsatz darauf nicht zu beziehen braucht.[80] Sie wird daher als Tatbestandsannex nach dem subjektiven Tatbestand unter einem eigenen Gliederungspunkt geprüft!

3. Nach h. M. soll es gleichgültig sein, ob sich der Täter vor, bei oder erst nach dem Eintritt der schweren Folge an der Schlägerei beteiligt.[81] Richtig dürfte es jedoch nach Zurechnungsgrundsätzen allein sein, nur denjenigen haften zu lassen, der vor oder bei Eintritt der schweren Folge an der Schlägerei beteiligt ist. Wer erst nachträglich hinzukommt, hat keinerlei relevante Gefahr für die schwere Folge geschaffen und sollte daher – auch wenn es sich bei dem Tod um eine objektive Bedingung der Strafbarkeit

---

75 Siehe dazu aber auch die Aufarbeitung des Falls „Josef Fritzl aus Amstetten" bei *Bott/Kühn*, Jura 2009, 72 ff.
76 Vgl. auch zu diesem treffenden Verweis auf das TierSchG *Hardtung*, JuS 2008, 1060; *ders.*, MüKo, § 225, Rn. 11.
77 Einen guten und detaillierteren Überblick gibt *Hardtung*, JuS 2008, 1060 f.
78 Umfassend zum Tatbestand der Schlägerei *Bock*, Jura 2016, 992.
79 *Sch/Sch/Sternberg-Lieben*, § 231, Rn. 2 f.; *Zöller/Fornoff/Gries*, BT/2, S. 135; vgl. aber auch BGH NStZ 2014, 147 m. Anm. *Engländer*, NStZ 2014, 214 ff. und m. Bspr. *Jahn*, JuS 2014, 660 ff.
80 Vgl. NK-*Paeffgen/Böse*, § 231, Rn. 2; *Sch/Sch/Sternberg-Lieben*, § 231, Rn. 5 jeweils m. w. N.
81 Hierzu BGHSt 16, 130; *Wessels/Hettinger/Engländer*, BT/1, Rn. 398 f.

handelt – nicht mit dem Unrecht eines in der Vergangenheit liegenden Erfolges belastet werden.[82]

4. Nach Auffassung des BGH[83] kann derjenige, der sich an einer Schlägerei beteiligt und dabei einen anderen in Notwehr tötet, trotzdem nach § 231 StGB strafbar sein. Der BGH begründet dies mit der Struktur des § 231 StGB, wonach bei dem abstrakten Gefährdungsdelikt des § 231 StGB schon die bloße schuldhafte Beteiligung an der Schlägerei strafbar ist.

5. Auch das Opfer einer Schlägerei kann nach § 231 StGB strafbar sein, und zwar selbst dann, wenn außer ihm niemand zu Schaden kommt.[84]

6. Das 6. StrRG fügte in § 231 II StGB nun die Wendung „... beteiligt war, ohne dass dies ihm vorzuwerfen war" ein, statt wie bisher „... ohne sein Verschulden hineingezogen worden ist". Damit soll klargestellt werden, dass auch derjenige strafbar ist, der zwar schuldlos in die Schlägerei hineingezogen wurde, sich aber trotz entsprechender Möglichkeit nicht später entfernt hat. Dies war zwar bereits vor der Gesetzesänderung h. A., jedoch hat der Gesetzgeber hier noch einmal eine Klarstellung geliefert.

---

[82] So auch i. E. LK-*Popp*, § 231, Rn. 20; SK-*Wolters*, § 231, Rn. 8; *Rengier*, BT/2, § 18, Rn. 11; *Stree*, JuS 1962, 94.
[83] Vgl. BGH NJW 1993, 3337.
[84] *Sch/Sch/Sternberg-Lieben*, § 231, Rn. 7.

§ 3 Delikte gegen die persönliche Freiheit

Vorbemerkung: Geschütztes Rechtsgut

97 Geschütztes Rechtsgut ist bei diesen Delikten grundsätzlich die Freiheit der Willensentschließung und Willensbetätigung.[1]

Etwas aus diesem Rechtsgüterschutzrahmen fallen allerdings § 238 StGB (Nachstellung) und § 241 StGB (Bedrohung mit einem Verbrechen[2]). Geschütztes Rechtsgut ist bei ihnen die Freiheit vor Beeinträchtigungen des persönlichen Lebensbereichs bzw. der individuelle Rechtsfrieden. § 238 StGB wurde am 30.11.2006 vom Bundestag zum verbesserten strafrechtlichen Schutz von Stalking-Opfern beschlossen und soll bestehende Strafbarkeitslücken in diesem Bereich schließen. Flankierend wird durch eine Ergänzung des Haftgrundes der Wiederholungsgefahr in § 112a StPO auch die Möglichkeit eröffnet, Haft gegen gefährliche Stalking-Täter anzuordnen, um schwere Straftaten zu verhindern (Deeskalationshaft).

Achtung Klausur: *Freiheitsdelikte, insbesondere die Nötigung, sind vor allem bei Körperverletzungen mit zu bedenken und einschlägig, wenn der Täter das Opfer durch die Körperverletzung zu einem bestimmten Verhalten – sei es auch nur zu einem Unterlassen – bewegen will (z. B. zur Duldung der Festnahme).*

A. Nachstellung nach § 238 StGB[3]

I. Grundtatbestand nach § 238 I StGB

1. Tathandlung

97a a) Diese besteht im unbefugten Nachstellen, d. h. in der Verfolgung des Opfers, um es einzuschüchtern, Furcht zu erregen und in die Enge zu treiben.

b) Das Merkmal „unbefugt" ist dabei nach dem Willen des Gesetzgebers echtes Tatbestandsmerkmal und fehlt im Falle des Einverständnisses des Opfers oder wenn dem Täter sonst ein Rechtfertigungsgrund zur Seite steht.[4]

c) Dabei muss die Verfolgung in allen Begehungsweisen „beharrlich" verwirklicht werden. Es handelt sich bei der Beharrlichkeit um ein strafbarkeitsbegründendes besonderes persönliches Merkmal nach § 28 I StGB und verlangt eine besondere Hartnäckigkeit des Täters, durch die er seine Gleichgültigkeit oder Missachtung gegen-

---

1 Zusammenfassender Überblick über die Delikte gegen die persönliche Freiheit bei *Schroeder*, JuS 2009, 14 ff.; *Eidam*, JuS 2010, 869 ff.
2 Näher zur Bedrohung *Satzger*, Jura 2015, 156 ff.
3 Für Lernzwecke sehr lesenswert hierzu *Mitsch*, Jura 2007, 401 ff.; *ders.*, NStZ 2010, 513 ff.; siehe auch *Krüger*, NStZ 2010, 546 ff.; *Peters*, NStZ 2009, 238 ff.; vgl. auch *Schöch*, NStZ 2013, 221 ff., der die Schutzlücken des § 238 StGB aufzeigt.
4 HKGS-*Rössner/Krupna*, § 238, Rn. 3; *Rengier*, BT/2, § 26a, Rn. 5, differenzierend dagegen *Mitsch*, Jura 2007, 401 ff.

über den Opferbelangen und dem gesetzlichen Verbot zum Ausdruck bringt und eine zukünftige weitere Belästigung als nahe liegend erscheinen lässt.[5] Der Gesetzgeber hat die Ausfüllung dieses Merkmals im Wesentlichen der Rechtsprechung überlassen, aber darauf hingewiesen, dass zumindest fünf – nicht notwendig gleichartige – Erfüllungen der Tatbestandsalternativen (Nr. 1–5; s. sogleich) für Beharrlichkeit sprechen. Bedenklich ist insoweit, dass das LG Lübeck Beharrlichkeit schon bei zwei massiven Drohanrufen innerhalb von fünf Monaten bejaht hat.[6]

2. Tatmittel

Diese sind in § 238 I Nr. 1–5 StGB beschrieben: 97b

a) Aufsuchen der räumlichen Nähe (Nr. 1)

Naturgemäß kommt diese Tatbegehungsweise nur dann in Betracht, wenn Täter und Opfer voneinander getrennt leben (Stichwort: Ex-Freund oder Ex-Gatte). Verwirklichungsformen sind hier z. B. das Auflauern oder schlicht das Herumstehen vor Haus und Arbeitsstelle.[7] Die Weigerung des Ehemanns, die Wohnung nicht zu verlassen, kann dagegen nicht etwa als Aufsuchen durch Unterlassen begriffen werden,[8] da ein solches Verständnis die Wortlautgrenze sprengen würde.

b) Versuch der Kontaktaufnahme durch Verwendung von Telekommunikationsmitteln und Ähnlichem (Nr. 2)

In Betracht kommen hier dem Täter zuzuordnende[9] Botschaften per E-Mail, SMS, Brief oder Telefon (Stichwort: Telefonterror). Ob auch der täglich aufs Neue gesendete Blumenstrauß darunter fällt, ist zweifelhaft, kann aber bei entsprechendem Nachstellungsvorsatz wohl gerade noch unter den Schutzzweck der Norm gefasst werden, da sich das Opfer ggf. auch hierdurch in die Enge getrieben fühlen kann.

c) Bestellungen und Anzeigen unter dem Namen des Opfers (Nr. 3)

Die Bestellung von Waren oder Dienstleistungen unter dem Namen des Opfers (Nr. 3 Alt. 1) kann in jeder Form stattfinden. Am häufigsten wird dies via Internet stattfinden. Die ebenfalls pönalisierte Veranlassung Dritter, mit dem Opfer Kontakt aufzunehmen (Nr. 3 Alt. 2) kann vor allem bei der Aufgabe von Annoncen im Namen des Opfers erfüllt sein. Ein möglicher Fall hierzu wird unten in Rn. 158 geschildert (bitte den Sachverhalt bereits an dieser Stelle lesen!).

d) Drohung mit Verletzung von Leib, Leben oder Freiheit (Nr. 4)

Die Drohung kann das Opfer selbst oder ihm nahstehende Personen betreffen. Diese Alternative geht über § 241 StGB hinaus, weil auch Drohungen erfasst werden, die nicht die Verwirklichung eines Verbrechens betreffen (nämlich soweit es um ange-

---

[5] BT-Drucks. 16/575, S. 7.
[6] Vgl. LG Lübeck BeckRS 2008, 05249 m. Anm. *Jahn*, JuS 2008, 553 f.
[7] *Kinzig/Zander*, JA 2007, 483.
[8] Zutr. *Mitsch*, NJW 2007, 1238 unter Hinweis auf den dann ggf. eingreifenden § 2 des Gewaltschutzgesetzes.
[9] *Neubacher/Seher*, JZ 2007, 1032.

drohte Körperverletzungen und Freiheitsberaubungen geht). Wenn es dem Täter dabei auch um die Umstellung der Lebensführung des Opfers geht, wird man daneben aber immer auch noch eine Nötigung nach § 240 StGB annehmen können.

e) *Andere vergleichbare, die Lebensgestaltung schwerwiegend beeinträchtigende Handlungen (Nr. 5)*

Ob diese Alternative mit dem verfassungsrechtlichen Bestimmtheitsgrundsatz nach Art. 103 II GG noch vereinbar ist, erscheint fragwürdig.[10] Nach der amtlichen Begründung sollen darunter Fälle wie etwa das Beschädigen des Kfz des Opfers fallen.[11]

3. Eignung zu schwerwiegender Beeinträchtigung

97c Aufgrund der Änderung durch das Gesetz zur Verbesserung des Schutzes gegen Nachstellungen vom 1.3.2017 verlangt § 238 I StGB nur noch eine Eignung der Nachstellung zur schwerwiegenden Beeinträchtigung der Lebensgestaltung des Opfers.[12] Bislang forderte das Gesetz dagegen einen entsprechenden Erfolg, sodass ein Kausalitätsnachweis dahingehend erforderlich war, dass das Opfer in seiner Lebensgestaltung schwerwiegend beeinträchtigt wird. Dies hatte zur Folge, dass das Opfer ein Verhalten, das auf eine solche Beeinträchtigung hinwies, erst tatsächlich an den Tag legen musste. In der Literatur ist daher zu Recht darauf hingewiesen worden, dass dies zu dem kuriosen Ergebnis führe, dass gravierende Übergriffe in den persönlichen Lebensbereich nicht verfolgt werden konnten, wenn sich der oder die Betroffene eine Änderung der Lebensumstände, wie einen Umzug oder einen Wechsel des Arbeitsplatzes, nicht leisten konnte und deshalb weiterhin unter den Nachstellungen leiden musste.[13] So hatte etwa der vierte Senat in einer Entscheidung aus dem Jahre 2012[14] selbst schwerwiegende psychische Beeinträchtigungen des Opfers als nicht ausreichend angesehen, wenn sie sich nicht als Erfolg durch Veränderung der äußeren Lebensumstände manifestierten. Gerade diesem Missstand wollte der Gesetzgeber nun durch Umwandlung des § 238 StGB von einem Erfolgsdelikt zu einem abstrakten Eignungsdelikt im Sinne eines potentiellen Gefährdungsdelikts entgegenwirken. Entscheidend für die Eignung ist nunmehr, „ob die Nachstellungshandlungen insgesamt so gravierend sind, dass sich jedermann in der besonderen Situation des Betroffenen zu einer schwerwiegenden Veränderung seiner Lebensumstände veranlasst fühlen muss. Wenn sich kein gut informierter Außenstehender darüber wundern würde, dass ein Nachstellungsopfer – die Möglichkeit dazu unterstellt – aufgrund der Stalkinghandlungen seine Lebensgestaltung erheblich im Sinne des bisher verlangten Erfolgs ändert, kann die Eignung angenommen werden"[15].

Erforderlich ist nur noch eine Eignung der Tathandlungen zu einer schwerwiegenden Beeinträchtigung der Lebensgestaltung des Opfers. Zu bejahen ist dies, wenn das

---

10 Vgl. dazu *Gazeas*, KJ 2006, 257.
11 BT-Drucks. 16/1030, S. 7.
12 Krit. *Steinberg*, JZ 2017, 676.
13 Vgl. *Mosbacher*, NJW 2017, 983; BT-Drucks. 18/9946, 10; kritisch hierzu bereits *Mitsch*, NStZ 2007, 1238.
14 BGH NStZ-RR 2013, 145.
15 *Mosbacher*, NJW 2017, 984.

Verhalten des Täters geeignet ist, die freiheitliche Lebensführung erheblich zu beeinträchtigen, indem es das Opfer zu einem Rückzugs- und Vermeidehandeln zwingen kann. Nicht mehr erforderlich ist, dass es zu einem solchen Opferverhalten tatsächlich auch kommt.[16]

Die soeben beschriebenen tatbestandlichen Voraussetzungen des § 238 StGB und sein Konkurrenzverhältnis zu anderen Delikten veranschaulicht folgender, vom BGH entschiedener

Fall 9: A war von seiner Lebensgefährtin L verlassen worden. Obwohl die L ersichtlich keinen Kontakt mehr wünschte, kam es zu folgenden Vorfällen: Am 29.3.2008 klingelte A an der Tür der L. Nachdem diese den A aufgefordert hatte zu verschwinden, kündigte dieser an, bis zum nächsten Morgen zu warten, um zu sehen, wer aus dem Haus komme. Außerdem bedrohte A die L mit dem Tode und beschimpfte sie als „Nutte" und „Hure". Am 24.4.2008 rief er die L mehrfach an und erklärte, dass er sie nicht in Ruhe lassen werde. Am gleichen Tag fing er sie auf dem Rückweg von ihrer Arbeit ab, beobachtete in der Folgezeit ihre Wohnung mit einem Fernglas und drohte telefonisch und durch lautes Rufen, er werde ihr ein Messer in den Hals stecken, sie abstechen und umbringen; außerdem bezeichnete er sie als „Schlampe". Am 13.5.2008 rief er erneut mehrfach an, klingelte an ihrer Haustür und rief, er wolle wissen, was in der Wohnung vorgehe. Nachdem er von L aufgefordert worden war zu gehen, drohte er, er könne die Wohnungstür schneller einschlagen und die L töten, als die Polizei erscheinen werde. Am 20.5.2008 rief A die L wieder an und sagte, er werde die Wohnungstür einschlagen und sie umbringen; wenn er sie auf der Straße sehen sollte, haue er ihr „die Backen blau". Am 3.7.2008 gegen vier Uhr morgens rief er die L an und erklärte ihr, dass ein bevorstehender Gerichtstermin kein schöner Tag für sie werde; alle wüssten, dass er sie kaputtschlagen und umbringen würde. Die L nahm die Drohungen ernst und hatte Angst um ihr Leben. In der Folge gab sie große Teile ihrer Freizeitaktivitäten auf. Sie verließ aus Angst abends, wenn möglich, nicht mehr ihre Wohnung und öffnete die Haustür nicht mehr. In der Wohnung schaltete sie abends kein Licht mehr ein, um ihre Abwesenheit vorzutäuschen. Auch tagsüber verließ sie Wohnung und Arbeitsstätte nur nach besonderen Sicherheitsvorkehrungen und bemühte sich, sich nicht allein auf der Straße aufzuhalten. Auch verlor sie aufgrund ihrer Angst erheblich an Gewicht. Strafbarkeit des A? (**Stalking-Fall** nach BGH NStZ 2010, 277)

97d

Lösung:

I. In Betracht kommt eine Strafbarkeit des A wegen **Nachstellung nach § 238 I StGB**.

1. Voraussetzung ist zunächst, dass A tatbestandliche Annäherungshandlungen an das Opfer durch näher bestimmte Verhaltensweisen i. S. des § 238 I Nr. 1-5 StGB vorgenommen hat. In Betracht kommen vorliegend Nr. 1 und Nr. 2 des § 238 I StGB. § 238 I Nr. 1 StGB soll dabei physische Annäherungen an das Opfer wie das Auflauern, Verfolgen, Vor-dem-Haus-Stehen und sonstige häufige Präsenz in der Nähe der Wohnung oder Arbeitsstelle des Opfers erfassen. Erforderlich ist dabei ein gezieltes Aufsuchen der räumlichen Nähe zum Opfer. § 238 I Nr. 2 StGB erfasst darüber hinaus Nachstellungen durch unerwünschte Anrufe, E-Mails, SMS, Briefe, schriftliche Botschaften an der Windschutzscheibe o. ä. und mittelbare Kontaktaufnahme über Dritte. Die Annäherungshandlungen des A erfüllen daher die Voraussetzungen des § 238 I Nr. 1 und 2 StGB.

2. Fraglich ist, ob auch ein beharrliches Handeln des A i. S. v. § 238 I StGB gegeben war. Nach Ansicht des BGH wohnen dem Begriff der Beharrlichkeit objektive Momente der

97e

---

16 Vgl. *Fischer*, § 238, Rn. 25.

Zeit sowie subjektive und normative Elemente der Uneinsichtigkeit und Rechtsfeindlichkeit inne, sodass Beharrlichkeit nicht bereits bei bloßer Wiederholung erfüllt ist. Erforderlich sind vielmehr eine besondere Hartnäckigkeit und eine gesteigerte Gleichgültigkeit des Täters gegenüber dem gesetzlichen Verbot, die zugleich die Gefahr weiterer Begehung indiziert. Eine Wiederholung ist danach zwar Voraussetzung, genügt aber für sich alleine nicht.[17] Die Beharrlichkeit ergibt sich vielmehr aus einer Gesamtwürdigung der verschiedenen Handlungen, bei der insbesondere auch der zeitliche Abstand zwischen den Angriffen und deren innerer Zusammenhang von Bedeutung sind. Diese Gesamtwürdigung ergibt vorliegend, dass A im dargelegten Sinne beharrlich handelte. Es sind Vorfälle an fünf Tagen (dabei sogar teilweise mehrfach) festgestellt. Auch wenn zwischen den einzelnen Übergriffen große zeitliche Abstände lagen, handelte es sich um nachdrückliche Belästigungen und massive Drohungen bzw. Beleidigungen.

3. Die Tathandlung müsste sodann geeignet gewesen sein, eine schwerwiegende Beeinträchtigung der Lebensgestaltung des Opfers herbeizuführen. Nach dem gesetzgeberischen Willen soll es hierbei auf das Verhalten oder die Befindlichkeit der betroffenen Person nicht ankommen, vielmehr reicht es aus, dass ein objektivierbarer Anlass für eine Verhaltensänderung besteht. Indizien hierfür können die Häufigkeit und Intensität der Täterhandlungen sein, aber auch schon eingetretene Folgen.[18] Die hier vom Opfer getroffenen Schutzvorkehrungen (Beschränkung der Freizeitaktivitäten, Vorkehrungen beim Verlassen der Wohnung, Verdunkeln der Wohnung etc.) bestätigen daher die Eignung. Allerdings wäre diese Eignung auch dann zu bejahen gewesen, wenn dass Opfer tatsächlich kein Vermeideverhalten an den Tag gelegt hätte, sich aber jedermann in der besonderen Situation der Betroffenen zu einer schwerwiegenden Veränderung seiner Lebensumstände (wie etwa das Verlassen der Wohnung nur noch in Begleitung Dritter, ein Wechsel des Arbeitsplatzes, Verdunkeln der Fenster etc.) hätte veranlasst fühlen dürfen.

4. Darüber hinaus handelte A auch unbefugt, da weder ein Einverständnis des Opfers vorlag noch sonstige Erlaubnisse erkennbar sind.

5. Auch handelte A vorsätzlich. Hinsichtlich der Merkmale der Beharrlichkeit und der Eignung zur schwerwiegenden Beeinträchtigung der Lebensgestaltung genügt dafür die Kenntnis der zugrundeliegenden tatsächlichen Umstände.[19] Da A vorliegend gezielt eine Drohkulisse aufbaute, waren ihm die Umstände, aus denen die Beharrlichkeit und die Eignung zur Veränderung der Lebensqualität für das Opfer resultierten, zweifellos bewusst.

6. Rechtfertigungs- und Schuldausschließungsgründe sind nicht ersichtlich.

7. Problematisch ist allerdings, wie die einzelnen Nachstellungshandlungen konkurrenzrechtlich zueinander stehen. Der BGH hat angenommen, dass vorliegend nur eine Handlung im Rechtssinne vorliege. Die Angriffe des A hatten erst in ihrer Gesamtheit die potentielle Eignung zur Herbeiführung einer schwerwiegenden Beeinträchtigung der Lebensgestaltung des Opfers. Im Übrigen waren sie von einer durchgehenden, einheitlichen Motivationslage des A bestimmt und wiesen trotz der teilweise mehrwöchigen Unterbrechung eine genügende räumliche und zeitliche Nähe auf.[20]

Ergebnis: A ist wegen einer Nachstellung im rechtlichen Sinne nach § 238 I StGB strafbar.

II. Darüber hinaus hat sich A auch durch die Ankündigungen, die L töten zu wollen, mehrfach wegen **Bedrohung nach § 241 StGB** strafbar gemacht.

III. Die Bezeichnung als „Nutte" und „Hure" am 29.3.2008 sowie die Bezeichnung als „Schlampe" am 24.4.2008 begründen jeweils auch eine Strafbarkeit wegen **Beleidigung**

---

17 Vgl. dazu auch *Gazeas*, JR 2007, 502.
18 *Wessels/Hettinger/Engländer*, BT/1, Rn. 411.
19 Zutr. S/S/W-*Schluckebier*, § 238, Rn. 20.
20 BGH NStZ 2010, 280.

nach § 185 StGB. Auch wenn die Beleidigung am 29.3.2008 trotz mehrfacher Beschimpfungen eine natürliche Handlungseinheit bildet, so steht sie zu der Beleidigung am 24.4.2008 in Realkonkurrenz.

IV. Gesamtergebnis und Konkurrenzen: A hat sich insgesamt wegen Nachstellung nach § 238 I Nr. 1 und 2 StGB, wegen Beleidigung nach § 185 StGB in zwei realkonkurrierenden Fällen sowie wegen mehrerer realkonkurrierender Bedrohungen strafbar gemacht. Fraglich ist jedoch, in welchem Verhältnis die Nachstellung zu den ebenfalls verwirklichten Delikten der Bedrohung und Beleidigung steht. Der BGH hat hier insgesamt Tateinheit angenommen.[21] Denn zwischen an sich selbstständigen Delikten kann durch ein weiteres Delikt Tateinheit hergestellt werden, wenn dieses weitere Delikt mit den anderen Straftatbeständen jeweils in Idealkonkurrenz steht und zumindest mit einem der verbundenen Delikte eine annähernde Wertgleichheit besteht oder die verklammernde Tat die schwerste ist.[22] Dies ist hier der Fall, da Nachstellung mit Freiheitsstrafe bis zu drei Jahren bestraft wird, während Bedrohung und Beleidigung nur mit bis zu einem Jahr Freiheitsstrafe verfolgt werden. Daher werden die getrennt verwirklichten Bedrohungen bzw. Beleidigungen durch die Nachstellung, deren Ausführungshandlungen mit den genannten Delikten teilidentisch sind, zu einer einheitlichen Tat im materiell-rechtlichen Sinne verklammert (vgl. zur Klammerwirkung bereits *Jäger*, AT, Rn. 384).

II. Qualifikation nach § 238 II StGB

§ 238 II StGB beinhaltet eine Qualifikation für den Fall, dass der Täter das Opfer oder ihm nahestehende Personen in die Gefahr des Todes oder einer schweren Gesundheitsschädigung bringt (hier ist wenigstens bedingter Vorsatz bezüglich der Herbeiführung der Gefahr erforderlich[23]).

97f

III. Erfolgsqualifikation nach § 238 III StGB

§ 238 III StGB enthält schließlich noch eine Erfolgsqualifikation für den Fall, dass durch die Tat der Tod der genannten Personen verursacht wird. Hier genügt Fahrlässigkeit bezüglich der Todesfolge, § 18 StGB (vgl. zur Unterscheidung zwischen reinem Vorsatzdelikt und Erfolgsqualifikation unten Rn. 520 a. E.!).

97g

Beispiel: A hatte der B in massiver Weise an ihrer Arbeitsstelle aufgelauert (Aufsuchen der räumlichen Nähe nach § 238 I Nr. 1 StGB), durch Versendung von Nachrichten über WhatsApp, Facebook, per SMS und E-Mail versucht, Kontakt herzustellen (§ 238 I Nr. 2 StGB) sowie Todesdrohungen ihr gegenüber ausgesprochen (§ 238 I Nr. 4 StGB). Die B hat dadurch eine posttraumatische Belastungsstörung erlitten, infolge derer sie sich selbst tötete, wie sich aus einem Abschiedsbrief an ihre Eltern ergab. Strafbarkeit des A nach § 238 III StGB? (**Nachstellungssuizid-Fall** nach BGHSt 62, 49[24])

Lösung: Der BGH ist davon ausgegangen, dass der tatbestandsspezifische Zusammenhang zwischen Grunddelikt und tödlichem Erfolg bereits dann zu bejahen ist, wenn das Verhalten des Opfers motivational auf die Verwirklichung des Grundtatbestandes zurückzuführen ist und diese Motivation für sein selbstschädigendes Verhalten handlungsleitend war. Denn der Gesetz-

---

21 Vgl. BGH NStZ 2010, 280.
22 Vgl. *Fischer*, Vor § 52, Rn. 30; LK-*Rissing-van Saan*, § 52, Rn. 30.
23 Vgl. auch *Rengier*, BT/2, § 26a, Rn. 13.
24 Mit Anm. *Ast*, NJW 2017, 2214; *Kudlich*, JA 2017, 712; *Jahn*, JuS 2017, 1032.

geber habe bei der Schaffung der Vorschrift nicht nur den Fall vor Augen gehabt, in dem das Opfer etwa auf der Flucht vor dem nachstellenden Täter zu Tode kommt, sondern auch den, bei dem das Opfer vom Täter in den Selbstmord getrieben wird.[25] Da § 238 I StGB so gefasst ist, dass dem Täter das Opferverhalten als unfreiwillig im Rechtssinne zugerechnet wird, weil es sich als psychische Folge seiner Nachstellungen darstellt,[26] sei über einen handlungsleitenden motivationalen Zusammenhang hinaus für eine Einschränkung des gefahrspezifischen Zusammenhangs zwischen Nachstellung und Todesfolge auch dann kein Raum, wenn das infolge intensiver Nachstellungshandlungen unter einer sich verstärkenden posttraumatischen Belastungsstörung leidende Opfer – wie hier – ärztliche Behandlung ablehnt und seinem Leben wegen der Nachstellungen (wie sich hier aus dem Abschiedsbrief des Opfers ergab) selbst ein Ende setzt.

Wie schon bei der versuchten Aussetzung mit Todesfolge, so ist auch bei der versuchten Nachstellung mit Todesfolge fraglich, ob sie der Strafbarkeit unterliegt.

Beispiel:[27] A will die B durch dauerhafte Verfolgung fertig machen. Schon bei der ersten Verfolgung (es fehlt noch an der Beharrlichkeit) flieht die B vor ihm und gerät in ihrer Panik auf die Bahngleise, wo sie vom Zug überfahren wird.

Lösung: Hier ist für eine Annahme von §§ 238 III, 22, 23 StGB zum einen Voraussetzung, dass man nicht die Entwicklung des Todes aus dem Grunddeliktserfolg verlangt, sondern ein Beruhen auf der Tathandlung genügen lässt. Und zum anderen darf man für einen Versuch des § 238 III StGB nicht voraussetzen, dass auch das Grunddelikt einer Versuchsstrafbarkeit unterliegt (vgl. zur entsprechenden Problematik bei der versuchten Aussetzung mit Todesfolge oben Rn. 70a).

B. Nötigung nach § 240 StGB[28]

I. Tathandlungen, Tatmittel und Tatziel

1. Tathandlungen

98 Eine Nötigung begeht, wer einen anderen rechtswidrig mit Gewalt oder durch Drohen mit einem empfindlichen Übel zu einer Handlung, Duldung oder Unterlassung zwingt (missbraucht der Täter seine Amtsstellung, so ist die Strafzumessungsregel des § 240 IV S. 2 Nr. 2 StGB zu beachten).

Da sowohl die Freiheit der Willensentschließung als auch die Freiheit der Willensbildung geschützt sind, kann eine Nötigung auch dadurch begangen werden, dass der Täter sein Opfer betäubt, sodass es gar nicht mehr in der Lage ist, einen Entschluss zu fassen.[29] Man spricht dann von vis absoluta, d. h. willensausschließender Gewalt. Wird das Opfer dagegen zu einem Entschluss gezwungen, so spricht man von vis compulsiva, d. h. willensbeugender Gewalt.

---

25 BT-Drs. 16/3641, 14.
26 MüKo/*Gericke*, § 238, Rn. 54.
27 Nach *Mitsch*, Jura 2007, 406; vgl. auch *Eiden*, ZIS 2008, 127 f.
28 Umfassend auch *Geppert*, Jura 2006, 31 ff.; *Sinn*, JuS 2009, 577 ff.
29 Vgl. BVerfGE 73, 237; BGHSt 37, 350, 353; *Sch/Sch/Eisele*, § 240, Rn. 1 f.; *Maurach/Schroeder/Maiwald*, BT/I, § 13, Rn. 6; Lackner/Kühl/*Heger*, § 240, Rn. 1.

2. Die Mittel der Nötigung: Gewalt oder Drohung mit einem empfindlichen Übel

a) Gewalt

Gewalt ist jede als körperlicher Zwang empfundene Kraftentfaltung zur Ausschaltung eines geleisteten oder erwarteten Widerstands.[30] Unerheblich ist, ob die Einwirkung unmittelbar oder nur mittelbar als körperlicher Zwang empfunden wird.[31] Es macht also keinen Unterschied, ob ein Vermieter seinen unliebsamen Mieter dadurch zum Auszug zwingt, dass er ihn mit Körpergewalt vor die Tür setzt, oder ob er im Winter die Fenster aushängt, sodass ein weiteres Wohnen unmöglich wird.[32]

99

Gewalt gegen Dritte (Dreiecksnötigung) wird als ausreichend angesehen, wenn die zu nötigende Person dem Dritten so nahe steht, dass sie sich dadurch beeinflussen lässt und der zu Nötigende die dem Dritten angetane Gewalt als Zwang empfindet.[33]

Der Gewaltbegriff hat eine bewegte Geschichte hinter sich.[34] Heute geht das BVerfG jedoch davon aus, dass eine Vergeistigung des Gewaltbegriffs im Hinblick auf Art. 103 II GG ausgeschlossen ist und bloß psychisch vermittelte Gewalt daher nicht unter den Gewaltbegriff des § 240 StGB fällt. Merken Sie sich zur Historie des Gewaltbegriffs zunächst Folgendes:[35]

– Ausgangspunkt war der klassische Gewaltbegriff des Reichsgerichts → körperliche Kraftentfaltung von Seiten des Täters.
– Erste Aufweichung auf Täterseite durch den BGH → körperliche Tätigkeit genügt, Kraftaufwand nicht mehr erforderlich.
– Zweite Aufweichung auf Opferseite durch das Laepple-Urteil[36] → psychisch vermittelter Zwang genügt, d. h. vergeistigter Gewaltbegriff (Verfassungsmäßigkeit wurde durch die erste Sitzblockade-Entscheidung des BVerfG[37] bestätigt).
– Rückbegrenzung durch das BVerfG[38] (Zweite Sitzblockade-Entscheidung) auf Opferseite → körperliche Zwangswirkung auf Seiten des Opfers erforderlich (moderner Gewaltbegriff).
– „Umgehung" dieser Einengung des Gewaltbegriffs durch den BGH[39] → Zweite-Reihe-Rspr. → in Sitzblockadefällen ist zwar nicht der erste ankommende Autofahrer genötigt, jedoch gilt dies für die in zweiter Reihe und dahinter stehenden Autofahrer, da sie sich einer unüberwindbaren physischen Barriere gegenüber sehen.
– Diese Zweite-Reihe-Rspr. des BGH wurde durch das BVerfG als verfassungskonform bestätigt und dies ausdrücklich als Nötigung in mittelbarer Täterschaft qualifiziert (näher dazu unten Rn. 108).[40]

---

30 *Küper/Zopfs*, BT, S. 184 f.; *Krey/Hellmann/Heinrich*, BT/1, Rn. 377 ff.; *Wessels/Hettinger/Engländer*, BT/1, Rn. 432 ff.
31 Vgl. LK-*Altvater*, § 240, Rn. 7; BGHSt 23, 126, 127 f.
32 OLG Hamm NJW 1983, 1505, 1506. Vgl. auch *Gössel/Dölling*, BT/1, § 17, Rn. 37 ff.
33 Vgl. BGH GA 1962, 82; BGHSt 23, 50.
34 Vgl. die Kurzübersicht bei *Swoboda*, JuS 2008, 862 ff.
35 Näher *Rengier*, BT/2, § 23, Rn. 2 ff.
36 BGHSt 23, 46.
37 BVerfGE 73, 206.
38 BVerfGE 92, 1; vgl. hierzu *Amelung*, NJW 1995, 2584 ff.; *Krey*, JR 1995, 265 ff.
39 BGHSt 41, 182, 184.
40 BVerfG NJW 2011, 3020 m. Anm. *Jäger*, JA 2011, 553.

§ 3 *Delikte gegen die persönliche Freiheit*

Achtung Klausur: *Im Rahmen der Fallbearbeitung sollte man gerade in Fällen, in denen man Gewalt wegen der fehlenden Möglichkeit einer Vergeistigung des Gewaltbegriffs ablehnt, die historische Entwicklung des Gewaltbegriffs kurz nachzeichnen (eine klausurmäßige Darstellung liefert sogleich der Demonstrations-Fall, Rn. 107 f.).*

Die Auswirkungen der zweiten Sitzblockadenentscheidung dürfen allerdings in der Prüfungsarbeit auch nicht überschätzt werden: Das Bedrohen mit einer Pistole kann immer noch als Gewalt begriffen werden, sofern man auf die durch die Bedrohung ausgelöste physische Angstreaktion abstellt. Die Frage hat jedoch keine größere praktische Bedeutung, weil jedenfalls im Vorhalten der Pistole auch eine Drohung mit einem empfindlichen Übel zu sehen ist.[41] *Bemerkenswerter ist die Tatsache, dass das BVerfG*[42] *im Rahmen des Straßenverkehrs bei einem zu dichten Auffahren die Bejahung von Gewalt i. S. d. § 240 StGB für möglich gehalten hat. Begründet wurde dies damit, dass sich zunächst die den Auffahrvorgang ausmachende dynamische Bewegung des Kraftfahrzeugs ohne Weiteres als Kraftentfaltung begreifen lasse, die auch im Betätigen des Gaspedals als unrechtsrelevantem Verhalten gesehen werden könne. Sofern die Auswirkungen dann körperlich empfunden würden, also zu physisch merkbaren Angstreaktionen führten, liege darüber hinaus auf Opferseite ein körperlicher Zwang vor, der – auch gemessen an verfassungsrechtlichen Maßstäben – Gewalt darstellen könne. Dabei müsse der Fahrzeugführer bei bedrängender Fahrweise grundsätzlich auch damit rechnen, dass sein Verhalten zu Furchtreaktionen anderer Verkehrsteilnehmer führen kann (näher und zwingend nachlesen zu dieser Entscheidung Jäger, AT, Rn. 11). Erst recht kann natürlich abruptes Abbremsen auf der Autobahn gewaltbegründend sein, weil das Auto eine unüberwindliche physische Barriere für den Hintermann bildet.*[43] *Auch Einsperren kann unter den Gewaltbegriff subsumiert werden, da hierdurch ein physisches Hindernis geschaffen wird. Sie sehen also: man darf die zweite Sitzblockadenentscheidung nicht verallgemeinern!*

Vgl. im Übrigen zu dem Fall, dass A auf einen Fußgänger zufährt, der sich in eine Parklücke gestellt hat, um diese für einen anderen PKW freizuhalten, die klausurmäßige Lösung in Jäger, AT, Rn. 103 f.

b) Drohung mit einem empfindlichen Übel

100 Die Drohung mit einem empfindlichen Übel muss nicht ernst gemeint sein. Es genügt, dass sie für ernst gehalten wird und der Täter dies weiß. Der Drohende muss nach h. M. eigenen Einfluss auf die Verwirklichung des angekündigten Übels behaupten; anderenfalls soll eine bloße Warnung vorliegen.[44]

Empfindlich ist dabei jedes Übel, das bei Würdigung aller Umstände geeignet ist, einen besonnenen Menschen zu beeindrucken und zum Nachgeben zu veranlassen. Ausreichend ist auch die Ankündigung eines Übels, dessen Verwirklichung sich gegen einen Dritten (u.U. auch gegen den Täter selbst, z. B. bei der Drohung mit Selbstver-

---

41 *Krey/Hellmann/Heinrich*, BT/1, Rn. 385; *Hillenkamp*, JuS 1994, 771 mit Fn. 21; differenz. *Rengier*, BT/2, § 23, Rn. 28, der die Gewaltalternative dann bejaht, wenn auf die Bedrohung eine körperliche Schreckreaktion erfolgt.
42 BVerfG NStZ 2007, 397 ff. m. Bspr. *Bosch*, JA 2007, 659 ff.
43 BGH NJW 1995, 3131, 3133; OLG Stuttgart NJW 1995, 2647; BayObLG NJW 2002, 628.
44 Krit. dazu *Küper*, GA 2006, 439 ff.

brennung) richtet, der keine nahestehende Person zu sein braucht, falls die Drohung auch dem Genötigten als ein Übel erscheint.[45]

Beispiel: Drohung mit einer Strafanzeige (gleichgültig, ob sie begründet ist oder nicht) oder Drohung mit der Bekanntgabe kompromittierender Tatsachen.

aa) Sonderproblem 1: Drohung mit einem Unterlassen

Seit jeher umstritten ist, ob die Ankündigung eines Unterlassens als Drohung angesehen werden kann: **101**

Beispiel: Hausdetektiv H hat die B bei einem Diebstahl erwischt und die Anzeige bereits von seinem Kollegen K in den Postlauf geben lassen. H fordert nun die B zum Geschlechtsverkehr auf. Anderenfalls werde er die Anzeige im Postlauf belassen.[46]

Lösung:
– Eine Auffassung[47] geht davon aus, dass das In-Aussicht-Stellen eines Unterlassens nur dann als Drohung mit einem empfindlichen Übel begriffen werden kann, wenn eine Rechtspflicht zum Handeln besteht. Denn anderenfalls existiere ohnehin kein Anspruch auf ein Handeln, sodass das Opfer durch die Drohung des Täters sogar einen Vorteil erhalte, nämlich die Möglichkeit, der Drohung nachzugeben und dafür mit der Handlung des Täters „belohnt" zu werden. Danach ist im Beispielsfall keine Nötigung gegeben, weil keine Rechtspflicht des H zur Herausnahme des Briefes aus der Post bestand.
– Die h. M.[48] geht davon aus, dass die Drohung mit einem Unterlassen grundsätzlich und nicht nur im Falle einer Rechtspflicht zum Handeln den Tatbestand der Nötigung erfüllen kann, sofern die Verknüpfung von Mittel und Zweck nach allen bei der Wertung zu berücksichtigenden Umständen verwerflich ist. Danach ist im Beispielsfall eine Nötigung zu bejahen, weil der Entschluss der B in strafwürdiger Form beeinflusst wurde.
– Stellungnahme: Für die h. M. spricht, dass es vielfach eine Sache der Formulierung ist, ob man eine Drohung mit einem Tun oder mit einem Unterlassen annimmt. So kann es z. B. keinen Unterschied machen, ob der Täter damit droht, die Mietzahlungen zu stornieren, oder ob er damit droht, die Miete nicht mehr zu zahlen.

bb) Sonderproblem 2: Drohung durch Unterlassen

Anders als beim ersten Sonderproblem betrifft dieses Problem nicht das angekündigte Übel, sondern das Drohen. Hier ist nämlich die Frage, ob die Nötigungshandlung durch ein Unterlassen verwirklicht werden kann. Die h. M. bejaht dies, wenn eine Rechtspflicht zur Unterbindung der Nötigung besteht.[49] **102**

Beispiel: Der 14-jährige Schüler S droht dem Mitschüler M Schläge an, wenn M ihm nicht ein „Schutzgeld" in Höhe von 50 € zahlt. Die anwesende Mutter A des S schreitet nicht ein, sondern freut sich sogar über die Geschäftstüchtigkeit ihres Knaben.

---

45 BGHSt 16, 318; 38, 86; *Fischer*, § 240, Rn. 37 m. w. N. Vgl. zur Ankündigung einer erlaubten Übelszufügung *Hoyer*, GA 2014, 545 ff.
46 Nach BGHSt 31, 195; *Jäger*, Krey-FS, 2010, S. 19 ff.
47 BGH NStZ 1982, 287; *Hoven*, ZStW 128 (2016), 173 ff., 191; *Roxin*, JuS 1964, 373, 377; einschr. aber *ders.*, JR 1983, 333; SK-*Wolters*, § 240, Rn. 25; *Haffke*, ZStW 84 (1972), 71.
48 BGHSt 31, 195; *Fischer*, § 240, Rn. 34; *Sch/Sch/Eisele*, § 240, Rn. 20a; *Maurach/Schroeder/Maiwald*, BT/I, § 13, Rn. 28.
49 *Fischer*, § 240, Rn. 22, 29; *Sch/Sch/Eisele*, Vor § 234, Rn. 20; *Lackner/Kühl/Heger*, § 240, Rn. 9a; BayObLG NJW 1963, 1261.

Lösung: Die Mutter ist strafbar wegen Nötigung durch Unterlassen nach §§ 240, 13 StGB, da sie kraft gesetzlich fundierter Aufsichtspflicht eine Garantenstellung zur Unterbindung der Nötigung ihres Sohnes innehat (vgl. *Jäger*, AT, Rn. 372).

3. Taterfolg

103 Ziel der Nötigung ist es, das Opfer zu einem bestimmten Handeln, Dulden oder Unterlassen zu veranlassen, das nicht seinem freien Willen entspricht (§ 240 IV S. 2 Nr. 1 StGB normiert für ein besonders schwerwiegendes Nötigungsziel – Schwangerschaftsabbruch – zusätzlich als ein Regelbeispiel). Dies beinhaltet, dass ein entgegenstehender Wille überhaupt vorhanden ist. Daher scheiden nach st. Rspr. überraschende, das Opfer lediglich „überrumpelnde" Handlungen (z. B. ein Faustschlag) aus, auch wenn die betroffene Person sie nicht will. Dies bedeutet allerdings nicht, dass der Tatbestand der Nötigung ein zweiaktiges Geschehen des Inhalts voraussetzt, dass das Opfer erst auf die Nötigungshandlung hin mit einem abwehrenden Verhalten reagieren und der Täter daraufhin mit (erneuter) Gewalt oder Drohung ein weiteres Verhalten erzwingen müsste. Vielmehr reicht es aus, wenn das Opfer im Vorfeld der (ersten) Nötigungshandlung seinen entgegenstehenden Willen gegenüber dem Täter klar zum Ausdruck bringt. Interessant ist in diesem Zusammenhang folgendes

Beispiel: A fing an, die L „anzubaggern". Auf die verbalen Annäherungsversuche des A antwortete L deutlich, dass sie so etwas nicht wolle und einen Freund habe. A entgegnete, dass auch er sich in einer Beziehung befinde, dies aber nichts ausmache. Als sich A und L frontal gegenüberstanden, zog A die L zu sich heran und küsste sie auf den Mund. Dabei konnte nicht sicher festgestellt werden, ob A die L während des Kusses weiter festhielt.[50]

Lösung: Es liegt eine Nötigung vor, denn A hat gegenüber L Gewalt angewendet und dadurch die Duldung des Kusses erzwungen. Dabei hat L ihren entgegenstehenden Willen bereits im Vorfeld gegenüber A klar zum Ausdruck gebracht. Im Fall eines sexuell motivierten Täterhandelns kann der entgegenstehende Wille auch im Zusammenhang mit zunächst verbalen Anzüglichkeiten des Täters geäußert werden. Daher ist nicht von einem das Opfer lediglich überraschenden Verhalten des A auszugehen. Dagegen fällt das Verhalten des A mangels Erheblichkeit (§ 184h Nr. 1 StGB) nicht unter § 177 I StGB.[51] Ebenso entfällt eine Strafbarkeit wegen Beleidigung. Bei sexuell motivierten Verhaltensweisen müssen für die Erfüllung des Tatbestandes weitere Umstände hinzutreten, in denen eine herabsetzende Bewertung des Opfers zu sehen ist. Solche Umstände liegen jedoch nicht vor.

Nur wenn das Nötigungsziel erreicht wird, ist das Delikt vollendet. Versuch liegt dagegen vor, wenn der Täter entweder sein Ziel nicht erreicht oder wenn sich das Opfer zu dem ihm angesonnenen Verhalten auch ohne die Nötigung entschlossen hätte.[52] Die Nötigung ist auch nicht vollendet, wenn das Opfer nur erklärt, das Gewollte zu tun (BGH NStZ 2013, 36).

Die allgemeine Bedrohung nach § 241 StGB tritt hinter der Vollendung und dem Versuch des § 240 StGB zurück.[53]

---

50 Fall nach OLG Hamm, Beschluss vom 26.2.2013 – III – 5 RVs 6/13 – juris mit Anm. *Hecker*, JuS 2013, 751; krit. *Bleicher*, StRR 2013, 394.
51 Vgl. *Fischer*, § 184h, Rn. 7.
52 Vgl. etwa BGH bei *Dallinger*, MDR 1953, 722; OLG Hamburg JR 1974, 473 m. Anm. *Jakobs*.
53 A. A. BayObLG JR 2003, 477 m. abl. Anm. *Jäger*, JR 2003, 478 ff.; meiner Auffassung zustimmend nunmehr BGH NStZ 2006, 342; dazu auch *Satzger*, JK 5/06, StGB § 52/12.

Hinweis: *Am 1. Juli 2011 ist mit § 237 StGB[54] ein Straftatbestand in Kraft getreten, der speziell die Willensfreiheit in Bezug auf die Eheschließung schützen soll. § 237 StGB erfasst zum einen Zwangsmaßnahmen, die zur Eingehung der Ehe führen (Abs. 1) und zum anderen bestimmte Handlungen, mit denen Personen zu diesem Zweck dem Schutz durch das deutsche Recht entzogen werden (Abs. 2). § 237 I StGB ersetzt damit inhaltsgleich das weggefallene Regelbeispiel der Nötigung in § 240 IV S. 2 Nr. 1 Var. 2 StGB a. F. § 237 II StGB erfasst insb. sog. „Ferienverheiratungen", bei denen die Opfer unter einem Vorwand zu ihren Familien ins Ausland verbracht und dort zur Eingehung der Ehe gezwungen werden. Anknüpfungspunkt der Strafbarkeit nach deutschem Recht ist bei § 237 II StGB die Tathandlung, beispielsweise der „List", welche im Inland begangen wird.*

II. Rechtswidrigkeit nach § 240 II StGB

1. Grundsätzliches

Der Rechtswidrigkeit kommt im Rahmen der Nötigung besondere Bedeutung zu. Dabei ist das Rechtswidrigkeitsmerkmal ein sog. offenes Tatbestandsmerkmal, sodass ein strafrechtlich beachtliches Verhalten nicht ohne Weiteres vorliegt, wenn jemand zu einer Handlung, Duldung oder Unterlassung genötigt wird. Vielmehr müssen weitere Umstände hinzukommen[55], die das Nötigungsmittel als verwerflich erscheinen lassen. Erst wenn dies der Fall ist, kann von einem strafrechtlich beachtlichen, d. h. tatbestandsmäßigen Verhalten gesprochen werden. D. h.: Eine Nötigung ist erst dann Nötigungsunrecht, wenn Tatumstände vorliegen, die das Vorgehen im Einzelfall als verwerflich erscheinen lassen. Die besonderen Tatumstände sind Merkmale, auf die sich der Vorsatz des Täters erstrecken muss. Der Vorsatz bleibt dabei bestehen, wenn der Täter in Kenntnis aller Tatumstände lediglich eine falsche rechtliche Würdigung vornimmt. In einem solchen Fall liegt nur ein das Unrechtsbewusstsein betreffender Verbotsirrtum vor.

104

Rechtswidrig nach § 240 II StGB ist die Tat nicht schon dann, wenn der Täter sich auf keinen der anerkannten gesetzlichen oder übergesetzlichen Rechtfertigungsgründe berufen kann. Strafwürdiges Unrecht liegt vielmehr erst dann vor, wenn das Vorgehen des Täters unter Berücksichtigung aller Umstände eindeutig so anstößig ist, dass es als grober Angriff auf die Entschlussfreiheit einen erhöhten Grad sittlicher Missbilligung aufweist.[56]

Vor allem für die anwaltliche Tätigkeit ist dabei eine jüngere Entscheidung des BGH von Interesse, die verdeutlicht wird durch folgendes

Beispiel:[57] Anwalt A war für einen anderweitig verfolgten Mandanten tätig geworden. Der Mandant hatte gegenüber seinen Kunden vorgegeben, sie gegen Bezahlung bei zahlreichen Ge-

---

54 Überblick zu § 237 StGB bei *Bülte/Becker*, JA 2013, 7 ff.
55 Vgl. *Rengier*, BT/2, § 23, Rn. 57; LK-*Altvater*, § 240, Rn. 102.
56 Vgl. BGHSt 17, 329, 331; 18, 391; 19, 263, 268; BayObLG NJW 1971, 329.
57 Vgl. BGH NJW 2014, 401 ff. m. Anm. *Becker*, NStZ 2014, 149 ff.; *Bosch*, JK 4/14, § 240/26; *Fahl*, JR 2015, 169 ff.; *v. Heintschel-Heinegg*, JA 2014, 313 ff.; *Jäger*, JZ 2014, 526 ff.; *Roxin*, StV 2015, 447 ff.

winnspielen als Teilnehmer einzutragen, was er aber tatsächlich nicht getan hatte. A erhielt dennoch den Auftrag, an diejenigen Kunden, die nicht gezahlt oder die die Zahlung ihrer Beiträge im Lastschriftverfahren rückgängig gemacht hatten, Mahnschreiben zu verfassen, in welchen, für den Fall der Nichtzahlung eine Strafanzeige angedroht wurde. Der Mandant erklärte zudem gegenüber dem Anwalt, er solle zum einen, ohne weitere Rücksprache, denjenigen Kunden, die sich beschweren, „kündigten" oder Strafanzeige erstatteten, bereits früher geleistete Zahlungen sofort zurückerstatten. Des Weiteren sollten Kunden, die nicht zahlten, keinesfalls verklagt oder angezeigt werden. Die von A verfassten Schreiben wurden von dem Mandanten schließlich selbst verschickt. Durch diese Abmahnaktionen wurden mehrere hunderttausend Euro eingetrieben, wobei A davon ca. 140 000 € erhielt.

Lösung: A hat sich hier wegen versuchter Nötigung strafbar gemacht. Eine Strafbarkeit wegen vollendeter Nötigung scheidet aus, weil laut BGH nicht sicher nachzuweisen war, ob die Zahlungen im Einzelfall tatsächlich aufgrund der Anzeigedrohung im Abmahnschreiben erfolgten. Eine versuchte Nötigung liegt jedoch vor, da die Androhung einer Strafanzeige im Grundsatz dazu geeignet ist, die Bedrohten zur Begleichung geltend gemachter Geldforderungen zu motivieren und im vorliegenden Fall keine Besonderheiten ersichtlich sind, die dazu führten, dass die Empfindlichkeit des Übels – gleichwohl zu verneinen wäre. Im Rahmen der Verwerflichkeitsprüfung gemäß § 240 II StGB unterstellte der BGH zwar zugunsten des A, dass dieser keine Kenntnis davon hatte, dass sein Mandant die Forderungen betrügerisch geltend machte. Allerdings sei dennoch die Verwerflichkeit der Androhung einer Strafanzeige zu bejahen, da ausschlaggebend sei, dass A und sein Mandant vereinbart hatten, weder die Staatsanwaltschaft noch ein Gericht mit der Angelegenheit zu befassen, eigene Ansprüche nicht gerichtlich geltend zu machen und geltend gemachte Ansprüche von Kunden umgehend voll zu erfüllen. Aus diesen Umständen lasse sich schließen, dass dem Anwalt die zivilrechtlichen Beziehungen zwischen seinem Mandanten und dessen Kunden jedenfalls gleichgültig waren und er sich dennoch als Anwalt und damit als Organ der Rechtspflege zur Durchsetzung von ihm nicht geprüfter Forderungen betätigte. Dies begründe die Verwerflichkeit des Vorgehens.

Die oben genannten Grundsätze sind im Übrigen auch in Fällen der Nötigung im Straßenverkehr zu beachten. So hat der BGH[58] entschieden, dass nicht jede absichtliche Behinderung anderer Verkehrsteilnehmer sozial so unerträglich ist, dass sie als verwerflich angesehen werden muss. Nicht jedes Blockieren der Überholspur ist daher als Nötigung strafbar. Wer also nur ganz kurzfristig nicht überholen lässt oder auf schmaler Fahrbahn nicht ganz rechts fährt, begeht noch keine Nötigung (vgl. auch Fußgänger-Fall unten Rn. 475), sondern verhält sich allenfalls nach § 1 StVO ordnungswidrig. Anders kann es sein, wenn der Täter auf breiter, übersichtlicher Straße absichtlich langsam fährt und ohne erkennbaren Grund den Hintermann schneidet. Nötigung liegt selbst dann vor, wenn keine Gefährdung anderer Verkehrsteilnehmer ersichtlich ist.[59] Auch ist es grundsätzlich – und nicht nur bei einer Gefährdung einer Person – als verwerflich anzusehen, wenn ein Kraftfahrer sich mit seinem PKW gewaltsam die Einfahrt in eine Parklücke erzwingt, die vom Beifahrer eines anderen Fahrzeugs freigehalten wird (vgl. dazu wieder die klausurmäßige Lösung in *Jäger*, AT, Rn. 103 f.).[60]

---

58 BGHSt 18, 389.
59 BGHSt 18, 393; a. A. OLG Köln NJW 1963, 2383.
60 *Möhl*, JR 1966, 229; a. A. OLG Stuttgart JR 1966, 228.

Achtung Klausur: Im Prüfungsaufbau sind im Rahmen der Rechtswidrigkeit nach 105
§ 240 II StGB zunächst die gängigen Rechtfertigungsgründe zu prüfen[61], weil gerechtfertigtes Verhalten niemals verwerflich sein kann.

Erst danach ist – immer noch im Rahmen der Rechtswidrigkeit nach § 240 II StGB – die allgemeine Verwerflichkeit im Sinne einer Zweck-Mittel-Relation zu prüfen:

Ist entweder das Nötigungsmittel oder der Nötigungszweck schon für sich gesehen Unrecht, so ist die Verwerflichkeit grundsätzlich zu bejahen (z. B. Drohung mit Straftat = rechtswidriges Mittel; Drohung, um Ausführung einer Straftat durch den Genötigten zu erzwingen = rechtswidriger Zweck).

Die Drohung mit einem empfindlichen Übel kann aber selbst dann rechtswidrig sein, wenn ihre Realisierung für sich allein nicht rechtswidrig wäre. Dies ist dann der Fall, wenn gerade die willkürliche Verknüpfung von Mittel und Zweck den eigentlichen Unrechtsgehalt begründet.[62]

Vor allem gilt dies für die Drohung mit Strafanzeigen, sodass es hier auf die Gesamtwürdigung ankommt.

Beispiel 1: A droht dem Hausangestellten H mit Anzeige wegen Diebstahls, falls dieser ihm nicht die gestohlene Uhr zurückgibt.

Lösung: Hier ist Verwerflichkeit und damit eine rechtswidrige Nötigung abzulehnen, da konnexe Sachverhalte miteinander verbunden werden und eine Strafanzeige nach der Gesamtrechtsordnung bedenkenlos ist.

Beispiel 2: A erklärt der B, sie anzuzeigen, wenn die B sich ihm nicht geschlechtlich hingebe.

Lösung: Hier ist Verwerflichkeit anzunehmen, weil Zweck und Mittel in keinem Zusammenhang stehen.

2. Sonderproblem: Berücksichtigung von Fernzielen im Rahmen der Verwerflichkeitsprüfung

Hoch umstritten ist die Frage, ob bei der Zweck-Mittel-Prüfung nur das unmittelbare 106
Nötigungsziel (z. B. Anhalten von Kfz) in die Prüfung miteinbezogen werden darf oder ob auch Fernziele (z. B. das Motiv der Demonstration wie Verringerung der Umweltverschmutzung oder Verhinderung von Krieg) berücksichtigt werden dürfen. Das zeigt folgender, auch noch einmal den Gewaltbegriff problematisierender

> **Fall 10:** A, der seinen Unmut über die zunehmende Umweltverschmutzung durch den 107
> Kfz-Verkehr kundtun möchte, beschließt, gemeinsam mit Gleichgesinnten ohne Vorwarnung die Autobahn A8 zur Hauptferien- und Reisezeit zu blockieren. Die Demonstranten, zu denen auch A gehört, verteilen sich absprachegemäß und trotz polizeilichen Einschreitens auf den Fahrbahnen, stellen sich den herannahenden Fahrzeugen in den Weg und sperren auf diese Weise die Straße, wodurch sich ein 25 km langer Stau bildet. Strafbarkeit des A gem. § 240 StGB? (**Demonstrations-Fall** nach BGHSt 41, 182[63])

---

61 Vgl. *Rengier*, BT/2, § 23, Rn. 58; vorgeführt auch in BGHSt 39, 133, 136 ff.
62 *Küper/Zopfs*, BT, S. 267; BGHSt 5, 254; 17, 329, 331.
63 Vgl. dazu auch *Schmidt*, JuS 1995, 1135 ff.; *Herzberg*, GA 1996, 557 ff.

> **Abwandlung:** Wie ist die Strafbarkeit des A zu beurteilen, wenn er – wie zahlreiche andere Demonstranten – sein Auto zwecks Blockade auf der Autobahn geparkt hat?[64]

108 **Lösung:**

In Betracht kommt Strafbarkeit wegen **Nötigung nach § 240 StGB**.

1. Tatbestandsmäßigkeit

a) Objektiver Tatbestand

aa) Fraglich ist, ob die Blockade der Fahrbahn den objektiven Tatbestand des § 240 StGB in Form der Gewaltanwendung verwirklicht hat. Dabei ist die Definition des Begriffs „Gewalt" umstritten:

- Nach der Rspr. des Reichsgerichts verstand man unter Gewalt die Anwendung physischer Kraft zur Überwindung eines geleisteten oder erwarteten Widerstands (sog. klassischer Gewaltbegriff).[65] Maßgebend waren dabei weniger die Auswirkungen auf Seiten des Opfers als vielmehr die Vorgehensweise des Täters, von dem ein gewisses Maß an körperlicher Kraftentfaltung ausgehen musste (sodass etwa die Beibringung eines Betäubungsmittels mangels hinreichender Kraftentfaltung auf Seiten des Täters nicht zur Annahme von Gewalt genügte).
Das bloße Sitzen der Demonstranten auf der Fahrbahn genügte nach diesem Verständnis nicht für die Annahme von Gewalt.
- Der BGH reduzierte in der Folgezeit die Anforderungen an die körperliche Kraftentfaltung beim Täter und ließ genügen, dass überhaupt eine körperliche Tätigkeit ausgeübt wurde,[66] sodass bereits ein geringer körperlicher Aufwand von Seiten des Täters genügen konnte, sofern dieser widerstandshindernd eingesetzt wurde.
Da selbst das bloße Verharren an einem bestimmten Ort eines gewissen körperlichen Aufwandes bedarf, konnte das Vorgehen der Demonstranten nach diesem Gewaltbegriff unter § 240 StGB subsumiert werden.
- Der Reduzierung der „Körperlichkeitsanforderungen" auf Seiten des Täters folgte sodann eine Reduzierung der körperlichen Zwangswirkung auf Seiten des Opfers durch das sog. Laepple-Urteil.[67] Danach sollte auch rein psychisch vermittelter Zwang dem Anwendungsbereich des § 240 StGB unterfallen (sog. vergeistigter Gewaltbegriff).
Demgemäß wäre vorliegend ohne Weiteres Gewalt anzunehmen, weil sich die herannahenden Autofahrer dem psychischen Zwang ausgesetzt sahen, anhalten zu müssen, wenn sie nicht die Demonstranten durch Überfahren verletzen oder gar töten wollten.
- Die Vergeistigung des Gewaltbegriffs durch das Laepple-Urteil wurde jedoch vom BVerfG in der sog. Zweiten Sitzblockade-Entscheidung[68] als Verstoß gegen Art. 103 II GG gewertet, da ein vergeistigter Gewaltbegriff die natürliche Wortlautgrenze überschreite (das BVerfG spricht ausdrücklich von einer Entgrenzung des Gewaltbegriffs), weil der Begriff der Gewalt eine körperliche Zwangswirkung auf Seiten des Opfers voraussetze (moderner Gewaltbegriff). Geistig-seelische Einflüsse könnten daher allenfalls die Alternative der Drohung erfüllen.
Eine Nötigung durch Gewalt ist daher nach dieser Entscheidung jedenfalls im Hinblick auf die ersten herannahenden Fahrer zu verneinen.
- Der BGH ist in einer späteren Entscheidung ebenfalls davon ausgegangen, dass sich ein für § 240 StGB ausreichender Zwang in Bezug auf jene Kraftfahrer verneinen lasse, die die Gruppe der Demonstranten als erste erreichten und möglicherweise durchbrechen

---

64 Nach BVerfGE 104, 92, 103.
65 Vgl. RGSt 46, 404; 56, 88; 64, 115.
66 Vgl. BGHSt 1, 145 ff. (Betäubungs-Fall).
67 BGHSt 23, 46.
68 BVerfGE 92, 1; vgl. hierzu *Amelung*, NJW 1995, 2584 ff.; *Krey*, JR 1995, 265 ff.

könnten. Für alle weiteren Kraftfahrer sei jedoch – in Folge des Anhaltens der zuerst Eintreffenden – durch die jeweils vor ihnen befindlichen Fahrzeuge eine unüberwindbare und damit physische Barriere entstanden, die eine Annahme von Gewalt gegenüber diesen Personen rechtfertige (sog. „Zweite-Reihe-Rspr." des BGH).[69] Diese „Zweite-Reihe-Rspr." des BGH wurde nunmehr in einer neueren Entscheidung durch das BVerfG als verfassungskonform bestätigt.[70]
– Stellungnahme: Unter Heranziehung des Wortsinns „Gewalt" wird man mit dem BVerfG eine vom Opfer als physisch empfundene Barriere verlangen müssen, um dem Bestimmtheitsgrundsatz des Art. 103 II GG gerecht zu werden.[71] Eine körperlich unüberwindbare Barriere ist nur für diejenigen Kraftfahrer zu bejahen, die nicht unmittelbar auf die Demonstranten, sondern auf bereits vor ihnen angehaltene Fahrzeuge stoßen. Psychische Beeinflussungen können allenfalls das Merkmal der Drohung erfüllen, wie das BVerfG zu Recht bemerkt.

bb) In der Literatur wurde deshalb teilweise vorgeschlagen, eine Sitzblockade als Drohung mit einem empfindlichen Übel zu erfassen (§ 240 I Alt. 2 StGB).[72] Die Sitzblockade stelle danach die Drohung mit einem empfindlichen Übel dar, weil sie einen besonnenen Menschen zu dem erstrebten Verhalten (Anhalten) bestimmen könne, zumal ein Weiterfahren mit unerträglichen tatsächlichen und rechtlichen Konsequenzen verbunden wäre.[73]
Indessen trifft die Auffassung, Blockadefälle seien zwar nicht als Gewalt, jedoch als Drohung mit einem empfindlichen Übel zu erfassen, gerade nicht zu, weil die Täter nicht vorgeben, selbst auf den Eintritt des Übels (tatsächliche und rechtliche Konsequenzen des Überfahrens) Einfluss zu haben. Denn das Opfer muss Konsequenzen nur dann befürchten, wenn es sich selbst entsprechend verhält. Dies ist aber nicht der typische Anwendungsfall der Tatbegehung mittels einer Drohung.
Insgesamt kann hier also nur Gewalt durch Aufbauen einer unüberwindbaren Barriere im Hinblick auf die in zweiter Reihe herannahenden Kraftfahrer angenommen werden.

cc) Zu fragen ist diesbezüglich jedoch, ob es sich dabei um eine Gewaltanwendung in unmittelbarer oder in mittelbarer Täterschaft durch Benutzung der in erster Reihe stehenden Kraftfahrer handelt.
Der BGH hat angenommen, dass die zuerst eingetroffenen Autofahrer von den Straßenblockierern „bewusst als Werkzeug zur tatsächlichen Behinderung der nachfolgenden benutzt" werden, ohne jedoch explizit von mittelbarer Täterschaft zu sprechen.[74] Das BVerfG qualifiziert derartige Vorgänge jedoch in einer bedeutsamen Entscheidung als Nötigung in mittelbarer Täterschaft, wobei es darauf abstellt, dass der Sitzblockierer für den ersten Kraftfahrer eine Rechtfertigungslage in Form eines rechtfertigenden Notstands erzeuge, da dieser zur Vermeidung der Tötung des Sitzblockierers gerechtfertigt anhalte und für den Autofahrer der zweiten Reihe eine physische Barriere schaffe (mittelbare Täterschaft durch Erzeugung einer Rechtfertigungslage).[75] Letzteres ist jedoch zu bezweifeln, da die wohl zutreffende Auffassung in der Literatur verlangt, dass die Rechtfertigungslage gerade kraft Irrtums oder Nötigung erzeugt worden sein muss, um mittelbare Täterschaft begründen zu können,[76] was vorliegend jedoch nicht der Fall ist. Man wird jedoch ohne Weiteres davon ausgehen können, dass sich die ersten Kraftfahrer in einem dem § 35 I

---

69 Vgl. BGHSt 41, 182, 184.
70 BVerfG NJW 2011, 3020.
71 Wie hier *Rengier*, BT/2, § 23, Rn. 20, 21; BGH StV 2002, 360; a. A. *Krey/Heinrich*, 14. Aufl., BT/1, Rn. 340e–342; etwas unklar nunmehr *Krey/Hellmann/Heinrich*, BT/1, Rn. 389.
72 Vgl. *Herzberg*, GA 1996, 557, 558 ff.; *ders.*, GA 1998, 211 ff.
73 Vgl. *Herzberg*, GA 1996, 558 ff.; lesenswert hierzu *F.-C. Schroeder*, Meurer-GS, 2002, S. 237 ff.
74 Vgl. BGH NJW 1995, 2644.
75 BVerfG NJW 2011, 3020; ebenso hier und im Folgenden *Hoyer*, JuS 1996, 203; kritisch hierzu: *Jäger*, JA 2011, 553.
76 So zu Recht *Roxin*, AT/II, § 25, Rn. 59.

StGB vergleichbaren Nötigungsdruck befinden, weil ihnen bei einem Weiterfahren ein Freiheitsentzug droht, da ihr Verhalten seinerseits den Tatbestand der strafbewehrten Nötigung, Körperverletzung oder gar Tötung erfüllen würde, und dass durch dieses Willensdefizit mittelbare Täterschaft begründet wird.[77]

dd) Bestreiten ließe sich schließlich noch, dass der Nötigungserfolg (Anhalten der nachfolgenden Kraftfahrer) überhaupt noch vom Schutzzweck des § 240 StGB erfasst wird. *Hoyer* verneint dies, weil der Sinn des § 240 StGB nicht darin bestehe, „genötigten Autofahrern einen Platz in der ersten Reihe, direkt vor den Straßenblockierern zu sichern" (gemeint ist damit, dass die Kraftfahrer in der zweiten Reihe ohne das Anhalten der Kraftfahrer in der ersten Reihe allenfalls noch die Möglichkeit gehabt hätten, wenige Meter weiterzufahren und dies zu ermöglichen, sei nicht der Sinn des § 240 StGB). Jedoch überzeugt dies deshalb nicht, weil die Kraftfahrer in der ersten Reihe – zumindest nach Auffassung des BVerfG – nicht genötigt sind. Und da § 240 StGB unumstritten dem Zweck dient, Nötigungen zu verhindern, kann man nicht davon ausgehen, dass das verhinderte Nach-vorne-Fahren in die erste Reihe nicht mehr vom Schutzzweck der Norm erfasst wäre.

Zwischenergebnis: Vorliegend ist daher Gewalt in mittelbarer Täterschaft gegenüber den Kraftfahrern in zweiter Reihe und den nachfolgenden Reihen zu bejahen.

b) Subjektiv handelte A auch **vorsätzlich**. Zu Recht hat der BGH darauf hingewiesen, dass die Täter die von ihnen nur durch psychischen Zwang angehaltenen Wagen als Mittel zur Bildung einer Barriere benutzten und gerade dieser Aufbau von tatsächlich nicht mehr zu überwindenden Hindernissen der Vorstellung der Täter als notwendiger und gewollter Folge ihres Verhaltens entsprochen habe.

2. Rechtswidrigkeit
Nach § 240 II StGB ist die Nötigung rechtswidrig, wenn die Anwendung der Gewalt oder die Androhung des Übels zu dem angestrebten Zweck als verwerflich anzusehen ist.

a) Dies wäre von vornherein nicht der Fall, wenn Rechtfertigungsgründe eingreifen.

aa) Rechtfertigender Notstand nach § 34 StGB würde eine gegenwärtige, nicht anders abwendbare Gefahr voraussetzen. Schon dies ist fraglich, da die allgemeine Befürchtung von Umweltverschmutzungen hierfür wohl nicht genügt. Selbst wenn man jedoch eine solche annehmen würde, so fehlt es jedenfalls an der Geeignetheit des Mittels, da mit einer Verringerung des Straßenverkehrs durch die Aktion nicht zu rechnen ist.

bb) Auch eine Rechtfertigung nach Art. 8 GG scheidet aus, da dadurch allenfalls unvermeidliche Beeinträchtigungen aufgrund der Versammlung gedeckt sind, nicht jedoch gewollte Nötigungen.

cc) Ebenso gibt Art. 5 GG nur ein Recht auf Meinungsäußerung, nicht aber auf Einschränkung der Rechte anderer.

dd) Auch der allgemeine zivile Ungehorsam kann keinen Rechtfertigungsgrund bilden, da dieser gerade eine Gesetzesverletzung voraussetzt und dadurch gekennzeichnet ist, dass sich der Ungehorsam Übende den gesetzlichen Folgen stellen will. Der zivile Ungehorsam macht also nur Sinn, wenn die Tat als rechtswidrig betrachtet wird.[78]

Rechtfertigungsgründe sind damit nicht ersichtlich.

b) Darüber hinaus muss aber auch eine Verwerflichkeit i. S. d. Zweck-Mittel-Relation gegeben sein.

Dies ist der Fall, wenn die Gesamtwürdigung im konkreten Fall zu dem Ergebnis führt, dass die Tat sozialethisch in hohem Maße missbilligenswert und daher als „sozial unerträglich" zu werten ist.[79]

---

77 Siehe hierzu auch *Jäger*, JA 2011, 553.
78 Vgl. zum Ganzen BVerfG NJW 1987, 48.
79 Vgl. *Küper/Zopfs*, BT, S. 267.

Umstritten ist dabei, ob für die sozialethische Beurteilung des Nahziels (hier: Bereiten eines Hindernisses zur Erregung öffentlicher Aufmerksamkeit) auch die Fernziele (hier möglicherweise Naturschutz u. ä.) zu berücksichtigen sind.

Die wohl h. M.[80] geht davon aus, dass unter dem „angestrebten Zweck" nur das abgenötigte Verhalten des Opfers zu verstehen ist, sodass Fernziele von der Bewertung des § 240 II StGB ausgenommen sind. Dafür spricht immerhin, dass § 240 StGB dem Schutz des Freiheitsraums des Opfers dient und der Täter andere nicht zum Werkzeug seiner Überzeugungen machen darf.[81] Fernziele können sodann im Rahmen der Strafzumessung angemessen berücksichtigt werden.

Aus der Rechtsprechung des BVerfG wird jedoch deutlich, dass nicht nur unmittelbare, sondern auch mittelbare Nahziele im Rahmen der Zweck-Mittel-Relation von Bedeutung sind. Fernziele bleiben jedoch auch hiernach weiter außer Betracht, weil deren Kriterien wie Nützlichkeit oder Missbilligung nicht der richterlichen Würdigung unterliegen sollen.[82]

Achtung Klausur: *In der Klausur ist daher im Rahmen der Zweck-Mittel-Relation zwischen beachtlichen unmittelbaren Nahzielen (bspw.: Anhalten der Autofahrer), beachtlichen mittelbaren Nahzielen (bspw.: Aufmerksamkeit erregen) und unbeachtlichen Fernzielen (bspw.: Umweltschutz) zu unterscheiden. Darüber hinaus richtet das BVerfG in seiner Entscheidung sein Augenmerk wieder verstärkt auf die Verwerflichkeitsprüfung. Sofern das Täterverhalten beispielsweise grundsätzlich vom Schutzbereich des Art. 8 GG erfasst wird, ist, auch wenn Art. 8 GG nicht direkt rechtfertigend wirkt (s. o.), insbesondere die Dauer und Intensität der Aktion, deren vorherige Bekanntgabe, Ausweichmöglichkeiten über andere Zufahrten, die Dringlichkeit des blockierten Transports, aber auch der Sachbezug zwischen den in ihrer Fortbewegungsfreiheit beeinträchtigten Personen sowie den blockierten Orten und dem Protestgegenstand in den Erwägungen zu berücksichtigen, um eine Verletzung des Art. 8 GG durch eine Bejahung der Verwerflichkeit im Rahmen des § 240 II StGB auszuschließen.[83] Daher sollte auch in der Klausur hierauf umfangreicher eingegangen werden. Da das BVerfG im Rahmen der Verwerflichkeitsprüfung unter anderem auf den Sachbezug abstellt, findet das Fernziel insoweit doch Berücksichtigung. Allerdings ist nicht das Fernziel wertend in die Abwägung einzustellen, sondern es ist zu fragen, ob das (nicht gewertete) Fernziel einen Zusammenhang mit den blockierten Orten und/oder Personen aufweist. Ist dies der Fall, ist der Sachbezug als ein Anhaltspunkt gegen die Verwerflichkeit zu bejahen (demnach wird die Blockade einer Autobahn durch eine Anti-Walfang-Demonstration eher verwerflich sein als die Sitzblockade einer AKW-Zufahrt durch Atomkraftgegner).*

Vorliegend war das Blockieren der Autobahn durch A als verwerflich i. S. v. § 240 II StGB anzusehen. Zwar ist ein Sachbezug nicht von der Hand zu weisen, indessen erfolgte die Blockade der A8 ohne Vorwarnung und in der Hauptreisezeit, was die Intensität der Beeinträchtigung gewollt steigerte. Auch können die bereits hinter der letzten Ausfahrt stehenden PKW keine andere Strecke mehr wählen. Dadurch, dass sich ein 25 km langer Stau bildete, war die Beeinträchtigung auch nicht von unerheblicher Dauer und Intensität.

A handelte daher rechtswidrig.

3. Entschuldigungsgründe sind nicht ersichtlich.

4. Ergebnis: A hat sich gem. § 240 StGB strafbar gemacht.

---

80 *Rengier*, BT/2, § 23, Rn. 66; BGHSt 35, 270, 280 ff.; einschr. LK-*Altvater*, § 240, Rn. 107 ff., die unmittelbaren Tatererfolg und Zweck nicht zwingend gleichsetzen, sondern den *unmittelbar* mit der Nötigung verbundenen Handlungszweck als einen den Gesamtvorgang mitprägenden Faktor berücksichtigen wollen.
81 Vgl. BGHSt 35, 270; *Arzt*, Welzel-FS, 1974, S. 823; *Gössel*, Tröndle-FS, 1989, S. 366; *Jakobs*, JZ 1986, 1063; *Fischer*, § 240, Rn. 43; LK-*Altvater*, § 240, Rn. 108; *Tröndle*, Lackner-FS, 1987, S. 631; a. A. *Bertuleit*, JA 1989, 24; differenz. *Otto*, NStZ 1992, 571.
82 BVerfG NJW 2011, 3020 m. Anm. *Jäger*, JA 2011, 553; a.A. *Jahn*, JuS 2011, 563; *Sinn*, ZJS 2011, 283, welche jedoch keine Unterscheidung zwischen unmittelbaren und mittelbaren Nahzielen vornehmen.
83 BVerfG NJW 2011, 3020.

> **Lösung der Abwandlung:**
> Auch hier kommt eine **Strafbarkeit gem. § 240 StGB** in Betracht.
>
> **1. Tatbestandsmäßigkeit**
>
> **a) Objektiver Tatbestand**
> Unter Zugrundelegung der oben dargestellten Entwicklung versteht man nach dem modernen Gewaltbegriff unter Gewalt jede körperliche Tätigkeit, durch die körperlich wirkender Zwang ausgeübt wird, um geleisteten oder erwarteten Widerstand zu überwinden. Das Hinstellen der Autos stellt eine körperliche Tätigkeit von Seiten des A dar, die im Hinblick auf potenzielle Opfer auch physische Auswirkungen hat, weil die Barrieren nicht ohne eigene Einbußen an der körperlichen Integrität durchbrochen werden können.[84] Anders als im Ausgangsfall sehen sich hier die ersten heranfahrenden Kraftfahrer einer unüberwindbaren physischen Blockade ausgesetzt, sodass der objektive Tatbestand erfüllt ist.[85]
>
> **b) Subjektiv** handelte A auch vorsätzlich.
>
> **2. Rechtfertigungsgründe** sind wie im Ausgangsfall (s. dort) nicht einschlägig.
>
> **3. Entschuldigungsgründe** sind nicht ersichtlich.
>
> **4. Ergebnis:** A hat sich hier nach § 240 StGB in unmittelbarer Täterschaft strafbar gemacht.

Vor dem Hintergrund des modernen Gewaltbegriffs ergeben sich im Übrigen komplizierte Abgrenzungsprobleme. Dies zeigt auch das folgende viel diskutierte

109 **Beispiel:** A und seine Kommilitonen beschließen, Prof. P zu boykottieren. Sie nehmen daher Trillerpfeifen mit in die Vorlesung und beginnen zu pfeifen und mit den Füßen zu trampeln, sobald P anhebt zu reden. Da P keine Chance hat, sich gegen den Lärm durchzusetzen, muss er – wie von den Studenten geplant – die Vorlesung ausfallen lassen. Strafbarkeit des A?

110 **Lösung:** In Betracht kommt eine Strafbarkeit wegen Nötigung gem. § 240 StGB, wenn das Pfeifen und Trampeln des A Gewalt i. S. d. § 240 I StGB darstellt. Gewalt bedeutet nach dem modernen Gewaltbegriff – wie gesehen – jede körperliche Tätigkeit, durch die körperlich wirkender Zwang ausgeübt wird, um geleisteten oder erwarteten Widerstand zu überwinden. Ausgehend hiervon ist eine körperliche Tätigkeit des A unproblematisch zu bejahen. Fraglich ist hingegen die körperliche Zwangswirkung auf Opferseite: Nach einer Entscheidung des BGH aus dem Jahre 1982[86] soll eine „Lärmkulisse" dann physisch auf das Opfer einwirken, wenn der Betroffene der Einwirkung nicht oder nur mit erheblichem Kraftaufwand begegnen kann.[87] Vorliegend könnte man demzufolge das Merkmal der Gewaltanwendung bejahen, weil sich P akustisch nicht mehr gegen die Studenten durchsetzen konnte. Nach einer einschränkenden Ansicht liegt eine körperliche Zwangswirkung bei Vorlesungsstörungen nur dann vor, wenn Beeinträchtigungen der physischen Integrität des Dozenten zum Abbruch der Vorlesung führen.[88] Da P vorliegend die Vorlesung nach wie vor ohne körperliche Risiken hätte fortsetzen können, verneint diese Auffassung eine physisch wirkende Zwangslage.

Stellungnahme: Die besseren Gründe sprechen wohl für die Verneinung einer Gewaltanwendung i. S. d. § 240 I StGB. Die Auffassung des BGH ist mit dem modernen Gewaltbegriff des BVerfG unvereinbar. Die Tatsache allein, dass die Fortsetzung der Vorlesung sinnlos geworden ist, kann die Annahme von Gewalt nicht rechtfertigen, weil dadurch wieder eine unzulässige

---

84 Anders wäre es wohl, wenn die Täter versuchen, mit ihren Kraftfahrzeugen die Durchfahrt für Panzer zu sperren.
85 Vgl. BVerfGE 104, 103.
86 BGH NStZ 1982, 158 f.
87 Übereinst. *Krey/Hellmann/Heinrich*, BT/1, Rn. 397.
88 So etwa *Rengier*, BT/2, § 23, Rn. 27.

Vergeistigung des Gewaltbegriffs herbeigeführt würde. Entscheidend ist nämlich, dass die Fortsetzung des Vortrags (ebenso wie das Weiterfahren in den Blockadefällen) physisch noch ohne eigene körperliche Auswirkungen möglich ist. (Die Sinnlosigkeit einer solchen Fortsetzung ist für den Gewaltbegriff ein unbeachtliches Motiv.) Es fehlt daher bereits am Merkmal der Gewalt. A hat sich nicht gem. § 240 StGB strafbar gemacht.

Hinweis: *Eine Strafbarkeit kann sich jedoch wegen Hausfriedensbruchs nach § 123 StGB ergeben, etwa wenn der Prof. als Hausrechtsinhaber die störenden Studenten des Saales verweist. Im Übrigen besteht für derartige Fälle wohl auch kein echtes Strafbedürfnis, weil das Lehrangebot in erster Linie dem Interesse der Studenten dient, sodass ein Abbruch der Vorlesung in Wahrheit zu ihrem Schaden gereicht.*

C. Freiheitsberaubung nach § 239 StGB

I. Geschütztes Rechtsgut und Verhältnis zu anderen Delikten

§ 239 StGB schützt die (potenzielle) persönliche Fortbewegungsfreiheit.[89]

111

Beispiel: A brachte seine damals fünfzehnjährige Tochter im Einvernehmen mit seiner allein sorgeberechtigten geschiedenen Ehefrau unter dem Vorwand, die Weihnachtsferien bei der Großmutter in Syrien zu verbringen und auch eine Namensänderung durchzuführen, am 29.12.2006 nach Syrien. Anschließend verweigerte A die Zustimmung zur Rückreise der Tochter.[90]

Lösung: Laut BGH erfasst der Schutzzweck des § 239 StGB zwar auch Einschränkungen der persönlichen Bewegungsfreiheit, durch die das Opfer gehindert wird, ein größeres Areal wie etwa das Gelände eines Krankenhauses oder einer geschlossenen Anstalt zu verlassen. Das Gebiet, aus dem sich das Opfer aufgrund der Tathandlung nicht entfernen kann, darf aber nicht beliebig weiträumig sein; ansonsten würde der Tatbestand in einer dem Schutzzweck der Norm widerstreitenden Weise überdehnt. Danach ist eine vollständige Aufhebung der Fortbewegungsfreiheit jedenfalls dann nicht mehr anzunehmen, wenn sich der verbleibende räumliche Entfaltungsbereich der betroffenen Person auf ein mehrere tausend – im Falle Syriens zur Tatzeit rund 185 000 – Quadratkilometer umfassendes Staatsgebiet erstreckt.

Die Freiheitsberaubung ist ein Spezialfall der Nötigung und geht daher grundsätzlich § 240 StGB vor, sofern der Täter nicht eine über die Duldung der Einsperrung hinausgehende Verhaltensweise des Opfers erzwingen möchte.[91]

Beispiel 1: A sperrt B ein.

Hier ist nur § 239 StGB erfüllt, da die Duldung der Freiheitsberaubung bereits vom Unrechtsgehalt des § 239 StGB erfasst ist.

Beispiel 2: A sperrte B ein und wollte hierdurch erzwingen, dass B eine belastende Aussage vor Gericht nicht wiederhole. Zu diesem Zwecke bedrohte er B im Falle der Wiederholung der Aussage auch mit dem Tode und schlug ihn, da ihn die Erklärungen des Opfers nicht zufrieden stellten.[92]

Hier ist sowohl § 239 StGB als auch § 240 StGB bzw. bei Erfolglosigkeit §§ 240, 22 StGB tatbestandlich, rechtswidrig und schuldhaft erfüllt. Beide stehen zueinander in Idealkonkurrenz. Der

---

89 Vgl. BGHSt 14, 314; 32, 183; a. A. *Arzt/Weber*, BT, § 9, Rn. 13; SK-*Wolters*, § 239, Rn. 3.
90 BGH NStZ 2015, 338 ff. m. Anm. *Hecker*, JuS 2015, 947.
91 LK-*Schluckebier*, § 239, Rn. 55; *Fischer*, § 239, Rn. 5.
92 BGH 3 StR 426/17.

gleichzeitig verwirklichte § 241 StGB tritt hinter der (versuchten) Nötigung zurück. § 223 StGB steht zu §§ 239, 240, (22, 23) StGB in Tateinheit.

Umgekehrt wird § 239 StGB durch die schwereren Freiheitsdelikte der §§ 239a und 239b StGB verdrängt.

II. Die Tathandlungen

1. Einsperren

112 Hierbei handelt es sich um den Hauptfall der Freiheitsberaubung, der dadurch begangen wird, dass die Ausgangswege verschlossen werden. Der Tatbestand ist verwirklicht, wenn das Opfer den Aufenthaltsraum entweder überhaupt nicht mehr oder nur auf unzumutbare Weise (etwa durch einen gefährlichen Sprung aus dem Fenster) verlassen kann.

Einigkeit besteht allerdings darüber, dass ganz kurzfristige Entziehungen der Freiheit für eine Tatbestandsverwirklichung nicht genügen.[93] Das RG hat hierzu entschieden, dass die Freiheitsberaubung mindestens für die Dauer eines Vaterunsers stattfinden muss[94].

Umstritten ist im Übrigen auch, ob Bewusstlose oder Schlafende ihrer Freiheit beraubt werden können, auch wenn sie aktuell nicht fähig oder willens waren, diese in Anspruch zu nehmen. Das Problem veranschaulicht folgendes

113 **Beispiel:** Dieb D steigt nachts bei den Eheleuten E ein, um bei ihnen zu stehlen. Zur Vermeidung eines unliebsamen Zusammentreffens mit den Eheleuten schließt er diese in ihrem Schlafzimmer ein, um ungestört „arbeiten" zu können. Nachdem D allen Schmuck zusammengerafft hat, kehrt er zum Schlafzimmer der Eheleute zurück und sperrt die Schlafzimmertür wieder auf. Die Eheleute schliefen während der gesamten Zeit durch und bemerkten folglich ihre Einsperrung nicht. Strafbarkeit des D? **(Schläfer-Fall)**

114 **Lösung:** Fraglich ist hier, ob über den Privatwohnungseinbruchsdiebstahl nach §§ 242, 244 IV StGB (§ 123 StGB wird konsumiert und § 243 I S. 1 Nr. 1 StGB nach h. M. im Wege der Spezialität verdrängt) hinausgehend sogar ein Raub nach § 249 StGB in Frage kommt. Allerdings wird man, um eine Vergeistigung des Gewaltbegriffs zu vermeiden, zumindest in diesem Fall (die Opfer schlafen) eine Gewaltanwendung verneinen müssen, weil es anderenfalls an der physischen, d. h. vom Opfer körperlich empfundenen Kraftentfaltung fehlt. Bei § 239 StGB ist fraglich, ob schon der Schutz der potenziellen Fortbewegungsfreiheit darunter fällt oder ob nur die reale persönliche Fortbewegungsfreiheit von § 239 StGB geschützt wird. Für den Schutz der potenziellen Fortbewegungsfreiheit spricht zum einen die Änderung des § 239 I StGB durch das 6. StrRG, da hierdurch der Begriff des Gebrauchs der persönlichen Freiheit gestrichen wurde und diese Neufassung nicht nur den Verzicht auf sprachlich entbehrliche Wendungen bezweckte.[95] Ferner spricht der mutmaßliche Wille des Schlafenden für die Einbeziehung des Fortbewegungspotenzials, da auch ein Schlafender nicht eingesperrt zu werden wünscht. Schließlich ist es wenig sinnvoll, Vollendung oder Versuch davon abhängig zu machen, ob der Eingesperrte erwacht oder nicht. Nach richtiger Auffassung ist daher der Tatbestand der Freiheitsberaubung erfüllt. Da D diesbezüglich auch vorsätzlich handelte und Rechtfertigungs- sowie Schuldausschließungsgründe nicht ersichtlich sind, ist eine Strafbarkeit gem. § 239 I Alt. 1 StGB zu bejahen.

---

93 Vgl. NK-*Sonnen*, § 239, Rn. 18 m. w. N.
94 RGSt 7, 259.
95 BT-Drucks. 13/8587, S. 41; vgl. auch *Kargl*, JZ 1999, 72 f. m. w. N.

Hinweis: Die unterschiedliche Behandlung von Raub (§ 249 StGB) und Freiheitsberaubung (§ 239 StGB) rechtfertigt sich dadurch, dass Gewaltanwendung eine körperliche Einwirkung voraussetzt und daher vom Opfer körperlich empfunden werden muss, während dies bei der Freiheitsberaubung gerade nicht der Fall ist. Deshalb muss bei § 249 StGB die „Barriere" erkannt worden sein, während dies bei § 239 StGB nicht gilt.

2. Freiheitsberaubung in sonstiger Weise

Hierbei kommen alle denkbaren Verhaltensweisen in Betracht, die das Opfer daran hindern, seinen Aufenthaltsort zu verändern (z. B. Wegnahme eines Rollstuhls, den das Opfer zur Fortbewegung benötigt; Festhalten des Opfers; Betäubung des Opfers). 115

Auch hier ist nicht erforderlich, dass das Verlassen des Aufenthaltsortes unmöglich ist, sondern es genügt vielmehr, dass es nach den Umständen unzumutbar ist (z. B. Wegnahme der Kleidung, sodass ein Nacktbadender nicht das Wasser verlassen kann, oder schnelles Fahren, sodass der Beifahrer das Fahrzeug nicht ohne erhebliche Verletzungsgefahren verlassen kann).[96]

Eine Freiheitsberaubung in sonstiger Weise liegt auch bei einem garantenpflichtwidrigen Unterlassen der Befreiung vor.[97]

Beispiel: Supermarktinhaber S hat versehentlich einen Kunden eingeschlossen. Als er hinter sich dessen Rufe hört, denkt er sich „selber schuld, aber morgen komme ich ja wieder". Hier begeht er eine Freiheitsberaubung durch Unterlassen, da er aus Ingerenz garantenpflichtig gegenüber dem Kunden ist.

3. Tatbestandsausschließendes Einverständnis

Nach h. M. setzt der Tatbestand der Freiheitsberaubung in beiden Alternativen (Einsperren bzw. Beraubung der Freiheit in sonstiger Weise) ein Handeln gegen den Willen des Betroffenen voraus, sodass die Einwilligung bereits den Tatbestand ausschließt (begrifflich spricht man dann von einem tatbestandsausschließenden Einverständnis).[98] Ob dies allerdings auch im Falle des durch Täuschung erschlichenen Einverständnisses gilt, ist umstritten.[99] Allerdings sollte es hier – wie schon bei der Einwilligung – darauf ankommen, ob der Getäuschte die rechtsgutsbezogene Komponente erkannt hat. 116

Beispiel 1: A lässt sich von B einsperren, weil dieser ihm vorspiegelt, ihm für die Einsperrung 1000 € zu zahlen. Wie von Anfang an beabsichtigt, verweigert B später die Zahlung.
Lösung: Hier liegt keine Freiheitsberaubung vor, weil A die rechtsgutsbezogene Komponente des Vorgangs hinreichend erkannt hat (er wusste, dass er eingesperrt wird, und hat auf sein Rechtsgut Freiheit im Umfang der Einwilligung verzichtet).

---

96 So auch RGSt 6, 231; BGH NStZ 2005, 506 m. Anm. *Kudlich*, JuS 2005, 850; LK-*Schluckebier*, § 239, Rn. 17; a. A. *Maurach/Schroeder/Maiwald*, BT/I, § 14, Rn. 6; BGH NStZ 1995, 225; *Fischer*, § 239, Rn. 8.
97 Ausführlich hierzu *Bosch*, Jura 2012, 610.
98 Lackner/*Kühl*, § 239, Rn. 5; a. A. *Jescheck/Weigend*, AT, § 34 I b.
99 Verneinend LK-*Schluckebier*, § 239, Rn. 31; einschr. *Rengier*, BT/2, § 22, Rn. 7, 16, der das Einverständnis nur dann als unwirksam ansehen will, wenn es mittels List erlangt wurde, d. h., wenn dem Opfer die Möglichkeit einer Ortsveränderung vorgespiegelt wurde.

Beispiel 2: A willigt in die Einsperrung ein, weil B ihm vorspiegelt, er würde ihn nach fünf Minuten wieder freilassen. In Wahrheit lässt B den A fünf Stunden in seinem „Gefängnis" schmoren.

Lösung: Hier unterlag A einem rechtsgutsbezogenen Irrtum, weil ihm der Umfang des Freiheitsverlustes nicht bewusst war. In diesem Fall ist also § 239 StGB verwirklicht, soweit die Freiheitsberaubung über fünf Minuten hinaus andauerte.

4. Rechtswidrigkeit

117 Als Rechtfertigungsgründe kommen neben der Notwehr vor allem erlaubte Selbsthilfe nach § 229 BGB sowie das vorläufige Festnahmerecht nach § 127 I S. 1 StPO in Betracht.

5. (Erfolgs-)Qualifizierte Tatbestände

118 Zu beachten ist, dass es sich bei § 239 III Nr. 1 StGB um eine Form der qualifizierten Freiheitsberaubung handelt, sodass sich der Vorsatz des Täters auf die lang andauernde Freiheitsberaubung beziehen muss, während § 239 III Nr. 2 und § 239 IV StGB sog. erfolgsqualifizierte Delikte sind, sodass hinsichtlich der Freiheitsberaubung Vorsatz und hinsichtlich der in diesen Vorschriften geforderten schweren Folge nur Fahrlässigkeit erforderlich ist (§ 18 StGB).[100] Die Auffassung, dass auch § 239 III Nr. 1 StGB ein erfolgsqualifiziertes Delikt sei, sodass hinsichtlich der einwöchigen Dauer Fahrlässigkeit genüge, lässt sich nach dem Wortlaut der Vorschrift nicht mehr halten.[101]

D. Erpresserischer Menschenraub und Geiselnahme nach §§ 239a, 239b StGB

119 Bitte lesen Sie sich zunächst diese qualifizierten Fälle im Rahmen der Freiheitsdelikte genau durch![102]

Merken muss man sich sodann, dass sich der BGH um eine einschränkende Auslegung der §§ 239a, 239b StGB bemüht hat.

Zunächst ist der BGH dabei davon ausgegangen, dass diese Vorschriften nicht anwendbar sind, wenn das bloße Sichbemächtigen oder Entführen unmittelbares Nötigungsmittel für eine Vergewaltigung, sexuelle Nötigung oder räuberische Erpressung ist und eine über das so begründete Gewaltverhältnis zwischen Täter und Opfer hinausreichende **Außenwirkung** des abgenötigten Verhaltens nach der Vorstellung des Täters nicht eintreten soll. Bemächtigt sich der Täter des Opfers oder entführt er es allein zu dem Zweck, es zu vergewaltigen, sexuell zu nötigen oder zu erpressen, und verwirklicht er diese Absicht innerhalb des genannten Gewaltverhältnisses, so sei er nur nach §§ 177, 178 oder §§ 253, 255 StGB zu bestrafen.[103]

---

100 Vgl. BGHSt 21, 291; *Bosch*, Jura 2012, 608; eingehend zu § 239 III Nr. 1 StGB *Mitsch*, GA 2009, 329 ff.
101 Wie hier *Wessels/Hettinger/Engländer*, BT/1, Rn. 425; NK-*Sonnen*, § 239, Rn. 26; *Fischer*, § 239, Rn. 15; a. A. Lackner/*Kühl*, § 239, Rn. 9 und LK-*Schluckebier*, § 239, Rn. 40.
102 Vgl. zu §§ 239a, b StGB auch die Überblicksbeiträge von *Satzger*, Jura 2007, 114 ff. und *Elsner*, JuS 2006, 784 ff.
103 BGH NJW 1993, 1145.

Der sodann mit dem Verhältnis zwischen §§ 239a, 239b StGB einerseits und §§ 177, 178 sowie §§ 253, 255 StGB andererseits befasste Große Senat des BGH[104] urteilte jedoch anders: Ihm zu Folge ist die Anwendung des § 239b I Hs. 1 StGB nicht von vornherein ausgeschlossen in Fällen, in denen der Täter sein Opfer zum Zwecke einer Vergewaltigung oder sexuellen Nötigung entführt oder sich seiner bemächtigt. Die Vorschrift setzt voraus, dass der Täter beabsichtigt, die durch die Entführung oder das Sichbemächtigen für das Opfer geschaffene Lage in **funktionalem und zeitlichem Zusammenhang**[105] zur qualifizierten Drohung auszunutzen und durch sie zu nötigen.

Beispiel: A, der als Beschuldigter zu einer polizeilichen Vernehmung geladen worden war, ging davon aus, dass ihn C verraten hatte. Deshalb beschlossen A und sein Freund B, den C dafür zu strafen. Entsprechend ihrem gemeinsamen Tatplan zerrten sie den C mit Gewalt in den Wagen des A und fuhren mit ihm in einen Wald. Dort schlug A ihn zu Boden, woraufhin B ihn an beiden Armen hochzog und festhielt. A schnitt dem C mit einem Messer ein „V" für „Verräter" deutlich sichtbar in die Brust. Dabei forderten sie ihn auf, die Angaben bei der Polizei zurückzuziehen und künftig zu schweigen.[106]

Lösung: Der BGH hat hier die Verwirklichung einer gemeinschaftlich begangenen Geiselnahme nach §§ 239b I Alt. 1, 25 II StGB verneint, da C auf die Drohung und Aufforderung von A und B, seine Angaben zurückzuziehen und künftig zu schweigen, noch während der andauernden Bemächtigungslage keine entsprechende zusagende oder sonst zustimmende Erklärung abgegeben habe. Daher fehle es am erforderlichen funktionalen Zusammenhang, der nur dann gegeben ist, wenn der Täter die Bemächtigungslage zur qualifizierten Drohung ausnutzt, um durch sie zu nötigen. Gegeben sind jedoch in vorliegenden Fall die Tatbestände der mittäterschaftlichen Freiheitsberaubung (§§ 239 I Alt. 2, 25 II StGB), der mittäterschaftlichen Nötigung (§§ 240, 25 II StGB), der mittäterschaftlichen gefährlichen Körperverletzung (§§ 224 I Nr. 2 u. 4, 25 II StGB) sowie wegen der entstellenden Vernarbung der schweren Körperverletzung (§§ 226 I Nr. 3, II, 25 II StGB).

Darüber hinaus stellt der Große Senat im Zweipersonenverhältnis besondere Anforderungen an die Bemächtigungssituation, um zu verhindern, dass §§ 239a, 239b StGB mit ihrer Mindeststrafe von 5 Jahren andere Freiheitsdelikte, wie z. B. § 177 StGB, im Hinblick auf die Strafbedeutung gänzlich verdrängen und um zu vermeiden, dass z. B. der Täter, der sich seines Opfers durch Vorhalten einer Pistole bemächtigt, es aber noch nicht zu einer bestimmten Handlung aufgefordert hat, nicht nur wegen versuchter Nötigung, sondern wegen vollendeter Geiselnahme strafbar ist. Zur Korrektur dieser kriminalpolitischen Unzuträglichkeiten schränkt der Große Senat die Tatbestände der §§ 239a, 239b StGB vor allem in den Fällen des Sichbemächtigens in der Weise ein, dass er verlangt, dass der Bemächtigungssituation **„eigenständige Bedeutung"** zukommt. Anders als die Entführung schaffe das Sichbemächtigen vielfach keine derartige Lage; denn eine Lage, die ausgenutzt werden soll, setze eine gewisse **Stabilisierung** voraus, was nicht der Fall sei, wenn der Vergewaltiger oder räuberische Erpresser nur mit vorgehaltener Pistole zum Geschlechtsverkehr oder zur Herausgabe von Geld zwingt, da hier die abgenötigte Handlung ausschließlich durch die Bedrohung mit der Waffe durchgesetzt wird, ohne dass der Bemächtigungssituation eigenständige Bedeutung zukommt.

---

104 BGHSt 40, 350, 359; BGH StV 1996, 266; NStZ 1996, 277, 278.
105 Vgl. auch BGH NStZ 2014, 316 m. Bspr. *Hecker*, JuS 2014, 368 ff.; BGH NStZ 2014, 38 m. Anm. *Krehl*.
106 Bsp. nach BGH NStZ 2006, 36 ff. m. Anm. *Jahn/Kudlich*, NStZ 2006, 340 ff.

§ 3   *Delikte gegen die persönliche Freiheit*

Achtung Klausur: *Die Rechtsprechung hat zum Ergebnis, dass §§ 239a, 239b StGB auch im Zweipersonenverhältnis gegeben sein können, dort aber – wegen der einschränkenden Auslegung des „Sichbemächtigens" – häufiger in Form der Entführung und seltener in Form des Sichbemächtigens.*

Für das Dreipersonenverhältnis (Sorge des Dritten um das Wohl des Opfers) hat die Entscheidung keine einschränkende Bedeutung, da dort grds. von einer Stabilisierung auszugehen ist.[107]

Abschließend noch drei Beispiele zur Veranschaulichung:

120 **Beispiel 1:**[108] A und B sahen, wie sich die F nach einem Konzertbesuch an ihrem Auto erbrach. Sie fassten den Entschluss, die F zu vergewaltigen. Dazu wollten sie sie auf ein Getreidefeld an eine schlecht einsehbare Stelle schaffen. A fragte die F, ob ihr schlecht sei. Die F bejahte dies, woraufhin A ihr Hilfe anbot, sie über die Schulter legte und in das Feld zu B trug. Die F ließ dies in ihrer Arglosigkeit geschehen. Auf dem Feld entkleideten A und B die F jedoch gewaltsam und vollzogen an ihr unter Androhung des Todes den Geschlechtsverkehr. Strafbarkeit von A und B?

121 **Lösung:** Eine Strafbarkeit wegen mittäterschaftlicher sexueller Nötigung in einem besonders schweren Fall (Vergewaltigung) nach §§ 177 V i. V. m. VI, 25 II StGB ist gegeben, da A und B eine Lage der F ausgenutzt haben, in der diese der Einwirkung der Täter schutzlos ausgeliefert war (**Klausurhinweis:** § 177 VI StGB ist als Regelbeispiel nach der Schuld zu prüfen!). §§ 239 I Alt. 2, 25 II StGB treten hinter §§ 177 V i. V. m. VI, 25 II StGB zurück. §§ 240, 25 II StGB (Nötigung, das Entkleiden und den Geschlechtsverkehr zu dulden) sowie §§ 241 I, 25 II StGB (Bedrohung mit dem Tode) treten hinter § 177 StGB zurück. Fraglich ist, ob auch eine gemeinschaftliche Geiselnahme nach §§ 239b, 25 II StGB in Frage kommt. Seinem Wortlaut nach ist der Tatbestand der Geiselnahme erfüllt. Fraglich ist jedoch, ob §§ 177, 253 StGB etc. eine Anwendung des § 239b StGB ausschließen. Der Große Senat verneint eine derartige grundsätzliche Verdrängung, verlangt aber, dass der Entführungs- bzw. Bemächtigungssituation „eigenständige Bedeutung zukommt" (Entführung setzt Ortsveränderung voraus, Bemächtigung nicht, sodass bei der Alternative des Sichbemächtigens diese eigenständige Bedeutung seltener gegeben sein wird). Eine Lage, die ausgenutzt werden soll, verlangt nämlich nach Auffassung des Großen Senats eine gewisse Stabilisierung. Vorliegend ist von einer Entführungssituation mit selbstständiger Bedeutung auszugehen, weil A und B die F bewusst auf das schlecht einsehbare Feld hinausgetragen und diese Situation zu der weiteren Drohung, sie zu töten, ausgenutzt haben, um die F zur Duldung des Geschlechtsverkehrs zu bewegen. A und B sind daher strafbar wegen gemeinschaftlicher Geiselnahme nach §§ 239b, 25 II StGB in Tateinheit (§ 52 StGB) mit gemeinschaftlicher Vergewaltigung.

122 **Beispiel 2:**[109] A wollte, dass sich der Richter R für ihn einsetzt. Er suchte R daher auf und bedrohte ihn mit einer geladenen Pistole, wobei er ihn aufforderte, ihm zu helfen. R weigerte sich zunächst. Als ihm A jedoch die Pistole an die Schläfe drückte, erklärte R sich bereit, die Forderungen des A gegenüber den Behörden zu notieren. Unter weiteren Drohungen gab R schließlich sein Ehrenwort, sich für die Durchsetzung der Forderungen stark zu machen. A ging davon aus, dass R sein Ehrenwort als Richter halten werde und sah damit einen Teil seiner Pläne erreicht. Nach ca. 2 Stunden verließ er R. Strafbarkeit des A?

123 **Lösung:** In Betracht kommt Strafbarkeit wegen Geiselnahme nach § 239b I Alt. 1 StGB. A hat physische Gewalt über R erlangt und sich damit seiner bemächtigt. Angesichts der hohen Strafdrohung des § 239b StGB im Verhältnis zu anderen Delikten gegen die persönliche Freiheit ist

---
107 BGHSt 40, 90; BGH NStZ 2002, 31; *Schroth*, BT, S. 117.
108 Getreidefeld-Fall nach BGHSt 40, 350 ff. m. Anm. *Dietz*, JuS 1996, 110 ff; *B. Heinrich*, NStZ 1997, 365 ff.
109 Richter-Fall nach BGH StV 1997, 304 m. Anm. *Fahl*, JA 1997, 746 ff.; *Renzikowski*, JR 1998, 126 ff.

diese Vorschrift jedoch im Zweipersonenverhältnis zwischen Täter und Opfer einschränkend auszulegen. Zwischen dem Sichbemächtigen und der beabsichtigten Nötigung muss ein funktionaler und zeitlicher Zusammenhang bestehen. Der Täter muss also beabsichtigen, die durch die Entführung oder das Sichbemächtigen für das Opfer geschaffene Lage zur qualifizierten Drohung auszunutzen und durch sie zu nötigen. Dafür muss sich die Bemächtigungslage bis zu einem gewissen Grad „stabilisiert" haben. Vorliegend war dies nach Auffassung des BGH deshalb der Fall, weil die sukzessive gesteigerten Drohungen des Täters mit der Pistole eine stabilisierte Bemächtigungslage geschaffen hätten (dabei sei auch der zeitliche Rahmen von 2 Stunden als Stabilisierungsfaktor zu berücksichtigen). Fraglich ist allerdings, ob A diese Lage auch ausgenutzt hat, da das Verhalten des Opfers (sich stark zu machen für die Forderungen des A) erst zu einem Zeitpunkt erfolgen sollte, zu dem die Bemächtigungslage bereits beendet war. Der BGH bejahte dennoch eine Strafbarkeit nach § 239b StGB, indem er auf das dem R abgepresste Ehrenwort abstellte, das A während und in Folge der Bemächtigungssituation erreicht hat.[110] Ein Teilerfolg genüge bereits für die Bejahung des § 239b StGB. Gleichzeitig hat A eine Nötigung nach § 240 StGB verwirklicht, die jedoch hinter § 239b StGB zurücktritt.

Beispiel 3: A und B beschlossen, C in seinem Haus zu überfallen. Ausgerüstet mit Sturmmasken und Fesselungsmaterial läuteten sie an seiner Haustür. Als der ahnungslose C öffnete, überwältigten sie ihn mit mehreren Faustschlägen. Gemeinsam banden sie dem C die Hände auf dem Rücken zusammen. Während A damit begann, das Haus zu durchsuchen, kniete B auf dem am Boden liegenden C und verlangte Geld. Der völlig verängstigte C war bereit, den Tätern den Weg zu dem im Haus befindlichen Tresor zu zeigen. Daraufhin ließ B es zu, dass er aufstand, mit ihnen zum Tresor ging und die Zahlenkombination mitteilte. A und B öffneten schließlich den Tresor und entnahmen Bargeld (in Anlehnung an BGH NStZ-RR 2010, 46).

123a

Lösung: Der BGH sieht hier grundsätzlich den Tatbestand des erpresserischen Menschenraubs in Mittäterschaft, §§ 239a, 25 II StGB, als verwirklicht an. Der geschilderte Geschehensablauf (Überfall, Fesselung und Erzwingung der Tresoröffnung) lege es nahe, dass A und B bereits eine stabile Bemächtigungslage geschaffen hatten, der die vom Tatbestand geforderte eigenständige Bedeutung zukomme, und sie dies auch erreichen wollten, die Tat also in der Absicht begingen, die Sorge des C um sein Wohl zu einer Erpressung auszunutzen. Damit habe die Fesselung nicht nur als Mittel zur Begehung eines Raubs gedient. Selbst wenn man davon ausginge, dass sich A und B des C nicht bereits in Erpressungsabsicht bemächtigt hätten, so sei zumindest die Tatbestandsalternative des § 239a I Hs. 2 StGB („geschaffene Lage ... zu einer solchen Erpressung ausnutzt") verwirklicht. §§ 253, 255, 250 I Nr. 1b StGB (Fesseln!) stehen dazu in Idealkonkurrenz.

123b

E. Widerstand gegen Vollstreckungsbeamte und professionelle Helfer nach §§ 113, 114, 115 III StGB[111]

I. Geschütztes Rechtsgut des § 113 StGB und Verhältnis zu anderen Delikten

Die Vorschrift dient nach h. M. dem Schutz staatlicher Vollstreckungshandlungen und der hierfür berufenen staatlichen Organe (doppeltes Rechtsgut). Obwohl § 113 StGB also kein Delikt zum Schutze der persönlichen Freiheit ist, erfolgt seine Behandlung an dieser Stelle, weil es sich um ein besonderes Nötigungsdelikt handelt und auch das

124

---

110 Anders soll es sein, wenn es dem Täter nicht gelingt, in der konkreten Situation eine derartige explizite Zusage zu erhalten, vgl. BGH StV 1997, 304.
111 Eingehend zu den Änderungen durch das 44. Strafrechtsänderungsgesetz *Bosch*, Jura 2011, 268; *Zopfs*, GA 2012, 259.

Verhältnis zu § 240 StGB umstritten ist. Bis zur Erhöhung des Strafrahmens des Abs. 1 mit Wirkung ab dem 5.11.2011 handelte es sich bei § 113 StGB um eine Privilegierung gegenüber § 240 StGB,[112] welche vom Gesetzgeber gerade damit begründet wurde, dass sich der Bürger, der sich einer Vollstreckungshandlung eines staatlichen Organs ausgesetzt sieht, in einem affektähnlichen Zustand befinde, der eine geringere Strafdrohung rechtfertige.[113] Auch nach der Angleichung des Strafrahmens, welche damit begründet wurde, dass die Kriminalstatistik hinsichtlich des Widerstandes gegen Vollstreckungsbeamte eine besorgniserregende Steigerungsrate aufwies,[114] besteht aber immer noch Spezialität,[115] sodass § 240 StGB bei Nötigung mit Gewalt hinter dem gleichzeitig verwirklichten § 113 StGB zurücktritt (so neuerdings zu Recht der BGH zu einem Fall eines Veterinäramtsarztes [Vollstreckungsbeamter], dem bei seinem Verlangen um sog. Tiernachschau vom Besitzer der Tiere Prügel angedroht wurden[116]). Allerdings ist aufgrund der Strafrahmengleichheit nunmehr strittig, ob es sich bei § 113 StGB noch um eine Privilegierung handelt.

125 Letzteres wird vor allem dann relevant, wenn die Anforderungen des § 113 StGB unterschritten werden, also der Vollstreckungsbeamte beispielsweise nicht gewaltsam, sondern durch Drohung mit einem empfindlichen Übel genötigt wird. Hier ist sodann fraglich, ob auf § 240 StGB zurückgegriffen werden kann, weil § 113 StGB den Widerstand durch Drohung mit einem empfindlichen Übel nicht erfasst. Das Problem wird verdeutlicht durch folgenden

126 **Fall 11:** Demonstrant D blockiert mit weiteren Aktivisten eine Autobahn. Polizist P schreitet daher zu einer rechtmäßigen Festnahme. D widersetzt sich dieser Festnahme jedoch, indem er dem P mit Selbstverbrennung droht. P entfernt sich daraufhin tatsächlich. Strafbarkeit des D? (**Selbstverbrennungs-Fall** nach OLG Hamm NStZ 1995, 547[117])

126a **Lösung:**

I. In Betracht kommt eine Strafbarkeit wegen **Widerstands gegen Vollstreckungsbeamte nach § 113 I StGB**.

1. Objektiver Tatbestand

a) P war ein zur Vollstreckung berufener Amtsträger.

b) Die Festnahme stellt auch eine Vollstreckungshandlung nach § 113 StGB dar.

c) Als Tathandlung müsste D jedoch Widerstand mit Gewalt oder durch Drohung mit Gewalt geleistet haben (§ 113 I Alt. 1 StGB) bzw. den P tätlich angegriffen haben (Alt. 2). Beides ist vorliegend nicht der Fall; vielmehr hat D nur mit Selbstverbrennung gedroht.

2. Ergebnis: Die Tathandlung des § 113 StGB ist damit nicht erfüllt.

---

[112] Matt/Renzikowski/*Dietmeier*, § 113, Rn. 1; *Sch/Sch/Eser*, § 113, Rn. 3.
[113] Vgl. *Rengier*, BT/2, § 53, Rn. 27.
[114] BT-Drs. 17/4143, S. 1; eingehende Kritik an dieser „empirisch fragwürdigen" Annahme bereits bei *Singelnstein/Puschke*, NJW 2011, 3473.
[115] *Fahl*, ZStW 2012, 311; *Singelnstein/Puschke*, NJW 2011, 3473.
[116] BGH StV 2019, 96 m. Anm. *Cornelius*, NJW 2017, 1891; m. Anm. *Burhoff*, StRR 2018, 17.
[117] Vgl. dazu *Rengier*, BT/2, § 53, Rn. 10, 28 m. w. N.; zu den Grundproblemen des § 113 StGB siehe auch *Zöller/Steffens*, JA 2010, 161 ff.

II. Fraglich ist, ob sich D wegen **Nötigung nach § 240 I Alt. 2 StGB** strafbar gemacht hat.

1. Eine Nötigung liegt hier in Form einer Drohung mit einem empfindlichen Übel vor. Die Ankündigung der Selbstverbrennung ist nämlich geeignet, einen besonnenen Durchschnittsbeamten zu der gewünschten Unterlassung der Festnahme zu bewegen.

2. Die Drohung hat auch das Nötigungsziel verwirklicht, da sich P tatsächlich entfernt hat.

3. Rechtswidrigkeit nach § 240 II StGB

a) Rechtfertigungsgründe sind nicht ersichtlich, da die Festnahme laut Sachverhalt rechtmäßig gewesen wäre. Insbesondere ist § 34 StGB nicht einschlägig, da D die Festnahme hinnehmen musste, zumal er die Gefahr für eine Freiheitseinbuße durch die nicht genehmigte Versammlungsteilnahme selbst herbeigeführt hatte (vgl. Schluss aus § 35 I S. 2 StGB).

b) Das Verhalten des D ist auch i. S. d. Zweck-Mittel-Relation allgemein verwerflich, da ihn nach der Gesamtrechtsordnung eine Duldungspflicht hinsichtlich einer rechtmäßigen Festnahme trifft.

4. Auch Entschuldigungsgründe für das Verhalten des D sind nicht erkennbar.

5. Die Strafbarkeitsvoraussetzungen des § 240 StGB liegen damit insgesamt vor. Fraglich ist allerdings, ob ein Rückgriff auf § 240 StGB überhaupt möglich ist, wenn § 113 StGB wegen Fehlens einer dort geforderten Tathandlung ausscheidet.

- Nach einer teilweise in der Literatur und vor allem in der Rspr. vertretenen Auffassung war ein solcher Rückgriff auf § 240 StGB möglich; jedoch war der Strafrahmen dann dem § 113 StGB zu entnehmen. Begründet wurde dies vor allem damit, dass nur auf diese Weise Strafbarkeitslücken geschlossen würden und zudem der Privilegierungsfunktion Rechnung getragen werden könne.[118]

- Nach einer insbesondere in der Literatur vertretenen Meinung war dagegen eine Anwendung des § 240 StGB ausgeschlossen, wenn die Nötigungsmittel unterhalb der Schwelle des § 113 StGB bleiben. Begründet wurde dies damit, dass nur so die Privilegierungsfunktion des § 113 StGB erhalten bleiben kann.[119]
Nunmehr ist jedoch fraglich, ob § 113 StGB nach der Strafrahmenangleichung gegenüber § 240 StGB noch privilegierend wirkt. Dies wird teilweise, gerade unter Verweis auf die Strafrahmenangleichung, verneint.[120] Teilweise wird jedoch die Privilegierung aus den für den Täter günstigeren Irrtumsregeln des § 113 III, IV StGB hergeleitet.[121]

- Stellungnahme: Von einer allgemein privilegierenden Wirkung des § 113 StGB gegenüber § 240 StGB kann zwar nach der Strafrahmenanpassung nicht mehr ausgegangen werden. Jedoch wirkt § 113 StGB in seinem Tatbestandsumfang nach wie vor insofern privilegierend, als dort die Nötigung mit einem empfindlichen Übel gegenüber einem Vollstreckungsbeamten nicht aufgenommen wurde. Aus der Untätigkeit des Gesetzgebers lässt sich daher ableiten, dass er zwar eine strafzumessungsrechtliche, aber gerade keine tatbestandsmäßige Erweiterung des strafrechtlichen Schutzes im Auge hatte. Dies aber spricht für eine tatbestandliche Sperrwirkung des § 113 StGB. Bei Unterschreiten der Anforderungen des § 113 StGB ist daher § 240 StGB nach wie vor unanwendbar.[122]

6. **Ergebnis:** D hat sich daher nicht nach § 240 I Alt. 2 StGB strafbar gemacht.

Achtung Klausur: *Auch in Fällen, in denen aufgrund der Irrtumsregelung des § 113 III StGB die Strafbarkeit nach § 113 StGB ausscheidet, kann ein Ausschluss der Anwendbarkeit des § 240 StGB oder eine Anwendbarkeit des § 240 StGB unter An-*

---

118 Vgl. *Fischer*, § 113, Rn. 2a; *Hirsch*, Klug-FS, 1983, S. 243; OLG Hamm NStZ 1995, 548 jeweils m. w. N.
119 Vgl. *Sch/Sch/Eser*, § 113, Rn. 43; LG Wuppertal StV 2002, 432.
120 *Fahl*, ZStW 2012, 311; *ders.*, StV 2012, 623; *Krüger*, Jura 2012, 887; *Messer*, NK 2011, 2.
121 *Fischer*, § 113, Rn. 2a; *Rengier*, BT/2, § 54, Rn. 27; *Singelnstein/Puschke*, NJW 2011, 3473.
122 MüKo-*Bosch*, § 113, Rn. 64.

wendung des Strafrahmens des § 113 StGB weiterhin mit dem Argument der Privilegierungsfunktion bejaht werden, da auch diesbezüglich weiterhin eine partielle Privilegierung besteht (s. o.). Hier könnten mit entsprechender Argumentation Punkte gesammelt werden.

II. Der objektive Tatbestand des § 113 StGB

1. Vollstreckungshandlung eines inländischen Amtsträgers (vgl. § 11 StGB)

127 Diese verlangt einen konkretisierten Staatswillen, in einem bestimmten Fall eine Vollstreckungstätigkeit gegenüber einer bestimmten Person oder Sache zu verwirklichen. Dabei kann von einer Vollstreckungstätigkeit nur dann gesprochen werden, wenn der konkrete Akt auch erzwingbar ist.[123] Nicht darunter fällt daher der allgemeine Streifengang oder die Streifenfahrt des Polizisten. Dagegen sind das Anhalten eines Fahrers, die Durchsuchung einer Wohnung, die Beschlagnahme eines Gegenstands etc. Vollstreckungstätigkeiten.

2. Tathandlungen

128 Diese bestehen im Widerstandleisten mit Gewalt (Alt. 1) oder durch Drohung mit Gewalt (Alt. 2).

Voraussetzung ist hier, dass der Täter aktiv Widerstand leistet, wobei sich die Gewalt **gegen** den Vollstreckungsbeamten richten muss. Bloßes Losreißen genügt also nicht. Drohung mit Gewalt bedeutet Ankündigung eines bevorstehenden Gewalteinsatzes.

Beispiel:[124] Polizeibeamter P hielt A am Oberarm fest, teilte ihm mit, dass er zwecks Identitätsfeststellung in den Dienstraum der Bundespolizeiinspektion D-N mitkommen müsste, und drohte die Anwendung unmittelbaren Zwangs an, falls sich A dem widersetze. Daraufhin händigte A dem Polizeibeamten zwar seinen Ausweis aus, riss sich aber von dem Polizeibeamten los und wollte weglaufen.

Lösung: Ein Sich-Losreißen aus einem Festhaltegriff kann bei einem mit nicht unerheblichem Kraftaufwand erfolgenden Entwinden den Gewaltbegriff im Sinne des § 113 I StGB erfüllen. Ein bloßes Sich-Entziehen aus einem lockeren Griff genügt allerdings, ohne dass anderweitige Aktivitäten (Schläge, Stöße etc.) gegen den Vollstreckungsbeamten ersichtlich sind, nicht.

III. Subjektiver Tatbestand

129 Er setzt Vorsatz im Hinblick auf die objektiven Tatbestandsmerkmale voraus.

IV. Tatbestandsannex: Rechtmäßige Diensthandlung nach § 113 III S. 1 StGB

130 Die Rechtmäßigkeit der Diensthandlung wird von der wohl h. M. als objektive Bedingung der Strafbarkeit aufgefasst.[125] Nach a. A. ist die Rechtmäßigkeit der Diensthand-

---

123 BGHSt 25, 313, 314; BGH NJW 1982, 2081; Lackner/Kühl/*Heger*, § 113, Rn. 3.
124 OLG Dresden NStZ-RR 2015, 10 m. Anm. *Bosch*, JK 2015, 659, § 113 StGB; *Hecker*, JuS 2015, 562 ff.
125 Vgl. *Schroth*, BT, S. 316; *Wessels/Hettinger/Engländer*, BT/1, Rn. 701.

lung unrechtskonstituierend und daher im Tatbestand bzw. in der Rechtswidrigkeit zu prüfen.

Die besseren Gründe sprechen aber wohl für diejenige Auffassung, die die Rechtmäßigkeit als objektive Bedingung der Strafbarkeit einordnet. Dafür streitet vor allem § 113 III S. 2 StGB, der zeigt, dass die Diensthandlung objektiv rechtmäßig sein muss, ohne dass es auf einen diesbezüglichen Vorsatz des Täters ankommt.[126] Dies ist nicht erklärbar, wenn man die Frage der Rechtmäßigkeit im Gesamtunrechtstatbestand verortet. Freilich ist die Irrtumsregelung des § 113 IV StGB bei dem hier vertretenen Verständnis ebenfalls nicht leicht erklärbar. Man wird in ihr wohl eine Ausnahme sehen müssen, sodass man insgesamt eine „modifizierte objektive Bedingung der Strafbarkeit" annehmen kann.

Achtung Klausur: *Umstritten ist, wie die Rechtmäßigkeit der Diensthandlung überhaupt zu bestimmen ist: Die wohl h. M.[127] geht dabei von einem „strafrechtlichen Rechtmäßigkeitsbegriff" aus, wonach der Vollstreckungsbeamte bereits dann rechtmäßig handelt, wenn er sachlich und örtlich zuständig ist, die wesentlichen Förmlichkeiten einhält und nicht willkürlich handelt. Auch das BVerfG bestätigte in einer neueren Entscheidung, dass der formelle Rechtmäßigkeitsbegriff verfassungsrechtlich nicht zu beanstanden sei. Jedoch setze die Rechtmäßigkeit der Diensthandlung bei § 113 III StGB voraus, dass die wesentlichen Förmlichkeiten zum Schutz des Betroffenen gewahrt werden. Dabei seien insbesondere die Grundrechte des Betroffenen im konkreten Fall zu beachten.[128]*

Hinweis: *Zu den wesentlichen Förmlichkeiten gehört unter anderem eine zutreffende Belehrung. In einer aktuellen Entscheidung urteilte das OLG Celle, dass bei Belehrung über eine allgemeine Verkehrskontrolle trotz Vorliegens des Verdachts einer Trunkenheitsfahrt die polizeiliche Maßnahme rechtswidrig i.S.v. § 113 III StGB sei.[129]*

V. Besonders schwere Fälle nach § 113 II StGB

1. Als Regelbeispiele, die zu einer Straferschwerung führen, nennt § 113 II S. 2 Nr. 1 StGB das Bei-sich-Führen einer Waffe oder eines anderen gefährlichen Werkzeuges. **130a**

Beispiel:[130] A, der eine BAK von 0,5 ‰ hatte, wurde in seinem Wagen von dem Polizeibeamten P angehalten und nach dem Führerschein gefragt. A wollte daraufhin abrupt losfahren. P versuchte, durch das halb offene Fenster ins Wageninnere des A zu greifen und den Zündschlüssel abzuziehen. A wehrte den Griff des P ab und drückte aufs Gas, wodurch P einige Meter mitgerissen wurde, bis er sich vom Fahrzeug wegdrücken konnte. A hatte dabei keinen Verletzungsvorsatz; ihm ging es vielmehr nur darum, den P an der Ausführung seiner Diensthandlung zu hindern. Tatsächlich blieb P auch unverletzt. Strafbarkeit des A?

Lösung: §§ 315c und 316 StGB scheitern hier, weil A nicht absolut fahruntauglich war und eine relative Fahruntauglichkeit nicht mit hinreichender Sicherheit festgestellt werden konnte.

---
126 Dies zeigt auch der von *Rengier*, BT/2, § 53, Rn. 12 empfohlene Klausuraufbau.
127 Lackner/Kühl/*Heger*, § 113, Rn. 7 ff.; *Wessels/Hettinger/Engländer*, BT/1, Rn. 703 ff.; *Sch/Sch/Eser*, § 113, Rn. 23 ff.; BGHSt 21, 334, 361 ff.
128 BVerfG StV 2008, 71 m. Anm. *Niehaus/Achelpöhler*.
129 OLG Celle NZV 2013, 409 ff. m. Anm. NJW-Spezial 2012, 600 und Anm. *Jahn*, JuS 2013, 268 ff.
130 Verkürzt nach BVerfG NJW 2008, 3627 ff.

Auch ist ein gefährlicher Eingriff in den Straßenverkehr nach § 315b I Nr. 3 StGB zu verneinen. Denn zwar kann § 315b StGB nicht nur bei verkehrsfremden Eingriffen von außen anwendbar sein, sondern auch bei der Teilnahme am Straßenverkehr, sofern dieser pervertiert wird. Jedoch verlangt der BGH dann einen über den Gefährdungsvorsatz hinausgehenden Schädigungsvorsatz (vgl. näher Rn. 475 f.). Dieser war hier laut Sachverhalt nicht gegeben. Da P nicht verletzt wurde, scheitert auch eine Körperverletzung nach §§ 223, 224 I Nr. 2 Alt. 2 StGB. Ebenso ist eine versuchte Körperverletzung nach den genannten Vorschriften zu verneinen, weil A keinen Verletzungsvorsatz hatte. Auch kommt eine Strafbarkeit nach § 114 I StGB nicht in Betracht, da von einem tätlichen Angriff nicht ausgegangen werden kann. Dieser würde der Sache nach eine versuchte Körperverletzung voraussetzen. Eine solche war aber von A gerade nicht gewollt. Verwirklicht ist aber der Tatbestand des Widerstandes gegen Vollstreckungsbeamte nach § 113 I StGB. Die allgemeine Verkehrskontrolle ist Vollstreckungstätigkeit, gegen die A Widerstand geleistet hat.[131] Zu prüfen ist diesbezüglich, ob das Regelbeispiel des § 113 II S. 2 Nr. 1 StGB erfüllt ist. Dabei ist ein Kfz keinesfalls als Waffe nach § 113 II S. 2 Nr. 1 StGB zu werten, weil darunter nur Waffen im technischen Sinne, also Mittel, die einem Verletzungszweck dienen, zu verstehen sind. Durch das am 30.5.2017 in Kraft getretene Gesetz zur Stärkung des Schutzes von Vollstreckungsbeamten und Rettungskräften wurde die zuvor noch enthaltene Voraussetzung einer Verwendungsabsicht gestrichen, sodass nunmehr das bloße Bei-sich-führen eines gefährlichen Werkzeugs genügt. Die Vorschrift wird daher nunmehr mit der bereits aus § 244 Abs. 1 Nr. 1 StGB bekannten Problematik der Bestimmung des gefährlichen Werkzeugs aufgeladen. Die dort vertretene abstrakt-objektive Auffassung, wonach es auf die generelle Eignung eines Gegenstandes zur Herbeiführung von erheblichen Verletzungen ankommt, wird von der Rechtsprechung – dies ist jetzt schon vorhersehbar – auch auf § 113 II S. 2 Nr. 1 StGB übertragen werden. Da A das Auto vorliegend als gefährliches Werkzeug sogar benutzt hat, liegt erst Recht ein Mit-sich-führen vor. A hat sich daher nach § 113 I, II Nr. 1 Alt. 2 StGB strafbar gemacht. Die gleichzeitig verwirklichte Nötigung nach § 240 I StGB tritt im Wege der Spezialität zurück.

2. § 113 II S. 2 Nr. 2 StGB erklärt den erhöhten Strafrahmen hinaus grundsätzlich für eröffnet, wenn der Täter den Angegriffenen in die Gefahr des Todes oder einer schweren Gesundheitsschädigung bringt.

3. Schließlich hat der Gesetzgeber durch das Gesetz zur Stärkung des Schutzes von Vollstreckungsbeamten und Rettungskräften mit Wirkung vom 30.5.2017 in **§ 113 II S. 2 Nr. 3** StGB auch das gemeinschaftliche Widerstandleisten zusammen mit einem anderen Beteiligten als Regelbeispiel aufgenommen. Zur Problematik der gemeinschaftlichen Begehung kann auf die Ausführungen zu § 224 I Nr. 4 StGB (vgl. Rn. 80 ff.) verwiesen werden, allerdings mit der Einschränkung, dass es sich dort um eine Qualifikation handelt, während sich der Gesetzgeber hier für eine Ausgestaltung als Regelbeispiel entschieden hat.

VI. Irrtümer des Täters

Hier ist zu unterscheiden:

1. Irrtum über Amtsträgereigenschaft bzw. Vornahme einer Vollstreckungshandlung

131 a) Der Täter erkennt nicht, dass er einem Vollstreckungsbeamten gegenübersteht und/oder dass sich dieser bei Vollstreckungshandlungen befindet.

---

131 BGHSt 25, 313; *Rengier*, BT/2, § 53 Rn. 5.

Die h. M. verneint hier § 113 StGB, weil der Täter keinen Vorsatz hat. Anwendbar ist daher nach h. M. § 240 StGB.

b) Der Täter hält einen Nichtamtsträger irrig für einen Vollstreckungsbeamten, der sich bei einer Vollstreckungshandlung befindet.

Fraglich ist hier, ob § 16 II StGB anwendbar ist. Dies erscheint deshalb problematisch, weil § 113 StGB und § 240 StGB unterschiedliche Rechtsgüter schützen. Deshalb wollen viele § 240 StGB anwenden und den Strafrahmen und die Irrtumsregelungen des § 113 StGB analog heranziehen.[132] Dies erscheint hier immerhin deshalb vertretbar, weil anders als im Selbstverbrennungsfall (s. o. Rn. 125 f.) tatsächlich überhaupt keine Vollstreckungssituation vorgelegen, sondern der Täter sich eine solche vielmehr nur eingebildet hat.

2. Irrtum über die Rechtmäßigkeit der Amtshandlung

Hierfür treffen § 113 III und IV StGB Sonderregelungen.

132

a) Die Diensthandlung ist objektiv rechtswidrig, der Täter hält sie aber für rechtmäßig.

In diesem Fall greift § 113 III S. 1 und S. 2 StGB ein, d. h., der Täter ist nicht strafbar, da die Rechtmäßigkeit objektive Bedingung der Strafbarkeit ist und die irrtümliche Annahme der Rechtmäßigkeit daher nicht zur Strafbarkeit führen kann.

b) Die Diensthandlung ist objektiv rechtmäßig, der Täter hält sie jedoch für rechtswidrig.

Hier greift die Regelung des § 113 IV StGB. Er ist ähnlich dem § 17 StGB ausgestaltet, jedoch ergeben sich einige Unterschiede:
- Der Täter muss die Unrechtmäßigkeit irrig positiv annehmen.
- Der Irrtum erfasst Fehlvorstellungen bzgl. Rechts- und Tatsachenfragen.
- Bei der Vermeidbarkeit gilt – anders als bei § 17 StGB –, dass in der Regel keine Verpflichtung zur Einholung von Rechtsauskunft besteht (hierzu dürfte auch regelmäßig nicht genügend Zeit vorhanden sein).

Wie bei § 17 StGB gilt aber in der Rechtsfolge:
- War der Irrtum vermeidbar, so tritt eine fakultative Strafmilderung nach § 113 IV S. 1 i. V. m. § 49 II StGB ein.
- War der Irrtum unvermeidbar, so ordnet § 113 IV S. 2 StGB vorbehaltlich eines möglichen Rechtsbehelfsverfahrens Straflosigkeit an.

VII. Tätlicher Angriff auf Vollstreckungsbeamte nach § 114 StGB

§ 114 StGB verdankt seine Existenz dem am 30.5.2017 in Kraft getretenen 52. StrRÄndG zur Stärkung des Schutzes von Vollstreckungsbeamten und Rettungskräften.[133] Während der tätliche Angriff bislang als Alternative des § 113 I StGB aus-

132a

---

132 So etwa *Sch/Sch/Eser*, § 113, Rn. 52.
133 Näher zu den Änderungen, die dieses Gesetz mit sich gebracht hat: *Fahl*, ZStW 130 (2018), 745 ff. und *Kulhanek*, JR 2018, 551 ff.

gestaltet war und dort damit gleichgewichtig neben dem Widerstandleisten durch Gewalt oder Drohung mit Gewalt stand, hat sich der Gesetzgeber nunmehr zum Schutz der Vollstreckungsbeamten dafür entschieden, diese Begehungsform in einem eigenen Tatbestand zu regeln und einen erhöhten Strafrahmen zu schaffen. Da der Tatbestand bei tätlichen Angriffen auf den Bezug zur Vollstreckungshandlung verzichtet,[134] kann er nicht als Qualifikationstatbestand zu § 113 StGB verstanden werden. Vielmehr handelt es sich um einen eigenen Tatbestand mit einem eigenen Unrechtsgehalt.

1. Diensthandlung eines inländischen Vollstreckungsbeamten (vgl. § 11 StGB)

Während § 113 StGB eine Vollstreckungshandlung eines Vollstreckungsbeamten voraussetzt, verlangt § 114 StGB lediglich eine Diensthandlung eines Vollstreckungsbeamten. Der Tatbestand ist daher auch dann erfüllt, wenn der Täter einen Vollstreckungsbeamten bei Ausführung einer allgemeinen Diensthandlung tätlich angreift.[135] Als allgemeine Diensthandlungen kommen etwa in Betracht: Streifengang, Streifenfahrt oder Begleitung einer Demonstration. Mangels erforderlichen Bezugs zur Vollstreckung kann § 114 StGB nicht als Qualifikationstatbestand zu § 113 StGB verstanden werden. Vielmehr handelt es sich um einen eigenen Tatbestand mit eigenem Unrechtsgehalt.

Achtung Klausur: *Da jede Diensthandlung genügt, ist § 114 StGB natürlich erst Recht verwirklicht, wenn der Beamte eine Vollstreckungshandlung ausführt und der Täter ihn dabei tätlich angreift.*

2. Tathandlung

Tätlicher Angriff ist eine in feindseliger Willensrichtung auf den Körper des Vollstreckungsbeamten zielende Einwirkung; sie wird sich vielfach mit einem Widerstandleisten mit Gewalt überschneiden und ist durch eine (versuchte) Körperverletzung gekennzeichnet. Ein Erfolg ist nicht erforderlich, da § 114 StGB als Unternehmensdelikt ausgestaltet ist. Als der tätliche Angriff noch in § 113 StGB geregelt war (s. soeben bei 1.), verstand man darunter jede unmittelbar auf den Körper zielende gewaltsame Einwirkung, ohne dass es auf einen Verletzungserfolg oder Verletzungsvorsatz ankam. Wegen der hohen Strafdrohung wird man heute aber zumindest einen Verletzungsvorsatz fordern müssen.[136]

Beispiel: A versucht den Polizeibeamten, der ihn gerade festnehmen will (Vollstreckungshandlung) oder der sich gerade auf seinem Streifengang befindet (allgemeine Diensthandlung), mit der Faust niederzuschlagen. Er verfehlt ihn jedoch und wird von dem Polizisten überwältigt.

---

[134] BT-Drucks. 18/11161, 8.
[135] BT-Drucks. 18/11161, 8.
[136] Eingehend zur Bestimmung des tätlichen Angriffs und zur Notwendigkeit einer restriktiven Auslegung *Busch/Singelnstein*, NStZ 2018, 510 f.

3. Entsprechende Geltung der Strafzumessungs- und Irrtumsregeln nach § 113 II bis IV StGB

In § 114 II und III StGB werden die Strafzumessungsregeln des § 113 II StGB sowie die Bestimmungen des § 113 III und IV StGB für entsprechend anwendbar erklärt. Jedoch sollen die privilegierenden Regeln nur gelten, wenn es sich bei der Diensthandlung des Amtsträgers um eine Vollstreckungstätigkeit handelt. Diese Einschränkung ist damit zu erklären, dass sich grundsätzlich nur der von einer Vollstreckungshandlung Betroffene in einer psychologisch schwierigen Situation befindet und daher auch nur dann die privilegierenden Funktionen der Abs. 2 bis 4 des § 113 StGB zur Geltung gelangen sollen. Bei tätlichen Angriffen auf Beamte, die mit einer allgemeinen Dienstausübung befasst sind (Streifenfahrt, Unfallaufnahme, Aufstellen und Einrichten einer Radaranlage etc.) fehlt es dagegen gerade an dieser psychologischen Komponente.

Beispiel: Der Täter erlangt nicht entsprechend § 113 III StGB Straflosigkeit, wenn er einen Beamten angreift, der eine rechtswidrige allgemeine Diensthandlung durchführt. Denn in diesem Fall fehlt es an einer psychischen Betroffenheit des Täters, die einen Angriff auf den Beamten verständlich machen könnte.

In Bezug auf die Konkurrenz zu § 240 StGB gilt das bereits zu § 113 StGB Gesagte entsprechend.[137]

VIII. Erweiterung des Schutzbereichs durch § 115 StGB

1. § 115 I StGB ist in Klausuren kaum relevant, da der Anwendungsbereich relativ gering ist. Insoweit bleiben für § 115 I StGB lediglich wenig klausurträchtige Fälle, welche einen sog. bestätigten Jagdaufseher und ähnliche Personen betreffen.

132b

2. In den Schutzbereich des § 115 II StGB fallen Personen, die von einem Vollstreckungsbeamten zur Unterstützung hinzugezogen werden, wie etwa der Schlosser, der den Polizeibeamten zum Zwecke einer Durchsuchung die Tür öffnet.

3. § 115 III StGB bestraft das Behindern der Feuerwehr, des Katastrophenschutzes oder eines Rettungsdienstes bei Unglücksfällen sowie gemeiner Gefahr oder Not durch Gewalt, Drohung mit Gewalt (dann gilt § 115 III i. V. m. § 113 StGB) oder durch tätlichen Angriff (dann gilt § 115 III i. V. m. § 114 StGB). Die tatbestandliche Situationsbeschreibung entspricht hier daher der des § 323c StGB (hierzu: *Jäger*, AT, Rn. 373d), die Tathandlungsbeschreibung der des § 113 StGB oder des § 114 StGB.[138] Neben dem Schutz von bestimmten Nichtamtsträgern durch Abs. 1 und Personen, welche zur Unterstützung von Diensthandlungen herangezogen werden, durch Abs. 2, werden durch Abs. 3 also Hilfskräfte in den Schutzbereich miteinbezogen, welche regelmäßig keine Vollstreckungshandlungen vornehmen und auch nicht an ihnen beteiligt sind. Insoweit bildet § 115 III StGB einen Fremdkörper im Schutzsystem der §§ 113 ff.

---

137 Hinsichtlich des § 113 III StGB wollte der Gesetzgeber zudem den Schutz der Rettungskräfte „unabhängig von bereits vorhandenen Sanktionsmöglichkeiten" verbessern; BT-Drs. 17/4143 S. 1.
138 MüKo-*Bosch*, § 114 Rn. 11.

StGB.[139] Da sich die Tat nach § 115 III StGB nicht gegen eine Diensthandlung richten muss, verweist dieser nur auf § 113 I, II StGB (Rechtsfolgenverweisung).[140] § 113 III, IV StGB sind somit nicht anwendbar.[141]

Achtung Klausur: *§ 115 III StGB betrifft die Behinderung von Helfern nur unter zwei kumulativ erforderlichen Voraussetzungen. Es muss sich um professionelle Helfer (Rettungsdienst, Feuerwehr etc.) handeln und es muss gegen diese Gewalt/Drohung mit Gewalt oder ein Angriff verübt werden (der in solchen Fällen gleichzeitig verwirklichte § 323c II StGB tritt bei Vorliegen dieser kumulativen Voraussetzungen zurück).*

Fehlt es dagegen an einer der beiden Voraussetzungen, so kann nur der ebenfalls durch das 52. StrÄndG zur Stärkung des Schutzes von Vollstreckungsbeamten und Rettungskräften neu geschaffene § 323c II StGB einschlägig sein. Dieser schützt professionelle Helfer, die ohne Gewalt/Drohung oder tätlichen Angriff behindert werden. Ebenfalls anwendbar ist er bei Behinderung nicht professioneller Helfer, die mit oder ohne Gewalt/Drohung oder tätlichem Angriff bei Hilfsmaßnahmen behindert werden. Eine Behinderung erfordert nach dem Wortlaut des § 323c II StGB, anders als das Widerstandleisten nach § 113 StGB, ein Erfolgsmoment (Erfolgsdelikt), das dann gegeben ist, wenn die Hilfsmaßnahmen zumindest spürbar, nicht unerheblich erschwert werden.[142] Näher zum neuen § 323c II StGB Jäger, AT, Rn. 373e.

Beachte: *Im Rahmen von Klausuren, in denen es um Gewalt/Drohungen oder tätliche Angriffe im Zuge von Vollstreckungshandlungen (§ 113 StGB), allgemeine Diensthandlungen (§ 114 StGB) oder um Hilfsmaßnahmen professioneller Helfer (§ 115 III StGB) geht, kann es auch zu Beschädigungen von Fahrzeugen der Polizei, der Feuerwehr, des Katastrophenschutzes und des Rettungsdienstes kommen, die allesamt in den Katalog des § 305a StGB mit aufgenommen sind.*

---

139 Zu Recht kritisch daher unter Rechtsgutsgesichtspunkten: *Singelnstein/Puschke*, NJW 2011, 3473; *Zopfs*, GA 2012, 259; MüKo-*Bosch*, § 114 Rn. 11.
140 BT-Drs. 17/4143 S. 7; *Bosch*, Jura 2011, 268.
141 *Singelnstein/Puschke*, NJW 2011, 3473.
142 MüKo-*Bosch*, § 114 Rn. 11; *Singelnstein/Puschke*, NJW 2011, 3473.

§ 4 Beleidigungsdelikte

A. Allgemeines

I. Der Ehrbegriff als Grundlage aller Beleidigungsdelikte

Insgesamt werden vor allem drei Ehrbegriffe unterschieden:

1. Faktischer Ehrbegriff

Er umfasst das subjektive Ehrgefühl und den guten Ruf in seinen tatsächlichen Ausprägungen.[1]

133

2. Normativ-faktischer Ehrbegriff

Nach diesem dualistischen Ehrbegriff sind die innere Ehre (d. h. der innere Wert) und die äußere Ehre (d. h. der gute Ruf) zu unterscheiden.[2]

134

3. Normativer Ehrbegriff

Nach dieser heute wohl h. M. wird Ehre als begründeter personaler Geltungswert sowie der daraus abzuleitende soziale Geltungsanspruch aufgefasst.[3]

135

4. Stellungnahme

Vorzugswürdig erscheint der normative Ehrbegriff. Denn der faktische und bis zu einem gewissen Grade auch der normativ-faktische Ehrbegriff hängen zu sehr vom Ehrgefühl des Einzelnen bzw. vom Ansehen des Einzelnen in der Öffentlichkeit ab. Nur der normative Ehrbegriff löst sich hiervon und erkennt wertend einen sittlich-sozialen Achtungsanspruch zu, der jeder Person eigen ist.[4]

136

II. Geschütztes Rechtsgut und Verhältnis der Beleidigungsdelikte untereinander

1. Geschütztes Rechtsgut

Geschütztes Rechtsgut aller Beleidigungsdelikte (§§ 185 ff. StGB) ist die Ehre als begründeter Anspruch eines Menschen auf Achtung seiner Persönlichkeit (s. soeben zu den Ehrbegriffen).[5]

137

---

1 *Stern*, Hübner-FS, 1984, S. 815.
2 *Geppert*, Jura 1983, 531; *Otto*, Schwinge-FS, 1973, S. 71; NK-*Zaczyk*, vor § 185, Rn. 7 m. w. N.
3 Vgl. LK-*Hilgendorf*, vor § 185, Rn. 4 ff.; *Hirsch*, Wolff-FS, 1998, S. 127; NK-*Zaczyk*, vor § 185, Rn. 5. Auch BGHSt 36, 148 geht in diese Richtung („verdienter Achtungsanspruch").
4 Vgl. näher *Küper/Zopfs*, BT, S. 123 f.; wie hier wohl auch *Schroth*, BT, S. 127.
5 BGHSt 1, 289; 11, 228; 36, 148; *Kaufmann*, ZStW 72 (1960), 430 f.; Lackner/*Kühl*, § 185, Rn. 1; *Fischer*, vor § 185, Rn. 1 ff.

Der Geltungsanspruch besteht unabhängig davon, ob der Betroffene in der Lage ist, diesen Anspruch selbst zu erfassen. Geschützt sind daher auch Kinder oder Geisteskranke, weil es auf den sozialen Achtungsanspruch ankommt.[6]

2. Verhältnis der Beleidigungsdelikte untereinander

138 a) § 185 StGB ist Auffangtatbestand innerhalb der Beleidigungsdelikte und greift ein bei:
- Tatsachenbehauptungen gegenüber dem Betroffenen, die geeignet sind, dessen Ehre zu verletzen;
- Werturteilen gegenüber dem Betroffenen oder gegenüber Dritten, die eine Missachtung zum Ausdruck bringen.[7]

139 b) Die üble Nachrede nach § 186 StGB erfasst nur die aus dem Tatbestandsbereich des § 185 StGB herausfallende rufschädigende Tatsachenbehauptung gegenüber Dritten, wobei die Unwahrheit der Tatsache nicht vom Vorsatz des Täters umfasst sein muss, da es sich bei der Nichterweislichkeit der Tatsache um eine objektive Bedingung der Strafbarkeit handelt.

140 c) Die Verleumdung nach § 187 StGB enthält einen Sonderfall der üblen Nachrede, da hier die Unwahrheit objektives Tatbestandsmerkmal ist, auf das sich der Vorsatz des Täters zu beziehen hat.

141 d) Konkurrenzen: Für die Konkurrenzen ergibt sich daraus, dass § 186 StGB als speziellere Vorschrift den § 185 StGB in Bezug auf die behaupteten ehrenrührigen Tatsachen ausschließt, sofern nicht eine zusätzliche Missachtung des Betroffenen vorliegt und es sich nicht um Tatsachenbehauptungen handelt, die sowohl an den Betroffenen als auch an einen Dritten gerichtet sind, wie dies etwa bei der Anwesenheit beider der Fall ist. Gleiches gilt für das Verhältnis von §§ 185 und 187 StGB. Idealkonkurrenz zwischen §§ 186 und 187 StGB ist im Übrigen allenfalls denkbar, wenn sich die Äußerungen auf unterschiedliche Sachverhaltskomplexe bzw. unterschiedliche Personen beziehen.[8]

Achtung Klausur: *Aus dem geschilderten Verhältnis der Beleidigungsdelikte zueinander ergibt sich, dass man bei Tatsachenbehauptungen gegenüber Dritten grundsätzlich mit § 187 StGB bzw. § 186 StGB (je nachdem, ob die Äußerung wider besseres Wissen erfolgt) beginnen und erst danach § 185 StGB prüfen sollte (vgl. sogleich Fall 12 und Fall 13, Rn. 152 f. und 158 f.). Dagegen haben die §§ 186, 187 StGB bei reinen Werturteilen ohne Tatsachenkern (!) keine Bedeutung, sodass man bei ihnen grundsätzlich gleich auf § 185 StGB zusteuern kann.*

---

[6] Vgl. *Tenckhoff*, JuS 1988, 202, Fall 6; *Wessels/Hettinger/Engländer*, BT/1, Rn. 523.
[7] *Kindhäuser*, LPK, § 185, Rn. 5; *Wessels/Hettinger/Engländer*, BT/1, Rn. 546.
[8] Vgl. näher *Sch/Sch/Eisele/Schittenhelm*, § 187, Rn. 8 m. w. N.

B. Die Beleidigungsdelikte im Einzelnen

I. Beleidigung nach § 185 StGB

1. Tathandlung

Hier sind zwei mögliche Tathandlungen zu unterscheiden:

a) Ehrverletzende Tatsachenbehauptungen gegenüber dem Betroffenen

Beispiel: A äußert gegenüber dem B: „Sie haben mein Auto gestohlen!" Ist die Äußerung gleichzeitig an anwesende Dritte gerichtet, so kommt Idealkonkurrenz mit § 186 StGB in Betracht.[9]

aa) Der soziale Achtungsanspruch wird allerdings nur dann durch die Kundgabe verletzt, wenn die Äußerung unverdientermaßen erfolgt. Dies ist nicht der Fall, wenn die Tatsache – für sich gesehen – wahr ist.[10] In diesem Fall kommt allenfalls noch eine sog. Formalbeleidigung in Betracht, bei der sich der beleidigende Charakter aus der Form der Äußerung bzw. aus sonstigen speziellen Umständen ergeben kann (vgl. hierzu § 192 StGB).[11] Zwar wird in der Literatur teilweise gefordert, dass die Unwahrheit keine Tatbestandsvoraussetzung für § 185 StGB sein soll, sondern die Feststellung der Wahrheit nur als Strafausschließungsgrund wirken könne,[12] jedoch spricht hiergegen bereits die andersartige Fassung im Vergleich zu § 186 StGB sowie die Tatsache, dass eine Kundgabe einer Missachtung nur dann in Betracht kommt, wenn diese unverdient ist.[13] Es ist daher grundsätzlich zugunsten des Täters davon auszugehen, dass die behauptete Tatsache wahr ist, weshalb im Falle der Unaufklärbarkeit „in dubio pro reo" ein Tatbestandsausschluss anzunehmen ist. Auch ist es angebracht, die Unerweislichkeit der Wahrheit bei § 185 StGB als Tatbestandsausschluss zu werten, weil hier die Tatsachenäußerung nur gegenüber dem Betroffenen erfolgt und damit weniger gefährlich ist als eine Äußerung gegenüber Dritten.

142

Folgt man der h. M., derzufolge die Unwahrheit der behaupteten Tatsache Tatbestandsvoraussetzung für eine Beleidigung ist, so führt die irrtümliche Annahme der Wahrheit von Seiten des Täters zu einem vorsatzausschließenden Tatbestandsirrtum nach § 16 StGB.[14]

bb) Bei der Behauptung einer Straftat ist § 190 StGB zu beachten, der den Grundsatz der freien Beweiswürdigung nach § 261 StPO durchbricht und den Wahrheitsbeweis hinsichtlich der Straftat als erbracht ansieht, sofern der von der Beleidigung Betroffene rechtskräftig wegen der behaupteten Straftat verurteilt worden ist (§ 190 S. 1 StGB). Gleichzeitig legt § 190 S. 2 StGB fest, dass der Wahrheitsbeweis ausgeschlossen ist, sofern ein rechtskräftiger Freispruch wegen der behaupteten Straftat erfolgt ist.

143

---

9 Vgl. auch BGHSt 12, 287, 292; BayObLG NJW 1962, 1120.
10 *Wessels/Hettinger/Engländer*, BT/1, Rn. 570; a. A. *Gössel/Dölling*, BT/1, § 27, Rn. 27.
11 Vgl. auch *Sch/Sch/Eisele/Schittenhelm*, § 193, Rn. 26.
12 Vgl. *Maurach/Schroeder/Maiwald*, BT/1, § 26, Rn. 10 ff.; *Otto*, BT, S. 83; *Tenckhoff*, JuS 1989, 36 f.
13 Wie hier *Sch/Sch/Eisele/Schittenhelm*, § 185, Rn. 5.
14 Vgl. hierzu BayObLG NJW 1959, 57; *Zöller/Fornoff/Gries*, BT/2, S. 210.

144 cc) Ist zugunsten des Täters davon auszugehen, dass die behauptete Tatsache wahr ist, oder liegt von Seiten des Täters ein Irrtum im Hinblick auf die Unwahrheit vor, so kommt allenfalls noch eine Bestrafung wegen Vorliegens einer Formalbeleidigung nach § 192 StGB in Betracht. Notwendig ist dabei, dass Form bzw. Begleitumstände der Behauptung eine beleidigende Wirkung zum Ausdruck bringen.[15] Nach h. M. fallen hierunter vor allen Dingen sog. Publikationsexzesse, d. h. Veröffentlichungen von wahren Tatsachen, an denen keinerlei öffentliches Interesse besteht, wie z. B. das Öffentlichmachen einer Straftat durch Aushang am Schwarzen Brett.[16]

b) *Ehrverletzende Werturteile gegenüber dem Betroffenen selbst oder gegenüber Dritten*

145 **Beispiel 1:** A bezeichnet B als „blöden Hund", wobei es gleichgültig ist, ob er dies dem Betroffenen selbst oder Dritten gegenüber äußert.

Da Werturteile dem Wahrheitsbeweis nicht zugänglich sind, stellt sich hier grundsätzlich auch nicht das Problem der Erweislichkeit und Nichterweislichkeit der Wahrheit (s. o. Rn. 142). Anders ist es nur, wenn dem Werturteil ein konkreter Tatsachenkern zugrunde liegt.

Beispiel 2: A sagt zu B: „Sie sind ein Verbrechercharakter. Sie stehlen und betrügen."

In diesem Fall ist für eine Bestrafung nach § 185 StGB wiederum erforderlich, dass die behauptete Tatsache erweislich unwahr ist, da anderenfalls der Betroffene die Äußerung „verdient", sodass nicht von einer Missachtung des sozialen Geltungsanspruchs die Rede sein kann.[17]

2. Äußerungsformen der Beleidigung

146 In welcher Form die Missachtung des sozialen Geltungsanspruchs zum Ausdruck kommt, spielt letztlich keine Rolle.[18] In Frage kommen Zeichen (das Heben des Mittelfingers), aber auch ausdrückliche Ehrkränkungen gegenüber dem Betroffenen.

Die Beleidigung kann aber auch durch Tätlichkeiten erfolgen, wobei der Tatbestand der tätlichen Beleidigung in § 185 Alt. 2 StGB sogar als schwerer Fall der Beleidigung behandelt wird. In Betracht kommt dabei etwa ein Missachtung zum Ausdruck bringender Schlag ins Gesicht, ein Anspucken oder ähnliches. Allerdings ist eine körperliche Berührung nicht notwendige Voraussetzung für die Annahme einer tätlichen Beleidigung, sodass etwa auch Vorbeispucken für die Erfüllung des Tatbestandes genügen kann.[19]

Ob das Ansinnen zur Vornahme sexueller Handlungen gegenüber dem oder der Betroffenen genügt, hängt davon ab, ob die Äußerung den Betroffenen oder die Betroffene als verfügbares Sexualobjekt kennzeichnet.[20] So erfüllt das Angebot „Geld für

---

15 Vgl. dazu NK-*Zaczyk*, § 192, Rn. 3 f.
16 Vgl. dazu OLG Braunschweig MDR 1948, 186; LK-*Hilgendorf*, § 192, Rn. 7; Lackner/*Kühl*, § 192, Rn. 2; *Maurach/Schroeder/Maiwald*, BT/I, § 26, Rn. 53; SK-*Rogall*, § 192, Rn. 9; *Fischer*, § 192, Rn. 2; NK-*Zaczyk*, § 192, Rn. 4.
17 Vgl. hierzu *Rengier*, BT/2, § 29, Rn. 31; *Wessels/Hettinger/Engländer*, BT/1, Rn. 570.
18 Vgl. auch zur aktuellen Problematik der Internetbeleidigung in sozialen Netzwerken *Krischker*, JA 2013, 488 ff.
19 *Geppert*, Jura 1983, 588.
20 BGH NStZ 93, 182; NK-*Zaczyk*, vor § 185, Rn. 25; vgl. auch *Adelmann*, Jura 2009, 24 ff.

Sex" grundsätzlich den Straftatbestand der Beleidigung.[21] Nicht dagegen genügt es, wenn der Täter das Opfer nur zu Sexualkontakten auffordert. § 185 StGB erfüllt für sexualbezogenes Verhalten nämlich keine „lückenfüllende" Funktion, weshalb Angriffe gegen die sexuelle Selbstbestimmung grundsätzlich nach §§ 174 ff. StGB strafbar sind und Strafbarkeitslücken nicht über § 185 StGB ausgefüllt werden können.[22]

Insgesamt ist immer entscheidend, ob der Kundgabe ein missachtender Charakter zukommt; so wurden etwa als Beleidigungen betrachtet: Die Bezeichnung eines Autofahrers als „Schwein"[23], die Äußerung gegenüber einem Polizeibeamten, er sei ein „Charakterschwein"[24], die Bezeichnung eines Behinderten als „Krüppel"[25] sowie der Vergleich des Vorgehens von Strafverfolgungsbehörden mit „Gestapo-Methoden".[26]

Zu beachten ist im Übrigen, dass der Ehrenschutz durch die verfassungsrechtlich garantierte Meinungsfreiheit nach Art. 5 I GG tatbestandlich begrenzt sein kann. Beispielsweise hat das BayObLG[27] die Bezeichnung als „Wegelagerer" gegenüber einem Beamten, der Geschwindigkeitsmessungen durchführte, nicht als tatbestandliche Beleidigung nach § 185 StGB eingestuft, da diese durch die Meinungsäußerungsfreiheit nach Art. 5 I GG gedeckt sei. Auch die Bezeichnung „Spitzel" gegenüber einem Polizeibeamten im Rahmen einer Versammlungsauflösung wurde vom BayObLG[28] nicht als tatbestandsmäßige Beleidigung aufgefasst. Dagegen hat das KG[29] eine Beleidigung darin gesehen, dass gegenüber einem Schaffner in Uniform die Aufforderung zur Vorlage des Dienstausweises mit den Worten begleitet wurde „da kann ja jeder Clown kommen, ich möchte Ihren Dienstausweis sehen". Die ersten beiden Fälle des BayObLG zeigen, dass Art. 5 I GG – anders als der Rechtfertigungsgrund des § 193 StGB – bereits auf Tatbestandsebene zu einer Einschränkung des Ehrenschutzes führen kann, sofern die Äußerung einen Sachbezug aufweist und nicht die persönliche Herabsetzung im Vordergrund steht.[30] So steht der Begriff „Wegelagerer" wohl noch in einem objektiven Zusammenhang mit dem Verkehrsüberwachungsvorgang; gleiches gilt für die Bezeichnung „Spitzel" bei polizeilichem Vorgehen gegen Demonstranten. Ausgehend hiervon kann dann aber auch die Äußerung „da kann ja jeder Clown kommen, ich möchte Ihren Dienstausweis sehen" gegenüber einem Schaffner nicht als Beleidigung aufgefasst werden, da mit ihr keine persönliche Herabsetzung verbunden ist.[31]

Nicht mehr von Art. 5 I GG erfasst sind allerdings solche herabsetzenden Äußerungen, bei denen nicht die Sache, sondern die Diffamierung der Person im Vordergrund steht, sog. **Schmähkritik**. Stets unzulässig sind deshalb beleidigende Aussagen, die in

---
21 OLG Oldenburg BeckRS 2011, 00925.
22 Vgl. BGHSt 16, 63; BGH NJW 1986, 2442 m. Anm. *Hillenkamp*, JR 1987, 126; *Laubenthal*, JuS 1987, 701 f.; *Otto*, JZ 1989, 804 jeweils m. w. N.
23 OLG Hamm DAR 1957, 214.
24 OLG Hamm NJW-RR 1995, 1114.
25 BVerfGE 86, 13.
26 BVerfG NJW 1992, 2815.
27 BayObLG NJW 2005, 1291.
28 BayObLG NStZ 2005, 215.
29 KG NJW 2005, 2872.
30 Instruktiv dazu *Otto*, NJW 2006, 575.
31 So i. E. zu Recht *Otto*, NJW 2006, 575 entgegen KG NJW 2005, 2872.

keinem sachlichen Zusammenhang zu ihrem Anlass stehen und eine allein persönlich diffamierende und herabsetzende Zielrichtung haben.[32] Dazu folgendes

Beispiel: Der Journalist J bezeichnet im Rahmen einer Fernsehsendung den in einem in der Öffentlichkeit viel beachteten Strafverfahren ermittelnden Staatsanwalt S als „durchgeknallt" (nach BVerfG NJW 2009, 3016).

Lösung: Das BVerfG hob hier die Verurteilung des AG Tiergarten wegen Beleidigung auf und verwies die Sache zurück. Es sei verfassungsrechtlich nicht tragfähig, dass das AG von einer Abwägung des Persönlichkeitsrechts des S und der Meinungsfreiheit des J mit der Begründung abgesehen habe, in der Bezeichnung „durchgeknallt" liege eine stets unzulässige Schmähung des S. Zwar sei der Begriff „durchgeknallt" von einer gewissen Schärfe und auch von einer Personalisierung gekennzeichnet und habe unabhängig von seiner Bedeutung ehrverletzenden Charakter. Eine Meinungsäußerung werde aber nicht schon wegen ihrer herabsetzenden Wirkung zur Schmähung. Hinzukommen müsse vielmehr, dass die persönliche Kränkung das sachliche Anliegen völlig in den Hintergrund dränge.

Die sog. Affäre Böhmermann hat neuerdings sogar den öffentlichen Fokus auf die Frage geworfen, wo die Grenzen der Meinungs- und Kunstausübung verlaufen. Dazu folgendes

Beispiel:[33] Das Satiremagazin „extra 23" des Norddeutschen Rundfunks hatte aus Anlass von massiven Verfolgungen von Journalisten in der Türkei ein Spottlied auf den türkischen Ministerpräsidenten ausgestrahlt, das von Art. 5 I GG eindeutig gedeckt war. Nach heftigen Reaktionen aus der Türkei (unter anderem wurde der deutsche Botschafter einbestellt) reagierte Böhmermann in seiner Sendung „Neo Magazin Royale". Um die Grenzen der Meinungs- und Kunstfreiheit gegenüber dem von dem zulässigen Spottlied betroffenen Staatspräsidenten zu erläutern, trug er ein Schmähgedicht vor, welches nach der ausdrücklichen Erklärung Böhmermanns die Grenzen der Meinungsfreiheit überschreite und in dem mit Bezug auf den Staatsminister auch pädophile sowie sodomitische Aktivitäten geäußert wurden. Es wurde daraufhin abermals der deutsche Botschafter einbestellt und die türkische Regierung beantragte Strafverfolgung wegen Beleidigung eines ausländischen Staatsoberhaupts nach § 103 StGB. Die Bundesregierung ermächtigte im Anschluss die Strafverfolgungsbehörden zur strafrechtlichen Untersuchung des Falles (**Böhmermann-Fall**).

Lösung: Umstritten ist hier, ob das Gedicht überhaupt eine Beleidigung im Sinne einer Kundgabe der Missachtung oder Nichtachtung des sozialen Achtungsanspruchs darstellt.[34] So geht etwa *Christoph*[35] davon aus, dass sich der Aussagekern des Gedichts auf die Überempfindlichkeit, das teilweise fragwürdige Demokratieverständnis und politische Reaktionen des türkischen Präsidenten im Umgang mit vorausgegangenen Berichten über ihn bezogen habe und daher in seiner Gesamtbewertung noch als zulässige Satire zu bezeichnen sei. Da man deren Grenzen habe aufzeigen wollen, war es notwendig an diese Grenzen zu gehen. Im Übrigen unterfalle das Gedicht auch dem formalen, dem materiellen und dem offenen Kunstbegriff. Auch hier sei das Vorverhalten des Präsidenten zu berücksichtigen, das zu einer extremen Reaktion Anlass gegeben habe. Dagegen ist *Fahl*[36] davon ausgegangen, dass die Äußerung nicht mehr durch Art. 5 I GG gedeckt sei, da es sich insgesamt um eine unzulässige Schmähkritik handele und die persönliche Kränkung das sachliche Anliegen zurückdränge. Böhmermann könne daher allenfalls ein Verbotsirrtum zuerkannt werden, der wegen der Erstmaligkeit des Vorgangs als unvermeidbar anzusehen sei. Im Ergebnis sprechen jedoch die besseren Gründe für diejenige

---

32 *Fischer*, § 193, Rn. 18.
33 Die Darstellung des Falles richtet sich hier nach *Kühne*, GA 2016, 437.
34 Wie hier auch *Kühne*, GA 2016, 442.
35 *Christoph*, JuS 2016, 599 ff.
36 *Fahl*, NStZ 2016, 313 ff.

Auffassung, die eine Überschreitung der Kunstfreiheit verneint, da es Böhmermann mit der geschmacklosen Überzeichnung ersichtlich darum ging, darauf hinzuweisen, dass der türkische Präsident bei der Auseinandersetzung mit Kritikern jedes Maß verloren habe. Allein dies war die Kernaussage des Vortrages, mit dem gerade verdeutlicht werden sollte, dass die Grenzen berechtigter Empfindsamkeit nicht dort liegen, wo sie der Präsident vermutet. Zu Recht gab die Staatsanwaltschaft Mainz daher am 4.10.2016 bekannt, dass das Strafverfahren gegen Böhmermann eingestellt wurde. Die hiergegen erhobene Beschwerde wies die Generalstaatsanwaltschaft Koblenz Mitte Oktober 2016 als unbegründet zurück. Der Fall führte dazu, dass der nicht mehr zeitgemäße § 103 StGB ersatzlos gestrichen wurde. Die Grundsatzfrage bleibt aber immer noch mit Blick auf § 185 StGB zu diskutieren.

Achtung Klausur: *Sofern die Tatbestandsmäßigkeit nach § 185 StGB bereits aufgrund des Art. 5 I GG ausscheidet, ist ein Rückgriff auf den Rechtfertigungsgrund des § 193 StGB nicht mehr nötig. Denn § 193 StGB betrifft den Fall, in dem eine tatbestandsmäßig ehrverletzende Äußerung vorliegt, diese jedoch wegen berechtigter Interessen als gerechtfertigt zu betrachten ist (näher dazu u. Rn. 169 ff.).*

3. Kundgabe der Ehrkränkung

Wichtig ist vor allem, dass es zu einer Kundgabe der Ehrkränkung tatsächlich kommt. **147**

So erfüllen Äußerungen über Dritte im Familienkreis nach h. M. bereits nicht den Tatbestand der Beleidigung, weil es ihnen am Kundgabecharakter fehlt.[37] Im Hinblick auf Art. 2 I i. V. m. Art. 1 I GG überwiegt bei Äußerungen im Familienkreis das Recht auf Privatsphäre so sehr, dass das Kundgabemerkmal einschränkend auszulegen ist. Anderenfalls wäre nicht mehr gewährleistet, dass jedermann eine private „Sphäre" hat,[38] die ihm die Möglichkeit gibt, sich unbefangen auszusprechen. Dies gilt immer dann, wenn von einem Vertrauensverhältnis auszugehen ist, wie dies etwa auch bei der Beziehung zwischen Rechtsanwalt und Mandant der Fall sein kann.[39] Jedoch hat der BGH ein zu schützendes Vertrauensverhältnis in einem Fall verneint, in dem der Rechtsanwalt an seinen Mandanten in der U-Haft einen Brief gerichtet hat, in dem er einen Richter beleidigte. Hier ist nicht erkennbar, weshalb der Rechtsanwalt einen „Rückzugsbereich" für derartige Äußerungen benötigen würde. Gerade weil der Mandant keiner Schweigepflicht unterliegt, kann der Rechtsanwalt nicht damit rechnen, dass seine Äußerungen vertraulich bleiben.[40] Anders könnte man dies nur beurteilen, wenn es sich um Briefe des Mandanten gegenüber seinem Rechtsanwalt handelt.

Eine derartige beleidigungsfreie Sphäre hat das BVerfG[41] im Hinblick auf Art. 2 I i. V. m. Art. 1 I GG auch in einem Fall angenommen, in dem ein Gefängnisinsasse nach seiner Verlegung von der JVA München in die JVA Landshut seinem ehemaligen Münchener Mitinsassen, zu dem er ein besonderes Vertrauensverhältnis aufgebaut hatte, einen Brief zusandte, in dem er die Wärter der Münchener JVA als „unfähige Arschlöcher" bezeichnete. Das BVerfG machte dabei auf die Bedeutung persönlicher

---

37 *Geppert*, Jura 1983, 534; *Küpper*, JA 1985, 456.
38 Nicht auf die fehlende Kundgabe, sondern auf die beleidigungsfreie Sphäre stellt daher etwa *Schroth*, BT, S. 130 m. w. N. ab.
39 Vgl. OLG Stuttgart NJW 1963, 119.
40 So BGHSt 53, 257 mit Anm. NJW-Spezial 2009, 423.
41 BVerfG NJW 2007, 1194.

Korrespondenz von Strafgefangenen aufmerksam und stellte klar, dass der Kreis der Vertrauenspersonen nicht auf Ehegatten oder sonstige Verwandte beschränkt sei, sondern auch ähnlich enge Vertrauensverhältnisse erfasse, bei denen mit einer Weitergabe von Mitteilungen an Dritte nicht gerechnet werden müsse.

An einer Kundgabe fehlt es auch in Fällen, in denen nur eine kompromittierende Situation geschaffen wird (Beispiel: A legt auf den Schreibtisch seines verhassten Chefs Zeitungsinserate von Prostituierten, um seinen Chef bei der Sekretärin unmöglich zu machen). Hier ist also eine Strafbarkeit nach § 185 StGB ausgeschlossen. Dies ergibt sich auch daraus, dass § 164 StGB nur die falsche Verdächtigung in Bezug auf Straftaten, Disziplinarvergehen und verfahrensauslösende Tatsachen unter Strafe stellt (etwa wenn A seinem Chef einen gestohlenen Gegenstand auf den Schreibtisch legt, um diesen in Verdacht zu bringen; vgl. zu einem solchen Fall auch *Jäger*, AT, Rn. 95).

4. Subjektiver Tatbestand

148 Dieser erfordert Vorsatz, der wenigstens in Form des dolus eventualis vorliegen muss.[42]

Wichtig ist dabei, dass der Täter einen Kundgabevorsatz hat. Daran fehlt es, wenn eine Entäußerung der Erklärung überhaupt nicht gewollt ist, wie dies etwa bei der Führung eines Tagebuchs der Fall ist. An einem Kundgabewillen mangelt es aber auch, wenn jemand ein beleidigendes Schreiben aufsetzt, dessen Absendung er sich noch vorbehält, das dann aber von einer Sekretärin versehentlich abgeschickt wird.

Im Übrigen ist bei Tatsachenbehauptungen gegenüber dem Betroffenen darauf zu achten, dass der Vorsatz entfällt, wenn der Täter davon ausgeht, die behauptete Tatsache sei wahr.

5. Rechtswidrigkeit

149 Diese kann vor allem bei Wahrnehmung berechtigter Interessen nach § 193 StGB entfallen. Da diese Vorschrift sämtliche Beleidigungsdelikte betrifft, wird sie sogleich im Zusammenhang besprochen (vgl. Rn. 169 ff.).

6. Sonderproblem 1: Beleidigung eines Einzelnen unter einer Kollektivbezeichnung

150 **Beispiel:** A bezeichnet alle Beamten des Bauamts als bestechlich.

In diesem Fall ist jeder Beamte des Bauamts beleidigt, weil sich die Äußerung auf jeden Einzelnen bezieht.

Voraussetzung ist allerdings, dass sich der Kreis der möglichen Betroffenen hinreichend aus der Allgemeinheit abhebt und eine Zuordnung des Einzelnen zur Ehrverletzung zweifelsfrei möglich ist.[43] Dies wurde etwa bejaht bei einer Beleidigung der in Deutschland lebenden Juden, der Beamten der Schutz- und Kriminalpolizei, nicht

---

42 *Kindhäuser*, LPK, § 185, Rn. 11; *Wessels/Hettinger/Engländer*, BT/1, Rn. 568.
43 BGHSt 11, 208; *Geppert*, Jura 1983, 538 f.; *Küpper*, JA 1985, 455; siehe auch *Eisele*, BT/I, Rn. 589.

dagegen bei Beleidigung der Polizei im Allgemeinen,[44] der Katholiken, der Akademiker.

7. Sonderproblem 2: Beleidigung eines Kollektivs

Von der Beleidigung eines Einzelnen unter einer Kollektivbezeichnung strikt zu unterscheiden ist die Beleidigung eines Kollektivs, bei der es nicht um die Beleidigung eines Einzelnen aus einem Kollektiv, sondern um die Beleidigung des Kollektivs selbst geht. 151

Zu berücksichtigen ist nämlich, dass auch Personengemeinschaften beleidigungsfähig sind, sofern sie eine rechtlich anerkannte gesellschaftliche oder wirtschaftliche Aufgabe erfüllen und einen einheitlichen Willen zu bilden vermögen, ohne dass es auf die Rechtsform ankommt.[45] Als Beispiele sind hier neben der Bundeswehr auch Religionsgemeinschaften, Kapitalgesellschaften, Parteien, Gewerkschaften, Vereine etc. zu nennen; nicht dagegen fallen darunter private Freizeitgruppen oder Familien, für die aber immerhin eine Beleidigung unter einer Kollektivbezeichnung (Sonderproblem 1, s. soeben) in Frage kommt.

Besondere Bedeutung haben beide Sonderprobleme bei der Schmähung von Bundeswehr und Soldaten. Das zeigt folgender

Fall 12: A stellt sich – während Passanten vorübergehen – vor ein Kasernentor, an dem der Wachmann W steht und schreit: „Bei der Bundeswehr wird das Morden geschult. Jeder Soldat ist ein potenzieller Mörder." Danach zeigt er auf den Wachsoldaten W und ruft: „Auch Sie sind ein potenzieller Mörder." Der Verteidigungsminister stellt Strafantrag gegen A. Strafbarkeit des A? **(Bundeswehr-Fall)** 152

Lösung: 153

I. A könnte sich strafbar gemacht haben wegen **öffentlicher Verleumdung nach § 187 Alt. 2 StGB**, wobei als Verletzte die Bundeswehr, deren Soldaten, aber auch der W in Frage kommen.
1. Fraglich ist zunächst, ob der Bundeswehr als solche überhaupt ein Ehrenschutz zukommt. Dies ist deshalb problematisch, weil es sich dabei um eine Personengemeinschaft handelt. Jedoch entspricht es der h. A., dass Personengemeinschaften zumindest dann beleidigungsfähig sind, wenn sie eine rechtlich anerkannte Funktion erfüllen und in der Lage sind, einen einheitlichen Willen zu bilden.[46] Diese Voraussetzungen sind bei der Bundeswehr erfüllt. Ihre anerkannte Funktion ergibt sich aus Art. 87a GG, wonach ihr ein rechtlich anerkannter Verteidigungsauftrag zugewiesen ist; auch vermag sie durch den Bundesverteidigungsminister einen einheitlichen Willen zu bilden.
Eine Beleidigungsfähigkeit der Bundeswehr als solche ist daher zu bejahen.
2. Denkbar ist darüber hinaus, dass auch die Soldaten durch die Behauptung, sie seien „potenzielle Mörder" in ihrer Ehre verletzt wurden. Dabei kann von vornherein nicht außer Frage stehen, dass Soldaten als Individuen beleidigungsfähig sind. Fraglich ist vielmehr, ob

---
[44] Vgl. OLG Karlsruhe BeckRS 2012, 22944 m. Anm. *Jäger*, JA 2013, 232 ff.; vgl. auch *Geppert*, NStZ 2013, 553 ff.
[45] BGHSt 6, 186.
[46] Vgl. BGHSt 6, 188; OLG Frankfurt NJW 1989, 1367; Lackner/*Kühl*, vor § 185, Rn. 5.

ein Bezug zu den einzelnen Soldaten hergestellt werden kann. Voraussetzung dafür ist, dass sich der Kreis der möglichen Betroffenen hinreichend aus der Allgemeinheit abhebt und eine Zuordnung des Einzelnen zur Ehrverletzung zweifelsfrei möglich ist. Dies ist nicht der Fall, wenn die Äußerung so allgemein gehalten ist, dass sie nicht in der Lage ist, Einzelne in ihrer Ehre zu kränken. Dabei wird man davon ausgehen können, dass der Adressatenkreis „Soldaten" grundsätzlich so weit ist, dass er sich in der Allgemeinheit verliert. Jedoch kann dies nicht gelten, wenn ein Bezug aus den Umständen erkennbar ist. Gerade dies war vorliegend der Fall, da sich A direkt vor die Kaserne gestellt hat, als er den Vergleich des Soldatenberufs mit potenziellen Mördern zog.
Damit sind alle Soldaten der betroffenen Bundeswehreinheit in ihrer Ehre betroffen.

3. Wachmann W ist unabhängig davon auch persönlich in seiner Ehre angegriffen, da A auf ihn gezeigt und ihn individuell als „potenziellen Mörder" bezeichnet hat.

4. Fraglich ist, ob die Bezeichnung „potenzieller Mörder" eine unwahre Tatsachenbehauptung darstellt.
Eine solche liegt nur vor, wenn das Geäußerte einem Beweis zugänglich ist, wohingegen ein Werturteil anzunehmen ist, wenn lediglich eine persönliche Überzeugung geäußert wird.[47] Aufgrund dessen wird man vorliegend doch nur von einem Werturteil ausgehen können, weil nicht auf konkrete Tötungsakte Bezug genommen, sondern eine Überzeugung über die Bundeswehr und den Berufsstand des Soldaten kundgetan wurde. Der Gehalt der Äußerung ist daher einer objektiven Klärung nicht zugänglich, sodass von einem Werturteil auszugehen ist.

Ergebnis: Mangels Tatsachenäußerung ist daher eine Strafbarkeit wegen Verleumdung nach § 187 StGB zu verneinen.

II. Zu prüfen ist jedoch, ob sich A wegen **Beleidigung nach § 185 StGB** in Bezug auf Bundeswehr, Soldaten sowie W strafbar gemacht hat.

1. Zur Beleidigungsfähigkeit und zur Annahme eines Werturteils siehe bereits oben.

2. Das Werturteil bedeutet auch Kundgabe der Missachtung des sozialen Geltungsanspruchs, weil die Verteidigungsaufgabe der Bundeswehr und der einzelnen Soldaten mit Straftätern (Mördern) gleichgesetzt wird.
Auch die Tatsache, dass A das Attribut „potenziell" verwendet hat, ändert an diesem Befund nichts, weil immerhin eine Bereitschaft zum Mord unterstellt wird.

3. A hatte auch Vorsatz hinsichtlich einer Beleidigung, da ihm jedenfalls bewusst sein musste, dass seine Äußerungen als ehrkränkend empfunden werden können.

4. Rechtfertigungsgründe sind für die Tat nicht ersichtlich. Insbesondere greift § 193 StGB nicht. Ein berechtigtes Interesse könnte allenfalls im Rahmen einer Diskussion über die Bundeswehr bestehen; jedoch müssen auch hier die Äußerungen angemessen sein.[48]

5. Entschuldigungsgründe sind nicht ersichtlich.

Ergebnis: A ist daher strafbar wegen Beleidigung. Der dafür erforderliche Strafantrag nach § 194 StGB ist gestellt.

III. Denkbar wäre auch eine Bestrafung wegen **Volksverhetzung nach § 130 I Nr. 2 StGB**. Jedoch kommt als Opfer dieser Vorschrift die Bundeswehr von vornherein nicht in Frage, da mit „Teile der Bevölkerung" nur nationale, rassische, religiöse oder durch ihr Volkstum bestimmte Gruppen sowie politische, wirtschaftliche, berufliche oder soziale Gruppierungen in Frage kommen; nicht jedoch gehören hierzu Institutionen.[49]
Als Teile der Bevölkerung kommen daher nur die Soldaten in Betracht.

---

47 *Geppert*, Jura 2002, 821; *Küpper*, JA 1985, 456 f.
48 Vgl. hierzu OLG Frankfurt NJW 1991, 2034.
49 Lackner/*Kühl*, § 130, Rn. 2.

Selbst wenn man dies aber bejaht, ist ein Angriff auf die Menschenwürde, wie sie § 130 I Nr. 2 StGB zusätzlich voraussetzt,[50] abzulehnen, da ein solcher nur anzunehmen ist, wenn das Lebensrecht der betroffenen Gruppe bestritten wird. Dies aber ist bei der Bezeichnung als „potenzielle Mörder" nicht ohne Weiteres anzunehmen.

Ergebnis: Eine Strafbarkeit wegen Volksverhetzung scheidet damit aus.

Hinweis: *Die Frage, ob das Hochhalten eines Banners mit der Aufschrift A.C.A.B. („All cops are bastards") in einem Fußballstadion eine Beleidigung der dort bei einem Spiel diensthabenden Polizisten darstellt, beurteilt sich nach Ansicht des OLG Karlsruhe in streng objektiver Auslegung.[51] Die Polizei als solche stellt wegen der aufgrund der Vielzahl von Einrichtungen in Bund und Ländern fehlenden Fähigkeit zur einheitlichen Willensbildung kein beleidigungsfähiges Kollektiv dar (vgl. schon Rn. 151). Das OLG Karlsruhe tendiert aber dazu, die Äußerung als Beleidigung unter einer Kollektivbezeichnung auf die im Stadion eingesetzten Polizeibeamten zu beziehen. Überzeugender wäre es jedoch im konkreten Fall gewesen, eine hinreichende Individualisierung und Konkretisierung zu verneinen, zumal im Umfeld des Banners möglicherweise auch Parolen gegen die Stuttgart 21-Einsätze gezeigt wurden.[52] Wegen dieses allgemeinpolitischen Bezugs sowie vor dem Hintergrund einer gebotenen grundrechtsschonenden Auslegung des § 185 StGB wäre die Einzelbetroffenheit der im Stadion anwesenden Polizeibeamten daher eher abzulehnen gewesen.[53]*

Achtung Klausur: *Prüfen Sie grundsätzlich in drei Schritten. Das lässt sich anhand einer Entscheidung des BVerfG gut verdeutlichen. Danach stellt auch das Tragen eines Anstecker mit dem Schriftzug „FCK CPS" (Bedeutung: FUCK COPS) grundsätzlich weder eine Individualbeleidigung (mangels Bezugs zu einem bestimmten Beamten), noch eine Beleidigung des Kollektivs „Polizei" (mangels möglicher einheitlicher Willensbildung, vgl. Rn. 151) noch eine Beleidigung unter einer Kollektivbezeichnung (mangels hinreichend überschaubarer betroffener Personengruppe) dar.[54]*

II. Üble Nachrede nach § 186 StGB

1. Tathandlung

§ 186 StGB erfasst nur rufschädigende Tatsachenbehauptungen gegenüber Dritten. **154**
§ 186 StGB pönalisiert also dasjenige, was gerade nicht unter den Anwendungsbereich des § 185 StGB fällt.

Beispiel: A sagt zu B: „C hat mich betrogen".

---

50 Vgl. dazu auch *F. Knauer*, ZStW 2014 (126), 307 ff.
51 OLG Karlsruhe Urt. v. 19.07.2012 – 1 (8) Ss 64/12 – AK 40/12 – BeckRS 2012, 22944 m. Anm. *Jäger*, JA 2013, 232 ff. Allgemein zur Problematik auch *Geppert*, NStZ 2013, 553 ff.; *Klas/Blatt*, HRRS 2012, 388 ff.; *J. Kretschmer*, StRR 2014, 418 ff.
52 So hat auch das OLG Nürnberg Urt. v. 1.10.2012 – 1 St OLG Ss 211/12 – BeckRS 2012, 22396 das Tragen eines T-Shirts mit der Aufschrift „A.C.A.B." während eines Volksfestbesuchs als nicht tatbestandsmäßig angesehen.
53 So jetzt auch BVerfG NJW 2016, 2643 und DÖV 2016, 787 m. Anm. *Muckel*, JA 2016, 714 ff.; *Ollech*, NStZ-RR 2016, 277 ff.; ausführlich dazu und zu weiteren A.C.A.B.-Entscheidungen *Jäger*, JA 2013, 232 ff.
54 BVerfG NJW 2015, 2022 m. Anm. *Satzger*, JK 2015, 1262, § 185 StGB.

§ 4 Beleidigungsdelikte

Anders als bei § 185 StGB ist im Falle des § 186 StGB nicht erforderlich, dass die behauptete Tatsache erweislich unwahr ist. Die Nichterweislichkeit ist vielmehr eine objektive Bedingung der Strafbarkeit, auf die sich der Vorsatz des Täters nicht zu erstrecken hat.[55] Lässt sich daher die Wahrheit der behaupteten Tatsache nicht erweisen, so ist der Täter auch dann strafbar, wenn er seine Behauptung selbst für wahr gehalten hat. Der Täter trägt also im Falle des § 186 StGB das Beweisrisiko, weshalb mit § 186 StGB auch der Merksatz verbunden wird: „Lästern auf eigene Gefahr".[56]

Die Tathandlung besteht im Behaupten oder im Verbreiten einer Tatsache, die geeignet ist, den Betroffenen verächtlich zu machen oder in der öffentlichen Meinung herabzuwürdigen. Für Äußerungen im vertraulichen Kreis gilt das in Rn. 147 Gesagte entsprechend.

a) Behaupten

155 Darunter versteht man das Hinstellen einer Tatsache als wahr.[57]

b) Verbreiten

156 Hierunter versteht man die Weitergabe einer von anderen behaupteten Wahrheit, insbesondere auch die Wiedergabe von Gerüchten.[58]

So hat auch das OLG Hamm bestätigt, dass eine Ehrverletzung auch in der Verbreitung von Äußerungen Dritter, insbesondere in der Weitergabe ehrverletzender Gerüchte, liegen kann, es sei denn, dass sich derjenige, der die Äußerung wiedergibt, ernsthaft und eindeutig von ihrem Inhalt distanziert.[59] Im konkreten Fall hatte ein Bewohner eines Mehrfamilienhauses gegenüber einer neuen Mieterin erwähnt, dass im obersten Stockwerk eine Person wohne, über die man „so was erzählt", dass sie ein „Kinderschänder" sei.

c) Drittbezug der Tatsache

157 Die Behauptung bzw. Verbreitung muss in Beziehung auf einen anderen erfolgen, sodass Adressat der Äußerung und von der Äußerung Betroffener personenverschieden sein müssen. Hieran fehlt es, wenn der Täter den Drittbezug nicht offenlegt bzw. verschleiert. Veranschaulicht wird dies durch folgenden

158 **Fall 13:** A möchte sich an seiner Ex-Frau Barbara (B) rächen und gibt daher folgende Anzeige in der Lieblingszeitung der B auf: „Barbara. Die Frau für erotische Stunden. Anruf genügt." Dahinter setzt A die Telefonnummer der B, die anschließend immer wieder unangenehme Anrufe mit sexuellen Nachfragen erhält. Strafbarkeit des A? **(Callgirl-Fall)**

---

55 *Küpper*, JA 1985, 459.
56 Vgl. dazu *Wessels/Hettinger/Engländer*, BT/1, Rn. 556; *Tenckhoff*, JuS 1988, 622.
57 OLG Köln NJW 1963, 1634.
58 RGSt 38, 368; *Geppert*, Jura 2002, 821.
59 Vgl. dazu BGHSt 18, 182 f.; OLG Hamm, Entsch. v. 25.10.2005 – 3 Vs 1/05.

Lösung:

I. A könnte sich durch die Aufgabe der Annonce wegen einer **Verleumdung nach § 187 StGB** in qualifizierter Form, nämlich durch Verbreiten von Schriften (§ 11 III StGB) strafbar gemacht haben.

1. Die Anzeige enthielt die unwahre Tatsachenbehauptung, dass B dem Beruf der Prostituierten nachgeht.

2. Diese Behauptung war auch geeignet, den Ruf der B zu schädigen.

3. Die Aufgabe der Annonce könnte auch die Tathandlung des Verbreitens verwirklicht haben.

Voraussetzung hierfür wäre allerdings, dass die Annonce Kundgabecharakter hat. Dies könnte man bezweifeln, wenn man in der Veröffentlichung allein die Schaffung einer kompromittierenden Tatsachenlage sieht (vgl. dazu oben Rn. 147). Indessen unterscheidet sich der vorliegende Fall von der Schaffung einer Tatsachenlage dadurch, dass die Äußerung unmittelbar durch Veröffentlichung der Anzeige erfolgt. Die Veröffentlichung enthält also bereits die Aussage über den Betroffenen, während bei der sonstigen Schaffung einer kompromittierenden Lage erst durch Auslegung der Situation ein rufschädigender Kontext hergestellt werden kann.

Damit kann die Tathandlung des „Verbreitens" angenommen werden.

4. Weitere Voraussetzung ist, dass A die Tatsache in Beziehung auf einen anderen verbreitet hat. Dies ist vorliegend jedoch nicht der Fall, da A den Drittbezug gerade verschleiern wollte und nicht erkennen ließ, dass hinter der Äußerung ein anderer als die Betroffene stand. Es fehlt daher gerade am notwendigen Drittbezug.

Ergebnis: Eine Strafbarkeit wegen Verleumdung nach § 187 StGB scheidet daher aus.

II. Auch eine Strafbarkeit wegen **übler Nachrede nach § 186 StGB** scheitert damit von vornherein am erforderlichen Drittbezug.

III. Denkbar ist jedoch eine Bestrafung wegen **Beleidigung nach § 185 StGB** gegenüber der B durch Veröffentlichung der Annonce.

1. Durch Aufgabe der Anzeige hat A gegenüber der B die unwahre Tatsache geäußert, sie sei zur Vornahme sexueller Handlungen bereit. Ein Drittbezug ist hierfür im Gegensatz zu § 186 StGB nicht erforderlich.

2. A hatte auch Vorsatz, was sich bereits daraus ergibt, dass er sich an der B rächen wollte.

3. Rechtfertigungs- und Schuldausschließungsgründe sind nicht ersichtlich.

Ergebnis: A ist strafbar nach § 185 StGB, wobei die Verfolgung einen Strafantrag nach § 194 StGB voraussetzt.

IV. In Betracht kommt auch eine **Beleidigung in mittelbarer Täterschaft nach §§ 185, 25 I Alt. 2 StGB**, indem A die Freier zu den Anrufen veranlasst hat.

1. Durch die sexuellen Nachfragen haben die Anrufer die unwahre Tatsache behauptet, die B sei Prostituierte. A hat diese Behauptung nicht selbst aufgestellt, sondern die Anrufer als vorsatzlose Werkzeuge benutzt.

2. A handelte auch vorsätzlich und mit dem Willen zur Tatherrschaft.

3. Rechtfertigungs- und Schuldausschließungsgründe sind nicht ersichtlich.

Ergebnis: A hat auch eine Beleidigung in mittelbarer Täterschaft begangen.

V. Zu prüfen ist schließlich auch eine Strafbarkeit wegen **Nachstellung nach § 238 I Nr. 3 StGB**.

Dieser Tatbestand erfasst grundsätzlich alle Fälle der missbräuchlichen Verwendung von personenbezogenen Daten des Opfers, mit Hilfe derer entweder für das Opfer Bestellun-

> gen aufgegeben werden oder durch die Dritte veranlasst werden, mit dem Opfer Kontakt aufzunehmen. Gerade letzteres ist vorliegend zu bejahen.
> Allerdings verlangt § 238 StGB eine beharrliche Begehung. Neben der wiederholten Handlungsvornahme ist hierfür auch die bewusste Missachtung des Opferwillens notwendig, durch die eine besondere Hartnäckigkeit und Wiederholungsgefahr zum Ausdruck gebracht wird.[60] Beim einmaligen Schalten einer Anzeige wird man den Tatbestand daher wohl noch nicht annehmen können.
>
> **VI. Ergebnis und Konkurrenzen:** Insgesamt wird wegen aller Beleidigungsdelikte eine natürliche Handlungseinheit anzunehmen sein, da alle Ehrkränkungen auf einem Handlungsentschluss beruhen und auch wertungsmäßig nicht trennbar sind. In Ermangelung eines Falls der Gesetzeskonkurrenz stehen sie im Verhältnis der Tateinheit gemäß § 52 I StGB.

d) Eignung zur Rufschädigung

160 Da bereits die Eignung zur Verächtlichmachung bzw. Herabwürdigung genügt, müssen diese Erfolge nicht eintreten. § 186 StGB ist vielmehr als abstraktes Gefährdungsdelikt aufzufassen.[61]

2. Subjektiver Tatbestand

161 Hier ist Vorsatz erforderlich, wobei es genügt, dass der Täter die Eignung zur Verächtlichmachung bzw. Herabwürdigung kennt; dagegen ist eine Kenntnis der Unwahrheit der behaupteten Tatsache nicht erforderlich.[62]

3. Tatbestandsannex: Nichterweislichkeit der Wahrheit

162 Sie ist objektive Bedingung der Strafbarkeit, sodass sich der Vorsatz des Täters nicht auf die Unwahrheit beziehen muss.[63] Lässt sich daher der Wahrheitsbeweis tatsächlich nicht führen, haftet der Täter aus § 186 StGB.

4. Rechtswidrigkeit

163 Hier ist insbesondere auf die Wahrnehmung berechtigter Interessen nach § 193 StGB zu achten (s. unten Rn. 169).

5. Qualifizierungen

164 Ein qualifizierter Fall der üblen Nachrede liegt vor, wenn sie öffentlich oder durch Verbreiten von Schriften (§ 11 III StGB, weshalb darunter auch Darstellungen im Internet fallen) begangen wird, vgl. § 186 Hs. 2 StGB. Öffentlichkeit der Tat ist dabei immer dann anzunehmen, wenn der Personenkreis, an den sich die Bekanntgabe richtet, unbestimmter Art ist (in Frage kommen hier vor allem rufschädigende Fernsehauftritte und ähnliches).[64]

---

60 Vgl. hierzu *Eisele*, BT/1, Rn. 523; *Fischer*, § 238, Rn. 19; SK-*Wolters*, § 238, Rn. 16.
61 *Tenckhoff*, JuS 1988, 622; *Kindhäuser*, LPK, § 186, Rn. 1.
62 *Geppert*, Jura 2002, 822; *Sch/Sch/Eisele/Schittenhelm*, § 186, Rn. 10 f.
63 *Kindhäuser*, LPK, § 186, Rn. 13; *Geppert*, Jura 2002, 822.
64 *Sch/Sch/Eisele/Schittenhelm*, § 186, Rn. 19 m. w. N.; Matt/Renzikowski/*Gaede*, § 186, Rn. 15.

Einen qualifizierten Fall der üblen Nachrede gegenüber Personen des politischen Lebens enthält § 188 I StGB.

III. Verleumdung nach § 187 StGB

1. Tathandlung

§ 187 StGB ist insofern ein Spezialfall der üblen Nachrede, als die Unwahrheit der behaupteten oder verbreiteten Tatsache hier ein objektives Tatbestandsmerkmal ist, auf das sich der Vorsatz des Täters richten muss. Dabei muss der Täter positive Kenntnis von der Unwahrheit der behaupteten bzw. verbreiteten Tatsache haben, sodass also bedingter Vorsatz nicht genügt.[65]

165

2. Wahrheitsbeweis

Anders als bei § 186 StGB wird der Täter durch verbleibende Zweifel hinsichtlich der Wahrheit der behaupteten Tatsache entlastet.[66] Für eine Bestrafung ist hier daher im Gegensatz zu § 186 StGB erforderlich, dass dem Täter nachgewiesen wird, dass seine Behauptung unwahr ist und dass er diese Unwahrheit auch gekannt hat.[67] Anderenfalls kommt nur eine Strafbarkeit nach § 186 StGB in Frage.

166

3. Kreditgefährdung

Auch eine nicht rufschädigende Kreditgefährdung genügt nach dem Gesetz. Geschützt ist hier das Vertrauen hinsichtlich der Zahlungsfähigkeit einer Person, weshalb die kreditschädigende Äußerung nicht notwendig ehrenrührig sein muss.

167

4. Qualifizierungen

Ein qualifizierter Fall der Verleumdung liegt nach § 187 Alt. 2 StGB vor, wenn sie öffentlich oder durch Verbreiten von Schriften begangen wird (§ 11 III StGB, weshalb darunter auch Darstellungen im Internet fallen).

168

Einen Qualifikationstatbestand stellt auch die Verleumdung von Personen des politischen Lebens dar, vgl. § 188 II StGB.

IV. Wahrnehmung berechtigter Interessen nach § 193 StGB

1. § 193 StGB enthält einen Rechtfertigungsgrund. Die Vorschrift verleiht die Möglichkeit, eine zur Wahrnehmung berechtigter Interessen in angemessener Form gemachte ehrverletzende oder rufgefährdende Äußerung auch dann als gerechtfertigt zu betrachten, wenn sich der Wahrheitsbeweis nicht führen lässt. § 193 StGB ist daher nur dann zu prüfen, wenn der Wahrheitsbeweis nicht geführt werden kann[68] und auch andere Rechtfertigungsgründe nicht einschlägig sind.

169

---

65 *Geppert*, Jura 1983, 581; *Kindhäuser*, LPK, § 187, Rn. 3.
66 *Rengier*, BT/2, § 29, Rn. 17.
67 *Geppert*, Jura 2002, 823; so auch *Kindhäuser*, LPK, § 187, Rn. 2.
68 BGHSt 11, 273.

170 2. Der Anwendungsbereich der Vorschrift beschränkt sich im Wesentlichen auf Tatsachenbehauptungen im Rahmen des § 186 StGB.

a) Formalbeleidigungen sind in aller Regel zur Wahrnehmung berechtigter Interessen nicht geeignet. Im Übrigen weist das Gesetz in § 193 StGB ausdrücklich darauf hin, dass die Strafbarkeit von Formalbeleidigungen durch die Wahrnehmung berechtigter Interessen unberührt bleibt.

b) Werturteile sind nach § 193 StGB nur dann rechtfertigungsfähig, wenn sie ersichtlich auf bestimmte konkrete Vorgänge Bezug nehmen und damit entweder Tatsachenbehauptungen gleichkommen oder zumindest eine solche Tatsachenbehauptung beinhalten.[69]

c) Ehrverletzende Tatsachenbehauptungen, die den Betroffenen gegenüber geäußert werden und daher unter § 185 StGB zu subsumieren sind, können zwar durch Wahrnehmung berechtigter Interessen veranlasst sein. Jedoch ist hier ein Rückgriff auf § 193 StGB nicht erforderlich, wenn der Wahrheitsbeweis gelingt oder zumindest der Beweis der Wahrheit in dubio pro reo als gegeben erachtet werden muss, sodass eine Heranziehung des § 193 StGB überhaupt nicht mehr erforderlich ist. Selbst wenn aber die Unwahrheit feststeht, wird häufig ein Vorsatzausschluss des Täters diesbezüglich in Betracht kommen, sodass § 185 StGB wiederum am Vorsatz scheitert.

d) Die Verleumdung nach § 187 StGB fällt schon deshalb nicht in den Anwendungsbereich des § 193 StGB, weil der Täter hier positiv weiß, dass er die Unwahrheit sagt.[70] Er nimmt daher nicht nur das Risiko der Unwahrheit in Kauf.

171 3. Der Täter muss zur Wahrnehmung berechtigter Interessen gehandelt haben.

a) Nicht erforderlich ist die Wahrnehmung höherwertiger Interessen. Berechtigt sind alle Interessen, die dem Recht oder den guten Sitten nicht zuwiderlaufen.[71]

b) Die verfolgten Interessen müssen nicht unmittelbar eigene sein. Es ist ausreichend, dass das Interesse den Täter persönlich angeht, was vor allem bei Presseberichten grundsätzlich der Fall ist.[72]

c) § 193 StGB ist auch dann anwendbar, wenn der Täter Interessen der Allgemeinheit wahrnimmt. Ausschlaggebend ist dies vor allem für die Anzeige von Straftaten, durch die der Täter nicht unmittelbar selbst betroffen ist.[73] Hier kann man davon ausgehen, dass jedermann ein berechtigtes Interesse an der Erhaltung des Rechtsfriedens und der Aufklärung von Straftaten hat, sodass Allgemein- und Einzelinteresse zusammenfallen.[74]

---

69 *Rengier*, BT/2, § 29, Rn. 46.
70 *Geppert*, Jura 1983, 582.
71 *Lackner/Kühl*, § 193, Rn. 5; LK-*Hilgendorf*, § 193, Rn. 17; *Seibert*, MDR 1951, 709.
72 BayObLG NJW 1965, 58.
73 *Fischer*, § 193, Rn. 32.
74 *Küpper*, JA 1985, 461.

4. § 193 StGB setzt darüber hinaus voraus, dass die Ehrverletzung bzw. Rufschädigung vom Standpunkt des Täters aus zur Wahrnehmung berechtigter Interessen erforderlich war.[75]   **172**

Beispiel: A hört in der Gaststätte am Nachbartisch ein Gespräch mit, wonach Schiedsrichter S an einem Wettbetrug beteiligt ist. Er zeigt S daraufhin an. Erweist sich der Verdacht als unbegründet, so darf eine Rechtfertigung gemäß § 193 StGB nicht unter Hinweis darauf verneint werden, dass die Anzeige nicht erforderlich gewesen sei, da § 193 StGB gerade auf solche Fälle zugeschnitten ist. Im Falle des Wahrheitsbeweises bedarf es nämlich keiner Rechtfertigung nach § 193 StGB, sodass dieser gerade für Verdachtsfälle – wie im Beispielsfall – eingreifen muss. Denn zwar darf der Täter nicht leichtfertig handeln,[76] jedoch hat der Einzelne nicht die Möglichkeiten einer Wahrheitserforschung, wie dies bei den Strafverfolgungsbehörden der Fall ist. Anders kann dies bei öffentlichen Pressebeschuldigungen sein, sodass hier zur Vermeidung von Leichtfertigkeit gewissenhafte Presserecherche zu verlangen ist. Insbesondere hat die Presse bei Vorgängen der privaten Lebensführung kein unbegrenztes Recht zu ehrverletzender Berichterstattung, wobei hier auch außerhalb des Ehrverletzungsbereichs der § 201a StGB (Verletzung des höchstpersönlichen Lebensbereichs durch Bildaufnahmen; sog. „Paparazzi-Paragraph"[77]) eine Rolle spielt[78] und zeigt, dass es auch Grenzen für eine Rechtfertigung nach § 193 StGB geben muss.

5. Subjektiv muss der Täter nach h. M. in der Absicht handeln, berechtigte Interessen   **173**
wahrzunehmen.[79] Die Verfolgung zusätzlicher anderer Ziele hindert jedoch eine Rechtfertigung nach § 193 StGB nicht.

---

75 *Wessels/Hettinger/Engländer*, BT/1, Rn. 575.
76 BVerfGE 12, 113, 130.
77 Näher zu dieser Vorschrift *Sieber/Eisele*, StV 2015, 312 ff.
78 Umfassend zu dieser Vorschrift *Bosch*, JZ 2005, 377 ff.; *Eisele*, JR 2005, 6 ff.; *Kühl*, AfP 2004, 190 ff.
79 OLG Düsseldorf VRS 60, 115; *Tenckhoff*, JuS 1989, 202; a. A. *Roxin*, AT/I, § 18, Rn. 48, der mit guten Gründen genügen lässt, dass der Täter in Kenntnis der rechtfertigenden Umstände handelt.

§ 5 Delikte gegen den persönlichen Lebens- und Geheimbereich

A. Die Verletzung des geistigen Persönlichkeitsbereichs

I. Die Verletzung der Vertraulichkeit des Wortes nach § 201 StGB

1. Geschütztes Rechtsgut

173a § 201 StGB schützt die Vertraulichkeit des nichtöffentlich gesprochenen Wortes, d. h. der mündlichen Äußerung. Nichtöffentlichkeit liegt vor, wenn das Wort an einen individuell begrenzten Personenkreis gerichtet ist. Hieran fehlt es etwa bei öffentlichen Sitzungen aller Art, aber auch bei individuellen Kundgaben in der Fußgängerzone.

2. Schutzobjekt

Schutzgegenstand aller Tatbestände des § 201 StGB (Abs. 1–3) ist das nichtöffentlich gesprochene Wort eines anderen.

3. Tathandlungen

173b a) § 201 I StGB umfasst drei Tathandlungen, nämlich das Aufnehmen des nichtöffentlich gesprochenen Wortes (Nr. 1), das Gebrauchen (Nr. 2 Alt. 1) oder das Zugänglichmachen einer Aufnahme desselben an Dritte (Nr. 2 Alt. 2).

Beispiel 1: B schuldet A Rückzahlung eines Darlehens i. H. v. 5000 €. A hat jedoch keinerlei Nachweis für das Zustandekommen des Darlehensvertrags und die Auszahlung des Betrags und fürchtet daher, im Falle eines Prozesses mangels Beweises zu unterliegen. Er ruft deshalb den B an und drängt ihn, die Summe freiwillig zurückzuzahlen, da es ihm an Beweisen fehle. Wie von A erwartet, wägt B sich in falscher Sicherheit und erklärt, dass es nicht sein Problem sei, wenn A es versäumt habe, einen Nachweis über die Auszahlung des Geldes zu führen. Er denke jedenfalls nicht im Traum daran, auch nur einen Cent zurückzuzahlen. Das gesamte Gespräch wird von A heimlich aufgezeichnet, um es später – so A's Plan – als Beweismittel im Prozess verwenden zu können.[1]

Beispiel 2: Student S, der ein Vorlesungsskript erstellen und unter der Hand vertreiben möchte, zeichnet ohne das Wissen des Professors alle Vorlesungen im Strafrecht für Anfänger auf.

Umstritten ist, ob die in § 201 I Nr. 2 StGB verwendete Formulierung „eine *so* hergestellte Aufnahme" sich nur auf den in Nr. 1 näher spezifizierten Gegenstand der Aufnahme oder auch auf das Merkmal „unbefugt" bezieht. Relevant wird diese Frage, wenn der Aufnehmende die Aufzeichnung ursprünglich im Einvernehmen mit dem Sprechenden erstellt hat, sie dann aber entgegen dessen Willen für eigene Zwecke gebraucht oder an Dritte weitergibt. Zwar könnte man sagen, dass auch die Über-

---

1 Vgl. BGHSt 31, 304, 306 f.: Danach dürfen auch Strafverfolgungsbehörden ein Telefongespräch nur unter den Voraussetzungen der §§ 100a, 100b StPO auf Tonträger aufnehmen. Zur Beschaffung von Beweismitteln im strafprozessualen Bereich darf deshalb nicht auf die Rechtfertigungsgründe der §§ 32, 34 StGB zurückgegriffen werden.

schreitung der Nutzungsbefugnis „unbefugt" ist – das ändert aber nichts daran, dass die Aufnahme an sich befugt erstellt worden ist. Hätte der Gesetzgeber den nachträglichen Missbrauch des ursprünglich befugterweise mitgeschnittenen Wortes unter Strafe stellen wollen, so hätte er dies ohne Weiteres tun können, indem er eine dem § 201a I Nr. 4 StGB entsprechende Regelung in § 201 StGB eingefügt hätte. Da er dies aber nicht getan hat, spricht mehr dafür, die verschiedenen Alternativen des § 201 I StGB systematisch einheitlich auszulegen, d. h. die Unbefugtheit der Aufnahme zur gemeinsamen Prämisse der verschiedenen in Betracht kommenden Tatbegehungen zu machen.[2]

b) § 201 II StGB umfasst sowohl das Abhören mittels eines Abhörgeräts als auch die öffentliche Mitteilung des unbefugt aufgenommenen bzw. abgehörten Wortes. Unter den Begriff des Abhörgeräts fallen dabei nicht *verkehrsübliche* Mithöreinrichtungen wie etwa der Zweithörer bei einer privaten Telefonanlage.[3]

4. Unbefugtes Handeln

Welche Funktion das Merkmal „unbefugt" hat, ist umstritten. Nach h. M. weist das Merkmal „unbefugt" generell auf die Rechtswidrigkeit der Tathandlung hin. Nach a. A. hat das Merkmal dagegen eine Doppelfunktion: Soweit es um die Zustimmung des Berechtigten geht, schließt diese bereits den Tatbestand aus (Einverständnis). Bei sonstigen Befugnissen hat es nur den Charakter eines allgemeinen Verweises auf die Rechtfertigungsebene, wobei insbesondere die tatsächliche und mutmaßliche Einwilligung, unter Umständen aber auch die umstrittene hypothetische Einwilligung sowie §§ 32, 34 StGB eine Rolle spielen können. 173c

Auswirkungen hat die unterschiedliche Verortung der tatsächlichen Einwilligung v. a. bei der Behandlung von Irrtumsfragen: wer die Einwilligung als Tatbestandsausschluss einstuft, kommt im Irrtumsfalle zu einer direkten Anwendung des § 16 StGB, während die Rechtfertigungslösung insoweit das Institut des Erlaubnistatbestandsirrtums heranziehen muss, dessen Behandlung im Einzelnen umstritten ist.[4]

II. Die Verletzung des höchstpersönlichen Lebensbereichs durch Bildaufnahmen nach § 201a StGB

1. Geschütztes Rechtsgut

§ 201a StGB schützt den höchstpersönlichen Lebensbereich vor unbefugter Bildaufnahme. Bis zur Einführung des § 201a StGB war das Recht am eigenen Bild im Wesentlichen durch § 33 des Gesetzes betreffend das Urheberrecht an Werken bildender Künste und der Photographie (KUG) geschützt, der die Verbreitung und öffentliche Zurschaustellung von Bildern unter Strafe stellt. Diese Norm erfasst jedoch nicht die unbefugte Herstellung bzw. Weitergabe eines Bildes an Dritte, was zu einer Diskre- 173d

---

2 So auch die h. M.; vgl. statt vieler Lackner/*Kühl*, § 201, Rn. 9a; *Wessels/Hettinger/Engländer*, BT/1, Rn. 593 ff.
3 BGHSt 9, 335, 343; a. A. *Sch/Sch/Eisele*, § 201, Rn. 19.
4 Dazu näher *Jäger*, AT, Rn. 212 ff.

panz zwischen dem umfassenden Schutz der Vertraulichkeit des gesprochenen bzw. geschriebenen Wortes (§§ 201, 202 StGB) und dem sporadischen Schutz der unbefugten Bildaufnahme führte.[5] Um diese – durch technische Entwicklung im Bereich der Videotechnik und im Internet begünstigte – Lücke zu schließen,[6] wurde der Schutz des Rechts am Bild um den § 201a StGB erweitert. Seine heutige Fassung verdankt § 201a StGB dem 49. StÄG vom 21.1.2015, durch das auch die sog. lex Edathy eingefügt wurde (vgl. Rn. 173f).

2. Schutzobjekt

173e Schutzgegenstand aller Tatbestände ist das aufgenommene Bild einer anderen Person (nicht Zeichnungen und Karikaturen). Der räumliche Schutzbereich des § 201a StGB betrifft zunächst Wohnungen und andere gegen Einblick besonders geschützte Räume. Unter den Begriff der Wohnung fallen dabei in Anlehnung an die für § 123 StGB entwickelten Grundsätze auch Nebenräume außerhalb des eigentlichen Wohnbereichs; nicht aber Dienst- und Geschäftsräume.[7] Im Übrigen wird ein solcher Rückzugsbereich geschützt, der durch Sichtschutz besonders gegen Einblick abgeschirmt ist. Nicht erforderlich ist, dass der Raum nach allen Seiten umschlossen ist. Erfasst werden sollen also auch Toiletten und Umkleidekabinen im Schwimmbad, das ärztliche Behandlungszimmer und sogar der Garten eines Hauses, wenn er nur von einer entsprechend hohen Hecke vor Einblick gesichert ist.

Das visuelle Eindringen in den fremden Rückzugsbereich genügt jedoch noch nicht. § 201a I StGB setzt vielmehr weiter voraus, dass der Täter den höchstpersönlichen Lebensbereich des Opfers verletzt. Dieser Bereich entspricht im Wesentlichen dem in der Rechtsprechung zum (verfassungsrechtlich gem. Art. 1 I GG i. V. m. Art. 2 I GG geschützten) Persönlichkeitsrecht verwendeten Begriff der Intimsphäre, der allerdings wegen seiner assoziativen Nähe zum Sexualleben nicht aufgegriffen wurde. Das Kriterium des höchstpersönlichen Lebensbereichs ist in der Literatur im Hinblick auf den Bestimmtheitsgrundsatz kritisch aufgenommen worden.[8] Was letztlich zu diesem höchstpersönlichen Lebensbereich zählt, dürfte im Einzelfall in der Tat schwer auszumachen sein: während etwa das einsam eingenommene Abendbrot in der eigenen Wohnung als alltägliche Tätigkeit kaum dem höchstpersönlichen Lebensbereich zuzurechnen ist, könnte sich diese Beurteilung bereits ändern, wenn der Ehemann in Gesellschaft seiner Geliebten speist.

Andererseits sind durch die Erweiterungen, die das 49. StÄG gebracht hat, nunmehr auch Tathandlungen erfasst, die keinen persönlichen Rückzugsbereich betreffen, § 201a I Nr. 2 StGB, vgl. sogleich Rn. 173f.

---

5 *Borgmann*, NJW 2004, 2133.
6 *Eisele*, JR 2005, 6.
7 In § 244 I Nr. 3 StGB wird der Wohnungsbegriff angesichts der hohen Strafandrohung allerdings restriktiv ausgelegt; vgl. dazu u. Rn. 277 a. E.
8 *Vahle*, DVP 2004, 494 f.; *Eisele*, JR 2005, 11.

3. Tathandlungen

a) Tathandlungen des § 201a I StGB sind das Herstellen, Übertragen, Gebrauchen bzw. Zugänglichmachen der unbefugten Bildaufnahme an Dritte. Das Herstellen umfasst dabei alle Handlungen, mittels derer das Bild auf einem Bild- oder Datenträger gespeichert wird. Mit der Alternative des Übertragens wird zudem klargestellt, dass auch Echtzeitübertragungen ohne dauerhafte Speicherung (z. B. mittels Webcams, Spycams oder Drohnen[9]) erfasst sind. Die bloße Beobachtung ohne Aufzeichnung des Geschehens ist also nicht tatbestandsmäßig i. S. d. § 201a I StGB. Wichtig ist hier § 201a I Nr. 2 StGB: Trotz fehlender „räumlich-visueller" Abgeschiedenheit werden hier etwa Unfallopfer vor unbefugter Bildaufnahme geschützt, da es sich hierbei um schwerwiegende Eingriffe in den persönlichen Lebensbereich der fotografierten Person handelt.[10] Ein Bild ist einem Dritten zugänglich gemacht, wenn dieser Zugriff auf das Bild erhalten oder jedenfalls Kenntnis von dem Bild genommen hat. Bedeutsam ist vor allem § 201a I Nr. 4 StGB: Zugänglichmachen einer befugt hergestellten Aufnahme für einen Dritten. Ein Beispiel bildet etwa die eigenmächtige Verbreitung von zunächst einvernehmlich erstellten Aktfotografien nach dem Scheitern einer Beziehung.[11] Das Opfer wird hier also – anders als im Rahmen von § 201 I Nr. 2 StGB – auch davor geschützt, dass einmal bestehende „Rechte" missbraucht werden. Ein Gebrauchen (Nr. 3) setzt voraus, dass der Täter die technischen Möglichkeiten des Bildträgers ausnutzt, die Aufnahme also etwa kopiert, fotomontiert oder archiviert. Das bloße Betrachten eines Bildes fällt nicht unter die Alternative des Gebrauchens (anderenfalls wäre der Leser einer Zeitschrift, in der sich ein unbefugt aufgenommenes Bild befindet, bei entsprechendem Vorsatz nach § 201a I Nr. 3 StGB strafbar).[12] § 201a II StGB soll darüber hinaus v. a. dem Cyber-Mobbing vorbeugen.

b) Tathandlung nach § 201a III StGB ist schließlich das Herstellen, entgeltliche Anbieten oder entgeltliche Sich- oder einem Dritten Verschaffen von Bildaufnahmen, die die Nacktheit einer anderen Person unter 18 Jahren zum Gegenstand haben. Diese sog. lex Edathy wurde durch das 49. StrÄG eingefügt.

4. Unbefugtes Handeln

Auch im Rahmen von § 201a I, II StGB wird das Merkmal der Unbefugtheit als Hinweis auf die Rechtswidrigkeit verstanden. Dem widerspricht es allerdings auf den ersten Blick, dass in § 201a I Nr. 4 StGB die Formulierung „wissentlich unbefugt" verwandt wird, was die Vermutung nahe legt, bei der Befugnis handele es sich hier um einen objektiven Tatumstand. Berücksichtigt man aber, dass in Abs. 1 Nr. 4 das *in aller Regel sozialübliche* Zugänglichmachen einer *befugt* hergestellten Aufnahme unter Strafe gestellt ist, so erklärt sich, warum das Merkmal „unbefugt" hier nicht ein bloßer Hinweis auf die Rechtswidrigkeit ist, sondern tatbestandliches Unrecht konstituiert. Die fehlende Befugnis hinsichtlich der Weitergabe des Bildes ist nämlich erforderlich, um bereits auf Tatbestandsebene eine sozialadäquate Verbreitung der befugt erstell-

---
9 *Werner*, JuS 2013, 1074 ff.
10 *Kühl*, AfP 2004, 190, 194.
11 Zu diesem Beispiel *Eisele*, JR 2005, 10.
12 *Bosch*, JZ 2005, 380; *Flechsig*, ZUM 2004, 614.

ten Aufnahme als Tatbestandshandlung auszuscheiden.[13] Mit Ausnahme von § 201a I Nr. 4 StGB bezieht sich das Merkmal „unbefugt" jedoch auf die Rechtswidrigkeit, wobei auch hier die Einwilligung – sofern man sie als Rechtfertigungsgrund einstuft – eine tragende Rolle spielt.

5. Medienfreiheiten sowie Informationszugang und Informationsverbreitung

173h § 201a IV StGB trägt vor allem dem Grundrecht der Medienfreiheit, namentlich der gem. Art. 5 I S. 1 GG geschützten Informationsfreiheit Rechnung und nimmt sozialadäquate Verhaltensweisen, die von der Kunst-, Wissenschafts-, Forschungs- und Medienfreiheit gedeckt sind, bereits aus dem Tatbestand aus. § 201a StGB steht daher durchaus mit dem Grundrecht der Informationsfreiheit in Einklang. Zu Recht hat insoweit *Petersen*[14] darauf hingewiesen, dass die „heimliche Herstellung von Bildaufnahmen für bestimmte Formen des investigativen Journalismus von vitaler Bedeutung ist" und gerade die heimlichen Praktiken der organisierten Kriminalität nicht dadurch unaufklärbar werden dürfen, dass man die heimliche Herstellung von Bildaufnahmen, die diese Methoden dokumentieren, pönalisiert.

III. Die Verletzung des Briefgeheimnisses nach § 202 StGB

1. Geschütztes Rechtsgut

173i § 202 StGB schützt – anders als § 201 StGB – das *geschriebene* Wort, welches einen Zusammenhang zu dem persönlichen Lebens- und Geheimbereich aufweist.

2. Tatobjekt

Tatobjekt ist jedes nicht zur Kenntnis des Täters bestimmte Schriftstück. Den Schriftstücken gleichgestellt sind nach § 202 III StGB Abbildungen, wie z. B. Fotos.[15]

3. Tathandlungen nach § 202 I StGB

a) Die Tathandlungen nach § 202 I StGB erfordern, dass das Schriftstück verschlossen ist; notwendig ist ein mit dem Schriftstück unmittelbar verbundener Verschluss, der für Dritte eine Erschwerung der Kenntnisnahme bedeutet. Tathandlungen im Einzelnen sind
- nach Nr. 1 das Öffnen des Verschlusses, sodass die Kenntnisnahme des Inhalts ermöglicht wird. Tatsächliche Kenntnisnahme ist – anders als bei Nr. 2 (s. sogleich) – nicht notwendig.
- nach Nr. 2 die Kenntnisverschaffung des Inhalts eines Schriftstücks unter Anwendung technischer Mittel ohne Verschlussöffnung (z. B. Gerät zur Durchleuchtung; nicht dagegen Lesen durch Halten gegen das Licht).[16]

---

13 *Kühl*, AfP 2004, 196.
14 *Petersen*, Medienrecht, § 18, Rn. 26.
15 *Gössel*, BT/1, § 37, Rn. 80 m. w. Bsp.
16 *Gössel*, BT/1, § 37, Rn. 91 ff.; *Rengier*, BT/2, § 31, Rn. 22.

b) § 202 II StGB erstreckt den Schutz auf offene, aber durch ein verschlossenes Behältnis gegen Kenntnisnahme gesicherte Schriftstücke. Bezüglich des Begriffes „Behältnis" kann auf § 243 I S. 2 Nr. 2 StGB verwiesen werden. Die Tathandlung des § 202 II StGB setzt zweiaktig das Öffnen des Behältnisses und die nachfolgende Kenntnisnahme voraus.

IV. Das Ausspähen von Daten und verwandte Delikte nach §§ 202a, 202b, 202c StGB

Vgl. hierzu die Ausführungen im Rahmen der Computerdelikte im weiteren Sinne, Rn. 540 ff. Zu beachten ist auch der EC-Karten-Fall, Rn. 223 f.

173j

V. Die Verletzung und Verwertung von Privatgeheimnissen nach §§ 203, 204 StGB[17]

1. Geschütztes Rechtsgut

Geschütztes Rechtsgut ist hier die Geheimsphäre des Einzelnen und darüber hinaus das Interesse der Allgemeinheit an der Verschwiegenheit bestimmter Berufsgruppen. § 203 StGB ist daher ein Sonderdelikt, das bestimmte Berufsgruppenträger zur Wahrung solcher Geheimnisse verpflichtet, die ihnen *im Zusammenhang* mit ihrer beruflichen oder amtlichen Tätigkeit mitgeteilt worden sind.

173k

2. Tatobjekt

Tatobjekt sind fremde Geheimnisse. Von einem Geheimnis kann nur bei solchen Tatsachen die Rede sein, die das Opfer geheim halten will, sofern ein objektives Geheimhaltungsinteresse besteht.[18] Notwendige Elemente des Geheimnisses sind daher:
– Geheime Tatsache
– Geheimhaltungswille
– objektives Geheimhaltungsinteresse

3. Tathandlung

Sie besteht im Offenbaren, d. h. in der Mitteilung der geheimzuhaltenden Tatsache an einen Dritten.

4. Unbefugtes Handeln

Auch hier ist wieder zu beachten, dass die Offenbarung eines Geheimnisses befugt und damit gerechtfertigt erfolgen kann. Dies ist insbesondere bei der tatsächlichen oder mutmaßlichen Einwilligung (sofern man ersterer nicht tatbestandsausschließende Wirkung beimisst, vgl. auch hier zur Lehre von der Doppelfunktion oben Rn. 173c), aber auch bei gesetzlichen Offenbarungspflichten gem. §§ 138, 139 StGB oder bei der prozessualen Zeugnispflicht (aber nur nach Entbindung von einem etwaigen Zeugnisverweigerungsrecht) der Fall.

173l

---

17 Lesenswerter Überblick zu § 203 StGB bei *Bock/Wilms*, JuS 2011, 24 ff.; sowie bei *Bosch*, Jura 2013, 780 ff.
18 *Gössel*, BT/1, § 37, Rn. 133 ff.

5. § 204 StGB

§ 204 StGB stellt die Verwertung, also das wirtschaftliche Ausnutzen des Geheimnisses zur Gewinnerzielung für sich oder einen Dritten, unter Strafe.

VI. Strafantragserfordernis nach § 205 StGB

Zu beachten ist, dass sämtliche Delikte im Bereich der §§ 201 ff. StGB grds. nur auf Antrag verfolgt werden.

B. Schutz des gegenständlichen Persönlichkeitsbereichs durch § 123 StGB

I. Geschütztes Rechtsgut

173m Die Vorschrift schützt das Hausrecht, d. h. das Interesse an ungestörter Betätigung des eigenen Willens in der Wohnung und den sonst geschützten Bereichen.[19]

II. Tatobjekte

§ 123 StGB nennt vier Tatobjekte:
- Wohnung: Darunter versteht man Räumlichkeiten, die Personen als Unterkunft dienen (z. B. Räume im eigenen Haus, aber auch Hotelzimmer) einschließlich dazugehöriger Nebenräume (z. B. Keller, Treppenbereich).[20]
- Geschäftsräume: Darunter versteht man Räumlichkeiten, die für geschäftliche, berufliche, künstlerische oder wissenschaftliche Zwecke genutzt werden.
- Befriedetes Besitztum: Darunter versteht man Grundstücke, die in erkennbarer Weise durch zusammenhängende Schutzwehren gegen willkürliches Betreten gesichert sind (z. B. Zäune, Mauern, Hecken, wobei ein lückenloser Schutz nicht erforderlich ist; auch Häuser, die zum Abbruch bestimmt sind, können hierunter fallen – Stichwort: Hausbesetzung).
- Abgeschlossene Räume, die zum öffentlichen Dienst (z. B. Schulen) oder Verkehr (z. B. Omnibusse, Eisenbahnwaggons) bestimmt sind: Abgeschlossen bedeutet dabei nicht verschlossen, sondern baulich abgegrenzt, sodass auch das unverschlossene Lehrerzimmer darunter fallen kann.

III. Tathandlungen des Eindringens und Verweilens trotz Aufforderung zum Entfernen

173n Unter Eindringen versteht man nach h. M. das Betreten des geschützten Raumes gegen den Willen des Hausrechtsinhabers. Berechtigter ist dabei derjenige, der die privatrechtliche oder öffentlichrechtliche Befugnis hat, anderen den Zugang zu verweh-

---

19 Anschaulicher Überblick zu § 123 bei *Kuhli*, JuS 2013, 115 ff., 211 ff.
20 MüKo-*Schäfer*, § 123, Rn. 11; allgemein zum Wohnungsbegriff im Strafrecht *Koranyi*, JA 2014, 241 ff.

ren. Haben mehrere Personen das Hausrecht, so ist grundsätzlich jede dieser Personen berechtigt, Dritten den Aufenthalt zu gestatten, sofern der Aufenthalt für den anderen Berechtigten nicht unzumutbar ist (letzteres wäre z. B. beim Mitbringen des Liebhabers gegen den Willen des Ehegatten der Fall).

Da § 123 StGB ein Handeln gegen den Willen des Hausrechtsinhabers verlangt, wirkt die Zustimmung des Berechtigten tatbestandsausschließend. Insbesondere gilt dies für öffentlich zugängliche Räumlichkeiten, bei denen grundsätzlich von einem generellen Einverständnis ausgegangen werden kann (Supermarkt, Bank, Rechtsanwaltskanzlei). Nach h. M. gilt die Erlaubnis zum Betreten auch dann, wenn diese durch Täuschung erschlichen wird, da es beim tatbestandsausschließenden Einverständnis allein auf den tatsächlich zum Ausdruck gebrachten Willen ankommt (Bsp.: A verschafft sich Zugang zur Wohnung des B, indem er vortäuscht, er müsse den Wasserzähler ablesen). Auch das generelle Einverständnis wird daher nach h. M. nicht dadurch aufgehoben, dass der Täter den geschützten Bereich zur Verfolgung von Zielen betritt, die dem Interesse des Hausrechtsinhabers widersprechen oder gar schaden (Bsp.: A geht mit Diebstahlsabsicht in einen Supermarkt; hier liegt kein Hausfriedensbruch vor).[21] Etwas anderes soll auch nach h. M. nur dann gelten, wenn das äußere Erscheinungsbild so sehr von der generell erteilten Zutrittserlaubnis abweicht, dass der Rahmen der Zutrittserlaubnis erkennbar überschritten wird (Bsp.: A betritt mit gezogener Pistole eine Bank). Eine Mindermeinung will dagegen ein Eindringen bei jeder Täuschung oder Nichtaufdeckung wesentlicher Umstände annehmen. Sofern man aber der Zutrittserlaubnis – ähnlich wie beim Einverständnis in einen Gewahrsamswechsel beim Diebstahl – faktische Bedeutung einräumt, wird man der h. M. folgen müssen.

Achtung Klausur: *Nach h. M. ist die Tathandlung des Eindringens auch durch Unterlassen möglich, §§ 123 I Alt. 1, 13 StGB. Grund: Anderenfalls würden Strafbarkeitslücken in denjenigen Fällen entstehen, in denen keine Aufforderung zum Verlassen ausgesprochen wird, die Voraussetzung für eine Strafbarkeit nach § 123 I Alt. 2 StGB ist (Bsp.: Lässt sich A nach Geschäftsschluss im Kaufhaus einsperren, so sind nach h. M. §§ 123 I Alt. 1, 13 StGB erfüllt. Verlässt A das Kaufhaus dagegen trotz Aufforderung des Geschäftsführers nicht, so ist § 123 I Alt. 2 StGB gegeben. Eine Mindermeinung wendet dagegen in beiden Fällen § 123 I Alt. 2 StGB an, indem sie aufgrund der Geschäftszeiten eine vorweggenommene Aufforderung zum Verlassen konstruiert. Dagegen spricht aber, dass der verbrecherische Wille geringer ist, wenn keine tatsächliche Aufforderung zum Verlassen erfolgt ist, sodass dem Täter dann die Strafmilderung nach § 13 II StGB zugutekommen sollte).*

---

21 Vgl. dazu MüKo-*Schäfer*, § 123, Rn. 33.

Kapitel 2

Delikte gegen das Vermögen

§ 6 Diebstahl und Unterschlagung

A. Allgemeines

I. Das geschützte Rechtsgut

174 Geschützte Rechtsgüter des Diebstahls sind nach wohl herrschender Meinung *Eigentum* und *Gewahrsam*.[1] Die Frage ist allerdings strittig und kann in der Klausur eine häufig nicht erkannte Bedeutung im Rahmen des Strafantrags gewinnen. Dies zeigt folgendes

175 **Beispiel:** A liefert dem Kunsthandwerker B edle Holzbretter, aus denen der B für A einen wertvollen Bauernschrank fertigen soll. Der Sohn C des A sieht die Bretter seines Vaters in der Werkstatt des B und entwendet sie, um daraus eine Hundehütte zu fertigen. Strafbarkeit des C? Strafanträge sind nicht gestellt. **(Hundehütten-Fall)**

176 **Lösung:** Fraglich ist bei der Strafbarkeit des C nach § 242 StGB, ob angesichts des fehlenden Strafantrags eine erforderliche Prozessvoraussetzung für die Verfolgung des Diebstahls fehlt. Dies könnte nach § 247 StGB deshalb der Fall sein, weil danach ein Haus- bzw. Familiendiebstahl nur auf Antrag verfolgt werden kann. Das Antragserfordernis hängt freilich davon ab, wen man vorliegend als durch den Diebstahl i. S. d. § 247 StGB verletzt ansieht. Dazu muss ein Blick auf das von § 242 StGB geschützte Rechtsgut geworfen werden. Sieht man das geschützte Rechtsgut des Diebstahls ausschließlich im Eigentum,[2] so wäre vorliegend ein Strafantrag des Vaters A eine zwingende Verfolgungsvoraussetzung. Sieht man mit der (früher) h. M. Eigentum und Gewahrsam als geschützte Rechtsgüter des Diebstahls an,[3] so muss man differenzieren: Schließt man sich der Auffassung an, die den Gewahrsam neben dem Eigentum als selbstständiges Schutzgut des § 242 StGB ansieht, so hat dies zur Folge, dass sowohl der Eigentümer als auch der Gewahrsamsinhaber Verletzter i. S. der §§ 77, 247 StGB sind.[4] Demnach bestünde kein Strafantragserfordernis nach § 247 StGB, da die persönliche Beziehung nicht gegenüber A und B kumulativ vorliegt. Folgt man hingegen der Auffassung, dass der Gewahrsam lediglich als Ausfluss der dem Eigentümer zustehenden Verfügungsmöglichkeiten über die Sache mitgeschützt ist, verbleibt im Falle von § 247 StGB die Entscheidung über einen Strafantrag vorrangig beim Eigentümer. Vorliegend wäre dann ein Strafantrag des Vaters A eine zwingende Verfolgungsvoraussetzung. Letztere Ansicht erscheint vorzugswürdig. Die Gegenauffassung gelangt jedenfalls dort zu unbefriedigenden Ergebnissen, wo der Gewahrsamsinhaber ein Außenstehender ist und daher schon allein wegen dessen mitbetroffenen Gewahrsams § 247 StGB ausscheiden soll. Dem Eigentümer muss ebenso wie die Disposition über sein Eigentum auch die über die Strafverfolgung wegen Diebstahls jedenfalls dann verbleiben, wenn ihm diese – in den Fällen des § 247 StGB – gerade im Interesse des Hausfriedens übertragen werden sollte. Dies schließt

---

1 BGHSt 10, 400; *Maurach/Schroeder/Maiwald*, BT/I, § 33, Rn. 1; a. A. *Fischer*, § 242, Rn. 2 m. w. N., vgl. nur *Sch/Sch/Bosch*, § 242, Rn. 1/2.
2 So *Fischer*, § 242, Rn. 2; *Arzt/Weber*, BT, § 13, Rn. 30; *Mitsch*, BT/II, § 1, 1.1.2.
3 So etwa BGHSt 10, 401; 29, 323; SK-*Hoyer*, § 242, Rn. 1; *Maurach/Schroeder/Maiwald*, BT/I, § 33, Rn. 1; *Rengier*, BT/1, § 2, Rn. 1.
4 RGSt 4, 436; 50, 46; 54, 282; 73, 153; Lackner/*Kühl*, § 242, Rn. 2.

selbstverständlich nicht aus, dass die Tat dem außenstehenden Gewahrsamsinhaber gegenüber je nach Art des „Gewahrsamsbruches" nach §§ 123, 303 StGB verfolgbar bleibt.[5] Der Diebstahl ist daher nur mit Strafantrag des A verfolgbar. Für die gleichzeitig verwirklichte, nur das Eigentum schützende Unterschlagung nach § 246 StGB besteht entsprechend den obigen Ausführungen ebenfalls ein Strafantragserfordernis nach § 247 StGB.[6]

Achtung Klausur: *Achten Sie bei Diebstahlsfällen im Nahbereich auf die Klausurangaben zum Strafantrag. Enthält der Sachverhalt keine Hinweise zu einem erfolgten Strafantrag oder wird in ihm sogar darauf hingewiesen, dass kein Strafantrag gestellt ist, so ist ggf. auf das soeben geschilderte Strafantragsproblem zu achten!*[7]

II. Verhältnis Diebstahl – Unterschlagung

Die Unterschlagung ist seit dem 1.4.1998 (Inkrafttreten des 6. StrRG) subsidiärer Auffangtatbestand gegenüber dem Diebstahl.[8] Wird also ein Diebstahl bejaht, so tritt § 246 StGB dahinter als subsidiär zurück (formelle Subsidiarität, vgl. § 246 I a. E. StGB). In der Klausur sollte man darauf unter einem eigenen Gliederungspunkt zumindest kurz hinweisen, also etwa: **177**

1. Prüfung und Bejahung des Diebstahls (Tatbestandsmäßigkeit, Rechtswidrigkeit und Schuld).
2. Der vom Gesetzgeber als Auffangtatbestand konzipierte § 246 StGB tritt dahinter als subsidiär zurück (formelle Subsidiarität).

Achtung Klausur: *Nicht immer wird dieser knappe Hinweis genügen. Dies gilt vor allem, wenn die Unterschlagung vollendet, der Diebstahl dagegen nur versucht ist.* Das zeigt folgendes

Beispiel: Motorradfahrer M ist auf regennasser Fahrbahn verunglückt und liegt tot auf der Straße. Der vorbeikommende A, der davon ausgeht, dass M noch lebt, plündert dessen Taschen. Strafbarkeit des A? **(Leichenfledderei-Fall)** **178**

Lösung: Ein Diebstahl nach § 242 StGB scheitert mangels Wegnahme, da kein Gewahrsamsbruch erfolgte. Ein Toter kann keinen natürlichen Herrschaftswillen mehr bilden, auf den sich ein tatsächliches Herrschaftsverhältnis gründen könnte, sodass die Zuordnung von Gewahrsam einem Toten gegenüber ausgeschlossen ist.[9] Verfehlt wäre auch die Annahme eines Gewahrsamsbruchs in Bezug auf die Erben unter Einbezug der Besitzfiktion des § 857 BGB. Zwar ist der strafrechtliche Gewahrsam weitgehend mit dem zivilrechtlichen Besitz vergleichbar, jedoch ist eine Übertragung der Erbenbesitzfiktion des § 857 BGB auf den strafrechtlichen Gewahrsam deshalb ausgeschlossen, weil der Gewahrsam als tatsächliches Herrschaftsverhältnis rechtlichen Fiktionen nicht zugänglich ist.[10] A ist allerdings wegen versuchten Diebstahls nach §§ 242 II, 22, 23 StGB strafbar. Vorliegend ging A davon aus, M sei lediglich bewusstlos. Bewusstlose behalten aber nach h. M. grundsätzlich Gewahrsam an den von ihnen mitgeführten **179**

---

5 *Sch/Sch/Bosch*, § 247, Rn. 10 f.
6 § 246 StGB schützt im Übrigen unstreitig nur das Eigentum, vgl. NK-*Kindhäuser*, § 246, Rn. 2; Lackner/*Kühl*, § 242, Rn. 14 m. w. N.
7 Ausführlich zum Strafantrag *Bosch*, Jura 2013, 368 ff.; zu den verschiedenen Strafantragsdelikten *Mitsch*, JA 2014, 1 ff.
8 BT-Drucks. 13/8587, S. 43 f.; *Fischer*, § 242, Rn. 2 m. Hinw. auf a. A., z. B. *Kindhäuser/Böse*, BT/2, § 2, Rn. 2; vgl. zum Verhältnis zwischen § 242 StGB und § 246 StGB auch *Fahl*, Jura 2014, 382 ff.
9 Lackner/*Kühl*, § 242, Rn. 10.
10 RGSt 34, 352; 58, 228; *Rengier*, BT/1, § 2, Rn. 12; *Krey/Hellmann/Heinrich*, BT/2, Rn. 13 ff.

Gegenständen, da der natürliche Herrschaftswille mit der Bewusstlosigkeit nicht entfalle und auch die soziale Zuordnung für eine Aufrechterhaltung des Gewahrsams spreche.[11] Damit stellte sich A Umstände vor, die einen Gewahrsamsbruch durch ihn begründeten, sodass ein Tatentschluss hinsichtlich eines Diebstahls anzunehmen ist. Daneben hat A eine vollendete Unterschlagung gem. § 246 StGB begangen. Fraglich ist, in welchem Verhältnis der versuchte Diebstahl zur vollendeten Unterschlagung steht. Zu prüfen ist insoweit, ob das von § 246 StGB angeordnete formelle Subsidiaritätsverhältnis auch im Hinblick auf die nur versuchte Diebstahlstat anzuwenden ist. Teilweise wird in der Literatur eine Anwendung der Subsidiaritätsklausel im Verhältnis zum versuchten Diebstahl abgelehnt, da anderenfalls das Vollendungsunrecht der Unterschlagung im Urteilstenor nicht zum Ausdruck käme.[12] Zum Teil wird dagegen in der Literatur das Subsidiaritätsverhältnis auch im Hinblick auf Vollendung und Versuch angenommen.[13] Die besseren Gründe sprechen für die letztgenannte Auffassung, d. h. für ein Zurücktreten der vollendeten Unterschlagung auch hinter dem nur versuchten Diebstahl. Bereits die Anordnung der formellen Subsidiarität durch den Gesetzgeber spricht für ein Verständnis der Unterschlagung als bloßen Auffangtatbestand hinter jeder Verwirklichungsform eines anderen Vermögensdelikts. Auch die Tatsache, dass § 246 StGB durch die Manifestation eines Zueignungswillens und damit durch versuchsgleiches Unrecht vollendet wird, zeigt, dass die vollendete Unterschlagung gegenüber dem versuchten Diebstahl grundsätzlich kein verstärktes Unrecht zur Geltung bringt. Dies gilt umso mehr, als der Strafrahmen des versuchten Diebstahls sogar noch über dem der vollendeten Unterschlagung liegt.[14]

Achtung Klausur: *Bis zum 1.4.1998 (Inkrafttreten des 6. StrRG) unterschied sich die Unterschlagung vom Diebstahl dadurch, dass der Täter einer Unterschlagung entweder Gewahrsam innehaben oder wenigstens zeitgleich mit der Zueignungshandlung Gewahrsam erlangen musste, während sich der Diebstahl gerade durch den Bruch fremden Gewahrsams auszeichnete.[15] Der Gesetzgeber hat jedoch mit dem 6. StrRG das Merkmal des Gewahrsamserfordernisses in § 246 StGB gestrichen und damit die Zueignungshandlung zum allein ausschlaggebenden Strafbarkeitskriterium für § 246 StGB erhoben. Damit ist § 246 StGB zu einem umfassenden Auffangtatbestand geworden, der im Bereich der Vermögensstraftaten grundsätzlich mitzubedenken ist.[16] Dabei wird man eine täterschaftliche Unterschlagung allerdings nur dann annehmen können, wenn der Täter Herr (unmittelbarer oder mittelbarer Besitzer) über den konkreten Zueignungsgegenstand ist (Tatherrschaftsgedanke); anderenfalls kann nur Teilnahme an §§ 242, 246 StGB angenommen werden. Fordert also A telefonisch den in Frankfurt sitzenden B auf, sich das Fahrrad des C in Berlin zu nehmen,[17] so ist dies keine täterschaftliche Unterschlagung des A im Wege der Drittzueignung, sondern nur eine Anstiftung zum Diebstahl des B, sofern sich letzterer das Fahrrad tatsächlich holt.[18]*

---

11 *Krey/Hellmann/Heinrich*, BT/2, Rn. 16; *Fischer*, § 242, Rn. 13. Danach gilt dies selbst dann, wenn der Bewusstlose die Fähigkeit, einen Willen zu fassen und zu äußern, bis zu seinem Tode nicht wieder erlangt.
12 *Rengier*, BT/1, § 2, Rn. 12; *Geppert*, Jura 2002, 278, 282.
13 Vgl. dazu *Jäger*, JuS 2000, 1167, 1170 f.
14 Vgl. näher zu den genannten Argumenten *Jäger*, JuS 2000, 1167.
15 Zum Vergleich von § 242 und § 246 StGB siehe *Rengier*, BT/1, § 5, Rn. 1.
16 Vgl. zu dieser gesetzgeberischen Entscheidung *Wessels/Hillenkamp/Schuhr*, BT/2, Rn. 69 ff. m. w. N. sowie *Rengier*, BT/1, § 5, Rn. 1.
17 Fall nach *Sander/Hohmann*, NStZ 1998, 276.
18 Näher hierzu *Jäger*, JuS 2000, 1169 f.

Für den Studenten folgt aber aus der auch bei Anwendung des Tatherrschaftsgedankens immer noch sehr weit reichenden Auffangfunktion des § 246 StGB, dass § 246 StGB jetzt noch genauer zu beachten ist, was insbesondere dann gilt, wenn § 242 StGB abgelehnt wird.

Das zeigt folgendes

Beispiel: A und B lebten seit längerem in einer Wohngemeinschaft. Als B am Abend das gemeinsame Wohnzimmer betrat, saß A tot zusammengesackt auf dem Sofa. Offenbar hatte er während einer Fußballübertragung einen Herzinfarkt erlitten. B, der erkannte, dass A tot war, beschloss, das von A stets mitgeführte Portemonnaie zu entwenden. Erst nach Durchführung dieses Vorhabens informierte er die Eltern des Verstorbenen. B wusste nicht, dass A ihn zum Alleinerben eingesetzt hatte. Strafbarkeit des B?

180

Lösung: Vollendeter Diebstahl nach § 242 StGB scheidet aus, da das Portemonnaie nicht fremd war (vgl. wie im vorhergehenden Fall: § 1922 BGB). In Betracht kommt jedoch versuchter Diebstahl nach §§ 242 II, 22, 23 StGB. Problematisch ist hier der Tatentschluss des B. Zwar war der Vorsatz auf die Erfüllung des Merkmals „fremd" gerichtet; jedoch ist fraglich, ob seine Vorstellung sich auch auf Umstände bezog, die objektiv einen Gewahrsamsbruch begründen. Das Portemonnaie war mit dem Tod des A nicht etwa gewahrsamslos geworden, sondern fiel aufgrund des generellen Herrschaftswillens des Sphäreninhabers B in dessen Gewahrsam.[19] Dass die Besitzfiktion des § 857 BGB für B nicht gilt, spielt daher schon deshalb keine Rolle, weil B ohnehin Gewahrsam erlangt hatte.[20] Als B bemerkte, dass A tot war, erkannte er damit die Umstände, die seinen Gewahrsam begründet hatten. Seine Vorstellung war daher nicht auf Tatsachen gerichtet, die einen Gewahrsamsbruch verwirklichen. Eine Strafbarkeit wegen versuchten Diebstahls scheidet daher mangels entsprechenden Tatentschlusses aus. Auch eine vollendete Unterschlagung nach § 246 StGB scheitert, weil das Portemonnaie nicht fremd war (s. o.).[21] Gegeben ist aber eine versuchte Unterschlagung nach §§ 246, 22, 23 StGB. Die Vorstellung von B war auf eine rechtswidrige Zueignung des Portemonnaies gerichtet. Da er nicht wusste, dass A ihn als Alleinerben eingesetzt hatte, ging er sowohl von einer Fremdheit des Portemonnaies als auch von einer rechtswidrigen Zueignung aus, da seine Vorstellung auf Umstände gerichtet war, die einen Widerspruch zur materiell gewollten Eigentumsordnung begründen.

181

B. Der Diebstahlstatbestand im Einzelnen

I. Objektiver Tatbestand

Als objektive Tatbestandsvoraussetzungen verlangt § 242 StGB die Wegnahme einer fremden beweglichen Sache.

182

Achtung Klausur: *In der Prüfungsarbeit werden meistens die Merkmale „fremd", „beweglich", „Sache" unproblematisch sein. Dann kann es genügen, wenn der Eingangssatz etwa lautet: „A müsste das Motorrad – eine fremde bewegliche Sache – weggenommen haben."*[22] *Im Einzelnen gilt zum objektiven Tatbestand Folgendes:*

---

19 Siehe zum Gewahrsamsbegriff *Wessels/Hillenkamp/Schuhr*, BT/2, Rn. 82 ff.; *Krey/Hellmann/Heinrich*, BT/2, Rn. 12 ff.; *Lackner/Kühl*, § 242, Rn. 11; *Otto*, BT, § 40, Rn. 15; *Rengier*, BT/1, § 2, Rn. 12.
20 Zur Besitzfiktion oben, Lösung in Rn. 179.
21 Zur Definition „fremd", siehe *Krey/Hellmann/Heinrich*, BT/2, Rn. 3; *Wessels/Hillenkamp/Schuhr*, BT/2, Rn. 79.
22 Vgl. zu dem Vorschlag der Bildung einer Parenthese etwa *Roxin/Schünemann/Haffke*, S. 25.

1. Sache

183 Sache i. S. d. § 242 StGB ist jeder körperliche Gegenstand nach § 90 BGB.[23] Mangels Körperlichkeit fällt Energie nicht unter den Sachbegriff, weshalb der Gesetzgeber den Entzug von Energie nach § 248c StGB eigens unter Strafe gestellt hat. Dagegen fallen unter den Sachbegriff trotz § 90a BGB auch Tiere,[24] da nach § 90a S. 3 BGB die für Sachen geltenden Vorschriften, soweit nichts anderes bestimmt ist, auf Tiere entsprechend anwendbar sind. Ein Verstoß gegen das Analogieverbot ist darin nicht zu sehen, weil gesetzliche Verweisungen nicht unter das Analogieverbot fallen (Analogie im uneigentlichen Sinne).[25]

Auch kommt es für den Sachbegriff nicht auf den Aggregatszustand des jeweiligen Gegenstands an, sodass sowohl feste als auch flüssige oder gasförmige Objekte darunter fallen. Wasserdampf oder Sauerstoff, der sich in einer Sauerstoffflasche befindet, können daher taugliche Diebstahlsgegenstände sein (dagegen fehlt es bei der in der Atmosphäre befindlichen Atemluft an der Eigentums- und damit Diebstahlsfähigkeit).[26]

Sonderproblem: Die Diebstahlsfähigkeit von Leichen und Leichenteilen

184 Der Mensch ist nicht Sache, sondern Person und damit grundsätzlich nicht diebstahlsfähig.[27] Eine Leiche wird aber nach h. M. als herrenlose Sache behandelt (Herrenlosigkeit mit Todeseintritt).[28] An ihr können aber Aneignungsrechte bestehen (so können Hinterbliebene oder sonstige Totensorgeberechtigte etwa zugunsten eines anatomischen Instituts verfügen). Mit Ausübung der Aneignungsrechte ist eine Leiche daher eine fremde Sache, hinsichtlich derer eine Diebstahlsstrafbarkeit in Frage kommt.

Auch natürliche Leichenteile (z. B. Niere, Lunge, Leber etc.) werden mit dem Tod herrenlose Sachen, an denen Aneignungsrechte Dritter (etwa durch einen Organspendeausweis) begründet werden können.

Bei künstlichen Gegenständen ist zu unterscheiden:
- Nur lose mit dem Körper verbundene Gegenstände (wie z. B. Zahnprothesen, Hörgeräte, Glasaugen) fallen mit dem Tode in den Nachlass und sind damit als fremde bewegliche Sachen taugliche Diebstahlsobjekte, sofern bereits fremder Gewahrsam begründet wurde (anderenfalls kommt Unterschlagung in Frage).[29]
- Fest mit dem Körper verbundene Gegenstände (z. B. Goldzähne, Herzschrittmacher, Hüftgelenke etc.) sind nach h. M. wie natürliche Leichenteile zu behandeln.[30]

---

23 *Otto*, BT, § 40, Rn. 3; *Wessels/Hillenkamp/Schuhr*, BT/2, Rn. 74; *MüKo-Schmitz*, § 242, Rn. 25 ff.
24 *Otto*, BT, § 40, Rn. 4; *Fischer*, § 242, Rn. 3.
25 *Krey/Hellmann/Heinrich*, BT/2, Rn. 1.
26 *Otto*, § 40, Rn. 3 m. w. N. sowie ausführl. *Fischer*, § 242, Rn. 3; *Wessels/Hillenkamp/Schuhr*, BT/2, Rn. 75; RGSt 44, 335.
27 Einhellige Auffassung, vgl. nur *Otto*, BT, § 40, Rn. 5; *Zöller*, BT/1, S. 24 f.
28 Dies ist h. M., vgl. *Krey/Hellmann/Heinrich*, BT/2, Rn. 8; *MüKo-Schmitz*, § 242, Rn. 30, 37; *Otto*, § 40, Rn. 5; *HKGS-Duttge*, § 242, Rn. 8.
29 Einhellige Auffassung, vgl. vor allem *SK-Hoyer*, § 242, Rn. 4, 16 m. w. N.; *Sch/Sch/Bosch*, § 242, Rn. 21.
30 Vgl. *Sch/Sch/Bosch*, § 242, Rn. 21; *Wessels/Hillenkamp/Schuhr*, BT/2, Rn. 76; *SK-Hoyer*, § 242, Rn. 16; siehe hierzu auch *Gropp*, JR 1985, 181.

Die Problematik wird veranschaulicht durch folgendes

Beispiel: Arzt A entnimmt nach dem Tode des B dessen Herzschrittmacher und macht ihn zu Geld. Strafbarkeit des A? **(Herzschrittmacher-Fall)** 185

Lösung: Eine Strafbarkeit wegen Diebstahls nach § 242 StGB sowie wegen Unterschlagung nach § 246 StGB scheidet aus, da der Herzschrittmacher zum Tatzeitpunkt herrenlos war.[31] Mit Einpflanzung des Herzschrittmachers ging die Sachqualität und auch Eigentumsfähigkeit unter. Sachqualität erlangte der Herzschrittmacher aber wieder mit dem Tod des Patienten.[32] Der Patient selbst kann jedoch nicht mehr analog § 953 BGB Eigentum erwerben, auch kann das Eigentum nicht durch Erbgang übergehen, da dieses eben nicht wieder entstanden ist. Gegeben ist jedoch eine Strafbarkeit wegen Störung der Totenruhe nach § 168 I Alt. 1 StGB. Dazu muss man, mit der h. M. unter Körperteilen nicht nur natürliche, sondern auch künstliche Leichenteile verstehen.[33] Dem ist mit Blick auf den Wortsinn auch zuzustimmen, sofern die künstlichen Teile fest eingefügt sind. Dagegen ist eine Strafbarkeit nach § 168 I Alt. 2 StGB zu verneinen, weil es an einer grob ungehörigen, rohen Gesinnung fehlt. 186

Achtung Klausur: *Werden natürliche oder künstliche Körperteile vom lebenden Menschen getrennt, so fallen sie in analoger Anwendung des § 953 BGB in das Eigentum desjenigen, von dem sie getrennt wurden.*[34] *Stirbt diese Person erst danach, so geht das Eigentum auf die Erben über, sodass dann Diebstahl oder Unterschlagung an diesen Teilen möglich ist. Wird also etwa einem Patienten zu Lebzeiten Blut abgenommen, so fällt dieses in das Eigentum des Patienten. Mit dessen Tod geht das Eigentum auf die Erben über, sodass eine Verfügung durch den Arzt § 242 bzw. § 246 StGB erfüllen kann, je nachdem, ob der Arzt Gewahrsam bricht (z. B. der Assistenzarzt, der allenfalls Mitgewahrsam gemeinsam mit dem Chefarzt hat) oder ob er bereits selbst Gewahrsam innehat (wie z. B. der Chefarzt).*[35]

Spektakulär ist auch folgender, aus der neueren Rechtsprechung stammender

Fall 14: Die in einem hoheitlich betriebenen Krematorium beschäftigten Arbeiter A, B und C durchsuchten jeweils nach Beendigung der Einäscherung die Asche der Verstorbenen nach Zahngold, um dieses mit Gewinn zu veräußern und sich dadurch eine regelmäßige zusätzliche Einnahmequelle zu verschaffen. Dabei gingen sie in der Weise vor, dass sie die Asche zunächst in einen Putzeimer füllten und im Krematorium versteckten, um später die Asche ungestört durchsuchen zu können. Insgesamt erlangten A, B und C mit der Zeit über 10 kg Gold, das sie auf dem Markt absetzten. Haben sich A, B und C durch die Entnahme des Zahngolds strafbar gemacht? (**Zahngold-Fall** nach BGH NStZ 2016, 92 ff.,[36] OLG Bamberg NJW 2008, 1543 ff.[37] und OLG Nürnberg JA 2010, 226) 186a

---

31 So die h. M., vgl. etwa LG Mainz, MedR, 1984, 199; SK-*Hoyer*, § 242, Rn. 5, 16 m. w. N.
32 A. A. *Maurach/Schroeder/Maiwald*, BT/I, § 32, Rn. 19, die menschliche Leichen als Rückstand der Persönlichkeit betrachten.
33 BGH bei *Dallinger*, MDR 1958, 739.
34 Siehe *Wessels/Hillenkamp/Schuhr*, BT/2, Rn. 76; *Sch/Sch/Bosch*, § 242, Rn. 20; differenz. zu diesem Thema auch *Gropp*, JR 1985, 181; vgl. auch *Krey/Hellmann/Heinrich*, BT/2, Rn. 10.
35 Vgl. hierzu *Sch/Sch/Bosch*, § 242, Rn. 20 f. m. w. N.
36 Mit Anm. *Kudlich*, JA 2015, 872 ff.
37 Mit Besprechung von *Bosch*, JA 2008, 391 ff.; *Jahn*, JuS 2008, 457 ff.; *Safferling/Menz*, Jura 2008, 382 ff. Eine ausführliche Darstellung des Sachverhalts findet sich bei *Jahn/Ebner*, JuS 2008, 1086 ff.

186b | **Lösung:**

I. In Betracht kommt eine Strafbarkeit von A, B und C wegen **mittäterschaftlich begangenen schweren Bandendiebstahls nach §§ 242 I, 244 I, 244a I, 25 II StGB**. Mit Einsetzen des Zahngolds ging die Sachqualität und Eigentumsfähigkeit unter. Sache wurde das Zahngold aber spätestens wieder mit dem Tod, weil der Körper nach dem Tod insgesamt nicht „Persönlichkeitsrückstand", sondern Sache ist.[38] Dies muss dann aber erst recht für das Zahngold gelten.
Da jedoch das Eigentum an dem Zahngold vorher schon erloschen war (durch das Einsetzen ging ja zunächst nicht nur die Sachqualität, sondern auch die Eigentumsfähigkeit verloren) und der Patient aufgrund seines Todes nicht mehr analog § 953 BGB Eigentum erwerben konnte, bleibt das Zahngold herrenlos (durch Erbgang kann nur vorhandenes Eigentum übergehen, nicht aber nicht vorhandenes Eigentum entstehen!).
Diebstahl nach § 242 StGB scheidet daher aus, solange noch keine Aneignung durch Dritte stattgefunden hat.[39]

II. In gleicher Weise scheidet eine Strafbarkeit wegen **mittäterschaftlicher Unterschlagung nach §§ 246, 25 II StGB** aus, da es wegen der Herrenlosigkeit an der Fremdheit des Zahngolds – wie soeben erläutert – fehlt.

III. Denkbar wäre allenfalls die Annahme eines **versuchten mittäterschaftlichen schweren Bandendiebstahls nach §§ 242, 244 I, 244a I, 22, 23, 25 II StGB**.
Voraussetzung hierfür wäre jedoch, dass A, B und C davon ausgegangen sind, dass es sich bei dem Zahngold – entgegen der h. M. (siehe soeben) – um eine fremde Sache handelt. Für eine solche Annahme gibt der Sachverhalt allerdings nicht genügend her.[40]

IV. A, B und C könnten sich jedoch wegen **mittäterschaftlicher Störung der Totenruhe nach §§ 168, 25 II StGB** strafbar gemacht haben.
1. Eine Strafbarkeit nach § 168 I Alt. 1 StGB hängt dabei davon ab, ob man die von A, B und C entfernten Edelmetallklumpen als Asche eines verstorbenen Menschen nach § 168 I Alt. 4 StGB einstufen kann. Der BGH hat dies zu Recht bejaht und unter Asche alle bei einer Verbrennung verbleibenden Rückstände subsumiert.[41] Dies ergebe sich nicht nur aus einer grammatischen Auslegung (Asche als Verbrennungsreste), sondern auch aus einer historischen Deutung (wonach die Aufnahme der Asche in die Reihe der tauglichen Tatobjekte der Verstärkung des strafrechtlichen Schutzes dienen sollte) sowie aus der gesetzlichen Systematik und aus teleologischer Sicht, da die Feuerbestattung der Erdbestattung gleichgestellt werden müsse. Dagegen hat das OLG Nürnberg eingewandt, dass diese Ansicht mit dem allgemeinen Wortsinn (Asche als „pulveriger, staubartiger Verbrennungsrückstand") nicht vereinbar sei und daher die Wortsinngrenze überschreite. Für das OLG Bamberg dürfte aber streiten, dass nach dem allgemeinen Sprachgebrauch unter Asche auch solche Rückstände fallen, die nach dem Verbrennungsvorgang als größere Teile zurückbleiben (z. B. größere Holzstückchen nach der Verbrennung im Kamin). Ein Verstoß gegen Art. 103 II GG liegt damit nicht vor.

---

38 A. A. *Maurach/Schroeder/Maiwald*, BT/I, § 32, Rn. 19, die menschliche Leichen als Rückstand der Persönlichkeit betrachten.
39 So die h. M., vgl. etwa LG Mainz MedR 1984, 199; SK-*Hoyer*, § 242, Rn. 5, 14 m. w. N.
40 Anders die Fallschilderung bei *Jahn/Ebner*, JuS 2008, 1086. Dort waren die Mitarbeiter davon ausgegangen, dass das Zahngold nach dem Tod in das Eigentum der das Krematorium betreibenden Stadt bzw. das Eigentum der Erben falle. Dementsprechend war in diesem Fall ein strafbarer untauglicher Versuch der Mittäter anzunehmen.
41 BGH NStZ 2016, 92 m. Anm. *Bosch*, Jura 2015, 1393; *Kudlich*, JA 2015, 872; zuvor schon OLG Bamberg NJW 2008, 1543.

Da das Zahngold nach dem Einäscherungsvorgang in gleichrangigem Mitgewahrsam des Krematoriumsbetreibers und der Angehörigen des Verstorbenen stand,[42] bedeuten die Entfernung und Veräußerung einen Gewahrsamsbruch i.S. einer Wegnahme nach § 168 StGB. Eine Strafbarkeit nach § 168 I Alt. 1 StGB ist daher gegeben.

2. Darüber hinaus liegt auch eine Strafbarkeit nach § 168 I Alt. 2 StGB vor, da das Schütten der Asche in den Putzeimer eine grob ungehörige, rohe Gesinnung der Mitarbeiter erkennen lässt, die das postmortale Persönlichkeitsrecht und das Pietätsgefühl der Allgemeinheit verletzt.[43]

V. Zu prüfen ist auch eine Strafbarkeit nach §§ **133, 25 II StGB wegen mittäterschaftlichen Verwahrungsbruchs**.

Entscheidend ist dabei, ob sich das Zahngold als taugliches Tatobjekt in dienstlicher Verwahrung befunden hat. Dagegen könnte man einwenden, dass der Leichnam gerade zum Zweck der Verbrennung entgegengenommen wurde, § 133 StGB aber dazu diene, den verwahrten Gegenstand unversehrt zu erhalten. Doch gilt dies nur insoweit, als der Erhalt des Gegenstands für die Erfüllung der öffentlichen Aufgabe der verwahrenden Behörde notwendig ist. Demnach liegt ein öffentlich-rechtliches Verwahrungsverhältnis auch bei den Gegenständen vor, die von der Behörde pflichtgemäß im Interesse des Eigentümers zu verwahren waren. Dieses Verwahrungsverhältnis setzt sich auch an den Verbrennungsrückständen fort, wobei es unerheblich ist, ob diese Gegenstände in die Urne zu geben oder auszusondern sind[44] (a. A. vertretbar).

VI. Nicht gegeben ist eine Strafbarkeit wegen **mittäterschaftlich begangener Verunglimpfung des Andenkens Verstorbener nach §§ 189, 25 II StGB**.
Da das Hineinfüllen der Asche in den Putzeimer nicht bekannt werden sollte – wie das heimliche Vorgehen zeigt – kann nicht von einem bedingten Vorsatz im Hinblick auf die Verunglimpfung des Andenkens der Verstorbenen ausgegangen werden.

2. Beweglich

Beweglich sind alle Sachen, die beweglich gemacht werden können, z. B. Türen, Fenster, Fertighäuser (etwa wenn letztere auf einen Tieflader verbracht und abgefahren werden) etc.[45]

187

Beispiel: A versetzt den Grenzstein seines Nachbarn weiter auf dessen Grundstück.

Lösung: § 242 StGB scheidet bzgl. des Grundstücksteils aus, da es sich dabei nicht um eine bewegliche Sache handelt. Erfüllt ist jedoch § 274 I Nr. 3 StGB als Spezialfall der Urkundenunterdrückung.

3. Fremd

Fremd ist eine Sache, wenn sie im zivilrechtlichen (Mit-)Eigentum eines anderen steht.[46]

188

---

42 So jedenfalls OLG Bamberg NJW 2008, 1544.
43 So zu Recht *Jahn/Ebner*, JuS 2008, 1089.
44 OLG Nürnberg JA 2010, 228.
45 Vgl. *Krey/Hellmann/Heinrich*, BT/2, Rn. 2; *Wessels/Hillenkamp/Schuhr*, BT/2, Rn. 78; Lackner/*Kühl*, § 242, Rn. 3; S/S/W-*Kudlich*, § 242, Rn. 10; Matt/Renzikowski/*Schmidt*, § 242, Rn. 6.
46 Zur Definition siehe auch *Krey/Hellmann/Heinrich*, BT/2, Rn. 3; *Wessels/Hillenkamp/Schuhr*, BT/2, Rn. 79; Lackner/*Kühl*, § 242, Rn. 2; v. Heintschel-Heinegg/*Wittig*, § 242, Rn. 6; zur Bedeutung der zivilrechtlichen Haftungsfreistellung nach § 241a BGB für die Fremdheit vgl. *Reichling*, JuS 2009, 111 ff.; allgemein zur Relevanz rechtsgebietsübergreifender Aspekte *Kröpil*, JuS 2014, 768 ff.

Achtung Klausur: *Falsch ist es zu schreiben, dass „die Sache fremd ist, weil sie nicht im (Allein-)Eigentum des Täters steht", denn eine solche Sache kann auch noch herrenlos oder nicht eigentumsfähig sein.*

Zu beachten ist allerdings, dass eine Sache, die nicht eigentumsfähig ist, nicht fremd sein kann (z. B. atmosphärische Luft, frei fließendes Wasser etc.). In diesem Zusammenhang hatte sich der BGH[47] mit der Frage zu beschäftigen, ob illegal erworbene Drogen tauglicher Gegenstand eines Diebstahls bzw. eines Raubes sein können oder ob eine Fremdheit wegen Verkehrsunfähigkeit illegaler Drogen ausgeschlossen ist. In der Lit. wird dies teilweise deshalb behauptet,[48] weil die Vorschriften des Betäubungsmittelgesetzes wegen § 134 BGB die rechtsgeschäftliche Begründung neuen Eigentums hindern. Auch wurde gegen die Möglichkeit einer Fremdheit eingewandt, dass zwar auch an illegalen Drogen Eigentum bestehen kann, der Eigentümer aber – etwa nach einem Verkauf – nicht mehr betroffen sei.[49] Der BGH hat dem zu Recht eine Absage erteilt, weil der Begriff der fremden Sache in § 242 StGB allein auf die formale Eigentumsposition und nicht auf eine tatsächliche oder rechtliche Verfügbarkeit abstellt. Entgegen den Stimmen in der Lit. hat der BGH daher die Möglichkeit einer „Fremdheit" der illegal besessenen Drogen bejaht, weil § 134 BGB keine Auswirkung auf bestehende Eigentumsverhältnisse hat, sodass etwa der Produzent von Drogen das Eigentum nicht allein dadurch verliert, dass der Anbau und der Besitz von Betäubungsmitteln ohne Erlaubnis verboten sind. Auch seien Konstellationen denkbar, in denen Eigentum an illegalen Drogen auch auf nicht rechtsgeschäftliche Weise erlangt werden kann, sodass § 134 BGB keine Rolle spielt. Dies gelte etwa für die Produktion und Bearbeitung. Es genüge daher für eine Anwendbarkeit des § 242 StGB die Feststellung, dass fremdes Eigentum verletzt ist, gleichgültig wessen Eigentum.[50] Auch der Täter müsse daher keine Vorstellung über die konkrete Person des Eigentümers haben; es genüge vielmehr dass er weiß, dass die Drogen nicht in seinem Alleineigentum stehen, nicht herrenlos und eigentumsfähig sind.

Hinweis: *Hier sehen Sie, dass der BGH ausnahmsweise der hier vorgeschlagenen Fremdheitsdefinition nicht folgt, sondern die Fremdheit im Ausschlussverfahren (kein Alleineigentum, keine Herrenlosigkeit, keine fehlende Eigentumsfähigkeit) begründet. Dies ist aber nur deshalb der Fall, weil sich bei illegal besessenen Drogen der konkrete Eigentümer nur schwer ermitteln lässt.*

In der Klausur kann im Rahmen der Fremdheit eine umfassende zivilrechtliche Prüfung der Eigentumslage erforderlich werden, wobei man grundsätzlich historisch prüfen sollte (ursprüngliches Eigentum, möglicher Eigentumsverlust an X, möglicher Eigentumsverlust an Y). Die Problematik veranschaulicht folgendes

189 Beispiel: A verstopft den Geldauswurfschacht eines (selten gewordenen) Münzfernsprechers mit weich gekauten Kaugummis, um nach einer Woche das Geld abzukassieren, das bei Nichtanschluss in den Auswurfschacht gefallen ist. Strafbarkeit des A? **(Münzfernsprecher-Fall)**

---

47 BGH NStZ 2006, 170 ff. m. Anm. *Kudlich*, JA 2006, 335 f.
48 Vgl. etwa *Engel*, NStZ 1991, 520 ff.
49 MüKo-*Schmitz*, § 242, Rn. 17.
50 BGH NStZ 2006, 170 ff. und neuerdings wieder BGH NStZ-RR 2018, 248.

Lösung: A macht sich nicht wegen eigennützigen Betrugs gem. § 263 StGB strafbar, da mangels Einwirkungshandlung keine Täuschungshandlung vorliegt. Eine Strafbarkeit nach § 263a I Alt. 4 StGB scheitert ebenfalls, da das Verkleben des Münzauswurfschachts sich nicht auf die Datenverarbeitung (Herstellung der Verbindung) ausgewirkt hat.[51] Eine Strafbarkeit im Hinblick auf § 265a StGB scheidet vorliegend deshalb aus, weil der Automat hier nicht als Leistungsautomat missbraucht wurde (A erschleicht sich nicht das Telefonieren).[52] A hat sich jedoch wegen Diebstahls gem. § 242 StGB strafbar gemacht, indem er die Münzen an sich genommen hat. Die Münzen – bewegliche Sachen – waren für A fremd. Ursprünglich standen die Münzen im Eigentum des jeweiligen Benutzers. Denkbar wäre eine Übereignung an den Netzbetreiber nach §§ 929 i. V. m. 151 BGB. Hiergegen spricht jedoch, dass der Benutzer die Übereignung regelmäßig von der aufschiebenden Bedingung (§ 158 I BGB) abhängig macht, dass die Verbindung auch tatsächlich hergestellt wird. Es könnte daher allenfalls eine Vermischung nach § 948 I BGB eingetreten sein; diese hätte aber gem. § 947 I BGB nur zur Folge, dass die bisherigen Alleineigentümer nunmehr Miteigentum an den Münzen hätten. Ein Diebstahl in einem besonders schweren Fall nach § 243 I S. 2 Nr. 2 StGB (Diebstahl aus einem verschlossenen Behältnis) ist vorliegend abzulehnen, da die „Versiegelung" mit dem Kaugummi nicht vor Wegnahme schützen sollte, wie dies § 243 I S. 2 Nr. 2 StGB voraussetzt, sondern die Wegnahme gerade ermöglichte. Eine Sachbeschädigung an der Telefonzelle seitens des A gem. §§ 303, 304 StGB scheidet aus, da der „Kaugummikorken" die bestimmungsgemäße Brauchbarkeit der Telefonzelle nicht beeinträchtigt hat.[53] Auch entfällt eine Strafbarkeit wegen Störung von Telekommunikationsanlagen nach § 317 StGB durch Verkleben des Auswurfschachtes, weil der Geldauswurfschacht nicht dem Betrieb einer Telekommunikationsanlage dient.[54] Selbst wenn man in der Telefonzelle eine Telekommunikationsanlage sieht,[55] weist der betroffene Auswurfschacht keinen „Telekommunikationsbezug" auf.

a) Sonderproblem 1: Tanken, ohne zu bezahlen[56]

Hier sind im Wesentlichen drei Fälle zu unterscheiden, und zwar

Fall 15: A tankt an einer Selbstbedienungstankstelle und fährt dann – wie von Anfang an beabsichtigt – ohne zu bezahlen weiter. Erst nachdem A bereits davongefahren ist, bemerkt der Tankstelleninhaber, dass A getankt hatte und sich ohne Bezahlung davon gemacht hat. Strafbarkeit des A, wenn dieser davon ausgegangen ist, dass der Tankstelleninhaber so beschäftigt war, dass dieser ihn beim Tanken nicht beobachtete? **(Selbstbedienungs-Fall I)**

Lösung:

I. In Betracht kommt **Diebstahl nach § 242 StGB**.
A müsste eine fremde bewegliche Sache weggenommen haben.

---

51 Siehe zur Datenverarbeitung *Wessels/Hillenkamp/Schuhr*, BT/2, Rn. 605 m. w. N.; Lackner/Kühl/*Heger*, § 263a, Rn. 3 ff.; *Fischer*, § 263a, Rn. 3 ff.
52 Siehe hierzu die Darstellung bei *Wessels/Hillenkamp/Schuhr*, BT/2, Rn. 678 ff.; *Fischer*, § 265a, Rn. 7, 13 ff.
53 Dies ist jedoch Voraussetzung, vgl. Lackner/Kühl/*Heger*, § 303, Rn. 3, 4; *Fischer*, § 303, Rn. 6; BGHSt 13, 207; NJW 1980, 603; RGSt 66, 205; BGHSt 44, 34 m. Anm. *Otto*, NStZ 1998, 513.
54 § 317 StGB schützt lediglich die Funktionsfähigkeit des öffentl. Telekommunikationsverkehrs; vgl. Lackner/Kühl/*Heger*, § 317, Rn. 1.
55 Siehe hierzu nur *Sch/Sch/Hecker*, § 317, Rn. 2.
56 Vgl. hierzu auch *Rebler*, JA 2013, 179 ff.

1. Umstritten ist hier vor allen Dingen das Merkmal der Fremdheit:[57]
- Nach einer in der Literatur und zum Teil in der Rechtsprechung vielfach vertretenen Meinung geht das Eigentum am Benzin bereits beim Tanken auf den Kunden über.[58] Das Abnehmen des Zapfhahns sei als Angebot zum Abschluss des schuldrechtlichen Kaufvertrags und der dinglichen Einigung zu sehen. Dieses Angebot werde vom Tankstelleninhaber dadurch angenommen, dass er die Selbstbedienung gestattet.[59]
Da das Benzin nach dieser Auffassung automatisch mit dem Einfüllen in das Eigentum des Kunden fällt, kommt ein Diebstahl nicht in Betracht.
Nach dieser Ansicht scheidet freilich auch eine Unterschlagung mangels Fremdheit aus, sodass allenfalls ein Betrug angenommen werden kann; jedoch soll dies nur dann der Fall sein, wenn der Tankende vom Tankstellenpächter beobachtet wird (sei es auch über einen Monitor), wohingegen es an einer Täuschung fehlt, wenn eine derartige Beobachtung nicht stattfindet. In letzterem Fall ist allenfalls ein versuchter Betrug anzunehmen, sofern sich der Kunde beobachtet fühlt (sehr zweifelhafte Auffassung, die zu Strafbarkeitslücken führt, wenn der Kunde weder beobachtet wird, noch sich beobachtet fühlt).
- Nach einer ebenfalls in Literatur und Rechtsprechung vertretenen Gegenauffassung verbleibt das Eigentum dagegen bis zur vollständigen Bezahlung beim Tankstelleninhaber.[60] Teilweise wird dabei argumentiert, dass Kaufvertrag und dingliche Einigung – wie im Selbstbedienungsladen – erst an der Kasse zustande kommen, teilweise wird aber auch angenommen, dass zwar der Kaufvertrag bereits beim Einfüllen des Benzins zustande komme (weil der Tankstelleninhaber anderenfalls das bereits getankte Benzin wieder herausverlangen könnte), die dingliche Einigung jedoch erst an der Kasse geschlossen werde.
Nach dieser Auffassung ist die Fremdheit des Kraftstoffs zu bejahen, sodass grundsätzlich eine Diebstahlsstrafbarkeit in Frage kommt. Die Fremdheit wird auch nicht dadurch in Frage gestellt, dass es möglicherweise beim Eintanken zu einer Vermischung mit bereits im Tank befindlichem Benzin kommt; denn eine Vermischung hat nach §§ 947, 948 BGB grundsätzlich nur die Entstehung von Miteigentum zur Folge und ändert daher an der Fremdheit nichts (vgl. Definition: fremd ist eine Sache, die im Allein- oder Miteigentum eines anderen steht).[61]
- Stellungnahme: Zu folgen ist der Auffassung, die einen Eigentumserwerb des Kunden beim Eintanken des Benzins verneint. Ein Schutz des Kunden durch die Annahme eines mit dem Eintanken erfolgenden Eigentumserwerbs ist weder erforderlich, noch führt eine derartige Annahme zu sinnvollen rechtlichen Konsequenzen, wie die oben aufgezeigten Strafbarkeitslücken zeigen. Dabei wird die Auffassung, die einen wirksamen Vertragsschluss mit Eintanken und einer davon getrennten Betrachtung der Einigung beim Bezahlen annimmt, den tatsächlichen Gegebenheiten am besten gerecht und verhindert – wie gezeigt – insbesondere das Entstehen eines praxisfremden Herausgabeanspruchs des Tankstelleninhabers.

2. Zwar ist – wie gesehen – das Benzin nach der vorzugswürdigen Auffassung fremd, jedoch fehlt es jedenfalls am Gewahrsamsbruch hinsichtlich des Benzins, weil der Tankstelleninhaber mit dem Gewahrsamsübergang einverstanden ist. Bezüglich des Gewahrsams eine

---

57 Siehe zum Ganzen auch die Darstellung bei *Rebler*, JA 2013, 179; *Wessels/Hillenkamp/Schuhr*, BT/2, Rn. 197; vgl. i. Ü. BGH NJW 1983, 2827; BGH NJW 1984, 501.
58 So z. B. OLG Düsseldorf JR 1982, 343; *Herzberg*, NJW 1984, 896; *ders.*, NStZ 1983, 251 und JA 1980, 385; *Seier*, NStZ 1983, 518.
59 Vgl. zum sog. Besitzbetrug OLG Köln NJW 2002, 1059; näher auch BGH NJW 1983, 2827 und 1984, 501.
60 So z. B. OLG Hamm NStZ 1983, 266; *Borchert/Hellmann*, NJW 1983, 2799; *Charalambakis*, MDR 1985, 975; NK-*Kindhäuser*, § 242, Rn. 17, 45 ff.; *Sch/Sch/Bosch*, § 246, Rn. 7; OLG Koblenz NStZ-RR 1998, 364 mit Bspr. *Baier*, JA 1999, 364; LK-*Vogel*, § 246, Rn. 11; *Ranft*, JA 1984, 1, 4.
61 *Lackner/Kühl*, § 242, Rn. 2; *Wessels/Hillenkamp/Schuhr*, BT/2, Rn. 79; *Krey/Hellmann/Heinrich*, BT/2, Rn. 3.

Bedingung anzunehmen ist nicht möglich, da Gewahrsam ein tatsächliches Herrschaftsverhältnis ist, sodass rechtliche Bedingungen hier keinen Raum haben (möglich sind nur tatsächliche Bedingungen im Hinblick auf die ordnungsgemäße Nutzung der Zapfsäule).[62]

II. Denkbar wäre jedoch die Annahme eines **Betrugs nach § 263 StGB**.
Voraussetzung hierfür wäre zunächst eine Täuschung des Tankstelleninhabers durch den Täter. Täuschung ist dabei jede intellektuelle Einwirkung auf das Vorstellungsbild eines anderen mit dem Ziel der Irreführung über Tatsachen.[63] In Frage käme vorliegend diesbezüglich das Eintanken, weil dieses zumindest die konkludente Erklärung der Zahlungsbereitschaft beinhaltet.[64] Jedoch fehlt es hier an einer intellektuellen Einwirkung auf das Vorstellungsbild des betroffenen Tankstelleninhabers, da dieser den Vorgang laut Sachverhalt überhaupt nicht beobachtet hat. Die Annahme eines Betrugs scheidet damit aus. Auch eine Strafbarkeit wegen versuchten Betrugs, von welcher der BGH in derartig gelagerten Fällen regelmäßig ausgeht,[65] wäre nur dann denkbar, wenn sich der A beobachtet gefühlt hätte, was jedoch laut Sachverhalt nicht der Fall war.

Hinweis: *Eine andere Entscheidung des BGH*[66] *brachte hier in der Sache nichts Neues. Der BGH stellte dort lediglich fest, dass eine Beobachtung durch das Tankstellenpersonal auch unter heutigen Verhältnissen (Video-Überwachung, Kontrollpulte im Kassenraum etc.) nicht einfach unterstellt werden kann. Schließlich kann nicht ausgeschlossen werden, dass einzelne Tankvorgänge vom Kassenpersonal nicht bemerkt werden, insbesondere bei weitläufigen Tankstellen oder großem Kundenandrang. Können die Urteilsfeststellungen eine Wahrnehmung des Tankvorgangs durch das Personal nicht belegen, so kommt nur eine Versuchstat, §§ 263, 22, 23 StGB, in Betracht. Gewarnt werden muss allerdings vor der Gefahr eines Missverständnisses. So heißt es in der NStZ-Veröffentlichung der Entscheidung nach der Schilderung von zwei Tankvorgängen „Das LG hat den Angekl. wegen Diebstahls sowie wegen Betruges in 2 Fällen … verurteilt. … Das Rechtsmittel hatte einen Teilerfolg mit Blick auf eine Verurteilung nach § 263 StGB." Dies könnte den Schluss nahe legen, das LG habe – mit anschließender Zustimmung des BGH – neben dem (versuchten) Betrug auch eine Strafbarkeit wegen Diebstahls bejaht und dabei inzident ein tatbestandsausschließendes Einverständnis in die Wegnahme abgelehnt. Dies ist aber keineswegs so! Der Entscheidung des LG Essen*[67] *lagen vielmehr noch weitere – völlig anders gelagerte – prozessuale Taten zugrunde, die zur Verurteilung wegen Diebstahls führten.*

Sowohl in der vorgenannten als auch in einer nachfolgenden Entscheidung[68] *geht der BGH – wenn auch ohne nähere Begründung – davon aus, dass in einem Fall, in dem kein Betrug angenommen werden kann, da der Tankstelleninhaber oder dessen Personal den Täter nicht bemerkt, „regelmäßig vom Tatbestand des versuchten Betruges auszugehen" sei. Der BGH scheint hier zu unterstellen, dass sich der Täter „regelmäßig" vorstellt, einen Irrtum zu erregen, bzw. dass er einen solchen erregen will, was aber voraussetzen würde, dass sich der Täter beobachtet fühlt. Dies sollte aber ohne nähere Anhaltspunkte in der Klausur nicht einfach behauptet werden, auch wenn es sicherlich empfehlenswert ist, die Rechtsprechung des BGH anzusprechen.*

---

62 Siehe hierzu auch RGSt 34, 352; 58, 228; *Krey/Hellmann/Heinrich*, BT/2, Rn. 13 ff.; *Rengier*, BT/1, § 2, Rn. 12.
63 Vgl. zur Definition BGHSt 47, 1, 3, 5; *Krey/Hellmann/Heinrich*, BT/2, Rn. 492 ff.; *Wessels/Hillenkamp/Schuhr*, BT/2, Rn. 490.
64 Zur konkludenten Täuschung siehe auch *Wessels/Hillenkamp/Schuhr*, BT/2, Rn. 496.
65 BGH NJW 2012, 1092 m. Anm. *von Heintschel-Heinegg*, JA 2012, 305.
66 BGH NStZ 2009, 694 m. Anm. *von Heintschel-Heinegg*, JA 2010, 903 ff.
67 LG Essen v. 11.2.2009, Az: 26 KLs 67/08 – 9 Js 448/08.
68 BGH NJW 2012, 1092 m. Anm. *von Heintschel-Heinegg*, JA 2012, 305; BGH NStZ 2009, 694 m. Anm. *von Heintschel-Heinegg*, JA 2010, 903 ff.

§ 6 Diebstahl und Unterschlagung

III. Zu prüfen ist aber eine Strafbarkeit wegen **Unterschlagung nach § 246 StGB**.
Nimmt man mit der zutreffenden Auffassung (s. o.) an, dass die Eigentumsübertragung am Benzin erst beim Bezahlen im Kassenraum stattfindet, so war der Kraftstoff nach wie vor fremd und damit tauglicher Unterschlagungsgegenstand.
Durch das Tanken wurde dabei noch nicht in objektiv erkennbarer Weise der Zueignungswille betätigt.[69] Spätestens mit dem Davonfahren hat A aber seinen Zueignungswillen nach außen manifestiert, wobei die Zueignung auch rechtswidrig war, weil sie im Widerspruch zur rechtlichen Eigentumsordnung stand.

IV. Dagegen muss eine Strafbarkeit wegen **Automatenmissbrauchs nach § 265a I Alt. 1 StGB** ausscheiden. Bei der Tankanlage handelt es sich um einen Warenautomaten, bei dem das Entgelt allein für die Sache selbst (hier: Benzin), nicht aber für die „Leistung des Automaten" entrichtet wird, sodass er tatbestandlich nicht von § 265a StGB erfasst wird.

V. Ergebnis: A hat sich wegen Unterschlagung nach § 246 StGB strafbar gemacht.[70]

---

193 **Fall 16:** A tankt an einer Selbstbedienungstankstelle, geht sodann in den Kassenraum, wo er noch eine Bifi-Salami aus dem Regal nimmt. Diese legt er an der Kasse vor, nennt die Nummer der Zapfsäule, an der er getankt hat, und legt einen 100 €-Schein hin. Der Tankstelleninhaber, der etwas abgelenkt ist, geht davon aus, dass A nur die Bifi-Salami zahlen wolle, und gibt dem A daher 99 € heraus. A bemerkt den Irrtum des Tankstelleninhabers, entfernt sich und fährt davon. Strafbarkeit des A? **(Selbstbedienungs-Fall II)**

194 Lösung:

A. Sachverhaltskomplex 1: Der Tankvorgang

I. In Betracht kommt **Diebstahl nach § 242 StGB**.
1. Zur Fremdheit s. o., Rn. 191 f.
2. Es fehlt jedenfalls aber an einem Gewahrsamsbruch aufgrund des Einverständnisses des Tankstelleninhabers mit dem Tanken.[71]
Auch ist eine Absicht rechtswidriger Zueignung zu verneinen, da A beim Tanken noch zahlungsbereit war.

II. Denkbar wäre ein **Betrug nach § 263 StGB**.
Hier fehlt es an einer Täuschung bereits deshalb, weil A, als er tankte, noch bereit war, das Benzin zu zahlen, sodass ein Eingehungsbetrug nicht in Betracht kommt.[72] Auf die Frage, ob der Tankstelleninhaber den Tankvorgang überhaupt bemerkt hat, kommt es daher hier nicht an.

B. Sachverhaltskomplex 2: Die Vorgänge im Kassenraum

In Betracht kommt wiederum eine Strafbarkeit wegen **Betrugs nach § 263 StGB**.
Eine ausdrückliche Täuschung des A fand an der Kasse in Bezug auf das getankte Benzin nicht statt; im Gegenteil hat A die Nummer der Zapfsäule ausdrücklich genannt.

---

69 *von Heintschel-Heinegg*, JA 2012, 307; a. A. *Sinn*, ZJS 2012, 833; *Ernst*, Jura 2013, 456 f.; *ders.*, ad legendum 2014, 135.
70 So auch *Ernst*, Jura 2013, 454 ff.; vertiefend *Ast*, NStZ 2013, 305 ff.
71 Siehe zum Einverständnis *Wessels/Hillenkamp/Schuhr*, BT/2, Rn. 115 ff.; BGH NJW 1983, 2827.
72 Siehe zum Eingehungsbetrug BGHSt 16, 220; 21, 384, 385 f.; 22, 38 f.; *Wessels/Hillenkamp/Schuhr*, BT/2, Rn. 539 f.; *Krey/Hellmann/Heinrich*, BT/2, Rn. 626 ff.; *Rengier*, BT/1, § 13, Rn. 83 ff.; *Otto*, BT, § 51, Rn. 119; *Fischer*, § 263, Rn. 33.

In Betracht kommt daher allenfalls eine konkludente Täuschung durch Entgegennahme des als zu hoch erkannten Wechselgeldes. Jedoch liegt in der Entgegennahme von Wechselgeld nicht die schlüssige Erklärung der Richtigkeit des Wechselgeldbetrages. Schweigen hat nämlich grundsätzlich keinen Erklärungswert und es liegt ausschließlich im Risikobereich des Wechselgeldgebers, den herausgegebenen Betrag auf seine Richtigkeit hin zu überprüfen (s. Näheres u. Rn. 321e a. E.).
Eine danach allenfalls noch denkbare Täuschung durch Unterlassen käme nur bei entsprechender Garantenpflicht zur Offenbarung in Betracht.[73] Eine solche ergibt sich vorliegend jedoch nicht einmal aus Treu und Glauben (entspr. § 242 BGB). Dies wäre allenfalls bei einer besonderen Schutzwürdigkeit des Opfers – etwa bei langjährigen Vertragsbeziehungen oder besonderer Unerfahrenheit – anzunehmen, wofür vorliegend jedoch keine Anhaltspunkte bestehen.

C. Sachverhaltskomplex 3: Das Wegfahren

I. In Betracht kommt Strafbarkeit wegen **Diebstahls nach § 242 StGB**.
Ein Diebstahl scheitert aber, weil der Gewahrsam am Benzin – wie bereits gesehen – beim Tanken übergegangen war. A konnte also beim Wegfahren keinen Gewahrsam mehr brechen, weil er ihn bereits mit dem Tanken erlangt hatte.

II. Denkbar ist jedoch eine **Unterschlagung nach § 246 I StGB**.
Nimmt man mit der zutreffenden Auffassung an, dass die Übereignung des Benzins erst an der Kasse stattfindet, so ist hier Fremdheit des Benzins zu bejahen, weil A zwar durch die Nennung der Zapfsäule ein Angebot zur Einigung abgegeben hat, dieses Angebot aber durch den Tankstelleninhaber aufgrund seiner Unaufmerksamkeit ersichtlich nicht angenommen wurde.
Der Zueignungswille des A manifestierte sich spätestens mit dem Wegfahren (möglicherweise aber bereits vorher etwa durch das Hinausgehen aus dem Kassenraum).

Ergebnis: A ist strafbar wegen Unterschlagung nach § 246 I StGB.

Fall 17: A tankt an einer Selbstbedienungstankstelle und geht in den Kassenraum. Als er merkt, dass der Tankstelleninhaber unaufmerksam ist, nimmt er eine Bifi-Salami und legt das Geld dafür (1 €) in den Zahlteller. Der Tankstelleninhaber nimmt das Geld ohne Einwände entgegen, woraufhin A den Kassenraum verlässt und ohne zu bezahlen davon fährt. Erst jetzt fällt dem Tankstelleninhaber auf, dass A getankt hat. Strafbarkeit des A? **(Selbstbedienungs-Fall III)**

Lösung:

A. Sachverhaltskomplex 1: Die Vorgänge beim Tanken

I. In Betracht kommt ein **Diebstahl nach § 242 StGB**.
Auch wenn man zutreffend annimmt, dass das Benzin nach wie vor fremd geblieben ist (s. o.), so scheitert ein Diebstahl schon am Gewahrsamsbruch, weil der Tankstelleninhaber mit der Gewahrsamsübertragung einverstanden war. Abgesehen davon erlaubt der Sachverhalt auch nicht die Annahme einer Absicht rechtswidriger Zueignung, weil A den Entschluss zur Nichtbezahlung möglicherweise erst im Kassenraum gefasst hat.

---

[73] Vgl. zur Garantenpflicht *Wessels/Hillenkamp/Schuhr*, BT/2, Rn. 503 ff.; *Krey/Hellmann/Heinrich*, BT/2, Rn. 509 ff.; siehe auch BGH NJW 2000, 3013; BGHSt 39, 392, 398; *Hillenkamp*, Anm. JR 1988, 303.

II. Auch eine **Unterschlagung nach § 246 StGB** scheitert, weil die Manifestation eines Zueignungswillens nach außen zumindest nicht erkennbar wurde (im Tanken selbst äußert sich ein derartiger Wille nicht).[74]

III. Denkbar wäre daher nur eine Strafbarkeit wegen **Betrugs nach § 263 StGB.**
Voraussetzung hierfür wäre wieder eine Täuschung, an der es jedoch fehlt, weil zugunsten des A davon ausgegangen werden muss, dass er beim Tankvorgang noch zur Zahlung bereit war. Im Übrigen fehlt es aber auch an einer Beobachtung durch den Tankstelleninhaber (vgl. Sachverhalt), sodass mangels intellektueller Einwirkung eine Täuschung ausscheidet.[75]

B. Sachverhaltskomplex 2: Die Vorgänge im Kassenraum

I. In Betracht kommt **Strafbarkeit wegen Betrugs nach § 263 StGB**, indem A nur die Bifi-Salami gezahlt hat.

1. Täuschung
Eine ausdrückliche Täuschung liegt nicht vor. Jedoch kommt eine konkludente Täuschung in Frage, indem A die Bifi-Salami vorgezeigt und bezahlt hat.[76] Dann müsste das Verhalten des A den Erklärungswert gehabt haben, dass er außer der Bifi-Salami nichts Weiteres zu bezahlen hat.
Tatsächlich wird man davon ausgehen müssen, dass das Vorlegen von Ware im Selbstbedienungsladen konkludent die Erklärung mitenthält, keine weiteren Waren bezahlen zu müssen.
Eine konkludente Täuschung ist damit anzunehmen.

2. Ein entsprechender Irrtum des Kassierers liegt vor.

3. Eine aufgrund des Irrtums erfolgte Vermögensverfügung des Tankstelleninhabers ist in der Nichtgeltendmachung der Forderung auf Bezahlung des Benzins zu sehen (der Kaufvertrag wird diesbezüglich bereits an der Zapfsäule geschlossen, s. o.). Ein Verfügungsbewusstsein diesbezüglich ist nach h. M. nicht erforderlich (vgl. hierzu Rn. 333).[77]

4. Durch die Vermögensverfügung wurde auch ein Vermögensschaden beim Tankstelleninhaber bewirkt, da ein Anspruch gegen einen nicht bekannten Schuldner ohne jeden Wert ist. Die Nichtgeltendmachung steht daher einem Anspruchsverlust gleich.

5. Ergebnis: A ist nach § 263 StGB wegen Betrugs strafbar.

II. In Betracht kommt auch eine **Unterschlagung nach § 246 StGB.**
Im Hinlegen der Bifi-Salami kann man bereits die Manifestation eines Zueignungswillens im Hinblick auf das Benzin sehen. Bei Annahme von Fremdheit liegt dann auch eine Unterschlagung nach § 246 StGB vor; jedoch tritt diese subsidiär hinter § 263 StGB zurück.

C. Sachverhaltskomplex 3: Das Wegfahren

I. In Betracht kommt ein **Diebstahl am Benzin nach § 242 StGB.**
Nimmt man zutreffend Fremdheit des Benzins an, weil eine Übereignung weder an der Zapfsäule stattfindet noch vorliegend im Kassenraum erfolgte, da hier eine Einigung über den Übergang des Eigentums am Benzin nicht stattgefunden hat, so liegt zwar ein tauglicher Diebstahlsgegenstand vor, jedoch war der Gewahrsam bereits beim Eintanken auf-

---

74 Siehe zur Manifestation des Zueignungswillens *Wessels/Hillenkamp/Schuhr*, BT/2, Rn. 309 m. w. N.
75 Zur Definition der Täuschung vgl. wiederum *Wessels/Hillenkamp/Schuhr*, BT/2, Rn. 493; *Lackner/Kühl*, § 263, Rn. 6 ff.; *Sch/Sch/Perron*, § 263, Rn. 11 ff.; siehe dazu auch BGH NJW 2016, 1109 m. Anm. *Hecker*, JuS 2016, 566 ff.
76 Vgl. zur konkludenten Täuschung wiederum *Wessels/Hillenkamp/Schuhr*, BT/2, Rn. 496; *Sch/Sch/Perron*, § 263, Rn. 14/15 ff.; BGH NJW 1995, 539.
77 So z. B. RGSt 52, 163, 164; OLG Stuttgart NJW 1969, 1975; OLG Düsseldorf JZ 1985, 251; *Wessels/Hillenkamp/Schuhr*, BT/2, Rn. 518; anders jedoch *Hansen*, MDR 1975, 533; siehe auch *Otto*, BT, § 51, Rn. 28 ff.; *Ranft*, Jura 1992, 68.

grund des Einverständnisses des Tankstelleninhabers übergegangen, sodass durch das Wegfahren kein Gewahrsamsbruch mehr eintreten konnte.

II. Denkbar ist aber eine Strafbarkeit wegen **Unterschlagung nach § 246 StGB**.
Gegeben ist unter Zugrundelegung von Fremdheit des Benzins eine Unterschlagung durch Wegfahren, weil sich spätestens hierdurch der Zueignungswille nach außen manifestiert hat. § 246 StGB hat jedoch im Verhältnis zum bereits vorher verwirklichten Betrug keine eigene tatbestandliche Bedeutung mehr, weil die Unterschlagung nichts mehr entzieht, was nicht bereits zuvor durch den Betrug verloren ist (sog. Tatbestandslösung). Nach anderer Auffassung ist die Unterschlagung jedenfalls lediglich mitbestrafte Nachtat (sog. Konkurrenzlösung), da die Subsidiaritätsklausel des § 246 StGB nur eine tateinheitlich vorliegende Unterschlagung betrifft.[78]

b) Sonderproblem 2: Irrelevanz von Rückwirkungsfiktionen bei der Fremdheitsbestimmung

Rückwirkungsfiktionen des BGB gelten bei § 242 StGB nicht.[79] In der Klausur erkennt man diese Problematik daran, dass etwa angefochten wird, indem z. B. das Opfer sagt: „Ich will das Geschäft nicht gelten lassen". **197**

Beispiel: A veräußert einen BMW an B. Dann entwendet A das Auto wieder vom Hof des B. Danach ficht B Kaufvertrag und Übereignung bzgl. des BMW nach § 123 BGB wegen arglistiger Täuschung (etwa über den Kilometerstand) mit ex tunc-Wirkung an, § 142 I BGB.

Lösung: A ist jetzt wieder Eigentümer, da die Anfechtung nach § 123 BGB auch das dingliche Rechtsgeschäft betrifft und nach § 142 I BGB rückwirkende Kraft entfaltet. Diese Rückwirkungsfiktion wirkt sich aber nicht auf die „strafrechtliche" Fremdheit des BMW im Zeitpunkt der Wegnahmehandlung aus. Eine strafrechtliche Bedeutung kann der Rückwirkungsfiktion des BGB schon deshalb nicht zukommen, weil man anderenfalls u. U. den Ablauf der Anfechtungsfrist abwarten müsste, um feststellen zu können, ob ein Diebstahl vorliegt oder nicht (im Falle des § 123 BGB beträgt diese Anfechtungsfrist immerhin ein Jahr!).

4. Wegnahme

Wegnahme bedeutet Bruch fremden und Begründung neuen, nicht notwendig tätereigenen Gewahrsams.[80]

a) Gewahrsamsbegriff

Gewahrsam ist nach herrschender Ansicht das von einem natürlichen Herrschaftswillen getragene tatsächliche Herrschaftsverhältnis über eine Sache, wobei für die Zuordnung die Anschauungen des täglichen Lebens maßgeblich sind (sog. normativsoziales Element).[81] **198**

---

78 Vgl. zur Subsidiarität wiederum Darstellung oben Rn. 177 ff.
79 So die einhellige Ansicht, vgl. z. B. *Sch/Sch/Bosch*, § 246, Rn. 4a; KG JW 30, 943, N. 5; LK-*Vogel*, § 246, Rn. 11; *Wessels/Hillenkamp/Schuhr*, BT/2, Rn. 81; *Kudlich/Roy*, JA 2001, 772.
80 Lehrreich zur Wegnahme in der Fallbearbeitung *Kudlich*, JA 2017, 428; vgl. zur Definition nur Lackner/*Kühl*, § 242, Rn. 8; *Wessels/Hillenkamp/Schuhr*, BT/2, Rn. 82.
81 Vgl. dazu BGHSt 16, 271; BGH NJW 1981, 997; eingehend hierzu *Maurach/Schroeder/Maiwald*, BT/I, § 33 II, Rn. 13; *Rönnau*, JuS 2009, 1088 ff.; ausführlich zur Gewahrsamsbestimmung *Bosch*, Jura 2014, 1237 ff.

Achtung Klausur: *An den natürlichen Herrschaftswillen dürfen keine zu strengen Anforderungen gestellt werden; vielmehr genügt auch ein genereller Herrschaftswille, sofern nach der alltäglichen Lebensanschauung eine Zuordnung zum Berechtigten möglich ist.*

Aufgrund dieses generellen Herrschaftswillens ist z. B. Gewahrsam an Briefen in Briefkästen anzunehmen,[82] selbst wenn der Empfänger von dem jeweiligen Brief noch nichts weiß. Auch hat der BGH Gewahrsam des Bauern am Pflug auf dem Feld bejaht, weil es nicht auf die konkrete Nähe zum jeweiligen Gegenstand, sondern auf die allgemeinen Verkehrsanschauungen sowie auf die Möglichkeit zur ungehinderten Einwirkung auf die Sache ankomme.[83]

199 Auch außerhalb der eigenen Gewahrsamssphäre vergessene oder verlorene Gegenstände sind daher nur dann gewahrsamslos, wenn sich der Vergessende/Verlierende nicht an den Ort des Abhandenkommens erinnert **und** die Sache nicht in einer fremden Gewahrsamssphäre zurückbleibt, in der der Sphäreninhaber aufgrund seines generellen Herrschaftswillens Gewahrsam erlangt. Ist Letzteres der Fall, verliert der Berechtigte seinen Gewahrsam, wenn er sich nicht mehr erinnert.[84] Erinnert er sich dagegen, so entsteht Mitgewahrsam zusammen mit dem Inhaber der Gewahrsamssphäre.[85] Eine a. A. geht selbst im letzteren Fall davon aus, dass der Inhaber der Gewahrsamssphäre Alleingewahrsam erhält.[86] Das ist jedoch kaum zu vereinbaren mit dem allseits anerkannten Grundsatz, dass das Erinnerungsvermögen eine soziale Zuordnung in einem gewissen Maße aufrechterhält.

Achtung Klausur: *In Prüfungsarbeiten spielt die Problematik eine Rolle, wenn Tatort etwa ein Supermarkt, Kino, Bahnhof, Theater, Hotel, Flughafen, Bahnabteil oder eine Poststelle, Wohnung, Telefonzelle (s. o. Rn. 189 f.) etc. ist.*

Sonderproblem 1:
Gewahrsam eines Bewusstlosen oder Schlafenden

200 Nach allgemeiner Auffassung besteht Gewahrsam auch beim Bewusstlosen oder Schlafenden fort (dieser hat einen generellen Herrschaftswillen an den in seiner Herrschaftssphäre befindlichen Gegenständen und auch die allgemeine Verkehrsanschauung spricht nur für eine Gewahrsamslockerung).[87] Dies gilt nach h. M. auch dann, wenn der Schlafende bzw. Bewusstlose verstirbt, ohne sein Bewusstsein wiedererlangt zu haben.[88]

---

82 *Maurach/Schroeder/Maiwald*, BT/I, § 33 II, Rn. 20.
83 BGHSt 16, 273.
84 BGH GA 1969, 25.
85 Vgl. dazu näher *Wessels/Hillenkamp/Schuhr*, BT/2, Rn. 109 f.; a. A. MüKo-*Schmitz*, § 242, Rn. 76.
86 So *Otto*, BT, § 40, Rn. 20.
87 Vgl. BGHSt 4, 211; dazu *Maurach/Schroeder/Maiwald*, BT/I, § 33, Rn. 14; *Otto*, BT, § 40, Rn. 21; grundlegend zum strafrechtlichen Rechtsgüterschutz von Bewusstlosen und Schlafenden *Kretschmer*, Jura 2009, 590 ff.
88 Vgl. hierzu BGH NJW 1985, 1911 m. Anm. *Lampe*; *Otto*, Jura 1989, 14; *ders.*, BT, § 40, Rn. 21; a. A. *Seelmann/Pfohl*, JuS 1987, 199, die wegen der ausgeschlossenen Nutzungsmöglichkeit in derartigen Fällen einen Gewahrsam ablehnen.

Entgegen dieser h. M. hat das BayObLG die Auffassung vertreten, dass der natürliche Herrschaftswille mit dem Tode rückwirkend entfalle.[89] Dies ist jedoch schon deshalb abzulehnen, weil immer nur der aktuelle (generelle) Herrschaftswille maßgeblich sein kann und dieser entweder gegeben oder nicht gegeben ist. Für Rückwirkungsfiktionen ist beim Gewahrsam, der auf einem *tatsächlichen* Herrschaftsverhältnis beruht, kein Raum. Auch ist die Auffassung des BayObLG mit dem praxisfremden Nachteil verbunden, dass man abwarten müsste, ob das Opfer überlebt oder stirbt, um feststellen zu können, ob Diebstahl oder Unterschlagung gegeben ist (man denke etwa an einen über längere Zeit in Bewusstlosigkeit liegenden Komapatienten).

Sonderproblem 2:
Abgrenzung des Mitgewahrsams zum über-/untergeordneten Gewahrsam

Gewahrsam können mehrere Personen gleichberechtigt haben: Mitgewahrsam.[90]

→ gegenseitiger Gewahrsamsbruch ist möglich.

Gewahrsam können jedoch auch mehrere Personen ungleichberechtigt haben: über-/untergeordneter Gewahrsam.[91]

→ nur der untergeordnete Gewahrsamsträger kann den Gewahrsam des übergeordneten Gewahrsamsträgers brechen, nicht aber umgekehrt.[92]

Untergeordneter Gewahrsam soll dabei vorliegen, wenn jemand als bloßer „Gewahrsamshüter"[93] mit überwiegender Schutzfunktion eingesetzt ist.

In der Rspr. hat sich dabei eine umfangreiche Kasuistik entwickelt, aus der sich folgende klausurrelevante Konstellationen herauskristallisieren lassen (schwierig ist dabei nicht nur die Abgrenzung zwischen Mitgewahrsam einerseits und über-/untergeordnetem Gewahrsam andererseits, sondern auch die Abgrenzung zwischen Mitgewahrsam einerseits und Alleingewahrsam andererseits):

– Kassierer haben bei der Abrechnung bzw. bei der Ablieferung des Geldes oder sonstiger Wertsachen grundsätzlich Alleingewahrsam, sofern ihnen die ausschließliche Verantwortung für den Inhalt der Kasse überantwortet ist[94] (dies wird von der h. M. grundsätzlich dann angenommen, wenn das Geld bzw. die Wertsachen nicht ohne Beteiligung des Kassierers entnommen werden dürfen oder der Kassierer für Fehlbestände haftet).

Der BGH hat dies neuerdings auch im Fall eines Kassenverwalters einer Spielbank bestätigt:[95] Beteiligt sich dieser daher an einer gewaltsamen Entwendung des Geldes in der Kasse, so ist er nicht wegen mittäterschaftlichen Raubes oder Diebstahls

---

89 Vgl. BayObLG JR 1961, 188; vgl. auch *Seelmann/Pfohl* aaO.
90 Vgl. hierzu etwa SK-*Hoyer*, § 242, Rn. 40 ff.; MüKo-*Schmitz*, § 242, Rn. 79; LK-*Vogel*, § 242, Rn. 75; BGHSt 10, 400.
91 Ablehnend MüKo-*Schmitz*, § 242, Rn. 81.
92 *Sch/Sch/Bosch*, § 242, Rn. 32; *Maurach/Schroeder/Maiwald*, BT/I, § 33 II; BGHSt 10, 400; LG Karlsruhe NJW 1977, 1302.
93 So ausdrücklich *Otto*, BT, § 40, Rn. 26.
94 BGHSt 8, 275; BGH NStZ-RR 2001, 286.
95 BGH NStZ-RR 2018, 108 m. Anm. *Jäger*, JA 2018, 390.

mit Waffen, sondern wegen Untreue nach § 266 I Alt. 2 StGB strafbar, hinter der die veruntreuende Unterschlagung nach § 246 II StGB zurücktritt.
– Ein Filialleiter, der eine Zweigstelle eines Geschäfts oder einer Bank unter alleiniger Verantwortung führt, hat Alleingewahrsam im Verhältnis zum Inhaber der Hauptfirma.
– Der Fahrer eines Lkw, der ohne eine feste Route fährt oder der sich auf einer Fernfahrt befindet, hat an der Ladung Alleingewahrsam.[96] Bedient er sich aus der Ladung eigenmächtig, so begeht er daher eine veruntreuende Unterschlagung nach § 246 II StGB.
– Der Fahrer eines Lkw, der sich auf einer vorgegebenen Route bzw. kürzeren Wegstrecke befindet, soll dagegen sogar nur untergeordneten Gewahrsam innehaben, während der Geschäftsherr den übergeordneten Gewahrsam behält, da in diesen Fällen eine Einwirkungsmöglichkeit noch fortbestehen soll.[97] Bedient sich der Angestellte in diesem Fall eigenmächtig, so kommt ein Diebstahl gem. § 242 StGB an der Ladung in Frage.
– Angestellte und Verkäufer haben je nach Stellung untergeordneten Gewahrsam (Verkäufer in kleinen Ladengeschäften unter Leitung des Geschäftsherren, Auszubildende oder Hausangestellte) oder Mitgewahrsam (Verkäufer in größerem Ladengeschäft mit abgegrenzter Verantwortlichkeit und räumlicher Zuständigkeit).[98]
– Bei Auseinanderfallen der Herrschaft bzgl. eines Behältnisses einerseits und dem dazugehörigen Schlüssel andererseits ist entweder Mitgewahrsam zwischen Schlüsselinhaber und Inhaber der Herrschaftssphäre oder sogar Alleingewahrsam des Inhabers der Herrschaftssphäre anzunehmen (Mitgewahrsam liegt vor, wenn der Schlüsselinhaber jederzeit Zugang zu dem Behältnis in der fremden Herrschaftssphäre hat; Alleingewahrsam des Herrschaftsinhabers liegt dagegen vor, wenn der Schlüsselinhaber ohne Einverständnis keinen Zugang zum Behältnis erhalten kann).[99]

b) Abgrenzung Diebstahl – Betrug

202 Gewahrsamsbruch ist nur dann gegeben, wenn der Berechtigte die tatsächliche Herrschaft gegen oder ohne seinen Willen verloren hat.[100]

Eine Gewahrsamsübertragung, die vom Opfer bewusst und gewollt vorgenommen wird, schließt daher einen Gewahrsamsbruch aus. Eine mit Verfügungsbewusstsein vorgenommene Gewahrsamsübertragung löst nämlich nach zutreffender h. M.[101] eine

---

96 BGH GA 1979, 390; OLG Düsseldorf MDR 1985, 427; *Otto*, JZ 1985, 23.
97 BGH GA 1997, 390; BGH StV 2001, 13; a. A. NK-*Kindhäuser*, § 242, Rn. 65.
98 Vgl. hierzu auch *Rengier*, BT/1, § 2, Rn. 18.
99 Vgl. RGSt 5, 222; 45, 252; BGHSt 22, 180; vgl. weiter hierzu *Wessels/Hillenkamp/Schuhr*, BT/2, Rn. 105 ff. m. w. N.
100 *Maurach/Schroeder/Maiwald*, BT/1, § 33, Rn. 28; a. A. *Lange*, JuS 2000, 449; BGHSt 4, 199; Lackner/Kühl, § 242, Rn. 14; *Heubel*, JuS 1984, 447 f.; *Fischer*, § 242, Rn. 16.
101 *Maurach/Schroeder/Maiwald*, BT/1, § 33, Rn. 28; LK-*Vogel*, § 242, Rn. 112. Anschaulich auch die Übersicht bei *Schroth*, BT, S. 204.

Betrugsstrafbarkeit aus (Abgrenzung zwischen Trickdiebstahl einerseits und Sachbetrug andererseits).[102]

Die Problematik wird veranschaulicht durch folgenden aus der Rechtsprechung stammenden

> **Fall 18:** A legt im Supermarkt eine CD von Pavarotti unter 12 Milchflaschen in seinen Einkaufswagen. Er beabsichtigt, die CD nicht zu bezahlen. Tatsächlich rechnet die Kassiererin nur das Geld für die Milchflaschen ab und lässt ihn passieren. Der Hausdetektiv, der alles beobachtet hatte, nimmt ihn direkt hinter der Kasse in Empfang. Strafbarkeit des A? **(CD-Fall)**

203

Lösung:

204

I. In Betracht kommt Strafbarkeit wegen **Betrugs nach § 263 StGB**.

1. Im Vorzeigen der Waren kann eine konkludente Täuschung darüber gesehen werden, dass es sich dabei um die vollständigen im Warenkorb befindlichen Gegenstände handelt.

2. Auf Seiten der Kassiererin ist ein entsprechender Irrtum hervorgerufen worden.

3. Problematisch ist allerdings das Verfügungsbewusstsein.
Nach Auffassung des OLG Düsseldorf ist ein konkretisiertes Verfügungsbewusstsein nicht erforderlich. Ausreichend ist vielmehr, dass die Kassiererin ohne erforderliche Schadenskenntnis von der Vermögensrelevanz des von ihr getätigten Abrechnungsvorgangs wusste.[103]
Dem hat der BGH[104] jedoch zu Recht widersprochen: Das Verfügungsbewusstsein müsse sich beim Besitzbetrug auf die konkrete Sache richten. Niemand könne über eine Sache verfügen, von der er nichts weiß. Dies stecke bereits im Wortsinn „verfügen".
Tatsächlich wäre es eine ganz unangemessene Annahme, die Kassiererin habe über eine Sache verfügt, von der sie überhaupt nichts gewusst hat. Die Annahme des OLG Düsseldorf führt daher zu einer unzulässigen Fiktion des nicht vorhandenen Verfügungsbewusstseins.

Ergebnis: Daher scheidet eine Strafbarkeit nach § 263 StGB im Hinblick auf die CD aus.

II. Denkbar wäre jedoch die Annahme eines **Diebstahls nach § 242 StGB**.

1. Voraussetzung hierfür wäre zunächst, dass es sich bei der CD um eine fremde bewegliche Sache handelt. Da in Selbstbedienungsläden die Übereignung der Ware nicht bereits am Regal, sondern erst an der Kasse stattfindet, ist die Fremdheit vorliegend ohne Weiteres zu bejahen.

2. Problematisch ist die Wegnahme, die durch den Bruch fremden und die Begründung neuen Gewahrsams gekennzeichnet ist.

a) Ursprünglich hatte der Inhaber des Supermarkts Gewahrsam an der CD.

b) Dieser könnte seinen Gewahrsam jedoch dadurch verloren haben, dass A die CD unter den Milchflaschen im Einkaufskorb versteckt hat. Gewahrsam ist jedoch das von einem natürlichen Herrschaftswillen getragene tatsächliche Herrschaftsverhältnis über eine Sache unter Berücksichtigung der allgemeinen Verkehrsauffassung. Danach ist durch das bloße Verstecken der Ware unter den Milchflaschen der Gewahrsam des Ladeninhabers nicht auf-

---

102 OLG Hamm NJW 1974, 1957; BGH MDR 1974, 15; OLG Köln MDR 1973, 866; *Bittner*, JuS 1974, 156; *Geiger*, JuS 1992, 834; ausführlich zur Abgrenzung zwischen Diebstahl und Sachbetrug, sowie zu weiteren Fallkonstellationen der „Supermarktsdelikte" *Oğlakcıoğlu*, JA 2012, 902 ff. und JA 2013, 107 ff.
103 Im Ergebnis ebenso OLG Köln NJW 1984, 810; OLG Düsseldorf NStZ 1993, 286; a. A. *Vitt*, NStZ 1994, 134; *Roßmüller/Rohrer*, Jura 1994, 474; *Brocker*, JuS 1994, 919; *Stoffers*, JR 1994, 207; BGHSt 41, 198 m. Anm. *Schettler*, JR 1996, 342; *Hillenkamp*, JuS 1997, 217.
104 BGHSt 41, 198 m. Anm. *Scheffler*, JR 1996, 342.

gehoben worden, weil die Ware im Warenkorb verblieben ist und noch einem jederzeitigen Zugriff des Geschäftsherren ausgesetzt war.

c) Denkbar wäre ein Gewahrsamsbruch und eine Neubegründung von Gewahrsam jedoch durch das Passieren der Kasse. Indessen ist auch diesbezüglich davon auszugehen, dass zwar die Beobachtung durch den Detektiv den Diebstahl nicht hindert, da Diebstahl keine Heimlichkeit voraussetzt; jedoch wird auch durch das Passieren der Kasse noch kein neuer Gewahrsam begründet, solange ein jederzeitiger Zugriff noch möglich war und die CD daher dem A noch nicht endgültig sozial zuzuordnen war.[105] Eine neue Begründung des Gewahrsams würde erst dann vorliegen, wenn A – anders als hier – den Kassenbereich bereits verlassen oder die Sache in seine Gewahrsamsenklave im Sinne einer Tabusphäre verbracht hätte (etwa durch Einstecken in die Hosentasche).

Ergebnis: Ein vollendeter Diebstahl scheidet aus.

III. In Betracht kommt jedoch ein **versuchter Diebstahl nach §§ 242, 22, 23 StGB**.

1. Die Tat ist nicht vollendet worden (siehe soeben).

2. Die Strafbarkeit des Versuchs ergibt sich aus § 242 II i. V. m. §§ 12, 23 I StGB.

3. A hatte auch Tatentschluss, da er Vorsatz hinsichtlich der Wegnahme einer fremden beweglichen Sache hatte und auch in der Absicht rechtswidriger Zueignung handelte.

4. A hat dadurch, dass er die Ware an der Kassiererin vorbeischmuggelte, unmittelbar zu dieser Diebstahlstat angesetzt.

5. Rechtfertigungs- und Schuldausschließungsgründe sind nicht ersichtlich.

Ergebnis: A hat sich nach §§ 242, 22, 23 StGB strafbar gemacht.

IV. Fraglich ist, ob der versuchte Diebstahl von einem **Forderungsbetrug nach § 263 StGB** begleitet wird.

In Betracht kommt ein Forderungsbetrug hinsichtlich des Herausgabeanspruches (falsch wäre es, einen Forderungsbetrug hinsichtlich des Kaufpreisanspruches anzunehmen, da es zu einem Kaufvertragsabschluss bzgl. des konkreten Gegenstandes mangels Kenntnis der Kassiererin überhaupt nicht kommen konnte!).

Jedoch ist die Annahme eines Forderungsbetrugs auch hinsichtlich des Herausgabeanspruches im Ergebnis abzulehnen, weil die Nichtwahrnehmung des Herausgabeanspruches nichts aus dem Vermögen entlässt, was nicht zeitgleich oder vorher bereits mit dem Diebstahl genommen ist.[106] Man darf die Grundsätze der Abgrenzung zwischen Trickdiebstahl und Sachbetrug nicht über die Fingierung eines Forderungsbetrugs wieder aushebeln.

V. Nicht gegeben ist **Hausfriedensbruch nach § 123 StGB**, der nach h. M. nur dann vorliegt, wenn sich die deliktische Absicht des Täters bei Betreten äußerlich manifestiert (z. B. Maskierung). Eine a. A. lässt dagegen schon die deliktische Absicht bei Betreten genügen, was aber die Strafbarkeit zu Unrecht vom Einlassungsgeschick des Täters abhängig macht.

VI. Ergebnis: A ist strafbar wegen versuchten Diebstahls nach §§ 242, 22, 23 StGB. Wegen Geringwertigkeit der CD wird die Tat allerdings nur auf Antrag verfolgt, vgl. § 248a StGB. Geringwertigkeit ist dabei nach neuerer Rechtsprechung bis zur Grenze von 50 € anzunehmen.[107]

Hinweis: *Ob sich die Beurteilung ändert, wenn A die teurere CD von Pavarotti aus der CD-Hülle nimmt und in die CD-Hülle von Tokio Hotel steckt, während er die CD von Tokio Hotel*

---

105 RGSt 66, 396; 76, 133; OLG Hamburg NJW 1960, 1920; BGHSt 4, 199; a. A. BGH 16, 271; *Welzel*, GA 1960, 257; *Heubel*, JuS 1984, 448; *Fischer*, § 242, Rn. 17 f.; *Otto*, ZStW 79 (1967), 61 ff. (soziale Anschauung und natürliche Lebensauffassung weisen demjenigen, der eine Sache in Taschen trage, den ausschließlichen Gewahrsam zu).
106 Vgl. *Hillenkamp*, JuS 1997, 222.
107 OLG Frankfurt a.M. NStZ-RR 2008, 311 m. Bspr. *Jahn*, JuS 2008, 1024 ff.

in die Pavarotti-Hülle steckt, um dann für die Pavarotti-CD den auf der Hülle von Tokio Hotel klebenden günstigeren Preis zu zahlen, ist umstritten. Eine Auffassung[108] geht davon aus, dass in diesem Fall doch ein Verfügungsbewusstsein vorliege, weil die Kassiererin hier über die CD-Hülle samt Inhalt verfüge. Eine andere Auffassung nimmt dagegen auch hier an, dass es an einem Verfügungsbewusstsein fehle, weil die Kassiererin gerade nicht erkenne, dass sich in der CD-Hülle entgegen dem Aufdruck die CD von Pavarotti befindet. Für letztgenannte Auffassung spricht immerhin, dass die Beurteilung nicht davon abhängig sein sollte, ob der Täter die CD unter Waren versteckt oder in einer anderen Hülle. Im Übrigen stellt sich bei dieser Abwandlung dann auch noch die Frage, ob Urkundsdelikte erfüllt sind. Dies hängt davon ab, ob die CD etwa mit einem Klebeband fest verschlossen ist, das von dem Täter erst geöffnet wird. Dann liegt nämlich eine zusammengesetzte Urkunde vor, deren gedanklicher Inhalt nach § 267 I Alt. 2 StGB verfälscht wird. Anders liegt der Fall dagegen, wenn die CD-Hülle nur lose verschlossen ist. Dann fehlt es nämlich mangels hinreichend fester Verbindung zwischen dem Preisetikett auf der Hülle und dem Inhalt an einer zusammengesetzten Urkunde. Die bloße Klemmvorrichtung in der CD-Hülle dürfte für eine hinreichend feste Verbindung jedenfalls nicht genügen, auch wenn es sich sicherlich um einen Grenzfall handelt (vergleiche näher zu dieser Problematik und einem eindeutigeren Beispiel unten Rn. 445 f).

Achtung Klausur: *In der Klausur ist besonderes Augenmerk darauf zu richten, ob das Opfer tatsächlich willentlich über den konkreten Gegenstand verfügt. Dies ist nicht der Fall, wenn das Opfer den Gewahrsam an dem Gegenstand überhaupt nicht übergehen lassen will oder jedenfalls nicht weiß, dass es Gewahrsam an dem Gegenstand übergehen lässt. Dazu folgende schwierige Konstellationen:* **205**

Beispiel: A geht zu B und gibt sich fälschlich als Polizist aus. Er erklärt dem B, dass er in Sachen Kinderpornografie ermittle und deshalb seinen Computer zur Überprüfung der Festplatte „beschlagnahmen" müsse. B, der dem A glaubt, gibt daher seinen Computer heraus, obwohl er sich keiner Schuld bewusst ist. Strafbarkeit des A wegen Betrugs oder Diebstahls? (**Pseudobeschlagnahme-Fall I** abgewandelt nach BGH GA 1960, 277[109]) **206**

Lösung: Hier begründet die Täuschung ausnahmsweise keinen Betrug, denn B hat überhaupt keinen Verfügungs*willen*; vielmehr fügt er sich nur, weil er „die Sache unabhängig von seinem Einverständnis oder seiner Mitwirkung dem Zugriff des Täters preisgegeben glaubt".[110] Beim Vortäuschen von hoheitlichen Zwangsbefugnissen wird daher die Freiwilligkeit des Opferentschlusses im Hinblick auf die Vermögensverfügung abgelehnt.[111] Damit scheidet ein Betrug aus. Deshalb ist hier ausnahmsweise Raum für § 242 StGB. Laut *Rengier* ist dies der einzige denkbare Fall, sodass man sich in der Klausur hüten sollte, bei sonstigen Verfügungen, die bewusst, wenn auch irrtümlich erfolgen, Betrug abzulehnen.[112] Übrigens ist in solchen Beschlagnahmefällen erst Recht ein Diebstahl gegeben, wenn die Scheinpolizisten sich den zu „beschlagnahmenden" Gegenstand selbst nehmen. Denn dann fehlt es nicht nur an der Freiwilligkeit der Verfügung, sondern auch an der Unmittelbarkeit, weil die Vermögensverschiebung in diesem Fall nicht unmittelbar durch eine Verfügung des Opfers herbeigeführt wird, sondern ein weiterer Akt des Täters in Form einer eigenhändigen Wegnahme dazwischentritt. **207**

---

108 Vgl. etwa *Biletzki*, JA 1995, 857.
109 Vgl. dazu MüKo-*Hefendehl*, § 263, Rn. 304 m. w. N.
110 So die ganz h. M.; vgl. etwa BGHSt 7, 254 f.; 18, 223; *Sch/Sch/Perron*, § 263, Rn. 63; *Sch/Sch/Bosch*, § 242, Rn. 35; Lackner/*Kühl*, § 242, Rn. 44; *Otto*, BT, § 40, Rn. 34; LK-*Vogel*, § 242, Rn. 126; a. A. NK-*Kindhäuser*, § 242, Rn. 54; *Mitsch*, BT/II, S. 29.
111 BGHSt 18, 221, 223; *Otto*, ZStW 91 (1979), 74; BGH NJW 1952, 796; MüKo-*Hefendehl*, § 263, Rn. 304 f.; *Rengier*, JuS 1981, 654; a. A. *Maurach/Schroeder/Maiwald*, BT/I, § 33, Rn. 31.4.
112 Vgl. insgesamt *Rengier*, BT/I, § 13, Rn. 32 u. 34.

208 Achtung Klausur: Sie haben gesehen, dass Betrug anzunehmen ist, wenn das Opfer, veranlasst durch Täuschung, die Sache bewusst von sich auf den Täuschenden verschiebt. Zu beachten ist dabei aber, dass ein betrugsbegründendes Verfügungsbewusstsein hinsichtlich des Gewahrsams nur dann vorliegt, wenn der Täter den Gewahrsam vollständig übergehen lassen will. Nicht ausreichend ist nach der Rechtsprechung für eine Betrugsstrafbarkeit gemäß § 263 StGB dagegen, dass der Täter nur eine vorübergehende Gewahrsamslockerung zulässt. Das zeigt folgendes, aus der neuesten Rechtsprechung stammendes

209 Beispiel:[113] J veranlasste – entsprechend einem zuvor mit S gefassten Entschluss – K dazu, ihr sein Mobiltelefon für ein Telefonat zu überlassen. K gab es ihr in der Annahme, das Mobiltelefon nach dem Telefonat zurückzuerhalten. Tatsächlich beabsichtigten J und S das Mobiltelefon zu behalten, um es später zu verkaufen. Nach dem Telefonat steckte J das Mobiltelefon in ihre Tasche und entfernte sich mit S. Auf die mehrfachen Bitten des K, ihm das Mobiltelefon zurückzugeben, reagierten sie nicht; vielmehr gab der körperlich überlegene S dem K zu verstehen, dass er „jetzt besser" gehen solle. K gab sodann sein Herausgabeverlangen auf **(Mobiltelefon-Fall I).**

210 Lösung: Entgegen dem LG, das noch Betrug angenommen hatte, hat der BGH hier einen mittäterschaftlichen Diebstahl bejaht. Hat sich der Täter – wie hier – eine Sache durch Täuschung verschafft, so sei für die Abgrenzung von Wegnahme und Vermögensverfügung auch die Willensrichtung des Getäuschten und nicht nur das äußere Erscheinungsbild des Tatgeschehens maßgebend. Betrug liege vor, wenn der Getäuschte aufgrund freier, nur durch Irrtum beeinflusster Entschließung Gewahrsam übertragen will und überträgt. Diebstahl sei dagegen gegeben, wenn die Täuschung lediglich dazu dienen soll, einen gegen den Willen des Berechtigten gerichteten eigenmächtigen Gewahrsamsbruch des Täters zu ermöglichen oder wenigstens zu erleichtern. Vollziehe sich der Gewahrsamsübergang in einem mehraktigen Geschehen, so sei die Willensrichtung des Getäuschten in dem Zeitpunkt entscheidend, in dem er die tatsächliche Herrschaft über die Sache vollständig verliert. Habe der Gewahrsamsinhaber, der die wahren Absichten des Täuschenden nicht erkannt hat, den Gegenstand übergeben, ohne seinen Gewahrsam völlig preisgeben zu wollen, sei Wegnahme gegeben, wenn der Ausschluss des Berechtigten von der faktischen Sachherrschaft im Anschluss ohne oder gegen dessen Willen stattfindet (in gleicher Weise hat neuerdings der BGH in einem Fall argumentiert, in dem sich der Täter zunächst Drogen unter dem Vorwand aushändigen ließ, die Qualität prüfen zu wollen, während er die Betäubungsmittel sodann einsteckte, um sie zu konsumieren. Auch hier ist der BGH von einer zunächst nur erfolgenden Gewahrsamslockerung ausgegangen, sodass erst im zweiten Akt des Einsteckens die Wegnahme zu sehen sei[114]). Im Beispielsfall zeigt sich damit, dass dort, wo die Sache dem Täter vom Opfer in der Meinung überreicht wird, diese sogleich zurückzuerhalten, Raum für eine Wegnahme bleibt, weil das Opfer dann nur eine kurzzeitige Gewahrsamslockerung, nicht aber eine Gewahrsamsverfügung vornehmen will. Eine Strafbarkeit wegen Betruges scheidet dementsprechend aus, weil K seinen Gewahrsam zunächst nicht aufgegeben, sondern nur gelockert hat; der spätere Gewahrsamswechsel beruhte sodann damit nicht unmittelbar auf einer Verfügung durch Herausgabe, sondern darauf, dass J das Mobiltelefon einsteckte. Verwirklicht ist aber auch eine veruntreuende Unterschlagung nach § 246 II StGB, da das Mobiltelefon im Vertrauen darauf an J überlassen worden war, sie werde die vorübergehende Herrschaft nur im Sinne des K ausüben. Jedoch tritt § 246 StGB hinter § 242 StGB im Wege der Subsidiarität zurück. Die Subsidiaritätsklausel des § 246 I a. E. StGB bezieht sich insoweit trotz ihrer systematisch unglücklichen Stellung auch auf § 246 II u. III StGB.[115] Das anschließende Auftreten des S kann im Übrigen sogar als Drohung mit gegenwärtiger Gefahr für den Leib des K aufgefasst

---

113 BGH HRRS 2016, Nr. 954 m. Anm. *Kudlich*, JA 2016, 953 f.
114 BGH NStZ-RR 2018, 248.
115 Vgl. *Duttge/Sotelsek*, Jura 2002, 533; *Lackner/Kühl*, § 246, Rn. 14; *Mitsch*, BT/II, S. 199.

werden und würde dann eine Strafbarkeit nach § 252 StGB begründen. Der mittäterschaftliche Diebstahl würde bei ihm dahinter als mitbestrafte Vortat zurücktreten.

Die Problematik der Abgrenzung zwischen Trickdiebstahl und Sachbetrug veranschaulicht auch folgendes, aus der Rechtsprechung stammendes

Beispiel: A und B wollten O vorspiegeln, mit Hilfe eines chemischen Prozesses Geldscheine vervielfältigen zu können (Wash-Wash-Verfahren). Zunächst stellte A den Kontakt mit O her. Später kam B hinzu, um die vermeintliche Vervielfältigung der Geldscheine zu demonstrieren. A, B und O vereinbarten ein weiteres Treffen, zu dem O echte Geldscheine „zur Vervielfältigung" mitbringen sollte, die A und B während der chemischen Prozedur unbemerkt gegen präpariertes wertloses Papier austauschen wollten. Dann wollten sie mit dem Geld des O den Tatort mit dem Hinweis, dass die chemische Reaktion noch andauere, verlassen. Bei dem vereinbarten Treffen war auch ein von O informierter Polizeibeamter, der sich als Freund des O ausgab, anwesend. Bevor es jedoch zu weiteren Aktivitäten kam, verließ B das Geschäft, weil ihm die Benutzung der Toilette, in der sich zwei Polizeibeamte verbargen, mit einer Ausrede verwehrt worden war und kehrte nicht zurück. Er rief kurze Zeit später an, um einen neuen Ort zu vereinbaren. Da dies alles zu lange dauerte, brachen die Polizeibeamten das Vorgehen ab und nahmen A noch in den Geschäftsräumen des O fest.[116]

210a

Lösung: Zunächst ist festzuhalten, dass es sich bei solchen „Wash-Wash-Taten" um einen Trickdiebstahl handelt. Sie werden durch eine Wegnahme begangen, da der Schaden nicht unmittelbar durch die Verfügung entsteht. Vielmehr lockert das Opfer zur Durchführung des chemischen Prozesses nur seinen Gewahrsam. Erst mit dem Austausch der Scheine und dem anschließenden Verlassen des Tatortes durch den Täter kommt es zu einem Gewahrsamsbruch. Das KG sah einen versuchten Diebstahl des A aber nicht als gegeben an, weil die Schwelle zum strafbaren Versuch nicht überschritten wurde. Im Betreten des Tatortes und im Vorzeigenlassen des Geldes liege noch kein unmittelbares Ansetzen, da es noch weiterer wesentlicher Zwischenschritte zur Tatbestandsverwirklichung bedurfte, sodass das fremde Rechtsgut noch nicht konkret gefährdet war. In einer Klausur wäre außerdem zu bedenken, dass A und B wohl als Mittäter einzustufen sind, wobei nach der Gesamtlösung ein unmittelbares Ansetzen beider Mittäter zu bejahen ist, sobald einer von ihnen zur Verwirklichung des Tatbestandes unmittelbar ansetzt (a. A. Einzellösung).[117] Vorliegend war dies aber noch nicht der Fall.

210b

c) *Abgrenzung Diebstahl – Computerbetrug*

Die gleichen Grundsätze wie bei der Abgrenzung Diebstahl – Betrug (vgl. soeben Rn. 202 ff.) gelten auch für die Unterscheidung zwischen Diebstahl und Computerbetrug. Dies zeigt eine wichtige Entscheidung, die die Falschbedienung einer Selbstbedienungskasse betrifft. Dazu folgender

210c

Fall 19: A begab sich in den Supermarkt. Er ging zum Zeitschriftenregal, entnahm einen „Playboy" für 5 € und ging zur Selbstbedienungskasse. Dort scannte er nicht den auf dem „Playboy" befindlichen Strichcode ein, sondern hielt den zuvor von der Tageszeitung „WAZ" ausgerissenen Strichcode, den er in seinem Portemonnaie mit sich geführt hatte, unter das Lesegerät. Die Kasse warf daraufhin den Preis für eine „WAZ" von 1,20 € aus, welchen A bezahlte. Er verließ mit dem „Playboy" das Geschäft und wurde sodann vom Detektiv des Supermarkts angesprochen. Strafbarkeit des A? Auf § 123 StGB ist nicht einzugehen. (**Selbstbedienungskassen-Fall** nach OLG Hamm NStZ 2014, 275[118])

210d

---

116 KG Berlin NStZ-RR 2013, 138 mit Bspr. *Kudlich*, JA 2013, 552.
117 S. zu dieser Problematik *Jäger*, AT, Rn. 308 f.
118 Mit Anm. *Jäger*, JA 2014, 155 ff.; *Fahl*, NStZ 2014, 244 ff.; *Jahn*, JuS 2014, 179 ff.

§ 6 Diebstahl und Unterschlagung

210e | **Lösung:**

A. Strafbarkeit hinsichtlich der Zeitschrift

I. In Betracht kommt eine Strafbarkeit wegen **Computerbetrugs nach § 263a StGB**.

1. Fraglich ist dabei bereits das Vorliegen einer entsprechenden Tathandlung des § 263a StGB.

a) Insoweit könnte das Verwenden unrichtiger Daten nach § 263a I Alt. 2 StGB vorliegen. Nach Auffassung des OLG Hamm wurde vorliegend aber über das Einlesen des Strichcodes der Kaufpreis einer Ausgabe der „WAZ" richtig und vollständig angezeigt und diesen Kaufpreis habe der Angeklagte auch bezahlt. Insoweit fehle es an der inhaltlichen Täuschung, die § 263a I Alt. 2 StGB erfordere.

b) Denkbar wäre jedoch das Vorliegen einer unbefugten Verwendung von Daten nach § 263a I Alt. 3 StGB.
Nach der subjektiven Theorie kommt es dabei für die Frage der Unbefugtheit auf den Willen des Berechtigten an. Da die Benutzung des falschen Strichcodes den Wünschen des Supermarktinhabers widersprach, wäre danach diese Alternative erfüllt.
Dagegen verlangt die computerspezifische Betrachtung das Beschicken des Geräts mit falschen Daten. Dies wäre hier nicht gegeben, da der Strichcode der „WAZ" als solcher nicht falsch war.
Die h. M. verfolgt dagegen die sogenannte betrugsspezifische Auffassung. Entscheidend ist danach, ob der Vorgang gegenüber einer natürlichen Person Täuschungscharakter aufweisen würde. Nach Auffassung des OLG Hamm soll es dabei im vorliegenden Zusammenhang jedoch nur auf einen fiktiven Kassierer ankommen, der lediglich den Strichcode prüft und nicht untersucht, ob tatsächlich die dem Strichcode zugewiesene Ware bezahlt wird. Danach läge auch bei einem Kassierer keine Täuschung vor, da über den eingelesenen Preis der WAZ nicht getäuscht wurde.

c) Sodann könnte auch eine sonst unbefugte Einwirkung auf den Ablauf eines Datenverarbeitungsvorgangs nach § 263a I Alt. 4 StGB gegeben sein.
Jedoch stellt das Einscannen des Strichcodes keine Einwirkung auf den Ablauf, d.h. auf das Programm oder die Datenverarbeitung dar, da der Computer nicht mit Daten beschickt wird, die zu einer Umgestaltung des Datenflusses führen.

d) Zwischenergebnis: Nach Auffassung des OLG Hamm soll es daher bereits an einer geeigneten Tathandlung des § 263a StGB, insbesondere dessen Alt. 3 fehlen. Allerdings kann man dies auch mit guten Gründen anders sehen, da ein fiktiver Kassierer stets auch untersuchen würde, ob der entsprechende Strichcode der Ware zuzuordnen ist. Dies zeigen die Fälle, in denen der Täter die Ware mit einer falschen Preisauszeichnung versieht. Auch dort wird grundsätzlich eine Täuschung des Kassierers angenommen, weil dieser nicht nur den Preis abliest, sondern auch der Ware zuordnet. Dementsprechend ließe sich auch sehr gut vertreten, dass eine unbefugte Verwendung von Daten nach § 263a I Alt. 3 StGB vorliegt. Die Frage kann aber offen bleiben, wenn der Tatbestand aus anderen Gründen scheitert.

2. Weitere Voraussetzung für die Erfüllung des § 263a StGB ist als notwendiger Zwischenerfolg die Beeinflussung des Ergebnisses des Datenverarbeitungsvorgangs. Dieser tritt in Entsprechung zu § 263 StGB an die Stelle der (irrtumsbedingten) Vermögensverfügung. Daher muss die Vermögensminderung unmittelbar, d. h. ohne weitere Zwischenhandlung des Täters, des Opfers oder eines Dritten durch den Datenverarbeitungsvorgang selbst eintreten. Daran fehlt es jedoch nach Auffassung des OLG Hamm, wenn durch die Manipulation der Datenverarbeitungsvorgang nur die Voraussetzung für eine vermögensmindernde Straftat geschaffen hat, z. B. beim Ausschalten oder Überwinden elektronischer Schlösser. Vorliegend führte das Einscannen des Strichcodes der „WAZ" allein zu der Anzeige eines im Verhältnis zu der tatsächlich ausgewählt Zeitschriften geringeren Kaufpreises. Diese

Anzeige bewirkte jedoch noch keinen verfügungsähnlichen Vorgang, der sich als unmittelbare Vermögensbeeinträchtigung darstellte. Die nachfolgende Mitnahme der Zeitschrift wird durch den Datenverarbeitungsvorgang als solchen weder ermöglicht noch erleichtert. Hierzu bedürfte es vielmehr einer selbstständigen, den Übergang der Sachherrschaft bewirkenden Handlung des A.

Insgesamt ist dem zuzustimmen, da die Selbstlesekasse mit der Verfügung über den konkreten Gegenstand nichts zu tun hat. Diese verfügt nicht über den Gegenstand, wie dies sonst beim Computerbetrug der Fall ist. Man denke etwa an die Verwendung einer entwendeten EC-Karte, mit deren Hilfe Geld abgehoben wird. Dort liegt nach h.M. Computerbetrug vor (vgl. Rn. 223 ff.), weil der überlistete Automat das Geld unmittelbar auswirft. Die Selbstbedienungskasse wirft die Zeitschrift jedoch nicht aus, sodass hinsichtlich des Playboys für § 263a StGB mangels Verfügung kein Raum ist.

3. Ergebnis: Eine Strafbarkeit nach § 263a StGB scheidet aus.

II. In Betracht kommt jedoch eine Strafbarkeit wegen **Diebstahls nach § 242 StGB**.

1. Bei dem Playboy handelte es sich um eine fremde bewegliche Sache. Der Eigentumsübergang stand hier unter der rechtlichen Bedingung der ordnungsgemäßen Bezahlung.

2. Fraglich ist jedoch das Vorliegen einer Wegnahme. Dazu müsste A den Gewahrsam gegen oder wenigstens ohne Willen des Berechtigten gebrochen haben. Dabei kommen rechtliche Bedingungen (anders als beim Eigentum) hinsichtlich des Willens des Berechtigten grundsätzlich nicht in Frage. Lediglich die äußerlich ordnungsgemäße Benutzung eines Selbstbedienungsautomaten wird als maßgebliche äußere Bedingung akzeptiert (vgl. dazu schon Rn. 192). Insoweit ist fraglich, ob ein generelles Einverständnis des Ladeninhabers bzgl. des Gewahrsamsübergangs vorlag. Im Ergebnis wird man dies jedoch mit dem OLG Hamm verneinen müssen, da das Geschäftskonzept von Selbstlesekassen vollständig darauf ausgerichtet ist, dass es zu einem Gewahrsamsübergang nur kommen soll, wenn der Kunde den Scan-Vorgang ordnungsgemäß vornimmt. Durch das Aufstellen der Selbstbedienungskassen fehlt es daher gerade deshalb an einem generellen Einverständnis mit dem Gewahrsamsübergang, weil das gesamte Geschäftsmodell äußerlich erkennbar auf die korrekte Selbstbedienung der Kasse durch den Kunden angelegt ist und der Warenübergang damit auch unter dieser Bedingung steht.

Damit liegt auch eine Wegnahme nach § 242 StGB vor.

3. Darüber hinaus ist auch die Absicht rechtswidriger Zueignung zu bejahen.

4. Ergebnis: A ist strafbar wegen Diebstahls nach § 242 StGB.

III. Der gleichzeitig verwirklichte Tatbestand der **Unterschlagung nach § 246 StGB** tritt als formell subsidiär hinter den § 242 StGB zurück.

IV. In Betracht käme jedoch noch ein **Betrug nach § 263 StGB** gegenüber dem Kontrollpersonal.

1. Fraglich ist jedoch diesbezüglich bereits das Vorliegen einer Täuschung und eines entsprechenden Irrtums. Denn das Personal leistet lediglich ggf. technische Unterstützung, sodass es bereits mangels Kommunikation der Unwahrheit wegen fehlenden geschäftlichen Kontakts an einer entsprechenden Täuschung bzw. einem darauf gerichteten Irrtum fehlen könnte.

2. Darüber hinaus verfügt das Kontrollpersonal aber auch nicht über die Ware durch Passierenlassen des A. Denn es handelt sich bei den anwesenden Angestellten nicht um Verfügungs-, sondern lediglich um Unterstützungspersonal.

3. Ergebnis: Mangels Verfügung durch das Kontrollpersonal scheidet eine Strafbarkeit wegen Betruges nach § 263 StGB aus.

§ 6 *Diebstahl und Unterschlagung*

> **B. Strafbarkeit hinsichtlich der Fehlbuchung (1,20 € statt 5 €)**
>
> Denkbar wäre diesbezüglich eine Strafbarkeit wegen **Computerbetrugs nach § 263a StGB** in Form eines Forderungsbetruges aufgrund der vom Computer vorgenommenen Fehlbuchung.
>
> Denkbar wäre hier die Annahme einer unbefugten Verwendung von Daten nach § 263a I Alt. 3 durch Bewirken der Hinterlegung eines falschen Preises in der Einscannkasse.
>
> Im Ergebnis wird man aber auch diesbezüglich einen Computerbetrug verneinen müssen, da ein Kaufpreisanspruch überhaupt nicht entstanden ist. Denn es ist davon auszugehen, dass der Inhaber des Ladens nur dann einen Kaufvertrag schließen möchte, wenn die Selbstbedienungskasse ordnungsgemäß bedient wird. Da dies nicht geschehen ist, fehlt es an einem wirksamen Kaufpreisanspruch und an einem daran anknüpfenden Computerbetrug durch Fehlbuchung. Darüber hinaus würde der Geschäftsinhaber durch diese Fehlbuchung auch nichts mehr verlieren, was er nicht zeitgleich durch den Diebstahl verloren hat (vgl. zu diesem Argument bereits oben Rn. 204 a. E. bei der Abgrenzung von Diebstahl und Betrug).
>
> **C. Gesamtergebnis:** A hat sich wegen Diebstahls nach § 242 StGB strafbar gemacht. Da es sich bei dem Playboy um eine geringwertige Sache handelt, wird die Tat nur auf Antrag verfolgt, § 248a StGB.

d) Vollendung des Diebstahls

211 Die Diebstahlsvollendung tritt durch die Begründung neuen – nicht notwendig tätereigenen – Gewahrsams ein.[119] Auch hierfür ist die allgemeine Verkehrsanschauung ausschlaggebend.[120] So stellt etwa das Einstecken eines handlichen Gegenstandes im Supermarkt die Begründung neuen Gewahrsams dar, da der Täter die Sache hier in seine Gewahrsamsenklave i. S. einer Tabusphäre (Körperversteck) überführt.[121] Werden dagegen große und unhandliche Gegenstände (etwa ein Fernseher) an der Kasse vorbei transportiert, so ist die Neubegründung des Gewahrsams erst mit Verlassen des Kassenraums anzunehmen[122] (vorher liegt nur ein Versuch vor!). Unmaßgeblich ist, ob der Gewahrsamsbruch beobachtet wurde, da Diebstahl keine Heimlichkeit voraussetzt.[123] Jedoch wird dies auch teilweise bestritten und behauptet, dass die Beobachtung den endgültigen Gewahrsamswechsel hindere und nur von einem Diebstahlsversuch auszugehen sei.[124] Der letztgenannten Auffassung wird man jedoch widersprechen müssen, da die Frage des Gewahrsamswechsels immer von den sozialen Anschauungen des Einzelfalles abhängt. Dies zeigt auch folgendes aus der Rechtsprechung stammende

Beispiel:[125] A hatte bei B seinen Laptop reparieren lassen. A kam danach erneut in B's Geschäft und behauptete, dass sein Notebook bei der Reparatur beschädigt worden sei, weshalb er von B ein neues verlange. B forderte den A auf, das Geschäft zu verlassen, woraufhin A ein auf dem Tisch liegendes Messer ergriff und es dem B kurz an den Bauch hielt. Sodann legte er das Messer zurück, nahm einen Laptop aus einem Verkaufsregal und verließ das Geschäft.

---

119 Vgl. hierzu und zu Gewahrsamsbegründungstheorien *Sch/Sch/Bosch*, § 242, Rn. 37 m. w. N.
120 BGHSt 20, 196; 23, 255; BGH NJW 1981, 997.
121 RGSt 52, 76; LK-*Vogel*, § 242, Rn. 104; SK-*Hoyer*, § 242, Rn. 33; *Sch/Sch/Bosch*, § 242, Rn. 39.
122 OLG Köln NJW 1984, 810.
123 Ausführl. hierzu *Sch/Sch/Bosch*, § 242, Rn. 40 m. w. N.; NK-*Kindhäuser*, § 242, Rn. 39.
124 Vgl. auch *Kudlich*, BT/1, PdW, S. 9.
125 BGH NStZ 2008, 624 f. m. Anm. *Jahn*, JuS 2008, 1121 ff.

B folgte dem A und versuchte draußen auf dem Gehweg, das Notebook wieder an sich zu bringen. A versetzte dem B nunmehr einen Stoß mit dem Kopf, wodurch B eine Platzwunde am Kopf erlitt. Nach längerem Hin- und Herziehen des Notebooks ließ A schließlich ab, weil er sein Interesse an dem Laptop verloren hatte.

Lösung: Hier ist zunächst ein Raub durch Wegschaffen des Laptops zu verneinen. Dabei kann die Frage der Wegnahme an dieser Stelle noch offen bleiben, weil es beim Einsatz des Messers jedenfalls noch am finalen Einsatz der Gewalt fehlte. Auch ein Fortwirken der Gewalt war hier nicht gegeben, da die Aktion des A bei B offenbar keinerlei Einschüchterungswirkung erzeugte. Erfüllt sein könnte jedoch ein Diebstahl nach § 242 I StGB. Hier macht der BGH noch einmal deutlich, dass Diebstahl keine Heimlichkeit voraussetzt, sondern die Entdeckung vielfach nur die Möglichkeit zur Wiedererlangung einer Sache begründen könne. Auch stehe einer Vollendung der Wegnahme nicht entgegen, dass der Angeklagte den Gegenstand offen wegtrug und nicht am Körper oder in einer mitgeführten Tasche verborgen hatte. Dies ergebe sich daraus, dass der Ladeninhaber seine Verfügungsgewalt nur noch gegen den Willen des Angeklagten und unter Anwendung körperlicher Gewalt wiederherstellen konnte. Dabei habe das Fortschaffen des Gegenstandes aus seinem Herrschaftsbereich eine zusätzliche Erschwernis hinsichtlich der Wiedererlangung erzeugt. Der Kopfstoß auf der Straße begründet unter Zugrundelegung des soeben Gesagten keinen Raub, da der Einsatz der Gewalt ebenfalls nicht final zur Wegnahme eingesetzt wurde, sondern die Wegnahme zu diesem Zeitpunkt bereits vollendet war. In Betracht kommt dann nur noch § 252 StGB, für den der Sachverhalt jedoch keine eindeutigen Anhaltspunkte liefert. Immerhin ist denkbar, dass A nur noch aus Wut handelte und an dem Laptop selbst schon kein eigentliches Interesse mehr besaß. Gegeben ist aber jedenfalls eine vorsätzliche Körperverletzung nach § 223 I StGB. Für § 241 I StGB bestehen dagegen keine hinreichenden Indizien, da das Vorhalten des Messers möglicherweise nur als Bedrohung mit dem Vergehen einer Körperverletzung aufzufassen war. Je nachdem, ob A Beutesicherungsabsicht hatte, kommt daher entweder nur eine Bestrafung nach § 242 StGB in Tateinheit mit § 223 StGB oder nach § 252 StGB in Tateinheit mit § 223 StGB in Betracht. In letzterem Fall tritt § 242 StGB hinter § 252 StGB im Wege der Gesetzeskonkurrenz zurück.

Illustrativ ist in diesem Zusammenhang folgender, der Rechtsprechung entnommener

Fall 20: A hatte im Verbrauchermarkt V drei Filme zur Entwicklung abgegeben. Am Abholtag entnahm er aus dem Regal in Abwesenheit des Verkaufspersonals die Tüte mit den entwickelten Filmen. Auf der Tüte war der Auftrag, Zahl und Format der Abzüge sowie die geschuldete Vergütung (35,34 €) vermerkt. Der Preis, von dem 1,75 € auf die Entwicklungsarbeiten entfielen, war an der Kasse zu entrichten. A steckte die Tüte samt Inhalt in seine Jackentasche. Als er durch den Kassenbereich ging, wurde durch ein elektromagnetisches Sicherheitsetikett der Alarm ausgelöst. A wurde vom Kassenpersonal festgenommen. Strafbarkeit des A? § 123 StGB ist nicht zu prüfen. (**Filmentwicklungs-Fall** nach BayObLG NJW 1995, 3000[126])

Lösung:

A. Strafbarkeit bzgl. der Fotos

I. In Betracht kommt hier ein **Diebstahl nach § 242 StGB**.
1. Die Fotos waren für A fremde bewegliche Sachen.
2. Fraglich ist, ob A die Fotos weggenommen hat. Dagegen könnte sprechen, dass der Ladeninhaber bei Auslösung des Alarms Selbsthilfe (§ 859 II BGB) üben sowie zur vorläufigen Festnahme schreiten konnte (§ 127 I StPO).

---
126 Vgl. dazu auch *Schmidt*, JuS 1996, 78 ff.; *Kargl*, JuS 1996, 971 ff.

Eine derartige Betrachtung würde aber außer Acht lassen, dass der Täter durch das Einstecken der Fotos diese in seine Gewahrsamsenklave im Sinne einer Tabusphäre (Körperversteck) überführt hat.[127] Diese Körpersphäre geht dem generell beherrschten Raum des Ladeninhabers vor.

Zu fragen ist jedoch, ob nicht die Alarmauslösung die Vollendung des Gewahrsamsbruchs ausschließt. Das BayObLG[128] hat dies verneint, da das Sicherungsetikett im Regelfall noch weniger als die Beobachtung die Vollendung der neuen Gewahrsamsbegründung verhindern könne. Die Alarmauslösung sei vielmehr nichts anderes als gleichsam die Entdeckung der vollendeten Tat.

Damit ist eine Wegnahme hinsichtlich der Fotos zu bejahen.

3. A handelte bzgl. der Fotos auch in der Absicht rechtswidriger Zueignung.

4. Rechtfertigungs- und Schuldausschließungsgründe sind nicht ersichtlich.

5. Fraglich ist, ob sogar ein **Diebstahl in einem besonders schweren Fall nach § 243 I S. 2 Nr. 2 StGB** gegeben ist.

Die h. M. verneint dies jedoch, weil das Sicherungsetikett keine Vorrichtung ist, die gegen Wegnahme schützt (vgl. Rn. 253 ff.). Es dient vielmehr nur der Wiedererlangung der bereits weggenommenen Sache.[129] Eine Mindermeinung geht zwar demgegenüber davon aus, dass das Sicherungsetikett eine psychologische Hemmschwelle beim Dieb schaffe,[130] jedoch ist dies in Wahrheit kein durchschlagendes Argument, weil sich die meisten Täter – wie auch hier – durch ein Sicherungsetikett nicht abhalten lassen bzw. das Etikett überhaupt nicht erkennen.

Ergebnis: A hat sich (nur) nach § 242 StGB strafbar gemacht.

II. Die gleichzeitig verwirklichte **Unterschlagung nach § 246 StGB** tritt im Wege der formellen Subsidiarität nach § 246 I a. E. StGB zurück.

B. Strafbarkeit bzgl. der Filmtüte

I. In Betracht kommt auch diesbezüglich ein **Diebstahl nach § 242 StGB**.

1. A hat die Filmtüte – eine für ihn fremde bewegliche Sache – ebenso weggenommen wie die Fotos (vgl. daher bereits oben!).

2. Fraglich ist jedoch, ob auch bezüglich der Filmtüte eine Absicht rechtswidriger Zueignung angenommen werden kann.

Die Benutzung eines Gegenstandes als Transportmittel kann zwar für eine Aneignungsabsicht genügen, jedoch gilt dies nicht, wenn der Täter das Transportmittel gewissermaßen als „notwendiges Übel" mit sich nimmt. Vorliegend spricht laut BayObLG[131] hierfür, dass das Abstreifen der Tüte wesentlich auffälliger gewesen wäre als deren Mitnahme. A hatte also in Wahrheit überhaupt keine Wahl.[132]

Ergebnis: Ein Diebstahl an der Filmtüte scheidet mangels Zueignungsabsicht aus.

II. In Betracht käme allenfalls **Urkundenunterdrückung nach § 274 I Nr. 1 StGB** durch Einstecken der Tüte.

1. Die Tüte stellte in Verbindung mit ihrem Inhalt eine zusammengesetzte Urkunde dar, da sie eine auf den Inhalt bezogene Gedankenerklärung enthielt, die ihren Aussteller erkennen ließ und zum Beweis im Rechtsverkehr geeignet und bestimmt war.

---

127 Vgl. hierzu BGH NJW 1981, 997.
128 Vgl. BayObLG NJW 1995, 3000.
129 OLG Frankfurt MDR 1993, 671; OLG Düsseldorf NJW 1998, 1002; OLG Stuttgart NStZ 1985, 76; Krey/Hellmann/Heinrich, BT/2, Rn. 164; Lackner/Kühl, § 242, Rn. 16; Rengier, BT/1, § 3, Rn. 30.
130 Seier, JA 1985, 387, 391 (eingehend zum Sicherungsetikett).
131 BayObLG NJW 1995, 3000.
132 Vgl. hierzu auch BGH StV 1990, 205, 206, der Zueignungsabsicht wegen mangelnden Interesses verneint; a. A. OLG Düsseldorf NJW 1989, 115, das Zueignung wegen Zerstörungswillens bejaht.

2. Durch das Einstecken hat A die Urkunde als Beweismittel unterdrückt.
3. Fraglich ist jedoch, ob er dabei auch mit Nachteilszufügungsabsicht handelte. Dies wäre nur dann der Fall, wenn es ihm darum gegangen wäre, den Urkundsbeweis für die Firma V unmöglich zu machen. Ob A an diese Konsequenz seines Handelns überhaupt gedacht hat, ist jedoch fraglich und im Zweifel für den Angeklagten zu verneinen.

C. Strafbarkeit bzgl. der entwickelten Filme
Hier kommt allein Strafbarkeit wegen **Pfandkehr nach § 289 StGB** durch das Einstecken der entwickelten Filme in Betracht.
I. A hat durch die Wegnahme der Filme das Unternehmerpfandrecht der Firma V, das dieser nach § 647 BGB zustand, vereitelt.
II. A müsste dabei auch vorsätzlich und in rechtswidriger Absicht gehandelt haben, wobei es genügt, wenn A wusste, dass er fremde Sicherungsrechte in ihrer Ausübung erschwert oder vereitelt. Eine genaue rechtliche Einordnung als Werkunternehmerpfand ist demgegenüber nicht erforderlich (eine Parallelwertung in der Laiensphäre genügt!).[133]

D. Gesamtergebnis und Konkurrenzen: A hat sich strafbar gemacht wegen Diebstahls nach § 242 StGB und wegen Pfandkehr nach § 289 StGB. Beide Taten stehen zueinander in Tateinheit. Der gleichzeitig mit dem Diebstahl verwirklichte § 246 StGB tritt als formell subsidiär zurück (vgl. § 246 I StGB a. E.). Vgl. i. Ü. zu § 123 StGB Rn. 204 a. E.

II. Subjektiver Tatbestand

1. Vorsatz

Dieser muss wenigstens in Form des dolus eventualis bezüglich aller objektiven Tatbestandsmerkmale (fremd, beweglich, Sache, Wegnahme) vorliegen.

214

2. Absicht, sich oder einem Dritten die Sache rechtswidrig zuzueignen

a) Gegenstände und Elemente der Zueignungsabsicht

Zueignungsabsicht ist nach der sog. Vereinigungsformel gegeben, wenn der Täter die Sache selbst (Sachsubstanz) oder den in ihr verkörperten funktionsspezifischen Wert (Sachwert) seinem Vermögen oder dem Vermögen eines Dritten wenigstens vorübergehend einverleiben (Aneignungskomponente)[134] und den Berechtigten auf Dauer aus seiner wirtschaftlichen Position verdrängen will (Enteignungskomponente).[135] Dabei genügt nach übereinstimmender Auffassung bezüglich der Enteignungskomponente dolus eventualis, sodass nur bzgl. der Aneignungskomponente dolus directus ersten Grades gefordert wird.[136] Der Grund hierfür besteht darin, dass anderenfalls Sachverhalte, in denen der Täter z. B. ein Auto entwendet und es anschließend an irgendeinem Ort abstellt, an dem es dem Zugriff Dritter preisgegeben ist, nicht als Diebstahl erfasst werden könnten, wenn der Täter nur mit der Möglichkeit gerechnet hat, dass der Wagen nicht mehr an den Berechtigten zurückgelangt.

215

---
133 Vgl. OLG Düsseldorf NJW 1989, 115.
134 Vgl. dazu *Jäger*, JuS 2000, 651; *Dencker*, in: Dencker/Struensee/Nelles/Stein, Einführung in das 6. StrRG, 1998, S. 18.
135 Vgl. auch hierzu bereits *Jäger*, JuS 2000, 651; eingehend zur Zueignungsabsicht in der Fallbearbeitung *Kudlich/Oğlakcıoğlu*, JA 2012, 321 ff.
136 *Rengier*, BT/1, § 2, Rn. 40; *Fischer*, § 242, Rn. 41; a. A. MüKo-*Schmitz*, § 242, Rn. 127.

Achtung Klausur: *Die durch das 6. StrRG aufgenommene Drittzueignungsabsicht betrifft nur die Aneignungskomponente, da die Enteignungskomponente naturgemäß nur auf das Opfer bezogen ist!*

aa) Sachsubstanzzueignung

216 Eine solche liegt grundsätzlich dann vor, wenn es dem Täter wirtschaftlich um die Einverleibung der Sache als solche geht. Erforderlich ist, dass der Täter sich bezüglich der Sache als solcher wie ein Eigentümer gerieren will (se ut dominum gerere).[137] Diese kann etwa auch im beabsichtigten Verzehr von Speisen oder Konsum von Drogen[138] gesehen werden, denn das Insichbringen ist die stärkste Form des Ansichbringens.

216a **Achtung Klausur:** *Vorsicht ist geboten in Fällen, in denen der Täter ein Behältnis entwendet und es dabei nur auf den Inhalt des Behältnisses abgesehen hat. Die Problematik veranschaulicht folgendes*

Beispiel: A entwendet aus einer Handtasche eine Geldbörse. Entgegen seiner Erwartung auf einen möglichst hohen Geldbetrag befindet sich in der Geldbörse kein Geld, woraufhin sich der Angeklagte der Geldbörse entledigt (BGH StV 2010, 22).

Lösung: Will sich der Täter nicht das Behältnis, sondern in der Hoffnung auf die darin befindliche Beute allein dessen vermuteten Inhalt aneignen, fehlt es hinsichtlich des Behältnisses am Zueignungswillen zum Zeitpunkt der Wegnahme. Das beabsichtigte bloße Durchsuchen des Portemonnaies begründet daher keine Absicht vorübergehender Aneignung, da es dem Täter dabei nicht einmal um die kurzfristige wirtschaftliche Einverleibung der Sache als solche geht. Gegeben ist aber in einem derartigen Fall ein versuchter Diebstahl am Inhalt. Ein Rücktritt von diesem Versuch kommt nicht in Frage, da der Versuch fehlgeschlagen und damit rücktrittsunfähig ist.

bb) Sachwertzueignung

217 Die Sachwertkomponente wird in der Literatur mit Blick auf Art. 103 II GG (Analogieverbot) angegriffen,[139] ist aber dennoch so überwiegend anerkannt, dass man auch in der Klausur der Vereinigungsformel folgen sollte.

218 Umstritten ist jedoch, wie weit die Sachwerttheorie zu fassen ist:
- Nach der extensiven Auffassung genügt jeder beliebige Wert, der aus der Sache bzw. aus deren Benutzung gezogen wird (lucrum ex re und lucrum ex negotio cum re).[140]
- Nach der restriktiven Auffassung fällt dagegen unter den Sachwert nur der funktionsspezifische Wert einer Sache (lucrum ex re, nicht dagegen lucrum ex negotio cum re). Nach dieser Ansicht muss also der Sache als solcher ein spezifischer Sachwert entzogen werden; nicht dagegen genügt es, wenn der Täter die Sache einsetzt, um mit ihr andere Sachwerte zu erlangen.
- Stellungnahme: Die besseren Gründe dürften für die enge Auffassung sprechen, zumal jede Ausweitung der Sachwerttheorie in Kollision mit Art. 103 II GG gerät. Wenn nämlich § 242 StGB eine Zueignungsabsicht in Bezug auf eine konkrete

---

137 Beispielsweise vertreten von *Maurach/Schroeder/Maiwald*, BT/I, § 33, Rn. 43 ff.
138 Dazu StraFo 2015, 216 m. Anm. *Bosch*, JK 2015, S. 881, § 250 II Nr. 1; *Kudlich*, JA 2015, 471.
139 NK-*Kindhäuser*, § 242, Rn. 76. Beispielsweise vertreten von *Kohlhaas*, NJW 1962, 1880.
140 Beispielsweise vertreten von *Kohlhaas*, NJW 1962, 1880.

Sache verlangt, so muss der Sachwert eng an diese Sache geknüpft werden, um dem Vorwurf des Verstoßes gegen das Analogieverbot zu entgehen.[141]

Die Problematik wird verdeutlicht durch folgendes berühmtes

Beispiel: A, der bei der Bundeswehr seinen Dienst leistet, hat seine Dienstmütze verloren. Da er weiß, dass er die Mütze am Ende seiner Dienstzeit beim Zeugwart zurückgeben muss und Schadensersatzansprüche wegen der verloren gegangenen Mütze befürchtet, entwendet er aus dem Spind seines Kameraden K dessen Mütze und gibt sie am nächsten Morgen bei seiner Entlassung beim Zeugwart ab. Strafbarkeit des A? (**Dienstmützen-Fall** nach BGHSt 24, 115) 219

Lösung: Hier scheidet ein Diebstahl nach § 242 StGB an der Mütze aus. Zwar handelte es sich um eine fremde bewegliche Sache (Eigentum des Militärfiskus; die Mütze wird dem Soldaten nur geliehen), die A auch weggenommen hat (K hatte Gewahrsam an der Mütze, da er im Rahmen des Leihverhältnisses die tatsächliche Herrschaft über die Mütze ausübte; jedenfalls hatte K aber zusammen mit dem Dienstvorgesetzten im Rahmen des Unterordnungsverhältnisses Mitgewahrsam). Jedoch fehlt es im subjektiven Tatbestand an einer Absicht rechtswidriger Zueignung. Eine Zueignungsabsicht bezüglich der Sachsubstanz scheitert, weil A sich bezüglich der Sache selbst niemals als Eigentümer aufspielen, sondern als Fremdbesitzer in Erscheinung treten wollte. Aber auch unter Sachwertgesichtspunkten ist eine Zueignungsabsicht abzulehnen. Will man nämlich einen Verstoß gegen das Analogieverbot nach Art. 103 II GG vermeiden, so kann eine Sachwertzueignung nur angenommen werden, wenn sich der Täter den in der Sache selbst verkörperten Wert wirtschaftlich einverleibt, nicht aber wenn er die Sache nur einsetzt, um weitere Vermögenswerte zu erlangen. – wie hier – weitere Vermögensschäden zu verhindern (dies liegt außerhalb des funktionsspezifischen Sachwerts der Mütze, weil man weitere Geschäfte mit beliebigen Gegenständen machen kann). Auch eine Unterschlagung scheitert, da A keinen Zueignungswillen nach außen manifestiert hat, sondern mit der Rückgabe fremdes Eigentum anerkannt hat. Gegeben ist daher ein (Dreiecks-)Betrug nach § 263 StGB bei Rückgabe der Mütze (der Zeugwart wurde getäuscht, irrte sich und verfügte durch Verzicht auf die Geltendmachung eines Schadensersatzanspruchs, wobei er auch im Lager des geschädigten Militärfiskus stand bzw. von diesem zur Vermögensverwaltung befugt oder ermächtigt war; schließlich hat der Militärfiskus auch einen unmittelbaren Vermögensschaden erlitten, der nicht durch mögliche Schadensersatzansprüche des Fiskus gegenüber K ausgeschlossen wird, da Drittansprüche grundsätzlich nicht schadenskompensierend wirken, weil anderenfalls versicherte Personen niemals betrogen werden könnten).

Nach allem zeigt sich: Der funktionsspezifische Sachwert ist nur dann betroffen, wenn der Sache als solcher ein Wert verloren geht. So wird etwa der Neuwert einer zum Verkauf stehenden Sache als funktionsspezifischer Sachwert angesehen.[142] Gleiches gilt z. B. bei fabrikneuen Fahrzeugen und Kleidungsstücken.[143] Entscheidend ist danach, dass die Sache einen Wert verliert, der sie in ihrem „So-Sein" charakterisiert. Das zeigt folgendes berühmtes 220

Beispiel: A entwendet das Sparbuch des B. Dann hebt A 3000 € ab und schickt das Sparbuch, wie von Anfang an beabsichtigt, an B zurück. Strafbarkeit des A? (**Sparbuch-Fall**) 221

Lösung: A hat sich hinsichtlich des Sparbuchs wegen Diebstahls nach § 242 StGB strafbar gemacht. Eine Zueignungsabsicht hinsichtlich des Sparbuchs bezüglich der Sachsubstanz scheidet jedoch aus, da A von Anfang an vorhatte, das Sparbuch an den Berechtigten zurückgelangen zu lassen. Er wollte daher das Sparbuch selbst dem Berechtigten nicht auf Dauer entziehen (fehlende Enteignungskomponente). Denkbar ist daher allenfalls eine Zueignungsabsicht hinsichtlich 222

---
141 Wie hier *Sch/Sch/Bosch*, § 242, Rn. 49.
142 *Sch/Sch/Bosch*, § 242, Rn. 53.
143 *Schröder*, JR 1967, 391.

des im Sparbuch verkörperten Sachwertes. Tatsächlich wird man eine derartige Sachwertzueignung vorliegend bejahen müssen, weil sich der Täter unter Anmaßung des Rechts des Eigentümers den im Sparbuch verkörperten Sachwert verschaffen und den Berechtigten diesbezüglich auf Dauer ausschließen wollte. Der funktionsspezifische Sachwert ist hier durch die wirtschaftliche Funktionsfähigkeit gekennzeichnet. Diese geht verloren, weil das Sparbuch nach Abhebung zur Hülle ohne Inhalt wird.

Achtung Klausur: *Die Wendung von der „Hülle ohne Inhalt" ist nicht in der Weise zu verstehen, dass eine Sachwertzueignung entfiele, wenn der Täter nur einen Teil des Guthabens vom Sparbuch abhebt. Es genügt also auch die Verschaffung eines Teilwerts, wenn es um die Bejahung von Zueignungsabsicht geht.*[144]

Die gleichzeitig verwirklichte Unterschlagung bzgl. des Sparbuchs nach § 246 StGB tritt im Wege der formellen Subsidiarität (§ 246 I StGB a. E.) zurück. Hinsichtlich des Geldes hat A sich nicht gem. § 242 StGB strafbar gemacht, da das Geld für A nicht fremd war.

Achtung Klausur: *Damit ist gleichzeitig festgestellt, dass die Abhebung des Geldes nichts mit dem Diebstahl zu tun hat, der schon durch die Entwendung des Sparbuchs als solchem verwirklicht wurde. Denn Diebstahl ist Wegnahme in Zueignungsabsicht, und diese Wegnahme in Zueignungsabsicht ist bereits dann vollendet, wenn der Täter das Sparbuch an sich nimmt und dabei die Absicht hat, Geld abzuheben.*

Auch eine Unterschlagung nach § 246 StGB hinsichtlich des Geldes scheitert an dessen Fremdheit (siehe soeben). Eine Betrugsstrafbarkeit scheidet nach h. M. wegen fehlenden Irrtums des Bankangestellten aus. Der Bankangestellte unterliegt nicht einem entsprechenden Irrtum, da er sich aufgrund der Legitimationswirkung nach § 808 i. V. m. § 952 BGB (qualifiziertes Legitimationspapier) über die Berechtigung des Abhebenden keinerlei Gedanken machen muss und wegen fehlender Überlegung daher auch keinem Irrtum unterliegt.[145]

Hinweis: *Eine Mindermeinung bejaht Betrug, da die Bank bei grober Fahrlässigkeit – entsprechend der Regelung im Scheck- und Wechselgesetz – nicht frei werden soll. Fraglich ist eine derartige Entsprechung freilich deshalb, weil die §§ 808, 952 BGB dafür eigentlich keinen Raum lassen.*

Ganz anders als im soeben beschriebenen Sparbuch-Fall verhält sich die rechtliche Beurteilung bei der Entwendung einer Code-Karte (EC-Karte) zur Abhebung von Geld bei gleichzeitigem Rückführungswillen bezüglich der Karte. Die Problematik veranschaulicht folgender

223 **Fall 21:** A entwendet der alten Dame B deren EC-Karte, auf der sie mit einem Notizzettel ihre Geheimnummer aufgeklebt hat. Wie von Anfang an beabsichtigt, hebt A mit Hilfe der Karte 1000 € ab und steckt die Karte anschließend wieder in den Geldbeutel der B zurück. Strafbarkeit des A? **(EC-Karten-Fall)**

---

144 Ausführl. zum Ganzen: *Kargl*, ZStW 103 (1991), 136.
145 So die h. M., vgl. etwa *Krey/Hellmann/Heinrich*, BT/2, Rn. 66, 554; *Vogler/Kadel*, JuS 1976, 248; *Miehe*, Universität Heidelberg-FS, 1986, S. 498 f.; a. A. *Maurach/Schroeder/Maiwald*, BT/I, § 33, Rn. 50; *Otto*, BT, § 51, Rn. 27 jeweils mit m. w. N.

Lösung:

A. Strafbarkeit bzgl. der Entwendung der Karte

Hinweis: *Wie schon im Sparbuch-Fall ist es auch hier ratsam, zwischen der Entwendung der Karte einerseits und der Abhebung des Geldes andererseits zu unterscheiden. Dadurch wird der Fall strukturiert und dem Korrektor deutlich gemacht, dass man Verständnis für die Problematik hat.*

I. In Betracht kommt eine Strafbarkeit wegen **Ausspähens von Daten nach § 202a StGB** durch Verwendung der fremden Geheimnummer.
Jedoch sind Daten i. S. dieser Vorschrift nach § 202a II StGB nur solche, die magnetisch oder sonst nicht unmittelbar wahrnehmbar gespeichert sind. Bei der aufgeklebten Geheimnummer auf der Karte handelt es sich daher nicht um Daten i. S. d. § 202a II StGB. Auch waren diese Daten nicht „gegen unberechtigten Zugang besonders gesichert", wie dies § 202a I StGB verlangt. Durch die Verwendung der aufgeklebten Geheimnummer erfolgt jedoch kein Zugang zu den auf der Magnetkarte befindlichen Daten. Nach neuester Rechtsprechung ist dies nicht einmal der Fall, wenn die Daten mittels eines manipulierten Kartenlesegerätes am Geldautomaten ausgelesen wurden (sog. Skimming), vgl. näher dazu Rn. 540 f.
Ergebnis: Eine Strafbarkeit nach § 202a StGB scheidet daher aus.

II. Zu prüfen ist jedoch **Diebstahl nach § 242 StGB** bzgl. der Karte.
Dieser ist allerdings zu verneinen, da es an dem Willen fehlt, die Karte dem Berechtigten auf Dauer zu entziehen (Enteignungskomponente).
Eine Zueignungsabsicht lässt sich hier auch nicht über die Sachwerttheorie begründen, da die Karte keinen wirtschaftlichen Wert über sich selbst hinaus verkörpert. Sie ist keine moderne Form des Sparbuchs, sondern lediglich Automatenschlüssel.[146] Damit liegt hinsichtlich der Karte nur eine straflose Gebrauchsanmaßung vor.
Ergebnis: Eine Strafbarkeit nach § 242 StGB scheidet daher ebenso aus.

III. In Betracht kommt jedoch eine **Urkundenunterdrückung gem. § 274 I Nr. 1 StGB**.
Sie ist tatbestandlich gegeben, da es sich bei der Code-Karte sowohl um eine Urkunde, als auch um eine technische Aufzeichnung handelt, die der Täter dem Berechtigten für dessen Beweiszwecke vorenthält und damit unterdrückt.
Problematisch ist allerdings der subjektive Tatbestand, der eine Nachteilszufügungsabsicht voraussetzt, die hier in der beabsichtigten Beweisunterdrückung gesehen werden könnte. Eine solche Absicht ist hier aber zumindest dann zweifelhaft, wenn der Täter dem Berechtigten die Karte nur so kurz entziehen wollte, dass nach seiner Vorstellung eine zwischenzeitliche Benutzung durch den Berechtigten nicht in Frage kam.
Ergebnis: Im Zweifel muss daher vorliegend auch eine Urkundenunterdrückung mangels Vorliegens einer Nachteilszufügungsabsicht verneint werden.

B. Strafbarkeit bzgl. des abgehobenen Geldes

I. Ein **Betrug nach § 263 StGB** scheitert schon daran, dass niemand getäuscht wurde. Nur Menschen können einer Täuschung oder einem Irrtum unterliegen, nicht dagegen Bankautomaten.

II. Ein **Automatenmissbrauch nach § 265a StGB** (Leistungserschleichung) scheidet deshalb aus, weil ein Erschleichen eine ordnungswidrige Automatenbenutzung voraussetzt. Vorliegend hat jedoch A die Karte ordnungsgemäß eingesetzt. Darüber hinaus ist der Geld-

---

146 Vgl. BGHSt 35, 152.

automat als „Warenautomat" einzustufen, der nach überwiegender Auffassung nicht unter § 265a StGB fällt.[147]

III. Auch ein **Scheckkartenmissbrauch nach § 266b StGB** scheitert, weil § 266b StGB nur den berechtigten Karteninhaber erfasst (vgl. Wortlaut: „die ihm eingeräumte Möglichkeit").

Hinweis zu § 266b StGB, der nicht den vorliegenden Fall betrifft: *§ 266b StGB ist dem Missbrauchstatbestand des § 266 I Alt. 1 StGB nachgebildet.*[148] *Auch er setzt also voraus, dass der Täter sein rechtliches Dürfen (Innenverhältnis) im Rahmen des rechtlichen Könnens (Außenverhältnis) überschreitet (vgl. zu § 266 StGB unten Rn. 388 f.). Das hat zweierlei zur Folge:*
- *Wo es an einem rechtlichen Dürfen (Innenverhältnis) fehlt, weil dem Täter keine Möglichkeit eingeräumt wurde, wie dies vorliegend der Fall ist, scheidet § 266b StGB aus.*
- *Ebenso scheidet § 266b StGB aus, wenn es kein Außenverhältnis gibt, was etwa der Fall ist, wenn der Täter mit seiner eigenen EC-Karte bei seiner eigenen Bank Geld unter Überschreitung des Kreditrahmens abhebt.*
- → *§ 266b StGB ist nur dann anwendbar, wenn der Berechtigte seine EC-Karte unter Überschreitung seines Kreditrahmens im Dreipersonenverhältnis benutzt (d. h. Benutzung im Geschäft oder Abheben von Geld bei einer Fremdbank!). Näher zum Ganzen bei den Computerdelikten, Rn. 536 ff.*

IV. In Betracht kommt jedoch ein **Diebstahl nach § 242 StGB** bzgl. des Geldes.
1. Problematisch ist hier zunächst die Fremdheit der Banknoten:
- Nach einer Auffassung ist das Geld nicht fremd, weil eine Übereignung gewollt sei. Dafür sprächen auch die allgemeinen Geschäftsbedingungen der Banken, wonach der Karteninhaber für Missbrauch hafte.[149] Eine Haftung mache nur Sinn, wenn es zu einer Übereignung an den Nichtberechtigten komme.
- Nach einer anderen Auffassung ist das Geld dagegen vor allem deshalb fremd, weil die Übereignung ein auslegungsfähiges Rechtsgeschäft sei, sodass nicht das äußere Erscheinungsbild (Auswurf des Geldes) maßgeblich für die Eigentumsverhältnisse sei.[150]
- Stellungnahme: Letztgenannte Auffassung erscheint vorzugswürdig, zumal die allgemeinen Geschäftsbedingungen, die nur die Schadensverteilung betreffen, über den rechtlichen Übereignungsvorgang nichts aussagen. Denn die Haftung des Karteninhabers im Falle des Missbrauchs macht durchaus auch dann Sinn, wenn es nicht zu einem Eigentumsübergang, sondern nur zu einem Besitzverlust am Geld kommt.

Damit ist Fremdheit des Geldes zu bejahen.

2. Es fehlt aber jedenfalls an einer Wegnahme, da das äußere Erscheinungsbild auf eine willentliche Gewahrsamsübertragung schließen lässt, d. h. die Übereignung (s. soeben) vollzieht sich nur unter der Bedingung der Berechtigung, während der Gewahrsamsübergang bedingungsfeindlich ist.[151] Eine Ausnahme ist nur hinsichtlich der Bedingung einer ordnungsgemäßen Benutzung zu machen; diese lag vorliegend jedoch vor.

Ergebnis: Eine Strafbarkeit wegen Diebstahls scheitert am Wegnahmemerkmal.

V. Zu prüfen ist jedoch Strafbarkeit wegen **Computerbetrugs nach § 263a StGB**.
Dieser ist in Form der unbefugten Verwendung von Daten (Alt. 3) erfüllt. In der Literatur wird zwar die Alt. 3 teilweise als verfassungswidrig angesehen, weil sie gegen den Bestimmtheitsgrundsatz verstoße (wegen des unklaren Wortlauts ... „unbefugt" ...).[152] Der BGH hat

---

147 Lackner/Kühl/*Heger*, § 265a, Rn. 2; LK-*Tiedemann*, § 265a, Rn. 21; *Maurach/Schroeder/Maiwald*, BT/I, § 41, Rn. 214.
148 *Kindhäuser*, LPK, § 266b, Rn. 2.
149 *Huff*, NJW 1988, 981; *Schmitt/Ehrlicher*, JZ 1988, 364; *Spahn*, Jura 1989, 517.
150 Vgl. auch BGHSt 35, 152, 161; *Ranft*, Anm. JR 1989, 165.
151 So auch BGHSt 35, 121.
152 *Ranft*, wistra 1987, 79, 83; *Thaeter*, JA 1988, 547, 551.

dies jedoch zu Recht abgelehnt, weil es möglich sei, den Tatbestand betrugsnah und damit hinreichend bestimmt auszulegen (näher dazu Rn. 543).[153]

Ein Teil der Literatur bestreitet auch, dass die Verwendung vorliegend unbefugt sei, weil der Inhaber die Karte ordnungsgemäß benutze und den Automaten nicht mit falschen Informationen beschicke.[154] Jedoch ist „unbefugt" nach richtiger Auffassung i. S. v. „unberechtigt" auszulegen, was auch durch den historischen Gesetzgebungswillen bestätigt wird.

Hinweis, der nicht diesen Fall betrifft: *Hebt der berechtigte Inhaber der Karte von seinem eigenen Konto unter Überschreitung des Kreditrahmens ab, so ist dies nach h. M. nicht unbefugt i. S. d. § 263a StGB. Näher bei den Computerdelikten, Rn. 544.*

VI. Denkbar ist auch eine Strafbarkeit wegen **Unterschlagung nach § 246 StGB**. Verneint man die Fremdheit, so scheidet auch § 246 StGB aus. Bejaht man mit der Rechtsprechung die Fremdheit (s. o. 2. Auffassung), so ist § 246 StGB strukturell erfüllt. Jedoch ist zu berücksichtigen, dass der Täter das Geld bereits nach § 263a StGB erlangt hat, sodass für eine Schadensvertiefung durch § 246 StGB kein Raum mehr ist (sog. Tatbestandslösung).[155] Folgt man einem Teil der Literatur, so ist zwar § 246 StGB tatbestandlich gegeben, tritt jedoch als mitbestrafte Nachtat zurück (sog. Konkurrenzlösung).[156]

VII. Zu prüfen bleibt ein **Missbrauch von Ausweispapieren nach § 281 StGB**. Darunter fallen aber nur amtliche Ausweise wie Pass, Personalausweis, Führerschein etc., nicht jedoch eine lediglich zwischen Kunde und Bank als Ausweis dienende Code-Karte.[157]

224a Zu beachten ist allerdings, dass gerade in den Fällen des Sparbuch- bzw. EC-Karten-Missbrauchs kleine Nuancen im Sachverhalt zu einer anderen strafrechtlichen Beurteilung führen können. Insbesondere ein fehlender Rückgabewille kann eine gänzlich andere strafrechtliche Beurteilung zur Folge haben. Auch ist auf die Art des Sparbuchs abzustellen. Dies zeigt folgendes aus der neueren Rechtsprechung stammende

Beispiel:[158] A hatte Postsendungen entwendet, um diese nach wertvollen Gegenständen zu durchsuchen, die er an sich bringen wollte. Tatsächlich gelangte er auf diese Weise in den Besitz eines Mietkautionssparbuchs und einer EC-Karte samt dazu gehöriger Geheimzahl. Bei dem Versuch, vom Sparbuch das Guthaben abzuheben, war er nicht erfolgreich, da der Mitarbeiter der Bank eine Auszahlung nur gegen Vorlage der Freigabe-Erklärung des Vermieters vornehmen wollte. Jedoch konnte er mit Hilfe der EC-Karte durch Eingabe des PIN-Codes mehrere tausend Euro vom Konto des Berechtigten B abheben.

Lösung: Wie schon in den vorangegangenen Fällen (vgl. Rn. 221 ff.) ist hier wieder zu unterscheiden zwischen dem Akt der Entwendung von Sparbuch und EC-Karte einerseits sowie dem Versuch der Geldabhebung bzw. der erfolgreichen Geldabhebung andererseits.

Was zunächst die Entwendung von Sparbuch und EC-Karte anbelangt, so ist diesbezüglich zweifelsfrei ein Diebstahl nach § 242 StGB zu bejahen, da es hier gerade an einem Rückführungswillen im Hinblick auf diese Gegenstände fehlt. § 202a StGB ist hier nicht verwirklicht (insoweit gilt das oben Rn. 224 Gesagte entsprechend). Jedoch lässt sich § 274 StGB im vorliegenden Fall

---

153 Vgl. BGHSt 38, 125.
154 Vgl. ausführl. *Ranft*, wistra 1987, 79.
155 Vertreten von *Maurach/Schroeder/Maiwald*, BT/I, § 34, Rn. 22; *Rengier*, BT/1, § 5, Rn. 23 f.; *Schultze*, JA 2002, S. 781 f.; *Kretschmer*, JuS 2013, 24 ff.
156 Vertreten von *Arzt/Weber*, BT, § 15, Rn. 43 f.; *Mitsch*, ZStW 111 (1999), 92 f.; *Sch/Sch/Bosch*, § 246, Rn. 19.
157 Ebenfalls nicht darunter fällt die unberechtigte Verwendung eines fremden Behinderten-Parkausweises, vgl. OLG Stuttgart BeckRS 2013, 18815 m. Anm. *Hecker*, JuS 2014, 277 ff.
158 BGH NStZ 2008, 396 f.

bejahen, da wegen des fehlenden Rückführungswillens eine beabsichtigte Beweisunterdrückung angenommen werden kann (vgl. insoweit den Unterschied zu dem in Rn. 224 Gesagten).

Auch kann der Tatbestand der Verletzung des Briefgeheimnisses nach § 202 I Nr. 1 StGB angenommen werden, da der Täter die verschlossenen Postsendungen zur Ermöglichung des Diebstahls öffnen und zur Kenntnis nehmen musste. Die beiden Taten stehen zueinander in Tateinheit, § 52 StGB.

Was sodann den Abhebungsversuch bzw. die Abhebung anbelangt, so ist bezüglich der Sparbuchabhebung hier ein versuchter Betrug nach §§ 263, 22, 23 StGB anzunehmen. Dieser Betrugsversuch kann nicht etwa mit dem Argument abgelehnt werden, dass sich der Schalterbeamte bei einem Sparbuch keine Gedanken zu machen brauche und daher ein Irrtum fehle. Denn im konkreten Fall handelte es sich um ein Mietkautionssparbuch, bei dem zur Auszahlung eine Freigabe-Erklärung des Vermieters vorliegen muss. Der Bankangestellte muss daher diese Voraussetzung prüfen und kann insoweit auch einem Irrtum unterliegen. Jedoch wird man den Betrugsversuch als mitbestrafte Nachtat gegenüber dem bereits verwirklichten Diebstahl betrachten können, weil das Opfer nichts mehr verliert, was nicht bereits zuvor durch den Diebstahl verloren ist. Nimmt man schließlich die Abhebung des Geldes mit Hilfe der EC-Karte in den Blick, so scheitert hier ein Betrug nach § 263 StGB ebenso wie ein Diebstahl nach § 242 StGB (es gilt hier das bereits in Rn. 224 Gesagte). Ebenso scheitert eine Strafbarkeit nach § 265a StGB wegen Erschleichens von Leistungen (auch hier gilt das in Rn. 224 Gesagte entsprechend). Gegeben ist allerdings auch hier ein Computerbetrug nach § 263a StGB, wobei der Schaden bei der auszahlenden Bank eintritt, da diese mangels pflichtwidrigen Verhaltens des Kontoinhabers keinen Ersatzanspruch diesem gegenüber hat; abgesehen davon sind auch Ersatzansprüche gegenüber Dritten grundsätzlich nicht kompensationsauslösend (vgl. dazu Rn. 369). Schließlich ist, zumindest nach der Rechtsprechung, auch § 246 StGB nicht erfüllt, da der Schaden bereits durch die Handlung des § 263a StGB eingetreten ist und damit eine Unterschlagung schon tatbestandlich ausscheidet (nach teilweise in der Literatur vertretener Ansicht tritt § 246 StGB im Wege der mitbestraften Nachtat zurück). Der Computerbetrug tritt jedenfalls nicht als mitbestrafte Nachtat hinter dem vorher verwirklichten Diebstahl an der Karte zurück, da unterschiedliche Geschädigte betroffen sind. Sie stehen vielmehr in Tatmehrheit, § 53 StGB.

225 Eine Zueignung des funktionsspezifischen Sachwerts ist jedenfalls dann abzulehnen, wenn der Täter die entwendete Sache lediglich zu Fälschungs-, Erpressungs- oder Täuschungszwecken einsetzen will, um sie anschließend zurückzugeben oder zu vernichten. Das zeigt folgendes

226 **Beispiel:** A stellt seinen Wagen in das absolute Haltverbot. Um nicht verwarnt zu werden, nimmt A den Verwarnungszettel wegen Falschparkens von der Windschutzscheibe eines anderen Autos und bringt ihn an seinem eigenen Kfz an. Ein etwa vorbeikommender Ordnungsbediensteter soll auf diese Weise glauben, A sei bereits wegen der Ordnungswidrigkeit verwarnt. Strafbarkeit des A? **(Knöllchen-Fall)**

227 **Lösung:** A hat sich nur wegen Diebstahls nach § 242 StGB strafbar gemacht. Eine Strafbarkeit nach § 263 StGB wegen Betrugs scheitert am Merkmal der Vermögensverfügung, die nach herkömmlicher Auffassung durch ein freiwilliges Handeln, Dulden oder Unterlassen gekennzeichnet ist, das unmittelbar zu einem Vermögensschaden führt.[159] Dieser Schaden könnte vorliegend allenfalls darin begründet sein, dass der Ordnungsbedienstete auf die Erhebung eines Verwarnungsgeldes bei A verzichtet hat. Jedoch stellt das dadurch anfallende Bußgeld nach h. M. keinen vermögensrelevanten Vorteil dar, um den der Fiskus gebracht wird. Vielmehr steht beim Ordnungsgeld – ebenso wie bei der Strafe – der Pönalisierungseffekt im Vordergrund, den § 263 StGB gerade nicht schützt.[160] A hat sich aber wegen Diebstahls nach § 242 StGB strafbar ge-

---

159 BGHSt 14, 170, 171.
160 Vgl. dazu OLG Karlsruhe NStZ 1990, 282.

macht. Der Verwarnungszettel stand im Eigentum der Stadt.[161] Eine Dereliktion von Seiten des Ordnungsamtes erscheint wenig plausibel, weil diese einen sog. Eigentumsentschlagungswillen voraussetzen würde, sodass es der Behörde dann gleichgültig sein müsste, wer den Strafzettel an sich nimmt. Dies ist aber aufgrund der gewollten Informationswirkung nicht anzunehmen. Eine Übereignung an den zu Verwarnenden lässt sich nicht sinnvoll begründen. Zwar könnte man im Anheften des Zettels an die Windschutzscheibe ein Übereignungsangebot zugunsten des Verwarnten sehen, jedoch könnte eine Annahme dieses Angebots allenfalls mit der Lehre vom faktischen Vertragsverhältnis im Abstellen des Wagens gesehen werden. Diese Lehre ist jedoch längst überholt.[162] Auch ist eine Wegnahme zu bejahen, da der ursprüngliche Gewahrsam des städtischen Bediensteten an dem Strafzettel gebrochen wurde. Durch das Hinheften des Verwarnungszettels an die Windschutzscheibe ist dieser Strafzettel nicht etwa gewahrsamslos geworden. Vielmehr ist davon auszugehen, dass er kraft generellen Herrschaftswillens des Verwarnten über alle an sein Auto gehefteten Gegenstände in dessen Gewahrsam übergegangen ist (ein solches Interesse besteht grundsätzlich; man denke etwa nur an den von einem Unfallverursacher zurückgelassenen Hinweis). A handelte auch mit Zueignungsabsicht. Diese setzt voraus, dass der Täter die Sache ihrer Substanz nach (Substanztheorie) oder wenigstens ihrem Sachwert nach (Sachwerttheorie) seinem Vermögen einverleiben wollte (Vereinigungstheorie). Eine Zueignungsabsicht ist nach der Sachwerttheorie abzulehnen, da in der vorübergehenden Nutzung des Verwarnungszettels kein wirtschaftlicher Wert gesehen werden kann, den sich der Täter einzuverleiben beabsichtigt hätte. Der Zettel sollte lediglich zu einem Täuschungsmanöver dienen; ein vorübergehender Ordnungsbediensteter sollte nämlich glauben, der Angeklagte sei bereits wegen des verbotswidrigen Parkens aufgeschrieben worden. Der Angeklagte bezweckte damit, sich vor etwaigen Unannehmlichkeiten zu bewahren. Er wollte also den Zettel nur gebrauchen, nicht aber wollte er ihn sich seinem Wert nach zueignen. Allerdings kommt eine Zueignungsabsicht bezüglich der Sachsubstanz (Substanztheorie) in Betracht. Das Anheften des Verwarnungszettels ist die originäre Aufgabe der Stadt als Eigentümerin des Verwarnungszettels. Indem A diese Aufgabe übernimmt, spielt er sich als Eigentümer auf. Genau darauf kam es ihm, als notwendiges Zwischenziel im Sinne einer zumindest vorübergehenden Aneignung an. Auch nahm er eine dauerhafte Enteignung zumindest billigend in Kauf. In gleicher Weise ist auch eine Strafbarkeit wegen Unterschlagung nach § 246 StGB gegeben. Diese tritt im Wege der formellen Subsidiarität hinter § 242 StGB zurück. Eine Strafbarkeit wegen Urkundenunterdrückung gem. § 274 I Nr. 1 StGB ist vorliegend nicht gegeben, da es an einer Nachteilszufügungsabsicht fehlt. Absicht setzt das Bewusstsein voraus, dass der Nachteil die notwendige Folge der Tat ist.[163] Dies ist hier nicht der Fall, weil ein Datenverlust angesichts der behördlichen Speicherung ausgeschlossen ist. Eine Urkundenfälschung nach § 267 StGB, weil A den für ein anderes Kraftfahrzeug bestimmten Verwarnungszettel mit seinem eigenen Wagen verbunden hat, ist abzulehnen (Herstellen einer neuen zusammengesetzten Urkunde). Jedoch fehlt es hierfür bereits an der hinreichend festen Verbindung zwischen Verwarnungszettel und dem darauf bezogenen Augenscheinsobjekt Kfz. Auch ein Verwahrungsbruch nach § 133 StGB liegt nicht vor, da der Verwarnungszettel sich nicht „zur amtlichen Aufbewahrung an einem dazu bestimmten Ort" befunden hat und auch nicht „einem Beamten oder einem Dritten amtlich übergeben worden" ist. Auch die amtliche Übergabe an einen Dritten setzt nämlich die Erkennbarkeit voraus, dass eine amtliche Aufbewahrung fortdauern soll. A hat sich daher insgesamt nur wegen Diebstahls nach § 242 StGB strafbar gemacht.

Insgesamt zeigt sich, dass die Sachwerttheorie einen weniger großen Anwendungsbereich hat, als dies zunächst den Anschein hat: **228**

---

161 So auch *Baumann*, NJW 1964, 705, 707.
162 Keinesfalls kann ein Eigentumsübergang kraft öffentlichen Rechts (gewissermaßen als Annex zu § 12 StVO) angenommen werden, da die Eigentumsübertragung ein zivilrechtlicher Vorgang ist.
163 BGHSt 16, 1, 5.

229 (1) Nicht anwendbar ist die Sachwerttheorie zunächst, wenn es dem Täter bereits um die Sache selbst geht, weil er sich diesbezüglich wie ein Eigentümer aufspielt. Dies ist der ureigentlichste Anwendungsbereich der Sachsubstanztheorie.[164]

230 Beispiel 1: A entwendet dem Bauern B 500 kg Getreide in der Absicht, dem B das Getreide zurückzuveräußern, was er dann auch tut. Strafbarkeit des A? (Fall nach RGSt 57, 199[165])

Lösung: Bezüglich des zunächst in Betracht zu ziehenden Diebstahls am Getreide nach § 242 StGB ist hier allein die Absicht rechtswidriger Zueignung problematisch. Denkbar wäre hier, eine Zueignungsabsicht mit Hilfe der Sachwerttheorie zu bejahen:

(1) Nach einem Teil der Rechtsprechung und Literatur ist eine Zueignungsabsicht tatsächlich aus Sachwertgesichtspunkten herzuleiten, weil der funktionsspezifische Sachwert des Getreides allein in seinem Verkauf bestehe und sich der Täter bezüglich dieses Sachwertes an die Stelle des Eigentümers setzen wolle.[166]

(2) In der Literatur ist dies auf breite Ablehnung gestoßen, weil die Sache selbst (das Getreide) nicht an Wert verliere und die Sachwerttheorie nur die Zueignung des lucrum ex re (Wert der Sache), nicht aber des lucrum ex negotio cum re (Wert aus dem Geschäft mit der Sache) betreffe.[167]

(3) Stellungnahme: Zu folgen ist der zweiten Ansicht. Die Tatsache, dass der Täter eine Sache täuschend einsetzen will, um weitere Vermögenswerte zu erlangen, kommt nicht einem Wertentzug im Hinblick auf die Sache selbst gleich. Zu Recht würde niemand auf die Sachwerttheorie zurückgreifen, wenn der Täter eine Sache entwendet, um sie einem Dritten zu veräußern. Dann aber kann im Falle der Rückveräußerungsabsicht nichts anderes gelten. Richtiger ist es daher mit der h. L., von der Sachsubstanztheorie ausgehend, hier einen Diebstahl zu bejahen. Nach dieser Lehre ist zu unterscheiden, ob die Rückgabe einer Sache in Anerkennung des bestehenden Eigentums erfolgen soll oder unter Leugnung dieses Eigentums auf der Basis eines neuen „Rechtsgrundes".[168] Zueignungsabsicht ist daher zu bejahen, weil A den B jedenfalls rechtlich-faktisch endgültig aus seiner Eigentümerposition verdrängen wollte. Es liegt daher eine Zueignungsabsicht bereits unter Zugrundelegung der Sachsubstanztheorie vor. Dabei ist von einer Absicht der Selbstzueignung und nicht von einer Absicht einer Drittzueignung zugunsten des Bauern auszugehen. Denn A will dem B die Sache nicht im Wege der Wegnahme zueignen, sondern die Wegnahme ist darauf gerichtet, sich selbst gegenüber B als Eigentümer zu gerieren (der Bauer ist also nicht Dritter, sondern Geschädigter!).[169]

Die gleichzeitig verwirklichte Unterschlagung tritt hinter dem Diebstahl zurück (§ 246 I StGB a. E.).

Darüber hinaus ist auch ein Betrug nach § 263 StGB in dem anschließenden Geschäft mit B zu sehen.

Bestritten wird in Fällen wie dem vorliegenden zwar der Eintritt eines Vermögensschadens, weil B im Ausgleich für die Zahlung sein Getreide zurückerhält.[170] Insoweit wird teilweise argumentiert, dass die Zahlung des Geldes keine Vermögensminderung bewirkt, weil dem Opfer dafür im Ausgleich ein äquivalenter Wert (das Getreide) zufließt.[171] Überwiegend wird jedoch ein Vermögensschaden angenommen, weil das Opfer hier irrtumsbedingt auf sein bestehendes Eigentum

---

164 Vgl. die frühere Rspr. des RG: 4, 415; 10, 371; dazu auch *Binding*, BT/1, S. 264.
165 Vgl. auch den sog. „Biermarken-Fall" von RGSt 40, 10.
166 *Rengier*, BT/1, § 2, Rn. 62; auch *Hellmann*, JuS 2001, 353 ff.; *Schröder*, JR 1965, 27.
167 *Sch/Sch/Bosch*, § 242, Rn. 50 m. w. N.
168 Dazu *Arzt/Weber*, BT, § 13, Rn. 94, 113; *Rudolphi*, GA 1965, 43, ausführl. *Hellmann*, JuS 2001, 353 ff.
169 Zur Drittzueignung siehe *Sch/Sch/Bosch*, § 242, Rn. 58 m. w. N.
170 Zum Streitstand LK-*Tiedemann*, § 263, Rn. 197 ff.
171 Tatsächlich wird dies teilweise in der Literatur behauptet, vgl. etwa die Nachweise bei *Sch/Sch/Perron*, § 263, Rn. 107.

leistet.¹⁷² Dieser h. M. wird man folgen müssen, da die Vermögensminderung gerade darin zu sehen ist, dass das Opfer für einen bereits in seinem Vermögen befindlichen Gegenstand andere Leistungen aus seinem Vermögen erbringt. Per Saldo ist gerade darin ein Vermögensschaden i. S. d. § 263 StGB zu sehen. Allerdings tritt § 263 StGB als mitbestrafte Nachtat hinter dem Diebstahl zurück (Sicherungsbetrug),¹⁷³ da der Bauer richtigerweise nicht mehr verliert, als das was er bereits durch den Diebstahl verloren hat.¹⁷⁴

Die Problematik spielt auch bei der Entwendung von Pfandflaschen eine Rolle. Dies zeigt ein aktueller vom BGH entschiedener   231

> **Fall 22:** A stieg durch ein Loch im Zaun auf das Gelände eines Getränkehändlers. Dort entwendete er Plastikflaschen im Wert von 325 €, die von Verbrauchern zurückgegeben und bereits zusammengepresst waren. Dabei handelte es sich um Einheitsflaschen, die von vielen Herstellern benutzt werden. A war dies bekannt. Er wollte die Flaschen ausbeulen und als Leergut nochmals beim Getränkehändler abgeben, um dafür das Pfand zu erhalten (**Pfandflaschen-Fall** nach BGH NJW 2018, 3598¹⁷⁵)

231a

Lösung:

I. Hier könnte durch das Verhalten des A auf dem Gelände des Getränkehändlers ein **Diebstahl in einem besonders schweren Fall nach §§ 242, 243 I S. 2 Nr. 1 StGB** verwirklicht worden sein.

1. Voraussetzung dafür wäre zunächst, dass es sich bei den Pfandflaschen um fremde, bewegliche Sachen gehandelt hat. Für die Eigentumsverhältnisse an der jeweiligen Pfandflasche auf den verschiedenen Vertriebsstufen des Pfandsystems bis hin zum Endverbraucher ist deren konkrete Beschaffenheit maßgeblich. Ist die Flasche mit einer besonderen, dauerhaften Kennzeichnung versehen, die sie als Eigentum eines bestimmten Herstellers/ Abfüllers ausweist (sog. Individualflasche), verbleibt das Eigentum an ihr, unabhängig vom Eigentumsübergang an dem veräußerten Inhalt, beim Hersteller/Abfüller. Mangels zivilrechtlicher Einigung findet deshalb ein Eigentumsübergang an der jeweiligen Flaschen auf den einzelnen Handelsstufen nicht statt. Weist die Flasche solche individuellen Merkmale nicht auf, wird sie vielmehr von unbestimmt vielen Herstellern verwendet (sog. Einheitsflaschen), wie dies hier der Fall ist, geht nicht nur das Eigentum am Inhalt, sondern auch dasjenige an der Flasche selbst auf allen Vertriebsstufen auf den jeweils nächsten Erwerber über. Damit standen die Flaschen vorliegend im Eigentum des Getränkehändlers.

2. A hat die Flaschen auch unproblematisch weggenommen, indem er den fremden Gewahrsam des Getränkehändlers gebrochen und neuen eigenen Gewahrsam begründet hat. Die Tatsache, dass die Getränke auf dem Gelände lagerten, änderte nichts am Gewahrsam des Getränkehändlers. Dieser hatte kraft generellen Herrschaftswillens Gewahrsam an allen auf seinem Gelände lagernden Gütern.

3. Fraglich ist allerdings die Zueignungsabsicht.
Eine Zueignung des Sachwerts ist zu verneinen, wenn der Täter beabsichtigt, das entwendete Pfandgut gegen Entgelt in das Pfandsystem zurückzuführen. Denn das Pfandgeld ist nicht

231b

---

172 LK-*Tiedemann*, § 263, Rn. 326.
173 Siehe hierzu BGH NStZ 2001, 195, 197; ferner BGH NStZ 1993, 591; LK-*Tiedemann*, § 263, Rn. 326; zur vergleichbaren Sicherungserpressung siehe *Rengier*, BT/1, § 11, Rn. 55 ff.
174 A.A. *Otto*, BT, § 51, Rn. 152, der in solchen Fällen schon tatbestandlich einen Betrug ausschließen will, weil es zu keiner Schadensvertiefung mehr komme; dies ist freilich fraglich, weil die Endgültigkeit des Wertverlustes durch den Rückverkauf besiegelt wird.
175 M. Anm. *Hoven*; *Eisele*, JuS 2019, 178; *Kudlich*, JA 2019, 152.

der unmittelbar im Pfandgut verkörperte Wert. Es dient vielmehr lediglich als Anreiz zur Rückgabe der Pfandflaschen und wird erst durch die Verwertung im Pfandsystem erzielt. A könnte aber hinsichtlich der Sachsubstanz mit Zueignungsabsicht gehandelt haben. Der BGH macht deutlich, dass dafür entscheidend die Tätervorstellung ist. Er unterscheidet deshalb wie folgt:

a) Bei der Wegnahme von Einheitsflaschen ist Zueignungsabsicht zu bejahen, wenn der Täter bei zutreffender Einschätzung der Eigentumslage in der Absicht handelt, das dem Eigentümer entwendete Pfandleergut gegen Erstattung des Pfandbetrages in das Pfandsystem zurückzugeben. In diesem Fall beabsichtigt er, sich wie ein Eigentümer des Pfandleerguts zu generieren, weil er einen zum Eigentumserwerb führenden früheren Erwerb[176] der Flaschen vorgeben will.

b) Bei der Wegnahme von Individualflaschen, die im Eigentum des Herstellers/Abfüllers verbleiben, liegt Zueignungsabsicht dagegen nicht vor, wenn der Täter – was freilich die Ausnahme sein dürfte – die Eigentumslage richtig eingeschätzt und durch die Rückgabe der Individualflaschen das Eigentumsrecht des Herstellers/Abfüllers deshalb nicht leugnen will, sondern dieses anerkennt. In diesem Fall maßt er sich weder eine eigentümerähnliche Stellung an, noch ist sein Vorsatz darauf gerichtet, den Eigentümer dauerhaft zu enteignen; es bliebe dann allenfalls eine Strafbarkeit wegen Pfandkehr nach § 289 I Alt. 2 StGB (jedoch ließe sich auch § 289 StGB vertretbar verneinen, wenn man davon ausgeht, dass der Täter nicht „zugunsten des Eigentümers", sondern nur für sich handelt. Möglich wäre dann ggfls. nur ein Betrug an der Kasse aufgrund der Täuschung über die Berechtigung und drohende Ersatzansprüche).

Geht der Täter, wie im Regelfall, dagegen davon aus, dass das Eigentum auch bei Individualflaschen im Vertriebsweg auf den jeweiligen Erwerber der Getränke übergeht, handelt er auch dort – wie bei der Wegnahme von Einheitsflaschen – mit der für einen Diebstahl erforderlichen Zueignungsabsicht. Da er den Eigentümer in diesem Fall enteignen will und beabsichtigt, durch Rückgabe in das Pfandsystem sich selbst an die Stelle des wahren Eigentümers zu setzen. Damit sind auch in diesem Fall sämtliche Tatbestandsvoraussetzungen des Diebstahls erfüllt.

c) Da es sich vorliegend um Einheitsflaschen handelte und A dies auch wusste, ist im gegebenen Fall aber eindeutig Zueignungsabsicht zu bejahen.

3. Rechtfertigungs- und Schuldausschließungsgründe sind nicht ersichtlich.

4. Durch das Eindringen auf das Gelände durch das Loch im Zaun hat A zugleich das Regelbeispiel des § 243 I S. 2 Nr. 1 StGB verwirklicht. Auch umzäunte Lagerplätze sind umschlossene Räume im Sinne dieser Vorschrift.[177]

II. Gegeben ist darüber hinaus auch **Hausfriedensbruch nach § 123 I StGB**. Dieser tritt aber kraft Konsumtion hinter § 243 StGB zurück.

III. Beim Geschehen an der Kasse findet sodann noch ein **Betrug nach § 263 StGB** gegenüber der Kassiererin und zu Lasten des Geschäftsinhabers statt. Zum Schaden und zum Zurücktreten als mitbestrafte Nachtat kann diesbezüglich auf den Getreide-Rückveräußerungsfall verwiesen werden (vgl. soeben).

Hinweis: *Sofern der Täter das Leergut am computergesteuerten Rücknahmeautomaten abgibt, wäre zusätzlich an § 263a Alt. 4 StGB zu denken und abzulehnen, da keine Manipulation des Datenverarbeitungsvorgangs stattfindet. Für § 267 I Alt. 1 StGB bzgl. des Belegs fehlt es*

---

176 Näher *Hellmann*, JuS 2001, 353, 355. Dass der Kunde stets Eigentum erwirbt, nimmt dagegen das BayObLG an (vgl. BayObLGSt 1960, 187, 188).
177 BGH NStZ 2000, 143.

> wohl schon an einer menschlichen Gedankenerklärung,[178] jedenfalls aber am Merkmal „unecht". Auch § 268 I Nr. 1 StGB scheitert daran, dass der erstellte Beleg nicht unecht i. S. v. § 268 StGB ist. § 265a StGB durch Einlegen der Flaschen kommt nicht in Betracht, da das in den Automaten eingeführte Leergut nicht als Entgelt für den Zahlungsbeleg anzusehen ist und im Übrigen eine ordnungsgemäße Nutzung stattfindet. Auch sind §§ 242, 246 StGB hinsichtlich des Belegs zu verneinen, da das Pfandgeld keinen im Beleg verkörperten Sachwert darstellt und die Sachsubstanz, d. h. der Beleg selbst, gerade beim Geschäftsinhaber verbleiben soll.

(2) Nicht anwendbar ist die Sachwerttheorie auch, wenn der Sache selbst kein Wert abhanden kommt, sondern die Sache nur zu Täuschungs- oder Drohzwecken eingesetzt wird, um an andere Vermögenspositionen zu gelangen.[179] Dazu noch einmal ein 232

Beispiel: A entwendet den Hund der B und bringt ihn ihr anschließend zurück, um den Finderlohn zu kassieren. Strafbarkeit des A? (**Finderlohn-Fall** nach RGSt 55, 59[180]) 233

Lösung: Ein Diebstahl nach § 242 StGB am Hund scheidet hiernach mangels Zueignungsabsicht aus. Nach der Sachsubstanztheorie fehlt es bereits ersichtlich an einer Aneignungsabsicht von Seiten des A, da sich dieser zu keinem Zeitpunkt als Eigentümer bzgl. des Hundes aufspielen möchte. Vielmehr will er diesbezüglich stets nur als Fremdbesitzer auftreten. Auch nach der Sachwerttheorie ergibt sich aber hier kein anderes Bild, da A dem Hund nicht den funktionsspezifischen Sachwert entzieht. Dieser liegt nicht darin, mit Hilfe des Hundes täuschend aufzutreten und hierdurch neue Vermögenswerte zu erlangen.

In Betracht kommt hier daher allein ein Betrug nach § 263 StGB hinsichtlich des Finderlohns. Dabei liegt eine Täuschung bzgl. der Tatsache vor, A habe den Hund gefunden und einen entsprechenden Anspruch auf Finderlohn. Die B ist einem diesbezüglichen Irrtum erlegen. Durch Zahlung des Finderlohns trifft sie auch eine vermögensschädigende Verfügung. Dabei hat A auch Absicht rechtswidriger Bereicherung.

Nicht gegeben ist dagegen eine Unterschlagung nach § 246 StGB am Geld. Sie scheidet mangels Fremdheit aus, da der Finderlohn von Seiten der B übereignet wird (eine bedingte Übereignung ist nicht anzunehmen, da das entsprechende Übereignungsangebot der B auch nach dem Empfängerhorizont keine derartige bedingte Erklärung enthält).

Eine Konstellation, in der die Sache zu Drohzwecken eingesetzt wird, veranschaulicht auch ein aus der neuesten Rechtsprechung des BGH stammender

Fall 23: A brachte den S dazu, ihm sein Mobiltelefon zu zeigen. Er nahm ihm dieses sodann aus der Hand und verlangte für die Rückgabe 20 €. Dabei kam es ihm von vornherein „nicht auf das Handy, sondern auf das Geld" an. S lehnte jedoch eine Zahlung ab. Hierauf fasste A den Entschluss, das Mobiltelefon zu behalten und für eigene Zwecke zu verwenden. Nach Entnahme der SIM-Karte, die er dem S aushändigte, steckte er es in seine Tasche und entfernte sich. S folgte ihm und forderte sein Eigentum zurück. Um sich im Besitz des Mobiltelefons zu halten, schlug A dem S daraufhin mit der flachen Hand ins Gesicht und drohte ihm mit Schlägen, für den Fall, dass er ihm weiter hinterher ginge. Dem fügte sich S. Strafbarkeit des A? (**Mobiltelefon-Fall** nach BGH NStZ 2011, 36 und NStZ 2018, 712) 234

---

178 A. A. *Hecker*, JuS 2002, 225 bzgl. Parkscheinautomaten-Beleg.
179 Vgl. hierzu *Hellmann*, JuS 2001, 353, 355.
180 Vgl. auch OLG Stuttgart NJW 1985, 1564.

234a **Lösung:**

1. Sachverhaltsabschnitt: Das Geschehen bis zum Schlag

A. Strafbarkeit bzgl. des Mobiltelefons

I. Eine Strafbarkeit wegen **Betrugs nach § 263 StGB** durch Zeigenlassen des Mobiltelefons scheidet aus, da das bloße Zeigen keine Vermögensverfügung im Sinne einer Gewahrsamsübertragung darstellt.

II. Indem A dem S das Mobiltelefon aus der Hand nahm, könnte er sich jedoch wegen **Diebstahls nach § 242 StGB** strafbar gemacht haben.

1. Diesbezüglich sind allein die Merkmale der Wegnahme und der Zueignungsabsicht problematisch. Da es sich hier um einen handlichen und leicht zu bewegenden Gegenstand dreht, genügt für den Gewahrsamsbruch grundsätzlich das bloße Ergreifen und Festhalten jedenfalls dann, wenn der Berechtigte seine ungehinderte Verfügungsgewalt nur noch gegen den Willen des Täters und unter Anwendung von körperlicher Gewalt wiederherstellen könnte. Daher war die Wegnahme hier bereits vollendet.

2. Fraglich ist darüber hinaus die Zueignungsabsicht. Denkbar wäre, vorliegend eine Zueignung hinsichtlich der Sachsubstanz anzunehmen. Indessen verlangt die Aneignungskomponente im Zueignungsbegriff des Diebstahls als überschießende Innentendenz einen zielgerichteten Willen in der Weise, dass es dem Täter auf die Herstellung einer neuen eigentümerähnlichen Position ankommen muss.[181] Gerade hierauf aber war As Wille nicht gerichtet. Denn nach seiner Vorstellung sollte das Mobiltelefon nur als Druckmittel zur Erlangung von Geld eingesetzt werden, ohne dass A zunächst für sich eine vermögensbezogene Besserstellung hinsichtlich des Mobiltelefons als solchem erstrebte.

Auch nach der Sachwerttheorie ist eine Zueignungsabsicht abzulehnen. Das zu zahlende Geld ist kein funktionsspezifischer Sachwert des Mobiltelefons. Denn die Verwendungsmöglichkeit einer Sache als Druckmittel ist kein nach Art und Funktion mit ihr verknüpfter Wert, was sich schon daran zeigt, dass relativ beliebige Sachen als Pfand genommen werden und sich ihre Druckmitteleigenschaft unabhängig von einer sachimmanenten Funktion für den Gläubiger ergibt.[182]

Ergebnis: Ein Diebstahl am Mobiltelefon scheidet daher aus.

Achtung Klausur: *Im Fall von BGH NStZ 2018, 712 nahm der Täter das Handy unter Drohung mit Leib und Leben weg, um es als Drohmittel zur Zahlung von Schulden einzusetzen. Es scheitert dann auch § 249 StGB mangels Absicht rechtswidriger Zueignung.*

III. Das Einstecken des Mobiltelefons begründet aber eine **Unterschlagung nach § 246 StGB**, weil A dadurch, dass er das Mobiltelefon unter Rückgabe der SIM-Karte bei sich behielt, seinen Zueignungswillen diesbezüglich nach außen manifestierte.

B. Strafbarkeit bzgl. des Geldes

I. Indem A für die Rückgabe des Mobiltelefons von S die Zahlung von 20 € verlangte, könnte er sich wegen **versuchter Erpressung nach §§ 253 I, III, 22, 23 StGB** strafbar gemacht haben. Das Abhängigmachen der Rückgabe von der Zahlung der 20 € kann als Drohung mit einem empfindlichen Übel (Behalten des Mobiltelefons im Falle der Nichtzahlung) begriffen werden. Auch war As Tatentschluss auf eine Vermögensverfügung und einen Vermögensschaden (20 €) bei entsprechender Bereicherungsabsicht gerichtet. Eine versuchte Erpressung ist daher gegeben.

Achtung Klausur: *Anders ist es, wenn der Täter – wie im Fall von BGH NStZ 2018, 712 – an ihm geschuldetes Geld gelangen will. §§ 253 (22, 23) scheitern dann, weil der Täter keine Absicht rechtswidriger Bereicherung hat. Es bleiben dann nur §§ 240 (22, 23) StGB.*

---

181 Vgl. BGH VRS 22, 206; OLG Hamburg NJW 1964, 736; *Fischer*, § 242, Rn. 33 f.
182 Zutreffend *Bernsmann*, NJW 1982, 2215.

II. Die gleichzeitig verwirklichte **versuchte Nötigung nach §§ 240 I, II, III, 22, 23 StGB** tritt hinter die versuchte Erpressung im Wege der Spezialität zurück.

2. Sachverhaltsabschnitt: Der Schlag ins Gesicht

I. In Betracht kommt zunächst ein **Raub nach § 249 StGB**. Eine Strafbarkeit wegen Raubes scheidet jedoch aus, da der Schlag ins Gesicht zwar als Gewalt betrachtet werden muss, jedoch nicht final als Mittel der Wegnahme eingesetzt wurde. Die Wegnahme war bereits vorher abgeschlossen.

II. Auch eine Strafbarkeit wegen **räuberischen Diebstahls nach § 252 StGB** scheitert vorliegend, da eine geeignete Vortat fehlt. § 252 StGB setzt als Vortat einen Diebstahl oder einen Raub voraus. Ein solcher Diebstahl ist aber gerade nicht gegeben, da es an der Zueignungsabsicht fehlt (s. 1. SV-Abschnitt). Für einen Raub mangelt es an der finalen Verknüpfung von Gewalt und Wegnahme (s. soeben).

III. Zudem scheitert eine Strafbarkeit aus **räuberischer Erpressung nach §§ 253, 255 StGB**. Zwar stellt der Schlag ins Gesicht eine Gewaltanwendung gegen eine Person dar. Jedoch handelt es sich hier um eine Sicherungserpressung. Bei dieser findet bereits tatbestandlich keine Schadensvertiefung mehr statt, da der Täter bereits zuvor durch die Unterschlagung den endgültigen Vermögensverlust erlitten hat. Auch widerspräche es der Wertung des § 252 StGB, wenn eine Bestrafung nach §§ 253, 255 StGB „gleich einem Räuber" erfolgen dürfte, obwohl als Vortat kein Diebstahl vorliegt.

IV. Gegeben ist jedoch eine **Nötigung nach § 240 I, II StGB**. Der Schlag stellt eine Gewaltanwendung dar, mit der A den S dazu veranlasste, ihn nicht weiter zu verfolgen.

V. Gleichzeitig hat A durch den Schlag mit der flachen Hand ins Gesicht des S auch eine **Körperverletzung nach § 223 I Alt. 1 StGB** verwirklicht.

Gesamtergebnis: A hat sich wegen Unterschlagung in Tateinheit mit versuchter Erpressung und dazu realkonkurrierend wegen Nötigung in Tateinheit mit Körperverletzung nach §§ 246, 253 I, III, 22, 23, 240 I, II, 223 I Alt. 1, 52, 53 StGB strafbar gemacht.

Hinweis: *In der Klausur ist in Druckmittelfällen darauf zu achten, ob der Täter einen bestehenden Anspruch durchsetzen möchte. Hätte A im vorliegenden Fall etwa eine tatsächlich bestehende Forderung eintreiben wollen, so hätte es bezüglich § 253 StGB im Tatentschluss an der notwendigen Absicht rechtswidriger Bereicherung gefehlt. Denn dort, wo der Täter einen Anspruch auf die geschuldete Summe hat, fehlt es an der Rechtswidrigkeit der beabsichtigten Bereicherung. Dann bleibt nur eine Bestrafung aus § 240 StGB, wobei sich die Verwerflichkeit daraus ergibt, dass der Gläubiger nach der Gesamtrechtsordnung nicht zum Faustrecht greifen darf, sondern zur Durchsetzung von Forderungen auf den ordentlichen Rechtsweg verwiesen ist.*

Ein etwas aus dem Rahmen fallendes, äußerst schwieriges Beispiel liefert allerdings ein Fall, den das BayObLG zu entscheiden hatte: **235**

Fall 24: A entwendet bei der F-GmbH ein zur Auslieferung bereitstehendes, mit vorbereiteter Quittung versehenes Warenpaket, um es als angeblicher Firmenbote an den Kunden auszuliefern und das Geld für sich zu kassieren. Strafbarkeit des A? (**Pseudoboten-Fall** nach BayObLG MDR 1964, 77[183]) **236**

---

183 Vgl. dazu auch *Wessels*, NJW 1965, 1157.

237 | **Lösung:**

A. Strafbarkeit hinsichtlich des Paketes

I. In Betracht kommt **Diebstahl am Paket nach § 242 StGB** durch die Entwendung bei der Firma.

1. A hat das Paket – eine für ihn fremde bewegliche Sache – weggenommen, indem er den Gewahrsam des Geschäftsinhabers aufgehoben und eigenen neuen Gewahrsam begründet hat (durch das Bereitstellen des Paketes hatte der Inhaber – die Firma als solche kann, da es sich nicht um eine natürliche Person handelt, keinen Gewahrsam innehaben! – seinen Gewahrsam nicht verloren; vielmehr bestand dieser kraft dessen generellen Herrschaftswillens über alle in seiner Sphäre befindlichen Gegenstände sowie kraft der sozialen Zuordnung weiterhin fort und wurde durch A bei Mitnahme des Pakets gebrochen).[184]

2. Problematisch ist im Bereich des subjektiven Tatbestandes allein die Zueignungsabsicht des A.
Dabei ist unter Sachsubstanzgesichtspunkten eine Aneignungsabsicht des A zu verneinen, da er sich hinsichtlich des Paketes niemals als Eigentümer gerieren wollte. Vielmehr wollte A stets nur als Fremdbesitzer auftreten (sich als Bote ausgeben), sodass eine Sachsubstanzzueignung ausscheidet.[185]
Auch die Sachwerttheorie führt zu keinem anderen Ergebnis, weil dem Paket als solchem kein funktionsspezifischer Sachwert entzogen wird. Die bloße Möglichkeit, täuschend mit einem bestimmten Gegenstand zu verfahren, ist nicht als funktionsspezifischer Sachwert einzustufen, da nur der lucrum ex re, nicht aber der lucrum ex negotio cum re erfasst wird.[186]

Ergebnis: Eine Strafbarkeit wegen Diebstahls nach § 242 StGB scheidet daher aus.

II. In gleicher Weise scheitert auch eine **Unterschlagung nach § 246 StGB** hinsichtlich des Paketes.
Hierfür müsste sich nämlich ein bestehender Zueignungswille nach außen manifestiert haben. Vorliegend ist dabei jedoch gerade ein Zueignungswille sowohl nach Sachsubstanz- als auch nach Sachwertgesichtspunkten zu verneinen (siehe soeben!).

B. Strafbarkeit hinsichtlich der Quittung

I. Denkbar wäre auch hier die Annahme eines **Diebstahls nach § 242 StGB**.
Auch diesbezüglich fehlt es jedoch an einer Zueignungsabsicht.
Wie schon beim Paket ist eine Aneignungsabsicht des A hinsichtlich der Quittung zu verneinen, da er sich auch diesbezüglich stets nur als Fremdbesitzer aufspielen wollte. Auch ist unter Sachwertgesichtspunkten keine Aneignungsabsicht gegeben, weil der Kaufpreis, auf den es A abgesehen hatte, keinen Sachwert der Quittung darstellt.[187]

II. Wie beim Paket scheidet damit auch eine Strafbarkeit wegen **Unterschlagung nach § 246 StGB** in Bezug auf die Quittung aus.

III. Denkbar wäre jedoch eine Strafbarkeit wegen **Urkundenunterdrückung nach § 274 I Nr. 1 StGB**.

---

184 Siehe hierzu *Krey/Hellmann/Heinrich*, BT/2, § 1, Rn. 92.
185 *Eser*, Strafrecht IV, S. 33.
186 Die Zueignungsabsicht auf dem Boden der Sachwerttheorie hingegen bejahend BayObLG JR 1965, 26; ebenso *Wessels*, NJW 1965, 1153; a. A. *Eser*, Strafrecht IV, S. 33.
187 A. A. hingegen erneut *Wessels*, NJW 1965, 1153 ff. und *Tenckhoff*, JuS 1980, 723, die eine Zueignungsabsicht bejahen und die Quittung zu den Legitimationspapieren zählen (zw.); ebenso *Kudlich*, BT/1, PdW, S. 21, der auf den verkörperten Legitimationswert der Quittung abstellt.

Die Mitnahme der Quittung könnte eine Urkundenunterdrückung i. S. einer Beweisführungsvereitelung darstellen, da die Quittung gerade beweisen sollte, dass der Empfänger noch nicht gezahlt bzw. das Paket noch nicht entgegengenommen hatte.[188]
Andererseits ist es fraglich, ob einer Empfangsquittung eine solche Beweisbestimmung überhaupt zukommt. Der eigentliche Zweck einer derartigen Quittung besteht nämlich darin, dass bestätigt wird, dass der Empfänger die Ware tatsächlich erhalten hat. Diese Beweisbestimmung entfaltet die Quittung allerdings erst, wenn der Empfänger unterzeichnet, sodass in der Mitnahme allein keine Urkundenunterdrückung gesehen werden kann (a. A. gut vertretbar).

Ergebnis: A hat sich bezüglich der Quittung nicht strafbar gemacht.

C. Strafbarkeit hinsichtlich der Erlangung des Geldes
I. In Betracht kommt ein **eigennütziger Betrug des A gegenüber der Kundin K und zu Lasten der F-GmbH nach § 263 StGB**.[189]
1. Eine Täuschung liegt zumindest konkludent vor, weil im Überbringen des Paketes schlüssig die Erklärung mitenthalten ist, zur Entgegennahme des Geldes zugunsten des Berechtigten befugt zu sein.
2. Fraglich ist jedoch bereits, ob hierdurch bei der Kundin K überhaupt ein Irrtum erzeugt wurde. Denn die K muss sich angesichts der Vorschrift des § 370 BGB, der sie im Falle des Quittungserhalts von ihrer Leistungspflicht befreit, über die Berechtigung des Überbringers keinerlei Gedanken machen. Es wäre daher durchaus akzeptabel, bereits einen Irrtum zu verneinen (vgl. bereits den obigen Sparbuch-Fall).
3. Selbst wenn man aber einen Irrtum bejaht, ist auch das Vorliegen einer Vermögensverfügung fraglich. Vermögensverfügung ist jedes Handeln, Dulden oder Unterlassen, das unmittelbar zu einem Vermögensschaden führt. Wie gesehen, kann ein Vermögensschaden der F ohnehin nicht angenommen werden, da diese durch Zahlung gegen Quittungserhalt frei wird.
Ein Schaden kann daher allenfalls auf Seiten der GmbH eintreten, was voraussetzen würde, dass die getäuschte Kundin in einem Näheverhältnis zum Vermögen der geschädigten F-GmbH stand (Dreiecksbetrug).[190]
Denkbar wäre hierbei allein, dass die Vorschrift des § 370 BGB, die den Kunden durch Quittungserhalt frei werden lässt, den Kunden tatsächlich bzw. rechtlich in die Vermögensposition der GmbH eintreten lässt. Konstruktiv würde der Kunde dann durch Zahlung an den Nichtberechtigten über das Vermögen der GmbH verfügen, weil die Zahlung gegen Quittungserhalt nach § 370 BGB ein Freiwerden des Kunden von der Leistungspflicht bewirkt.
Indessen ist eine derartige Begründung eines Näheverhältnisses zwischen Kunden und Firma abzulehnen, und zwar gleichgültig, ob man der faktischen Lagertheorie oder der rechtlichen Befugnis-/Ermächtigungstheorie folgt. Denn § 370 BGB stellt lediglich eine Vorschrift zum Schutze des guten Glaubens[191] dar, ohne dass hierdurch eine Vermögensnähe tatsächlicher oder rechtlicher Art im Sinne einer tatsächlichen oder rechtlichen Möglichkeit zur Verfügung über ein Vermögen geschaffen würde.

Ergebnis: Damit scheidet auch ein (Dreiecks-Betrug) aus.

---

188 Vgl. zur Urkundenunterdrückung *Wessels/Hettinger/Engländer*, BT/1, Rn. 972 ff.
189 Sog. Dreiecksbetrug, siehe hierzu auch *Krey/Hellmann/Heinrich*, BT/2, Rn. 581 ff.; *Fock/Gerhold*, JA 2010, 511 ff.
190 Zu den unterschiedlichen Meinungen über die erforderliche Qualität des Näheverhältnisses siehe *Rengier*, BT/1, § 13, Rn. 98 ff.
191 MüKo-*Fetzer*, BGB, § 370, Rn. 2.

> **II.** Auch ein **Diebstahl nach § 242 StGB** am Geld scheitert.
> Unabhängig von der Frage der Fremdheit des Geldes fehlt es hierfür nämlich an einer Wegnahme, da der Sachherrschaftswechsel im Einverständnis mit der K erfolgte (die Annahme einer Bedingung – nämlich Übergabe nur an den Berechtigten – ist im Rahmen des Gewahrsams nicht möglich, da es sich um ein tatsächliches Herrschaftsverhältnis handelt, das grundsätzlich bedingungsfeindlich ist, sofern es nicht um äußere Vorgänge, wie etwa die ordnungsgemäße Benutzung eines Automaten geht).[192]
>
> **III.** In Betracht kommt jedoch eine Strafbarkeit wegen **Unterschlagung des Geldes nach § 246 StGB**.
> **1.** Voraussetzung wäre zunächst, dass das Geld fremd war, was nicht bejaht werden kann, wenn eine Übereignung von K auf A anzunehmen ist. Die Einigung nach § 929 BGB ist nach h. M.[193] ein dinglicher Vertrag, der wie jeder andere Vertrag auch zwei übereinstimmende Willenserklärungen voraussetzt. Die Kundin K bot hier bei Geldhingabe, auch unter Berücksichtigung der Verkehrsanschauung, nach welcher derjenige, der das Paket überbringt, üblicherweise nicht auch derjenige ist, der das Eigentum am Geld erwerben soll,[194] lediglich an, das Geld an die – scheinbar – hinter A stehende GmbH zu übereignen. Eine Übereignung an A kam damit niemals zustande, sodass das Geld für ihn fremd blieb.
> **2.** Durch Entgegennahme des Geldes hat A seinen Zueignungswillen diesbezüglich auch nach außen manifestiert.
> **3.** Rechtfertigungs- und Entschuldigungsgründe sind nicht ersichtlich.
> **Ergebnis:** A ist nach § 246 StGB strafbar.
>
> **D. Gesamtergebnis:** A hat sich nur wegen Unterschlagung im Hinblick auf das erhaltene Geld strafbar gemacht, § 246 StGB.

238 Die Beispiele und der vorangegangene Fall haben gezeigt, dass es maßgeblich darauf ankommt, ob sich der Täter hinsichtlich der Sachsubstanz als Eigentümer aufspielen will, oder ob es ihm lediglich darum geht, als Fremdbesitzer aufzutreten.[195] Ist nur Letzteres der Fall, so kommt allenfalls noch eine Zueignungsabsicht unter Heranziehung der Sachwerttheorie in Betracht, sofern er der Sache ihren funktionsspezifischen Wert entzieht und die Sache nicht bloß als Mittel zur Täuschung oder Drohung einsetzt.

239 *Achtung Klausur: Bei der Darstellung von Problemen im Grenzbereich zwischen Sachsubstanz- und Sachwerttheorie empfiehlt es sich, zunächst mit der Theorie zu beginnen, die am Ende nicht einschlägig ist. Auf diese Weise ist es möglich, den Leser in Form eines „Spannungsbogens" zur endgültigen Lösung hinzuführen (vgl. dazu o. Rn. 230, Bsp. 1). Dies zeigt auch ein aus der Rechtsprechung stammender, den Tatbestand des Raubes betreffender*

---

192 Vgl. zur Bedingung *Sch/Sch/Bosch*, § 242, Rn. 36a m. w. N.
193 Vgl. statt aller *Bamberger/Roth/Kindl*, § 929, Rn. 5.
194 Vgl. zur Verkehrsanschauung MüKo-*Quack*, BGB, 4. Aufl. § 929, Rn. 120 f.
195 Vgl. hierzu nur *Wessels/Hillenkamp/Schuhr*, BT/2, Rn. 142 ff.

Fall 25: A entwendete B gegen dessen Widerstand ein Mobiltelefon, um anhand des Speichers zu kontrollieren, ob B mit der Schwester eines der Mitangeklagten eine intime Beziehung hatte. A war es dabei gleichgültig, ob B das Telefon danach zurückerlangen würde. Während des dabei entstandenen „Gerangels" kopierte A einige Bilddateien vom Handy des B auf sein eigenes Handy, um sie an Dritte zu verschicken. Strafbarkeit des A? Es ist auch die Frage mitzubehandeln, wie sich A strafbar gemacht hätte, wenn es ihm allein auf die Vernichtung der Dateien angekommen wäre (**Bilddateien-Fall** verkürzt nach BGH StV 2012, 465 m. Anm. *Jäger*, JA 2012, 709 sowie BGH HRRS 2015 Nr. 1012[196]).

Lösung:

I. In Betracht kommt die Verwirklichung des Tatbestands des **Raubes nach § 249 StGB**.

1. Der objektive Tatbestand des § 249 StGB ist verwirklicht, da A das Mobiltelefon offensichtlich gegen den Widerstand des B an sich nahm. Hieraus kann geschlossen werden, dass er Gewalt gegenüber dem Opfer angewandt hat.

2. Fraglich ist allein der subjektive Tatbestand des Raubes. Insofern ist zu prüfen, ob A auch mit Zueignungsabsicht handelte.

a) Der BGH ist vorliegend davon ausgegangen, dass A nicht in der Absicht handelte, sich oder einem Dritten das Mobiltelefon zuzueignen. Weder wollte er sich den Substanz- noch den Sachwert des Gerätes aneignen. Es fehle an dem für eine Aneignung erforderlichen Willen des Täters, den Bestand seines Vermögens oder den eines Dritten zu ändern, wenn er das Nötigungsmittel nur zur Erzwingung einer Gebrauchsanmaßung einsetzt. Vorliegend mangele es jedenfalls an einem Verbrauch der Sache, weshalb eine Zueignungsabsicht ausscheide.

b) An den Ausführungen des BGH wird deutlich, dass auch er im konkreten Fall nicht hinreichend zwischen Sachwert- und Sachsubstanzzueignung unterscheidet. Nähert man sich dem Problem dagegen in dieser differenzierten Weise, ergibt sich Folgendes:

aa) Tatsächlich kann man eine Aneignungsabsicht unter Sachwertgesichtspunkten nicht bejahen. Denn der Täter hat der konkreten Sache keinen Wert entzogen, indem er die Bilddateien auswertete. Durch das Verschicken der Bilddateien kam der Sache als solcher kein Wert abhanden, zumal die Bilder selbst sogar auf dem Handy verblieben.

bb) Entgegen der Auffassung des BGH ergibt sich jedoch eine Aneignungsabsicht im vorliegenden Fall trotz des nur vorübergehenden, bestimmungsgemäßen Gebrauchs bereits nach Sachsubstanzkriterien. Denn es ist anerkannt, dass schon die vorübergehende Benutzung einer Sache genügen kann, um die Aneignungskomponente zu erfüllen. Dies hat auch der BGH bereits in einem Fall entschieden, in dem ein Gefangener, der dem Vollzugsbeamten die Gefängnisschlüssel weggenommen hatte, um sie zum Öffnen der Türen zu benutzen und dann nach der Flucht wegzuwerfen.[197] Vergleichbar würde niemand daran zweifeln, dass auch das Kopieren eines Buches und das Verschicken der Kopien an Freunde eine hinreichende Aneignungsabsicht begründen kann, selbst wenn das Buch dabei nicht verbraucht wird.

3. Ergebnis: Entgegen der Auffassung des BGH ergibt sich daher hier bereits unter dem Gesichtspunkt der Sachsubstanzzueignung die Bejahung eines Raubes nach § 249 StGB. Der Fall läge nach der hier vertretenen Auffassung nur dann anders, wenn es dem Täter – wie in einer neuen Entscheidung des BGH[198] – allein auf die Vernichtung der Dateien angekommen wäre, wie dies in der Zusatzfrage unterstellt wird.

---

196 Mit Anm. *Satzger*, Jura 2016, 828, § 249.
197 BGH MDR 1960, 689; wie hier auch *Reinbacher*, ZStW 126 (2014), 643 ff.
198 BGH HRRS 2015, Nr. 1012.

> **II.** Fraglich ist, ob gleichzeitig eine **räuberische Erpressung nach §§ 253, 255 StGB** zu bejahen ist.
> Sofern man mit einer Literaturauffassung für §§ 253, 255 StGB eine Vermögensverfügung verlangt, scheidet eine Anwendung dieser Vorschriften von vornherein aus. Lässt man dagegen mit dem BGH für §§ 253, 255 StGB auch eine Wegnahme genügen, so hängt die Einschlägigkeit dieser Vorschriften davon ab, ob man bei der Besitzbereicherung einen vom Besitz ausgehenden wirtschaftlich messbaren Gebrauchsvorteil fordert. Der BGH hat einen derartigen messbaren Gebrauchsvorteil verlangt und daher im vorliegenden Fall die Strafbarkeit nach §§ 253, 255 StGB verneint.[199] Die Frage kann aber offen bleiben, sofern man mit der hier vertretenen Ansicht bereits einen Raub bejaht. Denn dann treten die §§ 253, 255 StGB jedenfalls hinter dem spezielleren § 249 StGB zurück.
>
> **III.** Verwirklicht ist auch der Tatbestand der **Nötigung nach § 240 StGB**. Dieser tritt nach der hier vertretenen Auffassung hinter § 249 StGB zurück. Verneint man dagegen mit dem BGH das Vorliegen eines Raubes mangels Zueignungsabsicht, so verbleibt lediglich eine Strafbarkeit nach § 240 StGB.
>
> **IV.** Ob auch der Tatbestand der **Körperverletzung nach § 223 StGB** verwirklicht wurde, ist Tatfrage.
>
> **V. Gesamtergebnis und Konkurrenzen:** A hat sich nach der hier vertretenen Auffassung nach § 249 StGB strafbar gemacht. § 240 StGB tritt dahinter zurück. Folgt man dagegen dem BGH, so liegt nur eine Strafbarkeit nach § 240 StGB vor. Für eine Bestrafung aus § 223 StGB liefert der Sachverhalt keine hinreichenden Anhaltspunkte. Im Fall der gewollten Vernichtung der Dateien scheidet § 249 StGB aus, sofern der Täter am Mobiltelefon selbst kein Interesse hatte.

b) Abgrenzung von Selbst- und Drittzueignungsabsicht

240 Bei entgeltlichen Drittübertragungen, etwa durch Verkauf, kann man von einem Sich-Zueignen ausgehen, weil der Täter die Substanz wirtschaftlich für sich einsetzt.[200]

Umstritten ist, ob in Fällen des beabsichtigten Verschenkens Selbst- oder Drittzueignungsabsicht anzunehmen ist:

– Nach einer Auffassung sollen im Falle des Verkaufs bzw. Verschenkens sogar beide Absichten zugleich und nebeneinander gegeben sein können.[201]

– Nach a. A. soll die ins Auge gefasste Schenkung jedenfalls als Drittzueignungsabsicht zu werten sein.[202]

– Stellungnahme: Die zutreffende Auffassung geht davon aus, dass auch derjenige die Sache sich selbst zueignen will, der von vornherein entschlossen ist, diese für eigene Rechnung an Dritte zu verschenken. Denn der Täter geriert sich in solchen Fällen als Eigentümer bzgl. der Sache selbst (se ut dominum gerere).[203]

241 Unter die Drittzueignungsabsicht sind daher nur solche Fälle zu subsumieren, in denen der Täter die Sache nicht unmittelbar wirtschaftlich für sich einsetzen will, son-

---

199 So BGH StV 2012, 465 ff.
200 *Wessels/Hillenkamp/Schuhr*, BT/2, Rn. 168 m. w. N.
201 So etwa *Dencker*, Einführung in das 6. StrRG, 1998, S. 18.
202 Vgl. auch *Gropp*, JuS 1999, 1045.
203 Vgl. hierzu *Krey/Hellmann/Heinrich*, BT/2, Rn. 101; *Mitsch*, BT/II, S. 58 f.; NK-*Kindhäuser*, § 242, Rn. 105; *Wessels/Hillenkamp/Schuhr*, BT/2, Rn. 168.

dern gar keinen oder allenfalls einen mittelbaren wirtschaftlichen Vorteil für sich erstrebt.[204] Dies ist etwa der Fall, wenn der Täter auf Bitten seines Freundes ein Fahrrad beim Opfer entwendet und dieses dem Freund aus Freundschaft überbringt (hier liegt keine Schenkung vor, sondern nur eine Überbringung, weshalb es selbst an einer vorübergehenden Selbstaneignungsabsicht fehlt); wenn der Täter Geld entwendet, um es Dritten zukommen zu lassen, ohne als Schenker im eigenen Namen aufzutreten; wenn der Kellner einem Gast Geld wegnimmt, um es dem Gastwirt zu geben und dadurch seine Stellung als Kellner zu sichern; wenn der Täter mit einem anderen gemeinschaftlich einen Diebstahl begeht, wobei der andere die Beute erhalten soll (eine Schenkung liegt dann nicht vor, weil der Täter hier nicht als Eigentümer in Erscheinung tritt) oder wenn der Täter eine fremde Sache wegnimmt und zum Erhalt einer Belohnung an einen Dritten überbringt (auch hier spielt sich der Täter nicht als Eigentümer hinsichtlich der Sache selbst auf).[205]

Achtung Klausur: *Man sollte in der Klausur die Abgrenzung von Selbst- und Drittzueignungsabsicht nicht offen lassen.[206] Vielmehr sollte man zunächst die Selbstzueignungsabsicht prüfen und im Falle von deren Verneinung das Vorliegen einer Drittzueignungsabsicht untersuchen, wobei diese nur dann eingreift, wenn der Täter keinen oder nur einen mittelbaren wirtschaftlichen Vorteil erstrebt.[207] In Rückveräußerungsfällen liegt keinesfalls das Merkmal der Drittzueignungsabsicht vor, da das Opfer nicht zugleich Dritter sein kann![208]*

c) *Täterschaft und Teilnahme beim Diebstahl*

Da auch die Drittzueignungsabsicht zur Erfüllung des Tatbestandes genügt, ist eine Abgrenzung nach subjektiven Kriterien – wie sie die Rechtsprechung normalerweise vornimmt – hier ausgeschlossen.[209] Denn wenn auch derjenige, der in Drittzueignungsabsicht handelt, nach dem Gesetz Täter sein kann, so kann nicht mehr entscheidend sein, ob der Täter die Tat als eigene oder als fremde will. 242

Bei der Abgrenzung von Täterschaft und Teilnahme beim Diebstahl ist vielmehr im Rahmen der Wegnahme funktionell danach zu unterscheiden, ob der Täter als Tatherr das „Ob und Wie" der Tat (d. h. der Wegnahme) maßgeblich bestimmt hat oder ob er im Gesamtgeschehen nur eine Randfigur gewesen ist.[210]

d) *Die Rechtswidrigkeit der beabsichtigten Zueignung*

Die Rechtswidrigkeit der Zueignung entfällt, wenn der Täter einen fälligen durchsetzbaren Anspruch auf Übereignung der konkret weggenommenen Sache hat.[211] 243

---

204 *Sch/Sch/Bosch*, § 242, Rn. 57 f.; *Fischer*, § 242, Rn. 46.
205 A. A. *Otto*, BT, § 40, Rn. 73.
206 So jedoch *Noak*, in: Schlüchter, Bochumer Erläuterungen zum 6. StrRG, 1998, S. 68.
207 Vgl. schon *Jäger*, JuS 2000, 652.
208 *Fischer*, § 242, Rn. 47 m. w. N.
209 *Jäger*, JuS 2000, 653; zur vergleichbaren Beteiligungsproblematik in Erpressungs- und Betrugsfällen mit Drittbereicherungscharakter siehe BGH StV 1997, 411.
210 Vgl. auch *Schroth*, BT, S. 152.
211 Ganz h. M., vgl. *Wessels/Hillenkamp/Schuhr*, BT/2, Rn. 200.

§ 6 Diebstahl und Unterschlagung

Der Täter, der eine ihm geschuldete Sache, etwa einen gebrauchten Pkw, vom Hof des Schuldners entwendet, handelt nicht in der Absicht rechtswidriger Zueignung, da er die gewollte Eigentumsordnung herstellen will.

Achtung Klausur: *Vorsicht ist hier geboten in Fällen, in denen der Täter eine Sache, hinsichtlich derer er einen Herausgabe- bzw. Übereignungsanspruch hat, gewaltsam wegnimmt. Es liegen dann kein Raub und auch kein Diebstahl vor, weil es an der Absicht rechtswidriger Zueignung fehlt. Gegeben ist aber in derartigen Fällen eine Nötigung, die auch rechtswidrig nach § 240 II StGB ist, weil der Täter zur Durchsetzung eines Anspruchs kein Faustrecht üben darf (sofern nicht ausnahmsweise der Rechtfertigungsgrund der Selbsthilfe nach § 229 BGB eingreift), sondern auf den Rechtsweg verwiesen ist.*[212]

Auch sonstige Tatbestände kommen ggf. in Betracht; so ist etwa § 123 StGB erfüllt, wenn der Täter die Sache, auf die er Anspruch hat, dadurch an sich bringt, dass er in ein fremdes Haus einsteigt.

244 Anders verhält es sich bei Gattungsschulden, zu denen nach h. M. auch Geldschulden gehören. Da der Schuldner hier das Recht hat, zur Schulderfüllung aus der Gattung auszuwählen, handelt der Gläubiger der Gattungsschuld rechtswidrig, wenn er zu seiner Befriedigung dem Schuldner eine beliebige Sache aus der Gattung wegnimmt.[213]

Zum Teil wird zwar in der Literatur vertreten, dass dies nicht bezüglich Geld gelten dürfe, da es sich dabei lediglich um einen Wertsummenträger handle (sog. Geld- oder Wertsummentheorie).[214] Hiergegen wird von der h. M. allerdings zu Recht eingewandt, dass sich der Diebstahl im objektiven Tatbestand auf die Wegnahme einer konkreten Sache bezieht und man diesen konkreten Sachbegriff im subjektiven Tatbestand, der sich auf den objektiven bezieht, nicht wieder aufweichen dürfe.[215]

Geldschulden werden daher von der h. M. zutreffend wie Gattungsschulden behandelt.

e) *Sonderproblem: Irrtum über die Rechtswidrigkeit der Zueignung*

245 **Achtung Klausur:** *Die Rechtswidrigkeit ist objektives Tatbestandsmerkmal („objektive Insel im subjektiven Tatbestand").*[216] *Deswegen heißt es auch „Absicht rechtswidriger Zueignung" und nicht „rechtswidrige Zueignungsabsicht". Studierende sollten sich hier also keinen Fehler im Ausdruck leisten!*

Da es sich bei der Rechtswidrigkeit der Zueignung um ein objektives Tatbestandsmerkmal im subjektiven Tatbestand handelt, gilt für Irrtümer Folgendes:
– Glaubt der Täter irrig, dass der Schuldner verpflichtet sei, ihm gerade die weggenommene Sache zu übereignen, so bezieht sich der Irrtum auf das Tatbestandsmerkmal „rechtswidrig", sodass ein Vorsatzausschluss nach § 16 StGB anzunehmen ist. Dies ist laut BGH bei Geldschulden im Zweifel anzunehmen, weil der Täter bei

---
212 Siehe *Küper*, Gössel-FS, S. 429, 439 f.; zum Streitstand *Hillenkamp*, BT, 21. Problem.
213 *Wessels/Hillenkamp/Schuhr*, BT/2, Rn. 202; a. A. *Otto*, Jura 1997, 470; differenz. *Mitsch*, BT/II, S. 73 f.
214 *Ebel*, JZ 1983, 175; näher *Roxin*, H. Mayer-FS, 1965, S. 467.
215 Vgl. BGHSt 17, 87 ff., 91; vgl. auch *Fischer*, § 242, Rn. 50.
216 *Rengier*, BT/1, § 2, Rn. 86.

Geldschulden grundsätzlich glaube, einen Anspruch auf das weggenommene Geld zu haben (siehe sogleich den sog. Moos-raus-Fall).[217]

- Glaubt der Täter umgekehrt, die beabsichtigte Zueignung sei rechtswidrig, während er in Wahrheit einen Anspruch auf die konkret weggenommene Sache hat, so ist ein untauglicher Versuch des Diebstahls anzunehmen.[218]
- Weiß der Täter dagegen, dass er auf die konkret weggenommene Sache keinen Anspruch hat und glaubt er vielmehr nur, er dürfe Ansprüche selbst durchsetzen, so liegt ein Verbotsirrtum nach § 17 StGB vor, der nur auf Schuldebene zu berücksichtigen ist und nicht den Vorsatz ausschließt (der Täter nimmt dann nämlich ein Selbsthilferecht an, das die Rechtsordnung nicht kennt).[219]

Zur Veranschaulichung noch folgendes aus der Rechtsprechung stammendes

Beispiel: B schuldete A 20 €. A traf B und verlangte sein Geld mit den Worten „Moos raus". Als B sich weigerte, hielt A ihn fest, durchsuchte ihn und nahm ihm 15 € ab, die er bei B fand. Strafbarkeit des A? (**Moos-raus-Fall** nach RGSt 64, 210)   246

Lösung: In Betracht kommt eine Strafbarkeit nach § 249 StGB. Problematisch ist vorliegend, ob A in der Absicht rechtswidriger Zueignung handelte. Absicht der Zueignung ist gegeben. Fraglich ist jedoch, ob hinsichtlich des Geldes eine Rechtswidrigkeit der Zueignung anzunehmen ist. Dies ist nicht der Fall, wenn der Täter einen Anspruch auf das konkret weggenommene Geld gehabt hat. Behandelt man mit der h. M. Geldschulden wie Gattungsschulden, so ist ein derartiger Anspruch auf die konkret weggenommenen Geldscheine zu verneinen, weil das Auswahlrecht beim Schuldner verbleibt.[220] Allerdings nimmt ein Teil der Literatur bei Geldschulden ein Auswahlrecht des Gläubigers an, weil es dort, anders als bei sonstigen Gattungsschulden, nicht auf die konkreten Geldscheine, sondern auf die Wertsumme ankomme (Geld-/Wertsummentheorie).[221] Dies ist jedoch abzulehnen, weil durch diese Auffassung die Kongruenz von objektivem und subjektivem Tatbestand missachtet wird (siehe bereits oben!). Insgesamt ist daher eine Rechtswidrigkeit der beabsichtigten Zueignung anzunehmen. Da es sich bei dem Rechtswidrigkeitsmerkmal um eine objektive Insel im subjektiven Tatbestand handelt, muss sich aber auch der Vorsatz des Täters darauf beziehen. Der BGH verneint im Zweifel für den Angeklagten bei Geldschulden einen entsprechenden Vorsatz hinsichtlich der Rechtswidrigkeit, da der Täter – zumindest als Laie – grundsätzlich davon ausgehen wird, dass er bei Geld einen Anspruch auf die konkret weggenommenen Scheine und Münzen hat. Der BGH nähert sich damit freilich der Wertsummentheorie, wobei er das Problem nicht beim objektiven Merkmal der Rechtswidrigkeit, sondern beim subjektiven Merkmal des Vorsatzes hinsichtlich der Rechtswidrigkeit ansiedelt.[222] Folgt man daher dem BGH, so scheidet mangels Vorsatzes in Bezug auf die Rechtswidrigkeit der Zueignung eine Raubbestrafung aus. In gleicher Weise scheitert dann auch eine Diebstahlsstrafbarkeit nach § 242 StGB. Gegeben ist jedoch eine Strafbarkeit wegen Nötigung nach § 240 StGB, die auch verwerflich i. S. d. § 240 II StGB ist, weil A zur Durchsetzung seines Anspruchs auf den Rechtsweg verwiesen ist (siehe bereits oben!).   247

Zu beachten ist aber eine neuere Entscheidung des BGH. Danach kann dem Täter ein Tatbestandsirrtum über die Rechtswidrigkeit der Zueignung nicht allein deshalb zugebilligt werden, weil er sich nach den Anschauungen der einschlägigen kriminel-

---
217 BGHSt 17, 87 ff., 91.
218 *Küper*, Gössel-FS, 2002, S. 429, 446 ff.; a. A. *Gössel*, Zipf-FS, S. 228, der vollendeten Diebstahl annimmt.
219 BGHSt 17, 87 f., 90.
220 BGHSt 17, 87 ff.
221 Vgl. statt vieler *Sch/Sch/Bosch*, § 242, Rn. 65 m. w. N.
222 BGHSt 17, 87 ff.; BGH GA 1962, 144; 1964, 212.

§ 6 *Diebstahl und Unterschlagung*

len Kreise als berechtigter Inhaber eines Zahlungsanspruchs fühlt. Entscheidend sei vielmehr, ob er sich vorstellt, dass dieser Anspruch auch von der Rechtsordnung anerkannt wird und er seine Forderung dementsprechend mit gerichtlicher Hilfe in einem Zivilprozess durchsetzen könnte. Zugrunde lag dem folgender

247a **Fall 26:** A attackierte B mit Faustschlägen, um bei ihm „Schulden" aus früheren Drogengeschäften einzutreiben. B äußerte, dass er kein Geld in der Wohnung habe. Daraufhin durchsuchte A die Schränke des B, in denen er nichts fand. Er hielt den B sodann weiter mit einer mitgeführten Eisenstange in Schach und schlug ihn damit so heftig, dass er Knochenbrüche an Nase und Hand erlitt. Weil kein Geld zu finden war, nahm A in der Folge zwei Mobiltelefone mit, um zu verhindern, dass B die Polizei verständigen konnte. Strafbarkeit des A? (**Drogenschulden-Fall** nach BGH NStZ 2008, 626)

247b **Lösung:**

A. Strafbarkeit bezüglich der Telefone

I. Ein **Raub nach § 249 I S. 1 StGB** scheidet bezüglich der Mobiltelefone aus, da der Sachverhalt keine hinreichenden Anhaltspunkte für eine Zueignungsabsicht liefert. Jedenfalls fehlt es diesbezüglich an der Aneignungskomponente, weil sich A nicht einmal vorübergehend als Sachherr bezüglich der Mobiltelefone gerieren wollte, sondern es ihm ausschließlich darum ging, einen Anruf bei der Polizei zu verhindern.

II. Aus dem gleichen Grund scheitert auch eine Strafbarkeit wegen **Diebstahls nach § 242 StGB** sowie wegen **Unterschlagung nach § 246 StGB**.

B. Strafbarkeit bezüglich des Geldes

I. In Betracht kommt ein **Raubversuch nach §§ 249, 22, 23 StGB** im Hinblick auf das gesuchte Geld.

1. Was den Tatentschluss anbelangt, so hatte A Vorsatz hinsichtlich der gewaltsamen Wegnahme des Geldes und wollte die Gewalt auch final zur Wegnahme einsetzen. Auch hatte er Zueignungsabsicht im Hinblick auf das Geld. Da es sich bei dem Merkmal rechtswidrig um eine objektive Insel im subjektiven Tatbestand handelt, muss sich die Vorstellung des Täters auch auf Umstände bezogen haben, die eine Rechtswidrigkeit der Zueignung begründen. Dies könnte deshalb fraglich sein, weil A möglicherweise einen Anspruch auf das von ihm gesuchte Geld gehabt hat. Hier gilt aber wiederum das im Moos-raus-Fall (s. o. Rn. 246 f.) Gesagte entsprechend: Mit der h. M. und entgegen der von einer Mindermeinung vertretenen Wertsummentheorie sind Geldschulden wie Gattungsschulden zu betrachten, sodass A kein Auswahlrecht aus dem Barvermögen des B hatte. Die von A beabsichtigte Zueignung wäre daher objektiv rechtswidrig gewesen.
Zudem ist problematisch, ob sich der Vorsatz des A auch auf diese objektive Rechtswidrigkeit bezog. Der BGH bejaht dies, weil ein Tatbestandsirrtum nach § 16 StGB über die Rechtswidrigkeit der Zueignung nicht bereits dann vorliege, wenn sich der Täter nur nach den Anschauungen der einschlägigen kriminellen Kreise als Berechtigter fühle; entscheidend sei vielmehr, dass der Täter auch glaubt, der Anspruch werde von der Rechtsordnung anerkannt und sei mit gerichtlicher Hilfe im Zivilprozess durchsetzbar.
Folgt man dem, so ist auch der Vorsatz im Hinblick auf die Rechtswidrigkeit der Zueignung gegeben.

2. Ein Tatentschluss hinsichtlich einer Raubbegehung lag daher vor und wurde auch durch Gewaltanwendung in einer Weise umgesetzt, dass von einem unmittelbaren Ansetzen zum Versuch gesprochen werden kann, § 22 StGB.

3. A handelte auch rechtswidrig. Insbesondere kommt ihm nicht der Rechtfertigungsgrund der Selbsthilfe nach § 229 BGB zugute, da ein Zahlungsanspruch nicht bestand. Dies muss aber nach § 229 BGB der Fall sein, da diese Vorschrift von der „Verwirklichung des Anspruchs" ausgeht.

4. Entschuldigungsgründe sind ebenfalls nicht ersichtlich.

5. Schließlich scheitert auch ein strafbefreiender Rücktritt nach § 24 I Alt. 1 StGB, da der Versuch fehlgeschlagen war.

Zwischenergebnis: A hat sich wegen Raubversuchs gem. §§ 249, 22, 23 StGB strafbar gemacht.

II. Gegeben ist darüber hinaus auch der **Versuch eines besonders schweren Raubes gemäß §§ 249, 250 II Nr. 1, 22, 23 StGB**, da die Eisenstange ein gefährliches Werkzeug darstellt. §§ 250 I Nr. 1a, 22, 23 StGB tritt dahinter zurück.

III. Die zumindest nach der Rechtsprechung gleichzeitig verwirklichte **versuchte räuberische Erpressung nach §§ 255, 250 II Nr. 1, 22, 23 StGB** tritt ebenfalls im Wege der Spezialität zurück.

IV. Nicht gegeben ist dagegen ein **erpresserischer Menschenraub nach § 239a I StGB**, da von einer Stabilisierung der Bemächtigungslage, wie sie im Zweipersonenverhältnis erforderlich ist (vgl. Rn. 119 ff.), nicht gesprochen werden kann.

V. Die in der Gewaltanwendung liegende **Nötigung nach § 240 I StGB** tritt zum Raubversuch in Tateinheit, da nur so im Urteilstenor zum Ausdruck gebracht werden kann, dass es tatsächlich zu einer Gewaltanwendung gekommen ist (bei der Bestrafung wegen Raubversuchs ist dies nicht selbstverständlich).

VI. Dagegen tritt der gleichzeitig verwirklichte **versuchte Diebstahl mit einem gefährlichen Werkzeug nach §§ 242, 244 I Nr. 1a, 22, 23 StGB** hinter dem Raubversuch nach §§ 249, 250 II Nr. 1, 22, 23 StGB im Wege der Spezialität zurück.

VII. Gegeben ist aber jedenfalls eine in Tateinheit zum Raubversuch stehende **gefährliche Körperverletzung nach §§ 223, 224 I Nr. 2 StGB** durch die Schläge mit der Eisenstange.

§ 7 Schwere Fälle des Diebstahls

A. Rechtsnatur und Anwendbarkeit des § 243 StGB

I. Rechtsnatur

248 **Achtung Klausur:** *§ 243 StGB bildet keine Qualifikation, sondern er ist bloße Strafzumessungsregel, sodass er nach der Schuld zu prüfen ist.*

Andererseits ähnelt § 243 StGB zumindest einer Qualifikation, weil die Erfüllung der einzelnen Merkmale straferhöhend wirkt.

Die Rechtsnatur des § 243 StGB spielt dabei in Klausuren vor allem bei der Frage nach der Möglichkeit eines Versuchs des Regelbeispiels eine besondere Rolle (s. dazu unten Rn. 259 ff.).

II. Anwendbarkeit des § 243 StGB

249 Eine Anwendbarkeit des § 243 StGB scheidet nach § 243 II StGB von vornherein aus, wenn sich die Tat auf eine geringwertige Sache bezieht. Voraussetzung dafür ist aber nach ganz h.M., dass der Gegenstand **sowohl objektiv als auch subjektiv** nach der Vorstellung des Täters eine geringwertige Sache ist (dies wird vor allem aus dem Wortlaut „bezieht" geschlossen).[1] Dabei wird Geringwertigkeit gegenwärtig bei einer Grenze von 50 € angesetzt.[2] Ausschlaggebend ist im Falle der Mittäterschaft der Gesamtwert des Erlangten.

Beispiel: A bricht in eine Physiotherapiepraxis ein, um Wertsachen zu erlangen. Er nimmt dabei lediglich ein Porzellanei im Wert von 10 € mit. Am selben Tag entwendet er noch eine Geldbörse, in der sich 10 € befinden. Schließlich bricht er noch in ein Sanitätshaus ein und nimmt dort einen Geldbetrag in unbekannter Höhe mit; bei dieser Tat lässt er das Porzellanei zurück.[3]

Lösung: Das OLG äußert sich dahingehend zur Geringwertigkeitsgrenze, dass es sich vorliegend um eine geringwertige Sache handelt, für die der Grenzwert bei 25 € liegt. Dass der objektive Wert des tatsächlich entwendeten Gegenstands unter dieser Grenze liegt, schließt allerdings die Anwendung von § 243 StGB noch nicht aus. Dieser kann auch dann Anwendung finden, wenn sich der Vorsatz des Täters auf wertvollere Sachen bezieht.

---

1 Vgl. *Kudlich*, JuS 1999, L 92; *Küper/Zopfs*, BT, S. 175 m. w. N.; grundlegend zur Behandlung geringwertiger Tatobjekte im Strafrecht *Kudlich/Noltensmeier/Schuhr*, JA 2010, 342 ff.
2 Vgl. nur OLG Zweibrücken NStZ 2000, 536; OLG Hamm StV 2003, 672; OLG Frankfurt NStZ-RR 2008, 311 m. Anm. *Jahn*, JuS 2008, 1024 ff.; *Kindhäuser*, LPK, § 248a, Rn. 2; a. A. BGH BeckRS 2004, 07428, der die Grenze (damals) bei 25 € gezogen hat und *Fischer*, § 248a, Rn. 3a, der die Grenze heute noch bei 30 € zieht.
3 OLG Hamm BeckRS 2016, 05563 m. Anm. *Eisele*, JuS 2016, 564 ff.

B. Die einzelnen Regelbeispiele[4]

I. Einbruchs- und Nachschlüsseldiebstahl, § 243 I S. 2 Nr. 1 StGB

Achtung Klausur: *Einbruchsdiebstahl i. S. d. § 243 I S. 2 Nr. 1 StGB ist seit dem 6. StrRG (in Kraft getreten am 1.4.1998) nicht mehr der Wohnungseinbruchsdiebstahl, sodass § 243 I S. 2 Nr. 1 StGB in der Klausur nicht zur Anwendung gelangt, wenn der Täter in eine Wohnung (= Inbegriff von Räumlichkeiten, deren Hauptzweck darin besteht, Menschen zur ständigen Benutzung zu dienen, ohne dass sie in erster Linie Arbeitsräume sind[5]) eindringt. Der Wohnungseinbruchsdiebstahl und der Privatwohnungseinbruchsdiebstahl fallen jetzt vielmehr unter die Qualifikation des § 244 I Nr. 3 bzw. § 244 IV StGB (s. Rn. 276 ff.).*

250

Merken Sie sich zu der 1. Alternative Folgendes:

251

– Nicht erforderlich ist, dass aus dem Raum gestohlen wird, da die Überwindung der Gewahrsamssicherung maßgeblich ist.[6] Der Täter kann also auch den Raum selbst stehlen. Bsp.: Aufbrechen eines Autos, um dieses zu stehlen.
– „Einbrechen" ist das gewaltsame, nicht notwendig substanzverletzende Öffnen einer dem Zutritt entgegenstehenden Umschließung.
– „Einsteigen" ist das Hineingelangen in eine Räumlichkeit durch eine zum ordnungsgemäßen Eintritt nicht bestimmte Öffnung.
– Falscher Schlüssel: Ob ein Schlüssel falsch ist, richtet sich grundsätzlich nach dem Willen desjenigen, dem die Verfügungsgewalt über das Gebäude bzw. den Dienst- oder Geschäftsraum zusteht.[7] Hieraus folgt, dass nicht nur solche Schlüssel falsch sind, die sich der Täter ohne Wissen des Berechtigten gefertigt hat, sondern auch solche, die ursprünglich zur ordnungsgemäßen Öffnung gedient haben, diese Bestimmung aber zur Zeit der Tat nach dem Willen des Berechtigten verloren haben (Bsp.: Schlüssel, den der Mieter nach seinem Auszug nicht zurückgegeben hat[8]). Ein gestohlener Schlüssel wird erst dann falsch, wenn ihm der Berechtigte die Bestimmung zur ordnungsgemäßen Öffnung entzieht (Entwidmung). Nach Auffassung der Rspr. ist dies in der Regel dann der Fall, wenn der Berechtigte den Diebstahl bemerkt hat.[9] Ein Zweitschlüssel ist danach jedenfalls grundsätzlich ein richtiger Schlüssel, weil er auch nach dem Willen des Berechtigten – und sei es auch nur hilfsweise – zur Öffnung dient.
– Anderes nicht zur Öffnung bestimmtes Werkzeug: Auch hier ist der Wille des Berechtigten ausschlaggebend. Im Übrigen ist diese Alternative nur dann erfüllt, wenn das Werkzeug gegen den Schließmechanismus angewandt wird.[10] Dies ist etwa nicht der Fall, wenn der Täter an einem Pkw ein Fenster einschlägt, um die Tür dann von innen zu öffnen (in diesem Fall kommt jedoch ein Einbrechen in Frage, s. soeben).

---

4 Näher dazu auch *Zopfs*, Jura 2007, 423 ff.
5 *Jäger*, JuS 2000, 651, 656.
6 Vgl. *Otto*, BT, § 41, Rn. 15.
7 BGHSt 14, 292.
8 BGHSt 13, 15.
9 Vgl. BGHSt 21, 189.
10 SK-*Hoyer*, § 243, Rn. 19.

Achtung Klausur: *Störsender, die eine ordnungsgemäße Verriegelung von Fahrzeugen verhindern, fallen nicht unter § 243 I S. 2 Nr. 1 StGB.* Dazu folgendes aktuelles

Beispiel: A verwendete einen Störsender, um zu verhindern, dass B mittels Fernbedienung seine Zentralverriegelung schließen konnte. B, der glaubte, er habe sein Fahrzeug wie immer ordnungsgemäß per Funk abgeschlossen, entfernte sich von seinem Wagen. Nunmehr kam B und entnahm aus dem Fahrzeug einen Computer des A, um diesen für sich zu behalten (**Störsender-Fall** nach BGH NStZ 2018, 212[11]).

Lösung: Das Regelbeispiel des § 243 I S. 2 Nr. 1 StGB ist hier nicht verwirklicht. Andere nicht zur ordnungsgemäßen Öffnung bestimmte Werkzeuge im Sinne dieser Vorschrift sind solche, mit denen der Schließmechanismus ähnlich wie mit einem Schlüssel ordnungswidrig in Bewegung gesetzt wird, nicht aber solche Mittel, mit denen die Betätigung des Schließmechanismus gerade verhindert wird. Da hier auch weder Hausfriedensbruch nach § 123 StGB (das Fahrzeug dient nicht primär dem Aufenthalt von Menschen) noch Sachbeschädigung nach § 303 StGB vorliegt, kommt nur ein einfacher Diebstahl nach § 242 StGB in Betracht, sofern man nicht einen unbenannten Fall des § 243 StGB annimmt. Für die Annahme eines unbenannten Falls könnte sprechen, dass der Unwertgehalt einer Verriegelungsverhinderung mit dem einer Entriegelung durchaus vergleichbar ist

– „Sich-verborgen-Halten" ist vor allem gegeben, wenn sich der Täter in einem Gebäude (etwa nachts in einem Supermarkt) einsperren lässt, um dann zu stehlen (etwa in der Absicht, sich am nächsten Morgen wieder ganz unauffällig unter die ersten Supermarktkunden zu mischen, um sich so aus dem Staub zu machen). Nicht dagegen genügt es, wenn der Täter ohne seinen Willen eingesperrt wird und erst anschließend die günstige Gelegenheit zum Diebstahl ergreift, weil das Sich-verborgen-Halten ebenso wie das Eindringen zur Ausführung des Diebstahls erfolgen muss (vgl. Gesetzeswortlaut).

II. Diebstahl besonders geschützter Gegenstände, § 243 I S. 2 Nr. 2 StGB

252 Merken Sie sich hierzu Folgendes:
– Die Schutzvorrichtung muss die Wegnahme einer Sache erheblich erschweren und auch dazu dienen. Dies ist etwa bei Lenkrad- oder Fahrradschlössern der Fall. Die Schutzvorrichtung muss allerdings tatsächlich funktionsfähig und aktiviert sein. Ein offenes Schloss oder ein geöffneter Tresor sind daher keine Schutzvorrichtungen gegen Wegnahme.[12]

253 – **Achtung Klausur:** *In Prüfungsarbeiten spielen vor allem eingebaute Signale oder sonstige Vorkehrungen (z. B. besonders behandeltes Geld) eine bedeutende Rolle. Dabei sollen derartige Vorkehrungen nach h. M. zumindest dann nicht zur Bejahung des § 243 I S. 2 Nr. 2 StGB ausreichen, wenn sie lediglich der nachträglichen Entdeckung des Täters oder der Wiedererlangung der Sache dienen sollen. Dies gelte insbesondere für elektronische Sicherungsetiketten, da auch sie die Ware nicht „gegen Wegnahme" schützen können. Denn in der überwiegenden Zahl der Fälle vermögen sie die Gewahrsamsbegründung durch den Täter nicht zu verhindern, sondern sie dienen nur der Wiedererlangung des bereits verlorenen Gewahrsams.[13]*

---

11 M. Anm. *Hoven*, NStZ 2018, 212; *Kudlich*, JA 2018, 229.
12 *Fischer*, § 243, Rn. 16a.
13 Vgl. hierzu ausführl. BayObLG NJW 1995, 3000.

So hat etwa das OLG Düsseldorf[14] § 243 I S. 2 Nr. 2 StGB in einem Fall abgelehnt, in dem der Täter das an einer Lederjacke angebrachte Sicherungsetikett sowie das Preisschild entfernte und anschließend die Jacke anzog, um das Kaufhaus zu verlassen und so zu tun, als gehöre die getragene Jacke ihm. Das OLG Düsseldorf nahm hier zu Recht jedenfalls einen vollendeten Diebstahl an, weil der Geschäftsinhaber auf das Kleidungsstück nur noch einwirken konnte, indem er es dem Täter ggf. gewaltsam wieder abnahm. Das OLG verneinte aber – wie schon das BayObLG – § 243 I S. 2 Nr. 2 StGB, weil es sich bei den dort genannten Schutzvorrichtungen nur um solche handele, die nach ihrer Beschaffenheit dazu geeignet und bestimmt sind, die Wegnahme einer Sache erheblich zu erschweren, wie etwa Schlösser und verschließbare Ketten, wohingegen nicht ausreichend sei, dass die Schutzvorrichtung erst wirksam wird, wenn der Gewahrsam bereits gebrochen ist.

In der Literatur wird die Verneinung des § 243 I S. 2 Nr. 2 StGB im Fall von Sicherungsetiketten zum Teil bestritten und auf die psychologische Hemmschwelle hingewiesen, die durch derartige Sicherungsmaßnahmen für den Täter aufgebaut würde. Aber dieses Argument ist fraglich, weil der Täter häufig die Etiketten zerstört oder überhaupt nicht erkennt (so etwa im Fall des OLG Düsseldorf oder im Fall des BayObLG). Anders verhält es sich dagegen bei elektrischen Alarmanlagen. Sie zielen auf die Vorbeugung der Wegnahme, indem sie schutzbereite Dritte auf den bevorstehenden Diebstahl aufmerksam machen und ihnen Gelegenheit zum Einschreiten geben sollen.

Hinweis: *Im Fall des OLG Düsseldorf wird man eine Urkundenunterdrückung durch Abtrennen des Preisschildes verneinen müssen. Zwar handelt es sich bei dem Preisschild i. V. m. der Jacke um eine zusammengesetzte Urkunde, sodass der Täter die diesbezügliche Beweiseinheit durch Abtrennen zerstört. Jedoch dürfte es an der Nachteilszufügungsabsicht fehlen, weil es dem Täter bei der Abtrennung nicht darum ging, dass der Ladeninhaber einen bestimmten Beweis nicht mehr führen konnte. Vielmehr diente seine Handlungsweise nur dazu, den Diebstahl zu erleichtern. Gegeben ist aber eine Sachbeschädigung am Sicherungsetikett!*

Auch bei sonstigen elektronischen Sicherungen ist genau auf deren Wirkweise zu achten. Entscheidend ist, ob die Sicherung bereits die Wegnahme verhindern soll oder ob sie nur typischerweise darauf angelegt ist, den jeweiligen Gegenstand nach Wegnahme wiederzuerlangen. Hierzu folgender

Fall 27: A und B beschlossen, im Elektronikfachmarkt ein Tablet zu entwenden. Um die ca. 18 × 30 cm große Verpackung waren Elektrodrähte angebracht (sog. Sicherungsspinne). Bei Durchtrennen der Drähte oder Passieren des Kassenbereichs löst die Sicherungsvorrichtung ein Alarmsignal aus. A entfernte mit einer von ihm gewohnheitsmäßig als Drogenutensil verwendeten 3,2 cm langen und in einem Bereich von 2 cm scharfgeschliffenen Skalpellklinge die Sicherungsspinne an der Verpackung des Tablets. Anschließend entnahm der Mitangeklagte B das Tablet aus der Verpackung und steckte es unter sein T-Shirt in den Hosenbund. Die leere Verpackung legte er in einem Gang

253a

---

14 OLG Düsseldorf NJW 1998, 1002.

des Marktes ab. A wollte nun auch ein Tablet für sich haben. Deshalb begaben sich beide wieder zu den Tablets. B nahm ein weiteres Tablet desselben Modells, bei dem sich allerdings die Sicherungsspinne ohne Werkzeugeinsatz entfernen ließ. Zusammen mit dem verpackten Tablet gingen die Angeklagten in die DVD-Abteilung. Absprachegemäß deckte A den B ab, während dieser versuchte, die Verpackung zu öffnen. Da er das Siegel nicht entfernen konnte, nahm er sein Taschenmesser, von dem A keine Kenntnis hatte, aus der Hosentasche, schnitt das Siegel auf, riss die Verpackung auf und steckte das Tablet ebenfalls unter sein T-Shirt in den Hosenbund. Die leere Verpackung legte er zu den DVDs. Anschließend gingen beide in Richtung Ausgang und verließen ohne zu bezahlen den Markt. Strafbarkeit von A und B? § 123 StGB ist nicht zu prüfen. (**Sicherungsspinnen-Fall** nach BGH BeckRS 2018, 16640[15])

253b

Lösung:

I. A und B könnten sich durch Entwendung der Tablets wegen zweier **mittäterschaftlicher Diebstahlstaten nach §§ 242 I, 25 II StGB in einem jeweils besonders schweren Fall nach § 243 I S. 2 Nr. 2 StGB** strafbar gemacht haben.

1. Objektiver Tatbestand
A und B müssten die Tablets – für sie fremde bewegliche Sachen – in gemeinschaftlichem Zusammenwirken mit dem jeweils anderen weggenommen haben.
Durch Verbergen der Tablets im Hosenbund haben die beiden fremden Gewahrsam gebrochen und durch Verbringung in ihre Gewahrsamsenklave im Sinne einer Tabusphäre neuen Gewahrsam begründet. Damit war die Wegnahme bereits vollendet. A und B handelten dabei auch mit gemeinsamem Tatplan in arbeitsteiligem Zusammenwirken, indem, wie zuvor geplant, der eine die Sicherungsspinne entfernte, damit dem jeweils anderen hierdurch auf diese Weise die konkrete Entwendung ermöglicht wurde.

2. Subjektiver Tatbestand
A und B handelten auch vorsätzlich sowie in der Absicht rechtswidriger Eigen- bzw. Drittzueignung.

3. Rechtfertigungs- und Schuldausschließungsgründe sind nicht ersichtlich.

4. Fraglich ist, ob A und B jeweils auch einen **besonders schweren Fall nach § 243 I S. 2 Nr. 2 StGB** verwirklicht haben.
Dann müsste es sich bei den Sicherungsspinnen um Schutzvorrichtungen handeln. Der BGH unterscheidet:
Habe die Sicherungsspinne bei Durchtrennen mit dem Skalpell keinen Alarm ausgelöst, weil sie defekt oder nicht aktiviert war, handele es sich nicht um eine Schutzvorrichtung i.S.d. § 243 I S. 2 Nr. 2 StGB.
Ebenso verhalte es sich, wenn die Sicherungsspinne ohnehin erst beim Verlassen des Elektronikfachmarkts Alarm ausgelöst hätte, da sie dann in der Funktionsweise den Sicherungsetiketten vergleichbar sei.
Habe sie aber bereits beim Durchtrennen der Drähte Alarm ausgelöst, so sei zu prüfen, ob diese Funktion bereits den Bruch des Gewahrsams erschwert. So seien Einbruchsmelder an Gebäuden oder Autoalarmanlagen Schutzvorrichtungen, da sie dazu dienen, den Gewahrsamswechsel durch Alarmierung hilfsbereiter Dritter zu erschweren. Allerdings könne bei kleineren Gegenständen im Kaufhaus der Gewahrsamsbruch bei Ertönen des Alarmsignals bereits vollzogen sein oder noch vollzogen werden; denn es mache das Personal nur auf eine stattgefundene Manipulation oder einen erfolgten Gewahrsamsbruch

---

15 Mit Anm. *Jäger*, JA 2019, 228; *Jahn* JuS 2018, 1013.

aufmerksam. Das Personal könne, wenn es ihm gelingt, den Täter rechtzeitig zu erkennen und zugriffsbereite Personen vorhanden sind, Maßnahmen zu dessen Ergreifung und Wiedererlangung des Gegenstands einleiten.

Ob diese neue Unterscheidung überzeugen kann, wonach das Vorliegen des Regelbeispiels bei kleinen Gegenständen trotz sofortiger Alarmierung bei Beseitigung oder Zerstörung der elektrischen Sicherung ausscheiden soll, wenn der Täter im Einzelfall möglicherweise noch vor Ergreifung die Wegnahme vornehmen kann, erscheint fraglich. Denn die Sicherungsspinne, die schon bei Entfernung oder Zerstörung den Alarm auslösen soll, dient dann dennoch dazu, die Wegnahme durch Alarmierung des Personals zu erschweren. Der Fall zeigt damit, dass die Unterscheidungen nicht frei von Willkür sind: Je nachdem, wie schnell und geschickt der Täter nach Entfernung der Sicherungsspinne vorgeht, könnte § 243 I Nr. 2 StGB zu verneinen sein. Dann müsste etwa auch bei einer Alarmanlage § 243 I Nr. 2 StGB zu verneinen sein, wenn es dem Täter im Einzelfall noch gelingt, vor dem Herannahen eines schutzbereiten Dritten Schmuck aus einem Haus in seine Tasche zu stecken. So aber kann § 243 I Nr. 2 StGB nicht gemeint sein. Entscheidend ist, ob die Funktionsweise auf eine typischerweise mögliche (!) Verhinderung der Wegnahme ausgelegt ist.

Überhaupt wäre zu überlegen, ob bei der Entfernung von Sicherungsvorrichtungen – selbst wenn diese typischerweise nur der Entdeckung eines bereits erfolgten Gewahrsamsbruchs dienen sollen (also auch bei Sicherungsetiketten und Sicherungsspinnen, die nur am Geschäftsausgang Alarm geben) nicht stets ein unbenannter Fall des § 243 StGB angenommen werden sollte. Denn der Unrechtsgehalt der Beseitigung eines Wiedererlangungsmechanismus ist mit demjenigen einer Beseitigung eines Wegnahmeverhinderungsmechanismus durchaus vergleichbar.

Ergebnis: Folgt man dem BGH, so hätten sich A und B hier nicht wegen besonders schweren Diebstahls nach § 243 I S. 2 Nr. 2 StGB strafbar gemacht, wenn die Alarmauslösung die Wegnahme wegen der geringen Größe nicht rechtzeitig verhindern konnte.

II. Denkbar wäre jedoch eine Strafbarkeit von A und B wegen **mittäterschaftlichen Diebstahls mit Waffen nach § 244 I Nr. 1a StGB**.

In Betracht kommt insoweit das von B mitgeführte Taschenmesser und das von A bei sich geführte Skalpell. Der BGH hat dabei zumindest ein Tachenmesser jedenfalls bei einer Klingenlänge von mehr als 4 cm als gefährliches Werkzeug eingestuft (in der Klausur wären hier allerdings die abstrakt-ojektive und die subjektive Theorie zu erörtern, s. näher unten Rn. 270 ff.). Dass A von dem mitgeführten Taschenmesser des B keine Kenntnis hatte, wäre gleichgültig, wenn das von ihm mitgeführte Skalpell seinerseits als gefährliches Werkzeug einzustufen wäre. Dagegen sprechen könnte, dass die Schneide des Skalpells lediglich eine Länge von 2 cm aufwies. Allerdings hat der BGH in seiner Taschenmesserentscheidung offengelassen, ob ein Messer mit einer Klingenlänge unter 4 cm ebenfalls ein gefährliches Werkzeug darstellen kann. Richtigerweise wird man dies aber vor allem bei besonders scharfen Gegenständen, wie bei einem Skalpell, bejahen müssen, da dieses typischerweise geeignet ist, erhebliche Verletzungen herbeizuführen.

Ergebnis: A und B haben sich wegen Diebstahls mit Waffen strafbar gemacht.

III. Im Übrigen ist auch eine **mittäterschaftliche Sachbeschädigung nach §§ 303, 25 II StGB** an der zerschnittenen Sicherungsspinne zu bejahen, sofern die von A eigenhändig verwirklichte Zerstörung von einem gemeinsamen Tatplan getragen war und die Ausführung auch mit Willen und im Interesse des B erfolgte, wovon auszugehen ist. Jedenfalls nach der früher von der Rspr. vertretenen subjektiven Theorie, aber auch nach der heute vom BGH angewandten normativen Kombinationstheorie, derzufolge für die Bestimmung der Mittäterschaft das Interesse am Taterfolg, der Umfang der Tatbeteiligung, die Tatherrschaft oder wenigstens der Wille zur Tatherrschaft entscheiden, ließe

> sich daher Mittäterschaft bejahen. Eine Bejahung kommt aber wohl auch nach der Tatherrschaftslehre in Betracht, wenn man die Sachbeschädigung in den Gesamtkontext des Entwendungsvorgangs einstellt (bei Anwendung des strikten tatbestandsbezogenen Tatherrschaftsgedankens wäre auch eine andere Ansicht vertretbar).

- Behältnis ist ein zur sichernden Aufnahme von Sachen dienendes und sie umschließendes Raumgebilde, das nicht zum Betreten von Menschen bestimmt ist.[16] An einer derartigen Sicherungsfunktion soll es nach der Rspr. bei einem Briefumschlag noch fehlen, während dies bei einem Schmuckkästchen bejaht wurde.[17] Entscheidend ist zudem, dass das Behältnis verschlossen oder sein Inhalt gegen Wegnahme besonders gesichert ist.
- Ein verschlossenes Behältnis ist gegen Wegnahme auch dann besonders gesichert, wenn der Täter dieses mit einem zuvor aufgefundenen Schlüssel öffnet. Der gesetzgeberische Grund für das die Strafschärfung auslösende Regelbeispiel liegt nämlich darin, dass der Täter ein erhöhtes Maß an Rücksichtslosigkeit gegenüber fremdem Eigentum zeigt, indem er sich über eine besondere Sicherung hinwegsetzt, mit welcher der Eigentümer zu erkennen gibt, dass er auf die Erhaltung gerade dieser Sache Wert legt.[18]

III. Gewerbsmäßiger Diebstahl, § 243 I S. 2 Nr. 3 StGB

254 Gewerbsmäßig handelt, wem es darauf ankommt, sich aus wiederholter Begehung eine fortlaufende Haupt- oder auch nur Nebeneinnahmequelle von einiger Dauer und einigem Umfang zu schaffen.[19] Dabei kann für die Gewerbsmäßigkeit eine einzige Tat mit dem erforderlichen Fortsetzungswillen genügen.[20]

IV. Kirchendiebstahl, § 243 I S. 2 Nr. 4 StGB

255 Er erfasst den Diebstahl sog. „res sacrae". Entscheidend ist, dass der Gegenstand dem Gottesdienst gewidmet ist, was nur dann der Fall ist, wenn er unmittelbar dazu dient, dass an oder mit ihm gottesdienstliche Handlungen vorgenommen werden.[21] Dazu gehören alle im kirchenrechtlichen Sinn geweihten und für gottesdienstliche Verrichtungen bestimmten Gegenstände (wie z. B. Monstranzen, Kruzifixe, Altäre etc., nicht aber die für die Gläubigen ausgelegten Gesang- und Gebetbücher).

V. Diebstahl öffentlicher Sachen, § 243 I S. 2 Nr. 5 StGB

256 Diese Alternative erschließt sich bereits aus der Gesetzeslektüre. In Betracht kommen hier vor allem Museumsdiebstähle.

---

16 BGHSt 1, 163.
17 Vgl. OLG Köln JR 1956, 469; OLG Celle NJW 1964, 738.
18 OLG Karlsruhe NStZ-RR 2010, 48.
19 BGHSt 1, 383; OLG Köln NStZ 1991, S. 585.
20 *Sch/Sch/Hecker*, § 260, Rn. 2 m. w. N.
21 BGHSt 21, 64.

VI. Diebstahl unter Ausnutzung von Bedrängnis, § 243 I S. 2 Nr. 6 StGB

– Hilflosigkeit ist anzunehmen, wenn sich das Opfer nicht aus eigener Kraft gegen rechtsgutsbezogene Gefahren schützen kann[22] (Beispiele: Blindes Opfer, gelähmtes Opfer; nicht dagegen genügt Schlaf oder hohes Alter[23]).

– „Unglücksfall" ist ein plötzliches Ereignis, das eine erhebliche Gefahr für Personen oder Sachen bringt. Der Begriff ist aber nicht notwendig opferbezogen, sodass auch die Ausnutzung eines durch den Unglücksfall ausgelösten Gedränges genügt.[24]

VII. Diebstahl von Waffen und Sprengstoff, § 243 I S. 2 Nr. 7 StGB

Auch hier genügt die Lektüre des Gesetzestextes. Klar machen sollte man sich allerdings, dass § 243 I S. 2 Nr. 7 StGB nur beim Diebstahl von Waffen in Frage kommt, die nicht sofort funktionsfähig sind. Stiehlt der Täter nämlich (sofort) funktionsfähige Waffen, so ist der Qualifikationstatbestand nach § 244 I Nr. 1 StGB erfüllt, da dann ein Mitsichführen einer Waffe anzunehmen ist (vgl. unten Rn. 268). Eine Anwendung des § 243 I S. 2 Nr. 7 StGB scheidet in diesem Falle aus (und zwar nach h. M. wegen Subsidiarität des § 243 StGB gegenüber § 244 StGB,[25] meines Erachtens aber richtiger wegen des strafzumessungsrechtlichen Doppelverwertungsverbots nach § 46 III StGB, da es sich bei § 243 StGB um eine Strafzumessungsregel handelt[26]).

C. Sonderprobleme

I. Sonderproblem 1: Der Versuch eines Regelbeispiels

Ob der Versuch eines Regelbeispiels möglich ist, ist seit jeher umstritten. Der Streit entzündet sich dabei am Wortlaut des § 22 StGB, wonach der Täter beim Versuch nach seiner Vorstellung von der Tat zur Verwirklichung des Tatbestandes unmittelbar ansetzen muss. Hieraus wird vor allem in der Literatur gefolgert, dass nur der Versuch eines Tatbestandes, nicht aber der eines Regelbeispiels als bloßer Strafzumessungsregel möglich sei.

Beispiel: A versucht durch ein offen gelassenes Fenster an einer Tankstelle in den Verkaufsraum zu gelangen. Auf Grund seiner Fettleibigkeit bleibt er jedoch bereits im Bereich der Schultern im Fensterrahmen stecken. Er muss daher von seinem Vorhaben, Nahrungsmittel zu stehlen, ablassen. Wie hat sich A strafbar gemacht? **(Fensterrahmen-Fall)**

Lösung: Ein versuchter Diebstahl gem. §§ 242 II, 22, 23 StGB liegt vor. Insbesondere hat A spätestens mit dem Bemühen, in das Gebäude hineinzugelangen, unmittelbar zur Tatbestandsverwirklichung angesetzt, da dieses Vorgehen ohne wesentliche Zwischenakte in die Wegnahmehandlungen einmünden sollte. Auch hat er mit seinem Bemühen, einzudringen, bereits die Sphäre des Berechtigten berührt (Sphärentheorie) und er wollte nach seiner Vorstellung in unmittelbar zeitlich-räumlichen Fortgang zur Tathandlung schreiten (vgl. *Jäger*, AT, Rn. 294 ff.).

---

22 BayObLG NJW 1973, 1808; *Küper/Zopfs*, BT, S. 227.
23 BGH NStZ 2001, 532, 533.
24 *Wessels/Hillenkamp/Schuhr*, BT/2, Rn. 242.
25 Vgl. nur *Wessels/Hillenkamp/Schuhr*, BT/2, Rn. 243.
26 Vgl. hierzu schon *Jäger*, JuS 2000, 657.

Ein strafbefreiender Rücktritt des A nach § 24 StGB war nicht möglich. A hatte erkannt, dass er aufgrund seiner Fettleibigkeit nicht in der Lage war, in das Gebäudeinnere zu gelangen. Der Versuch war damit fehlgeschlagen, sodass eine Rücktrittsfähigkeit ausscheidet.[27] Es bleibt zu prüfen, ob ein besonders schwerer Fall des versuchten Diebstahls in Form des Einbruchdiebstahls anzunehmen ist, vgl. § 243 I S. 2 Nr. 1 StGB. Dieser könnte vorliegend durch Einsteigen verwirklicht sein. Ein Einsteigen setzt jedoch voraus, dass der Täter in den Raum unter Überwindung von Hindernissen, die den Zugang nicht unerheblich erschweren, auf außergewöhnliche Weise eindringt.[28] Dabei muss der Täter nach wohl h. M. zwar nicht mit dem ganzen Körper eindringen; jedoch ist Voraussetzung, dass er im Gebäudeinneren zumindest einen Stützpunkt gefunden hat. Das ist vorliegend zu verneinen, da es A allenfalls gelungen ist, den Kopf ins Gebäudeinnere zu stecken. Zu prüfen ist daher, ob auch der bloße Versuch des Regelbeispiels bereits die Straferschwerung auszulösen vermag. Eine starke Auffassung im Schrifttum verneint das.[29] Begründet wird dies vor allem mit dem Wortlaut der §§ 22, 23 II StGB, die lediglich auf Tatbestände im engeren Sinne zugeschnitten seien, sodass eine Anwendung auf die bloße Strafzumessungsregel des § 243 StGB ausscheidet. Die wohl h. M. in Rspr. und Literatur nimmt dagegen an, dass das Regelbeispiel des § 243 I S. 2 Nr. 1 StGB auch durch den bloßen Versuch des Eindringens ausgelöst werden kann.[30] Diese Ansicht stützt sich auf die Tatbestandsähnlichkeit der Strafzumessungsgründe sowie die Unerheblichkeit einer speziellen Versuchsregelung angesichts des § 242 II StGB, der sich ohne Weiteres auch auf die Versuchsstrafbarkeit in § 243 StGB erstrecken könne. Die Auffassung der h. M. erscheint vorzugswürdig. Die durch das 1. StrRG erfolgte Umwandlung des § 243 StGB von einem echten Qualifikationstatbestand hin zu einer Strafzumessungsvorschrift verfolgte nicht den Zweck, den Strafbarkeitsumfang einzuschränken, also etwa das versuchte Eindringen auszunehmen. Sinn war vielmehr, dem Richter eine größere Freiheit bei der Annahme bzw. Ablehnung einer Strafrahmenverschiebung zu verleihen. Auch der Wortlaut des § 243 I S. 2 Nr. 1 StGB steht dem nicht entgegen. Zwar ist dieser im Sinne einer Vollendung formuliert; jedoch gilt dies grundsätzlich für alle Tatbestände des Besonderen Teils, sodass eine Erstreckung des Versuchs auf die tatbestandsähnlich ausgestalteten Regelbeispiele nicht ausgeschlossen erscheint. Zu bedenken ist dabei, dass dies offenbar auch der Gesetzgeber so gesehen haben muss, als er die Vergewaltigung nach § 177 VI S. 2 Nr. 1 StGB als Regelbeispiel der sexuellen Nötigung ausgestaltet und dabei sicherlich nicht die Abschaffung einer Versuchsverwirklichung beabsichtigt hat. Dagegen wird man einen Hausfriedensbruch nach § 123 StGB ablehnen müssen. Hierfür fehlt es am Merkmal des Eindringens. Zwar kann auch genügen, dass der Täter nur mit einem Teil des Körpers eindringt; jedoch ist auch hier – wie schon bei § 243 I S. 2 Nr. 1 StGB – erforderlich, dass er im Inneren einen Stützpunkt findet[31] (z. B. Hineinstellen des Fußes in die Tür). Das Hineinstrecken des Kopfes genügt daher nicht. Damit liegt strukturell nur der Versuch eines Hausfriedensbruchs vor, der jedoch straflos ist.

II. Sonderproblem 2: Der Vorsatzwechsel beim Diebstahl und seine Auswirkungen auf die Anwendbarkeit des § 243 StGB

262 Das Problem des Vorsatzwechsels hat im Zusammenhang mit § 243 StGB eine ganz erhebliche Klausurbedeutung.

---

27 Vgl. zum Fehlschlag näher *Jäger*, AT, Rn. 313 f.
28 Vgl. BGHSt 10, 132; OLG Bremen MDR 1950, 753.
29 Vgl. hierzu *Otto*, JZ 1993, 565; *Zopfs*, GA 1995, 322; *Graul*, JuS 1999, 852; *Krey/Hellmann/Heinrich*, BT/2, Rn. 161 f.; *Kudlich*, BT/1, PdW, S. 42 f.; *Schroth*, BT, S. 153; *Sternberg-Lieben*, Jura 1986, 518 f.
30 Vgl. BGHSt 33, 370 m. Anm. *Küper*, JZ 1986, 518; *Schäfer*, JR 1986, 522; *Eckstein*, JA 2001, 548; BayObLG NStZ 1997, 442 m. Anm. *Wolters*, JR 1999, 37; *Sander/Malowski*, NStZ 1999, 36; *Eisele*, Die Regelbeispielsmethode im Strafrecht, 2004, S. 311; *ders.*, JA 2006, 309; *Kindhäuser*, Triffterer-FS, 1996, S. 130; *Gropp*, JuS 1999, 1050.
31 *Kindhäuser*, BT/1, § 33, Rn. 14.

Sonderproblem 2: Der Vorsatzwechsel beim Diebstahl § 7 C II

Es entspricht allgemeiner Auffassung, dass bei einem Vorsatzwechsel, d. h., wenn sich der Täter von einem Diebstahlsobjekt auf das andere verlegt (Bsp.: Täter findet keinen Schmuck und stiehlt deshalb Geld) nur ein vollendeter Diebstahl gegeben ist und nicht etwa ein fehlgeschlagener Diebstahlsversuch am Schmuck und ein vollendeter Diebstahl am Geld!

Besondere Probleme ergeben sich hier aber bei der Anwendung des § 243 StGB. Das zeigt folgender Fall:

Fall 28: A war nachts in den Supermarkt des B eingedrungen, um dort nach Bargeld zu suchen. Als er Schritte hörte und sich entdeckt fühlte, lief er an den Kassen vorbei ins Freie. Im Laufen ließ er dabei eine an der Kasse liegende Bifi-Salami im Wert von 1 € mitgehen. Im Hof des Supermarkts wurde er von einem gerade vorbeikommenden Wachmann gestellt. Strafbarkeit des A? § 123 StGB ist nicht zu prüfen. **(Selbstbedienungs-Fall IV)**

Lösung:

I. In Betracht kommt **Diebstahl, ggf. in einem besonders schweren Fall, gem. §§ 242, 243 StGB hinsichtlich der Bifi-Salami**.

Achtung Klausur: *In der Klausur muss hier deutlich das geprüfte Tatobjekt festgestellt werden, damit der Korrektor sofort erkennt, dass man hinsichtlich Salami und der Barschaft trennt.*

1. A hat die Wurst, eine fremde bewegliche Sache, vorsätzlich und in der Absicht rechtswidriger Zueignung weggenommen.

2. Rechtfertigungs- und Schuldausschließungsgründe sind nicht ersichtlich.

3. Denkbar wäre die Annahme eines besonders schweren Falles gem. § 243 I S. 2 Nr. 1 StGB.

a) A könnte in den Supermarkt – einen Geschäftsraum – eingestiegen sein. Dies setzt voraus, dass A in den Raum unter Überwindung von Hindernissen, die den Zugang nicht unerheblich erschweren, hineingelangt ist. Hierfür genügt das von A vorgenommene „Eindringen". § 243 I Nr. 1 StGB setzt darüber hinaus voraus, dass diese Handlung subjektiv „zur Ausführung der Tat" erfolgte. Fraglich ist dies vorliegend deshalb, weil der Entschluss des A bei Einstieg nicht auf die Entwendung der Bifi-Wurst gerichtet war, sondern der Entwendung von Bargeld galt. Denkbar wäre insoweit die Annahme eines Diebstahlsversuchs in einem besonders schweren Fall bzgl. des Bargelds sowie eines in Tateinheit hierzu stehenden Diebstahls nach § 242 StGB in Bezug auf die Bifi-Wurst, was letztlich auf eine Aufspaltung des Diebstahlsvorsatzes hinauslaufen würde. Dies würde freilich dazu führen, dass derjenige, der einen weiten, unspezifizierten Diebstahlswillen hat (Bsp.: Der Täter will alles Stehlenswerte mitnehmen), seinen Vorsatz jederzeit noch auf einzelne Diebstahlsobjekte konkretisieren könnte, während derjenige, der sich von Anfang an auf ein bestimmtes Diebstahlsobjekt festlegt und sich anschließend umentscheidet, sowohl wegen vollendeten als auch wegen versuchten Diebstahls strafbar wäre. Mit dem BGH ist daher davon auszugehen, dass ein einheitlicher Vorsatz fortbesteht, auch wenn sich der Stehlwille im Verlauf der Tatausführung verengt, erweitert oder sonst ändert.[32] Anders soll es nur dann sein, wenn der Täter von seinem ursprünglichen Diebstahlsversuch in einem besonders schweren Fall abläßt und erst anschließend einen neuen Tatentschluss fasst, geringwertige Gegenstände

---
32 BGHSt 22, 350; BGH bei *Dallinger*, MDR 1953, 272.

wegzunehmen. Der Vorsatzwechsel vom Kasseninhalt hin zur Bifi-Salami hindert also nicht die Bejahung eines vollendeten Diebstahls in einem besonders schweren Fall an der geringwertigen Sache.

b) Fraglich ist allerdings, ob die Straferschwerung nach § 243 I S. 2 Nr. 1 StGB wegen Geringwertigkeit der weggenommenen Sache nach § 243 II StGB ausscheidet. Jedoch ist dies abzulehnen, weil sich die von einem einheitlichen Vorsatz durchzogene Tat nicht – wie § 243 II StGB verlangt – auf eine geringwertige Sache „bezog".

c) Problematisch ist darüber hinaus, ob als Strafverfolgungsvoraussetzung ein Strafantrag nach § 248a StGB erforderlich ist. Dies könnte deshalb der Fall sein, weil A tatsächlich eine geringwertige Sache weggenommen hat. Indessen bezieht sich § 248a StGB ausdrücklich nur auf den Diebstahl und die Unterschlagung „in den Fällen der §§ 242 und 246 StGB". Der besonders schwere Fall des Diebstahls nach § 243 StGB wird daher vom Strafantragserfordernis des § 248a StGB ausgenommen.

II. Fraglich ist, ob A zusätzlich einen **versuchten Diebstahl nach §§ 242 II, 22, 23 StGB hinsichtlich des Bargeldes** verwirklicht hat.

Erkennt man die Annahme eines einheitlichen Vorsatzes – wie soeben beschrieben – an, so fehlt es jedoch gerade an einem gesonderten Tatentschluss hinsichtlich des Geldes. Vielmehr wirkt sich die einheitliche Diebstahlstat so aus, dass insgesamt nur ein vollendeter Diebstahl angenommen werden kann.

Ergebnis: A ist strafbar gem. §§ 242, 243 StGB in Bezug auf die Bifi-Salami.

Hinweis: Der Fall wäre anders zu beurteilen, wenn „im Bereich des Verwirklichungswillens … eine echte Zäsur"[33] vorläge, d. h., wenn der Täter seinen Willen etwas zu stehlen zunächst ganz aufgibt und dann wiederaufflammen lässt. Dann ist eine Strafbarkeit wegen vollendeten Diebstahls am tatsächlich gestohlenen Tatobjekt zu bejahen, während eine zusätzliche Strafbarkeit wegen eines versuchten Diebstahls in einem besonders schweren Fall hinsichtlich des zuerst ins Auge gefassten Gegenstandes abzulehnen ist, sofern der Täter von der noch nicht fehlgeschlagenen Tatausführung freiwillig abgelassen hat.

Hinweis und Zusammenfassung: *Prägen Sie sich ein, an welcher Stelle Sie den Vorsatzwechsel zu prüfen haben, wenn die § 243-Problematik involviert ist. Man prüft den Vorsatzwechsel im Rahmen des § 243 I S. 2 Nr. 1 StGB nämlich bei der Frage, ob der Täter „zur Ausführung des Diebstahls" eingebrochen ist. Dies ist nur bei einheitlicher Tat (d. h. bei aufrechterhaltenem einheitlichen Diebstahlswillen!) der Fall, dagegen kommt es zu einer Aufspaltung in vollendeten einfachen Diebstahl und versuchten Diebstahl in einem besonders schweren Fall, wenn der Diebstahlsvorsatz zunächst aufgegeben und anschließend ein neuer Diebstahlsvorsatz gefasst wird.*

---

33 So *Wessels/Hillenkamp/Schuhr*, BT/2, Rn. 232.

§ 8 Qualifizierte Fälle des Diebstahls

I. Diebstahl mit Waffen oder anderen gefährlichen Werkzeugen, § 244 I Nr. 1a StGB

Qualifikationsgrund ist hier das Bei-sich-Führen einer Waffe oder eines anderen gefährlichen Werkzeugs, sodass die Strafschärfung bereits dann eintritt, wenn dem Täter diese Gegenstände bei der Diebstahlsausführung ohne Schwierigkeiten zugänglich sind. Ausreichend hierfür ist, dass die Waffe bzw. das gefährliche Werkzeug zwischen Versuchsbeginn und tatsächlicher Beendigung so zur Verfügung stehen, dass sich der Täter ihrer jederzeit, also ohne nennenswerten Zeitaufwand und ohne Schwierigkeiten bedienen kann (laut BayObLG NJW 1999, 2535 soll dies bei einem tief im Rucksack verborgenen Taschenmesser zu verneinen sein).

267

Achtung Klausur: *§ 244 I Nr. 1a Alt. 1 StGB ist auch dann erfüllt, wenn der Täter eine Waffe erst im Zuge der Tatausführung ergreift bzw. wenn sie Teil der Beute ist, weil sich die Gefährlichkeit bei Waffen stets aus der konkreten Zweckbestimmung ergibt (das Merkmal „Bei-sich-Führen" darf also nicht zu wörtlich genommen werden!).*

Im Übrigen unterscheidet § 244 I Nr. 1a StGB Waffen und andere gefährliche Werkzeuge:

1. Waffen

Waffen sind solche im technischen Sinn, d. h. i. S. d. §§ 1, 37 Waffengesetz, sodass darunter alle Gegenstände fallen, die ihrer Natur nach dazu bestimmt sind, bei ihrem Einsatz Verletzungen herbeizuführen[1] (z. B. Handgranate, Gaspistole, Schlagstock, Schlagring, Springmesser, etc.). Ausreichend ist die Gefährlichkeit als solche, sodass keine Gebrauchsabsicht hinzukommen muss; notwendig ist jedoch nach überwiegender Auffassung, dass die Waffe funktions- und einsatzfähig ist.[2]

268

Die konkrete Gefährlichkeit ergibt sich hier bereits aus der Zweckbestimmung der Waffe, sodass auch ein sozialtypisches Mitführen das Gefährlichkeitsurteil nach h. M.[3] nicht relativiert. Der bei seinem Streifengang bewaffnete Polizist, der einen Apfel stiehlt, ist daher nach zutreffender Auffassung aus § 244 I Nr. 1a StGB zu bestrafen. Dies gilt umso mehr, als ein Waffeneinsatz bei einem Polizisten umso wahrscheinlicher ist, als er im Falle seiner Entdeckung u. U. mit empfindlichen beruflichen Nachteilen zu rechnen hat.

Achtung Klausur: *Da unter Waffen auch Kampfgase und Gaspistolen, sowie Schlagstöcke fallen, kann diese Problematik auch bei Angestellten eines privaten Sicherheitsdienstes akut werden!*

---

1 *Fischer*, § 244, Rn. 3 ff.; SK-*Hoyer*, § 244, Rn. 13; *Rengier*, BT/1, § 4, Rn. 16.
2 *Sch/Sch/Bosch*, § 244, Rn. 3a; RGSt 66, 117; BGH GA 1962, 165.
3 *Sch/Sch/Bosch*, § 244, Rn. 6; SK-*Hoyer*, § 244, Rn. 14 m. w. N.

2. Anderes gefährliches Werkzeug

269 Umstritten geblieben ist dagegen bis heute der Qualifikationsbegriff des „anderen gefährlichen Werkzeugs":[4]

Ausgeschlossen ist dabei zunächst eine Definition, die sich an § 224 I Nr. 2 StGB orientiert.[5] Denn bei § 224 I Nr. 2 StGB wird die Gefährlichkeit des Werkzeugs von der objektiven Beschaffenheit und der konkreten Art seiner Benutzung abhängig gemacht (s. o. Rn. 78). Da aber § 244 I Nr. 1a StGB schon das Bei-sich-Führen des Werkzeugs genügen lässt, verbietet sich eine an der Benutzung ausgerichtete Begriffsbestimmung.

Das Problem besteht nun darin, dass man bei Zugrundelegung einer nur möglichen Nutzung nahezu jeden Gegenstand, den der Täter bei sich führt, als gefährliches Werkzeug einstufen könnte (z. B. einen in der Jackentasche mit sich geführten Kugelschreiber – man denke nur an einen kraftvoll geführten Stoß ins Auge; ein mitgeführtes Taschenmesser; ein von einem Handwerker stets mitgeführter Schraubenzieher; ein auf dem Weg zum Sport mitgeführter Tennisschläger).

In Rspr. und Literatur ist man daher seit Einführung dieses Merkmals durch das 6. StrRG um eine Restriktion bemüht, die einer Ausuferung der Strafbarkeit entgegenwirken soll:

a) Subjektivierende Auffassungen

270 Danach soll ein Werkzeug nur dann gefährlich sein, wenn der Täter den Willen zum Einsatz des mitgeführten Gegenstands hatte.[6]

Kritik: Eine Gebrauchsabsicht wird nur in § 244 I Nr. 1b StGB verlangt, während § 244 I Nr. 1a StGB schon das Mit-sich-Führen strafschärfend bewertet. Um eine Kollision von § 244 I Nr. 1a und Nr. 1b StGB zu vermeiden, wird zwar in der Literatur teilweise vorgeschlagen, dass § 244 I Nr. 1a StGB nur dann gegeben sein soll, wenn der Täter den Gegenstand *notfalls* einsetzen wollte, während § 244 I Nr. 1b StGB bei *direkter* Gebrauchsabsicht vorliegen soll.[7] Auch derartige Lösungsversuche sind jedoch rechtsunsicher. Denn ob der Täter eine Einsatzabsicht hatte oder das gefährliche Werkzeug nur notfalls einzusetzen beabsichtigte, wird sich vielfach nicht bestimmen lassen. Auch ist nicht einzusehen, weshalb hierin ein entscheidender Unterschied bestehen soll. Denn auch ein Tatentschluss auf bewusst unsicherer Tatsachengrundlage genügt bekanntlich zur Erfüllung des subjektiven Tatbestands (will der Täter etwa ein Taschenmesser notfalls einsetzen, was für ihn der Fall ist, wenn er auf den zu Bestehlenden trifft, in dessen Haus er eingedrungen ist, so kann an einer Gebrauchsabsicht i. S. d. § 244 I Nr. 1b StGB nicht gezweifelt werden).

---

[4] *Krüger*, JA 2009, 190 ff.; lesenswert zu Waffen und gefährlichen Werkzeugen im Strafrecht *Lanzrath/Fieberg*, Jura 2009, 348 ff.; *Fahl*, Jura 2012, 593 ff.
[5] *Wessels/Hillenkamp/Schuhr*, BT/2, Rn. 272; *Hörnle*, Jura 1998, 171 f.; *Küper/Zopfs*, BT, S. 492; SK-*Hoyer*, § 244, Rn. 4.
[6] Vgl. SK-*Hoyer*, § 244, Rn. 6 f.; *Küper*, JZ 1999, 193; *Rengier*, BT/1, § 4, Rn. 25 ff.; *Zopfs*, Jura 2007, 519 f.
[7] Vgl. hierzu etwa *Wessels/Hillenkamp/Schuhr*, BT/2, Rn. 275 f.

b) Objektivierende Auffassungen

Überwiegend haben sich daher in Rspr. und Literatur objektivierende Auffassungen etabliert, wobei allerdings bis heute Streit herrscht: **271**

— Nach einer Ansicht sind nur solche Gegenstände gefährlich, die typischerweise bzw. erfahrungsgemäß verletzungsgeeignet sind.[8]

Kritik: Sichere Abgrenzungen lässt diese Auffassung nicht zu (man denke nur an den Hund, den der Dieb bei sich führt und der nur auf Kommando angreift, wobei der Hundeführer von dieser Möglichkeit noch nie Gebrauch gemacht hat).

— Nach a. A. soll eine Gesamtwürdigung der Umstände den Ausschlag geben, sodass ein Werkzeug nur dann gefährlich sein kann, wenn der Gegenstand im Gesamtkontext nur als Gewaltmittel einsetzbar ist.[9]

Kritik: Diese Auffassung verstößt eindeutig gegen den Willen des Gesetzgebers, der sogar das Mit-sich-Führen eines Tapetenmessers als qualifikationsbegründend angesehen hat.[10]

— Nach wieder a. A. ist ein Werkzeug nur dann gefährlich, wenn der Gegenstand zur Herbeiführung von Verletzungen nicht zweckentfremdet werden muss.[11]

Kritik: Für § 244 I Nr. 1a Alt. 2 StGB verbliebe danach praktisch kein Raum mehr, weil diese Auffassung letztlich darauf hinaus läuft, dass nur solche Gegenstände als gefährlich anzusehen sind, die dem Zweck der Verletzung von Menschen dienen. Solche Gegenstände fallen allerdings grundsätzlich schon unter den Begriff der Waffe, sodass das Merkmal des gefährlichen Werkzeugs letztlich sogar leer liefe.

c) Stellungnahme

Subjektivierende Auffassungen sind tatsächlich aufgrund der durch sie ausgelösten Friktionen zwischen § 244 I Nr. 1a und Nr. 1b StGB abzulehnen. **272**

Vorzugswürdig erscheint daher eine Abgrenzung, die objektiven Kriterien folgt. Dabei geraten allerdings abstrakte Gefährlichkeitsbestimmungen ersichtlich in Konflikt mit dem Bestimmtheitsprinzip des Art. 103 II GG, sodass insgesamt eine konkrete Betrachtung vorzugswürdig erscheint.

In diesem Zusammenhang ist zu berücksichtigen, dass sich die konkrete Gefährlichkeit der Waffe (Alt. 1) automatisch aus ihrer konkreten Zweckbestimmung ergibt. Dagegen kann sich die Gefährlichkeit anderer Werkzeuge (Alt. 2) nur aus den konkreten Umständen ergeben. Daher muss das Werkzeug unter den konkreten Umständen des Mitsichführens als gefährlich erscheinen. Dies ist nicht der Fall, wenn der Gegenstand im Rahmen des Delikts sozialtypisch (man denke an den Bleistift oder das üblicherweise mitgeführte Taschenmesser) oder deliktstypisch (man denke an den

---

[8] Vgl. *Dencker*, JR 1999, 35 f.; *Zieschang*, JuS 1999, 51 f.; lesenswert auch *Schroth*, BT, S. 158, der auf die „erfahrungsgemäß" gegebene Benutzungsart abstellt.
[9] Vgl. *Schlothauer/Settele*, StV 1998, 505.
[10] Vgl. BT-Drucks. 13/9064, S. 18.
[11] *Hörnle*, Jura 1998, 172; *Krey/Hellmann/Heinrich*, BT/2, Rn. 185.

gestohlenen Goldbarren) mitgeführt wird.[12] Mehrfach hatte der BGH im Rahmen des § 244 I Nr. 1a StGB die Frage zu entscheiden, ob ein ständig mitgeführtes Taschenmesser als gefährliches Werkzeug i. S. d. Vorschrift zu betrachten ist. Der BGH hat dabei die Frage zunächst offen gelassen, ob das Mitführen eines solchen Taschenmessers als Gebrauchsgegenstand des täglichen Lebens wegen sozialadäquaten Verhaltens grundsätzlich aus dem Anwendungsbereich des § 244 I Nr. 1a StGB herausfällt. Stattdessen hat der BGH für das Taschenmesser die Frage ausweichend auf das Tatbestandsmerkmal des „Bei-sich-Führens" verlagert und dieses Merkmal nur dann als erfüllt angesehen, wenn der Täter das gefährliche Werkzeug bei der Tatausführung „bewusst gebrauchsbereit" bei sich hatte.[13] Ein entsprechendes Bewusstsein liege aber beim Bei-sich-Führen eines Taschenmessers mit einer Klingenlänge von nur 4,5 cm nicht ohne Weiteres auf der Hand. Die Entscheidung des BGH war deshalb etwas unbefriedigend, weil sie eigentlich Gelegenheit gegeben hätte, sozialtypisch mitgeführte Gegenstände grundsätzlich aus dem Anwendungsbereich des § 244 I Nr. 1a StGB auszuschließen. Auch ist nicht recht einzusehen, weshalb ein sachgedankliches Mitbewusstsein hier – anderes als beim Mitführen von Waffen bei einem Polizisten (vgl. dazu *Jäger*, AT, Rn. 69 f.) – nicht genügen soll. Besser wäre es daher gewesen, die Anwendung des § 244 I Nr. 1a StGB wegen der Sozialtypizität des Mitsichführens auszuschließen. Stattdessen hat der 3. Senat des BGH[14] ein mitgeführtes Taschenmesser wesentlich eindeutiger als objektiv gefährliches Werkzeug eingestuft. Der Entscheidung lag dabei ein Fall zu Grunde, der verdeutlicht werden soll durch folgendes

Beispiel: A, der in einem Supermarkt Whiskyflaschen stehlen wollte, führte an seinem Gürtel ein aufklappbares Taschenmesser mit längerer Klinge bei sich, um damit die Sicherungsetiketten von den Flaschen zu entfernen. Tatsächlich schnitt er die Sicherungsetiketten ab und verließ mit den Whiskyflaschen den Laden. Die Absicht, das Messer gegenüber Menschen einzusetzen, hatte er zu keinem Zeitpunkt. Strafbarkeit des A?

Lösung: Hier ist jedenfalls ein Diebstahl nach § 242 StGB gegeben. Das Regelbeispiel des § 243 I S. 2 Nr. 2 StGB wurde dagegen durch die Entfernung der Sicherungsetiketten nicht verwirklicht, da diese insofern keine besondere Sicherungsfunktion erfüllen, als sie nicht vor Wegnahme schützen sollen, sondern regelmäßig der Wiedererlangung bereits gebrochenen Gewahrsams dienen (mehr dazu oben Rn. 253). Umso bedeutsamer ist die Frage, ob das Mit-sich-Führen des Taschenmessers den Qualifikationstatbestand des § 244 I Nr. 1a Alt. 2 StGB begründet. Der BGH verwirft in diesem Zusammenhang subjektivierende Abgrenzungen nach einer Verwendungsabsicht oder einem Verwendungsvorbehalt des Täters. Derartige Einschränkungen widersprächen der Systematik des Gesetzes, der zu Folge die Frage des Verwendungsvorsatzes allein in § 244 I Nr. 1b StGB eine Rolle spielen. Deshalb sei die Frage der Gefährlichkeit des Werkzeugs allein objektiv zu bestimmen. Allerdings räumt der BGH zum ersten Mal ein, dass die Fassung des § 244 I Nr. 1a StGB missglückt und daher eine mit den Mitteln herkömmlicher Auslegungstechnik umfassende, sachgerechte Lösung für alle denkbaren Einzelfälle nicht zu erreichen sei. Trotz der unbestimmten Gesetzesfassung hält der BGH aber an der Auffassung einer objektiven Bestimmung fest und geht davon aus, dass Taschenmesser wegen der von ihnen ausgehenden hohen abstrakten Gefahr Waffen im technischen Sinne zumindest nahe kämen

---

12 Vgl. näher hierzu *Jäger*, JuS 2000, 651, 653 ff.; vgl. zum Taschenmesser auch OLG Celle StV 2005, 336 sowie allgemein *Jooß*, Jura 2008, 777 ff.
13 BGH StV 2005, 606 f. m. Anm. *Kudlich*, JA 2006, 249 f.
14 BGHSt 52, 257 mit lesenswerter Anm. *Foth*, NStZ 2009, 93 ff.; vgl. auch *Jahn*, JuS 2008, 835 f.; *Kasiske*, HRRS 2008, 378 ff.; *Mitsch*, NJW 2008, 2865; *Krüger*, JA 2009, 190 ff.

und insbesondere bei größerer Klingenlänge als objektiv gefährlich einzustufen seien. Auch habe A den Vorsatz des Bei-sich-Führens gehabt, zumal er das Messer zum Abschneiden von Etiketten verwendet habe, sodass ein jederzeitiger Zugriff möglich war.

Hinweis: *Kritisch lässt sich auch dieser Entscheidung einmal mehr entgegenhalten, dass es gerade angesichts der vom BGH selbst erkannten Unbestimmtheit der Gesetzesfassung wohl besser gewesen wäre, den Tatbestand restriktiver auszulegen und doch auf die Sozialtypizität des Mit-sich-Führens eines Taschenmessers abzustellen. Danach wäre dann das übliche Mitführen eines Taschenmessers grundsätzlich auch bei einem Supermarktdiebstahl nicht qualifikationsbegründend. Im konkreten Fall aber war die Art des Mit-sich-Führens (Ausklappen der Klinge und Verwendung zum Abschneiden der Sicherungsetiketten) gerade nicht mehr sozialtypisch und kann daher tatsächlich unter § 244 I Nr. 1a Alt. 2 StGB subsumiert werden.*

Auch berufstypisch mitgeführte Gegenstände sollten – im Gegensatz zu berufstypisch mitgeführten Waffen – grundsätzlich nicht qualifikationsbegründend sein (man denke an den Parkettleger, der immer einen Hammer bei der Arbeit bei sich führt und sich bei Gelegenheit seiner Arbeit ohne zu fragen aus dem Kühlschrank des Opfers bedient). Dagegen kann das Mitsichführen eines Tapetenmessers durchaus unter § 244 I Nr. 1a StGB fallen, wenn es nicht berufstypisch erfolgt.[15] Auch das Mitführen eines Pfeffersprays fällt unter § 244 I Nr. 1a StGB.[16] Demgegenüber fallen Gegenstände wie die gerade gekaufte Bratpfanne oder der auf dem Weg zum Sport mitgeführte Tennisschläger (nicht jedoch der von einem Skinhead mitgeführte Baseballschläger, da es hier an einer Sozialüblichkeit fehlt), aber auch der am Fuß getragene Schuh grundsätzlich aus dem Anwendungsbereich des § 244 I Nr. 1a Alt. 2 StGB heraus.

Zu berücksichtigen ist auch, dass der BGH – allerdings im Rahmen des § 250 I Nr. 1a Alt. 2 StGB – die Möglichkeit bejaht hat, Diebstahlsgegenstände selbst als mit sich geführte gefährliche Werkzeuge zu betrachten. Dies veranschaulicht folgendes

Beispiel: S und der Mitangeklagte begaben sich am Tattag gemeinsam zur Wohnung des O, um diesem – über einen Geldbetrag hinaus, den er dem S schuldete – unter Anwendung von Gewalt weitere Wertgegenstände abzunehmen. Wie zuvor zwischen den Angeklagten verabredet, drängte S den O in die Wohnung, schlug ihn mehrfach ins Gesicht und würgte ihn, sodass dessen Zungenbein brach. Entsprechend dem gemeinsamen Tatplan bewachte sodann der Mitangeklagte den O, während S die Wohnung nach Wertgegenständen durchsuchte. Danach nahm S Bargeld und Gegenstände des O – unter anderem einen Messerblock mit fünf Messern – an sich, um diese zu behalten oder zu verwerten. Nachdem die Angeklagten die Wohnung mit der Beute verlassen hatten, rief der erheblich verletzte O die Polizei.[17]

Lösung: S hat sich mit Blick auf die entwendeten Gegenstände wegen Raubes in Tateinheit mit gefährlicher Körperverletzung gem. §§ 249 I, 223, 224 I Nr. 4, 52 StGB strafbar gemacht. Einer besonderen Bewertung bedarf aber die Mitnahme des noch geschuldeten Geldbetrages. Auch hier ist die Absicht rechtswidriger Zueignung zu bejahen, da Geldschulden als Gattungsschulden einzustufen sind, sodass S keinen Anspruch auf die bei O liegenden Geldscheine hatte und deren Zueignung rechtswidrig war. Jedoch ist ein Vorsatz hinsichtlich der Rechtswidrigkeit bei Geldschulden grundsätzlich zu verneinen.[18] Darüber hinaus hat sich S durch das Entwenden des

---

15 A.A. *Lesch*, GA 1999, 376.
16 BGH NStZ 2018, 711.
17 Fall nach BGH NStZ-RR 2014, 277 mit Anm. *Kudlich*, JA 2014, 228.
18 Vgl. dazu bereits Rn. 244.

Messerblocks zugleich eines schweren Raubes gem. § 250 I Nr. 1a StGB schuldig gemacht. Der BGH überträgt insoweit die Rechtsprechung zu den gestohlenen Waffen auf gestohlene gefährliche Werkzeuge. Das ist nicht unproblematisch, weil deliktstypisch mitgeführte Gegenstände grundsätzlich nicht als konkret gefährlich eingestuft werden sollten. Mit gestohlenen funktionsfähigen Waffen (vgl. Rn. 267) sind sie nicht ohne Weiteres vergleichbar, da von letzteren eine schon abstrakte Gefahr ausgeht, weil sie dazu bestimmt sind, Verletzungen herbeizuführen.[19]

Auch der Gesetzgeber hat die Probleme bei der Bestimmung des gefährlichen Werkzeugs erkannt und aus diesem Grund mit Wirkung vom 5.11.2011 in § 244 III StGB einen minder schweren Fall eingeführt, auf den in Zweifelsfällen des § 244 I Nr. 1a Alt. 2 StGB zurückgegriffen werden soll, um „in jedem Einzelfall eine angemessene Strafe" verhängen zu können.[20] Dabei hat der Gesetzgeber darauf hingewiesen, dass § 244 III StGB insbesondere als Ausgleich dafür dienen kann, dass sich im Einzelfall das Vorliegen eines gefährlichen Werkzeugs nur schwer begründen lässt. Hierzu ist allerdings kritisch anzumerken, dass die „Gesetzgebungsmethode", tatbestandliche Unklarheiten auf der Rechtsfolgenseite ausgleichen zu wollen, geradezu unhaltbar erscheint.[21]

Beachte in diesem Zusammenhang: Zum einen bezieht sich der minder schwere Fall des § 244 III StGB (vergleichbar mit §§ 177 IX, 250 III StGB) nicht lediglich auf § 244 I Nr. 1a Alt. 2 StGB, sondern auf die gesamten Absätze 1 und 2.[22] Zum anderen beseitigt die Einführung des § 244 III StGB nicht die tatbestandlichen Streitigkeiten, insbesondere hinsichtlich § 244 I Nr. 1a Alt. 2 StGB, sodass diese in der Klausur wie bisher umfassend darzustellen sind und nicht mit Verweis auf die Rechtsfolgenseite dahingestellt bleiben können.

II. Diebstahl mit sonstigen Werkzeugen oder Mitteln, § 244 I Nr. 1b StGB

273 Diese Alternative fungiert lediglich noch als Auffangtatbestand, sofern die Gefährlichkeit des Werkzeugs verneint wird. Dies kann etwa der Fall sein, wenn der Täter ein Tuch bei sich führt, mit dem er das Opfer fesseln möchte, oder wenn er Gegenstände sozialtypisch mit sich führt, aber diesbezüglich Verwendungsabsicht hat.

Achtung Klausur: *Unter § 244 I Nr. 1b StGB fällt insbesondere die sog. „Scheinwaffe" (Bsp.: Attrappe eines Revolvers bzw. ungeladene Pistole). Denn wenn das Gesetz in § 244 I Nr. 1a und b StGB zwischen gefährlichen Werkzeugen und sonstigen Werkzeugen oder Mitteln unterscheidet, müssen ungefährliche Gegenstände grundsätzlich unter*

---

19 Auch *Kudlich*, JA 2014, 230 differenziert deshalb bei erst am Tatort aufgefundenen Gegenständen, die als Tatobjekt mitgenommen werden, zwischen Waffen und gefährlichen Werkzeugen. Bei letzteren ergibt sich die Tatbestandsmäßigkeit erst „situativ" und in Abhängigkeit von der „Deliktstypik". Daher sei tendenziell ein strengerer Maßstab hinsichtlich des Vorliegens eines gefährlichen Werkzeugs anzunehmen.
20 BT-Drucks. 646/10 S. 6; BT-Drucks. 17/4143 S. 7.
21 Zu Recht ablehnend daher auch *Hettinger*, in: FS Roxin II, 2011, S. 273 ff; *Rönnau*, JuS 2012, 117; *Krüger*, Jura 2011, 887, 890.
22 Anders als noch in der Stellungnahme des Bundesrates im Gesetzgebungsverfahren vorgeschlagen, BT-Drucks. 17/4143 S. 11.

*§ 244 I Nr. 1b StGB subsumiert werden.*²³ *Vgl. aber zur sog. Labello-Rechtsprechung, die auch im Rahmen des § 244 I Nr. 1b StGB anwendbar ist, bei § 250 I Nr. 1b StGB (Rn. 295)!*

III. Bandendiebstahl, § 244 I Nr. 2 StGB²⁴

Hier hat der BGH zwei klausurrelevante Klarstellungen getroffen:

1. Begriff der Bande

Bislang war umstritten, ob der Begriff der Bande die Vereinigung von mehr als 2 Personen voraussetzt, oder ob hierfür der Zusammenschluss zweier Personen genügt. 274

Der BGH hat dem Streit nunmehr ein Ende gesetzt.²⁵ Danach setzt der Begriff der Bande voraus, dass sich mindestens 3 Personen mit dem ernsthaften Willen zusammengeschlossen haben, künftig für eine gewisse Dauer mehrere selbstständige, im Einzelnen noch ungewisse Straftaten zu begehen.

Begründung: Nicht nur der Wortlaut spricht für eine solche Auslegung, sondern auch die Tatsache, dass von einer Gruppe von 2 Personen regelmäßig keine erhöhte Anreizwirkung ausgehen wird.²⁶

Zur Verwirklichung eines Bandendiebstahls müssen dabei nicht bereits mehrere Diebstähle begangen sein; vielmehr ist schon der erste Diebstahl, der von der Bande begangen wird, nach § 244 I Nr. 2 StGB strafbar. Auch müssen die Diebstahlstaten nicht im Einzelnen vorausgeplant sein; vielmehr genügt es, wenn sich die Täter von vornherein nur zu einer einzigen Tat verbunden haben und in der Folgezeit jeweils aus neuem Entschluss derartige Taten begehen, sei es auch, dass die Täter in der Zukunft nur jeweils günstige Situationen entsprechend ausnutzen und in diesem Sinne spontan handeln.²⁷

2. Tatausführung unter Mitwirkung eines anderen Bandenmitglieds

Nach § 244 I Nr. 2 StGB ist erforderlich, dass der Täter unter Mitwirkung eines anderen Bandenmitglieds stiehlt. Der BGH hat hierzu klargestellt, dass ein örtliches und zeitliches Zusammenwirken von zwei Bandenmitgliedern hierfür nicht erforderlich ist. § 244 I Nr. 2 StGB ist vielmehr schon dann erfüllt, wenn auch nur ein Bandenmitglied als Täter auftritt, sofern er dabei in irgendeiner Weise mit einem Bandenmitglied 275

---

23 Übereinst. *Dencker*, in: Dencker/Struensee/Nelles/Stein, Einführung in das 6. StrRG 1998, S. 13; *Kudlich*, JuS 1998, 472; *ders.*, JR 1998, 358; *Küper/Zopfs*, BT, S. 508 f.; Lackner/*Kühl*, § 244, Rn. 4; *Rengier*, BT/1, § 4, Rn. 31; *Schroth*, BT, S. 160; *Wessels/Hillenkamp/Schuhr*, BT/2, Rn. 285 f.; Matt/Renzikowski/*Schmidt*, § 244, Rn. 8; a. A. NK-*Kindhäuser*, § 244, Rn. 26; zweifelnd *Hörnle*, Jura 1998, 173 f.
24 Näher *Zopfs*, Jura 2007, 511 ff.; *Rönnau*, JuS 2013, 594 ff.
25 BGHSt 46, 321; vgl. auch *Dessecker*, NStZ 2009, 184 ff.; *Rönnau*, JuS 2013, 596 f.
26 Anders noch die alte Rspr. des BGH in BGHSt 23, 239, 240.
27 Vgl. BGH NStZ 2009, 35 f.

zusammenwirkt; dabei kann die eigentliche Wegnahme sogar durch einen Täter erfolgen, der nicht der Bande angehört.[28]

IV. Wohnungseinbruchsdiebstahl, § 244 I Nr. 3 StGB

276 Der Qualifikationstatbestand des § 244 I Nr. 3 StGB wurde durch das 6. StrRG geschaffen. Der Einbruch in Wohnungen ist seither als Diebstahl in qualifizierter Form strafbar, wohingegen der Einbruch in Geschäftsräume weiterhin (wie bereits vor dem 6. StrRG) nur als Regelbeispiel strafschärfend wirkt, vgl. § 243 I Nr. 1 StGB (zum Verhältnis beider Vorschriften, s. u. Rn. 280).

Die Schaffung des Qualifikationstatbestands des Wohnungseinbruchsdiebstahls beruht auf der Erwägung, dass es sich dabei um eine Straftat handelt, die tief in die Intimsphäre des Opfers eindringt und zu ernsten psychischen Störungen des Opfers führen kann; darüber hinaus sind Wohnungseinbrüche nach Auffassung des Gesetzgebers häufig mit Gewalttätigkeiten gegen Menschen und Verwüstungen von Einrichtungen verbunden.

1. Wohnungsbegriff

277 Wohnung ist der Inbegriff von Räumlichkeiten, deren Hauptzweck darin besteht, Menschen zumindest vorübergehend zur Benutzung zu dienen, ohne dass sie in erster Linie Arbeitsräume sind.[29] Die Einordnung als Wohnung oder sonstige Räumlichkeit entscheidet dabei über die Anwendung von § 244 I Nr. 3 StGB einerseits und § 243 I S. 2 Nr. 1 StGB andererseits. Darüber hinaus entscheidet die vorübergehende Benutzung als Wohnung bzw. die fehlende Eigenschaft einer privaten Wohnung einerseits und die dauerhafte Nutzung einer Privatwohnung andererseits über die Einschlägigkeit des § 244 I Nr. 3 StGB und des § 244 IV StGB.

2. Keine dauerhaft genutzte Privatwohnung bei § 244 I Nr. 3 StGB

277a Die Einschlägigkeit des § 244 I Nr. 3 StGB setzt nunmehr voraus, dass es sich nicht um einen Einbruch in eine dauerhaft genutzte Privatwohnung handelt, da dieser nun in § 244 IV StGB geregelt ist. Unter Abs. 1 Nr. 3 können daher nur noch Wohnungen fallen, die die Kriterien der dauerhaften Privatwohnung nicht erfüllen. Unter § 244 I Nr. 3 StGB sind daher nur noch solche Wohnräumlichkeiten zu subsumieren, die Menschen nicht nur ganz vorübergehend zur Unterkunft dienen, die aber keine dauerhaft genutzten Privatwohnungen im Sinne von Abs. 4 darstellen (BT-Drucks. 18/12359, S. 8). In Betracht kommen hier etwa Wohnmobile und Wohnwagen.[30] Auch ein nicht nur ganz vorübergehend genutztes Hotelzimmer kann ausreichen.[31]

---

28 BGH NJW 2001, 2266; vgl. zum Vorlagebeschluss bereits BGH NJW 2001, 380 m. Anm. *Engländer*, JR 2001, 78. Lesenswert zu einzelnen Beteiligungsformen *Kudlich*, BT/1, PdW, S. 50 ff.; zur Abgrenzung von Bandenmitgliedschaft und der Beteiligung an Bandentaten vgl. BGH NStZ 2011, 637.
29 Vgl. nur *Fischer*, § 244, Rn. 46a.
30 BGHSt 61, 285 m. Anm. *Hecker*, JuS 2017, 470; *Mitsch*, NJW 2017, 1188.
31 NK-*Kindhäuser*, § 244, Rn. 53.

V. Privatwohnungseinbruchsdiebstahl, § 244 IV StGB

Nach der Gesetzesbegründung[32] kommen hier als geschützte Tatobjekte sowohl private Wohnungen oder Einfamilienhäuser und die dazugehörigen, von ihnen nicht getrennten weiteren Wohnbereiche wie Nebenräume, Keller, Treppen, Wasch- und Trockenräume als auch Zweitwohnungen von Berufspendlern in Betracht. Der Einbruch in den Gemeinschaftskeller eines Mehrfamilienhauses oder einer Wohnanlage genügt allerdings nicht.[33] Entscheidend ist, dass es sich um eine dauerhaft genutzte Privatwohnung handelt, was nur bei Räumlichkeiten der Fall ist, die eine ständige häusliche Privat- und Intimsphäre bilden. Das Gesetz dient damit einer weiteren Verstärkung des Schutzes des privaten Lebensbereichs (vgl. schon zu § 244 I Nr. 3 StGB soeben Rn. 276).[34] Durch die Verortung des Privatwohnungseinbruchsdiebstahls in § 244 IV StGB hat der Gesetzgeber unmissverständlich klargestellt, dass eine Strafmilderung nach § 244 III StGB für diesen Verbrechenstatbestand nicht infrage kommt.

277b

Schwierige Rechtsfragen ergeben sich auch, wenn der Täter nicht unmittelbar in die Wohnung einbricht. Dazu folgendes

277c

Beispiel:[35] A bricht mit einer Eisenstange ein Garagentor auf. Wie beabsichtigt gelangt er von der Garage aus durch eine offenstehende Verbindungstür in das Haus des B, aus dem er wertvollen Schmuck entwendet.

Lösung: Nur wenn man die Garage als Teil der Wohnung begreift, gelangt man hier zu § 244 IV StGB. Sieht man sie dagegen nicht als Wohnungsteil und nimmt lediglich einen Einbruch in einen anderen umschlossenen Raum an, so wäre nicht § 244 IV StGB, aber auch nicht § 244 I Nr. 3 StGB gegeben, sondern nur das Regelbeispiel des § 243 I Nr. 1 StGB erfüllt.

Unter Zugrundelegung des Normzwecks, der dem tiefen Eingriff in die Intimsphäre Rechnung tragen soll, könnte man hier die Garage als Teil der Wohnung begreifen, wenn eine unmittelbare Verbindung zum Haus besteht.[36] Der BGH hat jedoch § 244 IV StGB (in der konkreten Entscheidung § 244 I Nr. 3 StGB, da § 244 IV StGB damals noch nicht existierte) in einem Fall abgelehnt, in dem ein Einbruch in den Betriebsteil eines Mischgebäudes stattfand und der Diebstahl anschließend in dem abgegrenzten Wohnteil begangen wurde, weil eine andere Auffassung mit der äußersten Auslegungsgrenze des Wortlauts nicht mehr vereinbar sei.[37] Die Vorschrift setze eben den Einbruch in eine (Privat-)Wohnung voraus. Vom Wohnbereich völlig getrennt untergebrachte, rein geschäftlich genutzte Räumlichkeiten könnten aber selbst bei weitester Auslegung des Wohnungsbegriffs diesem nicht mehr zugeordnet werden. Folgt man dem, so wäre wohl auch im vorliegenden Fall einer Garage nicht mehr von einer Anwendbarkeit des § 244 IV StGB auszugehen, weil auch hier nicht „in" eine Wohnung eingebrochen wird.

Kürzlich hatte sich der BGH mit der ähnlich gelagerten Problematik zu beschäftigen, ob der Einbruch in einen Keller als Wohnungseinbruchsdiebstahl begriffen werden kann. Dazu das folgende

277d

---

32 BT-Drucks. 18/12359, S. 7.
33 BGH StV 2016, 639 m. Anm. *Jäger*, JA 2016, 872; OLG Schleswig NStZ 2000, 511 jeweils noch zu § 244 Abs. 1 Nr. 3.
34 BT-Drucks. 18/12359, S. 1.
35 Vgl. dazu bereits *Jäger*, JuS 2000, 651, 656 f.
36 Vgl. *Jäger*, JuS 2000, 656 f.; *Sch/Sch/Eser/Sternberg-Lieben/Schittenhelm*, § 123, Rn. 4.
37 BGH NStZ 2008, 514 f. m. Anm. *von Heintschel-Heinegg*, JA 2008, 742 f.; *Jahn*, JuS 2008, 928 ff.; so auch *Seier*, Kohlmann-FS, S. 304, wenn auch zweifelnd.

Beispiel:[38] Der Angeklagte (A) sowie zwei Tatgenossen fassten auf Anregung des A den Entschluss, in das Haus der K einzubrechen. Während A nach dem Eintreffen am Wohnhaus im Fahrzeug wartete und „Schmiere stand", gingen die beiden anderen zur rückwärtigen Seite des Hauses und hebelten die Kellertür zum Objekt gewaltsam auf. Anschließend durchwühlten sie im Obergeschoss mehrere Räume und rafften alles Stehlenswerte, insbesondere Schmuck und Armbanduhren, zusammen. Als die 83-jährige gehbehinderte K, die sich zur Tatzeit in den Wohnräumen im Erdgeschoss aufhielt, Geräusche im Haus bemerkte, öffnete sie die Flurtür und konnte noch sehen, wie die beiden Täter mit der Beute im Wert von ca. 3000 € aus dem Haus flohen. (Keller-Fall)

Lösung: Der 4. Senat sah die Begehung eines Privatwohnungseinbruchsdiebstahls im vorliegenden Fall als nicht hinreichend belegt an: „Die Vorschrift des § 244 IV StGB (damals noch § 244 Abs. 1 Nr. 3 StGB) setzt das Einbrechen, Einsteigen oder Eindringen in eine Privatwohnung voraus. Bricht der Täter in Kellerräume ein, ist der Tatbestand nur erfüllt, wenn diese Räume durch eine unmittelbare Verbindung zum Wohnbereich dem Begriff des Wohnens typischerweise zuzuordnen sind ... Dies ist regelmäßig beim Keller eines Einfamilienhauses, nicht aber bei vom Wohnbereich getrennten Kellerräumen in einem Mehrfamilienhaus der Fall ... Ob danach die Voraussetzungen des § 244 IV StGB gegeben sind, lässt sich den Ausführungen der Strafkammer, die offenließ, ob es sich bei dem Wohnhaus um ein Ein- oder Mehrfamilienhaus handelte, und sich auch sonst nicht weiter zu den räumlichen Gegebenheiten des Tatobjekts äußerte, nicht hinreichend entnehmen." Dem ist zuzustimmen.

Zu weit dürfte es jedenfalls gehen, wenn man auch Flurtoiletten außerhalb des Wohnbereichs zum Wohnbegriff zählt, da dann von einer besonderen Beeinträchtigung der Intimsphäre nicht mehr gesprochen werden kann.[39]

277e **Achtung:** *Im mündlichen Staatsexamen werden gerne die Folgen der Schaffung dieses Verbrechenstatbestandes abgefragt. Diese sind: Nach § 30 II StGB ist nunmehr auch die Verabredung zur Begehung eines Einbruchs in eine dauerhaft genutzte Privatwohnung strafbar. Für die Strafbarkeit des Versuchs darf nicht auf § 244 II StGB verwiesen werden. Sie ergibt sich vielmehr schon aus dem Verbrechenscharakter des § 244 IV StGB. Die Hochstufung zum Verbrechenstatbestand hat darüber hinaus aber auch strafprozessuale Konsequenzen: Der Strafrichter als Einzelrichter ist – anders als bei § 244 I Nr. 3 StGB – für Einbrüche in dauerhaft genutzte Privatwohnungen nicht mehr zuständig (vgl. § 25 GVG). Gleichzeitig hat der Gesetzgeber § 244 IV StGB in den Katalog des § 100g II StPO aufgenommen und auf diese Weise einen Zugriff auf Daten aus der Vorratsspeicherung nach § 96 TKG zugelassen. Die Einbeziehung in § 395 StPO führt schließlich dazu, dass auch die Nebenklage zugelassen ist.*

VI. Geringwertigkeitsprivileg des § 243 II StGB

278 Die Ausschlussklausel des § 243 II StGB gilt nach h. M. nur in Bezug auf § 243 I StGB und ist daher auf den Wohnungseinbruchsdiebstahl und Privatwohnungseinbruchsdiebstahl nach § 244 I Nr. 3, IV StGB schon wegen der systematischen Stellung nicht anwendbar.[40] Die Anwendung des § 243 II StGB beschränkt sich daher auf Einbruchsdiebstähle in „sonstigen Räumlichkeiten".

---

38 BGH StV 2016, 639 m. Anm. *Jäger*, JA 2016, 872 ff.
39 Wie hier *Wessels/Hillenkamp/Schuhr*, BT/2, Rn. 290; a. A. *Sch/Sch/Eser/Sternberg-Lieben/Schittenhelm*, § 123, Rn. 4.
40 *Sch/Sch/Bosch*, § 244, Rn. 1; NK-*Kindhäuser*, § 244, Rn. 2; OLG Köln NJW 1978, 652.

VII. Vorsatzwechsel im Rahmen des § 244 IV bzw. III Nr. 1 StGB

Dieser stellt sich für § 244 StGB nicht anders dar, als bei § 243 StGB (s. o. Rn. 262 ff.). Man prüft also auch hier zunächst den Diebstahl an der entwendeten Sache ganz durch und wirft dann unter einem nächsten Gliederungspunkt die Erfüllung des Qualifikationstatbestands nach § 244 IV oder I Nr. 3 StGB auf. Dort ist dann im subjektiven Tatbestand zu fragen, ob das Einbrechen „zur Ausführung des Diebstahls" erfolgte. **279**

Dies ist bei einheitlicher Tat der Fall, sodass dann ein vollendeter (Privat-)Wohnungseinbruchsdiebstahl anzunehmen ist. § 248a StGB ist darauf nicht anwendbar, da dieser nur „im Falle des § 242 StGB", nicht aber im Falle des § 244 StGB gilt.

Darüber hinaus ist nicht auch noch ein selbstständiger Diebstahlsversuch am zunächst ins Auge gefassten Wegnahmegegenstand gegeben, weil der Vorsatzwechsel gerade zu einem einheitlichen Diebstahl in qualifizierter Form nach §§ 242, 244 IV bzw. I Nr. 3 StGB am tatsächlich weggenommenen Gegenstand führt (s. zur Problematik näher oben bei § 243 StGB, Rn. 263 f.).

VIII. Verhältnis von § 244 IV bzw. I Nr. 3 StGB zu § 243 I S. 2 Nr. 1 StGB

Nach h. M. ist bei einem (Privat-)Wohnungseinbruchsdiebstahl nach § 244 IV bzw. I Nr. 3 StGB automatisch § 243 I S. 2 Nr. 1 StGB miterfüllt, tritt jedoch hinter dem speziellen § 244 StGB zurück.[41] **280**

Diese Spezialitätsthese leuchtet jedoch nicht ein, da es sich bei § 243 I S. 2 Nr. 1 StGB nicht um einen Tatbestand, sondern um eine bloße Strafzumessungsregel handelt. Eine Anwendung des § 243 I S. 2 Nr. 1 StGB ist im Verhältnis zu § 244 IV bzw. I Nr. 3 StGB daher schon deshalb ausgeschlossen, weil damit gegen das Doppelverwertungsverbot des § 46 III StGB verstoßen würde. Nach Bejahung des § 244 IV bzw. I Nr. 3 StGB ist also für eine strafzumessungsrechtliche Untersuchung nach § 243 I S. 2 Nr. 1 StGB keinerlei Raum mehr.[42]

---

41 Vgl. dazu nur *Hörnle*, Jura 1998, 171; *Zieschang*, JuS 1999, 52.
42 Vgl. zum Ganzen *Jäger*, JuS 2000, 651, 657.

§ 9 Raub und räuberischer Diebstahl

I. Einfacher Raub nach § 249 StGB

1. Geschütztes Rechtsgut und Verhältnis zu anderen Delikten

281 Da sich der Raub aus den Delikten des Diebstahls und der Nötigung zusammensetzt, werden sowohl Eigentum und Gewahrsam als auch die Freiheit der Willensbetätigung und Willensentschließung geschützt.[1]

Der Raub ist lex specialis gegenüber den in ihm enthaltenen Tatbeständen der Nötigung und des Diebstahls.[2]

§§ 249 ff. StGB und § 316a StGB stehen zueinander grundsätzlich in Tateinheit (zur Begründung vgl. näher unten Rn. 467).

2. Objektiver Tatbestand

a) Nötigungsmittel

aa) Gewalt gegen eine Person

282 Vergleiche zur Gewalt bereits den Nötigungstatbestand. Daraus ergibt sich, dass der Täter körperlich wirkenden Zwang zur Überwindung eines geleisteten oder erwarteten Widerstandes einsetzen muss.[3] Gewalt gegen Dritte, etwa den Begleiter des Gewahrsamsinhabers, genügt (vgl. bereits Rn. 99).

Für die Bejahung körperlich wirkenden Zwangs soll nach Auffassung des BGH auch eine ganz geringfügige physische Einwirkung genügen, etwa wenn der Täter die Hand des benommen auf dem Fußboden liegenden Opfers beiseite schiebt, um an dessen Portemonnaie in der Innentasche des Jacketts zu gelangen.[4] Dem wird man jedoch widersprechen müssen, weil derartig geringfügige Einwirkungen auf das Opfer nicht mehr als Gewalt begriffen werden können, wofür auch spricht, dass solche Verhaltensweisen weit hinter dem Unrechtsgehalt der zweiten Alternative „Drohung mit Gefahr für Leib und Leben" zurückbleiben.[5]

Nicht ausreichend ist jedenfalls das bloße Ausnutzen eines Überraschungsmoments ohne körperliche Zwangswirkung. Die Abgrenzung kann freilich im Einzelfall schwierig sein und bedarf in der Klausur genauer Argumentation.[6]

Beispiel: Schlägt A dem am Parkscheinautomaten stehenden B das Portemonnaie aus der Hand, so kommt ein Raub in Betracht. Reißt A das von B lose in der Hand gehaltene Portemonnaie dagegen blitzschnell an sich, so kommt Diebstahl in Frage.

---

1 *Maurach/Schroeder/Maiwald*, BT/I, § 35, Rn. 6; *Sch/Sch/Bosch*, § 249, Rn. 1.
2 *Lackner/Kühl*, § 249, Rn. 10; § 249 geht auch § 243 vor, vgl. BGHSt 20, 235, 237.
3 BGHSt 23, 126 mit Anm. *Geilen*, JZ 1970, S. 521 ff.
4 Vgl. BGHSt 16, 341.
5 So auch LG Gera NJW 2000, 159.
6 Restriktiv in diesem Sinne BGH StV 1990, 205, 206.

283 Zu beachten ist darüber hinaus, dass das BVerfG für § 240 StGB einen vergeistigten Gewaltbegriff ausgeschlossen hat, weshalb man auch im Falle des § 249 StGB psychisch vermittelte Gewalt nicht mehr als hinreichend betrachten kann.[7] Das bloße Vorhalten einer Pistole fällt daher nach dem engen Gewaltbegriff des BVerfG nicht unter die Alternative der Gewalt (str.). Jedoch erfüllt ein solches Vorgehen unproblematisch das Merkmal der Drohung mit gegenwärtiger Gefahr für Leib und Leben, sodass dennoch eine Bestrafung wegen Raubes möglich ist.

In Betracht kommt für § 249 StGB im Übrigen nur Gewalt gegen eine Person, nicht jedoch gegen Sachen.[8]

Achtung Klausur: *Wendet der Täter Gewalt gegen Sachen an, so ist Raub abzulehnen und danach zwingend § 253 StGB zu prüfen! Zerschlägt also A das Mobiliar des B und bringt den B dadurch dazu, ihm das Versteck des in der Wohnung verborgenen Geldes preiszugeben, das A sich anschließend nimmt, so scheidet § 249 StGB mangels Gewalt gegen eine Person aus. In Betracht kommt dann aber § 253 StGB, wobei sich innerhalb dieser Vorschrift die Frage stellt, ob es sich bei dem Vorgang um eine Vermögensverfügung des Opfers oder eine Wegnahme handelt. Ist Letzteres der Fall, so kann zwar nach der Rspr. und einem Teil der Literatur dennoch der Tatbestand der Erpressung erfüllt sein,[9] nicht jedoch ist dies nach einem anderen Teil der Literatur möglich, weil diese eine Vermögensverfügung von Seiten des Opfers verlangt[10] (näher u. Rn. 376).*

bb) Drohung mit gegenwärtiger Gefahr für Leib und Leben

284 Hierunter fällt nach dem verengten Gewaltbegriff vor allem das Bedrohen des Opfers mit einer Pistole (s. soeben).[11] Ausreichend ist auch die Drohung mit Gefahr für Leib und Leben Dritter, sofern die Drohung auch dem Genötigten als Übel erscheint (vgl. hierzu bereits Rn. 100).

Beispiel: A forderte von S die Zahlung von ca. 100 000 €. A war bewusst, dass er keinen berechtigten Anspruch auf das geforderte Geld hatte. Als S dem A entgegnete, dass er zu einer Zahlung weder willens noch in der Lage sei, schlug A dem S mit der flachen Hand ins Gesicht, um ihn zur Zahlung zu bewegen. Sodann nahm er ein bei sich geführtes Messer, ging um den Schreibtisch herum und hielt es – um seiner Forderung weiter Nachdruck zu verleihen – dem S in einem Abstand von wenigen Zentimetern vor den Hals.[12]

Lösung: Die einer Gewaltanwendung nachfolgende Drohgebärde mit einem Messer ist aufgrund ihrer Nähe zum Körper des Geschädigten, der sich weigert auf die Forderung des Täters einzugehen, so eindringlich, dass darin die Androhung einer Gefahr gesehen werden kann, die sich ab diesem Moment jederzeit verwirklichen kann und deshalb als Dauergefahr gegenwärtig im Sinne von §§ 253, 255 StGB ist.

---

7 Lackner/*Kühl*, § 249, Rn. 2.
8 Vgl. BGHSt 20, 194; *Mitsch*, BT/II, S. 209 f.; wenn die Einwirkung beim Opfer jedoch eine körperliche Zwangswirkung verursacht, kann § 249 StGB vorliegen, vgl. NK-*Kindhäuser*, § 249, Rn. 4.
9 BGHSt 7, 252, 254; 14, 386, 390; NJW 1999, 69; NStZ 2003, 604 f.
10 MüKo-*Sander*, § 253, Rn. 13 ff.; *Sch/Sch/Bosch*, § 253, Rn. 8 ff.
11 Vgl. auch die Hinweise bei *Rengier*, BT/1, § 7, Rn. 9.
12 BGH NStZ 2015, 36 mit Anm. *Hecker*, JuS 2015, 467.

cc) Zeitpunkt von Gewalt und Drohung

285 Gewalt und Drohung können nur bis zur Vollendung der Wegnahme eingesetzt werden. Nach Vollendung der Wegnahme kann der Einsatz dieser Mittel zu § 252 StGB führen (s. u. Rn. 305).

b) Wegnahme

286 Vgl. zunächst zur Wegnahme den Diebstahlstatbestand. Wenn es in der Klausur zu Abgrenzungen gegenüber der Verfügung kommt, muss geklärt werden wie sich Wegnahme und Verfügung voneinander unterscheiden (näher Rn. 380). Wie bei § 242 StGB wird auch der Raub nach § 249 StGB erst durch die Wegnahme vollendet.[13]

Für eine Wegnahme im Rahmen des Raubes bleibt Raum, solange das Opfer seinen Gewahrsam zuvor nur willentlich gelockert hat. Dazu ein aus der neueren Rechtsprechung stammendes

Beispiel:[14] A gab gegenüber dem B vor, sich dessen Base-Cap nur einmal aufsetzen und sich damit im Spiegel betrachten zu wollen. B ließ dies zu. Sodann setzte sich B die Kappe auf und zog ein Messer, wobei er dem B klar machte, dass er dieses einsetzen werde, wenn dieser ihn nicht mit der Base-Cap gehen lässt. B fügte sich aus Angst vor tödlichen Stichen (Cappy-Fall).

Lösung: Hier hat A die Kappe – eine fremde bewegliche Sache – unter Anwendung von Drohungen für Leib und Leben weggenommen. Denn zunächst lag nur eine Gewahrsamslockerung von Seiten des B vor. Zum Bruch des weiterhin bestehenden Gewahrsams kam es erst durch das Sich-Entfernen mit der Kappe (vgl. zur vergleichbaren Problematik beim Diebstahl Rn. 209). Auch die Literatur, die bei der Beurteilung der Wegnahme auf die innere Willensrichtung des Opfers abstellt, würde hier zweifelsfrei eine Wegnahme annehmen, da der Täter sich nicht wehren zu können glaubte und damit kein willentlicher Vermögensübergang anzunehmen ist (näher dazu unten Rn. 380).

Achtung Klausur: *Wer das Opfer tötet, um sich oder einem Dritten dessen Sachen zuzueignen, begeht einen Mord (Habgier, Ermöglichungsabsicht) in Tateinheit mit Raub, da die Wegnahme schon mit der Gewaltanwendung beginnt.*[15]

Beispiel: A erschießt den Geldboten B. Wie beabsichtigt macht er sich danach mit den Tageseinnahmen, die der Geldbote bei sich hatte, davon.

Lösung: Hier liegt natürlich zunächst ein Mord vor. Grob fehlerhaft wäre es, einen daneben tateinheitlich (s. u. Rn. 300) vorliegenden Raub mit Todesfolge nach § 251 StGB mit der Erwägung abzulehnen, dass eine Wegnahme nicht möglich war, weil A sich mit dem Geld erst davon gemacht habe, als B schon tot war, also zu einem Zeitpunkt, in dem B keinen Gewahrsam mehr haben konnte. Zwar ist es richtig, dass Tote keinen Gewahrsam haben, sodass bei Plünderung von Leichen prinzipiell nur Unterschlagung in Betracht kommt.[16] Jedoch beginnt beim Raubmord die Wegnahme bereits mit der Gewaltanwendung, hier also zu einem Zeitpunkt, als B noch lebte. Dagegen liegt eine Unterschlagung nach dem Mord vor, wenn der Entschluss des Täters zur Wegnahme erst nach der Tötung gefasst wird. In einem solchen Fall könnte der Vorwurf des Mordes freilich nicht auf das Mordmerkmal der Habgier gestützt werden, weil hier die Tötung nicht der Gewinnerlangung dient. Mord kann in derartigen Fällen daher nur vorliegen, wenn zunächst ein anderes Mordmerkmal verwirklicht wird (etwa Verdeckungsabsicht) und sich der

---

13 *Rengier*, BT/1, § 7, Rn. 40 ff.
14 Abgewandelt nach BGH BeckRS 2018, 9623.
15 Vgl. BGHSt 9, 135.
16 Hierzu BGH NJW 1985, 1911 ff. mit Bspr. *Lampe*, JR 1986, 294 ff.

Täter anschließend zusätzlich zu einer, die Unterschlagung begründenden, Zueignung des vom getöteten Opfer mitgeführten Geldes entschließt.

c) *Objektiver Zusammenhang zwischen Gewalt und Wegnahme*

Während die finale Verknüpfung nach richtiger, aber umstrittener Auffassung eine Voraussetzung des subjektiven Tatbestandes ist (dazu Rn. 288),[17] ging man bislang davon aus, dass objektiv im Übrigen zwischen Nötigungsmittel und Wegnahme nur ein räumlich-zeitlicher Zusammenhang zu fordern ist. In zwei aktuellen Entscheidungen hat der BGH jedoch zusätzlich einen objektiven Zusammenhang zwischen Nötigung und Wegnahme gefordert. Dazu folgender extrem examensgefährlicher

286a

Fall 29: A besuchte den B in dessen Wohnung. Nachdem beide die Nacht miteinander verbracht hatten, fasste A aber am nächsten Morgen den Entschluss, den B durch Schläge auf den Kopf kampfunfähig zu machen, um ungestört dessen Wohnung nach Wertgegenständen durchsuchen zu können. A schlug dem B von hinten, unter anderem mit einem hölzernen Fleischhammer und einer ungeöffneten Sektflasche, auf den Kopf, wobei er eine tödliche Wirkung für möglich hielt. B erlitt einen Schädelbasisbruch und blutete so stark, dass er fast nichts mehr sah. Er ging deshalb ins Badezimmer, um sich zu säubern, und anschließend ins Schlafzimmer, um sich anzuziehen. Währenddessen duschte A im Badezimmer. Dort nahm er aus einem Schrank eine Goldkette des B und kleidete sich in der Küche an. Da A beim Verlassen der Wohnung den Mechanismus der Türkette nicht öffnen konnte, half ihm B und verständigte anschließend den Notdienst. B konnte gerettet werden. Strafbarkeit des A? (**Fleischhammer-Fall** leicht erweitert nach BGH NStZ 2016, 472[18])

286b

Lösung:

286c

I. A könnte sich wegen **versuchten Mordes nach §§ 212, 211, 22, 23 StGB** strafbar gemacht haben.

1. Der Erfolg, Tod des B, ist nicht eingetreten. Die Strafbarkeit des Versuchs ergibt sich aus §§ 22, 23 StGB.

2. A hatte Tatentschluss hinsichtlich der Tötung, da er laut Sachverhalt mit einer tödlichen Wirkung seiner Schläge rechnete und insoweit zumindest mit bedingtem Tötungsvorsatz handelte. Auch der Tatentschluss hinsichtlich der Verwirklichung eines Mordes liegt vor. Zum einen handelte A bei den Schlägen aus Habgier, da es ihm darum ging, Wertsachen an sich zu bringen, und er dafür die Opferung eines Menschenlebens in Kauf nahm. Zum anderen war seine Vorstellung aber auch auf Umstände einer heimtückischen Tötung gerichtet, da er durch das Zuschlagen von hinten die Arg- und Wehrlosigkeit des B bewusst in feindlicher Willensrichtung ausgenutzt hat.

3. Durch das Zuschlagen liegt unproblematisch auch ein unmittelbares Ansetzen zum Versuch vor.

4. Schließlich sind auch Rechtfertigungs- und Entschuldigungsgründe nicht ersichtlich.

5. Fraglich ist jedoch, ob dem A als Strafaufhebungsgrund ein Rücktritt vom Versuch zugutekommt.

---

17 *Rengier,* BT/1, § 7, Rn. 22.
18 M. Anm. *Bosch,* Jura 2016, 1082; *Eisele,* JuS 2016, 754; *Habetha,* NJW 2016, 2131; *Heghmanns,* ZJS 2016, 519; *Kudlich,* JA 2016, 632; *Maier,* NStZ 2016, 474.

a) Maßgeblich dafür ist zunächst das Versuchsstadium, das sich nach dem Rücktrittshorizont des Täters nach der letzten Ausführungshandlung richtet.

aa) Danach lag nach der Vorstellung des Täters jedenfalls kein fehlgeschlagener Versuch vor. Insoweit liefert der Sachverhalt keine Anhaltspunkte dafür, dass A geglaubt haben könnte, den Tod nicht jedenfalls durch weitere Schläge noch zu bewirken.

bb) Fraglich kann danach nur sein, ob ein unbeendeter oder ein beendeter Versuch gegeben war. Auch darüber entscheidet grundsätzlich der Rücktrittshorizont des Täters nach der letzten Ausführungshandlung. Selbst wenn der Täter zu diesem Zeitpunkt zunächst angenommen haben mag, dass er im Sinne eines beendeten Versuchs bereits alles Erforderliche zur Erfolgsherbeiführung getan hat, so könnte es nun in unmittelbar räumlich-zeitlichem Zusammenhang zu einer Korrektur des Rücktrittshorizonts gekommen sein, da sich B noch wegbewegte und er sich sogar noch im Badezimmer selbst säuberte. Wegen dieser umfangreichen Aktionen wird man zugunsten des A davon ausgehen müssen, dass sein Vorstellungsbild auf die Situation eines unbeendeten Versuchs gerichtet war.

b) Beim unbeendeten Versuch genügt nach § 24 I S. 1 Alt. 1 StGB grundsätzlich bereits ein bloßes Aufgeben der weiteren Tatausführung. Fraglich ist jedoch, ob eine Aufgabe auch dann noch infrage kommt, wenn der Täter sein außertatbestandliches Ziel bereits erreicht sieht. Dies könnte vorliegend deshalb der Fall gewesen sein, weil A möglicherweise nach den Schlägen erkannt hat, dass B wegen seines Zustandes einer Wegnahme von Wertsachen ohnehin nichts mehr entgegensetzen würde. Jedoch lässt der BGH auch im Fall der außertatbestandlichen Zielerreichung einen Rücktritt zu, da es allein darauf ankomme, dass der Täter die Tat im sachlich-rechtlichen Sinne aufgebe. In der Literatur wird dies bestritten und darauf hingewiesen, dass man einen Vorsatz, den man nicht mehr hat, auch nicht aufgeben könne. Folgt man jedoch dem BGH, so liegt hier ein strafbefreiender Rücktritt vom Versuch vor, da auch eine Freiwilligkeit der Aufgabe zu verzeichnen ist, weil A nicht durch äußere Umstände gezwungen war, von weiteren Angriffen auf B abzusehen.

Ergebnis: A ist nicht strafbar wegen versuchten Mordes an B.

II. Gegeben ist jedoch Strafbarkeit wegen **gefährlicher Körperverletzung nach § 224 I Nr. 2 Alt. 2 und Nr. 5 StGB** (Fleischklopfer und Flasche stellen unproblematisch gefährliche Werkzeuge dar und das Schlagen mit diesen Werkzeugen auf den Kopf bedeutet auch eine lebensgefährdende Behandlung). § 224 I Nr. 3 StGB ist dagegen nicht verwirklicht, da A seine Angriffsabsicht nicht planmäßig verborgen hat.

III. Fraglich ist, ob sich A auch wegen **besonders schweren Raubes nach §§ 249, 250 II Nr. 1, Nr. 3a und 3b StGB** strafbar gemacht hat.

1. Das Zuschlagen mit Fleischklopfer und Flasche stellt unproblematisch eine Gewaltanwendung und damit eine qualifizierte Nötigung nach § 249 StGB dar. Darüber hinaus ist auch die qualifizierende Tathandlung des Verwendens eines gefährlichen Werkzeugs nach § 250 II Nr. 1 StGB sowie der zumindest bedingt vorsätzlichen schweren körperlichen Misshandlung und Herbeiführung einer Todesgefahr nach § 250 II Nr. 3a, b erfüllt. Da A bei der Gewaltanwendung mit bedingtem Tötungsvorsatz gehandelt hat, wäre auch eine versuchte Erfolgsqualifikation nach §§ 251, 22 StGB zu bejahen, jedoch läge diesbezüglich aus den bereits oben beschriebenen (I. 5.) Gründen ein strafbefreiender Teilrücktritt vor.

2. Auch liegt eine Wegnahme der Goldkette unzweifelhaft vor.

3. Fraglich ist allerdings, ob bereits ein objektiver Zusammenhang zwischen Gewaltanwendung und Wegnahme in der Weise erforderlich ist, dass das qualifizierte Nötigungsmittel kausal für den Gewahrsamsbruch geworden sein muss.

a) Vorliegend hat der erste Senat[19] zumindest einen Zusammenhang in der Weise gefordert, dass er einen räumlich-zeitlichen Zusammenhang im Sinne einer „nötigungsbedingten

---

19 BGHSt 61, 141 m. Anm. *Habetha*, NJW 2016, 2129.

Einschränkung der Dispositionsfreiheit des Gewahrsamsinhabers über das Tatobjekt" verlangt hat.[20] Ähnlich hat auch der fünfte Senat in einer wenig später gefällten Entscheidung eine „nötigungsbedingte Schwächung des Gewahrsamsinhabers in seiner Verteidigungsfähigkeit oder -bereitschaft" gefordert.

b) In der Literatur ist diese Auffassung zum Teil unter Hinweis darauf bestritten worden, dass § 249 StGB nur eine Finalität „bei nicht zu großer zeitlich-räumlicher Differenz" verlange und kein zusätzliches Kausalitätskriterium erforderlich sei.[21]

c) Die besseren Gründe dürften für den BGH sprechen, sofern man den objektiven Zusammenhang darauf beschränkt, dass sich die Nötigung für den Wegnahmeerfolg zumindest im Sinne einer Chancenerhöhung zurechenbar ausgewirkt haben muss.[22] Jedoch weist *Maier* zu Recht darauf hin, dass es an dem raubspezifischen Zusammenhang umso eher fehlen wird, je größer der zeitliche oder örtliche Abstand zwischen Nötigung und Wegnahme ist.[23] Der Streit kann jedoch hier offen bleiben, da von einer solchen Chancenerhöhung vorliegend ohne Weiteres auszugehen ist. Denn angesichts der schweren Beeinträchtigungen, die B durch die Schläge erlitten hatte, war es A in jedem Fall leichter möglich, sich mit der Kette abzusetzen, da er Störungen durch B angesichts seines geschwächten Zustandes nicht mehr zu befürchten hatte.

4. Darüber hinaus lag subjektiv auch Vorsatz hinsichtlich sämtlicher objektiver Tatbestandsmerkmale sowie der erforderliche Finalzusammenhang zwischen Gewaltanwendung und Wegnahme vor, da es dem A bei Einsatz des qualifizierten Nötigungsmittels darum ging, sich in den Besitz von Wertgegenständen des B zu bringen.

5. Rechtfertigungs- und Schuldausschließungsgründe sind nicht ersichtlich.

Ergebnis: A hat sich auch wegen besonders schweren Raubes nach §§ 249, 250 II Nr. 1, 3a, b StGB strafbar gemacht. Zu § 224 I Nr. 2 Alt. 2 und Nr. 5 StGB stehen diese in Tateinheit, § 52 StGB. §§ 250 I Nr. 1a, c; 242; 240 StGB treten zurück.

Hinweis: *Neuerdings hatte der BGH auch über einen Fall zu entscheiden,[24] in dem der Täter seiner Mutter – nachdem er sie unter einem Vorwand gebeten hatte, die Augen zu schließen – mit dem Willen, bei ihr Wertsachen zu entwenden, zunächst mit einem stumpfen Gegenstand auf den Kopf geschlagen (im konkreten Fall – anders als hier – kein Mordversuch, sondern nur § 224 I Nr. 2, 3 und 5 StGB, weil es an dem notwendigen Tötungsvorsatz fehlte), sie sodann aber wegen ihrer schweren Kopfverletzung erst ins Krankenhaus gefahren hatte und anschließend zum Haus der Mutter zurückgekehrt war, um nunmehr die Gegenstände mitzunehmen. Auch in diesem Fall war der raubspezifische Zusammenhang richtigerweise zu bejahen, sodass Strafbarkeit nach §§ 249, 250 II Nr. 1 und 3a, b gegeben war.*

3. Der subjektive Tatbestand

a) Vorsatz

Dieser muss wie beim Diebstahl auf Wegnahme einer fremden beweglichen Sache und darüber hinaus auf Gewaltanwendung oder Drohung mit gegenwärtiger Gefahr für Leib oder Leben gerichtet sein.[25]

287

---

20 Krit. zur Begrifflichkeit *Magnus*, NStZ 2018, 70.
21 *Bosch*, Jura 2016, 1082; *Eisele*, JuS 2016, 754.
22 In diesem Sinne auch *Habetha*, NJW 2016, 2131; *Heghmanns*, ZJS 2016, 519; *Maier*, NStZ 2016, 475.
23 *Maier*, NStZ 2016, 475; *Kudlich*, JA 2016, 632, 633; *ders.*, PdW StrafR BT I, 4. Aufl., Fall 148.
24 BGH Urt. v. 22.6.2016 – 5 StR 98/16.
25 Zu dem Fall einer Vorsatzerweiterung vgl. BGHSt 22, 350.

§ 9 Raub und räuberischer Diebstahl

b) Finale Verknüpfung von Nötigung und Wegnahme

Bedeutendstes Klausurproblem beim Raub und im Rahmen des subjektiven Tatbestands zu prüfen!!!

288 **Achtung Klausur:** *In den meisten Lehrbüchern wird dieser Gesichtspunkt schon im objektiven Tatbestand angesprochen.*[26] *Jedoch kann Finalität nichts anderes als subjektive Verknüpfung zwischen Mittel und Zweck bedeuten. Die Verortung im subjektiven Tatbestand ist gerade das bedeutende Erbe, das die finale Handlungslehre Welzels der modernen Strafrechtswissenschaft hinterlassen hat. Denn tatsächlich kann die Frage, ob der Täter die Gewalt zum Zwecke der Wegnahme eingesetzt hat, nicht ohne Rückgriff auf sein Vorstellungsbild beantwortet werden. In den meisten Fallanleitungen wird die Finalität daher auch zu Recht im subjektiven Tatbestand geprüft.*[27]

Zu trennen ist hier strikt zwischen der **Fortdauer des Gewalteinsatzes** einerseits und der **Fortdauer der Wirkung eines zuvor aus anderem Grund geübten Gewalteinsatzes** andererseits.

aa) Fortdauer des Gewalteinsatzes

289 Solange das Nötigungsverhalten andauert, sei es auch durch (konkludente) Drohung mit weiterer Gewalt, kommt unproblematisch Raub in Betracht.[28]

Beispiel: A verprügelt den B. Während des Einprügelns auf B fällt As Blick auf die Brieftasche des Opfers. Er nutzt das Einprügeln auf B daher, um ihm die Brieftasche aus der Jacke zu ziehen.[29] Hier ist Raub gegeben, weil die Gewalt noch andauert und von A final zur Wegnahme eingesetzt wird. Gleiches gilt, wenn sich B dem übermächtigen A aus Angst vor weiteren Schlägen bereits ergeben hat und A diese Drohkulisse für sich ausnutzt, um dem B die Brieftasche zu entwenden.

bb) Wirkung eines zuvor aus anderem Grund geübten Gewalteinsatzes

290 Eine Bestrafung wegen Raubs durch aktives Tun scheidet bei bloßer Ausnutzung der Wirkung eines zuvor aus anderen Gründen geübten Gewalteinsatzes aus.[30] Allerdings ist hier umstritten, ob eine Bestrafung durch die Annahme von Gewalt durch Unterlassen erzielt werden kann.[31] Veranschaulicht wird dies durch folgenden berühmten

291 **Fall 30:** A hatte sich unter Angabe seiner korrekten Adresse im Hotel eingemietet. Am Ende seines Hotelaufenthalts fesselte A den Hotelportier P, damit dieser ihn nicht davon abhalten konnte, ohne Begleichung der Hotelrechnung zu verschwinden. Sodann ging A in sein Zimmer, packte seine Sachen und wollte sich davonmachen. Als A noch mal an der Rezeption vorbeikam und den P so „schön verpackt" dasitzen sah, verfiel er auf den Ge-

---

26 Vgl. beispielsweise den Aufbauvorschlag bei *Wessels/Hillenkamp/Schuhr*, BT/2, Rn. 365a.
27 Vgl. nur *Strauß*, Strafrecht Fälle und Lösungen, S. 24, 102, 127; siehe im Übrigen auch SK-*Sinn*, § 249, Rn. 28.
28 Zu einzelnen Fallgestaltungen vgl. *Schünemann*, JA 1980, 352 f.
29 Ähnlich BGHSt 20, 32.
30 *Biletzki*, JA 1997, 385 ff.; *Sch/Sch/Bosch*, § 249, Rn. 6a m. w. N.; vgl. dazu auch BGH NStZ 2015, 156 m. Bspr. *Hecker*, JuS 2014, 656 ff.
31 Offengelassen in BGH MDR bei *Dallinger*, 1968, 17; hierzu auch *Schünemann*, JA 1980, 349, 351 f.

danken, die Tageseinnahmen zu entwenden. Strafbarkeit des A? (**Portier-Fall I** abgewandelt nach BGHSt 32, 88[32])

Lösung:

A. Strafbarkeit bezüglich des Verschwindens mit „Sack und Pack" trotz nicht beglichener Rechnung

I. Denkbar wäre eine Strafbarkeit wegen **Pfandkehr nach § 289 StGB**.
Der Hotelinhaber hatte nach § 704 S. 1 BGB für seine Forderungen hinsichtlich Wohnung und anderen den Gästen zur Befriedigung ihrer Bedürfnisse gewährten Leistungen ein Pfandrecht an den eingebrachten Sachen (z. B. Gepäckstücken) des A.
Problematisch ist allerdings, ob eine Wegnahme der Sache auch bei einem besitzlosen Pfandrecht in Frage kommt. Die h. M. bejaht dies jedoch zu Recht, weil der besitzlose Pfandrechtsinhaber wegen der leichteren Entziehbarkeit des Pfandgegenstands sogar noch in höherem Maße schutzwürdig sei.[33]
Auch lag rechtswidrige Absicht vor, wofür dolus directus hinsichtlich der Vereitelung fremden Rechts genügt.

II. Dagegen muss ein **Raub nach § 249 StGB** im Hinblick auf das Gepäck verneint werden, da es sich bei den Gepäckstücken nicht um fremde Sachen handelte.

III. In Betracht kommt aber eine Strafbarkeit wegen **schwerer räuberischer Erpressung nach §§ 253, 255, 250 I Nr. 1b StGB**.
1. Hier kommen §§ 253, 255 StGB nicht bzgl. der gewaltsam durchgesetzten Nichtzahlung der Hotelkosten in Betracht. Denn der A hat sich nicht durch das erzwungene ungehinderte Verlassen des Hotels, sondern schon durch die vorangegangene Benutzung des Zimmers bereichert. Die Forderung auf Bezahlung des Mietpreises hing nicht vom Verbleiben oder Verlassen des Hotels ab, sodass der Vermögensnachteil nicht **durch** die Nötigungshandlung bewirkt wurde.[34] Denn die Personalien des A waren bekannt, sodass die Durchsetzung der Forderung durch das (erzwungene) Verlassen des Hotels nicht zusätzlich erschwert wurde (anders, wenn jemand z. B. einen Taxifahrer fesselt, um Fahrtkosten nicht zu entrichten).
2. §§ 253, 255 StGB können daher nur wegen Beeinträchtigung des gesetzlichen Pfandrechts nach § 704 BGB gegeben sein (durch Entfernen seiner Gepäckstücke aus dem Hotelzimmer).
a) Allerdings ist diesbezüglich in Literatur und Rspr. umstritten, ob §§ 253, 255 StGB im Falle der Wegnahme überhaupt gegeben sind, oder ob die Erpressung grundsätzlich eine Verfügung des Opfers voraussetzt. Während die Rspr. – um Strafbarkeitslücken zu schließen – auch die Wegnahme genügen lässt und damit bei der Entfernung eigener Gegenstände auf §§ 253, 255 StGB zurückgreifen kann, fordert ein Teil der Literatur vor allem unter Hinweis auf die Strukturgleichheit von Betrug und Erpressung eine Vermögensverfügung. Die besseren Gründe dürften dabei aber für die Rspr. streiten, weil nicht einzusehen ist, weshalb der vielfach zufällige Unterschied zwischen nötigungsbedingter Wegnahme und Verfügung den Ausschlag über die Anwendbarkeit der §§ 253, 255 StGB geben können soll (näher u. Rn. 376, 381 ff.).
b) Folgt man der Rspr., so ist auch der für die Erpressung erforderliche Vermögensschaden zu bejahen, weil die Vereitelung des Pfandrechts bereits für sich gesehen eine Vermögensminderung darstellt, sofern die Pfandgegenstände problemlos verwertbar sind.

---

32 Dort hatten die Täter den Hotelportier in ihrem Zimmer eingesperrt – Ausführungen zu § 250 StGB wären dann nicht veranlasst; s. auch das Beispiel in Rn. 384.
33 Vgl. statt vieler *Kudlich*, BT/1, PdW, S. 78 f., 165.
34 Vgl. auch BGHSt 32, 89 f.

c) Die Fesseln stellen dabei weder ein gefährliches Werkzeug nach § 250 II Nr. 1 StGB dar, noch wurde durch sie eine schwere Misshandlung nach § 250 II Nr. 3a StGB bewirkt. Jedoch hat A die Fesseln, d. h. „sonst ein Werkzeug" nach § 250 I Nr. 1b StGB in Verwendungsabsicht bei sich geführt, sodass unter diesem Gesichtspunkt auch eine Bestrafung wegen schwerer räuberischer Erpressung in Frage kommt.

IV. Die gleichzeitig verwirklichte **Nötigung nach § 240 StGB** tritt dahinter zurück.

V. Gegeben ist darüber hinaus eine **Freiheitsberaubung nach § 239 StGB**.

VI. Dass die Fesselung eine **Körperverletzung nach § 223 StGB** begründet hat, ergibt sich aus dem Sachverhalt dagegen nicht (Tatfrage).

B. Strafbarkeit bezüglich der Tageseinnahmen

I. In Betracht kommt Strafbarkeit wegen **schweren Raubs nach §§ 249, 250 I Nr. 1b StGB**.

1. Objektiver Tatbestand

a) Die Entwendung der Tageseinnahmen stellt die Wegnahme einer fremden beweglichen Sache dar.

b) A hat durch die Fesselung auch Gewalt i. S. d. § 249 StGB eingesetzt. Denn die Fesselung bedeutete den Einsatz physisch wirkenden Zwangs, der einen Widerstand des Opfers ausschalten sollte.

Die verwendeten Fesseln sind weder als gefährliches Werkzeug nach § 250 II Nr. 1 StGB zu werten, noch wurde durch sie eine schwere Misshandlung nach § 250 II Nr. 3a StGB begründet.

Jedoch hat A jedenfalls „sonst ein Werkzeug" nach § 250 I Nr. 1 b StGB bei sich geführt, sodass auch eine Bestrafung wegen schweren Raubs grundsätzlich in Frage käme,[35] sofern ein enger zeitlich-räumlicher Zusammenhang zwischen Gewaltanwendung und Wegnahme des Gepäcks, wie ihn die h. M. im objektiven Tatbestand des Raubs fordert, zu bejahen ist (s. u.).

2. Subjektiver Tatbestand

a) A handelte auch mit Vorsatz im Hinblick auf Gewaltanwendung und Wegnahme.

b) Fraglich ist jedoch – und dies ist für den subjektiven Tatbestand des Raubs Voraussetzung[36] –, ob die Wegnahme mit Gewalt erfolgt ist. Erforderlich hierfür wäre eine finale Verknüpfung von Nötigung und Wegnahme, d. h. der Täter muss die Gewalt bzw. Drohung gezielt als Mittel der Wegnahme eingesetzt haben.

aa) Die Fesselung selbst hat A gerade nicht vorgenommen, um die Tageseinnahmen zu entwenden. Auch hat der Gewalteinsatz – und sei es auch nur in Form einer Drohung mit weiterer Gewalteinwirkung – nicht fortgewirkt. A hat vielmehr nur die Wirkungen eines zuvor aus anderen Gründen (Nichtbezahlung der Rechnung, s. o.) geübten Gewalteinsatzes ausgenutzt.[37]

bb) Denkbar wäre allenfalls, das Ausnutzen einer ohne Wegnahmevorsatz begonnenen andauernden Freiheitsberaubung zum Zwecke der Wegnahme als Gewalt durch Unterlassen anzusehen. Dafür könnte sprechen, dass Nötigung und Freiheitsberaubung Dauerdelikte sind, die so lange andauern, bis es zur Aufhebung des Nötigungsmittels (z. B. der Einsperrung) kommt.[38]

Tatsächlich hat der BGH deshalb neuerdings in einem vergleichbaren Fall angenommen, dass der Unterlassungstäter die Aufrechterhaltung des rechtswidrigen Zustands wollen kann, um die Wehrlosigkeit des Opfers zur Wegnahme auszunutzen. Zumindest sei dies

---

35 So auch BGH NStZ 2004, 152 zu einem ähnl. Fall.
36 So ausdrücklich SK-*Sinn*, § 249, Rn. 28f.
37 BGHSt 32, 88, 92.
38 *Eser*, NJW 1965, 379 f.; *Jakobs*, JR 1984, 386; *Schünemann*, JA 1980, 353.

dann der Fall, wenn Gewaltanwendung durch positives Tun und die Ausnutzung ihrer Wirkung zeitlich und räumlich nahe beieinander liegen.³⁹
Im vorliegenden Fall lagen Gewalteinwirkung und Unterlassen wohl schon nicht mehr zeitlich nahe beieinander (A hat zunächst noch seine Sachen im Hotelzimmer gepackt, bevor er an die Rezeption zurückkehrte). Darüber hinaus ist die Auffassung des BGH aber auch grundsätzlich problematisch, weil bei den vom BGH genannten Dauerdelikten der §§ 239, 240 StGB selbstverständlich nicht die Deliktshandlung aufrechterhalten bleibt, solange die Wirkungen andauern. Aufrechterhalten bleibt auch bei diesen Vergehen allenfalls der Deliktserfolg.⁴⁰
Richtigerweise wird man vorliegend daher auch nicht mit der Konstruktion einer Unterlassung nach vorangegangenem gefährlichen Tun (weil der Täter aus Ingerenz zur Beseitigung der Gewaltwirkung verpflichtet sei) zu einem Raub kommen können, denn dies widerspricht dem Normzweck, der Aggressions*handlungen* verhindern, nicht aber bewirken soll, dass der Täter bestehende Zwangs*wirkungen* aufhebt.⁴¹
A hat daher keine Gewalt zur Wegnahme eingesetzt, indem er nur das Fortdauern von Wirkungen einer zuvor aus anderen Gründen geübten Gewalt für sich ausgenutzt hat.
Ergebnis: Eine Bestrafung wegen Raubs nach § 249 StGB scheidet aus.

II. Gegeben ist aber jedenfalls ein **Diebstahl in einem besonders schweren Fall nach §§ 242, 243 I S. 2 Nr. 6 StGB**.

C. Gesamtergebnis und Konkurrenzen: A ist im Hinblick auf die Vereitelung des Gastwirtpfandrechts strafbar wegen räuberischer Erpressung nach §§ 253, 255, 250 I Nr. 1b StGB. § 289 StGB tritt dahinter als subsidiär zurück.⁴² § 239 StGB tritt zu §§ 253, 255 StGB in Tateinheit. In Tatmehrheit zu diesen Delikten steht der hinsichtlich der Tageseinnahmen verübte Diebstahl in einem besonders schweren Fall nach §§ 242, 243 I S. 2 Nr. 6 StGB, da dieses Delikt aufgrund eines neuen – wie gesehen nachträglich gefassten – Entschlusses verwirklicht wurde.

Interessant sind auch folgende, aus der neueren Rechtsprechung stammende Beispiele: **292a**

Beispiel 1:⁴³ R und O vermuteten, dass G ein Schlagzeug und Spielekonsolen des O entwendet hatte. Sie beabsichtigten, die entwendeten Sachen von G zurückzuerlangen. In der Wohnung des G versetzte R dem G ohne Vorankündigung einen Faustschlag ins Gesicht, worauf dieser benommen zu Boden ging. Anschließend durchsuchten R und O den G und nahmen dessen Geldbörse, Mobiltelefon, Autoschlüssel und Ehering an sich. Sodann befragte O den G zu den abhandengekommenen Gegenständen; zunächst leugnete G die Wegnahme, räumte aber nach einer Bedrohung mit einem Messer den Besitz des Schlagzeugs ein, das R und O ebenfalls mitnahmen.

Lösung: Der BGH verneint im vorliegenden Fall einen Raub an Geldbörse, Mobiltelefon, Autoschlüssel und Ehering mangels diesbezüglicher finaler Verknüpfung. Nach ständiger Rechtsprechung muss zwischen der Drohung oder dem Einsatz von Gewalt und der Wegnahme beim Raub eine finale Verknüpfung bestehen; Gewalt oder Drohung müssen das Mittel zur Ermöglichung der Wegnahme sein. An einer solchen Verknüpfung fehlt es, wenn eine Nötigungshand-

---

39 BGHSt 48, 365 ff.
40 Zu Recht krit. *Baier*, JA 2004, 431; *Otto*, JZ 2004, 364; *Walter*, NStZ 2004, 624; *ders.*, NStZ 2005, 240 ff.; im Wesentlichen zust. aber *Gössel*, JR 2004, 254.
41 Wie hier BGHSt 32, 92; LK-*Vogel*, § 249, Rn. 25; *Wessels/Hillenkamp/Schuhr*, BT/2, Rn. 363 f., jeweils m. w. N.
42 Vgl. zutr. *Kindhäuser*, LPK, § 255, Rn. 7 und *Kudlich*, BT/1, Fall 177 entgegen RGSt 25, 435.
43 BGH NStZ 2015, 585 f. m. Anm. *Kudlich*, JA 2015, 791 ff.

lung nicht zum Zwecke der Wegnahme vorgenommen wird, sondern der Täter den Entschluss zur Wegnahme erst nach Abschluss dieser Handlung fasst. Sofern die Gewalt zunächst nur zur Erlangung des Schlagzeugs eingesetzt war, fehlt es daher an der erforderlichen finalen Verknüpfung. Es bleiben dann diesbezüglich nur ein Diebstahl in einem besonders schweren Fall nach §§ 242, 243 I S. 2 Nr. 6 StGB und ein qualifizierter Diebstahl nach § 244 I Nr. 1a Alt. 2 StGB (wegen des Mitsichführens des Messers). Letzterer verdrängt § 243 I S. 2 Nr. 6 StGB. Bezüglich des mitgenommenen Schlagzeugs würde der Raub zwar nicht an der Finalität scheitern. Jedoch ist dieser mangels Fremdheit des Schlagzeugs zu verneinen. Und für eine räuberische Erpressung (sofern man diese bei einer Wegnahme zulässt) fehlt es an der Rechtswidrigkeit der beabsichtigten Bereicherung. Es bliebe dann nur eine Nötigung. Darüber hinaus liegt auch eine gefährliche Körperverletzung (§ 224 I Nr. 4 StGB) vor.

Beispiel 2:[44] L beherbergte M für ein Entgelt von zehn Euro pro Nacht. Nach wenigen Tagen kommt es über die Mietzahlungen zum Streit, an dessen Ende L die gemeinsam bewohnte Wohnung mit dem Hinweis verlässt, dass er den M nicht mehr sehen will, wenn er wieder zurückkommt. L trifft auf der Straße P und B an, denen er mitteilt, dass sich in seiner Wohnung jemand aufhält, der diese nicht verlassen will und ihn mit einem Hammer bedroht. Auf seine Bitte, ihm zu helfen, begeben sich alle drei in die Wohnung, in der M bereits eingeschlafen ist. L, P und B misshandeln M durch Tritte und Faustschläge, die sie überwiegend gegen dessen Kopf und Gesicht richten. L, P und B hindern den M, der vor den Schlägen fliehen will, mehrfach am Verlassen der Wohnung. Als M am Ende mit schweren Schädelverletzungen mit dem Rücken auf dem Boden liegt, zieht L ihm den Geldbeutel aus der Hosentasche und verlässt das Zimmer.

Lösung: Nach Ansicht des BGH scheitert ein Raub auch hier an der nicht nachgewiesenen finalen Verknüpfung zwischen dem Einsatz des qualifizierten Nötigungsmittels und der Wegnahme, da diese nicht gegeben sei, wenn die Wirkungen eines ohne Wegnahmevorsatz eingesetzten Nötigungsmittels noch andauern und der Täter dies ausnutzt. Gerade eine solche Annahme lässt der Sachverhalt jedoch zu.

c) Absicht der Selbst- oder Drittzueignung

293 Zur Absicht der Zueignung vgl. beim Diebstahl, wobei auch hier zu beachten ist, dass der Gesetzgeber in § 249 StGB durch das 6. StRG das Merkmal der Drittzueignungsabsicht aufgenommen hat.[45]

Beispiel: A und B entwenden dem C gewaltsam den Porsche, den A schon immer für sich haben wollte. B hilft ihm nur aus Freundschaft, ohne ein eigenes Interesse an dem Wagen zu haben.

Lösung: Hier liegt nun ein mittäterschaftlicher Raub vor. Bis zum Inkrafttreten des 6. StRG war dieses Ergebnis nicht möglich, da die von B gewollte Drittzueignung vor dem 1.4.1998 nicht von § 249 StGB erfasst wurde. Die Rspr. nahm daher bis zum 1.4.1998 einen Raub von Seiten des A und wegen Drittbereicherungsabsicht eine mittäterschaftliche räuberische Erpressung auf Seiten des B an (diese kann laut BGH auch durch Wegnahme verwirklicht werden, vgl. Darstellung zur Erpressung, Rn. 376, 381 ff.!). Die Literatur, die für Erpressung teilweise eine Verfügung von Seiten des Opfers verlangt, konnte hier bei A bis zum 1.4.1998 nur eine Beihilfe zum Raub sowie eine mittäterschaftliche Nötigung annehmen.

Hinweis: *Der BGH hat in einem Hells Angels-Fall entschieden, dass kein Raub oder räuberische Erpressung vorliegen, wenn die Sache nur zerstört oder dem Eigentümer vorenthalten werden soll. Es fehle sowohl die Zueignungs- als auch die Bereicherungsabsicht, wenn der Täter die fremde Sache nicht wegnehmen will, um sie seinem Vermögen einzuverleiben, sondern die fremde Sache nur wegnimmt, um sie „zu zerstören", „zu*

---

44 BGH BeckRS 2017, 121851 m. Anm. *Nestler*, Jura 2018, 100.
45 Vgl. zur Abgrenzung von (Mit-)Täterschaft und Beihilfe *Ingelfinger*, JuS 1998, 535.

vernichten", „preiszugeben", „wegzuwerfen", „beiseite zu schaffen" oder „zu beschädigen". Der etwa auf Hass- und Rachegefühlen beruhende Schädigungswille ist zur Begründung der Zueignungsabsicht ebenso wenig geeignet wie der Wille, den Eigentümer durch bloßen Sachentzug zu ärgern. In solchen Fällen genüge es auch nicht, dass der Täter für eine kurze Zeit den Besitz an der Sache erlangt.[46]

II. Schwerer Raub nach § 250 StGB

Dieser Qualifikationstatbestand wurde durch das 6. StrRG völlig neu gefasst und das bisher als vielfach ungerecht empfundene einheitliche Strafmaß von 5 Jahren durch eine Strafmaßstufung ersetzt (Abs. 1: mindestens 3 Jahre; Abs. 2: mindestens 5 Jahre).[47] Bitte lesen Sie sich den gesamten § 250 StGB erst einmal in Ruhe durch. Dabei werden Sie sehen, dass sich Abs. 1 und Abs. 2 dadurch unterscheiden, dass der Täter in Abs. 2 immer nur eine Steigerung der Tathandlungen aus Abs. 1 vornimmt, sodass Abs. 2 gewissermaßen noch einmal eine Qualifizierung einzelner Nummern des Abs. 1 enthält, nämlich:

– nicht nur „bei sich führen" (Abs. 1 Nr. 1), sondern sogar „verwenden" (Abs. 2 Nr. 1)
– nicht nur „bandenmäßige Ausführung" (Abs. 1 Nr. 2), sondern sogar „bandenmäßige Ausführung mit Bei-sich-Führen einer Waffe" (Abs. 2 Nr. 2)
– nicht nur „Gefahr einer schweren Gesundheitsschädigung" (Abs. 1 Nr. 1c), sondern sogar „tatsächliche schwere körperliche Misshandlung oder Gefahr des Todes" (Abs. 2 Nr. 3a, b).

Sich dieses System vor Augen zu führen, bringt mehr als das Lernen von zahlreichen Fällen!

Merken Sie sich zu den einzelnen Tathandlungen jetzt nur noch Folgendes:

294

295

1. Die Fassung des § 250 I Nr. 1a, b, 2 StGB entspricht der des § 244 I Nr. 1a, b, 2 StGB (s. dazu oben § 244 StGB, vor allem zum gefährlichen Werkzeug sowie zum Bei-sich-Führen einer Waffe oder eines sonstigen gefährlichen Werkzeugs aus beruflichen Gründen!).[48] Zum Bei-sich-Führen noch ein aktuelles

Beispiel: Der Angekl. A wollte gemeinsam mit Mittäter M einen Raub begehen. Dazu deponierte M mit Wissen des A zunächst im Eingangsbereich einer Kelleretage einen schweren eisernen Kuhfuß (Nageleisen). Nachdem sie diese Räumlichkeiten zunächst verlassen hatten, kehrten sie später dorthin zurück und führten den Raub durch. Der in der Nähe befindliche Kuhfuß wurde allerdings nicht eingesetzt. (**Kuhfuß-Fall** nach StV 2019, 105[49])

Lösung: Das Bei-sich-Führen eines gefährlichen Werkzeugs i. S. v. § 250 I Nr. 1a StGB erfordert nicht, dass der Tatbeteiligte es nach Eintritt in das Versuchsstadium in der Hand hält oder am Körper trägt. Ausreichend kann sein, wenn das Werkzeug sich in Griffweite des Beteiligten befindet oder er sich seiner jederzeit ohne nennenswerten Zeitaufwand bedienen kann. Findet der Beteiligte den Gegenstand lediglich am Tatort vor und lässt ihn unangetastet, liegt kein Bei-sich-Führen vor. Anderenfalls würde die tatbestandsmäßige Handlung zu einer bloßen Wahrnehmung, einem Internum ohne ein hierauf bezogenes äußeres Verhalten verkommen. Wenn

---
46 BGH NStZ 2011, 699.
47 Beschlussempfehlung Rechtsausschuss des Bundestages, BT-Drucks. 13/8991, S. 20; RegE 44, 63.
48 Vgl. auch den Aufsatz von *Geppert*, Jura 1999, 599.
49 M. Anm. *Eisele*, JuS 2017, 369 ff.

sich das gefährliche Werkzeug nur in räumlicher Nähe des Beteiligten befindet, ist für eine Strafbarkeit nach § 250 I Nr. 1a StGB daher – neben dem Bewusstsein, das Werkzeug funktionsbereit zur Verfügung zu haben – zusätzlich erforderlich, dass der Beteiligte es zum Tatort mitgebracht hat oder es zu irgendeinem Zeitpunkt bis zur Tatbeendigung noch ergreift.

2. Entsprechend der Interpretation des § 244 I Nr. 1b StGB sieht die Rspr. die sog. Scheinwaffe grundsätzlich als Mittel i. S. d. § 250 I Nr. 1b StGB an, indem sie auf die vom Täter beabsichtigte Opferwirkung abstellt (die bis zum 6. StrRG von der Literatur vertretene Gegenauffassung, die auf die objektive Gefährlichkeit abstellte, dürfte nicht mehr vertretbar sein, da das Gesetz nun in § 250 I Nr. 1a StGB einerseits und in § 250 I Nr. 1b StGB andererseits ausdrücklich zwischen gefährlichen Werkzeugen einerseits und sonstigen, d. h. ungefährlichen Werkzeugen andererseits unterscheidet).[50]

Achtung Klausur: *Einer teleologischen Reduktion bedarf es laut BGH allerdings in solchen Fällen, in denen das eingesetzte Instrument naturgemäß kein erhöhtes Gefährdungspotenzial aufweisen kann (Bsp.: Labello, Kuli, Lineal in der Tasche des Täters), da in derartigen Fällen eine Anwendung des hohen Strafmaßes nach § 250 StGB nicht gerechtfertigt erscheint. Im Unterschied zur normalen Scheinwaffe sind solche Gegenstände aus der Sicht des Täters nicht ohne Weiteres, namentlich* **ohne weitere Erklärung***, geeignet, dem Opfer den Eindruck eines gefährlichen Gegenstands zu vermitteln, weshalb der Täuschungs- und nicht der Drohcharakter im Vordergrund stehe.[51] Einem zur Drohung eingesetzten Gegenstand haftet demnach keine Scheinwirkung an, wenn dieser bereits nach seinem äußeren Erscheinungsbild offenkundig ungefährlich ist. Für diese Beurteilung ist allein die Sicht eines objektiven Betrachters entscheidend. Ob das Opfer eine solche Beobachtung tatsächlich machen kann oder ob der Täter dies gerade durch sein täuschendes Vorgehen vereitelt, ist irrelevant.[52] § 250 I Nr. 1b StGB soll daher nach Ansicht des BGH auch dann scheitern, wenn der Täter dem Opfer nur einen „metallischen Gegenstand" an den Hals hält, weil dann in dubio pro reo anzunehmen sei, dass es sich um einen völlig ungefährlichen Gegenstand handelte (z. B. ein Mobiltelefon, das ernstlich nicht einmal zum Schlagen geeignet wäre).[53] Zumindest in diesen Fällen sei daher das Tatunrecht bereits von § 249 StGB ausreichend erfasst. Der Rechtsausschuss des Bundestages hat diese Einschränkung ausdrücklich begrüßt und dabei der Hoffnung Ausdruck gegeben, dass sie auch bei der zukünftigen Auslegung des § 250 I Nr. 1b StGB weiter Anwendung findet (d. h. auch nach In-Kraft-Treten des 6. StrRG bleibt diese Rspr. relevant!).[54] Dass diese Abgrenzung letztlich undurchführbar ist, zeigt aber ein neuerer Fall aus der Rechtsprechung des BGH. Dazu das folgende*

295a **Beispiel:** A betrat unter Mitführung eines Koffertrolleys, der im Wesentlichen sein Reisegepäck enthielt, die C-Bank und trat auf den Kassenschalter zu. Nach einer kurzen Diskussion mit der Kassiererin sagte A: „Keine Polizei, kein Alarm, ich habe eine Kofferbombe, zahlen Sie

---

50 Wie hier auch *Kreß*, NJW 1998, 643; *Mitsch*, JuS 1999, 644 ff.; *Kudlich*, ZStW 115 (2003), 1, 8; *Joecks/Jäger*, § 250, Rn. 15; Lackner/*Kühl*, § 250, Rn. 2; SK-*Sinn*, § 250, Rn. 22 ff.; a. A. *Hörnle*, Jura 1998, 174; *Lesch*, JA 1999, 38; *Kindhäuser*, LPK, § 250, Rn. 5 f.
51 BGHSt 38, 116 (sog. Labelloentscheidung).
52 BGH JuS 2012, 84 m. Bspr. *Jahn*.
53 BGH NStZ 2007, 332 (ohne das hier genannte Beispiel zu erwähnen) m. Anm. *Jahn*, JuS 2007, 583; *Kudlich*, JR 2007, 381 f.; vgl. auch zur Scheinwaffenproblematik in der Fallbearbeitung *Ladiges/Kneba*, JuS 2013, 622 ff.
54 Vgl. hierzu die BT-Drucks. 13/9064, S. 18; BGHSt 38, 116, 118.

aus!", um damit die Herausgabe des geforderten Geldbetrages zu erreichen. Die Anwendung dieser Drohung zur Durchsetzung seiner Forderung hatte er erst in diesem Moment spontan beschlossen **(Trolley-Fall)**.⁵⁵

Lösung: Fehlt es im Rahmen von § 250 I Nr. 1b StGB an der objektiven Gefährlichkeit des Werkzeugs oder sonstigen Mittels, kommt laut BGH eine Verwirklichung der Qualifikation auf Grundlage der subjektiv beim Opfer begründeten Drohwirkung in Betracht, da die Verwendung des Tatmittels lediglich beabsichtigt sein muss. Die tatsächliche Untauglichkeit des betreffenden Gegenstands zur Verhinderung oder Überwindung eines Widerstands schließt die Anwendung des § 250 I Nr. 1b StGB nicht aus, sofern diese Untauglichkeit für das Opfer unerkennbar ist.

295b

Diese Begründung, die auf die Erkennbarkeit des Kofferinhalts abstellt, vermag jedoch nicht zu überzeugen. Denn es kann der Fall der Jackentasche, in der sich nur ein Labello befindet, nicht ernsthaft anders behandelt werden als derjenige des Koffers eines Labello-Vertreters, in dem sich nur Labellos befinden. Dementsprechend müssten grundsätzlich beide Fälle unter § 250 I Nr. 1b StGB subsumiert werden, wenn der Täter vorgibt, eine Pistole bzw. eine Bombe mit sich zu führen, oder aber es müssen beide Konstellationen aus dem Anwendungsbereich des § 250 I Nr. 1b StGB ausgenommen werden und dann muss dies auch gelten, wenn sich – wie hier – im Koffer nur Kleidungsstücke befinden.⁵⁶

Abschließend zur Scheinwaffenproblematik ein kurzes

Beispiel: A überfällt eine Sparkassenfiliale, die er bereits im Jahr zuvor mit einer echt aussehenden Pistole ausgeraubt hatte. Anders als bei seinem vorhergehenden Überfall bedroht er das Bankpersonal diesmal jedoch mit einer in seiner Jackentasche verborgenen grellbunten Wasserpistole, welche auch sonst keinerlei Ähnlichkeit mit einer echten Schusswaffe aufweist. Die Bankangestellten, die A wiedererkennen, gehen jedoch aufgrund ihrer Vorerfahrungen davon aus, dass A eine richtige Waffe bei sich führt. A bekommt deshalb Bargeld in Höhe von insgesamt 2490 € ausgehändigt.⁵⁷

295c

Lösung: Nach BGH liegt hier keine schwere räuberische Erpressung nach § 250 I Nr. 1b StGB vor, da die Wasserpistole nach ihrem äußeren Erscheinungsbild nicht dazu geeignet sei, den Anschein einer Waffe oder eines gefährlichen Werkzeugs zu erwecken. Vielmehr sei diese aufgrund ihrer Formgebung und Farbe eindeutig als Spielzeug erkennbar. Die Tatsache, dass die Angestellten die Spritzpistole nicht als solche wahrnehmen können und diese daher ihre Drohwirkung nur aufgrund der verdeckten Verwendung entfalten kann, ist nach BGH unerheblich. Gleiches gelte für den Umstand, dass die Sparkassenmitarbeiter aufgrund ihrer Beobachtungen bei dem vorangegangenen Überfall von einer echten Waffe ausgingen.

3. In der Klausur wirft das Verhältnis von § 250 I Nr. 1a, b und § 250 II Nr. 1 StGB besondere Probleme auf. Der BGH geht dabei davon aus, dass als „Waffe" oder „anderes gefährliches Werkzeug" in § 250 I Nr. 1a und II Nr. 1 StGB nur ein objektiv gefährliches Tatmittel erfasst wird, das nach seiner objektiven Beschaffenheit und nach der Art seiner Benutzung im konkreten Einzelfall geeignet ist, erhebliche Verletzungen zuzufügen (vgl. zur Bestimmung der Waffe und des gefährlichen Werkzeugs bereits oben bei § 244 StGB, Rn. 268 ff.).⁵⁸ Das Drohen mit einer geladenen Waffe fällt

296

---

55 BGH NStZ 2016, 215 f. m. Anm. *Jäger*, JA 2016, 71 ff.; *F. Schumann*, 2016, 339 ff.
56 Vgl. zur Begründung näher *Jäger*, JA 2016, 72; mir zustimmend *Bosch*, Jura JK 2016, 573, § 250 Abs. 1 Nr. 1b StGB.
57 BGH JuS 2012, 84 m. Bspr. *Jahn*.
58 BGHSt 45, 92; Lackner/*Kühl*, § 250, Rn. 4; siehe auch BGH NStZ 2011, 211 m. Bspr. *Kemme*, Jura 2013, 810 ff.

dabei unter § 250 II Nr. 1 StGB und nicht nur unter § 250 I Nr. 1a StGB. Auch eine Gaspistole oder Schreckschusspistole, bei der der Explosionsdruck nach vorne austritt,[59] fällt hierunter, wobei der BGH ein Verwenden nach § 250 II Nr. 1 StGB auch dann annimmt, wenn es jederzeit zu Eskalationen kommen kann (z. B. wenn der Täter eine Bank mit einer Gaspistole in der Hand betritt und sich im Schalterraum nur der Angestellte hinter schusssicherem Glas befindet; denn auch beim Verlassen der Bank könne der Täter noch auf Dritte stoßen, die sich ihm in den Weg stellen).[60]

Besondere Probleme ergeben sich dagegen beim Einsatz ungeladener Waffen. Dazu folgendes – allerdings im Ergebnis die Erpressung betreffendes –

297 **Beispiel:**[61] A ging mit einer echten, aber ungeladenen Schusswaffe, für die er keine passende Munition mitführte, in eine Bank und forderte den Bankangestellten B zur Geldherausgabe auf. B ging davon aus, dass die Schusswaffe scharf sei und gab daher das Geld sofort heraus. Strafbarkeit des A? (**Munitions-Fall** nach BGHSt 45, 92)

298 **Lösung:** Hier liegt eine räuberische Erpressung gem. §§ 253, 255 StGB vor und zwar sowohl nach der Rspr., die allein auf das äußere Erscheinungsbild abstellt, als auch nach der Lit., die eine Wegnahme bejaht, wenn das Opfer keine echte Wahlmöglichkeit hat und davon ausgeht, dass das Geld unabhägig von seiner Mitwirkung verloren sei.[62] Die Tat ist auch als schwere räuberische Erpressung gem. §§ 253, 255, 250 I Nr. 1b StGB zu bestrafen. Der Gesetzeswortlaut würde es zulassen, auch ungeladene echte Schusswaffen zu den „Waffen" zu zählen und damit unter § 250 II Nr. 1a StGB zu subsumieren.[63] Eine solche Auslegung scheidet aus, weil der Gesetzgeber erkennbar solche „Waffen" nur dem Auffangtatbestand des § 250 I Nr. 1b StGB n. F. zuordnen wollte. Dafür spricht, dass der Gesetzgeber in der Neufassung der §§ 244 I Nr. 1a und 250 I Nr. 1a StGB die „frühere Schusswaffe" durch das Begriffspaar „Waffe oder ein anderes gefährliches Werkzeug" ersetzt hat.[64] Damit sollen nunmehr alle Tatmittel erfasst sein, die nach ihrer objektiven Beschaffenheit und nach der Art ihrer Benutzung im konkreten Einzelfall geeignet sind, erhebliche Verletzungen zuzufügen. Dieselbe Gleichstellung erfolgt in § 250 II Nr. 1 StGB n. F., der daher im gleichen Sinn zu verstehen ist. Dass der Gesetzgeber diese Abstufung zwischen objektiv gefährlichen und objektiv ungefährlichen Tatmitteln gewollt hat, lässt sich im Übrigen mit seiner ausdrücklich in den Gesetzesmaterialien erklärten Zielsetzung vereinbaren, bloße Spielzeugpistolen oder Pistolenattrappen, die beim Opfer nach dem Willen des Täters eine subjektive Zwangswirkung haben sollen, lediglich als „Werkzeug oder Mittel" i. S. d. Auffangtatbestands des § 250 I Nr. 1b StGB n. F. einzustufen und damit letztlich der diesbezüglich verbreiteten Annahme minder schwerer Fälle für die Zukunft entgegenzuwirken.[65] Hinzu kommt, dass § 250 I StGB n. F. für beide Ziffern Nr. 1a und Nr. 1b denselben Strafrahmen von drei bis fünfzehn Jahren Freiheitsstrafe zur Verfügung stellt. Diese Gleichstellung findet ihre Rechtfertigung darin, dass Nr. 1b das „Bei-sich-Führen" eines objektiv ungefährlichen Tatmittels genügen lässt, zusätzlich aber die Absicht verlangt, „den Widerstand einer anderen Person durch Gewalt oder Drohung mit Gewalt zu verhindern oder zu überwinden", während die den Unwert erhöhende Funktion dieser Gebrauchsabsicht in der Nr. 1a ausgeglichen wird durch die dort erforderliche objektive Gefährlichkeit des Tatmittels. Die gleichzeitig verwirklichte Nötigung nach § 240 StGB tritt hinter der schweren räuberischen Erpressung zurück. Ein Betrug nach § 263 StGB (durch Täuschung über Einsatzfähigkeit der Waffe) ist nicht verwirk-

---

59 Vgl. BGHSt 48, 203 f.: wegen der Gefahr sog. aufgesetzter Schüsse seien diese auch ins WaffG aufgenommen worden.
60 BGHSt 45, 92; 48, 197 m. Bspr. *Baier*, JA 2004, 14 f.
61 Vgl. dazu auch *Martin*, JuS 1999, 1135 ff.; *Kargl*, StraFo 2000, 7 ff.
62 *Lackner/Kühl*, § 255, Rn. 2.
63 BGHSt 44, 104.
64 *Wessels/Hillenkamp/Schuhr*, BT/2, Rn. 371.
65 BT-Drucks. 13/9064, S. 18 ff.

licht worden. Dient die Täuschung – wie hier – nur dazu, die Durchsetzungsfähigkeit der Drohung vorzutäuschen, so scheidet nach einer Auffassung § 263 StGB bereits tatbestandlich aus (Tatbestandslösung),⁶⁶ nach anderer Auffassung tritt er in diesem Fall auf Konkurrenzebene zurück (Konkurrenzlösung).⁶⁷ Nach allen Auffassungen hat § 263 StGB vorliegend daher keine eigenständige Bedeutung, weil der Drohcharakter der Tat im Vordergrund steht (vgl. unten Rn. 311 ff.).

Hinweis: *Der BGH hat im konkreten Fall offen gelassen, wie zu entscheiden wäre, wenn es um eine ungeladene funktionsfähige Schusswaffe gegangen wäre, deren Munition griffbereit gewesen wäre und daher kurzfristig schussbereit hätte gemacht werden können. Jedoch sollte man in diesem Fall § 250 I Nr. 1a StGB anwenden (und eventuell strafschärfend berücksichtigen, dass der Täter sicherheitshalber Munition mitgeführt hat), nicht aber § 250 II Nr. 1 StGB, solange die Waffe nicht als gefährliche benutzt wird (zw.).*⁶⁸

4. „Schwere Gesundheitsschädigung" i. S. d. § 250 I Nr. 1c StGB meint neben den Folgen des § 226 StGB auch ernste langwierige Krankheiten oder erhebliche Beeinträchtigungen der Arbeitskraft. Dabei genügt es aber, dass die Gefahr einer solchen schweren Gesundheitsschädigung entstanden ist; sie muss also nicht tatsächlich eingetreten sein!⁶⁹

299

5. „Verwenden" i. S. d. § 250 II Nr. 1 StGB liegt bereits bei einer Drohung mit der Waffe oder dem gefährlichen Werkzeug vor. Dabei genügt es nach Ansicht des BGH, wenn der Täter eine Waffe oder ein anderes gefährliches Werkzeug nach Vollendung, aber noch vor Beendigung der Raubtat einsetzt.⁷⁰ Immer muss das Werkzeug aber gegenüber der Person angewandt werden. Benutzt der Täter etwa ein Brecheisen nur, um die Haustür zu öffnen, so liegt allenfalls § 250 I Nr. 1a StGB vor.

Beispiel: M und P begaben sich zur Wohnung des K, aus der sie unter anderem Betäubungsmittel entwenden und diese später konsumieren wollten. Dabei führten sie eine Holzlatte mit, wie sie bei dem Transport von Kühlschränken benutzt wird. M und P traten die Tür zur Wohnung des K ein und schlugen mit der mitgeführten Holzlatte gegen dessen rechtes Bein, sodass K eine ca. 2 cm lange Platzwunde erlitt. Nachdem sie auf diese Weise möglichen Widerstand bereits im Keim erstickt hatten, fanden sie eine Plastikdose, in der sich ca. 6 g Marihuana befanden. Dieses nahmen sie mit, um es durch Konsum zu vernichten.⁷¹

Lösung: Der BGH bejaht bei der Holzlatte das Vorliegen eines gefährlichen Werkzeugs, da ein solches im Sinne dieser Vorschrift jeder Gegenstand ist, der nach seiner objektiven Beschaffenheit und nach der Art seiner Benutzung im Einzelfall geeignet ist, erhebliche Körperverletzungen herbeizuführen. Das ist nicht nur dann der Fall, wenn der Täter ein generell gefährliches Tatmittel einsetzt, sondern auch, wenn sich die objektive Gefährlichkeit des eingesetzten Gegenstandes erst aus der konkreten Art seiner Verwendung ergibt, welche geeignet ist, erhebliche Verletzungen herbeizuführen. Die Gefährlichkeit des Tatmittels kann sich gerade daraus ergeben, dass ein Gegenstand bestimmungswidrig gebraucht wird.

---

66 *Seelmann*, JuS 1982, 915; BGHSt 23, 294; *Küper*, Anm. NJW 1970, 2253.
67 Für eine Verdrängung auf Konkurrenzebene *Sch/Sch/Bosch*, § 253, Rn. 33; *Krey/Hellmann/Heinrich*, BT/2, Rn. 455 f.
68 So auch BGHSt 45, 249; MüKo-*Sander*, § 250, Rn. 63; krit. aber *Geppert*, JK 2000, § 250 II Nr. 1/2; *ders.*, JK 12/06, § 250 II Nr. 1/5; *Hannich/Kudlich*, NJW 2000, 3475 f.
69 *Schroth*, NJW 1998, 2866; SK-*Sinn*, § 250, Rn. 35 f.
70 Vgl. BGH NJW 2010, 1385.
71 BGH StraFo 2015, 216 mit Anm. *Kudlich*, JA 2015, 471.

Wird § 250 II Nr. 1 StGB durch Einsatz einer Waffe oder eines gefährlichen Werkzeugs als Drohmittel verwirklicht, so liegt eine Vollendung des § 250 II Nr. 1 StGB nur dann vor, wenn das Drohmittel vom Opfer auch tatsächlich erkannt wird. Ist dies nicht der Fall, so kann lediglich ein Versuch nach §§ 250 II Nr. 1, 22, 23 StGB sowie eine Vollendung nach § 250 I Nr. 1a StGB bejaht werden (vgl. dazu sogleich Rn. 299a f.).

Allerdings dürfen an die Wahrnehmung des Drohmittels durch das Opfer in der Klausur keine zu hohen Anforderungen gestellt werden. Es genügt, wenn es taktil und nicht visuell wahrgenommen wird. Dies zeigt das folgende

Beispiel:[72] A brach Spielautomaten in Spielhallen auf, wobei er in zwei Fällen wie folgt vorging: Er hielt dem Tatopfer mit leichtem Druck ein 50 cm langes Brecheisen in den Rücken, um unter Androhungen die Spielautomaten aufbrechen und das darin befindliche Bargeld ungehindert entnehmen zu können. Die Opfer bemerkten, dass ihnen ein Gegenstand in den Rücken gedrückt wurde, erkannten aber nicht, dass es sich dabei um ein Brecheisen handelte. A erbeutete so jeweils rund 1250 € bzw. 2000 €. In einem weiteren Fall ging er alleine in die obere Etage der Spielhalle, brach mit dem mitgeführten Brecheisen zwei Spielautomaten auf und entnahm das darin befindliche Bargeld i.H.v. 251 €.

Lösung: Nach Ansicht des BGH stehe der Annahme eines vollendeten Verwendens nicht entgegen, dass die Tatopfer das von A bewusst verdeckt in ihrem Rücken eingesetzte Werkzeug nur taktil und nicht visuell wahrnehmen und deshalb nicht erkannten, dass es sich dabei um ein Brecheisen handelte. Anders als in anderen vom BGH entschiedenen Fallkonstellationen stehe vorliegend aus Sicht eines objektiven Betrachters fest, dass es sich bei dem von A als Drohmittel verwendeten rund 50 Zentimeter langen Brecheisen aus Metall – ebenso wie bei einem Holzknüppel, einem Schraubendreher oder einem abgesägten Metallstück in Form eines Winkeleisens – um einen objektiv gefährlichen Gegenstand handelte, weil es im Falle seines Einsatzes als Schlag- oder Stichwerkzeug geeignet ist, erhebliche Verletzungen herbeizuführen. Es genüge, wenn das Tatopfer den Gegenstand als Drohmittel wahrnimmt, zutreffend davon ausgeht, dass von ihm im Falle eines Einsatzes eine gegenwärtige Gefahr für Leib oder Leben ausgeht, und es sich so in die von § 250 II Nr. 1 StGB vorausgesetzte qualifizierte Zwangslage versetzt sieht. Vor diesem Hintergrund sei es unschädlich, dass die Tatopfer den verwendeten Gegenstand zwar wahrnahmen, jedoch nicht als Brecheisen zu identifizieren vermochten.

6. Eine „schwere körperliche Misshandlung" i. S. d. § 250 II Nr. 3a StGB liegt nur vor, wenn dem Opfer erhebliche Schmerzen oder länger dauernde physische oder psychische Schäden zugefügt werden (die Folgen des § 226 StGB genügen freilich).

7. Für § 250 II Nr. 3b StGB (sog. gefährlicher Raub) muss es sich um eine konkrete naheliegende Gefahr handeln. **Sie muss vorsätzlich verursacht sein (kein erfolgsqualifiziertes Delikt), was selten der Fall sein wird!**

Das Verhältnis von § 250 II Nr. 1 und § 250 I Nr. 1a StGB sowie der Prüfungsaufbau werden durch folgenden examensgefährlichen Sachverhalt veranschaulicht:

---

[72] BGH NStZ 2018, 278.

Fall 31: Aufgrund eines gemeinsamen Tatplans überfielen die Angeklagten B, S und Y nachts auf offener Straße die Passanten K und L. Während Y ein Teppichmesser an den Hals von K hielt und S dessen Taschen durchwühlte, forderte B die L auf, ihre Handtasche herauszugeben. L hatte zwar das Teppichmesser nicht gesehen, gab aber aufgrund der von ihr als gefährlich und bedrohlich eingeschätzten Situation die Tasche heraus. Aus dieser entnahm B das Portemonnaie mit 50 € Bargeld, Kredit- und EC-Karten sowie Ausweispapiere. Sodann gab er L die Tasche zurück. Parallel zu diesem Geschehen gelang es K, an einem Haus die Klingel zu betätigen, um Hilfe zu alarmieren. Beim Erscheinen des Hausbewohners in der Haustüre flüchteten B, S und Y, ohne K etwas weggenommen zu haben. Wie haben sich die Angeklagten strafbar gemacht? (**Drohversuch-Fall** nach BGH StV 2012, 153[73]).

Lösung:

1. Teil: Strafbarkeit in Bezug auf die L

A. Strafbarkeit von Y und B

Hinweis: *Beim zusammengesetzten Delikt bietet sich ein gemeinsamer Aufbau für diejenigen Täter an, die das Delikt gemeinsam verwirklichen. Auf diese Weise lässt sich eine Verweisung nach unten und oben vermeiden.*

I. Strafbarkeit in Bezug auf die Handtasche

Bezüglich der Handtasche scheidet eine Strafbarkeit wegen mittäterschaftlichen Raubes nach §§ 249, 25 II StGB ebenso wie eine mittäterschaftliche räuberische Erpressung nach §§ 253, 255, 25 II StGB aus. Denn unabhängig davon, ob man eine Wegnahme oder Verfügung bezüglich der Tasche bejaht, fehlt es jedenfalls an einer Zueignungs- bzw. Bereicherungsabsicht diesbezüglich. Denn es kam den Tätern ersichtlich nicht auf den Erhalt der Tasche, sondern auf deren Inhalt an. Dies wird schon aus dem Folgegeschehen sichtbar, wonach der Täter die Tasche unverzüglich zurückgegeben hat. Dies zeigt, dass selbst eine vorübergehende Besitzbereicherungsabsicht nicht bestand.

II. Strafbarkeit bezüglich des Handtascheninhalts

1. In Betracht kommt diesbezüglich ein **mittäterschaftlicher Raub nach §§ 249, 25 II StGB**.

a) Voraussetzung dafür wäre zunächst das Vorliegen einer Drohung mit gegenwärtiger Gefahr für Leib und Leben. Diese ist aber nach dem Sachverhalt eindeutig gegeben, da die L die Situation für sich selbst als gefährlich und bedrohlich eingeschätzt hat. Auf die Tatsache, dass sich beim Raub die Gewaltanwendung und Drohung auch gegen Dritte richten kann (vgl. Rn. 282, 284), sofern sie durch das Opfer als eigenes Übel empfunden werden kann (was man bei einem Begleiter voraussetzen darf), kommt es daher vorliegend nicht mehr an.

b) Weitere Voraussetzung wäre, dass eine Wegnahme des Handtascheninhalts erfolgt ist. Die Rechtsprechung unterscheidet Wegnahme nach § 249 StGB und Verfügung i. S. v. §§ 253, 255 StGB allein nach dem äußeren Erscheinungsbild. Stellt man hier auf die Hingabe der Tasche samt Inhalt ab, so wird man eher von einer Weggabe durch L ausgehen müssen. Unverständlich ist es insoweit, dass der BGH dennoch eine Wegnahme im vorliegenden Fall bejaht hat. Dies ließe sich allenfalls dann vertreten, wenn man auf den Akt der Herausnahme des Tascheninhalts abstellt. Fragwürdig ist dies jedoch deshalb, weil zum Zeitpunkt der Herausnahme – insbesondere angesichts der Übermacht der Angreifer – wohl schon von einem Gewahrsamsübergang kraft Hingabe auszugehen war.

---

73 Mit Anm. *Jäger*, JA 2012, 307 ff.

Eindeutiger fällt hier die Unterscheidung nach der Literaturauffassung aus, die nach der inneren Willensrichtung des Opfers abgrenzt. Denn da die L den Verlust ihrer Wertsachen nach dem Gesamtgeschehen für unvermeidlich hielt, ist unter Zugrundelegung dieser Auffassung eindeutig von einer Wegnahme auszugehen.

Nur wenn man mit dem BGH – wohl unzutreffend – auf den Zeitpunkt der Herausnahme der Gegenstände aus der Tasche abstellt, ist nach beiden Auffassungen eine Wegnahme zu bejahen, sodass es dann keines Streitentscheides bedarf.

c) Die Tathandlungen des Y und des B (Nötigung im Wege der Drohung mit Gefahr für Leib und Leben durch Y sowie Ansichnehmen der Gegenstände durch B) sind aufgrund des gemeinsamen Tatplans wechselseitig mittäterschaftlich zuzurechnen.

d) Da auch Vorsatz und Absicht rechtswidriger Zueignung erfüllt sind, liegt jedenfalls eine Verwirklichung eines vollendeten Raubes nach §§ 249, 25 II StGB vor.

2. Darüber hinaus könnten Y und B auch den Tatbestand eines **vollendeten besonders schweren Raubes in Mittäterschaft nach §§ 250 II Nr. 1, 25 II StGB** verwirklicht haben.

Hinweis: *Grundsätzlich ist § 250 II Nr. 1 vor § 250 I Nr. 1a StGB zu prüfen. Der Grund besteht darin, dass nach Bejahung eines Verwendens i. S. v. § 250 II Nr. 1 StGB auf den komplizierten Streit, ob ein gefährliches Werkzeug nach § 250 I Nr. 1a StGB mitgeführt wurde, nicht mehr eingegangen werden muss. Denn in einem Verwenden liegt natürlich automatisch ein Mitführen eines gefährlichen Werkzeugs.*

Zu Recht verneint der BGH jedoch das Vorliegen dieses Tatbestandes: Denn eine Waffe oder – wie hier – ein anderes gefährliches Werkzeug wird nur dann i. S. v. § 250 II Nr. 1 StGB „bei der Tat verwendet", wenn der Täter den Gegenstand als Raubmittel zweckgerichtet einsetzt und das Opfer die Drohung mit gegenwärtiger Gefahr für Leib oder Leben mittels des Gegenstandes wahrnimmt und somit in die entsprechende qualifizierte Zwangslage versetzt wird. Da L das Teppichmesser jedoch nicht erkannte, wurde es bei der Tat ihr gegenüber nicht als Drohmittel verwendet.

3. Gegeben ist danach nur ein **versuchter besonders schwerer Raub durch versuchtes Verwenden nach §§ 250 II Nr. 1, 22, 23 StGB**, da Ys und Bs Tatentschluss jedenfalls auf Wahrnehmung des Teppichmessers durch L gerichtet war, um der Drohung besonderen Nachdruck zu verleihen.[74]

4. Darüber hinaus liegt auch eine Verwirklichung eines **vollendeten schweren Raubes in Mittäterschaft nach §§ 250 I Nr. 1a, 25 II StGB** vor, da Y bei der Tat ein gefährliches Werkzeug bei sich führte. Bei dieser Tatqualifikation wird eine Kenntnis des Opfers von der Existenz des gefährlichen Werkzeugs gerade nicht vorausgesetzt.

5. Zumindest nach BGH-Auffassung ist gleichzeitig mit dem mittäterschaftlichen schweren Raub nach §§ 249, 250 I Nr. 1a, 25 II StGB auch eine **mittäterschaftliche schwere räuberische Erpressung nach §§ 253, 255, 250 I Nr. 1a, 25 II StGB** verwirklicht, da eine räuberische Erpressung nach BGH auch durch Wegnahme erfüllt werden kann und daher bei einem Raub grundsätzlich miterfüllt ist. Jedoch treten §§ 253, 255, 250 I Nr. 1a StGB hinter den entsprechenden spezielleren Raubvorschriften zurück.

6. Mitverwirklicht sind auch **§§ 242 und 240 StGB**, die jedoch ebenfalls hinter § 249 StGB im Wege der Gesetzeskonkurrenz (Spezialität) zurücktreten.

7. Zwischenergebnis und Konkurrenzen: Verwirklicht sind ein versuchter besonders schwerer Raub nach §§ 249, 250 II Nr. 1, 22, 23 StGB sowie ein vollendeter schwerer Raub nach §§ 249, 250 I Nr. 1a StGB, jeweils in Mittäterschaft. Dabei soll nach BGH-Auffassung der Versuch der §§ 250 II Nr. 1, 22, 23 StGB hinter der Vollendung des § 250 I Nr. 1a StGB zurücktreten. Dem ist jedoch zu widersprechen, da auf diese Weise das Versuchsunrecht des

---

[74] So bereits zutreffend BGH NJW 2004, 3437. In der vorliegenden Entscheidung hat der BGH zu dem Versuch des § 250 II Nr. 1 StGB kein Wort verloren.

§ 250 II Nr. 1 StGB im Urteilstenor nicht zum Ausdruck gebracht wird. Richtigerweise ist daher Tateinheit anzunehmen.

B. Strafbarkeit von S

Aufgrund des gemeinsamen Tatplans und des arbeitsteiligen Vorgehens im Ausführungsstadium hat sich auch S wegen mittäterschaftlicher Begehung an den Delikten der §§ 249, 250 II Nr. 1, 22, 23 StGB sowie der §§ 249, 250 I Nr. 1a Alt. 2 StGB strafbar gemacht.

2. Teil: Strafbarkeit in Bezug auf K

A. Strafbarkeit von Y und S

I. In Betracht kommt hier zunächst das Vorliegen eines **versuchten mittäterschaftlichen Raubes nach §§ 249, 22, 23, 25 II StGB.**

1. Die Tat wurde nicht vollendet, weil die Angeklagten nach dem Erscheinen einer weiteren Person ohne Beute flüchteten.

2. Die Strafbarkeit ergibt sich aus dem Verbrechenscharakter des § 249, vgl. §§ 12 I, 23 I StGB.

3. Y und S müssten auch Tatentschluss hinsichtlich einer mittäterschaftlichen Begehung eines Raubes nach §§ 249, 25 II StGB gehabt haben. Die Bedrohung des K mit einem Messer durch Y war nach dem gemeinsamen Tatplan gewollt. Danach sollte arbeitsteilig (Drohung durch Y und Wegnahme durch S) der Erfolg der Wegnahme bewirkt werden. Es lag daher eindeutig ein Tatentschluss zu einer mittäterschaftlichen Begehung vor.

4. Dabei ist auch von einem unmittelbaren Ansetzen durch Bedrohung und Hineingreifen in die Tasche auszugehen.

5. Rechtfertigungs- und Schuldausschließungsgründe sind nicht ersichtlich.

6. Durch die Flucht ist kein strafbefreiender Rücktritt nach § 24 II StGB gegeben, da es jedenfalls an der Freiwilligkeit der Tatverhinderung fehlt, wenn diese aus Angst vor Ergreifung durch die Polizei erfolgte.

II. Gegeben ist darüber hinaus aber ein **besonders schwerer Raubversuch in Mittäterschaft nach §§ 250 II Nr. 1, 22, 23, 25 II StGB** gegenüber K, da Ys und S' Tatentschluss auf die mittäterschaftliche Verwirklichung dieser Tatbestände gerichtet war. Auch liegt ein unmittelbares Ansetzen vor, da Y und S gegenseitig zurechenbar durch Gewaltanwendung mittels eines Messers sowie durch Hineingreifen in die Tasche des K im Ausführungsstadium tätig geworden sind.

III. Der gleichzeitig verwirklichte Tatbestand des **versuchten mittäterschaftlichen schweren Raubes nach §§ 250 I Nr. 1a Alt. 2, 25 II StGB** tritt hinter dem mittäterschaftlichen Versuch des besonders schweren Raubes nach §§ 250 II Nr. 1, 25 II StGB zurück.

IV. Nach BGH-Auffassung ist hier gleichzeitig eine **versuchte, besonders schwere räuberische Erpressung nach §§ 253, 255, 250 II Nr. 1 Alt. 2, 22, 23 StGB** verwirklicht. Diese tritt jedoch hinter dem spezielleren versuchten besonders schweren Raub zurück. Dagegen sind nach einem Großteil der Literatur §§ 253, 255 StGB von vornherein nicht erfüllt, da diese eine Verfügung voraussetzen und der Tatentschluss von S und Y nicht auf Umstände gerichtet war, die eine Verfügung begründen.

V. Gegeben ist auch ein **versuchter mittäterschaftlicher Diebstahl nach §§ 242, 22, 23, 25 II StGB**, der jedoch jedenfalls hinter §§ 249, 22, 23, 25 II StGB zurücktritt.

VI. Schließlich ist auch ein **vollendeter § 240 StGB** erfüllt, da aufgrund mittäterschaftlicher Drohung mit dem Teppichmesser die Duldung des Durchwühlens der Taschen des K erreicht wurde. Diese Vorschrift steht in Tateinheit zum Raubversuch, da nur auf diese Weise der Unrechtsgehalt dieses vollendeten Delikts zum Ausdruck gebracht werden kann (a. A. – Zurücktreten des § 240 StGB hinter dem Raubversuch – ist vertretbar).

B. Strafbarkeit von B
Da das arbeitsteilige Vorgehen (Durchwühlen der Taschen von Seiten des S und Bedrohen des K von Seiten des Y) von einem gemeinsamen Tatplan getragen war und im Ausführungsstadium ein arbeitsteiliges Zusammenwirken zu verzeichnen ist, wurde auch von B ein versuchter besonders schwerer Raubversuch in Mittäterschaft sowie eine vollendete Nötigung in Mittäterschaft verwirklicht.

3. Teil: Gesamtergebnis und Konkurrenzen
Die Delikte zum Nachteil der L und zum Nachteil des K stehen zueinander in Tateinheit nach § 52 StGB. Wer durch eine Handlung (hier die Drohung mit dem Teppichmesser) höchstpersönliche Rechtsgüter von mehreren Personen angreift, begeht dadurch die gleiche Tat mehrmals. Hieraus ergibt sich, dass auch in Fällen wie dem vorliegenden die angemessene Bewertung des Tatunrechts die Annahme von Tateinheit erfordert.

Wie schwierig die Bearbeitung des § 250 sein kann, zeigt folgender **abschließender** (versuchen Sie hier zwingend erst eine eigene Lösung!) aus der BGH-Rechtsprechung stammender, auch interessante AT-Probleme bergender

Fall 32: Der mit einer Sturmhaube maskierte A betrat durch eine offen stehende Terrassentür die Wohnung der B. Dabei trug er in der einen Hosentasche griffbereit ein Pfefferspray und in der anderen einen Elektroschocker bei sich. Diese Gegenstände wollte er erforderlichenfalls einsetzen, um etwaigen Widerstand gegen die geplante Wegnahme von Geld aus der Wohnung zu brechen. Als B den A bemerkte, drückte er ihr mit dem Elektroschocker mehrmals auf den Arm und versuchte, einen Stromschlag auszulösen. Dies scheiterte jedoch, weil der Sicherungsstift nicht eingeführt war, den A möglicherweise gar nicht bei sich hatte. B fürchtete dennoch weitere körperliche Übergriffe und wies A deshalb auf Geld in ihrer Handtasche hin. Dort fand er einen Umschlag mit € 1000 und ein Portemonnaie mit € 285, die er an sich nahm. Zudem öffnete B auf Aufforderung des A den Tresor, dem er weitere € 900 entnahm (**Elektroschocker-Fall** nach BGH NStZ 2014, 450[75]).

Lösung:

I. Zu prüfen ist zunächst eine Strafbarkeit wegen **versuchter gefährlicher Körperverletzung nach §§ 223 I, II, 224 I Nr. 2 Alt. 2, II, 22, 23 StGB** wegen des mehrmaligen Drückens des Elektroschockers.

1. Das Delikt ist nicht vollendet.

2. Die Strafbarkeit des Versuchs ergibt sich aus §§ 223 II, 224 II StGB.

3. A hatte auch Tatentschluss hinsichtlich einer körperlichen Misshandlung und ggf. hinsichtlich einer Gesundheitsschädigung. Denn das Verabreichen eines Elektroschocks stellt nicht nur eine üble unangemessene Behandlung dar, die zu einer nicht nur unerheblichen Beeinträchtigung des körperlichen Wohlbefindens führt, sondern es begründet auch eine Gesundheitsschädigung durch Auslösung eines körperlichen Stromschocks. Dabei war von A auch der Einsatz eines gefährlichen Werkzeugs gewollt, da der Elektroschocker geeignet ist, erhebliche Verletzungen herbeizuführen. Die Untauglichkeit des Versuchs ändert nichts an der Strafbarkeit, da es allein auf den Entschluss des Täters ankommt (dies ergibt sich schon aus dem Wortlaut des § 22 I StGB sowie aus § 23 III StGB, wonach nur grob unverständige Versuche einer Strafmilderung oder -aufhebung unterliegen).

---

75 M. Anm. *Engländer*, NStZ 2014, 451 ff. und *Jäger*, JA 2015, 149 ff.

4. Schließlich liegt auch ein nach der Vorstellung des Täters zu beurteilendes unmittelbares Ansetzen zum Versuch durch Drücken des Schockers vor.
5. Rechtfertigungs- und Schuldausschließungsgründe sind nicht ersichtlich.
6. Fraglich ist jedoch, ob A nicht strafbefreiend vom Versuch zurückgetreten ist.

a) Der BGH führt hierzu zunächst aus, dass ein Fehlschlag des Versuchs der Körperverletzung trotz Funktionsunfähigkeit des Elektroschockers nicht vorliegt. Nach der Gesamtbetrachtungslehre ist der Rücktrittshorizont des Täters nach der letzten Ausführungshandlung maßgeblich. A hat noch nicht alles getan, um den Erfolg herbeizuführen und hätte auf das Pfefferspray zurückgreifen können, sodass ein unbeendeter Versuch gegeben ist. Die Tatsache, dass es sich bei dem Pfefferspray um ein artungleiches Mittel zur Tatfortsetzung handelt, ändert an der Anwendbarkeit der Gesamtbetrachtungslehre nichts. Auch bezüglich des Elektroschockers hätte im Übrigen ein unbeendeter Versuch angenommen werden können, da nach dem Grundsatz in dubio pro reo zu unterstellen wäre, dass A den Sicherungsstift bei sich geführt und diesen zeitnah in den Elektroschocker hätte einführen können, um diesen funktionstauglich zu machen.[76] Zu einem anderen Ergebnis käme hier nur die Einzelaktstheorie, die in jedem fehlgeschlagenen Einzelakt einen selbstständigen fehlgeschlagenen Versuch sieht. Sie läuft jedoch dem Opferschutz zuwider und wird vom BGH in ständiger Rechtsprechung abgelehnt.

b) Weiterhin legt der BGH dar, dass die außertatbestandliche Zielerreichung (Erlangung des Geldes durch folgenlosen Einsatz des Elektroschockers) einen Rücktritt vom unbeendeten Versuch der gefährlichen Körperverletzung nicht ausschließe. Es ist dabei hier ein seltener Fall der Doppelabsicht gegeben (vgl. *Jäger*, AT, Rn. 318 a.E.). Denn der Täter benutzte den Elektroschocker in Verletzungsabsicht, um sein weitergehendes außertatbestandliches Ziel zu erreichen (vgl. zur Kritik an dieser Rspr. *Jäger*, AT, Rn. 318).

7. **Ergebnis:** Folgt man dem BGH, so ist A strafbefreiend vom Versuch der gefährlichen Körperverletzung nach §§ 223 I, II, 224 I Nr. 2 Alt. 2, II, 22, 23 StGB zurückgetreten

II. Gegeben ist aber jedenfalls ein **Raub nach § 249 StGB**. Eine Drohung mit gegenwärtiger Gefahr für den Leib des Opfers liegt im Versuch der Benutzung des Elektroschockers. A hat diese – wie er sah – erfolgreiche Drohung auch zur Wegnahme der fremden beweglichen Sachen ausgenutzt.

III. Eine Strafbarkeit wegen **besonders schweren Raubes nach §§ 249, 250 II Nr. 1 Alt. 2 StGB** ist ausgeschlossen, da A den Elektroschocker mangels darin befindlichen Sicherungsstifts objektiv nicht als gefährliches Werkzeug verwendet hat.

IV. Denkbar wäre allenfalls ein **versuchter besonders schwerer Raub nach §§ 250 II Nr. 1 Alt. 2, 22, 23 StGB**, da A den Elektroschocker als gefährliches Werkzeug verwenden wollte, wobei A jedoch bezüglich des versuchten Verwendens, zumindest sofern man mit dem BGH einen Rücktritt nach außertatbestandlicher Zielerreichung zulässt, ebenfalls strafbefreiend zurückgetreten wäre.

V. Gegeben ist aber jedenfalls ein **schwerer Raub nach §§ 249, 250 I Nr. 1a Alt. 2 StGB**. Denn selbst wenn man nach dem Grundsatz in dubio pro reo unterstellt, dass A den Elektroschocker mangels mitgenommenen Sicherungsstifts nicht im Sinne eines gefährlichen Werkzeugs mit sich geführt hat, so hat er § 250 I Nr. 1a Alt. 2 StGB jedenfalls durch das Beisichtragen des Pfeffersprays verwirklicht. Der Versuch des Mitsichführens des gefährlichen Elektroschockers würde dahinter zurücktreten.

VI. Das Beisichführen des ungefährlichen Elektroschockers begründet im Übrigen zwar objektiv zusätzlich den Tatbestand des **Mitsichführen eines ungefährlichen Werkzeugs nach § 250 I Nr. 1b StGB**. Jedoch hatte A diesbezüglich keinen Vorsatz, da er – wie das dreimalige

---

76 Vgl. *Jäger*, JA 2015, 151.

Drücken zeigt – von seiner Gefährlichkeit ausging. Der Unrechtsgehalt der Mitnahme des Elektroschockers erschöpft sich daher im Versuch des § 250 I Nr. 1a StGB, der hinter der Vollendung des § 250 I Nr. 1a Alt. 2 StGB durch Beisichtragen des Pfeffersprays zurücktritt (s. soeben V.).

VII. Nach der Rechtsprechung ist mit dem schweren Raub nach §§ 249, 250 I Nr. 1a Alt. 2 StGB auch eine **schwere räuberische Erpressung nach §§ 253, 255, 250 I Nr. 1a Alt. 2 StGB** mitverwirklicht, da diese auch durch Duldung der Wegnahme (maßgeblich ist hier das äußere Erscheinungsbild der Wegnahme im Gegensatz zu Fällen der Weggabe) erfolgen kann. Dieser tritt aber nach der Rechtsprechung im Wege der Spezialität zurück.

Nach der Lit. ließe sich dagegen trennen zwischen dem Geld außerhalb des Tresors und dem Geld im Tresor. Hinsichtlich Letzterem könnte man nach der inneren Willensrichtung des Opfers eine Verfügung und damit eine schwere räuberische Erpressung nach §§ 253, 255, 250 I Nr. 1a Alt. 2 StGB annehmen, da sich das Öffnen des Tresors aus Sicht des Opfers als notwendiger Mitwirkungsakt und damit als Verfügung darstellt. Hinsichtlich des Geldes außerhalb des Tresors wird sich das Opfer dagegen der Unvermeidlichkeit des Verlusts bewusst gewesen sein, sodass diesbezüglich nur ein Raub und nicht eine räuberische Erpressung in Frage kommt (Exklusivitätsverhältnis), vgl. näher Rn. 380.

VIII. Die Tatbestände des schweren **Diebstahls nach §§ 242, 244 I Nr. 1a Alt. 2 StGB** und der Nötigung nach **§ 240 StGB** treten im Wege der Spezialität zurück.

IX. Gegeben ist schließlich auch ein **Hausfriedensbruch nach § 123 StGB**.

III. Raub mit Todesfolge nach § 251 StGB

1. Rechtsnatur und Verhältnis zu anderen Delikten

300 § 251 StGB ist ein erfolgsqualifizierter Tatbestand, der neben dem Vorliegen eines Raubs bzw. schweren Raubs nach § 249 bzw. §§ 249, 250 StGB und dem Eintritt der Todesfolge ein gesteigertes Maß an Sorgfaltspflichtwidrigkeit, nämlich Leichtfertigkeit hinsichtlich dieser Todesfolge voraussetzt[77] (zur Prüfung des erfolgsqualifizierten Delikts vgl. *Jäger*, AT, Rn. 376). Leichtfertigkeit bedeutet dabei grobe Fahrlässigkeit in Bezug auf die schwere Folge, die von der Rspr. jedoch bei einem bewaffneten Raub mit tödlichen Auswirkungen grundsätzlich angenommen wird.[78]

Aus dem Gesagten ergibt sich im Übrigen, dass § 251 StGB den Unrechtsgehalt der §§ 249, 250 StGB sowie der §§ 227, 222 StGB mit umfasst, sodass diese im Wege der Gesetzeskonkurrenz (Konsumtion) verdrängt werden. Beim versuchten Raub mit Todesfolge spielen die §§ 249, 250 sowie §§ 227, 222 StGB jedoch eine Rolle, wenn man einen Rücktritt vom versuchten Raub mit Todesfolge auch nach Eintritt des Todes zulässt. Vgl. zu dieser extrem strittigen Frage *Jäger*, AT, Rn. 325 f. mit klausurmäßiger Falllösung **(zwingend an dieser Stelle nachlesen)**!

Bis zum 6. StrRG war umstritten, ob zwischen einem vorsätzlichen Tötungsdelikt nach §§ 211, 212 StGB und § 251 StGB Tateinheit möglich ist. Nach dem Wortlaut des Gesetzes erfasst der Tatbestand seit dem Inkrafttreten des 6. StrRG am 1.4.1998

---

[77] Somit ist nun auch die vorsätzliche Tötung erfasst, vgl. BGHSt 39, 100; eingehend zum tatbestandlichen Zurechnungszusammenhang beim Raub mit Todesfolge *Hinderer/Kneba*, JuS 2010, 590 ff.
[78] BGHSt 43, 158, 168.

wenigstens leichtfertiges Handeln, sodass auch vorsätzliches Verhalten hinsichtlich der Todesfolge unter die Norm fällt und daher Tateinheit zwischen §§ 211, 212 und § 251 StGB besteht.[79] § 251 StGB wird von § 211 StGB nicht verdrängt, weil das Raubunrecht im Urteilstenor zur Geltung gebracht werden muss![80]

2. Der Tatbestand der Erfolgsqualifikation

§ 251 StGB verlangt abweichend von § 18 StGB „wenigstens" (dieses Wort wurde durch das 6. StrRG eingefügt, um klarzustellen, dass auch vorsätzliches Verhalten den Tatbestand erfüllt) leichtfertiges Verhalten. Der Täter muss unbeachtet lassen, was jedem einleuchtet. Erforderlich ist im Übrigen, dass sich der Todeserfolg aus der Raubhandlung und ihrer spezifischen Gefährlichkeit entwickelt hat (vgl. näher zu den Anforderungen an den spezifischen Gefahrzusammenhang *Jäger*, AT, Rn. 377 ff.). Schwierigkeiten bereitet hier aber die Frage, ob § 251 StGB oder § 252 i. V. m. § 251 StGB zur Anwendung kommt, wenn die todbringende Gewalt erst nach Vollzug der Wegnahme eingesetzt wird.[81] Dazu folgendes   **301**

Beispiel: Bei einem Raubüberfall kommt es auf der Flucht mit der Beute zu einer Schießerei zwischen Täter und Polizei. Durch einen Schuss des Täters auf die verfolgende Polizei wird ungewollt eine Passantin tödlich getroffen. Strafbarkeit des Täters? (**Verfolger-Fall** nach BGH NJW 1992, 2103 mit klausurmäßiger, dem BGH widersprechender Lösung bei *Rengier*, JuS 1993, 460)   **302**

Lösung: Laut BGH ist § 251 StGB auch dann gegeben, wenn der Tatterfolg erst nach Vollendung des Raubs eintritt (a. A. *Rengier* aaO.). Wegen der Examensgefährlichkeit einige kurze Hinweise dazu: **303**

– Laut *Rengier* fällt es schwer, von einem durch den Raub verursachten Tod (§ 251 StGB) zu sprechen, wenn der Raub schon vollendet gewesen ist und daher die Flucht mit der Beute außerhalb des üblichen Verständnisses der Wegnahme liegt. Denn Todesverursachung „durch den Raub" heiße Todesverursachung durch eine final zur Wegnahme eingesetzte Gewalt/Drohung, wohingegen eine final nur zur Beutesicherung eingesetzte Nötigung nicht genüge. Letztere falle vielmehr unter § 252 i. V. m. § 251 StGB.

– Dem widerspricht BGH NJW 1992, 2103:[82] § 252 StGB erfasse nur einen Teil der in Betracht kommenden Fälle, da er die Absicht der Beuteerhaltung voraussetze und somit bei bloßer Fluchtsicherung nicht eingreifen könne. Diese Strafbarkeitslücke gelte es zu schließen.[83]

– Stellungnahme: Man wird *Rengier* Recht geben müssen, denn die beutesichernde Nötigung nach vollendeter Wegnahme fällt nur unter § 252 StGB, das heißt, dass nur die Nötigungshandlung, die final die Wegnahme ermöglicht, zu § 249 StGB führt, während die Nötigungshandlung nach vollendeter Wegnahme die Anwendung des § 252 StGB begründet (s. sogleich Rn. 304 ff.). § 252 StGB würde anderenfalls bei einem Raub als Vortat (in dem ja § 242 StGB enthalten ist) überflüssig. Nennenswerte Strafbarkeitslücken entstehen dadurch nicht, denn § 252 StGB ist auch anwendbar, wenn die Absicht des Täters, sich im Besitz des gestohlenen Gutes zu erhalten, nicht der einzige Beweggrund ist. Der Täter ist daher nicht nach §§ 249, 250, 251 StGB, sondern nach §§ 252, 250, 251 StGB strafbar. Dahinter tritt der als Vortat verwirklichte schwere Raub nach §§ 249, 250 II Nr. 1 StGB zurück. Vergleiche zum Problem und den übrigen in Frage kommenden Tatbeständen ausführlich *Rengier* aaO.!

---

[79] Damit hat sich die Konkurrenzlösung durchgesetzt, vgl. BGHSt 39, 100; *Jescheck/Weigend*, AT, § 16, Rn. 8; siehe auch *Schünemann*, JA 1980, 393, 396.
[80] *Rengier*, BT/1, § 9, Rn. 12 m. w. N.; vgl. aber auch *Schroth*, NStZ 1999, 554.
[81] Vgl. zum Streitstand auch *Höhmann*, JuS 1994, 860 ff.
[82] Vgl. auch BGH JR 2007, 379 ff. m. krit. Anm. *Kudlich*.
[83] BGH NJW 1999, 1039 f.; NStZ 2001, 371.

– Ebenso sollte man entgegen der Auffassung des BGH[84] einen versuchten Raub mit Todesfolge nicht zulassen, wenn der Täter bei Anwendung der tödlichen Gewalt schon nicht mehr davon ausgeht, an die Beute gelangen zu können. Hier kommen richtigerweise §§ 212, 211, 249, 250, 22, 23 StGB in Betracht.[85]

303a Neuerdings hat der BGH seine Auffassung sogar in einem Fall angewandt, in dem der Deliktsversuch bereits gescheitert war. Dies hat zur Folge, dass der BGH § 251 StGB auch nach fehlgeschlagenem Versuch anwendet. Dazu das nachfolgende

Beispiel: A betrat den Verkaufsraum einer Salatbar. Er beabsichtigte, in den (seines Erachtens) leeren Räumlichkeiten nach Stehlenswertem zu suchen. Tatsächlich befand sich im hinteren Teil des Ladenlokals die spätere Geschädigte G. Diese bemerkte A und sprach ihn an. A fasste nunmehr den Entschluss, G zur Herausgabe von Geld zu zwingen. Er griff G an den Hals und forderte sie auf, ihm Geld zu geben. Um seiner Forderung Nachdruck zu verleihen, zog er ein von ihm mitgeführtes Messer mit feststehender Klinge hervor. Die G begann daraufhin aus Angst laut zu schreien. A fürchtete nunmehr, dass durch die Schreie andere Personen auf das Geschehen aufmerksam werden und ihn daran hindern könnten, vom Tatort zu fliehen. In dieser Situation entschloss er sich spontan, das Messer gegen G einzusetzen, um sie zum Schweigen zu bringen. Er stach wuchtig auf G ein und brachte ihr mehrere tödliche Stichverletzungen bei. A hatte seinen Willen zur Erlangung des fremden Vermögens zu diesem Zeitpunkt schon nicht mehr weiterverfolgt und die Stiche dienten allein noch dazu, das Opfer zum Schweigen zu bringen, da er mangels Fähigkeit, die Kasse zu öffnen, erkannt hatte, dass er nichts mehr stehlen kann. Nachdem G durch die Stiche zu Boden gegangen war, brachte A die schwer Verletzte in den Kühlraum des Ladenlokals und schloss die Tür von außen. Er wollte hierdurch für einen möglichst langen Zeitraum verhindern, dass das Tatopfer von Passanten und Anwohnern gesehen oder gehört würde, um sich unerkannt und unbehelligt vom Tatort zu entfernen. Als er sich anschließend Richtung Ausgang begab, fiel sein Blick auf zwei Taschen im Verkaufsbereich, die G dort zuvor abgestellt hatte. In der Absicht, die Taschen der G dauerhaft zu entziehen und deren Inhalt seinem Vermögen einzuverleiben, nahm er diese an sich und floh. G verstarb kurze Zeit später am Tatort. Strafbarkeit des A? § 221 StGB ist nicht zu prüfen. (**Salatbar-Fall** nach BGH NStZ 2017, 638[86])

Lösung:
Für den *ersten Komplex (Stiche)* gilt Folgendes:
I. Gegeben sind §§ 212, 211 StGB (Verdeckungsabsicht). §§ 223, 224 I Nr. 2 Alt. 2 und 5 treten hinter §§ 212, 211 StGB zurück. § 227 StGB hat keine eigenständige Bedeutung.
II. Denkbar ist auch eine Strafbarkeit des A wegen versuchten Raubes mit Todesfolge nach §§ 249, 255, 250 II Nr. 1, Nr. 3a, b, 251, 22, 23 StGB. Problematisch ist dabei hier nur der mögliche Rücktritt vom Erpressungsversuch. Bekanntlich lässt der BGH einen solchen Rücktritt auch beim erfolgsqualifizierten Versuch nach Eintritt der schweren Folge nicht zu, sofern der Täter die zunächst ins Auge gefasste Beute am Tatort zurücklässt[87] (zur Prüfung des Rücktritts vom erfolgsqualifizierten Versuch vgl. *Jäger*, AT, Rn. 325 f.; zwingend an dieser Stelle nochmals lesen).
Der BGH verneint hier jedoch einen freiwilligen Rücktritt, da der anfängliche Erpressungsversuch gleichsam abgeschlossen gewesen sei und der nachfolgende Diebstahl auf einem völlig neuen Handlungsentschluss beruhte.[88] Aufgrund der Schreie des Opfers und mangels Fähigkeit, die Kasse zu öffnen, war zunächst die Situation eines fehlgeschlagenen Versuchs der räuberi-

---

84 BGH NJW 1998, 3361.
85 Näher *Rengier*, BT/1, § 9, Rn. 16.
86 BGH NStZ 2017, 638 m. Anm. *Jäger*, JA 2018, 152 ff.
87 Vgl. BGH NJW 1996, 2663 ff.; a. A. etwa *Jäger*, NStZ 1998, 161 (164); *Roxin*, AT/II, § 30 Rn. 289 ff. jeweils m. w. N.
88 *Kudlich*, NStZ 2017, 639.

schen Erpressung gegeben und ein Rücktritt damit ausgeschlossen. In dieser Situation des abgeschlossenen bzw. fehlgeschlagenen Versuchs geht nun der zweite Senat davon aus, dass § 251 StGB einschlägig bleibt, obgleich die zum Tode führende Gewalt nicht mehr zur Ermöglichung der Wegnahme, sondern nur zur Flucht angewandt wurde. Jedenfalls soll dies bei einem engen Zusammenhang des Todes mit dem Raubgeschehen der Fall sein. Der BGH bleibt damit bei seiner Linie, die er in ständiger Rechtsprechung beim vollendeten aber noch nicht beendeten Raub vertreten hat. Auch dort hat er stets eine Anwendbarkeit des § 251 StGB bejaht, auch wenn der tödliche Einsatz der Gewalt nicht mehr der Wegnahme, sondern etwa nur noch der Beute- oder Fluchtsicherung dienen konnte[89] und er überträgt diese Rspr. nun auch auf den Fall des abgeschlossenen bzw. fehlgeschlagenen Versuchs, bei dem anschließend tödliche Gewalt nur noch zur Fluchtsicherung angewandt wird.

Hiergegen sprechen aber wiederum die bereits soeben (Rn. 303) genannten Gründe. Im Ergebnis wird man daher der Literaturauffassung Recht geben müssen, die eine Anwendbarkeit von § 251 StGB in derartigen Fällen verneint, weil die beuteabschirmende Nötigung nach vollendeter Wegnahme nur unter § 252 StGB fällt und daher auch nur über diese Vorschrift § 251 StGB Anwendung finden kann.[90] In gleicher Weise sollte man daher auch entgegen der Auffassung des zweiten Senats eine versuchte räuberische Erpressung mit Todesfolge nicht zulassen, wenn der Täter bei Anwendung der tödlichen Gewalt schon nicht mehr davon ausgeht, an die Beute gelangen zu können, sodass die Situation eines abgeschlossenen bzw. fehlgeschlagenen Versuchs gegeben ist.[91]

Interessant ist übrigens, dass derselbe zweite Senat im Jahre 2010 für den Fall des § 250 II Nr. 3b StGB genau dies entschieden und dabei in Zweifel gezogen hat, dass für § 251 etwas anderes gelten könne. Dort heißt es:[92] „Auch die qualifizierende Wirkung einer konkreten Lebensgefährdung ‚durch die Tat' nach §§ 249, 255 StGB setzt ... jedenfalls voraus, dass die die Lebensgefahr verursachende Handlung (noch) vom Vorsatz der Tatbestandsverwirklichung, nach Vollendung von Beutesicherungsabsicht getragen ist. Im Fall der Lebensgefährdung nach Fehlschlag des Versuchs der räuberischen Erpressung kommt die Anwendung der Qualifikation daher nicht in Betracht, da Beutesicherungsabsicht hier ausscheidet. Soweit Entscheidungen des BGH zu § 251 StGB entnommen werden könnte, dass die Anwendung von § 251 StGB nach Raubvollendung auch dann nicht ausgeschlossen sein soll, wenn der Einsatz nicht mehr der Beutesicherung, sondern (nur noch) der ‚bloßen Fluchtsicherung' dient,... so kann hier dahinstehen, ob hieran unter Berücksichtigung der neuen Rechtsprechung zu den Qualifikationsfällen des § 250 StGB festzuhalten wäre." Nach dieser Entscheidung aus dem Jahre 2010 hätte man erwarten können, dass der BGH künftig § 251 StGB jedenfalls dann nicht mehr für anwendbar erklärt, wenn es dem Täter nach erfolgloser Gewaltanwendung nicht um Beutesicherung, sondern ausschließlich um Fluchtsicherung geht, wie dies vorliegend der Fall war. Diese Erwartung wird jedoch enttäuscht. Vielmehr bleibt der BGH im vorliegenden Fall bei der Anwendung der §§ 255, 251, 22, 23 StGB auch in Fällen, in denen Raub- oder räuberischer Erpressungsversuch fehlgeschlagen sind und Gewalt/Drohung daher nicht einmal mehr bei weitestem Verständnis zur Wegnahme eingesetzt worden sein können. Richtiger wäre es aber gewesen neben §§ 212, 211 StGB nur §§ 255, 250 II Nr. 1, 22, 23 StGB anzuwenden. § 250 II Nr. 1 StGB wurde dabei bereits durch das erfolglose Vorhalten des Messers verwirklicht, wodurch das Opfer zur Herausgabe gezwungen werden sollte. § 250 I Nr. 1a StGB tritt dahinter zurück. Auch werden §§ 240, 22, 23 von §§ 255, 22, 23 StGB im Wege der Spezialität verdrängt. Nimmt man eine Zäsur durch Fehlschlag an, könnte man entgegen dem BGH zwischen versuchter besonders schwerer Erpressung und anschließendem Mord sogar Tatmehrheit annehmen.

---

89 Vgl. BGH NJW 1992, 2103; 1999, 1039 f.; NStZ 2001, 371.
90 Näher *Rengier*, BT/1, § 9 Rn. 16.
91 Wie hier im Ergebnis auch *Eisele*, JuS 2017, 1031; *Kudlich*, NStZ 2017, 639 f.
92 BGH NJW 2010, 1892 m. Anm. *Kudlich*, NStZ 2011, 518.

Das Verhalten des A *im zweiten Komplex (Mitnahme der Taschen)* ist als besonders schwerer Diebstahl nach §§ 242, 243 I S. 2 Nr. 6 StGB zu begreifen, der nach dem Fehlschlag der versuchten Erpressung auf einem nochmals neuen Tatentschluss beruht. Zum Mord und zur versuchten Erpressung steht er in Tatmehrheit. Dagegen hat der BGH Tateinheit zwischen §§ 253, 255, 251, 22, 23 und §§ 212, 211 StGB angenommen, weil für ihn die fluchtsichernde raubspezifische Tötung zugleich den Verdeckungsmord begründet.

Merke: § 251 StGB ist nach wohl h. M. nicht einschlägig, wenn ein am Raub Beteiligter stirbt. § 251 StGB schützt nicht den Räuber, sondern die vom Raub betroffenen Personen.[93]

303b In einem Beschluss, in dem der BGH zur Auslegung des § 250 II Nr. 3b StGB Stellung bezogen hat, musste er sich mit der soeben geschilderten Problematik zu § 251 StGB im **Verfolger-Fall** erneut befassen. Zur Verdeutlichung dient folgendes

Beispiel:[94] Eines Abends brachte A die Ehefrau des B mit einer Pistole in seine Gewalt und bedrohte B sowie dessen Frau mit dem Tod, um B zur Herausgabe der Tageseinnahmen seines Geschäfts zu bewegen. Als B zum Gegenangriff überging, schoss A zweimal auf B, um unentdeckt aus dieser Lage zu entkommen. Auf die Beute kam es ihm nicht mehr an. Dem lebensgefährlich verletzten B gelang es jedoch, A zu vertreiben.

Lösung: Nach Ansicht des BGH sind hier §§ 253, 255, 22, 23 StGB erfüllt. § 250 II Nr. 1 StGB sei nicht einschlägig, wenn die Waffe in der Beendigungsphase oder – wie hier – nach Fehlschlag des Versuchs ohne Beutesicherungsabsicht eingesetzt werde. § 224 I Nr. 2 StGB steht in Tateinheit. Ebenso wie § 250 II Nr. 1 StGB könne § 250 II Nr. 3b StGB in diesem Stadium nicht angewandt werden, da das Gesetz dort voraussetze, dass die Lebensgefährdung „durch die Tat" bewirkt werde. Dies sei aber nur der Fall, wenn noch eine räuberische Beutesicherungsabsicht bestehe. Einschlägig ist daher hinsichtlich der Lebensgefährdung hier nur § 224 I Nr. 5 StGB. Legt man die Argumentation des BGH zugrunde, so müsste im vorliegenden Fall auch § 251 StGB unanwendbar sein (vgl. Wortlaut „durch den Raub"), da hier nur noch eine Fluchtsicherungs- und keine Beutesicherungsabsicht mehr bestand. Die Entscheidung BGH NJW 1992, 2103 (vgl. Rn. 302 f.) scheint damit überholt (leider offen gelassen vom BGH).

IV. Räuberischer Diebstahl nach § 252 StGB

1. Rechtsnatur und Verhältnis zu anderen Delikten

304 Bei § 252 StGB handelt es sich um einen selbstständigen, raubähnlichen Tatbestand.[95] Der Unterschied zum Raub besteht darin, dass Gewalt und Drohung nicht zum Zwecke der Wegnahme, sondern erst nach vollendeter Wegnahme eingesetzt werden, um im Besitz der Beute zu bleiben.[96] Derjenige, der die Beute mit den Mitteln des Raubs sichert, wird dem Räuber gleichgestellt, und zwar sind je nach den Sachverhaltsgegebenheiten §§ 250, 251 StGB anwendbar (**in der Klausur mitzitieren**, also z. B. schwerer räuberischer Diebstahl gem. § 252 i. V. m. § 250 StGB; der Prüfer will das unbedingt sehen!).

---

93 Vgl. Lackner/*Kühl*, § 251, Rn. 1; *Sch/Sch/Bosch*, § 251, Rn. 3; a. A. *Kunath*, JZ 1972, 199, 201.
94 BGH NJW 2010, 1892 f.
95 BGH NJW 2002, 2043, 2044; *Küper*, Jura 2001, 21; Lackner/*Kühl*, § 252, Rn. 1; anders *Kratzsch*, JR 1988, 399.
96 Vgl. *Fischer*, § 252, Rn. 1; eingehend auch *Küper*, JZ 2001, 730 ff.

War die Vortat ein Raub gem. §§ 249, 250, 251 StGB, so geht § 252 StGB als straflose Nachtat im Raub auf.[97] Erfüllt dagegen erst der räuberische Diebstahl einen erschwerenden Umstand nach §§ 250, 251 StGB, so wird umgekehrt der vorausgegangene einfache oder weniger erschwerte Raub aufgezehrt (vgl. dazu unten Rn. 305 den Beispielsfall).[98]

Achtung Klausur: *§ 252 StGB wird häufig von Körperverletzungsdelikten nach §§ 223 ff. StGB begleitet. Diese dürfen also – ebenso wie §§ 250, 251 StGB – keinesfalls vergessen werden!*

2. Objektiver Tatbestand

a) Vollendeter Diebstahl oder Raub als Vortat

Nach seinem Wortlaut verlangt § 252 StGB als Vortat einen Diebstahl. Jedoch kommt auch Raub als geeignete Vortat in Betracht, da der Raub einen Diebstahl beinhaltet.[99]   **304a**

Ausnahmsweise reicht auch ein (untauglicher) Diebstahlsversuch, wenn der Täter dadurch Gewahrsam erlangt hat (etwa wenn der Täter seine eigene Sache irrtümlich für fremd gehalten hat). Es kommen dann aber nur §§ 252, 22, 23 in Betracht.

aa) Zeitlicher Anwendungsbereich des § 252 StGB

Da der Einsatz von Gewalt zur Wegnahme unter § 249 StGB fällt, muss der Gewalteinsatz bei § 252 StGB nach Vollendung der Wegnahme stattfinden.[100]   **305**

Beispiel:[101] A täuschte dem Bauern B vor, er wolle bei ihm Kartoffeln kaufen; als B dem A die Kartoffeln zeigte, schloss A den B im Keller ein, durchsuchte die Wohnung und steckte Geld sowie eine Waffe, die er im Haus fand, ein. Als er verschwinden wollte, begegnete er dem B im Hauseingang wieder. B hatte sich nämlich selbst befreien können. A zog nun die Waffe und bedrohte den B, um mit der Beute fliehen zu können.

Lösung: A hat hier zunächst einen Raub verübt. Denn er hat durch Einsperrung Gewalt gegen B eingesetzt, da er durch Verriegeln der Kellertür ein physisches Hindernis für B geschaffen hat (vgl. schon bei der Nötigung).

Fraglich ist, ob darüber hinaus auch ein schwerer räuberischer Diebstahl nach § 252 StGB gegeben ist. Der BGH ist davon ausgegangen, dass der Einsatz der Waffe noch zur Wegnahme erfolgte, sodass insgesamt nur ein schwerer Raub i. S. d. § 249 i. V. m. § 250 II Nr. 1 StGB vorlag.[102] Dem ist jedoch zu widersprechen, weil die Wegnahme im Zeitpunkt der Drohung mit der Waffe bereits vollendet war (A hat die Gegenstände bereits eingesteckt und damit in seine Gewahrsamsklave verbracht). Damit ist aber nur noch Raum für § 252 i. V. m. § 250 II Nr. 1 StGB (freilich ist auch auf § 123 StGB zu achten, während § 240 StGB zurücktritt).

Da erst der räuberische Diebstahl einen erschwerenden Umstand nach § 250 StGB verwirklicht hat, wird der vorausgegangene einfache oder weniger erschwerte Raub aufgezehrt (s. o. Rn. 304).[103]

---

97 Vgl. BGHSt 21, 380; SK-*Sinn*, § 252, Rn. 23; *Sch/Sch/Bosch*, § 252, Rn. 13.
98 LK-*Vogel*, § 252, Rn. 12; *Schünemann*, JA 1980, 393, 399.
99 Vgl. BGHSt 21, 377; lesenswert auch *Kudlich*, JuS 1998, 966; a. A. noch das RG GA 48 (1901), 355.
100 BGHSt 9, 256; 16, 277; „gewisse Sicherung der Beute", vgl. BGH StV 1981, 127.
101 BGHSt 20, 194.
102 BGHSt 20, 194; zu dieser Entscheidung auch LK-*Vogel*, § 252, Rn. 75.
103 Lackner/*Kühl*, § 252, Rn. 12.

bb) Persönlicher Anwendungsbereich des § 252 StGB

306 Als Täter des § 252 StGB kommt ohne Weiteres in Betracht, wer Täter bzw. Mittäter der Vortat war:[104] Denn nur dann ist ein Handeln, um „sich" im Besitz der Beute zu halten, problemlos möglich, und zwar unabhängig davon, ob der Gewaltübende das Diebesgut selbst in Händen hat oder sein Mittäter, da der Besitz mittäterschaftlich zugerechnet wird.[105]

Der Gehilfe an der Vortat kann dagegen nach h. L. nicht Täter des § 252 StGB sein.[106] Der BGH hat dem zwar widersprochen und § 252 StGB zumindest dann für möglich gehalten, wenn der Gehilfe des Diebstahls Besitz an der Beute hat.[107] Zuzustimmen ist jedoch der h. L., weil die Besitzerhaltungsabsicht des § 252 StGB eine modifizierte Zueignungsabsicht (d. h. gewissermaßen eine verlängerte Zueignungsabsicht) darstellt. Da der Gehilfe aber nur für den Haupttäter handelt, kann eine als Fortsetzung der Zueignungsabsicht begriffene Selbstbesitzerhaltungsabsicht nicht angenommen werden und eine Drittbesitzerhaltungsabsicht kennt § 252 StGB nicht. Der Gehilfe scheidet daher als Täter des § 252 StGB aus.[108] Leider hat sich der BGH in einer jüngeren Entscheidung letztlich erneut gegen die Literatur ausgesprochen und nur solche Personen als taugliche Täter des § 252 StGB ausgeschlossen, die weder selbst im Besitz der entwendeten Sache sind, noch am Diebstahl mittäterschaftlich beteiligt waren.[109]

Achtung Klausur: *Achten Sie darauf, ob an der Vortat (Diebstahl/Raub) mehrere beteiligt sind und klären Sie schon bei der Vortatprüfung genau die Beteiligungsverhältnisse (Mittäterschaft/Gehilfenschaft). Bei § 252 StGB können Sie dann nach oben verweisen und diskutieren, ob der Mittäter bzw. Gehilfe Täter des § 252 StGB sein kann (s. soeben!).*

b) Betroffensein auf frischer Tat

307 Frisch ist die Tat, solange ein zeitlicher und räumlicher Zusammenhang zwischen Vortat und Einsatz des Nötigungsmittels besteht. Die frische Tat beginnt mit Vollendung und endet mit Beendigung der Vortat.[110] Nach Vollendung muss aber ein unmittelbarer Zusammenhang von Wegnahme und Besitzverteidigung mit Raubmitteln gegeben sein. Es genügt, wenn die Nötigungshandlung Folge des Betroffenseins ist, mithin zu diesem in Bezug steht.[111] Ist dies nicht der Fall, so liegt nur Diebstahl in Tatmehrheit mit Nötigung vor.

Das Betroffensein auf frischer Tat ist für die Klausur deshalb so bedeutsam, weil bei einer Verneinung des engen zeitlich-räumlichen Zusammenhangs grundsätzlich nur

---

[104] Vgl. *Rengier*, BT/1, § 10, Rn. 19.
[105] A.A. zu Unrecht BGHSt 6, 250; h. M. vgl. *Wessels/Hillenkamp/Schuhr*, BT/2, Rn. 407 m. w. N.; NK-*Kindhäuser*, § 252, Rn. 24; *Sch/Sch/Bosch*, § 252, Rn. 10.
[106] Vgl. zur h. L. *Ennuschat*, JR 1991, 500; *Kudlich*, BT/1, PdW, S. 158; *Mitsch*, BT/II, S. 556; zur Problematik der Anstiftung beim räuberischen Diebstahl *Natus*, Jura 2014, 772 ff.
[107] BGHSt 6, 250; zust. auch *Otto*, BT, § 46, Rn. 65; *Geppert*, Jura 1990, 558; vgl. auch BGH NStZ 2015, 276.
[108] Vgl. zur „verlängerten Zueignungsabsicht" statt vieler *Wessels/Hillenkamp/Schuhr*, BT/2, Rn. 408.
[109] BGH NStZ 2015, 276 m. Bspr. *Dehne-Niemann*, NStZ 2015, 251 ff.
[110] Vgl. BGHSt 9, 255; LG Köln MDR 1986, 340.
[111] BGH NStZ 2015, 700 f. m. Anm. *Eisele*, JuS 2015, 1043 ff.

noch ein Rückgriff auf § 240 StGB möglich ist. Dies zeigt ein Fall des BGH, der hier kurz dargestellt werden soll anhand von

> **Fall 33:** A fuhr ohne Fahrkarte im Nachtzug Richtung Zürich. Dort hatte er zwei schlafenden Reisenden Bargeld, ein Mobiltelefon und Ausweise gestohlen, wobei er ein Springmesser mit einer Klingenlänge von etwa 10-15 cm bei sich trug. Als A von einem Zugbegleiter nach seiner Fahrkarte gefragt wurde und eine solche nicht vorweisen konnte, lief er zum Gepäckabteil des Fahrradwagens, in dem sich sein Mittäter befand und in dem das Diebesgut versteckt worden war. Von dort aus gingen sie weiter und hatten mehrere Jacken über dem Arm, in denen das Diebesgut verborgen war. Da sich der Zugbegleiter, der die beiden eingeholt hatte, mit „Ausreden" nicht zufrieden gab, zog A die Notbremse, um mit der Beute flüchten zu können und seine Identifizierung zu verhindern. Um den Ausgang zu erreichen, drückte A den Zugbegleiter an die Zugwand. Als A auf dem Trittbrett stand, lagen die Jacken mit dem Diebesgut auf dem Boden. Als der Zugbegleiter nach diesen greifen wollte, zog A das Messer, ließ die Klinge herausschnellen und hielt es drohend gegen den Zugbegleiter, um seine am Ende erfolgreiche Flucht mit der Beute zu ermöglichen. Strafbarkeit des A? Auf § 145 I Nr. 1 StGB, der nach allgemeiner Ansicht anzuwenden ist, wenn die Notbremse ohne Anlass betätigt wurde, ist nicht einzugehen. (**Zugbegleiter-Fall** nach BGH StV 2013, 445[112])

307a

Lösung:

307b

Teil 1: Strafbarkeit des A hinsichtlich des Bargelds, des Mobiltelefons und der Ausweise

A. Das Geschehen vor der Auseinandersetzung mit dem Schaffner

I. A könnte sich wegen **Diebstahls nach § 242 StGB** durch Entwendung von Bargeld, Mobiltelefon und Ausweisen strafbar gemacht haben.

1. Dafür müsste er diese Gegenstände – fremde bewegliche Sachen – weggenommen haben. Dies ist bereits durch das Einwickeln der Gegenstände in die den Tätern gehörenden Jacken der Fall, da auf diese Weise die Gegenstände in eine Gewahrsamsenklave im Sinne einer Tabusphäre verbracht wurden. Damit wurde spätestens fremder Gewahrsam gebrochen und neuer Gewahrsam begründet.

2. A handelte auch mit entsprechendem Vorsatz sowie in der Absicht rechtswidriger Zueignung.

3. Da auch Rechtfertigungs- und Entschuldigungsgründe nicht ersichtlich sind, hat sich A wegen Diebstahls strafbar gemacht.

II. Da A zum Zeitpunkt der Tat ein Springmesser bei sich geführt hat, das nach dem Waffengesetz als Waffe im technischen Sinne aufzufassen ist (vgl. Anlage 1, unter Abschnitt 2, Nr. 2 der Anlage zum WaffG)[113] hat er auch einen **Diebstahl mit Waffen nach § 244 I Nr. 1a Alt. 1 StGB** verwirklicht.

Selbst wenn A zum Zeitpunkt des Diebstahls nicht aktuell an das Mitsichführen dieses Messers gedacht haben sollte, so wäre Vorsatz zumindest deshalb zu bejahen, weil ein sachgedankliches Mitbewusstsein anzunehmen ist. Vertretbar wäre vorliegend jedoch sogar ein aktuelles Bewusstsein anzunehmen, wie das spätere Verhalten (sofortiges Ziehen des Messers in der Gefahr) zeigt.

A hat daher gegenüber den beiden Reisenden jeweils den Tatbestand des schweren Diebstahls nach § 244 I Nr. 1a Alt. 1 StGB verwirklicht. Die beiden Taten, die sich gegen unterschiedliche Opfer richteten, stehen zueinander in Tateinheit.

---

112 M. Anm. *Kudlich*, JA 2013, 310 ff.; *Landwehr*, FD-StrafR 2013, 341896.
113 Vgl. auch BGH NStZ-RR 2006, 13.

B. Das Geschehen im Rahmen der Auseinandersetzung mit dem Zugbegleiter

I. Zu prüfen ist eine Strafbarkeit wegen **besonders schweren räuberischen Diebstahls nach §§ 252, 250 II Nr. 1 Alt. 1 StGB** durch Verwendung des Springmessers als Drohmittel gegenüber dem Zugbegleiter.

1. Als Vortat ist ein vollendeter schwerer Diebstahl nach §§ 242, 244 I Nr. 1a Alt. 1 StGB zu bejahen.

2. A handelte bei Einsatz dieses Messers zumindest auch in der Absicht sich im Besitz des Diebesguts zu erhalten.

3. Fraglich ist allerdings, ob ein Betroffensein auf frischer Tat anzunehmen ist.

a) Dem steht zunächst nach h. M. nicht entgegen, dass der Zugbegleiter von dem vorausgegangenen Diebstahl keine sichere Kenntnis hatte. Es genügt vielmehr, dass der Täter einer Kenntniserlangung vorbeugen wollte.

b) Fraglich ist jedoch, ob die Tat im vorliegenden Fall noch als frisch zu bezeichnen war. Dafür ist ein enger raum-zeitlicher Zusammenhang erforderlich. Diesen verneint der BGH vorliegend. Zwar sei die Diebesbeute mit Raubmitteln verteidigt worden. Der Täter sei aber nicht auf frischer Tat betroffen gewesen. Dies folge schon daraus, dass sein Besitz an der Diebesbeute nicht unmittelbares Ergebnis der Wegnahme beim Diebstahl war. Vielmehr hatte der Täter die Diebesbeute zwischenzeitlich im Gepäckabteil versteckt und später dort wieder an sich genommen. Der zwischen Wegnahme der Beute einerseits und der Besitzverteidigung mit Raubmitteln andererseits erforderliche unmittelbare Zusammenhang war daher nicht mehr gegeben.

4. Ergebnis: A hat sich nicht wegen schweren räuberischen Diebstahls strafbar gemacht.

II. Fraglich ist jedoch, ob sich A wegen **schwerer räuberischer Erpressung nach §§ 253, 255, 250 II Nr. 1 Alt. 1 StGB** strafbar gemacht hat, indem er den Zugbegleiter gewaltsam zur Duldung des Verlassens des Zuges mit der Beute genötigt hat.[114] Dafür könnte zwar sprechen, dass auf diese Weise durch §§ 253, 255 StGB die Lücke geschlossen werden könnte, die § 252 StGB durch das Erfordernis eines unmittelbaren raum-zeitlichen Zusammenhangs reißt. Jedoch spricht gerade dies gegen eine Anwendung der §§ 253, 255 StGB. Denn wenn der Gesetzgeber sich entschieden hat, eine raubgleiche Bestrafung in § 252 StGB nur dann eintreten zu lassen, wenn ein solcher enger Zusammenhang besteht, dann kann über die Anwendung der §§ 253, 255 StGB auf dieses Erfordernis nicht verzichtet werden. Im Übrigen fehlt es auch an der für §§ 253, 255 StGB erforderlichen Vermögensschädigung aufgrund einer Nötigung. Denn der Vermögensschaden ist bereits zuvor durch den Diebstahl eingetreten, sodass es sich bei der Sicherungserpressung um eine tatbestandslose Schadensvertiefung handelt.[115]

III. A hat sich jedoch wegen **Nötigung nach § 240 I StGB** strafbar gemacht. Er hat Gewalt gegenüber dem Zugbegleiter angewandt und durch Drohung mit dem Messer auch ein empfindliches Übel in Aussicht gestellt. A hat daher durch Nötigung gewaltsam erzwungen, dass der Zugbegleiter das Verlassen des Zuges mit der Beute duldet.

2. Teil: Strafbarkeit bezügl. der Nichtentrichtung des Fahrpreises.

I. Auch diesbezügl. kommt zunächst eine **besonders schwere räuberische Erpressung nach §§ 253, 255, 250 II Nr. 1 Alt. 1 StGB** in Betracht.

1. A hat Gewalt gegen den Zugbegleiter eingesetzt und mit Gefahr für Leib und Leben gedroht.

---

114 Vgl. zu diesem Aspekt dieses Falles auch *Kudlich*, JA 2013, 311.
115 So auch S/S/W-*Kudlich*, § 252, Rn. 22.

> 2. Fraglich ist, ob A den Zugbegleiter auf diese Weise zu einer Vermögensverfügung genötigt hat. In Betracht kommt diesbezüglich eine Forderungserpressung hinsichtlich des erhöhten Fahrpreises. Der BGH bejaht eine solche Forderungserpressung, wenn ein dem Transportunternehmer unbekannter Fahrgast gewaltsam seine Flucht erzwingt und so verhindert, dass der gegen ihn bestehende (hier gem. § 12 EVO erhöhte) Fahrpreisanspruch durchgesetzt werden kann. Anders wäre nur zu entscheiden, wenn der Fahrgast vollkommen mittellos wäre, da der Anspruch dann wertlos wäre.[116]
>
> 3. A hat sich daher wegen besonders schwerer räuberischer Erpressung nach §§ 253, 255, 250 II Nr. 1 Alt. 1 StGB strafbar gemacht, da er qualifizierend ein Springmesser zur Durchsetzung der Erpressung eingesetzt hat.
>
> **II.** Die gleichzeitig verwirklichte **Nötigung nach § 240 I StGB** tritt im Hinblick auf die Verhinderung der Forderungsdurchsetzung im Wege der Spezialität zurück.
>
> **III.** In Betracht kommt darüber hinaus eine Strafbarkeit wegen **Erschleichens von Leistungen nach § 265a I Alt. 3 StGB**. Diese liegt tatbestandlich vor, da sich A die Beförderung in einem Verkehrsmittel erschlichen hat und dabei in der Absicht handelte, das Entgelt nicht zu entrichten. Jedoch tritt auch die Strafbarkeit nach § 265a StGB wegen formeller Subsidiarität hinter der verwirklichten Forderungserpressung zurück. Da die Erpressung nämlich während der unentgeltlichen Fahrt stattfand, liegt insoweit Handlungseinheit vor, die hier jedoch nicht zur Tateinheit führt, da § 265a StGB die formelle Subsidiarität im Verhältnis zu anderen Vermögensdelikten ausdrücklich anordnet.
>
> **3. Teil: Gesamtergebnis und Konkurrenzen:** A hat sich wegen schweren Diebstahls nach §§ 242, 244 I Nr. 1 Alt. 1 strafbar gemacht. In Tatmehrheit (§ 53 StGB) hierzu steht die verwirklichte Nötigung nach § 240 StGB bezüglich der Duldung der Flucht mit der Beute. Hierzu steht in Tateinheit (§ 52 StGB) die besonders schwere räuberische Erpressung nach §§ 253, 255, 250 I Nr. 1 Alt. 1 StGB zur Verhinderung der Durchsetzung des Anspruchs auf (erhöhtes) Beförderungsentgelt.

Ein Betroffensein des Täters ist dabei anzunehmen, wenn der Täter von einem anderen bemerkt wird oder – auch dies fällt noch unter den Wortsinn – unmittelbar bemerkt zu werden droht. Letzteres ist etwa der Fall, wenn sich der Täter, der Schmuck in seine Taschen gesteckt hat, in der Wohnung hinter einem Mauervorsprung versteckt und eine Person, die ins Zimmer kommt, von hinten mit einem Knüppel niederschlägt, bevor er tatsächlich entdeckt worden ist.[117] Hier sind als Vortat §§ 242, 244 I Nr. 1a, IV StGB – nicht aber § 249 StGB mangels Finalität – erfüllt. Auch sind sodann § 252 i. V. m. §§ 250 II Nr. 1, 224 I Nr. 2 StGB gegeben. Als Dauerdelikt ist i. Ü. § 123 StGB zu beachten.

Achtung Klausur: *Aus der von § 252 StGB geforderten Beutesicherungsabsicht ergibt sich nach h. M., dass der Täter nur glauben muss, er sei entdeckt und ihm könne die Beute wieder entzogen werden. (Bsp.: Der blinde und taube B, von dem tatsächlich keine Entdeckung droht, betritt das Zimmer und wird vom Dieb A hinterrücks niedergeschlagen).[118] In der Literatur wird dies allerdings teilweise unter Hinweis auf das Analogieverbot bestritten und in solchen Fällen nur ein Versuch des § 252 StGB*

---

116 BGH NStZ 2007, 95.
117 Zust. Lackner/*Kühl*, § 252, Rn. 4; *Fischer*, § 252, Rn. 6; *Krey/Hellmann/Heinrich*, BT/2, Rn. 311; ablehn. *Wessels/Hillenkamp/Schuhr*, BT/2, Rn. 401.
118 Vgl. auch BGH StV 1987, 196; *Sch/Sch/Bosch*, § 252, Rn. 4.

angenommen.[119] *Vorzugswürdig erscheint aber tatsächlich die h. M., weil der Unrechtsgehalt der Tat nicht von der Möglichkeit tatsächlicher Entdeckung abhängt und der Wortlaut „betroffen" zulässt, eine weite Auslegung vorzunehmen (das Wort „betroffen" wird nämlich figürlich für alle Situationen verwendet, in denen eine Person „psychisch berührt" ist, wovon auch dann ausgegangen werden kann, wenn sich der Täter überrascht fühlt).*[120]

c) *Tathandlung: Gewalt oder Drohung mit gegenwärtiger Gefahr für Leib und Leben*

308 Gleichgültig ist hier, gegen wen sich die Gewalt oder Drohung richtet. In Betracht kommt also nicht nur das Opfer der Vortat, sondern auch Dritte, wie z. B. Passanten, Polizisten, Hausdetektive etc.[121] Wichtig ist nur, dass sie sich gegen die schutzbereite Person richtet, da anderenfalls die Bestrafung „gleich einem Räuber" nicht gerechtfertigt wäre. Bloßes Losreißen vom Verfolger genügt also nicht. Mit schutzbereiter Person ist im Übrigen nur derjenige gemeint, der den Gegenstand zugunsten des Berechtigten schützen will.[122] Dies ist nicht der Fall, wenn ein Mittäter seinen Anteil an der Beute einfordert.[123]

3. Subjektiver Tatbestand

309 Der Vorsatz muss sich auf alle Merkmale des objektiven Tatbestands erstrecken. Hinzu kommt die Absicht, sich im Besitz der Beute zu halten.

Achtung Klausur: *Die Absicht der Beutesicherung wird von der h. L. und Rspr. als modifizierte Zueignungsabsicht begriffen.*[124] *Danach unterscheiden sich Raub und räuberischer Diebstahl nur durch den Zeitpunkt des Einsatzes der Zwangsmittel, nicht aber in der Zielrichtung. Deshalb muss auch der Dieb die Absicht haben, die Sache in sein Vermögen zu bringen. Will der Täter die Sache dagegen nur in seinem Gewahrsam halten, um sie später als Beweismittel zu beseitigen, so ist Beutesicherungsabsicht zu verneinen.*

Da § 252 StGB nur die Absicht, sich im Besitz der Beute zu erhalten und nicht auch die Absicht, einen Dritten im Besitz der Beute zu erhalten, pönalisiert, kann es hier in der Klausur zu einer notwendigen Diskussion einer mittelbaren Täterschaft kraft absichtslos dolosen Werkzeugs kommen, und zwar etwa dann, wenn der mit der Beute fliehende A seinem Freund B zuruft: „Halte mir den Verfolger V mit Gewalt vom Leibe, damit ich mich mit meinen gestohlenen Sachen davon machen kann." Wenn B nun den Verfolger niederschlägt, so hat er dabei selbst nicht die Absicht, sich im Besitz der Beute zu erhalten, ist aber über das deliktische Vorgehen beim Hintermann A voll informiert. In Betracht kommt daher für A eine Strafbarkeit wegen räuberischen Diebstahls in mittelbarer Täterschaft durch Ausnutzung eines absichtslos dolosen Werkzeugs. Ob allerdings

---

119 Vgl. *Dreher*, MDR 1979, 529; *Seelmann*, JuS 1986, 206.
120 Zur Auslegung des TB-Merkmals „betreffen" vgl. LK-*Vogel*, § 252, Rn. 19 f.; *Rengier*, BT/1, § 10, Rn. 6; *Schünemann*, JA 1980, 398.
121 *Mitsch*, BT/II, S. 563; *Geilen*, Jura 1980, 44.
122 Vgl. *Schünemann*, JA 1980, 389.
123 OLG Celle NdsRpfl 48, 120; *Sch/Sch/Bosch*, § 252, Rn. 5/6.
124 Vgl. statt vieler *Rengier*, BT/1, § 10, Rn. 13 ff.

eine bloße fehlende Absicht des Vordermanns Tatherrschaft des Hintermanns erzeugen kann, ist schon im Grundsätzlichen fraglich (lies hierzu Jäger, AT, Rn. 251). Verneint man dies, so kommt für A nur eine Strafbarkeit wegen Anstiftung zur Körperverletzung (§§ 223, 26 StGB), wegen Anstiftung zur Nötigung (§§ 240, 26 StGB) sowie je nach Auffassung (vgl. Rn. 395) wegen Anstiftung zur Begünstigung (§§ 257, 26 StGB; strafbar wegen § 257 III S. 2 StGB) in Betracht.

Die Beutesicherungsabsicht braucht im Übrigen weder der einzige noch der dominierende Beweggrund zu sein. Es genügt, wenn sie einer unter mehreren Beweggründen ist.[125]

---

125 BGHSt 13, 65; 26, 97; NStZ 1984, 455.

§ 10 Betrug

A. Geschütztes Rechtsgut und Verhältnis zu anderen Delikten

310 Geschütztes Rechtsgut beim Betrug ist das Vermögen und nicht die Freiheit der Willensentschließung (kein Schutz bloßer Dispositionsfreiheit).[1]

Das Wesensmerkmal des Betrugs liegt im Vergleich zu anderen Vermögensdelikten darin, dass nicht der Täter selbst die vermögensschädigende Handlung vornimmt, sondern einen anderen dazu bewegt, sich selbst oder einen Dritten, auf dessen Vermögen der andere einwirken kann, zu schädigen.[2]

Im Nahbereich des Betrugs befinden sich die Delikte des Diebstahls, der Erpressung und der Untreue. In der Klausur müssen diese Tatbestände immer in die Überlegungen miteinbezogen werden. Dabei können sich Abgrenzungsprobleme sowohl auf Tatbestands- als auch auf Konkurrenzebene ergeben:

I. Verhältnis Betrug – Erpressung

311 Die Erpressung nach §§ 253, 255 StGB deckt sich mit dem Tatbestand des Betruges im subjektiven Bereich, da beide Tatbestände voraussetzen, dass der Täter die Absicht hat, sich oder einen Dritten zu Unrecht zu bereichern.[3]

Der entscheidende Unterschied zwischen beiden Delikten besteht darin, dass das Opfer beim Betrug nicht unter Zwang steht, d. h. das Betrugsopfer handelt zwar irrtumsbedingt, im Übrigen aber innerlich frei, während das Erpressungsopfer die vermögensschädigende Handlung unter Druck vornimmt. Betrug und Erpressung werden sich daher üblicherweise gegenseitig ausschließen.[4]

Achtung Klausur: *Ein Zusammentreffen von Erpressung und Betrug ist möglich, wenn der Täter kumulativ das Mittel der Täuschung und das Mittel der Drohung anwendet. Daher sind zwei klausurbedeutsame Konstellationen auseinanderzuhalten:*

Konstellation 1: Drohung durch Täuschung

312 Hier täuscht der Täter die zwangsbegründenden Umstände vor.

Beispiel 1: A bewegt den Kassierer K zur Herausgabe der Tageseinnahmen, indem er ihm eine ungeladene Pistole an die Schläfe hält.

Beispiel 2: A hat erfahren, dass B Geld gestohlen hat. Da B den A nicht kennt, geht A zu ihm und gibt sich als Polizist aus. Er droht ihm mit Festnahme, wobei er dem B jedoch deutlich macht, dass die Verhaftung durch Zahlung von 1000 € abgewandt werden kann.

---

[1] Vgl. nur Lackner/*Kühl*, § 263, Rn. 2 m. w. N.; *Wessels/Hillenkamp/Schuhr*, BT/2, Rn. 485; *Rengier*, BT/1, § 13, Rn. 1.
[2] *Fischer*, § 263, Rn. 70; *Schröder*, ZStW 60 (1940), 33. Lesenswert sind als Überblicksbeiträge *Kindhäuser/Nikolaus*, JuS 2006, 193 ff., 293 ff.
[3] *Wessels/Hillenkamp/Schuhr*, BT/2, Rn. 583 und 718; *Otto*, BT, § 53, Rn. 9.
[4] *Otto*, BT, § 53, Rn. 19; vgl. aber auch MüKo-*Hefendehl*, § 263, Rn. 1002.

In beiden Fällen beruht die Drohung auf einer Täuschung. Nach h. M. soll in einem solchen Fall Betrug schon tatbestandsmäßig[5] und nicht erst auf Konkurrenzebene[6] ausscheiden. Für diese Tatbestandslösung spricht, dass in allen Fällen, in denen die Täuschung die Drohung erst plausibel machen oder verstärken soll, von einer innerlich freien Entscheidung nicht mehr gesprochen werden kann. Es fehlt daher an einer für den Betrug notwendigen freiwilligen Vermögensverfügung.[7]

Konstellation 2: Drohung neben Täuschung

Hier tritt die Drohung selbstständig neben die Täuschung. 313

Beispiel: A droht dem B, ihn wegen eines tatsächlich begangenen Einbruchs anzuzeigen. Er macht B aber deutlich, dass er eine Anzeige durch Gewährung eines Darlehens abwenden kann, wobei A ihm bewusst der Wahrheit zuwider die Absicht der Rückzahlung vorspiegelt.[8]

In diesem Fall stehen Erpressung und Betrug in Idealkonkurrenz, da die täuschenden Angaben keinerlei Zusammenhang mit dem in Aussicht gestellten Übel aufweisen.[9]

II. Verhältnis Betrug – Untreue

Beide Delikte setzen die Schädigung fremden Vermögens voraus und sind von einem 314 Vertrauensmissbrauch gekennzeichnet. Der Unterschied besteht jedoch darin, dass sich das Betrugsopfer selbst schädigt, während im Falle der Untreue die schädigende Handlung durch den Täter vorgenommen wird.

III. Verhältnis Betrug – Diebstahl

Auch hier liegt der Unterschied in der Abgrenzung von Selbst- und Fremdschädigung, 315 wobei die Merkmale der Vermögensverfügung bzw. des Gewahrsamsbruchs die entscheidenden Abgrenzungskriterien vorgeben.

Achtung Klausur: *Entscheidende Bedeutung innerhalb des Betrugstatbestandes kommt dem Merkmal der Vermögensverfügung zu, obwohl es sich dabei um ein ungeschriebenes Tatbestandsmerkmal handelt.*[10] *Man sollte sich daher bewusst machen, dass die meisten Klausurprobleme mit diesem Tatbestandsmerkmal zusammenhängen (näheres dazu unten Rn. 331 ff.).*

---

5 Für diese Tatbestandslösung etwa BGHSt 23, 294; *Blei*, JA 1971, 107; *Günther*, ZStW 88 (1976), 960; *Küper*, NJW 1970, 2253; *Otto*, ZStW 79 (1967), 96.
6 So aber *Herzberg*, JuS 1972, 570; *Krey/Hellmann/Heinrich*, BT/2, Rn. 455 f.
7 So zu Recht *Günther*, ZStW 88 (1976), 960; *Küper*, NJW 1970, 2253; a. A. *Otto*, ZStW 79 (1967), 96; allerdings will er bereits das Merkmal der Täuschung ausschließen, was jedoch deshalb fraglich ist, weil die Drohung in den genannten Fällen ohne die Täuschung überhaupt nicht durchsetzbar wäre.
8 Bsp. nach BGHSt 9, 245.
9 BGHSt 9, 247; *Schünemann*, JA 1980, 490.
10 *Rengier*, BT/1, § 13, Rn. 61; *Lackner/Kühl*, § 263, Rn. 21; *Schmidhäuser*, Tröndle-FS, 1989, S. 30 erkennt nur drei Merkmale an.

B. Der Tatbestand des Betruges im Einzelnen

I. Täuschungshandlung durch Vorspiegelung falscher oder Entstellung bzw. Unterdrückung wahrer Tatsachen

1. Tatsachen

316 Hierunter sind zunächst alle äußeren Geschehnisse bzw. Zustände in der Vergangenheit und Gegenwart zu zählen.[11] Beispiele hierfür sind der objektiv feststellbare Wert bzw. die Beschaffenheit einer Sache,[12] aber auch die Frage der Zahlungsfähigkeit eines Schuldners.

Darüber hinaus werden auch sog. innere Tatsachen vom Tatsachenbegriff des Betrugs erfasst,[13] diese können sich im Gegensatz zu den äußeren Tatsachen auch auf die Zukunft beziehen. Typisches Beispiel hierfür ist die bestehende bzw. fehlende Zahlungsbereitschaft des Gastes im Restaurant (sog. Zechprellerei).[14]

Nicht zu den Tatsachen gehören dagegen reine Werturteile,[15] z. B. der Hinweis eines Hausverkäufers, er habe sich in dem Haus immer wohlgefühlt bzw. die Bemerkung, das Haus sei ein „Schnäppchen". Ebenso wenig fallen unter den Begriff der Tatsache sog. Zukunftsprognosen,[16] sofern ihnen kein Tatsachenkern zugrunde liegt (z. B. Erklärung, dass eine bestimmte Aktie sicher bald steigen werde).

Wahre Tatsachen können eine Täuschung sogar noch intensivieren. Verkauft jemand etwa Flaschen mit vermeintlichem Haarwuchsmittel, in denen sich in Wahrheit nur Leitungswasser befindet, so kann diese Täuschung durch eine Geldzurückgarantie (selbst wenn der Täter diese Garantie einhält) verstärkt werden.[17] Die Geldzurückgarantie wirkt in diesem Fall auch nicht schadenskompensierend (vgl. näher Rn. 369).

2. Die Täuschungshandlung

Sie kann sowohl durch aktives Tun als auch durch Unterlassen erfolgen:

a) Täuschung durch positives Tun

aa) Ausdrückliche Täuschung durch positives Tun

317 Ein ausdrückliches Vorspiegeln liegt nicht nur bei einer bewusst wahrheitswidrigen Äußerung vor, sondern kann auch durch irreführende Veränderungen erfolgen[18] (z. B. durch Vorlage unechter Urkunden oder durch Manipulation des Strom- bzw. Kilometerzählers).[19]

---

11 *Fischer*, § 263, Rn. 6; *Rengier*, BT/1, § 13, Rn. 4.
12 RGSt 28, 189, 192; MüKo-*Hefendehl*, § 263, Rn. 77.
13 Lackner/*Kühl*, § 263, Rn. 4; *Sch/Sch/Perron*, § 263, Rn. 10 m. w. N.
14 BayObLG 1957/1958, 147 m. Anm. *Mittelbach*, JR 1958, 67.
15 *Otto*, BT, § 51, Rn. 10; *Rengier*, BT/1, § 13, Rn. 4.
16 *Fischer*, § 263, Rn. 7a; *Sch/Sch/Perron*, § 263, Rn. 8.
17 So etwa im Fall von BGHSt 34, 199.
18 Lackner/*Kühl*, § 263, Rn. 7 ff.
19 BayObLG MDR 1962, 70; *Otto*, BT, § 51, Rn. 13.

bb) Konkludente Täuschung durch positives Tun

Schlüssiges Vorspiegeln liegt vor, wenn das „Gesamtverhalten nach der Verkehrsanschauung als stillschweigende Erklärung über eine Tatsache zu verstehen ist"[20] (wer z. B. als Verkäufer einer Sache auftritt, erklärt damit schlüssig, dass er zum Verkauf befugt ist; wer eine Vertragspflicht übernimmt, erklärt schlüssig, dass er zur Erfüllung der Verpflichtung fähig und bereit ist; wer in einem Restaurant Platz nimmt und Essen bestellt, erklärt konkludent zur Bezahlung der Speisen willens und fähig zu sein;[21] wer mit Scheck bezahlt, erklärt schlüssig, dass dieser bei Einlösung gedeckt ist.[22] – Keine konkludente Täuschung liegt hingegen im bloßen Verlangen einer überhöhten Vergütung für eine Werkleistung, § 631 I Hs. 2 BGB[23] oder in der Forderung eines unangemessenen Preises, es sei denn, es wird über die Grundlagen der Preisgestaltung – wie über die günstigeren Bezugsmöglichkeit eines Krebsmittels – falsch informiert.[24]).

318

Hinweis: *In einer späteren Entscheidung bestätigte der BGH nochmals, dass allein das Fordern eines erhöhten Preises für sich genommen noch keine Täuschung darstellt. Insbesondere beinhaltet eine solche Forderung, abgesehen von tax- oder listenmäßig festgelegten Preisen, nicht die Behauptung, der geforderte Preis sei angemessen oder üblich. Bedingt durch die Vertragsfreiheit dürfe jeder Teilnehmer am Geschäftsverkehr ein Informationsdefizit und/oder überlegene Sachkenntnis ausnutzen.[25]*

Achtung Klausur: *Eine besondere Bedeutung spielt die konkludente Täuschung beim sog. „Vorbeischmuggeln" versteckter Ware an der Kasse eines Supermarktes, bei rechnungsähnlichen Angebotsschreiben, bei der Abhebung von fehlgebuchtem Geld sowie gerade neuerdings in den Fällen des Wettbetrugs und der sogenannten Pinganrufe. Alle fünf Fälle stammen aus der Rspr. und sind daher klausurgefährlich:*

319

– Was die erste Fallkonstellation anbelangt, so beinhaltet das Hinschieben eines Einkaufswagens an die Kasse und das Vorzeigen des Inhalts die schlüssige Erklärung, nur die offen gezeigten Waren mitzuführen und andere Waren nicht erwerben zu wollen.[26] Es wäre also verfehlt, einen Betrug schon mangels Täuschung bzw. Irrtums scheitern zu lassen; vielmehr liegen die Probleme hier bei der Frage der Vermögensverfügung (s. dazu schon oben Rn. 203 f.).

– Was die zweite Fallkonstellation betrifft, so ist nach umstrittener Rspr. auch bei der Versendung rechnungsähnlicher Schreiben zumindest dann von einer konkludenten Täuschungshandlung auszugehen, wenn der Täter auf einem Angebotsschreiben typische Rechnungsmerkmale einsetzt (z. B. Kassenzeichen, Zahlungsfrist, angefügter Überweisungsträger), die den Gesamteindruck so sehr prägen, dass nach der objektiven Verkehrsanschauung in ihnen die konkludente Aussage enthalten

---

20 LK-*Tiedemann*, § 263, Rn. 28; grundlegend *Kasiske*, GA 2009, 360 ff.; *Bung*, GA 2012, 354 ff. Einen Überblick über die wichtigsten Fallgruppen der konkludenten Täuschung beim Betrug bietet *Becker*, JuS 2014, 307.
21 Lackner/*Kühl*, § 263, Rn. 9; *Fischer*, § 263, Rn. 33.
22 BGHSt 3, 69; *Fischer*, § 263, Rn. 26.
23 OLG München JA 2010, 67; ähnlich OLG Köln NJW 2013, 2772 m. Anm. *Satzger*, JK 1/14, § 263/104, dazu auch ausführlich *Eiden/Walter*, NStZ 2014, 297 ff.
24 BGH NStZ 2010, 88.
25 BGH wistra 2011, 355 m. Anm. *von Heintschel-Heinegg*, JA 2011, 710.
26 Vgl. hierzu OLG Düsseldorf NStZ 1993, 286.

ist, es bestehe eine Zahlungspflicht.[27] Nach Auffassung des OLG Frankfurt ändert sich an diesem Täuschungscharakter auch dann nichts, wenn es sich beim Opfer um einen Unternehmer handelt; dafür spreche insbesondere der Rechtsgedanke der §§ 305c und 310 I S. 1 BGB, die den Unternehmer etwa vor „Kleingedrucktem" schützen und damit zeigen, dass auch geschäftserfahrene Adressaten dem Schutz vor Verwechselung unterstehen.[28]

320 – Ebenso umstritten ist die dritte Fallgruppe, in der es um das Problem geht, ob die Verfügung (etwa durch Einreichung eines Überweisungsauftrags) eines Kontoinhabers über ein Guthaben, das – wie dieser weiß – aus einer Fehlbuchung entstanden ist, als konkludente Erklärung dahingehend aufzufassen ist, dem Überweisenden stehe ein entsprechendes Guthaben auch materiell zu.

321 **Beispiel:** A hatte bei der Bank B ein Konto ohne Überziehungskredit. Aufgrund einer bankinternen Fehlbuchung wurde dem Konto des A ein Betrag von 25 000 € gutgeschrieben. A erkannte, dass es sich um ein Versehen handeln musste, war aber darüber sehr erfreut und tilgte aus dem Guthaben seine ganzen Schulden aus einem Hausbau, indem er Überweisungen an verschiedenste Handwerker in Höhe von 25 000 € tätigte. Strafbarkeit des A? (**Fehlbuchungs-Fall** nach BGHSt 46, 196[29])

Lösung: Der BGH hat hier eine Strafbarkeit wegen eigennützigen Betrugs nach § 263 StGB zu Lasten der Bank durch Vornahme der Überweisungen verneint, da es an einer Täuschung fehle. Denn A habe durch die Vornahme der Überweisungen nicht konkludent gegenüber dem Bankangestellten zum Ausdruck gebracht, der zur Verfügung über das Guthaben Berechtigte zu sein und einen Anspruch hinsichtlich des Kontobetrags zu haben. Dies war überraschend, weil der BGH lange Zeit davon ausgegangen war, dass ein solcher Anspruch tatsächlich nur bei einer externen Fehlüberweisung bestehe, nicht jedoch bei einer bankinternen Fehlbuchung existiere,[30] weil in diesem Falle nach den Allgemeinen Geschäftsbedingungen ein Stornorecht bestehe, das beweise, dass im Falle interner Fehlbuchung dem Kunden das Guthaben nicht zustehe. Der Kontoinhaber, so der BGH bisher, täusche deshalb bei interner Falschbuchung schlüssig über seine Berechtigung, wenn er über das Guthaben verfügt. Dagegen sei eine konkludente Täuschung zu verneinen, wenn über ein aus einer externen Fehlüberweisung stammendes Guthaben verfügt werde, weil dieses dem Kontoinhaber bis zur Rückabwicklung zunächst einmal zustehe.

Der BGH will nunmehr dieser Unterscheidung zwischen externer Fehlüberweisung und interner Fehlbuchung nicht weiter folgen.[31] Da die Gutschriftenanzeige der Bank nämlich grundsätzlich ein abstraktes Schuldversprechen bzw. -anerkenntnis darstelle und nur die Ausübung des Stornorechts durch die Bank zu einer rückwirkenden Beseitigung führen könne, bestehe in der Zwischenzeit ein Anspruch aus der Gutschrift.[32] Schon aus diesem Grunde scheide die Annahme einer Täuschung aus. Abgesehen hiervon enthalte die Überweisung auch keine schlüssige Tatsachenbehauptung dergestalt, dass dem Kontoinhaber ein Anspruch zustehe, da die ordnungsgemäße Führung des Kontos nach § 675f BGB vollständig in den Pflichtenkreis der Bank falle.

---

27 Vgl. BGHSt 47, 1 ff.; dazu überwiegend krit. *Baier*, JA 2002, 364; *Geisler*, NStZ 2002, 86; *Krack*, JZ 2002, 613; *Pawlik*, StV 2003, 297.
28 OLG Frankfurt NJW 2003, 3215.
29 Siehe auch die Bspr. von *Hefendehl*, NStZ 2001, 281; *Heger*, JA 2001, 536; *Joerden*, JZ 2001, 614; krit. *Geppert*, JK, 58. Vgl. auch *Pawlik*, Lampe-FS, 2003, 689 ff.
30 BGHSt 39, 392.
31 BGHSt 46, 196.
32 Abl. insoweit *Joerden*, JZ 2001, 615; *Ranft*, JuS 2001, 856.

Auch die Annahme einer Täuschung durch Unterlassen ist zu verneinen. Diese setzt nämlich eine Garantenpflicht zur Aufklärung voraus. Da A die Gefahr der Fehlbuchung nicht geschaffen hat und eine Garantenstellung aus Ingerenz daher ausscheidet, könnte sich eine Aufklärungspflicht hier allenfalls aus besonderer Vertrauensbeziehung ergeben, wofür jedoch die Girovertragsbeziehung nicht genügt, da sie sich in einem gewöhnlichen Leistungsaustauschverhältnis erschöpft.[33]

Im Übrigen scheidet im Beispielsfall auch eine Treubruchs-Untreue nach § 266 I Alt. 2 StGB aus, da es hierfür an der notwendigen Vermögensbetreuungspflicht des A gegenüber der Bank fehlt. Der Girovertrag schafft nämlich – wie gesehen – keine Hauptpflicht zur Wahrnehmung fremder Vermögensinteressen.

A ist daher straflos.

– Die vierte und womöglich problematischste Fallgruppe betrifft schließlich den sog. Wettbetrug, mit dem sich der BGH erst kürzlich auseinander zu setzen hatte. Zugrunde lag der Entscheidung folgender **321a**

Fall 34: S und C platzierten unter Einschaltung der Vermittlerfirma Ltd. bei asiatischen und europäischen Anbietern zu verbindlichen Quoten Wetten auf die Ergebnisse von Fußballspielen, auf deren Ausgang sie durch Zahlungen an Spieler oder Schiedsrichter Einfluss genommen hatten. Die Vermittler, die teilweise eingeweiht waren, schlossen bei verschiedenen Wettanbietern Wettverträge auf das jeweilige Spiel ab. S erhielt nach der Ausführung des Auftrags eine Bestätigung. Bei Wetten mit verbindlichen Quoten lobt der Wettanbieter für das jeweilige Spiel eine bestimmte Wettquote aus, die das Verhältnis von Einsatz und möglichem Gewinn widerspiegelt. Der Wettanbieter geht dabei davon aus, dass sich die Wetteinsätze weitgehend nach den Wahrscheinlichkeiten verteilen werden, mit denen ein bestimmter Spielausgang zu erwarten ist. Die Wettquoten werden nach der zu erwartenden Verteilung der Wetteinsätze kalkuliert und so bemessen, dass „unter dem Strich" unabhängig von dem Ergebnis des jeweiligen Spiels ein Gewinn verbleibt. Wird auf das Spielergebnis manipulativ eingewirkt, kann der Wettanbieter das betroffene Spiel nicht mehr zuverlässig kalkulieren. Wetten auf bekannt manipulierte Spiele werden daher nicht angenommen. Insgesamt wettete S gemeinsam mit C oder allein auf 22 beeinflusste Fußballspiele, wobei es in 19 Fällen zu dem angestrebten Spielausgang kam. Dadurch konnte S Gewinne zwischen 7500 und 534 875,03 € erzielen. Nebenfolge war, dass zahlreiche Mitwettende aufgrund der Manipulationen ihre Wetten verloren. In drei Fällen verlor S seinen Einsatz, weil die Spiele anders als gewettet ausgingen. C schloss allein oder gemeinsam mit S auf 26 beeinflusste Fußballspiele Wetten ab. In 21 Fällen kam es zu dem von ihm gewetteten Spielausgang. Dabei erzielte er Gewinne zwischen 10 224,50 € und 561 262,53 €. In fünf Fällen gingen die Spiele anders aus als gewettet, sodass C seinen Einsatz verlor. Strafbarkeit des S?

Abwandlung: Wie ist die Strafbarkeit zu beurteilen, wenn S in die Manipulationsvorgänge nicht eingebunden gewesen wäre und nur einen (sogar falschen) Tipp erhalten hätte, dass ein Spiel manipuliert worden sei und er deshalb bei diesem Spiel entsprechend setzt, weil er eine solche Manipulation für möglich hält (**Wettbetrugs-Fall** nach BGH NStZ 2013, 234 ff.[34] in Abkehr zur Rechtsprechung im **Fußballwettskandal-Fall Hoyzer**[35]; in der **Abwandlung** BGH NStZ 2014, 317[36]).

---

33 So bereits BGHSt 39, 392.
34 M. Anm. *Jäger*, JA 2013, 868 ff.; *Hecker*, JuS 2013, 656 ff.
35 BGH NStZ 2007, 151. Vgl. auch eine neuere Entscheidung: BGH NStZ 2014, 317 ff. m. Bspr. *Jahn*, JuS 2014, 658 ff.; *Kulhanek*, StV 2014, 682 ff.
36 M. Anm. *Jahn*, JuS 2014, 658; *Lienert*, JR 2014, 484.

321b | **Lösung:**

A. Ausgangsfall

I. In Betracht kommt eine Strafbarkeit des S wegen **Bestechung im geschäftlichen Verkehr nach § 299 I StGB.**
Diese Vorschrift scheidet jedoch bereits mangels Tatbestandsmäßigkeit aus, da es sich bei einem Spieler oder Schiedsrichter nicht um einen Angestellten oder Beauftragten eines geschäftlichen Betriebs im geschäftlichen Verkehr handelt und es abgesehen davon bei der Spielleitung auch nicht um den Bezug von Waren oder gewerblichen Leistungen nach § 299 I StGB geht.

II. Erst recht ist eine Strafbarkeit wegen **Vorteilsgewährung bzw. Bestechung nach §§ 332, 334 StGB** zu verneinen, da es sich bei einem Schiedsrichter ebenso wie bei einem Spieler nicht um einen Amtsträger i. S. d. Vorschriften handelt.

III. Gegeben sein könnte aber eine Strafbarkeit wegen **Sportwettbetrugs nach § 265c II und IV StGB.**[37]

1. Seiner Struktur nach ist der mit Wirkung zum 19.4.2017 in Kraft getretene § 265c StGB dem § 299 StGB nachgebildet und daher ein Fremdkörper im Bereich der §§ 263 ff. StGB,[38] da es sich in Wahrheit um eine Vorschrift handelt, die Sportkorruption im Vorfeld einer Sportwette pönalisiert. Während die Vorschriften des § 265c I, III StGB die Strafbarkeit bezüglich der Nehmerseite auf Sportler, Trainer, Schieds-, Wertungs- oder Kampfrichter beschränkt, handelt es sich bei § 265c II, IV StGB um Allgemeindelikte.

2. S hat die Tathandlungen des § 265c II, IV verwirklicht, indem er Sportlern und Schiedsrichtern einen Vorteil als Gegenleistung dafür gewährt hat, dass sie den Verlauf und das Ergebnis eines Wettbewerbs des organisierten Sports beeinflussen. Dies geschah auch zur Erlangung eines rechtswidrigen Vermögensvorteils durch auf diesen Wettbewerb bezogene öffentliche Sportwetten.

3. Da es für § 265c StGB genügt, dass die Manipulation auf den Vorteil zielt, ist eine konkrete ursächliche Schadensfeststellung für diesen Tatbestand – anders als bei § 263 StGB (dazu sogleich) – nicht erforderlich.

Ergebnis: S hat sich nach § 265c II, IV StGB strafbar gemacht.

IV. Darüber hinaus könnte auch eine Strafbarkeit wegen **Manipulation von berufssportlichen Wettbewerben nach § 265d II und IV StGB**[39] gegeben sein.
Wie bei § 265c StGB lag hier die Tathandlung des Gewährens eines Vorteils an Spieler und Schiedsrichter dafür vor, dass diese den Verlauf und das Ergebnis eines berufssportlichen Wettbewerbs in wettbewerbswidriger Weise zugunsten des Wettbewerbsgegners bzw. in regelwidriger Weise beeinflussen (vgl. § 265d II und IV StGB).

Ergebnis: S hat sich auch nach § 265d II, IV StGB strafbar gemacht.

V. In Betracht kommt zudem eine Strafbarkeit wegen **Betruges in einem besonders schweren Fall nach § 263 I, III StGB** durch Abschluss der Sportwetten bzw. Entgegennahme des Wettgewinns.

1. Täuschung
a) Eine Täuschung durch ausdrückliche Erklärung liegt ersichtlich nicht vor.
b) In Betracht kommt daher allenfalls eine Täuschung durch schlüssiges Verhalten. Diese könnte dann angenommen werden, wenn die Abgabe des Wettscheins die schlüssige Erklärung einer Tatsache beinhalten würde, die in Wahrheit nicht gegeben ist. In Betracht

---

37 Näher zu dieser Vorschrift *Stam*, NZWiSt 2018, 41 ff.; *Valerius*, Jura 2018, 777 ff.
38 Krit. *Krack*, ZIS 2016, 540, 549; *ders.*, wistra 2017, 289.
39 Eingehend auch § 265d StGB: *Stam*, NZWiSt 2018, 41 ff.; *Valerius*, Jura 2018, 777 ff.

kommt diesbezüglich zum einen die Ungewissheit des Spielergebnisses. Allerdings ist eine Täuschung über diese Tatsache bereits deshalb fraglich, weil trotz Abrede ein bestimmter Spielausgang nicht sicher war; dieser blieb vielmehr nach wie vor ungewiss. Denkbar ist daher nur eine schlüssige Erklärung dahingehend, dass der Wettende auf das Ergebnis keinen Einfluss genommen und das Wettrisiko daher nicht verschoben hat. Fraglich ist jedoch, ob der Abgabe des Wettscheins ein derartiger Erklärungswert zukommt. Die Rspr. bestimmt dies unter Zugrundelegung einer faktischen Betrachtungsweise, derzufolge es auf den objektiven Erklärungsempfänger und dessen Verständnis ankommt. Ausgehend hiervon lässt sich vertreten, dass ein Kunde im Wettbüro (hier in der Vermittlerfirma) beim Abschluss seiner Wette stillschweigend miterklärt, dass er die Spiele, auf die er gesetzt hat, nicht manipuliert hat oder manipulieren wird. Diesem Verständnis hatte sich auch der BGH im ersten Fußball-Wettskandal-Fall Hoyzer angeschlossen[40] und dieses Übereinkommen, das in den allgemeinen Geschäftsbedingungen nicht einmal ausdrücklich festgeschrieben werden muss, als eine unverzichtbare Geschäftsgrundlage bezeichnet. Auch der 4. Senat hat sich nunmehr dieser Auffassung angeschlossen. Allerdings ist eine solche Annahme nicht ohne Bedenken. Bereits 1961 hatte etwa der BGH in der sog. „Spätwetten-Entscheidung" eine konkludente Täuschung in einem Fall abgelehnt, in dem der Wettende erst nach Beginn eines Pferderennens gesetzt hatte.[41] Andererseits hat der BGH in einer späteren Entscheidung, in der es um die Bestechung von Rennreitern ging, eine konkludente Täuschung bejaht.[42] Folgt man dem, so kann auch im vorliegenden Fall eine Täuschung angenommen werden. Dem wird man auch zustimmen müssen, weil beim Abschluss einer Wette die Ungewissheit Bestandteil des Vertragsinhalts ist, der nach der Verkehrsanschauung konkludent miterklärt wird. Die in der Literatur[43] vertretene Gegenauffassung kann insoweit nicht überzeugen.[44]

Auch wenn die Wetten über Vermittler abgewickelt wurden, ändert sich an der Täuschungshandlung nichts. Soweit diese Vermittler nämlich in die Spielmanipulationen eingeweiht waren, ist S der Wettabschluss der Vermittler nach § 25 II StGB im Wege der Mittäterschaft zuzurechnen; soweit die Vermittler dagegen keinerlei Kenntnis von den Manipulationen hatten, kommt eine Zurechnung im Wege der mittelbaren Täterschaft nach § 25 I Alt. 2 StGB in Betracht.

2. Irrtum
Fraglich ist jedoch, ob aufgrund der Täuschung auch ein entsprechender Irrtum bei dem Angestellten im Wettbüro entstanden ist. Dies ist deshalb Bedenken ausgesetzt, weil der Angestellte regelmäßig nur die Wette entgegennimmt und diejenigen Tatsachen überprüft, die einer Wettteilnahme nach den allgemeinen Geschäftsbedingungen ausdrücklich entgegenstehen. Darüber hinausgehende Gedanken wird sich der Angestellte im Wettbüro nicht machen. Dennoch hat der BGH im Bundesliga-Wettskandal einen Irrtum angenommen, indem er fingiert hat, dass der Angestellte im Wettbüro zumindest davon ausgehe, dass alles in Ordnung sei. Insoweit genüge ein sachgedankliches Mitbewusstsein, das bzgl. der wesentlichen Vertragsgrundlagen regelmäßig gegeben sei.[45]

---

40 BGH NStZ 2007, 151 mit Bspr. *Bosch*, JA 2007, 389 ff.; *Engländer*, JR 2007, 477; *Gaede*, HRRS 2007, 16 ff.; *Jahn/Maier*, JuS 2007, 215 ff.; *Krack*, ZIS 2007, 10 ff.; *Kubiciel*, HRRS 2007, 68 ff.; *Radtke*, Jura 2007, 445 ff.; *Rönnau/Soyka*, NStZ 2009, 12 ff.; *Schulz/Slowinski*, Jura 2010, 706 ff.; vgl. auch schon die Vorinstanz: LG Berlin BeckRS 2006, 05289 und dazu *Hartmann/Niehaus*, JA 2006, 432 ff.; *Jahn*, JuS 2006, 567 ff.; *Schlösser*, NStZ 2005, 423 ff.
41 Vgl. BGHSt 16, 120 ff.
42 Vgl. BGHSt 29, 165 ff.; *Klimke*, JZ 1980, 581 f.
43 *Saliger/Rönnau/Kirch-Heim*, NStZ 2007, 362 f.
44 *Jahn/Meier*, JuS 2007, 217.
45 Vgl. zum sachgedanklichen Mitbewusstsein auch BGH StV 2014, 288.

3. Vermögensverfügung

Problematisch ist auch, ob eine Vermögensverfügung vorliegt. Diese setzt ein freiwilliges Handeln, Dulden oder Unterlassen voraus, das sich unmittelbar vermögensschädigend auswirkt. Vorliegend hat nicht der geschädigte Wettanbieter, sondern allenfalls der im Wettbüro Angestellte über Vermögen des Wettanbieters verfügt, indem er die Wette angenommen und ggf. den Gewinnbetrag ausgezahlt hat. Unproblematisch ist dies, wenn der Angestellte der Vermittlerfirma eingeweiht war, weil dieser dann den Wettanbieter gemeinsam mit S täuscht und dieser durch in seinem Namen erfolgten Vetragsschluss und spätere Auszahlung verfügt. Aber selbst wenn der Angestellte der Vermittlerfirma nicht eingeweiht war, bleibt ein Betrug möglich. In diesem Fall ist schon der Angestellte im Wettbüro (d. h. der Angestellte in der Vermittlerfirma) zwar Getäuschter und Verfügender, jedoch ist nicht dieser Geschädigter, sondern der Wettanbieter. Allerdings ist dies im Rahmen eines sog. Dreiecksbetrugs ohne Weiteres möglich, sofern der Getäuschte und Verfügende im Lager des Geschädigten steht bzw. von diesem ermächtigt ist, wovon hier auszugehen ist (näher dazu u. Rn. 341 ff.).

4. Vermögensschaden

Fraglich ist, ob dem Wettanbieter auch ein Schaden i. S. d. § 263 StGB entstanden ist.

Im Fall Hoyzer hatte der BGH noch einen Eingehungsschaden des Wettanbieters mit der Begründung bejaht, dass bereits im Moment des Vertragsabschlusses ein sog. Quotenschaden entstanden sei, der darin liege, dass die Gewinnchancen zugunsten des manipulierenden Wetters verschoben werden.[46] Dieser Quotenschaden stelle nicht nur eine Vermögensgefährdung dar, sondern bilde bereits einen realen Vermögensschaden. Dieser vom BGH bislang angenommene Quotenschaden war allerdings als tragfähiges Konstrukt für eine Betrugsstrafbarkeit umstritten geblieben, weil damit nicht mehr primär auf die kausale Bewirkung eines Vermögensschadens abgestellt, sondern für ausreichend erklärt wurde, dass der Wettanbieter die Wetten zu den von ihr festgelegten Wettquoten nicht eingegangen wäre.[47] Damit wurde das Merkmal der täuschungsbedingten Vermögensverfügung unzulässig mit dem Vermögensschaden verschliffen.

Der 4. Senat lehnt deshalb nunmehr eine Bestimmung über einen unbezifferten Quotenschaden ab. Stattdessen unterscheidet er zwischen Eingehungs- und Erfüllungsbetrug:

a) Jedenfalls für die Fälle, in denen es zur Auszahlung des Wettgewinns im Rahmen eines manipulierten Spiels gekommen ist, müsse ein Erfüllungsbetrug bejaht werden. Denn in diesem Fall, so der BGH, sei zwar die Täuschung bereits im Rahmen des Verpflichtungsgeschäfts begangen worden. Jedoch seien Verpflichtungs- und Erfüllungsgeschäft mit der h.M. als Einheit anzusehen,[48] sodass der Eingehungsbetrug nur ein Durchgangsstadium zur Erfüllungsphase bilde, mit deren Abwicklung erst die endgültige Schädigung erreicht und der Betrug beendet werde. Damit liege nur ein einheitlicher Betrug vor.

b) Soweit es dagegen nicht zur Auszahlung eines Gewinns gekommen ist, weil der Spielverlauf der Manipulation nicht entsprach, könne ein Betrugsschaden nur über die Rechtsfigur des sog. Eingehungsbetrugs bejaht werden. Insoweit war absehbar, dass der BGH die Rechtsfigur des Quotenschadens aufgeben musste, nachdem das BVerfG[49] bereits zuvor eine Schadensbegründung über einen „Prämienschaden" bei betrügerischem Abschluss eines Versicherungsvertrages abgelehnt und für den Betrug eine konkrete Schadensbezifferung angemahnt hatte. Mit dem vorliegenden Urteil versucht der BGH den Anforderungen dieser BVerfG-Entscheidung Rechnung zu tragen, indem er fordert, dass die Wahrschein-

---

46 Zu verfassungsrechtlichen Bedenken siehe *Rönnau/Soyka*, NStZ 2009, 233 ff.; zu neuerer Rspr. *Schlösser*, NStZ 2013, 629 ff.
47 Zu verfassungsrechtlichen Bedenken siehe *Rönnau/Soyka*, NStZ 2009, 233 ff.
48 BayObLG NJW 1999, 663; *Bosch*, wistra 1999, 410; NK-*Kindhäuser*, § 263, Rn. 333; a. A. *Cramer*, NStZ 1993, 42; *Puppe*, JZ 1984, 531.
49 BVerfG NStZ 2012, 496 ff.

lichkeit eines Wetterfolges und dessen Beeinflussung durch die Manipulation zu beurteilen und der wirtschaftliche Wert sowohl der bedingten Verbindlichkeit (Zahlung des Wettgewinns) als auch des gegenüberstehenden Anspruchs (Behaltendürfen des Wetteinsatzes) des getäuschten Wettanbieters gegebenenfalls mit Hilfe eines Sachverständigen zu bestimmen sei. Aussschlaggebend dafür seien nicht nur die Quote, sondern auch die Zahl und die Bedeutung der beeinflussten Spieler oder sonstiger Teilnehmer. Dies sind ersichtlich höchst unbestimmte Kriterien, deren Fragwürdigkeit zusätzlich dadurch verstärkt wird, dass der BGH im Falle verbleibender Unsicherheiten eine Ermittlung des Mindestschadens unter Beachtung des Zweifelsatzes im Wege einer tragfähigen Schätzung zulässt. Damit beschreitet er einen Weg, den zwar bereits das BVerfG[50] eröffnet hat, der aber in problematischer Weise künftige Umgehungen einer konkretisierenden Schadensbestimmung befürchten lässt.[51]

c) Zu prüfen ist allerdings, ob eine Schadenskompensation in Betracht kommt. Insoweit könnte gegen einen Schaden sprechen, dass der Wettanbieter zwar einen Verlust erlitten hat, zugleich aber – nach einer Gesamtsaldierung – einen Gewinn aufgrund der mit anderen Wettwilligen geschlossenen Wetten erzielt hat, sodass später womöglich mehr als vorher in seinem Vermögen vorhanden war. Gerade weil die Spiele verschoben wurden, wird man unterstellen müssen, dass mehr Wetten als sonst verloren gingen und dem Wettanbieter daher sogar höhere Gewinne als üblich zugeflossen sind.[52] Diese Argumentation ginge aber deshalb fehl, weil die Wettgewinne bzw. Aussichten auf Wettgewinne (die dem Wettanbieter aus den Wetten erwuchsen, die auf die sieglose Mannschaft abgeschlossen wurden) nicht unmittelbar durch die Verfügung des Angestellten (Annahme der Wette, s. o. 3.) zugeflossen sind.

5. Subjektiv handelte A auch mit Vorsatz und in der Absicht rechtswidriger und stoffgleicher Bereicherung, weil der Schaden des Wettanbieters dem Vorteil des S (Auszahlung des Wettgewinns bzw. Vertragsschluss trotz Manipulation) entspricht.

6. Rechtfertigungs- und Schuldausschließungsgründe sind nicht ersichtlich.

7. Darüber hinaus hat S auch einen besonders schweren Fall des Betruges nach § 263 III Nr. 1 Alt. 1 StGB verwirklicht, da er sich durch eine Mehrzahl gleichartiger Taten eine nicht nur unerhebliche Einnahmequelle verschaffen wollte und die Taten jeweils aus diesem Motiv heraus beging. Unerheblich ist, dass hierbei auch die Finanzierung einer Spielsucht eine Rolle gespielt hat.

Im Übrigen könnte auch § 263 III S. 2 Nr. 2 StGB verwirklicht sein. Dafür müsste S aber einen Vermögensschaden großen Ausmaßes (mindestens 50 000 € bei einem Wettanbieter) verwirklicht haben (eine Addition des Schadens bis zu 50 000 € bei mehreren Wettanbietern kommt nicht in Betracht, da § 263 III S. 2 Nr. 2 StGB opferbezogen zu bestimmen ist). Der Sachverhalt liefert hierfür zu wenig Informationen.

VI. Ein **Betrug nach § 263 StGB gegenüber und zu Lasten der Mitwettenden** scheidet dagegen von vornherein aus, da es hierfür bereits an der notwendigen Täuschungserklärung gegenüber diesen fehlt.

VII. Zu prüfen ist aber, ob ein **Betrug nach § 263 StGB gegenüber dem Angestellten des Wettbüros und zu Lasten der Mitwettenden** angenommen werden kann.

Diesbezüglich könnte zwar davon ausgegangen werden, dass der Angestellte im Wettbüro über Vermögen der Mitwetter verfügt, indem er die Wette trotz der heimlichen Manipulationsabsichten annimmt. Jedoch fehlt es zumindest an der Unmittelbarkeit zwischen Verfügung und Schaden. Der Angestellte der Vermittlerfirma wirkt nämlich nicht unmittelbar auf

---

50 BVerfG NJW 2010, 3209; BVerfG NStZ 2012, 504.
51 Krit. auch *Schlösser*, NStZ 2013, 629 ff.
52 So tatsächlich *Saliger/Rönnau/Kirch-Heim*, NStZ 2007, 366; *Rönnau*, Rissing-van Saan-FS, S. 528.

das Vermögen der später geschädigten Mitwetter ein, sondern diese werden nur mittelbar von diesem geschädigt.[53] Dies aber genügt für die Erfüllung eines Betruges gerade nicht!

VIII. Gesamtergebnis und Konkurrenzen: S hat sich nach §§ 263, 265c II, IV, 265d II, IV StGB strafbar gemacht. § 265d StGB enthält keinen Sportwettbezug, sodass hier neben der Sauberkeit des Sportes vor allem auch das Vermögen anderer Beteiligter an dem sportlichen Wettbewerb (Veranstalter, Konkurrenten) geschützt ist. Daher steht § 265d StGB zu § 265c StGB in Tateinheit.[54] §§ 265c und 265d stehen ihrerseits zu § 263 StGB in Tateinheit, da §§ 265c, d StGB neben dem Vermögen des Veranstalters öffentlicher Sportwetten (§ 265c StGB) und dem Vermögen von Veranstaltern bzw. Konkurrenten (§ 265d StGB) auch die Integrität des Sports schützt und daher auch dieser Unrechtsgehalt im Urteilstenor auszuweisen ist.

Hinweis: *Was die Strafbarkeit der bestochenen Schiedsrichter und Spieler anbelangt, so kommt hier zunächst eine Strafbarkeit nach § 265c I, III und § 265d I, III StGB (lesen!) in Betracht. Auch hier stehen die §§ 265c und 265d zueinander in Tateinheit. Darüber hinaus müsste man hier für Schiedsrichter und Spieler zunächst mittäterschaftlichen Betrug in einem besonders schweren Fall nach §§ 263 I, III, 25 II StGB prüfen. Eine Mittäterschaft setzt zunächst einen gemeinsamen Tatplan voraus. Dieser kann in der Manipulationsabrede, auf deren Grundlage die jeweiligen Tatbeiträge erbracht wurden, gesehen werden. Weitere Voraussetzung für eine Mittäterschaft ist jedoch auch das Vorliegen einer gemeinsamen Ausführungshandlung. Fraglich ist diese vorliegend deshalb, weil die Tathandlung des Betruges die Täuschungshandlung ist, die im vorliegenden Fall allein der S bei der Vermittlerfirma ausgeführt hat.[55] Ein Teil der Lit. lehnt in derartigen Fällen eine Mittäterschaft von vornherein ab, weil derjenige, der nur außerhalb der eigentlichen Tathandlung tätig wird, keinen Einfluss auf das Ob und Wie der Tatausführung hat (strikte Tatherrschaftslehre). Dagegen lässt ein anderer Teil der Lit. auch Beiträge im Umfeld als mittäterschaftsbegründend ausreichen, sofern sie ein solches Gewicht haben, dass sie die fehlende Tatunmittelbarkeit ausgleichen können. Erst recht lässt die Rspr. von ihrem subjektiven Standpunkt Umfeldhandlungen als mittäterschaftsbegründend zu. Selbst von diesem subjektiven Standpunkt aus wird man aber vorliegend eine Mittäterschaft nicht bejahen können. Die bestochenen Schiedsrichter und Spieler haben die Tat nicht als eigene gewollt, sondern als eine Tat des S verstanden, die sie außer in Hinsicht auf die Manipulation des jeweiligen Fußballspiels auch nicht beeinflussen konnten. Im Übrigen hat auch keine Beuteteilung zwischen S und den bestochenen Schiedsrichtern und Sportlern stattgefunden (diese erhielten nur eine Belohnung), sodass die besseren Gründe hier wohl gegen eine Mittäterschaft sprechen. Schiedsrichter und Spieler sind jedoch strafbar wegen Beihilfe zum besonders schweren Betrug nach §§ 263 I, III, 27 StGB, da sie durch die Verschiebung des Spiels vorsätzlich zu der Betrugstat des A Hilfe geleistet haben und dabei wussten, dass sich dieser durch die Wettmanipulationen eine fortlaufende Einnahmequelle verschaffen wollte. Diese Beihilfe steht zu §§ 265c und 265d StGB in Tateinheit.*

B. Abwandlung

I. Hier scheidet nach Ansicht des BGH eine Strafbarkeit wegen **Eingehungsbetrugs nach § 263 I StGB** aus. Es fehle hier schon an einer konkludenten Täuschung, da A nicht von einer mit Sicherheit zutreffenden Information ausging. Vielmehr liege nur das Bemühen einer straflosen Ausnutzung eines wirklichen oder vermeintlichen Informationsvorsprungs vor. Dies sei kein Eingriff in das Wettergebnis und dessen Geschäftsgrundlage. Vielmehr gehöre die Nutzung derartiger Informationsvorsprünge zum allgemeinen und daher straflosen Geschäftsrisiko bei Wetten. A akzeptierte bei seinem Vorgehen, da er sich nicht sicher

---

53 Zutreffend *Fasten/Oppermann*, JA 2006, 73.
54 Lackner/Kühl/*Heger*, § 265c Rn. 15.
55 Vgl. dazu auch *Schlösser*, NStZ 2005, 428.

war, immer noch die typische Unsicherheit und überschritt damit nicht die Identität der wesentlichen Merkmale einer Wette.

II. Ebenso scheitert ein **Betrug durch Unterlassen nach §§ 263 I, 13 StGB** an der hierfür erforderlichen Garantenstellung.

III. Auch ein **versuchter Betrug nach §§ 263, 22, 23 StGB** ist in einem solchen Fall zu verneinen, da sich die Vorstellung des A nicht auf Umstände bezog, die eine Täuschung begründen.

Die fünfte Konstellation bilden die sogenannten Pinganrufe.[56] Dazu folgender 321c

Fall 35: T, O und R wählten computergestützt eine Vielzahl von Mobiltelefonnummern an und ließen nur einmal anklingeln, wobei sie in der Anrufliste nicht die Rufnummer des Festnetzanschlusses, von dem der Anruf kam, sondern mittels einer speziellen Computerfunktion die Rufnummer eines Mehrwertdienstes hinterließen (sog. Ping-Anrufe). Die Mehrwerte sollten nach Abzug der Kosten des Netzbetreibers und der Miete der Mehrwertdienstenummern zwischen T, O und R aufgeteilt werden. Zur Verschleierung der Vorwahl „0137" (von der sie sich eine Verwechselung mit der Mobilfunknummer 0173 erhofften) stellten sie zusätzlich die Länderkennung für Deutschland („+49") voran. Nach Freischaltung der Mehrwertdienstenummer (0,98 € pro Anruf) wurde eine Vielzahl von Mobilfunknummern angerufen. Etwa 785 000 Personen riefen (wie erhofft) zurück und bekamen nur eine automatische generierte Mitteilung („Ihr Anruf wurde gezählt") zu hören. Infolge massenhafter Beschwerden wurden die Mehrwehrtdienstenummern gesperrt. Die Bundesnetzagentur verhängte ein Rechnungslegungs- und Inkassoverbot, sodass keine Geldbeträge an T, O und R ausgekehrt wurden. Gleichwohl vereinnahmten die Mobilfunknetzbetreiber die Gebühren im Wege des Forderungseinzugs von ihren Kunden und erstatteten sie nur in den wenigen Fällen zurück, in denen es zu konkreten Beschwerden kam. Strafbarkeit von T, O und R? (**Pinganruf-Fall** nach BGH NJW 2014, 2054[57])

321d

Lösung: 321e

T, O und R könnten sich wegen **mittäterschaftlichen Betruges nach §§ 263, 25 II StGB** strafbar gemacht haben.

1. Voraussetzung hierfür wäre zunächst das Vorliegen einer Täuschung.

a) Eine ausdrückliche Täuschung ist vorliegend nicht erkennbar.

b) Denkbar wäre jedoch die Annahme einer konkludenten Täuschung durch Übermittlung der Mehrwertdienstnummer „0137".

aa) Möglich wäre es insoweit, in der Übertragung der Nummer die konkludente Aussage zu sehen, dass der Anrufer einen Kommunikationswunsch hat.
- In der Literatur wird jedoch die Ansicht vertreten, dass die Übermittlung der Rufnummer den ausschließlichen Erklärungswert habe, dass ein Anruf mit Rufnummernübermittlung eingegangen ist.[58]
- Dagegen geht der BGH davon aus, dass durch die Übermittlung der Rufnummer nach der Verkehrsanschauung ein Kommunikationswunsch zum Ausdruck gebracht werde.

---

56 Vgl. hierzu *Kölbel*, JuS 2013, 193 ff.
57 M. Anm. *Jäger*, JA 2014, 630 ff.; *Jahn*, JuS 2014, 848 ff.; *Bosch*, JK 11/14, § 263/106; *Cornelius*, NJW 2014, 2056.
58 Vgl. dazu *Erb*, ZIS 2011, 369; MüKo-*Hefendehl*, § 263 Rn. 134; *Lux/Schumann*, ZWH 2013, 13 f.; *Ladiges*, JuS 2012, 54 f.; tendenziell auch *Becker*, JuS 2014, 311 f.; *Jahn*, JuS 2010, 1120; NK-*Kindhäuser*, § 263 Rn. 109 m. Fn. 277 bzw. m. w. N.

Danach stelle ein Telefon nach allgemeiner Auffassung ein Kommunikationsmittel dar, sodass die damit vorgenommene Anwahl eines anderen Telefons von dem durchschnittlichen Nutzer eines Mobiltelefons als Angerufenem so verstanden werden darf, dass auch der Anrufer sein Telefon als Kommunikationsmittel nutzen wolle. Dabei sei die automatisch erstellte Mitteilung, von welcher Rufnummer aus der Kommunikationswunsch kommuniziert wurde, dem Anrufer auch objektiv zurechenbar. Dass manche Personen Mobiltelefone auch zu anderen – in aller Regel missbräuchlichen – Zwecken anrufen (Klingelstreiche, sogenannter Telefonterror oder die hier getätigten Pinganrufe), stehe dem nicht entgegen, da der übliche Erklärungswert ausschlaggebend sei.

– Da die unterschiedlichen Auffassungen zu unterschiedlichen Ergebnissen gelangen, ist eine Stellungnahme erforderlich. Dabei sprechen die besseren Gründe für die Auffassung des BGH. Denn der Erklärungswert ergibt sich hier aus der subjektiven Bestimmung des Anrufs in Verbindung mit der objektiven Anzeige der Rufnummer, die nicht getrennt gesehen werden können. Der Sinn dieses Verhaltens konnte nur darin bestehen, dass der vermeintlich hinter der angezeigten Rufnummer stehende Anrufer ein Kommunikationsanliegen hat, das in Wahrheit nicht bestand. Der Rückruf von 785 000 Personen belegt diesen Aussagegehalt in eindringlicher Weise.

bb) Eine weitere konkludente Täuschung könnte darin gesehen werden, dass die Übermittlung einer Nummer den Aussagegehalt hat, ein Rückruf bei der hinterlassenen Nummer sei zu dem jeweils mit dem Netzbetreiber vereinbarten Tarif ohne darüber hinausgehende Kosten möglich.

Auch dies bejaht der BGH, da ein Anwählen eines fremden Anschlusses von einer Mehrwertdienstenummer aus nicht möglich ist. Nach heutiger Rechtslage ergibt sich dies sogar aus der gesetzlichen Unzulässigkeit nach § 66k TKG. Danach kann von Mehrwertdienstenummern aus nicht aktiv angerufen werden. Vielmehr können diese nur passiv angewählt werden. Dann aber lässt sich aus dem Verbot der Übermittlung von Mehrwertdienstenummern in § 66k TKG der Erklärungswert ableiten, dass es sich bei der angezeigten Nummer nicht um eine solche handelt.

cc) Im Ergebnis liegt damit sowohl eine konkludente Täuschung hinsichtlich des Kommunikationswunsches als auch hinsichtlich der fehlenden Mehrwertpflichtigkeit des Rückrufs vor.

dd) Die von T, Ö und R bewirkte Täuschung erfolgte auch auf der Grundlage eines gemeinsamen Tatplans und beruhte auf einer gemeinschaftlichen Ausführungshandlung durch Zwischenschaltung des Computers, der die Mehrwertdienstenummer anzeigte. Damit liegen auch die Voraussetzungen des § 25 II StGB vor.

2. Durch diese Täuschung wurde auch ein entsprechender Irrtum auf Seiten der angewählten Teilnehmer erzeugt. Dieser Irrtum wird nach Auffassung des BGH nicht dadurch ausgeschlossen, dass die Verwendung der konkreten Mehrwertdienstenummer erkennbar war. Denn zum einen war hier die Erkennbarkeit durch die Verwechslungsfähigkeit mit der Mobilnummer 0173 erschwert; zum anderen verneint der BGH grundsätzlich die Möglichkeit eines Ausschlusses des Irrtums wegen Leichtsinnigkeit des Opfers. Allerdings wird in der Literatur vertreten, dass bei der Frage des Irrtums das europarechtliche Leitbild des „verständigen Verbrauchers" zugrunde gelegt werden müsse. Jedoch bedarf es an dieser Stelle keiner Entscheidung dieser Streitfrage, da wegen der leichten Verwechslungsfähigkeit auch ein verständiger Verbraucher einem entsprechenden Irrtum unterliegen konnte (näher zu der Frage der Bestimmung des Irrtums nach diesem europarechtlichen Verbraucherleitbild im Wege der unionsrechtskonformen Auslegung des Betrugstatbestandes unten Rn. 330).

3. Durch diesen Irrtum haben die rückrufenden Anschlussteilnehmer auch über ihr Vermögen verfügt, indem sie einen entsprechenden kostenpflichtigen Rückruf tätigten.

4. Auf der Grundlage dieser Verfügung ist auch ein Schaden entstanden. Die mögliche Rückerstattung der Kosten ändert an dieser Schadensentstehung nichts, da es sich dabei nur um eine nachträgliche Wiedergutmachung handelt, die nicht als unmittelbare Kompensation betrachtet werden kann (vgl. dazu Rn. 369).

5. Subjektiv handelten die Täter auch mit Vorsatz sowie mit Absicht stoffgleicher Bereicherung, da das Telekommunikationsunternehmen hier die von den Betroffenen vereinnahmten Gelder als „durchlaufenden Posten" an die Täter weiterreichen sollte (offline-Billing-Verfahren).[59] Da es dabei nur auf die Absicht ankommt, ist nicht entscheidend, dass das Telekommunikationsunternehmen die vereinnahmten Gelder vorliegend nicht weitergereicht hat.

Hinweis: *Anders wäre der Fall wohl im sogenannten online-Billing-Verfahren zu beurteilen. Dort werden die Mehrwertdiensteforderungen von den Teilnehmernetzbetreibern vorab erworben, sodass der Mehrwertdiensteleister hier bereits unabhängig von der Bezahlung durch den Anrufer im Vorfeld befriedigt ist. Richtigerweise könnte man dann keine Stoffgleichheit annehmen. Vielmehr läge dann nur ein (Eingehungs-) Betrug in mittelbarer Täterschaft zum Nachteil des Teilnehmernetzbetreibers vor.*[60]

6. Rechtfertigungs- und Schuldausschließungsgründe sind nicht ersichtlich

7. Fraglich ist, ob auch ein besonders schwerer Fall nach § 263 III S. 2 StGB bejaht werden kann.

a) Denkbar wäre hier zunächst die Annahme eines gewerbsmäßigen Betrugs nach § 263 III S. 2 Nr. 1 Alt. 1 StGB. Gewerbsmäßig handelt, wer sich aus wiederholter Begehung eine fortlaufende Haupt- oder auch nur Nebeneinnahmequelle von nicht unerheblicher Dauer und einigem Umfang verschaffen will. Zwar genügt es hierfür nach der h. M. bereits, dass der Täter nur eine einzige Handlung begeht und für die Zukunft weitere derartige Handlungen plant. Jedoch steht dies vorliegend nicht mit der nötigen Sicherheit fest. Entscheidend ist vielmehr, dass die Täter die Manipulation nur einmal vorgenommen haben und der Computer sämtliche Anwahlvorgänge selbsttätig durchgeführt hat. Es liegt daher nur eine einzige Handlung (Manipulation) der Täter vor und es ist nicht ersichtlich, dass solche Manipulationen später noch einmal hätten durchgeführt werden sollen. Zugunsten der Täter ist daher davon auszugehen, dass kein gewerbsmäßiges Handeln vorliegt.[61]

b) In Betracht kommt jedoch die Annahme eines Vermögensverlusts großen Ausmaßes nach § 263 III S. 2 Nr. 2 Alt. 1 StGB. Jedoch ist hier zu berücksichtigen, dass Einzelschäden zwar addiert werden können, jedoch gilt dies nur, soweit sie dasselbe Opfer betreffen.[62] Vorliegend waren die Einzelschäden für die Opfer jedoch jeweils gering, sodass auch eine Strafbarkeit nach § 263 III S. 2 Nr. 2 Alt. 1 StGB ausscheidet.

c) Denkbar wäre jedoch die Annahme eines besonders schweren Falles nach § 263 III S. 2 Nr. 2 Alt. 2 StGB. Ein solcher ist gegeben, wenn der Täter die Absicht verfolgt, durch fortgesetzes Handeln eine große Zahl von Menschen in die Gefahr des Verlustes von Vermögenswerten zu bringen. Auch hierfür fehlt es aber an einem fortgesetzten Handeln, da dafür zumindest zwei Tathandlungen erforderlich sind. Vorliegend wurden die Täter jedoch nur einmal durch Manipulation des Computers tätig. Eine Straferschwerung nach dieser Vorschrift scheidet daher aus.

8. Gesamtergebnis: T, O und R sind wegen mittäterschaftlichen einfachen Betruges nach §§ 263, 25 II StGB strafbar.

---

59 Vgl. dazu *Kölbel*, JuS 2013, 198.
60 So zu Recht *Brand/Reschke*, NStZ 2011, 338: „Der Mehrwertdiensteleister bedient sich des Verbindungsnetzbetreibers als eines tatbestandslos handelnden Werkzeugs, das die von ihm formulierte Täuschung, ‚die Mehrwertdiensteforderung bestehen einredefrei', de facto als nichtsahnender Bote an den Teilnehmernetzbetreiber übermittelt"; ebenso LK-*Tiedemann*, § 263 Rn. 258; MüKo-*Hefendehl* § 263 Rn. 911; a. A. zu Unrecht *Kölbel*, JuS 2013, 198, der auch in diesem Fall Stoffgleichheit bejaht.
61 So bereits die Vorinstanz: LG Osnabrück, BeckRS 2013, 16307.
62 Vgl. BGH NJW 2011, 1827; wistra 2012, 72; NStZ-RR 2012, 114.

§ 10 *Betrug*

Achtung Klausur: *Vergegenwärtigen Sie sich anhand der vorangehenden Fälle noch einmal allgemein, dass die Risikoverteilung darüber entscheiden kann, ob ein bestimmtes Verhalten einen bestimmten Erklärungsgehalt hat! Dies ist auch der Grund, weshalb die Entgegennahme eines als zu hoch erkannten Wechselgeldes grundsätzlich keinen Betrug durch konkludente Täuschung begründet: Es liegt nicht im Risikobereich des Wechselgeldnehmers, sondern in demjenigen des Wechselgeldgebers, dass dieser sich hinsichtlich der Höhe des Wechselgeldes vergewissert. Durch Entgegennahme erklärt der Nehmer daher nicht die Richtigkeit des Betrages, zumal Schweigen grundsätzlich keinen Erklärungswert hat. Und für eine Täuschung durch Unterlassen wird es regelmäßig an der die Aufklärungspflicht begründenden Vertrauensbeziehung fehlen.*

b) Täuschung durch Unterlassen

322 Eine Täuschung durch Unterlassen kommt hauptsächlich in Form des Verschweigens wahrer Tatsachen in Frage.[63] Zu beachten ist dabei jedoch, dass der Tatbestand durch Verschweigen nur dann erfüllt werden kann, wenn eine Rechtspflicht zur Offenbarung besteht[64], und zwar aus:

aa) Gesetz, z. B. Mitteilungs- oder Meldepflichten nach §§ 60 I SGB I[65], 666 BGB, 138 ZPO (str.[66]), 116 BSHG.[67]

Hier ist allerdings stets genau der Umfang der Mitteilungs- und Meldepflicht zu beachten. Das zeigt folgendes aus der Rechtsprechung stammendes

Beispiel 1: Nach einem Todesfall unterlässt es die A, Alleinerbin der Verstorbenen, dem Rentenversicherungsträger den Todesfall mitzuteilen und verbraucht die fortlaufenden Rentenzahlungen für sich.

Lösung: Das KG Berlin[68] hat hier zu Recht entschieden, dass es für eine Strafbarkeit wegen Betruges durch Unterlassen an einer Garantenpflicht im Sinne des § 13 I StGB fehlt. Allein das materiellrechtliche Bestehen eines Erstattungsanspruchs des Rentenversicherungsträgers nach § 118 IV S. 1 SGB VI begründet keine Auskunftspflicht nach § 60 I S. 2 SGB I. Diese wird vielmehr erst wirksam, wenn der Leistungsträger ein Erstattungsverfahren einleitet. Die eingeschränkte Reichweite der Auskunktspflicht gemäß § 60 I S. 2 SGB I ergibt sich aus dem Verweis auf § 60 I S. 1 SGB I, der für Erstattungsfälle entsprechend zu gelten hat. Die Mitwirkungspflicht nach § 60 I S. 1 trifft jedoch nur denjenigen, der „Sozialleistungen beantragt oder erhält". Auch aus Treu und Glauben (s. sogleich) ist in diesem Fall keine Garantenpflicht abzuleiten, da der Rentenversicherungsträger von der Kontovollmacht nichts wusste und daher auch kein rechtlich schützenswertes Vertrauen gegenüber der A aufbauen konnte.

Beispiel 2:[69] A war als Rechtsanwalt tätig. Anfang August 2010 beauftragte der G den A, ihn in einer erbrechtlichen Angelegenheit zu vertreten, in der es um den Nachlass von G's Vater ging,

---

63 Vgl. *Sch/Sch/Perron*, § 263, Rn. 18 bzgl. einschränkender oder ablehnender Ansichten zum Unterlassen.
64 Lackner/*Kühl*, § 263, Rn. 12.
65 Vgl. nur Lackner/*Kühl*, § 263, Rn. 14 m. w. N.
66 Ablehnend MüKo-*Hefendehl*, § 263, Rn. 228; *Sch/Sch/Perron*, § 263, Rn. 21 (m. w. N.); vgl. zur h. M. OLG Zweibrücken NJW 1983, 694 mit Anm. *Werle*, NJW 1985, 2913; *Fischer*, § 263, Rn. 44; *Wessels/Hillenkamp/Schuhr*, BT/2, Rn. 505 ff.; vgl. zum Ganzen *Eisenberg*, Salger-FS, S. 15 (23).
67 MüKo-*Hefendehl*, § 263, Rn. 183, 195 ff.; *Rengier*, BT/1, § 13, Rn. 27 ff.; *Sch/Sch/Perron*, § 263, Rn. 21.
68 KG StV 2013, 513 m. Anm. *A. Lilie* FD-StrafR 2012, 339494; a. A. zu Unrecht OLG Düsseldorf, Beschl. v. 1.3.2012 – III-3 RVs 31/12 – juris.
69 BGH NJW 2014, 3669 m. Anm. *Johnigk* und *Kudlich*, JA 2015, 74 und *Hecker*, JuS 2014, 1133 und *Bosch*, Jura (JK), 2015, 221.

welcher ca. 700 000 bis 800 000 € betrug. A schloss mit G eine von ihm vorbereitete schriftliche „Vergütungsvereinbarung", welche die Höhe der Vergütung an die Höhe des „derzeit noch unbekannten Erbteilsanspruchs" knüpfte und zwar bei Zahlungen auf den Erbteil bis 400 000 € in Höhe von 20 %, für den Mehrbetrag bis 600 000 € in Höhe von 25 % und für darüber hinausgehende Beträge in Höhe von 30 %. G empfand diese Vergütung zwar als hoch, aber auch als angemessen, zumal er bei erfolglosem Bemühen des A keine Kosten würde tragen müssen. Eine von A alternativ vorgeschlagene Abrechnung auf Stundenbasis mit einem Stundensatz von 400 € lehnte er ab. Es erfolgte keine weitere Aufklärung des G durch A. In der Folge erreichte A aufgrund eines Vergleichs die Auszahlung von insgesamt 493 000 € aus dem Nachlass, woraus sich eine Kostenrechnung in Höhe von rund 82 000 € ergab **(Erfolgshonorar-Fall)**.

Lösung: Das LG hat eine Strafbarkeit wegen Betrugs verneint und dabei darauf abgestellt, dass den A keine Rechtspflicht zur Offenbarung alternativer Abrechnungsmethoden getroffen habe. Ferner scheitere eine Betrugsstrafbarkeit auch an der fehlenden Kausalität zwischen einer etwaigen Täuschungshandlung (wenn man eine solche annehmen würde) und der Vermögensverfügung bzw. dem Vermögensschaden, da G mit der Arbeit des A zufrieden gewesen sei. Demgegenüber geht der BGH von einer Täuschung durch Unterlassen und einer dadurch ausgelösten Betrugsstrafbarkeit aus. Er ist der Ansicht, dass A verpflichtet war, seinen Mandanten G über die im Rechtsanwaltsvergütungsgesetz als Regel vorgesehene Abrechnung nach den gesetzlichen Gebühren und Auslagen aufzuklären. Diese Garantenstellung folge aus Gesetz, namentlich aus der Regelung in § 4a II Nr. 1 RVG. Der Angeklagte habe sich in der Vergütungsvereinbarung ein Erfolgshonorar im Sinne des § 49b II 1 BRAO versprechen lassen. Eine solche Vereinbarung müsse unter anderem die voraussichtliche gesetzliche Vergütung enthalten. Diese Verpflichtung habe der Gesetzgeber dem Rechtsanwalt gerade zum Schutz des Mandanten auferlegt, mit dem jener ein Erfolgshonorar vereinbaren möchte. Daher sei es gerechtfertigt, aus dieser Aufklärungs- und Informationspflicht des Anwalts eine Garantenstellung kraft Gesetzes i. S. d. § 13 I StGB zu entnehmen. Auch ändere § 4b RVG an diesem Ergebnis nichts, da dieser lediglich eine Sonderregelung für die zivilrechtlichen Folgen treffe, wenn eine Erfolgshonorarvereinbarung u. a. gegen § 4a I und II RVG verstieße. Eine Einschränkung der Strafbarkeit könne aus dieser teilweisen Geltungserhaltung eines zivilrechtlichen Anspruches nicht abgeleitet werden.

bb) Vertrag, ausdrücklich oder aus besonderem Vertrauensverhältnis (Treu und Glauben)[70], insbesondere bei langjähriger Vertragsbeziehung. Nicht ausreichend sind hier vertragliche Nebenpflichten.[71]

Beispiel: Ein potenzieller Darlehensnehmer ist nicht verpflichtet, von sich aus über seine finanziellen Verhältnisse aufzuklären.[72]

cc) Ingerenz, d. h. wenn das vorangegangene (pflichtwidrige) Tun einen Irrtum begründet hat.[73] Das Vorverhalten muss eine Fehlinformation enthalten und dadurch den späteren Irrtum bewirkt haben.

Achtung Klausur: *Stets ist Täuschung durch positives Tun voran zu prüfen, sodass man im Falle der Bejahung nicht mehr zur Unterlassungsprüfung gelangt. Schwierig ist dabei vor allem die Abgrenzung der konkludenten Täuschung von der Täuschung durch Unterlassen. Da die Täuschung durch Unterlassen jedoch einen Ausnahmefall bildet, sollte man sich im Zweifel für die konkludente Täuschung entscheiden. Vor allem dort, wo wissenschaftlicher Streit über die Einordnung (konkludente Täuschung/*

---

70 MüKo-*Hefendehl*, § 263, Rn. 180 ff., 209 ff.; Lackner/*Kühl*, § 263, Rn. 14.
71 *Otto*, BT, § 51, Rn. 18.
72 OLG Frankfurt a. M., NStZ-RR 2011, 13 m. Anm. *Bosch*, JA 2011, 69.
73 *Otto*, BT, § 51, Rn. 19.

§ 10 *Betrug*

Täuschung durch Unterlassen) besteht[74], bietet es sich an, die jeweiligen Positionen darzustellen und sich anschließend in Form einer eigenen Stellungnahme zu entscheiden. Das zeigt folgender

323 **Fall 36:** Gebrauchtwagenhändler G verkauft dem Kunden K einen Unfallwagen, den er perfekt wieder hergestellt hat. Über den Unfall verliert G bei den Verkaufsverhandlungen kein Wort. Strafbarkeit des G? **(Gebrauchtwagen-Fall)**

324 **Lösung:**

Zu prüfen ist, ob sich G wegen **Betrugs nach § 263 StGB** zu Lasten des K strafbar gemacht hat.

1. Voraussetzung wäre zunächst eine Täuschung über Tatsachen.[75]
Die Unfallfreiheit eines Fahrzeugs ist ein dem Beweis zugänglicher gegenwärtiger Zustand[76], sodass von einer Tatsache auszugehen ist.

2. Fraglich ist jedoch, ob G über diese Tatsache getäuscht hat, wenn bei den Verkaufsverhandlungen über die Unfallfreiheit des Wagens überhaupt nicht gesprochen wurde.

a) Eine ausdrückliche Täuschung durch positives Tun scheidet ersichtlich aus.

b) In Frage kommt jedoch eine Täuschung durch konkludentes Tun.
Denkbar wäre insoweit, mit einer weit verbreiteten Auffassung bereits im Anbieten des Kraftfahrzeugs ohne besonderen Hinweis die Erklärung zu sehen, dass es sich um ein unfallfreies Fahrzeug handelt.[77]
Dagegen wird eingewandt, dass dem Angebot eines Gebrauchtwagens nicht die Erklärung zu entnehmen sei, der Preis sei angemessen oder üblich[78], sodass eine Täuschung durch konkludentes Handeln abzulehnen sei und allenfalls eine Täuschung durch Unterlassen in Frage käme. Die für eine Täuschung durch Unterlassen erforderliche Garantenstellung wird aus dem Grundsatz von Treu und Glauben herzuleiten versucht, wobei für das besondere Vertrauensverhältnis vor allem die Kriterien des erheblichen Schadens[79] und der Unerfahrenheit des Gebrauchtwagenkäufers ins Feld geführt werden.[80]
Insgesamt sprechen jedoch die besseren Gründe für die erstgenannte Auffassung, die eine konkludente Täuschung bereits durch das Angebot des Gebrauchtwagens annimmt. Denn zwar mag es richtig sein, dass im Angebot einer Ware zu einem bestimmten Preis nicht stets die Erklärung mit enthalten ist, dieser sei angemessen oder üblich. Jedoch ist dies nicht der ausschlaggebende Gesichtspunkt beim Gebrauchtwagenkauf. In diesem Wirtschaftssektor wird man nach den heutigen Gepflogenheiten davon ausgehen können, dass zumindest der professionelle Gebrauchtwagenhändler die Unfallfreiheit nach allgemeiner Verkehrsanschauung bereits miterklärt.[81] Die Annahme eines besonderen Vertrauensverhältnisses und einer sich daraus ergebenden Unterlassungstäuschung erscheint demgegenüber als bloße Hilfskonstruktion und versagt insbesondere in denjenigen Fällen, in denen etwa ein erheblicher Schaden wegen Geringwertigkeit des Gebrauchtwagens fehlt. Insgesamt sprechen daher die besseren Gründe für die Annahme einer konkludenten Täuschung.

---

74 Lackner/*Kühl*, § 263, Rn. 12 m. w. N.
75 *Sch/Sch/Perron*, § 263, Rn. 8; Matt/Renzikowski/*Saliger*, § 263, Rn. 11.
76 *Otto*, BT, § 51, Rn. 16 mit Verweis auf BayObLG NJW 1994, 1078.
77 So etwa BayObLG NJW 1994, 1078; *Otto*, BT, § 51, Rn. 16.
78 BGH NJW 1990, 2005; OLG Stuttgart NStZ 1985, 503; BayObLG NJW 1994, 1078.
79 Vgl. OLG Hamburg NJW 1969, 336; *Hauf*, MDR 1995, 22. Die Relevanz der Schadenshöhe wird hingegen abgelehnt von BGHSt 39, 392, 401; OLG Stuttgart NStZ 2003, 555; *Krack*, JR 2002, 26; auch MüKo-*Hefendehl*, § 263, Rn. 189, 234 ff.
80 BayObLG VRS 1986, 343; OLG Nürnberg MDR 1964, 693; *Arzt/Weber*, BT, § 20, Rn. 41, Fn. 48.
81 Vgl. auch *Ranft*, JA 1984, 727 f.

Besondere Bedeutung gewinnt die Täuschung durch Unterlassen allerdings, wenn ein geschäftlicher Kontakt fehlt, wie dies beim nachträglichen Wegfall des Eigenbedarfs der Fall ist. Dies veranschaulicht folgendes

Beispiel: E ist Eigentümer einer Eigentumswohnung und hat diese an A vermietet. E möchte nun selbst in die Wohnung einziehen. Aus diesem Grunde kündigt er A mit der Begründung des Eigenbedarfs. Kurze Zeit später erhält E jedoch die Möglichkeit, die Wohnung zu einem über dem Marktpreis liegenden Mietzins an einen neuen Mieter zu vermieten. Deshalb beschließt E, doch nicht selbst in die Wohnung einzuziehen, sondern diese nach dem Auszug des A erneut zu vermieten. Dem A verschweigt er den nachträglichen Wegfall des Eigenbedarfs. **(Eigenbedarfskündigungs-Fall)** 325

Lösung: In Betracht kommt eine Strafbarkeit des E nach §§ 263, 13 StGB wegen Betruges durch Unterlassen. Zum Zeitpunkt der Kündigung liegt keine Täuschung vor. Allerdings unterlässt es E, den A nachträglich über den Wegfall des Eigenbedarfs zu informieren. Insoweit kommt nur eine Täuschung durch Unterlassen in Betracht.[82] Dazu müsste allerdings eine Garantenstellung des E bestehen. Ingerenz scheidet aus, da die ursprüngliche Kündigung nach § 573 II Nr. 2 BGB rechtmäßig erfolgte, insofern fehlt es an einem pflichtwidrigen Vorverhalten des E. Allerdings kann die Garantenstellung unmittelbar aus § 242 BGB abgeleitet werden. Anerkannt ist, dass § 242 BGB die Pflicht begründen kann, den Vertragspartner über Umstände aufzuklären, die für seine weiteren Entschließungen von Bedeutung sind.[83] Der besondere Schutzzweck des § 573 II Nr. 2 BGB und die möglicherweise entstehenden finanziellen Schäden für den Mieter sowie dessen enorme Abhängigkeit von den Informationen des Vermieters lassen vorliegend eine strafrechtliche Garantenpflicht entstehen.[84] Da auch alle weiteren Voraussetzungen vorliegen, insbesondere ist der Vermögensschaden in dem Verlust des Besitzes zu sehen (diesbezüglich besteht auch Absicht stoffgleicher Bereicherung)[85], hat sich E wegen Betruges durch Unterlassen strafbar gemacht. 326

Für die Problematik des Betrugs durch Unterlassen[86] ist schließlich auch ein Urteil des OLG Saarbrücken[87] von Interesse. Es betrifft einen Fall, in dem sich ein Referendar neben seinem juristischen Vorbereitungsdienst im Saarland auch zum Vorbereitungsdienst in Hessen aufnehmen ließ, ohne davon der saarländischen Einstellungsbehörde Mitteilung zu machen. Das OLG Saarbrücken urteilte: Soweit keine ausdrückliche gesetzliche Grundlage bestehe, begehe ein in einem Bundesland in ein öffentlich-rechtliches Ausbildungsverhältnis aufgenommener Rechtsreferendar mangels Garantenpflicht keinen Betrug durch Unterlassen zum Nachteil des Fiskus dadurch, dass er es unterlässt, den zusätzlichen Eintritt in den Referendardienst eines anderen Bundeslandes mitzuteilen. Insbesondere hätten Vorschriften über die Pflicht zur Anzeige von Nebentätigkeiten keinen betrugsspezifischen Schutzzweck und auch die nach dem Saarländischen Justizausbildungsgesetz bestehende Pflicht, sich voll der Ausbildung zu widmen (wobei dahin gestellt bleiben könne, ob sich der Referendar dieser Pflicht sogar doppelt widmete), habe keinen Vermögensbezug. Auch sei aus Treu und Glau-

---

82 Die Möglichkeit § 263 StGB auch durch Unterlassen zu verwirklichen ist grundsätzlich anerkannt, vgl. OLG Hamm NJW 1987, 2245; *Fischer*, § 263, Rn. 44.
83 BGHSt 6, 198; BayObLG JZ 1987, 626.
84 BayObLG NJW 1987, 1655. Die Lehre von der Garantenstellung aus § 242 BGB wird jedoch nur bei § 263 StGB relevant und kann also nicht ohne Weiteres in die allgemeine Unterlassungsdogmatik eingeordnet werden. Zweifel an einer derart betrugsspezifischen Garantenlehre auch im Hinblick auf Art. 103 II GG, § 1 StGB äußern OLG Hamm NJW 1987, 2245; BGH wistra 1988, 262 f.
85 BGHSt 14, 387, 388; zum Vermögensbegriff s. u. Rn. 350 ff.
86 Vgl. dazu auch BGH BGHSt 59, 318 m. Bspr. *Hecker*, JuS 2014, 1133 ff.
87 OLG Saarbrücken NJW 2007, 2868 m. Anm. *Kudlich*, JA 2008, 72 ff.; *Satzger*, JK 3/08, StGB § 263 I/81.

§ 10 *Betrug*

ben eine solche Pflicht zur Offenbarung nicht herzuleiten. Fragwürdig bleibt an dieser Entscheidung freilich, dass das Problem einer konkludenten Täuschung bei Eingehung des doppelten Dienstverhältnisses überhaupt nicht aufgeworfen wurde. Im Übrigen sollte man diese Entscheidung nicht als Freibrief zum Doppelverdienst für angehende Rechtsreferendare begreifen. Zum einen existieren in anderen Ländern gesetzliche Offenbarungspflichten, zum anderen wird dort üblicherweise bei Einstellung konkret nach einem bereits bestehenden Referendardienstverhältnis gefragt, sodass dann sogar eine ausdrückliche Täuschung in Frage kommt, wobei allerdings auch das Schadensproblem nicht einfach zu beantworten ist[88] (näher zum Schaden beim Anstellungsbetrug durch Beamte unten Rn. 368).

327 **Achtung Klausur:** *Im Schnittfeld von Täuschung und Irrtum liegen die Probleme des Schwarzfahrens. Hier sind letztlich drei Fallkonstellationen zu unterscheiden:*[89]

1. Konstellation: A besteigt den Zug ohne Fahrschein und erklärt gegenüber dem Schaffner wahrheitswidrig, er habe ihm die Fahrkarte bereits vorgezeigt.
Hier ist unproblematisch § 263 StGB erfüllt, sodass § 265a StGB dahinter als subsidiär zurücktritt.

2. Konstellation: A besteigt den Zug und versteckt sich vor dem Schaffner.
Hier scheitert § 263 StGB mangels Täuschung, weil es an einer Einwirkung auf das Vorstellungsbild einer anderen Person[90] fehlt. Der Schaffner kann dementsprechend auch keiner Fehlvorstellung unterliegen, da ein Irrtum im Falle des bloßen Fehlens der Vorstellung einer wahren Tatsache (sog. ignorantia facti) abzulehnen ist (vgl. u. Rn. 330). Gegeben ist aber § 265a StGB.

3. Konstellation: Sie zeichnet sich dadurch aus, dass es zumindest zu einem losen Sichtkontakt zwischen Schwarzfahrer und Kontrolleur kommt. Dieser Fall ist der schwierigste und soll daher etwas ausführlicher dargestellt werden durch folgenden

---

328 **Fall 37:** A sitzt ohne Fahrkarte im Abteil und reagiert bewusst auf die Nachfrage des Kontrolleurs „Noch jemand zugestiegen?" nicht. Der Kontrolleur bemerkt den A, geht aber aufgrund dessen Schweigens an ihm vorbei. Strafbarkeit des A? **(Schwarzfahrer-Fall)**

329 **Lösung:**

I. A könnte sich hier **wegen Betruges nach § 263 StGB** strafbar gemacht haben.

1. Fraglich ist bereits das Merkmal der Täuschung.
a) Eine ausdrückliche Täuschung scheidet wegen der Untätigkeit des A aus.
b) In Frage kommt jedoch eine konkludente Täuschung.
Denkbar wäre insoweit, dem Verhalten des A eine konkludente Erklärung zu entnehmen, er habe einen Fahrschein erworben.
Im Hineinsetzen allein liegt jedoch keine Erklärung über eine bereits geleistete Zahlung[91], zumal auch die Möglichkeit besteht, ein Ticket gegen Entrichtung eines Bordpreises im Zug

---

88 Vgl. dazu auch *Kudlich*, JA 2008, 74.
89 Eingehend zum Schwarzfahren *Putzke/Putzke*, JuS 2012, 500 ff.
90 BGHSt 47, 1, 3, 5; LK-*Tiedemann*, § 263, Rn. 23; *Wessels/Hillenkamp/Schuhr*, BT/2, Rn. 510.
91 Vgl. *Otto*, BT, § 51, Rn. 13.

nachzulösen. Ebenso wenig stellt sich das bloße Schweigen als konkludente Erklärung dar, da Schweigen grundsätzlich keinen Erklärungswert hat. Zum Schweigen müsste vielmehr ein weiteres Verhalten des Täters hinzutreten, das das Schweigen „untermauert" (z. B. wenn ein Täter die Ware an der Kasse vorzeigt).[92] An einem solchen „Erklärungsträger" fehlt es vorliegend jedoch gänzlich, da A lediglich nichts tut und der einzig erklärungsträchtige Umstand – die Nachfrage des Kontrolleurs – nicht dem A zuzuordnen ist. Maßgeblich für die Ermittlung des Erklärungswerts kann nämlich nur das *Täter*verhalten sein, nicht hingegen ein Umstand, der von außen an den Täter herangetragen wird und auf den er nur in keiner Weise reagiert.

Vorliegend ist es lediglich die Kombination von Nachfrage und Schweigen, welche den Eindruck der Berechtigung schafft. Das Schweigen selbst hat jedoch für sich gesehen keinen greifbaren Erklärungswert.[93]

Demgegenüber meinen *Krey/Hellmann/Heinrich*, dass derjenige, der auf die Frage des Kontrolleurs schweigt, damit schlüssig erkläre, er sei schon kontrolliert worden (sog. „beredtes Schweigen").[94] Dem widerspricht aber, dass das beredte Schweigen eines Erklärungsträgers bedürfte, der – wie soeben beschrieben – nicht vorliegt.

Im Ergebnis ist daher die Annahme einer konkludenten Täuschung abzulehnen.

c) In Betracht kommt daher allenfalls noch eine Täuschung durch Unterlassen.

So könnte man annehmen, dass der Fahrgast ohne Fahrschein (gewohnheitsrechtlich) verpflichtet sei, sich auf die Frage des Bahnschaffners zu melden. Jedoch spricht hiergegen, dass eine Strafbegründung aus Gewohnheitsrecht in Konflikt mit Art. 103 II GG gerät.[95]

Auch eine Garantenstellung aus Ingerenz scheidet aus, da das Besteigen eines Zuges ohne Fahrkarte grundsätzlich nicht pflichtwidrig ist, zumal wenn die Möglichkeit besteht, eine Karte im Zug nachzulösen.

II. In Betracht kommt jedoch Strafbarkeit wegen **Beförderungserschleichung nach § 265a I Alt. 3 StGB**.

Voraussetzung hierfür ist, dass sich A die Beförderung durch den Zug – ein Verkehrsmittel – „erschlichen" hat, obwohl er das Beförderungsmittel äußerlich völlig unauffällig benutzt hat.

1. Die h. M. bejaht das Erschleichen einer Beförderungsleistung bereits dann, wenn der Täter das Verkehrsmittel unbefugt benutzt und sich durch äußerlich unauffälliges Verhalten mit dem „Anschein der Ordnungsmäßigkeit" umgibt.[96] Das im Begriff des Erschleichens enthaltene Element des „Verbergens" soll daher bereits in der Nichtoffenlegung der Absicht, das Entgelt nicht zu entrichten, zum Ausdruck kommen.

2. Ein Teil der Literatur lehnt in Fällen der vorliegenden Art dagegen das Merkmal des Erschleichens ab, da keinerlei täuschungsähnliches Überlisten oder Umgehen von Kontrollen vorliege.[97]

3. Die besseren Gründe sprechen aber wohl doch für die h. M., da nur durch diese Auffassung berücksichtigt wird, dass der Tatbestand der Beförderungserschleichung der Lücken-

---

92 Lackner/*Kühl*, § 263, Rn. 16.
93 Im Ergebnis ebenso LK-*Tiedemann*, § 263, Rn. 23, 78 und dem Grunde nach auch *Maurach/Schroeder/Maiwald*, BT/I, § 41, Rn. 58, der das Problem zwar erst im Irrtum anspricht, dort aber explizit darauf hinweist, dass eine „psychische Einwirkung" auf eine Person in solchen Fällen gerade nicht stattgefunden hat. Versteht man § 263 als Kommunikationsdelikt (vgl. LK-*Tiedemann*, § 263, Rn. 22), so muss aber schon das Vorliegen einer Täuschung verneint werden.
94 Vgl. *Krey/Hellmann/Heinrich*, BT/2, Rn. 548.
95 Wie hier auch *Krey/Hellmann/Heinrich*, BT/2, Rn. 378.
96 Vgl. dazu BGH NJW 2009, 1091; BayObLG StV 2002, 428, 429; OLG Hamburg NJW 1987, 2688; NStZ 1991, 587 m. Bspr. *Schall*, JR 1992, 1; vgl. auch *Otto*, BT, § 52, Rn. 19 und *Exner*, JuS 2009, 990 ff.
97 Vgl. *Allwart*, JZ 1986, 567 ff.; *Fischer*, NJW 1988, 1828; Lackner/Kühl/*Heger*, § 265, Rn. 6a; Sch/Sch/*Perron*, § 265a, Rn. 11; LK-*Tiedemann*, § 265a, Rn. 47; *Arzt/Weber*, BT, § 281, Rn. 20.

ausfüllung dient und das unauffällige Sitzenbleiben gegenüber dem Verbergen sogar noch skrupelloser erscheint. Auch das BVerfG hat daher die Auslegung der h. M. nicht als einen Verstoß gegen Art. 103 II GG angesehen[98] und darauf hingewiesen, dass § 265a StGB grundsätzlich diejenigen Fälle der Inanspruchnahme von Massenleistungen erfassen soll, in denen mangels Täuschung und Irrtumserregung § 263 StGB nicht anwendbar ist.[99] Das Erschleichen liegt hier im Übrigen gerade darin, dass der Fahrgast in der Masse untertaucht und diese gewissermaßen „als Schutzschild" für sich nutzt.[100]

Ergebnis: A ist daher nach der herrschenden weiten Auslegung gem. § 265a I Alt. 3 StGB strafbar. Eine Strafbarkeit wegen Betruges scheidet dagegen aus.

II. Irrtum

330 Durch die Täuschung muss beim Getäuschten ein Irrtum erregt oder unterhalten worden sein. Irrtum ist dabei jeder Widerspruch zwischen Vorstellung und Wirklichkeit.[101] Das Einwirken auf Automaten bzw. Maschinen kann nur über §§ 263a, 265a StGB erfasst werden.

Erregen bedeutet dabei Hervorrufen des Irrtums, während Unterhalten als Verhindern oder Erschweren der Aufklärung bzw. als Bestärken einer Fehlvorstellung anzusehen ist.[102]

Es genügt für einen Irrtum, wenn das Opfer in Bezug auf einen konkreten Lebenssachverhalt davon ausgeht, „alles sei in Ordnung". Auch Zweifel des Opfers hindern die Annahme eines Irrtums nicht, sofern das Opfer die Wahrheit der behaupteten Tatsache immerhin für möglich hält und deswegen die Vermögensverfügung trifft und damit trotz seiner Zweifel der List des Täters zum Opfer fällt.[103] Denn für die Tatbestandsmäßigkeit spielt es nach h. M. keine Rolle, ob der Getäuschte bei sorgfältiger Prüfung die Täuschung hätte erkennen können, denn selbst leichtfertige Opfer genießen den Schutz des Strafrechts.[104]

Daher liegt in den Fällen sog. Kosten- bzw. Abofallen im Internet auch dann ein strafbarer Betrug vor, wenn das Opfer bei aufmerksamer Betrachtung die Kostenpflichtigkeit des Angebots aus einem versteckten Sternchenhinweis hätte erkennen können.[105] Denn eine (konkludente) Täuschung kann auch dann vorliegen, wenn der Täter eine inhaltlich wahre Erklärung planmäßig zur Irrtumserregung einsetzt und gezielt die

---

98 BVerfG NJW 1998, 1135.
99 Vgl. auch OLG Stuttgart NJW 1990, 924; OLG Hamburg MDR 1991, 469; *Kudlich*, BT/1, PdW, S. 133; *Rengier*, BT/1, § 16, Rn. 6.
100 Bedenkenswert allerdings *Ingelfinger*, StV 2002, 428, 429, der darauf hinweist, dass derjenige, der sich mit üblicher Lautstärke fortbewege, nicht schleiche, und entsprechend derjenige nicht erschleiche, der eine Leistung lediglich in äußerlich üblicher Manier in Anspruch nimmt. Jedoch wird der Wortsinn des „Erschleichens" figürlich durchaus in einem anderen Sinne als derjenige des „Schleichens" verwandt und kann beim Untertauchen in der Masse ohne Weiteres angenommen werden.
101 *Kindhäuser*, LPK, § 263, Rn. 8; *Sch/Sch/Perron*, § 263, Rn. 33; *Fischer*, § 263, Rn. 54; zu den wesentlichen Problemkreisen beim Irrtum im Rahmen des § 263 StGB vgl. *Rönnau/Becker*, JuS 2014, 504 ff.
102 *Sch/Sch/Perron*, § 263, Rn. 43 f.; Lackner/*Kühl*, § 263, Rn. 20; *Fischer*, § 263, Rn. 65.
103 So ausdrücklich BGH NStZ 2003, 313 ff. m. Anm. *Beckemper/Wegner*, NStZ 2003, 815.
104 BGHSt 34, 199 ff.
105 OLG Frankfurt a.M., JuS 2011, 470 m. Anm. *Hecker*; eingehend zur strafrechtlichen Behandlung von Abofallen: *Eisele*, NStZ 2010, 193 ff.; *Hatz*, JA 2012, 186 ff.

Schädigung des Adressaten verfolgt.[106] Dies ist gerade der Fall, wenn die irreführende Gestaltung einer Website den Gesamteindruck der Unentgeltlichkeit so sehr prägt, dass die versteckten wahren Hinweise auf die Kostenpflicht in den Hintergrund treten.[107]

In diesem Zusammenhang steht auch die Frage der **unionsrechtskonformen Auslegung** des Betrugstatbetandes und des möglichen Einflusses des unionsrechtlichen Verbraucherleitbildes, das grundsätzlich von einem durchschnittlich informierten, aufmerksamen und verständigen Verbraucher ausgeht. Während der BGH eine richtlinienkonforme Auslegung ablehnt,[108] wird in der Literatur teilweise gefordert, § 263 StGB restriktiv zu handhaben und ihn nicht anzuwenden, wenn sich ein verständiger Durchschnittsverbraucher nicht hätte täuschen lassen.[109] Dies veranschaulicht folgendes

Beispiel: A unterhielt mehrere kostenpflichtige Internetseiten, darunter eine Internetseite, auf der ein Online-Routenplaner angeboten wurde. Dabei waren vom Nutzer zunächst Angaben zum Stand- und Zielort zu machen. Daraufhin erschien eine neue Seite, auf der Name, Anschrift, E-Mail-Adresse sowie Geburtsdatum einzugeben waren. Im unteren Bereich der Seite war die Schaltfläche „Route planen" anzuklicken. Darunter befand sich ein Fußnotentext, auf den mit einem Sternchenhinweis verwiesen worden war und der den Hinweis auf den Abschluss eines kostenpflichtigen dreimonatigen Abonnements des Routenplaners i.H.v. 59,95 € enthielt. Je nach Größe des Monitors und der verwendeten Bildschirmauflösung war der Hinweis erst nach vorherigem Scrollen sichtbar. Das zu zahlende Entgelt war auch in den AGB aufgeführt, die akzeptiert werden mussten. Nach Ablauf der Widerrufsfrist erhielten die Nutzer eine Zahlungsaufforderung. An diejenigen, die nicht gezahlt hatten, wurde eine Zahlungserinnerung versandt **(Routenplaner-Fall)**.[110]

330a

Lösung: Der BGH bejahte einen versuchten Betrug (Vollendung schied aus, da eine Täuschung nicht nachgewiesen werden konnte). A habe mit der Gestaltung der Internetseite die Nutzer über die Kostenpflichtigkeit der angebotenen Leistung täuschen wollen. Es liege eine (konkludente) Täuschung vor, da A durch den Aufbau der Internetseite die Kostenpflichtigkeit der angebotenen Leistung verschleiert hat, indem er den Hinweis auf das zu zahlende Entgelt an einer Stelle platziert hat, an der mit einem solchen Hinweis nicht zu rechnen ist. Nachdem bereits die Hauptseite keinen leicht erkennbaren Hinweis auf die Kostenpflichtigkeit aufwies, mussten die Nutzer auch nicht damit rechnen, dass die AGB eine solche wesentliche Angabe enthielt. Durch die Täuschung sollte bei den Nutzern ein Irrtum erregt werden. Dem steht nicht entgegen, dass der Hinweis auf die Kostenpflichtigkeit bei sorgfältiger, vollständiger und kritischer Prüfung erkennbar war. Eine Leichtgläubigkeit des Opfers oder eine Erkennbarkeit der Täuschungshandlung schließen weder Täuschung noch Irrtum aus. Auch die RL 2005/29/EG über unlautere Geschäftspraktiken (UGP-RL)[111], der das Leitbild eines durchschnittlich verständigen und aufmerksamen Verbrauchers zugrunde liegt, ändert daran nichts und führt zu keiner Beschränkung des betrugsstrafrechtlichen Täuschungsschutzes. Die UGP-RL verfolgt nicht

---

106 So bereits der BGH zur vergleichbaren Falllgruppe der rechungsähnlichen Angebotsschreiben, vgl. BGHSt 47, 1; kritisch hierzu *Krack*, JZ 2001, 613.
107 OLG Frankfurt a.M., JuS 2011, 470 m. Anm. *Hecker*.
108 BGH NJW 2014, 2595; i. E. auch *Rönnau/Wegner*, JZ 2014, 1065.
109 *Dannecker*, ZStW 117 (2006), 711 ff.; *Gaede*, in: FS Roxin II, 2011, S. 979; *Ruhs*, in: FS Rissing-van-Saan, 2011, S. 579 ff.; *Soyka*, wistra 2007, 127 ff. jeweils m. w. N. Für eine umfassende Berücksichtigung des europäischen Verbraucherleitbildes i. R. d. Betrugstatbestandes auch *Müller*, NZWiSt 2014, 393 ff., 400.
110 BGH NJW 2014, 2595 mit Anm. *Apel*, K & R 2014, 584; *Beukelmann*, NJW-Spezial 2014, 504; *Hecker*, JuS 2014, 1043; *von Heintschel-Heinegg*, JA 2014, 790; *Müller*, NZWiSt 2014, 393; *Rönnau/Wegner*, JZ 2014, 1064. S. zu dieser Problematik auch die Aufsätze von *Hecker/Müller*, ZWH 2014, 329 und *Majer/Buchmann*, NJW 2014, 3342.
111 ABl. 2005 L 149, 22.

den Zweck, Geschäftspraktiken straffrei zu stellen, die auf eine Täuschung unterduchschnittlich aufmerksamer und verständiger Verbraucher gerichtet ist, sondern will die Dispositionsfreiheit des Verbrauchers vor unlauteren Beeinflussungen schützen.[112] Der Vorsatz des A richtete sich auch auf eine Vermögensverfügung und die Herbeiführung eines Vermögensschadens, der nach den Grundsätzen des persönlichen Schadenseinschlags zu bejahen ist. Die vertragliche Gegenleistung ist für die Nutzer praktisch und wirtschaftlich wertlos, da jederzeit kostenlose Routenplaner verfügbar sind. Das unmittelbare Ansetzen liegt im Einstellen der wie beschrieben gestalteten Internetseite. Zudem liegen die Regelbeispiele des § 263 III S. 2 Nr. 1 und 2 StGB vor.

330b Abzulehnen ist ein Irrtum dagegen im Falle des bloßen Fehlens der Vorstellung einer wahren Tatsache (sog. ignorantia facti).[113] Deshalb unterliegt der Schaffner auch keinem Irrtum, wenn ihm nur nicht bekannt ist, dass sich im Zug ein Schwarzfahrer befindet (s. o. Rn. 327).

III. Vermögensverfügung

331 Unter Vermögensverfügung versteht die h. M. jedes freiwillige Handeln, Dulden oder Unterlassen, das unmittelbar einen Vermögensschaden beim Getäuschten oder bei einem bestimmten Dritten herbeiführt.[114] Dabei muss der Irrtum kausal für die Vermögensverfügung gewesen sein. Dies ist nicht ohne Weiteres der Fall, wenn ein Arzt über die Wirksamkeit eines Krebsmittels täuscht und die Patienten möglicherweise auch ohne die Täuschung zu diesem „letzten Strohhalm" gegriffen hätten (BGH NStZ 2010, 88).

Achtung Klausur: *Man sollte sich klar machen, dass die Schwerpunkte des Verfügungsbegriffs bei den Merkmalen der Freiwilligkeit, der Unmittelbarkeit und beim Drittgeschädigten liegen:*

1. Freiwilligkeit: Erstes Merkmal zur Abgrenzung des Trickdiebstahls vom Sachbetrug

332 Ein Verfügungsbewusstsein, das gemeinhin am Freiwilligkeitsmerkmal festgemacht wird, ist nach h. M. nur beim sog. Sachbetrug erforderlich (Grund: Abgrenzung zu § 242 StGB wird dadurch erst möglich, weil beim Diebstahl der Sachherrschaftswechsel ohne Willen des Opfers erfolgen muss).[115]

333 Beim Forderungsbetrug wird dagegen nach h. M. kein Verfügungsbewusstsein verlangt (Grund: Hier spielt die Abgrenzung zum Diebstahl keine Rolle, weil Forderungen nicht gestohlen werden können).[116]

---

112 A. A. *Hecker*, JuS 2014, 1045 und *Hecker/Müller*, ZWH 2014, 333, die aufgrund einer richtlinienkonformen Auslegung des Betrugstatbestandes eine Täuschung nur dann für gegeben halten, wenn die im Geschäftsverkehr getätigte Aussage geeignet ist, eine informierte, aufmerksame und verständige Person zu täuschen. Vgl. auch *Müller*, NZWiSt 2014, 393 ff.
113 *Wessels/Hillenkamp/Schuhr, BT/2*, Rn. 510; *Lackner/Kühl*, § 263, Rn. 18.
114 Vgl. dazu BGHSt 14, 170; *Wessels/Hillenkamp/Schuhr*, BT/2, Rn. 515; krit. dazu jedoch *Maurach/Schroeder/Maiwald*, BT/I, § 41, Rn. 72.
115 BGHSt 14, 170, 172; SK-*Hoyer*, § 263, Rn. 165.
116 Wie hier im Ergebnis auch *Küper/Zopfs*, BT, S. 424 f.; a. A. *Otto*, BT, § 51, Rn. 28 ff.

Das Merkmal des Verfügungsbewusstseins ist daher entscheidend für die Abgrenzung von Trickdiebstahl und Sachbetrug.[117] Veranschaulicht wurde die Problematik bereits oben bei der Behandlung des Diebstahls im Rahmen des Gewahrsamsbruchs (vgl. CD-Fall, Rn. 203 f.), der an dieser Stelle zwingend noch einmal wiederholt werden sollte. Dort hatte der Täter Ware im Einkaufswagen unter anderen Kaufgegenständen versteckt, um diese ohne Bezahlung an der Kassiererin vorbei zu schmuggeln. Zur Wiederholung und Lösung des Falles sei noch einmal darauf hingewiesen, dass die h. M. ein auf das Deliktsobjekt gerichtetes konkretisiertes Verfügungsbewusstsein fordert, an dem es bei bloßer Kenntnis des allgemeinen Abrechnungsvorgangs gerade fehlt. Es scheidet daher ein Betrug aus, sodass im Ergebnis ein Diebstahl anzunehmen ist (vgl. aber zu Einzelheiten Rn. 203 f.).

Besonders einprägen sollte man sich noch einmal, dass es am Merkmal der Freiwilligkeit der Vermögensverfügung fehlt, wenn sich das Opfer lediglich vermeintlich hoheitlichem Zwang beugt. Siehe dazu das berühmt gewordene Beispiel (**Pseudobeschlagnahme-Fall I**) aus der Rspr. mit Lösung unter Rn. 205. 334

2. Unmittelbarkeit: Zweites Merkmal zur Abgrenzung des Trickdiebstahls vom Sachbetrug

Die Vermögensminderung muss unmittelbar, d. h. ohne zusätzliche deliktische Zwischenschritte aus dem irrtumsbedingten Verhalten des Getäuschten resultieren.[118] 335

Achtung Klausur: *Das Unmittelbarkeitserfordernis ist neben dem Verfügungsbewusstsein (s. soeben) das zweite Hauptmerkmal zur Abgrenzung von Trickdiebstahl und Betrug. Dabei hängt dieses Merkmal insofern mit dem Verfügungsbewusstsein direkt zusammen, als auch die Vorstellung des Opfers auf eine unmittelbare Vermögensverschiebung gerichtet sein muss. In Klausuren wird gerade dieser Gesichtspunkt immer wieder verkannt, indem fälschlich schon die bewusste Gewahrsamslockerung als unmittelbare Vermögenspreisgabe qualifiziert wird. Das aber ist falsch. Erforderlich ist vielmehr eine bewusste Gewahrsamsübertragung. Die Problematik veranschaulicht folgender*

Fall 38: A, der in ständigen Geldschwierigkeiten war, begab sich zum Trierer Bahnhof, um nach „günstigen Gelegenheiten" Ausschau zu halten. Nachdem er eine Weile so dastand, sah er plötzlich, wie mehrere Reisende ihre Koffer in einem Schließfach wegsperrten. Da kam ihm eine zündende Idee: A ging zu einem Schließfach mit der Nr. 20 und warf ein 2 €-Stück ein. Sodann schloss er das Fach, drehte den Schlüssel herum und zog ihn ab. Anschließend ging er zu einer älteren Dame D, die sich gerade anschickte, ihren Koffer in Richtung der Schließfächer zu bringen. A bot sich an, ihr dabei behilflich zu sein, ihren Koffer in ein Schließfach zu heben – ein Angebot, auf das die D gerne einging. A stellte nun den unverschlossenen Koffer der D in das Schließfach mit der Nr. 25 ein und zog den Schlüssel ab. Unbemerkt von D behielt er jedoch den Schlüssel für das Schließfach Nr. 25 bei sich und gab der D den Schlüssel, den er zuvor von dem leeren Schließfach Nr. 20 ab- 336

---
117 *Hillenkamp*, JuS 2003, 157, 159.
118 Vgl. hierzu etwa *Fischer*, § 263, Rn. 76; *Mitsch*, BT/II, S. 275; abweichend *Kindhäuser*, Bemmann-FS, 1997, S. 352 m. w. N.; s. auch *Maurach/Schroeder/Maiwald*, BT/I, § 41 II, Rn. 75; *Jäger*, JuS 2010, 761 ff.

gezogen hatte. Sodann verabschiedete er sich von der Dame D, kehrte jedoch, als diese das Bahnhofsgelände verlassen hatte, wieder zu den Schließfächern zurück, öffnete mit dem richtigen Schlüssel das Fach Nr. 25 und verschwand, wie beabsichtigt, mit dem Koffer der D. Strafbarkeit des A? (**Schließfach-Fall** nach BGH GA 1966, 212[119])

337 | **Lösung:**

I. A könnte sich dadurch, dass er sich den Koffer in der geschilderten Weise verschafft hat, wegen eigennützigen **Betrugs nach § 263 StGB** gegenüber und zu Lasten der D strafbar gemacht haben.

1. Fraglich kann bereits sein, worin vorliegend die Täuschung des A zu sehen sein soll.
Denkbar wäre, bei der Aussage anzuknüpfen, A wolle der D helfen, während er in Wahrheit nur auf eine Entwendung des Koffers aus war. Eine Täuschung unter diesem Gesichtspunkt ist jedoch aus zweierlei Gründen problematisch: Zum einen war A der D beim Hineinheben des Koffers tatsächlich behilflich, sodass eine Täuschung allenfalls in der Weise bejaht werden könnte, dass man in der Aussage der Hilfsbereitschaft konkludent die Absicht der Ehrlichkeit als miterklärt ansieht. Zum anderen kann aber das Hilfsangebot des A wohl auch deshalb nicht als Täuschung begriffen werden, weil diese Erklärung keinen rechtsgutsbezogenen Einschlag aufweist.
Die rechtsgutsbezogen relevante und auch ausdrückliche Täuschung erfolgte vielmehr erst durch das Austauschen der Schlüssel, d. h. in diesem Fall durch Manipulation an bzw. mit Gegenständen.

2. Durch diesen täuschenden Austausch der Schlüssel wurde bei D auch der Irrtum erregt, den richtigen Schlüssel aus der Hand des A zu erhalten.

3. Fraglich ist jedoch, ob D aufgrund dieses Irrtums auch eine Vermögensverfügung vorgenommen hat.
Denkbar wäre hier allein, dass die D über ihren Gewahrsam an Koffer und Inhalt verfügt hat. Jedoch ist auch der Diebstahl durch eine Gewahrsamsverschiebung gekennzeichnet, sodass an dieser Stelle die Abgrenzung von Betrug und Diebstahl relevant wird.
Dabei wird der Diebstahl nach h. M. durch Gewahrsamsbruch des Täters gegen bzw. ohne den Willen des Gewahrsamsinhabers verwirklicht, während der Sachbetrug eine willentliche (wenn auch durch Täuschung motivierte) Gewahrsamsverfügung voraussetzt.[120]
Entscheidend ist jedoch, dass das Opfer auch unter Zugrundelegung dieser Abgrenzung den Gewahrsam beim Betrug vollständig und unmittelbar auf den Täter übertragen wollen muss.[121] Nicht hinreichend ist es dagegen, wenn das Opfer nur in eine Gewahrsamslockerung einwilligt, da dann die eigentliche Aufhebung des Gewahrsams ohne Willen des Berechtigten erfolgt. Der Sachbetrug ist daher dadurch gekennzeichnet, dass sich der Gewahrsamsübergang unmittelbar und vollständig mit Willen des Berechtigten vollzieht, während für den Diebstahl dort Raum bleibt, wo der Täter vom Opfer unerkannt die Voraussetzungen schafft, durch die er später den endgültigen Gewahrsamsbruch verwirklichen kann.[122]
Als die D sich von A beim Hineinheben des Koffers ins Schließfach helfen ließ, lag keine willentliche und endgültige Preisgabe des Gewahrsams vor, sondern ihr Bewusstsein war lediglich auf eine Lockerung gerichtet, der sich der unfreiwillige Gewahrsamsverlust noch anschließen musste.[123]

---

119 Vgl. dazu auch MüKo-*Hefendehl*, § 263, Rn. 350 m. w. N.
120 Vgl. hierzu *Wessels/Hillenkamp/Schuhr*, BT/2, Rn. 622 ff.
121 *Küper/Zopfs*, BT, S. 423 f.; *Wessels/Hillenkamp/Schuhr*, BT/2, Rn. 625.
122 Vgl. hierzu BGHSt 17, 206, 209; OLG Düsseldorf NJW 1990, 923; *Rengier*, JuS 1981, 654; *Sch/Sch/Perron*, § 263, Rn. 63.
123 Vgl. hierzu BGH GA 1966, 212; BGH MDR 1968, 772; differenz. *Arzt/Weber*, BT, § 20, Rn. 79 f.; *Herzberg*, ZStW 89 (1977) 374; abweichend bzgl. des Unmittelbarkeitskriteriums *Kindhäuser*, Bemmann-FS, 1997, S. 352.

Unmittelbarkeit: Zweites Merkmal zur Abgrenzung des Trickdiebstahls **§ 10 B III 2**

Auch kann im Einstecken des richtigen Schlüssels durch A keine Vermögensverfügung von Seiten der D gesehen werden, denn für diese Gewahrsamsübertragung fehlte es der D gerade am notwendigen Verfügungsbewusstsein, durch das sich der Sachbetrug als Selbstschädigungsdelikt in Abgrenzung zum Trickdiebstahl als Fremdschädigungsdelikt auszeichnet.

II. Denkbar wäre jedoch eine Bestrafung wegen **Diebstahls nach § 242 StGB**.

1. A müsste den Koffer samt Inhalt – für ihn fremde bewegliche Sachen – weggenommen haben. Wegnahme setzt einen Gewahrsamsbruch voraus. Durch das Einsperren des Koffers und das Vertauschen der Schlüssel hat A das Sachherrschaftsverhältnis der D über ihr Gepäckstück aufgehoben und seinerseits ein neues Sachherrschaftsverhältnis darüber begründet, da er nun nach der Verkehrsanschauung in der Lage war, jederzeit ungestörten Zugriff auf den Koffer zu nehmen und umgekehrt die D von nun an keine Zugriffsmöglichkeit mehr hatte. Dies geschah auch ohne bzw. gegen den Willen der D, da diese sich des Sachherrschaftswechsels in keiner Weise bewusst war.
Das Vertauschen der Schlüssel stellt daher eine Wegnahme an Koffer und Inhalt dar.

2. Dabei handelte A auch vorsätzlich und in der Absicht rechtswidriger Zueignung.

3. Rechtfertigungs- und Schuldausschließungsgründe sind nicht ersichtlich.

4. Fraglich ist jedoch, ob sogar **ein Diebstahl in einem besonders schweren Fall nach § 243 I S. 2 Nr. 2 StGB** anzunehmen ist.
Da der Koffer selbst unverschlossen war (vgl. Sachverhalt), käme dieses Regelbeispiel lediglich im Hinblick auf das Aufsperren des Schließfachs mit dem durch die Vertauschung erlangten Schlüssel in Betracht. Indessen ist auch diesbezüglich die Annahme eines Straferschwerungsgrundes nach § 243 I S. 2 Nr. 2 StGB abzulehnen, da dieser verlangt, dass der Täter eine Sache stiehlt, die durch ein verschlossenes Behältnis oder andere Schutzvorrichtung gegen Wegnahme besonders gesichert ist. Hier aber wurde die Sache gleichsam gerade durch die Wegnahme besonders gesichert, da die Sache durch diese Tathandlung in ihr Schutzbehältnis gelangte.

Ergebnis: A hat sich wegen Diebstahls strafbar gemacht, ohne dass der Straferschwerungsgrund des § 243 I S. 2 Nr. 2 StGB zum Zuge kommt.

Das Unmittelbarkeitskriterium spielt insbesondere auch bei der sog. Wechselgeldfalle eine ausschlaggebende Rolle. Je nachdem, ob das Opfer hier das Wechselgeld bereits vollständig auf die andere Person „übertragen" hat oder nicht, kommt hier ein Betrug oder ein Diebstahl in Betracht. Die Problematik veranschaulicht folgender **338**

Fall 39: A bat am Kiosk den B, ihm einen 500 €-Schein zu wechseln. Er legte dafür den Schein in den Zahlteller. B zählte fünf 100 €-Scheine vor und legte diese seinerseits in den Zahlteller. Danach wollte B den 500 €-Schein an sich nehmen. A ergriff aber – wie von Anfang an beabsichtigt – sowohl den 500 €-Schein als auch die fünf 100 €-Scheine und machte sich damit aus dem Staub. Strafbarkeit des A? (**Wechselgeld-Fall** nach RG GA 74 [1930], 205[124]) **339**

Lösung: **340**

I. In Betracht kommt **Diebstahl nach § 242 StGB am 500 €-Schein**.

1. Voraussetzung wäre zunächst, dass der 500 €-Schein – eine bewegliche Sache – für A fremd war.

---

124 Vgl. dazu auch MüKo-*Hefendehl*, § 263, Rn. 351 f. m. w. N.

> Ursprünglich stand der 500 €-Schein im Eigentum des A. Er könnte das Eigentum durch Hineinlegen des Scheins in den Zahlteller nach § 929 S. 1 BGB verloren haben.
> – Das Hineinlegen ist ein schlüssiges Übereignungsangebot; ein etwaiger geheimer Vorbehalt ist unbeachtlich, vgl. § 116 BGB.
> – Schlüssige Annahme kann durch Vorzählen des Wechselgelds erfolgt sein.
> – Problem: Übergabe
> Das bloße Hineinlegen des 500 €-Scheins in den Zahlteller bedeutet noch keinen Übergang des vollständigen Besitzes. Auch ist damit ein ungehinderter Zugriff i. S. v. § 854 BGB noch nicht ermöglicht. Nach zutreffender h. A. ist daher eine Übergabe abzulehnen.
> **2. Ergebnis:** Der 500 €-Schein stand damit nach wie vor im Eigentum des A, sodass ein Diebstahl hieran ausgeschlossen ist.
>
> **II.** Denkbar wäre aber ein **Diebstahl nach § 242 StGB an den fünf 100 €-Scheinen**.
> 1. Auch hier wäre zunächst Voraussetzung, dass A eine fremde bewegliche Sache weggenommen hat.
> Hinsichtlich der Fremdheit gilt hier das soeben Gesagte. Durch das bloße Hineinlegen in den Zahlteller mag zwar eine Einigung erfolgt sein, nicht jedoch kam es hierdurch zu einer Übergabe.
> Die fünf 100 €-Scheine verblieben daher im Eigentum des Kioskbesitzers B.
> 2. Voraussetzung ist jedoch, dass A das Wechselgeld auch weggenommen hat. Dies bedeutet Bruch fremden und Begründung neuen Gewahrsams, wobei Gewahrsamsbruch schon begrifflich ein Handeln gegen bzw. ohne Willen des Berechtigten voraussetzt. Da B vorliegend das Geld auf den Zahlteller gelegt hat, ist jedoch von einem Einverständnis im Hinblick auf den Gewahrsamsübergang an den fünf 100 €-Scheinen auszugehen. Es ist insoweit nicht möglich, mit einer Bedingung (nämlich dem Verbleiben des 500 €-Scheins auf dem Zahlteller) zu arbeiten, da Gewahrsam ein tatsächliches Herrschaftsverhältnis über eine Sache darstellt, dessen Zuordnung grundsätzlich bedingungsfeindlich ist (Ausnahmen gelten hier nur bei einem äußerlich ordnungswidrigen Gebrauch, vgl. dazu Rn. 189 f.; 191 f.; 223 f.).
> **Ergebnis:** Eine Strafbarkeit wegen Diebstahls scheidet daher mangels Wegnahme aus.
>
> **III.** In Betracht käme jedoch **Betrug nach § 263 StGB im Hinblick auf die fünf 100 €-Scheine**.
> 1. Täuschung über Tauschbereitschaft liegt vor.
> 2. Irrtum des B diesbezüglich ist ebenfalls gegeben.
> 3. B hat den Gewahrsam durch Hinlegen der Geldscheine und durch Zulassen der Ansichnahme von Seiten des A nicht nur gelockert, sondern vollständig aufgegeben. Er tat dies auch mit Verfügungsbewusstsein, das nur durch Irrtum beeinflusst war.
> 4. Auch liegt ein Schaden vor, da B kein Äquivalent erhalten hat.
> 5. Vorsatz und Absicht rechtswidriger Bereicherung sind ebenfalls zu bejahen.
> **Ergebnis:** A ist strafbar wegen Betrugs nach § 263 StGB hinsichtlich des Wechselgelds.

3. Vermögensverfügung des Geschädigten oder bestimmter Dritter: Drittes Merkmal zur Abgrenzung von Diebstahl und Betrug

341 Auch hier liegt ein Hauptproblem der Abgrenzung zwischen Betrug und Diebstahl, wobei es in diesem Fall um die Trennung von Diebstahl in mittelbarer Täterschaft einerseits und Dreiecksbetrug andererseits geht.[125]

---

[125] Vgl. hierzu auch BGHSt 18, 221 („Sammelgaragenfall"); *Rengier*, JZ 1985, 565; abw. *Gribbohm*, JuS 1964, 237.

Entscheidend ist hier, dass Getäuschter und Verfügender identisch sein müssen, während Identität von Getäuschtem und Geschädigtem nicht erforderlich ist.[126] Um den Charakter des Betruges als Selbstschädigungsdelikt aufrecht zu erhalten, ist es allerdings notwendig, dass die Verfügung des Dritten dem Geschädigten zurechenbar ist.[127] Umstritten ist dabei allerdings, unter welchen Umständen eine derartige Zurechnung des Verfügungsverhaltens des Dritten zur Person des Geschädigten angenommen werden kann:

– Nach h. M. liegt Dreiecksbetrug nur dann vor, wenn der Verfügende in Bezug auf das konkrete Verfügungsobjekt tatsächlich im Lager des Geschädigten steht (sog. Lagertheorie),[128] wobei die Rspr. insbesondere den Mitgewahrsamsinhaber der Opfersphäre zuordnet,[129] während die Literatur z. T. Gewahrsamshüterschaft,[130] z. T. aber auch Repräsentanteneigenschaft i. S. einer konkreten Zuordnung einer Person zur Sache (z. B. Zuordnung des Dienstmädchens zum Hausrat des Dienstherrn, nicht aber zu dessen externen Bürogegenständen)[131] fordert.

– Nach einer Mindermeinung soll ausschlaggebend sein, ob der Verfügende rechtlich in eine Position eingesetzt ist, in der er befugt ist, über das Vermögen des Geschädigten zu verfügen (Theorie der rechtlichen Befugnis),[132] wobei z. T. eine rechtlich wirksame Ermächtigung,[133] z. T. aber auch nur das vorgetäuschte Bestehen einer wirksamen Ermächtigung[134] gefordert wird.

– Stellungnahme: Für die h. M. dürfte sprechen, dass sowohl der Gewahrsam beim Diebstahl als auch die Verfügung beim Betrug tatsächliche Merkmale darstellen, sodass auch die Zuordnung faktischer Natur sein sollte (str.). Entscheidend ist danach die (reale) Zugriffsmöglichkeit des Verfügenden auf das Vermögen des Geschädigten. Dabei darf auch nicht übersehen werden, dass die Theorie von der rechtlichen Befugnis bereits selbst entscheidende Zugeständnisse an die Lagertheorie macht, wenn sie z. T. auch eine vom Verfügenden irrtümlich angenommene Befugnis für ausreichend erklärt.[135]

---

126 Vgl. RG 73, 384; BGHSt 18, 223; *Rengier*, BT/1, § 13, Rn. 41; LK-*Tiedemann*, § 263, Rn. 116; *Sch/Sch/Perron*, § 263, Rn. 65; *Maurach/Schroeder/Maiwald*, BT/I, § 41, Rn. 79.
127 *Maurach/Schroeder/Maiwald*, BT/I, § 41, Rn. 79.
128 Vgl. hierzu BGHSt 18, 221; OLG Stuttgart JZ 1966, 319; *Dreher*, JR 1966, 30; *ders.*, GA 1969, 60; MüKo-*Hefendehl*, § 263, Rn. 357 ff.; gegen jede Form des Näheverhältnisses aber zu Unrecht *Ebel*, Jura 2008, 256 ff.
129 Vgl. BGHSt 18, 221.
130 Vgl. LK-*Tiedemann*, § 263, Rn. 116.
131 Vgl. hierzu *Wessels/Hillenkamp/Schuhr*, BT/2, Rn. 647 f.
132 Vgl. hierzu etwa *Otto*, ZStW 79 (1967), 84 f.; *Roxin/Schünemann*, JuS 1969, 375; *Schünemann*, GA 1969, 46; *Lenckner*, JZ 1966, 320, 321; vgl. auch *Eisele/Fadi*, Jura 2002, 305, 308.
133 Vgl. etwa *Samson*, JA 1978, 567; *Schünemann*, GA 1969, 46 ff.
134 So etwa *Krey/Hellmann/Heinrich*, BT/2, Rn. 591; *Otto*, ZStW 79 (1967), 76 ff.
135 Im Ergebnis auch *Maurach/Schroeder/Maiwald*, BT/I, § 41, Rn. 80; vgl. hierzu auch *Maiwald*, ZStW 91 (1979), 933 f.

§ 10 *Betrug*

Insgesamt wird die Problematik veranschaulicht durch folgenden

342

> **Fall 40:** Frau B hatte ihren Porsche in der Sammelgarage geparkt und dem Parkwächter W den Zweitschlüssel ausgehändigt. W gab den Schlüssel nach jeweiliger Rücksprache mit Frau B immer wieder auch einmal ihrem Freund F. Eines Tages – B und F hatten sich zerstritten – holte sich F erneut den Zweitschlüssel, indem er dem Parkwächter W gegenüber erklärte, er müsse gar nicht bei der B anrufen, das gehe schon in Ordnung. In Wahrheit setzte sich F – wie beabsichtigt – mit dem Porsche nach Italien ab. Strafbarkeit des F?
> (**Sammelgaragen-Fall** nach BGHSt 18, 221)

343 **Lösung:**

I. F könnte sich dadurch, dass er dem W vorschwindelte, die B sei damit einverstanden, dass er wieder einmal den Porsche nehme, wegen **Betruges nach § 263 I StGB** strafbar gemacht haben.

1. Eine Täuschung liegt in der wahrheitswidrigen Erklärung, die B sei damit einverstanden, dass F mit dem Porsche fahre.

2. Die Täuschung bewirkte einen entsprechenden Irrtum auf Seiten des W.
Insoweit ändert auch die Tatsache nichts, dass nicht das Opfer B selbst die Getäuschte war, sondern der W als Dritter, da der Betrugstatbestand keine Identität von Getäuschtem und Geschädigtem, sondern nur Identität von Getäuschtem und Verfügendem verlangt.

3. Eine Vermögensverfügung von Seiten des getäuschten W könnte vorliegen in der Herausgabe des der B gehörenden Porsches zu sehen sein.
Insoweit ist problematisch, dass vorliegend Verfügender und Geschädigte (der W einerseits und die B andererseits) auseinanderfallen, der F also einen Dritten eingesetzt hat, um an das Vermögen der B zu gelangen.
Zu fragen ist daher, ob sog. Dreiecksbetrug oder Diebstahl in mittelbarer Täterschaft gegeben ist.
Letzterer wäre zu bejahen, wenn sich der F zur Wegnahme des Porsches lediglich des W bedient hätte, indem er diesen als vorsatzloses Werkzeug einsetzte.
Die Abgrenzung zum Dreiecksbetrug kann insoweit mit Blick auf die Rechtsnatur des Betruges beantwortet werden. Auszugehen ist dabei davon, dass das maßgebliche Kriterium des Betruges das der Verfügung ist, sodass sich das Opfer (der Geschädigte) bestimmte Verfügungen Dritter zurechnen lassen muss, und zwar immer dann, wenn der Geschädigte den Getäuschten/Verfügenden in eine Position eingesetzt hat, die ihm die Möglichkeit zur Verfügung über sein Vermögen wie er selbst eröffnet. Welche Anforderungen dabei an diese Einsetzung zu stellen sind, ist allerdings umstritten:

– Nach h. M. ist hierfür lediglich Voraussetzung, dass der Verfügende in der Sphäre bzw. im Lager des Geschädigten steht (sog. Lagertheorie). Eine tatsächliche vom Geschädigten eingeräumte oder zumindest eröffnete Verfügungsmöglichkeit des Dritten genügt also für eine Zurechnung der Verfügung zur Person des Geschädigten.
Übertragen auf den vorliegenden Fall führt dies zur Annahme einer der B zurechenbaren Vermögensverfügung durch den W, da dieser durch das Aushändigen des Zweitschlüssels tatsächlich in eine Position eingesetzt war, die eine Verfügung über den Vermögensgegenstand ermöglichte (er hatte den Schlüssel mit Willen der B in Verwahrung genommen und trat daher als Gewahrsamshüter diesbezüglich in Erscheinung, sodass er im Lager der Geschädigten stand). Selbst wenn man – wie dies Teile der Anhänger der Lagertheorie fordern – verlangt, dass der Verfügende als Repräsentant im Hinblick auf den konkreten Vermögensgegenstand in Erscheinung treten muss, ändert dies am Ergebnis nichts, weil der W spätestens mit Entgegennahme des Zweitschlüssels als Gewahrsamshüter im Hinblick auf das Fahrzeug eingesetzt war.

– Nach einer in der Literatur vertretenen Auffassung ist dagegen nicht ein tatsächliches Herrschaftsverhältnis über die Sache ausschlaggebend, sondern die Frage, ob eine vom Berechtigten eingeräumte rechtliche Befugnis zur Verfügung über den jeweiligen Gegenstand bestanden hat.
Ausgehend hiervon müsste vorliegend eine Einsetzung des W in eine (rechtliche) Verfügungsposition abgelehnt werden, weil W jeweils nur nach Rücksprache mit B zur Aushändigung des Schlüssels und damit auch des Fahrzeuges befugt war.
– Stellungnahme: Für die h. A. spricht, dass Gewahrsam und Verfügung faktisch bestimmt werden, sodass auch die Zuordnung von Verfügungsakten tatsächlicher Natur sein sollte. Schon mit der faktischen Einsetzung in eine Vermögensposition schafft das Opfer nämlich die tatsächlichen Voraussetzungen, durch die der Dritte in die Lage versetzt wird, täuschungsbedingt über dessen Vermögen zu verfügen.
Eine der B zurechenbare Verfügung des W ist daher mit der h. M. zu bejahen (a. A. allerdings gut vertretbar).

4. Die Vermögensverfügung des W führte auch zu einem unmittelbaren Vermögensschaden auf Seiten der B, da diese jedenfalls den Besitz am Porsche, der Vermögenswert aufweist, verloren hat (die Frage, ob der Porsche für B dauerhaft verloren war, spielt insoweit keine Rolle).

5. In subjektiver Hinsicht hatte F auch Vorsatz und Absicht rechtswidriger Bereicherung.

6. Rechtfertigungs- und Schuldausschließungsgründe sind nicht ersichtlich.

Ergebnis: F ist strafbar wegen Betruges nach § 263 I StGB.

II. Strafbarkeit wegen **Diebstahls in mittelbarer Täterschaft, §§ 242, 25 I Alt. 2 StGB**, scheidet wegen des zwischen Diebstahl und Betrug bestehenden Ausschließlichkeitsverhältnisses aus. Es fehlt an der notwendigen – durch einen Gutgläubigen – bewirkten (Dritt-)Wegnahme, da die vorliegende Tat – wie soeben ausführlich dargestellt – von einer dem Opfer zurechenbaren täuschungsbedingten (Dritt-)Verfügung gekennzeichnet ist.
Ein Teil der Literatur geht zwar davon aus, dass Dreiecksbetrug und Diebstahl in mittelbarer Täterschaft gleichzeitig verwirklicht sein können.[136] Damit wird aber verkannt, dass sich Diebstahl als Fremdschädigungsdelikt und Betrug als Selbstschädigungsdelikt notwendig ausschließen.

III. Die durch Entgegennahme des Schlüssels ggf. gleichzeitig verwirklichte **Unterschlagung nach § 246 I StGB** tritt hinter dem Betrug als subsidiär zurück (formelle Subsidiarität, § 246 I a. E. StGB). Gleiches gilt für § 248b StGB.
Selbst wenn man den Unterschlagungszeitpunkt nach hinten verlegt (etwa auf das Absetzen mit dem Porsche nach Italien), hätte die Unterschlagung keine eigenständige Bedeutung, weil die Vermögensminderung bereits durch den Betrug herbeigeführt wurde (sog. Tatbestandslösung) bzw. die Unterschlagung dann jedenfalls mitbestrafte Nachtat wäre (sog. Konkurrenzlösung).

IV. Ergebnis: F ist, sofern man der h. M. folgt, wegen Betruges nach § 263 I StGB strafbar.

Neuerdings hat der BGH für die Abgrenzung von Dreiecksbetrug und Diebstahl in mittelbarer Täterschaft noch einmal präzisierend darauf hingewiesen, dass eine lediglich faktische Zugriffsmöglichkeit auf Drittvermögen nicht genügt. Dazu folgender

344

---

136 Vgl. etwa *Herzberg*, ZStW 89 (1997), 414; *Lenckner*, JZ 1966, 321.

§ 10 Betrug

Fall 41: A führte ein Jahr lang mit der L eine Liebesbeziehung. In diesem Zeitraum brachte er die L in elf Fällen dazu, ihm Geldbeträge zwischen 2000 Euro und 21 500 Euro, die sie von ihrem Bankkonto abhob, als Darlehen zu überlassen. Er täuschte ihr dabei aufgrund jeweils neu gefassten Tatentschlusses mit unwahren Tatsachenbehauptungen vor, dringend Geld zu benötigen. Dabei versicherte er L jeweils wahrheitswidrig, dass es sich lediglich um einen kurzfristigen Engpass handele und er ihr die Beträge umgehend zurückgeben werde. Im Vertrauen auf die Richtigkeit der Versprechungen des A und die baldige Rückzahlung kam die L seinen Bitten nach und übergab ihm die gewünschten Beträge, insgesamt 121 500 Euro. Im Wissen, dass ihm danach eine Rückzahlung nicht möglich war, verbrauchte A, seiner vorgefassten Absicht entsprechend, die Geldbeträge für seinen luxuriösen Lebensstil. Als L über keine eigenen Geldmittel mehr verfügte, fasste A den Entschluss, sie künftig als „institutionalisierte Geldquelle" zu benutzen und forderte sie fortlaufend und regelmäßig dazu auf, ihm ihr gehörende Vermögensgegenstände und solche aus Familienbesitz, die in entsprechenden Tresoren gelagert waren, leihweise zu überlassen. L gab auch diesem Wunsch nach und gab A Wertgegenstände aus dem Tresor der Eltern, weil sie die Tresorkombination kannte. A erklärte ihr bewusst wahrheitswidrig, er würde die Vermögenswerte jeweils nur zum Zwecke der Verpfändung benötigen, um einem kurzfristigen finanziellen Engpass abzuhelfen; er werde die Vermögenswerte umgehend wieder auslösen und ihr zurückgeben. In der Folge behauptete A gegenüber L zudem jeweils bewusst wahrheitswidrig, sie könne auch die bereits übergebenen Wertgegenstände nur dann zurückerhalten, wenn sie ihm weitere Vermögenswerte überlasse, da ihm andernfalls die Privatinsolvenz drohe. Tatsächlich veräußerte A, seinem vorgefassten Tatplan entsprechend, die so erlangten Vermögenswerte bei Juwelieren und einer Bank. Insgesamt überließ L dem A Wertgegenstände und Bargeld im Gesamtwert von mindestens 608 700 Euro. Strafbarkeit des A hinsichtlich der Vermögenswerte der Familie? (**Casanova-Fall** leicht abgewandelt nach BGH wistra 2017, 484[137])

344a **Lösung:**

I. In Betracht kommt eine Strafbarkeit des A wegen **(Dreiecks-)Betruges nach § 263 I StGB**.

1. Täuschung und Irrtum hinsichtlich der Rückerstattungsbereitschaft (innere Tatsache) sind gegeben.

2. Eine Vermögensverfügung könnte in der Herausgabe der den Familienmitgliedern gehörenden Vermögensgegenstände zu sehen sein. Problematisch ist dabei jedoch, dass die Getäuschte/Verfügende L und die geschädigten Angehörigen nicht personengleich sind. Insoweit ist anerkannt, dass eine Identität nicht zwingend erforderlich ist. Jedoch ist auch anerkannt, dass eine Zurechnung der Verfügung zur Person des Geschädigten nur unter bestimmten Voraussetzungen möglich ist.

a) Der BGH präzisiert insoweit: Zwar bedürfe es für einen Dreiecksbetrug nicht zwingend einer Ermächtigung oder Befugnis zur Vermögensübertragung, sondern es genüge auch eine faktische Zuordnung zu fremdem Vermögen. Allerdings betont der BGH noch einmal, dass die bloße faktische Zugriffsmöglichkeit auf fremdes Vermögen nicht genügt. Vielmehr muss der Verfügende geradezu als Gewahrsamshüter für das fremde Vermögen eingesetzt sein, damit eine Zuordnung von Verfügungen zum Vermögen des Geschädigten infrage kommt.[138] Mitgewahrsam soll hierfür allerdings grundsätzlich genügen.

b) Fehle es an einer solchen Gewahrsamshüterschaft, etwa weil L nur zufällig wusste, wo sich der Schlüssel zu dem Tresor befand, so kommt nach Auffassung des BGH nur ein Dieb-

---
137 M. Anm. *Jäger*, JA 2017, 950 ff.
138 Siehe zu dieser Problematik bereits BGHSt 18, 221.

stahl in mittelbarer Täterschaft in Betracht. Vorliegend ist nach dem Sachverhalt davon auszugehen, dass die L lediglich faktische Zugriffsmöglichkeit kraft Kenntnis der Tresorkombination hatte, ohne als Gewahrsamshüterin eingesetzt worden zu sein.

3. Ergebnis: Eine Strafbarkeit wegen (Dreiecks-)Betruges nach § 263 I StGB scheidet aus.

II. Denkbar wäre eine Strafbarkeit des A wegen **Diebstahls in mittelbarer Täterschaft nach §§ 242 I, 25 I Alt. 2 StGB.**

1. A hat die Wertgegenstände – für ihn fremde bewegliche Sachen – nicht selbst weggenommen. Denkbar wäre aber eine ihm im Wege der mittelbaren Täterschaft zurechenbare Wegnahme durch L. Voraussetzung hierfür wäre die Ausnutzung eines Defizits in der Person der L.

a) Denkbar ist insoweit mittelbare Täterschaft kraft Ausnutzung eines absichtslos-dolosen Werkzeugs. Der Einsatz eines absichtslos-dolosen Werkszeugs setzt jedoch voraus, dass der Tatmittler (hier L) sich des Sachverhalts bewusst ist, ihm aber die vorausgesetzte Absicht fehlt, etwa weil er keine Drittzueignungsabsicht hat (sodass er absichtslos ist), jedoch hinsichtlich einer Drittzueignung zumindest bedingten Vorsatz hat (der ihn immerhin als dolos kennzeichnet).[139] Tatsächlich könnte der Fall so liegen, wenn L zumindest damit gerechnet hat, dass A doch zu einer Auslösung und Rückführung der Gegenstände nicht bereit ist. Immerhin deutet der BGH eine solche Möglichkeit an, wenn es in der Schlusspassage der Entscheidung heißt, es sei in den Fällen, in denen mehrere Monate nach Übergabe der ersten Gegenstände, diese immer noch nicht zurückgegeben waren, eher fernliegend, dass L im Hinblick auf eine nur kurzfristige Leihe immer noch die Absicht zur Selbst- oder Drittzueignung fehlte. Dann wäre L ab diesem Zeitpunkt absichtslos-doloses (weil nur bedingt vorsätzliches) Werkzeug gewesen. Sofern man die Rechtsfigur des absichtslos-dolosen Werkzeugs anerkennt, käme man dann zu einer Strafbarkeit des A nach §§ 242, 25 I Alt. 2 StGB und zu einer Strafbarkeit der L wegen Beihilfe zu diesem Diebstahl nach §§ 242, 25 I Alt. 2, 27 StGB. Für eine prinzipielle Ablehnung der mittelbaren Täterschaft kraft Ausnutzung eines absichtslosdolosen Werkzeugs spricht aber, dass das bloße Fehlen von Absichten keine Tatherrschaft vermitteln kann.[140] Richtiger wäre es daher, in diesem Fall bei L nur eine Unterschlagung nach § 246 StGB (bedingter Zueignungswille genügt hier) anzunehmen und für A eine Anstiftung zur Unterschlagung nach §§ 246, 26 StGB sowie eine Hehlerei nach § 259 StGB.

b) Anders wäre es dagegen, wenn L tatsächlich in allen Fällen von der Rückgabebereitschaft des A ausgegangen ist. L hätte dann nicht gewusst, dass die Handlung aus Sicht des A in einen Diebstahl münden sollte. Vielmehr glaubte sie, dass A lediglich einen grundsätzlich straflosen „furtum usus" begehen wollte. Insoweit stellt sich die Frage, ob L dann überhaupt „dolos" war. Bei Tatbeständen ohne überschießende Innentendenz würde dies lediglich verlangen, dass Vorsatz hinsichtlich der Verwirklichung der objektiven Tatbestandsmerkmale besteht. Bei den Absichtsdelikten – und damit auch bei § 242 StGB – ist der kennzeichnende Zweck der Handlung jedoch nicht im objektiven Tatbestand, sondern gerade auch im subjektiven Tatbestand angesiedelt; insbesondere muss die Zueignung nicht tatsächlich verwirklicht, sondern lediglich beabsichtigt sein.[141] Insoweit ist die Vollendungsstrafbarkeit vorverlagert. Kennt der Verfügende (hier L) die Zueignungsabsicht des Dritten nicht und hat diesbezüglich nicht einmal bedingten Vorsatz, so fehlt es gerade am notwendigen Vorsatz, weswegen L dann als „undolos" zu qualifizieren wäre.[142] Im hier zu beurteilenden Fall läge dann bereits ein Diebstahl in mittelbarer Täterschaft kraft Ausnutzung eines Tatbestandsirrtums nach § 16 I 1 StGB vor,[143] da A einen entsprechenden Tatbestandsvorsatz

---

139 Vgl. hierzu etwa *Jäger*, AT, Rn. 251 m. w. N.
140 *Roxin*, Täterschaft und Tatherrschaft, 9. Aufl. 2015, S. 252 ff.
141 Siehe nur Lackner/Kühl/*Kühl* § 242 Rn. 20 ff.
142 Zutreffend *M. Krämer*, Jura 2005, 835 f.
143 Ausführlich auch dazu *M. Krämer*, Jura 2005, 835 f.; meine noch in JuS 2000, 652 vertretene Auffassung, es handle sich um einen Irrtum über den Handlungssinn, habe ich aufgegeben.

> hinsichtlich der Wegnahme fremder beweglicher Sachen durch L sowie Zueignungsabsicht und Tatherrschaftswillen durch Ausnutzung des vorsatzlosen Werkzeugs hatte.
>
> **2. Ergebnis:** A ist strafbar wegen Diebstahls in mittelbarer Täterschaft, wenn L davon ausgegangen ist, A werde tatsächlich alle Gegenstände wieder zurückbringen.
>
> **III.** Nimmt man einen Diebstahl in mittelbarer Täterschaft an, so kommt bezüglich des Weiterverkaufs der Gegenstände an Juweliere und Banken zusätzlich ein **Betrug nach § 263 StGB** gegenüber den Käufern in Betracht, da diese an denjenigen Gegenständen, die den Familienangehörigen gehörten, wegen Abhandenkommens (§ 935 BGB) nicht gutgläubig Eigentum erwerben konnten.
>
> **Hinweis:** *Nicht dagegen kommt ein Betrug bezüglich der L gehörenden Gegenstände in Betracht, da hinsichtlich dieser wegen der freiwilligen Herausgabe nicht von einem Abhandenkommen ausgegangen werden kann.*
>
> **IV. Gesamtergebnis und Konkurrenzen:** Die einzelnen Diebstähle in mittelbarer Täterschaft stehen zueinander in Tatmehrheit. Es entspricht insoweit ständiger Rechtsprechung, dass von einer natürlichen Handlungseinheit nur dann auszugehen ist, wenn „der Handelnde den auf die Erzielung eines Erfolges in der Außenwelt gerichteten, einheitlichen Willen durch eine Mehrheit gleichgearteter Akte betätigt und diese einzelnen Betätigungsakte aufgrund ihres räumlichen und zeitlichen Zusammenhangs objektiv erkennbar derart zusammengehören, dass sie nach der Auffassung des Lebens eine Handlung bilden."[144] Nähme man auch bei zeitlich weit auseinander liegenden Taten, denen nur ein einheitlicher Wille zu Grunde liegt, eine natürliche Handlungseinheit an, so würde dies letztlich auf eine nicht wünschenswerte Wiederbelebung des vom Großen Senat des BGH bereits im Jahr 1994[145] aufgegebenen Rechtsinstituts der fortgesetzten Handlung hinauslaufen. Im vorliegenden Fall ist daher hinsichtlich der gegenüber L begangenen Straftaten Realkonkurrenz anzunehmen.

Zu beachten ist, dass auch der Dreiecksbetrug nicht nur bei Gegenständen, sondern auch bei sonstigen Vermögenspositionen in Betracht kommt, ohne dass zum Diebstahl abzugrenzen ist (so bereits o. Rn. 332, beim Unmittelbarkeitsprinzip hinsichtlich sonstiger Vermögenspositionen, wo ebenfalls nicht zum Diebstahl, sondern – wenn überhaupt – zu Urkundsdelikten oder Ähnlichem abzugrenzen ist, s. auch Rn. 364[146]).

Wichtigstes Beispiel hierfür ist der sog. Prozessbetrug,[147] der veranschaulicht wird durch folgenden

345
> **Fall 42:** Anwalt A der Firma V klagt auf Abnahme und Zahlung eines Staubsaugers gegen den Kunden K, obwohl der Provisionsvertreter dem A gegenüber gestanden hat, dass er die Unterschrift des Kunden unter dem Kaufvertrag durch Täuschung erwirkt hat und der Vertrag daher angefochten wurde. A ist das gleichgültig, weshalb er zum Beweis des Anspruchs den manipulierten Kaufvertrag vor Gericht vorlegt. K wird antragsgemäß verurteilt, da er die Täuschung nicht beweisen kann. Strafbarkeit des A nach § 263 StGB?
> **(Provisionsvertreter-Fall I)**

---

144 Vgl. nur BGHSt 4, 219; 10, 230; 16, 397; 26, 284; 41, 368; 41, 394; 43,312; 43, 387; weitere Nachw. bei SK-*Jäger*, Vor § 52 Rn. 53.
145 Vgl. BGH (GS) NJW 1994, 1663.
146 *Sch/Sch/Perron*, § 263, Rn. 61.
147 Vgl. hierzu auch *Seier*, ZStW 102 (1990), 563.

Lösung: 346

In Betracht kommt eine Strafbarkeit des A wegen **fremdnützigen Betruges nach § 263 StGB** zugunsten der Firma V gegenüber dem Gericht und zu Lasten des Kunden K.

1. Die Täuschung liegt in der Vorlage des manipulierten Kaufvertrages und der darauf gegründeten bewusst wahrheitswidrigen Behauptung eines Kaufpreisanspruchs.

2. Fraglich könnte allerdings das Vorliegen eines Irrtums auf Seiten des Richters sein. Denn dieser entscheidet grundsätzlich nach Beweislastregeln, sodass möglicherweise für einen Irrtum überhaupt kein Raum ist. Jedoch geht die herrschende Meinung auch bei der täuschenden Ausnutzung von Beweislastregeln von einem Irrtum aus, weil § 138 I ZPO auf die Einhaltung der prozessualen Wahrheitspflicht drängt. Gerade weil der Richter Tatsachenvorbringen nicht berücksichtigen darf, von dem er sichere Kenntnis hat, dass es bewusst unwahr vorgetragen wurde, hält er es für zumindest wahrscheinlich, dass die Wahrheitspflichten eingehalten werden. Dies aber eröffnet den Raum für einen möglichen Irrtum.[148]

3. Hinsichtlich der notwendigen Vermögensverfügung ist problematisch, dass der getäuschte Richter und der vom klagestattgebenden Urteil betroffene K personenverschieden sind. Es könnte sich demnach um einen sog. Dreiecksbetrug handeln. Ein solcher ist jedoch nur dann anzunehmen, wenn der Verfügende in einem Näheverhältnis zu demjenigen steht, bei dem der Vermögensschaden eintreten soll. Die Voraussetzungen eines solchen Näheverhältnisses sind dabei – wie schon im vorhergehenden Fall gesehen – umstritten:

– Nach der Theorie der rechtlichen Befugnis ist ein Näheverhältnis nur dann anzunehmen, wenn der Verfügende kraft Gesetzes, behördlichen Auftrags oder Rechtsgeschäfts dazu befugt ist, über das Vermögen des Vermögensinhabers zu verfügen.[149] Da der Richter kraft Gesetzes über das Vermögen der jeweiligen Partei verfügen kann, wäre danach ein Näheverhältnis zu bejahen.

– Nach der Lagertheorie ist nur eine faktische Einwirkungsmöglichkeit des Verfügenden über das Vermögen des Vermögensinhabers zur Bejahung eines Näheverhältnisses notwendig. Diese Theorie geht damit über die Befugnistheorie sogar hinaus und nimmt angesichts der gesetzlichen Verfügungsmacht des Richters und im Hinblick auf seine Aufgabe, eine Zuordnung von Vermögensteilen vorzunehmen oder zu bestätigen, ohne Weiteres ein Näheverhältnis an; der Richter steht damit auch im Lager des Geschädigten.[150]

4. Der Schaden soll nach h. M. erst in der Ausfertigung der Vollstreckungsklausel des Urteils liegen.[151] Dies ist aber abzulehnen, weil schon mit dem Urteil eine konkrete Vermögensgefährdung vorliegen dürfte, da das Opfer den Antrag des Täters auf Klauselerteilung nicht verhindern kann.

Ergebnis: A ist strafbar wegen Betruges nach § 263 StGB.

Ein Betrug kann auch im gerichtlichen Mahnverfahren nach §§ 688 ff. ZPO durch falsche Tatsachenbehauptungen bei der Antragsstellung begangen werden.[152] Hierzu folgendes 347

Beispiel: A beantragte beim zuständigen Amtsgericht den Erlass eines Mahnbescheids gegen die F-GmbH. Als Anspruchsgrund gab A einen „Dienstleistungsvertrag gemäß Rechnung vom 2.11.2011" an, obwohl sie wusste, dass weder der Vertrag noch die von ihr geltend gemachte 347a

---

148 *Thomas/Putzo*, Anm. § 138 III 2. i. V. m. § 288 Anm. 3.
149 *Amelung*, GA 1977, 1, 14; *Mitsch*, BT/II, S. 302; *Krey/Hellmann/Heinrich*, BT/2, Rn. 591.
150 Vgl. *Geppert*, JuS 1977, 69; SK-*Hoyer*, § 263, Rn. 141.
151 Vgl. hierzu etwa *Otto*, BT, § 51, Rn. 141.
152 OLG Celle JA 2012, 152 m. Anm. *Kudlich*.

§ 10 *Betrug*

Geldforderung existierten. Der Mahnbescheid wurde daraufhin antragsgemäß durch den Rechtspfleger erlassen und entsprechend der von A gemachten Angaben an ihre Mutter (U), die die Geschäfte der F-GmbH führte, unter deren Wohnanschrift zugestellt. Wie mit A abgesprochen, ließ U die Widerspruchsfrist ablaufen. Auch gegen den von A erwirkten Vollstreckungsbescheid unternahm U nichts. Die Gesellschafter erlangten dabei von den Vorgängen keine Kenntnis. Nachdem die Einspruchsfrist verstrichen war, beantragte A einen Pfändungs- und Überweisungsbeschluss bezüglich eines Kontos der F-GmbH. Nach dessen Erlass bekam A von der kontoführenden Bank 180 000 € überwiesen.[153]

347b Lösung: Der BGH bejaht hier eine Täuschung i. S. d. § 263 StGB. Der Umstand, dass die Prüfung eines Mahnantrags gemäß §§ 691 I, 692 I Nr. 2 ZPO lediglich auf dessen formelle Voraussetzungen beschränkt ist, steht einem täuschungsbedingten Irrtum des bearbeitenden Rechtspflegers nicht entgegen. Da dieser als unabhängiges Organ der Rechtspflege der materiellen Gerechtigkeit verpflichtet sei, dürfe er nicht sehenden Auges einen unrichtigen Titel schaffen. Vielmehr müsse er den Antrag sogar zurückweisen, wenn er Kenntnis von der Unwahrheit des Tatsachenvortrags und vom Nichtbestehen des geltend gemachten Anspruchs erlangt. Daher erlasse der Rechtspfleger den Mahnbescheid stets in dem nicht notwendigerweise auf den konkreten Fall bezogenen allgemeinen Bewusstsein, dass die nach dem Zivilverfahrensrecht ungeprüft zu übernehmenden Angaben pflichtgemäß niedergelegt sind und auch der Wahrheit entsprechen. Eine Vermögensminderung im Sinne einer konkreten Vermögensgefährdung liegt allerdings erst mit Erlass des Vollstreckungsbescheids vor.

Achtung Klausur: *Freilich gilt das Obenstehende nur, soweit überhaupt ein Rechtspfleger mit dem Erlass der Mahnbescheide befasst ist. Im automatisierten Mahnverfahren ist eine Strafbarkeit wegen vollendeten Betrugs dagegen ausgeschlossen, weil es dann an der erforderlichen Täuschung einer natürlichen Person fehlt. Zu prüfen wäre dann, ob durch die Handlung ein Computerbetrug nach § 263a I Alt. 2 StGB verwirklicht wurde.[154] Der BGH hat dies in einer jüngeren Entscheidung bejaht,[155] da in einem solchen Fall die Verwendung unrichtiger Daten nach § 263a I Alt. 2 StGB gegeben sei. Die unzutreffende Angabe eines Anspruchsgrundes sei eine falsche Tatsachenbehauptung, die einer Täuschung nach § 263 StGB entspricht. Denn bei gleichem Vorgehen gegenüber einem Rechtspfleger läge eine Täuschung vor. Dadurch wird auch das Ergebnis eines Datenverarbeitungsvorgangs beeinflusst und – spätestens mit Erlass des Vollstreckungsbescheids – eine unmittelbare Vermögensminderung bewirkt.[156] Neben § 263a StGB ist nicht zugleich eine mittelbare Falschbeurkundung nach § 271 StGB gegeben, da durch die fälschliche Behauptung nicht eine Tatsache als wirklich geschehen beurkundet wird. In der späteren Beantragung des Pfändungs- und Überweisungsbeschlusses liegt nicht zusätzlich ein Betrug gegenüber dem Rechtspfleger, da der Rechtspfleger bei Erlass eines Pfändungs- und Überweisungsbeschlusses nur die formalen Voraussetzungen prüfen muss und er keine Kompetenz zur Prüfung der zu vollstreckenden Forderung hat (diese kann nur in einer Vollstreckungsabwehrklage nach § 767 II ZPO gerichtlich geprüft werden). Auch ist ein Betrug durch Unterlassen kraft Garantenstellung aus Ingerenz zu verneinen, da nicht das Unterlassen die Gefahr der Vollstreckung schuf, sondern die aktive Beantragung des Pfändungs- und Überweisungsbeschlusses.[157]*

Im Zusammenhang mit dem Dreiecksbetrug ist insbesondere umstritten, ob dieser auch im Falle des gutgläubigen Erwerbs einer Rechtsposition in Frage kommt. Das Problem verdeutlicht folgender

---

153 In Anlehnung an BGH NStZ 2012, 322.
154 Vgl. *Dannecker*, BB 1996; *Möhrenschlager*, wistra 1986; a. A.: SK-*Hoyer*, § 263a, Rn. 30 m. w. N.
155 BGH NStZ 2014, 155 m. Anm. *Trüg*; *Bosch*, JK 6/14, § 263a/18.
156 LK-*Tiedemann/Valerius*, § 263a, Rn. 68.
157 Auch hierzu BGH NStZ 2014, 155.

Fall 43: A leiht sein Fahrrad dem B. Da B in Geldnöten ist, veräußert er das Fahrrad des A einfach an den C, ohne diesen über seine fehlende Berechtigung aufzuklären. Strafbarkeit des B? **(Fahrradverleih-Fall)**

348

Lösung:

349

I. Denkbar wäre hier zunächst die Annahme eines **eigennützigen Betrugs gegenüber und zu Lasten des C nach § 263 StGB**.
1. In der Veräußerung liegt zumindest eine konkludente Täuschung, weil beim Verkauf einer Sache die Berechtigung zumindest nach der Verkehrsanschauung schlüssig miterklärt wird.
2. Bei C ist ein entsprechender Irrtum hervorgerufen worden.
3. Durch Zahlung des Kaufpreises hat C auch eine bewusste Vermögensverfügung vorgenommen.
4. Fraglich ist jedoch das Vorliegen eines Vermögensschadens auf Seiten des C.[158] Problematisch ist dessen Bejahung deshalb, weil C im Ausgleich für die Kaufpreiszahlung an dem Fahrrad des A gutgläubig Eigentum nach § 932 BGB erlangt hat.
Denkbar wäre deshalb allenfalls, einen Schaden in der Weise anzunehmen, dass man das erlangte Eigentum nicht als vollwertiges Eigentum betrachtet, weil es mit der fremden Berechtigung des C bemäkelt ist (sog. Makeltheorie)[159] oder indem man eine schadensgleiche Vermögensgefährdung des C durch einen eventuell drohenden Herausgabeprozess annimmt.[160]
Dagegen spricht jedoch, dass der Gutglaubenserwerb rechtlich vollwertiges Eigentum schafft, sodass moralische Erwägungen keine Rolle spielen können.[161] Auch kann von einer konkreten Vermögensgefährdung nicht gesprochen werden, da ein etwaiger Herausgabeprozess aussichtslos wäre. Zudem ist die neuere Rechtsprechung des BVerfG zum Begriff des Nachteils im Rahmen des § 266 I StGB zu berücksichtigen, welche aus Gründen des Bestimmtheitsgebots eine konkrete Feststellung und somit in der Regel eine zahlenmäßig zu belegende Ermittlung des (Gefährdungs-)Schadens erfordert (siehe hierzu Rn. 391d).[162] Dies ist auch auf den Begriff des Vermögensschadens in § 263 I StGB zu übertragen.[163] Hieraus folgt sodann, dass ein (gegebenenfalls auch gesteigertes) Prozessrisiko nicht mehr als schadensgleiche Vermögensgefährdung angesehen werden kann, da ein solches Risiko nicht mit wirtschaftlich nachvollziehbaren Maßstäben beziffert werden kann.
Ergebnis: Ein eigennütziger Betrug des B gegenüber und zu Lasten des C scheidet daher aus.

II. Denkbar wäre jedoch ein **eigennütziger Betrug des B gegenüber C und zu Lasten des A nach § 263 StGB**.
1. Täuschung und Irrtum sind wie soeben zu beurteilen.
2. Vermögensverfügung
Fraglich ist hier, ob in dem Gutglaubenserwerb des C eine Verfügung über das Vermögen des A gesehen werden kann.

---

158 Vgl. dazu auch näher *Begemeier/Wölfel*, JuS 2015, 307 ff.
159 RGSt 73, 61; BGHSt 15, 83.
160 BGHSt 15, 83, 87; BGH JR 1990, 517; so auch *Arzt/Weber*, BT, Rn. 449.
161 *Maurach/Schroeder/Maiwald*, BT/I, § 41, Rn. 125; enger *Krey/Hellmann/Heinrich*, BT/2, Rn. 667.
162 BVerfG NJW 2010, 3209.
163 BGH wistra 2011, 387 m. Anm. *Kudlich*, JA 2011, 790; BVerfG wistra 2012, 102; hierzu auch *Peglau*, wistra 2012, 268.

Ein Verfügungsbewusstsein des C im Hinblick auf die Beeinträchtigung der Eigentumsposition des A wäre hier nicht erforderlich, da es nicht um einen Dreiecks-Sachbetrug, sondern um einen Dreiecksbetrug im Hinblick auf eine Rechtsposition geht.
Sowohl Vertreter der Lager-, als auch Befürworter der Befugnistheorie bejahen daher zum Teil einen Dreiecksbetrug des B gegenüber C und zulasten des A, indem sie davon ausgehen, dass C hier über das Eigentum des A kraft Gutglaubenserwerbs nach § 932 BGB verfügt (das Gesetz stellt den C gewissermaßen ins Lager des A bzw. es befugt den C im Hinblick auf A).
Im Ergebnis wird man jedoch einen Dreiecksbetrug ablehnen müssen, weil dieser stets eine (tatsächliche oder rechtliche) besondere Nähe des Verfügenden zum Betrugsopfer voraussetzt. Im Falle des gutgläubigen Erwerbs ist dies deshalb zu verneinen, weil die bloße gesetzliche Möglichkeit zur Eigentumserlangung keine Zugehörigkeit zu einer Person schaffen kann. Vielmehr ist jedermann zu einem Gutglaubenserwerb in der Lage, sodass es eher dem Zufall entspricht, dass gerade C den für A vermögensschädigenden Gutglaubenserwerb in seiner Person erfüllt hat.

Ergebnis: Auch ein Dreiecksbetrug des B gegenüber C und zulasten des A scheidet aus.

III. Gegeben ist aber jedenfalls eine **veruntreuende Unterschlagung nach § 246 I, II StGB**, da A durch das Verkaufsangebot und erst recht durch die spätere Veräußerung seinen Zueignungswillen nach außen manifestiert hat.

In einer ganz außergewöhnlichen Fallkonstellation hat der BGH aber neuerdings einen betrugsrelevanten Schaden trotz gutgläubigen Eigentumserwerbs des Verfügenden für möglich gehalten, wenn vom Täter eine unmittelbar nachfolgende Entziehung geplant ist. Verdeutlicht werden soll das Problem an folgendem extrem examensgefährlichen

349a

Fall 44: M veräußerte mithilfe einiger Komplizen einen an die B-GmbH sicherungsübereigneten PKW an einen gutgläubigen Käufer K. Das Fahrzeug wurde dazu zunächst formal an einen Mittelsmann vermietet und anschließend unter Vorlage gefälschter Fahrzeugpapiere veräußert sowie an K übergeben. Anschließend meldete M das Fahrzeug bei der Polizei als unterschlagen (deshalb die formale Vermietung) und erlangte es mittels GPS-Ortung unter Einschaltung der Polizeibehörden zurück. Das Rückzahlungsbegehren des K sollte infolge der verwendeten falschen Papiere ins Leere laufen. Strafbarkeit des M? §§ 164, 145d StGB sind nicht zu prüfen. § 267 StGB ist nicht zu prüfen. (**Simulationsverkaufs-Fall** nach BGH NStZ 2015, 514[164])

349b

Lösung:

A. Strafbarkeit des M gegenüber K

I. In Betracht kommt eine Strafbarkeit wegen **Betruges nach § 263 I StGB**.

1. In der Veräußerung liegt auch hier eine konkludente Täuschung, weil M bei Verkauf des Fahrzeugs seine Berechtigung schlüssig miterklärt hat. Darüber hinaus erklärte M durch die Veräußerung auch, dass der Käufer dauerhaften Besitz erlangen würde, obgleich eine Rückholung durch die Polizei beabsichtigt war.

2. M hat beim Käufer entsprechende Irrtümer hervorgerufen.

3. Durch Zahlung des Kaufpreises hat der Käufer auch eine bewusste Vermögensverfügung vorgenommen.

---

164 M. Anm. *Kudlich*, JA 2015, 947 ff.

4. Fraglich ist jedoch das Vorliegen eines Vermögensschadens.
Die denkbare Argumentation, einen Schaden in der Weise anzunehmen, dass der Käufer kein vollwertiges Eigentum erlangt hat, weil der Gegenstand mit fremder Berechtigung bemäkelt und darüber hinaus eine Vermögensgefährdung durch einen eventuell drohenden Herausgabeprozess gegeben sei, lässt sich nicht mehr vertreten (hier kann vollständig auf die Ausführungen in Fall 43, Rn. 349 verwiesen werden).
Fraglich ist jedoch, ob sich aus der Tatsache, dass von Anfang an eine Rückholung des Fahrzeugs über die Polizei beabsichtigt war, ein Vermögensschaden ergibt.
Der BGH hat einen solchen Vermögensschaden bejaht, da nach dem Tatplan des M der Käufer das Fahrzeug nicht erst als Folge eines Zivilprozesses verlieren sollte, sondern auf der Grundlage einer sofortigen Sicherstellung durch Polizeibeamte. Sein Eigentumsrecht konnte K daher im Hinblick auf die ihm unter Angabe unrichtiger Käuferdaten übergebenen gefälschten Fahrzeugpapiere gegenüber M nicht nachweisen, sodass für eine erfolgreiche spätere Herausgabeklage keinerlei Anhaltspunkte bestanden. Dementsprechend kam nach Auffassung des BGH einer solchen Möglichkeit zum Zeitpunkt der Vermögensverfügung kein wirtschaftlicher Wert zu, sodass der Geschädigte bei wirtschaftlicher Betrachtung zum Zeitpunkt der Vermögensverfügung lediglich eine für ihn im Ergebnis wertlose kurzfristige Besitzposition an dem Fahrzeug erlangte.
In der Literatur ist die Begründung des BGH für einen Vermögensschaden allerdings auf Kritik gestoßen. Zu Recht wurde insoweit darauf hingewiesen, dass das Abstellen auf die zukünftigen deliktischen Pläne für die schadensrechtliche Bewertung, wie das BVerfG bereits in der Al Quaida-Entscheidung hervorgehoben hat (zu ihr Rn. 363, Bsp. 3) keine Bedeutung haben kann; vielmehr erlangte der Käufer zunächst vollwertiges Eigentum und die bloße Aussicht, das Fahrzeug durch Täuschung der Behörden zurückzuerlangen, kann daher nicht als unmittelbare Schmälerung des Vermögens in Betracht kommen, zumal dafür ein weiteres deliktisches Verhalten in der Zukunft notwendig war.[165]

Ergebnis: Nur wenn man dem BGH folgt, lag hier eine Strafbarkeit nach § 263 StGB vor. Dagegen spricht allerdings die Rechtsprechung des BVerfG, die bei der bloßen Absicht der Verwirklichung deliktischer Pläne grundsätzlich keine Aktualisierung eines Vermögensschadens anerkennt.

II. Denkbar wäre aber die Bejahung eines **Betrugs gegenüber der Polizei zulasten des K**
1. M hat die Polizei darüber getäuscht, dass er Eigentümer des Fahrzeugs sei.
2. Ein entsprechender Irrtum ist bei der Polizei erregt worden.
3. In der Folge hat die Polizei auch durch Rückführung des Fahrzeugs über die Besitzposition des K verfügt. Dabei ist anerkannt, dass Verfügender und Geschädigter nicht identisch sein müssen. Vielmehr kommt auch dann ein Betrug in Betracht, wenn der Geschädigte sich die Handlung des Verfügenden zurechnen lassen muss. Umstritten ist dabei, ob hierfür eine faktische Nähebeziehung des Verfügenden zum Geschädigten ausreicht (sog. Lagertheorie) oder ob eine rechtliche Befugnis zur Verfügung über die Vermögenswerte des Geschädigten bestehen muss (sog. Befugnistheorie). Gleichgültig, welcher Auffassung man hier folgt, wird man im Ergebnis einen Dreiecksbetrug verneinen müssen. Denn die Polizei hat zwar faktische Zugriffsmöglichkeiten. Diese stellen die Behörden aber nicht in das Lager des jeweils Betroffenen und begründen erst recht keine Befugnis zur Verfügung über fremdes Vermögen. Die Polizei ist damit nicht einem Richter gleichzustellen, der durch Gesetz die tatsächliche und rechtliche Möglichkeit an die Hand bekommen hat, über fremde Vermögenspositionen zu bestimmen. Denn die Polizei hat nicht die genuine Aufgabe der Vermögensverteilung, sondern sie handelt grundsätzlich zur Gefahrenabwehr.

Ergebnis: Ein Dreiecksbetrug gegenüber der Polizei und zulasten des Käufers scheidet daher aus.

---

165 So zutreffend *Kudlich*, JA 2015, 949.

§ 10 *Betrug*

III. Infrage kommt daher allein ein **Diebstahl in mittelbarer Täterschaft**.
1. M hat das Fahrzeug – eine fremde bewegliche Sache – nicht eigenhändig weggenommen. Vielmehr hat er dafür die Polizei eingesetzt. Insoweit kommt eine Zurechnung im Wege der mittelbaren Täterschaft in Betracht, sofern M ein Defizit der Polizeibehörden ausgenutzt hat.
In Frage kommt diesbezüglich die Ausnutzung eines Irrtums durch fehlerhafte Information. Durch die Falschbekundungen des M unterlag die Polizei zumindest einem Irrtum über die materielle Rechtmäßigkeit ihres Vorgehens. Selbst wenn das Handeln der Polizei aufgrund der gefälschten Papiere formell rechtmäßig war, blieb den Polizisten die materielle Rechtswidrigkeit ihres Vorgehens verborgen. Durch Erzeugung dieses Irrtums hatte M daher Tatherrschaft über das Gesamtgeschehen, sodass eine Wegnahme in mittelbarer Täterschaft zu bejahen ist.
2. M handelte auch vorsätzlich sowie in der Absicht rechtswidriger Zueignung.
3. Rechtfertigungs- und Entschuldigungsgründe sind nicht ersichtlich.
Ergebnis: M hat sich wegen Diebstahls in mittelbarer Täterschaft strafbar gemacht. Dagegen liegt nach Auffassung des BGH ein Betrug gegenüber K vor.

B. Strafbarkeit des M gegenüber der B-GmbH

I. In Betracht kommt zunächst eine Strafbarkeit wegen **Untreue nach § 266 I StGB**.
Voraussetzung hierfür wäre das Vorliegen einer Vermögensbetreuungspflicht (vergleiche Rn. 390). Die Sicherungsübereignung eines Gegenstands schafft jedoch nach ganz h. M. keine Position, aus der eine Vermögensbetreuungspflicht abzuleiten wäre. Hierfür fehlt es an der notwendigen Selbstständigkeit und Verfügungsfreiheit, die für eine Vermögensbetreuungspflicht erforderlich wäre. Denn die Sicherungsabsprache beinhaltet regelmäßig, dass mit dem sicherungsübereigneten Gegenstand in einer bestimmten Weise umzugehen ist.
Damit scheidet eine Strafbarkeit wegen Untreue aus.

II. In Betracht kommt jedoch eine **veruntreuende Unterschlagung gemäß § 246 I, II StGB**.
1. Bei dem sicherungsübereigneten Fahrzeug handelte es sich um eine fremde bewegliche Sache.
2. Durch die Veräußerung an K ist eine Zueignung dieses Gegenstands gegeben, da sich darin der Zueignungswille des M nach außen erkennbar manifestiert hat.
3. Rechtfertigungs- und Schuldausschließungsgründe sind nicht ersichtlich.
Ergebnis: M hat sich wegen veruntreuender Unterschlagung nach § 246 I, II StGB strafbar gemacht.

III. Denkbar wäre auch das Vorliegen eines **Dreiecksbetruges gegenüber K und zulasten der Bank nach § 263 StGB**.
1. Eine Täuschung sowie ein Irrtum über die Berechtigung des M sind zu bejahen.
2. Hinsichtlich der Vermögensverfügung ist wiederum fraglich, ob in dem Gutglaubenserwerb des K eine Verfügung über das Vermögen der B-GmbH gesehen werden kann. Dies ist jedoch mit der h.M. zu verneinen, wobei hier wiederum auf die Lösung zu Fall 43 (Rn. 349 unter II. 2.) verwiesen werden kann. Die Vorschrift des § 932 BGB stellt K nicht in das Lager der B-GmbH und schafft auch keine rechtliche Befugnis zur Eigentumsvernichtung.
Ergebnis: Ein Dreiecksbetrug des M gegenüber K und zulasten der B-GmbH scheidet damit aus.

Noch wenig geklärt ist schließlich die Frage, ob eine Strafbarkeit wegen Dreiecksbetrugs ausscheidet, wenn der geschädigte Vermögensinhaber Kenntnis von der Täuschung des Verfügenden besitzt.[166]

IV. Vermögensschaden

Die letzte Voraussetzung des objektiven Betrugstatbestandes ist der Eintritt eines Vermögensschadens. Innerhalb dieses Vermögensschadens sind wiederum beide Wortbestandteile problematisch, nämlich einerseits der Vermögensbegriff und andererseits der Schadensbegriff. **350**

1. Vermögensbegriff[167]

Hier geht es um die Frage, welche faktischen oder rechtlichen Positionen von der Verfügung betroffen sein müssen. Dabei haben sich verschiedenste Vermögensbegriffe herausgebildet:

a) Juristischer Vermögensbegriff (veraltet)[168]

Nach diesem Vermögensbegriff zählen zum Vermögen alle subjektiven Rechte einer Person ohne Rücksicht darauf, ob das Recht einen wirtschaftlichen Wert hat. **351**

Dieser Vermögensbegriff wird jedoch heute zu Recht nicht mehr vertreten, weil z. B. unbestreitbar wirtschaftliche Positionen wie etwa die Arbeitskraft nicht unter diesen Vermögensbegriff subsumierbar sind, da die Arbeitskraft kein subjektives Recht darstellt.

b) Wirtschaftlicher Vermögensbegriff (h. M.)

Vermögen ist danach die Gesamtheit der geldwerten Güter einer Person ohne Rücksicht auf deren rechtlichen Bestand.[169] Demzufolge unterfallen auch widerrechtlich erlangte oder rein faktische Positionen, wie etwa der Besitz an der Diebesbeute oder nichtige bzw. nicht einklagbare Ansprüche dem Vermögensbegriff, sofern sie aufgrund ihrer tatsächlichen Durchsetzbarkeit Vermögenswert haben.[170] **352**

c) Juristisch-ökonomischer Vermögensbegriff

Danach gehören zum Vermögen alle wirtschaftlichen Werte, die einer Person unter dem Schutz der Rechtsordnung[171] oder wenigstens ohne deren Missbilligung[172] zustehen. **353**

---

166 Bejahend BGH NStZ 2006, 623 f.; offen gelassen von BGH JZ 2008, 522 m. Anm. *Eisele*.
167 Vgl. lehrreich zum Vermögensbegriff bei den Vermögensdelikten *Eisele/Bechtel*, JuS 2018, 97 ff.; s. auch MüKo-*Hefendehl*, § 263, Rn. 366 ff. m. w. N.; zu klausurrelevanten Problemfeldern *Waszczynski*, JA 2010, 251 ff.; *Satzger*, Jura 2009, 518 ff.
168 *Binding*, BT, 1902, S. 238 ff. und 341 ff.; bis RGSt 6, 1; *Merkel*, Krim Abh II, S. 101.
169 BGHSt 16, 22; *Fischer*, § 263, Rn. 89; *Wessels/Hillenkamp/Schuhr*, BT/2, Rn. 534 f.
170 Vgl. hierzu BGHSt 2, 364 f.
171 Vgl. *Foth*, GA 1966, 42; *Franzheim*, GA 1960, 277; *Gutmann*, MDR 1963, 5; *Welzel*, Deutsches Strafrecht, S. 373.
172 Vgl. *Cramer*, JuS 1966, 475; *Lenckner*, JZ 1967, 107. Vgl. auch *Schroth*, BT, S. 195.

Bedenkt man, dass die rein juristische Vermögenslehre heute nicht mehr vertreten wird, so spitzt sich der Streit auf die wirtschaftliche Vermögenstheorie einerseits und die juristisch-ökonomische Vermögenstheorie andererseits zu. Allerdings weist *Küper* zu Recht darauf hin, dass der Unterschied zwischen diesen beiden Vermögenslehren letztlich auch nur in drei Problembereichen relevant wird:[173]

354 aa) Die unterschiedlichen Vermögensbegriffe spielen erstens eine Rolle bei der Frage, ob nichtige Ansprüche aus verbotenen bzw. sittenwidrigen Geschäften als Bestandteile des Vermögens anzuerkennen sind.

Beispiel: Auftragskiller A soll für einen Mord an der X 10 000 € vom Auftraggeber B erhalten. Nach Erfüllung des Mordauftrags zahlt B jedoch, wie von Anfang an geplant, nicht.

Hinweis: *Früher wurde hier auch der Fall angeführt, in dem der Freier die nicht auf Vorauszahlung bestehende Prostituierte um deren verabredeten Lohn für den einverständlichen Geschlechtsverkehr prellt. Da nunmehr nach § 1 des Gesetzes zur Regelung der Rechtsverhältnisse der Prostituierten (in Kraft getreten am 1.1.2002) ein Anspruch der Prostituierten auf Entlohnung besteht, nimmt dieser auch am strafrechtlichen Vermögensschutz teil[174] (zum wieder anders gelagerten Problem des Vermögensschutzes bei erzwungenem Geschlechtsverkehr, s. Rn. 377c).*

Lösung des Beispiels: Die rein wirtschaftliche Vermögenstheorie könnte hier grundsätzlich zu einem Vermögensschaden gelangen, indem sie auch Ansprüchen aus einem verbotenen und sittenwidrigen Geschäft einen tatsächlichen Vermögenswert zumisst. Jedoch wird der Vermögenswert der verbots- bzw. sittenwidrigen Arbeitskraft entgegen dem rein ökonomischen Ausgangspunkt unter Hinweis auf die Einheit der Rechtsordnung verneint.
Einfacher gelangt die juristisch-ökonomische Vermögenslehre zu diesem Ergebnis, indem sie der verbots- bzw. sittenwidrigen Arbeitskraft die Anerkennung der Rechtsordnung abspricht. Beide Auffassungen kommen daher im Beispielsfall zur Ablehnung eines Betrugs.

Die Tätigkeit eines Kartenlegers ist nach einer Entscheidung des LG Ingolstadt[175] nicht rechts- bzw. sittenwidrig. Wer sich daher die Karten legen lässt und dabei nicht zahlungsbereit ist, begeht deshalb einen Eingehungsbetrug, ohne dass es auf die soeben geschilderte Problematik ankommt.

355 bb) Die Vermögensbegriffe sind zweitens maßgeblich bei dem Problem, ob ein zur Erreichung eines rechtlich missbilligten Zwecks eingesetzter Wert noch am strafrechtlichen Vermögensschutz teilnimmt.

Beispiel: Auftraggeber A zahlt diesmal an den Auftragskiller B für die Ermordung der X im Voraus 10 000 €. Wie von Anfang an beabsichtigt, weigert sich B anschließend, den Auftrag zu erfüllen.

Die Vertreter des wirtschaftlichen Vermögensbegriffs gehen hier davon aus, dass die Verfolgung eines widerrechtlichen Zwecks nicht zum Verlust des Vermögensschutzes führen kann, weil es grundsätzlich kein gegen Betrug ungeschütztes Vermögen gibt.[176]

---

173 Hier und im Folgenden *Küper/Zopfs*, BT, S. 394.
174 So jetzt ausdrücklich BGH Beschl. v. 2.2.2016 – 1 StR 435/15 m. Anm. *Bosch*, Jura 2016, 826.
175 LG Ingolstadt NStZ-RR 2005, 313 m. Anm. *Jahn*, JuS 2006, 945 f.
176 BGHSt 2, 365; 8, 256.

Dem stimmen mehrheitlich auch Anhänger des juristisch-ökonomischen Vermögensbegriffs zu, weil die vorgeleistete Übereignung des Geldes als solche – im Gegensatz zur Arbeitsleistung selbst! – wertfrei sei.[177] Die Tatsache, dass § 817 S. 2 BGB einen bereicherungsrechtlichen Anspruch im Hinblick auf das vorgeleistete Geld versagt, steht dem nicht entgegen, weil fehlende zivilrechtliche Ausgleichsmöglichkeiten das Vorhandensein eines betrügerischen Vermögensabganges nicht relativieren können.[178]

Die sog. Lehre von der bewussten Selbstschädigung verneint dagegen im vorliegenden Fall einen Vermögensschaden, da der Getäuschte die Unverbindlichkeit kenne und sich daher bewusst selbst schädige.[179] Diese Auffassung ist jedoch abzulehnen, weil von einer bewussten Selbstschädigung nur in Fällen gesprochen werden kann, in denen die Hingabe des Vermögenswerts wissentlich ohne Gegenleistung erfolgen soll, wie dies etwa im Fall einer Spende anzunehmen ist.[180]

cc) Die Vermögensbegriffe sind drittens von Bedeutung bei der Frage, ob und inwieweit der unrechtmäßige Besitz einen schutzwürdigen Vermögensbestandteil darstellt.

Beispiel: B hat eine Stradivari gestohlen. A gibt sich ihm gegenüber als Fachmann für Musikinstrumente aus und erklärt ihm fälschlich, dass er in der Lage sei, das Instrument für B auf dem Schwarzmarkt zu verkaufen. B übergibt A daher das Instrument, woraufhin sich A damit – wie von Anfang an beabsichtigt – absetzt.

Nach der wirtschaftlichen Vermögenslehre, derzufolge es kein gegen Betrug ungeschütztes Vermögen gibt, ist hier ein Vermögensschaden anzunehmen, weil auch der unrechtmäßige Besitz ohne Weiteres zum geschützten Vermögen gehört.[181] Danach wäre hier ein Betrug gegeben. Nicht erfüllt ist dagegen nach h. M. eine Hehlerei. Zwar erlangt A durch die Täuschung quasidingliche Verfügungsmacht vom Dieb als Vortäter. Jedoch ist der Schutzzweck des § 259 StGB insoweit teleologisch zu reduzieren. Berücksichtigt man nämlich, dass das Erfordernis einverständlichen Zusammenwirkens zwischen Vortäter und Hehler seinen Grund darin hat, dass gerade aus diesem Zusammenwirken den allgemeinen Sicherheitsinteressen, die § 259 StGB schützt, Gefahren erwachsen, so liegt eine einschränkende Auslegung bei Erlangung durch Täuschung oder Drohung nahe (näher dazu und zur Begründung Rn. 404 f.).

Von einem Teil der Anhänger der juristisch-ökonomischen Vermögenslehre wird ein Betrugsschaden abgelehnt, weil der deliktisch erlangte Besitz kein rechtlich geschütztes Vermögen sei.[182] Andere Teile der juristisch-ökonomischen Vermögenslehre kommen dagegen – wie die wirtschaftliche Vermögenslehre – zu einem Vermögensschaden, indem sie darauf verweisen, dass auch der unrechtmäßige Besitz in §§ 859 ff. BGB geschützt werde und dieser Gedanke in das Strafrecht übertragen werden müsse.[183]

---

177 Lackner/*Kühl*, § 263, Rn. 35; *Wessels/Hillenkamp/Schuhr*, BT/2, Rn. 567; KG NJW 2001, 86.
178 So *Wessels/Hillenkamp/Schuhr*, BT/2, Rn. 565; vgl. auch *Engländer*, JR 2003, 165.
179 *Freund/Bergmann*, JR 1991, 357.
180 Näher hierzu *Otto*, Jura 1993, 424 m. w. N.
181 *Krey/Hellmann/Heinrich*, BT/2, Rn. 613 ff.
182 NK-*Kindhäuser*, § 263, Rn. 30 f.; *Zieschang*, Hirsch-FS, 1999, S. 837 f.
183 Lackner/*Kühl*, § 263, Rn. 34; LK-*Tiedemann*, § 263, Rn. 140 f.; vgl. zur gesamten Problematik *Kühl*, JuS 1989, 505 ff.

357 dd) Die teilweise unterschiedlichen Ergebnisse von wirtschaftlicher und juristisch-ökonomischer Vermögenslehre machen eine Stellungnahme erforderlich:

Dabei kann kein Zweifel daran bestehen, dass der wirtschaftliche Vermögensbegriff in der Vergangenheit zu zahlreichen Widersprüchen geführt hat, z.B. einerseits Herausnahme der verbots- bzw. sittenwidrigen Arbeitskraft aus dem Vermögensdeliktsbereich unter Hinweis auf die Einheit der Rechtsordnung (vgl. soeben Rn. 354) und andererseits Aufnahme des unrechtmäßigen Besitzes in den Bereich des schutzwürdigen Vermögens unter Hinweis, dass es auf die Frage der Rechtmäßigkeit und damit auf die Rechtsordnung überhaupt nicht ankomme (soeben Rn. 356).

Diese Friktionen vermeidet der juristisch-ökonomische Vermögensbegriff, indem er konsistent auf die Belange der Rechtsordnung Rücksicht nimmt. Um keinen rechtsfreien Raum zu schaffen, erscheint dabei allerdings die vermittelnde juristisch-ökonomische Vermögenslehre vorzugswürdig, die auch dem rechtswidrigen Besitz einen Vermögenswert einräumt. Dafür spricht vor allem die Tatsache, dass auch der Besitz eine Rechtsposition gewährt, mit der Sache wie ein Eigentümer zu verfahren. Hinzuweisen ist in diesem Zusammenhang darauf, dass der unredliche Besitz im bürgerlichen Recht sogar den Rechtsschein des Eigentums erzeugen kann und einen gutgläubigen Eigentumserwerb ermöglicht. Dies zeigt eine rechtlich-faktische Anerkennung des rechtswidrigen Besitzes, die auf die strafrechtliche Beurteilung grundsätzlich in der Weise ausstrahlen muss, dass auch dem unredlich erworbenen Besitz ein Vermögenswert zuerkannt wird. Im in Rn. 356 geschilderten Beispielsfall wäre daher nach der vorzugswürdigen vermittelnden juristisch-ökonomischen Vermögenslehre eine Strafbarkeit des A wegen Betrugs zu Lasten des B zu bejahen.

Achtung Klausur: *Ein Anfragebeschluss des 2. Senats[184] hatte im Jahre 2016 neue Bewegung in den Streit um den richtigen Vermögensbegriff gebracht. Nach der im Anfragebeschluss vertretenen Auffassung des damaligen 2. Senats sei der unerlaubte Besitz von Betäubungsmitteln kein Bestandteil des geschützten Vermögens, da es kein strafrechtlich schutzwürdiges Vermögen außerhalb des Rechts oder sogar im Widerspruch dazu gebe. Auch der Besitz sei daher nur dann ein Bestandteil des geschützten Vermögens, wenn er auf einem Recht zum Besitz beruht. Der strafbare Besitz von Betäubungsmitteln sei deshalb kein durch Strafrecht zu schützendes Rechtsgut (vgl. dazu unten Rn. 377a). Es genügten dafür §§ 29, 29a BtMG sowie § 261 StGB (Strafbarkeit wegen Besitzes von Drogen und Geldwäsche, die auch bei erpresserischem oder täuschendem Entzug von Drogen gelten) sowie § 240 StGB. Sämtliche angefragten Senate haben diese Auffassung jedoch unter Hinweis auf den wirtschaftlichen Vermögensbegriff abgelehnt und heute vertritt auch der 2. Senat in anderer Besetzung wieder die Auffassung, dass es kein gegen Betrug ungeschütztes Vermögen gibt. Da es sich um einen Erpressungs-Fall handelt, wird der den Anfragebeschluss betreffende Fall erst im dortigen Zusammenhang anhand eines Beispiels erläutert. Es empfiehlt sich aber, diesen Fall schon jetzt zu lesen, weil der BGH in diesem Fall ausdrücklich auch einen Betrug im Falle einer durch Täuschung erreichten Erlangung von Drogen für ausgeschlossen erklärt und sich sogar gegen die Möglichkeit eines Diebstahls oder Raubes von Drogen ausgesprochen hat.*

---

184 BGH NStZ 2016, 596 m. Anm. *Jäger*, JA 2016, 790 ff. Vgl. dazu auch *Buchholz*, Jura 2018, 264.

*Bitte blättern Sie daher ausnahmsweise nach hinten zu Rn. 377a **(Dope-Fall)**. Denn es schadet nicht, diesen Fall jetzt im Zusammenhang mit dem Betrug und später noch einmal im Zusammenhang mit der Erpressung zu lesen.*

Achtung Klausur: *Nach h. A. (sowohl innerhalb der wirtschaftlichen als auch innerhalb der juristisch-ökonomischen Vermögenslehre) fallen auch sog. Anwartschaften, Expektanzen und Gewinnaussichten unter den Vermögensbegriff, sodass auch eine Vermögensgefährdung einen Vermögensschaden begründen kann, sofern die Aussichten sich schon so weit konkretisiert haben, dass der Wirtschaftsverkehr ihnen bereits einen wirtschaftlichen Wert zuerkennt.*[185]

2. Schadensbegriff

Der Schaden ist beim Betrug nach ständiger Rspr. des BGH durch einen Vergleich des Vermögens vor der Verfügung und nach der Verfügung zu ermitteln. Hat das Vermögen einen geringeren Wert als vorher, so liegt ein Vermögensschaden vor.[186] **358**

Trotz dieser auf den ersten Blick einfachen Schadensermittlung, liegen die Hauptprobleme des Betrugs gerade bei diesem Schadensbegriff, wobei insbesondere vier Problemkomplexe klausurträchtig sind:

a) Schadensbegründung durch objektiv-individuellen Vermögensvergleich

Nach ganz h. M. ist eine **objektiv-individuelle** Schadensbeurteilung ausschlaggebend. Entscheidend ist danach, ob der aktuelle Wert des Vermögens infolge der Verfügung bei wirtschaftlicher Betrachtung, und zwar nach dem Urteil eines unbeteiligten, sachkundigen und unterrichteten Beobachters unter Berücksichtigung der individuellen wirtschaftlichen Verhältnisse des Verletzten als gemindert erscheint.[187] **359**

aa) Objektive Komponente: Vergleich des Vermögens vor und nach der Verfügung

Ergibt sich nach der Verfügung ein objektiver Minussaldo, so ist grundsätzlich ein Vermögensschaden anzunehmen.[188] Dieser soll nach Ansicht des BGH beim Erschleichen eines Rabattes nur dann vorliegen, wenn festgestellt werden kann, dass die Ware zu einem höheren Preis anderweitig ohne einen gleichzeitig höheren Kostenaufwand hätte verkauft werden können.[189] **360**

Im Einzelfall kann die Feststellung, dass die täuschungsbedingte Verfügung einen objektiven Minussaldo bewirkt hat, allerdings Schwierigkeiten bereiten; insbesondere gilt dies im Falle des sog. Submissionsbetrugs (d. h. Betrug durch Preisabsprache):

Beispiel: A, B und C machten eine Preisabsprache und setzten das niedrigste Gebot (des A) für ein öffentliches Bauvorhaben auf 60 Mio. € fest. B sollte 65 Mio. € und C sogar 70 Mio. € fordern. Dann sei sichergestellt, dass A den Zuschlag erhalte. B und C sollten als „Entschädigung"

---

185 *Maurach/Schroeder/Maiwald*, BT/I, § 41 II, Rn. 102; BGHSt 17, 147; *Beulke*, JuS 1977, 36; a. A. *Otto*, BT, § 51, Rn. 70 unter Hinweis auf einen dadurch begangenen Verstoß gegen Art. 103 II GG.
186 Vgl. hierzu BGHSt 16, 221; BGH NStZ 1997, 32; BGH NStZ 1999, 302, 353; BVerfG NStZ 1998, 506.
187 St. Rspr., vgl. nur BGHSt 16, 220; KG JR 1966, 391; OLG Köln NJW 1979, 1419; *Maurach/Schroeder/Maiwald*, BT/I, § 41 II, Rn. 113 ff.; weiterführend: *Bockelmann*, JZ 1952, 461; *Hardwig*, GA 1956, 6, 17; *Schmidhäuser*, BT, § 11, Rn. 1-3; eingehend zur Schadensfeststellung *Jahn*, JuS 2012, 266 ff.
188 Z. B. OLG Koblenz VRS 46, 281.
189 Lesenswert dazu BGH NJW 2004, 2603.

§ 10 *Betrug*

jeweils 1 Mio. € „Stillhaltegeld" bekommen. Der Gutachter stellte später fest, dass der Preis von 60 Mio. € für das geplante Vorhaben durchaus im Rahmen des Angemessenen lag.[190]

Hier ist fraglich, ob der Fiskus überhaupt aufgrund des durch Absprache festgesetzten Angebots in Höhe von 60 Mio. € einen Schaden erlitten hat, weil aufgrund der Angemessenheit des 60 Mio. €-Angebots möglicherweise Äquivalenz von Leistung und Gegenleistung vorliegt.

Lösung: Der BGH sieht beim Submissionsbetrug einen möglichen Schaden des Auftraggebers darin, dass der mit dem Anbieter vereinbarte Preis höher als der erzielbare Wettbewerbspreis ist. Dieser hypothetische Wettbewerbspreis ergebe sich aus dem (feststellbaren) Preis, der sich bei ordnungsgemäßer Durchführung des Ausschreibungsverfahrens gebildet hätte. Der BGH überlässt das der Überzeugung des Tatrichters aufgrund von Indizien wie z. B.: Tatsache der Absprache zwecks Erzielung eines höheren Preises, Bekanntgabe des Preises untereinander, Zahlung von Präferenzen (d. h. Ausgleichszahlungen an Mitbewerber und Außenseiter).

Hinweis: *Auch B und C sind strafbar wegen fremdnützigen Betrugs in Mittäterschaft nach §§ 263 I, 25 II StGB. A, B und C sind darüber hinaus gem. §§ 298 I, 25 II StGB strafbar. §§ 298 I und 263 StGB stehen dabei zueinander in Tateinheit, da sie unterschiedliche Rechtsgüter schützen (freier Wettbewerb einerseits und Vermögen andererseits).*

361 *bb) Individuelle Komponente: Vergleich im Hinblick auf den individuellen Vermögensträger (persönlicher Schadenseinschlag)*[191]

Auch wenn einer Leistung unter wirtschaftlichen, d. h. objektiven Maßstäben eine gleichwertige Gegenleistung gegenübersteht, kann sich nach der Rspr. und herrschenden Lehre aus einer individuellen Bewertung ein Schaden für die konkrete Person ergeben, was insbesondere dann gelten soll, wenn die wirtschaftlich gleichwertige Gegenleistung

– für den Betroffenen nicht oder nicht in vollem Umfang zu dem vertraglich vorausgesetzten Zweck oder in anderer zumutbarer Weise verwendbar ist[192] (s. zu einem solchen Fall u. Rn. 365) oder
– den Empfänger zu vermögensschädigenden Maßnahmen nötigt[193] oder
– zur Folge hat, dass der Betroffene nicht mehr über die Mittel verfügen kann, die zur ordnungsgemäßen Erfüllung seiner Verbindlichkeiten oder sonst für eine seinen persönlichen Verhältnissen angemessene Wirtschafts- oder Lebensführung unerlässlich sind.[194]

Zusammenfassend hat *Eser* die drei Fallgruppen des persönlichen Schadenseinschlages wie folgt beschrieben: Mangelnde individuelle Verwendbarkeit, Zwang zu vermögensschädigenden Folgemaßnahmen und Liquiditätsverlust.[195]

Achtung Klausur: *An einem persönlichen Schadenseinschlag soll es aber nach Auffassung des BGH fehlen, wenn der Erwerb eines Kaufgegenstands zwar Folgeausgaben erforderlich macht, der Kaufpreis und die Folgekosten den Marktwert der Kaufsache jedoch nicht überschreiten (lesen Sie dazu zwingend den* **Plagiats-Fall** *Rn. 366a f.).*

---

190 BGHSt 38, 168.
191 Vgl. *Ranft*, JA 1984, 723, 726.
192 OLG Stuttgart NJW 1980, 1177.
193 *Krey/Hellmann/Heinrich*, BT/2, Rn. 647.
194 Vgl. zu diesen drei Voraussetzungen im Einzelnen BGHSt 16, 321, 325 m. Anm. *Heinitz*, JR 1968, 387; BayObLG NJW 1973, 633; krit: *Schröder*, NJW 1962, 721 ff.
195 Vgl. *Eser*, Strafrecht IV, S. 146; auch GA 1962, 289, 293 ff.

Achtung Klausur: Mit einer Entscheidung aus dem Jahre 2014 hat der 5. Senat deutlich gemacht, dass die objektive Schadensbestimmung durch Prüfung des Werts von Leistung und Gegenleistung den Vorrang vor einer individuellen Betrachtung hat (vgl. zur Entscheidung sogleich Beispiel 1). Lässt sich danach bereits eine fehlende Äquivalenz bejahen, bleibt für die Prüfung eines persönlichen Schadenseinschlages kein Raum mehr. Zudem hat der BGH die Berechtigung der Rechtsfigur des persönlichen Schadenseinschlags angezweifelt, jedoch offengelassen, inwieweit diese Rechtsfigur angesichts der vom BVerfG für unzulässig erklärten Normativierung des Schadensbegriffs aufrechterhalten bleiben kann. Veranschaulicht wird dies durch folgende, auch § 266 StGB betreffende Beispiele:

361a

Beispiel 1:[196] Notar N beurkundete Kaufangebote einer Bande betrügerisch tätiger Vermittler von Immobilienverkäufen, die sich in Verkaufsgesprächen falscher Versprechungen insb. zur Wirtschaftlichkeit des vorgeschlagenen Immobilienkaufs bedienten. Im Zuge ihrer Überrumpelungstaktik drängten sie die Interessenten zu einer sofortigen notariellen Beurkundung einer Erklärung, die ihnen wahrheitswidrig als unverbindlich oder frei widerruflich dargestellt wurde und chauffierten die Getäuschten zur Kanzlei des N. N erkannte aufgrund wiederholter Widerrufs- und Anfechtungsschreiben von Käufern, dass sich die Vermittler unseriöser Verkaufsmethoden bedienten. N rechnete künftig mit dieser Vorgehensweise durch die Vermittler, fand sich jedoch damit ab und unternahm keine Bemühungen, Bedeutung und Tragweite der zu beurkundenden Erkärung zu verdeutlichen. Strafbarkeit des N?

Lösung: Der BGH bejaht eine Strafbarkeit wegen § 266 I StGB in Form des Treuebruchtatbestandes. Der Schaden ergibt sich wegen der Minderwertigkeit der Kaufobjekte bereits objektiv aus der fehlenden Äquivalenz von Leistung und Gegenleistung, sodass für die Frage des persönlichen Schadenseinschlages kein Raum bleibt. Dabei lässt der BGH offen, inwieweit die Rechtsfigur des persönlichen Schadenseinschlages aufrechterhalten bleiben kann.[197] Zudem ist N wegen Beihilfe zum Betrug gem. §§ 263 I, 27 StGB strafbar. Bzgl. der Rechtsfigur der neutralen Beihilfe ist zu beachten, dass N als Notar eine Neutralitätspflicht trifft, die ihm die Pflicht auferlegt, auch bei bloßem Verdacht betrügerischen Vorgehens auf bestehende Gefahren hinzuweisen. Zudem hat sich N auch an Verdeckungshandlungen beteiligt. Der Bereich der berufsneutralen Handlung war daher überschritten.

Beispiel 2: Die Angeklagten waren Vorstandsmitglieder einer AG, die interessierten Kapitalanlegern Solaranleihen anbot. Im zugehörigen Verkaufsprospekt sowie durch Verkaufsgespräche wurde der Eindruck erweckt, dass die eingeworbenen Gelder nahezu vollständig in den Bereich der erneuerbaren Energien investiert würden. Dieser „äußerst zukunftsträchtige" Markt verspräche eine Verzinsung von 8,25 % p.a. Das grundsätzliche Risiko eines Totalverlustes wurde dagegen bagatellisiert. Gemäß dem Tatplan wurden die eingeworbenen Gelder überwiegend nicht im Bereich der erneuerbaren Energien investiert, sondern zur umfangreichen Anschaffung von in hohem Maße risikobehafteten Kunstobjekten, zur Schuldentilgung, zur Deckung laufender Kosten sowie zur Zahlung von Zinsen verwendet. Durch die später eingetretene Insolvenz der AG erlitten die Anleger einen Verlust von mindestens 85 % des angelegten Kapitals.[198]

Lösung: Während das LG von einem Eingehungsbetrug ausgegangen ist, sieht der BGH einen Vermögensschaden als nicht hinreichend belegt an. Erforderlich zur Bestimmung eines Vermögensschadens ist ein Vergleich der Vermögenswerte vor und nach der irrtumsbedingten Vermögensverfügung. Nachdem der Getäuschte hier zum Abschluss eines Vertrages verleitet wurde, liegt ein Schaden vor, wenn die Gegenleistung unter wirtschaftlichen Gesichtspunkten einen

---

[196] BGH NStZ 2014, 517 mit Anm. *Jäger*, JA 2014, 875 und *Trüg*, NStZ 2014, 520.
[197] Für Einschränkungen bei der Anerkennung des persönlichen Schadenseinschlags jetzt auch *Trüg*, NStZ 2014, 520 f.
[198] BGH NStZ 2014, 318 mit Anm. *Piel*, NStZ 2014, 399; *Schmidt*, NZWiSt 2014, 274.

geringeren Wert hat als die von dem Getäuschten eingegangene Zahlungsverpflichtung. Bei Eingehung eines Risikogeschäfts besteht ein Minderwert der Rückzahlungsansprüche, wenn sie bereits im Zeitpunkt des Vertragsschlusses einen deutlich geringeren Wert aufweisen, weil die Verlustgefahr bei der tatsächlich geplanten Anlage wesentlich erhöht war. Zur Feststellung des Werts der Rückzahlungsansprüche ist die Bezifferung des Verlustrisikos anhand des Unternehmensvermögens und der zu prognostizierenden Unternehmensentwicklung mit sachverständiger Hilfe erforderlich. Auch die Grundsätze des persönlichen Schadenseinschlags führen nicht zur Bejahung des Vermögensschadens. Das LG ist noch davon ausgegangen, dass die Anleger statt einer risikofreien Geldanlage einen wertlosen Rückzahlungsanspruch, also ein „aliud" erworben haben. Jedoch scheidet ein Vermögensschaden aus, wenn das Erlangte einen für jedermann realisierbaren Geldwert aufweist; dabei lässt das Verlustrisiko die Realisierbarkeit des verbleibenden Geldwerts grundsätzlich unberührt.

Insbesondere zu der soeben in Beispiel 1 genannten Entscheidung des 5. Senats tritt nun allerdings wieder ein neuer Beschluss des 3. Senats in Widerspruch. Dazu folgendes

Beispiel: A hatte Teile von Solarparks (sog. Module) an Anleger veräußert und diese Module anschließend von den Anlegern gegen einen garantierten Pachtzins (zurück-)gepachtet. Der vertraglich vorausgesetzte Zweck dieser Geschäfte bestand darin, dass A diese vergeblich an Dritte weiterverpachtete und die Anleger aus diesen erwirtschafteten Gewinnen hälftig beteiligte. A sollte dafür auch die erforderlichen Spiegelanlagen errichten, wobei er mit den notwendigen Zusatzmodule vereinbarungsgemäß aus den (hohen) Kaufpreiszahlungen der Anleger beschaffen sollte. A hatte jedoch niemals vor, diese Module zu erwerben, sondern behielt die Kaufpreise in voller Höhe für sich ein. Den Anlegern wurde von ihm suggeriert, in eine besonders sichere Anlage („Safe-Invest") zu investieren, da sie durch den Kauf von Solaranlagenmodulen (Mit-)Eigentümer dieser Anlagen würden und ein Insolvenzrisiko daher nicht bestehe. Ohne die Installation der Spiegelanlagen waren die Photovoltaikanlagen jedoch für sie nicht verwendbar, insbesondere war ihnen eine Weiterverpachtung nicht möglich. Schließlich mussten die so getäuschten Betroffenen die Anlagen abbauen und mit hohen Verlusten veräußern (**Solaranlagen-Fall** nach BGH NStZ-RR 2018, 283[199]).

Lösung: Der BGH hat hier einen Betrug durch Bejahung eines Vermögensnachteils kraft subjektiven Schadenseinschlags bejaht und dementsprechend wegen gänzlicher Unbrauchbarkeit der Spiegelanlagen als Schaden für die Betroffenen die volle Summe in Höhe des geleisteten Kaufpreises veranschlagt. Dies ist problematisch, weil die Betroffenen nach dem Sachverhalt später noch in der Lage waren, die Photovoltaikanlagen – und sei es auch mit großen Verlusten – zu veräußern. Angesichts dessen kommt ein Gesichtspunkt zum Tragen, den zu Recht der 5. Senat (soeben Beispiel 1) ins Spiel gebracht hat: Danach ist die Bestimmung des Vermögensnachteils auf der Grundlage des persönlichen Schadenseinschlags ausgeschlossen, wenn sich der Schaden bereits objektiv aus der fehlenden Äquivalenz von Leistung und Gegenleistung ergibt.[200] Für die Anwendung der Grundsätze des persönlichen Schadenseinschlages bleibt in diesem Fall kein Raum. Vielmehr müsste in derartigen Fällen der Schaden objektiv nach dem Verkehrswert des Gegenstandes bestimmt werden. Im Nachhinein kann dies beispielsweise unter Heranziehung des tatsächlich erzielten (Wieder-)Verkaufspreises festgestellt werden. Liegt ein solcher (noch) nicht vor, so wäre der Minderwert – gegebenenfalls durch Einschaltung eines Sachverständigen – unter Berücksichtigung der Umstände des jeweiligen Einzelfalles zu ermitteln oder gegebenenfalls zu schätzen.[201] Der Vorrang der objektiven Schadensbestimmung, den der 5. Senat angemahnt hat, kann nur auf diese Weise gewährleistet werden.

---

199 M. Anm. *Jäger*, JA 2018, 949; *Eisele*, JuS 2018, 1109.
200 BGH NStZ 2014, 517.
201 Zur Möglichkeit einer solchen Schätzung etwa BGH NStZ 2013, 234 ff.

b) Schadensbegründung durch Zweckverfehlung

Die Frage spielt vor allem im Bereich des sog. Bettel-, Spenden- und Subventionsbetruges eine Rolle, weil das Opfer dort in dem Bewusstsein verfügt, keine wirtschaftlich äquivalente Gegenleistung zu erhalten. Die Behandlung dieser Fälle ist in Rspr. und Literatur umstritten:[202]

362

– Eine vor allem früher vertretene Lehre ging von der grundsätzlichen Straflosigkeit des Bettel-, Spenden- und Subventionsbetruges aus, da der Betrug gerade dadurch gekennzeichnet sei, dass dem Opfer die vermögensmindernde Wirkung seiner Verfügung nicht bewusst sei.[203]

– Nach Auffassung der Rspr. setzt dagegen das Vorliegen eines Betruges nicht voraus, dass dem Opfer der vermögensmindernde Charakter seiner Verfügung verborgen bleibt. Ausreichend sei vielmehr grundsätzlich, dass die Täuschung kausal für die Verfügung geworden ist und der Leistung keine wirtschaftlich äquivalente Gegenleistung gegenüberstehe. Nach Ansicht des BayObLG kann daher ein Betrug auch dann gegeben sein, wenn das Opfer nur deshalb spendet, weil ihm vorgetäuscht wird, dass auch der Nachbar gespendet hat.[204] An einem Vermögensschaden fehlt es allerdings auch nach dieser Rspr., wenn dem Opfer für die Leistung eine wirtschaftlich gleichwertige Gegenleistung zufließt, was etwa dann der Fall ist, wenn eine Behörde Büromaterial zu einem adäquaten Preis nur deshalb kauft, weil ihr vorgespiegelt wird, das Material stamme aus einem staatlich ausgewiesenen wirtschaftlichen Förderungsgebiet der ehemaligen DDR.[205] Lediglich in Ausnahmefällen kann dies anders beurteilt werden, wenn der Abschluss des Geschäfts entscheidend durch einen sozialen Zweck bestimmt ist.[206]

– Richtig dürfte jedoch die zwischen diesen Extrempositionen hindurchlaufende vermittelnde Auffassung der herrschenden Literatur sein.
Nach dieser Auffassung kann ein Vermögensschaden in der Zweckverfehlung einer Leistung liegen. Um den wirtschaftlichen Schadensbegriff nicht auszuhöhlen, verlangt die Zweckverfehlungslehre allerdings, dass es sich um einen wirtschaftlich bzw. sozial anerkannten Zweck handelt (der Zweck, ebenso hoch zu spenden wie der Nachbar, ist also nicht geschützt) und dass die Leistung, die ihren Zweck verfehlt, nicht durch ein wirtschaftliches Äquivalent ausgeglichen wird (ein Schaden liegt daher auch nach dieser Zweckverfehlungslehre nicht vor, wenn das von der Behörde angeschaffte Büromaterial seinen Preis wert ist und nur nicht – wie vom Täter behauptet – den staatlich geförderten ehemaligen DDR-Gebieten zugute kommt).

Beispiel: R sammelte von Passanten Spenden ein, wobei sie vorgab, diese seien für die Bahnhofsmission bestimmt. Tatsächlich wollte R die eingesammelten Spendenbeträge für sich behalten.[207]

---

202 Hierzu *Schröder*, NJW 62, 721.
203 *Frank*, Strafrecht, VI 1a; *von Liszt/Schmidt*, Strafrecht, 25. Aufl., S. 671; noch heute *Arzt/Weber*, BT, § 20, Rn. 111.
204 BayObLG NJW 1952, 798.
205 Siehe zu einem vergleichbaren Fall RGSt 73, 382; 50, 316.
206 BGH, Beschluss v. 11. 9. 2012 – 5 StR 524/02 – juris.
207 Vgl. OLG München, BeckRS 2014, 00901 m. Anm. *Hecker*, JuS 2014, 561 ff.

§ 10 *Betrug*

Lösung: Das OLG München bejahte einen Betrug. Auch wenn der Eintritt eines Schadens primär objektiv bemessen wird (Prinzip der bilanzierenden Gesamtbewertung), liegt bei einseitigen Verfügungen ein Schaden des Vermögens vor, wenn der vom Verfügenden verfolgte, nicht vermögensrechtliche Zweck nicht erreicht wird (Zweckverfehlung, die darauf beruht, dass der Verfügende eine unvernünftige Ausgabe aufgrund von Täuschung vornimmt). Der Vermögensschaden zeigt sich in dem gespendeten Betrag, der nunmehr in dem Vermögen des Spenders fehlt.

Hinweis: *Die rechtlichen Erwägungen dieser Entscheidung lassen sich auch auf die Fallkonstellationen des Bettel-, Schenkungs- und Subventionsbetrugs übertragen.*

Hinweis: *Genau zu hinterfragen ist zudem, ob überhaupt ein sozialer Zweck verfolgt wird. So vermag beispielsweise eine Täuschung über die Verwendung von Darlehensmitteln vor Gewährung des Darlehens eine Strafbarkeit nach § 263 StGB nicht zu begründen, sofern keine explizite Mittelverwendung vereinbart wird, da der Darlehensnehmer in der Mittelverwendung grundsätzlich frei ist. Selbst wenn der Darlehensgeber davon ausgeht, dass bestimmte Schulden, beispielsweise Mietschulden, durch die Darlehensvaluta erfüllt werden sollen, stellt die Erfüllung von Schulden keinen sozialen Zweck dar.*[208]

Achtung Klausur: *Die Zweckverfehlung erlangt ihre Bedeutung nach dem Gesagten nur, wenn entweder überhaupt keine wirtschaftliche Gegenleistung oder eine wirtschaftlich nicht hinreichende Gegenleistung zufließt.*[209]

c) *Schadensbegründung durch Vermögensgefährdung*

363 Ein Vermögensschaden kann nicht nur durch eine wirtschaftlich bereits eingetretene Vermögensminderung, sondern auch durch eine konkrete Vermögensgefährdung bewirkt werden, sofern sie nach wirtschaftlichen Gesichtspunkten bereits eine Vermögensverschlechterung darstellt.[210]

Dabei ist nicht immer leicht festzustellen, ob eine schadensgleiche Vermögensgefährdung zu bejahen ist. Schwierig ist der Fall vor allen Dingen bei der sog. Kredit- bzw. Scheckkartenerschleichung oder bei sonstigen Vorfeldtäuschungen.

Beispiel 1: A erschleicht sich bei seiner Bank B eine Kreditkarte, indem er ihr gefälschte Lohnbescheinigungen vorlegt.

Lösung: Wenn A hier die Lohnbescheinigungen selbst gefälscht hat, ist er jedenfalls nach § 267 StGB strafbar. Fraglich ist, ob daneben auch noch ein Betrug gegenüber dem Bankangestellten zu Lasten der Bank gegeben ist. Die wohl h. M. bejaht dies mit der Begründung, dass schon die Möglichkeit des Erhalts von Kredit, d. h. die Möglichkeit der Karteneinsetzung, die nur vom Willen des Karteninhabers abhängt, eine schadensgleiche Vermögensgefährdung herbeiführe.[211] Die rechtsmissbräuchliche Nutzung, die sich nach Erhalt der Karte anschließt, ist nach § 266b StGB strafbar (berechtigter Karteninhaber!), tritt aber als mitbestrafte Nachtat hinter

---

208 OLG Frankfurt a.M. NStZ-RR 2011, 13 m. Anm. *Bosch*, JA 2011, 69.
209 Vgl. im Einzelnen zur Zweckverfehlungslehre LK-*Tiedemann*, § 263, Rn. 181 ff.; *Maurach/Schroeder/Maiwald*, BT/I, § 41, Rn. 118 ff.; *Sch/Sch/Perron*, § 263, Rn. 101 ff.; *ders.*, JuS 1966, 477; *Schröder*, NJW 1962, 721; *Weidemann*, GA 1967, 238; *Küpper/Dode*, JuS 1992, 642, 644; so auch neuere Rspr. BGHSt 19, 37, 45; 31, 93, 95; BGH NStZ 1995, 134.
210 Ganz h. M., vgl. etwa *Sch/Sch/Perron*, § 263, Rn. 143 m. w. N.
211 Vgl. etwa BGH GA 1965, 149; BGHSt 33, 244, 245 f.; 47, 160, 167; *Otto*, JZ 1993, 658; a. A. *Ranft*, Jura 1992, 69 f.

§ 263 StGB zurück, sofern man mit der h. M. eine schadensbegründende Vermögensgefährdung bejaht.

Beispiel 2: Ein niedergelassener, für die vertragsärztliche Versorgung zugelassener Arzt wird von einem Patienten über die medizinische Notwendigkeit der Verschreibung eines Medikaments getäuscht, wodurch er irrtumsbedingt ein Kassenrezept ausstellt.[212]

Lösung: In der Ausstellung des Kassenrezepts ist bereits ein Vermögensschaden zu sehen, weil der Arzt hierdurch über das Vermögen der Krankenkasse verfügt.

Beispiel 3: A schloss mehrere Lebensversicherungen in der Absicht ab, später einen tödlichen Verkehrsunfall vorzutäuschen, um nach Auszahlung der Versicherungssummen an den eingeweihten und als Begünstigten benannten B das Terrornetzwerk Al Qaida zu unterstützen (**Al Quaida-Fall** nach BGH NJW 2009, 3448 und BVerfGE 130, 1).

Lösung: Der BGH ist davon ausgegangen, dass mit Abschluss des Lebensversicherungsvertrages der Eingehungsbetrug vollendet sei. Der Versicherungsnehmer A habe nämlich darüber getäuscht, dass er den Versicherungsfall fingieren will (innere Tatsache), um die Versicherungssumme geltend machen zu lassen. Bei den Mitarbeitern der Versicherung sei ein entsprechender Irrtum über die Vertragstreue des A und damit über den Umfang des zu übernehmenden Risikos entstanden. Der BGH scheint hier – ohne dies allerdings ausdrücklich zu erwähnen – wieder von einem sachgedanklichen Mitbewusstsein der Versicherungsangestellten hinsichtlich der Vertragstreue auszugehen (vgl. dazu den sog. **Wettbetrugs-Fall**, Rn. 321b ff.). Die anschließende Vermögensverfügung (Eingehung des Vertrages) führe laut BGH nach wirtschaftlichen Bewertungskriterien auch zu einem Vermögensschaden, da angesichts der beabsichtigten Manipulation die Prämie keinen entsprechenden Ausgleich für die mit dem Vertrag eingegangene Verpflichtung darstelle. Demgegenüber stellte das BVerfG[213] jedoch klar, dass die bloße Möglichkeit für die Annahme eines Gefährdungsschadens nicht genüge. Zur Verhinderung einer Tatbestandsüberdehnung müsse der Vermögensschaden der Höhe nach beziffert und dies in wirtschaftlich nachvollziehbarer Weise dargelegt werden: „Die Annahme des Bundesgerichtshofs, dass sich die Beschwerdeführer mit Abschluss von Lebensversicherungsverträgen wegen vollendeten Betrugs und mit der Beantragung von Lebensversicherungsverträgen wegen versuchten Betrugs strafbar gemacht haben, ist mit Art. 103 II GG nicht zu vereinbaren. Es fehlt an der ausreichenden Beschreibung und der Bezifferung der Vermögensschäden, die durch den Abschluss der Lebensversicherungsverträge verursacht wurden oder – in den Versuchsfällen – verursacht worden wären. Zugleich überdehnt der Bundesgerichtshof mit der Annahme, mit Abschluss der Lebensversicherungsverträge seien die Verlustwahrscheinlichkeiten so groß gewesen, dass bereits gegenwärtige Vermögensschäden vorgelegen hätten, den Tatbestand in entgrenzender und damit verfassungswidriger Weise. Aus den teils vagen, teils in sich widersprüchlichen Ausführungen zur Schadensfeststellung ist zu entnehmen, dass dem Merkmal des Vermögensschadens in seiner tatbestandsbegrenzenden Funktion nicht die ihm von Gesetzes wegen zukommende Bedeutung beigemessen worden ist. Es fehlt bereits an Erwägungen dazu, inwiefern tragfähig geschätzt werden kann, wie hoch zum Zeitpunkt der (beabsichtigten) Vertragsabschlüsse die Wahrscheinlichkeit war, dass die Beschwerdeführer ihren Tatplan erfolgreich ausführen, die Versicherungsleistungen also später tatsächlich an sie ausgezahlt werden würden. Die Einschätzung des Bundesgerichtshofs, die Inanspruchnahme der Versicherungen sei „sicher zu erwarten" gewesen, lässt sich mit dem festgestellten Sachverhalt nicht vereinbaren. Sie steht zudem im Widerspruch zu nachfolgenden Ausführungen, die lediglich diffuse Verlustwahrscheinlichkeiten zum Ausdruck bringen" (siehe hierzu auch Rn. 349 und Rn. 391d).

---

[212] Vgl. OLG Stuttgart, NStZ-RR 2013, 174 ff.; dazu *Satzger*, Jura JK 10/2013, § 263/103.
[213] BVerfGE 130, 1 m. Anm. *Jahn*, JuS 2012, 266.

Die Problematik der Schadensbegründung durch Vermögensgefährdung spielt vor allen Dingen beim Betrug durch Erschleichen einer Unterschriftsleistung (s. u. aa) sowie bei der Frage des Eingehungs-/Anstellungsbetrugs (s. u. bb) eine Rolle.

aa) Erschleichen einer Unterschriftsleistung

364 Die durch Täuschung erwirkte Unterschrift, etwa unter einen Vertrag, wird von der h. M. bereits als schadensgleiche Vermögensgefährdung betrachtet, auch wenn die eigentliche Geltendmachung des Vertragsanspruchs erst zu einem späteren Zeitpunkt stattfindet. Zur Begründung wird angeführt, dass der die Unterschrift Leistende bereits durch die Unterzeichnung die Gefahr unberechtigter Inanspruchnahme schaffe und diese Gefahr wirtschaftlich einem Schaden gleichstehe, weil dem Schuldner der Beweis des Gegenteils obliege (sog. Beweismittelbetrug).[214]

Allerdings fehlt es an der Unmittelbarkeit des Schadens, wenn sich der Täter nur eine Unterschrift erschleicht, über die er anschließend noch den Vertrag setzen muss. Denn dann muss zwischen Verfügung (Unterschriftsleistung) und Schaden (Vertragsentstehung) noch eine weitere deliktische Handlung, nämlich ein Urkundendelikt i. S. einer Blankettfälschung, treten.[215] In diesem Fall ist daher nur eine Urkundenfälschung nach § 267 I Var. 1 StGB anzunehmen. Ebenso liegt es, wenn der Täter einen vom Opfer bewusst unterschriebenen Vertrag nachträglich verändert.[216]

Vgl. näher zum Betrug durch Unterschriftserschleichung den sog. Provisionsvertreterfall, u. Rn. 371 f.

bb) Eingehungs-/Anstellungsbetrug

365 Nach der h. M. soll die Eingehung eines Vertrages (d. h. der Vertragsabschluss) bereits eine konkrete Vermögensgefährdung i. S. eines Vermögensschadens darstellen, wenn der Verpflichtung des Getäuschten ein wirtschaftlich nicht gleichwertiger Anspruch gegenüber steht, entweder weil der Vertragspartner zur Leistung nicht im Stande bzw. nicht Willens ist, oder weil die vom Täter versprochene Leistung nicht wirtschaftlich äquivalent ist.[217] Dabei kann sich die Unausgewogenheit von Leistung und Gegenleistung auch aus der individuellen Schadenskomponente ergeben, etwa weil dem Opfer eine Leistung versprochen wird, die zwar bei objektiver Betrachtung ihr Geld wert ist, aber unter Berücksichtigung individueller Gesichtspunkte einen Vermögensschaden begründet, wie dies etwa der Fall ist, wenn das Opfer durch Täuschung zu einem Vertragsabschluss über einen Gegenstand veranlasst wird, der für ihn völlig zwecklos ist (vgl. Rn. 361).

Beispiel: Bauer B wird durch täuschende Angaben zur Bestellung einer Melkanlage veranlasst, obwohl B, wie der Verkäufer genau weiß, wegen der Anzahl der von ihm gehaltenen Kühe eine wesentlich größere Melkanlage benötigt.[218]

---

214 BGHSt 34, 394, 395 f.
215 Vgl. OLG Düsseldorf NJW 1974, 1833; OLG Celle MDR 1976, 66; OLG Hamm wistra 1982, 152 f.
216 OLG Hamm wistra 1982, 152 f.
217 Vgl. BGHSt 16, 221; 23, 300; BGH wistra 1989, 347; 1992, 25; BayObLG StV 1999, 30; *Sch/Sch/Perron*, § 263, Rn. 128; *Maurach/Schroeder/Maiwald*, BT/I, § 41, Rn. 113 ff.; *Rengier*, BT/1, § 13, Rn. 183 ff.; zur Dogmatik des Eingehungsbetrugs *Schlösser*, StV 2014, 694 ff.
218 Vgl. hierzu BGHSt 16, 221.

Lösung: Hier liegt schon mit der Eingehung des Vertrages ein vollendeter Betrug vor, an dem auch das nach § 123 BGB bestehende Anfechtungsrecht nichts ändert, da dieses nur Folge und nicht Voraussetzung des Betruges ist.[219] Allerdings kann ein vertraglich vereinbartes oder gesetzlich von vornherein bestehendes Rücktritts- bzw. Stornierungsrecht ausnahmsweise zu einer Verneinung (Kompensation) eines Schadens durch die Eingehung der Verpflichtung führen, sofern dieses Recht ohne Schwierigkeiten realisiert werden kann[220] (siehe näher unten Rn. 369).

Bei wirtschaftlich ausgewogenen Vertragsverpflichtungen kann auch die fehlende Leistungsbereitschaft bzw. -fähigkeit des Täters bei Eingehung des Vertragsverhältnisses einen Schaden begründen, sofern das Opfer zur Vorleistung verpflichtet ist, wie dies etwa beim Abschluss eines Bewirtungsvertrages der Fall ist, bei dem der Gast von vornherein nicht zur Zahlung bereit ist. Fehlt es dagegen an der Vorleistungspflicht des Opfers, so begründet die Eingehung des Vertrages noch keine schadensgleiche Vermögensgefährdung. Ein vollendeter Betrug scheidet dann aus.[221]

Achtung Klausur: *Fehlt es an einem Eingehungsbetrug, entweder weil durch den Vertrag wirtschaftlich äquivalente Verpflichtungen begründet werden, oder weil bei fehlender Erfüllungsbereitschaft bzw. -fähigkeit des Täters keine Vorleistungspflicht des Opfers besteht, so kann immer noch ein nachfolgender Erfüllungsbetrug zu prüfen sein. Dieser liegt dann vor, wenn die tatsächlich bewirkte Leistung des Täters hinter der geschuldeten zurückbleibt, entweder weil der Getäuschte weniger erhält, als sein Anspruch wert ist[222] (echter Erfüllungsbetrug) oder weil er mehr leistet, als er vertraglich zu leisten verpflichtet ist (unechter Erfüllungsbetrug).[223] Letzteres ist z. B. der Fall, wenn der Täter das Opfer darüber täuscht, dass ein höherer Preis vereinbart war, mag dieser Preis auch der vom Täter erbrachten Gegenleistung wirtschaftlich entsprechen. Von einem unechten Erfüllungsbetrug spricht man in diesem Fall, weil die Erfüllung nur im Hinblick auf das bei Eingehung Vereinbarte den Schaden erkennen lässt.*

Nach umstrittener Auffassung soll ein solcher unechter Erfüllungsbetrug auch dann **366** vorliegen, wenn der Käufer wegen Mängel der gekauften Sache oder wegen Fehlens einer zugesicherten, werterhöhenden Eigenschaft hätte mindern können, mag die Sache ihren Preis auch noch wert sein.[224]

Beispiel:[225] A verkauft dem B einen Geräteschuppen zum Preis von 800 €. Der Preis ist dem tatsächlichen Wert des Schuppens angemessen. Allerdings täuscht A den B über die Beschaffenheit des Holzes, indem er ihm vorspiegelt, es handele sich um wertvolles Tropenholz. B greift zu, weil er die Sache angesichts der zugesicherten Holzeigenschaft für ein Schnäppchen hält.

Lösung: Hier liegt zunächst kein Eingehungsbetrug vor, weil sich vereinbarte Leistung und Gegenleistung äquivalent gegenüberstehen.

Aber auch ein Erfüllungsbetrug ist abzulehnen, weil B wirtschaftlich nicht weniger erhält, als sein Anspruch wert ist.

---

219 BGHSt 21, 112, 113; 23, 300, 302 f.; *Fischer*, § 263, Rn. 176a; *Wessels/Hillenkamp/Schuhr*, BT/2, Rn. 548 f.
220 Näher hierzu BGHSt 23, 300; *Sch/Sch/Perron*, § 263, Rn. 131.
221 BGH NStZ 1998, 85.
222 *Sch/Sch/Perron*, § 263, Rn. 135.
223 *Sch/Sch/Perron*, § 263, Rn. 138.
224 *Lenckner*, MDR 1961, 654; a. A. BGHSt 16, 220 m. Anm. *Lenckner*, NJW 1962, 59; BayObLG StV 1999, 39; *ders.*, NJW 99, 663; vgl. auch *Albrecht*, NStZ 2014, 17 ff.
225 Nach *Mitsch*, BT/II, S. 324.

Denkbar wäre daher allenfalls die Annahme eines unechten Erfüllungsbetruges, indem man davon ausgeht, dass B mehr leistet, als er angesichts seiner Mängelgewährleistungsrechte zu leisten verpflichtet ist, weil der gelieferten Sache eine vertraglich zugesicherte Eigenschaft fehlt, mag sie ihren Preis auch noch wert sein.[226] Eine so vorgenommene Schadensbegründung ist allerdings nicht unproblematisch, weil die Zahlung eines von vornherein nicht geschuldeten Preises und die bloße Möglichkeit einer Durchsetzung von Gewährleistungsrechten nicht ohne Weiteres verglichen werden können.[227]

Interessant ist in diesem Zusammenhang auch folgendes aus der BGH-Rechtsprechung stammendes

366a **Beispiel:** A verkauft wahrheitswidrig nachgemachte Autofelgen über ebay als Originalfelgen für 500 €. Die Plagiate haben einen Wert von 1000 € und besitzen keine Freigabe durch das Kraftfahrtbundesamt. Eine solche kann jedoch nachträglich gegen eine Prüfgebühr von 500 € erlangt werden (**Plagiats-Fall** nach BGH NStZ 2012, 629[228]).

366b **Lösung:** Hier liegt zunächst kein Eingehungsbetrug vor, sofern zwischen A und dem Käufer ein wirksamer Kaufvertrag über die Plagiatsfelgen zustande gekommen ist. Dass A hier bezüglich Originalfelgen nicht leistungswillig war, begründet in diesem Fall keinen Eingehungsbetrug, weil A jedenfalls hinsichtlich des Vertragsgegenstandes leistungswillig war. Im Übrigen besteht bei einem ebay-Kauf ohnehin ein 14-tägiges einseitiges Rücktrittsrecht, das es fraglich erscheinen lässt, ob überhaupt eine Schädigung durch Vertrageingehung möglich ist. Darüber hinaus könnte sich aber eine Vermögensschädigung durch Erfüllung bejahen lassen. Fälle der vorliegenden Art werden – wie soeben erläutert – als sog. unechter Erfüllungsbetrug bezeichnet, bei dem überwiegend das Vorliegen eines Vermögensschadens abgelehnt wird. Denn das Fehlen einer fälschlich zugesicherten Eigenschaft einer gelieferten Kaufsache, hier Originalfelgen, begründet grundsätzlich keinen Vermögensschaden, solange die Sache ihren Preis tatsächlich wert ist. Das gilt selbst dann, wenn der Erwerb Folgeausgaben, hier Prüfgebühren, erforderlich macht, solange Kaufpreis und Folgekosten den Marktwert der Kaufsache nicht überschreiten. Freilich kann man bei einem Plagiat die Frage aufwerfen, welches der Marktwert einer gefälschten Ware ist. Denn § 143 I Nr. 3 i. V. m. § 14 MarkenG zeigen immerhin, dass ein geschäftsmäßiger Vertrieb von Markenfälschungen nicht gewollt ist, sodass möglicherweise kein dem wirtschaftlichen Vermögensbegriff zugrundeliegender echter Marktwert, sondern allenfalls ein Schwarzmarktwert existiert. Jedenfalls nach der juristisch-ökonomischen Vermögenslehre lässt sich vorliegend ein Vermögensschaden durchaus bejahen.[229]

Achtung: *Grundsätzlich ist dem BGH jedoch zuzustimmen. Für den Fall z. B. eines gefälschten Kilometerstandes beim Autokauf bedeutet dies, dass der Käufer, der vom Verkäufer über den tatsächlichen Kilometerstand getäuscht worden ist, nicht automatisch geschädigt ist, solange der Kaufpreis dem Marktpreis des Kfz entspricht.*

367 Nur einen Sonderfall des Eingehungsbetruges stellt der sog. Anstellungsbetrug dar.

Hier liegt bereits bei Eingehung des Arbeitsverhältnisses ein Schaden vor, wenn der Arbeitgeber kein Äquivalent erhält, was etwa dann der Fall ist, wenn der täuschende Arbeitnehmer die von ihm erwartete Leistung nicht erbringen kann. Ist der Arbeitnehmer umgekehrt zur Erbringung der von ihm erwarteten Leistung ohne Weiteres in der Lage, so scheidet ein Vermögensschaden grundsätzlich aus.

---

[226] So ausdrücklich *Sch/Sch/Perron*, § 263, Rn. 138.
[227] Anders daher BGHSt 16, 220, wobei dort auf die hier vorgetragene Schadensbegründung überhaupt nicht eingegangen wird; BayObLG NJW 1987, 2452; *Gutmann*, MDR 1963, 93.
[228] Mit Anm. *Jäger*, JA 2012, 952 ff.; *Jahn*, JuS 2013, 81 ff.; interessant zum Beendigungszeitpunkt beim „eBay-Betrug" BGH NStZ 2014, 516 m. Anm. *Becker*.
[229] Zu diesem vom BGH nicht erörterten Problem siehe *Jäger*, JA 2012, 954.

Beispiel: A fälscht ein Zeugnis, das ihn als ausgebildeten Kfz-Handwerker ausweist und bewirbt sich damit bei der Kfz-Werkstatt des B. Er wird daraufhin eingestellt. Die Arbeit als Kfz-Handwerker verrichtet er in der Folge ohne jede Beanstandung, weil er schon von Kindesbeinen an die Reparatur von Autos als Hobby verrichtet hat.

Lösung: Hier ist ein Betrug bei Vertragsabschluss abzulehnen, da sich der Anspruch auf Arbeitsleistung des B und der Anspruch auf Gehaltszahlung des A äquivalent gegenüber standen.[230]

Anders ist es nur, wenn die Entgeltzahlung (mindestens auch) nach leistungsunabhängigen Kriterien erfolgt. Dies ist der Fall bei 368

– besonderer Vertrauensstellung (z. B. Kassierer täuscht über frühere Vermögensstraftat).[231]
– besonderen leistungsunabhängigen Einstellungsvoraussetzungen (z. B. beim Beamten, der bei der Einstellung in den höheren Dienst ein abgeschlossenes Studium vortäuscht, weil die Beamteneinstellung zumindest auch auf ganz bestimmten gesetzlichen, d. h. unter anderem leistungsunabhängigen Voraussetzungen beruht;[232] ebenso beim Rechtsanwalt, der ein gefälschtes Promotionszeugnis vorlegt und aufgrund dessen in einer Rechtsanwaltskanzlei eingestellt wird, da der Doktortitel üblicherweise leistungsunabhängig vergütet wird).[233]

Hinweis: *Nach Auffassung des BGH kann ein Vermögensschaden auch dann vorliegen, wenn ein Bewerber um eine Beamtenstellung über eine frühere Tätigkeit für das Ministerium für Staatssicherheit der DDR (MfS) täuscht, welche seine persönliche Eignung i. S. der persönlichen Zuverlässigkeit für das angestrebte Amt ausschließt, sodass die Einstellungsbehörde ihn nach Gesetz oder Verwaltungsvorschriften – aufgrund einer Ermessensreduzierung auf Null – nicht hätte einstellen dürfen. Ob eine solche Ermessensreduzierung auf Null vorliegt, bestimmt sich freilich nach der Art der früheren Tätigkeit für das MfS, nach der möglichen Indoktrinierung sowie nach der zurückliegenden Zeit. Besteht eine Ermessensreduzierung auf Null, die gegen eine Einstellung spricht, so ändert auch die Tatsache, dass der Beamte seine Leistung fachlich erbringen kann, am Vermögensschaden nichts.*[234]

d) Schadensbegründung bei Kompensation

Ein Schaden kann kompensiert werden, wenn dem Opfer unmittelbar ein Ausgleich 369 zufließt (zeitgleiche reparatio damni). Kompensationsbegründend sind allerdings nach der Rspr. nur Sicherungen, die dem Getäuschten vertraglich eingeräumt sind, und unmittelbar durch die Täuschung zufließen, nicht dagegen gesetzliche Ansprüche wie Schadensersatzforderungen, Mängelgewährleistungsansprüche, Bereicherungsansprüche oder die Möglichkeit der Anfechtung.[235] Ein vertraglich eingeräumtes Rücktrittsrecht oder eine Geldzurückgarantie,[236] die erst nach Vorleistung im Wege des

---
230 BGHSt 17, 254; BGH NJW 1961, 2027; BGH NJW 1978, 2042 m. Anm. *Miehe*, JuS 1980, 261.
231 BGHSt 17, 254, 259; a. A. *Eser*, Strafrecht, IV, S. 143.
232 BGHSt 5, 358; 45, 1; *Sch/Sch/Perron*, § 263, Rn. 156.
233 Vgl. BGH NJW 1978, 2024 f. m. Anm. *Miehe*, JuS 1980, 261; *Arzt/Weber*, BT, § 20, Rn. 109.
234 AG Tiergarten NJW 1994, 243; BGHSt 45, 1, 12.
235 *Sch/Sch/Perron*, § 263, Rn. 120; RG 41, 29; BGH MDR/D 1970, 13; BayObLG, JR 1973, 338; *Krey/Hellmann/Heinrich*, BT/2, Rn. 644.
236 So etwa im Haarwuchsmittel-Fall BGHSt 34, 199 (dazu bereits oben Rn. 316).

§ 10 *Betrug*

Begehrens der Rückzahlung durchgesetzt werden müssen, kompensieren den Schaden grundsätzlich nicht.

Beispiel: A gibt sein Kfz zur Reparatur, obwohl er nicht zahlen kann.

Lösung: Laut BayObLG[237] soll das Werkunternehmerpfandrecht nach § 647 BGB den Vermögensschaden nicht kompensieren. Denn auch das Werkunternehmerpfandrecht sei nicht Gegenstand des Vertrages, sondern entstehe als gesetzliches erst in der Folgezeit, nämlich mit Reparatur. In der Literatur wird dies teilweise abgelehnt, wenn eine mühelose Verwertung des Pfandrechts möglich ist.[238]

Hinweis: *Der BGH hat entschieden, dass es bei einem Abrechnungsbetrug zu keiner Kompensation kommt, wenn der privatliquidierende Arzt eine Rechnung für eine zwar erbrachte, aber nach Sozialversicherungsrecht nicht abrechenbare Leistung stellt.*[239] *Das ist bedenklich, weil sich Leistung und Gegenleistung in diesem Fall äquivalent gegenüber stehen. Der BGH bestimmt daher den Schaden hier nicht wirtschaftlich, sondern in Wahrheit sozialversicherungsrechtlich.*[240]

V. Subjektiver Tatbestand des Betrugs

370 Neben dem sämtliche objektiven Tatbestandsmerkmale betreffenden Vorsatz verlangt die subjektive Tatseite des § 263 StGB zusätzlich die Absicht stoffgleicher Eigen- oder Drittbereicherung.[241]

Die Absicht stoffgleicher Bereicherung spielt neben dem Fall der Eigenbedarfskündigung (vgl. dazu ausführlich oben, Rn. 325 f.) vor allem auch in Mehrpersonenverhältnissen eine Rolle. Veranschaulicht wird dies durch folgenden berühmten

371 **Fall 45:** A war als Provisionsvertreter für Staubsauger für die Firma V tätig. Er bat den Kunden K, der einen Kauf abgelehnt hatte, weil er bereits einen Staubsauger besaß, ihm seinen Besuch wenigstens zweimal zu bestätigen, weil er diese Bestätigung für seinen Arbeitgeber und für seine persönlichen Unterlagen benötige. Anstatt einer Bestätigung ließ A den K jedoch einen Kaufvertrag sowie eine Belehrung über die Widerrufsmöglichkeit (vgl. §§ 355 II, 356 III BGB) unterschreiben und reichte den Vertrag zwei Wochen später bei der Firma V ein, die ihm die vereinbarte Provision ausbezahlte. Strafbarkeit des A?
(Provisionsvertreter-Fall II)

372 **Lösung:**

I. In Betracht kommt zunächst ein **eigennütziger Betrug des A zu Lasten des K, § 263 StGB**.

1. Eine (ausdrückliche) Täuschung ist darin zu sehen, dass A dem K vorspiegelte, es handele sich bei dem zu unterzeichnenden Dokument um eine Besuchsbestätigung, während es sich dabei in Wahrheit um einen Kaufvertrag handelte.

---

237 BayObLG JR 1974, 336.
238 So etwa *Otto*, BT, § 51, Rn. 77.
239 BGH NJW 2012, 1377 m. Anm. *Jäger*, ZWH 2012, S. 185 f.
240 Vgl. auch BGH NStZ 2014, 640 m. Anm. *Piel*.
241 *Rengier*, BT/1, § 13, Rn. 246 ff.; BayObLG JZ 1994, 584; *Maurach/Schroeder/Maiwald*, BT/I, § 41, Rn. 38 ff.; *Jäger*, JuS 2010, 761 ff.; *Wittig*, JA 2013, 401 ff.

2. K ist einem dementsprechenden Irrtum unterlegen.
3. Vermögensverfügung
Die h. M. geht davon aus, dass bereits die Unterschriftsleistung als Vermögensverfügung anzusehen ist, die unmittelbar einen Schaden bewirkt. Begründet wird dies zu Recht damit, dass der Unterschriftsleistende durch die Unterzeichnung tatsächlich eine Verpflichtung eingeht, bezüglich derer die Möglichkeit der Anfechtung wegen arglistiger Täuschung nicht zu einem Schadensausschluss führt, weil die Beweislast für die arglistige Täuschung auf Seiten des Unterzeichnenden liegt, sodass das Prozessrisiko für eine schadensgleiche konkrete Vermögensgefährdung auf Seiten des K spricht (s. o. Rn. 364). Gleiches gilt für den Nachweis eines möglichen fehlenden Erklärungsbewusstseins, das zum Nachweis der Unwirksamkeit der Vertragseingehung von K erst bewiesen werden müsste.[242]
4. Der Vermögensschaden des K liegt darin, dass dieser jedenfalls keinen Staubsauger benötigte (persönlicher Schadenseinschlag i. S. d. objektiv-individuellen Betrachtung, s. o. Rn. 361).
5. Es fehlt aber an der Absicht stoffgleicher Bereicherung, weil der Vorteil des A (Provisionserlangung) nicht Kehrseite des Nachteils des K (Eingehung der Vertragsverpflichtung) ist.

II. In Betracht kommt jedoch ein **fremdnütziger Betrug des A gegenüber K zugunsten der Firma V, § 263 StGB.**
Zu 1.–4. siehe soeben unter I.
5. Für die Bereicherungsabsicht (hier in Form der Drittbereicherungsabsicht) genügt es nach h. M., wenn der Täter den Vorteil neben anderen wichtigen Zielen oder wie hier als Zwischenziel für einen anderen Zweck anstrebt (Provision).[243] Auch ist Absicht stoffgleicher Bereicherung zu bejahen, weil der Nachteil des K dem Vorteil der V entspricht.
Ergebnis: Damit ist ein fremdnütziger Betrug des A gegenüber K zugunsten der Firma V zu bejahen.

III. Es könnte des Weiteren ein **eigennütziger Betrug des A nach § 263 StGB gegenüber der Firma V** vorliegen, indem er den Kaufvertrag einreichte und die Provision dafür kassierte.
1. A hat die Firma V zumindest konkludent getäuscht, weil nach der Verkehrsauffassung die Einreichung des Vertrages die Erklärung mitenthielt, dass es sich dabei um einen ordnungsgemäß abgeschlossen, nicht anfechtbaren Vertrag handele.
2. Ein entsprechender Irrtum ist auf Seiten des Firmenvertreters entstanden.
3. Durch Provisionszahlung hat die Firma V auch über ihr Vermögen verfügt.
4. Problematisch ist allerdings der Vermögensschaden.
Dieser ist hier jedoch deshalb zu bejahen, weil V im Gegenzug für die Provisionszahlung kein hinreichendes Äquivalent erhalten hat, da der Kaufvertrag unwirksam bzw. jedenfalls anfechtbar ist, wodurch eine hinreichende Vermögensgefährdung gegeben ist (auch die Firma hat nämlich ein nicht unbeträchtliches Prozessrisiko).
5. A hatte auch die Absicht stoffgleicher und rechtswidriger Bereicherung, da der Nachteil der Firma V dem Vorteil des A entspricht.

IV. Ergebnis und Konkurrenzen: A hat einen fremdnützigen Betrug gegenüber K und zugunsten der Firma V sowie einen eigennützigen Betrug gegenüber der Firma V begangen. Beide Betrugstaten stehen zueinander in Tatmehrheit; die Annahme einer mitbestraften Vor/Nachtat ginge gänzlich fehl, weil sich die Taten gegen unterschiedliche Betroffene richten, sodass das doppelte Unrecht im Urteilstenor auch zum Ausdruck zu bringen ist.

---

242 Vgl. hierzu *Sch/Sch/Perron*, § 263, Rn. 56 m. w. N.
243 BGHSt 16, 1; Lackner/*Kühl*, § 263, Rn. 58.

VI. Rechtswidrigkeit der erstrebten Eigen- oder Drittbereicherung sowie Vorsatz diesbezüglich

373 Die Rechtswidrigkeit ist nach ganz h. M.[244] objektives Tatbestandsmerkmal (vgl. bereits beim Diebstahl, Rn. 243 ff.), auf das sich der Vorsatz des Täters richten muss. Es entfällt daher, wenn der Täter
- einen unbegründeten Anspruch abwehren will,[245]
- einen fälligen und einredefreien Anspruch durchsetzen will[246] oder
- eine zulässige Aufrechnung erschleichen will.[247]

---

244 BGHSt 3, 160, 162; 42, 268, 271; *Fischer*, § 263, Rn. 191 ff.; *Krey/Hellmann/Heinrich*, BT/2, Rn. 692 m. w. N.
245 *Krey/Hellmann/Heinrich*, BT/2, Rn. 694; BGH NStZ 1990, 388 ff.
246 LK-*Tiedemann*, § 263, Rn. 265; vgl. auch BGH JA 2014, 947 m. Anm. *Kudlich*.
247 Lackner/*Kühl*, § 263, Rn. 61.

§ 11 Erpressung und räuberische Erpressung

I. Erpressung nach § 253 StGB

1. Geschütztes Rechtsgut und Verhältnis zu anderen Delikten

§ 253 StGB schützt das Vermögen sowie die Freiheit der Willensentschließung und Willensbetätigung. Zum Verhältnis von Erpressung und Betrug s. bereits bei § 263 StGB, o. Rn. 311 ff. **(zwingend an dieser Stelle nachzulesen!)**.

374

2. Objektiver Tatbestand

a) Tathandlung

Sie besteht in der Nötigung mit Gewalt oder in der Drohung mit einem empfindlichen Übel.

375

aa) Gewalt ist Zwang durch Zufügen eines gegenwärtigen Übels.[1] Da Gewalt gegen eine Person unter § 255 StGB fällt, erfasst § 253 StGB lediglich die Zufügung eines Übels, das nicht unmittelbar gegen den Körper des Opfers (oder eines Dritten) wirkt.[2] Gemeint ist also insbesondere Gewalt gegen Sachen. Beispiel: Schutzgelderpresser bringen einen Gastwirt zur Zahlung von 10 000 €, indem sie sein Mobiliar zusammenschlagen.

bb) Drohung mit einem empfindlichen Übel meint die Fälle, in denen der Täter einen Nachteil in Aussicht stellt, auf dessen Eintritt er sich Einfluss zuschreibt.[3] Ob er diesen Einfluss tatsächlich hat, spielt keine Rolle. Das Übel ist empfindlich, wenn es geeignet erscheint, einen besonnenen Menschen in der Lage des Erklärungsgegners zu dem vom Täter erstrebten Verhalten zu bestimmen.[4] Die Drohung mit Leibes- und Lebensgefahr fällt unter § 255 StGB.

Einen interessanten Fall der Drohung mit einem empfindlichen Übel hat kürzlich der BGH entschieden. Dazu folgendes

Beispiel: A war auf einem Supermarktparkplatz im Auftrag des Supermarktinhabers tätig und sorgte dafür, dass widerrechtlich parkende Kfz abgeschleppt wurden. Zu diesem Zweck brachte er am Fahrzeug des B, der dort unberechtigt parkte, eine Parkkralle an und orderte einen Abschleppwagen. Noch vor der Verbringung des Fahrzeuges kam B zurück. A verlangte nun noch vor Ort aufgrund der Abtretung der Schadensersatzansprüche unmittelbar eine Bezahlung von 150 €. Er berief sich dabei auf ein Zurückbehaltungsrecht aus einem gültigen Vertrag mit dem Grundstücksberechtigten und erklärte, dass er die Parkkralle erst abnehmen werde, wenn ihm die geforderte Summe vollständig gezahlt werde. B zahlte daraufhin den geforderten Betrag (**Parkkrallen-Fall** nach BGH NJW 2017, 1487[5]).

---

1 *Sch/Sch/Bosch*, § 253, Rn. 3 i. V. m. Rn. 6 vor § 234; *Fischer*, § 240, Rn. 8; SK-*Wolters*, § 240, Rn. 10.
2 *Kindhäuser*, LPK, § 253, Rn. 5; *Sch/Sch/Bosch*, § 253, Rn. 3 i.V.m. Rn. 6.
3 BGHSt 16, 386; *Wessels/Hettinger/Engländer*, BT/1, Rn. 452.
4 BGH NStZ 1982, 287; *Rengier*, BT/2, § 23, Rn. 44; *Wessels/Hettinger/Engländer*, BT/1, Rn. 454.
5 M. Anm. *Kudlich/Koch*, NJW 2017, 1487.

Lösung: Im Anlegen der Parkkralle kann schon eine Gewalt gegen Sachen gesehen werden. Unabhängig davon ist aber auch von einer Drohung mit einem empfindlichen Übel auszugehen. Genauer handelt es sich um eine Drohung mit einem Unterlassen. Da die angebrachte Parkkralle die Mobilität des B beeinträchtigte, war das angedrohte Unterlassen geeignet, einen besonnenen Menschen in der konkreten Lage zu dem von A gewünschten Verhalten zu veranlassen. Jedoch scheitert eine Erpressung daran, dass es an einem Vermögensnachteil des B jedenfalls dann fehlt, wenn lediglich die ortsüblichen (Abschlepp-)Kosten und damit eine berechtigte Forderung geltend gemacht und durch Zahlung ausgeglichen wird (B wird dann durch Zahlung von einer berechtigten Verbindlichkeit befreit, sodass bei Saldierung keine Vermögensminderung zu verzeichnen ist). Auch das Vorliegen einer im Anschluss noch zu prüfenden Nötigung gemäß § 240 StGB ist mangels Verwerflichkeit zu verneinen. Denn die Androhung des Gläubigers gegenüber dem Schuldner diente nur der Durchsetzung einer dem A tatsächlich zustehenden Forderung. Sie war daher eine zulässige gesetzliche Maßnahme im Sinne der Ausübung eines Zurückbehaltungsrechts und war als solche sozialadäquat. Es lag daher keine unzulässige Verknüpfung von Mittel und Zweck vor. A ist daher straflos.

cc) Im Übrigen können sich hier die gleichen Probleme stellen, wie sie bereits im Rahmen der Nötigung nach § 240 behandelt wurden (vgl. oben Rn. 100 ff.). Insbesondere ist auch hier die Frage aufzuwerfen, ob eine Drohung mit einem Unterlassen tatbestandsmäßig i. S. v. § 253 StGB sein kann. Eine neuere Entscheidung des OLG Oldenburg liefert hierfür ein

Beispiel:[6] Richter R erklärt dem in einer Strafsache verfolgten V, dass er gegen eine Geldzahlung i. H. v. 5000 € seine (R's) Ehefrau S als zuständige Staatsanwältin dazu bringen könne, das Verfahren einzustellen. Sollte die Geldzahlung in Höhe von 5000 € von V nicht geleistet werden, würde er allerdings eine entsprechende Einwirkung auf die S unterlassen. V leistete die Geldzahlung nicht, sondern zeigte den R an.

Lösung: Das OLG Oldenburg hat in diesem Fall eine versuchte Erpressung durch R bejaht. Das Problem liegt dabei in der Frage, ob der Tatentschluss des R auf eine Drohung mit einem empfindlichen Übel i. S. d. § 253 StGB gerichtet war. Strittig ist dabei nämlich, ob auch eine Drohung mit einem Unterlassen unter diese Tatalternative fallen kann. Hier gelten dieselben Grundsätze, die bereits in Rn. 101 bei der Nötigung nach § 240 StGB benannt wurden. Danach bejaht die h. M. eine Drohung mit einem empfindlichen Übel auch bei der Ankündigung eines Unterlassens, da es entscheidend darauf ankomme, dass die Verknüpfung von Mittel und Zweck bei Würdigung der Gesamtumstände als verwerflich anzusehen sei. Dieser Ansicht hat sich vorliegend auch das OLG Oldenburg angeschlossen und den Richter dementsprechend wegen versuchter Erpressung verurteilt. Demgegenüber geht eine starke Literaturauffassung davon aus, dass das In-Aussicht-Stellen eines Unterlassens nur dann als Drohung mit einem empfindlichen Übel aufgefasst werden könne, wenn eine Rechtspflicht zum Handeln bestünde. Danach wäre R vorliegend nicht wegen versuchter Erpressung zu bestrafen gewesen, weil eine Pflicht zur Einwirkung auf seine Frau S in Bezug auf die Verfahrenseinstellung nicht bestand und V insoweit lediglich ein wählbarer „Vorteil" eingeräumt wurde.[7] Folge dieser Auffassung wäre daher, dass eine Strafbarkeit des Richters wegen versuchter Erpressung ebenso ausscheidet wie eine Strafbarkeit wegen versuchter Nötigung. Auch eine Strafbarkeit nach §§ 331 II, 332 II StGB kommt im vorliegenden Fall übrigens nicht in Betracht, da kein Zusammenhang mit einer richterlichen Diensthandlung bestand (Richter R wollte ja privat auf seine Ehefrau S einwirken; er selbst hatte mit dem Verfahren nichts zu tun). Auch scheitert eine Strafbarkeit wegen Strafvereitelung nach §§ 258, 258a StGB. Für § 258a StGB fehlt es bereits an der Voraussetzung des „Berufenseins" des R zur Mitwirkung am Verfahren. Und für § 258 StGB fehlt es

---

6 Abgewandelt nach OLG Oldenburg NStZ 2008, 691 f. m. Anm. *Kudlich*, JA 2008, 901 ff.
7 Vgl. dazu *Kudlich*, JA 2008, 901 ff.

nicht nur an der Vollendung, sondern auch an einem Versuch, da R nicht einmal (mehr) an die S herangetreten ist. Es entfällt daher aus dem gleichen Grunde auch eine Strafbarkeit wegen Anstiftung der S zu §§ 258, 258a StGB.

b) Tatopfer

Das Tatopfer muss zu einem Handeln, Dulden oder Unterlassen genötigt werden. Dabei ist umstritten, ob die Erpressung eine Vermögensverfügung des Opfers voraussetzt oder ob es bereits genügt, dass das Opfer den Eingriff nur passiv duldet, sodass auch eine Wegnahme durch den Täter den Tatbestand erfüllen kann.

376

aa) Ein Teil der Literatur verlangt eine Vermögensverfügung, sodass eine Erpressung nur bei vis compulsiva (= willensbeugender Gewalt) und nicht bei vis absoluta (= willensausschließender Gewalt) in Frage kommt, da sich bei letzterer eine Verfügung begrifflich ausschließt.[8]

Die Literatur führt zur Begründung ihrer Auffassung die Strukturgleichheit des § 263 StGB mit §§ 253, 255 StGB an und betont im Übrigen, dass §§ 253, 255 StGB anderenfalls zu umfassend qualifizierten Vermögensentziehungsdelikten und damit zum Grundtatbestand im Verhältnis zu § 249 StGB würden (immer wenn § 249 StGB nicht passt, könnte dann auf §§ 253, 255 StGB zurückgegriffen werden); dies aber sei schon deshalb fragwürdig, weil der Gesetzgeber den Grundtatbestand prinzipiell nicht hinter dem Spezialtatbestand verorte.[9]

bb) Die Rspr. hält dagegen eine Vermögensverfügung nicht für erforderlich[10] (ist sie gegeben, kommt freilich auch die Rspr. erst recht zu §§ 253, 255 StGB!).

Der BGH will also jede durch Gewalt gegen eine Person oder durch Drohung mit gegenwärtiger Gefahr für Leib und Leben herbeigeführte Vermögensverschiebung entweder über § 249 StGB (Wegnahme einer **fremden** Sache und **Zueignungs**absicht) oder über § 255 StGB (Wegnahme/Verfügung und **Bereicherung**sabsicht) erfassen, um jede Strafbarkeitslücke zu schließen. Danach kommen §§ 253, 255 StGB auch in Betracht, wenn der Täter zu vis absoluta greift und sich so die Möglichkeit verschafft, eine Wegnahme vorzunehmen. Kommt also zur Wegnahme Zueignungsabsicht, ist § 249 StGB als Spezialtatbestand gegeben. Der daneben an sich auch verwirklichte § 255 StGB tritt hinter dieser Norm zurück.

cc) Stellungnahme: Ob die lediglich systematischen Argumente der Literatur überzeugen, erscheint fraglich. Denn ein beachtlicher Einwand gegen die Literatur, die für §§ 253, 255 StGB eine Vermögensverfügung verlangt, ist folgender: Bei fehlender Zueignungsabsicht (z. B. Wegnahme eines Taxis zu einem furtum usus) wird derjenige Täter, der zu vis absoluta greift, gegenüber demjenigen, der zu vis compulsiva schreitet, bevorzugt.[11] Gegen dieses Argument wendet die Literatur zwar ein, dass vis absoluta nicht das grundsätzlich brutalere Mittel ist (z. B. ist die Drohung mit einer Pistole – vis

---

8 *Küper/Zopfs*, BT, S. 436 f.; *Rengier*, BT/1, § 11, Rn. 8; *Sch/Sch/Bosch*, § 253, Rn. 3 u. 8 f.
9 Vgl. etwa *Rengier*, BT/1, § 11, Rn. 2; allgemein zum Verhältnis von Raub, räuberischem Diebstahl und räuberischer Erpressung *Kudlich/Aksoy*, JA 2014, 81 ff.
10 BGHSt 14, 386; 25, 224; BGH NStZ 2002, 31, 32.
11 Vgl. *Schünemann*, JA 1980, 488.

compulsiva – brutaler als bloßes Einsperren – vis absoluta –).[12] Dennoch überzeugt dieses Gegen*beispiel* der Literatur nicht als Gegen*argument*.

Auch ist nicht einzusehen, weshalb die häufig zufällige Differenz zwischen Wegnahme und Weggabe darüber entscheiden soll, ob eine Erpressung angenommen werden kann.

Vgl. im Übrigen zu den Auswirkungen dieses Streits sowie zur Abgrenzung von Verfügung und Wegnahme unten bei der räuberischen Erpressung, Rn. 380 ff.

c) *Nachteil*

377 Er entspricht dem Vermögensschaden im Sinne des Betruges. Vgl. daher bereits Rn. 358 ff. Schon dort haben wir gesehen, dass sich der Streit heute vornehmlich um den juristischen und den juristisch-ökonomischen Vermögensbegriff und damit vor allem um die Frage dreht, ob auch der unredliche Besitz von den Vermögensdelikten geschützt wird.

377a **Fall 46:** D, S und B traten die Wohnungstür des N ein. D fragte den N sogleich nach „Dope", worauf dieser erwiderte, dass er keines besitze. Deshalb packte D den N am Kragen und versetzte ihm Schläge mit der Aufforderung: „Gib uns das Zeug raus". Auch S schlug den N und verlangte die Herausgabe von Heroin. B forderte ebenfalls: „Gib den Stoff raus". S hielt dem N auch einen spitzen Gegenstand, eine Schere oder ein Messer, vor das Gesicht und bedrohte ihn damit, was die anderen billigten. Bei dem Versuch des N zu fliehen, wurde er von B festgehalten. Nach weiteren Schlägen gab er Heroin mit der Bemerkung heraus: „Hier, könnt ihr haben, mehr habe ich nicht". Die Täter flohen daraufhin unter Mitnahme des Heroins. Strafbarkeit des S? §§ 123, 223, 224, 239 und 303 StGB sind nicht zu prüfen. (**Dope-Fall** nach BGH NStZ 2016, 596[13])

377b **Lösung:**

I. S könnte sich wegen **besonders schwerer räuberischer Erpressung nach §§ 253, 255, 250 II Nr. 1 Alt. 2 StGB** (Schläge gegen das Opfer stellen unzweifelhaft Gewalt gegen eine Person im Sinne von § 255 StGB dar und Vorhalten der Schere bzw. des Messers ist Drohung mit gegenwärtiger Gefahr für Leib und Leben im Sinne von § 250 II Nr. 1 Alt. 2) **strafbar** gemacht haben.

Fraglich ist allerdings, ob durch die qualifizierte Nötigung auch ein Vermögensschaden im Sinne von §§ 255, 253 StGB eingetreten ist.

Unter Zugrundelegung des wirtschaftlichen Vermögensbegriffs ist der BGH in der Vergangenheit stets davon ausgegangen, dass auch der Besitz von Betäubungsmitteln einen Bestandteil des nach §§ 253, 255 sowie § 263 StGB geschützten Vermögens bildet und daher die Abnötigung dieses Besitzes einen Vermögensschaden darstellen kann.

Demgegenüber verneinte der 2. Strafsenat im Jahre 2016 entgegen dieser bisherigen Rechtsprechung jedenfalls in Bezug auf den unerlaubten Besitz von Drogen die Möglichkeit eines Schadenseintritts mangels Vermögensqualität. Nach Auffassung des 2. Senats sei der unerlaubte Besitz von Betäubungsmitteln kein Bestandteil des geschützten Vermögens, da es kein strafrechtlich schutzwürdiges Vermögen außerhalb des Rechts oder sogar im Widerspruch dazu gebe. Auch der Besitz sei daher nur dann ein Bestandteil des geschützten Vermögens, wenn er auf einem Recht zum Besitz beruht. Der strafbare Besitz von

---

12 *Wessels/Hillenkamp*, BT/2, Rn. 713.
13 M. Anm. *Jäger*, JA 2016, 790 ff.

Betäubungsmitteln sei deshalb kein durch Strafrecht zu schützendes Rechtsgut. Vielmehr sei der Verlust dieses unerlaubten Besitzes gerade der rechtlich gewünschte Zustand. Die gleichzeitige Strafdrohung gegen denjenigen, der unerlaubt Betäubungsmittel besitzt bzw. in Besitz nimmt (vgl. § 29 I Nr. 3, § 29a I Nr. 2 BtMG) und gegen denjenigen, der dem Besitzer diesen unerlaubten Besitz durch Täuschung (§ 263 StGB) oder Nötigung (§§ 253, 255 StGB) entzieht, stelle einen offenkundigen Widerspruch dar. Insoweit dürfe das Strafrecht nicht dazu dienen, eine strafbare Position zu schützen und insoweit eine faktische Anerkennung des Unrechtsverkehrs vorzunehmen. Auch ergebe sich aus den Besitzschutzvorschriften nach §§ 858 ff. BGB nichts anderes, da hieraus kein Anspruch auf Einräumung strafbaren Besitzes an Betäubungsmitteln hergeleitet werden könne.

Die Auffassung des 2. Senats bedeutete eine klare Hinwendung zur strengen juristisch-ökonomischen Vermögenslehre, die auch aus den Besitzschutzregeln der §§ 858 ff. BGB keinen Besitzschutz hinsichtlich rechtswidrig erlangten Vermögens anerkennt. Im Ergebnis werden die §§ 858 ff. BGB damit als bloße Rechtsfriedensschutzregeln begriffen, die in das Strafrecht nicht übertragbar sind. Dies ist allerdings fragwürdig, da sich der 2. Senat damit in Widerspruch zu der Tatsache setzte, dass der Besitz auch eine Rechtsposition einräumt, mit der Sache wie ein Eigentümer zu verfahren. Die Auffassung des 2. Senats widersprach damit schon der bürgerlich-rechtlichen Vorstellung, dass der unrechtmäßige Besitz auch einen Gutglaubenserwerb und damit Rechtsscheinsfunktionen erfüllen kann. Zwar ist dies bei einem Diebstahl nicht der Fall, wie § 935 I BGB zeigt, jedoch wird man die Schutzwürdigkeit des Besitzes im Ergebnis nicht davon abhängig machen können, ob der Besitz einer Person entzogen wird, die den Gegenstand unrechtmäßig unterschlagen oder gestohlen hat. Entscheidend ist vielmehr, dass der Gesetzgeber in den §§ 932 ff. BGB dem unrechtmäßigen Besitz zumindest eine grundsätzliche Rechtsscheinsfunktion zugewiesen hat und sich hieraus ergibt, dass auch die Vorschriften der §§ 858 ff. BGB nicht als bloße faktische Friedensschutzregelungen begriffen werden können.

Auf die Anfrage des 2. Senats haben in der Folge sämtliche übrigen Senate geantwortet und zu Recht widersprochen. Zur Begründung haben sich der 1., 3., 4. und 5. Senat im Wesentlichen auf die Richtigkeit der wirtschaftlichen Vermögenslehre berufen.[14] Inzwischen hat sich der 2. Senat – allerdings in anderer Besetzung – in einer weiteren Entscheidung sogar selbst widersprochen.[15]

Die Bejahung eines Vermögensschadens hätte sich freilich auch mit der in der Literatur weit befürworteten eingeschränkten juristisch-ökonomischen Vermögenslehre begründen lassen, wonach die §§ 858 ff. BGB verdeutlichen, dass auch der unrechtmäßige Besitz eine vom Recht anerkannte Vermögensposition darstellt und daher bei seinem Verlust ein Vermögensschaden angenommen werden kann. Diese Argumentation wäre möglicherweise sogar vorzugswürdig gewesen, weil der BGH durch den wirtschaftlichen Vermögensbegriff immer wieder genötigt ist, im Wege des Rückgriffs auf den Grundsatz der Einheit der Rechtsordnung Friktionen bei der Schadensbegründung zu vermeiden (so verneint der BGH etwa einen Betrug an einem Auftragskiller, der um seinen Lohn geprellt wird mit Blick auf die Einheit der Rechtsordnung; dies ist in Wahrheit bereits eine Annäherung an die juristisch-ökonomische Vermögenslehre, die einer verbots- bzw. sittenwidrigen Arbeitskraft von vornherein die Anerkennung der Rechtsordnung abspricht; näher dazu Rn. 354). Möglicherweise sahen sich die Senate zu einer Neuorientierung in Richtung der eingeschränkten juristisch-ökonomischen Vermögenslehre über die Heranziehung der §§ 858 ff. BGB jedoch nicht in der Lage, weil der 4. Senat in einer kurz zuvor gefällten Entscheidung die Auffassung vertreten hatte, dass die Besitzschutzvorschriften der §§ 858 ff. BGB auf Drogen wegen deren mangelnder Verkehrsfähigkeit nicht anwendbar seien.[16] Dem wäre

---

14 Vgl. BGH 1 ARs 16/16, 3 ARs 16/16, 4 ARs 17/16 und 5 ARs 16/16.
15 Vgl. BGH v. 7.12.2016 – 2 StR 522/15.
16 BGH NStZ 2015, 571 ff. m. Anm. *Jäger*, JA 2015, 874; *Kudlich*, NJW 2015, 2901; *Oglakcioglu*, NStZ 2015, 573.

jedoch entgegenzuhalten, dass die Einschlägigkeit der §§ 858 ff. BGB bei jedem unrechtmäßigen Besitz grundsätzlich anerkannt ist und daher auch für Drogen nichts anderes gelten kann. Der Fall des gewaltsamen Abnötigens von Drogen hätte sich daher als Gelegenheit zur Abwendung von dieser Entscheidung und zur Anerkennung der eingeschränkten juristisch-ökonomischen Vermögenslehre angeboten, auch wenn die Senate im konkreten Fall über die wirtschaftliche Vermögenslehre zum selben Ergebnis gelangen. Andeutungen einer Annäherung finden sich aber immerhin in der dem zweiten Senat widersprechenden Entscheidung des 5. Senats,[17] die zwar den wirtschaftlichen Vermögensbegriff zum Ausgangspunkt nimmt, dann aber in der Begründung ganz auf den zivilrechtlichen Schutz des unrechtmäßigen Besitzes abhebt und damit Argumente anführt, die in Wahrheit der eingeschränkten juristisch-ökonomischen Vermögenslehre entstammen. Im Ergebnis sprechen jedenfalls die besseren Gründe für eine Bejahung der §§ 235, 255, 250 I Nr. 2 Alt. 2.

II. Die gleichzeitig verwirklichte **Nötigung nach § 240** tritt dahinter zurück.

III. Fraglich ist, ob darüber hinaus auch eine Strafbarkeit wegen **Geldwäsche nach § 261 II Nr. 1 Alt. 1 i.V.m. I Nr. 2b StGB** durch gewaltsames Sichverschaffen der Drogen zu bejahen ist. Fraglich ist insoweit, ob ein solches Sichverschaffen auch dann vorliegt, wenn der Täter dem unrechtmäßigen Besitzer die Drogen im Wege der Drohung abnötigt. Zweifelhaft erscheint dies deshalb, weil auch § 261 StGB – wie § 259 StGB – grundsätzlich die Verschaffung eigener Verfügungsgewalt auf abgeleitetem Weg verlangt.[18] Problematisch ist insoweit, ob diese Voraussetzung auch gegeben ist, wenn der Täter die Drogen vom Vortäter durch Nötigung erlangt. Der 1. Strafsenat hat dies bejaht, da es nicht erforderlich sei, dass das Einvernehmen des Vortäters frei von Willensmängeln ist. Daher komme es nicht darauf an, ob der Vortäter aufgrund einer Täuschung oder einer Drohung in die Übertragung einwilligt. Die engere Auslegung des Begriffs Sichverschaffen in § 259 (vgl. Rn. 404 f.), der dort nach h.M. ein einverständliches Zusammenwirken zwischen Vortäter und Hehler voraussetzt und daher ausgeschlossen ist, wenn der Vortäter durch Drohung zur Übertragung der Verfügungsmacht veranlasst wird, gelte für § 261 II Nr. 1 StGB nicht. Eine Einwilligung aufgrund von Nötigung reiche daher aus.[19]

Zusatzhinweis: Der zweite Senat hatte sogar bezweifelt, dass ein Drogenraub möglich sei. Für eine Angleichung der von ihm vertretenen Ergebnisse zu § 255 StGB hat er deshalb für eine teleologische Redunktion des § 249 StGB plädiert. Er verneinte den Tatbestand, weil der Schutzzweck von Diebstahl und Raub nicht auf die Aufrechterhaltung des Gewahrsams an Drogen gerichtet sei. Mittlerweile ist auch diese Auffassung Geschichte. Bejaht man – wie hier – bei gewaltsamem Erwerb von Drogen § 255 StGB, so muss bei Wegnahme in Zueignungsabsicht auch § 249 StGB möglich sein. Vgl. zur dafür erforderlichen Fremdheit der Drogen oben Rn. 188, 380b.

377c Auch sonst gleichen die Schadensfragen denen beim Betrug. Dazu noch ein kurzer, bereits §§ 253, 255 StGB betreffender

> **Fall 47:** A suchte ein Bordell auf und erkundigte sich bei der Prostituierten P nach dem Preis für die Ausübung des Geschlechtsverkehrs. Nachdem sich A mit den geforderten 100 € einverstanden erklärte, begaben sich beide auf das Zimmer der P. Anstatt der P das noch vor dem Geschlechtsverkehr verlangte Geld zu übergeben, war A entschlossen, P mit Gewalt – unter Drohung – zu überwältigen und anschließend zu fesseln, um mit ihr

---

17 BGH 5 ARs 16/16.
18 BGHSt 55, 48; MüKo-*Neuheuser*, § 261 Rn. 73.
19 BGHSt 55, 52.

nach Belieben zu verfahren. A versuchte die P durch Würgen mit einem Strumpf gewaltsam zur Duldung des Geschlechtsverkehrs zu zwingen, ohne hierfür ein Entgelt entrichten zu müssen. Die durch Schreie auf das Geschehen aufmerksam gewordenen Kolleginnen eilten der P zu Hilfe, sodass A von ihr abließ und die Flucht ergriff. Strafbarkeit des A? (**Prostituierten-Fall** nach BGH NStZ 2013, 710 f.[20])

Lösung:

377d

I. Der BGH verneinte hier eine **versuchte besonders schwere räuberische Erpressung nach §§ 253, 255, 250 II Nr. 1, 22, 23 StGB**. Zwar wollte A die P mit Gewalt und unter Verwendung eines gefährlichen Werkzeugs (Würgen mit dem Strumpf) zum Geschlechtsverkehr zwingen. Bei dem Handlungsziel des A – Erzwingung des Geschlechtsverkehrs ohne Entgelt – war die Tat aber nicht auf Erlangung eines Vermögenswertes zum Nachteil des Tatopfers gerichtet. Dabei sind zwei Blickrichtungen zu unterscheiden:

1. Von der Erpressung einer Prostituierten in der Form, dass ihr ein Verzicht auf das vereinbarte Entgelt abgenötigt werden soll **(Forderungserpressung)**, ist mit BGH nur auszugehen, wenn die vereinbarte sexuelle Handlung zuvor einvernehmlich erbracht wurde, weil die Prostituierte nur dann eine rechtswirksame Forderung erlangt hat. Dies bestätigt nicht nur der Wortlaut des § 1 ProstG („sind sexuelle Handlungen gegen ein vorher vereinbartes Entgelt vorgenommen worden, ..."). Auch nach dem Zweck dieser Vorschrift sollen nur solche Dienstleistungen der Prostituierten unter den gesetzlichen Schutz gestellt werden, die freiwillig erbracht worden sind. Es ist hier daher keine Forderung entstanden, auf die die P durch die Nötigung hätte verzichten können.

2. Zu problematisieren ist zudem die Frage, und das wird im Urteil des BGH nicht deutlich, ob der Prostituierten nach der Vorstellung des Täters möglicherweise ein Schaden entstehen sollte, weil sie ihre Arbeitskraft unter Zwang einsetzen sollte **(Arbeitskrafterpressung)**. Hier geht es also nicht um den Entgang der Forderung, sondern um die Leistung, die tatsächlich unter Zwang erbracht werden sollte. Der BGH begnügte sich im vorliegenden Fall mit der einfachen Feststellung, dass dem gegen den Willen der Prostituierten erzwungenen Geschlechtsverkehr kein Vermögenswert im Sinne des § 253 I StGB zukommen könne.[21] Die Problematik erzwungenen Geschlechtsverkehrs wird damit verkürzt, weil die herrschende Lehre davon ausgeht, dass die Erzwingung des Geschlechtsverkehrs gegenüber einer Prostituierten zur Bejahung einer räuberischen Erpressung berechtigt, gerade weil diese Arbeitsleistung unter den gegeben Umständen üblicherweise und mit Billigung des Gesetzes gegen Entgelt erbracht wird. Wie beispielsweise eine räuberische Erpressung angenommen werden kann, wenn ein Taxifahrer unter Bedrohung mit einer Waffe dazu gebracht wird, eine unentgeltliche Beförderung durchzuführen, so müsse auch der Prostituierten ein solcher Vermögenschutz zukommen. Diese Auffassung lässt sich aber mit der Menschenwürdegarantie des Art. 1 I GG nicht in Einklang bringen. Weil die Prostituierte durch den erzwungenen Geschlechtsverkehr zum Objekt degradiert wird, verbietet es sich, die unter Zwang erbrachten Dienstleitungen dem geschützten Vermögen zuzurechnen und als marktfähiges Gut anzuerkennen.[22] Angesichts dessen verbietet es sich von vornherein, dem erzwungenen Geschlechtsverkehr unter Verweis auf die Üblichkeit der Bezahlung einer Prostituierten einen Vermögenswert zuzuweisen. Im Falle der Bedrohung lässt sich die Ausübung des Geschlechtsverkehrs nicht einfach vom Zwang trennen und auf diese Weise die Üblichkeit der Bezahlung begründen. Vielmehr muss hier umgekehrt gelten: Die Degradierung des Menschen zum bloßen Objekt darf keinen Vermögenswert haben! Hierin liegt auch der Unterschied zum genannten Beispiel mit dem Taxifahrer. Der Taxifahrer

---

20 M. Anm. *Barton*, StV 2014, 418 ff; *Jäger*, JA 2014, 230 ff.; *Satzger*, JK 8/14 § 253/16.
21 Vgl. *Zimmermann*, NStZ 2012, 213 ff.
22 Zu Unrecht a.A. *Barton*, StV 2014, 420.

bleibt bei der Beförderung in einer aktiven Rolle, die es zulässt, diese Tätigkeit an den Maßstäben der Üblichkeit zu messen. So gesehen ist die Beförderung in ihrer Wertfreiheit vom Opfer abscheidbar. Anders ist dies dagegen beim erzwungenen Geschlechtsverkehr, der untrennbar mit der Person des Opfers verbunden ist. So gesehen ist der erzwungene Geschlechtsverkehr schon seinem Wesen nach ein aliud gegenüber dem einverständlichen Vollzug des Beischlafs und entzieht sich daher dem von vielen vorgeschlagenen Vergleich mit der üblichen Tätigkeit einer Prostituierten.

II. Verwirklicht sind jedoch die Tatbestände der **versuchten besonders schweren Vergewaltigung §§ 177 V Nr. 1, VI Nr. 1, VIII Nr. 1 Alt. 2, 22, 23 StGB** sowie der **versuchten Nötigung §§ 240, 22, 23 StGB**. Die ausschließliche Anwendung dieser Vorschriften erscheint auch angemessen, weil die P auf diese Weise in ihrer wahren Rolle des weiblichen Opfers sexueller Gewalt wahrgenommen wird und nicht in ihrer beruflichen Funktion, in der sie in Fällen dieser Art sicherlich selbst nicht gesehen werden will.

377e Möglich ist auch eine Dreieckserpressung[23], wenn genötigter Verfügender und Geschädigter auseinander fallen (siehe dazu beim Dreiecksbetrug, Rn. 341 ff.). Dies zeigt folgendes aus der Rechtsprechung stammende

Beispiel: A, der in Besitz von Kontobelegen der Liechtensteiner Landesbank B war und dem es nicht gelungen war, diese Daten an das Bundesfinanzministerium zu veräußern, wandte sich zunächst an einen Steuersünder S, der sich aus dem Datenmaterial ergab, und forderte diesen zur Zahlung von 300 000 € auf; andernfalls würde er diesen bei den Finanzbehörden anzeigen. S erklärte seine Bereitschaft, das Geld zu beschaffen. Sodann wandte sich A an den C, der dem Aufsichtsgremium der B angehörte und machte diesem klar, dass nur bei einer Zahlung in Millionenhöhe durch B eine Weitergabe der Daten an die Finanzbehörden verhindert werden könne. C veranlasste daher, dass dem A 10 Mio. € gegen Rückgabe der Unterlagen gezahlt werden. Da S nahm in der Folge keinen weiteren Kontakt auf, da er mit der bezahlten Summe durch B bereits zufriedengestellt war. Strafbarkeit des A? (nach BGH, Urteil vom 10.6.2010 – 4 StR 474/09 – juris).

Lösung: Der BGH bejahte hier eine Erpressung nach § 253 StGB gegenüber C und zulasten der B. Auch wenn die Zahlung unmittelbar von B ausgehen sollte, stellte die in Aussicht gestellte Anzeige bei den Finanzbehörden ein empfindliches Übel auch gegenüber dem Dritten C dar, denn dieser hatte als angesprochenes Mitglied des Aufsichtsgremiums zu befürchten, dass sich für die B geschäftliche Nachteile ergeben könnten. Dass Verfügender (C) und Geschädigte (B) hier personenverschieden waren, spielt keine Rolle, da C als Aufsichtsgremiumsangehöriger in einem Näheverhältnis zu B stand. Auch ist ein Vermögensnachteil nach § 253 I StGB anzunehmen. Zwar erhält B im Gegenzug für die Zahlung der 10 Mio. € die Daten zurück. Dies stellt jedoch insofern kein Äquivalent dar, als diese Daten – selbst wenn man ihnen einen Marktwert beimisst – jedenfalls für die B wertlos waren. Denn sie zahlte auf den Erhalt von Unterlagen, die ihr ohnehin schon zur Verfügung standen. Auch die Tatsache, dass die B durch die Zahlung eine Steueranzeige verhindern wollte und sich damit in Widerspruch zu der von der Rechtsordnung gewünschten Lage setzte, ändert am Vermögensnachteil nichts. Denn es gibt grds. kein von der Rechtsordnung ungeschütztes Vermögen. Im Übrigen handelte A vorsätzlich und in der Absicht rechtswidriger Bereicherung. Darüber hinaus war die Tat auch verwerflich i. S. der Zweck-Mittel-Relation nach § 253 II StGB. Schon der Zweck (Bereicherung um 10 Mio. €, auf die kein Anspruch bestand) begründet hier die Rechtswidrigkeit (vom BGH nicht näher erörtert). Jedenfalls aber fehlt es an der Konnexität zwischen erstrebter Bereicherung und eingesetztem Nötigungsmittel, sodass die Rechtswidrigkeit zu bejahen ist. A ist daher strafbar nach § 253 I StGB. Die gleichzeitig verwirklichte Nötigung nach § 240 StGB tritt dahinter im Wege der Spezialität zurück. Von dem gegenüber S verwirklichten Delikt der versuchten Erpressung nach

---

23 Allgemein und zu Versuchsproblemen bei der Dreieckserpressung *Knauer*, JuS 2014, 690 ff.

§§ 253 I, III, 22, 23 StGB ist A dagegen nach Auffassung des BGH strafbefreiend nach § 24 I 1 Alt. 1 StGB zurückgetreten. Die außertatbestandliche Zielerreichung ändert nach Ansicht des BGH nichts an der Rücktrittsmöglichkeit. Nach einer starken Literaturauffassung scheidet dagegen im Fall der außertatbestandlichen Zielerreichung ein strafbefreiender Rücktritt aus, da man nicht mehr aufgeben könne, wenn der Vorsatz wegen Zweckerreichung bereits erloschen sei (näher zu diesem Problem *Jäger*, AT, Rn. 318). Folgt man aber dem BGH, so scheidet eine Strafbarkeit wegen versuchter Erpressung gegenüber S aus.

Schließlich ist auch ein Vermögensnachteil durch individuellen Schadenseinschlag denkbar. Erst kürzlich hatte sich diesbezüglich der BGH mit der Frage eines Schadens wegen unzumutbarer Verwendung zu beschäftigen. Dazu folgendes

Beispiel:[24] A nötigte den Inhaber eines italienischen Restaurants durch Drohung mit gegenwärtiger Gefahr für Leib und Leben dazu, ihm 20 Kartons Wein zum Preis von 450 € abzukaufen, obgleich das Opfer dies nicht wollte, weil es in seinem Restaurant nur hochwertige Weine veräußerte.

Lösung: Der BGH hat hier einen Schaden verneint, weil das Opfer – insbesondere angesichts seiner guten Kontakte – in zumutbarer Weise in der Lage gewesen sei, den Wein auch anderweitig abzusetzen. Ein Schaden könne aber nur dann angenommen werden, wenn der Betroffene die Sache nach Auffassung eines sachlichen Beurteilers nicht oder nicht in vollem Umfang für den von ihm vertraglich vorausgesetzten Zweck oder in anderer zumutbarer Weise verwenden kann.

3. Subjektiver Tatbestand

Siehe dazu ebenfalls beim Betrug, Rn. 370 ff.

377f

II. Räuberische Erpressung nach § 255 StGB

1. Geschütztes Rechtsgut und Verhältnis zu anderen Delikten

Wie schon § 253 StGB, so schützt auch § 255 StGB das Vermögen sowie die Freiheit der Willensentschließung und Willensbetätigung.

378

2. Objektiver Tatbestand

a) Tathandlung

§ 255 StGB setzt Gewalt gegen eine Person oder Drohung mit gegenwärtiger Gefahr für Leib und Leben voraus.[25] Gewalt gegen Sachen fällt nur unter § 253 StGB. Die Drohung mit Gefahr für Leib und Leben war mehrfach Gegenstand von BGH-Entscheidungen. Dazu folgende Beispiele:

379

Beispiel 1: A und S nahmen am Bahnhof ein Taxi und lotsten den nicht ortskundigen Taxifahrer H zu einem abgelegenen Platz. Während S das Taxi kommentarlos verließ, stieg A zwar ebenfalls aus, blieb aber auf der rechten Seite des Fahrzeuges stehen und gab vor, S müsse an einer nahegelegenen Sparkasse nur noch Geld holen, um die Taxifahrt bezahlen zu können. H stellte den Motor ab, blieb aber in seinem Taxi sitzen und wartete auf die Rückkehr des S.

---
24 Nach BGH Beschl. v. 11.6.2015 – 2 StR 186/15 m. Anm. *Bosch*, JK 2016, S. 218, § 255 StGB.
25 Drohungen mit Gewalt, die sich nicht gegen eine Person (sondern etwa gegen deren Hund) richten, genügen damit nicht für die Bejahung eines qualifizierten Nötigungsmittels, vgl. hierzu BGH StV 2014, 287; zur konkludenten Drohung mit Gewalt vgl. BGH NStZ 2014, 269 m. Anm. *Krehl*.

Plötzlich kam A zur Fahrertür, legte die Hand auf die Schulter des H, der ein Klickgeräusch hörte, und forderte „Money, Cash". H, der aufgrund des Klickgeräusches damit rechnete, dass A ihm ein Messer an den Hals hielt, händigte dem A daraufhin aus Furcht um sein körperliches Wohlbefinden das mitgeführte Bargeld in Höhe von ca. 120 € aus.[26]

Lösung: Laut BGH verlangt der Tatbestand der Erpressung im Sinne von § 255 StGB in objektiver Hinsicht eine die Freiheit der Willensentschließung und der Willensbetätigung beeinträchtigende Drohung als Mittel zum Zweck der Zufügung eines Nachteils und der Erlangung der (beabsichtigten) Bereicherung, die dann anzunehmen ist, wenn der Bedrohte die Ausführung der Drohung für möglich hält, dadurch in Furcht versetzt und durch diese Furcht in seinem Entschluss beeinflusst wird. Unerheblich ist, ob der Täter die Ausführung seiner Drohung beabsichtigt und ob sie für ihn überhaupt ausführbar ist.

Beispiel 2: A drang mit zwei Mitangeklagten in das Wohnhaus eines Ehepaares ein, um das Gebäude gemäß einer zwischen den drei Tätern bestehenden Bandenabrede nach Wertgegenständen zu durchsuchen. Als sie im Schlafzimmer auf die schlafenden Eheleute trafen, forderten sie die Herausgabe von Geld, wozu der Ehemann unter dem Eindruck des Auftretens der Täter mit zweien von ihnen in die Küche ging und diesen 45 € aushändigte. Aufgrund ihres Auftretens waren sich alle drei Angeklagten bewusst, dass sie auf die gerade erwachten Eheleute in deren eigenem Schlafzimmer im Hinblick auf deren körperliche Integrität bedrohlich und einschüchternd wirken würden. Diesen Umstand machten sie sich absichtsgemäß zu nutze.[27]

Lösung: Der BGH nimmt vorliegend nicht nur eine Erpressung im Sinne des § 253 I StGB, sondern eine räuberische Erpressung gemäß §§ 253, 255 StGB an. Denn das durch die Täter konkludent angedrohte empfindliche Übel bestand nach den Feststellungen in unmittelbar drohenden körperlichen Übergriffen, somit einer gegenwärtigen Gefahr für Leib oder Leben. Darauf, ob die Täter die Drohung erforderlichenfalls hätten verwirklichen wollen, kommt es nicht an.

b) Tatopfer

Immer wieder bedeutsam ist in Klausuren die Abgrenzung von Raub und räuberischer Erpressung.[28]

380 aa) Für § 255 StGB gilt das zu § 253 StGB Gesagte entsprechend, d. h. nach einem Teil der Literatur ist eine Vermögensverfügung nötig, nach der Rspr. genügt eine Wegnahme (vgl. o. Rn. 376).

bb) Bei der Frage, ob eine Verfügung vorliegt, stellt die Rspr. auf das äußere Erscheinungsbild ab (Weggabe oder Wegnahme).[29]

Ein Teil der Literatur hebt dagegen auf die Opferwirkung (innere Willensrichtung) ab, d. h. eine Verfügung liegt nur vor, wenn das Opfer eine Handlungsalternative für sich sieht.[30] Das soll z. B. nicht beim Vorhalten einer Pistole der Fall sein, denn Geld oder Leben heißt nicht Geld **oder** Leben, sondern Geld oder Geld **und** Leben.[31]

→ Das Tatgeschehen hat hier den Charakter einer Wegnahme, sodass Raub gegeben ist.

---

26 BGH NStZ-RR 2016, 45 f. m. Anm. *Kudlich*, JA 2016 234 ff.
27 BGH NStZ-RR 2015, 213 m. Anm. *Kudlich*, JA 2015, 551 ff.
28 Näher *Bode*, JA 2017, 110.
29 BGHSt 7, 254; 14, 390; 41, 126; BGH NStZ-RR 1997, 321; BGH NStZ 1999, 355.
30 *Rengier*, BT/1, § 11, Rn. 33; *Sch/Sch/Bosch*, § 253, Rn. 8; *Wessels/Hillenkamp/Schuhr*, BT/2, Rn. 714 u. 730.
31 Vgl. *Otto*, ZStW 79 (1967), 59 ff.

Anders ist es aber, wenn der Täter der Mitwirkung des Opfers bedarf und das Opfer dies weiß. Denn Geld oder Leben heißt dann wirklich Geld **oder** Leben.
→ Das Tatgeschehen hat dann Verfügungscharakter, sodass eine räuberische Erpressung vorliegt.

Beispiel 1: Der Täter verlangt vom Bankangestellten, den Tresor zu öffnen, dessen Kombination er nicht kennt.

Beispiel 2: Ein hinter schusssicherem Glas sitzender Bankangestellter wird durch die Bedrohung eines Kunden zur Geldherausgabe gezwungen.

In beiden Beispielsfällen bedarf der Täter der Mitwirkung des Bankangestellten, was letzterem auch bewusst ist. Es liegt daher eine Verfügung vor.

Achtung Klausur: *Völlig verfehlt ist die in Prüfungsarbeiten von Studierenden immer wieder aufgestellte Behauptung, bei einem Vorhalten einer Pistole sei das Opfer innerlich niemals frei, sodass in einem solchen Fall nach der Lit. stets eine Wegnahme nach § 249 StGB zu bejahen und eine Verfügung nach §§ 253, 255 StGB zu verneinen sei. Dies kann so nicht zutreffen und begründet einen schweren Grundlagenfehler. Denn es gäbe dann nach der Lit. keinen einzigen Anwendungsfall des § 255 StGB im Falle der Drohung mit Gefahr für das Leben. Schon die gesetzliche Existenz dieser Tatmodalität widerspricht also dieser Auffassung. Entscheidend ist für die Lit. vielmehr allein die Frage, ob das Opfer hinsichtlich des Vermögensübergangs noch Alternativen sieht und dies ist nur der Fall, wenn der Täter – wie das Opfer weiß – der Mitwirkung des Bedrohten bedarf.*

Eine nur scheinbare Hinwendung der Rechtsprechung zur Auffassung der Literatur bedeutet folgender, aus der Rechtsprechung stammender

Fall 48: C erzählte ihrem jetzigen Lebensgefährten A und weiteren Bekannten, sie sei von ihrem früheren Freund B während ihrer kurzen Beziehung sexuell misshandelt worden. A sowie die anderen Bekannten, darunter X, wollten daher B zur Bestrafung aufsuchen und verprügeln. Zur Vorbereitung entwarf A am PC einen gefälschten Durchsuchungsbeschluss wegen des Verdachts der sexuellen Belästigung und anderer Straftaten. Zudem fertigte er ein weiteres Dokument an, das ihm ggf. die sofortige Festnahme des B gestatten würde. Im Anschluss daran begab sich A zusammen mit X zur Wohnung des B. Beide trugen Bundeswehruniformen, welche sich im Besitz des A befanden. Zudem waren beide mit Gaspistolen ausgerüstet, wobei die Waffe des A nicht geladen war. In der Wohnung trafen sie unerwartet neben B auch weitere Personen an. Sie gaben daher ihren Plan, B zu verprügeln, auf. Stattdessen überreichte A dem B die beiden gefälschten Dokumente. X richtete seine Gaspistole kurzzeitig auf B und behielt sie sodann, ebenso wie A, mit aufgelegter Hand im Halfter. B hielt A und X für echte Feldjäger der Bundeswehr und vermutete einen Zusammenhang mit den Anschuldigungen der C. A nahm aus der Schublade ein Messer im Wert von 10 € an sich und merkte an, dass er dieses „konfiszieren" müsse. B erhob keine Einwände. Weiterhin steckte A eine Tüte mit Marihuana ein, die einer der Personen in der Wohnung gehörte. Daraufhin verließen A und X die Wohnung wieder. Das Messer warf A nach wenigen Wochen weg. Strafbarkeit des A nach dem StGB? (**Pseudobeschlagnahme-Fall II** nach BGHSt 56, 196[32])

380a

---

32 Mit Anm. *Jäger*, JA 2011, 632 ff.; vgl. auch Anm. *Theile*, ZJS 2012, 138 ff.

§ 11 Erpressung und räuberische Erpressung

380b | **Lösung:**

I. A könnte sich wegen **schweren Raubes nach §§ 249, 250 II Nr. 1 StGB** strafbar gemacht haben.

1. Fraglich ist, ob eine Drohung mit Gefahr für Leib und Leben schon deshalb zu bejahen ist, weil A während der gesamten Aktion die Hand auf dem Pistolenhalfter aufgelegt hielt. Problematisch ist, ob man hierin bereits eine Drohung mit Erschießung sehen kann. Insgesamt liegt dies wenig nahe, da eine solche vom Täter weder gewollt, noch vom Opfer – selbst im Falle der Weigerung – unmittelbar zu erwarten war. Nur wenn man – sehr weitgehend – im Auflegen der Hand bereits eine mögliche Drohung mit Erschießung erblickt, kann man eine qualifizierte Nötigung bejahen.

2. Problematisch ist dann aber auch die Fremdheit der illegal besessenen Drogen. Insoweit geht der BGH jedoch davon aus, dass § 134 BGB keine Auswirkungen auf bestehende Eigentumsverhältnisse hat, sodass etwa der Produzent von Drogen das Eigentum nicht allein dadurch verliert, dass der Anbau und der Besitz von Betäubungsmitteln ohne Erlaubnis verboten sind (vgl. dazu näher Rn. 188).

3. Darüber hinaus ist das Tatbestandsmerkmal der Wegnahme nach Ansicht des BGH vorliegend nicht dadurch ausgeschlossen, dass der Täter durch die falsche Behauptung einer amtlichen Beschlagnahme die Herausgabe einer fremden beweglichen Sache fordert und sie erreicht, selbst wenn das Opfer die Wegnahme nicht duldet, sondern die Sache dem Täter auf dessen Verlangen hin aushändigt. In einem solchen Fall ist für einen eigenen, freien Willensentschluss des Opfers, das sich dem Zwang fügt, kein Raum.

Hinweis: *Erstaunlich ist, dass der BGH hier auf den freien Willensentschluss abstellt. Er hätte es sich viel leichter machen können und bereits nach dem äußeren Erscheinungsbild eine Wegnahme bejahen können. Man könnte daher hier den Eindruck gewinnen, dass der BGH künftig mit der Lit. auf die innere Willensrichtung des Opfers abstellen will. Jedoch würde man die Entscheidung auf diese Weise wohl überinterpretieren. Vielmehr wird man davon ausgehen müssen, dass der Beschluss eine Einzelentscheidung zu vorgetäuschter hoheitlicher Zwangsbefugnis darstellt.*

4. Was sodann den Qualifikationstatbestand des § 250 II Nr. 1 Alt. 1 StGB anbelangt, so weist der BGH – selbst bei Vorliegen einer finalen Verknüpfung – darauf hin, dass diese Straferschwerung nur bei (einsatzbereiten) Gas- und Schreckschusswaffen einschlägig ist, bei denen nach der Bauart der Explosionsdruck beim Abfeuern der Munition nach vorne durch den Lauf austritt. Da auch zum konkreten Ladezustand und zur Funktionsfähigkeit bzw. zur Bauart der von X verwendeten und dem A nach § 25 II StGB zurechenbar mitgeführten Pistole nichts festgestellt war, hat der BGH zu Recht einen Ausschluss des § 250 II Nr. 1 StGB für möglich gehalten. Gegeben wäre in einem solchen Fall nur die Verwirklichung des § 250 I Nr. 1b StGB (Mit-Sich-Führen einer Scheinwaffe als sonstiges, ungefährliches Werkzeug).

5. Jedenfalls äußerte der BGH im vorliegenden Fall aber Bedenken in Bezug auf die für § 249 StGB erforderliche finale Verknüpfung von eingesetztem Nötigungsmittel und Wegnahme. Die Anwendung von Gewalt oder Drohung darf danach nicht nur gelegentlich der Entwendung einer fremden Sache erfolgen, sondern sie muss darauf gerichtet sein, den Gewahrsamsbruch durch Ausschaltung eines erwarteten oder geleisteten Widerstands zu ermöglichen oder wenigstens zu erleichtern. Der BGH forderte daher bezüglich der finalen Verknüpfung weitere Feststellungen.

6. Zwischenergebnis: Trotz Wegnahme der Gegenstände liegt vorliegend mangels Drohung mit Gefahr für Leib und Leben, jedenfalls aber mangels finaler Verknüpfung, kein Raub vor.

II. Denkbar wäre jedoch die Annahme einer **Erpressung nach § 253 StGB**.

1. Wenn man keine Drohung mit Gefahr für Leib und Leben (qualifizierte Nötigung) bejaht, so war vorliegend jedenfalls eine einfache Nötigung in Form der Drohung mit einem empfindlichen Übel gegeben, da durch das zweite gefälschte Schreiben (Festnahmegestattung) im Falle der Weigerung eine Inhaftierung angedroht wurde (vom BGH nicht geprüft).

2. Jedoch ist fraglich, ob ein Rückgriff auf § 253 StGB trotz Bejahung einer Wegnahme überhaupt möglich ist (näher zu diesem Streit oben Rn. 376). Während ein großer Teil der Literatur eine Vermögensverfügung für die Verwirklichung des § 253 StGB voraussetzt, lässt der BGH auch eine Vermögensentziehung durch Wegnahme genügen (auch hierzu sowie zu den jeweiligen Argumenten oben Rn. 376). Folgt man bei diesem Streit der Auffassung der Rechtsprechung, so ergibt sich eine Opferreaktion, die unter § 253 StGB subsumiert werden kann.

3. In diesem Falle wäre auch von einem Vermögensnachteil auszugehen, da der Besitzverlust auch hinsichtlich des Marihuanas eine Vermögensminderung darstellt. Es gibt insoweit kein strafrechtlich ungeschütztes Vermögen.

4. **Zwischenergebnis:** A hat sich strafbar gemacht nach § 253 StGB, sofern man mit der Rechtsprechung für die einfache Erpressung eine Wegnahme genügen lässt.

III. Gleichzeitig verwirklicht ist der Tatbestand der **Nötigung nach § 240 StGB**, der jedoch hinter § 253 StGB zurücktritt.

IV. Ebenso ist ein **Diebstahl in einem besonders schweren Fall nach §§ 242, 244 I Nr. 1b StGB** (Mit-Sich-Führen einer ungefährlichen Scheinwaffe) verwirklicht. §§ 242, 244 StGB stehen dabei zu § 253 StGB in Tateinheit, da nur auf diese Weise der zusätzliche Unrechtsgehalt (Zueignungsabsicht statt bloßer Bereicherungsabsicht) des Diebstahls zum Ausdruck gebracht werden kann.

V. A könnte sich darüber hinaus wegen **Amtsanmaßung nach § 132 StGB** strafbar gemacht haben. Jedoch sind Soldaten keine Amtsträger im strafrechtlichen Sinne, sodass es sich bei der Anmaßung militärischer Befugnisse grundsätzlich nicht um die Anmaßung eines öffentlichen Amtes nach § 132 Alt. 1 StGB handelt. Wird der Täter jedoch unter Beanspruchung zusätzlicher „Amtsbefugnisse" als Feldjäger tätig, kann eine Strafbarkeit gemäß § 132 Alt. 2 StGB in Betracht kommen.

Hier hat A die Befugnis zur Verhaftung vorgetäuscht, sodass eine Strafbarkeit nach § 132 Alt. 2 StGB gegeben ist.

VI. Durch das Tragen der Feldjägeruniform sowie durch die Verwendung der Armbinde mit der Aufschrift „MP" könnte auch der **Missbrauch von inländischen Uniformen nach § 132a I Nr. 4 Alt. 1** sowie der **Missbrauch von Amtsabzeichen nach § 132a I Nr. 4 Alt. 4 StGB** verwirklicht worden sein.

Jedoch ist der Tatbestand des § 132a StGB in beiden Tatformen nur erfüllt, wenn es sich bei der jeweiligen Uniform bzw. dem jeweiligen Amtsabzeichen um solche handelt, die aufgrund öffentlich-rechtlicher Bestimmungen eingeführt sind.[33] Dies ist hier Tatfrage.

VII. Verwirklicht ist aber jedenfalls auch der Tatbestand der **Urkundenfälschung nach § 267 I Alt. 1 StGB** in Form des Herstellens einer unechten Urkunde (Festnahmebefehl).

VIII. Erfüllt ist auch ein **Hausfriedensbruch nach § 123 I StGB**. Maßgeblich ist zwar grundsätzlich allein, dass das Opfer dem Täter den Zugang zu seiner Wohnung gewährt hat. Damit liegt üblicherweise ein tatbestandsausschließendes Einverständnis vor. Die Tatsache, dass dieses durch Täuschung erwirkt wurde, spielt hier aber eine Rolle, da das Opfer wegen der angenommenen Amtsbefugnisse keine Alternative zu haben glaubte.

---

33 Näher hierzu BGHSt 56, 196.

§ 11   *Erpressung und räuberische Erpressung*

IX. Hinsichtlich des Plans, den B zu verprügeln, liegt keine **versuchte gefährliche Körperverletzung nach §§ 223, 224 I Nr. 4, 22, 23 StGB** vor, da es hierfür an einem unmittelbaren Ansetzen fehlt. Diesbezüglich ist auch eine Verbrechensverabredung nach § 30 II StGB abzulehnen, da die Körperverletzung keinen Verbrechenstatbestand bildet.

X. Gesamtergebnis und Konkurrenzen: A hat sich nach §§ 253, 242, 244 I Nr. 1b, 267, 132 Alt. 2 und ggfls. nach § 132a I StGB strafbar gemacht. Die Taten stehen zueinander in Tateinheit. Dies gilt auch für den Tatbestand des § 267 StGB, da der Einsatz zu Drohzwecken bereits bei der Herstellung der unechten Urkunde gewollt war. Hier kann nichts anderes gelten wie beim Betrug (näher hierzu Rn. 425).

c) Nachteil

380c   Wie schon bei § 253, so entspricht selbstverständlich auch bei §§ 253, 255 StGB der Nachteil dem Vermögensschaden i. S. d. Betruges.

Gerade im Zusammenhang mit §§ 253, 255 StGB spielt jedoch die Problematik der sog. Sicherungserpressung eine bedeutsame Rolle. Deren besondere Examensgefährlichkeit ergibt sich daraus, dass sich der BGH in einer interessanten Entscheidung mit dieser Fragestellung befasst hat. Zugrunde lag ihr folgender:

380d   **Fall 49:** Der Angeklagte F betrieb einen Autohandel, in dem er auch seinen Bruder, den A, beschäftigte. K unterhielt einen Kfz-Ersatzteilhandel und beschäftigte seinen Schwager At. F und A suchten im Rahmen ihrer Geschäftsbeziehungen mit K diesen auf und wollten einen bei ihm gekauften und defekten Airbag umtauschen. Außerdem wollten sie sich 100 € aus vorangegangen Geschäften zurückzahlen lassen. Da K keinen funktionierenden Airbag besaß, verlangte F für den defekten Airbag 250 €. K war allerdings nicht zur Zahlung von nun insgesamt 350 € bereit. Daraufhin erklärte F, er werde ein Lenkgetriebe im Wert von 450 € mitnehmen und die seine Forderung übersteigenden 100 € an K zahlen. Dieser war damit einverstanden. In Wahrheit war F zu keiner Zeit bereit, den Differenzbetrag an K zu entrichten. Während der Verhandlungen klappte A ein mitgeführtes Messer auf und zu. F und A verließen in der Folge die Geschäftsräume des K und F sicherte zu, er hole die 100 € aus dem Auto. K ließ beide gehen, weil er „Probleme" mit F und A vermeiden wollte und er auf die Zahlungswilligkeit des F vertraute. K merkte allerdings, dass F und A nicht zurückkehrten, lief ihnen hinterher und stellte sich vor ihren Wagen, um die Wegfahrt zu verhindern. Daraufhin schlugen F und A auf K ein, damit dieser den Weg freigeben und auf die Forderung verzichten sollte. Als At seinem Schwager K zur Hilfe eilte, drehte sich A um, zog mit Billigung des F sein Messer und stach auf Kopfhöhe nach At. Dieser konnte dem Messer ausweichen und rannte davon. Sowohl F als auch A verfolgten den At einige Meter, gaben dann allerdings die Verfolgung auf. Strafbarkeit von F? (**Lenkgetriebe-Fall** nach BGH StV 2011, 677[34])

380e   **Lösung:**

A. Das Geschehen bis zum Verladen des Lenkgetriebes
I. In Betracht kommt die Begehung eines **Diebstahls nach § 242 StGB**.
Dann müsste F das Lenkgetriebe – eine fremde, bewegliche Sache – weggenommen haben. Wegnahme ist der Bruch fremden und die Begründung neuen, nicht notwendig eigenen

---
34   Mit Anm. *Jäger*, JA 2011, 950 ff.; vgl. dazu auch Anm. *Mitsch*, HRRS 2012, 181 ff.; krit. *Grabow*, NStZ 2014, 121 ff.

Gewahrsams gegen oder ohne den Willen des Berechtigten. Eine diebstahlsbegründende Wegnahme ist danach nur ausgeschlossen, wenn es an einem Einverständnis bezüglich des Gewahrsamswechsels von Seiten des Berechtigten gefehlt hätte. Dies ist etwa dann der Fall, wenn K keinen Gewahrsamswechsel, sondern nur eine Gewahrsamslockerung hinsichtlich des Lenkgetriebes gewollt hätte. Denn der bloße Wille hinsichtlich einer Gewahrsamslockerung lässt nach wie vor Raum für einen Gewahrsamsbruch.

Jedoch wird man nach den Sachverhaltsangaben nicht davon ausgehen können, dass K lediglich eine Gewahrsamslockerung gewollt hat. Vielmehr hat K zugelassen, dass der Täter das Lenkgetriebe aus dem Laden schafft und in seinem Kofferraum – und damit in seiner eigenen Sphäre im Sinne einer Gewahrsamsenklave – verstaut. Damit lag aber ein Einverständnis im Hinblick auf den Gewahrsamsübergang vor, der eine Wegnahme ausschließt.

II. Gegeben sein könnte jedoch ein sog. **Eingehungsbetrug nach § 263 StGB**.

1. Der Angeklagte F spiegelte dem K einen nicht bestehenden Zahlungswillen über 100 € vor.

2. Bei K wurde dadurch ein entsprechender Irrtum erregt. Daran ändert auch die Tatsache, dass K den F gehen ließ, um Probleme zu vermeiden, nichts. Entscheidend ist vielmehr, dass K nach dem Sachverhalt auf die Ernsthaftigkeit des geäußerten Zahlungswillens vertraute.

3. Die zu einem Vermögensschaden führende Vermögensverfügung ist bereits in der Eingehung des Vertrages zu sehen, da das Opfer angesichts der fehlenden Zahlungsbereitschaft des F kein Äquivalent für die von ihm eingegangene Verpflichtung erhielt. Durch die endgültige Übereignung wurde der Eingehungsschaden lediglich vertieft und die endgültige Schädigung erreicht.[35]

4. Subjektiv lagen auch Vorsatz und Absicht rechtswidriger Bereicherung vor.

5. Ergebnis: F hat sich wegen Betruges nach § 263 StGB strafbar gemacht.

B. Das Geschen nach dem Verladen

Hinweis: *An dieser Stelle zeigt sich, wie wichtig die Weichenstellung im ersten Sachverhaltskomplex ist. Hat man sich hier nämlich – fälschlich – für einen Diebstahl entschieden, so wird man im zweiten Sachverhaltskomplex ohne Weiteres zu einer Prüfung und Bejahung der §§ 252, 250 II Nr. 1 StGB kommen. Hat man dagegen dort zutreffend § 263 StGB bejaht, so gelangt man erst zur eigentlichen Fragestellung dieses Falles, die darin besteht, ob die §§ 253, 255, 250 II Nr. 1 StGB erfüllt sein können, wenn der Betrüger seine Beute mit qualifizierten Nötigungsmitteln verteidigt. Dies soll im Folgenden untersucht werden:*

I. Eine Strafbarkeit wegen **schweren räuberischen Diebstahls nach §§ 252, 250 II Nr. 1 StGB** scheidet ersichtlich aus, da es an einer geeigneten Vortat fehlt. Notwendig wäre hierfür ein vorausgehender Diebstahl oder Raub. Hier wurde jedoch ein Betrug verwirklicht (s. soeben).

II. In Betracht kommt eine **besonders schwere räuberische Erpressung nach §§ 253, 255, 250 II Nr. 1 StGB**.

1. Die Schläge und Messerstiche in Richtung des K und At begründen tatbestandlich Gewalt sowie Drohung mit Gefahr für Leib und Leben. Die Tathandlungen der räuberischen Erpressung nach §§ 253, 255 StGB wurden damit verwirklicht. Dabei liegt auch ein Fall der besonders schweren räuberischen Erpressung nach § 250 II Nr. 1 StGB vor, da es sich bei dem Messer jedenfalls um ein gefährliches Werkzeug handelt, das der Täter auch verwendet hat, weil hierfür nach allgemeiner Ansicht bereits die Drohung genügt.

2. Das Tatopfer muss durch die Tathandlung zu einem Handeln, Dulden oder Unterlassen genötigt worden sein.

---

35 BGHSt 47, 171.

a) Bezugspunkt könnte hier zunächst der Gewahrsamswechsel am Lenkgetriebe sein. Sofern man mit einem Großteil der Literatur zur Verwirklichung der §§ 253, 255 StGB eine Verfügung von Seiten des Opfers verlangt, ist aus diesem Grunde bereits die Verwirklichung einer räuberischen Erpressung abzulehnen, da das Wegfahren mit dem Lenkgetriebe keine Verfügung bedeutet. Aber auch wenn man mit dem BGH zur Schließung von Strafbarkeitslücken eine Wegnahme ausreichen lässt, kann das Davonfahren keine derartige Wegnahme begründen, da der Gewahrsamswechsel zuvor bereits einverständlich auf der Grundlage des Betruges stattgefunden hat (vgl. dazu oben A. II.).

b) Gegeben sein könnten §§ 253, 255 StGB daher lediglich im Hinblick auf den Forderungsverzicht bezüglich des Kaufpreises oder der Herausgabe des Lenkgetriebes.
Für die Literatur muss hier bereits fraglich sein, ob in einem Forderungsverzicht überhaupt eine Vermögensverfügung liegen kann, wenn dieser Verzicht durch vis absoluta (hier durch Schläge und angedrohte Stiche) herbeigeführt wird. Wenn man davon ausgeht, dass das Opfer aufgrund von Gewalt und Drohung keine andere Möglichkeit gehabt hat, als auf die Geltendmachung der Forderung zu verzichten, so ließe sich schon unter diesem Gesichtspunkt eine Verwirklichung der §§ 253, 255 StGB verneinen.
Wenn man dagegen mit dem BGH auf das Merkmal der Verfügung für §§ 253, 255 StGB verzichtet, kommt auch ein mit vis absoluta herbeigeführter Forderungsverzicht als Grundlage für die Verwirklichung einer räuberischen Erpressung grundsätzlich in Betracht. Jedoch verneint der BGH die Möglichkeit einer tatbestandsmäßigen Sicherungserpressung, wenn der Schaden bereits zuvor durch Betrug eingetreten ist. Hier, so der BGH, war dies bereits der Fall, als der Geschädigte irrtumsbedingt den Kaufvertrag abschloss und das Lenkgetriebe übereignete. Es liegt in einem solchen Fall eine sog. Sicherungserpressung vor, die nicht den Tatbestand der §§ 253, 255 StGB erfüllt. Dem dürfte zuzustimmen sein. Denn selbst wenn man die Auffassung des BGH, wonach keine Schadensvertiefung nach dem Betrug mehr eintritt, nicht teilt, so zeigt jedenfalls § 252 StGB, dass der im Anschluss an einen Betrug durch raubgleiche Mittel erzielte Forderungsverzicht nicht nach §§ 253, 255 StGB strafbar sein kann. Andernfalls würde man nämlich auf Umwegen zu einer raubgleichen Bestrafung gelangen, die der Gesetzgeber – wie die Ausnahmevorschrift des § 252 StGB zeigt – nur im Anschluss an einen Diebstahl gewollt hat.

III. Erfüllt ist jedoch eine **gefährliche Körperverletzung nach §§ 223, 224 I Nr. 4 StGB**, da F gemeinschaftlich mit A gehandelt hat.

IV. Darüber hinaus ist auch eine **Nötigung nach § 240 StGB** zum Zwecke der Sicherung des betrügerisch erlangten Vermögensvorteils gegeben.

C. Gesamtergebnis und Konkurrenzen: Die im zweiten Sachverhaltskomplex verwirklichten §§ 223, 224 I Nr. 4 StGB sowie § 240 StGB stehen zueinander in Tateinheit. Zum Betrug nach § 263 StGB aus dem ersten Sachverhaltskomplex besteht dagegen Tatmehrheit.

3. Subjektiver Tatbestand

380f Siehe dazu ebenfalls beim Betrug, Rn. 370 ff. Die Rechtswidrigkeit der beabsichtigten Bereicherung ist – ebenso wie beim Betrug – objektives Merkmal innerhalb des subjektiven Tatbestandes. Dazu folgendes

Beispiel:[36] Zwischen dem Subunternehmer S auf der einen Seite, dem die G. GmbH gehörte, und dessen Firma wiederum von der B. GmbH durch die faktische Leitung von den Geschädig-

---

36 Leicht abgewandelter Fall nach BGH StV 2014, 283 m. Anm. *Hecker*, JuS 2014, 366 ff.

ten R und K geführt wurde, und R und K auf der anderen Seite, kam es zu Streitigkeiten über die Zahlung des noch ausstehenden Werklohns. Daraufhin vereinbarte man untereinander, dass ein Anspruch der G. GmbH auf noch ausstehenden Werklohn bestünde, dieser aber nur nach Vorlage diverser Unterlagen (insb. steuer- und sozialversicherungsrechtlicher Art), fällig sein sollte. In der Folgezeit kam es zu einem E-Mailverkehr zwischen S und K, in dem K die in Rede stehenden Zahlungen verweigerte, weil S (tatsächlich) noch nicht alle Unterlagen beigebracht hatte. S hingegen fasste die Reaktion des K nur als Hinhaltetaktik und als „klaren Fall für den Anwalt bzw. ein Betrugsverfahren" auf. Aufgrund der Zahlungsverweigerung durch K drohte S daraufhin mit einem Anwalt und damit, dass K mit einem Besuch zu Hause rechnen müsse, da er „den Leuten" seine Forderungen „überreicht" habe. Ein paar Tage später begab sich S (zusammen mit den in diesem Fall Mitangeklagten) zu dem Haus des K, drang dort ein und verlangte unter Androhung von Schlägen und sodann unter Vorhaltung einer geladenen Gaspistole sein Geld heraus. K hatte jedoch kein Geld bei sich.

Lösung: Hinsichtlich der hier u.a. zu prüfenden versuchten besonders schweren räuberischen Erpressung gemäß §§ 253, 255, 250 II Nr. 1, 22, 23 I, 12 I StGB ist im Rahmen des Tatentschlusses relevant, dass der Täter zumindest bedingten Vorsatz hinsichtlich des normativen Tatbestandsmerkmals der Rechtswidrigkeit aufweist. Das ist dann zu bejahen, wenn der Täter sich oder einen Dritten zu Unrecht bereichern will, wenn er einen Vermögensvorteil erstrebt, auf den er oder der Dritte keinen rechtlich begründeten Anspruch hat. Wenn sich der Täter jedoch eine für die erstrebte Bereicherung in Wirklichkeit nicht bestehende Anspruchsgrundlage vorstellt, so liegt ein Tatbestandsirrtum gemäß § 16 I S. 1 StGB vor.

Während die Vorinstanz einen Tatbestandsirrtum mit der Begründung ablehnte, dass S aufgrund seiner Erfahrungen im Baugewerbe hätte wissen müssen, dass die Fälligkeit seines Zahlungsanspruchs von der Vorlage sämtlicher Unterlagen abhängig ist, führt der BGH aus, dass sich das LG mit dem gegebenen Indiz hätte auseinandersetzen müssen, dass S das Verhalten des K als Hinhaltetaktik und als einen Betrugsfall auffasste. Dies hätte ebenso gut dafür sprechen können, dass S von einem von der Rechtsordnung anerkannten und daher gerichtlich durchsetzbaren Anspruch ausging.

III. Klausurtypische Sachverhaltskonstellationen zum Verfügungsproblem bei der Erpressung und räuberischen Erpressung

Achtung Klausur: *Machen Sie sich klar, wann die besonders klausurwichtige Frage, ob §§ 253, 255 StGB eine Vermögensverfügung voraussetzen oder ob eine Wegnahme durch den Täter genügt, in der Klausur akut wird. Dies ist vor allem in drei Konstellationen der Fall:* 381

1. Konstellation: Der Täter wendet nur einfache Nötigungsmittel an (z. B. nur Gewalt gegen Sachen oder Drohung mit empfindlichem Übel) und nicht die qualifizierten Nötigungsmittel des Raubes nach § 249 StGB. Die Frage, ob der Erpressungstatbestand auch bei Wegnahme angewandt werden kann, wird in diesem Fall wichtig, weil § 253 StGB auch die Nötigung mit einfachen Mitteln kennt. 381a

Beispiel: B bekommt Besuch von Schutzgelderpresser A. A fängt sofort an, das Mobiliar des B zusammenzuschlagen und kratzt mit den Worten „Geld her oder die ist hin" drohend mit seinem Taschenmesser an der Lackschicht von B's geliebter Ming-Vase. Dem B, der tatsächlich seine ganze Barschaft (20 000 €) unter dem Teppich versteckt hat, ist klar, dass er sein Geld nicht vor A retten kann, weil A auch bei seinen letzten Besuchen das Geld immer gefunden hat. Um nicht auch auf die Ming-Vase verzichten zu müssen, offenbart B dem A das Versteck. A nimmt die 20 000 € und macht sich davon. Strafbarkeit des A? 382

383 Lösung: Ein Raub nach § 249 StGB kommt nicht in Betracht, da nur ein Einsatz einfacher Nötigungsmittel vorliegt (Gewalt gegen Sachen). Bei der Annahme einer Strafbarkeit wegen Erpressung nach § 253 StGB ist problematisch, ob dadurch, dass B den Ort offenbarte, an dem sich das Geld befand, eine dem § 253 StGB unterfallende Mitwirkung des Opfers gegeben ist. Ein Teil der Literatur verlangt eine Vermögensverfügung. Stellt man auf das äußere Erscheinungsbild ab (Wegnahme/Weggabe), so liegt hier eindeutig eine Wegnahme vor, denn hindeuten heißt nicht hingeben. Stellt man auf die Opfersicht ab, so ergibt sich keine andere Beurteilung, denn B war sich bewusst, dass er sein Geld ohnehin nicht vor A dauerhaft verbergen kann (vgl. Sachverhalt). Nach allen Auffassungen trägt das Geschehen daher die Züge einer Wegnahme. Fraglich ist deshalb, ob der Erpressungstatbestand auch vorliegt, wenn der Täter zur Wegnahme schreitet und das Opfer dies nur passiv duldet (siehe zum Streit oben). Nach Auffassung eines Teils der Literatur ist dies zu verneinen (näher zu den Argumenten Rn. 376). Nach Auffassung des BGH und eines anderen Teils der Literatur ist dies dagegen zu bejahen (auch dazu und zu der Vorzugswürdigkeit dieser Meinung Rn. 376). Ein Vermögensnachteil ist durch den Verlust des Geldes gegeben. Vorsatz und Absicht, sich zu Unrecht zu bereichern, liegen ebenfalls vor. Dabei ist auch die Rechtswidrigkeit der erstrebten Bereicherung vorsatzbedürftiges objektives Tatbestandsmerkmal (s. beim Betrug). Auch war die Anwendung der Gewalt hier verwerflich im Sinne der Zweck-Mittel-Relation nach § 253 II StGB, was sich schon aus einer isolierten Verwerflichkeit des eingesetzten Mittels bzw. des verfolgten Ziels ergibt (näher dazu bei der Nötigung, Rn. 104 f.). Ebenfalls gegeben sind ein Diebstahl nach § 242 StGB sowie eine Nötigung nach § 240 StGB. Nach der Rspr. tritt § 240 StGB hier hinter § 253 StGB zurück. § 242 StGB und § 253 StGB stehen dagegen in Tateinheit, um die zusätzliche Zueignungsabsicht im Urteilstenor zum Ausdruck zu bringen. Nach einem Teil der Literatur können dagegen § 242 StGB und § 253 StGB überhaupt nicht nebeneinander gegeben sein (s. o.); erfüllt sind nach dieser Ansicht lediglich Diebstahl und Nötigung in Tateinheit, § 52 StGB.

383a 2. Konstellation: Der Täter nimmt mit Raubmitteln eine eigene und nicht eine fremde Sache weg. Auch dann taucht die Frage auf, ob von § 249 StGB auf §§ 253, 255 StGB ausgewichen werden kann.

384 Beispiel: A hatte durch Anwendung von Gewalt gegen einen Hotelportier (Fesselung) eine Wegnahme seiner eigenen Gepäckstücke ermöglicht und dadurch das Gastwirtpfandrecht vereitelt. Strafbarkeit des A? Lesen Sie hierzu zwingend noch einmal ausführlich den Sachverhalt im Portier-Fall, Rn. 291 f.

385 Lösung: Kurz zur Erinnerung: Da die Wegnahme eigener Sachen nicht unter § 249 StGB fällt (vgl. dort Merkmal „fremd"), kann man auf §§ 253, 255, 250 I Nr. 1b StGB ausweichen, sofern man für die räuberische Erpressung keine Vermögensverfügung verlangt. Räuberische Erpressung ist dann eben ein umfassend qualifizierter Vermögensentziehungstatbestand auch im Verhältnis zu § 289 StGB. Verneint man dies mit einem Teil der Literatur, so gelangt man nur zu §§ 289, 240, 52 StGB.

385a 3. Konstellation: Der Täter nimmt mit Raubmitteln eine fremde Sache weg, bezüglich derer er aber keine Zueignungsabsicht hat, etwa weil er sie nur vorübergehend in Gebrauch nehmen will.

386 Beispiel: A sperrte den Taxifahrer T, nachdem er eine Fahrtunterbrechung erreicht hatte, in einer Gartenlaube ein, machte eine Stadtrundfahrt und stellte das Taxi dann wieder – wie beabsichtigt – beim Taxiunternehmer ab. Strafbarkeit des A? (Fall nach BGHSt 14, 386)

387 Lösung:

BGH	↔	Teil der Literatur
§ 249 StGB scheidet wegen fehlender Zueignungsabsicht aus.	↔	§ 249 StGB scheidet wegen fehlender Zueignungsabsicht aus.

§§ 253, 255 StGB sind trotz vis absoluta gegeben, da der BGH keine Vermögensverfügung verlangt. Es bestand hier auch Bereicherungsabsicht.	↔	§§ 253, 255 StGB sind zu verneinen, da wegen vis absoluta keine Vermögensverfügung vorliegt. Diese ist aber erforderlich.
§ 316a StGB scheidet aus, da zwar zum Zwecke der räuberischen Erpressung gehandelt wurde, jedoch keine Ausnutzung der besonderen Verhältnisse des Straßenverkehrs vorlag (vgl. Rn. 469 ff.).	↔	§ 316a StGB scheidet schon deshalb aus, weil A nicht zur Begehung einer räuberischen Erpressung handelte (s. soeben).
§ 240 StGB ist gegeben, tritt aber zurück.	↔	§ 240 StGB ist gegeben.
§ 239 StGB ist ebenfalls erfüllt und steht zu §§ 253, 255 StGB in Tateinheit.	↔	§ 239 StGB ist ebenfalls erfüllt und steht zu § 240 StGB in Tateinheit.
§ 248b StGB ist auch verwirklicht, tritt aber hinter §§ 253, 255 StGB zurück.	↔	§ 248b StGB ist auch verwirklicht und steht zu §§ 239, 240 StGB in Tateinheit.

In einem aktuellen Fall hatte der BGH erst kürzlich einen Fall zu entscheiden, in dem keine Wegnahme im klassischen Sinne, sondern eine sonstige Duldung der Mitnahme von Vermögenswerten vorlag, die sich aber jedenfalls auch nicht als Verfügung darstellte. Wegen seiner Examensgefährlichkeit soll die Entscheidung hier ausführlich besprochen werden. Dazu folgender

Fall 50: A begab sich am 6. März 2016 gegen 5.45 Uhr in die Filiale der Sparkasse S. Auch der Zeuge B betrat diese Filiale, um am Bankautomaten Geld abzuheben. A verwickelte B in ein Gespräch. Nachdem B seine Bankkarte in den Automaten eingeschoben und seine Geheimnummer eingegeben hatte, stieß ihn A von dem Automaten weg, wählte einen Auszahlungsbetrag von 500 Euro und entnahm das vom Bankautomaten ausgegebene Bargeld, um sich zu Unrecht zu bereichern. B forderte die Herausgabe des Geldes, woraufhin A ihm bedeutete, er solle sich ruhig verhalten und keinen Ärger machen. Er werde sein Geld zurückbekommen, wofür er ihm lediglich bis zum Hauptbahnhof folgen müsse. Er könne ihn aber auch boxen. Dies verstand B als Androhung von Schlägen. Nachdem beide die Sparkassenfiliale verlassen hatten und B ein Angebot des A, ihm Drogen zu verkaufen, abgelehnt hatte, entfernte sich A mit dem Geld. Strafbarkeit des A? (**Selbstbedienungssparkassen-Fall** nach BGH NStZ 2018, 245[37])

Lösung:

I. In Betracht kommt Strafbarkeit wegen **Raubes nach § 249 StGB**

1. Tatbestandsmäßigkeit

Voraussetzung hierfür wäre, dass A eine fremde bewegliche Sache durch Anwendung qualifizierter Nötigungsmittel weggenommen hat.

a) Fremdheit des Geldes ist hier vom BGH zu Recht bejaht worden, da die Geldscheine im Eigentum der Bank standen. Es hat insoweit keine Übereignung der Geldscheine durch Geldauswurf stattgefunden, da Adressat des Übereignungsangebots nach den Kontobeziehungen und nach der Interessenlage allein der Kontoinhaber war.

b) Jedoch ist eine für § 249 StGB erforderliche Wegnahme zu verneinen, da Gewahrsamsaufhebung nicht gegen oder ohne Willen der Bank erfolgte. Die Gewahrsamsübertragung

---

37 Mit Anm. *Jäger*, JA 2018, 309 ff.; *Eisele*, JuS 2018, 300 ff.

stellt insoweit einen rein tatsächlichen Vorgang dar. Solange daher der Geldautomat ordnungsgemäß bedient wird, erfolgt die Geldausgabe mit Willen des Geldinstituts. Durch bloße PIN-Eingabe hatte der Kontoinhaber nicht bereits zuvor Gewahrsam erlangt (allenfalls wäre dies der Fall gewesen, wenn das Geld für den Berechtigten schon zugriffsbereit im Auswurfschacht gelegen hätte).

2. Ergebnis: Unabhängig von der Frage, ob A ein qualifiziertes Nötigungsmittel eingesetzt hat, fehlt es daher vorliegend bereits an der für die Verwirklichung des § 249 StGB erforderlichen Wegnahme.

II. Denkbar wäre jedoch eine Strafbarkeit wegen **räuberischer Erpressung gemäß §§ 253, 255 StGB**

1. Tatbestandsmäßigkeit

Ebenso wie § 249 StGB verlangt auch § 255 StGB die Anwendung eines qualifizierten Nötigungsmittels. Vorliegend kommt hier die Verwirklichung von Gewalt durch Wegstoßen des B vom Geldautomaten in Betracht.

a) A hat durch das Beiseitestoßen des B körperliche Kraft gegenüber diesem aufgewandt, um tatsächlichen oder erwarteten Widerstand gegenüber der Herausnahme des Geldes zu verhindern.

b) Fraglich ist, ob es dadurch zu einer entsprechenden Opferreaktion gekommen ist, die den §§ 253, 255 StGB unterfällt.

Strittig ist diesbezüglich, ob §§ 253, 255 StGB eine Vermögensverfügung im Sinne eines Dispositionsfreiheit voraussetzenden Opferverhaltens verlangen, wie dies in der Literatur wegen der Systemgleichheit zu § 263 StGB sowie wegen der systematischen Stellung und unter Vorbringen des Arguments, dass § 249 StGB anderenfalls überflüssig wäre, vielfach vertreten wird. Vorliegend könnte § 255 StGB danach nicht einschlägig sein, weil A gegenüber B durch das Wegstoßen vis absoluta angewandt hat, die die Annahme eines Dispositionsfreiheit voraussetzenden Opferverhaltens ausschließt.

Nach Auffassung des BGH genügt dagegen für die Anwendung der §§ 253, 255 StGB auch eine nötigungsbedingte Duldung der Wegnahme durch das Opfer. Das Problem besteht allerdings vorliegend darin, dass im gegebenen Fall eine Wegnahme nach dem oben Gesagten (I.1.b) überhaupt nicht vorlag, sodass auch von der Duldung einer Wegnahme nicht ausgegangen werden kann. Maßgeblich ist hier vielmehr die abgenötigte Duldung der Gewahrsamsübertragung der Scheine von der Bank auf den Täter. Dies genügt nach Auffassung des BGH, weil keine Verfügung nötig ist. Die Literatur könnte dagegen im vorliegenden Fall nicht zu einer Bejahung der §§ 253, 255 StGB gelangen, weil die Duldung der Herausnahme des Geldes durch B jedenfalls keine Verfügung von seiner Seite darstellt.

Hinweis: *Die Literatur könnte zu §§ 253, 255 StGB allenfalls durch Verlagern des maßgeblichen Zeitpunkts auf die spätere Nichtgeltendmachung des Herausgabeanspruchs nach § 812 I 1 Alt. 2 BGB (Eingiffskondiktion; nicht § 985 BGB, da Bank Eigentümerin blieb, s.o.!) kommen, wenn A das Geld auf Kosten des B erlangt hat. Das aber ist fraglich, da B seinen Auszahlungsanspruch gegenüber der Bank grundsätzlich nicht verliert, s. dazu sogleich.*

Zwischenergebnis: Folgt man der Auffassung des BGH, so wurde jedenfalls schon mit der durch A gegenüber B gewaltsam durchgesetzten Duldung des Zugriffs auf das Geld die Tathandlung der räuberischen Erpressung verwirklicht.

c) Problematisch ist allerdings zusätzlich, ob B hierdurch auch ein Vermögensnachteil entstanden ist. Der BGH hat diese Frage nicht problematisiert.

Die wohl herrschende zivilrechtliche Auffassung verneint einen Schaden des Bankkunden bei missbräuchlicher Verwendung des Bankautomaten durch Dritte, zumindest wenn die Auszahlung durch Drücken des 500 €-Buttons nicht von B veranlasst wurde. Die Bank hat daher insoweit rechtsgrundlos verfügt, sodass ein Anspruch des Kunden gegen die Bank nicht berührt wird (vgl. auch § 675u BGB).³⁸ Er hat vielmehr einen Anspruch auf Rückbuchung in Höhe des von einer rechtsgrundlosen Verfügung erfassten Betrages.³⁹ Statt dieser Rückbuchung, der lediglich rechtsbestätigende (deklaratorische) Bedeutung zukommt, kann der Kunde gem. § 667 BGB sogar grundsätzlich auch sogleich Auszahlung des rückzubuchenden Betrages verlangen, sofern ihm ein solcher Zahlungsanspruch ohne die rechtsgrundlose Abbuchung zugestanden hätte.⁴⁰ Hier war die Auszahlung durch Drücken des 500 €-Buttons nur von A und gerade nicht vom Kunden B veranlasst worden, weshalb der Schaden danach unmittelbar beim Geldinstitut eingetreten ist. Schließt man sich dieser zutreffenden zivilistischen Auffassung an, so wird es mit der Bejahung einer Erpressung gegenüber B entgegen der vom zweiten Senat vertretenen Ansicht schwer. Allenfalls ließe sich ein Schaden bei B dann noch wirtschaftlich-faktisch mit der für ihn ungünstigen Beweislage gegenüber der Bank vertreten. Ob eine solche ungünstige Beweislage aber in der Realität besteht, erscheint fraglich, da die Bankautomatenbereiche regelmäßig mit Überwachungskameras ausgestattet sind, sodass sich der Missbrauch leicht nachweisen lassen wird.

2. Ergebnis: Bejaht man mit dem BGH einen Schaden, sei es auch wegen der ungünstigen Beweislage, so sind §§ 253, 255 StGB zu bejahen, sofern man – wie oben dargestellt – für diese Tatbestände keine Vermögensverfügung voraussetzt. Der gleichzeitig verwirklichte § 246 tritt dahinter im Wege der formellen Subsidiarität zurück.

Verneint man dagegen einen Schaden, so scheitern die §§ 253, 255 StGB selbst nach derjenigen Auffassung, die für diese Vorschriften keine Vermögensverfügung verlangt.

Hinweis: *Bei Verneinung eines Vermögensschadens wäre auch eine Dreieckserpressung abzulehnen, weil der von der Nötigung betroffene B nicht im Lager der Bank steht. Der Girovertrag reicht für eine Gewahrsamshüterschaft nicht.*

III. Verwirklicht sein könnte ein **Computerbetrug nach § 263a StGB**

Zunächst müsste eine der Tathandlungen des § 263a StGB verwirklicht sein.

1. Dabei ist zunächst § 263a Var. 3 StGB zu verneinen, da keine unbefugte Verwendung von Daten durch A vorlag. Das bloße Drücken des 500 €-Buttons ist keine Datenverwendung in diesem Sinne (vielmehr fand die Datenverwendung schon zuvor durch B im Wege der Eingabe der PIN statt).

2. Verwirklicht ist jedoch § 263 I Var. 4 StGB, weil hierunter gerade Inputhandlungen (hier: Drücken des 500 €-Buttons) verstanden werden, die als Einwirkung in einen laufenden, von einem anderen bereits initiierten Datenverarbeitungsvorgang zu verstehen sind.

IV. Tatbestandlich verwirklicht ist darüber hinaus auch eine **Unterschlagung gemäß § 246 StGB,** da A durch Ansichnahme des Geldes einen entsprechenden Zueignungswillen manifestiert.

V. Gegeben ist schließlich auch eine **Nötigung nach § 240 StGB** durch gewaltsames Wegstoßen des B.

---

38 So schon BGH NStZ 2001, 317; s. auch *Canaris,* BankvertragsR, 3. Aufl. 1988, Rn. 366; BGH NJW 1993, 737.
39 Hier und im Folgenden BGH NJW 1993, 735 (737); ebenso BGH NJW 2001, 286; OLG Düsseldorf WM 1987, 403 (404); *Canaris,* BankvertragsR, 3. Aufl. 1988, Rn. 366.
40 Auch der 1. Strafsenat (BGH NStZ 2001, 317) hat dies im Fall einer Geldabhebung durch einen Nichtberechtigten so gesehen und einen unmittelbaren Schaden ausschließlich bei der Bank angenommen, die gegebenenfalls nur einen Ersatzanspruch gegen den Kunden geltend machen kann, sofern dieser den Zugriff des Unberechtigten verschuldet hat (wovon hier aber ohnehin nicht auszugehen wäre, weil ein Verschulden des B nicht erkennbar ist).

VI. Ergebnis und Konkurrenzen

Nach Auffassung des BGH sind §§ 253, 255 StGB verwirklicht. § 263a Alt. 4 StGB tritt dazu in Tateinheit. § 240 StGB tritt dann hinter der erfüllten räuberischen Erpressung im Wege der Spezialität zurück. § 246 StGB ist im Verhältnis zu §§ 253, 255 StGB subsidiär.

Verneint man dagegen eine räuberische Erpressung mangels Vermögensnachteils, so wären nur § 240 StGB in Tateinheit mit § 263a I Alt. 4 StGB erfüllt.

387d Über die oben (Rn 381a bis 387) genannten Konstellationen hinaus spielt die Frage, ob §§ 253, 255 StGB eine Vermögensverfügung voraussetzen oder ob eine Wegnahme durch den Täter genügt, auch dann eine Rolle, wenn die Vorschrift des § 239a StGB in der Lösung relevant wird. Die Problematik zeigt folgender

387e **Fall 51:** A und B gingen mit C auf die Herrentoilette einer Gaststätte. Dort schlugen A und B dem C mehrfach mit der Faust ins Gesicht und forderten ihn zur Herausgabe seines Geldes auf. Danach bedrohte A ihn mit einem Teleskopschlagstock. C, der sich aus dem Lokal keine Hilfe erwartete, erklärte, er habe kein Geld bei sich, könne aber welches am Geldautomaten abheben. Er wusste dabei, dass er sein Tageslimit bereits überschritten hatte, hoffte aber auf dem Weg zur Bank, A und B abschütteln zu können. A und B, die dem Geschädigten einschärften, sich unauffällig zu verhalten, folgten dem C zum Geldautomaten. Dort angelangt, misslang ein dreimaliger Versuch der Abhebung des Geldes. A und B nahmen dem C daraufhin Bargeld i. H. v. ca. 100 € sowie das Handy weg, was der C aus Angst vor weiteren Misshandlungen – wie A und B bewusst war – geschehen ließ. Strafbarkeit von A und B? (**Geldautomaten-Fall** nach BGH NStZ 2006, 448 ff.)

387f Lösung:

A. Das Geschehen in der Toilette der Gaststätte

I. Gegeben ist hier eine **gemeinschaftliche gefährliche Körperverletzung nach §§ 223, 224 I Nr. 4 StGB**.

II. Darüber hinaus liegt auch eine **versuchte mittäterschaftliche räuberische Erpressung nach §§ 253, 255, 22, 25 II StGB** vor.

III. Fraglich ist, ob auch ein **erpresserischer Menschenraub in Mittäterschaft nach §§ 239a I Alt. 1, 25 II StGB** gegeben ist.
A und B hatten durch die Schläge im gegebenen Fall zwar die notwendige physische Herrschaft über den C erlangt. Da sie aber in unmittelbarem Zusammenhang mit den Schlägen die Herausgabe des Geldes forderten, kann von einer stabilen Bemächtigungslage als Basis für weitere Nötigungen nicht gesprochen werden.[41]

B. Das Geschehen am Geldautomaten

I. In der Drohung mit gegenwärtiger Gefahr für Leib und Leben, die darauf gerichtet war, dass C Geld für A und B abhob, liegt eine **versuchte mittäterschaftliche räuberische Erpressung nach §§ 253, 255, 22, 23, 25 II StGB**.

II. In der daraufhin erfolgten Entwendung des Geldes könnte ein **mittäterschaftlicher Raub nach §§ 249, 25 II StGB** zu sehen sein.
Fraglich ist diesbezüglich, ob A und B die Gewalt final zur Wegnahme eingesetzt haben. Dies ist deshalb zweifelhaft, weil zu diesem Zeitpunkt, keine Gewalthandlungen mehr statt-

---

41 BGH NStZ 2006, 448.

fanden. Jedoch ist anerkannt, dass die finale Verknüpfung auch dann anzunehmen ist, wenn der Gewalteinsatz fortdauert. Dies ist solange der Fall, wie in dem Nötigungsverhalten eine konkludente Drohung mit weiterer Gewaltanwendung zu sehen ist (vgl. dazu o. Rn. 289). Da A und B wussten, dass C aus Angst vor weiteren Schlägen die Wegnahme des Geldes zuließ, liegt daher die notwendige finale Verknüpfung vor.
Im Ergebnis ist daher eine Strafbarkeit wegen Raubes zu bejahen.

III. Darüber hinaus könnte auch ein durch A und B begangener **erpresserischer Menschenraub in Mittäterschaft nach §§ 239a I Alt. 1, 25 II StGB in Bezug auf das abzuhebende Geld** vorliegen.
Der BGH hat im vorliegenden Fall mit dem Verlassen des Lokals das Entstehen einer stabilen Bemächtigungssituation angenommen, da die physische Übermacht der beiden Täter gegeben war und diese noch dadurch verstärkt wurde, dass fortdauernde Einschüchterungen stattfanden. Dabei lag auch eine finale Beziehung zwischen der Bemächtigungslage und ihrer Ausnutzung zum Zwecke der Erpressung (die sich auf das aus dem Automaten zu ziehende Geld bezog) vor.

IV. Darüber hinaus könnte auch **ein erpresserischer Menschenraub in Mittäterschaft nach §§ 239a I Alt. 2, 25 II StGB in Bezug auf das entwendete Geld und Handy** vorliegen.
Auch die Wegnahme dieser Vermögenswerte erfolgte unter Ausnutzung der vorher geschaffenen Bemächtigungssituation.
Fraglich könnte nur sein, ob die Bemächtigungssituation auch zu einer Erpressung ausgenutzt wurde.
Dies wäre nicht der Fall, wenn man für den Tatbestand der Erpressung nach §§ 253, 255 StGB eine Vermögensverfügung voraussetzt. Lässt man dagegen mit dem BGH und einem Teil der Literatur auch eine Wegnahme genügen, so umfasst der Tatbestand der Erpressung auch die Raubhandlung, weshalb ein erpresserischer Menschenraub auch dann vorliegen kann, wenn die Bemächtigungslage für eine gewaltsame Wegnahme ausgenutzt wird.

Ergebnis: Folgt man dem BGH, so ist auch durch die Wegnahme des Geldes § 239a I Alt. 2 StGB in Mittäterschaft nach § 25 II StGB erfüllt. Die gleichzeitig verwirklichte mittäterschaftliche Freiheitsberaubung nach §§ 239 I Alt. 2, 25 II StGB tritt dahinter zurück. Zwischen Raub, erpresserischem Menschenraub und der zuvor bereits begangenen gefährlichen Körperverletzung kann Tateinheit angenommen werden, da die Verletzung dem Aufbau einer für §§ 249, 239a StGB notwendigen Drohkulisse galt (a. A. vertretbar). Die Erpressungsversuche treten jedenfalls hinter der vollendeten Erpressung zurück.

§ 12 Untreue

A. Rechtsnatur, geschütztes Rechtsgut und Verhältnis zu anderen Delikten

388 Untreue ist die vorsätzliche Schädigung fremden Vermögens entweder durch Missbrauch der Vertretungsmacht (Missbrauchstatbestand) oder durch Verletzung einer auf einem Treueverhältnis beruhenden Pflicht zur Wahrnehmung fremder Vermögensinteressen (Treubruchstatbestand). Zur Bestimmtheit s. Rn. 391c f., 392a f.

Geschütztes Rechtsgut ist in beiden Alternativen das Vermögen und beide Alternativen setzen nach h. M. eine Vermögensbetreuungspflicht voraus.[1] Anhaltspunkte für eine solche Pflicht sind: Grad der Selbstständigkeit, der Bewegungsfreiheit und der Verantwortlichkeit des Verpflichteten, aber auch Dauer und Umfang oder die Art der fraglichen Tätigkeit.[2]

Merke: Vermögensbetreuungspflicht setzt dreierlei voraus, nämlich Hauptpflicht, Fremdnützigkeit und Selbstständigkeit!

Ausschlaggebende Bedeutung erlangt die Vermögensbetreuungspflicht in der Klausur zwar vor allem beim Treubruchstatbestand, sie kann aber auch beim Missbrauchstatbestand zu diskutieren sein (vgl. Rn. 389a und Rn. 392a).

Achtung Klausur: *Der BGH hat in der Vergangenheit v. a. bei Firmenvermögen betreffenden Entscheidungen von Vorständen, Aufsichtsräten und Geschäftsführern bisweilen eine gravierende Pflichtverletzung gefordert, um den Anwendungsbereich des § 266 StGB zu limitieren.[3] Insbesondere wurde dies vom BGH bei sog. Risikogeschäften vertreten. So hatte sich der BGH etwa mit der Frage der Untreue durch die Vergabe eines später notleidend gewordenen Kredits zu befassen und stellte diesbezüglich fest, dass maßgeblich sei, ob die Entscheidungsträger ihre Informations- und Prüfungspflichten bezüglich der wirtschaftlichen Verhältnisse des Kreditnehmers „gravierend" verletzt haben.[4] Aber auch bei der Problematik der Untreue durch Unternehmensspenden brachte der BGH das Erfordernis einer gravierenden Pflichtverletzung ins Spiel.[5] Ob eine derartige Pflichtverletzung vorliege, bestimme sich nach einer Gesamtschau insbesondere der gesellschaftsrechtlichen Kriterien. Bedeutsam seien dabei: Fehlende Nähe zum Unternehmensgegenstand, Unangemessenheit im Hinblick auf die Ertrags- und Vermö-*

---

1 BGHSt 24, 386 m. Anm. *Seebode*, JR 1973, 117; *Arzt/Weber*, BT, § 22, Rn. 68; *Kindhäuser*, LPK, § 266, Rn. 18; Lackner/Kühl/*Heger*, § 266, Rn. 4; *Joecks/Jäger*, § 266, Rn. 23, 31; *Maurach/Schroeder/Maiwald*, BT/I, § 45, Rn. 18; MüKo-*Dierlamm*, § 266, Rn. 23 ff.; *Wessels/Hillenkamp/Schuhr*, BT/2, Rn. 750; siehe eingehend zur Untreue *Mitsch*, JuS 2011, 97 ff.; *Bittmann*, NStZ 2012, 57 ff.
2 BGHSt 13, 315; *Fischer*, § 266, Rn. 34; *Wessels/Hillenkamp/Schuhr*, BT/2, Rn. 771; zu „Drittnormen", aus denen sich ein Treueverhältnis ergeben kann *Krell*, NStZ 2014, 62 ff.
3 BGHSt 47, 148 ff.; 187 ff.; grundsätzlich befürwortend *Dierlamm*, StraFo 2005, 402 f.; vgl. dazu auch BGH BeckRS 2013, 10324 m. Bspr. *Jahn*, JuS 2014, 82 ff.; m. Anm. *Trüg*, NStZ 2013, 717 f.; *Kubiciel*, StV 2014, 91 ff.
4 BGHSt 47, 148 ff.; siehe zur Untreue bei Risikogeschäften *Murmann*, Jura 2010, 561 ff.
5 BGHSt 47, 187 ff.

genslage, fehlende innerbetriebliche Transparenz sowie das Vorliegen sachwidriger Motive, namentlich der Verfolgung rein persönlicher Präferenzen.[6] Ausgehend hiervon hat der BGH im Fall SSV Reutlingen eine Untreue angenommen: Der Vorstandsvorsitzende der AG SWEG hatte dort auf Aufforderung des damaligen Landesverkehrsministers Zahlungen an den finanziell angeschlagenen SSV Reutlingen getätigt, dem der Minister als Präsident vorstand. Laut BGH fehlte es am betrieblichen Bezug der Zuwendungen, welche nur zu dem Zwecke erfolgten, den damaligen Verkehrsminister gewogen zu stimmen. Aufgrund dieser Indizien wurde eine gravierende Pflichtverletzung seitens des Vorstandsvorsitzenden bejaht.[7]

Im Fall Ackermann hat der BGH nun jedoch deutlich gemacht, dass er das Kriterium der gravierenden Pflichtverletzung nicht auf die Pflichtverletzung im Sinne des Untreuetatbestandes bezogen wissen will, sondern auf die dem Untreuetatbestand vorgelagerten Pflichten (wie z. B. die Informations- und Prüfungspflicht bei der Kreditvergabe oder die Kosten-/Nutzenprüfung bei der Spendenvergabe). Keinerlei Bedeutung könne die „gravierende" Pflichtverletzung dagegen haben, wenn überhaupt kein Handlungsspielraum besteht, wie dies etwa bei der Bewilligung kompensationsloser Anerkennungsprämien im Fall Mannesmann gewesen sei.[8]

Die Pflichtenposition aus § 266 StGB ist im Übrigen strafbegründendes besonderes persönliches Merkmal gemäß § 28 I StGB, sodass beim Teilnehmer ggf. eine Strafmilderung zu berücksichtigen ist.[9] Der häufig mitverwirklichte § 246 StGB tritt hinter § 266 StGB zurück.

B. Die beiden Tatbestandsalternativen des Untreuetatbestandes

Zur Übersicht:

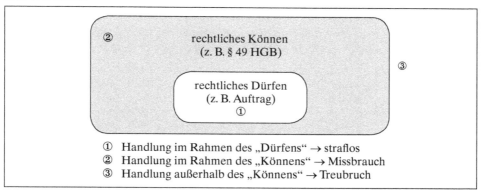

① Handlung im Rahmen des „Dürfens" → straflos
② Handlung im Rahmen des „Könnens" → Missbrauch
③ Handlung außerhalb des „Könnens" → Treubruch

---

6 Kritisch gegenüber dieser als zu weitgehend empfundenen Rspr. *Matt*, NJW 2005, 389, 392.
7 BGHSt 47, 187 ff.
8 BGHSt 50, 344, 346.
9 LK-*Schünemann*, § 266, Rn. 203; Lackner/*Kühl*, § 28, Rn. 4; *Fischer*, § 266, Rn. 15.

I. Der Missbrauchstatbestand nach § 266 I Alt. 1 StGB

389 Die Tathandlung besteht hier darin, dass der Täter eine ihm eingeräumte Vertretungsbefugnis (Verpflichtungs- oder Verfügungsbefugnis) missbraucht. Dabei kann die Befugnis durch Gesetz, behördlichen Auftrag oder Rechtsgeschäft übertragen worden sein. Der Täter überschreitet missbräuchlich das rechtliche Dürfen (Innenverhältnis) im Rahmen des rechtlichen Könnens (Außenverhältnis).[10] Berühmtestes Beispiel ist der Prokurist nach § 49 HGB, der im Außenverhältnis unbeschränkte Verfügungs- bzw. Verpflichtungsmacht hat, während er im Innenverhältnis durchaus Bindungen unterliegen kann. Auch Vorstände einer AG haben nach § 78 AktG die Befugnis zur Verfügung über Vermögen der Gesellschaft, können aber internen Bindungen unterliegen (etwa bei der Kreditvergabe durch § 18 KWG).[11]

Achtung Klausur: *In Betracht kommen für den Missbrauchstatbestand nur rechtsgeschäftliche und nicht tatsächliche Eingriffe in das fremde Vermögen. Der Griff in die Kasse kann also niemals den Missbrauchstatbestand erfüllen, sondern allenfalls über den Treubruchstatbestand erfasst werden. Auch muss der Täter zur Vornahme des konkreten Verpflichtungs- bzw. Verfügungsgeschäfts nach außen hin befugt und nur im Innenverhältnis nicht berechtigt gewesen sein. Vorschriften zum Schutz des guten Glaubens (wie z. B. §§ 932 BGB, 366 II, III HGB) vermitteln keine derartige Verpflichtungs- bzw. Verfügungsbefugnis. Siehe zum Ganzen auch die Abschlussbeispiele unter Rn. 392!*

Die Überlassung einer Kreditkarte löst dagegen eine Verpflichtungsbefugnis aus, sodass der Missbrauchstatbestand einschlägig sein könnte. Denn mit ihr kann der Inhaber das Vermögen des Berechtigten im Außenverhältnis grundsätzlich wirksam belasten, zumal Zahlungen bis zu einer Summe von 10 000 € üblicherweise garantiert sind. Interne beschränkende Absprachen ändern an der Verpflichtungsbefugnis im Außenverhältnis daher nichts.

Achtung Klausur: *Eine Untreue liegt aber auch hier nur vor, wenn eine Vermögensbetreuungspflicht besteht und diese verletzt wurde. Bisweilen löst die Überlassung schon keine Vermögensbetreuungspflicht aus. Die zeigt folgender interessanter*

389a

> **Fall 52:** Der vermögende B überließ Ende September 2012 seiner Haushaltshilfe A seine Kreditkarte (Visa-Karte) zur freien Nutzung, also für eigene Zwecke. Das Verfügungslimit der Kreditkarte lag bei 5000 € monatlich. Die Karte hatte eine Gültigkeit bis Ende Januar 2013. Die Kreditkartenumsätze wurden letztlich von einem Kontokorrentkonto des B abgebucht. In der Folgezeit tätigte A zahlreiche Umsätze mit der Kreditkarte. Auch nach dem Tod des B am 21.1.2013 tätigte A vom 25.1.2013 bis zum 1.2.2013 noch 22 Umsätze im Umfang von insgesamt 4686,07 €. Mindestens die letzten beiden Umsätze tätigte sie mit der bis Januar 2017 gültigen Folgekarte. Nach den Feststellungen tat sie dies in Kenntnis des Todes des B und in dem Bewusstsein, dass dessen Vermögen nach seinem Tod allein den Erben zugestanden hat, zu denen sie – wie sie wusste – nicht gehörte (**Visakarten-Fall** nach OLG Hamm NStZ-RR 2015, 213[12]).

---

10 BGHSt 5, 61, 63; BGH NJW 1984, 2539 f.; StV 2002, 137; Lackner/Kühl/*Heger*, § 266, Rn. 5 f.
11 Vgl. *Dierlamm/Links*, NStZ 2000, 655 ff.
12 M. Anm. *Jäger*, JA 2015, 629.

Lösung: 389b

I. In Betracht kommt eine Strafbarkeit wegen **Missbrauchsuntreue nach § 266 I Alt. 1 StGB**.

1. a) Als Tathandlung setzt die Missbrauchsalternative zunächst das Bestehen einer Verfügungs- oder Verpflichtungsbefugnis für fremdes Vermögen voraus. Diese ist hier grundsätzlich gegeben, da die A durch die Überlassung der Kreditkarte dazu in der Lage war, das Vermögen des B im Außenverhältnis wirksam zu belasten.

b) Der Missbrauch dieser Befugnis könnte in der Weiterbenutzung der Karten nach dem Tod des B liegen. Das wäre zu verneinen, wenn eine Berechtigung zur Benutzung der Kreditkarte über den Tod hinaus bestanden hat. Zivilrechtlich gesehen hat B vorliegend mit A einen Schenkungsvertrag geschlossen, dessen Inhalt dahin ging, dass A befugt war, das Vermögen des B durch Kartenbenutzung mit Forderungen zu belasten. Zwar ist diese Schenkung nach § 518 I BGB zunächst formnichtig, jedoch wird durch den Vollzug der Schenkung im Wege der Vermögensbelastung eine Wirksamkeit erzielt. Das Schenkungsversprechen belastet dabei auch das Erbe, da alle Rechte und Pflichten kraft Universalsukzession auf die Erbberechtigten übergehen (§ 1922 BGB), solange die Erben das Dauerschuldverhältnis nicht kündigen.
Problematisch könnte nur sein, dass im Verhältnis von A zu den Erben der Vollzug des Schenkungsvertrags, mit dem die Wirksamkeit der Schenkung ausgelöst wurde, für den Monat Januar 2013 sowie am 1.2.2013 erst nach dem Tod des B erfolgte. Die wohl h. M. im Zivilrecht geht dennoch von einer Wirksamkeit der Schenkung aus, da der Vollzug auch nach dem Tod des Schenkers noch möglich ist. Der dadurch denkbare Wettlauf zwischen dem Widerruf durch die Erben und dem Vollzug der Schenkung sei zumutbar und im Ergebnis hinzunehmen, da keine Schutzwürdigkeit der Erben oder des Beschenkten besteht, da beide Parteien keinen Anspruch auf den Schenkungsgegenstand hatten.[13] Folgt man dieser zivilrechtlichen Auffassung, so wäre ein Missbrauch der Verpflichtungsbefugnis bereits zivilrechtsakzessorisch zu verneinen, sodass sich dies auch in einem Ausschluss der Tatbestandsmäßigkeit äußern müsste.
Lediglich, wenn man den Vollzug der Schenkungsversprechungen nach dem Tode des B für ausgeschlossen erachtet, wäre ein Missbrauch grundsätzlich zu bejahen.

c) Fraglich ist dann allerdings, ob die A durch die Überlassung der Kreditkarte auch eine Vermögensbetreuungspflicht innehatte. Dabei setzt eine Vermögensbetreuungspflicht dreierlei voraus: Die Vermögensbetreuung muss Hauptpflicht sein, der Treuhänder muss zu einer fremdnützigen Vermögensfürsorge angehalten sein und er muss selbstständig über die Vermögensbelange des Treugebers entscheiden können (kurz: Hauptpflicht, Fremdnützigkeit und Selbstständigkeit).
Das Bestehen einer solchen Vermögensbetreuungspflicht hat das OLG Hamm in Bezug auf die A zu Recht verneint: Gegenüber B deshalb, weil dieser das Kreditkartenvermögen im Rahmen des zulässigen Limits vollständig zur freien Verfügung an A übertragen und Letztere daher nicht zur Betreuung seines Vermögens im Wert von 5000 € monatlich, sondern zu dessen Verausgabung eingesetzt hatte. Es fehlt daher an der Fremdnützigkeit der Vermögensübertragung. Erst recht ist gegenüber den Erben keine Vermögensbetreuungspflicht entstanden. Die §§ 2018 ff. BGB enthalten keinerlei Hinweis darauf, dass eine Vermögensverwalterstellung entstanden sein könnte. Die bloße tatsächliche Zugriffsmöglichkeit auf ein fremdes Guthaben (hier der Erben) ist nicht geeignet, eine solche Stellung zu erzeugen.

II. Gegeben sein könnte aber eine **Betrugsstrafbarkeit nach § 263 StGB** durch Benutzung der Kreditkarte in den jeweiligen Geschäften.

1. Die mögliche Täuschung könnte hier darin bestanden haben, dass A durch Vorlage der Kreditkarte konkludent zum Ausdruck brachte, die Berechtigte hinsichtlich der Benutzung

---

[13] Vgl. dazu ausführlich MüKo BGB-*J. Koch*, § 518 BGB, Rn. 15.

der Kreditkarte zu sein. Sofern man davon ausgeht, dass der Vollzug der Schenkung über den Tod hinaus möglich ist, wird man allerdings eine Täuschung von vornherein verneinen müssen (vgl. zur Begründung oben unter I; hier darf nichts anderes gelten als bei der Untreue). Sofern man dagegen einen Schenkungsvollzug nach dem Tod verneint, wäre es grundsätzlich möglich, eine Täuschung auf diese Weise zu begründen.

2. In jedem Fall fehlt es aber an einer Irrtumserregung beim Einsatz der Kreditkarte, da sich der Angestellte, der die Kreditkarte zur Zahlung entgegennimmt, wegen deren Garantiefunktion über die Berechtigung des Benutzers keinerlei Gedanken macht.

III. Sofern A die Kreditkarte im bargeldlosen Verfahren verwendet hat, käme eine Bestrafung wegen **Computerbetrugs nach § 263a Var. 3 StGB** in Betracht.
Da das Merkmal der unbefugten Verwendung jedoch betrugsspezifisch in der Weise ausgelegt wird, dass ein Angestellter im Falle der Vorlage der Karte getäuscht sein müsste, scheidet auch eine Strafbarkeit nach dieser Vorschrift aus (näher zu den verschiedenen Auslegungsmethoden, Rn. 543).

IV. Denkbar wäre jedoch eine Strafbarkeit wegen **Missbrauchs von Kredit- und Scheckkarten nach § 266b StGB**.
Die Vorschrift ist dem Missbrauchstatbestand des § 266 StGB nachgebildet und setzt voraus, dass der Täter sein rechtliches Dürfen (Innenverhältnis) im Rahmen des rechtlichen Könnens (Außenverhältnis) überschreitet.[14] § 266b StGB ist daher nur einschlägig, wenn der Berechtigte, d.h. derjenige, dem die Kreditkarte vom Kartenaussteller überlassen wurde, die Karte unter Überschreitung seines Kreditrahmens im Dreipersonenverhältnis benutzt (näher Rn. 224). Daran fehlt es jedoch vorliegend bereits, da A die Kreditkarte vom ausgebenden Kreditkarteninstitut nicht überlassen wurde. Im Übrigen würde es aber auch an der Schädigung des Kreditkartenausstellers fehlen. Angesichts der Kontodeckung konnte bei diesem kein Schaden eintreten.

V. Zu prüfen ist jedoch eine Strafbarkeit wegen **Unterschlagung nach § 246 StGB**.
Denkbar wäre insoweit die Annahme einer tatbestandlichen Zueignung der Karte im Wege der Benutzung. Voraussetzung für eine solche Zueignung ist das Vorliegen eines Zueignungswillens, der sich nach außen manifestiert. Sie setzt eine zumindest vorübergehende Aneignung einer Sache sowie die dauerhafte Enteignung voraus und kann sich nach der Vereinigungsformel sowohl auf die Sachsubstanz als auch auf den Sachwert beziehen. Hinsichtlich der Karte als solcher ist danach eine Manifestation des Zueignungswillens zu verneinen. Denn selbst wenn man darin eine vorübergehende rechtswidrige Aneignung des Gegenstands als solchen sieht (sofern man den Vollzug der Schenkung nach dem Tod noch für möglich hält, scheidet eine solche allerdings aus, weil in der Benutzung ein rechtmäßiger Vollzug der Schenkung zu sehen wäre), so dürfte es jedenfalls an einer dauerhaften Enteignung der Erben fehlen. Denn für die Tatsache, dass die A nicht bereit war, die Karte an die Erben im Falle des Herausgabeverlangens zurückzugeben, liefert der Sachverhalt keine Anhaltspunkte. Auch wurde der Karte als solcher kein funktionsspezifischer Sachwert entzogen, da sie nur als Schlüssel zur Belastung des Vermögens diente.
Es scheidet daher auch eine Unterschlagung nach § 246 StGB aus.

VI. Denkbar wäre schließlich eine Strafbarkeit wegen **Urkundenfälschung nach § 267 I Alt. 1 StGB**, sofern A bei ihren Einkäufen mit dem Namen des B unterzeichnet hat.
Unecht ist eine Urkunde, wenn sie nicht von demjenigen herrührt, der aus ihr als Aussteller hervorgeht. Entscheidend dafür ist allerdings nicht der körperliche Vollzug der Unterschrift durch die A. Maßgeblich ist vielmehr nach der sog. herrschenden Geistigkeitstheorie, von wem die Unterschrift geistig herrührt. Auf diese Weise soll verhindert werden, dass Vertretungen unter Benutzung eines fremden Namens aufgrund der Gefahr einer Strafbarkeit

---

14 Vgl. *Sch/Sch/Perron*, § 266b Rn. 9.

wegen Urkundenfälschung ausgeschlossen sind. Gerade hier wird man allerdings annehmen müssen, dass A den B wirksam vertreten hat, sodass dieser geistig hinter der Erklärung stand. Voraussetzung dafür ist nur, dass die A den B vertreten wollte, B auch vertreten werden wollte und eine Vertretung nach außen auch zulässig war. Alle drei Voraussetzungen dürften hier vorliegen. Denn zwar untersagen die Banken im Innenverhältnis eine Weitergabe von Kreditkarten an Dritte regelmäßig in ihren Allgemeinen Geschäftsbedingungen. Jedoch ist entscheidend, dass eine Eigenhändigkeit der Unterschrift nicht rechtlich vorgeschrieben ist.[15]

Da die A den B daher wirksam vertreten hat, stand dieser geistig hinter der Erklärung der A, sodass eine Urkundenfälschung durch Herstellung einer unechten Urkunde ausscheidet.

VII. In gleicher Weise würde eine Strafbarkeit nach **§ 269 StGB** ausscheiden, wenn A die Käufe im Internet unter Verwendung des Namens des B getätigt hätte, da bloße Namenstäuschungen nicht unter § 269 StGB fallen.[16]

II. Der Treubruchstatbestand nach § 266 I Alt. 2 StGB

Voraussetzung ist hier, dass der Täter eine Pflicht zur Vermögensbetreuung hat, die sich aus Gesetz, behördlichem Auftrag, Rechtsgeschäft oder aus einem rein tatsächlichen Treueverhältnis ergeben kann.

390

Anders als beim Missbrauchstatbestand genügt hier eine tatsächliche Einwirkung auf das fremde Vermögen. Auch das Unterlassen einer Vermögensmehrung kann den Treubruchstatbestand verwirklichen.[17]

Zur Vermeidung einer ausufernden Strafbarkeit verlangt die h. M. mit Blick auf Art. 103 II GG auch hier, dass die Pflicht zur Wahrnehmung fremder Vermögensinteressen den typischen und wesentlichen Inhalt des Treueverhältnisses – „Hauptpflicht" – ausmacht (möglich auch bei gesetz- und sittenwidrigen Verhältnissen).[18]

Beispiel 1: Der Treubruchstatbestand ist vor allem einschlägig bei Verwaltern von Kassen, Mandantengeldern oder Kautionen. So hat der BGH beim Eigenverbrauch der Mietkaution durch einen Vermieter einen Treubruch gegenüber dem Mieter angenommen und die diesbezügliche Vermögensbetreuungspflicht aus den Sonderregeln für die Wohnraummiete (§ 551 III 1 BGB) abgeleitet, sodass es sich also nicht um eine durch Rechtsgeschäft, sondern eine durch Gesetz begründete Vermögensbetreuungspflicht handelt (BGHSt 41, 224, 227 f.; zwingend nachlesen hierzu die gute Bspr. von *Schmidt*, JuS 1996, 364!). Dagegen sei eine Vermögensbetreuungspflicht hinsichtlich der Mietkautionen für die Gewerberaummiete zu verneinen, da sich die gesetzlichen Regelungen über die Anlage von Mietkautionen allein auf Mietverhältnisse über Wohnraum beziehen, vgl. § 578 I, II 1 BGB, die gerade nicht auf § 551 III BGB verweisen. Jedenfalls könne die bloße Vereinbarung einer Kaution in Fällen der Gewerberaummiete keine rechtsgeschäftlich begründete Vermögensbetreuungspflicht auslösen, solange nicht eine besondere Abmachung über die Verwendung der Kaution getroffen worden sei.[19]

Beispiel 2:[20] Der als Gerichtsvollzieher tätige G begann im Jahre 2005 damit, Zahlungseingänge rechtswidrig zu behandeln, indem er sie entweder gar nicht oder nur teilweise an die entspre-

---
15 So zutreffend OLG Düsseldorf NJW 1993, 1873 m. w. N.
16 Vgl. dazu *Fischer*, § 269 Rn. 5.
17 BGHSt 31, 232 ff.; *Otto*, BT, § 54, Rn. 33.
18 BGHSt 33, 244, 250; 41, 224, 228 f.
19 BGHSt 52, 182 ff. m. Anm. *Kretschmer*, JR 2008, 348 ff; *Kudlich*, JA 2008, 658 ff.
20 Nach BGH NStZ-RR 2013, 344 ff. m. Anm. *Jäger*, JA 2014, 311 ff.

chenden Gläubiger weiterleitete. In einer weiteren Konstellation wies er die Zahlungen zeitverzögert an (im Regelfall erst nach Sachstandsanfragen oder Dienstaufsichtsbeschwerden). Wenn Zahlungsgläubiger ihn mit Nachdruck auf die fehlenden Zahlungseingänge aufmerksam machten, dann stellte er diese durch Zahlung ruhig (unabhängig davon, ob die Forderung berechtigt oder unberechtigt war). Bei diesen Auszahlungen verwendete G solche Zahlungseingänge, die zur Weiterleitung an andere Gläubiger bestimmt waren. Aus diesem Vorgehen entwickelte sich eine Art Schneeballsystem, da die Auszahlung an den Gläubiger, dessen Schuldner tatsächlich seine Zahlung geleistet hatte, unter Verwendung der für andere Empfänger bestimmten Zahlungseingänge nachträglich getätigt und die Einzahlungen in der Verfahrensakte verschleiert werden mussten. Ob der Gerichtsvollzieher die einzelnen Geldbeträge für private Zwecke verwendet hat, konnte nicht festgestellt werden. Am 1.7.2009 wurde er in den Innendienst versetzt. Trotz Schließung seines Dienstkontos im Januar 2010 trat er weiterhin in Vollstreckungsverfahren, welche er vor seiner Versetzung eingeleitet hatte, als Gerichtsvollzieher auf und vereinnahmte Zahlungen von Schuldnern.

Lösung: Vorliegend hat sich G einer Untreue gemäß § 266 I StGB in der Alternative des Treubruchstatbestands in mehreren Fällen schuldig gemacht. Dies gilt auch für die Zeit nach der Versetzung in den Innendienst, weil die dem Tatbestand zu Grunde liegende Vermögensbetreuungspflicht über diesen Zeitpunkt hinaus bestand. Die Vermögensbetreuungspflicht gegenüber den Gläubigern und Schuldnern ergibt sich aus der gesetzlichen Stellung des Gerichtsvollziehers als Vollstreckungsorgan gemäß §§ 753 ff. ZPO im Rahmen des ihm erteilten Vollstreckungsauftrags. Es ist zwar zu bedenken, dass die Vermögensbetreuungspflicht regelmäßig mit dem zu Grunde liegenden Rechtsverhältnis erlischt, und ein selbstständiger Übergang in ein tatsächliches Treuverhältnis grundsätzlich nicht in Betracht kommt. Anders ist dies nach der Ansicht des BGH aber zu bewerten, wenn „erloschene Rechtsverhältnisse vermögensfürsorglicher Art – auch einseitig unter Wahrnehmung der eingeräumten Herrschaftsposition – fortgesetzt werden und somit ein enger sachlicher Zusammenhang mit der zunächst begründeten Vermögensbetreuungspflicht besteht". Dies ist im vorliegenden Fall zu bejahen, da der Gerichtsvollzieher weiterhin als solcher auftrat und so ein Treuverhältnis tatsächlicher Art gegenüber den Gläubigern und Schuldnern vorlag, was zur fortbestehenden Vermögensbetreuungspflicht des Gerichtsvollziehers führte. Als unproblematisch zeigt sich zudem das Vorliegen des erforderlichen engen sachlichen Zusammenhangs, der insbesondere in der Aufnahme der Vollstreckungstätigkeit gegenüber den Schuldnern und der Ausnutzung der dadurch geschaffenen Lage zu erblicken ist.

Gegenbeispiele: Nicht ausreichend ist dagegen das Treuverhältnis des Arbeitnehmers gegenüber seinem Arbeitgeber, es sei denn, es besteht eine besondere vermögensbezogene Herrschaft, wie etwa beim Prokuristen. Auch die Pflicht des Sicherungsgebers, die im Rahmen einer Sicherungsübereignung in seinem Besitz verbliebene Sache ordnungsgemäß zu verwahren, genügt nicht für eine Vermögensbetreuungspflicht. Ebenso haben der Mieter einer Sache oder der Vorbehaltskäufer keine Treuepflicht nach § 266 I Alt. 2 StGB. In Frage kommt dann nur eine veruntreuende Unterschlagung nach § 246 I, II StGB.

III. Vermögensnachteil

391 Er ist für beide Alternativen des § 266 StGB erforderlich. Der Nachteil entspricht dabei dem Begriff des Vermögensschadens i. S. d. § 263 StGB.[21] Entscheidend ist also auch hier grundsätzlich der im Vermögensbestand des Opfers bewirkte Minussaldo.

---

21 Vgl. aber auch *Bernsmann*, StV 2013, 403 ff., der im Rahmen des Vermögensnachteils nicht nur das Individualinteresse des Geschädigten, sondern auch Aspekte des „Gemeinwohls" berücksichtigt.

Zu berücksichtigen ist schließlich, dass eine Schadenskompensation zur Verneinung eines Nachteils führen kann. Veranschaulicht wird dies durch ein aus der Rechtsprechung stammendes

Beispiel 1: A hatte als leitender Mitarbeiter bei Siemens entgegen dem strafrechtlichen Verbot des § 119 I BetrVG Schmiergelder an die betriebliche Gewerkschaft AUB gezahlt. Die Zahlung diente dazu, Einfluss über die Gewerkschaft zu gewinnen und Entscheidungen innerhalb der Gewerkschaft mitzubestimmen, um auf diese Weise ein Gegengewicht zur IG-Metall zu schaffen. Die Aufsichtsgremien innerhalb des Konzerns waren darüber nicht informiert (**Gewerkschafts-Fall Siemens** nach BGH NJW 2011, 88).

Lösung: Der BGH bejaht hier eine Einschlägigkeit der Strafvorschrift des § 119 I Alt. 2 BetrVG.[22] Aus dieser Norm lasse sich aber für § 266 StGB keine Verletzung einer Vermögensbetreuungspflicht ableiten, da § 119 BetrVG allein dem Schutz der Wahl und der Funktionsfähigkeit der betriebsverfassungsrechtlichen Organe diene, ohne einen vermögensspezifischen Charakter zu haben. Für § 266 StGB ließe sich daher allenfalls darauf abstellen, dass die Zahlungen ohne Kontrolle der zuständigen Gremien erfolgten (hier drängt sich der Vergleich zur Bildung schwarzer Kassen auf, ohne dass der BGH dies ausdrücklich erwähnt). Der BGH hat jedoch diesbezüglich Bedenken hinsichtlich des Vermögensschadens. Da nämlich die AUB zum Zeitpunkt der Zahlungen bereits etabliert war, könnten die Geldleistungen durch unmittelbare Vorteile kompensiert worden sein. Die unmittelbare, für den Konzern vorteilhafte Stärkung der AUB sei jedenfalls nicht auszuschließen und hätte nicht nur eine vage Chance auf Vermögenszuwachs gebildet. Die Zuwendungen seien daher auch nicht vergleichbar mit Fällen, in denen durch Einsatz von Bestechungsgeldern in nicht konkretisierten zukünftigen Fällen Vertragsabschlüsse erreicht werden sollen (vgl. dazu den Siemens-Fall, Rn. 392e).

Beispiel 2: B kaufte von dem eingeweihten Immobilienmakler A ein aufgrund Sanierungsbedarfs schwer vermittelbares Zweifamilienhaus für 260 000 € an, das A zunächst für 120 000 € erworben hatte. Zu diesem Zweck stellte A den Kontakt zu L, einem Berater für Baufinanzierungen, her, dem er sodann gefälschte Gehaltsbelege von B zuleitete (ausgewiesener Nettoverdienst von 1900 €, obwohl B nur 400 € verdiente). Von der Falschheit dieser Angaben wusste L nichts. Allerdings erkannte er, dass ohne Verfälschung der angegebenen Bonität des B im Zusammenhang mit der Werthaltigkeit des zu finanzierenden Objekts eine Kreditgewährung abzulehnen gewesen wäre. Dazu wollte er es aber nicht kommen lassen, da er die Zielvorgaben der Bank erreichen und eine Beteiligung am Filial- und Mitarbeiterjahresbonus erhalten wollte. Deswegen wies er die von A übersandten Fotos der Immobilie, die den starken Renovierungsbedarf offenbarten, zurück und forderte den Nachweis über eine Vermietung der leerstehenden Wohnung im Erdgeschoss der Immobilie an. A leitete daraufhin Fotos von einer ganz anderen, neu renovierten Wohnung aus seinem Maklerbestand und den geforderten (gefälschten) Mietvertrag an L weiter. Die so erhaltenen Unterlagen fügte L der Kreditakte bei und vermerkte zudem wahrheitswidrig, selbst in dem betreffenden Objekt eine Innenbesichtigung durchgeführt zu haben. Mit den so gesammelten wertbildenden Faktoren nahm L (der keine Kreditkompetenz im Baufinanzierungsbereich hatte) eine Wertermittlung vor (ohne Einschaltung eines Bewerters mit Kreditkompetenz). Die Ermittlung ergab einen Sach- und Beleihungswert der Immobilie von 153 825 €. Im Anschluss an diese Ermittlung erstellte L ein Analyseblatt, in dem er angab, dass B ein Kontoguthaben von 19 000 € aufweise sowie über Eigenmittel in Höhe von 15 870 € verfüge, obwohl L wusste, dass dies nicht der Wahrheit entsprach. Zudem fügte er der Kreditakte eine Selbstauskunft des B bei, die er, B, blanko unterschrieben hatte, und die L entsprechend zum Beweis der Leistungsfähigkeit des B ausfüllte. Zudem erstellte er mit Hilfe eines jedem Bankmitarbeiter zugänglichen Kreditbearbeitungsprogramms (Kreditmanager) einen Kreditentscheidungsbogen (mit den Angaben des selbst ermittelten Objektwerts und des Eigenkapitals) und erhielt so eine Risikobewertung von knapp unter 50 Punkten. Wie L wusste,

---

22 A. A. *Kudlich*, Stöckel-FS, 2010, S. 110.

machte eine solche Bewertung die Hinzuziehung des Vorgesetzten obsolet. Er ließ den Darlehensvertrag in Höhe von 257 150 € ausfertigen, wohlwissend, dass sich B über den Kredit Bargeld verschaffen und den nicht hinreichend gesicherten Kredit nicht dauerhaft bedienen wollte. B erhielt nach Auszahlung des Darlehens 58 000 € als „Kick-back-Zahlung", während A 62 000 € blieben (nach Abzug von Ankaufpreis, Vertragsnebenkosten und Provision). Weil B den Kredit nicht bediente, kündigte die Bank das Darlehen 2011. Das für das dann anstehende Zwangsversteigerungsverfahren eingeholte Gutachten gab als Marktwert der Immobilie 133 000 € an.[23]

Lösung: Während das LG bezüglich des Immobilienmaklers A einen Betrug gemäß § 263 I StGB bejahte, wurde das Wirken des Bankberaters L als Beihilfe hierzu gewertet, §§ 263 I, 27 I StGB. Als Schaden im Rahmen des Betrugstatbestands wurde die Differenz zwischen der Nettokreditsumme von 257 150 € und dem Marktwert von 133 000 € sowie der Wertminderung des Objekts, die im Zeitraum 2009 bis 2011 eintrat (ca. 24 000 €), gebildet, sodass der Gesamtschaden auf 100 000 € beziffert wurde.

Der BGH sieht keine Strafbarkeit wegen Betrugs, weil L weder über den Wert der zur Kreditsicherung bestellten Sicherheit (Grundschuld), noch über die Kreditwürdigkeit des B getäuscht hat. Vielmehr haben, so der BGH, L und A kollusiv zusammengewirkt. Insbesondere kann für einen betrugsrelevanten Irrtum auch nicht darauf abgestellt werden, dass L die Unrichtigkeit der von A vorgelegten Lohnabrechnungen nicht kannte, da diese nicht ursächlich für die Kreditvergabe waren (L wusste ja, dass B sich Geld verschaffen und den Kredit nicht dauerhaft bedienen wollte).

Der BGH merkt jedoch an, dass hinsichtlich des kollusiven Zusammenwirkens von A und L eine Untreue gemäß § 266 I StGB von L in Betracht kommt: Durch die Kreditgewährung des L liegt sowohl ein Verstoß seinerseits gegen die internen Vergaberichtlinien der Bank vor, als auch möglicherweise eine Verletzung der ihm obliegenden Vermögensbetreuungspflicht in Folge eines Vermögensschadens zum Nachteil der Bank, da L bewusst falsche, für die Bonitätsfrage des B relevante, Tatsachen in die Berechnung mit einstellte. Bezüglich des A, für den aufgrund des Fehlens einer Vermögensbetreuungspflicht eine Strafbarkeit aus § 266 I StGB nicht in Betracht kommt, ist an eine Beihilfe zur Untreue zu denken, §§ 266 I, 27 I StGB.

In jedem Falle weist der BGH aber darauf hin, dass das LG bei der Ermittlung des vorliegenden Schadens in Höhe von 100 000 € (Differenz zwischen Darlehenssumme und Verkehrswert der Immobilie) einen falschen Maßstab verwendet hat: Ob die Hingabe eines Darlehens einen Vermögensschaden bewirkt, ist durch einen für den Zeitpunkt der Darlehenshingabe anzustellenden Wertvergleich mit dem Rückzahlungsanspruch des Darlehensgläubigers zu ermitteln. Die Werthaltigkeit des Rückzahlungsanspruchs wird dabei durch die Bonität des Schuldners und den Wert der bestellten Sicherheiten bestimmt.

Achtung Klausur: *Rechtsprechung und überwiegender Teil der Literatur sehen auch in der schadensgleichen Vermögensgefährdung grundsätzlich bereits einen Vermögensschaden. Wegen der dadurch begründeten Strafbarkeitsvorverlagerung hat die Rechtsprechung an den Nachweis des Vorsatzes in Bezug auf den Gefährdungsschaden stets strenge Anforderungen gestellt. In der Literatur wurde die Nachteilsbegründung durch eine Vermögensgefährdung sogar teilweise abgelehnt, da hierdurch der bei der Untreue straflose Versuch auf Umwegen für strafbar erklärt würde. Im sogenannten Fall „Kanther" hat der 2. Senat des BGH versucht, den Bedenken der Literatur im subjektiven Tatbestand noch stärker Rechnung zu tragen, indem er verlangte, dass der „bedingte Vorsatz eines Gefährdungsschadens nicht nur die Kenntnis des Täters von der konkreten Möglichkeit eines Schadenseintritts und das In-Kauf-Nehmen dieser konkreten Gefahr voraussetze, sondern sogar die Billigung der Realisierung dieser Gefahr, und sei*

---

23 Vgl. BGH, Beschl. v. 13.3.2013 – 2 StR 275/12, hier in verkürzter Form.

es auch nur in der Weise, dass der Täter sich mit dem Eintritt des ihm unerwünschten Erfolges abfindet".[24] *Eine solche Einschränkung, so der 2. Senat, sei erforderlich, weil das Untreuedelikt andernfalls zum Teil in die Nähe eines Gefährdungsdelikts gerückt werde. Diese Rechtsprechung hat zu einer intensiven Diskussion der Literatur und sogar zwischen den Senaten des BGH geführt. Die Bedeutung soll daher anhand der konkreten Entscheidung „Kanther" kurz nachgezeichnet werden durch folgenden*

> **Fall 53:** Der frühere Parteivorsitzende der Hessen-CDU Kanther (K) verbrachte Parteivermögen in Höhe von 10 Mio. € auf Liechtensteiner Konten (sogenannte Stiftung Zaunkönig). Er tat dies unwiderleglich, um das Geld der Partei zu mehren und um Begehrlichkeiten innerhalb der Partei zuvorzukommen. Dies war auch der Grund, weshalb er den Aufsichtsgremien in der Partei von der Existenz des Geldes keine Mitteilung machte. Nach Aufdeckung dieses Parteivermögens wurden der CDU gemäß Parteiengesetz aufgrund der jahrelang falsch erstellen Rechenschaftsberichte des K mehr als 20 Mio. € an staatlicher Teilfinanzierung durch Bescheid des Bundestagspräsidenten versagt. Strafbarkeit des K wegen Untreue? (**Fall Kanther** nach BGHSt 51, 100[25]).

391a

Lösung:

391b

I. Denkbar wäre zunächst eine Strafbarkeit wegen Untreue durch Verwirklichung des **Missbrauchstatbestands** nach § 266 I Alt. 1 StGB, der als ausgestanzter Spezialfall des Treubruchstatbestands vorrangig zu prüfen ist. Indessen ist davon auszugehen, dass die geheime Verwaltung der Schwarzgeldkonten gegen das Parteiengesetz verstieß und daher nach § 134 BGB unwirksam bzw. jedenfalls nach § 138 BGB sittenwidrig war. Die Bildung der Schwarzen Kasse stellt daher keine wirksame Vermögensverfügung dar, sodass ein Missbrauch ausscheidet.

II. Der BGH hat hier, allein in der **Bildung der Schwarzen Kasse**, d. h. im Abführen des Geldes ohne Wissen der Partei, eine **Treubruchsuntreue nach § 266 I Alt. 2 StGB** gesehen. Eine der Hauptpflichten innerhalb der Vermögensbetreuungspflicht des K in der CDU-Leitung bestand darin, der Parteispitze die vorhandenen Vermögenswerte zu offenbaren und diese ordnungsgemäß zu verbuchen. Diese Pflicht hat K verletzt. Fraglich ist, ob der Hessen-CDU hierdurch auch ein Schaden entstanden ist. Der BGH bejaht dies: Es sei nicht nur die Dispositionsbefugnis der Hessen-CDU betroffen gewesen; vielmehr habe die Tatsache, dass K das Vermögen für die zuständigen Parteiorgane unkontrollierbar beiseite geschafft habe, zu einer objektiven Wertminderung der Forderungen der Partei geführt. Bezüglich des beiseite geschafften Parteivermögens in Höhe von 10 Mio. € sei daher eine Treubruchsuntreue nach § 266 I Alt. 2 StGB anzunehmen.

Hinweis: *Einen Fall der Bildung Schwarzer Kassen betrifft auch die Entscheidung Siemens (vgl. dazu unten Rn. 392e).*

III. Dagegen ist der BGH der Auffassung, dass durch die **Vorlage der unvollständigen Rechenschaftsberichte** und der dadurch ausgelösten Gefahr, dass es bei Aufdeckung zu einer Verringerung der staatlichen Teilfinanzierung in Millionenhöhe komme, **keine** zusätzliche **Treubruchsuntreue nach § 266 I Alt. 2 StGB** durch K begangen worden sei.

---

24 Zu Recht hat deshalb das OLG Hamburg NStZ 2010, 335 den Vorsatz verneint, wenn der Vermögensbetreuungspflichtige die Möglichkeit einer Entwendung des Geldes durch Dritte nicht erkennt und diese auch nicht billigend in Kauf nimmt, weil er unwissentlich Opfer eines Trickdiebstahls wurde.
25 Vgl. dazu auch *Bernsmann*, GA 2007, 219 ff.; *Bosch*, JA 2008, 148 ff.; *Keul*, DB 2007, 728 ff.; *Perron*, NStZ 2008, 517 ff.; *Mansdörfer*, JuS 2009, 114 ff.; grundlegend zu dolus eventualis und Vermögensnachteil *Otto*, Puppe-FS, 2011, S. 1247 ff.

Zwar komme hier grundsätzlich die Annahme einer schadensgleichen Vermögensgefährdung für die Bundes-CDU durch die Gefahr des Verlusts der staatlichen Teilfinanzierung sowie eine Vermögensgefährdung für die Hessen-CDU wegen möglicher Regressansprüche von Seiten der Bundes-CDU in Betracht. Jedoch müsse der Tatbestand der Untreue in Fällen der vorliegenden Art im subjektiven Bereich dahingehend begrenzt werden, dass der bedingte Vorsatz eines Gefährdungsschadens nicht nur Kenntnis des Täters von der konkreten Möglichkeit eines Schadenseintritts und das In-Kauf-Nehmen dieser konkreten Gefahr voraussetzt, sondern darüber hinaus eine Billigung der Realisierung dieser Gefahr. Die Anerkennung einer konkreten Vermögensgefährdung stelle nämlich der Sache nach eine Vorverlagerung der Vollendung in den Bereich des Versuchs dar. Der Versuch zeichne sich aber gerade durch eine Inkongruenz, d. h. durch objektive Nicht-Vollendung bei auf Vollendung gerichtetem Vorsatz aus. Auch bei der Bejahung einer Untreue durch Vermögensgefährdung sei daher eine solche Inkongruenz zu verlangen (bei § 263 StGB seien dagegen keine erhöhten Anforderungen an den Vorsatz erforderlich, da hier ohnehin ein Ausgleich durch das zusätzliche subjektive Element der Absicht der Selbst- oder Drittbereicherung geschaffen werde, vgl. auch Rn. 363 f.).

Achtung Klausur: *In der Literatur hat diese Ansicht des 2. Senats zu heftigen Widersprüchen geführt, weil der BGH das Element einer überschießenden Innentendenz nicht einfach in das Delikt des § 266 StGB hineininterpretieren dürfe.[26] Ungeachtet dieser Kritik hat der 2. Senat seine Rechtsprechung auch in einem Fall beibehalten, in dem ein Notar eine Darlehenssumme ohne Sicherung weitergeleitet hatte (Stichwort: Risikogeschäft).[27] Aber auch innerhalb des BGH ist die Ansicht des 2. Senats nicht unwidersprochen geblieben. So hat der 1. Senat des BGH in einem Fall der treuewidrigen Verwendung von Geldanlagen die Ansicht geäußert, dass es keinen Grundsatz gebe, wonach sich der Vorsatz bei § 266 StGB im Rahmen der Vermögensgefährdung immer auf Billigung des endgültigen Vermögensnachteils beziehen müsse.[28] Gerade bei pflichtwidrigen Risikogeschäften stelle die schadensgleiche Vermögensgefährdung bereits den unmittelbaren Vermögensnachteil dar, weil der Rückzahlungsanspruch bei einem ungesicherten Kredit minderwertig sei.*

Betrachtet man daher die Diskussion insgesamt, so scheint es fragwürdig, ob sich die Ansicht des 2. Senats, die auf eine Begrenzung der Untreue im Vorsatzbereich abzielt, durchsetzen kann. In der Literatur gehen jedenfalls neuere Vorschläge eher dahin, bereits den objektiven Tatbestand bei der Ermittlung des Gefährdungsschadens soweit wie möglich teleologisch zu reduzieren.[29]

Um eine Konturierung des Gefährdungsschadens ist dementsprechend auch eine Entscheidung des BVerfG zu § 266 StGB bemüht. Zugrunde liegt ihr folgender

Fall 54: A war als Vorstand der B-Bank für die Kreditvergabe zuständig. Dem Unternehmen U waren von der Bank jahrelang Kredite ausgereicht worden, damit das Unternehmen Plattenbauwohnungen erwerben, sanieren und zu Eigentumswohnungen umbauen konnte. Nachdem das Unternehmen in eine Schieflage geraten war, die gewaltige Zahlungsrückstände zur Folge hatte, entschloss A sich zur Vergabe eines weiteren Kredits unter veränderten Rahmenbedingungen, um eine Insolvenz des Unternehmens zu verhindern. Für den Ankauf eines Plattenbauobjekts im Wert von 20 Mio. € gewährte A daher

---

26 Vgl. *Bernsmann*, GA 2007, 230; *Saliger*, NStZ 2007, 550; *Schlösser*, NStZ 2008, 379.
27 Vgl. BGH NStZ 2007, 704 f. m. Anm. *Schlösser*, NStZ 2008, 379 ff.; *Peglau*, wistra 2008, 430 ff.
28 BGH NStZ 2008, 457 ff. m. Anm. *Adick*, HRRS 2008, 460 ff.; *Beulke/Witzigmann*, JR 2008, 430 ff.; *Rübenstahl*, NJW 2008, 2454 f.; *Schäfer*, JR 2008, 302 ff.
29 Vgl. zu solchen Versuchen *Perron*, NStZ 2008, 517; *Schünemann*, NStZ 2008, 430.

einen Kredit in Höhe von 15 Mio. €, der über Grundschulden und durch die Abtretung der Mieteinnahmen gesichert wurde. Über zwei Jahre hinweg wurden aus den Mieteinnahmen Zinsen auf den Kredit geleistet. Danach wurde das Unternehmen jedoch zahlungsunfähig. Strafbarkeit des A nach § 266 StGB? (**Plattenbau-Fall** nach BVerfG NJW 2010, 3209)[30]

Lösung:

A könnte sich durch die Ausreichung des Kredits wegen einer **Missbrauchsuntreue nach § 266 I Alt. 1 StGB** strafbar gemacht haben.

1. Die Bewilligung des Kredits ohne die erforderliche Risikoabdeckung (etwa bloße Sicherung durch mögliche Mieteinnahmen) stellt ein wirksames Handeln im Außenverhältnis unter Überschreitung der Befugnisse im Innenverhältnis dar.

2. Weitere Voraussetzung für die Erfüllung des objektiven Tatbestandes ist allerdings auch das Vorliegen eines Vermögensnachteils. Dieser könnte hier ausgeschlossen sein, weil die Kreditbewilligung durch die Grundschuldsicherung und die Abtretung der Mietzinsen eine hinreichende Schadenskompensation erfahren haben könnte. Dies ist allerdings deshalb fraglich, weil das Unternehmen U bereits zum Zeitpunkt der Bewilligung notleidend geworden war. In Betracht kommt daher das Vorliegen einer schadensgleichen Vermögensgefährdung.

Fraglich ist jedoch zunächst, ob die Annahme eines Gefährdungsschadens vor dem Hintergrund des Art. 103 II GG (Bestimmtheitsgrundsatz) haltbar ist. Das Bundesverfassungsgericht hat einer derartigen Gleichsetzung von Schaden und Gefährdung prinzipiell keine Bedenken entgegen gesetzt, da sich in einem marktorientierten Wirtschaftssystem die Preise über den Mechanismus von Angebot und Nachfrage bilden und sich daher auch die Zukunftserwartungen der Marktteilnehmer auf den erzielbaren Preis und damit den Wert von Gegenständen auswirken könnten. Die Ausdrücke „Gefährdungsschaden" oder „schadensgleiche Vermögensgefährdungen" wiesen mithin in der Sache nicht etwa auf eine richterrechtlich geschaffene, besondere Kategorie von Gefährdungsdelikten hin, sondern sie bezeichneten vielmehr eine nicht drohende, sondern eingetretene Vermögensminderung.

Lediglich an die Feststellung dieses Gefährdungsschadens stellt das Bundesverfassungsgericht erhöhte Anforderungen. So dürfe das Nachteilsmerkmal nicht mit dem Pflichtwidrigkeitsmerkmal „verschleifen", sodass nicht ohne Weiteres aus der Feststellung der Pflichtwidrigkeit auf einen Gefährdungsschaden geschlossen werden dürfe. Vielmehr müssten, um das Vollendungserfordernis zu wahren, eigenständige Feststellungen zum Vorliegen eines Nachteils erfolgen. Daher müssten – von einfach gelagerten Fällen abgesehen – die Strafgerichte den von ihnen angenommenen Nachteil der Höhe nach beziffern und dessen Ermittlung in wirtschaftlich nachvollziehbarer Weise darlegen. Insoweit seien anerkannte Bewertungsverfahren und -maßstäbe zu berücksichtigen. Gegebenenfalls sei auch die Hinzuziehung eines Sachverständigen erforderlich. Unvermeidlich verbleibende Prognose- und Beurteilungsspielräume seien durch vorsichtige Schätzung auszufüllen. Bei verbleibenden Zweifeln sei schließlich freizusprechen.

Da im vorliegenden Fall aufgrund der Sicherungsmaßnahmen, die der Kreditbewilligung gegenüber standen, eine konkrete Bezifferung des Schadens nicht ohne Weiteres möglich ist, scheidet hier eine Untreuebestrafung aus, solange keine näheren Angaben zur Nachteilshöhe existieren. Im konkreten Fall hat das Bundesverfassungsgericht die Rechtssache zurückverwiesen, damit weitere Feststellungen getroffen werden können.

391d

---

[30] Vgl. dazu auch *Bülte*, NStZ 2014, 680 ff.

Nach h. M. soll ein Vermögensschaden jedoch ausscheiden, wenn der ausgleichswillige Täter eigene flüssige Mittel in entsprechender Höhe ständig zum Ersatz bereit hält.[31] Dafür spricht immerhin, dass in einem solchen Fall wohl kein Strafbedürfnis besteht.

Einschränkungen ergeben sich im Übrigen auch bei der sog. Haushaltsuntreue. Nach Auffassung des BGH[32] liegt der für die Erfüllung des Tatbestandes der Untreue (hier: Missbrauchstatbestand nach § 266 I Alt. 1 StGB) erforderliche Vermögensnachteil nicht schon darin, dass Haushaltsmittel unter Überschreitung des Haushaltsplanes, aber zu den vorgegebenen Zwecken verbraucht werden. Entspricht der Mitteleinsatz nämlich grundsätzlich den vorgegebenen Zwecken und ist die durch die Haushaltsüberschreitung erzielte Gegenleistung gleichwertig, so liegt ein Vermögensnachteil laut BGH nur vor, wenn durch die Haushaltsüberziehung eine wirtschaftlich gewichtige Kreditaufnahme erforderlich wird oder wenn die Dispositionsfähigkeit des Haushaltsgesetzgebers in schwerwiegender Weise beeinträchtigt wird und er durch den Mittelaufwand in seiner politischen Gestaltungsbefugnis beschnitten wird (vergleichbar dem subjektiven Schadenseinschlag beim Betrug!).

IV. Abschlussbeispiele und Fälle

392 **Beispiel 1:** Schalterbeamter A verschenkt eine Bahnfahrkarte.[33]
Lösung: § 266 I Alt. 1 StGB (durch Rechtsgeschäft eingeräumte Befugnis, über fremdes Vermögen zu verfügen) ist nicht erfüllt. Zum Verschenken war A intern nicht befugt. Er hat sich aber auch nicht innerhalb seines externen rechtlichen Könnens gehalten, weil er für das konkrete Geschäft keine Befugnis hatte.
Dagegen ist der Treubruchstatbestand nach § 266 I Alt. 2 StGB (rechtsgeschäftlicher Auftrag, fremde Vermögensinteressen wahrzunehmen) erfüllt. Eine Vermögensbetreuungspflicht als Hauptpflicht soll mit Blick auf die Selbstständigkeit des A zu bejahen sein (anders wäre es wohl bei einem Verkäufer im Kaufhaus).[34]

Beispiel 2: Wie, wenn A die Fahrkarte nur zu billig verkauft hätte?
Lösung: Es ändert sich an der soeben getroffenen Feststellung nichts. Der Missbrauchstatbestand scheidet aus, da A nur zum Verkauf im Rahmen des festgesetzten Tarifs befugt war, nicht dagegen zum konkreten Geschäft. Daher kann nur der Treubruchstatbestand erfüllt sein.

Beispiel 3: A entnimmt auch noch Geld aus der Kasse.
Lösung: Auch hier ist der Treubruchstatbestand erfüllt (tatsächliches Verhalten!). Daneben ist auch eine Strafbarkeit wegen veruntreuender Unterschlagung nach § 246 I, II StGB zu bejahen. Dieser tritt jedoch wegen formeller Subsidiarität hinter § 266 StGB zurück, vgl. § 246 I a. E. StGB (der sich auch auf § 246 II StGB bezieht, vgl. Rn. 210 a. E.).

Beispiel 4: Wie, wenn es sich nicht um einen Schalterbeamten, sondern um einen Ladenverkäufer handelt, der Waren zu billig veräußert?

---

31 Vgl. BGH NStZ 1995, 233; Lackner/Kühl/*Heger*, § 266, Rn. 17; *Maurach/Schroeder/Maiwald*, BT/I, § 45, Rn. 45, die dahinter überzeugend das Prinzip der mutmaßlichen Einwilligung sehen; a. A. Sch/Sch/ *Perron*, § 266, Rn. 42.
32 BGH NJW 1998, 913.
33 Nach BGHSt 13, 315.
34 BGHSt 13, 318, der aber zu Unrecht schon den Missbrauchstatbestand für einschlägig hält.

Lösung: Hier hat der BGH eine Missbrauchsuntreue angenommen, weil der Ladenverkäufer zur Verfügung kraft § 56 HGB befugt sei.[35] Das aber ist falsch, weil § 56 HGB nach richtiger Auffassung keine Verpflichtungs- und Verfügungsbefugnis verleiht, sondern eine Vorschrift zum Schutz des guten Glaubens ist. Deshalb kommt nur der Treubruchstatbestand in Frage, für den es aber wohl an der notwendigen Selbstständigkeit zur Annahme einer Vermögensbetreuungspflicht fehlt.

Der Untreuetatbestand kann auch beim unzulässigen Einsatz einer Tankkarte zu diskutieren sein. Dies zeigt folgender, der Rechtsprechung entnommener

Fall 55: A hatte als Angestellter der B-GmbH eine Tankkarte erhalten, um die jeweils von der B-GmbH zum Zwecke von Fernfahrten überlassenen Lkws betanken zu können. A verwendete die Tankkarte in der Weise, dass er an der jeweiligen Tankstelle die ihm vom Arbeitgeber überlassene Tankkarte einsetzte und den ihm ebenfalls vom Arbeitgeber anvertrauten dazugehörigen PIN-Code eingab. Die an dem System teilnehmenden Tankstellen stellten das getankte Benzin der kartenausstellenden Firma X in Rechnung und diese nahm sodann nach Begleichung der Beträge beim Arbeitgeber des A Regress. A betankte entgegen der Vereinbarung mit seinem Arbeitgeber auch fremde Lkws mit der Karte und der entsprechenden PIN-Nummer, die jeweils an der Tankstelle von den dort Angestellten am Computer eingelesen wurde. Die fremden Lkw-Fahrer zahlten A im Gegenzug bestimmte Geldbeträge, sodass er sich auf diese Weise eine fortlaufende Einnahmequelle verschaffen konnte. Am Ende des Monats reichte A auch diejenigen Quittungen ein, die die Bezahlung der betankten betriebsfremden Fahrzeuge betrafen. Nach Abgleichung durch die Kontrollperson in der B-GmbH wurde in regelmäßigen Abständen die Begleichung der Rechnungen der Firma X veranlasst. Auf diese Weise entstand der B-GmbH im Laufe der Zeit ein Schaden von knapp 40 000 €. Strafbarkeit des A? (**Tankkarten-Fall** zusammengesetzt aus OLG Celle NStZ 2011, 218 sowie LG Dresden NStZ 2006, 633).

392a

Lösung:

392b

A. Sachverhaltskomplex 1: Das Tanken

I. Hier scheidet zunächst ein **Betrug nach § 263 StGB** gegenüber den Angestellten der Tankstellen schon deshalb aus, weil B nicht täuschte. Denn durch den Einsatz der Karte wird nicht schlüssig erklärt, zur Betankung des konkreten Fahrzeugs berechtigt zu sein. Auch würde ein Irrtum ausscheiden, weil sich der Angestellte in der Tankstelle über die Befugnisse des A keinerlei Gedanken macht.

II. Dementsprechend scheitert auch eine Strafbarkeit wegen **Computerbetrugs nach § 263a I Alt. 3 StGB**, sofern man die unbefugte Verwendung von Daten mit der Rechtsprechung betrugsnah auslegt[36] (näher dazu Rn. 543, in einer Klausur sollte man die dort genannten Ansichten diskutieren!).

III. Ebenso scheitert ein **Diebstahl nach § 242 StGB** zum Nachteil des Tankstellenbetreibers. Unabhängig von der Frage der Fremdheit des Benzins zum Zeitpunkt des Tankvorgangs bestand ein Einverständnis des Tankstellenbetreibers hinsichtlich des Gewahrsamsübergangs, sodass es jedenfalls an einer Wegnahme fehlt.

IV. Auch scheidet eine **Unterschlagung nach § 246 StGB** am Benzin aus. Hier rückt die Eigentumsfrage in den Vordergrund. Da sich A als Berechtigter durch die Tankkarte aus-

---

35 BGH LM Nr. 4 zu § 266 StGB; ebenso *Otto*, BT, § 54, Rn. 15; wie hier aber *Wessels/Hillenkamp/Schuhr*, BT/2, Rn. 751.
36 So jetzt auch wieder OLG Koblenz Urt. v. 2.2.2015 – 2 OLG 3 Ss 170/14 m. Anm. *Bosch*, JK 2015, 1010, § 263a StGB.

weisen konnte, ist davon auszugehen, dass von dem Tankstellenbetreiber auch eine Übereignung des Benzins an ihn gewollt war. Da der Tankstelleninhaber ohnehin einen Anspruch auf Zahlung gegenüber der Firma X erhalten hat, ist nicht davon auszugehen, dass der Eigentumsübergang nur unter der Bedingung der Berechtigung des A gewollt war. Es fehlt daher richtigerweise bereits an der Fremdheit des Benzins.

V. Auch eine Strafbarkeit wegen **Missbrauchs von Scheck- und Kreditkarten nach § 266b StGB** ist nicht gegeben, weil § 266b StGB im Zwei-Partner-System unanwendbar ist und im Übrigen nicht das Innenverhältnis zum Kartenaussteller missbraucht wurde, sondern – wenn überhaupt – das Innenverhältnis zum Arbeitgeber. Dieses Innenverhältnis ist jedoch für § 266b StGB nicht ausschlaggebend. Darüber hinaus verlangt § 266b StGB auch, dass der Kartenausstellerin X ein Schaden entstanden ist. Dies ist aber gerade nicht der Fall, weil sie Kraft ihrer Vertragsbeziehungen beim Dienstherrn des A Regress nehmen konnte.

VI. In Betracht kommt jedoch die Verwirklichung einer **Untreue nach § 266 StGB** durch Einsatz der Tankkarte.

Zu prüfen ist hier zunächst der Missbrauchstatbestand, der einen ausgestanzten Spezialfall der Untreue darstellt.

1. A hat aufgrund Rechtsgeschäfts eine Verpflichtungsbefugnis über das Vermögen der B-GmbH erhalten. Durch das private Tanken zugunsten Dritter hat A die Grenzen seines rechtlichen Dürfens (Innenverhältnis) im Rahmen seines rechtlichen Könnens (Außenverhältnis) überschritten.

2. Erforderlich ist allerdings nach h.M. auch beim Missbrauchstatbestand eine Vermögensbetreuungspflicht im Sinne einer Hauptpflicht. Diese hatte A nicht schon allgemein aufgrund seiner Angestellteneigenschaft. Vielmehr verlangt § 266 I Alt. 1 StGB darüber hinaus, dass den Befugnisinhaber eine inhaltlich besonders herausgehobene Pflicht zur Wahrnehmung fremder Vermögensinteressen trifft. Eine solche, den Tatbestand konkretisierende und präzisierende Auslegung ist aus verfassungsrechtlichen Gründen aufgrund der konzeptionell weiten und unscharfen Fassung des § 266 StGB erforderlich, um nicht einen Verstoß gegen Art. 103 II GG annehmen zu müssen. Die bloße Aushändigung der Karte mit all ihren Missbrauchsmöglichkeiten genügt daher nach richtiger Auffassung nicht.[37] Denn durch die Aushändigung der Karte ergab sich noch keine fremdnützige Vermögensfürsorge als Hauptgegenstand der Rechtsbeziehung. In Wahrheit unterscheidet sich die Sachlage nicht wesentlich von derjenigen anderer Angestellter, die – wie z. B. Boten, Arbeiter, Sekretärinnen, Verkaufspersonal – eine unselbstständige, untergeordnete und nach festen Vorgaben zu verrichtende Tätigkeit ausüben).[38] Es wäre daher wirklichkeitsfremd, aus der Überlassung einer Tankkarte die Übernahme einer Vermögensverwaltung in Bezug auf die B-GmbH abzuleiten.[39]

B. Sachverhaltskomplex 2: Einreichen der Tankbelege

A könnte sich durch Einreichung der die Tankvorgänge dokumentierenden Belege bei seinem Arbeitgeber wegen **Betruges in einem besonders schweren Fall gem. § 263 I, III S. 2 Nr. 1 StGB** strafbar gemacht haben.

I. Indem A die Belege bei der Kontrollperson der B-GmbH eingereicht hat, ohne darauf hinzuweisen, dass sich darunter Abrechnungen für Tankvorgänge befinden, die außerhalb der vertraglichen Anweisung erfolgt sind und daher einen Forderungsanspruch des Unternehmens gegen den A begründet haben, hat A den Kontrollangestellten, der für die Abrechnungen innerhalb des Betriebs verantwortlich war, über Tatsachen getäuscht, indem er konkludent zum Ausdruck brachte, die ihm überlassene Tankkarte nur im Rahmen des Vereinbarten eingesetzt zu haben. Dass die Einreichung der Belege nach der allgemeinen

---

37 A. A. bei einem Beamten zu Unrecht LG Dresden NStZ 2006, 633 f.
38 Vgl. dazu *Hecker*, JuS 2011, 657.
39 So auch zu Recht OLG Celle NStZ 2011, 219.

Verkehrsauffassung einen solchen Erklärungswert besaß, ergibt sich daraus, dass die Belege – wie A wusste – erkennbar der Abgleichung dienten.

II. Durch die nicht der Wahrheit entsprechenden Erklärungen hat A bei dem Kontrollangestellten auch einen entsprechenden Irrtum erregt.

III. Infolge dieser Erklärung verzichtete der Kontrollangestellte nach Vornahme der Abgleichung darauf, die in Rechnung gestellten Beträge von A zurückzufordern. Es handelt sich damit um einen Forderungsbetrug, bei dem ein konkretes Verfügungsbewusstsein nicht erforderlich ist (s. dazu oben Rn. 332). Das Unterlassen des Kontrollangestellten stellt auch eine Verfügung dar, die sich unmittelbar vermögensmindernd für die B-GmbH auswirkte. Dass hier Verfügender und Geschädigter auseinanderfallen, ändert nichts an der Betrugsrelevanz des Vorgangs, da der Kontrollverpflichtete ersichtlich im Lager der B-GmbH stand, sodass die Verfügung dem Geschädigten im konkreten Fall zuzurechnen ist. Nichts anderes ergibt sich hier im Übrigen nach der sog. Befugnis- und Ermächtigungstheorie, da der Kontrollangestellte von der B-GmbH gerade rechtlich eingesetzt war, um den Abgleich vorzunehmen.

IV. Durch das Unterlassen ist der B-GmbH auch ein Schaden in Höhe der nicht geltend gemachten Ansprüche entstanden.

V. Darüber hinaus handelte A auch in der Absicht rechtswidriger Bereicherung. Auch ist Stoffgleichheit zu bejahen, da der Vorteil des A (keine Inanspruchnahme von Seiten der B-GmbH) die Kehrseite des Nachteils der B-GmbH (Unterlassung der Geltendmachung des Anspruchs) war.

VI. Rechtfertigungs- und Schuldausschließungsgründe sind nicht ersichtlich.

VII. Darüber hinaus ist auch die Gewerbsmäßigkeit des Betrugs nach § 263 III S. 2 Nr. 1 StGB zu bejahen. A handelte, um sich aus wiederholter Begehung von Betrugstaten eine fortlaufende Einnahmequelle von einigem Umfang und einiger Dauer zu verschaffen.[40]

VIII. Ergebnis: A hat sich wegen gewerbsmäßigen Betrugs nach § 263 I, III S. 2 Nr. 1 StGB strafbar gemacht. Die Gewerbsmäßigkeit führt nicht dazu, dass nur eine einzige Betrugstat in materiell-rechtlichem Sinne gegeben ist. Vielmehr stehen die einzelnen Verwirklichungen zueinander in Tatmehrheit.[41]

Geradezu Berühmtheit hat der vom BGH entschiedene Fall Mannesmann erlangt. Dabei ging es um folgenden

Fall 56: Im November 1999 versuchte der Vorstand der Mannesmann AG (MAG) eine Gesellschaftsübernahme von Seiten der Vodafone Airtouch plc (V) abzuwehren. Nach einem harten Übernahmekampf kam es Anfang Februar 2000 zu einer Einigung der Vertreter beider Unternehmen hinsichtlich einer einvernehmlichen Übernahme, nachdem ein verbessertes Umtauschverhältnis für die Aktien der MAG ausgehandelt worden war. Kurz nach der Entscheidung über die einvernehmliche Übernahme befasste sich Mitte April 2000 das Präsidium (Aufsichtsratsausschuss für Vorstandsangelegenheiten), dem u. a. der A angehörte, mit der Zuerkennung freiwilliger Anerkennungsprämien (sog. appreciation awards) an die ausscheidenden Mitglieder des Vorstandes der MAG, um die Steigerung des Unternehmenswerts im Zuge des Übernahmekampfes zu würdigen. Damit

392c

---

40 BGHSt 1, 383; BGH StV 1997, 297; S/S/W-*Kudlich*, § 243, Rn. 22.
41 Vgl. dazu SK-*Jäger*, Vor § 52, Rn. 32.

§ 12 Untreue

wurde einem Vorschlag der Hutchison Whampoa Ltd., einer Großaktionärin, die 10 % des Grundkapitals der MAG hielt, Rechnung getragen. Auch die Geschäftsleitung der V hatte dazu ihr Einverständnis erklärt. Das Präsidium bewilligte daraufhin dem damaligen Vorstandsvorsitzenden E eine Anerkennungsprämie i. H. v. 16 Mio. €, die er zusätzlich zu den vertraglich vereinbarten Abfindungen i. H. v. 15 Mio. € erhielt. Damit sollten die Verdienste des E als Finanzvorstand zwischen 1994 und 1999 sowie als Vorstandsvorsitzender seit Ende Mai 1999 im Hinblick auf die Ertragslage der MAG, die Steigerung des Aktien- und Unternehmenswerts sowie die Leistungen im Übernahmekampf angemessen entlohnt werden. Die Wirtschaftsprüfungsgesellschaft KPMG hatte bereits im Vorfeld die Zuerkennung solcher Prämien als rechtlich zweifelhaft angesehen, dennoch hielt der an den Beschlüssen beteiligte A dieses Verhalten für erlaubt. Strafbarkeit von A und E? (**Mannesmann-Fall** nach BGHSt 50, 331 ff.[42])

392d

Lösung:

A. Strafbarkeit des A

I. A könnte sich durch seine Mitwirkung an dem Präsidiumsbeschluss betreffend die Bewilligung der Anerkennungsprämien aus dem Vermögen der MAG wegen **Missbrauchsuntreue nach § 266 I Alt. 1 StGB** strafbar gemacht haben.

Was den objektiven Tatbestand anbelangt, so hat A eine rechtsgeschäftlich eingeräumte Befugnis zur Verpflichtung der MAG aus § 87 I AktG, wonach Mitglieder eines Ausschusses des Aufsichtsrats eine Aktiengesellschaft zur Zahlung von Vergütungen an die Mitglieder des Vorstands verpflichten können. Diese Befugnis müsste A missbraucht haben. Da ein Missbrauch ein wirksames Handeln im Außenverhältnis voraussetzt, kann diese Tatbestandsalternative nicht erfüllt sein, wenn der Präsidiumsbeschluss gegen § 138 I BGB verstieß und damit wegen Sittenwidrigkeit unwirksam war. Denn ein unwirksamer Präsidiumsbeschluss kann die Gesellschaft im Außenverhältnis nicht wirksam verpflichten. Der BGH hat diese Frage im konkreten Fall offen gelassen, da die verletzte Pflicht zur Betreuung fremden Vermögens für beide Alternativen identisch sei und der Missbrauchstatbestand lediglich ein Spezialfall des umfassenderen Treubruchstatbestandes darstelle.

II. In Betracht kommt daher die Erfüllung des **Treubruchstatbestandes nach § 266 I Alt. 2 StGB**.

1. Tatbestandsmäßigkeit

a) Objektiver Tatbestand

aa) A hatte als Mitglied des Präsidiums gegenüber der MAG die aktienrechtliche Pflicht, bei allen Vergütungsentscheidungen im Unternehmensinteresse zu handeln, den Vorteil der Gesellschaft zu wahren und Nachteile von ihr abzuwenden (§§ 84 I, 87 I S. 1, 107 III S. 1 u. 2, 112 AktG i. V. m. der Satzung).

Diese Vermögensbetreuungspflicht hatte A als ordentliches und gewissenhaftes Präsidiumsmitglied nach §§ 93 I S. 1, 116 S. 1 AktG zwingend zu beachten, insbesondere auch bei der inhaltlichen Ausgestaltung der Dienstverträge mit den Vorstandsmitgliedern.

bb) Fraglich ist jedoch, ob A diese Vermögensbetreuungspflicht auch verletzt hat. Grundsätzlich beinhaltet nicht jede Vergütungsentscheidung des Präsidiums, die im Ergebnis zu einer Schädigung der AG führt, eine Pflichtverletzung. Vielmehr besteht regelmäßig ein weiter Beurteilungs- und Ermessensspielraum, solange die Grenzen eines am Unternehmenswohl orientierten unternehmerischen Handelns nicht überschritten sind. Zu

---

42 Vgl. dazu *Alwart*, JZ 2006, 568 ff.; Müko-*Dierlamm*, § 266, Rn. 269 ff.; *Hohn*, wistra 2006, 161 ff.; *Jahn*, JuS 2006, 379 ff.; *Kudlich*, JA 2006, 171 ff.; *Ransiek*, NJW 2006, 218 ff.; *Rönnau*, NStZ 2006, 218 ff.; *Säcker*, BB 2005, 897 ff.; *Vogel/Hocke*, JZ 2006, 568 ff.

beachten ist auch, dass eine an den Geschäftserfolg gebundene einmalige oder jährlich wiederkehrende Prämie als variabler Bestandteil der Vergütung auch nach Ablauf des Geschäftsjahres nachträglich zuerkannt werden kann, sofern diese Zahlung im Dienstvertrag vereinbart ist. Hierbei zieht nur § 87 I S. 1 AktG eine Grenze, sodass die Gesamtbezüge des Bedachten in einem angemessenen Verhältnis zu seinen Aufgaben und zur Lage des Unternehmens stehen müssen.

Im vorliegenden Fall ist der BGH jedoch davon ausgegangen, dass es an einem die Prämie kompensierenden unternehmerischen Vorteil für die MAG fehlt. Die Leistungen der Bedachten waren bereits durch ihre regulären Dienstbezüge abgegolten, was insbesondere auch für die entwickelten Tätigkeiten im Zusammenhang mit dem Übernahmekampf gilt. Eine Anreiz- oder Signalwirkung konnte von den Prämien daher nicht mehr ausgehen, sie waren auch nicht geeignet, die Bedachten als Leistungsträger zukünftig an das Unternehmen zu binden. Ferner mangelt es auch an einem Nutzen für die Aktionäre, da die Steigerung des Börsenwertes unabhängig von den Prämien bereits eingetreten und auch das Umtauschverhältnis für die Aktien festgelegt war.

Es handelt sich demnach bei den Prämien um kompensationslose Anerkennungsprämien, welche nicht im Dienstvertrag als Sonderzahlung vereinbart waren, ausschließlich belohnenden Charakter hatten und der MAG keinen zukunftsbezogenen Nutzen bringen konnten. Somit liegt in der Bewilligung eine treuepflichtwidrige Verschwendung des Vermögens der MAG vor, die bereits dem Grunde nach unzulässig ist, weshalb es auch auf die Frage der Angemessenheit nach § 87 I S. 1 AktG im Vergleich zu den Gesamtbezügen der Begünstigten nicht mehr ankommt.

cc) Auch ein Vermögensnachteil der MAG ist zu bejahen, da im Gegenzug zu den bewilligten und ausbezahlten Prämien kein Vorteil zugeflossen ist.

dd) Fraglich ist jedoch, ob das Einverständnis der V mit den Prämien die Untreue im Ergebnis entfallen lässt.

Hierzu wäre jedoch eine Zustimmung sämtlicher Anteilseigner der MAG oder der diese repräsentierenden Hauptversammlung erforderlich gewesen. V hielt zum Zeitpunkt ihrer Zustimmung jedoch lediglich 9,8 % des Grundkapitals und war im Moment der Prämienauszahlung mit 98,66 % lediglich Mehrheitsaktionärin. Alleininhaberin wurde V erst wesentlich später. Somit kann in der Zustimmung der V zu den Prämien nur eine nachträgliche Genehmigung gesehen werden, welche nicht den Anforderungen eines Einverständnisses genügt. Dies ergibt sich daraus, dass ein Einverständnis nur dann wirksam ist, wenn es zeitlich vor der Tat erteilt wird.

ee) Auch scheitert der Untreuevorwurf nicht unter dem Gesichtspunkt der gravierenden Pflichtverletzung. Der BGH will dieses Kriterium nur auf die dem Untreuetatbestand vorgelagerten Pflichten mit Entscheidungsspielraum beziehen. Keinerlei Bedeutung könne die „gravierende" Pflichtverletzung dagegen bei Entscheidungen ohne Handlungsspielraum bzw. bei ausschließlich nachteiligen Entscheidungen haben, wie dies bei der Bewilligung kompensationsloser Anerkennungsprämien der Fall sei.[43]

Der objektive Tatbestand des § 266 I Alt. 2 StGB ist damit erfüllt.

b) Subjektiver Tatbestand

Problematisch ist jedoch, ob A seine Vermögensbetreuungspflicht vorsätzlich verletzt hat. Dies ist deshalb fraglich, weil er sich aufgrund seiner unternehmerischen Handlungsfreiheit für berechtigt hielt, die Prämien zu bewilligen. Insofern könnte A in einem den Vorsatz und damit die Strafbarkeit ausschließenden Tatbestandsirrtum nach § 16 StGB gehandelt haben.

Bei normativen Tatbestandsmerkmalen, wie sie etwa die „Vermögensfürsorgepflicht" des § 266 StGB darstellt, ist fraglich, welche Anforderungen an den Vorsatz zu stellen sind. Übereinstimmung herrscht hier nur darin, dass dem Täter auch die soziale Sinnbedeutung

---

[43] BGHSt 50, 344, 346.

jedenfalls in laienhafter Parallelwertung bekannt sein muss. Letztlich muss sich der Vorsatz des Täters daher nach § 16 I S. 1 StGB auf alle Umstände erstrecken, die zum gesetzlichen Tatbestand gehören.

aa) Nach einer Ansicht ist hieraus zu folgern, dass zum Vorsatz bei der Untreue auch das Bewusstsein des Täters gehört, die ihm obliegende Vermögensfürsorgepflicht zu verletzen. Die unrichtige Annahme des A, nicht pflichtwidrig zu handeln, führt nach dieser Auffassung zu einem nach § 16 I S. 1 StGB vorsatzausschließenden Tatbestandsirrtum.[44]

bb) Nach a. A. genügt es für die Bejahung vorsätzlichen Handelns bei § 266 StGB, wenn der Täter alle, die objektive Pflichtwidrigkeit seines Handelns begründenden tatsächlichen Umstände kennt, da sich die Bewertung des eigenen Verhaltens als pflichtwidrig nicht von der Einsicht, Unrecht zu tun, i. S. d. § 17 S. 1 StGB trennen lässt. Ein diesbezüglicher Irrtum begründet daher allenfalls einen Verbotsirrtum nach § 17 StGB, der lediglich in der Schuldstufe zu berücksichtigen wäre.

cc) Der BGH tendiert zu der letztgenannten Auffassung: Wer nämlich als Verwalter fremden Vermögens in Kenntnis seiner Vermögensfürsorgepflicht eine Maßnahme trifft, die dem Inhaber des betreuten Vermögens keinen Vorteil bringen kann und deswegen einen sicheren Vermögensverlust bedeutet, kennt nicht nur die Tatsachen, die rechtlich als Verletzung der Vermögensfürsorgepflicht zu bewerten sind; er weiß vielmehr zugleich auch, dass er diese Pflicht verletzt, da das Verbot, jegliches, das Vermögen sicher und ausnahmslos Schädigende zu unterlassen, zentraler Bestandteil seiner Vermögensfürsorgepflicht ist.
Folgt man dieser Auffassung, so hat A vorsätzlich gehandelt.

2. Rechtfertigungsgründe sind nicht ersichtlich.

3. Der dem A nach dem soeben Gesagten möglicherweise zuzuerkennende Verbotsirrtum schließt die Schuld wegen Vermeidbarkeit nicht aus. Vorliegend hatte die Wirtschaftsprüfungsgesellschaft KPMG bereits im Vorfeld die Zuerkennung der Prämien als rechtlich zweifelhaft angesehen. Danach hätte jedenfalls eine weitere Erkundigungspflicht des A bestanden. Der Irrtum war daher vermeidbar.

B. Strafbarkeit des E

I. Indem E an der Umsetzung des Beschlusses über die ihm und den anderen Vorstandsmitgliedern gewährten Prämien mitwirkte, könnte er sich ebenfalls wegen **Treubruchsuntreue nach § 266 I Alt. 2 StGB** strafbar gemacht haben.
Grundsätzlich oblag E als Mitglied des Vorstands der MAG die Pflicht, die Vermögensinteressen der Gesellschaft umfassend zu wahren.[45]
Jedoch fehlt es bei ihm an einer Vermögensbetreuungspflicht, da im konkreten Fall die eigenen Bezüge betroffen waren. Das AktG klammert derartige Entscheidungen, die im weitesten Sinne die Vorstandsmitglieder betreffen, sowohl aus der Vertretungsmacht als auch aus der Geschäftsführungsbefugnis des Vorstandes aus und weist diese der ausschließlichen Zuständigkeit des Präsidiums zu (§§ 87 I, II, 112 AktG). Die Entscheidung über die Anerkennungsprämie lag daher nach dem Aktienrecht nicht im Entscheidungsbereich des E, sodass ihm insoweit keine Pflicht zur Betreuung des Vermögens der Gesellschaft oblag. Mangels Vermögensbetreuungspflicht ist daher bereits der objektive Tatbestand nicht erfüllt.

II. In Betracht kommt jedoch eine **Beihilfe** zur von A verübten **Treubruchsuntreue nach §§ 266 I Alt. 2, 27, 28 I StGB**. Durch Entgegennahme der Prämien hat E zur Tathandlung des A Hilfe geleistet.

Ergebnis: Er ist daher im Ergebnis nach §§ 266 I Alt. 2, 27, 28 I StGB strafbar.

---

44 Vgl. dazu *Jakobs*, NStZ 2005, 276 f.
45 BGHSt 47, 192.

Hinweis: *Das LG Düsseldorf, an das der BGH zurückverwiesen hat, hat das Verfahren gegen alle Angeklagten Ende 2006 nach § 153a StPO eingestellt. Dies bedeutet aber nicht, dass das Verhalten der Angeklagten tatsächlich straflos war. Angesichts der Schwierigkeit der Vorsatzfeststellung sowie der Länge des Verfahrens hat es das Gericht jedoch nicht für nötig befunden, das Verfahren weiter zu führen und hat den Beteiligten stattdessen hohe Geldzahlungen auferlegt.*

Den Versuch einer Präzisierung der Nachteilsbestimmung in § 266 StGB unternimmt eine Entscheidung des BVerfG. Der Entscheidung zugrunde lag folgender

Fall 57: A war leitender Angestellter der Siemens AG. Er fungierte unmittelbar unter dem Vorstand als kaufmännischer Leiter des Geschäftsbereichs „Power Generation". In dieser Eigenschaft war er berechtigt, Zahlungen in unbegrenzter Höhe anzuweisen und hatte die Compliance-Vorschriften innerhalb des Unternehmens umzusetzen. Ohne Wissen der Aufsichtsgremien verwaltete A Schwarze Kassen über eine Liechtensteiner Stiftung, um Aufträge durch Bestechungszahlungen aus diesen Kassen akquirieren zu können. Die Kontrolle war ihm von Vorgängern, die die Mittel dort offenbar angelegt hatten, übertragen worden. Aus einer Investition in Italien erzielte Siemens am Ende einen Gewinn in Höhe von 100 Mio. €. Strafbarkeit des A nach § 266 StGB? (**Siemens-Fall** nach BGHSt 52, 323 und BVerfG NStZ 2010, 626[46]).

392e

Lösung:

392f

I. Durch Verwaltung der Schwarzen Kassen könnte sich A gegenüber der Siemens AG wegen Untreue in Form des **Missbrauchstatbestands nach § 266 I Alt. 1 StGB** strafbar gemacht haben.
Auch wenn A aufgrund seiner Stellung die Befugnis hatte, über das Vermögen der Siemens AG zu verfügen und diese zu verpflichten, liegt jedenfalls kein Missbrauch dieser Befugnis vor, da diese eine Überschreitung des rechtlichen Dürfens unter Ausnutzung des rechtlichen Könnens voraussetzt. Dies aber erfordert eine Wirksamkeit der Vermögensverfügung im Außenverhältnis. Da das Verwalten der schwarzen Konten der unlauteren Marktbeeinflussung durch Bestechung diente, verstieß diese Maßnahme gegen das Verbot des § 134 BGB oder war jedenfalls nach § 138 BGB sittenwidrig, sodass diesbezüglich von einer Unwirksamkeit im Außenverhältnis auszugehen ist. Eine Strafbarkeit nach § 266 I Alt. 1 StGB scheidet daher aus.

II. Denkbar wäre jedoch eine Strafbarkeit durch Verwirklichung des **Treubruchstatbestandes nach § 266 I Alt. 2 StGB**.
1. Eine Vermögensbetreuungspflicht des A war aufgrund seiner hervorgehobenen, selbstständigen Stellung, innerhalb derer es dem A möglich war, Zahlungen in unbegrenzter Höhe anzuweisen, ohne Weiteres anzunehmen.
2. A müsste diese Vermögensbetreuungspflicht auch verletzt haben. Vorliegend liegt der Schwerpunkt der strafrechtlichen Vorwerfbarkeit in der fehlenden Offenbarung der Geldmittel gegenüber seiner Arbeitgeberin, der Siemens AG. Diese Pflichtverletzung war auch nicht durch tatsächliches oder mutmaßliches Einverständnis des Vorstands der Siemens AG gedeckt.

---

46 Vgl. *Radtke*, GmbHR 2010, 1121; *Becker*, HRRS 2010, 383; *Schlösser/Mosiek*, HRRS 2010, 424; *Saliger*, NJW 2010, 3195; *Leplow*, wistra 2010, 475; *Rotsch*, JA 2013, 278 ff.; vgl. auch BGH NStZ 2014, 646 m. Anm. *Hoven*.

3. Fraglich ist jedoch, ob der Siemens AG durch das Verhalten des A auch ein Nachteil i.S.d. § 266 StGB entstanden ist. Insoweit ließe sich argumentieren, dass die Gelder bereits von den Vorgängern in die Schwarzen Kassen verschoben wurden und die fehlende Offenbarung des A daher keinen Schaden mehr bewirkt habe. Das BVerfG sieht dies jedoch anders und erkennt zwei Möglichkeiten der Schadensermittlung an: Zum einen lasse sich die nachteilsbegründende Differenz durch Vergleich des nach dem pflichtwidrigen Verhalten bestehenden Ist-Zustands mit dem Status quo ante ermitteln. Zum anderen lasse sich die nachteilsbegründende Differenz aber auch durch Vergleich des Ist-Zustands mit dem im Falle pflichtgemäßen Handelns bestehenden Soll-Zustand feststellen. Beide Formen der Nachteilsbestimmung seien mit dem Bestimmtheitsgrundsatz nach Art. 103 II GG vereinbar. Danach spreche hier für einen Nachteil die Endgültigkeit und Dauerhaftigkeit, mit der A sich für die Aufrechterhaltung der Schwarzen Kassen und gegen deren Offenlegung und Rückführung entschieden hatte. Der Soll-Zustand wich daher von dem Ist-Zustand erheblich ab.[47] Indem A Geldvermögen der Siemens AG in den verdeckten Kassen führte und der Treugeberin auf Dauer vorenthielt, entzog er daher diese Vermögensteile seiner Arbeitgeberin endgültig. Die Absicht, die Geldmittel zur Akquise von Aufträgen einzusetzen, ist hierfür ohne Belang, zumal es sich hierbei nur um vage Chancen handelte. Auch ist es gleichgültig, dass die Siemens AG Schadensersatzansprüche hätte geltend machen können (bloße reparatio damni). Schließlich spielt es keine Rolle, dass die Mittel in der verdeckten Kasse zunächst noch vorhanden waren, da dies nicht mit den Fällen vergleichbar ist, in denen ein Treupflichtiger eigene Mittel jederzeit bereithält, um einen pflichtwidrig verursachten Schaden auszugleichen.

4. A handelte auch vorsätzlich, da es ihm gerade um die Verschleierung des Vermögens ging.

5. Rechtfertigungs- und Schuldausschließungsgründe sind nicht ersichtlich.

6. In der Strafzumessung ist zu berücksichtigen, dass A auch das Regelbeispiel des § 266 II i.V.m. § 263 III S. 2 Nr. 2 StGB verwirklicht hat. Ein Vermögensverlust großen Ausmaßes ist nach h. M. ab einer Schadenssumme von 50 000 € zu bejahen.[48] In Betracht kommt jedoch eine Strafmilderung nach § 13 II StGB. Die Verwirklichung des Tatbestandes des § 266 StGB ergibt sich zwar auch bei einem Unterlassen nicht aus der Verletzung einer Garantenpflicht, sondern aus der Verletzung einer Treuepflicht unmittelbar nach § 266 StGB. Dennoch wendet die h. M. § 13 II StGB analog an, sofern sich das Verhalten in einem Unterlassen erschöpft.[49]

---

47 Vgl. dazu BVerfG a.a.O.
48 Vgl. zum Begriff des „großen Ausmaßes" und zu Grenzbeträgen *Stam*, NStZ 2013, 144 ff.
49 Vgl. dazu *Fischer*, § 266, Rn. 188.

§ 13 Anschlussdelikte: Begünstigung, Hehlerei und Geldwäsche

A. Begünstigung

I. Geschütztes Rechtsgut und Verhältnis zu anderen Delikten

§ 257 StGB bestraft die Verhinderung der Wiederherstellung des gesetzmäßigen Zustands (sog. Restitutionsvereitelung).[1] Abgrenzungsschwierigkeiten können sich sowohl gegenüber § 258 StGB als auch gegenüber § 259 StGB ergeben. § 257 StGB hat hier nur dann eine eigenständige Bedeutung, wenn der Täter über die Strafvereitelung nach § 258 StGB bzw. über die Verwertungshandlung nach § 259 StGB hinausgehend eine Vorteilssicherungsabsicht hat (vgl. Rn. 407 f., 421 f.). Zu den genannten Delikten kann dann Tateinheit bestehen.

393

II. Tatbestand

1. Rechtswidrige Vortat eines anderen

Hierbei muss die Vortat – im Gegensatz zur Hehlerei (s. sogleich) – nicht gegen das Vermögen gerichtet gewesen sein (in Betracht kommen z. B. auch §§ 331 ff. StGB).[2] Ein Versuch genügt, sofern der Vortäter aus ihm bereits Vorteile erlangt hat.

394

Da es sich um die Vortat eines anderen handeln muss, ist die Selbstbegünstigung nicht nach § 257 I StGB strafbar.

Hinweis: *Da sich die Straflosigkeit der Selbstbegünstigung bereits aus dem Wortlaut des § 257 I StGB ergibt, betrifft § 257 III 1 StGB nur Mittäter und Teilnehmer an der Vortat, die durch diese Vorschrift gesondert von Strafe befreit werden.[3] Allerdings dürfen diese nicht an der Vortat Unbeteiligte zur Begünstigung anstiften, vgl. § 257 III 2 StGB!*

2. Tathandlung: Hilfeleisten

a) Hilfeleistung ist jede Handlung, die objektiv geeignet ist, dem Vortäter seine Tatvorteile zu erhalten.

395

b) Schwierig ist die Abgrenzung zur Beihilfe. Die h. M. unterscheidet hier wie folgt:[4]
– Erfolgt die Hilfeleistung, solange die Vortat noch nicht vollendet ist, so ist Beihilfe anzunehmen.
– Erfolgt die Hilfeleistung nach Beendigung der Tat, so ist Begünstigung möglich.

---

1 Vgl. BGHSt 24, 167 m. Anm. *Maurach*, JR 1972, 70; *Sch/Sch/Hecker*, § 257, Rn. 1 m. w. N.; lesenswerter Überblick zu examensrelevanten Problemkreisen *Jahn/Reichart*, JuS 2009, 309 ff.; *Bosch*, Jura 2012, 270 ff.
2 Siehe nur *Stree*, JuS 1976, 137 f.
3 Lackner/*Kühl*, § 257, Rn. 8.
4 BGHSt 4, 133; *Baumann*, JuS 1963, 54.

– Erfolgt die Hilfeleistung zwischen Vollendung und Beendigung der Vortat, so soll die innere Willensrichtung den Ausschlag geben: Will der Hilfeleistende den erfolgreichen Abschluss der Vortat fördern, so ist Beihilfe anzunehmen. Handelt er dagegen, um dem Vortäter die Vorteile aus der Vortat zu sichern, so ist Begünstigung anzunehmen.[5]

3. Subjektiv: Vorsatz und Vorteilssicherungsabsicht

396 Vorteilssicherungsabsicht kann auch bei Absatzhilfe, von der § 259 StGB spricht, bestehen. Jedoch ist dann erforderlich, dass nicht nur die Verwertung gefördert werden, sondern diese Verwertung auch einem Entzug vorbeugen soll. Die subjektive Tendenz verleiht § 257 StGB also gerade im Verhältnis zur Absatzhilfe bei der Hehlerei eine eigenständige Bedeutung.

Vorteilssicherungsabsicht fehlt aber jedenfalls, wenn es dem Täter nur um Erhaltung einer aus der Vortat stammenden Sache oder zugunsten des Vortäters um die Abwehr von Schadensersatzansprüchen geht.

B. Hehlerei

I. Wesen der Hehlerei, geschütztes Rechtsgut und Verhältnis zu anderen Delikten

397 Das Wesen der Hehlerei besteht in der Aufrechterhaltung des durch die Vortat geschaffenen rechtswidrigen Vermögenszustandes im einverständlichen Zusammenwirken mit dem Vortäter.[6] Geschütztes Rechtsgut ist daher das Vermögen.[7]

1. Aufgrund des vermögensbezogenen Unwertgehalts ist eine mit der Hehlereihandlung häufig einhergehende Unterschlagung jedenfalls formell subsidiär.[8]

Beispiel: Wer sich eine gestohlene Sache im Einverständnis mit dem Vortäter und in Kenntnis der Herkunft verschafft, ist Hehler nach § 259 I StGB. Gleichzeitig verwirklicht er eine Unterschlagung der Sache nach § 246 StGB. Jedoch tritt dieser aufgrund formeller Subsidiarität nach § 246 I a. E. StGB hinter § 259 StGB zurück.

Anderes kann nur dann gelten, wenn der Hehler Teile der Beute ohne Einverständnis des Vortäters übernimmt; dann kann je nach Sachlage Tateinheit oder Tatmehrheit zwischen § 259 und § 246 StGB vorliegen.[9]

2. Hat der Vortäter zur Hehlerei angestiftet, so ist diese Anstiftung im Verhältnis zur Vortat als mitbestrafte Nachtat anzusehen.[10]

---

5 Dagegen mit beachtlichen Gründen etwa *Geppert*, Jura 1994, 443; *Otto*, BT, § 57, Rn. 4, die eine Begünstigung immer erst nach Beendigung der Vortat zulassen wollen.
6 So ausdrücklich BGHSt (GrS) 7, 137; lesenswerter Überblick zu § 259 StGB bei *Jahn/Palm*, JuS 2009, 501 ff.
7 *Sch/Sch/Hecker*, § 259, Rn. 1; Lackner/*Kühl*, § 259, Rn. 1.
8 *Fischer*, § 259, Rn. 34; RG 64, 327; BGHSt 7, 137.
9 RGSt 70, 8; *Sch/Sch/Hecker*, § 259, Rn. 56.
10 BGHSt 7, 135; BayObLG NJW 1958, 1597.

3. Verwirklicht die Hehlereihandlung gleichzeitig ein anderes Vermögensdelikt (etwa wenn der Hehler eine Ware betrügerisch absetzt, vgl. unten Rn. 411 f.), so ist Tateinheit anzunehmen. Denn die Hehlerei schützt als Anschlussdelikt das Vermögen des aus der Vortat betroffenen Opfers, während der ggf. durch die Hehlerei gleichzeitig verwirklichte Betrug denjenigen schützt, an den die Ware weitergegeben wird. Schon wegen der dann zu verzeichnenden unterschiedlichen Opfer ist daher eine Verdrängungswirkung ausgeschlossen.

II. Übersicht über die Problemschwerpunkte

Sie sollten sich zunächst durch Lektüre des Gesetzestextes die einzelnen – in Klausuren immer wiederkehrenden – Problembereiche der Vorschrift bewusst machen und diese ggf. – sofern dies die Justizausbildungsprüfungsordnung im jeweiligen Bundesland zulässt – durch Unterstreichungen kennzeichnen: **398**

- „**Wer ... ein anderer**" → Problem, ob Anstifter/Gehilfe der Vortat tauglicher Täter einer Hehlerei sein können.
- „**eine Sache**" → Problem, ob sich die Tat auch auf Ersatzsachen beziehen kann oder damit nur die konkret aus der Vortat erlangte Sache gemeint ist (Stichwort: Ersatzhehlerei).
- „**durch ... gegen fremdes Vermögen gerichtete rechtswidrige (Vor-)Tat**" → Problem, welche Qualität die Vortat haben muss.
  → Problem der Sachqualität.
- „**erlangt hat**" → Problem, ob die Vortat abgeschlossen sein muss.
- „**sich oder einem Dritten verschafft, absetzt oder absetzen hilft**" → Problem der Abgrenzung der einzelnen Hehlereihandlungen untereinander.
- „**um sich oder einen Dritten zu bereichern**" → Problem, ob der Vortäter bereicherter Dritter sein kann.

Einzelheiten zu den Problemschwerpunkten:[11]

1. Wer ... ein anderer

→ Problem, ob an der Vortat Beteiligte Täter der Hehlerei sein können. **399**

a) *Achtung – häufiger Klausurfehler:* Der Täter (unmittelbarer, mittelbarer oder Mittäter) der Vortat kann niemals Hehler sein. *Schlagwort: Der Stehler ist niemals Hehler!*

Vergleiche den Wortlaut: „...eine Sache, die ein **anderer** ...".[12] Auch für den Mittäter ist die Tat zunächst eine eigene, sodass Hehlerei ausscheidet. Jedoch soll dies nach Auffassung der Rspr. nur bis zur Verteilung der Beute der Fall sein, sodass nach Verteilung ein Mittäter wieder Hehler werden kann.[13]

---

11 Vgl. allgemein zur Hehlerei auch *Kudlich*, JA 2002, 381 ff.
12 LK-*Walter*, § 259, Rn. 90; zweifelnd: *Geppert*, Jura 1994, 100, 103.
13 BGHSt 3, 194; a. A. eine starke Literaturauffassung unter Hinweis darauf, dass auch der Mittäter in vollem Umfang für die Vortat hafte und er daher durch die Entgegennahme des Beuteanteils des Mittäters keine neue Rechtsgutsverletzung begehe; vgl. *Maurach/Schroeder/Maiwald*, BT/I, § 39, Rn. 45; *Oellers*, GA 1967, 15; Lackner/*Kühl*, § 259, Rn. 18.

b) Fraglich ist, ob Teilnehmer der Vortat als Hehler strafbar sein können. In der Literatur und Rspr. ist diese Frage umstritten.

aa) Zum Teil wird eine mögliche Strafbarkeit wegen Hehlerei für den Teilnehmer der Vortat ausgeschlossen, da § 259 StGB seinem Sinn und Zweck nach nur Perpetuierungshandlungen im Hinblick auf gänzlich „fremde" Vortaten erfassen wolle.[14]

bb) Dagegen bejaht die h. M. die Möglichkeit einer Hehlereistrafbarkeit von Anstiftern und Gehilfen.[15]

cc) Stellungnahme: Die besseren Gründe und insbesondere der Normtext streiten für die herrschende Ansicht. Denn §§ 26, 27 StGB sprechen von der „Tat eines anderen", sodass auch der Gesetzgeber offensichtlich davon ausgeht, dass die Vortat für Teilnehmer immer eine fremde Tat bildet.[16] Die mittelbare Beteiligung an der Rechtsgutsverletzung bei der Vortat genügt also nicht zur Annahme einer „eigenen Tat".

2. Eine Sache

400 → Problem der Ersatzhehlerei.

Soweit die konkrete Sache nicht unmittelbar durch eine strafbare Vortat erlangt wurde, weil der Täter den durch die strafbare Handlung erworbenen Gegenstand in einen anderen „umgetauscht" hat, stellt sich die Frage, ob eine Hehlerei an der Ersatzsache möglich ist.

Beispiel: A stiehlt einen 500 €-Schein, lässt ihn sich in fünf 100 €-Scheine wechseln und schenkt dem eingeweihten B davon einen 100 €-Schein. Hier liegt nach h. M. keine Hehlerei vor, da das Wechselgeld nicht aus der strafbaren Handlung stammt. Es wird also in diesem Fall keine rechtswidrige Besitzlage perpetuiert.[17] Eine Mindermeinung bestreitet dies zwar, da Geld nicht als Sache, sondern als Wertsummenträger anzusehen sei, sodass es nicht auf die konkreten Geldscheine ankäme; entscheidend sei vielmehr, dass das Erlangte aus der Wertsumme stamme.[18] Diese Auffassung, die ihre Wurzeln im Zivilrecht hat,[19] ist jedoch, jedenfalls für das Strafrecht, abzulehnen. Die Ersetzung des Begriffes Sache durch Wertsumme läuft nämlich im Ergebnis auf eine verbotene Analogie hinaus, die im Strafrecht zu Lasten des Täters ausgeschlossen ist (Art. 103 II GG). Es darf daher mit der h. M. auch für Geld keine Ausnahme gemacht werden, da der Perpetuierungsgedanke bzgl. der konkreten Geldscheine entscheidend ist.

Achtung Klausur: *Das soeben Gesagte gilt nur, wenn das Tauschgeschäft keine strafbare Handlung darstellt. Ist das Tauschgeschäft selbst dagegen strafbar, so kommt als Anschlusstat selbstverständlich auch wieder Hehlerei in Betracht.*

Beispiel 1: Wie soeben stiehlt A einen 500 €-Schein. Allerdings handelt es sich diesmal – wie A weiß – um einen gefälschten 500 €-Schein. Diesen wechselt er auf der Bank in fünf einzelne 100 €-Scheine und schenkt dem B einen 100 €-Schein.

---

14 *Seelmann*, JuS 1988, 39, 42; *Oellers*, GA 1967, 14.
15 BGHSt 33, 50, 52; BGH MDR 1986, 864; *Wessels/Hillenkamp/Schuhr*, BT/2, Rn. 884; differenz. *Sch/Sch/Hecker*, § 259, Rn. 51 f.
16 BT-Drucks. 7/550, S. 252.
17 BGHSt 9, 139; OLG Braunschweig NJW 1952, 557; *Lackner/Kühl*, § 259, Rn. 8; *Stree*, JuS 1961, 51 ff.; krit. *Hegler*, JW 23, 931.
18 *Gribbohm*, NJW 1968, 240; *Blei*, BT, § 72, III; *Rudolphi*, JA 1981, 1, 4; *Roxin*, FS-Mayer, 1965, S. 472.
19 Bejahend für das Zivilrecht *Ermann/Hefermehl*, § 985, Rn. 6; ablehn. *Palandt/Herrler*, § 985, Rn. 8 m. w. N.; lesenswert auch *Medicus*, JuS 1983, 897.

Da der Tausch in der Bank hier einen Betrug darstellt (die Bank erhält für die Hingabe der einzelnen 100 €-Scheine kein Äquivalent), wird durch die Weiterreichung der aus dieser Betrugstat stammenden Scheine eine rechtswidrige Besitzlage perpetuiert.

Beispiel 2: A verkauft eine gestohlene Halskette an den gutgläubigen B für 1000 €. Die 1000 € verschenkt er sodann an seine Freundin F.
Hier stellt der Verkauf der gestohlenen Halskette einen Betrug dar, da B wegen §§ 932, 935 BGB kein Eigentum an der Kette erlangen konnte. Da das Geld mithin aus einer Vermögensstraftat stammt, kommt Hehlerei durch F in Betracht, sofern diese von der strafbaren Herkunft weiß.

→ Problem der Sachqualität

Zu achten ist im Übrigen darauf, dass das aus der Vortat Erlangte tatsächlich Sachqualität aufweist. Datenmaterial, das Finanzbehörden etwa durch Geheimnisverrat eines Bankmitarbeiters in Liechtenstein erlangen, erfüllt diese Sachqualität nicht. Schon deshalb scheidet eine Hehlerei durch die Finanzbehörden aus. Der Datenträger selbst wird vom Geheimnisverräter stammen, sodass dieser ohnehin nicht aus einer Vortat herrührt. Der im Zusammenhang mit der Verwertbarkeit des Datenmaterials verwendete Begriff der „Beweismittelhehlerei" ist daher eher im untechnischen Sinne zu verstehen. (Stichwort: Darf sich der Staat bei der Beweisverwertung mit Gaunern gemein machen?)[20]

3. Gegen fremdes Vermögen gerichtete rechtswidrige Tat

a) Die Vortat muss fremde Vermögensinteressen verletzt haben, wobei jedoch nicht erforderlich ist, dass es sich dabei um ein Vermögens- oder Eigentumsdelikt im engeren Sinne handelt.[21] Daher kommen neben Diebstahl, Unterschlagung, Betrug, Untreue, Raub und Erpressung auch Gewahrsams- und Verstrickungsbruch gem. §§ 133, 136 StGB oder Pfandkehr gem. § 289 StGB in Betracht.

Achtung: *Auch Hehlerei kann Vortat einer sich daran anschließenden Hehlerei sein; man spricht dann von sog. Kettenhehlerei.*[22]

§§ 331 ff. StGB sollen dagegen kein taugliches Vordelikt einer Hehlerei sein, da diese Vorschriften ausschließlich die Funktionsfähigkeit des Berufsbeamtentums schützen.[23]

b) Da die Vortat nur rechtswidrig und nicht schuldhaft verwirklicht sein muss, kann Gegenstand einer Hehlerei auch eine solche Sache sein, die ein Minderjähriger durch Diebstahl erlangt hat.[24]

Nach wohl h. M. kann dagegen auf die Vorsätzlichkeit der Vortat nicht verzichtet werden, wobei dies insbesondere damit begründet wird, dass anderenfalls ein einverständliches Zusammenwirken zwischen Vortäter und Hehler nicht denkbar sei.[25] Fehlt es an der Vorsätzlichkeit der Vortat, so kommt als Nachtat allenfalls Unterschlagung in Betracht.

---

20 Vgl. zur Beweisverwertungsproblematik HKGS/*Jäger*, vor § 133 StPO, Rn. 36 m. w. N.
21 *Sch/Sch/Hecker*, § 259, Rn. 6; zweifelnd *Arzt*, NStZ 1981, 10, 12.
22 BGHSt 27, 45, 46; 33, 44, 48; BGH NJW 1979, 2621.
23 *Sch/Sch/Hecker*, § 259, Rn. 8; LK-*Walter*, § 259, Rn. 20.
24 Vgl. dazu BGHSt 1, 47; OLG Neustadt NJW 1962, 2312; *Berz*, Jura 1980, 58.
25 Vgl. dazu *Bockelmann*, NJW 1950, 850, 852 f.; *Stree*, JuS 1976, 143.

Gleichgültig ist hingegen, ob die Verfolgungsvoraussetzungen für die Vortat (noch) vorhanden sind.[26] Verfolgungsverjährung oder fehlender Strafantrag hinsichtlich der Vortat schließen daher eine Hehlerei als Nachtat nicht aus.

4. Erlangt hat

402 → Problem, ob Vortat abgeschlossen sein muss.

Strittig ist, ob Hehlerei erst dann in Frage kommt, wenn die Vortat bereits vollkommen abgeschlossen ist.

a) Die h. M. schließt aus dem Wortlaut des § 259 StGB („erlangt hat"), dass eine Hehlerei erst nach Abschluss der Vortat in Frage kommen kann.[27]

b) Die Gegenauffassung lässt demgegenüber ein Zusammenfallen von Vortat und Hehlerei genügen.[28]

c) Stellungnahme: Der Normtext und die Tatsache, dass es sich bei der Hehlerei um ein Anschlussdelikt handelt, dürften für die h. M. sprechen, wonach die Vortat bereits vollendet sein muss. Ist die Vortat eine Unterschlagung, so ist dabei zu beachten, dass mit § 246 StGB der Sache nach ein Versuch bereits als vollendetes Delikt bestraft wird;[29] denn dort wird der Tatbestand bereits mit der Manifestation des Zueignungswillens nach außen voll verwirklicht. Dies dürfte zur Folge haben, dass sich die Hehlerei direkt an die Manifestation anschließen kann. So kann sich alleine im Hinreichen einer Sache ein Zueignungswille hinreichend i. S. einer Unterschlagung manifestieren, sodass sich die Entgegennahme durch den eingeweihten Dritten dann als Hehlerei im Anschluss an eine vollendete Unterschlagung darstellen kann.[30]

5. Sich-Verschaffen, Absetzen und Absetzenhelfen

403 → Problem der Abgrenzung der einzelnen Hehlereihandlungen.

a) Sich oder einem Dritten verschaffen bzw. ankaufen

aa) **Verschaffen ist das Erlangen tatsächlicher, selbstständiger Verfügungsmacht im Einvernehmen mit dem jetzigen Sachherrn, meist dem Vortäter (sog. derivativer Erwerb).**[31] Diebstahl gestohlener Sachen ist daher keine Hehlerei („Der Stehler ist niemals Hehler" gilt also auch in diesem Sinne). Ob Hehlerei auch durch Betrug, Nötigung oder Erpressung gegenüber dem Vortäter verwirklicht werden kann, ist dagegen nach wie vor heftig umstritten.

---

26 *Fischer*, § 259, Rn. 6.
27 BGHSt 13, 463; BGHSt 96, 81; SK-*Hoyer*, § 259, Rn. 13; LK-*Walter*, § 259, Rn. 31; *Maurach/Schroeder/Maiwald*, BT/I, § 39, Rn. 2.
28 *Küper*, Stree/Wessels-FS, 1993, S. 467; *Eser*, Strafrecht IV, S. 200 f.; *Rudolphi*, JA 1981, 1, 7; *Blei*, BT, § 72 III.
29 *Otto*, Jura 1993, 652, 663; *Sch/Sch/Hecker*, § 259, Rn. 14 m. w. N.
30 Vgl. hierzu der Sache nach entspr. OLG Stuttgart JR 1960, 108; NK-*Altenhain*, § 259, Rn. 16; *Küper*, Stree/Wessels-FS, 1993, S. 467 ff.; *Otto*, BT, § 58, Rn. 8.
31 *Küper/Zopfs*, BT, S. 302; BGHSt 7, 134, 137; *Fischer*, § 259, Rn. 11.

Fall 58: Börsenmakler B hatte von verschiedenen Anlegern Geld erlangt, indem er ihnen vorspiegelte, er hätte Insiderinformationen über die Verschmelzung zweier Großfirmen, weshalb sich eine Aktieninvestition lohne. Ca. 100 Anleger hatten ihm daher im Vertrauen auf diese Information mehrere Millionen Euro in bar zum Zwecke der Anlage überlassen. B hatte freilich überhaupt keine geheimen Informationen und wollte mit dem Geld abtauchen. Der A, dem B noch 500 000 € aus einem anderen Geschäft schuldete, konnte den B noch vor seinem Abtauchen ausfindig machen. Als A auf Rückzahlung drängte, weigerte sich B jedoch. A, der von dem Anlegerschwindel des B wusste, drohte ihm daraufhin mit sofortiger Strafanzeige, falls B nicht unverzüglich seine Schuld bei A begleiche. Angesichts der Drohung zahlte B die geschuldeten 500 000 € aus den erschlichenen Bar-Millionen an A zurück. A wusste, dass es sich bei dem Geld um Scheine aus dem Anlageschwindel handelte. Strafbarkeit der Beteiligten? **(Strafanzeige-Fall)**

404

Lösung:

405

A. Strafbarkeit des B

B könnte sich wegen **Betruges nach § 263 StGB** zum Nachteil der Anleger strafbar gemacht haben.

1. Die wider besseren Wissens aufgestellte Behauptung, es stehe eine Firmenverschmelzung an, stellt eine Täuschung über Tatsachen und nicht nur eine persönliche Prognose dar.
2. Auf Seiten der Anleger entstand ein entsprechender Irrtum.
3. Die Vermögensverfügung der Anleger besteht in der Hingabe des zur Anlage bestimmten Geldes.
4. Die Verfügung hat vorliegend schon deshalb einen Vermögensschaden bewirkt, weil es dem A niemals um eine (äquivalente) Anlage der Gelder, sondern darum ging, sich selbst an den Barmitteln zu bereichern.
5. B handelte auch vorsätzlich und in der Absicht, sich rechtswidrig zu bereichern.

Ergebnis: B ist strafbar wegen Betruges nach § 263 StGB.

B. Strafbarkeit des A

I. In Betracht kommt **Erpressung zum Nachteil des B gem. § 253 StGB**.
Zwar stellt die Drohung mit Strafanzeige ein für B empfindliches Übel dar. Jedoch fehlt es für ihn am notwendigen Schaden, da er durch die Rückzahlung der 500 000 € von einer Verbindlichkeit frei wurde. Abgesehen davon scheitert § 253 StGB auch am subjektiven Tatbestand, da jedenfalls bei A wegen seines Anspruchs auf Rückzahlung des Geldes keine Absicht vorlag, sich zu Unrecht i. S. d. § 253 StGB zu bereichern.

II. Gegeben ist aber eine Strafbarkeit wegen **Nötigung nach § 240 StGB**.
Zur Drohung mit einem empfindlichen Übel gilt das oben zu § 253 StGB Gesagte. Die Drohung ist auch als verwerflich i. S. d. Zweck-Mittel-Relation nach § 240 II StGB anzusehen, weil die Tatsache, dass B zu dem abgenötigten Verhalten verpflichtet war, ein Missverhältnis von Mittel und Zweck nicht ausschließt, da der Gläubiger seinen Anspruch nur mit den vom Recht zur Verfügung gestellten Mitteln und nicht durch eigenmächtigen Zwang durchsetzen darf.[32]

III. Fraglich ist, ob A auch wegen **Hehlerei nach § 259 StGB** zu bestrafen ist.
Voraussetzung hierfür wäre, dass A sich das Geld i. S. d. § 259 StGB verschafft hat.

---

32 BGH StV 1988, 385; 1990, 205; *Arzt*, Welzel-FS, 1974, S. 835.

> **1.** Das von B zurückgezahlte Geld war tauglicher Hehlereigegenstand, da es sich bei den Geldscheinen um Sachen handelte, die durch eine gegen fremdes Vermögen gerichtete rechtswidrige Vortat (Betrug) erlangt worden waren.
>
> **2.** Zu prüfen ist jedoch, ob auch die Tathandlung des Sichverschaffens nach § 259 StGB zu bejahen ist. Dies setzt grundsätzlich voraus, dass der Täter die eigene Verfügungsmacht an der Sache im Einvernehmen mit dem Vortäter erlangt.
> Zu prüfen ist insoweit, ob man von einem Einverständnis im Falle einer Nötigung sprechen kann.
>
> **a)** Stellt man alleine auf ein tatsächliches Bestehen eines Einverständnisses ab, so wäre der Nötigungsdruck unerheblich und ein Sichverschaffen zu bejahen.[33]
>
> **b)** Berücksichtigt man dagegen, dass das Erfordernis einverständlichen Zusammenwirkens zwischen Vortäter und Hehler seinen Grund darin hat, dass gerade aus diesem Zusammenwirken den allgemeinen Sicherheitsinteressen, die § 259 StGB schützt, Gefahren erwachsen, so liegt eine einschränkende Auslegung nahe.[34] Denn die Aussicht, die Beute durch Drohung oder Täuschung zu verlieren, reizt den Täter schwerlich zur Vortat.[35]
> A hat sich daher nach richtiger Auffassung nicht wegen Hehlerei strafbar gemacht.
>
> **Ergebnis:** A ist nur wegen Nötigung strafbar.

bb) **Ankaufen:** Diese Handlungsalternative bildet einen durch Kauf verwirklichten gesetzlichen Unterfall des Sichverschaffens.[36]

b) *Absetzen oder Absetzenhelfen*

406 **Absetzen ist die eigentliche Übertragung der Verfügungsmacht im Einverständnis und im Interesse des Vortäters auf einen Dritten durch den selbstständig handelnden Täter**[37] **(niemals aber durch den Vortäter selbst, s. o.).**

Absatzhilfe ist jede unselbstständige Unterstützung des Vortäters beim Absatz[38] (z. B. Führen von Vertragsverhandlungen, Käufersuche etc.).

Mangels beihilfefähiger rechtswidriger Haupttat (der Vortäter ist ja wegen des Absatzes nicht als Hehler strafbar!) musste der Gesetzgeber hier die Absatzhilfe in den Tatbestand aufnehmen. Daraus ergibt sich aber, dass jede anderweitige Absatzförderung, ebenso wie die Verschaffungshilfe, als Beihilfe zur Hehlerei zu bestrafen ist (§§ 259, 27 StGB) und nicht unter Absatzhilfe fällt.[39]

Absatzhilfe ist also restriktiv nur auf Unterstützungshandlungen für den Vortäter zugeschnitten.

Merke also: Absatzhilfe findet auf Vortäterseite statt, während Beihilfe zur Hehlerei auf Hehlerseite stattfindet!

---

33 *Berz*, Jura 1980, 57, 61; *Waider*, GA 1963, 324.
34 So die h. M.: *Otto*, Jura 1988, 606; BGHSt 42, 196; *Mitsch*, BT/II, S. 801 f.; *Rengier*, BT/1, § 22, Rn. 20 f.; NK-*Altenhain*, § 259, Rn. 25.
35 *Wessels/Hillenkamp/Schuhr*, BT/2, Rn. 854; vgl. auch BGHSt 42, 196.
36 Vgl. dazu *Otto*, BT, § 58, Rn. 14; *Fischer*, § 259, Rn. 10; *Sch/Sch/Hecker*, § 259, Rn. 26.
37 BGHSt 27, 49; BGHSt 10, 1; zweifelnd, ob eine Weitergabe gegen Entgelt erforderlich ist, *Berz*, Jura 1980, 57, 64.
38 BGH NJW 1979, 2621; Lackner/*Kühl*, § 259, Rn. 15.
39 BGH StV 1984, 285; BGHSt 33, 48; LK-*Walter*, § 259, Rn. 60.

Achtung Klausur: *Die wohl umstrittenste Problematik bzgl. der Merkmale des Absetzens und der Absatzhilfe ist die Frage, ob eine vollendete Hehlerei einen Absatzerfolg voraussetzt oder ob für die Vollendung des § 259 StGB bereits jede auf Absatz zielende Tätigkeit ausreicht.*

Veranschaulicht wird die Frage durch folgenden, alle Handlungsvarianten des § 259 StGB betreffenden

Fall 59: B stiehlt bei C wertvolle Gemälde. Damit diese nicht bei ihm gefunden werden, übergibt er die Gemälde dem eingeweihten A und bittet ihn gegen eine Belohnung zum Verkauf des Diebesgutes, um einem Verlust und einer Entdeckung entgegenzuwirken. A lässt sich dazu überreden und versucht in der Folgezeit ohne Erfolg, die Gemälde zu verkaufen. Strafbarkeit des A? (**Gemäldeabsatz-Fall** verkürzt und leicht abgewandelt nach BGH NStZ 2013, 584 ff.[40])

Lösung:

I. In Betracht kommt Strafbarkeit des A wegen **Hehlerei nach § 259 StGB** durch Entgegennahme der Gemälde.

1. Die Gemälde sind taugliche Gegenstände einer Hehlerei, da B diese durch einen Diebstahl, d. h. eine gegen fremdes Vermögen gerichtete rechtswidrige Tat, erlangt hat.

2. Tathandlung

a) Als Handlungsalternative kommt vorliegend das Merkmal des sich Verschaffens in Betracht. Verschaffen setzt jedoch das Erlangen tatsächlicher, selbstständiger Verfügungsmacht im Einvernehmen mit dem Vortäter voraus, sodass die Sache zu eigenen wirtschaftlichen Zwecken erlangt sein muss.[41] Im gegebenen Fall war die Übergabe von B auf A jedoch zum Zwecke des Weiterverkaufs der Gemälde erfolgt. Die Handlungsalternative des sich Verschaffens scheidet daher aus.

b) Zu prüfen ist jedoch, ob die Verkaufsversuche des A das Merkmal des Absetzens i. S. v. § 259 StGB verwirklichen. Absetzen bedeutet dabei Übertragung der Verfügungsmacht mit Einverständnis und im Interesse des Vortäters auf einen Dritten durch einen selbstständig handelnden Täter (Stichwort: „Verkaufskommissionär"). Vorliegend war A selbstständig und im Interesse des B um eine Veräußerung der Gemälde bemüht. Insofern kommt die Handlungsalternative des Absetzens durchaus in Betracht, wobei allerdings fraglich ist, ob ein vollendetes Absetzen bereits dann angenommen werden kann, wenn der eigentliche Absatzerfolg nicht eingetreten ist.

aa) Die frühere Rspr. setzte für eine vollendete Hehlerei in Form des Absatzes oder der Absatzhilfe keinen Absatzerfolg voraus, weil der Gesetzgeber an der früheren Rechtslage, nach der jede auf den Absatz zielende Tätigkeit ausreichte, nichts ändern wollte und der Wortlaut eine solche Auslegung auch zuließ.[42]

bb) Eine differenzierende Auffassung verlangte für das Absetzen einen Erfolg, während sie einen solchen für die Absatzhilfe nicht forderte.[43]

---

40 M. Anm. *Jäger*, JA 2013, 951 ff. und Anm. *Jahn*, JuS 2013, 1044. Näher zu den Folgen der Entscheidung auch *Küper*, GA 2015, 129.
41 Vgl. dazu Lackner/*Kühl*, § 259, Rn. 10.
42 BGHSt 27, 45, 48; 29, 242; 33, 47; BGH NStZ 1990, 539.
43 Vgl. *Geerda*, GA 1988, 256.

cc) Die herrschende Lehre nahm dagegen stets nur Versuch an, solange der Absatzerfolg selbst nicht eingetreten war.[44]

dd) In einer Entscheidung[45] des 3. Strafsenats des BGH strebte dieser im Rahmen eines Anfragebeschlusses die Änderung der höchstrichterlichen Rechtsprechung dahingehend an, dass eine Verurteilung wegen vollendeter Hehlerei durch Absetzen einen tatsächlichen Absatzerfolg voraussetzt. Der Anfragebeschluss des 3. Senats ist in seiner klaren Hinwendung zur herrschenden Literaturauffassung erfreulich und in der Sache uneingeschränkt berechtigt. Darüber hinaus liefert er ein bemerkenswertes Exerzierstück für die Grundsätze der grammatischen, systematischen, teleologischen und historischen Auslegung:
Der BGH führt an, dass Absatzbemühungen schon **grammatisch** nicht mit einem Absatzerfolg gleichgesetzt werden können, weil ein Kaufmann schon dem Wortsinn nach nichts absetze, wenn er sich nur bemühe, etwas zu veräußern. **Systematisch** weist der BGH einleuchtend auf das Merkmal des Verschaffens hin, bei dem ebenfalls nach einhelliger Auffassung ein Übergang der Verfügungsgewalt gefordert wird. **Teleologisch** betont der 3. Senat zutreffend die Tatsache, dass von einer Perpetuierung einer rechtswidrigen Vermögenslage, wie sie dem § 259 StGB von der h.M. als Strafzweck zugrunde gelegt wird,[46] nur dann gesprochen werden kann, wenn das Hehlgut tatsächlich vom Vortäter auf den Erwerber verschoben worden ist. Und schließlich weist der BGH darauf hin, dass die beabsichtigte Auslegung auch **historisch** nicht dem Willen des Gesetzgebers widerspreche, weil nichts dafür ersichtlich sei, dass der Gesetzgeber die zuvor herrschende Auslegung festschreiben wollte. Die mit dem Beschluss verbundene Neuorientierung ist nicht zuletzt deshalb zu begrüßen, weil der BGH schon bisher nur schwer verständliche Ausnahmen von seiner Vollendungslösung bei bloßem „Bemühen um Absatz" gemacht hat. So sollte etwa die Vermittlung von Diebesgut an einen verdeckten Ermittler nur eine Versuchsstrafbarkeit auslösen, weil es an einer Eignung zur Vollendung fehle,[47] obwohl man hier ein Bemühen um Absatz ebenfalls nicht bestreiten und kaum plausibel machen konnte, weshalb vergebliche Versuche, einen Käufer zu finden, dann nicht ebenfalls für eine fehlende Vollendungseignung sprechen sollen.
Insgesamt streiten daher alle Gründe für die vom 3. Senat nunmehr vollzogene Rechtsprechungsänderung, aufgrund derer für das Absetzen ein Erfolg verlangt wird.

Hinweis: *Zur Absatzhilfe hat der 3. Senat nur kurz bemerkt, dass seine Ausführungen auch für die Absatzhilfe gelten müssen und daher auch dort ein Erfolg zu fordern sei. Weshalb dies der Fall sein soll, wird aber aus dem Vorlagebeschluss nicht deutlich, zumal der Wortsinn der Absatzhilfe einen solchen Erfolg zumindest nicht zwingend voraussetzen dürfte. Der erste Senat ist der Rechtsauffassung des dritten Senats daher vorerst auch nur hinsichtlich des hier entscheidungserheblichen Merkmals des „Absetzens" beigetreten.[48] Dennoch wird man dem 3. Senat auch in dieser Frage Recht geben müssen, weil die gesetzgeberische Gleichstellung von Absetzen und Absatzhilfe eine unterschiedliche Auslegung kaum zulässt.*

3. Ergebnis: A hat sich nicht wegen vollendeter Hehlerei nach § 259 StGB strafbar gemacht, da es an einem Absetzen der Gemälde fehlt.

II. In Betracht kommt jedoch **versuchte Hehlerei nach §§ 259, 22, 23 I StGB**.

1. Strafbarkeit des Versuchs und Nichteintritt des Erfolges sind nach dem soeben Gesagten zu bejahen.

2. A hatte einen hinreichenden Tatentschluss für ein Absetzen i. S. d. § 259 StGB.

---

44 *Rudolphi*, JA 1981, 93; *Maurach/Schroeder/Maiwald*, BT/I, § 39, Rn. 34; *Schell*, JuS 1977, 181; *Stree*, GA 1961, 43; *Kindhäuser*, LPK, § 259, Rn. 27.
45 Vgl. BGH NStZ 2013, 584 m. Anm. *Bosch*, JK 1/14, § 259/28.
46 Vgl. *Sch/Sch/Hecker*, § 259, Rn. 1; *Fischer*, § 259, Rn. 2 m. w. N.; a. A. NK-*Altenhain*, § 259, Rn. 3 m. w. N.
47 BGHSt 43, 110 mit Anm. *Krack*, NStZ 1998, 462; *Endriß*, NStZ 1998, 463; *Seelmann*, JR 1998, 342; *Rosenau*, NStZ 1999, 352; BGH NStZ 1999, 351.
48 Auch die übrigen Senate haben sich dem 3. Senat grundsätzlich angeschlossen.

> 3. Ob er dabei zur Tatbestandsverwirklichung auch unmittelbar durch seine Bemühungen zur Veräußerung der Gemälde angesetzt hat, ist allerdings Tatfrage. Bloße Erkundigungen nach Absatzmöglichkeiten auf dem Markt und die Suche nach potenziellen Käufern sind noch nicht als ausreichend zu erachten.[49] Nötig wäre wohl der Eintritt in konkrete Verkaufsverhandlungen.[50]
>
> **4. Ergebnis:** A hat sich wegen versuchter Hehlerei nach §§ 259, 22, 23 I StGB strafbar gemacht, wenn konkrete Verhandlungen über den Verkauf stattgefunden haben.
>
> **III.** Fraglich ist, ob A darüber hinaus auch eine **Begünstigung gem. § 257 StGB** verwirklicht hat.
>
> **1.** Als rechtswidrige Vortat kommt vorliegend der Diebstahl des B in Betracht.
>
> **2.** Denkbar wäre ein Hilfeleisten durch Übernahme der Gemälde zum Zwecke der Veräußerung. Da die Übernahme u. a. deshalb erfolgte, um einer Entdeckung und einem Verlust der Gemälde entgegenzuwirken, hat A objektiv eine Hilfeleistung gewährt, die zur Besserstellung des Vortäters tatsächlich geeignet war.
> Auch die subjektive Tatseite ist zu bejahen, da A in die Vorgänge und damit auch in die Vortat eingeweiht war und nach der Absprache die Übergabe auch zur Vorteilssicherung erfolgte. Dass daneben auch der Zweck der Veräußerung stand, ändert an der Absicht der Vorteilssicherung i. S. eines zielgerichteten Wollens nichts.
>
> **3. Ergebnis:** A hat sich daher auch wegen Begünstigung strafbar gemacht. Beide Delikte stehen zueinander in Tateinheit, da § 257 StGB nach h. M. zumindest auch die „Rechtspflege in ihrer Funktion, den gesetzmäßigen Zustand wieder herzustellen" schützt, während § 259 StGB ausschließlich als Vermögensdelikt fungiert.[51]

6. Subjektiver Tatbestand: Vorsatz und Bereicherungsabsicht für sich oder einen Dritten

→ Problem, ob der Vortäter bereicherter Dritter sein kann.

a) Vorsatz

Hier muss der Täter wissen, dass der Gegenstand der Hehlerei durch eine rechtswidrige Vortat erlangt worden ist. Genauere Kenntnisse von der Vortat bzw. vom Vortäter muss der Hehler allerdings nicht besitzen. Es genügt daher, wenn der Hehler von einem Vermögensdelikt ausgeht, ohne Einzelheiten der Vortat oder des Vortäters kennen zu müssen.[52]

409

b) Bereicherungsabsicht

Darüber hinaus setzt Hehlerei aber zusätzlich eine Bereicherungsabsicht voraus, die etwa in einer Gewinnerzielung oder aber auch lediglich in einer Belohnung für Absatz oder Absatzhilfe bestehen kann. Der Vorteil muss also nicht unmittelbar aus dem gehehlten Gegenstand fließen.[53]

410

---

49 BGH NStZ 2019, 80.
50 Vgl. hierzu auch *Bosch*, JK 01/2014, § 259/28.
51 BGHSt 2, 363; RGSt 47, 220.
52 Näher dazu *Sch/Sch/Hecker*, § 259, Rn. 38 f. m. w. N.
53 So die h. M., vgl. *Gay*, NJW 1979, 2219; SK-*Hoyer*, § 259, Rn. 43; *Otto*, JZ 1985, 77; *Roth*, JA 1988, 259; BGH MDR bei *Holtz*, 1977, 283; a. A. *Arzt*, NStZ 1981, 14; *Seelmann*, JuS 1988, 42.

Hauptstreitpunkt innerhalb der Bereicherungsabsicht ist die Frage, ob der Vortäter bereicherter Dritter i. S. v. § 259 StGB sein kann. Dies zeigt folgendes

411 Beispiel: B hat Schmuck gestohlen und übergibt diesen dem A, damit er den Schmuck für B verkaufe. A tut dem B aus Freundschaft diesen Gefallen und findet tatsächlich für B einen Käufer. Strafbarkeit des A? **(Schmuckabsatz-Fall)**

412 Lösung: A macht sich wegen Betrugs nach § 263 StGB durch die Veräußerung des gestohlenen Guts strafbar, denn A täuscht bei dem Verkauf zumindest konkludent über seine Berechtigung. Die Veräußerung wirkt auch vermögensschädigend, da mangels gutgläubigen Eigentumserwerbs der Käufer für den Kaufpreis kein Äquivalent erhält. Ebenso hat sich A wegen Hehlerei nach § 259 StGB strafbar gemacht. In dem Verkauf ist ein Absetzen im Sinne einer selbstständigen fremdgerichteten Übertragung zu sehen. Fraglich ist jedoch, ob bei A auch Bereicherungsabsicht im Sinne des § 259 StGB vorlag, da A nicht für eigene Zwecke, sondern allein zum Vorteil des B handelte. Ob der Vortäter bereicherter Dritter nach § 259 StGB sein kann, ist umstritten. Teilweise wird dies abgelehnt, da aufgrund des Wortlautes der Vortäter als anderer nicht mit dem Dritten identisch sein könne.[54] Die besseren Gründe dürften aber dafür sprechen, dass Vortäter und Dritter auch personengleich sein können.[55] Der Vortäter ist weder Täter noch Teilnehmer der Hehlerei und kann daher durchaus als Dritter im Sinne des Gesetzes verstanden werden. Sieht man § 259 StGB als Perpetuierungsdelikt, so besteht der Strafgrund in einer Vertiefung der rechtswidrigen Besitzlage an der konkreten Sache, die bei einem Weiterschieben der Beute stets gegeben ist, mag auch die Bereicherung dem Vortäter zugutekommen.[56] Daher macht sich A auch wegen Hehlerei nach § 259 StGB strafbar. Beide Taten stehen zueinander in Tateinheit.[57]

Achtung Klausur: *Fälle dieser Art, in denen der etwaige Täter dem befreundeten Vortäter nur einen Gefallen tun möchte, indem er die aus der Vortat erlangte Sache beispielsweise weiterverkauft, bilden einen typischen Klausuraufhänger, um innerhalb der Drittbereicherungsabsicht die umstrittene Frage nach einer möglichen Identität von Vortäter und Drittem i. S. d. § 259 I StGB aufzuwerfen. Wenn der Täter hingegen nicht nur aus Freundschaft handelt, sondern z.B. eine Belohnung will, dann kommt man überhaupt nicht zu diesem Problem, weil dann Selbstbereicherungsabsicht vorliegt (die Bereicherung muss ja – anders als bei § 263 StGB – nicht stoffgleich sein).*

C. Gewerbsmäßige (Banden-)Hehlerei nach §§ 260, 260a StGB

413 = Qualifizierte Fälle der Hehlerei. Zum Begriff der Gewerbsmäßigkeit vgl. bei § 243 I Nr. 3 StGB, zu dem der Bande bei § 244 I Nr. 2 StGB (vgl. Rn. 254, 274).

---

54 BGH NStZ 1995, 595; *Berghäuser*, JA 2017, 248 f.; *Fischer*, § 259, Rn. 24; *Lackner/Kühl*, § 259, Rn. 17; *Lackner/Werle*, JR 1980, 215 ff.
55 So früher BGH NJW 1979, 2621; *Sch/Sch/Hecker*, § 259, Rn. 44; *Arzt/Weber*, BT, § 28, Rn. 27; *Mitsch*, JuS 1999, 375 f.
56 Vgl. auch *Sch/Sch/Hecker*, § 259, Rn. 44.
57 Vgl. RGSt 59, 131.

D. Geldwäsche nach § 261 StGB[58]

Lesen Sie sich bitte zunächst die ersten beiden Absätze durch! Diese gesetzgeberisch völlig missglückte Vorschrift birgt keine besonderen Probleme, lässt sich also mit dem Gesetzestext meistern.

414

Merken Sie sich aber bitte Folgendes:

I. Geschütztes Rechtsgut und Verhältnis zu anderen Delikten

§ 261 I StGB schützt die inländische Rechtspflege, während § 261 II StGB das Interesse an der Wiederherstellung des gesetzmäßigen Zustands im Auge hat. Dabei tritt Abs. 2 hinter dem stärkeren Abs. 1 zurück. Wegen der unterschiedlichen Schutzgüter ist auch Tateinheit mit §§ 257, 259, 263 StGB möglich.

415

II. Der Tatbestand der Geldwäsche

1. Gegenstand der Geldwäsche

Gegenstand der Geldwäsche ist – weiter als bei der Hehlerei – jedes Rechtsobjekt, d. h. eine Sache oder ein Recht. Von Bedeutung sind namentlich Bargeld, Wertpapiere, Immobilien, Edelmetalle, Edelsteine und Kunstgegenstände, v. a. aber das sog. Buch- und Giralgeld.

416

Der Gegenstand muss dabei aus einer **schweren**, in Abs. 1 abschließend genannten rechtswidrigen **Tat eines anderen herrühren**.

2. Die einzelnen Tathandlungen

Abs. 1: Verbergen und die Herkunft verschleiern erfordern zielgerichtete Vorkehrungen, um den behördlichen Zugriff zu erschweren (z. B. Ablage von Akten in falschem Zusammenhang; täuschende Manipulationen in der Buchführung). Ermittlungen vereiteln heißt, weil auch das Gefährden tatbestandsmäßig ist, – anders als in § 258 StGB – Ermittlungen zum Scheitern bringen. Gefährden der Ermittlungen heißt Herbeiführen einer konkreten Gefahr des Scheiterns der Ermittlungen.

417

Abs. 2 Nr. 1: Sich oder einem Dritten verschaffen bedeutet Erlangung zur eigenständigen Verfügung durch den Erwerber (vgl. bei der Hehlerei)[59] und erfordert kein kollusives Zusammenwirken von Geldwäscher und Vortäter. Ausreichend ist, dass der Geldwäscher die Verfügungsgewalt über den Gegenstand im Einvernehmen mit dem Vortäter erlangt.[60]

Abs. 2 Nr. 2: Verwahren bedeutet, eine Sache in Gewahrsam nehmen oder halten, um sie für einen Dritten oder für eigene spätere Verwendung zu erhalten. Verwenden

---

58 Lesenswerter Überblick zu § 261 StGB bei *Jahn/Ebner*, JuS 2009, 597 ff.; grundlegend *Helmers*, ZStW 121 (2009), 509 ff.
59 So BGHSt 44, 64 ff.; a. A. noch BGHSt 35, 22.
60 BGH NStZ 2010, 517.

§ 13 *Anschlussdelikte: Begünstigung, Hehlerei und Geldwäsche*

heißt bestimmungsgemäßes Gebrauchen, wozu z. B. vielfältige Geldgeschäfte gehören. Im Falle der Nr. 2 muss der Täter die Herkunft des Gegenstandes *im Zeitpunkt seiner Erlangung* gekannt haben; bedingter Vorsatz genügt.

418 **Achtung:** Auch bei Abs. 2 muss Vortat eine **schwere Tat** i. S. v. Abs. 1 sein!

§ 261 VI StGB schränkt den Anwendungsbereich des Abs. 2 zum Schutz des allgemeinen Rechtsverkehrs ein. Er setzt der Möglichkeit der Entstehung unangemessen langer Ketten von Straftaten, die sich bei häufigen Umsätzen entwickeln können, eine Schranke. Wer also einen in Abs. 1 bezeichneten Gegenstand ohne strafbaren Verstoß gegen § 261 StGB erlangt, unterbricht die Kette und bewirkt, dass weitere auf den Gegenstand bezogene Handlungen nach Abs. 2 nicht mehr tatbestandsmäßig sind. Da der Gegenstand aber nach wie vor aus einer rechtswidrigen Tat herrührt, kann Abs. 1, sofern dessen Voraussetzungen gegeben sind, weiterhin erfüllt werden.

3. Subjektiver Tatbestand

419 Er setzt Vorsatz voraus, wobei dolus eventualis genügt (s. aber Rn. 420 ff.). Die Vorstellungen über die vorausgegangene rechtswidrige Tat müssen nicht konkretisiert sein, insoweit genügt für die Wissensseite schon die Annahme verschiedener Herkunftsmöglichkeiten, wenn nur eine von ihnen die Voraussetzungen des Abs. 1 erfüllt.

III. Sonderproblem: Geldwäsche durch Entgegennahme von Verteidigerhonorar

420 Besonders umstritten ist die Frage, ob ein Wahlverteidiger, der als Honorar bewusst Gelder annimmt, die aus einer Vortat stammen, den Tatbestand der Geldwäsche verwirklicht. Dieses Problem veranschaulicht folgender, auch zu sonstigen Fragen des § 261 StGB interessanter

421 **Fall 60:** B hatte bei einem Raub hundert 5 €-Scheine ergattert. Seine gute Bekannte A weihte er danach in die Tat ein und bat sie, das Geld für ihn zu verwahren, was die A auch sofort tat. Wenige Tage später starb B bei einem Hausbrand. In dem gegen A eingeleiteten Ermittlungsverfahren ließ sie sich von Rechtsanwalt R als Wahlverteidiger vertreten. Als Vorschuss verlangte dieser 500 €. A übergab R mit den Worten „Alles was mir von B aus seinem ‚Bruch' geblieben ist" einen 500 €-Schein. Diesen hatte sie bei ihrer Bank gegen die aus dem Raub stammenden 5 €-Scheine gewechselt. R, der sich darüber im Klaren war, dass das Geld aus dem Raub stammte, nahm den Vorschuss schweigend entgegen. Haben sich A und R strafbar gemacht? **(Verteidigerhonorar-Fall)**

422 **Lösung:**

Sachverhaltskomplex 1: A's Umgang mit der Beute

A. Die Verwahrung der hundert 5 €-Scheine

I. A könnte durch die Verwahrung den Tatbestand der **Hehlerei nach § 259 StGB** erfüllt haben.

1. Die 5 €-Scheine waren taugliches Tatobjekt einer Hehlerei, da sie aus dem Raub des B herrührten.

2. Fraglich ist aber, ob die Verwahrung die Tatbestandsalternative des Sichverschaffens erfüllte. Voraussetzung hierfür wäre, dass die A die Scheine zu eigener, selbstständiger Verfügungsmacht mit Einverständnis des Vortäters erhalten hat. Die bloße Verwahrung der Scheine erfüllt jedoch diese Voraussetzung als fremdbestimmte Handlung gerade nicht.
3. Denkbar wäre aber, dass die Verwahrung die Tatmodalität der Absatzhilfe erfüllt. Dies ist aber solange nicht der Fall, als die unselbstständige, dem Vortäter geleistete Hilfstätigkeit nicht bereits den Beginn des Absatzes kennzeichnet.
Ergebnis: A hat sich daher durch die Verwahrung der Scheine nicht wegen Hehlerei strafbar gemacht.

II. In Betracht kommt jedoch die Annahme einer **Begünstigung nach § 257 StGB**.
1. Der Vorteil des Besitzes der Scheine stammte aus dem Raub und leitete sich daher aus einer rechtswidrigen Vortat des B her.
2. Als Tathandlung des Hilfeleistens kommt jedes Verhalten in Betracht, das objektiv geeignet ist, eine Besserstellung des Vortäters zu bewirken. Ein tatsächlicher Begünstigungserfolg braucht dagegen nicht einzutreten. Die Verwahrung ist insofern grundsätzlich taugliche Tathandlung.
3. A besaß auch Kenntnis von der Vortat und ihr Vorsatz war auf Hilfeleistung gerichtet.
4. Fraglich ist allerdings, ob die A auch Vorteilssicherungsabsicht besaß, d. h. Absicht, dem Vortäter die Vorteile gegen Entziehung zugunsten des Berechtigten zu sichern. Ob diese Absicht vorliegend bei A gegeben war, lässt sich nicht mit der nötigen Sicherheit feststellen.
Ergebnis: Auch die Annahme einer Begünstigung scheidet aus diesem Grunde aus.

III. Denkbar wäre jedoch das Vorliegen einer **Geldwäsche nach § 261 StGB**.
1. Als geeignete Tatobjekte der Geldwäsche kommen solche Objekte in Betracht, die aus einer rechtswidrigen Vortat stammen. Da der Tatbestand zusätzliche subjektive Merkmale nicht verlangt, hat der Gesetzgeber den Katalog der rechtswidrigen Vortaten zwar einerseits beschränkt, aber andererseits nicht auf Taten der organisierten Kriminalität begrenzt. Als Gegenstand im Sinne von § 261 StGB sind dabei Sachen und Rechte (bewegliche und unbewegliche Sachen, Edelmetalle, Grundstücke und Rechte an solchen, Geld in Form von Bar- und Buchgeld, Wertpapiere und Forderungen) zu verstehen.
Die Scheine kommen daher als taugliches Objekt der Geldwäsche in Betracht.
2. § 261 II Nr. 2 StGB nennt die Verwahrung ausdrücklich als geeignete Tathandlung.
3. Subjektiv hatte die A auch den erforderlichen Vorsatz hinsichtlich Vortat (B hatte ihr von der Herkunft erzählt, bevor sie die Scheine entgegennahm, vgl. § 261 II Nr. 2 StGB) und Verwahrung.
4. Rechtfertigungs- und Schuldausschließungsgründe sind nicht ersichtlich.
5. Auch liegen keine Anhaltspunkte für den Strafausschließungsgrund des § 261 VI StGB und den Strafaufhebungsgrund der tätigen Reue nach § 261 IX StGB vor.
Ergebnis: A ist strafbar wegen Geldwäsche nach § 261 StGB.

B. Das Einwechseln der Scheine

I. In Betracht kommt ein **Betrug nach § 263 StGB** durch Eintauschen der Scheine. Dieser scheidet aber schon deshalb aus, weil die Bank nach §§ 932, 935 II BGB an den Scheinen gutgläubig Eigentum erwirbt.

II. A könnte sich aber durch das Einwechseln wegen **Hehlerei nach § 259 StGB** strafbar gemacht haben.

1. Die Scheine stammten aus dem Raub und waren daher geeignete Tatobjekte der Hehlerei.

2. Tathandlung

a) In Betracht kommt zunächst eine Drittverschaffung nach § 259 I Alt. 1 StGB. Dies setzt jedoch ein einverständliches Zusammenwirken mit dem Vortäter voraus, was hier verneint werden muss.

b) In gleicher Weise scheidet ein Absetzen der Scheine durch Einwechseln aus, weil auch dieses im Einverständnis mit dem Vortäter stattfindet und außerdem nach h. M. entgeltlich erfolgen muss.[61]

Ergebnis: Eine Hehlerei durch Einwechseln der Scheine ist daher nicht erfüllt.

III. In Betracht kommt aber **Geldwäsche nach § 261 I Nr. 1 StGB**.
A hat durch das Einwechseln der Scheine das Auffinden und die Sicherstellung erschwert. (Ob auch eine Drittverschaffung nach § 261 II Nr. 1 StGB angenommen werden kann, hängt dagegen davon ab, ob man auch bei § 261 StGB einverständliches Handeln mit dem Vortäter verlangt. Der Gesetzgeber hat dies für § 261 StGB verneint. Jedoch wird in der Literatur eine Entsprechung zu § 259 StGB gefordert.)

Ergebnis: A ist strafbar wegen Geldwäsche nach § 261 I Nr. 1 StGB.

IV. Gesamtergebnis und Konkurrenzen: A hat zwei zueinander in Realkonkurrenz stehende Delikte der Geldwäsche verwirklicht, § 53 StGB.

Sachverhaltskomplex 2: Die Geschehnisse bei Rechtsanwalt R

A. Strafbarkeit der A

A hat sich durch die Hingabe des eingewechselten Scheins wiederum nur wegen **Geldwäsche** nach § 261 I Nr. 1 StGB und nicht nach § 259 StGB strafbar gemacht, da jedenfalls kein Handeln im Einverständnis mit dem Vortäter vorlag. Zu Begründung kann hier nach oben verwiesen werden. Ob Ersatzhehlerei möglich ist, kann an dieser Stelle noch offen bleiben.

B. Strafbarkeit des R

I. Indem sich R den Verteidigervorschuss zahlen ließ, könnte er sich der **Hehlerei nach § 259 StGB** schuldig gemacht haben.

Der dem R übergebene Schein wäre nur dann tauglich Hehlereiobjekt, wenn er durch eine gegen fremdes Vermögen gerichtete rechtswidrige Tat erlangt wurde. Der Geldschein selbst stammte aber nicht unmittelbar aus dem Raub und war – wie oben dargestellt – auch nicht aus einem Betrug erlangt.

Allerdings wird in der Literatur teilweise vertreten, dass zumindest bei Geld eine Ersatzhehlerei möglich sein soll (sog. Geld- oder Wertsummentheorie). Diese Auffassung ist jedoch mit dem Wortlaut des § 259 StGB nicht vereinbar, da sich dieser auf eine konkrete Sache bezieht.

Mit der h. M. ist daher zur Vermeidung eines Verstoßes gegen das Analogieverbot nach dem Einwechseln des Geldes davon auszugehen, dass eine Anwendung des § 259 StGB ausgeschlossen ist.

II. Für eine **Begünstigung nach § 257 StGB** fehlt es auch hier wieder am notwendigen Nachweis der Vorteilssicherungsabsicht, da nichts dafür ersichtlich ist, dass es R darauf ankam, die Entziehung der Vorteile zu Lasten der Raubopfer zu verhindern.

---

61 Letzteres ist allerdings strittig, vgl. BGH NJW 1976, 1950; *Fischer*, § 259, Rn. 15; Lackner/*Kühl*, § 259, Rn. 14; LK-*Walter*, § 259, Rn. 53; anders *Sch/Sch/Hecker*, § 259, Rn. 28; *Roth*, JA 1988, 204.

III. In Betracht kommt aber eine **Geldwäsche nach § 261 I Nr. 1, II Nr. 1 StGB.**

1. Der dem R übergebene Geldschein stammte aus dem Raub und war als aus einem Verbrechen herrührender Gegenstand taugliches Objekt der Geldwäsche.

2. Dadurch, dass R den Geldschein entgegennahm, hat er möglicherweise die Sicherstellung zugunsten der Raubopfer weiter gefährdet. Jedenfalls aber hat sich R das bemakelte Geld verschafft, da er die Verfügungsgewalt im Einverständnis mit der Vorbesitzerin A erlangt hat.

3. Fraglich ist jedoch, ob der Anwendungsbereich der rechtswidrigen Geldwäsche nach § 261 StGB bei der Entgegennahme von Verteidigerhonorar Einschränkungen unterliegt, da anderenfalls das Recht des Vortäters, sich durch einen Rechtsanwalt seiner Wahl vertreten zu lassen (§ 137 StPO) und das Grundrecht des Rechtsanwalts auf freie Berufsausübung verletzt werden könnten. Ein derartiges Verteidigerhandeln wäre dann als neutrale (weil berufstypische) Handlung von der Strafbarkeit auszunehmen.

In der Literatur wird aus dem soeben genannten Grund tatsächlich eine einschränkende Auslegung bzw. eine verfassungskonforme Reduktion des Tatbestandes gefordert oder jedenfalls ein Rechtfertigungsgrund für den Verteidiger befürwortet. Begründet wird dies unter anderem damit, dass anderenfalls der Vortäter seinen Verteidiger nicht umfassend informieren dürfte, ohne fürchten zu müssen, dass dieser sein Wahlmandat niederlegt.

Der BGH hat eine derartige Tatbestandsausschließungs- bzw. Rechtfertigungslösung bei positiver Kenntnis des Verteidigers von der Herkunft des bemakelten Geldes abgelehnt. Nach dem eindeutigen Wortlaut des § 261 II StGB seien weder Strafverteidiger als Täter noch Strafverteidigerhonorare als Objekte des Geldwäschetatbestandes ausgenommen. Der Isolierungszweck des Straftäters gestatte vielmehr eine diesbezügliche Ausnahmeregelung nicht.

Die Strafbarkeit des Verteidigers verstoße dabei auch nicht gegen höherrangiges Recht oder Art. 6 EMRK. Insbesondere sei das durch Art. 12 GG geschützte Recht des Anwalts, sich auf dem Gebiet der Strafverteidigung zu betätigen, nicht verletzt. Denn die Freiheit des Beschuldigten, sich eines Verteidigers seiner Wahl zu bedienen, setze voraus, dass der Mandant sein Honorar aufbringen kann. Verfügt er nicht über ausreichende Mittel, so hat er dagegen Anspruch auf einen Pflichtverteidiger. Ein Beschuldigter, der lediglich über bemakelte Vermögenswerte verfügt, sei daher einem mittellosen Beschuldigten gleichzustellen. Damit seien seine Rechte ausreichend gewahrt.

Laut BVerfG-Urteil vom 30.3.2004[62] und BVerfG-Beschluss vom 28.7.2015 kann jedoch die uneingeschränkte Anwendung des § 261 StGB auf den Strafverteidiger durchaus zu einem unverhältnismäßigen Eingriff in das Grundrecht auf freie Berufsausübung (Art. 12 I 1 GG) führen, da dem Strafverteidiger bei Honorarannahme eine strafrechtliche Verfolgung drohe, wodurch zwangsläufig sein Recht auf eine angemessene Honorierung gefährdet werde. Die Verfassungsmäßigkeit des § 261 StGB könne daher nur durch eine einschränkende Auslegung des subjektiven Tatbestandes dergestalt erfolgen, dass sich der Strafverteidiger bei Annahme eines bemakelten Honorars nur dann strafbar mache, wenn er in diesem Zeitpunkt *sichere* Kenntnis i. S. v. dolus directus 2. Grades von der Herkunft des Geldes aus einer Katalogtat habe. Ein früher für ausreichend erachtetes Handeln mit dolus eventualis[63] kann ihm also nicht mehr zum Vorwurf gemacht werden. Der Tatbestand des § 261 I StGB ist entsprechend restriktiv zu interpretieren, wobei das BVerfG die Ausgestaltung den Tatgerichten überlassen hat.

R hat sich jedenfalls vorliegend das Geld nach § 261 II Nr. 1 StGB vorsätzlich und rechtswidrig verschafft.

Ergebnis: R ist daher wegen Geldwäsche nach § 261 StGB strafbar.

---

62 BVerfGE 110, 226 ff.; BVerfG NJW 2015, 2949.
63 Vgl. z. B. SK-*Hoyer*, § 261, Rn. 28; *Fischer*, § 261, Rn. 40.

Kapitel 3

Weitere examensrelevante Deliktsgruppen

§ 14 Urkunds- und Geldfälschungsdelikte

A. Urkundsdelikte

I. Geschütztes Rechtsgut und Verhältnis der Urkundsdelikte untereinander sowie zu anderen Delikten

425 Die Urkundsdelikte schützen die Sicherheit und Zuverlässigkeit des Beweisverkehrs und **nicht** das Vermögen.

Der im Zusammenhang mit Urkundsdelikten häufig mitverwirklichte Tatbestand des Betruges kann daher nicht verdrängt werden, sondern es besteht Tateinheit bzw. Tatmehrheit. Wichtig ist dabei, dass es sich bei der Urkundenfälschung nach § 267 I Alt. 1 und 2 StGB und dem anschließenden Gebrauch der gefälschten bzw. verfälschten Urkunde nach § 267 I Alt. 3 StGB *nicht* um zwei selbstständige Taten handelt, sondern der Gebrauch nur die materielle Beendigung der Urkundenfälschung darstellt, sofern er schon bei der Fälschung gewollt war.[1] Der häufig durch Gebrauch, d. h. Vorlage der Urkunde stattfindende Betrug steht damit zur Urkundenfälschung in Tateinheit, weil er mit dem Gebrauch der Urkunde als Teil der Urkundenfälschung zusammenfällt und damit eine Handlung bildet. Anders ist es hingegen in den seltenen Fällen, in denen der Täter den späteren Gebrauch der Urkunde beim Herstellen bzw. Verfälschen noch nicht in bestimmter Weise ins Auge gefasst hat. Dann begeht er durch den späteren Gebrauch eine neue selbstständige Straftat, die zum vorausgegangen Fälschungsakt in Tatmehrheit steht.[2] Zur Illustration zwei Beispiele:

Beispiel 1: A fälscht eine Lohnbescheinigung, um durch deren Vorlage bei einem Vermieter den Zuschlag für eine Mietwohnung zu bekommen, obwohl er weiß, dass er zur Bezahlung des Mietzinses niemals in der Lage sein wird. Tatsächlich hat A Erfolg.

Lösung: Hier liegt zunächst eine Urkundenfälschung nach § 267 I Alt. 1 StGB vor. Die Vorlage der gefälschten Lohnbescheinigung hat als deren Gebrauch keine eigenständige Bedeutung, sondern bedeutet nur die materielle Beendigung der Urkundenfälschung. Damit fällt aber auch der durch Gebrauchmachen von der Lohnbescheinigung verwirklichte Betrug (V verfügt durch Vermietung an A über sein Vermögen – Besitz – und erhält hierfür kein hinreichendes Äquivalent, weil sein Mietzinsanspruch aufgrund der Zahlungsunfähigkeit des A wertlos ist) mit der Urkundenfälschung zusammen, sodass § 263 StGB zu § 267 StGB in Tateinheit steht.

Beispiel 2: Wie soeben, aber A fälscht die Lohnbescheinigung, um sich bei einer Bank einen Kredit zu erschleichen. Erst später kommt ihm die Idee, die Bescheinigung statt zur Erschleichung eines Kredits zur Anmietung einer Wohnung zu verwenden.

---

1 Vgl. nur *Wessels/Hettinger/Engländer*, BT/1, Rn. 937.
2 Vgl. zum Meinungsstand *Sch/Sch/Heine/Schuster*, § 267, Rn. 79 ff.

Lösung: Hier stehen das Gebrauchmachen nach § 267 I Alt. 3 StGB sowie der dadurch tateinheitlich verwirklichte Betrug nach § 263 StGB zur vorangehenden Fälschung nach § 267 I Alt. 1 StGB in Tatmehrheit.

Wichtig ist auch, dass das Verfälschen einer echten Urkunde nach § 267 I Alt. 2 StGB der Sache nach das Herstellen einer unechten Urkunde durch Unterdrücken einer echten Urkunde darstellt.³ Aber das Unterdrücken nach § 274 StGB und das Herstellen des Endprodukts haben im Falle der Verfälschung keine eigenständige Bedeutung, weil der Unrechtsgehalt schon durch den Spezialfall des § 267 I Alt. 2 StGB voll erfasst ist. Darauf kann man in den Konkurrenzen kurz hinweisen! **426**

II. Allgemeine Probleme der Urkundsdelikte

Für alle Urkundsdelikte **klausurwichtig** ist zunächst die Definition der Urkunde:⁴ **427**

Urkunde ist danach jede menschliche, verkörperte Gedankenerklärung (Perpetuierungsfunktion), die ihren Aussteller zumindest im Wege der Auslegung erkennen lässt (Garantiefunktion) und zum Beweis im Rechtsverkehr geeignet und bestimmt ist (Beweisfunktion).⁵ Im Einzelnen ergeben sich dabei folgende Probleme:

1. Verständliche verkörperte menschliche Gedankenerklärung

– Auch Zeichen können als Abkürzung eine Gedankenäußerung sein.⁶ Man spricht dann von sog. Beweiszeichen. Als Beweiszeichen, die eine Urkunde darstellen, werden daher etwa anerkannt: Waldhammerschlag, Eichstempel, Künstlerzeichen⁷ etc. **428**
– Die Gedankenerklärung muss ferner verkörpert sein, d.h. sie muss eine hinreichend feste Verbindung mit einem körperlichen Gegenstand aufweisen.⁸

2. Zum Beweis geeignet und bestimmt⁹

a) Beweiseignung

= objektiv, und zwar allein oder i. V. m. anderen Beweismitteln.¹⁰ **429**

b) Beweisbestimmung

= subjektiv¹¹, und zwar schon bei Herstellung (→ Absichtsurkunde) oder erst nachträglich (→ Zufallsurkunde).¹² Daran fehlt es bei offensichtlichen Entwürfen.¹³

---

3 BGH bei *Dallinger*, MDR 1975, 23.
4 Eingehend zur Definition des Urkundenbegriffs *Satzger*, Jura 2012, 106.
5 *Kargl*, JA 2003, 604, 606; *Küper/Zopfs*, BT, S. 341 f.; *Wessels/Hettinger/Engländer*, BT/1, Rn. 874; BGHSt 3, 82, 84; 4, 284, 285; 13, 235, 239; 16, 96; st. Rspr.
6 BGHSt 9, 235 ff.; BayObLG NJW 1980, 1057; a.A. jedoch *Otto*, JuS 1987, 762 f.; eingehend zum Urkundenbegriff *Satzger*, Jura 2012, 106 ff.
7 *Sch/Sch/Heine/Schuster*, § 267, Rn. 23; BGHSt 9, 235, 236; *Wessels/Hettinger/Engländer*, BT/1, Rn. 875.
8 Vgl. *F.-C. Schroeder*, JuS 1991, 301, 303; SK-*Hoyer*, § 267, Rn. 25 ff.; a.A. *Ranft*, Jura 1993, 84. Die Frage nach einer hinreichend festen Verbindung gewinnt v. a. bei zusammengesetzten Urkunden an Relevanz.
9 Krit. hierzu *Kienapfel*, ZStW 82 (1970), 345.
10 LK-*Zieschang*, § 267, Rn. 63; v. Heintschel-Heinegg/*Weidemann*, § 267, Rn. 10; *Otto* leugnet die selbstständige Bedeutung dieses Kriteriums (*Otto*, BT, § 70, Rn. 18 m. w. N.).
11 *Sch/Sch/Heine/Schuster*, § 267, Rn. 14 m. w. N.
12 Vgl. zur Begriffsverwendung „nachträglich/zufällig" LK-*Zieschang*, § 267, Rn. 70.
13 Vgl. dazu auch *Kudlich*, BT/2, PdW, S. 149 f.

Achtung: Die Urkunde muss über eine Tatsache Beweis erbringen, die außerhalb ihrer selbst liegt. Damit werden sog. Kennzeichen aus dem Urkundsbegriff ausgeschieden. Im Gegensatz zu den Beweiszeichen dienen sie nur der Unterscheidung bzw. der Herkunfts- und Eigentumsbezeichnung.[14] Beispiele für nichturkundliche Kennzeichen sind Firmennamen auf einem Verkaufsgegenstand,[15] Waldhammerschlag, der nur als Dokumentierung des Eigentums und nicht eines Eigentumsübergangs dienen soll,[16] Plomben, die nur als Verschlusssicherung dienen und nicht etwa auch als Sicherung der Menge eines Inhalts.[17]

Andererseits darf man bei der Beweiseignung und Beweisbestimmung auch nicht zu restriktiv argumentieren. So kann sich die Beweisbestimmung etwa aus dem Inhalt selbst ergeben, was z. B. dann der Fall ist, wenn der Täter einen beleidigenden Brief verfasst und diesen mit dem Absender eines Dritten versieht, um den Verdacht von sich abzulenken. Man spricht hier von sog. Deliktsurkunden, deren Beweiseignung und Bestimmung sich daraus ergibt, dass mit ihnen ggf. in einem Strafprozess der Tatnachweis der Beleidigung geführt werden kann.[18] Eine andere Frage ist freilich in derartigen Fällen, ob das Herstellen der unechten Urkunde zur Täuschung im Rechtsverkehr erfolgt. Da die Täuschung nicht End- oder Hauptzweck des Täters sein muss (dies ist hier regelmäßig die Beleidigung), genügt es grundsätzlich, wenn es dem Täter darum geht, das Opfer zu einem rechtserheblichen Verhalten (hier dem Unterlassen einer Strafanzeige) zu bewegen.[19] Dagegen würde es nicht ausreichen, wenn es dem Täter allein um die Beleidigung geht, da er dann nicht auf ein rechtlich erhebliches Handeln oder Unterlassen abzielt, sondern nur auf ein im gesellschaftlichen Bereich angesiedeltes tatsächliches Herabsetzen im sozialen Geltungsanspruch; es bleibt dann allenfalls eine Bestrafung nach § 185 StGB.

Eindeutig keine Urkunde ist dagegen die technische Aufzeichnung, wie sich aus einem Gegenschluss zu § 268 StGB ergibt![20]

3. Erkennbarkeit des Ausstellers

430 Aussteller ist nach der heute herrschenden Auffassung[21] nicht derjenige, der die Urkunde körperlich hergestellt hat (Körperlichkeitstheorie)[22], sondern derjenige, der geistig hinter der Erklärung steht (**Geistigkeitstheorie**); s. dazu näher unter Rn. 436 ff.!

An die Erkennbarkeit des Ausstellers sind in der Klausur keine allzu hohen Anforderungen zu stellen, da der Aussteller auch im Wege der ergänzenden Auslegung ermit-

---

14 Vgl. etwa *Otto*, BT, § 70, Rn. 8; lesenswert zur Abgrenzung von Beweis- und Kennzeichen auch *Rengier*, BT/2, § 32, Rn. 13–16 und *Sch/Sch/Heine/Schuster*, § 267, Rn. 22 m. w. N.; RGSt 76, 205, 206.
15 BGHSt 2, 370.
16 BGHSt 9, 235, 238.
17 Vgl. SK-*Hoyer*, § 267, Rn. 17.
18 Vgl. dazu LK-*Zieschang*, § 267, Rn. 69.
19 So jedenfalls BGH LM Nr. 18 zu § 267.
20 Vgl. hierzu auch *Sch/Sch/Heine/Schuster*, § 267, Rn. 6.
21 BGHSt 13, 382, 385; *Otto*, BT, § 70, Rn. 10; LK-*Zieschang*, § 267, Rn. 28. Bedeutung hat die Vergeistigung des Ausstellerbegriffs v. a. beim Einsatz von Schreibgehilfen und in Fällen der Stellvertretung.
22 *Krey/Hellmann/Heinrich*, BT/1, Rn. 1001 m. w. N.; diese Theorie wird heute nicht mehr vertreten.

telt werden kann. Dies ist der Grund, weshalb etwa der Strich auf einem Bierdeckel Urkundeneigenschaft begründen kann. Denn die zuständige Kellnerin könnte etwa durch Befragung des Dienstpersonals ermittelt werden.[23]

Zu verneinen ist die Erkennbarkeit des Ausstellers insbesondere im Falle der sog. offenen Anonymität (Beispiel: Verwendung eines Decknamens oder offenkundig unleserlicher Namenszüge, sofern sich nicht aus der unleserlich unterzeichneten Erklärung ein Bezug zu einer bestimmten Person herstellen lässt[24]) sowie im Falle der sog. versteckten Anonymität (Beispiel: Gebrauch eines Allerweltsnamens).[25] Anders verhält es sich hingegen, wenn der Eindruck erweckt wird, dass ein *bestimmter* Träger dieses Namens (und sei es auch nur eine erdichtete Person) zu der betreffenden Erklärung steht.

III. Besondere Probleme der Urkundsdelikte unter Einschluss der Urkundenunterdrückung

1. Herstellen einer unechten Urkunde nach § 267 I Alt. 1 StGB

Eine Urkunde ist unecht, wenn sie nicht von dem stammt, der als ihr Aussteller erscheint.[26] Unmaßgeblich ist demgegenüber, ob sie unzutreffende Erklärungen beinhaltet. Denn § 267 StGB schützt nicht den Inhalt, sondern die Echtheit der Urkunde.[27]

431

Demzufolge ist das Herstellen einer unechten Urkunde vor allem in folgenden drei Fällen zu verneinen:

a) Keine Urkundenfälschung bei geistigem Diebstahl

Eine unechte Urkunde stellt nach der soeben genannten Definition **nicht** her, wer sich, sei es befugt oder unbefugt, eine fremde Erklärung nur zu eigen macht (geistiger Diebstahl).[28] Allerdings kann hier unter bestimmten Umständen eine Strafbarkeit wegen Urkundenunterdrückung in Betracht kommen. In Klausuren spielt der Fall des geistigen Diebstahls vor allem im Zusammenhang mit Prüfungsarbeiten eine bedeutende Rolle. Das zeigt folgender

432

Fall 61: A gelingt es, im Trubel der Klausurabgabe beim Staatsexamen von einem bereits eingesammelten Klausurstoß die Arbeit des Studenten B, der ihm als ausgezeichneter Jurist bekannt ist, herunter zu nehmen, die auf die einzelnen Lösungsblätter geschriebene Platzziffer mit einem Tipp-Ex-Roller rasch zu entfernen und seine eigene Platzziffer darauf zu schreiben. Sodann setzt er auf seine eigene Arbeit die Platzziffer des B. Danach legt

433

---

23 RG DStZ 1916, 77, wobei man in diesen Fällen die Erklärung auch dem Wirt als „geistigem" Aussteller zurechnen kann, vgl. hierzu *Rengier*, BT/2, § 32, Rn. 11; bei Kürzel/Zeichen: BayObLG NJW 1981, 772.
24 Vgl. dazu *Heinrich*, Jura 1999, 590.
25 Vgl. RGSt 46, 297; BGHSt 5, 149; Lackner/Kühl/*Heger*, § 267, Rn. 14.
26 *Krey/Hellmann/Heinrich*, BT/1, Rn. 996; vgl. auch *Otto*, BT, § 70, Rn. 32; BGHSt 33, 159, 160.
27 *Sch/Sch/Heine/Schuster*, § 267, Rn. 1; abw. NK-*Puppe/Schumann*, § 267, Rn. 1 ff.; *dies.*, JZ 1991, 552.
28 Hierzu findet sich etwa ein Bsp. bei *Rengier*, BT/2, § 32, Rn. 12; vgl. auch BayObLG, JZ 1981, 201.

er die Arbeit des B und seine eigene Arbeit auf den Klausurstapel zurück und macht sich aus dem Staub. Die mit A's Platzziffer versehene Arbeit des B wird zugunsten des A mit 16 Punkten bewertet. B erhält dagegen für die Arbeit des A nur einen Punkt. Als B daraufhin noch einmal die Arbeit beim Justizprüfungsamt einsieht, fällt der Schwindel auf (A hatte gehofft, dass B in seine Arbeit nicht noch einmal Einsicht nehmen würde, wenn er ohnehin insgesamt bestanden habe; da B aber wissen wollte, wie er an die extrem schlechte Note gekommen war, hatte sich A getäuscht). Strafbarkeit des A?
(**Prüfungsschwindel-Fall** nach BayObLG NJW 1981, 772[29])

434 Lösung:

I. In Betracht kommt eine Strafbarkeit wegen **Diebstahls nach § 242 StGB** durch Entfernen der Arbeit des Studenten B vom bereits eingesammelten Klausurstoß.
1. Bei der von B abgegebenen, auf dem Klausurstoß liegenden Arbeit handelt es sich um eine fremde bewegliche Sache. Das Eigentum daran steht dem Justizprüfungsamt zu.
2. A hat den Gewahrsam des Aufsichtsführenden durch das Entfernen – wenn auch nur vorübergehend – gebrochen, da hierdurch eine bereits bestehende soziale Zuordnung wieder aufgehoben wurde.
3. Jedoch fehlt es an einer Zueignungsabsicht, da A die Arbeit zwar vorübergehend seinem eigenen Vermögen einverleiben wollte (Aneignungskomponente), jedoch eine dauerhafte Enteignung des Justizprüfungsamts zu keinem Zeitpunkt ins Auge gefasst hatte (Enteignungskomponente). Die von A beabsichtigte Veränderung der Platzziffer ändert an dieser Beurteilung nichts, da es dem A dabei weder um den Entzug der Sachsubstanz, noch um den Entzug eines Sachwertes ging (die Möglichkeit, mit einer Aufsichtsarbeit durch Veränderung der Platzziffer zu täuschen, ist kein ihr innewohnender funktionsspezifischer Sachwert, vgl. dazu bereits oben beim Diebstahl, Rn. 225 ff.).
Ergebnis: Eine Strafbarkeit wegen Diebstahls scheidet aus.

II. Dagegen ist ein **Verwahrungsbruch nach § 133 StGB** erfüllt, da A den amtlichen Verwahrungsbesitz, in dem sich die Arbeit nach der Abgabe bereits befunden hatte, vorsätzlich, rechtswidrig und schuldhaft gebrochen hat. Dass der Entzug nur vorübergehend erfolgte, ändert hieran nichts, da allein ausschlaggebend ist, dass dem dienstlich Berechtigten die Möglichkeit jederzeitiger Verfügung über die Sache genommen wird.[30] Darüber hinaus hat A einen Verwahrungsbruch auch in Form des Beschädigens nach § 133 StGB begangen, indem er den Funktionswert des ursprünglichen Schriftstücks durch Beseitigen der Kennziffer erheblich beeinträchtigt hat.
Insgesamt liegt allerdings nur ein Verwahrungsbruch i. S. d. § 133 StGB vor, da von einer natürlichen Handlungseinheit auszugehen ist.

III. Zu prüfen ist, ob sich A darüber hinaus wegen **Urkundenfälschung in Form des Herstellens einer unechten Urkunde nach § 267 I Alt. 1 StGB** strafbar gemacht hat.
1. Erforderlich hierfür wäre zunächst, dass es sich bei einer Klausur um eine Urkunde i. S. d. § 267 StGB handelt.
Urkunde ist dabei jede menschliche verkörperte Gedankenerklärung (Perpetuierungsfunktion), die ihren Aussteller – sei es auch im Wege der Auslegung – erkennen lässt (Garantiefunktion) und zum Beweis im Rechtsverkehr geeignet und bestimmt ist (Beweisfunktion). Sämtliche Voraussetzungen sind bei einer Klausurarbeit im Rahmen des Staatsexamens erfüllt: Es handelt sich um eine Gedankenerklärung im Hinblick auf die Lösung eines Rechtsfalles; sie lässt ihren Aussteller durch die Platzziffer erkennen; sie ist zum Beweis im

---

29 Vgl. zu diesem Fall auch LK-*Tröndle*, 10. Auflage, § 268, Rn. 132.
30 Vgl. hierzu OLG Düsseldorf NStZ 1981, 25; BayObLG JZ 1988, 726.

Rechtsverkehr geeignet und bestimmt, da sie die Rechtskenntnisse des jeweiligen Kandidaten widerspiegeln soll.

2. Fraglich ist jedoch, ob A durch das Ersetzen der Kennziffer des B durch seine eigene Kennziffer eine unechte Urkunde hergestellt hat.

Unecht ist eine Urkunde nur dann, wenn sie nicht von dem stammt, der in ihr als Aussteller erscheint.[31] Das Herstellen einer unechten Urkunde setzt daher eine Identitätstäuschung voraus, durch die einem Anderen ein Erklärungsinhalt untergeschoben wird.

Dies ist gerade nicht der Fall, wenn sich der Täter eine Erklärung eines Anderen zu eigen macht, weil der Täter dann nicht einem Anderen eine Erklärung zuschiebt, sondern sie ihm geradezu wegnimmt (geistiger Diebstahl, der nicht unter die Urkundsdelikte fällt).

Ergebnis: A hat sich nicht nach § 267 I Alt. 1 StGB strafbar gemacht.

IV. Zu prüfen ist aber eine Strafbarkeit wegen **Urkundenfälschung in Form des Verfälschens einer echten Urkunde nach § 267 I Alt. 2 StGB**.

Verfälschen ist jede nachträgliche Veränderung des gedanklichen Inhalts einer Urkunde durch die der Anschein erweckt wird, dies sei die ursprüngliche Erklärung des Ausstellers. Unter die Verfälschungsalternative fallen daher nur solche Veränderungen, durch die eine Erklärung eines Ausstellers in der Weise verändert wird, dass eine neue Erklärung unter Hinweis auf den ursprünglichen Aussteller entsteht.

Vorliegend ist dies aber nicht der Fall, weil A durch das Entfernen der Platzziffer des B den Hinweis auf den bisherigen Aussteller gerade beseitigt hat.

Ergebnis: Auch eine Strafbarkeit nach § 267 I Alt. 2 StGB scheidet aus.

V. In Betracht kommt jedoch eine **Urkundenunterdrückung in Form der Beschädigung einer Urkunde nach § 274 I Nr. 1 StGB**.

1. Voraussetzung hierfür wäre, dass A eine ihm nicht gehörende Urkunde in der Absicht, einem anderen Nachteil zuzufügen, beschädigt hat.

Dass die Klausurarbeit im Staatsexamen den Urkundsbegriff erfüllt, wurde oben ebenso bereits bejaht, wie die Tatsache, dass das Ausradieren der alten Kennziffer und das Ersetzen durch eine neue eine Beschädigung der Urkunde darstellt (vgl. oben II. am Ende).

„Gehören" i. S. d. § 274 StGB ist nicht im eigentumsrechtlichen Sinne zu verstehen, sondern bestimmt sich danach, wem das Beweisführungsrecht aus der Urkunde zusteht.[32] Dies ist hinsichtlich der Klausuraufgabe einerseits Kandidat B und andererseits das Justizprüfungsamt. Die Urkunde gehörte daher im urkundenrechtlichen Sinne nicht dem A.

2. A handelte auch mit Vorsatz im Hinblick auf die Beeinträchtigung des Gebrauchs als Beweismittel sowie in der Absicht der Nachteilszufügung: Dabei bedeutet Nachteil jede Beeinträchtigung fremder Beweisführungsrechte, wobei für die Absicht nach h. M. auch dolus directus 2. Grades genügt, also keine Absicht im technischen Sinne erforderlich ist.[33]

Vorliegend wusste A, dass dem B aus der Veränderung der Kennziffern Beweisnachteile erwachsen würden, sodass der subjektive Tatbestand zweifelsfrei erfüllt ist.

3. Auch sind Rechtfertigungs- und Schuldausschließungsgründe für A nicht ersichtlich.

Ergebnis: A ist strafbar wegen Urkundenunterdrückung in Form der Urkundenbeschädigung nach § 274 I Nr. 1 StGB.

VI. A könnte sich darüber hinaus wegen **Urkundenfälschung in Form des Herstellens einer unechten Urkunde nach § 267 I Alt. 1 StGB** strafbar gemacht haben, indem er seine eigene Arbeit mit der Platzziffer des B versah.

---

31 BGHSt 1, 117, 121; LG Bremen StV 1999, 322.
32 BGHSt 6, 251, 254; 29, 192; BayObLG JZ 1990, 148; *Sch/Sch/Heine/Schuster*, § 274, Rn. 5.
33 BGH NJW 1953, 1924; *Sch/Sch/Heine/Schuster*, § 274, Rn. 15; *LK-Zieschang*, § 274, Rn. 57; dolus directus 1. Grades verlangen aber *Freund*, JuS 1994, 207, 212 und SK-*Hoyer*, § 274, Rn. 17.

1. Dass die Aufsichtsarbeit eine Urkunde i. S. d. § 267 StGB darstellt, wurde bereits oben erläutert.

Durch das Versehen der eigenen Aufsichtsarbeit mit der fremden Platzziffer des B hat A auch eine unechte Urkunde hergestellt, da sie nicht von demjenigen stammt, der in ihr als Aussteller erscheint (es erscheint B als Aussteller, obwohl in Wahrheit A der Aussteller war). Hier fand also ein echtes Unterschieben eines fremden Erklärungsinhalts statt.

2. Subjektiv handelte A auch vorsätzlich sowie in der Absicht der Täuschung im Rechtsverkehr.

3. Rechtfertigungs- und Schuldausschließungsgründe sind nicht ersichtlich.

Ergebnis: A ist auch strafbar gem. § 267 I Alt. 1 StGB.

VII. Die Abgabe der eigenen Prüfungsarbeit, die A mit der fremden Kennziffer versehen hatte, erfüllt auch den Tatbestand des **Gebrauchmachens von der unechten Urkunde, § 267 I Alt. 3 StGB.**

Da A jedoch bereits beim Herstellen der unechten Urkunde zum Gebrauch entschlossen war, geht das Gebrauchmachen im Herstellen der unechten Urkunde auf.[34]

VIII. Denkbar wäre auch eine Strafbarkeit wegen **mittelbarer Falschbeurkundung nach § 271 StGB.**

Voraussetzung hierfür wäre, dass A bewirkt hat, dass in öffentlichen Urkunden rechtserhebliche Erklärungen, Verhandlungen oder Tatsachen unzutreffend als abgegeben oder geschehen beurkundet werden.

Erforderlich ist zunächst das Vorliegen einer öffentlichen Urkunde, was nur der Fall ist, wenn sie Beweis für und gegen jedermann erbringt (vgl. § 415 ZPO).[35] Ausgehend hiervon scheidet die einzelne Examensklausur von vornherein aus, da sie nicht Beweis für und gegen jedermann erbringen soll. In Betracht kommt allenfalls das Examenszeugnis selbst, da es sich dabei um eine öffentliche Urkunde handelt, die für und gegen jedermann Auskunft über die Rechtskenntnisse geben soll.[36]

Allerdings ist weitere Voraussetzung, dass A auch eine unrichtige Eintragung bewirkt hat, auf die sich die Beweiskraft und der öffentliche Glaube der Urkunde beziehen. Diesbezüglich bescheinigt das Staatsexamenszeugnis nicht mehr und nicht weniger als die Tatsache, dass die Leistungen des Kandidaten mit einer bestimmten Gesamtnote bewertet wurden. Ob der Kandidat die Gesamtnote verdient hat, kann das Staatsexamenszeugnis dagegen überhaupt nicht mit Beweiskraft belegen.

Ergebnis: Die von A bewirkte Beurkundung ist daher nicht falsch i. S. d. § 271 StGB, sodass eine Strafbarkeit nach dieser Vorschrift ausscheidet.

IX. Ergebnis und Konkurrenzen: A hat sich nach §§ 133, 274 I StGB (durch Entfernen der Kennziffer von der Arbeit des B) sowie wegen Herstellens einer unechten Urkunde nach § 267 I Alt. 1 StGB (durch das Versehen der eigenen Arbeit mit der Kennziffer des B) strafbar gemacht. Beide Taten stehen zueinander in Tatmehrheit, da sie nicht durch eine Handlung bewirkt wurden, § 53 StGB (gut vertretbar wäre jedoch auch die Annahme einer natürlichen Handlungseinheit, sodass dann § 52 StGB einschlägig wäre).

Hinweis: *Sie sollten an dieser Stelle den Fall gleich zum Anlass nehmen, um sich das Verhältnis von § 271 StGB einerseits und § 348 StGB andererseits ins Gedächtnis zu rufen:*

---

34 BGHSt 5, 291, 293.
35 Siehe *Küper/Zopfs*, BT, S. 356 f.; Lackner/Kühl/*Heger*, § 271, Rn. 2.
36 So auch OLG Hamm NJW 1977, 640.

1. § 271 StGB, den wir soeben in der Falllösung kennengelernt haben, erfasst die mittelbare Falschbeurkundung, während § 348 StGB die Strafbarkeit des falschbeurkundenden Amtsträgers festschreibt. Dabei sollte man sich das Verhältnis der beiden Vorschriften, die eine gewisse Komplementärfunktion haben, klarmachen:

a) Ist der Amtsträger bösgläubig und weiß der Bestimmende dies, so ist der Amtsträger nach § 348 StGB strafbar, während der Bestimmende nach §§ 348, 26 StGB strafbar ist.

b) Ist der Amtsträger gutgläubig und weiß der Bestimmende dies, so ist der Amtsträger straflos, während der Bestimmende nach § 271 StGB strafbar ist (strukturell ein Fall der mittelbaren Täterschaft).[37]

c) Ist der Amtsträger bösgläubig, während der Bestimmende von seiner Gutgläubigkeit ausgeht, so ist der Amtsträger nach § 348 StGB strafbar, während beim Bestimmenden wiederum § 271 StGB eingreifen soll.

2. Sowohl § 271 StGB als auch § 348 StGB schützen die inhaltliche Richtigkeit der Urkunde.[38] Dabei sind öffentliche Urkunden i. S. beider Vorschriften nach § 415 I ZPO nur solche, die von einer Behörde oder einer mit öffentlichem Glauben versehenen Person innerhalb ihrer sachlichen Zuständigkeit in der vorgeschriebenen Form aufgenommen worden sind und außerdem öffentlichen Glauben genießen, d. h. Beweis für und gegen jedermann erbringen.[39]

3. Eine Falschbeurkundung i. S. beider Vorschriften liegt nur dann vor, wenn sich die Beweiskraft der Urkunde auf die falsch beurkundete Tatsache erstreckt. So erstreckt sich die Beweiskraft des Führerscheins nicht auf einen Doktortitel und auch nicht auf das Geburtsdatum.[40] Ebenso erstreckt sich bei der Wohnsitzanmeldung der öffentliche Glaube nur auf die Tatsache der Anmeldung als solcher und nicht auf die Wahrheit der Wohnsitzangabe.[41] Auch beweist ein notarieller Kaufvertrag nur, dass die Parteien einen gewissen Preis festgelegt haben, nicht aber, dass dieser Preis richtig ist.[42] Dagegen liegt die Beweiskraft des Führerscheins darin, dass eine bestimmte Person die Führerscheinprüfung bestanden hat. Bewirkt also der Täter, dass der Beamte in der Führerscheinausgabestelle ihm einen Führerschein erteilt, ohne dass er diese Prüfung bestanden hat, so liegt eine Strafbarkeit nach §§ 348, 26 StGB bzw. nach § 271 StGB vor, je nachdem, ob der Beamte bösgläubig oder gutgläubig ist (der Beamte selbst ist in diesem Fall bei Gutgläubigkeit straflos und bei Bösgläubigkeit nach § 348 StGB strafbar).[43]

Merke: *Das gerichtliche Verhandlungsprotokoll ist zwar eine öffentliche Urkunde, jedoch erstreckt sich ihre Beweiskraft nur auf den Umstand, dass eine Person in einer bestimmten Weise ausgesagt hat. Auch wenn das Verhandlungsprotokoll eine unwahre*

---

37 *Sch/Sch/Heine/Schuster*, § 271, Rn. 2 im Zusammenhang mit der Begrenzung des § 271 StGB auf inländische öffentliche Urkunden.
38 OLG Hamm NJW 1969, 625.
39 Vgl. *Lay*, JA 1969, 356; *Küper/Zopfs*, BT, S. 356 f.; *Sch/Sch/Heine/Schuster*, § 271, Rn. 4 jeweils m. w. N.; RGSt 71, 102; BGHSt 19, 21; krit. NK-*Puppe/Schumann*, § 271, Rn. 7 ff.; *Puppe*, JZ 1991, 609.
40 A. A. zu Unrecht BGHSt 34, 299.
41 Vgl. OLG München NStZ 2006, 575; dazu *Satzger*, JK 4/07, StGB § 271/2.
42 Vgl. BayObLG NJW 1955, 1567 (Fall der Unterverbriefung).
43 BGHSt 25, 95; OLG Hamm NStZ 1988, 26; a. A. aber BGHSt 37, 207.

Aussage festhält, ist es daher i. S. v. § 271 StGB nicht falsch, sodass neben dem Aussagedelikt nicht zusätzlich eine Strafbarkeit nach § 271 StGB bejaht werden kann.[44]

b) Keine Urkundenfälschung bei schriftlicher Lüge

435 Eine unechte Urkunde stellt nach der oben genannten Definition auch derjenige **nicht** her, der eine schriftliche Lüge[45] verfasst, wie dies etwa im Fall von OLG Stuttgart NJW 1981, 1223 geschehen war, wo ein allgemein mit der Ausstellung von Reparaturrechnungen beauftragter Angestellter eines Autohauses missbräuchlich unter Verwendung eines Rechnungsformulars der Firma eine fingierte Reparaturrechnung zur Vorlage bei einer Versicherungsgesellschaft ausgestellt hatte. § 267 StGB dient also nicht dem Schutz der inhaltlichen Wahrheit; dies ist nur bei bestimmten anderen Urkundsdelikten, wie z. B. §§ 271, 348 und 278 StGB der Fall.

Nach Auffassung des BGH soll daher auch derjenige keine Urkundenfälschung begehen, der mit „i. V. X" (in Vertretung des X) unterschreibt, obwohl der X überhaupt keine Vertretungsmacht erteilt hat,[46] es sei denn der Täter handelt scheinbar für eine Behörde oder Handelsgesellschaft, weil dann das „i. V." keinerlei Bedeutung habe, da der Rechtsverkehr das Handeln als Tätigkeit der Behörde oder Gesellschaft wahrnehme[47] (zweifelhafte Unterscheidung).

c) Keine Urkundenfälschung bei zulässiger Vertretung

436 Eine unechte Urkunde stellt nach der oben genannten Definition schließlich auch derjenige **nicht** her, der den Namensträger zulässig vertreten will und hierzu vom Namensträger auch befugt wurde.

Aussteller ist nämlich nach der heute ganz herrschenden Geistigkeitstheorie derjenige, der geistig hinter der Erklärung steht, sie als seine Erklärung gelten lässt und sich zu ihr bekennt. Nicht auf den Schreiber, sondern auf den Erklärer kommt es also an.[48]

Achtung Klausur: *Die Bedeutung der Geistigkeitstheorie wird von Studenten häufig völlig verkannt. Entscheidend ist es dabei, sich klar zu machen, wozu die Geistigkeitstheorie tatsächlich dient. Sie dient nämlich dazu, die Strafbarkeit im Falle des zulässigen Handelns in oder unter fremdem Namen einzuschränken. Gäbe es die Geistigkeitstheorie nicht, so wäre jede Form der Stellvertretung eine tatbestandliche Urkundenfälschung und könnte allenfalls gerechtfertigt werden, was aber dem Sinn des § 267 StGB letztlich widersprechen würde.*

Im Einzelnen bedeutet dies Folgendes:
- Regelmäßig wird der körperliche Schreiber einer Urkunde mit dem aus der Urkunde erkennbaren Aussteller übereinstimmen, sodass es einer Bemühung der Geistigkeitstheorie überhaupt nicht bedarf.

---

44 Vgl. hierzu eingehend *Sch/Sch/Heine/Schuster*, § 271, Rn. 23.
45 Derartige schriftliche Lügen sind aber z. B. in öffentlichen Urkunden strafbar, vgl. z. B. §§ 271, 348, 278 StGB.
46 Vgl. BGH NJW 1993, 2759; dazu *Jung*, JuS 1994, 174.
47 Vgl. BGHSt 7, 149.
48 Vgl. LK-*Zieschang*, § 267, Rn. 28. Zur Geistigkeitstheorie als Zurechnungstheorie vgl. auch *Otto*, BT, § 70, Rn. 10–12.

– Erst wenn der körperliche Schreiber und der aus der Urkunde ersichtliche Erklärer auseinander fallen, wie dies beim Zeichnen unter fremden Namen der Fall ist, kann die Unechtheit der Urkunde durch die Geistigkeitstheorie überwunden werden. Dabei müssen allerdings drei Voraussetzungen vorliegen:[49] Der Unterzeichnende muss den Namensträger vertreten wollen, der Namensträger muss sich vertreten lassen wollen und die Vertretung muss rechtlich zulässig sein.[50] Daran fehlte es z. B. in dem vom BayObLG entschiedenen Fall, in dem ein Kontoinhaber einem Dritten Euroscheckvordrucke und Scheckheft überließ und der Dritte kollusiv im Wege der Nachahmung der Unterschrift des Kontoinhabers Waren einkaufte, während der Kontoinhaber die Schecks anschließend als gestohlen meldete. Denn hier wollte der unterzeichnende Dritte den Kontoinhaber nicht vertreten und auch der Kontoinhaber wollte sich nicht vom Dritten vertreten lassen, sondern das Geschäft wegen des vermeintlichen Diebstahls gerade nicht gegen sich gelten lassen, damit die Bank für die garantierte Summe einzustehen hat. Hier lag also eine Urkundenfälschung sowie ein mittäterschaftlicher Betrug vor (getäuscht wurde der Angestellte im Geschäft, der auch einem Irrtum unterlag, da er im Falle grober Fahrlässigkeit haftet und sich daher – anders als beim Sparbuch (vgl. Rn. 221 f.) – Gedanken machen musste; der Angestellte stand dabei im Lager der Bank, die für den Scheckbetrag bis zur Höhe von 200 € haftet; die Bank erlitt auch einen Schaden, da sie für die Summe einzustehen hat, ohne das Konto des Inhabers mit dem Betrag belasten zu können).

Besonderer Erwähnung bedarf an dieser Stelle die sog. **Blankettfälschung**.[51] Bei ihr ergibt sich die Unechtheit der Urkunde daraus, dass der aus der Urkunde ersichtliche Aussteller nicht hinter der Erklärung steht. Dort erschleicht sich der Täter nämlich eine Unterschrift auf einem leeren Blatt Papier und fügt dann über die Unterschrift z. B. eine Verpflichtungserklärung des Opfers ein.[52] Das Problem verdeutlicht folgender

437

Fall 62: Zeitschriftenwerber A der Firma F kommt an die Haustür der B und versucht ihr eine Zeitung aufzuschwatzen. Die B lehnt ab. A bittet die B nun, ihm wenigstens eine Bestätigung in zweifacher Ausfertigung zu unterschreiben, dass er bei ihr gewesen sei. Er benötige diese Bestätigungen für seinen Arbeitgeber sowie für das Arbeitsamt. All das ist natürlich gelogen. In Wahrheit lässt er die B ein weißes Blatt sowie eine Haustürwiderrufserklärung unterzeichnen. Über die Unterschrift auf dem weißen Blatt setzt er später den Vertragstext für den Bezug einer Zeitschrift, wobei er die B als Verpflichtete angibt. Strafbarkeit des A? **(Zeitschriftenwerber-Fall)**

438

Lösung:

439

I. In Betracht kommt Strafbarkeit wegen **Betruges nach § 263 StGB gegenüber und zu Lasten der B**, indem A die B das Blankett unterzeichnen ließ.
1. A täuschte die B darüber, dass es sich nur um eine Bestätigung des Besuchs handelte.
2. Auf Seiten der B entstand ein dementsprechender Irrtum.

---
49 RGSt 75, 46; BGHSt 33, 161 f. *Maurach/Schroeder/Maiwald*, BT/II, § 65, Rn. 51; *Wessels/Hettinger/Engländer*, BT/1, Rn. 914.
50 *Maurach/Schroeder/Maiwald*, BT/II, § 65, Rn. 51; *Wessels/Hettinger/Engländer*, BT/1, Rn. 914.
51 Vgl. hierzu *Maurach/Schroeder/Maiwald*, BT/II, § 65, Rn. 60; BGHSt 5, 295.
52 OLG Köln NJW 1967, 742: hierdurch wird das Blankett zur Urkunde.

3. In der Unterschriftsleistung kann eine Vermögensverfügung gesehen werden, sofern durch sie unmittelbar eine schadensgleiche Vermögensgefährdung bewirkt wird. Dies ist der Fall, wenn eine vertragliche Verpflichtung unterzeichnet wird, da angesichts der Beweislage und des Prozessrisikos in einem solchen Fall von einer konkreten Vermögensgefährdung auszugehen ist (vgl. dazu ausführlich beim Betrug, Rn. 364).
Vorliegend hat die B jedoch lediglich ein Blankett unterzeichnet. Hierdurch wird kein unmittelbarer Schaden, sei es auch nur in Form einer konkreten Vermögensgefährdung herbeigeführt, da zwischen Vertragsunterzeichnung und Eintritt des Schadens noch das Einfügen des Vertragstextes treten muss. Es fehlt daher an der Unmittelbarkeit zwischen Vermögensverfügung (Unterschriftsleistung) und Vermögensschaden (Bewirken eines vollständigen Vertragstextes).

Ergebnis: Eine Strafbarkeit wegen Betruges scheidet aus, ohne dass es hier noch auf die Frage der Stoffgleichheit ankommt. Auch diese wäre nicht gegeben, weil der Vorteil des A (Provision) nicht dem Nachteil der B (Eingehung der Vertragsverpflichtung) entspricht.

II. Auch ein **fremdnütziger Betrug des A gegenüber der B zugunsten der Firma F** scheitert schon am Unmittelbarkeitskriterium.

III. Ein **eigennütziger Betrug des A gegenüber der F nach § 263 StGB** ist aber im Falle der Vertragseinreichung bei F möglich, da dann Provisionsvorteil und Schaden der Firma durch Auszahlung der Provision stoffgleich einander entsprechen.

IV. In Betracht kommt jedoch eine **Urkundenfälschung nach § 267 I Alt. 1 StGB**.
Voraussetzung hierfür ist, dass A eine unechte Urkunde hergestellt hat.
Unecht ist die Urkunde, wenn sie nicht von dem stammt, der als ihr Aussteller erscheint. Vorliegend erscheint die B als Ausstellerin der Vertragsurkunde, während A die vollständigen Urkundselemente erst durch das Einfügen des Textes körperlich bewirkt hat. Geistiger und körperlicher Hersteller weichen daher im vorliegenden Fall voneinander ab, was nur dann zur Echtheit der Urkunde führen würde, wenn die B den A zur Vervollständigung der Urkunde ermächtigt hätte.[53] Dies war vorliegend jedoch gerade nicht der Fall, sodass von einer Identitätstäuschung auszugehen ist.

Ergebnis: A hat sich wegen Urkundenfälschung nach § 267 I Alt. 1 StGB strafbar gemacht.

2. Verfälschen einer echten Urkunde nach § 267 I Alt. 2 StGB

440 Verfälschen ist jede nachträgliche Veränderung des gedanklichen Inhalts einer Urkunde, durch die der Anschein erweckt wird, dies sei die ursprüngliche Erklärung des Ausstellers.[54] Die ursprüngliche Erklärung muss also so geändert oder ergänzt werden, dass sie etwas anderes zum Ausdruck bringt, als der Aussteller ursprünglich zum Ausdruck bringen wollte.[55] Wichtig ist für die Verfälschungsalternative auch, dass der ursprüngliche Aussteller weiterhin ersichtlich bleiben muss, da anderenfalls von einem Unterschieben einer Erklärung nicht die Rede sein kann (vgl. dazu bereits Prüfungsschwindel-Fall, Rn. 433 f.). Die Verfälschungsalternative ist damit ein spezieller Fall der Urkundenfälschung, der sich aus dem Unterdrücken einer echten und dem Herstellen einer neuen Urkunde zusammensetzt und daher grundsätzlich voranzuprüfen

---

53 Vgl. hierzu auch BayObLG StV 1999, 320.
54 OLG Köln NJW 1983, 769; Lackner/Kühl/*Heger*, § 267, Rn. 20.
55 RGSt 3, 324; BGH GA 1968, 17; *Otto*, BT, § 70, Rn. 47; *Küper/Zopfs*, BT, S. 361 f.

ist (bei Einschlägigkeit des speziellen § 267 I Alt. 2 StGB werden die strukturell miterfüllten §§ 274 und 267 Alt. 1 StGB verdrängt!).

Entscheidend ist also beim Verfälschungstatbestand, dass der Täter auf den gedanklichen Inhalt einer Urkunde einwirkt. Dies ist nicht der Fall, wenn ein gedanklicher Inhalt lediglich gelöscht wird. In diesem Fall liegt eine Urkundenvernichtung nach § 274 I Nr. 1 StGB vor, was insbesondere dann angenommen werden kann, wenn die Veränderung so offensichtlich ist, dass eine Beweiseignung überhaupt nicht mehr gegeben ist. Dass diese Frage im Einzelfall schwierig zu beantworten ist, zeigt folgendes

Beispiel:[56] Die A hatte die auf ihrem Kennzeichen befindlichen gelben Prüfplaketten für Haupt- und Abgasuntersuchung, die mit dem Nummernschild und dem Kfz eine zusammengesetzte Urkunde bilden, mit Nagellack übermalt, sodass die Untergrundfarbe der Prüfplaketten nunmehr rosa erschien. Sie wollte dadurch zur Vermeidung eines Bußgeldes den Eindruck erwecken, dass die genannten Untersuchungen erst im Jahr 2005 statt im Jahr 2003 fällig werden. Aus der Nähe war die Manipulation eindeutig ersichtlich; lediglich aus einiger Entfernung war sie nicht ohne Weiteres wahrzunehmen.

Lösung: Das AG Waldbröl hat in diesem Fall zu Recht eine Strafbarkeit wegen Urkundenfälschung i. S. d. Verfälschungsalternative nach § 267 I Alt. 2 StGB und des Gebrauchens dieser verfälschten Urkunde nach § 267 I Alt. 3 StGB angenommen, indem es davon ausgegangen ist, dass der Sinn und Zweck der Farbgebung gerade darin bestehe, auch bei nur flüchtigem Blick auf die Plaketten eine effektive Kontrolle zu gewährleisten, weshalb es für die Beweiseignung ausreiche, dass die Manipulation jedenfalls in diesem Zusammenhang nicht offensichtlich war. Die gleichzeitig verwirklichte Urkundenunterdrückung bzgl. der ursprünglichen Plakette tritt dahinter zurück, da dieser Tatbestand bei der Verfälschungsalternative miterfüllt wird. Dagegen scheidet die Annahme eines Betrugsversuchs im Hinblick darauf, dass die Täterin die Verhängung eines Bußgeldes vermeiden wollte, schon tatbestandlich aus, da beim Bußgeld nach h. M. nicht der Bereicherungszweck, sondern der Pönalisierungseffekt im Vordergrund steht und die Vorstellung der Täterin daher nicht auf die Herbeiführung eines Vermögensschadens gerichtet war (s. dazu Rn. 226 f.).

Zu beachten ist allerdings, dass ein Verfälschen einen Eingriff in den Urkundsinhalt verlangt. Sonstige Veränderungen, die etwa nur die Lesbarkeit betreffen, genügen daher grundsätzlich nicht. Das zeigt folgender

Fall 63: A überklebt sein Pkw-Kennzeichen mit einer sog. „Anti-Blitz-Folie", um im Falle einer Geschwindigkeitsüberschreitung sein Nummernschild auf dem Radarfoto unkenntlich erscheinen zu lassen. Strafbarkeit des A? (**Anti-Blitz-Fall** nach BGHSt 45, 197[57])

Lösung:

I. A könnte sich wegen **Urkundenfälschung in Form des Verfälschens einer echten Urkunde nach § 267 I Alt. 2 StGB** strafbar gemacht haben, indem er das Nummernschild mit einer Anti-Blitz-Folie überklebt hat.

1. Voraussetzung hierfür wäre zunächst, dass es sich bei dem Kennzeichen um eine Urkunde handelt.

---

56 Nach AG Waldbröl NJW 2005, 2870 m. Anm. *Kudlich*, JA 2006, 173 ff.
57 Vgl. auch dazu Anm. *Fahl*, JA 1997, 925 ff.; *Krack*, NStZ 1999, 602 f.; *Kudlich*, JZ 2000, 426; *Walter/ Uhl*, JA 2009, 31 ff.

Urkunde ist jede menschliche verkörperte Gedankenerklärung, die ihren Aussteller – zumindest im Wege der Auslegung – erkennen lässt und die zum Beweis im Rechtsverkehr geeignet und bestimmt ist.

Das Kennzeichen allein kann insoweit nicht als Urkunde begriffen werden, da es für sich gesehen nicht zum Beweis geeignet ist. Kennzeichen und Kfz bilden jedoch nach zutreffender Auffassung bei fester Verbindung eine zusammengesetzte Urkunde, sofern das Kennzeichen nach § 23 IV S. 1 Hs. 1, 2 StVZO den Zulassungsstempel trägt.[58] Die zusammengesetzte Urkunde beweist nämlich, dass dem individuellen Kfz für den bestimmten Halter das vorliegende Kennzeichen zugeordnet ist, wonach das Fahrzeug gem. § 18 I StVZO zum Betrieb auf öffentlichen Straßen zugelassen ist.[59] Auch ist der Urheber aus der zusammengesetzten Urkunde erkenntlich, da die ausstellende Zulassungsbehörde nach § 23 I S. 2 StVZO auf dem Kennzeichen angegeben ist.[60]

Damit liegen alle Voraussetzungen einer zusammengesetzten Urkunde vor.[61]

2. Weiter wäre erforderlich, dass die (zusammengesetzte) Urkunde verfälscht worden ist. Verfälschen ist dabei das nachträgliche Verändern des gedanklichen Inhalts einer Urkunde, durch das der Anschein erweckt wird, als wäre die Erklärung von Anfang an so abgegeben worden.[62] Durch das bloße Überkleben des ursprünglichen Gedankeninhalts mit einer transparenten Folie wird jedoch nicht in den Erklärungsgehalt eingegriffen, sondern allenfalls die Brauchbarkeit der Urkunde in bestimmten Situationen eingeschränkt.[63]

Ergebnis: Eine Urkundenfälschung nach § 267 I Alt. 2 StGB scheidet danach aus.

II. In Betracht kommt jedoch eine Strafbarkeit wegen **Urkundenunterdrückung nach § 274 I Nr. 1 StGB** wegen Überklebens des Nummernschildes.

1. Die Voraussetzungen einer (zusammengesetzten) Urkunde liegen hier, wie bereits oben gezeigt, vor.

2. Die Urkunde gehörte dem Täter auch nicht (ausschließlich) i. S. d. § 274 I Nr. 1 StGB, da hierfür nicht die zivilrechtlichen Eigentumsverhältnisse, sondern die Berechtigung zur Beweisführung ausschlaggebend ist.[64] Diese stand nicht nur dem A zu: Nach §§ 23 III, 60 II S. 9 StVZO besteht eine Pflicht des Fahrzeughalters, das Nummernschild sichtbar anzubringen; darüber hinaus bestehen nach den §§ 23 IV S. 5, 8 StVZO Vorführpflichten gegenüber der Zulassungsbehörde; und schließlich ergibt sich aus der weiteren Funktion des Nummernschildes zur Verkehrsüberwachung und der für Dritte eingeräumten Möglichkeit der Feststellung des Fahrzeughalters, dass das Beweisführungsrecht nicht nur dem A zusteht.[65]

3. Weitere Voraussetzung ist jedoch, dass die Urkunde vernichtet, beschädigt oder unterdrückt worden ist.

a) Ein Vernichten kann dabei nicht angenommen werden, da das Aufkleben der Folie nur die Erkennbarkeit des Nummernschilds in der konkreten Situation ausschließen sollte.[66]

---

58 Vgl. BGHSt 9, 240; 16, 94.
59 Vgl. auch *Baier*, JuS 2004, 57.
60 Siehe dazu OLG Stuttgart NStZ-RR 2001, 370.
61 Zur Definition s. *Fischer*, § 267, Rn. 23; BGHSt 9, 235; *Kargl*, JA 2003, 604, 605; OLG Stuttgart NJW 1978, 715.
62 Vgl. dazu Lackner/Kühl/*Heger*, § 267, Rn. 20.
63 BGHSt 45, 197 m. Anm. *Krack*, NStZ 2000, 423; *Kudlich*, JZ 2000, 426; a. A. OLG Düsseldorf NJW 1997, 1793 m. ablehn. Anm. *Lampe*, JR 1998, 304; *Fahl*, JA 1997, 925; *Krack*, NStZ 1997, 602; *Geppert*, JK § 267/22.
64 Vgl. BGHSt 29, 194.
65 Vgl. dazu *Baier*, JuS 2004, 57.
66 Wie hier *Baier*, JuS 2004, 57.

b) Auch ist ein Beschädigen zu verneinen, da die Sachsubstanz nicht beeinträchtigt und auch die Funktionstauglichkeit zum Beweis der oben angegebenen Umstände nicht aufgehoben wurde.[67]

c) Jedoch könnte ein Unterdrücken vorliegen. Darin ist jede Handlung zu sehen, durch die dem Beweisführungsberechtigten die Benutzung des Beweismittels dauernd oder zeitweilig entzogen oder vorenthalten wird.[68] Dabei genügt auch eine vorübergehende Beeinträchtigung der Urkunde als Beweismittel.[69]

Dennoch wird man das Versehen eines Kraftfahrzeugkennzeichens mit einer Anti-Blitz-Folie nicht als eine Unterdrückungshandlung i. S. v. § 274 StGB bewerten können, da die Lesbarkeit des Kennzeichens für jedermann erhalten bleibt. Die fehlende Kenntlichkeit lag vorliegend so gesehen nicht in einem Mangel der Urkunde, sondern in einem Mangel der Technik.

Insgesamt ist daher bereits eine Unterdrückungshandlung nach § 274 StGB abzulehnen.

4. Sofern man eine Unterdrückungshandlung – entgegen der hier vertretenen Auffassung – annimmt, wäre subjektiv zusätzlich die Absicht der Nachteilszufügung problematisch.

Als Nachteil kommt dabei jede Beeinträchtigung fremder Rechte in Frage, ohne dass es sich dabei um Vermögensnachteile handeln muss.[70]

Es entspricht insoweit einhelliger Auffassung, dass die Vereitelung zivilrechtlicher Ansprüche einen Nachteil i. S. d. § 274 I StGB darstellt.

Strittig ist dagegen, ob die Vereitelung von Straf- und Bußgeldansprüchen einen Nachteil eines anderen begründet. So wird teilweise bestritten, dass es sich beim Staat um einen „anderen" i. S. v. § 274 StGB handelt.[71] Jedoch ist diese Auffassung wenig überzeugend, da der Strafanspruch durch § 258 StGB geschützt ist und auch vom Wortsinn her nichts dagegen spricht, den Staat als „anderen" i. S. dieser Norm zu betrachten. Insgesamt wird man daher mit der zutreffenden Auffassung vorliegend eine Nachteilszufügungsabsicht bejahen können.[72]

Ergebnis: Nur sofern man – wie hier – im Überkleben des Nummernschilds mit der Anti-Blitz-Folie keine Tathandlung i. S. v. § 274 I S. 1 StGB erblickt, scheidet eine Strafbarkeit wegen Urkundenunterdrückung aus.

III. Eine **Sachbeschädigung gem. § 303 I StGB** am Nummernschild scheitert daran, dass dieses im Alleineigentum des A steht, also nicht fremd ist.

IV. Gegeben ist jedenfalls eine Strafbarkeit wegen **Beeinträchtigens von Kfz-Kennzeichen nach § 22 I Nr. 3 StVG**, da A die Erkennbarkeit des Kfz-Schilds zumindest negativ beeinflusst hat.

Bezweifelt wird dies zwar von *Krack*,[73] da die normale visuelle Wahrnehmung nicht eingeschränkt sei. Dies ist jedoch eine fragliche Begründung, weil der Wortsinn „Beeinträchtigung" jede Verschlechterung gegenüber den Normalfällen erfasst. Hierin liegt gerade der Unterschied zur Sachbeschädigung und Urkundenunterdrückung!

Die Ordnungswidrigkeit nach § 69a II Nr. 4 StVZO tritt demgegenüber zurück.

---

67 Vgl. dazu auch OLG Düsseldorf NJW 1983, 2341.
68 Vgl. *Wessels/Hettinger/Engländer*, BT/1, Rn. 979.
69 Vgl. OLG Düsseldorf NStZ 1981, 26.
70 *Sch/Sch/Heine/Schuster*, § 274, Rn. 16.
71 Vgl. *Sch/Sch/Heine/Schuster*, § 274, Rn. 16; *Krack*, NStZ 2000, 423; OLG Zweibrücken GA 1978, 316; OLG Düsseldorf JR 1991, 250, 252; BayObLG NJW 1997, 1592. Vgl. im Ergebnis auch *Schroth*, BT, S. 253.
72 So jedenfalls BGHSt 29, 192.
73 *Krack*, NStZ 2000, 424. Wie hier aber *Kudlich*, BT/2, PdW, S. 166.

443 Achtung Klausur: Problematisch ist hier im Übrigen in Klausuren immer wieder, ob es möglich ist, dass der Aussteller selbst die nachträgliche Inhaltsänderung vornimmt.[74]

Ein Teil der Literatur sieht in der Verfälschungsalternative nur den begrifflichen Spezialfall des Herstellens einer unechten Urkunde, sodass das Ergebnis eine Identitätstäuschung, d. h. ein Unterschieben der Erklärung sein müsse, was hier aber nicht der Fall sei.[75]

Nach ganz h. M.[76] ist dagegen die nachträgliche Veränderung durch den Aussteller selbst zumindest dann eine Urkundenfälschung, wenn der Aussteller die Urkunde bereits in den Rechtsverkehr eingebracht hat oder aber wenn er zumindest die Änderungsbefugnis in Bezug auf die Urkunde verloren hat. Entscheidend dafür ist nicht, ob der Aussteller das Eigentum an der Urkunde eingebüßt hat, sondern vielmehr, ob ein Dritter einen Anspruch oder ein berechtigtes Interesse in Bezug auf die Unversehrtheit der Urkunde erlangt hat.[77] Denn von diesem Zeitpunkt an täuscht der Aussteller durch seine Manipulation über die (beweiserhebliche) Ursprungsgestalt der Urkunde. Damit unterschiebt er dem jetzt Berechtigten gleichsam etwas.

Beispiel: Arzt A verändert nachträglich die Krankenakte des Patienten B, um Schadensersatzforderungen zu entgehen.

Lösung: Hier liegt nach h. M. ein Verfälschen vor, da das Beweisführungsrecht des Arztes – auch wenn er die Krankenakte selbst erstellt hat – mit Abschluss der Dokumentation erloschen ist. Er greift damit noch verfälschungstypisch in den Rechtsverkehr ein und unterschiebt dem jetzt (zumindest auch) Beweisführungsberechtigten B nachträglich noch eine Erklärung (zu einem praktischen Fall vgl. an dieser Stelle **zwingend** *Jäger*, AT, Rn. 292 f.).

3. Zusammengesetzte Urkunde

444 Sie liegt nach ganz h. M. vor, wenn eine verkörperte Gedankenerklärung mit einem Bezugsobjekt räumlich fest zu einer Beweiseinheit verbunden ist.[78] Entscheidendes Merkmal für die Klausur ist dabei die Festigkeit der Beweiseinheit. Sie fehlt etwa bei einer Flasche in einem Karton oder bei einer Venüle mit Blut zur Bestimmung des Blutalkohols und lose beigelegtem Entnahmebericht des Arztes.

Die Klausurbedeutung wird widergespiegelt durch folgendes

445 Beispiel: A entnimmt ein Oberhemd, das in einer offenen Klarsichthülle steckt und tauscht es in der Weise aus, dass er ein teureres Oberhemd in die Klarsichthülle hinein schiebt. An der Kasse zahlt er den mit einem Etikett auf der Klarsichthülle aufgebrachten geringeren Preis. Strafbarkeit des A? (Fall nach OLG Köln NJW 1979, 729[79])

446 Lösung: Eine Urkundenfälschung in Form des Verfälschens einer echten Urkunde nach § 267 I Alt. 2 StGB würde zunächst voraussetzen, dass es sich bei dem ursprünglichen Hemd und der

---

74 Hierzu findet sich ein lesenswerter Beispielsfall bei *Küper*, Jura 1996, 208.
75 Vgl. hierzu etwa *Puppe*, JR 1978, 207; *dies.*, Jura 1979, 640; *Maiwald*, ZStW 91 (1979), 958; *Lampe*, GA 1964, 328; *ders.*, JR 1964, 14 m. Fn. 10; *Samson*, JuS 1970, 375; *ders.*, JA 1979, 661.
76 BGHSt 13, 387; BGH MDR 1954, 310; Lackner/Kühl/*Heger*, § 267, Rn. 21; OLG Stuttgart NJW 1978, 715 ff.; LK-*Gribbohm*, § 267, Rn. 203; *Wessels/Hettinger/Engländer*, BT/1, Rn. 931.
77 BGHSt 13, 382, 385; *Wessels/Hettinger/Engländer*, BT/1, Rn. 931; Lackner/Kühl/*Heger*, § 267, Rn. 21; *Rengier*, BT/2, § 33, Rn. 24.
78 LK-*Zieschang*, § 267, Rn. 100 ff.; vgl. auch *Maurach/Schroeder/Maiwald*, BT/II, § 65, Rn. 24.
79 Vgl. dazu auch *Solbach*, JA 1979, 54 f.; *Lampe*, JR 1979, 214 ff.

Hülle um eine Urkunde i. S. d. § 267 StGB gehandelt hat. Denkbar wäre insoweit die Annahme einer zusammengesetzten Urkunde. Eine solche kann vorliegend jedoch nicht angenommen werden, da die verkörperte Gedankenerklärung (hier: Preis) mit dem Bezugsobjekt (hier: Hemd) nicht räumlich fest zu einer Beweiseinheit verbunden war, sofern das Hemd nur lose in der Klarsichthülle lag. Da sich nämlich der Preis nicht auf die Verpackung, sondern auf den Inhalt bezieht, könnte eine solche feste Verbindung nur dann angenommen werden, wenn die Klarsichtfolie verschweißt oder verklebt gewesen wäre.[80] Konsequent scheitert auch eine Urkundenunterdrückung nach § 274 StGB an der Urkundenqualität. Ebenfalls scheidet ein Diebstahl nach § 242 StGB aus, da der Gewahrsamsübergang nicht gegen den Willen der Verkäuferin stattfindet. Gegeben ist jedoch ein Betrug nach § 263 StGB an der Kasse. Täuschung und Irrtum der Verkäuferin über den Preis des konkreten Hemdes liegen vor. Die Verkäuferin hat als im Lager des Ladeninhabers stehende Person über dessen Vermögen verfügt, indem sie nicht den vollständigen Kaufpreis einforderte. Dabei handelte A auch vorsätzlich und in der Absicht rechtswidriger Bereicherung.

Hinweis: *Zur Frage der Abgrenzung zwischen Diebstahl und Betrug bei Austausch von Waren, die sich in einer undurchsichtigen Hülle befinden, vergleiche den Hinweis am Ende von Rn. 204!*

Das soeben behandelte Beispiel zeigt, dass an die Verbindung zwischen Gedankenerklärung und Bezugsobjekt relativ strenge Anforderungen zu stellen sind.

447

Eine zusammengesetzte Urkunde ist danach der Stempel einer Kfz-Zulassungsstelle auf einem amtlichen Kennzeichen eines Pkws. Denn durch den Stempel wird rechtsverbindlich festgestellt, dass ein bestimmter Pkw unter einem bestimmten Kennzeichen für einen im Zulassungsregister eingetragenen Eigentümer zum Verkehr zugelassen ist.[81] Gleiches gilt für die Motornummer.[82]

In der Rechtsprechung gewinnt zunehmend die Problematik der Veränderung von ausländischen Führerscheinen an Bedeutung, die aufgrund von Kennzeichnungen des Straßenverkehrsamtes in Deutschland ungültig sind. Dies verdeutlicht folgendes

447a

Beispiel[83]**:** A wurde im Rahmen einer allgemeinen Fahrzeugkontrolle von der Polizei angehalten und zeigte seinen tschechischen Führerschein vor. Zuvor hatte er die vom Straßenverkehrsamt auf der Vorder- und Rückseite des Führerscheins angebrachten Aufkleber, aus denen sich ergab, dass der Führerschein in Deutschland ungültig war, entfernt, um den Anschein einer gültigen, uneingeschränkten Fahrerlaubnis zu erwecken.

Lösung: Das OLG Köln stellte fest, dass der Inhalt des tschechischen Führerscheins durch die Manipulation nicht verändert worden sei. Die darin verkörperte Erklärung über die Erteilung der Fahrerlaubnis an A sei durch das Ablösen der Aufkleber unverändert geblieben, weshalb das Verfälschen einer Urkunde und das Gebrauchen einer verfälschten Urkunde nach § 267 I StGB ausscheiden. Zudem seien die Aufkleber als solche nicht Gegenstand einer Urkundenfälschung, weil sie ohne Bezug zu einem bestimmten Führerschein keinen eigenständigen Erklärungswert hätten. Dieser werde erst durch die Verbindung mit dem Führerschein hergestellt und durch die Trennung wieder aufgehoben, aber nicht verändert. Die mit der Verbindung geschaffene zusammengesetzte Urkunde mit der Erklärung, dass diese tschechische Fahrerlaubnis in Deutschland keine Geltung hat, werde ebenfalls durch die Tathandlung nicht in ihrer Beweisrichtung verän-

---

80 Vgl. OLG Köln NJW 1979, 729.
81 OLG Hamburg NJW 1996, 1827.
82 BGHSt 9, 235; 16, 94.
83 OLG Köln NStZ 2010, 520 f.

dert. Durch das völlige Entfernen der Aufkleber werde diese Urkunde vielmehr vernichtet, sodass eine Strafbarkeit nach § 274 I StGB in Betracht käme. Auch sei an eine Strafbarkeit durch Verändern von amtlichen Ausweisen nach § 273 I Nr. 1 StGB zu denken.

Die Frage, ob darüber hinaus auch ein Verkehrsschild als (zusammengesetzte) Urkunde betrachtet werden kann, hat bereits die Rechtsprechung beschäftigt und wird veranschaulicht durch folgenden

448 **Fall 64:** A war in einer Tempo 30-Zone mit 50 km/h gefahren. In dem gegen ihn in Gang gesetzten Bußgeldverfahren behauptete A, dass die zulässige Höchstgeschwindigkeit am Messort 50 km/h betragen habe. Zum Beweis seiner Behauptung überklebte er das Verbotszeichen Nr. 274 (30 km/h) mit einer Folie, die die Höchstgeschwindigkeit mit 50 km/h angab. Daraufhin fotografierte er das veränderte Schild und legte im Prozess, in dem das Bußgeld verhandelt wurde, das Foto zum Beweis vor. Da das Gericht eine amtliche Nachfrage vornahm, fiel der Schwindel auf. Strafbarkeit des A? (**Schilderwechsel-Fall** nach OLG Köln NJW 1999, 1042[84])

449 **Lösung:**

I. In Betracht kommt eine **Urkundenfälschung in Form des Verfälschens einer echten Urkunde nach § 267 I Nr. 2 StGB.**
Voraussetzung hierfür wäre zunächst, dass es sich bei dem Schild, ggf. in Verbindung mit dem jeweiligen Straßenabschnitt, um eine Urkunde handelte.
Urkunde ist jede verkörperte menschliche Gedankenerklärung, die ihren Aussteller – sei es auch im Wege der Auslegung – erkennen lässt und zum Beweis im Rechtsverkehr geeignet und bestimmt ist.
Ausgehend hiervon könnte man in dem Verkehrsschild durchaus ein Beweiszeichen sehen, da es eine Gedankenerklärung (zulässige Höchstgeschwindigkeit: 30 km/h) enthält.
Auch lässt das Zeichen den Aussteller erkennen. Aussteller ist derjenige, von dem das Zeichen geistig herrührt. Dies ist bei Straßenschildern die Straßenverkehrsbehörde nach § 45 III S. 1 StVO und nicht die Straßenbaubehörde, die die Anordnung zur Aufstellung lediglich ausführt (§ 45 III S. 2 StVO).
Fraglich ist jedoch die Beweiseignung und Beweisbestimmung, da ein Verkehrszeichen nur Mittel zur Bekanntgabe ist, ohne dass darüber hinaus im Rechtsverkehr etwas bewiesen werden soll. Deutlich wird dies insbesondere bei sog. Wechselverkehrszeichen (etwa Ampel), bei denen eine Beweiseignungs- und Beweisbestimmungsfunktion schon aufgrund ihrer Flüchtigkeit naturgemäß eingeschränkt ist.
Die Urkundenqualität könnte sich daher nur daraus ergeben, dass ein Verkehrszeichen mit dem dazugehörigen Straßenabschnitt eine zusammengesetzte Urkunde bildet. Dabei dürfte es gleichgültig sein, dass diese feste Verbindung nicht durch die Straßenverkehrsbehörde, sondern durch die Baubehörde hergestellt wurde.[85] Jedoch fehlt es für die Annahme einer zusammengesetzten Urkunde an der räumlichen Überschaubarkeit des Augenscheinsobjektes, auf das sich die Gedankenerklärung bezieht, sodass eine hinreichende „Beweisbeziehung" zu verneinen ist.[86]

Ergebnis: Eine Urkundenfälschung nach § 267 I Alt. 2 StGB scheidet damit aus.

---

84 Vgl. auch *Jahn*, JA 1999, 98 ff.
85 A. A. OLG Köln NJW 1999, 1043; allerdings mit wenig überzeugender Begründung.
86 Vgl. OLG Köln NJW 1999, 1043; a. A. *Kudlich*, BT/2, PdW, S. 155.

II. Damit scheitert auch eine Strafbarkeit wegen **Gebrauchs einer verfälschten Urkunde nach § 267 I Alt. 3 StGB** mangels Vorliegens des Urkundenbegriffs.

III. In gleicher Weise ist eine Strafbarkeit wegen **Urkundenunterdrückung nach § 274 StGB** mangels Urkundenqualität abzulehnen.

Auf die Tatsache, dass nach teilweise vertretener Auffassung die Vereitelung von straf- und bußgeldrechtlichen Konsequenzen keine Nachteilszufügungsabsicht i. S. v. § 274 StGB begründet (vgl. dazu oben Rn. 442), muss daher an dieser Stelle nicht mehr eingegangen werden.[87]

IV. In Betracht kommt jedoch eine **gemeinschädliche Sachbeschädigung nach §§ 303 I, 304 I StGB**.

Ein im öffentlichen Straßenverkehr aufgestelltes Verkehrsschild ist grundsätzlich taugliches Tatobjekt nach §§ 303, 304 StGB, da es dem öffentlichen Nutzen dient.[88]

Fraglich ist jedoch, ob A das Verkehrsschild durch Überkleben i. S. v. §§ 303 I, 304 I StGB beschädigt hat.

Nach Auffassung des OLG Köln soll dies selbst dann der Fall sein, wenn sich die Folie ohne Beschädigung des überklebten Zeichens mühelos wieder entfernen lässt, da der Begriff des Beschädigens keine Verletzung der Substanz verlange, sondern hierfür ausreiche, dass durch die körperliche Einwirkung auf die Sache die bestimmungsgemäße Brauchbarkeit gemindert wird.[89]

Im Ergebnis überzeugt diese Auffassung. Zwar könnte es sich bei dem Überkleben nur um eine Veränderung des äußeren Erscheinungsbildes handeln, die grundsätzlich nur über § 303 II StGB strafbar ist. Jedoch hat die Rspr. bei Gegenständen, bei denen sich der Zweck gerade aus dem äußeren Erscheinungsbild ergibt, schon immer auch dann eine Sachbeschädigung angenommen, wenn die Veränderung des Äußeren den Allgemeinzweck vereitelt, weil die Gebrauchsbestimmung untrennbar mit dem Erscheinungsbild verbunden ist (z. B. bei einem Denkmal, bei dem es gerade auf das äußere Erscheinungsbild ankommt; näher dazu unten Rn. 535).[90] Wegen Einschlägigkeit der §§ 303 I, 304 I ist daher im vorliegenden Fall ein Rückgriff auf die nur ergänzend heranzuziehenden §§ 303 II, 304 II StGB nicht erforderlich, um eine Strafbarkeit zu begründen (hierzu nochmals näher unten Rn. 535).[91] Auch wird man eine Erheblichkeit annehmen müssen, weil selbst bei nur kurzzeitiger Veränderung für vorbeifahrende Autofahrer der falsche Eindruck erweckt werden konnte, es sei auf dem konkreten Straßenabschnitt eine höhere Geschwindigkeit erlaubt.

Ergebnis: A ist daher nach §§ 303 I, 304 I StGB strafbar.

V. A hat darüber hinaus auch den Tatbestand der **Beeinträchtigung von Nothilfemitteln nach § 145 II Nr. 1 StGB** verwirklicht, da es sich bei einem Geschwindigkeitsbegrenzungsschild um ein Gefahrenzeichen i. S. d. Vorschrift handelt.

VI. Strafbarkeit wegen **Amtsanmaßung nach § 132 StGB**

Nach Auffassung des OLG Köln[92] ist eine Strafbarkeit nach § 132 StGB gegeben, da zur Verwirklichung dieses Tatbestandes nicht erforderlich ist, dass der Täter offen als Urheber der angemaßten Amtshandlung in Erscheinung tritt. Vielmehr genüge es, dass die Handlung nach den Umständen bei einem objektiven Betrachter den Anschein einer Amtshandlung hervorruft und deswegen mit einer solchen verwechselbar ist.[93]

---

87 Vgl. *Sch/Sch/Heine/Schuster*, § 274, Rn. 16; *Krack*, NStZ 2000, 423; OLG Düsseldorf JR 1991, 250, 252; BayObLG NJW 1997, 1592.
88 Vgl. dazu *Jahn*, JA 1999, 101; *Wrage*, NStZ 2000, 33.
89 Vgl. OLG Köln NJW 1999, 1044.
90 Vgl. BGHSt 29, 134.
91 A. A. *Wrage*, NStZ 2000, 33.
92 OLG Köln NJW 1999, 1044.
93 OLG Köln NJW 1999, 1044 unter Hinw. auf BGHSt 40, 13.

Fraglich ist nach den Umständen des Falles aber gerade, ob A durch das Überkleben den Anschein amtlicher Befugnis überhaupt erregt hat. Denn üblicherweise würden die Straßenverkehrsbehörden die Aufstellung eines neuen Schildes und nicht das Überkleben eines Schildes anordnen, das in der StVO auch überhaupt nicht vorgesehen ist.[94]
Eine Strafbarkeit aus § 132 StGB lässt sich daher mit guten Gründen verneinen.

VII. In Betracht kommt schließlich auch eine Strafbarkeit wegen **versuchten Betruges nach §§ 263, 22, 23 StGB** in Form des Prozessbetruges, indem A das Foto zum Beweis der fehlenden Geschwindigkeitsübertretung vor Gericht vorgezeigt hat.

1. Nichtvollendung des Betrugs (das Gericht hat nachgeforscht und hat den Schwindel aufgedeckt) und Strafbarkeit des Versuchs (vgl. § 263 II StGB) liegen vor.

2. Fraglich ist, ob A's Tatentschluss auf die Verwirklichung von Umständen gerichtet war, die einen Prozessbetrug begründen.

a) A wollte durch die Vorlage des Fotos den zur Entscheidung berufenen Richter über aus seiner Sicht bußgelderhebliche Umstände täuschen und bei ihm einen entsprechenden Irrtum erregen.

b) Insbesondere wollte A, dass der Richter auf eine Verhängung eines Bußgelds verzichtet, worin eine Vermögensverfügung gesehen werden könnte. Problematisch ist insoweit, dass nach der von A vorgestellten Sachlage Verfügender (Richter) und beabsichtigter Geschädigter (Fiskus) auseinander fallen. In einem solchen Fall ist nach der herrschenden Lagertheorie erforderlich, dass der Verfügende im Lager des Geschädigten steht bzw. nach der von einer Mindermeinung vertretenen Befugnistheorie, dass der Verfügende rechtlich befugt ist, über das Vermögen des Geschädigten zu verfügen.
Die Unterwerfung der Parteien unter das Gerichtsverfahren hat dabei jedoch nach beiden Auffassungen gleichsam die Einsetzung des Richters in deren Vermögenssphäre zur Folge. Damit steht er zumindest auch im Lager desjenigen, dem ein Anspruch aberkannt wird, da das Gesetz dessen Vermögen tatsächlich und rechtlich gewissermaßen in die Hand des Richters legt (vgl. dazu bereits Rn. 345 f.).

c) Problematisch ist jedoch, ob sich A auch Umstände vorstellte, die einen Vermögensschaden auf Seiten des Fiskus begründen.
A wollte die Verhängung eines Bußgelds verhindern. Strafen und Bußen dienen jedoch nach h. M. nicht einem Bereicherungszweck des Staates, sondern verfolgen ausschließlich einen Pönalisierungseffekt. Damit ist in der Vereitelung kein Vermögensschaden zu erblicken.
A's Tatentschluss war daher nicht auf die Verwirklichung eines Betruges zum Nachteil des Fiskus gerichtet.

Ergebnis: Eine Strafbarkeit wegen versuchten Betruges nach §§ 263, 22, 23 StGB scheidet damit aus.

VIII. Gesamtergebnis: A ist strafbar wegen gemeinschädlicher Sachbeschädigung nach §§ 303 I, 304 I StGB sowie wegen Beeinträchtigung von Nothilfemitteln gem. § 145 II Nr. 1 StGB.

4. Gesamturkunde

450 Von der zusammengesetzten Urkunde zu unterscheiden ist die sog. Gesamturkunde. Sie liegt vor, wenn mehrere Einzelurkunden in einer Weise miteinander verbunden werden, dass sie eine einheitliche über die Einzelteile hinausgehende Erklärung abge-

---

94 So zu Recht *Wrage*, NStZ 2000, 33.

ben.⁹⁵ In Betracht kommen dabei etwa Quittungsblöcke, Handelsbücher eines Kaufmanns, Sparbücher, Bierdeckel mit Gesamtzahl der Striche etc.⁹⁶ Auch hier ist allerdings eine Verbindung der Einzelteile erforderlich, die eine gewisse Festigkeit aufweist. Ein loses Hineinlegen mehrerer Schriftstücke in einen Umschlag genügt wohl nicht.⁹⁷ So sind die Klausurblätter, die beim Staatsexamen in den Prüfungsbogen eingelegt werden, keine Gesamturkunde; jedoch spielt dies keine Rolle, weil jedes einzelne Klausurblatt für sich gesehen eine Urkunde darstellt und auch das Umschlagblatt als eigene Gedankenerklärung angesehen werden kann.⁹⁸

5. Sonderproblem: Urkundseigenschaft von Fotokopien

Besonders klausurträchtig sind Fälle, in denen der Täter im Anschluss an Manipulationen an der Ausgangsurkunde Kopien anfertigt und diese im Rechtsverkehr gebrauchen will oder tatsächlich gebraucht.⁹⁹ Illustrativ ist hierzu folgender

451

> **Fall 65:** Als A's Anwohnerparkausweis nach drei Monaten ausläuft, kommt er auf folgende Idee: Um sich das Geld zu sparen, überklebt er das Ablaufdatum mit einem weißen Papierstück und schreibt auf dieses ein um drei Monate verlängertes Ablaufdatum. Anschließend kopiert A das Ganze mit einem hochwertigen Farbkopiergerät. Den vom Kopiergerät ausgeworfenen, täuschend echt aussehenden Ausweis legt er sodann auf die Frontablage seines Autos. Tatsächlich erkennt keiner der patrouillierenden Ordnungsbeamten die Manipulation, sodass A – wie beabsichtigt – drei Monate gebührenfrei parkt. Strafbarkeit des A? **(Parkausweis-Fall)**

452

Lösung:

453

I. In Betracht kommt zunächst eine Urkundenfälschung im Wege des **Verfälschens einer echten Urkunde nach § 267 I Alt. 2 StGB** durch die Manipulation am Originalausweis (Übereinanderkleben).

Aufbauhinweis: *Wichtig ist es, in derartigen Fällen zwischen den Vorgängen mit dem Original und dem Anfertigen der Kopie zu unterscheiden. Nur so ist die vollständige Erfassung sämtlicher urkundendeliktischer Probleme möglich! Fehlerhaft wäre es jedenfalls, in der Klausur hier sofort auf das Anfertigen der Kopie zuzusteuern, da anderenfalls die manipulativen Vorgänge an der Originalurkunde nicht mehr hinreichend berücksichtigt werden könnten.*

1. Zunächst ist davon auszugehen, dass der Originalanwohnerausweis eine echte Urkunde darstellt; jedoch ist fraglich, ob dieser durch das Übereinanderkleben verfälscht worden ist, § 267 I Alt. 2 StGB.

Verfälschen ist dabei jede nachträgliche Veränderung des gedanklichen Inhalts einer Urkunde, durch die der Anschein erweckt wird, dies sei die ursprüngliche Erklärung des Aus-

---

95 Die zusätzliche *übergeordnete* Beweisfunktion ergibt sich dabei aus einer besonderen Abgeschlossenheits- oder Vollständigkeitserklärung, vgl. *Rengier*, BT/2, § 32, Rn. 19, 20; *Otto*, BT, § 70, Rn. 25; krit. *Lampe*, GA 1964, 321 ff.; *Sch/Sch/Heine/Schuster*, § 267, Rn. 30; *Samson*, JuS 1970, 376; *Satzger*, Jura 2012, 111.
96 Weitere Bsp. bei *Sch/Sch/Heine/Schuster*, § 267, Rn. 36.
97 RGSt 60, 19.
98 Vgl. dazu *F.-C. Schroeder*, JuS 1981, 418; zur Frage, ob Bestandteile selbst Urkundscharakter haben müssen vgl. *Sch/Sch/Heine/Schuster*, § 267, Rn. 31 ff.
99 Instruktiv hierzu *Zaczyk*, NJW 1989, 2515 ff.

stellers.¹⁰⁰ Ausgehend hiervon wird durch das Aufkleben des veränderten Ablaufdatums dem Aussteller inhaltlich eine abweichende Aussage untergeschoben, sodass von einem Verfälschen ausgegangen werden kann. Dabei dürfte es für eine Verfälschung genügen, dass durch das Aufkleben eine hinreichend feste Verbindung hergestellt wurde, ohne dass es darauf ankommt, dass die Veränderung für jedermann ohne Weiteres ersichtlich war.¹⁰¹

2. Fraglich ist jedoch, ob A auch zur Täuschung im Rechtsverkehr handelte, als er das neue Ablaufdatum aufklebte. Problematisch ist dies vorliegend deshalb, weil A nicht von der manipulierten Originalurkunde im Rechtsverkehr Gebrauch machen wollte, sondern erst von der später angefertigten Kopie dieser Urkunde.

Der BGH hat tatsächlich ein derartiges mittelbares Gebrauchmachen von der Originalurkunde für ausreichend erklärt,¹⁰² was jedoch abzulehnen sein dürfte, weil hierdurch zu Unrecht der Urkundengebrauch von der Urkundendeliktshandlung abgelöst wird.¹⁰³ Auch bedarf es eines derartigen Begriffs des Gebrauchmachens, der nicht mehr auf die unmittelbare sinnliche Wahrnehmung abstellt, nicht, weil Strafbarkeitslücken im Wesentlichen dadurch geschlossen werden können, dass man auf das Anfertigen der späteren Kopie abstellt, die dann unmittelbar wahrgenommen wird. Auch leuchtet es wenig ein, dass ein bloßes Aufeinanderlegen von vornherein keine Verfälschungsstrafbarkeit auslösen kann, weil es an einer hinreichenden Festigkeit fehlt,¹⁰⁴ während bei einem Übereinanderkleben eine Verfälschungsstrafbarkeit vollumfänglich erfüllt sein soll.

Ergebnis: Eine Strafbarkeit nach § 267 I Alt. 2 StGB scheidet aus (a. A. aber gut vertretbar).

II. Fraglich ist, ob A durch das Anfertigen der Kopie eine Urkundenfälschung wegen **Herstellens einer unechten Urkunde nach § 267 I Alt. 1 StGB** begangen hat.

1. Dies wäre dann der Fall, wenn A durch das Anfertigen der Kopie eine neue Gedankenerklärung hervorgebracht hätte, die den unzutreffenden Schein erweckt, von dem aus ihr erkennbaren Aussteller herzurühren.¹⁰⁵

Fraglich ist insoweit, ob eine Kopie überhaupt eine Urkunde darstellt.

a) Die h. M. geht hierbei davon aus, dass die Fotokopie als solche grundsätzlich keine Urkunde darstellt, weil der Aussteller der Urschrift für die Richtigkeit der Wiedergabe nicht einzustehen hat und die Fotokopie selbst keine andere Person als Aussteller erkennen lässt.¹⁰⁶

Hinweis: *Das Gleiche gilt für Abschriften sowie für das Telefax.¹⁰⁷ Allerdings ist die fehlende Urkundseigenschaft des Telefax umstritten, weil bei ihm eine spezielle Autorisierung des Ausstellers stattfindet, weshalb weite Teile der Literatur hier – im Gegensatz zur Fotokopie – mit beachtlichen Gründen eine Urkundseigenschaft annehmen wollen.¹⁰⁸*

Dagegen hat die Durchschrift nach ganz einhelliger Auffassung Urkundseigenschaft, weil sie vom selben Aussteller wie das Original stammt und daher grundsätzlich – anders als die Fotokopie – garantiert, dass die Wiedergabe originalgetreu erfolgt ist.¹⁰⁹

---

100 *Geppert*, Jura 1988, 158, 160; *Krey/Hellmann/Heinrich*, BT/1, Rn. 979; *Küper*, Jura 1996, 205, 208; *Kargl*, JA 2003, 604, 605; Lackner/Kühl/*Heger*, § 267, Rn. 20.
101 So jedenfalls BGH bei *Dallinger*, MDR 1975, 197; a. A. BayObLG NJW 1992, 3311.
102 Vgl. BGHSt 5, 291; 36, 64.
103 Wie hier *Maurach/Schroeder/Maiwald*, BT/II, § 65, Rn. 70; *Schroth*, BT, S. 248.
104 Vgl. dazu BGH bei *Holtz*, MDR 1976, 813.
105 Vgl. dazu BGHSt 1, 117; SK-*Hoyer*, § 267, Rn. 55.
106 Vgl. BGHSt 24, 141; BayObLG NJW 1990, 3221; OLG Düsseldorf wistra 2000, 37 m. krit. Anm. *Baier*, JA 2000, 52; *Freund*, StV 2001, 234; *Wohlers*, JR 2001, 83; BGH NJW 2001, 167 m. krit. Anm. *Erb*, NStZ 2001, 317; *Geppert*, JK, § 267, 28; a. A. *Freund*, JuS 1991, 723; NK-*Puppe/Schumann*, § 267, Rn. 49 f.; differenz. B. *Heinrich*, CR 1997, 626.
107 Vgl. OLG Zweibrücken NJW 1998, 2918 m. Bspr. *Beckemper*, JuS 2000, 123.
108 Vgl. dazu *Krey/Hellmann/Heinrich*, BT/1, Rn. 1016; *Sch/Sch/Heine/Schuster*, § 267, Rn. 42a; dagegen aber *Kudlich*, BT/2, PdW, S. 162.
109 Vgl. dazu *Arzt/Weber*, BT, § 31, Rn. 12.

b) Von der fehlenden Urkundseigenschaft einer Fotokopie will die h. M. jedoch dann eine Ausnahme machen, wenn die Fotokopie den Anschein eines vom Aussteller herrührenden Originals erweckt und nach der Tätervorstellung auch erwecken soll,[110] sodass die Fotokopie zur Urkunde aufrückt (sog. „Scheinurkunde").[111]
Da A vorliegend die Kopie mit einem hochwertigen Farbkopiergerät herstellte und den täuschend echt aussehenden Ausweis auch dazu verwenden wollte, im Rechtsverkehr den Eindruck einer Originalurkunde zu erwecken, ist hier von einer derartigen Scheinurkunde auszugehen, die Urkundsqualität i. S. v. § 267 StGB hat, da der Eindruck entstehen sollte, die Ausstellerbehörde garantiere, dass die Wiedergabe originalgetreu erfolgt ist.
Dabei hat A auch eine unechte Urkunde hergestellt, da die Erklärung in Wahrheit nicht von der Ausstellerbehörde herrührte. Dabei soll es weder entscheidend auf die Qualität des Falsifikats[112] noch darauf ankommen, ob das Vorliegen einer Kopie sofort erkennbar ist oder nicht. Selbst bei relativ schlechten Fälschungen besteht ein berechtigtes Interesse des Rechtsverkehrs daran, darauf vertrauen zu können, dass eine verkörperte Erklärung von dem stammt, von dem sie ausweislich ihrer Verkörperung zu stammen scheint, sofern nur überhaupt die ernstzunehmende Möglichkeit einer unzutreffenden Zuordnung geschaffen wurde (so hat etwa das OLG Stuttgart[113] eine Urkundenfälschung in einem Fall bejaht, in dem ein Täter einen Schwerbehindertenparkausweis durch Fotokopie nachgemacht hatte, obwohl die Unechtheit von einem Verkehrskontrolleur sodann sofort erkannt wurde).

2. Bei alldem handelte er auch vorsätzlich hinsichtlich der Tathandlung und derjenigen Merkmale, die die Urkundeneigenschaft begründen sowie zur Täuschung im Rechtsverkehr, da A den Willen hatte, durch Gebrauch der Urkunde einen anderen über die Echtheit zu täuschen.

Ergebnis: A hat sich wegen Herstellens einer unechten Urkunde nach § 267 I Alt. 1 StGB strafbar gemacht.

III. Darüber hinaus liegt auch ein **Gebrauchmachen von der unechten Urkunde nach § 267 I Alt. 3 StGB** vor, da A die Kopie dem zu Täuschenden in einer Weise zugänglich gemacht hat, dass dieser sie wahrnehmen konnte.[114]

IV. Dagegen hat sich A nicht wegen **Herstellens einer unechten technischen Aufzeichnung nach § 268 StGB** strafbar gemacht.
Fotokopien sind nämlich nach ganz h. A. keine technischen Aufzeichnungen.[115] Dies ergibt sich bereits aus der Legaldefinition des § 268 II StGB, wonach darunter nur Informationen fallen, die über die bloße originalgetreue Wiedergabe einer Sache hinausgehen. Eine technische Aufzeichnung liegt also nur dann vor, wenn „Input" und „Output" nicht identisch sind (dies ergibt sich aus § 268 II StGB, der verlangt, dass die Information durch ein technisches Gerät ganz oder zum Teil „selbsttätig bewirkt" wird).
Unter die technische Aufzeichnung fallen daher insbesondere die Darstellungen eines Fahrtenschreibers[116] (mangels Dauerhaftigkeit dagegen nicht die Kilometerstandsanzeige), die Aufzeichnung einer Radarkamera, da diese dauerhafte Informationen über Ort und Zeit des Verkehrsverstoßes gibt[117] sowie vom Parkscheinautomaten ausgedruckte Parkscheine.[118] Unecht sind diese Aufzeichnungen, wenn sie entweder nicht durch das Gerät bewirkt

---

110 Vgl. dazu BayObLG JuS 1990, 850; BGH bei *Holtz*, MDR 1976, 813; *Küper/Zopfs*, BT, S. 346 f.; Zaczyk, NJW 1989, 2515; Hefendehl, Jura 1992, 375; strittig.
111 Vgl. auch BGH NStZ 1999, 620.
112 BayObLG JZ 1988, 227.
113 OLG Stuttgart NJW 2006, 2869 m. Anm. *Jahn*, JuS 2006, 855 ff.
114 Vgl. BGHSt 36, 64.
115 Vgl. dazu nur BGHSt 24, 142.
116 BGHSt 40, 28; BGH NJW 1994, 743.
117 Vgl. BayObLG StV 2002, 645; dazu *Geppert*, JK, § 249, StPO/2.
118 So jedenfalls *Hecker*, JuS 2002, 226.

§ 14 Urkunds- und Geldfälschungsdelikte

wurden oder nach § 268 III StGB durch eine störende Einwirkung auf den Aufzeichnungsvorgang zustande gekommen sind.[119]
Mangels selbstständiger Bewirkung fehlt es jedenfalls vorliegend hinsichtlich der Kopie an dem Erfordernis einer „technischen Aufzeichnung".

Ergebnis: Eine Strafbarkeit nach § 268 StGB scheidet damit aus.

V. Denkbar wäre jedoch eine Strafbarkeit wegen **Betruges nach § 263 StGB**.
A hat die vorbeigehenden Ordnungsbeamten getäuscht. Dadurch ist bei diesen ein entsprechender Irrtum erzeugt worden. Selbst wenn man aber in der Nichterteilung einer Verwarnung eine Vermögensverfügung durch Unterlassen erblickt, ist durch diese jedenfalls nicht unmittelbar ein Schaden herbeigeführt worden. Denn beim Bußgeld steht nicht der Bereicherungszweck des Staates, sondern der Pönalisierungseffekt im Vordergrund, sodass von einem Vermögensnachteil nach h. M. nicht gesprochen werden kann.

Ergebnis: Eine Strafbarkeit wegen Betruges nach § 263 StGB scheidet damit aus.

VI. Ergebnis und Konkurrenzen: A hat sich nach § 267 I Alt. 1 StGB wegen Herstellens einer unechten Urkunde strafbar gemacht. Das Gebrauchmachen von der Urkunde hat demgegenüber keine eigenständige Bedeutung, da es bereits beim Herstellen der Urkunde vom Täter beabsichtigt war, sodass nur eine einheitliche Urkundenfälschungstat gegeben ist.

Achtung Klausur: *In einer sehr examensrelevanten Entscheidung hatte sich der BGH mit der Manipulation an eingescannten Dokumenten und dem anschließenden Versand per Telefax auseinanderzusetzen.*[120] *Dem lag folgender Sachverhalt zugrunde (stark verkürzt): Der Angeklagte A verfügte über einen eingescannten notariellen Kaufvertrag, den er mit einem Dritten geschlossen hatte. An der eingescannten Version nahm er mit Hilfe des Computers einige Änderungen vor. Anschließend druckte er den manipulierten Vertrag aus und übermittelte ihn per Telefax an den Geschädigten G. Der BGH lehnte hier eine Strafbarkeit des A nach § 267 StGB sowohl im Hinblick auf den Ausdruck als auch auf das Versenden per Fax ab. In beiden Fällen fehle es an der Urkundeneigenschaft: Das ausgedruckte Exemplar sei keine Urkunde, weil die Reproduktion der Originalurkunde mit den notariellen Authentizitätsmerkmalen, wie einem Amtssiegel, offensichtlich nicht so ähnlich sei, dass die Möglichkeit einer Verwechslung nicht ausgeschlossen werden könne. Auch mit der Übermittlung des Schriftstücks per Fax und dessen Ausdruck auf dem Empfängergerät habe A keine unechte Urkunde hergestellt. Nicht anders als bei einer Fotokopie enthalte der beim Empfänger ankommende Faxausdruck nur die bildliche Wiedergabe der in jenem Schriftstück verkörperten Erklärung, sodass mangels Erkennbarkeit des Ausstellers die Garantiefunktion einer Urkunde fehle.*

IV. Fälschung technischer Aufzeichnungen nach § 268 StGB

453a Die Fälschung einer technischen Aufzeichnung kann – wie bereits in der Lösung des Parkausweis-Falles (Rn. 452 f.) gesehen – nur dann angenommen werden, wenn ein Eingriff in die Selbsttätigkeit eines Aufzeichnungsgeschehens erfolgt.

---

119 Vgl. auch *Kudlich*, BT/2, PdW, S. 172 f.
120 BGH JuS 2010, 554 m. Anm. *Jahn*.

Unter den Begriff der technischen Aufzeichnung fallen daher vor allem Fahrtenschreiberaufzeichnungen, Aufzeichnungen von Radarkameras und sonstige selbsttätige Fixierungen, die durch Geräte erzielt und dauerhaft festgehalten werden. Zum Teil wird weiterhin gefordert, dass diese Aufzeichnungen in einem vom Gerät abtrennbaren Stück enthalten sind (nicht bei Gas-, Strom-, Wasser- oder Kilometerzählern, bei denen es aber auch an der erforderlichen Dauerhaftigkeit der Aufzeichnung fehlt).[121]

Klausurwichtig ist zunächst § 268 I Nr. 1 Alt. 1 StGB, der das Herstellen einer unechten technischen Aufzeichnung unter Strafe stellt. Bei der Definition „unecht" kann dabei auf die Definition des § 267 I Alt. 1 StGB zurückgegriffen werden, mit der Maßgabe, dass auf das technische Gerät abzustellen ist. Unecht ist daher eine technische Aufzeichnung, wenn sie den falschen Eindruck erweckt, sie stamme aus dem selbsttätigen Herstellungsvorgang eines technischen Geräts.[122] Verfälscht wird eine technische Aufzeichnung, wenn eine Veränderung vortäuscht, der veränderte Zustand trüge die Gestalt, in der die Aufzeichnung nach ordnungsgemäßem Herstellungsvorgang das Gerät verlassen hat.[123]

Achtung Klausur: *Die handschriftliche Veränderung der Parkzeit auf einem von einem Automaten ausgeworfenen Parkschein begründet eine Strafbarkeit aus § 268 StGB wegen Verfälschens einer technischen Aufzeichnung. Gleichzeitig kann hier ein Verfälschen einer echten Urkunde nach § 267 StGB vorliegen, wenn sich aus dem Parkschein der Aussteller entnehmen lässt. Regelmäßig wird dies die Stadt sein, die sich den Urkundeninhalt des Automaten zu eigen macht. §§ 267 und 268 StGB stehen dann zueinander in Tateinheit.*[124]

Für eine Einwirkung auf den Aufzeichnungsablauf selbst bestimmt § 268 III StGB zusätzlich, dass die störende Einwirkung auf den Aufzeichnungsvorgang der Tathandlung des Herstellens einer unechten technischen Aufzeichnung nach § 268 I Nr. 1 StGB gleichzustellen ist. In der Klausur ist daher bei Eingriffen in den laufenden Aufzeichnungsvorgang § 268 III StGB zusätzlich heranzuziehen. Zu beachten ist dabei jedoch, dass nicht jede Einwirkung auf den Aufzeichnungsvorgang nach § 268 III i. V. m. I Nr. 1 StGB strafbar ist. Dies hat das OLG München[125] festgestellt. Zugrunde lag der Entscheidung folgender

Fall 66: A fährt weit über der zulässigen Höchstgeschwindigkeit an einer Radarkontrolle der Polizei vorbei. Das Radargerät misst eine Geschwindigkeitsüberschreitung von 60 km/h und hält diese fest. Das Nummernschild von A bleibt aber unkenntlich, da dieser zuvor auf der Rückseite seines Innenspiegels Reflektoren angebracht hatte, damit eventuelle Radarkameras durch das „Gegenlicht" geblendet und die geschossenen Fotos aufgrund von Überbelichtung unbrauchbar werden. Hat sich A durch das Blenden der Kamera strafbar gemacht? **(Reflektoren-Fall**[126]**)**

453b

---

121 Vgl. hierzu *Gössel/Dölling*, BT/1, § 52, Rn. 29 f.; a. A. MüKo-*Erb*, § 268, Rn. 12 f.
122 Vgl. statt aller *Fischer*, § 268, Rn. 16.
123 Vgl. dazu ebenfalls *Fischer*, § 268, Rn. 21.
124 Vgl. dazu *Hecker*, JuS 2002, 224 ff.
125 OLG München NJW 2006, 2132.
126 Vgl. dazu *Kudlich*, JA 2007, 72 ff.; s. auch *Geppert*, DAR 2000, 106 ff.; *Martin*, JuS 2000, 822 f.

§ 14 Urkunds- und Geldfälschungsdelikte

453c | **Lösung:**

I. In Betracht kommt eine Strafbarkeit wegen **Fälschung technischer Aufzeichnungen nach § 268 StGB**.

1. Bei der automatischen Aufzeichnung von Verkehrsüberwachungskameras ist von einer technischen Aufzeichnung nach § 268 II i. V. m. I StGB auszugehen, wenn zusammen mit dem Bild weitere Daten (wie z. B. Datum, Uhrzeit, gemessene Geschwindigkeit) aufgezeichnet werden, wie dies regelmäßig der Fall ist.

2. Von einem Verfälschen einer technischen Aufzeichnung kann von vornherein nicht ausgegangen werden, da nicht in eine bereits vorhandene Aufzeichnung eingegriffen wurde.

3. Auch ein Herstellen einer unechten technischen Aufzeichnung nach § 268 I Nr. 1 StGB liegt nicht vor, da das Bild tatsächlich aus dem selbsttätigen Herstellungsvorgang des konkreten Geräts stammte.

4. In Betracht kommt daher allenfalls eine Strafbarkeit nach § 268 III i. V. m. I Nr. 1 StGB wegen Beeinflussung des Ergebnisses der Aufzeichnung durch störende Einwirkung auf den Aufzeichnungsvorgang. Dies wird in § 268 III StGB ausdrücklich dem Herstellen einer unechten technischen Aufzeichnung gleichgestellt.

Nach dem Schutzzweck der Norm fallen hierunter jedoch nur Tathandlungen, die störend auf den Aufzeichnungsvorgang einwirken, was nur der Fall ist, wenn der selbsttätig-fehlerfreie Funktionsablauf des aufzeichnenden Geräts in Mitleidenschaft gezogen wird.[127] Da die Einwirkung eine unrichtige Aufzeichnung verursachen muss, ist die völlige Verhinderung der Aufzeichnung durch Manipulationen am Objekt, die es für das Gerät unerkennbar machen, nicht tatbestandsmäßig.[128] Weil das Anbringen der Reflektoren an der Hinterseite des Spiegels die Entstehung einer Aufzeichnung, d. h. die Aufnahme des Fahrers, überhaupt verhindert hat, ist daher auch die Tatalternative des § 268 III StGB nicht erfüllt.

II. Gegeben sein könnte darüber hinaus jedoch eine **Urkundenunterdrückung nach § 274 I Nr. 1 StGB** durch Beschädigung einer technischen Aufzeichnung.

Dies ist bereits deshalb fraglich, weil eine technische Aufzeichnung, die beschädigt werden könnte, zunächst überhaupt nicht existierte. Vielmehr wurde eine Aufzeichnung – wie soeben gesehen – verhindert.

Das OLG München zieht jedoch in Erwägung, dass möglicherweise für eine „denklogische Zehntelsekunde" ein auch das Bild des Fahrers enthaltendes Foto entstanden sein könnte, das durch den Gegenblitz dann allerdings sofort wieder vernichtet wurde.[129] Auch in diesem Fall fehlt es jedoch nach Ansicht des OLG München an einer hinreichend sicheren, dauerhaften stofflichen Fixierung einer solchen technischen Aufzeichnung, sodass § 274 I Nr. 1 StGB auch aus diesem Grunde ausscheide.

III. Fraglich ist jedoch, ob A sich wegen des von ihm erzeugten Gegenblitzes wegen **Sachbeschädigung nach § 303 I StGB** strafbar gemacht hat.

Das OLG München hat dies bejaht, indem es davon ausgegangen ist, dass die Messanlage, bestehend aus einem Aufnahmegerät und dem dabei verwendeten Aufzeichnungsmedium, in ihrer bestimmungsgemäßen Brauchbarkeit nicht unwesentlich gemindert wurde. Entscheidend sei dabei, dass das Gerät – auch wenn es anschließend wieder voll funktionsfähig war – im entscheidenden Moment der Aufnahme seine Funktionsfähigkeit erheblich und nachhaltig eingebüßt habe, indem ein brauchbares Lichtbild vom Fahrer des Pkw nicht zustande kommen konnte. Dabei beruft sich das OLG München auf eine frühere Entscheidung des OLG Stuttgart,[130] in der eine Sachbeschädigung in einem Fall angenommen wurde,

---

127 BGHSt 28, 305.
128 OLG München NJW 2006, 2133.
129 Vgl. dazu OLG München NJW 2006, 2133.
130 OLG Stuttgart NStZ 1997, 342.

in dem der Täter das Objektiv einer Verkehrskamera mit Dreck beschmiert hatte, sodass die Funktionstüchtigkeit zeitweilig aufgehoben war.

Im Ergebnis wird man der Entscheidung des OLG München dennoch widersprechen müssen. Der Begriff der Sachbeschädigung wird nämlich entgrenzt, wenn eine körperliche Einwirkung auf eine Sache für § 303 I StGB überhaupt nicht mehr verlangt wird.[131] Gerade darin unterscheidet sich nämlich der vorliegende Fall von dem des OLG Stuttgart. Dort hatte der Angeklagte körperlich durch Beschmieren mit Dreck auf die Kamera eingewirkt. Vorliegend dagegen kann der Gegenblitz nicht als körperliche Einwirkung auf das Aufnahmegerät verstanden werden.

Ergebnis: Entgegen dem OLG München wird man eine Strafbarkeit nach § 303 I StGB ablehnen müssen.

IV. Auch eine **gemeinschädliche Sachbeschädigung nach § 304 I StGB** scheitert aus dem soeben genannten Grund. Abgesehen davon fehlt es auch an einem Nutzen der Öffentlichkeit, der eine Gemeinschädlichkeit begründen könnte.

V. Nicht gegeben ist auch eine Strafbarkeit wegen **Störung öffentlicher Betriebe nach § 316b I Nr. 3 StGB**, da darunter nur Einrichtungen oder Anlagen fallen, die der öffentlichen Sicherheit oder Ordnung dienen. Da die Verkehrsüberwachungskamera jedoch repressiv eingesetzt wird, dient sie keiner präventiven Erhaltung der öffentlichen Sicherheit und Ordnung nach § 316b I Nr. 3 StGB.

VI. Zu verneinen ist auch ein **Betrug gem. § 263 I StGB** gegenüber dem Sachbearbeiter zulasten des Staates, da dieser seinen Bußgeldanspruch nicht geltend machen kann. Hier fehlt es bereits an einer Täuschung. Diese ist die intellektuelle Einwirkung auf das Vorstellungsbild einer Person, die geeignet und bestimmt ist, bei dieser eine positive Fehlvorstellung über Tatsachen hervorzurufen.[132] Vorliegend kann ein die Radarbilder auswertender Sachbearbeiter lediglich das Nummernschild des A nicht lesen. Dies stellt keine positive Fehlvorstellung dar, denn der Sachbearbeiter sieht das Ergebnis der Geschwindigkeitsmessung des A, er kann dieses lediglich keinem bestimmten Fahrzeug und dem entsprechenden Fahrzeughalter zuordnen.

VII. Ein **Computerbetrug gem. § 263a I, III StGB** scheitert mangels Tathandlung. Hier kommt allenfalls die Beeinflussung des Ergebnisses eines Datenverarbeitungsvorgangs durch unbefugte Einwirkung auf den Ablauf (Alt. 4) in Frage. Dies ist nicht gegeben, da die von A angebrachten Reflektoren nicht auf den Ablauf der Geschwindigkeitsmessung der Radarkamera einwirken, sondern lediglich dazu führen, dass auf der durch normalen Ablauf aufgenommenen Fotografie das Nummernschild des Autos nicht lesbar ist. Demnach wird nur das Fotomotiv verändert, nicht der Mess- und Aufzeichnungsvorgang.

VIII. Eine Strafbarkeit nach **§ 258 StGB** ist in doppelter Hinsicht abzulehnen. Zunächst fehlt es an der „Tat eines anderen", des Weiteren hat sich A nach der hier vertretenen Meinung keiner „Straftat" strafbar gemacht.

---

131 Wie hier auch *Gaede*, JR 2008, 97 ff.; *Kudlich*, JA 2007, 72 ff.
132 BGH NJW 2001, 2187; *Sch/Sch/Perron*, § 263, Rn. 6.

B. Geldfälschungsdelikte, §§ 146 ff. StGB

I. Geschütztes Rechtsgut und Verhältnis der Geldfälschungsdelikte untereinander sowie zu anderen Delikten

454 Die §§ 146 ff. StGB schützen das allgemeine Interesse an der Sicherheit und Zuverlässigkeit des Geldverkehrs und **nicht** das Vermögen. Sie stellen insofern Spezialfälle der Urkundenfälschung dar.[133] Wie bei diesen steht daher ein etwa mitverwirklichter Betrug in Tateinheit zum Geldfälschungsdelikt. Wie schon beim Verhältnis von Urkundenfälschung und Gebrauchmachen von der Urkunde gilt auch hier, dass § 146 I Nr. 3 StGB die Tat nach § 146 I Nr. 1 bzw. Nr. 2 StGB nur materiell beendet und der Betrug durch Inverkehrbringen damit in Tateinheit steht, sofern er von Anfang an beabsichtigt war (etwa wenn A beim Autohändler B einen Porsche mit von ihm hergestelltem Falschgeld bezahlt → §§ 146 I Nr. 1, 263, 52 StGB).

Die Tatsache, dass es sich bei §§ 146 ff. StGB um Spezialfälle der Urkundenfälschung handelt, hatte im sog. „Karlsruher Münzskandal" zur Folge, dass dort zu Recht die Falschgeldeigenschaft solcher Münzen bejaht wurde, die von einer Prägeanstalt angefertigt wurden, ohne dass ein staatlicher Prägeauftrag erteilt war. Denn wegen des fehlenden Auftrags rührten die Münzen geistig nicht von demjenigen her, der durch den Aufdruck „Bundesrepublik Deutschland" als Aussteller benannt war.[134]

Die zentralen Normen sind die §§ 146, 147 StGB, die nur Geld erfassen. Die Tatbestände werden jedoch durch § 148 StGB auf Wertzeichen, durch § 151 StGB auf Wertpapiere und durch § 152a StGB auf Zahlungskarten und Vordrucke für Euroschecks erweitert. § 152 StGB schließlich bezieht Geld, Wertzeichen und Wertpapiere eines fremden Währungsgebietes in den strafrechtlichen Schutz ein, während § 149 StGB den Strafbarkeitsbereich auf eine Reihe delikttypischer Vorbereitungshandlungen ausdehnt.

II. Tatobjekt

455 Taugliches Tatobjekt der Geldfälschungsdelikte ist das „Geld". Darunter ist jedes vom Staat oder von einer durch ihn dazu ermächtigten Stelle als Wertträger beglaubigtes und zum Umlauf im öffentlichen Verkehr bestimmtes Zahlungsmittel ohne Rücksicht auf einen allgemeinen Annahmezwang zu verstehen.[135] Auch Geld fremder Währungen ist geschützt (§ 152 StGB) und zwar selbst dann, wenn es im Inland keinen Kurs hat oder wenn im Inland sein Umlauf verboten ist. Ausgehend vom Begriff der echten Urkunde genügt es, dass das Geld irgendwo von Rechts wegen als Wertträger die Funktion eines Zahlungsmittels hat. Die Geldeigenschaft endet, wenn die Zahlungsmittel außer Kurs gesetzt sind, d. h., wenn sie durch staatlichen Willensakt (nicht nur durch faktisches Verhalten derer, in deren Händen sie sind) aus dem Zahlungsmittel-

---

[133] Vgl. BGHSt 27, 255, 258; MüKo-*Erb*, § 146, Rn. 2 ff.
[134] BGHSt 27, 255, 258.
[135] *Wessels/Hettinger/Engländer*, BT/1, Rn. 1010; *Fischer*, § 146, Rn. 2 m. w. N.

umlauf genommen werden.¹³⁶ In Parallele zum Urkundsbegriff kann man hier vom Verlust der Beweisbestimmung sprechen.

III. Tathandlungen

Bei den einzelnen Tatmodalitäten ist zunächst von der § 267 StGB zugrunde liegenden Situation auszugehen, dass der Täter das Falsifikat selbst schafft:

1. Nachmachen von Geld, § 146 I Nr. 1 Alt. 1 StGB (Parallelfall zu § 267 I Alt. 1 StGB)

Geld ist *nachgemacht* und damit falsch, wenn es den Anschein echten Geldes erweckt und geeignet ist, den im Geschäftsverkehr Arglosen zu täuschen.¹³⁷ Dabei dürfen angesichts des Schutzzwecks der Norm keine allzu hohen Anforderungen an die Ähnlichkeit des Falschgeldes mit echtem Geld gestellt werden.¹³⁸ Entscheidend ist lediglich die sich aus dem Gesamtbild der Fälschung ergebende Verwechslungsgefahr, welche erst bei völlig auffälligen Fälschungen auszuschließen ist.¹³⁹ Dass der Fälschung ein echtes Vorbild zugrunde liegt, ist indes nicht erforderlich. Weiter als im Fall der Urkundenfälschung muss die Absicht des Täters nicht darauf gerichtet sein, das Falschgeld als echtes selbst in den Verkehr zu bringen; vielmehr genügt es auch, wenn er ein solches Inverkehrbringen durch einen eingeweihten Dritten ermöglicht.¹⁴⁰

456

2. Verfälschen echten Geldes, § 146 I Nr. 1 Alt. 2 StGB (Parallelfall zu § 267 I Alt. 2 StGB)

Ein *Verfälschen* ist gegeben, wenn echtes Geld so verändert wird, dass für einen Arglosen der Anschein eines höheren Nominalwertes hervorgerufen wird.¹⁴¹ Die Absicht des Täters ist hier dieselbe wie beim Nachmachen.

457

3. Inverkehrbringen als echt, § 146 I Nr. 3 StGB (Parallelfall zu § 267 I Alt. 3 StGB)

In den Verkehr gebracht ist Falschgeld, wenn ein anderer tatsächlich in die Lage versetzt wird, sich seiner zu bemächtigen und damit nach Belieben zu verfahren.¹⁴² Erforderlich ist, dass der Inverkehrbringende seine bisherige Verfügungsgewalt vollständig aufgibt und ein Wechsel der Verfügungsgewalt im Außenverhältnis stattfindet.¹⁴³

458

---

136 BGHSt 12, 345; 19, 359; 31, 382; *Gössel/Dölling*, BT/1, § 53, Rn. 3.
137 BGHSt 23, 229, 231; *Sch/Sch/Sternberg-Lieben*, § 146, Rn. 5; *Kindhäuser*, LPK, § 146, Rn. 2.
138 NK-*Puppe/Schumann*, § 146, Rn. 4 m. w. N.
139 RGSt 65, 203, 204; BGH NJW 1995, 1844 f.; nach BGH NStZ 1994, 124 fehlt es an einer solchen Verwechslungsgefahr bei unaufgeschnittenen Druckbögen mit jeweils 12 Stück nachgemachter Banknoten.
140 *Rengier*, BT/2, § 39, Rn. 6; *Wessels/Hettinger/Engländer*, BT/1, Rn. 1014.
141 RGSt 68, 65, 69; SK-*Stein*, § 146, Rn. 7; Überblick bei *Küper/Zopfs*, BT, S. 170.
142 *Otto*, BT, § 75, Rn. 10.
143 Hieran fehlt es bei rein internen Vorgängen wie etwa einer Gewahrsamsverschiebung unter Mittätern.

Beispiele: Einwurf des Geldes in einen Opferstock,[144] Rückgabe des Falschgeldes an den Lieferanten[145] oder sogar das Einwerfen in den Abfalleimer einer Autobahnraststätte.[146]

Die Übergabe an einen verdeckten Ermittler ist dagegen nur als versuchte Tat zu werten, weil das Falschgeld hier unmittelbar in amtlichen Gewahrsam gelangt.[147]

Umstritten ist, ob das Inverkehrbringen **als echt** nur die Weitergabe an einen Gutgläubigen, dem die Echtheit des Geldes vorgespiegelt wird, erfasst oder ob auch die Weitergabe an einen Eingeweihten, der über die Falschheit informiert ist, unter § 146 I Nr. 3 StGB fällt.

Sieht man diese Tat als Verwirklichung der in den übrigen Tatmodalitäten vorausgesetzten Absicht an (h. M.), so genügt nicht nur das Inverkehrbringen als echt durch den Täter selbst, sondern auch die Weitergabe an einen eingeweihten Mittelsmann (s. dazu den nachfolgenden Streit unter 4. c).

4. Sichverschaffen und Inverkehrbringen von Falschgeld, §§ 146 I Nr. 2, 3, 147 StGB

459 Aus der Umlauffähigkeit von Geld ergibt sich die Notwendigkeit, nicht nur denjenigen zu bestrafen, der das Falschgeld selbst erzeugt und in den Verkehr bringt, sondern auch denjenigen, der das von einem anderen geschaffene Falschgeld für sich nutzt. Dabei differenziert das Gesetz danach, ob der Täter bereits beim Erwerb wusste, dass es sich um Falschgeld handelte:

a) Bösgläubigkeit des Täters bei Erwerb des Falschgeldes

Das Sichverschaffen falschen Geldes in der Absicht, es als echt in Verkehr zu bringen oder ein solches Inverkehrbringen zu ermöglichen, fällt unter § 146 I Nr. 2 StGB.

Das Inverkehrbringen oder Ermöglichen eines derartigen Inverkehrbringens (h. M., s. oben 3. sowie unten c) wird von § 146 I Nr. 3 StGB erfasst.

b) Gutgläubigkeit des Täters bei Erwerb des Falschgeldes

460 Das Inverkehrbringen als echt fällt hier unter § 147 StGB. Streitig ist dabei, ob – in Harmonisierung zu den übrigen Vorschriften des § 146 StGB – auch das Ermöglichen des Inverkehrbringens als echt durch Weitergabe an eingeweihte Dritte erfasst wird (s. dazu den nachfolgend geschilderten Streit).

c) Problem: Inverkehrbringen nach §§ 146 I Nr. 3, 147 StGB durch Weitergabe an eingeweihte Dritte

461 Hauptstreitpunkt bei den §§ 146 I Nr. 3, 147 StGB ist, ob auch die Weitergabe von Falschgeld an einen Eingeweihten tatbestandsmäßig ist:

---

144 BGH NJW 1952, 311; MüKo-*Erb*, § 146, Rn. 45 m. w. Bsp.
145 BGH wistra 2002, 382.
146 BGHSt 35, 21.
147 BGHSt 34, 108; BGH wistra 2002, 339.

- Nach nunmehr h. M. ist das Merkmal „Inverkehrbringen als echt" weit auszulegen und erfasst auch die Weitergabe an den eingeweihten Abnehmer, da dies der erste Schritt auf dem Weg zum Inverkehrbringen als Zahlungsmittel sei.[148]
- Die Gegenansicht lehnt diese Auslegung unter Hinweis auf den Wortlaut der §§ 146 I Nr. 3, 147 StGB als Verstoß gegen das Analogieverbot (Art. 103 II GG) ab: Anders als in § 146 I Nr. 1, 2 StGB sei die Ermöglichungsvariante in den §§ 146 I Nr. 3, 147 StGB gerade nicht erfasst, sodass im Umkehrschluss ersichtlich werde, dass das Inverkehrbringen als echt allein die Weitergabe an gutgläubige Dritte abdecke.[149]
- Stellungnahme: Mit der h. M. wird man davon ausgehen können, dass der Wortlaut der §§ 146 I Nr. 3, 147 StGB durchaus noch das „Einschleusen" von Falschgeld über einen eingeweihten Mittelsmann erfasst. Für § 146 I Nr. 3 StGB ergibt sich dies schon daraus, dass man diese Tat als Verwirklichung der in den § 146 I Nr. 1, 2 StGB vorausgesetzten Absicht ansehen kann (vgl. schon oben!). Im Übrigen gelangt die enge Auffassung zu Wertungswidersprüchen, wenn der Täter das von ihm als echt empfangene Falschgeld einem eingeweihten Dritten überlässt: Ihm droht eine Bestrafung wegen Teilnahme an der Tat seines Mittelsmannes (i. d. R. §§ 146 I Nr. 2, 3, 27 StGB), während er lediglich nach § 147 StGB strafbar wäre, wenn er das Geld selbst in den Verkehr gebracht hätte, was aber von einer durchaus höheren kriminellen Energie zeugt.[150]

Achtung Klausur: *Bei der Weitergabe an eingeweihte Dritte ist im Rahmen des § 147 StGB zu berücksichtigen, dass der Weitergebende regelmäßig nicht nur § 147 StGB, sondern auch § 146 I Nr. 2 oder 3 i. V. m. § 27 StGB verwirklichen wird (eine vorsätzliche Haupttat liegt dann vor, weil der Empfänger ja eingeweiht ist!). Aufbaumäßig sind hier zwei Wege gangbar: Sie können den täterschaftlich begangenen § 147 StGB vor der bloßen Teilnahme (§§ 146, 27 StGB) prüfen und dann – eingangs der Beihilfeprüfung – erörtern, ob § 147 StGB als privilegierendes Gesetz Sperrwirkung gegenüber § 146 StGB entfaltet.*[151]

Vorzugswürdig erscheint es jedoch, die Problematik erst auf Konkurrenzebene dahingehend anzusprechen, dass die Subsidiaritätsklausel des § 147 StGB nur dann eingreift, wenn § 146 StGB in der gleichen Begehungsform (= Täterschaft oder Teilnahme) verwirklicht wurde. Der täterschaftlichen Verwirklichung des § 147 StGB ginge dann zwar die des § 146 StGB, nicht aber die bloße Beihilfe zu § 146 I Nr. 2, 3 StGB vor.[152]

---

[148] BGHSt 29, 311; BGH NStZ 1996, 604, 605; OLG Düsseldorf NJW 1998, 2067; Lackner/Kühl/*Heger*, § 147, Rn. 2; LK-*Ruß*, § 146, Rn. 24; *Sch/Sch/Sternberg-Lieben*, § 146, Rn. 22; *Rengier*, BT/2, § 39, Rn. 12 ff.; *Fischer*, § 147, Rn. 2.
[149] Vgl. NK-*Puppe/Schumann*, § 146, Rn. 34; *Otto*, BT, § 75, Rn. 11; SK-*Stein*, § 146, Rn. 19; *Wessels/Hettinger/Engländer*, BT/1, Rn. 1024; *Bartholme*, JA 1993, 199 f.
[150] Vgl. LK-*Ruß*, § 147, Rn. 4.
[151] So zu § 148 StGB a. F. OLG Hamm HESt 2, 240; *Schönke*, JZ 1951, 268; BGHSt 29, 311, 315.
[152] Vgl. auch *Wessels*, Bockelmann-FS, 1979, S. 679; BGHSt 29, 311; *Rengier*, BT/2, § 39, Rn. 17.

5. Strafbarkeit von Vorbereitungshandlungen, § 149 StGB[153]

462 Eine im Vergleich zu den übrigen Urkundsdelikten weiter reichende Strafbarkeit bestimmt auch § 149 StGB, der aufgrund der besonderen Gemeinschädlichkeit auch die Vorbereitung der Geldfälschungsdelikte unter Strafe stellt. Das Vorbereiten einer Fälschung setzt dabei zwar keine genauen Vorstellungen hinsichtlich dieser Tat voraus, jedoch muss die Tat in ihren wesentlichen Umrissen konkretisiert sein.[154] Da die in § 149 StGB erfassten Vorbereitungshandlungen noch weit vor dem Versuchsstadium liegen, ist die eigene Rücktrittsregelung in § 149 II, III StGB zu beachten.

C. Wertpapier- und Wertzeichenfälschung, §§ 148, 151, 152a StGB

I. Wertzeichenfälschung nach § 148 StGB

463 Nach allgemeiner Ansicht sind amtliche Wertzeichen vom Staat oder einer Körperschaft des öffentlichen Rechts ausgegebene Zeichen, die öffentlichen Glauben genießen und die Zahlung von Gebühren, Steuern und Abgaben nachweisen.[155]

Beispiele: Beitragsmarken der Sozialversicherung, Gerichtskostenmarken. Aufgrund der Privatisierung der Post werden hingegen Briefmarken nicht mehr erfasst.[156]

Bezüglich der Tathandlungen des Nachmachens, Verfälschens, Sichverschaffens und Inverkehrbringens kann auf die Ausführungen zu § 146 StGB (Rn. 456 ff.) verwiesen werden.

Näherer Erläuterung bedürfen das Verwenden und Feilhalten falscher amtlicher Wertzeichen.

Der Begriff des Verwendens umfasst den bestimmungsgemäßen Gebrauch, ohne das Wertzeichen in Verkehr zu bringen, wobei entsprechend dem Inverkehrbringen die Schaffung einer Gefahr des Verwendens genügt.[157]

Als Feilhalten wird das äußerlich erkennbare Bereitstellen zum Verkauf an das Publikum bezeichnet.[158]

Hinsichtlich der Konkurrenzen im Rahmen von § 148 StGB kann wiederum auf die Ausführungen zu § 146 StGB (Rn. 454) verwiesen werden.

II. Wertpapierfälschung nach § 151 StGB

464 § 151 StGB erstreckt den Schutz der Geldfälschungsdelikte auf bestimmte Wertpapiere, die im Gesetz abschließend aufgezählt sind.

---

[153] Vgl. zu § 149 StGB MüKo-*Erb*, § 149, Rn. 1 ff. m. w. N.
[154] Vgl. BGH NJW 1977, 540 zu § 311b StGB a. F. m. ablehn. Anm. *Herzberg*, JR 1977, 469, 470.
[155] BGHSt 32, 68, 75 f.; BGH NJW 1984, 2772; NK-*Puppe/Schumann*, § 148, Rn. 9; *Fischer*, § 148, Rn. 2.
[156] *Fischer*, § 148, Rn. 2; *Bohnert*, NJW 1998, 2879; a. A. NK-*Puppe/Schumann*, § 148, Rn. 7.
[157] LK-*Ruß*, § 148, Rn. 13.
[158] Vgl. *Bartholome*, JA 1993, 198, 201; *Gössel/Dölling*, BT/1, § 53, Rn. 16.

Erforderlich ist jedoch, dass das Wertpapier durch Druck und Papierart gegen Nachahmung besonders gesichert ist, was bei den in der Bundesrepublik Deutschland gehandelten Wertpapieren allgemein angenommen wird.[159]

III. Fälschung von Zahlungskarten und Vordrucken für Euroschecks nach § 152a StGB

§ 152a StGB hat den Zweck, eine Strafbarkeitslücke zu schließen, denn unausgefüllte Scheckformulare (Blankette) stellen lediglich einen Urkundenentwurf dar, sodass eine Anwendung des § 267 StGB, erst recht jedoch eine solche des § 263 StGB entfällt.[160]

465

Die in § 152a StGB genannten Tathandlungen finden ihre Entsprechung in den §§ 146, 148 StGB. Die Legaldefinition des Tatobjekts (Zahlungskarte) findet sich in § 152a IV StGB.

Die Verwendung des Plurals (Zahlungskarten) in § 152a I StGB schließt es nach dem Sprachgebrauch nicht aus, dass der Tatbestand bereits dann bejaht wird, wenn sich die Tathandlung nur auf eine Zahlungskarte bezieht.[161]

Der Versuch des Nachmachens von Zahlungskarten beginnt erst dann, wenn der Täter zur Fälschungshandlung ansetzt.[162]

---

159 Siehe hierzu *Sch/Sch/Sternberg-Lieben*, § 151, Rn. 2; *Wessels/Hettinger/Engländer*, BT/1, Rn. 1034.
160 MüKo-*Erb*, § 152a, Rn. 2.
161 BGH NJW 2000, 3580; *Rengier*, BT/2, § 39, Rn. 27.
162 BGH NStZ 2010, 209.

§ 15 Delikte im Straßenverkehr

466 Delikte im Straßenverkehr spielen in Klausuren ebenfalls häufig eine Rolle (prozentual kommen sie in der Klausurträchtigkeit gleich nach dem Strafrecht AT und den Vermögensdelikten). Die Furcht vor dieser Deliktsgruppe ist dabei völlig unberechtigt, da immer wieder die gleichen Problemlagen in der Klausur auftauchen.

Achtung Klausur: *In Prüfungsarbeiten, in denen ein Kfz eine Rolle spielt, müssen beim Klausurbearbeiter grundsätzlich folgende Vorschriften „im Kopf aufscheinen": §§ 316a, 315b, 315c, 315d, 316, 142, 248b StGB, § 21 StVG.*

I. Räuberischer Angriff auf Kraftfahrer nach § 316a StGB[1]

1. Geschütztes Rechtsgut und Verhältnis zu anderen Delikten

467 Die Rspr. begreift § 316a StGB als eigenständiges Delikt, das (jedenfalls gleichrangig neben den Vermögensinteressen[2]) dem Schutz der Sicherheit des Straßenverkehrs dient.[3] Für die Konkurrenzen hat dies folgende Konsequenzen:

- § 316a und §§ 249, 252, 255 StGB stehen zueinander in Tateinheit, § 52 StGB.[4] Dies ergibt sich nach Auffassung der Rspr. bereits aus den unterschiedlichen geschützten Rechtsgütern. Selbst wenn man aber mit einem Teil der Literatur[5] davon ausgehen würde, dass es sich bei § 316a StGB nur um eine Sonderform des Raubes und der räuberischen Erpressung handelt, wird man nicht schlussfolgern dürfen, dass § 316a StGB die §§ 249 ff. StGB verdrängt, wie dies zum Teil behauptet wird.[6] Denn § 316a StGB setzt nicht voraus, dass der durch den Angriff beabsichtigte Raub, räuberische Diebstahl bzw. die räuberische Erpressung tatsächlich ausgeführt wird. Der Unrechtsgehalt der verwirklichten §§ 249 ff. StGB ist also nur erfassbar, wenn Tateinheit zwischen diesen Delikten und § 316a StGB angenommen wird.[7]

- Sind §§ 249 ff. StGB nur versucht, so treten diese allerdings hinter § 316a StGB zurück, da der Unrechtsgehalt des Versuchs grundsätzlich bereits in § 316a StGB enthalten ist und daher eine Konsumtion angenommen werden kann[8] (vgl. zur Begründung soeben: § 316a StGB setzt nicht voraus, dass §§ 249 ff. StGB tatsächlich ausgeführt werden, sodass das Unrecht des Versuchs in dem Delikt steckt).

---

1 Lesenswerter Überblick zu § 316a StGB bei *Bosch*, Jura 2013, 1234 ff.
2 BGHSt 49, 8, 11; 52, 44, 46; zu einer kumulativen Schutzrichtung der Norm s. auch *Fischer*, § 316a, Rn. 2; *Joecks/Jäger*, § 316a, Rn. 1.
3 BGHSt 5, 280, 281; 13, 27, 29; 22, 114, 117; 39, 249, 250. Zur grundsätzlichen Berechtigung dieser Vorschrift vgl. *Jesse*, JZ 2008, 1083 ff.; *ders.*, JR 2008, 448 ff.
4 BGHSt 25, 229.
5 *Otto*, BT, § 46, Rn. 69; *Sch/Sch/Hecker*, § 316a, Rn. 1.
6 *Otto*, BT, § 46, Rn. 75 i. V. m. Rn. 69.
7 So zu Recht BGHSt 14, 391; 15, 322.
8 BGHSt 25, 373 f.; LK-*Sowada*, § 316a, Rn. 60.

– Eine Rückausnahme muss gelten, wenn §§ 249 ff. StGB in qualifizierter Form versucht worden sind, §§ 250, 251 StGB.[9] § 316a StGB kann hier also nicht zu einer Verdrängung führen, sondern es ist Tateinheit gegeben, weil nur auf diese Weise der erhöhte Unrechtsgehalt des qualifizierten Versuchs im Urteilstenor zum Ausdruck gebracht werden kann.

Achtung Klausur: *Es bietet sich an, vor § 316a StGB zunächst die Delikte der §§ 249 ff. StGB zu prüfen, sofern diese Delikte zu bejahen sind. Denn dann kann man im Rahmen des § 316a StGB geschickt nach oben verweisen (vgl. Polizeikontrolle-Fall, Rn. 468a f.!).*

Sind jedoch die §§ 249 ff. StGB aus irgendwelchen Gründen nicht gegeben, empfiehlt es sich, mit § 316a StGB zu beginnen, weil man anderenfalls nach Verneinung der §§ 249 ff. StGB nicht mehr sinnvoll zu § 316a StGB kommen könnte.

2. Tatbestand

a) Tathandlung: Angriff verüben

Angriff ist eine gegen Leib, Leben oder Entschlussfreiheit des Fahrzeugführers bzw. eines Mitfahrers gerichtete feindselige Handlung; sie erfordert keine Verletzung des jeweiligen Rechtsguts.[10] Für den Zeitpunkt der Tatbegehung ist maßgeblich auf den Angriff auf Leib oder Leben oder die Entschlussfreiheit des Führers eines Kraftfahrzeugs oder eines Mitfahrers abzustellen, der zum Zwecke der späteren (!) Begehung eines Delikts nach §§ 249 ff. StGB verübt wird. Dazu folgender examensgefährlicher 468

Fall 67: Die drei Angeklagten S, M und Z überfielen X, der einen Lkw auf einer Transportfahrt führte, indem sie kurz vor dem Rastplatz auf der mittleren Fahrspur der Autobahn neben den Lkw fuhren und indem S, der den Pkw führte, Hupzeichen gab, während M vom Beifahrersitz aus X bei geöffnetem Fenster per Handzeichen dazu veranlasste, rechts herauszufahren. X nahm – wie von den Angeklagten beabsichtigt – an, dass es sich um eine Polizeistreife in Zivil handele und eine Fahrzeugkontrolle durchgeführt werden solle. Er lenkte daher den Lkw auf den Rastplatz, hielt an und stellte den Motor ab. Die Täter hielten ebenfalls an. M ging auf die Fahrertür des Lkw zu und rief: „Polizeikontrolle! Papiere bitte!". Während X nach den Fahrzeugpapieren und Frachtunterlagen griff, streifte sich M eine Unterziehhaube über das Gesicht, öffnete die Fahrertür des Lkws und bedrohte X mit einer Pistole. Er zwang ihn, sich auf das Bett in der Kabine hinter dem Fahrersitz zu legen, wo er ihn fesselte. Dann fuhr er mit dem Lkw zu einem für das Umladen der Beute vorgesehenen Platz, wo die Waren im Wert von rund 450 000 € in ein angemietetes Fahrzeug umgeladen wurden und M den Lkw zurückließ. Strafbarkeit von S, M und Z? (**Polizeikontrolle-Fall** leicht abgewandelt nach BGH NStZ-RR 2014, 342[11]) 468a

Lösung: 468b

I. Die Entwendung der Waren im Anschluss an die Fesselung unter Bedrohung mit der Pistole begründet ohne Weiteres eine Strafbarkeit wegen **mittäterschaftlichen besonders schweren Raubes nach §§ 249 I, 250 II Nr. 1, 25 II StGB** bezüglich der Waren.

---

9 BGH MDR/H 77, 808; *Maurach/Schroeder/Maiwald*, BT/I, § 35, Rn. 63; a. A. *Sch/Sch/Hecker*, § 316a, Rn. 21.
10 *Küper/Zopfs*, BT, S. 20 f.; vgl. auch *Fischer*, § 316a, Rn. 6; Lackner/Kühl/*Heger*, § 316a, Rn. 2; *Rengier*, BT/1, § 12, Rn. 5.
11 M. Anm. *Bosch*, JK 2015, 116; *Jäger*, JA 2015, 235 ff.; *Jahn*, JuS 2014, 1135 ff.

II. Der gleichzeitig verwirklichte **mittäterschaftliche schwere Raub nach §§ 250 I Nr. 1a, 25 II StGB** tritt dahinter zurück.

III. Ebenso werden die Delikte des **Diebstahls mit Waffen nach §§ 242 I, 244 I Nr. 1a StGB** sowie der **Nötigung nach § 240 I StGB** von den spezielleren §§ 249 I, 250 II Nr. 1 StGB im Wege der Spezialität verdrängt.[12]

IV. Nach der Rechtsprechung ist auch eine mittäterschaftliche **besonders schwere räuberische Erpressung nach §§ 253, 255, 250 II Nr. 1, 25 II StGB** trotz der Anwendung von vis absoluta mitverwirklicht, da die Täter den X mit Waffengewalt zur Duldung der Wegnahme genötigt haben. Diese tritt aber hinter dem mittäterschaftlichen besonders schweren Raub im Wege der Spezialität zurück. Nach einem Teil der Lit. scheitert dagegen die besonders schwere räuberische Erpressung bei Einsatz von vis absoluta schon tatbestandlich, weil es an der dafür erforderlichen Vermögensverfügung im Sinne eines Dispositionsfreiheit voraussetzenden Opferverhaltens fehlt (näher dazu oben Rn. 376).

V. Eine Strafbarkeit wegen **schweren Raubes gem. §§ 249 I, 250 II Nr. 1 bzw. 250 I Nr. 1a, 25 II StGB bzgl. des LKW** scheitert am subjektiven Tatbestand. M handelte zwar vorsätzlich, allerdings fehlt es an der Absicht der rechtswidrigen Zueignung, da M den LKW auf einem Rastplatz abstellte sowie aufgrund der Tatsache, dass X sich mit dem Verlassen des M alleine im LKW befand und wieder den Gewahrsam übernahm. Die dauerhafte Enteignungskomponente fehlt somit.

VI. Eine Strafbarkeit wegen **erpresserischen Menschenraubes nach §§ 239a I Alt. 1, 25 II StGB** dürfte dagegen von vornherein an der dafür im Zweipersonenverhältnis notwendigen stabilisierten Bemächtigungslage (die Fesselung ermöglichte hier die sofortige Wegnahme) scheitern.

VII. Darüber hinaus könnte auch ein **räuberischer Angriff auf Kraftfahrer nach §§ 316a I, 25 II StGB** verwirklicht worden sein.

1. Nach Ansicht des BGH war der Beginn des Angriffs nicht erst in dem Moment gegeben, als M den X auf dem Rastplatz bedrohte. Vielmehr begann der Angriff auf die Entschlussfreiheit bereits mit dem Herauswinken, also zu einem Zeitpunkt, als X den Lkw führte. Zwar reicht es für das Merkmal des „Angriffs" nicht aus, wenn auf den Führer eines Kraftfahrzeugs mit List eingewirkt wird, um ihn in eine Situation zu bringen, in der ein Raub durchgeführt werden soll. Dies ist etwa der Fall, wenn ein vermeintlicher Fahrgast gegenüber einem Taxifahrer ein falsches Fahrziel angibt; ebenso bei Vortäuschen eines Unfalls oder einer sonstigen Notlage, um einen Kraftfahrzeugführer zum Anhalten zu bewegen. Hiervon abzugrenzen sind aber Handlungen, welche auf den Führer eines Kfz eine objektiv nötigungsgleiche Wirkung haben. Es kommt hierfür nicht darauf an, ob diese Wirkung vorgetäuscht ist oder ob der objektiv Genötigte von einer Rechtswidrigkeit der Einwirkung ausgeht. Fälle einer vorgetäuschten Polizeikontrolle unterscheiden sich daher nach Ansicht des BGH substantiell von bloßen Vortäuschungen allgemein motivierender Umstände (vorgetäuschte Panne; Anhalter); sie entsprechen vielmehr Fällen der Straßensperre. Denn dem Kraftfahrzeugführer ist bei der Einwirkung durch Haltezeichen durch Polizeibeamte kein Ermessen eingeräumt; er ist vielmehr bei Androhung von Geldbuße (§ 36 I i. V. m. § 49 III Nr. 1 StVO) verpflichtet, Haltezeichen Folge zu leisten, und befindet sich daher objektiv in einer (irrtümlich als gerechtfertigt angesehenen) Nötigungssituation. Auf die Entschlussfreiheit eines Kraftfahrzeugführers werde daher bereits dann eingewirkt, wenn vom Täter eines geplanten Raubs eine Polizeikontrolle vorgetäuscht wird und sich der Geschädigte dadurch zum Anhalten gezwungen sieht.

2. Die Täter haben dabei auch unter Ausnutzung der besonderen Verhältnisse des Straßenverkehrs gehandelt, indem sie X unter Vortäuschen einer Haltepflicht abseits des flie-

---

12 *Fischer*, § 240, Rn. 63, § 244, Rn. 54.

ßenden Verkehrs lockten, um diese Situation zur Begehung eines besonders schweren Raubes auszunutzen.

3. S, M und Z hatten auch Vorsatz hinsichtlich der Verübung des Angriffs auf die Willensentschließungsfreiheit sowie die Absicht, einen Raub zu verüben.

4. Schließlich sind auch Rechtfertigungs- und Schuldausschließungsgründe nicht ersichtlich.

5. Ergebnis: S, M und Z sind auch wegen räuberischen Angriffs auf Kraftfahrer nach §§ 316a I, 25 II StGB strafbar.

VIII. Im Übrigen ist auch eine Strafbarkeit wegen **Amtsanmaßung nach §§ 132 Alt. 1, 25 II StGB** gegeben, da sich die Täter unbefugt mit der Ausübung eines öffentlichen Amtes befasst haben, indem sie sich als Polizisten ausgaben und eine nur diesen zustehende Verkehrskontrolle vortäuschten.

IX. Zusätzlich ist eine Strafbarkeit gem. **§§ 248b I, 25 II StGB** gegeben.

Täter kann bei § 316a StGB jeder sein, der einen Angriff auf den Fahrer oder Mitfahrer verübt. Nicht maßgeblich ist, ob der Angriff von außen erfolgt oder ob er von einem Mitfahrer ausgeht. Sogar der Fahrer selbst, der einen Mitfahrer angreift, kann nach § 316a StGB strafbar sein.[13]

Tathandlung ist seit dem 1.4.1998 (6. StrRG) nicht mehr das „Unternehmen" eines Angriffs, sondern das „Verüben" eines Angriffs, sodass das Delikt kein Unternehmensdelikt mehr und der Versuch daher nach den allgemeinen Versuchsregeln strafbar ist. Einsteigen und Einsteigenlassen ins Auto wird man nun nicht mehr als Versuchsbeginn einstufen können, da die Gesetzesänderung gerade den Sinn hatte, eine als ungerecht empfundene, zu früh einsetzende Strafbarkeit zu verhindern.

Da auf diesen Versuch nun auch § 24 StGB (Rücktritt) anwendbar ist, wurde konsequenterweise § 316a II StGB (tätige Reue) in der bisherigen Fassung gestrichen. Nicht erledigt hat sich damit der Streit, wann die Vollendung des § 316a StGB gegeben ist. Sieht man in § 316a StGB ein Delikt gegen das Vermögen, so ist die Vollendung erst mit dem Raub, räuberischen Diebstahl oder der räuberischen Erpressung gegeben.[14] Sieht man als Schutzgut dagegen die Sicherheit des Straßenverkehrs, so ist Vollendung bereits mit Beeinträchtigung von Leib, Leben oder Entschlussfreiheit anzunehmen[15] (wohl nicht schon mit dem Angriff, weil § 24 StGB sonst keinen sinnvollen Anwendungsbereich mehr hätte).

Achtung: *Auch der Täter, der zunächst aus anderen Gründen angegriffen hat und während dieses Angriffs einen Raubplan fasst, verübt einen Angriff i. S. d. § 316a StGB.*

b) Ausnutzung der besonderen Verhältnisse des Straßenverkehrs

Achtung Klausur: *In Prüfungsarbeiten ist dies meist das maßgebliche Kriterium!*

Die besonderen Verhältnisse des Straßenverkehrs werden ausgenutzt, wenn die Tat in **469** naher Beziehung zum Kfz als Verkehrsmittel steht, was immer dann der Fall ist, wenn

---
13 BGH NJW 1971, 765; *Fischer*, § 316a, Rn. 6; LK-*Sowada*, § 316a, Rn. 18.
14 Vgl. *Sch/Sch/Cramer/Sternberg-Lieben*, 27. Aufl., § 316a, Rn. 10/14; a. A. jetzt *Sch/Sch/Hecker*, § 316a, Rn. 17.
15 BGHSt 10, 320.

eine Ausnutzung der durch die „Fortbewegung" des Kfz geschaffenen und ihm eigentümlichen Gefahren vorliegt.[16] Das Kfz muss im Tatplan als Transportmittel also eine ausschlaggebende Rolle spielen. Das zeigt das folgende aktuelle

Beispiel: Während einer nächtlichen Taxifahrt ließ sich A, der in der Jackentasche ein Küchenmesser bei sich führte, von der Taxifahrerin B in einen menschenleeren Weg fahren, der zu einem Wendehammer führte. Nachdem er ausgestiegen war, ging A um das Fahrzeug herum und kam zur Fahrertür. B, die dachte, A wolle sie bezahlen, holte ihr Portemonnaie hervor. Dabei fixierte B das Fahrzeug unter Betätigung der Fußbremse, während der Motor des Fahrzeugs lief und das Automatikgetriebe auf Dauerbetrieb eingestellt war. Als A versuchte, B die Geldbörse zu entreißen, entstand ein Gerangel, in dem A die B gewaltsam mit dem Kopf auf das Lenkrad drückte und der Fuß der B vom Bremspedal abrutschte. Das Fahrzeug setzte sich in Bewegung und rollte schräg über die Straße, bis es an der gegenüberliegenden Seite an eine Mauer stieß. A, der während des Rollens weiterhin über die Zeugin gebeugt geblieben war, gelang es, das Portemonnaie (Inhalt: ca. 400 €) an sich zu nehmen und flüchtete. B erlitt infolge des Gerangels Blutergüsse und eine Beule am Kopf. Am Taxi entstand ein Sachschaden in Höhe von ungefähr 2000 €. Strafbarkeit des A? (**Taxifahrer-Fall I** nach BGH NStZ 2018, 469[17])

Lösung: A hat sich wegen eines schweren Raubes nach §§ 249, 250 I Nr. 1a StGB sowie wegen vorsätzlicher Körperverletzung gemäß § 223 StGB strafbar gemacht. Dabei tritt § 223 StGB, obwohl die Körperverletzung Mittel der Gewaltanwendung gewesen ist, auch nicht hinter das Raubdelikt zurück, weil die verletzungsverursachenden Handlungen des A über das Mindestmaß an Gewalt hinausgingen, das zur Verwirklichung des Raubtatbestandes notwendig ist.[18] Hierzu tritt in Tateinheit (§ 52 StGB) eine Strafbarkeit wegen räuberischen Angriffs auf Kraftfahrer nach § 316a StGB. Insoweit ist B jedenfalls zu dem Zeitpunkt ein Kfz-Führer i. S. des § 316a StGB gewesen, als ihr Taxi ins Rollen geriet, während A unter fortdauernder Gewaltanwendung über sie gebeugt blieb.[19] Darüber hinaus ist ein Angriff aber auch schon während eines nicht verkehrsbedingten Halts gegen einen Kfz-Führer gerichtet, solange der Fahrer nur mit dem Betrieb des Fahrzeugs oder der Bewältigung von Verkehrsvorgängen beschäftigt ist.[20] Dies trifft auf B bereits zu dem Zeitpunkt des Angriffs zu, als sie das Taxi durch Betätigung der Fußbremse stehend hielt, während der Motor lief und das Automatikgetriebe auf Dauerbetrieb eingestellt war. Demgegenüber wäre ihre Kfz-Führereigenschaft zu diesem Zeitpunkt nach § 316a StGB zu verneinen gewesen, wenn sie das Automatikgetriebe auf Parkmodus eingestellt gehabt hätte, sodass es der Betätigung der Fußbremse nicht gebraucht hätte, um das Fahrzeug zu fixieren. Insbesondere begründet ein laufender Motor für sich genommen die Kfz-Führereigenschaft nach § 316a StGB noch nicht.[21] Weiter bedarf es zur Strafbarkeit gemäß § 316a StGB – neben der spezifischen Absicht der Begehung einer räuberischen Tat – noch eines Ausnutzens der besonderen Verhältnisse des Straßenverkehrs. Ein solches Ausnutzen setzt voraus, dass der Kfz-Führer in einer Weise mit der Beherrschung seines Kraftfahrzeugs oder mit der Bewältigung von Verkehrsvorgängen beschäftigt ist, dass er gerade deswegen leichter zum Opfer eines Angriffs werden kann. Dies muss dem Täter – in Parallele zum Ausnutzungsbewusstsein bei der Heimtücke gemäß § 211 II StGB – auch bewusst sein.[22] Nach Ansicht des BGH ist dies bereits deshalb zu bejahen, weil B während des Angriffs zuerst mit der Betätigung der Fußbremse und im Anschluss mit dem Bewegungsvorgang des weiterrollenden Fahrzeugs beschäftigt war.[23] Im Ergebnis ist daher eine Strafbarkeit des A gemäß §§ 249, 250 I Nr. 1a, 223, 316a, 52 StGB zu

---

16 Siehe auch HKGS-*Duttge*, § 316a, Rn. 11 f.
17 M. Anm. *Berghäuser*, NStZ 2018, 471; *Hecker*, JuS 2018, 820.
18 BGH NStZ 2018, 469 (470); vgl. ferner BGH NStZ-RR 1999, 173 (174).
19 BGH NStZ 2018, 469 (470); so schon BGHSt 52, 47 f.; BGH BeckRS 2004, 00465.
20 Grundlegend BGHSt 49, 8 (14); aus jüngerer Zeit etwa BGH BeckRS 2017, 110824.
21 Wenigstens missverständlich insoweit BGHSt 50, 171 f.; BGH NStZ 2006, 185.
22 Vgl. bereits BGHSt 50, 172; 52, 46 f.; aus jüngerer Zeit BGH NStZ 2016, 608.
23 BGH NStZ 2018, 470.

bejahen, da für die Strafbarkeit wegen räuberischen Angriffs auf Kraftfahrer nach dem BGH lediglich eine Beschäftigung mit irgendwelchen Verkehrsvorgängen vorausgesetzt ist.

Hinweis: *In der Lit. wird nachvollziehbar vertreten, dass man für ein Ausnutzen der besonderen Verhältnisse des Straßenverkehrs mehr verlangen muss. Die Betriebs- oder Verkehrsvorgänge, mit denen das Angriffsopfer im konkreten Fall beschäftigt ist, sollen so beschaffen sein, dass ihre Vernachlässigung mindestens geeignet ist, eine nicht unerhebliche Rechtsgutsgefährdung herbeizuführen, wenn man nicht sogar eine Geeignetheit zur Gefährdung von Leib, Leben oder Sachen von bedeutendem Wert fordert.[24] Denn nur für diesen Fall stände zu erwarten, dass das Angriffsopfer seiner Beschäftigung mit Verkehr oder Fahrzeugbetrieb auch tatsächlich den Vorrang einräumt, also mit Blick auf die anderweitig drohenden Gefahren den Angriff eher hinnimmt, als dass es Verkehr oder Fahrzeugbetrieb vernachlässigt.[25] Ob die Betätigung der Fußbremse eines im Dauerbetrieb zum Halt gebrachten Fahrzeugs oder auch das Steuern eines rollenden Fahrzeugs in diesem Sinne wesentliche Betriebsvorgänge darstellen, könnte folgerichtig erst in Abhängigkeit von den Umständen des Einzelfalls (wie dem Verkehrsaufkommen, einem etwaigen Gefälle der Straße und ggf. auch einem tatsächlichen Schadenseintritt) beurteilt werden. Vorliegend führt dies aber ebenfalls dazu, ein Ausnutzen der besonderen Verhältnisse des Straßenverkehrs trotz des fehlenden Verkehrsaufkommens deshalb zu bejahen, weil sich die „Gefahrgeneigtheit"[26] der durch den Angriff gestörten Verkehrs- und Betriebsvorgänge im Eintritt eines bedeutenden Schadens am Taxi der B sogar manifestiert hat.[27] Im Ergebnis ist daher auch nach dieser Ansicht eine Strafbarkeit des A gemäß §§ 249, 250 I Nr. 1a, 223, 316a, 52 StGB zu bejahen. Denn zwar genügt danach für die Strafbarkeit wegen räuberischen Angriffs auf Kraftfahrer – im Gegensatz zur Auffassung des BGH – nicht eine Beschäftigung mit irgendwelchen, wohl aber mit wesentlichen (d.h. gefahrgeneigten) Verkehrsvorgängen, wie sie im Beispielsfall angenommen werden können.*

469a Nach den Ausführungen in Rn. 469 wäre eine Strafbarkeit nach § 316a StGB auch zu bejahen, wenn die geschilderte Tat während eines verkehrsbedingten Halts an einer roten Ampel stattgefunden hätte. Dann wäre der Schutzzweck der Norm erfüllt, weil das Opfer auch und gerade an einer roten Ampel erhöhte Konzentration im Straßenverkehr aufwenden muss und daher vom Täter die besonderen Verhältnisse des Straßenverkehrs ausgenutzt werden (der Halt ist verkehrsbedingt!).[28]

Demgegenüber nutzt ein Täter die besonderen Verhältnisse des Straßenverkehrs nicht aus, wenn sich der Täter nur eine durch die Fahrt bewirkte „Vereinzelung" seines Opfers zur Tatbegehung zunutze macht. Solche Sachverhalte der Vereinzelung werden veranschaulicht durch das nachfolgend beschriebene

470 **Beispiel:** A kam während einer Taxifahrt auf die Idee, den Taxifahrer B auszurauben. Er nannte daher dem B nun ein anderes als das ursprüngliche Fahrtziel, einen abgelegenen Ort. Dort angekommen, stellte der Taxifahrer den Motor ab und wollte den zu zahlenden Betrag vom Taxameter ablesen. Seinem Plan entsprechend griff A jedoch zu einer mitgeführten Pistole und hielt sie dem B mit den Worten: „Halt dich still, sonst geht's dir schlecht", an die Schläfe. Sodann öffnete A die Mittelkonsole und entnahm dort die Tageseinnahmen des B (Geldscheine im Wert von 220 €). Anschließend machte sich A durch ein Waldstück davon. Strafbarkeit des A? (**Taxifahrer-Fall II** nach BGH NStZ 2004, 207[29])

---

24 *Berghäuser*, NStZ 2018, 471 (472) im Anschluss an LK-*Sowada*, § 316a, Rn. 39; *Sowada*, StV 2016, 290 (294); vgl. auch *Duttge/Nolden*, JuS 2005, 193 (195 ff.); *Baur*, NZV 2018, 103 (108 f.).
25 Zu diesem Entscheidungskonflikt auch *Baur*, NZV 2018, 103 (108).
26 Begriff nach *Duttge/Nolden*, JuS 2005, 193 (195).
27 *Berghäuser*, NStZ 2018, 471 (472).
28 Vgl. BGHSt 38, 196.
29 Vgl. dazu auch *Krüger*, NZV 2004, 161 f.; *Petersohn*, JA 2004, 515.

471 Lösung: A hat sich wegen schweren Raubes nach §§ 249, 250 II Nr. 1 StGB strafbar gemacht. Eine Wegnahme ist sowohl nach der Rspr.[30] die auf das äußere Erscheinungsbild abstellt, als auch nach der Literatur[31], die davon ausgeht, dass die innere Willensrichtung des Opfers ausschlaggebend ist, anzunehmen, weil B den Gewahrsamsverlust nicht dadurch hätte abwenden können, dass er der Drohung standhält und sich töten lässt. A hat bei dem Raub eine Schusswaffe verwendet, sodass der Qualifikationstatbestand nach § 250 II Nr. 1 StGB erfüllt ist. Daneben ist nicht zusätzlich eine Strafbarkeit wegen räuberischer Erpressung nach §§ 253, 255, 250 II Nr. 1 StGB anzunehmen. Nach der Rspr.[32] stellt § 249 StGB gegenüber §§ 253, 255 StGB den Spezialtatbestand dar, wenn die Wegnahme in Zueignungsabsicht und nicht in der allgemeineren Bereicherungsabsicht erfolgt (näher dazu oben Rn. 376). Demgegenüber ist nach der Literatur[33] ein Nebeneinander von § 249 StGB einerseits und §§ 253, 255 StGB andererseits ausgeschlossen, da der Tatbestand der Erpressung eine Vermögensverfügung voraussetze und demgemäß im Falle der Wegnahme nicht einschlägig sein könne. Der Streit kann vorliegend aber offenbleiben, da wegen des Vorliegens von Zueignungsabsicht ohnehin § 249 StGB eingreift und §§ 253, 255 StGB daher nach allen Auffassungen entweder auf Konkurrenzebene oder Tatbestandsebene entfallen. Nicht gegeben ist dagegen ein erpresserischer Menschenraub nach § 239a I Alt. 1 StGB. Es fehlt hierfür an der im Zweipersonenverhältnis erforderlichen stabilisierten Bemächtigungslage. Hierfür wäre erforderlich gewesen, dass A den B im Verlauf einer längeren Fahrt mit der Pistole in Schach gehalten hätte (näher dazu oben Rn. 119). Ebenfalls ist eine Strafbarkeit wegen räuberischen Angriffs auf Kraftfahrer nach § 316a StGB zu verneinen. A hat nicht die besonderen Verhältnisse des Straßenverkehrs i. S. v. § 316a StGB ausgenutzt, da die Tat nicht in naher Beziehung zum Kfz als Verkehrsmittel stand. Es fehlt an der Ausnutzung der durch die Fortbewegung des Kfz geschaffenen und ihm eigentümlichen Gefahren.[34] Nach einer früher von der Rspr. vertretenen Auffassung sollte dies auch dann der Fall sein, wenn der Täter sein Opfer mit dem Kfz an eine einsame Stelle fahren lässt, um es dort unter Ausnutzung der dadurch bewirkten „Vereinzelung" auszurauben.[35] Anders sollte es nur sein, wenn das Opfer nicht unmittelbar an der einsamen Stelle beraubt werden sollte, sondern erst nach langer Wanderung weit entfernt vom Kfz. Der BGH hat diese Differenzierung jedoch neuerdings aufgegeben und will jetzt in beiden Fällen eine Ausnutzung der besonderen Verhältnisse des Straßenverkehrs verneinen. Die Umgestaltung des § 316a StGB von einem Unternehmensdelikt zu einem „Verübungsdelikt"[36] habe zur Folge, dass der Angriff zu einem Zeitpunkt erfolgen müsse, zu dem ein „Führen" eines Kfz bzw. ein „Mitfahren" im Kfz vorliege.[37] Führer i. S. d. § 316a StGB sei aber nur derjenige, der das Kfz in Bewegung zu setzen beginnt, es in Bewegung hält oder allgemein mit dem Betrieb des Fahrzeugs und/oder mit der Bewältigung von Verkehrsvorgängen beschäftigt ist.[38] Daran fehle es jedoch, sobald der Fahrer sich außerhalb des Wagens befindet und regelmäßig auch dann, wenn das Fahrzeug aus anderen als verkehrsbedingten Gründen anhält und der Fahrer den Motor abschaltet.[39] Aber selbst wenn der Taxifahrer den Motor nicht abschaltet, ist eine Ausnutzung der besonderen Verhältnisse des Straßenverkehrs abzulehnen, wenn keine weiteren verkehrsspezifischen Umstände vorliegen, die zu einer Be-

---

30 BGHSt 7, 252; NStZ 1999, 350.
31 *Hohmann/Sander*, BT/1, § 13, Rn. 28; Lackner/*Kühl*, § 255, Rn. 2; *Küper/Zopfs*, BT, S. 483 f.; *Otto*, ZStW 79 (1967), 59, 86; *Samson*, JA 1980, 285, 289; *Schröder*, ZStW 60 (1940), 33, 95.
32 BGHSt 7, 252, 254; 14, 386, 390; 25, 224, 228; 32, 88; 41, 123, 125; 42, 196, 199; BGH NJW 1999, 69; NStZ-RR 1999, 103; NStZ 2003, 604 f.
33 *Küper/Zopfs*, BT, S. 440; Lackner/*Kühl*, § 253, Rn. 3; MüKo-*Sander*, § 253, Rn. 13 ff.; *Sch/Sch/Bosch*, § 253, Rn. 8 f.
34 Vgl. nur *Sch/Sch/Hecker*, § 316a, Rn. 12; *Fischer*, § 316a, Rn. 9; jeweils m. w. N.
35 BGHSt 22, 114.
36 So NK-*Zieschang*, § 316a, Rn. 14; im Anschluss hieran auch *Duttge/Nolden*, JuS 2005, 193.
37 Vgl. BGH NStZ 2004, 207.
38 BGH NStZ 2004, 207.
39 BGH NStZ 2004, 207; vgl. auch *Kudlich*, JuS 2005, 1134.

einträchtigung der Abwehrmöglichkeiten des angegriffenen Fahrzeugführers geführt haben.⁴⁰ Tatsächlich sprechen die besseren Gründe für die Auffassung des BGH. Im Zeitpunkt, als A den B angriff, war letzterer nämlich nicht mehr mit der Bewältigung von Verkehrsvorgängen beschäftigt,⁴¹ sodass ein Zusammenhang mit dem Straßenverkehr nicht mehr ersichtlich ist.⁴²

Im Übrigen hat der BGH darauf hingewiesen, dass in Fällen, in denen ein vollendeter Angriff auf das Tatopfer bereits außerhalb des Fahrzeugs oder jedenfalls vor Fahrtantritt stattgefunden hat, das Tatbestandsmerkmal der Ausnutzung der besonderen Verhältnisse des Straßenverkehrs sorgfältiger Prüfung bedarf und nur in Ausnahmefällen zu bejahen sein wird. Im nachfolgenden Fall hat der BGH tatsächlich eine solche Ausnahme angenommen, weshalb die Entscheidung noch einmal nachgezeichnet werden soll anhand von

471a

Fall 68: A und B hatten sich entschlossen, durch einen Überfall auf C dessen Geld zu erbeuten. Während sich C in seinen Wagen auf den Fahrersitz setzte, drangen A und B durch die Hintertüren auf die Rückbank des Fahrzeugs ein. Noch bevor C das Fahrzeug in Gang setzen konnte, bedrohten sie ihn mit einer ungeladenen Gaspistole und forderten ihn auf, das Fahrzeug an einen abgelegenen Parkplatz zu verbringen. Während der Fahrt forderten sie C auf, den Aufbewahrungsort des von ihm mitgeführten Geldes zu benennen. C leistete der Aufforderung Folge, woraufhin A und B aus der auf dem Rücksitz befindlichen Tasche des C 75 € entnahmen. Strafbarkeit von A und B? (**Rückbankräuber-Fall** nach BGH NStZ 2008, 153 ff.⁴³)

Abwandlung: Ändert sich die Beurteilung, wenn A und B den C bereits in seinem Haus überfallen und ihn dann zum Einsteigen in seinen Wagen und zu der anschließenden Fahrt gezwungen hätten?

471b

Lösung:

471c

I. Gegeben ist hier zunächst ein **mittäterschaftlicher schwerer Raub nach §§ 249, 250 I Nr. 1b, 25 II StGB**.
Hier kann im Wesentlichen auf die Lösung des zweiten Taxifahrer-Falles verwiesen werden (Rn. 471). Anders als dort sind allerdings §§ 250 II Nr. 1, 250 I Nr. 1a StGB nicht erfüllt, da die Täter keine echte Waffe verwendet oder auch nur bei sich geführt haben. Stattdessen haben sie eine Scheinwaffe in Verwendungsabsicht mitgeführt, sodass § 250 I Nr. 1b StGB erfüllt ist.

II. Eine **schwere räuberische Erpressung nach §§ 253, 255, 250 I Nr. 1b StGB** ist nach der Literatur wegen des Exklusivitätsverhältnisses zwischen § 249 StGB und § 255 StGB ausgeschlossen. Folgt man dagegen der Rechtsprechung, so tritt die räuberische Erpressung zumindest hinter den spezielleren Raub zurück. Auch insoweit kann wieder auf die Lösung des zweiten Taxifahrer-Falles verwiesen werden (Rn. 471).

III. Eine Strafbarkeit wegen **mittäterschaftlichen erpresserischen Menschenraubs nach §§ 239a I Alt. 1, 25 II StGB** kann bejaht werden. Die im Zweipersonenverhältnis zu fordernde stabilisierte Bemächtigungslage war hier jedenfalls durch die während der gesamten Fahrt aufrecht erhaltene Drohung gegeben (vgl. näher dazu oben Rn. 119).

---
40 BGH NStZ 2006, 185 f.; siehe dazu auch MüKo-*Sander*, § 316a, Rn. 30 ff.
41 BGH NStZ 2004, 207.
42 Vgl. aber *Duttge/Nolden*, JuS 2005, 195 ff.
43 Mit Bspr. *Bosch*, JA 2008, 313 ff.; *Geppert*, JK 7/08, StGB § 316a/8.

IV. Die gleichzeitig verwirklichte **Nötigung nach § 240 StGB** tritt hinter §§ 249, 239a StGB zurück.

V. Durch das In-Schach-Halten mit der Pistole und dem Zwang, zu dem entlegenen Parkplatz zu fahren, wurde auch eine **mittäterschaftliche Freiheitsberaubung nach §§ 239, 25 II StGB** verwirklicht. Hinter § 239a StGB tritt dieses Delikt jedoch im Wege der Gesetzeskonkurrenz zurück.

VI. Fraglich ist weiterhin, ob auch eine Strafbarkeit wegen **mittäterschaftlichen räuberischen Angriffs auf Kraftfahrer nach §§ 316a I, 25 II StGB** gegeben ist.
1. Die Drohung mit der Scheinwaffe könnte einen Angriff auf die Entschlussfreiheit des C darstellen. Bedenken hinsichtlich der Anwendbarkeit des § 316a StGB könnten sich hier allerdings daraus ergeben, dass C zu Beginn des Angriffs sein Kfz überhaupt noch nicht geführt hat. Nach Ansicht des BGH solle dies jedoch die Anwendbarkeit des § 316a StGB nicht ausschließen. Das Tatbestandsmerkmal des Verübens eines Angriffs sei vielmehr auch dann erfüllt, wenn ein Opfer durch einen vor Fahrtantritt begonnenen Angriff zur Fahrt oder Mitfahrt gezwungen und der Angriff während der Fahrt fortgesetzt wird.
2. Problematisch ist darüber hinaus, ob A und B die besonderen Verhältnisse des Straßenverkehrs ausgenutzt haben. Obwohl der Angriff hier bereits vor Fahrtantritt erfolgte, bejaht der BGH dies ausnahmsweise: A und B hätten sich durch die erste Angriffshandlung noch nicht kontrolliert der Person des C bemächtigt. Erst durch die erzwungene Fahrt seien vielmehr die Gegenwehr und insbesondere die Fluchtmöglichkeiten des Opfers endgültig eingeschränkt worden.
3. Da A und B auch vorsätzlich und in der Absicht der Raubbegehung sowie rechtswidrig und schuldhaft handelten, ist eine Strafbarkeit nach §§ 316a I, 25 II StGB zu bejahen.

Abwandlung:
Änderungen ergeben sich hier nur in Bezug auf § 316a StGB. Der BGH verneint in diesem Fall die Ausnutzung der besonderen Verhältnisse des Straßenverkehrs.[44] Hätten die Täter ihr Opfer bereits vor der Fahrt unter ihre uneingeschränkte Kontrolle gebracht und die dadurch geschaffene Nötigungslage während der nachfolgenden Fahrt lediglich unverändert aufrechterhalten, diente das Fahrzeug nur noch Beförderungszwecken, ohne dass sich die mit der Fahrt einhergehende eingeschränkte Abwehrmöglichkeit des Tatopfers auf die Angriffshandlung des Täters noch in irgendeiner Weise fördernd auswirkte. Denn in derartigen Fällen habe sich die Nötigungslage in aller Regel bereits vor Fahrtantritt derart verfestigt, dass die fahrtbedingten, eingeschränkten Abwehrmöglichkeiten des Tatopfers für die fortdauernde Angriffshandlung des Täters ohne jeden Belang seien.

Hinweis: *Man wird bezweifeln können, ob die unterschiedlichen Vorgehensweisen (Überfall bereits im Haus oder erst kurz vor Fahrtantritt) tatsächlich geeignet sind, die geschilderten Differenzierungen bei der Anwendung des § 316a StGB zu rechtfertigen. Denn genauso gut hätte man argumentieren können, dass im Ausgangsfall die durch den Angriff kurz vor Starten des Motors geschaffene Zwangslage bereits ausweglos für das Opfer war, sodass die nachfolgende Fahrt dort ebenfalls nur noch Beförderungszwecken gedient hat. Dennoch erscheint es in der Klausur empfehlenswert, der differenzierenden Rechtsprechung des BGH in dieser Frage zu folgen, da die Entscheidung, die sich mit dem Ausgangsfall und der Abwandlung befasst, geradezu als Muster für eine Examensklausur dienen könnte!*

---

44   Vgl. BGH aaO.

c) *Subjektiver Tatbestand*

Der Täter muss mit wenigstens bedingtem Vorsatz hinsichtlich der Verübung des Angriffs handeln sowie die Absicht haben, einen Raub, eine räuberische Erpressung bzw. einen räuberischen Diebstahl zu verüben.

II. Gefährlicher Eingriff in den Straßenverkehr nach § 315b StGB

Die Vorschrift ist sehr gut mit dem Gesetzestext handhabbar. Klarmachen müssen Sie sich nur die Systematik, die übrigens immer wieder bei konkreten Gefährdungsdelikten auftaucht:

– § 315b I StGB gilt, wenn der Täter die Tathandlung (§ 315b I Nr. 1–3 StGB) vorsätzlich begeht und die bestimmte konkrete Gefahr (§ 315b I Hs. 2 StGB) vorsätzlich verwirklicht.
– Bei vorsätzlicher Tathandlung und fahrlässiger Gefährdung greift § 315b IV i. V. m. I StGB (**Achtung:** Es handelt sich dann gem. § 11 II StGB insgesamt um eine Vorsatztat!).
– Bei fahrlässiger Tathandlung und fahrlässiger Gefährdung ist § 315b V i. V. m. I StGB anwendbar.
– Handelt der Täter in der Absicht, einen Unglücksfall herbeizuführen oder eine andere Straftat zu ermöglichen oder zu verdecken, so liegt ein qualifizierter Fall nach § 315b III i. V. m. § 315 III StGB vor.

Achtung Klausur: *Machen Sie dem Korrektor in der Klausur schon im Kopfsatz klar, dass Sie diese Systematik verstanden haben, indem Sie z. B. schreiben:*
„A könnte sich dadurch, dass er ... wegen vorsätzlichen gefährlichen Eingriffs in den Straßenverkehr gem. §§ 315b IV i. V. m. I, 11 II StGB strafbar gemacht haben" oder *„A könnte sich dadurch, dass er ... wegen eines fahrlässigen gefährlichen Eingriffs in den Straßenverkehr gem. § 315b V i. V. m. I StGB strafbar gemacht haben".*

Nach gefestigter Rechtsprechung muss die Tathandlung über die ihr innewohnende latente Gefährlichkeit hinaus in eine kritische Situation geführt haben, in der die Sicherheit einer bestimmten Person oder Sache so stark beeinträchtigt war, dass es nur noch vom Zufall abhing, ob das Rechtsgut verletzt wurde oder nicht („Beinahe-Unfall").[45]

Hinweis: *Daher reicht das bloße Inbetriebsetzen eines Fahrzeugs, bei dem ein Bremsschlauch eingeschnitten wurde, für die Begründung einer konkreten Gefahr nicht aus. Denn das durch die Manipulation an der Bremsanlage geschaffene besondere Unfallrisiko erhöht lediglich die abstrakte allgemeine Unfallgefahr, ohne diese hinreichend zu konkretisieren.*[46]

Interessant sind etwa Fälle des Entfernens von Schachtdeckeln beim sog. „Gullydeckel-Klau", die der Tatvariante des § 315b I Nr. 1 StGB („Beseitigen von Anlagen") unterfallen.[47]

---
45 BGH StV 2012, 217; BGH JuS 2010, 354 m. Anm. *Hecker*.
46 BGH StV 2012, 217; vgl. auch BGH NJW 1995, 3131.
47 Vgl. *Herold*, JA 2013, 344 ff.

Eine bedeutende Rolle spielen in Klausuren sodann fast ausschließlich die Merkmale des „Hindernisbereitens" und des „ähnlichen, ebenso gefährlichen Eingriffs".[48] Dabei ist anerkannt, dass § 315b StGB primär nur verkehrsfremde, d. h. von außen kommende Eingriffe in den Straßenverkehr erfasst.[49]

Das Bereiten eines Hindernisses i. S. v. § 315b I Nr. 2 StGB liegt etwa dann vor, wenn der Täter einen Menschen mit dem Kopf voraus auf die Fahrspur einer Autobahn wirft und sich auf das Opfer setzt, damit dieses nicht von der Straße fliehen kann (mehrere Autofahrer wurden zum Ausweichen gezwungen).[50] In diesem Fall sind dann auch §§ 223, 224 I Nr. 5 StGB sowie §§ 212, 22, 23 StGB zu prüfen. Bezüglich § 224 I Nr. 5 StGB ist allerdings fraglich, ob bereits der Stoß auf die Straße als lebensgefährdende Körperverletzungsbehandlung begriffen werden kann[51], und bezüglich §§ 212, 22, 23 StGB ist der Tötungsvorsatz problematisch.

Allerdings schränkt der BGH den Tatbestand auch bei verkehrsfremden, von außen kommenden Eingriffen ein. Dazu folgendes aus der Rechtsprechung zu § 315b I Nr. 3 StGB stammendes

Beispiel:[52] Ein mit dem Auto fliehender Bankräuber B schoss auf den Wagen eines Verfolgers V. Die Projektile durchschlugen die Karosserie, ohne dass es zu irgendeiner Fahrzeugerschütterung kam. Strafbarkeit des B nach § 315b StGB?

Lösung: Der BGH lehnte hier einen vollendeten § 315b I Nr. 3 StGB ab, weil unter einer konkreten Gefahr für Leib oder Leben eines anderen Menschen oder für Sachen von bedeutendem Wert nur verkehrsspezifische Gefahren verstanden werden dürften. Dies aber sei nur der Fall, wenn die konkrete Gefahr zumindest auch auf die Wirkungsweise der für Verkehrsvorgänge typischen Fortbewegungskräfte zurückzuführen sei. Im konkreten Fall aber habe der Sachschaden in keinem relevanten Zusammenhang mit der Eigendynamik der Fahrzeuge gestanden, sondern sei ausschließlich auf die durch die Pistolenschüsse freigesetzte Dynamik zurückzuführen gewesen. Dementsprechend bejahte der BGH nur einen versuchten gefährlichen Eingriff in den Straßenverkehr nach §§ 315b I Nr. 3, 22, 23 StGB. B rechnete immerhin damit, dass es zu einer kritischen Verkehrssituation kommen konnte. Sofern der Bankräuber dabei auch mit dem Ziel handelte, seine Täterschaft zu verdecken, kommt auch § 315b III i. V. m. § 315 III StGB auf diesen Versuch zur Anwendung (Tatfrage).

Zur Begründung dafür, dass § 315b StGB grundsätzlich nur von außen kommende Eingriffe erfasst, wird zutreffend auf § 315c StGB verwiesen, der prinzipiell abschließend Fehler im Straßenverkehr pönalisiert. Eingriffe innerhalb des fließenden und ruhenden Verkehrs sollen daher nur dann unter § 315b StGB fallen, wenn sie sich als Zweckentfremdung des Straßenverkehrs darstellen, was grundsätzlich dann zu bejahen ist, wenn der Täter absichtlich den Verkehrsvorgang für eigene Zwecke missbraucht (sog. Pervertierung des Straßenverkehrs für verkehrsfremde Zwecke).[53] Beim

---

48 Vgl. *Herold*, JA 2013, 344 ff.; zu Restriktionsversuchen *Brand/Albrecht*, ZStW 126 (2014), 674 ff.
49 BGHSt 23, 4; OLG Köln NZV 1991, 319; *Küper/Zopfs*, BT, S. 129 f.; Lackner/Kühl/*Heger*, § 315b, Rn. 4; LK-*König*, § 315b, Rn. 11.
50 BGH NZV 2006, 483 m. Anm. *Bosch*, JA 2006, 900 ff.; *Jahn*, JuS 2007, 89 ff.
51 Dagegen *Jahn*, JuS 2007, 91.
52 BGH NStZ 2009, 100 f.
53 LK-*König*, § 315b, Rn. 11 ff.; *Rengier*, BT/2, § 45, Rn. 14 ff.; *Sch/Sch/Hecker*, § 315b, Rn. 8; *Fischer*, § 315b, Rn. 9.

Griff eines Beifahrers ins Lenkrad ist das nur bei entsprechender Pervertierungsabsicht anzunehmen.[54]

Dabei erfüllt nicht jeder vom öffentlichen Verkehrsraum ausgehende zweckwidrige Einsatz eines Fahrzeugs den Tatbestand des § 315b I Nr. 3 StGB. Der BGH hat festgestellt, dass ein gefährlicher Eingriff in den Straßenverkehr grundsätzlich auch dann gegeben sein kann, wenn die konkrete Gefahr oder der Schaden außerhalb des öffentlichen Straßenraums eintritt. Voraussetzung ist aber, dass sich die gefährdete Person noch im öffentlichen Verkehrsraum aufhält, wenn der Täter zur Verwirklichung des Tatbestands durch die verkehrswidrige Verwendung des Fahrzeugs als Schadenswerkzeug oder Waffe unmittelbar ansetzt. Dies soll nicht der Fall sein, wenn der Täter mit seinem Wagen in ein Geschäftsgebäude hineinfährt und er dabei zwei Mitarbeiter erfasst, die im Eingangsbereich auf einer Betonstufe stehen.[55] Anders wäre wohl zu urteilen, wenn die Mitarbeiter vor dem Eingang des Gebäudes gestanden hätten.

Für eine Pervertierung des Straßenverkehrs verlangt der BGH eine grobe Einwirkung von einigem Gewicht. Die Problematik wird veranschaulicht durch folgendes

Beispiel: A ging immer wieder mitten auf einer breiten befahrenen Straße. Er wollte damit den Fahrzeugverkehr behindern und die Autofahrer zwingen, auf Schrittgeschwindigkeit abzubremsen und um ihn herumzufahren. Durch diese Verhaltensweise wollte er zu mehr Rücksicht gegenüber den Fußgängern anhalten. Tatsächlich fuhren viele der Autofahrer an A vorbei. Pkw-Fahrer B bemerkte den A jedoch zu spät und leitete eine Vollbremsung ein, sodass ein hinter ihm fahrender Pkw-Fahrer auf ihn auffuhr. Es entstand erheblicher Sachschaden. Wäre B vorsichtiger gefahren, hätte er vermutlich – wie alle anderen Pkw-Fahrer – ohne Weiteres überholen können. Strafbarkeit des A? (**Fußgänger-Fall** nach BGHSt 41, 231 ff.[56]) 475

Lösung: Eine Strafbarkeit wegen Nötigung scheidet mangels Gewalt aus, da das Verhalten des A in bloßer körperlicher Anwesenheit besteht, sodass die Zwangswirkung grundsätzlich nur psychischer Natur ist („auf der Straße gehen" und „auf der Straße sitzen" kann grundsätzlich nicht unterschiedlich beurteilt werden). Fraglich ist jedoch, ob ein vorsätzlicher gefährlicher Eingriff in den Straßenverkehr nach § 315b I Nr. 2 StGB wegen Hindernisbereitens bejaht werden kann. Grundsätzlich fallen darunter nur verkehrsfremde Eingriffe von außen. Ausnahmsweise fasst die Rspr. jedoch auch Vorgänge im ruhenden und fließenden Verkehr als Hindernisbereiten i. S. d. Vorschrift auf, wenn „die Behinderung nicht bloße Folge, sondern der Zweck des verbotswidrigen Verhaltens ist"[57] (sog. Pervertierung des Straßenverkehrs). Jedoch fehlt es bei A jedenfalls am subjektiven Tatbestand. Der Täter muss nämlich nach allgemeiner Ansicht mit dem Willen handeln, den Verkehrsvorgang zu einem Eingriff zu pervertieren, d. h., es muss ihm darauf ankommen, in die Sicherheit des Straßenverkehrs einzugreifen (Begründung: anderenfalls bestünde die Gefahr einer uferlosen Ausdehnung des § 315b StGB auf normale Verkehrsverstöße; die Existenz des § 315c StGB zeigt aber, dass der Gesetzgeber dies nicht gewollt haben kann!). In den Pervertierungsfällen (sowohl des § 315b I Nr. 2 als auch des § 315b I Nr. 3 StGB – und nur bei diesen!) muss also die Herbeiführung der konkreten Gefahr für Leib oder Leben eines anderen oder fremde Sachen von bedeutendem Wert vom wenigstens bedingten Vorsatz des Täters umfasst sein.[58] Zwischenzeitlich geht der BGH in Fällen der Pervertierung des Straßenverkehrs sogar noch über die soeben geschilderten subjektiven Anforderungen hinaus und 476

---

54 Offen gelassen von BGH NZV 2006, 483; dazu *Grupp/Kinzig*, NStZ 2007, 132 ff.
55 BGH NStZ-RR 2012, 185.
56 Vgl. dazu auch *Hauf*, JA 1996, 359 ff.; *Ranft*, JR 1997, 210 ff.
57 St. Rspr.; BGHSt 21, 302.
58 So BGHSt 41, 239 im konkreten Fall; vgl. aber auch BGH NJW 2003, 1613.

§ 15 *Delikte im Straßenverkehr*

verlangt noch weitergehend mindestens bedingten Schädigungsvorsatz[59] (vgl. dazu den Hinweis am Ende dieses Falles). Dass ein derartiger Schädigungsvorsatz hier gegeben war, kann aber keinesfalls angenommen werden, da A die Autofahrer nur zu mehr Rücksichtnahme anhalten wollte. Daher ist eine Strafbarkeit nach § 315b I Nr. 2 StGB nicht gegeben. A ist straflos (gegeben ist nur eine Ordnungswidrigkeit nach §§ 24 StVG, 25 I, 49 I Nr. 24a StVO).

Achtung Klausur: *Wie soeben dargestellt, verlangt der BGH in Fällen der Pervertierung des Straßenverkehrs nun sogar (mindestens bedingten) Schädigungsvorsatz und begnügt sich nicht mehr mit bloßem Gefährdungsvorsatz. Wichtig ist hier, sich bewusst zu machen, dass die erhöhten Vorsatzanforderungen auch nach BGH-Auffassung nur für verkehrsfeindliche Eingriffe im fließenden Verkehr gelten (bei Eingriffen in den Verkehr von außen genügt also weiterhin das Vorliegen eines Gefährdungsvorsatzes bzw. einer Gefährdungsfahrlässigkeit, vgl. § 315b I, IV und V StGB). Als Grund führt der BGH an, dass verkehrswidrige Vorgänge mit bloßem Gefährdungsvorsatz im fließenden Verkehr regelmäßig von § 315c StGB sowie ggf. durch die Nötigungstatbestände der §§ 113, 240 StGB erfasst werden und verhindert werden müsse, dass eine Vielzahl alltäglicher, bewusst regelwidriger und gefährdender Verhaltensweisen (wie z. B. bewusste Vorfahrtsverletzungen) über § 315b StGB pönalisiert wird. Anlass für diese Rspr. war ein Fall, in dem der Täter durch Abbremsen und Schneiden verhindert hatte, dass ein ihn verfolgender Polizeiwagen überholen konnte. Obwohl es sogar zu einem vom Täter nicht beabsichtigten leichten Zusammenstoß mit dem Polizeifahrzeug gekommen war, verneinte der BGH hier § 315b I Nr. 3 StGB mangels Schädigungsvorsatzes. Der bloße Gefährdungsvorsatz, so der BGH, genüge bei vorschriftswidrigen Vorgängen im fließenden Verkehr gerade nicht. Vielmehr könne von einer Pervertierung nur gesprochen werden, wenn zu einem bewusst zweckwidrigen Einsatz eines Fahrzeugs in verkehrsfeindlicher Einstellung hinzukommt, dass es mit (mindestens bedingtem) Schädigungsvorsatz – etwa als Waffe oder Schadenswerkzeug – missbraucht wird. Vorliegend komme daher mangels Schädigungsvorsatzes nur eine Strafbarkeit nach § 315c I Nr. 2b, § 113 StGB (der § 240 StGB sperrt!) sowie § 142 StGB (wegen der Kollision) in Betracht.*

477 Der eigentliche Anwendungsbereich des § 315b StGB liegt nach dem Gesagten in verkehrsfremden Eingriffen von außen. Dabei sind diese Fälle mit dem Gesetzestext sehr gut handhabbar. Jedoch ist in der Klausur darauf zu achten, dass das Merkmal der „konkreten Gefährdung von Leib oder Leben eines anderen oder fremder Sachen von bedeutendem Wert" genau untersucht wird. Das zeigt folgender

478 **Fall 69:** A hatte von B einen Pkw gekauft und danach verschiedene Mängel am Fahrzeug gerügt, aufgrund derer er eine Rücknahme des Wagens gegen Rückerhalt des Kaufpreises begehrte. Da B eine Rückabwicklung verweigerte, klagte A vor dem LG auf Zahlung von 36 000 € gegen Rückgabe des Fahrzeugs. Das LG erließ einen Beweisbeschluss hinsichtlich des Defekts am Steuerungssystem „ABS". Da A befürchtete, dass die bisher am Fahrzeug vorfindlichen Mängel für eine Rückabwicklung nicht ausreichen könnten, entschloss er sich, einen weiteren Mangel am Fahrzeug selbst zu erzeugen. Er lockerte daher die Verschraubung der Bremsleitung. Dabei war ihm bewusst, dass der Sachverständige (S) bei einer Fahrt nicht sofort die notwendige Bremsleistung beim Drücken des Pedals erreichen, sondern nur durch nochmaliges Durchtreten des Bremspedals eine Abbremsung

---

59 Vgl. BGHSt 48, 233, 237 f.; krit. *König*, NStZ 2004, 177; BGH JuS 2010, 364.

erzielen kann. Zum vereinbarten Termin übergab A dem Sachverständigen den Wagen und wies ihn zusätzlich auf u. U. auftretende Mängel bei der Bremsanlage hin. Dabei hoffte er, dass S nicht verunglücken würde. S fuhr mit dem Wagen eine leicht abschüssige Straße in Richtung einer Ampel hinunter, die stark befahren war. Als er das Fahrzeug vor der roten Ampel zum Stehen bringen wollte, spürte er, dass sich das Bremspedal fast durchtreten ließ. Mit einem zweiten beherzten Durchtreten gelang es ihm, den Wagen schließlich doch noch vor der Ampel zum Stehen zu bringen. Die Klage des A hatte keinen Erfolg. Strafbarkeit des A? (**Bremsdefekt-Fall** nach OLG München NJW 2006, 3364 ff.[60])

Lösung:

I. Eine Strafbarkeit wegen **versuchten Totschlags nach §§ 212, 22, 23 StGB** scheidet aus, da es hierfür am nachweisbaren Vorsatz des A fehlt.

II. In gleicher Weise scheitert auch eine Strafbarkeit wegen **versuchter gefährlicher Körperverletzung nach §§ 223, 224 I Nr. 2, 5, 22, 23 StGB**, da auch diesbezüglich ein entsprechender Vorsatz nicht nachweisbar ist.

III. Denkbar ist zunächst eine Strafbarkeit wegen **versuchten Betrugs in mittelbarer Täterschaft in Form eines Prozessbetrugs nach §§ 263, 25 I Alt. 2, 22, 23 StGB**, indem A das defekte Fahrzeug an den Sachverständigen übergab.

1. Zu einer Vollendung des Betruges ist es schon deshalb nicht gekommen, weil die Klage im Ergebnis abgewiesen wurde.

2. Die Strafbarkeit des Versuchs ergibt sich aus § 263 II StGB.

3. Voraussetzung für eine Strafbarkeit wegen Versuchs ist jedoch auch, dass ein entsprechender Tatentschluss des Täters vorgelegen hat.
A's Tatentschluss war vorliegend auf eine durch den Sachverständigen bewirkte Täuschung gerichtet, die zu einem entsprechenden Irrtum des Richters führen sollte. Beim Prozessbetrug ist Raum für einen Irrtum, da der Richter bei positiver Kenntnis von der Unrichtigkeit des ihm vorgelegten Tatsachenmaterials keine entsprechende Entscheidung treffen darf. Auch sollte nach der Vorstellung des A durch den Richter eine Vermögensverfügung i. S. eines Dreiecksbetrugs in Form der Rückzahlung der 36 000 € erzielt werden (näher zur Lagerstellung des Richters beim Prozessbetrug o. Rn. 345 f.).
Fraglich ist allein, ob der Tatentschluss des A auch auf die Herbeiführung eines Vermögensschadens sowie eine rechtswidrige Bereicherung gerichtet war. Das OLG München geht diesbezüglich zu Recht davon aus, dass beim Beweismittelbetrug eine Rechtswidrigkeit der Bereicherung zu verneinen ist, wenn das Resultat der wahren Rechtslage entspricht. Jedoch sei für einen versuchten Betrug hinreichender Tatentschluss gegeben, wenn A davon ausging, dass ihm ein Recht zum Rücktritt möglicherweise nicht zustand und er daher mit bedingtem Vorsatz bezüglich der Rechtswidrigkeit handelte. Vorliegend ist dies zu bejahen, da A den Defekt am Fahrzeug einbaute, weil er Angst hatte, dass die bisherigen Mängel für einen Rücktritt nicht ausreichen.

4. Auch hat A zu dem (Prozess-)Betrug nach § 22 StGB unmittelbar angesetzt, da es bei der mittelbaren Täterschaft nach h. M. genügt, wenn der Täter das Geschehen durch Einwirkung auf den Tatmittler aus der Hand gegeben hat und aus seiner Sicht eine unmittelbare Gefährdung des Rechtsguts eingetreten ist. Vorliegend war dies der Fall, da nach der Untersuchung des Fahrzeugs mit einer Ausfertigung des Gutachtens unter Feststellung von schwerwiegenden Mängeln sowie dessen Weitergabe an den Richter zu rechnen war.

5. **Ergebnis:** A ist wegen versuchten (Prozess-)Betruges strafbar.

---

60 Mit Anm. *Bosch*, JA 2007, 151 ff.; *Kraatz*, Jura 2007, 531 ff.; vgl. zuvor bereits BGH NStZ 1996, 85 f. m. Anm. *Renzikowski*, JR 1997, 115.

IV. Zu prüfen ist auch eine Strafbarkeit wegen **vorsätzlichen gefährlichen Eingriffs in den Straßenverkehr gem. § 315b I Nr. 1 StGB.**

1. A hat durch das Durchtrennen des Bremsschlauchs das Fahrzeug nach § 315b I Nr. 1 StGB beschädigt.

2. Dadurch ist auch die Sicherheit des Straßenverkehrs beeinträchtigt worden.

3. Darüber hinaus müsste durch die Beschädigung auch Leib oder Leben eines anderen oder eine fremde Sache von bedeutendem Wert gefährdet worden sein. Erforderlich ist dabei der Eintritt einer konkreten Gefahr, die nach Auffassung des BGH nur dann angenommen werden kann, wenn die Tathandlung über die ihr innewohnende latente Gefährlichkeit hinaus im Hinblick auf einen bestimmten Vorgang in eine kritische Situation geführt hat. Erforderlich ist danach, dass es zu einem „Beinahe-Unfall" gekommen ist. Anderenfalls, so der BGH, würde die Grenze zur abstrakten Gefahr verwischt werden.[61]

Vorliegend war dem S ein Abbremsen noch möglich, ohne dass ein derartiger „Beinahe-Unfall" zu verzeichnen gewesen wäre.

4. Ergebnis: Eine Strafbarkeit wegen vollendeten gefährlichen Eingriffs in den Straßenverkehr nach § 315b StGB scheidet daher aus.

V. Denkbar wäre jedoch die Annahme eines **versuchten gefährlichen Eingriffs in den Straßenverkehr nach §§ 315b I Nr. 1, 22, 23 StGB.**

1. Zur Vollendung ist es nicht gekommen (s. o.); die Strafbarkeit des Versuchs ergibt sich aus § 315b II StGB.

2. A müsste Tatentschluss hinsichtlich der Verwirklichung des § 315b I Nr. 1 StGB gehabt haben. Dabei kommt vorliegend allenfalls bedingter Vorsatz in Betracht. Angesichts des von A gewünschten Effekts, dass S zunächst keine Bremskraft erzielen sollte, wird man annehmen können, dass A zumindest auch die Herbeiführung einer kritischen Situation in sein Vorstellungsbild mit aufgenommen hat. Damit liegt bedingter Vorsatz vor.

3. Mit der Lockerung der Verschraubung hatte A bereits alles Erforderliche getan, um den Erfolg herbeizuführen. Es liegt damit die Situation des beendeten Versuchs vor. Dieser beginnt nach wohl zutreffender herrschender Auffassung jedenfalls mit dem Aus-der-Hand-Geben des Geschehens, was vorliegend spätestens dann der Fall war, als A nach der Lockerung den Wagen an S übergab und dem weiteren Geschehen seinen Lauf ließ (näher zum Versuchsbeginn beim beendeten Versuch *Jäger*, AT, Rn. 305 ff.).

4. Rechtfertigungs- und Schuldausschließungsgründe sind nicht ersichtlich.

5. Ergebnis: A hat sich wegen versuchten gefährlichen Eingriffs in den Straßenverkehr nach §§ 315b I Nr. 1, 22, 23 StGB strafbar gemacht.

VI. Darüber hinaus kommen **§§ 315b I, III, 22, 23 i. V. m. § 315 III StGB** im Hinblick auf den beabsichtigten Betrug in Betracht, auch wenn der versuchte Betrug in Tateinheit mit dem versuchten gefährlichen Eingriff in den Straßenverkehr steht. Der BGH sieht im Wortlaut des § 315 III StGB keinen Anhaltspunkt dafür, dass Eingriff und ermöglichte Straftat zeitlich auseinanderfallen müssen.

VII. Die Lockerung der Verschraubung erfüllt nicht den Straftatbestand der **Sachbeschädigung nach § 303 StGB**, da es sich bei dem Kfz nicht um eine fremde Sache handelte.

VIII. Gesamtergebnis und Konkurrenzen: A hat sich strafbar gemacht wegen versuchten Betruges und versuchten gefährlichen Eingriffs in den Straßenverkehr nach §§ 263, 315b I Nr. 1 und III, 22, 23 StGB. Die Taten stehen zueinander in Tateinheit.

---

61 Vgl. dazu schon BGH NStZ 1996, 85.

III. Gefährdung des Straßenverkehrs nach § 315c StGB

1. Die Struktur des § 315c StGB

§ 315c StGB pönalisiert in Nr. 1a und b unter bestimmten Umständen das Fahren in fahruntauglichem Zustand und enthält in Nr. 2a–g die sog. sieben Todsünden im Straßenverkehr (lesen!) und dient als konkretes Gefährdungsdelikt dem Schutz der Sicherheit des Straßenverkehrs.[62] Auch hier müssen Sie sich die Systematik – wie bei § 315b StGB – vor Augen halten und dem Prüfer im Kopfsatz klar machen. **480**

- § 315c I StGB: Tathandlung vorsätzlich und Gefährdung vorsätzlich (vorsätzliche Gefährdung des Straßenverkehrs).
- § 315c III Nr. 1 i. V. m. I StGB: Tathandlung vorsätzlich und Gefährdung fahrlässig (vorsätzliche Gefährdung des Straßenverkehrs wegen § 11 II StGB!).
- § 315c III Nr. 2 i. V. m. I StGB: Tathandlung fahrlässig und Gefährdung fahrlässig (fahrlässige Gefährdung des Straßenverkehrs).

2. Einzelprobleme des § 315c StGB[63]

Die Fragestellungen im Rahmen des § 315c StGB kreisen in Klausuren immer wieder um bestimmte Problemkonstellationen. **Merken** Sie sich zu § 315c StGB daher Folgendes:

a) Die Fahruntauglichkeit nach § 315c I Nr. 1a StGB

Sie ist Tatbestandsmerkmal und bestimmt sich maßgeblich nach der Blutalkoholkonzentration zum Tatzeitpunkt, vgl. § 315c I Nr. 1a StGB. **481**

- Hat der Fahrer zum Zeitpunkt seiner Teilnahme am Straßenverkehr eine Blutalkoholkonzentration (BAK) von 1,1 ‰ oder mehr, so ist er absolut fahruntauglich und daher ohne weitere Feststellungen i. S. v. § 315c I Nr. 1a StGB infolge des Genusses alkoholischer Getränke nicht in der Lage, das Fahrzeug zu führen. Interessant auch die Entscheidung des OLG Oldenburg, wonach auch beim Führen einer Pferdekutsche die Grenze für absolute Fahruntauglichkeit bei 1,1 ‰ liegt.[64] Bei Radfahrern liegt die Grenze laut Rspr. bei 1,6 ‰.[65] Ebenso beim Fahrer eines elektrischen Rollstuhls.[66]
- Unterhalb von 1,1 ‰ und oberhalb von 0,3 ‰ liegt nur relative Fahruntauglichkeit vor, d. h. es sind zusätzliche Beweisanzeichen nötig (wie z. B. Schlangenlinien fahren, außergewöhnliche Fahrfehler – etwa das Verlassen der Fahrbahn in Kurven – oder extrem überhöhte Geschwindigkeit), die für Fahruntüchtigkeit i. S. v. § 315c I Nr. 1a StGB sprechen. Als Beweisanzeichen nicht ausreichend ist dagegen grundsätzlich ein Auffahren auf den Vordermann, sofern dieses nicht alkoholtypische Züge trägt; denn ein derartiges Verhalten ist durchaus auch bei einem nicht alkoholisierten Fahrer bisweilen zu verzeichnen. Ebenso genügt nicht das Fahren

62 BGH NJW 1989, 1228 und 2550 m. Anm. *Geppert*, NStZ 1989, 321 und *Becker*, NStZ 1990, 125 sowie *Werle*, JR 1990, 74; *Fischer*, § 315c, Rn. 2; a. A. SK-*Wolters*, § 315c, Rn. 2.
63 Eingehend dazu *Zimmermann*, JuS 2010, 22 ff.
64 OLG Oldenburg NJW 2014, 2211 m. Bspr. *Hecker*, JuS 2014, 756 ff.
65 Vgl. BGHSt 34, 133.
66 AG Löbau NJW 2008, 530 f. m. Anm. *Jahn*, JuS 2008, 80 ff.

auf der Gegenfahrbahn in nicht ausschließbar suizidaler Absicht, da hier nicht ausgeschlossen werden kann, dass der Fahrer gezielt und damit nicht alkoholbedingt auf der Gegenfahrbahn gefahren ist.[67]

Liegen zusätzliche Beweisanzeichen nicht vor, so kann der Fahrer nur wegen einer Ordnungswidrigkeit belangt werden, sofern seine BAK wenigstens 0,5 ‰ betrug (§ 24a StVG).

b) *Grob verkehrswidriger und rücksichtsloser Verstoß nach § 315c I Nr. 2a–g StGB (sog. sieben Todsünden)*

482 Eine grobe Verkehrswidrigkeit liegt bei einem objektiv besonders schweren Verstoß gegen eine Verkehrsvorschrift vor.[68] Rücksichtslosigkeit ist gegeben bei einem Handeln aus eigensüchtigen Gründen bzw. bei besonderer Gleichgültigkeit, die beim Täter Bedenken von vornherein nicht aufkommen lässt.[69]

c) *Gefährdung durch Tathandlung*

483 Durch die Tathandlung muss kausal und zurechenbar eine konkrete Gefahr für Leib und Leben eines anderen oder für fremde Sachen von bedeutendem Wert begründet worden sein. Dies ist dann der Fall, wenn das Ausbleiben einer Rechtsgutsverletzung allein dem Zufall zu verdanken ist (Stichwort: Beinahe-Unfall, s. dazu bereits oben bei § 315b StGB, Rn. 479).[70] Ausschlaggebend ist dabei das Urteil aus einer ex ante-Sicht. Man wird daher in der Klausur immer dann von einer konkreten Gefahr ausgehen können, wenn sich eine Verkehrssituation eingestellt hat, bei der ein objektiver Beobachter den Eindruck gewinnt, es sei gerade noch einmal „gut gegangen",[71] wie dies etwa bei einem extrem nahen Auffahren auf einen Vordermann bei hoher Geschwindigkeit der Fall ist.

Achtung Klausur: *§ 315c StGB ist natürlich erst recht dann einschlägig, wenn es zu einer Rechtsgutsverletzung gekommen ist (etwa wenn der Fahrer alkoholbedingt einen Passanten angefahren hat), denn die Verletzung ist die stärkste Form der Gefährdung!*

Im Übrigen stellen sich hier zwei häufige Klausurprobleme.

484 aa) Das **erste Klausurproblem** ist immer anzusprechen, wenn ein alkoholisierter Fahrer einen Beifahrer im Auto mitnimmt und nichts passiert. Zu fragen ist dann nämlich, ob die absolute Fahruntüchtigkeit des Fahrzeugführers als solche bereits eine konkrete Gefahr für den Mitfahrer begründet.

– Ursprünglich hat der BGH diese Frage bejaht.[72]
– In der Literatur ist diese Auffassung zu Recht auf Kritik gestoßen, da von einer konkreten Gefährdung erst gesprochen werden kann, wenn sich der Fahrer einer konkreten Fahrsituation nicht gewachsen zeigt.[73] Die anfangs vom BGH vertretene

---

67 BGH NStZ 2014, 87 m. Anm. *Piel*.
68 Vgl. BGHSt 5, 395.
69 Auch dazu BGHSt 5, 395.
70 BGH NStZ-RR 2012, 252; interessant zur Kausalität BGH JA 2014, 70 m. Bspr. *Kudlich*.
71 Vgl. dazu BGH NJW 1995, 3131.
72 BGH NStZ 1990, 848.
73 *Krey/Hellmann/Heinrich*, BT/1, Rn. 1127 m. w. N.; vgl. auch aus der Rspr. BayObLG JZ 1989, 52.

Auffassung nähert dagegen § 315c StGB einem abstrakten Gefährdungsdelikt an und lässt für § 316 StGB in den Beifahrerfällen keinen hinreichenden Raum mehr.
- Der BGH hat sich dem Druck der Kritik aus der Literatur zunächst bis zu einem gewissen Grade gebeugt[74] und unterschieden: ist der Alkoholisierungsgrad so hoch, dass der Fahrer zu kontrollierten Fahrmanövern nicht mehr in der Lage ist, so sollen die Insassen konkret gefährdet sein, sodass § 315c StGB zur Anwendung gelangen kann. Ist der Fahrer dagegen noch zu kontrollierten Fahrmanövern imstande, so soll der Beifahrer nur dann konkret gefährdet sein, wenn ein trunkenheitsbedingter Fahrfehler zu einer kritischen Verkehrssituation geführt hat.
- Stellungnahme: Die letztgenannte Auffassung des BGH überzeugt jedenfalls in ihrem ersten Teil nicht, denn die Unfähigkeit zu kontrollierten Fahrmanövern begründet für sich gesehen noch keine *konkrete Gefahr*, sodass es dort beim abstrakten Gefährdungsdelikt des § 316 StGB verbleiben muss. Vorzugswürdig erscheint daher die jetzt h. M., die in der bloßen Mitnahme eines Beifahrers durch einen fahruntüchtigen Kfz-Lenker noch keine konkrete Gefahr erblickt und daher grundsätzlich nur § 316 StGB anwendet (so auch BGH NStZ 1996, 85 f.).

bb) Das **zweite häufige Klausurproblem** bildet die Frage, ob eine Strafbarkeit nach § 315c StGB dadurch ausgeschlossen ist, dass sich das Opfer in voller Kenntnis des Risikos in das Fahrzeug gesetzt hat. Die Problematik veranschaulicht folgender 485

Fall 70: B will sich von dem betrunkenen A nach Hause fahren lassen. A warnt den B, dass er ganz schön betrunken sei und für nichts mehr garantieren könne. B sagt, er nehme die Gefahr auf sich. Tatsächlich kommt es bei der Heimfahrt zu einem schweren alkoholbedingten Unfall, bei dem B erheblich verletzt wird. Strafbarkeit des A? **(Trunkenheitsfahrer-Fall)** 486

Lösung: 487

I. In Betracht kommt Strafbarkeit wegen **Gefährdung des Straßenverkehrs gem. §§ 315c I Nr. 1a, III Nr. 1, 11 II StGB**.
1. A hat in fahruntüchtigem Zustand ein Fahrzeug geführt.
2. Aufgrund der Fahruntüchtigkeit hat A auch Leib und Leben eines anderen konkret gefährdet, da es sogar zu einem Unfall mit Verletzungsfolgen gekommen ist. Naturgemäß beinhaltet die Verletzung auch eine Gefährdung. Zu untersuchen ist aber, ob die Strafbarkeit dadurch ausgeschlossen ist, dass B sich in Kenntnis des Risikos zur Mitfahrt entschlossen hat.
a) Nach einer in der Literatur vertretenen Auffassung fehlt es hier auf Seiten des A bereits an einer zurechenbaren Verursachung einer konkreten Gefahr, da B sich in voller Kenntnis des Risikos der Gefahrensituation ausgesetzt und damit die Gefahr für seinen Leib und sein Leben eigenverantwortlich geschaffen habe.[75]
b) Zum gleichen Ergebnis gelangt die sog. Lehre von der einverständlichen Fremdgefährdung, die hier ebenfalls die objektive Zurechnung ausschließt, dies aber damit begründet, dass B sich in voller Kenntnis des Risikos vom Fahrer A gefährden lasse. Diese einverständ-

---

74 BGH NJW 1989, 1227 f.
75 Vgl. dazu *Otto*, BT, § 89, Rn. 33.

liche Fremdgefährdung begründe jedoch – wie die freiverantwortliche Selbstgefährdung – einen Ausschluss der Zurechnung, sofern das Opfer das Risiko im selben Maße wie der Täter überblicke. Vorliegend war dies der Fall, da A dem B ausdrücklich erklärt hat, dass er bereits sehr betrunken sei und für nichts garantieren könne.

c) Wieder eine andere Auffassung in der Literatur verortet die Problematik auf Rechtswidrigkeitsebene und nimmt einen Ausschluss der Rechtswidrigkeit kraft Einwilligung an. Da § 315c StGB eine Gefahr für Leib oder Leben voraussetze, handelt es sich insoweit um ein Individualrechtsgut, sodass eine Verfügungsbefugnis des Opfers und damit auch eine Einwilligung möglich sei.[76]

d) Auch die Rspr. behandelt die Frage im Rahmen der rechtfertigenden Einwilligung.[77] Jedoch verneint sie die Möglichkeit eines Ausschlusses der Rechtswidrigkeit im Wege der Einwilligung, da es dem Betroffenen an der Dispositionsbefugnis über das Rechtsgut fehle. § 315c StGB diene dem Schutz des Straßenverkehrs und damit eines überindividuellen Rechtsguts, sodass eine Einwilligung des Betroffenen für die Strafbarkeit unbeachtlich sei.

e) Stellungnahme: Richtig dürfte die Annahme eines Zurechnungsausschlusses und damit die Verneinung der Tatbestandsmäßigkeit des Verhaltens sein.[78] Dafür spricht vor allem, dass auch die Rspr. eine Strafbarkeit wegen Straßenverkehrsgefährdung in Bezug auf Beteiligte (d. h. Anstifter oder Gehilfen) ablehnt, da diese – zumindest mittelbar – die Gefahr selbst hervorrufen.[79] Strukturell gilt aber bei der eigenverantwortlichen Selbstgefährdung bzw. bei der einverständlichen Fremdgefährdung nichts anderes. Auch überzeugt es nicht, wenn der BGH auf einen von § 315c StGB intendierten Schutz der Allgemeinheit rekurriert. Denn gerade in Bezug auf die konkrete Gefahrverwirklichung stellt § 315c StGB auf Individualrechtsgüter ab, sodass diesbezüglich von einem Allgemeinschutz nicht die Rede sein kann.

Ergebnis: Eine Strafbarkeit nach § 315c I Nr. 1a, III Nr. 1 StGB scheidet daher aus (a. A. aber gut vertretbar).

II. Gegeben ist jedoch eine Strafbarkeit wegen **Trunkenheit im Verkehr nach § 316 I StGB**. A hat vorsätzlich in fahruntüchtigem Zustand ein Fahrzeug geführt, da er gegenüber B selbst äußerte, er sei ziemlich betrunken und könne für nichts mehr garantieren.

III. Darüber hinaus käme eine Strafbarkeit wegen **fahrlässiger Körperverletzung nach § 229 StGB** in Betracht.

1. Der Erfolg des § 229 StGB ist eingetreten, da B laut Sachverhalt schwer verletzt wurde.

2. A hat auch objektiv sorgfaltspflichtwidrig gehandelt, indem er sich in Kenntnis seiner Fahruntüchtigkeit ans Steuer gesetzt hat und losgefahren ist.

3. Jedoch fehlt es auch hier – nach dem oben Gesagten – an der objektiven Zurechenbarkeit zwischen Sorgfaltspflichtverletzung und Erfolgseintritt. Da B sich nämlich in voller Kenntnis des Risikos in den Wagen gesetzt hat, ist von einer freiverantwortlichen Selbstgefährdung bzw. einverständlichen Fremdgefährdung auszugehen, die den Pflichtwidrigkeitszusammenhang unterbricht.

Ergebnis: Eine Strafbarkeit wegen fahrlässiger Körperverletzung nach § 229 StGB entfällt.

IV. Gesamtergebnis: A hat sich nur nach § 316 I StGB strafbar gemacht. Folgt man dagegen der Rspr., so ist A strafbar nach § 315c I Nr. 1a i. V. m. III Nr. 1 StGB. § 316 I StGB tritt dahinter als subsidiär zurück. § 229 StGB wäre auch nach der Rspr. nicht erfüllt. Zwar

---

76 Vgl. dazu etwa *F.-C. Schroeder*, JuS 1994, 848.
77 BGHSt 27, 40; so auch Lackner/Kühl/*Heger*, § 315c, Rn. 32.
78 BGHSt 27, 40, 43.
79 Vgl. BGH NStZ-RR 2012, 252.

siedelt die Rspr. die Selbstgefährdungsproblematik vielfach im Rahmen der Rechtswidrigkeit als Einwilligungsproblem an; jedoch ist auch unter Zugrundelegung dieser Auffassung eine Strafbarkeit ausgeschlossen, da hinsichtlich des Individualrechtsguts Körper eine Verfügungsbefugnis gegeben ist, sodass eine Strafbarkeit wegen fahrlässiger Körperverletzung dann jedenfalls aufgrund einer Einwilligung ausscheiden würde.

Abschlusshinweis: *Ein bedeutender Wert im Sinne der §§ 315b, 315c StGB ist gefährdet ab einer zu befürchtenden Schadenssumme von derzeit etwa 750 € (maßgeblich ist der Verkehrswert der bedrohten Sache, nicht aber der tatsächlich eingetretene Schaden, sodass es genügen kann, wenn z. B. an einem Auto im Wert von 750 € ein Schaden i. H. v. 250 € eintritt).*[80]

488

Achtung Klausur: *Es muss sich um fremde Sachen von bedeutendem Wert handeln (vgl. den Gesetzestext!). Darüber hinaus fallen vom Täter geführte, ihm nicht gehörende Fahrzeuge nach h. M. aus dem Schutzbereich des § 315c StGB heraus, da sich der Schutzzweck der Vorschrift nicht zugleich auf das Tatmittel beziehen könne.*[81] *Auch bei der Gefährdung von Gegenständen Tatbeteiligter ist eine Strafbarkeit nach § 315c StGB nach überwiegender Auffassung ausgeschlossen.*[82]

IV. Verbotene Kraftfahrzeugrennen nach § 315d StGB

Auf Anstoß der Länder Nordrhein-Westfalen und Hessen[83] wurde eine neue Vorschrift § 315d in das StGB aufgenommen, um dem Phänomen der sich häufenden illegalen Straßenrennen Herr zu werden.[84] Die neue Vorschrift soll der Eindämmung der Raserszene dienen. Das Gesetz wurde noch kurz vor dem Ende der Legislaturperiode verabschiedet und erfuhr eine gegenüber der ursprünglich von den Ländern Nordrhein-Westfalen und Hessen vorgeschlagenen Version (vgl. BT. Drucks. 18/12936) doch sehr deutlich geänderte Fassung, in der vor allem auch die Durchführung sog. „Einzelrennen" aufgenommen wurde.

488a

Die Verwirklichung des § 315d StGB hat grundsätzlich die Entziehung der Fahrerlaubnis nach § 69 I, II Nr. 1a StGB sowie die Entziehung der Kraftfahrzeuge nach § 315f StGB zur Folge.

---

80 Vgl. zum bedeutenden Wert BGH NZV 2008, 639 m. Anm. *Kudlich*, JA 2008, 821 ff.; BayObLG NJW 1998, 1966.
81 Vgl. BGH NStZ-RR 2012, 252; BGHSt 27, 40 m. krit. Anm. *Rüth*, JR 1977, 432; BayObLG JZ 1983, 560; *Geppert*, Jura 2001, 565; a. A. LK-*König*, § 315c, Rn. 95, 170.
82 Vgl. Lackner/Kühl/*Heger*, § 315c, Rn. 25; *Fischer*, § 315, Rn. 16; a. A. *Graul*, JuS 1992, 324; *F.-C. Schroeder*, JuS 1994, 846; *Geppert*, Jura 2001, 559.
83 Vgl. BR-Drucks. 362/16.
84 Näher zu § 315d StGB: *Blanke-Roeser*, JuS 2018, 18; *Dahlke/Hoffmann-Holland*, KriPoZ 2017, 35; *Eisele*, KriPoZ 2018, 32; *Jansen*, NZV 2017, 214; *Kulhanek*, Jura 2018, 561; *Nestler*, Jura 2018, 568; *Neumann*, Jura 2017, 160; *Preuß*, NZV 2017, 105; *dies.*, NZV 2018, 537; *Piper*, NZV 2017, 70; *Zehetgruber*, NJ 2018, 360.

1. Grund und Aufbau der Regelung

488b Hintergrund der Neuregelung war die in der Vergangenheit zu verzeichnende Häufung von illegalen Straßenrennen, die insbesondere in deutschen Großstädten bereits zu mehreren Todesopfern geführt haben. Die Neuregelung ist dabei auch dem Umstand geschuldet, dass die Veranstaltung von und Beteiligung an derartigen Straßenrennen bislang nur unzureichend in ihrem Unrechtsgehalt erfasst wurden. Sofern Straßenrennen keinerlei Folgen hatten, war bislang lediglich die Verhängung eines Bußgeldes nach den §§ 29 I, 49 II Nr. 5 StVO möglich. Aber selbst wenn Menschen getötet wurden, konnte man nach überwiegender Meinung nur aus dem Tatbestand der fahrlässigen Tötung nach § 222 StGB bestrafen, da den Tätern ein bedingter Vorsatz hinsichtlich der Todesfolge nur schwer nachzuweisen war. Dies liegt unter anderem daran, dass derartige Straßenrennen von einem hohen Maß an Selbstüberschätzung der beteiligten Fahrer geprägt sind. Auch eine Pönalisierung nach den §§ 315b, 315c war bislang problematisch. Zwar lässt die Rechtsprechung eine Anwendung des § 315b auch bei sogenannten Inneneingriffen zu, sofern eine Pervertierung des Straßenverkehrs durch zweckwidrige Verwendung des Fahrzeugs vorliegt, jedoch verlangt sie das Vorliegen eines mindestens bedingten Schädigungsvorsatzes, der ebenfalls aus den genannten Gründen regelmäßig nicht nachzuweisen war. Auch § 315c StGB konnte bislang nur in Fällen einschlägig sein, in denen grob verkehrswidrig und rücksichtslos die Vorfahrt anderer missachtet oder an unübersichtlichen Stellen oder Straßenkreuzungen zu schnell gefahren wurde. Da dies bei einem Autorennen nicht notwendig der Fall ist und aus dem Kraftfahrzeugrennen auch nicht stets eine Gefahr für Leib und Leben bzw. besondere Sachwerte anderer resultiert, waren auch hier Strafbarkeitsdefizite zu verzeichnen. In einem aufsehenerregenden Fall, in dem ein Raser über mehrere rote Ampeln in der Berliner Innenstadt gefahren war und einen kreuzenden Autofahrer getötet hatte, wurde allerdings vom LG Berlin[85] wegen Mordes verurteilt. Der BGH hat die Verurteilung jedoch aufgehoben. Ausschlaggebend für die Aufhebung war nicht nur der fehlende Nachweis eines zeitlich mit der Tathandlung zusamenfallenden Vorsatzes, sondern auch die Überlegung, dass ein bedingter Tötungsvorsatz bei mit Eigengefahren verbundenen riskanten Verhaltensweisen nicht ohne weiteres vorausgesetzt werden könne (näher *Jäger*, AT Rn. 74 a. E. sowie unten Rn. 488i und j).

Bezüglich des Deliktsaufbaus gilt es folgenden dreistufigen Norminhalt zu beachten:
– § 315d I StGB bildet ein abstraktes Gefährdungsdelikt und erfasst Tathandlungen, die Kraftfahrzeugrennen und Einzelrennen betreffen.
– § 315d II und IV StGB bilden konkrete Gefährdungsdelikte in Form von Vorsatz-Vorsatz (I) bzw. einer Vorsatz-Fahrlässigkeits-Kombination (IV). Letztere ist ebenfalls Vorsatzdelikt, vgl. § 11 II StGB. § 315d II und IV sind insoweit § 315c I und § 315c III Nr. 1 nachgebildet.
– § 315d V StGB enthält schließlich ein erfolgsqualifiziertes Delikt und sieht Freiheitsstrafe bis zu 10 Jahren vor, wenn durch das Fahrzeugrennen der Tod oder eine schwere Gesundheitsschädigung eines anderen Menschen oder eine einfache Gesundheitsschädigung einer großen Zahl von Menschen verursacht wird.

---
85 LG Berlin NStZ 2017, 471 m. Anm. *Grünewald*, JZ 2017, 1062; *Jahn*, JuS 2017, 700; *Jäger*, JA 2017, 786.

2. Tathandlung

a) Die Tathandlungen des § 315d I Nr. 1 und Nr. 2 StGB

488c

aa) Beide Tathandlungen beziehen sich auf Kraftfahrzeugrennen. Darunter ist ein Wettbewerb oder Wettbewerbsteil zur Erzielung von Höchstgeschwindigkeiten mit Kraftfahrzeugen mit mindestens zwei Teilnehmern zu verstehen. Eine vorherige ausdrückliche Absprache ist dafür nicht erforderlich.[86] Es genügt eine konkludente Abrede, die aus Indizien geschlossen werden kann.[87] Gleichgültig ist dabei auch die Streckenlänge und die Frage, ob Verkehrsregeln eingehalten werden (denn sprachlich hat der Gesetzgeber einen Verstoß nur in § 315d I Nr. 3 StGB vorausgesetzt).[88] Allerdings wird bei Einhaltung aller Regeln eine abstrakte Gefährdung kaum denkbar sein, sodass man dann wie bei den Brandstiftungsdelikten eine aus dem Schuldprinzip abgeleitete teleologische Reduktion des Tatbestandes annehmen kann.[89] Auch kommt es nicht darauf an, ob die Teilnehmer gleichzeitig oder nacheinander fahren.[90] Ob auch das Wetteifern um eine möglichst hohe Geschwindigkeit ohne Siegerermittlung genügt, ist umstritten. Im Ergebnis wird man dies aber bejahen können.[91] Entscheidend ist allerdings, dass Kraftfahrzeuge verwendet werden, sodass der Wettbewerb zwischen einem Kraftfahrzeug und einem Fahrrad nicht genügt. Auch ist gleichgültig, ob ein vorheriger Plan zur Abhaltung des Rennens bestand oder ob ein Spontanrennen gegeben ist.[92] Allerdings wird bei einem Spontanrennen nur die Tathandlung der Teilnahme an einem Rennen infrage kommen, weil es dann an der für Nr. 1 erforderlichen Organisation fehlt (vgl. sogleich).

bb) Die Tathandlung des **§ 315d I Nr. 1 StGB** besteht im **Ausrichten oder Durchführen eines nicht genehmigten Kraftfahrzeugrennens**. Ausrichter ist auch derjenige, der als Organisator im Hintergrund bleibt, z.B. durch eine Organisation im Internet oder Ähnliches (vgl. BT-Drucks. 18/12964). Durchführender ist damit derjenige, der als geistiger und praktischer Urheber, Planer und Veranlasser die Veranstaltung vorbereitet, organisiert und eigenverantwortlich ins Werk setzt.[93] Die Alternative des Durchführens stellt damit vor allem sicher, dass auch der vor Ort Tätige den Straftatbestand verwirklichen kann. Der Ausrichter ist daher im Hintergrund tätig, der Durchführende dagegen vor Ort. Helfer, wie Vorbereiter oder Personen die das Startsignal geben sowie Streckenpersonal sind nicht Ausrichter oder Durchführende eines Rennens. Für sie kommt daher nur eine Teilnehmerbestrafung nach §§ 315d, 27 StGB infrage. Auch fehlt es an der Verantwortung und Organisation bei Spontanrennen, sodass dann nur § 315d Abs. 1 Nr. 2 StGB einschlägig sein kann. Schließlich muss ein Bezug zum öffentlichen Straßenverkehr gegeben sein. Im nicht-öffentlichen Bereich scheidet ein Ver-

---

[86] BT-Drucks. 18/10145, S. 9 f.; *Kusche*, NVZ 2017, 415; *Nestler*, Jura 2018, 571.
[87] *Stam*, StV 2018, 465.
[88] *Blanke-Roeser*, JuS 2018, 21; *Preuß* NZV 2018, 537.
[89] *Blanke-Roeser*, JuS 2018, 21 f.; entsprechend *Preuß*, NZV 2018, 538
[90] BeckOK-*Kulhanek*, § 315d, Rn. 13.2.
[91] Wie hier *Kulhanek*, § 315d, Rn. 13.6; zweifelnd dagegen *Preuß*, NZV 2018, 538.
[92] Näher dazu *Zieschang*, JA 2016, 721 ff.
[93] BT-Drucks. 362/16, 7; *Zieschang*, JA 2016, 723 m. w. N.

anstalten aus. Mittelbare Täterschaft (etwa durch Vortäuschen einer Genehmigung) oder Mittäterschaft sind ebenfalls möglich, da § 315d kein eigenhändiges Delikt ist.[94]

cc) Die Tathandlung des **§ 315d I Nr. 2 StGB** besteht in der **Teilnahme an einem nicht genehmigten Kraftfahrzeugrennen**. Da § 315d I Nr. 2 StGB nicht das Führen eines Fahrzeugs, sondern nur die Teilnahme an einem Rennen als Kraftfahrzeugführer voraussetzt, genügt nach wohl richtiger Auffassung auch, dass der Täter sich mit seinem Fahrzeug noch nicht in Bewegung befindet, sondern etwa erst an der Startlinie steht.[95] Bereits dann ist Tatbestandsvollendung gegeben. Nur so ist es erklärbar, dass der Gesetzgeber in § 315d III StGB bezüglich § 315d I Nr. 2 und Nr. 3 StGB auf die Einführung einer Versuchsstrafbarkeit verzichtet hat.

b) Die Tathandlung des § 315d I Nr. 3 StGB

488d Tathandlung des § 315d I Nr. 3 StGB ist das Führen des Kraftfahrzeugs mit nicht angepasster Geschwindigkeit. Dabei muss der Täter die Absicht zur Erzielung einer höchstmöglichen Geschwindigkeit haben (überschießende Innentendenz). Erfasst sind hier daher die Fälle, in denen nur ein einziges Fahrzeug objektiv und subjektiv ein Kraftfahrzeugrennen nachstellt,[96] sog. Einzel- oder Solorennen. Es soll auf diese Weise dem Phänomen zunehmender Rennen gegen sich selbst begegnet werden. Beispielhaft hierfür stand ein spektakulärer Fall eines Motorradfahrers, der wiederholt extrem schnelle Fahrten durch eine Innenstadt mit seiner Helmkamera filmte, um sie ins Internet zu stellen. Bei einer dieser Fahrten kam ein Unbeteiligter ums Leben.

Die nicht angepasste Geschwindigkeit ist dabei wie in § 3 I StVO zu verstehen.[97] Die Formulierungen „grob verkehrswidrig und rücksichtslos" orientieren sich an § 315c Abs. 1 Nr. 2 StGB und der dazu entwickelten Rechtsprechung (näher oben Rn. 482).[98] Erforderlich ist darüber hinaus die Absicht der Erzielung einer höchstmöglichen Geschwindigkeit (sog. Raserabsicht).[99] Es genügt der subjektive zielgerichtete Wille zur Erreichung, ohne dass dies objektiv tatsächlich geschehen muss. Das LG Stade hat hierfür in einer neuen Entscheidung verlangt, dass der Fahrer sein Fahrzeug bis an die Grenzen des technisch und physikalisch Möglichen ausfährt. Dem wird man aber widersprechen müssen. Denn mit der h. M. kann für die Raserabsicht nicht das Erzielen von absoluten Höchstgeschwindigkeiten gemeint sein, weil diese vielfach – wie auch der Täter weiß – verkehrsbedingt nicht erreichbar sind. Gemeint sein muss vielmehr eine vom Täter angestrebte relative Höchstgeschwindigkeit, die an Motorleistung, Streckencharakteristik, Witterungsbedingungen und Verkehrsaufkommen zu messen sein soll.[100]

---

94 Zutreffend *Zieschang*, JA 2016, 723.
95 So zutreffend *Zieschang*, JA 2016, 725.
96 BT-Drucks. 18/12964, S. 5.
97 *Preuß*, NZV 2018, 539 m. w. N.
98 BT-Drucks. 18/12964, S. 5
99 *Dahlke/Hoffmann-Holland*, KriPZ 2017, 309.
100 Vgl. *Preuß*, NZV 2018, 539 m. w. N.; so im Ergebnis wohl auch LG Berlin NZV 2018, 481.

3. Herbeiführen konkreter Lebens-, Leibes- oder erheblicher Sachgefahr nach § 315d II und IV StGB

Bislang war die Verursachung dieser Gefahren ausschließlich in § 315c StGB unter Strafe gestellt. Da der Katalog des § 315c Abs. 1 Nr. 2 StGB abschließend ist, konnte bei Rasern jedoch nur das Nichtbeachten der Vorfahrt, falsches Fahren beim Überholen oder an Fußgängerüberwegen sowie Verkehrsverstöße an unübersichtlichen Stellen in Betracht kommen. Die Teilnahme an verbotenen Kraftfahrzeugrennen als solche war dagegen nicht von § 315c StGB erfasst. Diese Lücke schließt nun § 315d II StGB, wenn der Täter in den Fällen des Abs. 1 Nr. 2 und 3 eine Gefährdung von Leben, Leib oder Sachen von bedeutendem Wert herbeigeführt hat (Vorsatz-Vorsatz-Kombination, d. h. vorsätzliches Durchführen eines Rennens und vorsätzliches Herbeiführen der Gefahr). Der Gesetzgeber hat damit der Tatsache Rechnung getragen, dass die Gefährlichkeit illegaler Rennen derjenigen der aktuell in § 315c Abs. 1 Nr. 2 StGB benannten Verkehrsverstöße mindestens gleichkommt (BT-Drucks. 18/12964, S. 6).

488e

§ 315d IV StGB sieht einen im Verhältnis zu § 315d II StGB niedrigeren Strafrahmen von bis zu drei Jahren Freistrafe für Fälle vor, in denen die Gefahr fahrlässig verursacht wird (Vorsatz-Fahrlässigkeits-Kombination, d. h. vorsätzliches Durchführen eines Rennens/Teilnahme an einem Rennen und fahrlässiges Herbeiführen der Gefahr). Die Vorschrift lehnt sich damit an § 315c III Nr. 1 StGB an, sieht jedoch wegen der größeren abstrakten Gefährlichkeit von Autorennen eine höhere Strafrahmenobergrenze vor (BT-Drucks. 18/12964, S. 6 f.).

Achtung Klausur: *Eine dem § 315c III Nr. 2 StGB vergleichbare Fahrlässigkeits-Fahrlässigkeits-Kombination hat der Gesetzgeber nicht vorgesehen, da er offenbar davon ausgegangen ist, dass sich die fahrlässige Durchführung eines Rennens nicht denken lässt. Jedoch ist dies fraglich, weil durchaus Fahrlässigkeit hinsichtlich der Illegalität (die fehlende Erlaubnis ist nach h. M. negatives Tatbestandsmerkmal) möglich ist, etwa wenn ein Hintermann den Vordermann über das Vorliegen einer Renngenehmigung täuscht und es dann bei dem in Wahrheit illegalen Rennen zu einer Gefährdung von Personen kommt. Dann käme nur eine Bestrafung des Hintermanns nach §§ 315d II i.V.m. I Nr. 2, 25 I Alt. 2 StGB in Betracht. Beim Vordermann wäre zwar eine Bestrafung aus § 315d StGB ausgeschlossen, aber es wäre in solchen Fällen an § 315c III Nr. 2 StGB zu denken (ggfls. fahrlässige Verursachung einer der Todsünden des § 315c I Nr. 2 StGB und daraus folgende fahrlässige Verursachung einer konkreten Gefahr, wenn der Vordermann hätte erkennen können, dass eine Genehmigung für das Rennen nicht existiert und damit eine entsprechende Gefährdung anderer Straßenverkehrsbeteiligter möglich ist). Denkbar wäre darüber hinaus in einem solchen Fall auch die Verwirklichung sonstiger Fahrlässigkeitstatbestände durch den Vordermann, wie etwa §§ 229, 222 StGB.*

4. Versuchsstrafbarkeit nach § 315d III StGB nur in den Fällen des § 315d I Nr. 1 StGB

§ 315d III StGB sieht eine Versuchsstrafbarkeit nur für die Fälle des § 315d I Nr. 1 StGB vor. Dadurch wird ermöglicht, dass der Organisator auch dann einer Bestrafung zugeführt werden kann, wenn es später nicht zur Verwirklichung des Rennens kommt.

488f

§ 15 *Delikte im Straßenverkehr*

Für § 315d I Nr. 2 und Nr. 3 StGB hat der Gesetzgeber dagegen keine Versuchsstrafbarkeit geschaffen, da die Teilnahme an einem Fahrzeugrennen bereits dann anzunehmen ist, wenn sich ein Mitwirkender an der Startlinie befindet (s. oben Rn. 488c). Damit ist der Vollendungszeitpunkt bereits so weit vorverlagert, dass eine zusätzliche Versuchsstrafbarkeit nicht mehr erforderlich erscheint.

5. Erfolgsqualifikation des § 315d V StGB

488g Diese ist gegeben, wenn der Täter durch die Tat den Tod oder eine schwere Gesundheitsschädigung eines anderen Menschen verursacht. Ebenso ist die Erfolgsqualifikation erfüllt, wenn der Täter die Gesundheitsschädigung einer großen Zahl von Menschen verursacht; zu denken ist hier insbesondere an Fälle, in denen das Fahrzeug unkontrolliert in eine Menschenansammlung geschleudert wird (vgl. im Übrigen zu den Begriffen der Gesundheitsschädigung bzw. schweren Gesundheitsschädigung Rn. 72, 68). Hinsichtlich der qualifizierten Folge muss kein Vorsatz gegeben sein. Vielmehr genügt einfache Fahrlässigkeit (§ 18 StGB).

6. Verhältnis zu anderen Delikten

488h Da § 315d I StGB allein auf die gefährlichen Verhaltensweisen der Veranstaltung bzw. Teilnahme an Kraftfahrzeugrennen abstellt, handelt es sich um ein abstraktes Gefährdungsdelikt. Dennoch dürften die sieben Todsünden des § 315c I Nr. 2 StGB und § 315d I StGB zueinander in Tateinheit stehen, um den zusätzlichen Unrechtsgehalt des Verkehrsverstoßes (Rennen) zum Ausdruck zu bringen. Ebenso stehen die konkreten Gefährdungsdelikte nach § 315d Abs. 2 und 4 StGB und § 315c I Nr. 2 und III Nr. 1 StGB in Tateinheit, da der Unrechtsgehalt der Teilnahme an einem Kraftfahrzeugrennen bzw. der Veranstaltung eines Einzelrennens denjenigen des § 315c StGB nicht vollständig abbildet (welche der sieben Todsünden verwirklicht wurde, wird aus einer Verurteilung nach § 315d StGB nicht erkennbar, sodass das Unrecht zusätzlich ausgewiesen werden muss). Ein Unfall im Rahmen eines Straßenrennens schafft eine Zäsur, sodass § 315d StGB mit nachfolgenden Taten (wie z.B. Unfallflucht nach § 142 StGB und eventuellen Straßenverkehrsgefährdungen nach § 315c StGB) in Tatmehrheit steht.[101]

Abschließend zu § 315d StGB ein aus der jüngsten Rechtsprechung stammender

488i **Fall 71:** Am Abend des 31. Januar 2016 kam B in seinem Mercedes CLA AMG 45 mit runtergelassener Seitenscheibe an einer roten Ampel zum Stehen. A hielt mit seinem Audi S6, ebenfalls mit heruntergelassener Scheibe, direkt neben diesem an. Als sich beide durch die geöffneten Seitenfenster sahen, stellten sie fest, dass sie sich als Mitglieder der sogenannten Raserszene seit einiger Zeit kannten. Beide fuhren beim Umschalten der Lichtzeichenanlage auf Grün schnell los und überquerten die Kreuzung, um abrupt in Höhe der hinter der Kreuzung liegenden Bushaltestelle nebeneinander anzuhalten. Hier erfolgte ein kurzes Gespräch zwischen den Angeklagten durch die geöffneten Seitenscheiben ihrer Fahrzeuge, in dessen Verlauf es durch Gesten und Spiel mit dem Gaspedal zur Verab-

---

101 Auch hierzu *Zieschang*, JA 2016, 726.

redung eines Stechens, also eines illegalen Straßenrennens – den Kurfürstendamm entlang – kam, obwohl zu dieser Zeit ein zwar den nächtlichen Gegebenheiten entsprechendes, jedoch nicht unerhebliches Verkehrsaufkommen herrschte. Im Laufe des Rennens kam es zu einem Überfahren von gleich mehreren roten Ampeln mit stark überhöhter Geschwindigkeit auf einer Strecke von ca. 2,5 Kilometern. Im weiteren Verlauf fuhren A und B bei Rot in einen Kreuzungsbereich mit einer Geschwindigkeit von mindestens 170 km/h. Spätestens jetzt war beiden Angeklagten bewusst, dass ein, bei grüner Ampelphase berechtigter, in die Kreuzung einfahrender Fahrzeugführer und etwaige Mitinsassen bei einer Kollision mit den von ihnen gelenkten Pkw nicht nur verletzt, sondern aufgrund der von ihnen im Rahmen des vereinbarten Rennens gefahrenen sehr hohen Geschwindigkeiten mit großer Wahrscheinlichkeit zu Tode kommen könnten. Aufgrund der erreichten Geschwindigkeit, des Befahrens des Kreuzungsbereichs bei Rot und der aufgrund baulicher Gegebenheiten (Litfaßsäule, rechtwinklige Hausbebauung bis dicht an die Fahrbahn) nicht bestehenden Möglichkeit der Einsicht in die Kreuzung, kollidierte A – absolut unfähig noch zu reagieren – im Scheitelpunkt der Kreuzung mit dem Fahrzeug des Geschädigten W, der regelkonform bei Grün in den Kreuzungsbereich eingefahren war. W erlag noch am Unfallort in seinem Fahrzeug den bei dem Aufprall erlittenen multiplen Verletzungen. Strafbarkeit des A? (**Raser-Fall** verkürzt nach BGH NJW 2018, 1621[102]).

Lösung: 488j

I. In Betracht kommt Strafbarkeit des A wegen **Mordes nach §§ 211, 212 StGB**

1. Tatbestandsmäßigkeit

a) Objektiver Tatbestand

Der Erfolg, Tod eines Menschen, ist eingetreten und wurde von A auch kausal und zurechenbar bewirkt.

Fraglich ist jedoch, ob von A auch ein Mordmerkmal verwirklicht wurde. Möglich erscheint insoweit das Merkmal der Tötung mit gemeingefährlichen Mitteln. Der BGH weist diesbezüglich darauf hin, dass die subjektive Tatseite des Mordmerkmals genauer Prüfung bedürfe, weil nicht auf der Hand liege, dass A im Adrenalinrausch die Möglichkeit der Tötung von Personen durch herumfliegende Trümmerteile in ihr Vorstellungsbild aufgenommen hat.[103] Was das gegebenenfalls zusätzlich in Erwägung zu ziehende Mordmerkmal der Heimtücke anbelangt, so weist der BGH auf die notwendige detaillierte Prüfung des Ausnutzungsbewusstseins hin.

b) Subjektiver Tatbestand

Als subjektives Mordmerkmal käme möglicherweise auch das Vorliegen von niedrigen Beweggründen in Betracht. Jedoch sah sich bereits das LG Berlin als Ausgangsgericht außerstande, dieses Merkmal zu bejahen. Da sich die Beteiligten naheliegenderweise nicht kannten, konnten insbesondere die Beweggründe, Handlungsantriebe und Einstellungen der Täter gegenüber dem Geschädigten und seinem Lebensrecht nicht näher bestimmt werden. Die Frage des Vorliegens von Mordmerkmalen kann jedoch möglicherweise dahinstehen, wenn es bereits an einem hinreichenden Vorsatz hinsichtlich der Tatbestandsverwirklichung einer Tötung fehlt.

aa) Nach den Sachverhaltsfeststellungen hatten die Täter die für den bedingten Vorsatz notwendige Möglichkeitsvorstellung hinsichtlich eines tödlichen Ausgangs für andere Verkehrsteilnehmer spätestens erkannt und billigend in Kauf genommen, als sie in die Un-

---

102 M. Anm. *Jäger*, JA 2018, 468.
103 Vgl. Rn. 32 des Urteils. Für eine restriktivere Auslegung dieses Mordmerkmals aber *Puppe*, ZIS 2017, 439 (442 f.).

fallkreuzung einfuhren. Zu diesem Zeitpunkt, so das LG, hätten die Angeklagten jedoch bereits keine Möglichkeit mehr gehabt, den Unfall zu verhindern, da es im Urteil heißt, diese seien „absolut unfähig gewesen, noch zu reagieren". § 16 StGB verlangt, dass der Tatbestandsvorsatz „bei Begehung der Tat" vorliegt, was § 8 StGB dadurch präzisiert, dass er den Zeitpunkt der tatbestandlichen Ausführungshandlung für maßgeblich erklärt. Damit wird klargestellt, dass Vorsatz zum Zeitpunkt der tatbestandlichen Ausführungshandlung gegeben sein muss (sog. Koinzidenz- oder Simultaneitätsprinzip).[104] Ein zeitlich davor wirkender dolus antecedens oder ein – wie hier – erst später wirkender dolus subsequens genügt dagegen nicht. Spätestens als das Fahrzeug bereits unverhinderbar auf das Opfer „zuflog", soll der Fahrer nach den Feststellungen des LG Berlin die Möglichkeit der Tötung des Opfers in seine Vorstellung aufgenommen haben. Auch dies wäre ein Sekundenbruchteil zu spät gewesen, da Vorsatz als ein Kausalverläufe steuernder Verwirklichungswille zu begreifen ist,[105] der aber nicht vorliegen kann, wenn der Wille erst dann gefasst wird, wenn der Kausalverlauf den Händen des Täters bereits entglitten ist.

bb) Unabhängig von der zeitlichen Komponente zweifelt der BGH im vorliegenden Fall aber auch aus grundsätzlichen Erwägungen am Vorliegen eines bedingten Tötungsvorsatzes. Der 4. Senat weist diesbezüglich auf die in ständiger Rechtsprechung vertretene Notwendigkeit einer Gesamtschau aller objektiven und subjektiven Tatumstände hin und betont einmal mehr, dass die Gefährlichkeit der Tathandlung und die Wahrscheinlichkeit des Erfolgseintritts keine allein ausschlaggebenden Kriterien für die Feststellung des bedingten Vorsatzes sein können.[106] Zu Recht betont der 4. Senat diesbezüglich, dass die Annahme einer nicht in Kauf genommenen Eigengefährdung bei gleichzeitig in Kauf genommener Fremdgefährdung unzureichend belegt worden sei.[107] Es gebe keinen Erfahrungssatz, wonach sich Fahrer in Automobilen mit hoher Sicherheitsausstattung regelmäßig sicher fühlten.[108] Bereits darin liege ein Widerspruch, der zur Aufhebung des Urteils zwinge. All dem ist zuzustimmen und es sprechen auch noch weitere Gesichtspunkte gegen einen bedingten Tötungsvorsatz:[109] So setzt etwa die Vereinbarung eines konkreten Rennzieles regelmäßig voraus, dass diese Zielerreichung den Fahrern trotz Überquerens zahlreicher Kreuzungen bei Rotlicht möglich erscheint; das Nachtatverhalten des B, der immer wieder nur die Sätze wiederholte, „Wie konnte dies passieren, wie konnte dies passieren", ließ darauf schließen, dass dieser mit dem Erfolg gerade nicht gerechnet hatte. Schließlich war es auch widersprüchlich, wenn das LG Berlin aus dem Adrenalinrausch, in dem sich die Fahrer nach den tatrichterlichen Feststellungen befanden, zwar folgerte, dass die Fahrer eine mögliche Eigengefährdung ausgeschlossen, eine Fremdgefährdung aber uneingeschränkt für möglich gehalten haben.

2. Ergebnis: Es fehlte daher nicht nur wegen mangelnder Simultaneität an einem Vorsatz zum Tatzeitpunkt (allenfalls ein bloßer dolus subsequens), sondern es waren auch unabhängig von dieser zeitlichen Komponente keine hinreichenden Anhaltspunkte hinsichtlich des

---

104 Vgl. BGH NStZ 2004, 386; SK/*Hoyer*, § 8 Rn. 4; *Wessels/Beulke/Satzger*, AT, Rn. 319; *Sternberg-Lieben/Sternberg-Lieben*, JuS 2012, 979; vgl. auch *Streng*, FS Beulke, 313.
105 *Jäger*, AT, Rn. 90; *Otto*, AT, § 7, Rn. 94.
106 So schon BGH NStZ 2006, 446.
107 Vgl. Rn. 21 des Urteils unter Berufung auf *Roxin*, AT I, § 12 Rn. 23 ff.; *ders.*, FS Rudolphi 2004, 255; *Frisch*, Vorsatz und Risiko, 1983, 219; *Jäger*, JA 2017, 788 und *Walter*, NJW 2017, 1350 f. Dagegen aber *Kubiciel/Hoven*, NStZ 2017, 439. Vgl. zur Abgrenzung zwischen bedingtem Vorsatz und bewusster Fahrlässigkeit auch *Nicolai*, JA 2019, 31 ff.
108 Im Originalfall kam nach Auffassung ein weiterer Widerspruch hinzu: Dort war die Beifahrerin des A schwer verletzt worden, weshalb das LG Berlin bezüglich deren Verletzung eine Verwirklichung des § 224 I Nr. 5 bejaht hatte. Auch diesbezüglich hielt es der 4. Senat für widersprüchlich, dass A nach Ansicht des LG Berlin mit Bezug auf die im selben Wagen sitzende verletzte Beifahrerin lebensgefährdende Verletzungen in Kauf genommen, die Eigengefährdung dagegen ausgeblendet haben soll. Dazu bereits *Jäger*, JA 2017, 786 (788); *Preuß*, NZV 2017, 306.
109 Vgl. dazu bereits *Jäger*, JA 2017, 788.

Vorliegens eines bedingten Tötungsvorsatzes gegeben. Entsprechendes gilt auch für einen bedingten Körperverletzungsvorsatz, da die Feststellungen keinen Vorsatz bezüglich eines möglichen Unfalls tragen.

II. § 315d I StGB durch das „Wettrennen"

Hinweis: *Da die Norm zum Tatzeitpunkt des hier zugrunde liegenden Falles noch nicht existierte, konnten weder das LG Berlin noch der BGH eine Strafbarkeit auf diese Norm stützen.*

1. Tatbestandsmäßigkeit

a) Objektiver Tatbestand

aa) Voraussetzung ist zunächst das Vorliegen eines Wettrennens. Ein „Rennen" iSd des § 315d I StGB ist dabei jeder Wettbewerb oder Teil eines Wettbewerbs sowie jede Veranstaltung zur Erzielung von Höchstgeschwindigkeiten oder höchsten Durchschnittsgeschwindigkeiten mit mindestens zwei teilnehmenden Kraftfahrzeugen im öffentlichen Straßenverkehr, wobei es gerade nicht auf die Länge der gefahrenen Strecke ankommt.

bb) Für das Rennen lag keine Genehmigung nach § 46 Abs. 2 S. 1, 3 StVO vor, weswegen es unerlaubt stattfand.

cc) Darüber hinaus fand das Rennen auch unter Beteiligung von Kraftfahrzeugen im öffentlichen Straßenverkehr statt.

dd) Weiter müssten A und B als Kraftfahrzeugführer an den Rennen teilgenommen haben. Die „Teilnahme" als Kraftfahrzeugführer beschreibt insoweit nicht die Beteiligungsform i.S.d. Allgemeinen Teils nach § 28 I StGB, wo Teilnehmer als Anstifter und Gehilfen legaldefiniert sind. Teilnehmen ist hier vielmehr im Sinne einer Mitwirkung zu verstehen, d.h. als „Mitmachen" am Rennen als Kraftfahrzeugführer.

Auf Grund der vorliegenden Teilnahme kann es auch dahinstehen, ob A und/oder B darüber hinaus noch als Durchführende des Rennens zu betrachten sind. Dagegen spricht aber, dass es sich hier um ein Spontanrennen ohne vorausgehende Organisation handelte.

b) Subjektiver Tatbestand

Darüber hinaus handelten A und B hinsichtlich der Teilnahme an einem illegalen Rennen im Straßenverkehr auch vorsätzlich gem. § 15 StGB.

2. Rechtfertigungs- und Schuldausschließungsgründe sind nicht ersichtlich.

3. Ergebnis: A und B haben sich nach § 315d I Nr. 2 StGB wegen Teilnahme an einem illegalen Straßenrennen strafbar gemacht.

III. Fraglich ist, ob auch die **Qualifikation des § 315d II i.V.m. IV, § 11 II StGB** erfüllt ist.

1. Die dafür erforderliche Gefährdung für Leib und Leben eines anderen Menschen ist gegeben. Mit dem Tod des R hat sich sogar die stärkste Form der Gefährdung verwirklicht. Darüber hinaus wurde auch eine fremde Sache von bedeutendem Wert gefährdet. Diese Gefährdung hat sich sogar in der Zerstörung des Wagens des R realisiert. Dagegen kommen die Fahrzeuge von A und B nicht als Gefährdungsobjekte in Betracht, da die Tatmittel nicht zugleich geschützte Objekte des Fahrzeugs sein können. Anders als bei § 315c StGB sollen bei § 315d StGB zwar auch Beteiligte an dem Renngeschehen durch Abs. 2 geschützt sein.[110] Dagegen spricht aber, dass der Schutz des § 315d StGB dem allgemeinen Straßenverkehr dient, während die Teilnehmer am Rennen sich durch ihre Handlungsweise gerade außerhalb des allgemeinen Verkehrsgeschehens stellen und es daher auch an deren Schutzwürdigkeit fehlt.

---

110 So wohl *Fischer*, § 315d Rn. 22.

2. Auch ist der notwendige Zurechnungszusammenhang zwischen der Veranstaltung des Rennens und der Gefährdung zu bejahen, da es die typische Folge derartiger Verhaltensweisen ist, dass es zu (tödlichen) Unfällen im Straßenverkehr kommen kann.

3. Allerdings ist nach dem oben Gesagten keine vorsätzliche Bewirkung der Gefährdung nach § 315d II StGB anzunehmen. Vielmehr handelte A hinsichtlich der konkreten Gefährdung fahrlässig nach § 315d IV StGB. Insoweit liegt eine Vorsatz-Fahrlässigkeits-Kombination vor, die aber nach § 11 II StGB insgesamt als Vorsatzdelikt zu begreifen ist.

Ergebnis: A und B haben sich nach §§ 315d II i.V.m. IV, 11 II StGB strafbar gemacht.

IV. In Betracht kommt schließlich auch eine Strafbarkeit von A und B wegen Verwirklichung der **Erfolgsqualifikation nach § 315d V StGB**.

1. Das Grunddelikt des § 315d I StGB wurde – wie oben erläutert – vorsätzlich verwirklicht.

2. Diese Verwirklichung hat ursächlich die schwere Folge – Tod des R – kausal und zurechenbar im Sinne eines tatbestandsspezifischen Zusammenhangs verwirklicht. Es ist die typische Gefahr von Wettrennen im öffentlichen Straßenverkehr, dass durch die dabei erzielten Geschwindigkeiten dritte Verkehrsteilnehmer (tödlich) verletzt werden. Dies war der ausschlaggebende Gesichtspunkt, der den Gesetzgeber dazu bewogen hat, die Erfolgsqualifikationen des § 315d V StGB zu schaffen.

3. Rechtfertigungs- und Schuldausschließungsgründe sind hier nicht ersichtlich; auch ist von einer subjektiven Vorhersehbarkeit des Erfolges für die Täter mangels entgegenstehender Anhaltspunkte im Sachverhalt auszugehen. Der Gesichtspunkt der Selbstüberschätzung führt nicht ohne Weiteres dazu, dass auch die Erkennbarkeit für den jeweiligen Täter ausgeschlossen ist. Vielmehr liegt gerade in dieser Selbstüberschätzung die Sorgfaltspflichtwidrigkeit.

4. Ergebnis: A und B haben sich auch wegen der Teilnahme an einem illegalen Kraftfahrzeugrennen mit Todesfolge nach § 315d V StGB strafbar gemacht.

V. Gegeben sein kann darüber hinaus auch eine Strafbarkeit wegen **fahrlässiger Tötung nach § 222 StGB**.
Die Ausführungen zur Zurechnungsproblematik bei § 315d StGB gelten als solche auch für § 222 StGB, mit der Folge, dass eine Strafbarkeit von A und B auch hinsichtlich einer fahrlässigen Tötung anzunehmen ist. Diese tritt jedoch auf Konkurrenzebene hinter § 315d I, V StGB zurück.

VI. In Betracht kommt auch eine Strafbarkeit wegen **vorsätzlicher Gefährdung des Straßenverkehrs nach §§ 315c I Nr. 2a, d i.V.m. III Nr. 1; 11 II StGB**.

1. Tatbestandsmäßigkeit

a) Auch hier ist der objektive Tatbestand erfüllt. A und B sind trotz Rotlichtverstoßes in die Kreuzung eingefahren und haben R damit sein Vorfahrtsrecht genommen. Darüber hinaus sind sie an einer Straßenkreuzung zu schnell gefahren.

b) Dabei handelten A und B auch grob verkehrswidrig und rücksichtslos. Das Fahren mit 170 km/h im Ortsinneren stellt eine objektiv grobe Verkehrswidrigkeit dar und ist auch subjektiv von einer besonderen Rücksichtslosigkeit geprägt gewesen, da sich die Täter aus eigensüchtigen Gründen über ihre Pflichten gegenüber anderen Verkehrsteilnehmern hinweggesetzt haben bzw. Bedenken aus Gleichgültigkeit von vornherein nicht aufkommen lassen haben. Bei einer bewussten Verwirklichung einer groben Verkehrswidrigkeit ist Rücksichtslosigkeit grundsätzlich ohne weiteres zu bejahen.

c) Durch dieses Verhalten ist auch eine konkrete Gefährdung des Lebens des R sowie einer fremden Sache von bedeutendem Wert eingetreten. Diesbezüglich kann auf die Ausführungen zu § 315d II, IV StGB verwiesen werden.

d) Hinsichtlich diese Gefahrschaffung war zumindest Fahrlässigkeit gegeben. Auch diesbezüglich, sowie bezüglich des Zurechnungszusammenhangs zwischen dem verkehrswidrigen Verhalten und der Gefährdung kann ebenfalls auf die Ausführungen zu § 315d IV verwiesen werden.

2. Rechtfertigungs- und Schuldausschließungssgründe sind auch hier nicht ersichtlich.

3. Ergebnis: A hat sich auch wegen Gefährdung des Straßenverkehrs strafbar gemacht.

VII. § 221 Abs. 1 Nr. 1 StGB durch den Unfall mit W

Für § 221 I Nr. 1 StGB fehlt es bereits an der Verursachung einer hilflosen Lage des W. Dieser wurde laut Sachverhalt unmittelbar getötet, sodass eine hilflose Lage, die ein zumindest kurzfristiges Weiterleben des Opfers voraussetzt, überhaupt nicht entstand. Im Übrigen würde es aber auch an einem für § 221 I Nr. 1 StGB erforderlichen Aussetzungsvorsatz fehlen.

Hinweis: *Es ist fraglich, ob § 221 StGB überhaupt notwendigermaßen geprüft werden muss.*

VIII. Gesamtergebnis und Konkurrenzen

A und B haben sich wegen Teilnahme an einem illegalen Straßenrennen mit Todesfolge strafbar gemacht, § 315d V StGB. Die gleichzeitig verwirklichten § 315d I i.V.m. II, IV StGB treten dahinter im Wege der Gesetzeskonkurrenz zurück. Dagegen stehen nach wohl h. M. § 315c I Nr. 2a, d i.V.m. III Nr. 1 StGB und § 315d V StGB in Tateinheit,[111] da das Wettrennen den konkreten Unrechtsgehalt der Straßenverkehrsgefährdung nicht ausweist (hier grob verkehrswidriges und rücksichtsloses Fahren an Kreuzungen) und daher zusätzlich im Urteilstenor Ausdruck finden muss (a.A. bei ensprechender Begründung vertretbar).

Hinweis: *Im Originalfall hatte das LG Berlin auch B wegen mittäterschaftlichen Mordes verurteilt. Der BGH hat jedoch die Zurechnung der Handlung des A zur Person des B im Wege der Mittäterschaft gem. § 25 II StGB aus grundsätzlichen Erwägungen bezweifelt: Mittäterschaft setze einen gemeinsamen Tatplan und eine gemeinsame Tatbegehung voraus. Für einen gemeinsamen Tatplan genügt es jedoch nicht, dass sich die beiden Fahrer einig waren, ein Rennen zu fahren. Vielmehr muss sich der gemeinsame Tatplan auch auf den konkreten Tatbestand, also die Tötung eines Menschen beziehen.[112] Dafür, dass zu Beginn des Rennens eine solche Absprache erfolgt ist, liefere der Sachverhalt ebensowenig Anhaltspunkte wie für eine konkludente Erweiterung des Tatplans auf die Tötung einer anderen Person im Verlaufe des Rennens. Eine Mordstrafbarkeit des B scheitere also schon an der fehlenden Handlungszurechnung gem. § 25 II StGB.*

V. Trunkenheit im Verkehr nach § 316 StGB

§ 316 StGB ist im Gegensatz zu § 315c StGB ein abstraktes Gefährdungsdelikt. Auch hier gilt die gleiche Unterscheidung wie bei § 315c StGB, d. h. absolute oder relative Fahruntauglichkeit ist für die Tatbestandsverwirklichung erforderlich (vgl. näher Rn. 481!). **489**

Eine für § 316 StGB interessante Frage hatte in diesem Zusammenhang das OLG Dresden zu entscheiden.[113] Dort hatte ein Fahrlehrer mit einer Blutalkoholkonzentration von 1,5 ‰ auf der Beifahrerseite sitzend zusammen mit einer Fahrschülerin

---

111 *Fischer*, § 315d, Rn. 26.
112 Vgl. BGH NJW 2018, 1621 m. Anm. *Walter*, NStZ 2018, 409 ff.; *Schneider*, NStZ 2018, 528 ff.
113 OLG Dresden NJW 2006, 1013 f. m. Anm. *Bosch*, JA 2006, 576 ff.; *Jahn*, JuS 2006, 468.

eine Überlandfahrt unternommen. Das OLG Dresden beschäftigte sich mit der Frage, ob der Fahrlehrer in diesem Fall ein Fahrzeug im Straßenverkehr nach § 316 StGB „geführt" hat. Obwohl § 2 XV S. 2 StVG bestimmt, dass der Fahrlehrer bei Ausbildungsfahrten als Führer des Kfz „gilt", verneinte das OLG Dresden eine Strafbarkeit nach § 316 StGB, weil die Vorschrift des § 2 XV S. 2 StVG allein auf einen Schutz des Fahrschülers vor Haftung und Strafbarkeit abziele. Dagegen sei nach § 316 StGB nur derjenige Führer des Fahrzeugs, der die technischen Einrichtungen des Fahrzeugs bedient, die für seine Fortbewegung bestimmt sind. Eine unmittelbare Täterschaft nach § 25 I Alt. 1 StGB könne daher bei dem Fahrlehrer nicht angenommen werden. Wegen der Eigenhändigkeit des Delikts komme auch eine Strafbarkeit wegen mittelbarer Täterschaft, Mittäterschaft sowie uneigenhändiger Nebentäterschaft nicht in Betracht. Im Ergebnis wird man dem OLG Dresden Recht geben müssen, da man in der bloßen Möglichkeit, die Bremse zu betätigen, noch kein Führen i. S. d. § 316 StGB sehen kann, ohne die Wortlautgrenze zu sprengen.

Achtung Klausur: *In der Prüfungsarbeit müssen Sie im Kopfsatz genau zitieren: § 316 I StGB (vorsätzliche Trunkenheit im Verkehr) oder § 316 II StGB (fahrlässige Trunkenheit im Verkehr). Da hierbei der schlichte Schluss von der genossenen Alkoholmenge auf den Vorsatz unzulässig ist, wird man in der Klausur häufig nur § 316 II StGB annehmen dürfen.*

Vgl. im Übrigen zu interessanten Konkurrenzfragen im Bereich der §§ 315c, 316 StGB Jäger, AT, Rn. 392 f.!

VI. Unerlaubtes Entfernen vom Unfallort nach § 142 StGB

1. Geschütztes Rechtsgut und Verhältnis zu anderen Delikten

490 § 142 StGB schützt nach h. M. das Vermögensinteresse des Unfallbeteiligten und ist damit kein Straßenverkehrsdelikt.[114] Vielmehr handelt es sich um einen Tatbestand zum Schutz des Vermögens, der aber ausschließlich im Straßenverkehr eine Rolle spielt, weshalb es berechtigt ist, ihn an dieser Stelle zu erörtern.

Gerade weil § 142 StGB dem Schutz des Vermögens dient, hat er gegenüber den Straßenverkehrsdelikten keine Verdrängungswirkung. Verletzt der Täter also durch das Verlassen des Unfallortes straßenverkehrsrechtliche Vorschriften (etwa §§ 315b, 315c, 316 StGB, 21 StVG), so ist grundsätzlich Tateinheit gegeben. Auch ist Tateinheit zwischen § 142 II und §§ 164, 145d, 263 StGB denkbar, sofern sich der am Unfall Beteiligte zwar nachträglich noch meldet, dabei aber über seine Rolle als Unfallbeteiligter täuscht.[115]

---

114 Vgl. etwa *Wessels/Hettinger/Engländer*, BT/1, Rn. 1110; *Rengier*, BT/2, § 46, Rn. 1; *Fischer*, § 142, Rn. 2 m. w. N.
115 Vgl. etwa *Fischer*, § 142, Rn. 68: Tateinheit zwischen § 142 und § 145d I Nr. 1 StGB, wenn der Täter den Diebstahl des Unfallfahrzeugs vortäuscht.

2. Gesetzliche Systematik

Bitte lesen Sie sich § 142 StGB zunächst einmal durch! Wenn Sie genau lesen, stellen Sie fest, dass Abs. 1 die grundsätzliche Strafbarkeit bestimmt, Abs. 2 die Strafbarkeit erweitert und Abs. 3 die Strafbarkeitserweiterung des Abs. 2 wieder einschränkt. Der durch das 6. StRG eingefügte Abs. 4 schränkt sodann noch einmal zusätzlich die Strafbarkeit nach Abs. 1 und 2 ein (sich ein solches System klar zu machen, hilft mehr als jedes Lernen!).

491

a) § 142 I Nr. 1 StGB statuiert eine Warte- und Vorstellungspflicht, wobei die Vorstellungspflicht eine passive und eine aktive Komponente beinhaltet:
- (passive) Feststellungsduldungspflicht (vgl. Wortlaut: „Die Feststellung seiner Person, seines Fahrzeugs und die Art seiner Beteiligung durch seine Anwesenheit ermöglicht hat").
- (aktive) Vorstellungspflicht (vgl. Wortlaut: „Angabe, dass er an dem Unfall beteiligt ist").
→ man muss sich nur als Unfallbeteiligter zu erkennen geben.
→ es besteht keine Verpflichtung zur Angabe von Personalien bzw. zur Mitwirkung bei der Feststellung der Personalien.

492

Gibt der Unfallbeteiligte seine Personalien demzufolge nicht an, so muss er allerdings warten, bis die Polizei eintrifft. Diese kann sodann seine Identität nach §§ 163b, c StPO, 111 OWiG feststellen.

Achtung: *Sind die Feststellungen hinreichend getroffen, so erfüllt eine Flucht (etwa, um sich der BAK-Feststellung zu entziehen) nicht § 142 I Nr. 1 StGB, da strafrechtliche Interessen unerheblich sind.*

Das Sichentfernen ist bereits mit dem Sich-Wegbewegen vom Unfallort vollendet. Die Beendigung des Delikts tritt dagegen erst ein, wenn sich der flüchtende Unfallbeteiligte endgültig in Sicherheit gebracht hat. Bis zu diesem Zeitpunkt kann ihm daher noch sukzessive Beihilfe geleistet werden.

Beispiel:[116] B verursachte alkoholbedingt mit einer BAK von 1,3 Promille auf der Autobahn einen für den Motorradfahrer M tödlichen Unfall und floh anschließend zu Fuß in Richtung eines Gewerbegebiets. Unterwegs rief er mit seinem Mobiltelefon den A an, der ihn von dort aus abholte. Danach beherbergte er den B in dem Bewusstsein, dass eine Verfolgung wegen der Straßenverkehrsgefährdungen auf diese Weise unmöglich gemacht wird.

Lösung: B hat sich hier bis zum Unfall wegen Straßenverkehrsgefährdung nach § 315c I Nr. 1, III Nr. 1 StGB (§ 316 StGB tritt zurück) sowie wegen fahrlässiger Tötung nach § 222 StGB und nach dem Unfall wegen unerlaubten Entfernens vom Unfallort nach § 142 I Nr. 1 StGB strafbar gemacht. A hat sich wegen Beihilfe hierzu nach §§ 142 I Nr. 1, 27 StGB strafbar gemacht. Zwar wird in der Literatur zum Teil vertreten, dass eine Beihilfe nach vollendeter Tat nicht mehr möglich ist.[117] Dem widerspricht jedoch die herrschende Meinung und auch der BGH, der mit Blick auf den vorliegenden Fall feststellt: Da mit der Fortsetzung des Sich-Entfernens nach der Tatvollendung die Verletzung des geschützten Rechtsguts (Sicherung der zivilrechtlichen Interessen der Unfallbeteiligten und Geschädigten) intensiviert wird, indem mit der zunehmenden

---
116 Nach OLG Karlsruhe NStZ-RR 2017, 355 m. Anm. *Hecker*, JuS 2017, 1125 ff.
117 *Roxin*, AT/II, § 26, Rn. 257 ff.

§ 15 *Delikte im Straßenverkehr*

Entfernung vom Unfallort die Möglichkeit von Feststellungen weiter erschwert wird, bedarf es einer teleologischen Einschränkung nur dahingehend, dass ein (weiteres) Sich-Entfernen nicht (mehr) vorliegt, wenn eine Zuordnung des Flüchtigen zum Unfallgeschehen aufgrund der äußeren Umstände ausgeschlossen ist. Dies wäre aber erst dann der Fall gewesen, wenn sich der Täter nach dem Unfall endgültig in Sicherheit gebracht hätte. Deshalb ist hier eine Strafbarkeit wegen Beihilfe zu § 142 I Nr. 1 StGB zu bejahen. Durch die anschließende Beherbergung des B hat sich A darüber hinaus auch wegen Strafvereitelung nach § 258 I StGB strafbar gemacht.

493 b) § 142 I Nr. 2 StGB statuiert für den Fall, dass keine feststellungsbereiten Personen anwesend sind, eine Wartepflicht (sie beträgt je nach Einzelfall mindestens 10 Min. und richtet sich vor allem nach Tageszeit, Unfallort und Schadensumfang).

494 c) § 142 II StGB greift ein, wenn sich der Unfallbeteiligte nach Ablauf der angemessenen Wartezeit vom Unfallort entfernt hat (§ 142 II Nr. 1 StGB) bzw., wenn er sich – ohne die Wartezeit einzuhalten – berechtigt oder entschuldigt vom Unfallort entfernt hat (§ 142 II Nr. 2 StGB). Das unerlaubte Entfernen vom Unfallort kann dabei gerechtfertigt sein, wenn der Betreffende sich zumindest auch deshalb vom Unfallort entfernt hat, um eine eigene Verletzung ärztlich behandeln zu lassen.[118] Das Gesetz verlangt dann, dass der Unfallbeteiligte die Feststellungen unverzüglich nachträglich ermöglicht. Dabei soll für § 142 II StGB ein „Entferntwerden" nicht genügen (vgl. Wortlaut!). Wird also der Unfallbeteiligte etwa unmittelbar nach dem Unfall verhaftet oder bewusstlos ins Krankenhaus gebracht, so soll nach umstrittener Auffassung keine nachträgliche Feststellungspflicht entstehen.[119] Tatsächlich spricht für diese Auffassung der Wortlaut des § 142 II StGB, der ein berechtigtes oder entschuldigtes Sich-Entfernen verlangt; ein Entferntwerden kann hierunter nicht mehr subsumiert werden, ohne dass die Wortlautgrenze gesprengt würde.[120]

495 d) Ob § 142 I Nr. 1 StGB oder § 142 II Nr. 1 bzw. § 142 II Nr. 2 StGB erfüllt sind, wenn der Unfallbeteiligte den Unfallort als Letzter verlässt, ist seit langem umstritten. Neuerdings hat sich der BGH hierzu in einer viel diskutierten Entscheidung geäußert. Dazu der folgende

496 **Fall 72**: A und B befuhren mit ihren Pkw eine in beiden Fahrtrichtungen doppelspurig ausgebaute Straße. Beide missachteten die dort zulässige Höchstgeschwindigkeit von 50 km/h. Nach Durchfahren einer Rechtskurve fuhren A und B mit einer Geschwindigkeit von jeweils mindestens 80 km/h in den nachfolgenden geraden Straßenverlauf ein. B befuhr die linke, A die rechte der beiden Fahrspuren. Zum Zeitpunkt der Kurvenausfahrt fuhr die C mit ihrem Pkw aus einer am rechten Fahrbahnrand der F.-Straße gelegenen Parkbucht in Fahrtrichtung der Angekl. in den rechten Fahrstreifen ein. A, der bei Einhaltung der zulässigen Höchstgeschwindigkeit sein Fahrzeug noch vor der C zum Stehen hätte bringen können, wich zur Vermeidung einer Kollision auf die linke Fahrspur aus, auf der sich B leicht versetzt hinter ihm befand. Dieses Ausweichmanöver veranlasste B zu einer Schreckreaktion. Er verriss das Lenkrad nach links in Richtung der Gegenfahrbahn und betätigte die Bremse. Auf der Gegenfahrbahn kam es zu einer Kollision mit einem

---

118 BGH NStZ 2015, 265 mit Anm. *Satzger*, JK 2015, 542, § 142 StGB.
119 Vgl. etwa OLG Hamm NJW 1979, 438; vgl. auch *Kudlich*, BT/2, PdW, S. 203; a. A. BGHSt 28, 129; differenz. *Volk*, DAR 1982, 83.
120 Wie hier auch *Wessels/Hettinger/Engländer*, BT/1, Rn. 1117.

entgegenkommenden Pkw, dessen Fahrer verletzt wurde. A stellte das von ihm geführte Fahrzeug am Straßenrand ab und kehrte zu Fuß zu der Unfallstelle zurück. Dort gab er sich bewusst nicht als Unfallbeteiligter zu erkennen, sondern schilderte den zwischenzeitlich erschienenen Polizeibeamten, er habe den Unfall als am Fahrbahnrand befindlicher Fußgänger beobachtet. Er machte Angaben zum Unfallhergang, wobei er allerdings in seiner Schilderung des Geschehens seine eigene Unfallbeteiligung durch die eines vermeintlich unbekannten Fahrers ersetzte. Schließlich verließ A den Unfallort und fuhr nach Hause. Ob dies zu einem Zeitpunkt geschah, als noch Polizeibeamte vor Ort waren, oder ob er das Ende des Einsatzes abwartete und erst fortging, als keine andere Person mehr anwesend war, konnte nicht festgestellt werden. Jedenfalls hatte er bis zu diesem Zeitpunkt niemandem etwas von seiner Unfallbeteiligung mitgeteilt. Strafbarkeit des A? (**Lügner-Fall** leicht verkürzt nach BGH NJW 2018, 2341[121])

Lösung:

496a

A. Sachverhaltskomplex 1: Der Unfall

I. Denkbar wäre eine Strafbarkeit wegen **vorsätzlicher Straßenverkehrsgefährdung nach §§ 315c I Nr. 1d, III Nr. 1, 11 II StGB**.
Voraussetzung dafür wäre allerdings ein zu schnelles Fahren an einer Einmündung im Sinne des § 315c Abs. 1 Nr. 2d StGB. Die Verwirklichung dieser Tathandlung ist jedoch zu verneinen, da die Ausfahrt aus einer Parkbucht keine eigenständige Straße bildet, wie es bei einer Einmündung vorausgesetzt wird. § 315c Abs. 1 Nr. 2d StGB ist daher bereits aus diesem Grunde nicht erfüllt. Auf die weitergehende Frage der groben Verkehrswidrigkeit und Rücksichtslosigkeit ist daher nicht mehr einzugehen.

II. In Betracht kommt aber eine Strafbarkeit wegen **fahrlässiger Körperverletzung nach § 229 StGB** an D.
Laut Sachverhalt hätte A sein Fahrzeug bei Einhaltung der Höchstgeschwindigkeit noch rechtzeitig vor C zum Stehen bringen können. Er hat damit die Verletzung des D kausal und zurechenbar durch seine Sorgfaltspflichtwidrigkeit verursacht. Rechtfertigungs- und Entschuldigungsgründe sind nicht ersichtlich.

Ergebnis: Damit ist eine Strafbarkeit wegen fahrlässiger Körperverletzung gegeben.

B. Sachverhaltskomplex 2: Das Geschehen nach dem Unfall

I. Denkbar wäre hier zunächst eine Strafbarkeit wegen **falscher Verdächtigung nach § 164 StGB**. In Betracht käme insoweit die falsche Verdächtigung eines anderen wegen fahrlässiger Körperverletzung (hier durch Vortäuschen, dass ein anderer den Unfall verursacht hat). Indessen hat A keinen bestimmten anderen als Verdächtigen einer Straftat bezeichnet, sondern die Tat als die eines Unbekannten hingestellt. Dies genügt für § 164 StGB nicht.

II. Gegeben sein könnte aber eine Strafbarkeit wegen **Vortäuschens einer Straftat nach § 145d II Nr. 1 StGB**.
§ 145d II Nr. 1 StGB ist auch erfüllt, wenn der Täuschende eine Tat selbst begangen hat und anschließend versucht, den Verdacht von sich abzulenken.[122] Als begangene Tat, von der abgelenkt werden sollte, kommt hier die fahrlässige Körperverletzung an D in Betracht (nicht dagegen die Unfallflucht, die zu diesem Zeitpunkt noch in der Zukunft lag). Erforderlich ist dabei nur, dass der Täter den Verdacht von sich in eine bestimmte falsche Richtung zu lenken versucht und nicht nur allgemein den Verdacht von sich ablenkt (bloßes

---

121 Mit Anm. *Berghäuser*, NStZ 2018, 600; *Krumm*, NJW 2018, 2343; *Kudlich*, JA 2018, 709; *Eisele*, JuS 2018, 1011.
122 *Fischer*, § 145d, Rn. 9.

Bestreiten würde nicht genügen). Vorliegend hat A einen anderen Fahrer genannt und das konkrete Unfallgeschehen als durch diesen verursacht geschildert. Dadurch hat er versucht, die Ermittlungen in eine ganz bestimmte falsche Richtung zu lenken und den Ermittlungsaufwand der Verfolgungsbehörden erhöht. Eine Anzeige gegen Unbekannt bzw. gegen eine fiktive Person reicht insoweit aus (a. A. vertretbar, wenn man hier – allerdings bedenklich – ein bloßes Bestreiten unter Hinweis auf den „großen Unbekannten" annehmen würde).

Ergebnis: A hat sich daher wegen Vortäuschens einer Straftat nach § 145d II Nr. 1 StGB strafbar gemacht.

III. Denkbar wäre auch eine Strafbarkeit **wegen versuchten Betrugs nach § 263 StGB** gegenüber der Polizei zu Lasten des berechtigten Unfallgeschädigten.

1. Nichtvollendung (As Lügen sind aufgedeckt worden) und Strafbarkeit des Versuchs (§ 263 II StGB) sind zu bejahen.

2. A müsste darüber hinaus Tatentschluss hinsichtlich der Begehung eines Betruges gehabt haben.
Die Täuschung könnte hier in der Behauptung des A liegen, dass nicht er den Unfall verursacht hat. Ein entsprechender Irrtum ist bei den Polizeibeamten entstanden. A müsste aber darüber hinaus auch Tatentschluss bezüglich der Herbeiführung eines auf einer Vermögensverfügung beruhenden Vermögensschadens gehabt haben. Die von ihm angestrebte Vermögensverfügung könnte im Verzicht auf Aufnahme seiner Personalien von Seiten der Polizei zur weiteren Beweissicherung für eventuelle Schadensersatzansprüche des D gesehen werden. Problematisch ist allerdings, dass die solchermaßen verfügenden Polizeibeamten und der geschädigte D personenverschieden sind. Denkbar wäre daher nur ein versuchter Dreiecksbetrug. Dann müsste die Polizei jedoch im Lager des D stehen bzw. ein tatsächliches Näheverhältnis zu ihm gegeben sein (faktische Lager- oder Nähetheorie) oder die Polizei müsste jedenfalls rechtlich zur Verfügung über das Vermögen des D befugt sein (rechtliche Befugnistheorie). Beides ist jedoch abzulehnen, da die Polizeibeamten weder faktisch noch rechtlich als Vermögenshüter des D auftreten. Diese treffen keinerlei Vermögensdispositionen zugunsten bestimmter Personen, wie dies etwa bei einem Richter im Zivilprozess der Fall ist. Polizeibeamte sind insoweit keine „Verfügungspersonen", sondern bloße Ermittlungspersonen, die allenfalls spätere Verfügungen vorbereiten.

Ergebnis: Eine Strafbarkeit wegen versuchten Betruges scheidet aus.

IV. Zu untersuchen ist jedoch eine Strafbarkeit wegen **unerlaubten Entfernens vom Unfallort nach § 142 I Nr. 1 StGB**.

1. Objektiver Tatbestand
Der Wortlaut der Vorschrift erfasst unstreitig solche Sachverhalte, in denen sich der Unfallbeteiligte noch in Anwesenheit einer feststellungsbereiten Person entfernt, *bevor* er dieser die maßgeblichen Feststellungen zu seiner Person u.a. ermöglicht hat. Fraglich ist demgegenüber, ob sich ein Unfallbeteiligter auch dann i.S.d. § 142 I Nr. 1 StGB tatbestandsmäßig verhält, wenn er den Unfallort als Letzter verlässt, z.B. wie vorliegend die feststellungsbereite Person über seine Unfallbeteiligung täuscht, sodass diese den Unfallort infolge ihres täuschungsbedingten Irrtums noch vor ihm verlässt. Mit Unterstützung des wohl überwiegenden Schrifttums bejaht der BGH dies im Anschluss an *Küper*, indem er die Vorschrift so auslegt, dass „der Täter den Unfallort [nur] verlassen haben muss, *ohne* zuvor die gebotenen Feststellungen ermöglicht zu haben".[123] Damit verfälscht der BGH aber nicht nur grammatikalisch die in § 142 I Nr. 1 StGB normierte zeitliche Reihenfolge von Sich-Entfernen

---

[123] BGH NStZ 2018, 600 im Anschluss an *Küper*, JuS 1988, 288 f.; *ders.*, GA 1994, 68 f.; so auch OLG Hamm NJW 1979, 438; *Fischer*, § 142, Rn. 31a; Lackner/*Kühl*, § 142, Rn. 18; MüKo-*Zopfs*, § 142, Rn. 62; *Rengier*, BT/2, § 46, Rn. 20. Demgegenüber verneinen eine Strafbarkeit nach § 142 I Nr. 1 StGB: BayObLG NJW 1983, 2040; NJW 1984, 67; NJW 1984, 1366; OLG Frankfurt a.M. NJW 1990, 1190; SK-*Rudolphi/Stein*, § 142, Rn. 29; BeckOK-*Kudlich*, § 142, Rn. 25.

und dadurch unmöglich gewordener Ermöglichung von Feststellungen dergestalt, dass nach seiner Lesart das Sich-Entfernen des Täters die unterbliebene Ermöglichung von Feststellungen abschließt anstatt ihr vorangeht.[124] Die weite Auslegung des BGH entwertet darüber hinaus die Tathandlung des Sich-Entfernens zu einem „realen Akt" *(Küper)*, der den tatbestandsmäßigen Geschehensablauf einer unterbliebenen Ermöglichung von Feststellungen „faktisch" abschließt. Dass der Gesetzgeber gerade das Sich-Entfernen vom Unfallort verbietet, lässt sich nach zutreffender Ansicht aber nur dann nachvollziehen, wenn man den Gesetzeswortlaut ernst nimmt und voraussetzt, dass durch ein (vorzeitiges!) Sich-Entfernen die abschließende Erfüllung der Feststellungsduldungs- und Vorstellungspflichten unmöglich gemacht wird, sodass das Sich-Entfernen (wie auch von der Gesetzesüberschrift vorausgesetzt) unerlaubt, weil abstrakt vermögensgefährdend ist.[125]

Demgegenüber führt die vom BGH gewählte Gesetzesauslegung dazu, dass man nunmehr auch einen solchen Unfallbeteiligten nach § 142 I Nr. 1 StGB wegen Sich-Entfernens vom Unfallort bestraft, der einen Ort verlässt, an dem keine vermögensschützenden Feststellungen mehr aufgenommen werden, sodass sein weiterer (gesetzlich gebotener) Verbleib am Unfallort dem Rechtsgüterschutz gar nicht mehr förderlich sein kann.[126] Wenn der BGH diese Konsequenz zu vermeiden sucht, indem er den Täter für einen solchen Fall dazu anhält, eine feststellungsbereite Person zum Unfallort herbei- oder zurückzurufen, gegenüber der er die zunächst unterbliebene Vorstellung nachholen kann,[127] unterläuft er nach der Grammatik schließlich auch die Systematik des § 142 StGB, der in Absatz 1 grundsätzlich von Passivität geprägte Primärpflichten zusammenfasst, auf die erst in Absatz 2 (i. V. m. Absatz 3) aktive Mitwirkungspflichten nachfolgen, einschließlich der Pflicht zur Benachrichtigung der Berechtigten oder einer nahegelegenen Polizeidienststelle.[128]

2. Ergebnis: Folgt man dem BGH, so wäre hier ein unerlaubtes Entfernen vom Unfallort nach § 142 I Nr. 1 StGB zu bejahen. Nach der hier vertretenen Auffassung ist diese Tatbestandsalternative jedoch für den vorliegenden Fall abzulehnen und weiter zu prüfen:

V. In Betracht kommt möglicherweise eine Strafbarkeit wegen Verletzung der Sekundärpflicht nach **§ 142 II Nr. 1 StGB**, weil A die Feststellungen nach seinem Entfernen vom Unfallort nicht unverzüglich nachträglich ermöglicht hat.

1. Objektiver Tatbestand

Insoweit nämlich lässt sich vertretbar annehmen, dass mit Verlassen des Unfallorts durch die letzte feststellungsberechtigte Person der Anwendungsbereich des § 142 I Nr. 1 StGB (in Anwesenheit einer feststellungsbereiten Person) von demjenigen des § 142 I Nr. 2 StGB (in Abwesenheit einer solchen) abgelöst wird. Weil mit dem erneuten Eintreffen einer feststellungsbereiten Person in diesem Fall aber nicht mehr ernstlich gerechnet werden kann, reduziert sich die in Absatz 1 Nr. 2 normierte Wartepflicht des Unfallbeteiligten auf Null, sodass § 142 II Nr. 1 StGB von ihm verlangt, die Feststellungen unverzüglich nachträglich zu ermöglichen.[129] Demgegenüber sollte die Strafbarkeit nach richtiger Ansicht **nicht** auf **§ 142 II Nr. 2 StGB** gestützt werden, der vom Täter das unverzügliche Nachholen der Feststellungen nach berechtigtem oder entschuldigtem Sich-Entfernen vom Unfallort verlangt. Denn so wenig das unvorsätzliche Sich-Entfernen (dazu sogleich noch Rn. 499) unter den Gesetzeswortlaut subsumiert werden kann, ohne gegen das Verbot der Analogie zulasten des Täters zu verstoßen,[130] so wenig lässt sich auch ein nach § 142 Abs. 1 Nr. 1 StGB bereits

---

124 Ausführlich dazu *Berghäuser*, NStZ 2018, 602 f.
125 *Berghäuser*, NStZ 2018, 602 a.E.
126 Krit. bereits BayObLG NJW 1983, 2040; NJW 1984, 67; NJW 1984, 1366; zust. *Berghäuser*, NStZ 2018, 602 f.
127 BGH NStZ 2018, 602.
128 *Berghäuser*, NStZ 2018, 603.
129 *Haft*, BT/2, S. 29; zust. *Berghäuser*, NStZ 2018, 603; i. Erg. übereinstimmend auch BeckOK-*Kudlich*, § 142, Rn. 25; SK-*Rudolphi/Stein*, § 142, Rn. 29; a.A. aber *Bauer*, NStZ 1985, 302 f.
130 BVerfG NJW 2007, 1666; BGH NStZ 2011, 209 m. Anm. *Jahn*, JuS 2011, 372.

nicht tatbestandsmäßiges Verhalten unter den Begriff des „berechtigten" Sich-Entfernens fassen.[131]

2. Ergebnis: A hat sich wegen unerlaubten Entfernens vom Unfallort nach § 142 II Nr. 1 StGB strafbar gemacht.

C. Gesamtergebnis und Konkurrenzen: Die im ersten Sachverhaltskomplex verwirklichte fahrlässige Körperverletzung steht zu den Delikten des zweiten Sachverhaltskomplexes in Tatmehrheit, da der Unfall eine Zäsur schafft. Die im zweiten Teil verwirklichten §§ 145d II Nr. 1 und 142 II Nr. 1 StGB stehen dagegen zueinander in Tateinheit. Insoweit ist natürliche Handlungseinheit anzunehmen, da der falsche Bericht gegenüber der Polizei von vornherein darauf angelegt war, den Unfallort „unerkannt" zu verlassen.

3. Einzelprobleme

Merken Sie sich nun nur noch Folgendes:

497 a) Der Begriff Unfallbeteiligter ist in § 142 V StGB definiert! Aus der Definition folgt, dass auch ein Beifahrer als Unfallbeteiligter in Betracht kommt, etwa wenn „er den Fahrer behindert oder in seinem verkehrswidrigen Verhalten bestärkt hat".[132] Auch der Halter eines Fahrzeugs kann Unfallbeteiligter sein, etwa wenn er sein Kfz in verkehrsunsicherem Zustand bzw. an eine Person ohne Führerschein überlassen hat und im Fahrzeug mitfährt.[133] Jedoch kommt der Halter nicht als Unfallbeteiligter in Frage, wenn er nicht am Unfallort anwesend war, sondern erst später hinzugekommen ist.[134]

498 b) Unfall im Straßenverkehr: Dies ist ein plötzliches Ereignis im öffentlichen Verkehr, das mit dessen Gefahren in ursächlichem Zusammenhang steht und einen Personen- oder Sachschaden zur Folge hat, der nicht völlig unerheblich ist (Grenze nach der Rspr. zwischen 20 und 50 €).[135]

Straßenverkehr ist nur der öffentliche Verkehr auf Wegen oder Plätzen, die jedermann oder allgemein bestimmten Gruppen von Verkehrsteilnehmern (z. B. Autobahnen, Radwege, Fußgängerwege) dauernd oder vorübergehend zur Benutzung offen stehen.[136] Unvorschriftsmäßigkeit der Benutzung, z. B. Moped fahren auf Fußgängerwegen, ist ohne Bedeutung. Auch auf die Eigentumsverhältnisse oder eine Widmung i. S. d. Straßen- und Wegegesetzes kommt es nicht an. Es genügt vielmehr, dass der Verfügungsberechtigte die Benutzung ausdrücklich oder stillschweigend duldet. Deshalb sind öffentlicher Verkehrsraum grundsätzlich auch Kaufhaus- und Wirtshausparkplätze, Parkhäuser, Tankstellen, Areale von Großmarkthallen, Kasernen-,

---

[131] So nun ausdrücklich auch BGH NStZ 2018, 601; a.A. BayObLG NJW 1984, 1366.
[132] *Otto*, BT, § 80, Rn. 46; MüKo-*Zopfs*, § 142, Rn. 36 ff.
[133] So jedenfalls BGHSt 15, 5; BayObLG VRS 12, 115; Lackner/*Kühl*, § 142, Rn. 4; a. A. *Sch/Sch/Sternberg-Lieben*, § 142, Rn. 21 m. w. N.
[134] Vgl. OLG Köln NJW 1989, 1683; Lackner/*Kühl*, § 142, Rn. 4.
[135] Zum Unfallbegriff BGHSt 8, 264; 24, 383; zur Bagatellgrenze: OLG Köln VRS 86, 281; OLG Koblenz DAR 1974, 132; OLG Nürnberg NZV 2007, 535 f.; Lackner/*Kühl*, § 142, Rn. 7; krit. *Sch/Sch/Sternberg-Lieben*, § 142, Rn. 9 f., die einen Schwellenwert von 150 € annehmen (zw.); zur Bestimmung des Schadens siehe *Krumm*, NJW 2012, 829 ff.
[136] BGH NJW 2004, 1965; OLG Hamm Urt. v. 19.4.2007 – 4 Ss 130/07; *Wessels/Hettinger/Engländer*, BT/1, Rn. 1080.

Werks-, Fabrik- und Verladestraßen sowie gemeinsame Zufahrten zu Wohnhäusern. Nicht dagegen zählt dazu ein zum Wohnhaus gehörender Hofraum oder Stellplatz, die unter einem Wohnhaus befindliche Tiefgarage, der Straßengraben und das an die Straße angrenzende Feld.

Achtung Klausur: *In Prüfungsarbeiten taucht hier immer wieder die Frage auf, ob auch die vorsätzliche Schadensherbeiführung einen Verkehrsunfall i. S. d. § 142 StGB darstellt.*

Beispiel: A überfährt den B vorsätzlich und flieht.

Lösung: Die wohl h. M. verneint hier einen Unfall, wenn das Fahrzeug ausschließlich als Tatwerkzeug benutzt wird.[137] Dafür werden vor allem drei Argumente angeführt: Unzumutbarkeit des Wartens nach dem Gedanken des § 258 V StGB; mitbestrafte Nachtat, da das Verhalten schon hinreichend durch die Vorsatzdelikte der §§ 224, 212, 211, 315b StGB erfasst wird; bei schweren Vorsatztaten besteht kein Zusammenhang mit den Gefahren des Straßenverkehrs. Tatsächlich wird man der h. M. zustimmen müssen, da man bei einer vorsätzlichen Schädigung nicht von einer typischen Verkehrsgefahr sprechen kann und daher bereits begrifflich kein Unfall im Straßenverkehr vorliegt.

4. Häufigstes Klausurproblem zu § 142 StGB: Unvorsätzliches Entfernen vom Unfallort

Hier stellt sich die Frage, ob das unvorsätzliche Entfernen vom Unfallort einem berechtigten oder entschuldigten Entfernen nach § 142 II Nr. 2 StGB gleichsteht.

Beispiel: Der schwerhörige A fährt rückwärts und streift das Fahrzeug des in seinem Wagen sitzenden B, ohne dies zu bemerken. Deshalb fährt A, ohne anzuhalten, einfach davon. B, an dessen Auto erheblicher Sachschaden entstanden ist, folgt dem A jedoch mit seinem Wagen. Als A etwa einen Kilometer weiter an einer Tankstelle hält, macht B ihn auf die Beschädigung seines Wagens aufmerksam. A erwidert zutreffend, dass er nicht bemerkt habe, dass er mit seinem Pkw den Wagen des B beschädigt habe. Ohne dem B Angaben zu seiner Person und seinem Fahrzeug zu machen, fährt A einfach davon.

Lösung: Hier scheidet eine Strafbarkeit des A nach § 142 I Nr. 1 StGB aus, da A beim Verlassen des eigentlichen Unfallorts nicht bekannt war, dass er einen Unfall verursacht hatte. § 142 I Nr. 1 StGB scheitert daher am mangelnden Vorsatz bezüglich des Unfalls.

Zu fragen ist aber, ob man § 142 I Nr. 1 StGB deshalb als erfüllt betrachten kann, weil der Unfallort möglicherweise so weit zu fassen ist, dass darunter auch ein etwa 1 km entfernt liegender Anhalteort zu verstehen ist (sog. beweglicher Unfallort). Wäre dies zu bejahen, so könnte man auch das Entfernen nach Kenntniserlangung vom Unfall u. U. über § 142 I Nr. 1 StGB strafrechtlich erfassen. Das OLG Hamburg[138] und nun auch der BGH[139] haben dies jedoch zu Recht mangels zeitlich-räumlichen Zusammenhangs verneint. Der Anhaltevorgang steht hier in keinem inneren Zusammenhang mit dem Unfallgeschehen und kann daher nicht dem Unfallort zugeordnet werden.

Achtung Klausur: *In der Prüfungsarbeit darf die soeben geschilderte Problematik des beweglichen Unfallorts nicht vergessen werden. Denn während Fälle der hier vorliegenden Art früher mehr mit Fokus auf § 142 II Nr. 2 StGB behandelt wurden, hat sich das Augenmerk durch die sogleich zu besprechende Entscheidung des BVerfG in den letzten Jahren zunehmend auf die Frage des beweglichen Unfallorts gerichtet.*

---

137 *Wessels/Hettinger/Engländer*, BT/1, Rn. 1114; *Sch/Sch/Sternberg-Lieben*, § 142, Rn. 19.
138 OLG Hamburg NZV 2009, 301 f.
139 BGH JuS 2011, 274.

Zu prüfen ist jedoch, ob eine Strafbarkeit nach § 142 II Nr. 2 StGB bejaht werden kann, weil A die Feststellungen nicht unverzüglich nach Bekanntwerden des Unfallgeschehens ermöglicht hat. Voraussetzung hierfür wäre jedoch, dass das unvorsätzliche Entfernen vom Unfallort einem berechtigten oder entschuldigten Entfernen gleichgestellt werden kann (vgl. dazu bereits *Jäger*, AT, Rn. 11 a. E.).

- Die Rspr. hat dies lange Zeit bejaht[140] und dies damit begründet, dass der Begriff „entschuldigt" nicht im dogmatischen Sinn zu verstehen sei, sondern nach der ratio legis so auszulegen sei, wie er z. B. in den §§ 51 II, 230 II, 329 I StPO oder in § 56 GVG gebraucht werde.
- In der Literatur wurde diese Auffassung unter Hinweis auf das Analogieverbot heftig bestritten.[141] Schließlich hat sich auch das BVerfG[142] dieser Literaturauffassung angeschlossen: Der Auslegung des § 142 II Nr. 2 StGB, die auch das unvorsätzliche – und nicht nur das berechtigte oder entschuldigte – Sich-Entfernt-Haben vom Unfallort unter diese Norm subsumiert, stehe die Grenze des möglichen Wortsinns der Begriffe „berechtigt oder entschuldigt" entgegen. Schon die Umgangssprache unterscheide zwischen unvorsätzlichen, im Sinne von nicht absichtlichen, und berechtigten und entschuldigten Verhaltensweisen, die „das Recht auf ihrer Seite" haben bzw. deren Konsequenzen aus höherrangigen Gründen hinzunehmen seien.
- Stellungnahme: Obwohl die Strafwürdigkeit von Fällen der vorliegenden Art außer Frage steht (möglicherweise sollte sich der Gesetzgeber durch die Entscheidung des BVerfG zum Tätigwerden aufgerufen fühlen), wird man dem BVerfG Recht geben müssen. Denn beim berechtigten oder entschuldigten Sich-Entfernen vom Unfallort geht es um Gründe, die ein Weiterfahren trotz Erkennens der Unfallsituation zulässig machen. Dagegen fehlt beim unvorsätzlichen Sich-Entfernen gerade die Kenntnis vom Unfallgeschehen, sodass auch die normative Situation eine ganz andere ist.[143]

5. Tätige Reue nach § 142 IV StGB

500 Durch das 6. StrRG wurde § 142 IV StGB neu eingefügt. Er sieht eine Milderung bzw. ein Absehen von Strafe vor, wenn der Unfallbeteiligte innerhalb von vierundzwanzig Stunden nach einem Unfall außerhalb des fließenden Verkehrs (→ vor allem bei Unfällen, durch die parkende Pkws beschädigt werden!), der ausschließlich nicht bedeutenden Sachschaden (Grenze bei ca. 1300 €) zur Folge hat, freiwillig die Feststellung nachträglich ermöglicht. Freiwilligkeit ist etwa dann zu verneinen, wenn der Täter weiß, dass er bereits entdeckt ist.

VII. Unbefugter Gebrauch von Fahrzeugen, § 248b StGB

1. Geschütztes Rechtsgut und Verhältnis zu anderen Delikten

500a Die Vorschrift schützt nach wohl h. M. selbstständig und ausschließlich das Gebrauchsrecht.[144] Dies hat zur Konsequenz, dass auch der Eigentümer gegenüber dem Gebrauchsberechtigten § 248b StGB begehen kann. Sieht man dagegen mit einer ande-

---

140 Vgl. BGHSt 28, 129; OLG Köln NJW 1977, 2275; BayObLG NJW 1979, 436; ebenso *Küper*, Universität Heidelberg-FS, 1986, S. 457 ff.
141 *Berz*, Jura 1979, 128; *Beulke*, NJW 1979, 400 ff.; Lackner/*Kühl*, § 142, Rn. 25.
142 BVerfG NJW 2007, 1666 ff. m. Bspr. *Dehne-Niemann*, Jura 2008, 135 ff.; *Geppert*, DAR 2007, 380 ff.; *Jahn*, JuS 2007, 689; *Kudlich*, JA 2007, 549 ff.; *Küper*, NStZ 2008, 217 ff.; *Mitsch*, NZV 2008, 217 ff.; *ders.*, JuS 2010, 303 ff.; s. auch OLG Düsseldorf NStZ-RR 2008, 88.
143 So auch das BVerfG aaO.
144 Vgl. dazu etwa S/S/W-*Kudlich*, § 248b, Rn. 1 m. w. N.

ren Auffassung nur das Eigentum als geschützt an, so scheidet § 248b StGB in einem solchen Fall aus, da der Eigentümer nicht gegenüber sich selbst Täter sein kann.[145] Beide Auffassungen lassen sich in der Klausur gleichermaßen gut vertreten.

Die Tat ist Dauerdelikt und wird daher grundsätzlich während der gesamten Benutzung verwirklicht. Es ist ein Strafantrag erforderlich, wie § 248b III StGB ausdrücklich fordert.

Der Tatbestand ist gegenüber allen anderen Vorschriften formell subsidiär und tritt daher etwa hinter §§ 242, 246, 253 und 263 StGB zurück. Problematisch ist es, wenn der Täter sich während des Gebrauchs des Fahrzeugs zu dessen Unterschlagung entschließt, da § 246 StGB die gleiche Strafdrohung enthält und ebenfalls eine formelle Subsidiaritätsklausel aufweist. Richtig dürfte es jedoch sein, auch in diesem Fall § 248b StGB zurücktreten zu lassen, da der Angriff auf das Eigentum nach § 246 StGB intensiver ist (vollständige Zueignung und nicht nur vorübergehender Gebrauch).

Die Verwirklichung des § 248b StGB begründet nicht zugleich eine Strafbarkeit wegen Diebstahls und Unterschlagung nach §§ 242, 246 StGB an den verbrauchten Kraft- und Schmierstoffen des Fahrzeugs. Denn dieser Unrechtsgehalt ist bereits von § 248b StGB miterfasst, sodass §§ 242, 246 StGB diesbezüglich subsidiär sind oder nach anderer Auffassung sogar tatbestandlich ausscheiden.[146] Anders soll es nur sein, wenn es dem Täter gerade auf das Ersparen eigenen Treibstoffs ankommt.[147] Dann ist wiederum § 248b StGB formell subsidiär.

2. Tatobjekt

Tatobjekt ist entweder ein Kraftfahrzeug oder ein Fahrrad (vgl. zur Definition des Kraftfahrzeugs § 248b IV StGB). Darunter fällt auch ein Elektrorollstuhl.[148] Verfügt ein Fahrrad über einen Hilfsmotor, so zählt es zu den Kraftfahrzeugen nach § 248b IV StGB. **500b**

3. Tathandlung

Die Tathandlung besteht im „Ingebrauchnehmen". Dafür ist keine Wegnahme erforderlich. Entscheidend ist vielmehr, dass der Täter das Fahrzeug (Kfz oder Fahrrad) zur Bewegung benutzt, d. h. mit oder ohne Motorkraft in Bewegung setzt. Das bloße Anlassen des Motors erfüllt daher den Tatbestand ebensowenig wie das Mitfahren als blinder Passagier oder Anhängen des eigenen Fahrrads an ein fremdes Fahrzeug.[149] **500c**

4. Fehlende Befugnis zur Ingebrauchnahme

Die Ingebrauchnahme muss darüber hinaus unbefugt sein. Hier stellen sich in der Klausur immer wieder die gleichen Probleme: **500d**

---

145 So etwa *Sch/Sch/Bosch*, § 248b, Rn. 1.
146 Vgl. *Sch/Sch/Bosch*, § 248b, Rn. 15 m. w. N.
147 *Maurach/Schroeder/Maiwald*, § 37, Rn. 11.
148 Vgl. AG Löbau NJW 2008, 530.
149 BGHSt 11, 49 f.; *Otto*, BT, § 48, Rn. 3.

a) Der nicht so berechtigte Fahrer

Fraglich ist hier, ob z. B. die Abweichung von einer vorbestimmten Fahrtroute bereits den Tatbestand des § 248b StGB begründen kann. Hierzu zählt etwa der Fall, dass ein Taxifahrer den Wagen zu privaten Umwegen benutzt. Nach wohl richtiger Auffassung führt dies nicht bereits zu einer Unbefugtheit der Ingebrauchnahme, da nach dem Schutzzweck nur Fälle erfasst werden sollen, in denen der Täter ohne Erlaubnis ein Fahrzeug in Gebrauch nimmt. Da in dem geschilderten Fall jedoch eine grundsätzliche Gebrauchsberechtigung besteht, wird man hier den Tatbestand teleologisch reduzieren müssen. Anders ist es allerdings, wenn der Taxifahrer sich das Fahrzeug an einem Tag, an dem er überhaupt keinen Dienst hat, aus der Garage des Taxiunternehmers holt und dieses benutzt.

b) Der nicht mehr berechtigte Fahrer

Hier ist umstritten, ob die unbefugte Weiterbenutzung, wie etwa nach Ablauf der Mietzeit, ein erneutes Ingebrauchnehmen darstellen kann (Stichwort: Ingebrauchhalten als Ingebrauchnehmen?). Die wohl h. M. bejaht dies.[150] Allerdings wird hiergegen zum Teil eingewandt, dass es nicht Sinn des § 248b StGB sei, vertragswidriges Verhalten grundsätzlich unter Strafe zu stellen, solange die erste Ingebrauchnahme befugt war.[151] Der BGH hat sich von diesem Gegenargument bislang jedoch nicht beeindrucken lassen.

c) Auswirkungen des (mutmaßlichen) Einverständnisses auf die Unbefugtheit

Hier ist insbesondere problematisch, inwieweit ein Einverständnis gemutmaßt werden kann. Dies veranschaulicht eine aktuelle Entscheidung des BGH, die kurz dargestellt werden soll anhand von

500e

> **Fall 73:** A mietete bei der Firma E ein Fahrzeug. Die Rückgabe war vertraglich für den 2.3.2013 vereinbart. Nachdem A sich am 27.2.2013 von seiner Freundin F getrennt hatte und deshalb nicht mehr bei ihr übernachten konnte, behielt er den Pkw über den 2.3.2013 hinaus, um darin zu schlafen. Am 9.4.2013 wurde A von seiner Ehefrau wieder aufgenommen, weshalb er das Fahrzeug am Morgen des 10.4.2013 zur Autovermietung zurückbrachte. Diese stellte Strafantrag. Strafbarkeit des A? (**Rückbring-Fall** nach BGH NJW 2014, 2887 ff.[152])

500f

Lösung:

I. In Betracht kommt eine Strafbarkeit wegen **Betruges nach § 263 StGB** durch Anmietung des Kfz. Denkbar wäre insoweit ein Eingehungsbetrug durch Vertragsschluss. Jedoch würde dies eine Täuschung zu diesem Zeitpunkt voraussetzen. In Betracht käme insoweit allenfalls eine Täuschung über den Rückgabezeitpunkt. Jedoch ist in dubio pro reo davon auszugehen, dass A zum Zeitpunkt der Anmietung zu einer rechtzeitigen Rückgabe entschlossen war. Damit scheidet eine auch nur konkludente Täuschung aus. Und nach dem

---

150 Vgl. BGHSt 11, 50; BGH GA 1963, 344; Lackner/*Kühl*, § 248b, Rn. 3; *Sch/Sch/Bosch*, § 248b, Rn. 7.
151 So etwa bei BayObLG NJW 1953, 193 f.; OLG Hamm NJW 1966, 2360; *Schmidhäuser*, NStZ 1986, 460 f.
152 M. Anm. *Kudlich*, JA 2014, 873; *Jahn*, JuS 2015, 82 ff.

2.3.2013 hat ein geschäftlicher Kontakt überhaupt nicht mehr stattgefunden (so etwa auch bei der vergleichbaren Konstellation des Weiterwohnens in einem Hotel nach Eintritt der Vermögenslosigkeit), sodass eine konkludente Täuschung ausscheidet.

II. Denkbar wäre allenfalls ein **Betrug durch Unterlassung nach §§ 263, 13 StGB** wegen fehlender Information gegenüber der Autovermietung nach Ablauf des 2.3.2013. Jedoch fehlt es hierfür an der notwendigen Garantenstellung zur Offenbarung.

III. Eine **veruntreuende Unterschlagung nach § 246 I, II StGB** durch Behalten des Kfz über den vereinbarten Rückgabezeitpunkt hinaus scheidet aus. Diese würde die Manifestation eines Zueignungswillens voraussetzen. Zwar ist durch die Beibehaltung des Besitzes ein vorübergehender Aneignungswille vorhanden. Jedoch fehlt es an der Manifestation eines gleichzeitig vorliegenden Enteignungswillens, da nicht erkennbar ist, dass A den Eigentümer auf Dauer aus seiner Eigentümerposition verdrängen wollte. Vielmehr zeigt gerade das Nachtatverhalten, dass A zumindest grundsätzlich zur Rückgabe des Kfz bereit war.

IV. In Betracht kommt jedoch eine Strafbarkeit wegen **unbefugten Gebrauchs eines Kraftfahrzeugs nach § 248b StGB**. Voraussetzung hierfür wäre jedoch, dass A das Fahrzeug unbefugt in Gebrauch genommen hat.

1. Problematisch ist hier bereits grundsätzlich die Frage, ob ein unbefugtes Ingebrauchhalten überhaupt geeignet ist, ein strafbares Ingebrauchnehmen nach § 248b StGB zu begründen. Der BGH bekennt sich wie in vergangenen Entscheidungen (siehe dazu bereits soeben Rn. 500d) zu derjenigen Auffassung, die eine solche Möglichkeit bejaht. Danach sei für § 248b StGB ein Gewahrsamsbruch regelmäßig nicht erforderlich, weshalb dem Ingebrauchnehmen das unbefugte Ingebrauchhalten gleichgestellt sei. Deshalb sei es auch ausreichend, wenn – wie bei der Benutzung eines Mietwagens nach Ablauf der Mietzeit – die Berechtigung des Täters nachträglich wegfällt und er die Sache somit als „Nicht-mehr-Berechtigter" nutzt.

2. Fraglich ist sodann, ob A das Fahrzeug bereits dadurch weiter in Gebrauch genommen hat, dass er in ihm schlief. Der BGH verneint dies zu Recht. Unter dem Gebrauch eines Fahrzeugs ist dessen vorübergehende Nutzung – seinem bestimmungsgemäßen Zweck entsprechend – als Fortbewegungsmittel zu verstehen. Die Nutzung eines parkenden Fahrzeugs zum Schlafen genügt daher nicht.[153]

3. Danach kommt allein die Fahrt am 10.4.13 als taugliche Tathandlung in Betracht. Auch insoweit sieht der BGH ein tatbestandsmäßiges Handeln des Angeklagten jedoch als nicht belegt an, denn es läge die Vermutung nahe, dass die Ingebrauchnahme des Fahrzeugs im Einverständnis mit dem Berechtigten erfolgte, wenn das Fahrzeug am 10.4.2013 allein zum Zweck der Rückführung in Gebrauch genommen wurde.

4. Ergebnis: Damit scheidet auch eine Strafbarkeit nach § 248b StGB aus.

Hinweis: *Die Argumentation des BGH erscheint, worauf Kudlich[154] zu Recht hingewiesen hat, angreifbar. Denn das Einverständnis des Täters mit der Ingebrauchnahme wirkt sich bei § 248b StGB bereits tatbestandsausschließend aus. Bei diesem tatbestandsausschließenden Einverständnis ist jedoch eine normativierende Annahme einer mutmaßlichen Einwilligung grundsätzlich nicht möglich. Man hätte daher vorliegend durchaus ein unbefugtes Weiterbenutzen ohne Vorliegen eines tatsächlichen Einverständnisses bejahen und erst auf Rechtfertigungsebene eine Rechtfertigung durch mutmaßliche Einwilligung annehmen können. Die Entscheidung des BGH ist daher nur dann haltbar, wenn man aus den Umständen des Falles auf ein tatsächliches Vorliegen eines generellen Einverständnisses zur Rückführung schließt. Dies erscheint durchaus möglich, da eine Rückführung des Fahrzeugs ohnehin notwendig*

---

153 Dazu bereits BGHSt 11, 50; *Sch/Sch/Bosch*, § 248b, Rn. 4.
154 *Kudlich*, JA 2014, 874.

> war und daher kein vernünftiger Grund erkennbar ist, weshalb ein tatsächliches Einverständnis in generalisierter Form zu verneinen sein sollte.[155] Allenfalls könnte man versucht sein, aus der Stellung des Strafantrags nach § 248b III StGB auf das Fehlen eines solchen Einverständnisses zu schließen. Jedoch wäre dies verfehlt, da die Stellung des Strafantrags wohl weniger wegen der Rückführung erfolgte als wegen der unklaren Nutzung zwischen dem 2.3. und 10.4.2013.

VIII. Fahren ohne Fahrerlaubnis nach § 21 StVG

501 Diese Vorschrift müssen Sie nur kennen und in der Klausur – sofern die Bearbeitung nicht ohnehin ausgeschlossen ist – genau durchlesen. Beachten Sie, dass die Tat nach § 21 II Nr. 1 StVG auch fahrlässig begangen werden kann und zwar sowohl die Tathandlung nach Abs. 1 Nr. 1 (fahren) als auch die nach Abs. 1 Nr. 2 (fahren lassen eines anderen).

---

155 So auch die überzeugende Überlegung von *Kudlich*, JA 2014, 875.

§ 16 Brandstiftungsdelikte

Brandstiftungsdelikte spielen in Examensklausuren eine erstaunlich große Rolle. Aufgrund ihres politischen Bezugs (wiederaufkeimende nationalsozialistische Strömungen) bleiben sie auch weiterhin examensträchtig.

A. Allgemeines

I. Gesetzesaufbau und Verhältnis der Brandstiftungsdelikte untereinander sowie zu anderen Delikten

Das kompliziert anmutende Gesetzeswerk ist systematischer aufgebaut, als dies zunächst den Anschein hat. Insgesamt zeigt sich eine Regelungsstufung:
– § 306 StGB: Einfache Brandstiftung
– § 306a StGB: Schwere Brandstiftung
– § 306b StGB: Besonders schwere Brandstiftung
– § 306c StGB: Brandstiftung mit Todesfolge.

502

Achtung Klausur: *Obwohl § 306 StGB nur ein Eigentumsdelikt ist (vgl. Wortlaut „fremde"), sollte man ihn grundsätzlich vor den stärkeren §§ 306a, 306b, 306c StGB prüfen! Dies gilt zumal deshalb, weil §§ 306a–c StGB, die keine Eigentumsdelikte, sondern gemeingefährliche Delikte sind, den § 306 StGB zwar verdrängen,[1] aber dennoch auf ihm aufbauen.[2]*

Im Übrigen verdrängt § 306 StGB als stärkstes Eigentumsdelikt den § 303 StGB sowie – im Falle der Gebäudezerstörung – auch § 305 StGB.[3]

II. Inbrandsetzen bzw. durch Brandlegung ganz oder teilweise Zerstören als gemeinsame Tathandlung der Brandstiftungsdelikte

Die Begriffe sind für sämtliche Brandstiftungsdelikte von Bedeutung. Dabei wurde die Alternative des Zerstörens durch Brandlegung erst durch das 6. StrRG eingefügt.[4]

Alternative 1: Inbrandsetzen

Diese Alternative setzt voraus, dass ein Objekt in einer Weise vom Feuer erfasst ist, die ein Fortbrennen aus eigener Kraft ermöglicht.[5] Weder genügt das Entflammen des

503

---

1 Vgl. dazu Lackner/Kühl/*Heger*, § 306, Rn. 6; *Sch/Sch/Heine/Bosch*, § 306, Rn. 24; siehe zu den examensrelevanten Problemen der §§ 306 ff. StGB auch *Seiterle*, Jura 2011, 958 ff. sowie *Kudlich/Herold*, JA 2013, 511 ff.
2 Im Ergebnis wie hier *Kudlich*, BT/2, PdW, S. 206.
3 Vgl. dazu BGH NJW 1954, 1335; Lackner/Kühl/*Heger*, § 306, Rn. 6.
4 Siehe zur Reform der Brandstiftungsdelikte *Rengier*, „Die Brandstiftungsdelikte nach dem 6. StrRG", JuS 1998, 397.
5 Vgl. BGHSt 18, 364; Lackner/Kühl/*Heger*, § 306, Rn. 14; BGHSt 7, 38; 34, 115, 117; vgl. auch *Geppert*, Jura 1989, 422.

Zündstoffs noch das Ausschütten von Benzin über die zur Verbrennung vorgesehenen Gegenstände (hier liegt allenfalls eine Versuchsstrafbarkeit vor!).[6]

Aus der Definition des Inbrandsetzens ergibt sich auch, dass ein Brennen von Inventar (etwa Regalen, Stühlen, Tischen oder Schränken) nicht genügt, sondern ein Inbrandsetzen erst dann vorliegt, wenn für den bestimmungsgemäßen Gebrauch wesentliche Gebäudeteile vom Feuer erfasst sind (z. B. Tür, Fußboden, fest mit dem Untergrund verbundener Teppichboden, nicht jedoch bei einer Fußbodensockelleiste, Tapete an der Wand oder Lattentür im Keller).[7]

Die Rechtsprechung hält auch ein Inbrandsetzen eines bereits an anderer Stelle brennenden Gebäudes sowie ein Inbrandsetzen durch Unterlassen – etwa im Falle einer Garantenstellung zur Löschung – für möglich.[8]

Alternative 2: Durch Brandlegung ganz oder teilweise zerstören

504 Mit dem Begriff der Brandlegung trägt der Gesetzgeber nunmehr vor allem dem Umstand Rechnung, dass bei gefährlichen Brandstiftungen in Folge der zunehmenden Verwendung von feuerbeständigen Baumaterialien wesentliche Gebäudeteile gar nicht mehr in Brand geraten können, aber die von dem gelegten Feuer ausgehenden Ruß-, Gas-, Rauch- und Hitzeentwicklungen vergleichbare Folgen haben können.[9] Auch hier muss aber etwa im Rahmen des § 306a I Nr. 1 StGB eine zum Wohnen bestimmte Untereinheit wegen Brandlegungsfolgen für beträchtliche Zeit nicht mehr benutzbar sein. Das Zerstören von Kellerräumen oder die vorübergehende Unterbrechung der Stromversorgung genügen nicht.[10]

Auch können jetzt solche Fälle erfasst werden, in denen – vom Täter nicht gewollt – der Zündstoff explodiert, statt zu brennen. Daher heißt (teilweise) Zerstörung durch eine Brandlegung soviel wie (teilweise) Zerstörung durch einen Brand oder durch eine versuchte Brandstiftung, einschließlich der (teilweisen) Zerstörung durch Brandlegungswirkungen und bei der Brandlegung ausgelösten Explosionen.[11]

In seiner neueren Rechtsprechung konkretisierte der BGH diese Rechtsprechung zum Tatbestandsmerkmal der teilweisen Zerstörung. Dazu folgendes

Beispiel:[12] B warf einen entzündeten Feuerwerkskörper durch ein geöffnetes Fenster einer Wohnung eines Mehrfamilienhauses. Infolgedessen entstand ein Brand, durch den das Kinder-

---

6 Siehe BGH NStZ 2006, 331; *Sch/Sch/Heine/Bosch*, § 306, Rn. 13; *Wessels/Hettinger/Engländer*, BT/1, Rn. 1046.
7 Siehe hierzu *Wessels/Hettinger/Engländer*, BT/1, Rn. 1046; *Sch/Sch/Heine/Bosch*, § 306, Rn. 13; s. auch *Ingelfinger*, JR 1999, 211. Gerade zu Lattenverschlägen im Keller BGH NStZ 2007, 270 m. Anm. *Jahn*, JuS 2007, 484 f.
8 Vgl. OLG Hamm JZ 1961, 94; BGHSt 18, 363 m. Anm. *Schmidt*, JZ 1964, 189; *Sch/Sch/Heine/Bosch*, § 306, Rn. 14; Matt/Renzikowski/*Dietmeier*, § 306, Rn. 15; Lackner/Kühl/*Heger*, § 306, Rn. 3.
9 Vgl. *Gössel/Dölling*, BT/1, § 41, Rn. 9; *Rengier*, BT/2, § 40, Rn. 12 ff.; Matt/Renzikowski/*Dietmeier*, § 306, Rn. 16.
10 Vgl. BGH NStZ 2007, 270 m. Anm. *Jahn*, JuS 2007, 484 f.
11 Vgl. Lackner/Kühl/*Heger*, § 306, Rn. 4; *Sch/Sch/Heine/Bosch*, § 306, Rn. 15 ff.; s. auch *Geppert*, Jura 1998, 597, 599; *Hörnle*, Jura 1998, 169, 181; *Rengier*, JuS 1998, 397, 398; *Wolters*, JR 1998, 271; vgl. auch BR-Drucks. 13/8587, S. 26, 29.
12 BGH NStZ 2010, 151 f.

zimmer so stark beschädigt wurde, dass es wegen einer erforderlichen Renovierung drei Wochen lang nicht benutzt werden konnte.

Lösung: Der BGH entschied, dass das Tatbestandsmerkmal der teilweisen Zerstörung und damit eine Strafbarkeit nach § 306a I Nr. 1 Alt. 2 StGB bei einer Brandlegung in einem Mehrfamilienhaus voraussetze, dass zumindest eine Wohnung für eine beträchtliche Zeit zu Wohnzwecken nicht mehr benutzbar sei. Die Unbenutzbarkeit eines einzelnen Zimmers – wie des Kinderzimmers – reiche nicht aus (sehr zw.). Gegeben sein kann aber ein Versuch.

B. Die einzelnen Delikte

I. Einfache Brandstiftung nach § 306 StGB

Taugliche Objekte der einfachen Brandstiftung sind die in § 306 StGB aufgeführten Gegenstände (trotz des Plural-Wortlauts genügt es dabei, wenn nur eines der dort genannten Objekte angezündet wird).[13]

505

Geschützt sind die in § 306 I Nr. 1–6 StGB genannten Objekte, wobei unter Gebäude auch solche Bauwerke zu subsumieren sind, die noch nicht oder nicht mehr bewohnbar sind (etwa Rohbau oder Ruine).[14] Warenvorrat i. S. d. § 306 I Nr. 3 StGB meint eine größere Menge von körperlichen Gegenständen, die nicht dem Eigenverbrauch, sondern typischerweise dem gewerblichen Umsatz dienen, ohne dass vorausgesetzt würde, dass diese an einem bestimmten Ort, etwa in einem Warenlager aufbewahrt würden. Auch auf öffentlichem Verkehrsgrund abgestellte Waren, deren Pappverpackung angezündet wird, kommen daher in Betracht.[15]

Da § 306 StGB bei allen genannten Objekten verlangt, dass sie in fremdem Eigentum stehen, handelt es sich um eine qualifizierte Form der Sachbeschädigung. Die Einwilligung des Opfers kann hier daher zu einer Rechtfertigung der Tatbestandsverwirklichung nach § 306 StGB führen.[16] Glaubt der Täter nur an eine Einwilligung, so greifen die Regeln über den Erlaubnistatbestandsirrtum.

Beispiel: A bittet den B, ihm seine Almhütte, die nur während des Sommers bewirtschaftet ist, in einer Winternacht anzuzünden, weil er in den Genuss der Brandversicherungssumme gelangen möchte. B erfüllt den Wunsch des A.

Lösung: § 306 StGB scheitert an der Einwilligung des Berechtigten. Gleiches gilt für §§ 303, 305 StGB. Auch ist § 306a I Nr. 1 StGB nicht einschlägig, da die Hütte zur Zeit der Brandstiftung nicht von einem Menschen bewohnt wurde. § 306a I Nr. 3 StGB scheidet ebenfalls aus, da die Brandstiftung nicht zu einer Zeit erfolgte, zu der sich dort Menschen aufzuhalten pflegen. Eine Strafbarkeit ist daher nur nach § 265 StGB gegeben.

---

13 Zutreffend *Kudlich*, BT/2, PdW, S. 210 f.
14 Siehe BGHSt 6, 107; BGH bei *Holtz*, MDR 1977, 810; OLG Karlsruhe MDR 1981, 1036.
15 BGH BeckRS 2018, 8002.
16 Vgl. *Sch/Sch/Heine/Bosch*, § 306, Rn. 11; BGH NJW 2003, 1824; *Fischer*, § 306, Rn. 20; s. auch *Radtke*, ZStW 110 (1998), 848, 861.

II. Schwere Brandstiftung nach § 306a StGB

1. Schwere Brandstiftung nach § 306a I StGB

506 § 306a I StGB ist im Gegensatz zum Erfolgsdelikt des § 306 StGB ein abstraktes Gefährdungsdelikt, das dem Schutz bestimmter Wohn- und Aufenthaltsstätten dient.[17]

→ Es muss keine konkrete Gefahr für einen Menschen begründet werden![18]

Achtung Klausur: *Nicht § 306a I Nr. 1 StGB, sondern nur § 306 StGB soll erfüllt sein, wenn nach der objektiven Sachlage eine Gefährdung von Menschenleben offensichtlich ausgeschlossen war und der Täter sich vor der Tat davon in einer jeden Zweifel behebenden Weise Gewissheit verschafft hatte, was allerdings nach Auffassung der Rechtsprechung nur bei kleinen, auf den ersten Blick überschaubaren Objekten möglich erscheint.*[19]

Diese Einschränkung dürfte letztlich zu befürworten sein, da sie Ausfluss des Schuldprinzips ist, das auch bei abstrakten Gefährdungsdelikten Anwendung findet und zu dieser Tatbestandsauslegung zwingt (vgl. auch § 326 VI StGB, wo der Gesetzgeber das Problem selbst geregelt hat!).[20] *Dazu folgender*

507 **Fall 74:** A betreibt in seinem abgelegenen Haus am Wochenende einen Ausschank für Wanderer. Hierbei hilft ihm die B, welche extra zu diesem Zwecke an den Wochenenden anreist und dann im Obergeschoss des Hauses übernachtet. Unter der Woche ruht der Betrieb mangels Nachfrage; A ist dann allein im Haus. Als die Touristen ausbleiben, beschließt A, das Haus in der nächsten Woche zu „verfeuern" und in die Stadt zu ziehen. In der geplanten Nacht überprüft A noch einmal, ob sich auch wirklich niemand mehr in dem Haus befindet. Anschließend gießt sein – in alles eingeweihter – Freund F Benzin in der Diele aus. Sobald F sich in Sicherheit gebracht hat, wirft A von außen eine brennende Fackel in das Haus, welches sofort in Flammen steht. Da bemerkt F, dass er seine Brieftasche im Haus vergessen hat. Panisch stürzt er zurück ins Haus, erleidet aber schon im Eingangsbereich Atembeschwerden und bricht daher sein Vorhaben ab. Strafbarkeit des A? **(Wanderausschank-Fall I)**

508 **Lösung:**

I. Eine Strafbarkeit des A wegen **einfacher Brandstiftung gem. § 306 StGB** scheidet aus, da das Haus im Alleineigentum des A steht und daher nicht fremd für diesen ist.

II. Aus demselben Grunde kommt auch eine Strafbarkeit aus **§§ 303, 305 StGB** nicht in Frage.

III. A könnte sich jedoch durch das Anzünden des Hauses wegen **schwerer Brandstiftung gem. § 306a I Nr. 1 StGB** strafbar gemacht haben.

---

17 Vgl. Lackner/Kühl/*Heger*, § 306a, Rn. 1; *Wessels/Hettinger/Engländer*, BT/1, Rn. 1053; *Sch/Sch/Heine/Bosch*, § 306a, Rn. 1; *Eisele*, BT/I, Rn. 1033; v. Heintschel-Heinegg/*v. Heintschel-Heinegg*, § 306a, Rn. 4; anders aber *Maurach/Schroeder/Maiwald*, BT/II, § 51, Rn. 14.
18 Zum abstrakten Gefährdungsdelikt siehe *Kratzsch*, JuS 1994, 372.
19 Vgl. dazu BGHSt 26, 121; 34, 119; *Sch/Sch/Heine/Bosch*, § 306a, Rn. 2; krit. *Brehm*, JuS 1976, 22; vgl. auch BGH NStZ 2014, 404 m. Anm. *Nestler*.
20 Vgl. auch *Sch/Sch/Heine/Bosch*, § 306a, Rn. 2 m. w. N.

1. Tatbestandsmäßigkeit
a) Objektiver Tatbestand
aa) Fraglich ist, ob das Gebäude im Tatzeitpunkt noch der Wohnung von Menschen diente. Dies setzt voraus, dass das Gebäude seiner konkreten Verwendung nach zumindest vorübergehend zur Unterkunft von Menschen vorgesehen ist, d. h. zum Mittelpunkt des Aufenthalts gemacht wird.[21] Entscheidend ist die reale Widmung zum Wohnen. Eine solche bestand zunächst, könnte aber durch das Inbrandsetzen des Gebäudes seitens des A konkludent aufgehoben worden sein. Hiergegen spricht aber, dass nicht nur A das Haus bewohnte: Zumindest an den Wochenenden übernachtete regelmäßig auch die B in dem Haus. Eine faktische Entwidmung setzt aber – ungeachtet der Eigentumsverhältnisse – voraus, dass das Gebäude von allen Bewohnern aufgegeben wird.[22] Hieran fehlt es vorliegend, da B die Pläne des A nicht teilte. Daher konnte A die Wohnungseigenschaft des Gebäudes gar nicht eigenmächtig aufheben.

bb) Die Eignung des Hauses als Tatobjekt könnte jedoch möglicherweise deshalb entfallen, weil A sich zuvor vergewissert hat, dass sich niemand mehr in dem Hause befand. Zwar stellt § 306a I StGB ein abstraktes Gefährdungsdelikt dar; es kommt also nicht darauf an, ob im Einzelfall tatsächlich ein Leben gefährdet wurde. Dennoch wird teilweise vor dem Hintergrund der hohen Mindeststrafe und des Schuldprinzips eine teleologische Reduktion des Tatbestandes für solche Fälle befürwortet, in denen nach der Sachlage feststeht, dass eine Realisierung der (Lebens-)Gefahr ausgeschlossen ist.[23] Eine solche Reduktion kommt jedoch allenfalls bei sehr kleinen Räumlichkeiten in Betracht, bei denen sich der Täter zuverlässig über die fehlende Anwesenheit von Menschen informieren kann.[24] Vorliegend ist das Tatobjekt aber ein zweigeschossiges Haus, bei dem auch durch einen Kontrollrundgang nicht *absolut sicher* ausgeschlossen werden kann, dass sich noch Personen in den Räumlichkeiten befinden. Daher kommt hier eine teleologische Reduktion des objektiven Tatbestandes ohnehin nicht in Betracht. Der objektive Tatbestand ist also erfüllt.

b) Subjektiver Tatbestand
A hat den objektiven Tatbestand in Kenntnis aller seiner Umstände willentlich verwirklicht. Der subjektive Tatbestand ist damit erfüllt.

2. Rechtfertigungs- und Schuldausschließungsgründe sind nicht ersichtlich.

Ergebnis: A hat sich gem. § 306a I Nr. 1 StGB strafbar gemacht.

IV. In Betracht kommt auch eine **schwere Brandstiftung nach § 306a II StGB**

1. Gem. § 306a II StGB müsste es sich bei dem Tatobjekt um eine der in § 306 StGB bezeichneten Sachen handeln. Das Haus stellt ein Gebäude i. S. v. § 306 I Nr. 1 StGB dar.[25] Fraglich ist jedoch, ob für § 306a II StGB die in § 306 StGB vorausgesetzte Fremdheit der Sache erforderlich ist. Hiergegen spricht jedoch, dass es sich bei § 306a II StGB – anders als bei § 306 StGB – um ein dem Schutz der Gesundheit dienendes konkretes Gefährdungsdelikt handelt und nicht um einen Sonderfall der Sachbeschädigung.[26] Daher ist das von A in Brand gesetzte Haus ein taugliches Tatobjekt.

2. A müsste durch die Tathandlung eine konkrete Gesundheitsgefahr für einen *anderen* Menschen herbeigeführt haben. Als solcher kommt hier nur der F in Betracht. Fraglich ist jedoch, ob Tatbeteiligte durch § 306a II StGB geschützt werden. Hiergegen spricht, dass die

---

21 *Rengier*, JuS 1998, 397, 398; *Geppert*, Jura 1998, 597; *Wessels/Hettinger/Engländer*, BT/1, Rn. 1054.
22 Vgl. *Küper/Zopfs*, BT, S. 515; MüKo-*Radtke*, § 306a, Rn. 19.
23 *Sch/Sch/Heine/Bosch*, § 306a, Rn. 2; *Stein*, Einführung in das 6. StrRG, S. 88 f.
24 BGHSt 26, 121, 124 f.; BGH NStZ 1999, 32, 33 f.
25 Lackner/Kühl/*Heger*, § 306a, Rn. 1; *Sch/Sch/Heine/Bosch*, § 306a, Rn. 4.
26 Vgl. insoweit die h. M. zu § 306 StGB: Lackner/Kühl/*Heger*, § 306, Rn. 1; *Otto*, BT, § 79, Rn. 6; *Rengier*, JuS 1998, 397; BGH StV 2001, 16; anders hingegen *Radtke*, ZStW 110 (1998), 857, 861.

§ 16 *Brandstiftungsdelikte*

Norm *unbeteiligte* Dritte vor dem Tun gerade solcher Personen schützen soll.[27] Im Übrigen ist hier auch zu beachten, dass sich F bei Begehung der Tat in völliger Sicherheit befand. Sein freiwilliger Entschluss, ohne Rechtspflicht bzw. ohne eine mit § 35 StGB vergleichbare Motivationslage in das brennende Haus zurückzukehren, begründet daher eine freiverantwortliche Selbstgefährdung, welche dem A nicht mehr zugerechnet werden kann.

Ergebnis: A ist daher nicht gem. § 306a II StGB strafbar.

V. Eine Strafbarkeit wegen **besonders schwerer Brandstiftung gem. § 306b I StGB** scheidet von vornherein aus, da F nur Atembeschwerden erlitten hat – diese stellen aber keine schwere Gesundheitsschädigung dar.[28]

VI. Eine Strafbarkeit wegen **fahrlässiger Körperverletzung gem. § 229 StGB** scheitert daran, dass die Gesundheitsschädigung nicht auf einer durch A begründeten Gefahr beruht, sondern auf einer eigenverantwortlichen Selbstgefährdung des F. Es fehlt daher an der Zurechenbarkeit des Erfolges.

Ergebnis: A ist gem. § 306a I Nr. 1 StGB strafbar.

509 In Klausuren werden regelmäßig nur § 306a I Nr. 1 und Nr. 3 StGB relevant, also das Inbrandsetzen von Gebäuden, Schiffen, Hütten oder anderen zur Wohnung dienenden Räumlichkeiten, soweit sie tatsächlich Menschen zum Wohnen dienen (Nr. 1), sowie von Räumlichkeiten, welche zeitweise zum Aufenthalt von Menschen dienen, soweit die Brandstiftung zu einer Zeit erfolgt, in der Menschen sich dort aufzuhalten pflegen (Nr. 3).[29]

Die Räumlichkeit dient dabei dann zum Wohnen, wenn sie mindestens von einem Menschen tatsächlich bewohnt wird, wobei dessen Abwesenheit – gleichgültig, ob vorübergehend oder für länger – unerheblich ist, da die reale Nutzung zum Wohnen den Ausschlag gibt.[30] Neben der Gebrauchsdauer können bspw. das regelmäßige Übernachten und Zubereiten von Speisen sowie die postalische Erreichbarkeit Anhaltspunkte für eine Räumlichkeit i. S. d. § 306a I Nr. 1 StGB bilden; eine bloße Vielzahl von Besuchen ohne Begründung eines räumlichen Lebensmittelpunkts zu Wohnzwecken reicht hingegen nicht aus.[31] Dementsprechend hat der BGH auch den Tatbestand der schweren Brandstiftung in einem Fall verneint, in dem eine Verkaufsabsicht des Eigentümers, der seinen Lebensmittelpunkt bereits verlagert hatte, bestand und dieser sich nur noch gelegentlich im Haus (mit Übernachtung) aufhielt, um Gartenpflege-, Hausreinigungs- und Instandhaltungsarbeiten auszuführen, da er das noch möblierte Haus in einem repräsentativen Zustand erhalten wollte.[32]

§ 306a I Nr. 1 StGB greift auch dann nicht, wenn eine Widmung zum Wohnen noch nicht stattgefunden hat (was etwa bei einem noch nicht bezogenen Neubau der Fall ist) oder eine Entwidmung vorliegt (z. B. nach Ermordung oder sonstigem Tod des einzigen Wohnungsinhabers bzw. wenn jeder tatsächliche Bewohner – auch Mieter – das (bis dahin) selbst bewohnte Gebäude eigenhändig in Brand setzt oder die Inbrand-

---

27 Vgl. *Otto*, BT, § 79, Rn. 15.
28 Siehe zum Begriff der schweren Gesundheitsschädigung Rn. 514.
29 Vgl. *Müller/Hönig*, JA 2001, 517.
30 Vgl. Lackner/Kühl/*Heger*, § 306a, Rn. 2; *Küper/Zopfs*, BT, S. 514; BGH NStZ 1984, 455.
31 BGH NStZ-RR 2012, 46.
32 BGH NStZ-RR 2012, 46.

setzung mit seiner Einwilligung geschieht).³³ Für Kinder entscheidet der Sorgeberechtigte, bei dem die Kinder wohnen.³⁴

> **Fall 75:** A bewohnte mit seinen Familienangehörigen ein Einfamilienhaus, das ihm die Stadt als Eigentümerin zur Verfügung gestellt hatte. Um sich Leistungen aus einer Feuerversicherung zu verschaffen, bat A seinen Freund B, das Haus in Abwesenheit der Familie anzuzünden. Anschließend entfernte A wesentliche Teile des versicherten Inventars aus dem Haus und fuhr mit allen Familienangehörigen kurz vor dem geplanten Tatzeitpunkt auf eine Urlaubsreise. Im Falle des Fehlschlags der Brandstiftung wollte A das Haus wie zuvor weiter benutzen. Tatsächlich bewirkte der durch B später gelegte Brand eine vollständige Zerstörung des Hauses. Alle Familienangehörigen wussten von der Brandstiftung. Strafbarkeit von A und B? §§ 263, 265 StGB sind nicht zu prüfen. (**Einfamilienhaus-Fall** nach BGH NStZ-RR 2005, 76)

510

Lösung:

511

A. Strafbarkeit des B

I. In Betracht kommt eine Strafbarkeit wegen **(besonders) schwerer Brandstiftung nach § 306b II Nr. 2 i. V. m. § 306a StGB**.

Hinweis: *Hier ist ein gemeinsamer Aufbau von § 306b II Nr. 2 i. V. m. § 306a StGB angezeigt, weil nur auf diese Weise die Gesichtspunkte der Ermöglichungsabsicht sowie der Entwidmung in der Lösung untergebracht werden können. Beginnt man nämlich mit § 306a StGB und bejaht eine Entwidmung, wie dies in der Folge geschehen wird, so wäre eine Prüfung des § 306b StGB überhaupt nicht mehr möglich.*

1. Nach Auffassung des BGH ist zur Erfüllung des Qualifikationstatbestandes des § 306b II Nr. 2 StGB nicht erforderlich, dass die zu ermöglichende andere Straftat gerade unter Ausnutzung der spezifischen situativen Auswirkungen des Brandes begangen werden soll, wie dies beim früheren § 307 Nr. 2 a.F. StGB der Fall war.³⁵ Ausreichend ist vielmehr die Absicht, nach Beendigung des Brandes einen Betrug zum Nachteil der Brandversicherung zu begehen.

2. Fraglich ist jedoch, ob ein Fall des § 306a StGB vorliegt, auf den § 306b II StGB Bezug nimmt.

Voraussetzung hierfür wäre, dass das in Brand gesetzte Gebäude der Wohnung von Menschen i. S. v. § 306a I Nr. 1 StGB diente.

Dies ist vorliegend jedoch gerade nicht anzunehmen, weil eine Entwidmung, d. h. eine Aufgabe des Willens, das Gebäude weiter zu bewohnen, durch sämtliche Bewohner stattgefunden hat. Dass die Bewohner die Wohnung nur als Fremdbesitzer nutzten, spielt dabei nach Auffassung des BGH keine Rolle. Entscheidend ist vielmehr, dass die Zweckbestimmung zur Wohnung entfällt, wenn alle Fremdbesitzer einen Aufgabewillen kundtun.

Auch kommt es nach Auffassung des BGH nicht darauf an, ob ein die Zweckbestimmung eines Wohngebäudes aufgebender Nutzer das Gebäude für den Fall des Fehlschlagens der Brandlegung weiter bewohnen will.³⁶

---

33 Vgl. BGHSt 16, 394; 26, 121, 122; BGH NStZ 1984, 455; NStZ 1992, 541; BGH bei *Holtz*, MDR 1993, 721; BGH NJW 1988, 1276; LG Düsseldorf NStZ 1981, 224; *Geppert*, Jura 1989, 420; *Horn/Hoyer*, JZ 1987, 976; *Krey/Hellmann/Heinrich*, BT/1, Rn. 1088; Lackner/Kühl/*Heger*, § 306a, Rn. 2; *Sch/Sch/Heine/Bosch*, § 306a, Rn. 5.
34 BGH NStZ 2008, 99 f. m. Bspr. *Jahn*, JuS 2007, 1056 ff.; *Radtke*, NStZ 2008, 100 ff.; *Schlothauer*, StV 2007, 585 ff.
35 Siehe BGHSt 45, 211.
36 Vgl. BGH NStZ-RR 2005, 77.

Ergebnis: Aufgrund der Entwidmung kommt eine Strafbarkeit nach § 306b II Nr. 2 i. V. m. § 306a StGB nicht in Betracht.

II. Gegeben ist jedoch eine Strafbarkeit wegen **einfacher Brandstiftung nach § 306 I Nr. 1 StGB**, da B ein fremdes Gebäude in Brand gesetzt hat.

III. Gleichzeitig verwirklicht sind **§§ 303, 305 StGB**; sie treten jedoch hinter § 306 StGB zurück.

B. Strafbarkeit des A
A ist wegen Anstiftung zur Brandstiftung nach §§ 306 I Nr. 1, 26 StGB strafbar.

Sonderproblem: So genannte gemischt genutzte Gebäude

512 Die Tatbestände des § 306a I Nr. 1 und 3 StGB können auch erfüllt sein, wenn bei gemischt genutzten Gebäuden ein Gebäudeteil in Brand gesetzt wird, der nicht zur Wohnung von Menschen bzw. nicht zeitweise als Räumlichkeit zum Aufenthalt von Menschen dient.[37] Die Entscheidung hängt davon ab, ob der in Brand gesetzte Gebäudeteil nach seiner baulichen Beschaffenheit mit dem Gebäudeteil i. S. v. § 306a I Nr. 1 bzw. Nr. 3 StGB ein einheitliches Ganzes bildet (z. B. gemeinsames Treppenhaus[38]).[39] In einem solchen Fall ist § 306 I Nr. 1 StGB daher mit Blick auf das Merkmal der Brandlegung vollendet, wenn der Brand sich auf Teile des Gebäudes erstreckt, die lediglich dem gewerblichen Gebrauch dienen.

Achtung Klausur: *Das soeben Gesagte gilt nur für das Merkmal der Brandlegung. Anders verhält es sich aber nach Ansicht des BGH beim Merkmal der vollständigen oder teilweisen Zerstörung durch Brandlegung. Beschränkt sich die Zerstörung hier nur auf den gewerblichen Teil, so soll § 306 I Nr. 1 StGB selbst dann nicht vollendet sein, wenn die konkrete Gefahr eines Brandes im Wohnbereich bestand. Dazu folgendes aus der neueren Rechtsprechung stammendes*

512a **Beispiel:**[40] A legte in einem von ihm geführten Sonnenstudio Feuer, um die Brandversicherungssumme zu erhalten. Das Studio befand sich in einem gemischt genutzten für A fremden Gebäude (darüber befanden sich fünf genutzte Wohnungen). Die Einrichtungsgegenstände fingen sofort Feuer. A, der glaubte alles Erforderliche getan zu haben, flüchtete und bemerkte daher nicht mehr, dass das Feuer von selbst erlosch. Aufgrund der Verrußung konnte das Sonnenstudio bis zur Instandsetzung über mehrere Wochen nicht genutzt werden. Menschen wurden durch das Feuer nicht gefährdet, obwohl unmittelbar nach Brandlegung die Möglichkeit bestand, dass das Feuer auf die Wohnungen übergreift. Strafbarkeit nach Brandstiftungsdelikten?

512b **Lösung:** § 306a I StGB ist nicht erfüllt, da nicht zumindest ein zum selbstständigen Gebrauch bestimmter Teil des Wohngebäudes, d. h. eine zum Wohnen bestimmte abgeschlossene Untereinheit, durch die Brandlegung für Wohnzwecke unbrauchbar geworden ist. Auch § 306a II i. V. m. § 306 I Nr. 1 StGB ist nicht erfüllt. Zwar kann das konkrete Gefährdungsdelikt des § 306a II StGB auch dann anwendbar sein, wenn das abstrakte Gefährdungsdelikt des § 306a I StGB

---

37 Siehe hierzu *Sch/Sch/Heine/Bosch*, § 306a, Rn. 11; BGHSt 34, 115 m. Anm. *Kratzsch*, JR 1987, 360; BGHSt 35, 283 m. Anm. *Kindhäuser*, StV 1990, 161; *Schneider*, Jura 1988, 467; eingehend dazu *Bachmann*, NStZ 2009, 667 f.
38 Vgl. den entsprechenden Fall in BGHSt 34, 115.
39 Vgl. dazu BGH GA 1969, 118; BGH NStZ 1991, 433; *Rengier*, JuS 1998, 399; siehe zur aktuellen Rechtsprechung auch *Piel*, StV 2012, 502 ff.; *Kraatz*, Jura 2012, 691 ff.
40 BGH NStZ 2012, 214 m. Anm. *Bachmann/Goeck*, JR 2012, 349.

nicht verwirklicht ist. Jedoch scheitert § 306a II StGB an der fehlenden konkreten Gefahr für die Gesundheit von Menschen. Gegeben ist aber eine versuchte schwere Brandstiftung nach §§ 306a I Nr. 1, 22, 23 StGB. Darüber hinaus ist nach BGH-Auffassung auch eine versuchte besonders schwere Brandstiftung gem. §§ 306b II Nr. 2, 22, 23 StGB verwirklicht. Denn A hatte Tatentschluss hinsichtlich § 306a I Nr. 1 StGB und handelte in der Absicht, eine andere Straftat zu verwirklichen (hier § 263 StGB, nicht aber § 265 StGB, da es sich dabei nicht um eine andere Straftat handelt, vgl. näher Rn. 517a ff.) Dagegen würde eine starke Literaturauffassung § 306b II Nr. 2 StGB im vorliegenden Fall verneinen, weil sie wegen der hohen Strafdrohung des § 306b StGB eine restriktive Auslegung fordert und diese Vorschrift nur anwenden will, wenn die geplante weitere Tat in einem konkreten Bezug zu der noch akuten Brandsituation steht (z. B. Ausnutzung von Panik durch den Brand, um einen Diebstahl zu ermöglichen). Folgt man aber dem BGH, der für eine solche einschränkende Auslegung keine Anhaltspunkte im Gesetzestext sieht, so ist § 306b StGB hier einschlägig. Schließlich ist auch § 306 I Nr. 1 StGB durch teilweises Zerstören des für A fremden Gebäudes (Verrußung) erfüllt. §§ 306a I Nr. 1, 22, 23 sowie §§ 306b II Nr. 2, 22, 23 und § 306 I Nr. 1 StGB stehen zueinander in Tateinheit.

Unter § 306a I Nr. 3 StGB fallen im Übrigen Räumlichkeiten jeder Art, außer den in Nr. 1 und 2 genannten, z. B. auch Büroräumlichkeiten, Autobusse, Fähren etc. (anders für Wohnmobile, die wie Ferienhäuser grds. unter Nr. 1 fallen[41]), wenn sie dem zeitweisen Aufenthalt von Menschen dienen.[42] Nicht erfasst werden Räumlichkeiten, die wegen ihrer geringen Größe keinen eigentlichen „Aufenthalt" ermöglichen, wie z. B. Pkw oder Telefonzelle.[43] Zu den nach § 306a I Nr. 3 StGB geschützten Örtlichkeiten gehören nach h. M. z. B. Scheunen, die von Landstreichern regelmäßig zum Übernachten genutzt werden;[44] andernfalls fallen Scheunen nur unter § 306a I Nr. 3 StGB, wenn sie tagsüber angezündet werden, da sich nachts sonst regelmäßig keine Menschen darin aufzuhalten pflegen. Bewirtschaftete Almhütten fallen unter § 306a I Nr. 3 StGB, sofern sie in den Sommermonaten in Brand gesetzt werden (Rn. 505). Für den Vorsatz der Verwirklichung der Nr. 3 ist Voraussetzung, dass der Täter wenigstens billigt, die Räumlichkeit werde gerade in der von der Vorschrift angesprochenen Zeit brennen.[45]

512c

Wird die Räumlichkeit zu einem Zeitpunkt angezündet, zu dem sich dort keine Menschen aufzuhalten pflegen, bleibt nur § 306 StGB!

2. Schwere Brandstiftung nach § 306a II StGB

Die Vorschrift ist erfüllt, wenn der Täter eine der in § 306 I Nr. 1–6 StGB (einfache Brandstiftung) bezeichneten Sachen in Brand setzt oder durch eine Brandlegung ganz/teilweise zerstört, sofern er hierdurch einen anderen Menschen in die konkrete Gefahr einer Gesundheitsschädigung (Rn. 514) bringt. Allerdings ist bei § 306a II StGB zu berücksichtigen, dass die Rechtsprechung geringere Anforderungen an das „teilweise Zerstören durch Brandlegung" stellt als in § 306a I StGB.[46] Ist das „Gebäude" i. S. v. §§ 306a II, 306 I Nr. 1 StGB im Einzelfall zugleich ein „Wohngebäude", dann müssen zur Vollendung des § 306a II StGB nicht notwendigerweise auch Wohnräume von der teilweisen Zerstörung durch Brandlegung betroffen sein.

513

---

41 BGH JuS 2010, 830.
42 Vgl. *Sch/Sch/Heine/Bosch*, § 306a, Rn. 8.
43 Vgl. BGHSt 10, 208; BGH bei *Holtz*, MDR 1977, 638.
44 Siehe *Fischer*, § 306a, Rn. 7; BGHSt 23, 62.
45 Vgl. *Sch/Sch/Heine/Bosch*, § 306a, Rn. 14, 23; *Wessels/Hettinger/Engländer*, BT/1, Rn. 1059.
46 BGH NJW 2011, 1090.

Achtung Klausur: *Der Verweis auf § 306 I Nr. 1–6 StGB bezieht sich nicht auf das Fremdheitsmerkmal des § 306 StGB, sodass die Eigentumsverhältnisse für § 306a II StGB völlig unmaßgeblich sind.*[47] *Eine Einwilligung des Opfers in die Gefährdung lässt der BGH nicht zu, da es sich bei § 306a II StGB um ein abstraktes Gefährdungsdelikt mit konkret eingetretenem Gefahrerfolg handelt.*[48]

III. Besonders schwere Brandstiftung nach § 306b StGB

1. Besonders schwere Brandstiftung nach § 306b I StGB

514 Hier handelt es sich um eine Erfolgsqualifikation, die dann eingreift, wenn wenigstens fahrlässig bei einer einzelnen Person eine schwere Gesundheitsschädigung (= Folgen des § 226 StGB oder ernste langwierige Krankheit oder erhebliche Beeinträchtigung der Arbeitskraft bzw. anderer körperlicher Fähigkeiten) oder bei einer großen Zahl von Menschen, d. h. ab ca. zehn Personen, eine einfache Gesundheitsschädigung verursacht wurde.[49]

Also: Ein Weniger an Opfern verlangt ein Mehr an Gesundheitsschädigung und umgekehrt verlangt ein Mehr an Opfern ein Weniger an Gesundheitsschädigung!

515 Das Opfer muss anders als bei § 307 Nr. 1 a. F. StGB nicht schon zur Zeit der Tat im Gebäude gewesen sein, sodass auch die Schädigung von Rettern unter § 306b I StGB fallen kann. Hierzu ist vertreten worden, dass es beim Tod von Rettern am gefahrspezifischen Zusammenhang fehlen soll, da ein solches Risiko für Retter grundsätzlich bei allen Unglücksfällen und Straftaten bestehe und nicht der Brandstiftung eigentümlich sei.[50] Jedoch ist dies zweifelhaft, weil der Gesetzgeber bei der Streichung des Anwesenheitskriteriums wohl gerade Retter im Auge hatte.[51]

Richtiger dürfte eine differenzierende Auffassung sein, die zwischen Berufsrettern und sonstigen Rettern unterscheidet. Bei Berufsrettern dürfte ein spezifischer Zusammenhang mit den Brandstiftungsgefahren zu bejahen sein, weil sich diese typischerweise in den Gefahrenbereich des Brandherds begeben. Sonstige Retter handeln dagegen auf eigene Gefahr, sodass von einem gefahrspezifischen Zusammenhang nicht mehr ausgegangen werden kann.[52] Eine interessante Einschränkung hat aber das OLG Stuttgart[53] im Hinblick auf Berufsretter gemacht: Danach sollen dem Verursacher eines Brandes zwar grundsätzlich auch eine Schädigung oder gar Tötung von Feuerwehrmännern zuzurechnen sein, die auf einer überobligatorischen und damit über die berufsbedingte Schädigung hinaus gehenden Rettungshandlung beruhen; die Grenze der Zurechnung sei allerdings erreicht, wenn sich der Rettungsversuch von

---

47 Vgl. BGH NStZ 1999, 32; *Hörnle*, Jura 1998, 181; *Rengier*, JuS 1998, 399; *F.-C. Schroeder*, GA 1998, 573; *Wolters*, JR 1999, 208; *ders.*, JR 1999, 272 f.
48 Entspr. argumentiert der BGH bei § 315c StGB; vgl. BGHSt 23, 261.
49 Siehe auch *Wessels/Hettinger/Engländer*, BT/1, Rn. 1066 f.; *Sch/Sch/Heine/Bosch*, § 306b, Rn. 1.
50 Nachweise bei *Rengier*, BT/2, § 40, Rn. 44e.
51 Vgl. zur Retterproblematik auch *Stein*, Einführung in das 6. StrRG, S. 108, 117.
52 Vgl. zum Ganzen auch die examensgefährliche Entscheidung BGHSt 39, 322 im Rahmen der Zurechnung im AT (*Jäger*, AT, Rn. 49 f.); siehe auch *Kudlich*, BT/2, PdW, S. 222 ff.; *Furukawa*, GA 2010, 169 ff.
53 OLG Stuttgart NJW 2008, 1971 ff. m. Anm. *Kudlich*, JA 2008, 740 ff.

vornherein als sinnlos, mit offensichtlich unverhältnismäßigen Wagnissen verbunden und damit als erkennbar unvernünftig darstelle. Das OLG Stuttgart hat dies zwar lediglich im Hinblick auf § 222 StGB entschieden, jedoch dürfte die Beurteilung auf §§ 306b I, 306c StGB ohne Weiteres übertragbar sein, zumal dort über § 222 StGB hinausgehend sogar ein gefahrspezifischer Zusammenhang gefordert ist.

Im Übrigen war früher umstritten, ob sich die schwere Folge aus dem Brandstiftungserfolg ergeben muss, oder ob es auch genügt, dass die schwere Folge auf die Brandstiftungshandlung zurückgeht. Wichtig ist dies vor allen Dingen für die Frage, ob auch ein erfolgsqualifizierter Versuch des § 306b I StGB möglich ist. Mit der Aufnahme der Brandlegung neben der Brandstiftung hat sich der Gesetzgeber durch das 6. StrRG jedoch wohl endgültig dafür entschieden, auch die Brandstiftungshandlung als Auslöser der Erfolgsqualifikation anzuerkennen. Damit ist auch eine versuchte besonders schwere Brandstiftung nach §§ 306b I, 22, 23 StGB möglich, etwa wenn das Opfer bei der Brandlegung durch Explodieren des Zündstoffs schwer an seiner Gesundheit geschädigt wird, ohne dass es zum Brand des Hauses kommt.[54]   **516**

2. Besonders schwere Brandstiftung nach § 306b II StGB

a) § 306b II Nr. 1 StGB ist ein Qualifikationstatbestand (d. h. anders als § 306b I StGB keine Erfolgsqualifikation) und verlangt den Eintritt einer konkreten Todesgefahr, auf die sich der Vorsatz des Täters beziehen muss.[55]   **517**

b) § 306b II Nr. 2 StGB schärft die Strafe, wenn der Täter in der Absicht handelt, eine andere Straftat zu ermöglichen oder zu verdecken, wobei Absicht zielgerichtetes Wollen verlangt.[56]   **517a**

Achtung Klausur: *Hauptproblem ist hier, in welchem Zusammenhang Brandstiftung und weitere Tat zueinander stehen müssen. Umstritten ist insoweit, ob der Täter die Brandsituation als solche ausnutzen muss, um eine andere Straftat zu ermöglichen, oder ob jede Verknüpfung von Unrecht mit weiterem Unrecht durch den Täter genügt.[57]*

Der BGH[58] hat sich dafür entschieden, dass jede Verknüpfung zwischen dem Handeln des Brandstifters und dem von ihm verfolgten Zweck der Ermöglichung einer Straftat genügt. Er hat daher für eine Anwendung des § 306b II Nr. 2 StGB ausreichen lassen, dass der Täter ein Gebäude anzündet, um einen Versicherungsbetrug nach § 263 III S. 2 Nr. 5 StGB zu begehen. Lediglich § 265 StGB scheidet als Zieltat im Sinne von § 306b II Nr. 2 StGB aus, da es sich hier nicht um eine „andere Straftat" handelt, sondern die Tathandlungen – Beschädigen des Versicherungsobjekts – deckungsgleich sind.[59] (s. dazu auch sogleich Rn. 517b f.).

---

54 Vgl. auch *Fischer*, § 306b, Rn. 3; BGHSt 44, 175; *Rengier*, JuS 1998, 397, 400; *Sch/Sch/Heine/Bosch*, § 306b, Rn. 2.
55 Siehe *Gössel/Dölling*, BT/1, § 41, Rn. 27; *Fischer*, § 306b, Rn. 7; *Sch/Sch/Heine/Bosch*, § 306b, Rn. 8 f.; *Radtke*, ZStW 110 (1998), 854.
56 Vgl. *Sch/Sch/Heine/Bosch*, § 306b, Rn. 10; *Fischer*, § 306b, Rn. 8; *Lackner/Kühl/Heger*, § 306b, Rn. 4.
57 Vgl. Darstellung bei *Lackner/Kühl/Heger*, § 306b, Rn. 4.
58 BGHSt 45, 211; vgl. *Kudlich*, JA 2000, 361; *Radtke*, JR 2000, 428; *Rönnau*, JuS 2001, 328.
59 BGHSt 51, 238.

Richtiger dürfte es jedoch sein, für den Tatbestand der besonders schweren Brandstiftung in Form des § 306b II Nr. 2 StGB nur eine Ausnutzungsabsicht genügen zu lassen, welche die geplante weitere Tat in einen konkreten Bezug zu der noch akuten Brandsituation stellt. So forderte auch der BGH beim früheren § 307 Nr. 2 StGB (jetziger § 306b II Nr. 2 StGB) einen „nahen zeitlichen, sachlichen und räumlichen Zusammenhang", den er etwa bei einem Dazwischenliegen von 6 Tagen (zwischen Brandstiftung und beabsichtigter räuberischer Erpressung) verneinte.[60] Veranschaulicht wird die Problematik durch folgenden

517b

Fall 76: Da dem A die Gewerbekonzession entzogen worden war, überschrieb er das Eigentum an Grundstück und Gewerbebetrieb auf seine Ehefrau E, die er fortan als „Strohmann", d. h. als scheinbare Leiterin des Gewerbebetriebs vorschob. Die E war daher auch Berechtigte aus der Brandversicherung. Ein Gebäude auf dem betrieblichen Anwesen bewohnten A und E selbst. Die Geschäfte führte A wie bisher weiter und setzte seine Frau lediglich in Einzelfällen als Unterschriftsleistende ein. Um zu gewährleisten, dass seiner Frau die Brandversicherungssumme ausgezahlt wurde, setzte er das gemeinsame Wohnhaus – als sich seine Ehefrau E bei einer Freundin befand – in Brand. Die ahnungslose E brachte er später dazu, die Brandversicherungssumme bei der Versicherung einzufordern, obwohl er der Ansicht war, dass eine Zahlungspflicht der Versicherung nicht bestand. Noch bevor die Versicherung zahlte, wurde alles aufgedeckt. Strafbarkeit des A?
(**Strohmann-Fall** nach BGHR StGB § 306b Ermöglichen 4)

Abwandlung: Wie wäre der Fall zu beurteilen, wenn der Nachbar N der Ehegatten in deren ihm bekannten Abwesenheit das Haus angezündet hätte, um E die Brandversicherungssumme zukommen zu lassen und die Versicherung, wie von N erhofft, tatsächlich an die E auszahlt. Dabei ist für die Abwandlung davon auszugehen, dass N annimmt, Frau E habe einen Anspruch auf Auszahlung der Versicherungssumme (nach BGHSt 51, 236 f.).

517c

Lösung:

I. Gegeben ist hier eine **Brandstiftung nach § 306 I Nr. 1 StGB**. Diese Tat ist auch nicht durch Einwilligung gerechtfertigt. Zwar ist bei dem speziellen Sachbeschädigungsdelikt des § 306 StGB eine Einwilligung grundsätzlich möglich, jedoch fehlt es hier mangels Kenntnis der E von den Plänen des A an einer solchen.

II. Gegenüber dem spezielleren § 306 I Nr. 1 StGB treten die **§§ 305 I, 303 I StGB** im Wege der Gesetzeskonkurrenz zurück.

III. Gegeben sein könnte auch eine **schwere Brandstiftung nach § 306a I Nr. 1 StGB**. Voraussetzung hierfür wäre allerdings, dass das Gebäude noch zur Wohnung von Menschen gedient hat. Dies wäre nicht der Fall, wenn eine Aufgabe der Wohneigenschaft durch sämtliche Wohnberechtigte stattgefunden hätte (sog. Entwidmung). Dies ist jedoch vorliegend nicht der Fall, da jedenfalls die Frau von dem Vorhaben keine Kenntnis hatte und daher auch von ihrer Seite keine Entwidmung stattfinden konnte.
Darüber hinaus könnte das Wohngebäude als Tatobjekt auch deshalb ausscheiden, weil A wusste, dass die E zu einer Freundin gefahren war. Insofern wird von der h. M. angenommen, dass eine Bestrafung aus dem abstrakten Gefährdungsdelikt jedenfalls dann nicht erfolgen soll, wenn mit absoluter Sicherheit ausgeschlossen werden kann, dass sich in dem Gebäude noch Personen befunden haben.[61] Jedoch wird eine solche Möglichkeit nur dann

---

60 Vgl. BGH NJW 1992, 2581.
61 *Fischer*, § 306a, Rn. 2a.

bejaht, wenn es sich um ein leicht überschaubares Gebäude handelt (vgl. Rn. 506 ff.). Dafür bestehen vorliegend jedoch keine Anhaltspunkte. Eine tatbestandliche Reduktion ist daher nicht anzunehmen (es hätte etwa jederzeit sein können, dass die Ehefrau doch noch früher zurückkehrt und sich Zugang zum Gebäude verschafft).

IV. Zu prüfen ist allerdings, ob auch eine **besonders schwere Brandstiftung nach § 306b II Nr. 2 Alt. 1 StGB** gegeben ist. Voraussetzung hierfür wäre, dass A bei der Brandlegung in der Absicht gehandelt hat, eine andere Straftat zu ermöglichen. Denkbar wäre vorliegend die Begehung eines Betrugs zu Lasten des Versicherers durch A in mittelbarer Täterschaft nach §§ 263 I, III S. 2 Nr. 5, 25 I Alt. 2 StGB, da es dem A darum ging, dass die ahnungslose Versicherungsnehmerin E später ihre Versicherung in Anspruch nimmt. Voraussetzung hierfür wäre freilich, dass die von A zugunsten seiner Ehefrau erstrebte Bereicherung rechtswidrig war, weil diese keinen Anspruch auf Auszahlung der Versicherungssumme hatte. Nach § 81 I VVG besteht eine Leistungsbefreiung des Versicherers, wenn der Versicherungsnehmer den Versicherungsfall vorsätzlich oder grob fahrlässig herbeigeführt hat. Setzt ein Repräsentant die versicherte Sache in Brand, so hat sich der Repräsentierte diese Handlung versicherungsrechtlich zurechnen zu lassen, mit der Folge, dass sein Anspruch nach § 81 VVG entfällt (näher dazu Rn. 525). Ein derartiges Repräsentantenverhältnis kann dabei nach der zivilrechtlichen Rechtsprechung des BGH nicht schon dann angenommen werden, wenn der Dritte nur in die Verwaltung des Versicherungsvertrages eingebunden ist; vielmehr muss er im Bereich der Gefahrverwaltung tätig sein. Gerade dies war vorliegend der Fall, da der Ehemann die Gesamtverwaltung über das Anwesen übernommen hatte und seine Ehefrau lediglich als Eigentümerin des Hofs und Versicherungsnehmerin vorgeschoben hatte. Folge dieses Repräsentantenverhältnisses ist daher, dass die Ehefrau tatsächlich keinen Anspruch auf den Vermögensvorteil hatte und die von A zu ihren Gunsten erstrebte Bereicherung daher rechtswidrig war.

Dabei war der Vorsatz des A auch auf die Rechtswidrigkeit der Bereicherung gerichtet, da er davon ausging, dass kein Anspruch der E auf Auszahlung der Versicherungssumme bestand. Als Zwischenergebnis ließe sich daher annehmen, dass A den Brand gelegt hat, um eine andere Straftat (hier den Betrug in mittelbarer Täterschaft) zu begehen.

Ein starker Teil der Literatur will allerdings den Tatbestand der besonders schweren Brandstiftung nach § 306b II Nr. 2 StGB in Fällen der vorliegenden Art überhaupt nicht zur Anwendung gelangen lassen, weil der beabsichtigte Versicherungsbetrug in mittelbarer Täterschaft nach §§ 263, 25 I Alt. 2 StGB in keinerlei Bezug zur akuten Brandsituation stehe und daher der hohe Strafrahmen des § 306b II StGB in Fällen der vorliegenden Art nicht gerechtfertigt sei.[62] Diese Vorschrift meine daher nur solche Fälle, in denen der Täter das Feuer legt, um die unmittelbare Brandsituation für sich zur Begehung weiterer Taten zu nutzen (etwa das Legen von Feuer zur Ermöglichung bzw. Erleichterung eines Diebstahls). Der BGH lehnt diese einschränkende Auslegung des § 306b II Nr. 2 StGB jedoch ab, da die Vorschrift ihrem Wortlaut nach lediglich Unrecht mit weiterem Unrecht verknüpfe und auch keine andere Auslegung als bei § 211 II, 3. Gruppe sowie bei § 315b III Nr. 1b StGB angezeigt erscheine.

Zwischenergebnis: Nur wenn man daher dem BGH folgt, ist § 306b II Nr. 2 StGB erfüllt.

V. Gegeben sein könnte auch ein **versuchter Betrug in mittelbarer Täterschaft nach §§ 263 I, II, 25 I Alt. 2, 22, 23 StGB**. Insofern ist ein unmittelbares Ansetzen durch A jedenfalls darin zu sehen, dass er seine Ehefrau als gutgläubiges Werkzeug dazu gebracht hat, den Versicherungsanspruch gegenüber der Versicherung geltend zu machen. Auf diesen Betrug findet auch § 263 III S. 2 Nr. 5 StGB als Regelbeispiel Anwendung.

---

62 *Fischer*, § 306b, Rn. 9b.

VI. Tatbestandlich ebenfalls erfüllt ist ein **Versicherungsmissbrauch nach § 265 I StGB**, der jedoch als formell subsidiär hinter dem versuchten Betrug in mittelbarer Täterschaft zurücktritt.

VII. Dagegen liefert der Sachverhalt für eine Strafbarkeit wegen **Verstoßes gegen das Berufsverbot nach § 145c StGB** keine hinreichenden Angaben, da nicht feststeht, ob A eine strafgerichtliche oder nur eine behördliche Gewerbeuntersagung erhalten hatte.

VIII. Konkurrenzen: § 306b II Nr. 2 Alt. 1 StGB verdrängt § 306 I Nr. 1 StGB sowie § 306a I Nr. 1 StGB und steht zu dem anschließenden Betrugsversuch in mittelbarer Täterschaft nach §§ 263 I, II, 25 I Alt. 2, 22, 23, 263 III S. 2 Nr. 5 StGB in Tatmehrheit.

Abwandlung: Maßgebliche Unterschiede ergeben sich hier vor allem bezüglich der Vorschrift des § 306b II Nr. 2 Alt. 1 StGB. Denn in diesem Fall besteht kein Repräsentantenverhältnis zwischen der Eigentümerin E einerseits und dem Nachbarn N andererseits, sodass sie sich die Brandlegung des N auch nicht zivilrechtlich über die Vorschrift des § 81 I VVG zurechnen lassen muss. Dementsprechend handelt N zumindest dann nicht in der Absicht, ihr einen rechtswidrigen Vermögensvorteil zukommen zu lassen, wenn er auch von einem Anspruch der E auf Auszahlung der Versicherungssumme ausging. Denkbar wäre daher allenfalls noch eine Ermöglichungsabsicht hinsichtlich eines Versicherungsmissbrauchs nach § 265 I StGB. Diese lässt aber nicht einmal der BGH ausreichen, da auch § 265 StGB – wie § 306b II Nr. 2 Alt. 1 StGB – durch die Tathandlung des In-Brand-Setzens begangen wird, sodass es sich um deckungsgleiches Tatverhalten handelt. Dies genügt aber gerade nicht, da § 306b II Nr. 2 Alt. 1 StGB die Absicht voraussetzt, durch die schwere Brandlegung eine „andere" Straftat zu ermöglichen. Dies ist zwar bei einem späteren Betrug bzw. Betrugsversuch (in mittelbarer Täterschaft), nicht jedoch bei dem durch die gleiche Handlung zeitidentisch verwirklichten Versicherungsmissbrauch der Fall.[63] Mangels Ermöglichungsabsicht hat sich N daher in der Abwandlung nicht wegen besonders schwerer Brandstiftung nach § 306b II Nr. 2 StGB strafbar gemacht. Auch liegt dann kein Betrugsversuch in mittelbarer Täterschaft nach §§ 263 I, II, 25 I Alt. 2, 22, 23 StGB in Verbindung mit § 263 III S. 2 Nr. 5 StGB vor, da N einen bestehenden Anspruch der E durchsetzen will und damit kein auf eine rechtswidrige Bereicherung gerichteten Vorsatz hatte (s. soeben).
In der Abwandlung ist daher nur eine schwere Brandstiftung nach § 306a I StGB gegeben, der § 306 I Nr. 1 StGB verdrängt. In Tateinheit dazu liegt ein Versicherungsmissbrauch nach § 265 I StGB vor.
Das hohe Strafmaß ist im Übrigen nur damit zu erklären, dass der Täter die gefährliche Brandsituation für sich ausnutzt.[64]

517d c) Unter § 306b II Nr. 3 StGB soll nach wohl h. M. auch das Abstellen der Wasserleitung fallen.[65]

---

63 Vgl. BGHSt 51, 238.
64 So zu Recht Lackner/Kühl/*Heger*, § 306b, Rn. 4; *Geppert*, Jura 1998, 604; *Mitsch*, ZStW 111 (1999), 114; *Sch/Sch/Heine/Bosch*, § 306b, Rn. 10; *Fischer*, § 306b, Rn. 9; a. A. BGHSt 45, 211.
65 H. M.; vgl. z. B Lackner/Kühl/*Heger*, § 306b, Rn. 5; *Sch/Sch/Heine/Bosch*, § 306b, Rn. 16; SK-*Wolters*, § 306b, Rn. 22.

IV. Brandstiftung mit Todesfolge nach § 306c StGB

Auch hier handelt es sich um ein erfolgsqualifiziertes Delikt.

518

1. § 306c StGB greift nicht, wenn ein Tatbeteiligter zu Tode kommt, da § 306c StGB nicht zugunsten derer dient, vor denen er Schutz bieten soll (vgl. Wortlaut: ... „eines anderen Menschen", ...).[66]

2. Wie schon bei § 306b I StGB muss sich auch hier das Opfer zur Zeit der Tat nicht in der in Brand gesetzten Räumlichkeit befunden haben;[67] daher dürfte jetzt der Tod einer Löschperson, die ins brennende Gebäude geht, genügen, wohingegen man den Tod von privaten Rettern nach wie vor aus dem Anwendungsbereich herausnehmen kann (vgl. näher bei § 306b I StGB, o. Rn. 515).[68]

3. Da der Gesetzgeber nun auch die Brandlegung als Tathandlung in die Brandstiftungsdelikte aufgenommen hat, wird man auch hier genügen lassen, wenn die Todesfolge durch die Tathandlung des Brandlegens eintritt (vgl. auch hierzu näher bei § 306b I StGB). Damit ist auch ein erfolgsqualifizierter Versuch in der Weise möglich, dass schon beim Versuch der Brandstiftung der Todeserfolg eintritt (etwa wenn die Explosion des Zündstoffs zum Tode eines Menschen führt, ohne dass das Gebäude in Brand gesetzt oder auch nur durch Brandlegung ganz oder teilweise zerstört würde).[69]

4. Leichtfertig i. S. d. § 306c StGB handelt, wer die sich ihm aufdrängende Möglichkeit eines tödlichen Verlaufs aus besonderem Leichtsinn oder aus besonderer Gleichgültigkeit außer Acht lässt.[70]

Die Problematik von 2.) und 3.) wird verdeutlicht durch folgenden

Fall 77: A's Plan im Wanderausschank-Fall I (s. o. Rn. 507 f.) ist der örtlichen Feuerwehr zu Ohren gekommen, die sicherheitshalber das Haus des A aufsucht. Dort stellt Feuerwehrmann O, der als „Kundschafter" das Haus betreten hat, fest, dass zwar etwas Zündstoff in der Eingangshalle verteilt, aber noch nicht angezündet wurde. Noch bevor weitere Maßnahmen ergriffen werden können, wirft A – der nur das Feuerwehrauto gesehen hat und einem Einschreiten zuvorkommen will – die brennende Fackel durch das Fenster. Der Stoff explodiert, sodass der in der Nähe stehende O ums Leben kommt. Das Gebäude selbst wird nicht nennenswert in Mitleidenschaft gezogen. Strafbarkeit des A?
(Wanderausschank-Fall II)

519

Lösung:

520

I. Eine Strafbarkeit gem. §§ 306 I Nr. 1, 305, 303 StGB scheidet hier schon deshalb aus, weil es weder zu einem Brand noch zu einer – zumindest teilweisen Zerstörung – des Gebäudes gekommen ist.

---

66 A. A. *Sch/Sch/Heine/Bosch*, § 306c, Rn. 2; vgl. auch *Geppert*, Jura 1998, 603 f.; *Derksen*, NJW 1995, 240.
67 Vgl. *Fischer*, § 306c, Rn. 2; *Wessels/Hettinger/Engländer*, BT/1, Rn. 1068.
68 Vgl. zur Retterproblematik auch hier *Sch/Sch/Heine/Bosch*, § 306c, Rn. 5 ff. m. w. N.
69 Vgl. *Krey/Hellmann/Heinrich*, BT/1, Rn. 1078; *Radtke*, ZStW 110 (1998), 881; *Rengier*, JuS 1998, 400; *Fischer*, § 306c, Rn. 3; *Sch/Sch/Heine/Bosch*, § 306c, Rn. 9; vgl. auch BGHSt 7, 39.
70 BGH NStZ-RR 2010, 178.

II. Eine Versuchsstrafbarkeit gem. **§§ 306, 22, 23 I, 12 I StGB** scheitert schon daran, dass A nicht mit Tatentschluss hinsichtlich des Merkmals „fremd" gehandelt hat.

III. A hat sich jedoch gem. **§§ 306a I Nr. 1, 22, 23 I, 12 I StGB** strafbar gemacht, da die Fremdheit des Gebäudes bei § 306a I StGB – anders als bei § 306 StGB – keine Tatbestandsvoraussetzung ist.

IV. A könnte sich ferner wegen einer **versuchten Brandstiftung mit Todesfolge gem. §§ 306c, 22, 23 I, 12 I StGB** strafbar gemacht haben.

1. Grundtatbestand: Zunächst müsste A eine Brandstiftung nach den §§ 306 bis 306b StGB begangen haben. Im vorliegenden Fall ist jedoch nur eine versuchte Brandstiftung gem. §§ 306a I Nr. 1, 23 I StGB gegeben. Der Wortlaut des § 306c StGB „durch die Brandstiftung" kann aber durchaus so verstanden werden, dass nur *irgendein Teilelement* des gesamten Geschehens vom Versuchsbeginn an bis zum Eintritt des Brandstiftungserfolgs die Folge herbeigeführt zu haben braucht. Hierfür spricht die wesentlich offenere Formulierung der Norm seit dem 6. StrRG gegenüber § 307 Nr. 1 a. F. StGB, demzufolge *„der Brand"* den Tod verursacht haben musste.[71] Aufgrund dieser Änderung kann der bloße Versuch des Grundtatbestandes durchaus als miterfasst angesehen werden.

2. Als schwere Folge hat sich auch der Tod eines Menschen verwirklicht. Die Brandstiftung mit Todesfolge verlangt diesbezüglich seit Inkrafttreten des 6. StrRG nicht mehr, dass sich der zu Tode gekommene Mensch in den Räumlichkeiten befunden haben muss.[72] Anders als der frühere § 307 Nr. 1 a. F. StGB setzt § 306c StGB nur noch voraus, dass überhaupt durch die Brandlegung der Tod eines Menschen verursacht worden ist, was vorliegend zu bejahen ist.[73]

3. Allerdings ist – wie bei jedem erfolgsqualifizierten Delikt – zusätzlich ein qualifizierter Zurechnungszusammenhang im Sinne eines spezifischen Gefahrzusammenhangs erforderlich.

a) Fraglich ist zunächst, ob als Anknüpfungspunkt für einen solchen Zusammenhang die Brandstiftungs*handlung* genügt, oder ob die besondere Folge auf dem Brandstiftungs*erfolg* beruhen muss. Hier wurde die Brandstiftung nämlich nur versucht; mangels Brandstiftungserfolges kommt eine Strafbarkeit daher nur in Betracht, wenn man bei § 306c StGB die Möglichkeit eines erfolgsqualifizierten Versuchs anerkennt. Dies war bei dem früheren § 307 Nr. 1 a. F. StGB umstritten: Während einige Autoren[74] im Anschluss an RGSt 40, 321 den Eintritt eines Brandstiftungserfolges verlangten, ließ der BGH ausweislich seiner ersten Grundsatzentscheidung eine lediglich versuchte Brandstiftung jedenfalls dann als Basisdelikt für § 307 Nr. 1 a. F. StGB ausreichen, wenn das Opfer durch den *brennenden* Zündstoff zu Tode gekommen ist.[75] Beruhte die Todesfolge hingegen nicht auf dem Brand des Zündstoffes, sondern auf einer anders gearteten *Explosionsgefahr*, so wurde die Möglichkeit des erfolgsqualifizierten Versuchs von § 307 Nr. 1 a. F. StGB verneint.[76] Das 6. StrRG hat jedoch die Tathandlung der „Brandlegung" gerade auch deshalb ins Gesetz aufgenommen, um Fälle zu erfassen, in denen der Zündstoff explodiert, anstatt zu brennen.[77] Da eine Explosion auf der Verbindung des Feuers mit den *im Gebäude gestauten* Benzindämpfen beruht, verwirklicht sich in ihr durchaus eine spezifische Gefahr des Brandstiftungstatbestandes. Ein davon zu trennender Brandstiftungserfolg ist insofern nicht mehr erforderlich.

---

[71] *Stein*, Einführung in das 6. StrRG, S. 113.
[72] Siehe *Wessels/Hettinger/Engländer*, BT/1, Rn. 1068; *Fischer*, § 306c, Rn. 2.
[73] *Jäger*, AT, § 2, Rn. 50.
[74] Vgl. *Jescheck*, AT, § 26 II a, S. 473; *Jakobs*, AT, 25/26; *Maurach/Schroeder/Maiwald*, BT/II, § 51, Rn. 24 ff.
[75] BGHSt 7, 37 ff.
[76] BGHSt 20, 230 ff.; *Geppert*, Jura 1989, 473, 476.
[77] Vgl. *Rengier*, JuS 1998, 397, 398; BT-Drucks. 13/8587, S. 26, 29.

b) Der Zurechnungszusammenhang könnte aber vorliegend dann entfallen, wenn O sich in freiverantwortlicher Weise selbst gefährdet hätte. Nach h. M. kann der Einsatz eines Feuerwehrmannes aber nicht als eine solche Selbstgefährdung gewertet werden, da der Feuerwehrmann zum Einsatz verpflichtet ist.[78] Die Gegenansicht bejaht eine freiverantwortliche Selbstgefährdung mit dem Argument, dass die Übernahme der Berufspflichten immerhin freiverantwortlich erfolgt sei.[79] Im Hinblick auf die Änderungen des § 306c StGB ist diese Auffassung freilich fraglich geworden, da der Gesetzgeber gerade Feuerwehrleute angesichts der sie treffenden berufstypischen Gefahren unter erhöhten Schutz stellen wollte. Der erforderliche Zurechnungszusammenhang ist also gewahrt.

4. A handelte im Bezug auf die Todesfolge auch objektiv und subjektiv leichtfertig im Sinne gesteigerter Fahrlässigkeit, da er das Feuerwehrauto bereits gesehen hatte und daher damit rechnen musste, dass schon Feuerwehrleute zur Durchführung von Rettungs-/Abwendungsmaßnahmen in das Haus gegangen waren.

Ergebnis: A hat sich daher gem. §§ 306c, 22, 23 I, 12 I StGB strafbar gemacht.

V. In Betracht kommt eine **versuchte schwere Brandstiftung nach §§ 306a II, 22, 23 I, 12 I StGB**.

1. Da A das Gebäude weder in Brand gesetzt noch durch eine Brandlegung ganz oder teilweise zerstört hat, ist die Tat nicht zur Vollendung gelangt.

2. Der Versuch ist gem. §§ 306a II i. V. m. I, 23 I, 12 I StGB strafbar.

3. A müsste mit Tatentschluss bezüglich aller Merkmale des objektiven Tatbestandes gehandelt haben. A wollte das Gebäude „verfeuern", es also mittels eines Brandes zerstören. Er handelte daher hinsichtlich der *Zerstörung* durch Brandlegung vorsätzlich. Fraglich ist jedoch, welche subjektive Beziehung zur Herbeiführung der Gesundheitsgefahr gefordert ist; insbesondere ob § 18 StGB angewandt werden kann, sodass bloße Fahrlässigkeit hinsichtlich der Folge genügen würde.[80]
Hiergegen spricht jedoch, dass dann die in § 306d StGB geregelte Vorsatz-Fahrlässigkeitskombination überflüssig wäre.[81] § 306a II StGB stellt folglich ein reines Vorsatzdelikt dar.[82] A hatte zwar das Feuerwehrauto bemerkt. Er wollte aber einem Einschreiten der Feuerwehrleute zuvorkommen, ging also gerade davon aus, dass noch niemand in das Haus gegangen und daher gefährdet sei. Daher handelte er hinsichtlich der Herbeiführung einer konkreten Gesundheitsgefährdung ohne Vorsatz.
Damit scheidet eine Strafbarkeit des A gem. §§ 306a II, 22, 23 I, 12 I StGB aus.

VI. A hat jedoch die Erfolgsqualifizierung des **§ 306d I Alt. 3 i. V. m. §§ 306a II, 22, 23 I, 12 I StGB** tatbestandlich, rechtswidrig und schuldhaft erfüllt. Diese tritt aber im Wege der Gesetzeskonkurrenz hinter §§ 306c, 22, 23 I, 12 I StGB zurück.

VII. Das Gleiche gilt für die Erfolgsqualifizierung der **§§ 306b I, 22, 23 I, 12 I StGB**.

VIII. Eine Versuchsstrafbarkeit des A gem. **§§ 306b II Nr. 1, 22, 23 I, 12 I StGB** scheidet aus, da § 306b II StGB nach h. M. ein *reines Vorsatzdelikt* ist, sodass § 18 StGB nicht anwendbar ist. Hierfür wird sowohl der finale Charakter des Verbs „bringen" angeführt, als auch die Tatsache, dass die Anhebung der Strafrahmenuntergrenze von zwei Jahren bei § 306b I StGB auf fünf Jahre bei § 306b II Nr. 1 StGB schwer erklärbar wäre, wenn in beiden Fällen nur Fahrlässigkeit verlangt würde: Eine schwere Gesundheitsschädigung steht im Unrechts-

---
78 *Jäger*, AT, § 2, Rn. 50; vgl. dazu auch MüKo-*Radtke*, § 306c, Rn. 27.
79 *Roxin*, AT/I, § 11, Rn. 117.
80 Siehe hierzu *Sch/Sch/Heine/Bosch*, § 306c, Rn. 8; *Fischer*, § 306c, Rn. 2; Lackner/Kühl/*Heger*, § 306c, Rn. 1.
81 *Cantzler*, JA 1999, 476; *Radtke*, ZStW 110 (1998), 875; *Wolters*, JR 1998, 272.
82 *Stein*, Einführung in das 6. StrRG, S. 100.

> gehalt nicht wesentlich hinter einer konkreten Lebensgefahr (die nicht mit einer konkreten Verletzung verbunden sein muss) zurück.[83]
>
> **IX.** A hat sich ferner **wegen fahrlässiger Tötung gem.** **§ 222 StGB** strafbar gemacht.
>
> **Ergebnis:** A hat sich nach §§ 306c, 22, 23 I, 12 I, 306a I Nr. 1, 22, 23 I; 222 StGB strafbar gemacht. §§ 306a I Nr. 1, 22, 23 I, 12 I StGB und § 222 StGB treten dabei im Wege der Gesetzeskonkurrenz hinter §§ 306c, 22, 23 I, 12 I StGB zurück.

Achtung Klausur: *Ob ein Delikt als Erfolgsqualifikation oder als ein reines Vorsatzdelikt ausgestaltet ist, kann man in der Regel an der Gesetzesformulierung erkennen:*
Bei Erfolgsqualifikationen, bei denen hinsichtlich der besonderen Folge gem. § 18 StGB Fahrlässigkeit genügt, verwendet der Gesetzgeber in der Regel die Formulierung „... verursacht ..."
(z. B. §§ 227, 238 III, 251, 306b I, 306c, 306d I Alt. 3 StGB). Diese Formulierung taucht typischerweise auch bei den Fahrlässigkeitsdelikten auf (z. B. §§ 222, 229 StGB).
Bei reinen Vorsatzdelikten wird demgegenüber die Formulierung „... bringt ..." verwandt (z. B. §§ 238 II, 250 II Nr. 3 b, 306b II Nr. 1 StGB).

V. Fahrlässige Brandstiftung nach § 306d StGB

521 Die Vorschrift lässt sich durch bloße Gesetzeslektüre leicht handhaben, wobei man sich systematisch Folgendes merken sollte:[84]

- § 306d I StGB pönalisiert das fahrlässige Handeln in Bezug auf § 306 I StGB und § 306a I StGB einerseits sowie die Vorsatz-Fahrlässigkeits-Kombination in Bezug auf § 306a II StGB andererseits.
Es wird freilich ein ewiges Geheimnis des Gesetzgebers bleiben, weshalb das vorsätzliche Inbrandsetzen fremder Gebäude nach § 306 I Nr. 1 StGB ein Verbrechen ist, das mit einer Freiheitsstrafe von 1 bis 10 Jahren, bei zusätzlicher vorsätzlicher Gefährdung der Gesundheit eines anderen Menschen sogar von 1 bis 15 Jahren (vgl. § 306a II StGB) bestraft wird, wohingegen es sich nur um ein mit Freiheitsstrafe bis zu 5 Jahren bestraftes Vergehen handelt, wenn der Täter den Brand vorsätzlich legt und dabei die Gesundheit eines anderen Menschen fahrlässig gefährdet.[85] Man wird diesen Widerspruch nur durch Annahme von Idealkonkurrenz zwischen § 306 I StGB und § 306d I i. V. m. § 306a II StGB beseitigen können.[86]

- Auch bleibt unerklärlich, weshalb die fahrlässige Brandstiftung in Bezug auf fremde Gebäude nach § 306d I StGB i. V. m. § 306 I StGB mit bis zu 5 Jahren Freiheitsstrafe bestraft wird, während nach § 306d II StGB i. V. m. §§ 306a II, 306a I StGB auf 3 Jahre zu mildern ist, wenn der Täter „zusätzlich fahrlässig die Gesundheit eines Menschen konkret gefährdet".[87]

---

83 *Stein*, Einführung in das 6. StrRG, S. 106.
84 Vgl. hierzu *Gössel/Dölling*, BT/1, § 41, Rn. 34 ff.; *Küpper*, JuS 1990, 184.
85 Siehe hierzu auch *Fischer*, NStZ 1999, 13; Lackner/Kühl/*Heger*, § 306d, Rn. 2; *Müller/Hönig*, JA 2001, 517, 525; *Sch/Sch/Heine/Bosch*, § 306d, Rn. 1; *Fischer*, § 306d, Rn. 6; *F.-C. Schroeder*, GA 1998, 571, 574; *Wolters*, JR 1998, 271, 274.
86 Zutr. *Kudlich*, BT/2, PdW, S. 228 mit näherer Begründung.
87 Vgl. zu diesen Widersprüchen ausführl. *Fischer*, NStZ 1999, 13; MüKo-*Radtke*, § 306d, Rn. 3 ff.

- § 306d II StGB pönalisiert schließlich die Fahrlässigkeits-Fahrlässigkeits-Kombination in Bezug auf § 306a II StGB.

VI. Herbeiführen einer Brandgefahr nach § 306f StGB

In der Klausur spielt diese Vorschrift eine geringe Rolle, da § 306f StGB von §§ 306 bis 306d StGB konsumiert wird.

522

Im Übrigen betrifft sie die vorsätzliche (I, II) und fahrlässige (III) Herbeiführung einer konkreten Brandgefahr für die dort aufgeführten Objekte. Dabei verlangt § 306f I StGB Fremdheit der Objekte, sodass eine Einwilligung des Eigentümers rechtfertigend wirkt.[88] Dagegen kommt es für § 306f II StGB nach h. M. nicht auf die Eigentumslage an.[89]

Achtung Klausur: *Wichtig ist, dass sich der Täter bei den Brandstiftungsdelikten der §§ 306 bis 306b StGB sowie § 306d StGB durch tätige Reue gemäß § 306e I, II StGB Straffreiheit verdienen kann (persönlicher Strafaufhebungsgrund, der mit den beim Rücktritt geltenden Grundsätzen bewältigt werden kann).[90] Dabei setzt § 306e StGB die Vollendung der Brandstiftungstat voraus.[91]*

Befindet sich das Brandstiftungsdelikt dagegen noch im Versuchsstadium, so greift die Rücktrittsvorschrift des § 24 StGB.[92]

Dabei soll nach Auffassung des BGH[93] der Rücktritt vom Versuch der Brandstiftung ebenso wenig wie die tätige Reue nach § 306e StGB Straffreiheit für das gleichzeitig verwirklichte Delikt der Herbeiführung einer Brandgefahr nach § 306f StGB bewirken. Der BGH begründet dies mit der systematischen Stellung des § 306e vor § 306f StGB. In der Literatur wird dies zu Recht bestritten, da der Zweck des § 306e StGB auf diese Weise wohl missachtet wird.[94]

C. Exkurs: Versicherungsmissbrauch nach § 265 StGB

I. Geschütztes Rechtsgut und Verhältnis zu anderen Delikten

§ 265 StGB ist ein Wirtschaftsdelikt zum Schutze der sozialen Leistungsfähigkeit der Versicherer. Die Behandlung an dieser Stelle erfolgt nur deshalb, weil dieser Tatbestand sehr häufig im Zusammenhang mit Brandstiftungsdelikten eine Rolle spielt, da der Täter vielfach die Brandstiftung begeht, um sich Leistungen aus einer Brandversicherung zu verschaffen. Jedoch greift § 265 StGB selbstverständlich auch, wenn versicherte Sachen auf andere Weise zerstört oder beiseite geschafft werden, um an

523

---

88 Vgl. *Geppert*, Jura 1998, 605; Rengier, JuS 1998, 400.
89 Vgl. *Fischer*, NStZ 1999, 14; SK-*Wolters*, § 306f, Rn. 11; zweifelnd *Wolters*, JR 1998, 275.
90 Vgl. dazu *Jäger*, AT, Rn. 312 f.
91 Vgl. BGH NStZ-RR 1997, 233.
92 Interessant zur Rücktrittsproblematik beim Versuch eines qualifizierten Delikts *Mitsch*, JA 2014, 268 ff.
93 BGH NStZ 1993, 284.
94 Vgl. dazu *Geppert*, Jura 1998, 606; *Otto*, BT, § 79, Rn. 24 jeweils m. w. N.

Versicherungsleistungen (etwa eine Kaskoversicherungs- oder Diebstahlsversicherungsleistung) zu gelangen.

Der Versicherungsmissbrauch tritt als mitbestrafte Vortat hinter dem später begangenen Betrug oder versuchten Betrug, mit dem die Versicherungssumme kassiert oder zu kassieren versucht wird, zurück (§ 265 a. E. StGB, der dies ausdrücken will, ist sprachlich allerdings völlig missglückt, weil das Beschädigen etc. natürlich niemals den § 263 StGB verwirklichen kann; § 263 I, III S. 2 Nr. 5 StGB wird vielmehr erst durch die spätere Versicherungsmeldung – wenigstens im Sinne eines Betrugsversuchs – verwirklicht).

II. Tatobjekt und Tathandlung

524 Versichert ist eine Sache, wenn sie Gegenstand eines formgültig zustande gekommenen Versicherungsvertrages geworden ist, und zwar unabhängig davon, ob der Vertrag anfechtbar oder z. B. wegen absichtlicher Überversicherung nichtig ist, da auch in diesen Fällen die Gefahr der unrechtmäßigen Inspruchnahme der Versicherung besteht. Auch soll es gleichgültig sein, dass der Versicherer nach § 38 II VVG wegen Verzugs des Versicherungsnehmers nicht mehr zahlen muss.[95]

Achtung Klausur: *§ 265 StGB verlangt, dass die Sache gegen Beschädigung etc. versichert ist, sodass nach richtiger Auffassung nur Sachversicherungen, nicht jedoch Haftpflichtversicherungen in den Anwendungsbereich fallen. Vereinbaren daher A und B, dass B dem A auffahren soll, damit man anschließend B's Haftpflichtversicherung in Anspruch nehmen kann, so begründet dies nach richtiger Auffassung keine Strafbarkeit nach § 265 StGB und auch § 315b StGB ist nicht einschlägig, da die Beschädigung (§ 315b I Nr. 1 StGB) dem Eingriff nachfolgt und für § 315b I Nr. 2, 3 StGB bei kollusivem Zusammenwirken wohl schon keine Verkehrsgefahr bewirkt wird, sodass die Frage einer möglichen Einwilligung in § 315b StGB nicht mehr ausschlaggebend ist. Allerdings kommt bei der späteren Meldung an die Versicherung § 263 I StGB (nicht jedoch § 263 III S. 2 Nr. 5 StGB, vgl. Wortlaut) in Betracht.*[96]

Tathandlungen sind beschädigen, zerstören (vgl. § 303 StGB), Brauchbarkeit beeinträchtigen (= Herabsetzen der Brauchbarkeit unter das von der Versicherung geschützte Maß), beiseite schaffen (= Entziehen der Verfügungsmöglichkeit des Berechtigten), einem anderen überlassen (z. B. einer Autoschieberbande[97]). Das Delikt ist also schon bei Vornahme der geschilderten Handlungen vollendet, sofern der Täter die entsprechende Absicht einer Inspruchnahme der Versicherung hat. Die Strafbarkeit wird damit weit vorverlagert.[98] Diskutiert wird daher, die Vorschriften über die tätige Reue (vgl. z. B. §§ 264 V, 264a III, 265b II StGB) analog anzuwenden (zweifelhaft).[99]

---

95 BGHSt 35, 261 m. Anm. *Ranft*, StV 1989, 301; *Geppert*, Jura 1989, 384; a. A. *Otto*, BT, § 61, Rn. 2.
96 Zutr. und ausführl. *Kudlich*, BT/1, PdW, S. 131 f. sowie BT/2, PdW, S. 204 f.; vgl. auch *Rönnau*, JR 1998, 441 ff.
97 Zum Strafbedürfnis bzgl. internationaler KfZ-Schiebereien auch BT-Drucks. 13/8587, S. 65.
98 Kritisch *Bussmann*, StV 1999, 617; *Rönnau*, JR 1998, 445 f.; *Wessels/Hillenkamp/Schuhr*, BT/2, Rn. 656.
99 Vgl. *Geppert*, Jura 1998, 385.

III. Subjektiver Tatbestand

Dieser erfordert Vorsatz bezüglich der Tathandlung (beschädigen etc.) sowie die Absicht, sich oder einem Dritten eine Versicherungsleistung zu verschaffen.

525

Seit dem 1.4.1998 (Inkrafttreten des 6. StrRG) wird eine betrügerische Absicht nicht mehr verlangt, d. h. die Absicht sich oder einem Dritten einen rechtswidrigen Vermögensvorteil zu verschaffen, muss nicht mehr gegeben sein. Damit wird der Anwendungsbereich auch auf versicherungsfremde Dritte erstreckt, selbst wenn sie nicht Repräsentanten des Versicherungsnehmers nach § 81 VVG sind, denn der Tatbestand ist jetzt auch erfüllt, wenn der Versicherte einen Versicherungsanspruch hat.

Zum historischen Verständnis: Die alte Rechtslage verlangte Absicht des Täters, sich oder einem Dritten einen rechtswidrigen Vermögensvorteil, nämlich die Versicherungssumme (z. B. aus der Feuerversicherung) zu verschaffen. Rechtswidrig ist der Vermögensvorteil, wenn der Versicherte keinen Anspruch auf die Leistung hat. War der Versicherungsnehmer nicht selbst Täter oder Teilnehmer, sondern steckte ein Dritter die Sache in Brand, um etwa dem Eigentümer – ohne dass dieser davon wusste – die Versicherungssumme zukommen zu lassen, so hatte dieser Eigentümer grundsätzlich einen Versicherungsanspruch, weil er ja für den Brand nichts konnte. Hier kam aber als Ausschlussgrund für den Versicherungsanspruch auch die von der Rechtsprechung entwickelte sog. **Repräsentantentheorie** ins Spiel.[100] Nach dieser Theorie war als „Repräsentant" des Versicherungsnehmers anzusehen, wer befugt war, selbstständig in gewissem Umfang für den Versicherten zu handeln und wer dabei auch dessen Rechte und Pflichten als Versicherungsnehmer wahrzunehmen hatte. Setzte ein derartiger Repräsentant die versicherte Sache in Brand, so hatte sich der Repräsentierte diese Handlung versicherungsrechtlich zurechnen zu lassen, mit der Folge, dass sein Anspruch nach § 81 VVG entfiel. Allerdings genügte die Stellung als Gebäudepächter oder -mieter für eine Repräsentantenstellung ebenso wenig wie die Ehegatteneigenschaft oder ein Vater/Sohn-Verhältnis (der Hoferbe allein fiel also nicht unter § 265 a. F. StGB). Wohl aber konnte Täter des § 265 a. F. StGB z. B. der Ehemann/Sohn sein, der den seiner Frau/seinem Vater gehörenden Betrieb anzündete deren/dessen Geschäfte er tatsächlich führte.[101] Um es noch einmal zu wiederholen: Betrügerische Absicht war in diesen Fällen beim Dritten gegeben, weil der Versicherungsanspruch des Versicherten nicht bestand, da sich dieser das Verhalten des Dritten über die Repräsentantentheorie zurechnen lassen musste (d. h. aber natürlich nicht, dass auch der Versicherte in solchen Fällen nach § 265 a. F. StGB strafbar war; die Repräsentantentheorie beseitigte nur seinen versicherungsrechtlichen Anspruch, machte ihn aber nicht zum strafrechtlichen Mittäter; strafbar war daher nur der brandstiftende Repräsentant!).

Achtung Klausur: *Diese Repräsentantentheorie wird nunmehr bei § 265 n. F. StGB nicht mehr gebraucht, weil jetzt jede Absicht genügt, die darauf gerichtet ist, sich oder einem Dritten Versicherungsleistungen zu verschaffen (unabhängig davon, ob auf die*

---

100 Vgl. zur alten Rechtslage *Sch/Sch/Lenckner*, 25. Aufl., § 265, Rn. 11 ff.
101 BGH NJW 1976, 2271.

Leistungen ein Anspruch besteht oder nicht). Weiterhin anwendbar ist die Repräsentantentheorie jedoch beim neuen Regelbeispiel des § 263 III S. 2 Nr. 5 StGB, denn dort muss ein – tatsächlich nicht bestehender – Versicherungsfall vorgetäuscht werden. So kann der Repräsentant einen Betrug in mittelbarer Täterschaft nach §§ 263 I, III S. 2 Nr. 5, 25 I Alt. 2 StGB begehen, wenn er die versicherte Sache anzündet und der ahnungslose Versicherungsnehmer – wie vom Repräsentanten beabsichtigt – seine Versicherung in Anspruch nimmt.[102] *Vgl. dazu oben Strohmann-Fall, Rn. 517b f.!*

Da ein Vortäuschen eines Versicherungsfalles bei § 263 III S. 2 Nr. 5 StGB genügt, muss im Übrigen die zerstörte Sache – anders als bei § 265 StGB – nicht einmal versichert gewesen sein (etwa wenn der Täter nur vorgibt, bei der zerstörten Sache handele es sich um die versicherte).[103]

---

102 Lackner/*Kühl*, § 263, Rn. 9.
103 Näher *Wessels/Hillenkamp/Schuhr*, BT/2, Rn. 663.

§ 17 Sachbeschädigungsdelikte

I. Sachbeschädigung nach § 303 StGB

1. Geschütztes Rechtsgut und Verhältnis zu anderen Delikten

§ 303 StGB schützt das Eigentum. Zu beachten ist aber, dass § 303 StGB durch spezielle Beschädigungsdelikte etwa durch §§ 96 II, 104, 133, 136, 274, 306 StGB verdrängt wird.

526

Folgt der Sachentziehung durch ein Vermögensdelikt – etwa § 242 StGB – die Beschädigung der entzogenen Sache nach, so soll § 303 StGB mitbestrafte Nachtat sein.[1] Tateinheit soll dagegen vorliegen, wenn Vermögensentziehung am Sachteil und Beschädigung des Sachganzen zusammenfallen, etwa Diebstahl eines Rades von einem Kfz, dessen Brauchbarkeit dadurch aufgehoben wird.[2]

2. Tathandlungen nach § 303 I StGB

a) Beschädigen

Beschädigen ist nach der Rspr. jede nicht ganz unerhebliche, körperliche Einwirkung auf eine Sache, durch die ihre stoffliche Zusammensetzung verändert **oder** ihre Brauchbarkeit nicht nur unerheblich eingeschränkt wird.[3] Dabei spielt die Art der Einwirkung keine Rolle.

527

Beispiel: Ein Auto wird beschädigt, wenn es zerkratzt wird (Substanzverletzung), aber auch wenn das Benzin verunreinigt oder die Luft aus den Reifen gelassen[4] wird (Brauchbarkeitseinschränkungen). Allerdings verneint der BGH beim Herauslassen der Luft eine Sachbeschädigung, wenn sich in unmittelbarer Nähe des Fahrzeugs eine Tankstelle befindet, da es dann an der Erheblichkeit des Eingriffs fehlen soll.[5] Zur Löschung eines Tonbands vgl. Rn. 536.

Zu weit geht es, wenn das OLG München in einem durch Reflektoren ausgelösten Gegenblitz eine Sachbeschädigung an der Radarkamera sieht (ausführl. dazu Reflektoren-Fall, Rn. 453b f.).

aa) Sonderproblem 1: Hinzufügen von Gegenständen

Strittig ist, ob das Hinzufügen von Gegenständen eine Sachbeschädigung begründen kann.

528

Beispiel: A brachte am Bahngleis einen Kasten an, der nicht in die Schienensubstanz eingriff, aber durch eine im Inneren befindliche Klammervorrichtung nicht von den Gleisen abgehoben werden konnte. Durch zwei Löcher im Kasten steckte er seine Arme und erweckte dadurch den Anschein, er sei im Inneren angekettet. Die Polizei musste einen Teil der Schiene, an dem der Kasten befestigt war, herausschneiden (sog. Fall Castor).[6]

---

[1] BGH NStZ-RR 1998, 242; *Fischer*, § 242, Rn. 59; *Otto*, § 47, Rn. 16.
[2] So auch *Fischer*, § 242, Rn. 59; *Otto*, § 47, Rn. 17.
[3] RGSt 74, 14; *Sch/Sch/Hecker*, § 303, Rn. 8 ff.
[4] Vgl. BGHSt 13, 207.
[5] BGHSt 13, 207; krit. *Lampe*, ZStW 89 (1977), 325, 343.
[6] BGH NJW 1998, 2149; BGHSt 44, 34, 38 m. Anm. *Dietmeier*, JR 1998, 470 ff.; *Otto*, NStZ 1998, 513.

Lösung: Der BGH ist hier davon ausgegangen, dass eine Sachbeschädigung keine Verletzung der Sachsubstanz voraussetzt, sondern eine nachhaltige Beeinträchtigung des bestimmungsgemäßen Gebrauchs genügt, wobei die Gebrauchsbeeinträchtigung auch durch Hinzufügen eines Gegenstandes erfolgen kann. Darüber hinaus kann laut BGH auch eine Sachbeschädigung hinsichtlich der Sachsubstanz angenommen werden, wenn das Herausschneiden der Gleise vom Vorsatz des A umfasst war.

Der BGH hat im Fall Castor im Übrigen auch eine versuchte Nötigung angenommen, da das Anbringen der Vorrichtung die Ausübung von Gewalt nach § 240 StGB darstellt, weil dadurch ein physisches Hindernis errichtet wird, das entweder nicht oder nur unter Inkaufnahme erheblicher Schäden überwunden werden kann. § 315 StGB ist dagegen Tatfrage und richtet sich danach, ob es zu einer konkreten Gefahr für den Schienenverkehr gekommen ist.

bb) Sonderproblem 2: Verunstalten von Gegenständen

529 Lange Zeit umstritten war die Frage, ob das Besprühen eines Eisenbahnwaggons oder eines Hauses mit Graffiti eine Sachbeschädigung nach § 303 I StGB darstellt, wenn sich die Farbe ohne größere Mühen wieder entfernen lässt.

– Die sog. Zustandsveränderungstheorie[7] ging davon aus, dass der Begriff der Sachbeschädigung alle belangreichen Veränderungen fremder Sachen erfassen soll, soweit ein vernünftiges Interesse an der Aufrechterhaltung des bisherigen Zustands besteht.

– Die h. M.[8] verneint dagegen seit jeher bei reinen Zustandsveränderungen ohne Substanzverletzung oder Brauchbarkeitseinschränkung das Vorliegen einer Sachbeschädigung, sofern der Gegenstand nicht ausschließlich ästhetischen Zwecken dient (z. B. Denkmal). Begründet wird dies überzeugend damit, dass anderenfalls der Wortlaut der Norm unter Verstoß gegen Art. 103 II GG missachtet würde und dem Gesetzgeber im Übrigen der Begriff der Verunstaltung bekannt gewesen sei, vgl. § 134 StGB. Die Nichtaufnahme des Verunstaltungsbegriffs in § 303 StGB spreche daher gegen die Zustandsveränderungstheorie. Diesem Verständnis hat der Gesetzgeber jetzt durch Schaffung des § 303 II StGB Recht gegeben (s. dazu und zur Klausurbearbeitung u. Rn. 532a).

Achtung Klausur: *Abschließend sei angemerkt, dass der Tatbestand des § 303 StGB in der Prüfungsarbeit meist problemlos ist, sodass man eine Sachbeschädigung mit etwa folgender Formulierung bejahen/verneinen kann: Der Täter hat in die Sache in einer Weise eingegriffen/nicht in einer Weise eingegriffen, dass ihre Sachsubstanz/ihre Brauchbarkeit wesentlich beeinträchtigt wurde.*

b) Zerstören

530 Zerstören ist die intensivste Form der Sachbeschädigung, durch die die Gebrauchsfähigkeit nicht nur beeinträchtigt, sondern völlig aufgehoben wird.[9] Auch hier ist die Form der Einwirkung gleichgültig.

---

[7] Vgl. OLG Celle MDR 1978, 507; *Kindhäuser/Böse*, BT/2, § 20, Rn. 9; *Maurach/Schroeder/Maiwald*, BT/I, § 36, Rn. 14; *Otto*, BT, § 47, Rn. 9; i. E. auch NK-*Zaczyk*, § 303, Rn. 12.
[8] BGHSt 29, 129; BayObLG StV 1999, 543; *Joecks/Jäger*, § 303, Rn. 8; *Mitsch*, BT/II, S. 213 f.
[9] Matt/Renzikowski/*Altenhain*, § 303, Rn. 11; Lackner/Kühl/*Heger*, § 303, Rn. 7; *Mitsch*, BT/II, S. 212; krit. NK-*Zaczyk*, § 303, Rn. 9.

Beispiel: Das Fliegenlassen eines fremden Vogels erfüllt als bloßer Sachentzug grundsätzlich nicht das Merkmal der Zerstörung nach § 303 StGB, es sei denn, der Vogel erleidet durch den Sachentzug Schaden, etwa wenn das Tier im Freien nicht lebensfähig ist.[10] Bei einem Wellensittich wird man daher eine Sachbeschädigung annehmen können, nicht jedoch bei einem Spatzen.

c) *Subjektiver Tatbestand*

Dieser erfordert – wenigstens bedingten – Vorsatz. Die fahrlässige Sachbeschädigung ist nicht strafbar (Ausnahme: fahrlässige Brandstiftung nach § 306d StGB)! **531**

d) *Strafantrag*

Nach § 303c StGB ist ein Strafantrag erforderlich. Antragsberechtigt ist jeder, der durch die Tat unmittelbar verletzt ist (vor allem der Eigentümer, aber auch der Mieter, Pächter, etc.). **532**

3. Tathandlung nach § 303 II StGB

Durch das Graffitibekämpfungsgesetz hat der Gesetzgeber den Sachbeschädigungsparagraphen um einen neuen Absatz erweitert.[11] Nach § 303 II StGB ist jetzt auch strafbar, wer das Erscheinungsbild einer fremden Sache unbefugt nicht nur unerheblich und nicht nur vorübergehend verändert. Damit hat der Gesetzgeber entschieden, dass die bisher zu § 303 I StGB vertretene Zustandsveränderungstheorie abzulehnen ist. **532a**

Achtung Klausur: *Auch wenn der Sachverhalt einer Prüfungsarbeit das Verunstalten einer Sache zum Gegenstand hat (z. B. Besprühen von Eisenbahnwaggons mit Sprayfarbe), sollte zunächst § 303 I StGB geprüft werden.[12] Denn die h. M. ging schon bislang davon aus, dass § 303 I StGB erfüllt ist, wenn die Farbe nur dadurch entfernt werden kann, dass der Gegenstand, auf dem sie aufgetragen ist, beschädigt wird (sog. mittelbare Substanzverletzungen).[13] Da § 303 II StGB nur eine lückenfüllende Ergänzungsfunktion hat, dürfte dieser Fall also nach wie vor unter § 303 I StGB zu subsumieren sein. Voraussetzung ist freilich, dass der Täter zumindest bedingt vorsätzlich damit rechnet, dass eine substanzverletzende Beseitigung der Farbe notwendig ist. Aber selbst wenn die Entfernung der Farbe ohne Substanzbeeinträchtigung möglich ist, dürfte es in der Klausur angezeigt sein, § 303 I StGB kurz anzusprechen und sei es auch nur deshalb, um kurz festzustellen, dass dieser ausscheidet, weil weder unmittelbar noch mittelbar in die Sachsubstanz eingegriffen wurde, da sich die Farbe ohne Beeinträchtigung des Gegenstandes wieder ablösen lässt. Erst danach prüft und bejaht man dann ggf. § 303 II StGB.*

Problematisch sind im Übrigen die Merkmale „nicht nur unerheblich" sowie „nicht nur vorübergehend". Das erste Merkmal betrifft die Intensität der Veränderung. Richtigerweise wird man mit *Satzger*[14] entsprechend § 303 I StGB (s. o. Rn. 527) hier

---

10 Vgl. etwa das Bsp. bei *Otto*, BT, § 47, Rn. 13.
11 Vgl. dazu auch *Eisenschmid*, NJW 2005, 3033; *Krüger*, NJ 2006, 247 ff.; *Thoss*, StV 2006, 160; *Schuhr*, JA 2009, 169 ff.
12 Das entspricht auch der Begründung des Gesetzgebers, wonach § 303 II StGB nur eine Ergänzungsfunktion hat, vgl. BT-Drucks. 15/5313, S. 3.
13 Krit. dazu mit beachtlichen Gründen *Satzger*, Jura 2006, 432.
14 Vgl. hier und im folgenden Beispiel *Satzger*, Jura 2006, 435; *MüKo-Wieck-Noodt*, § 303, Rn. 58.

sog. Bagatellfälle ausnehmen müssen (Beispiel: Anbringen eines kleinen Aufklebers auf einer Mülltonne, das das Gestaltungsinteresse des Eigentümers nicht strafwürdig betrifft).

Das zweite Merkmal betrifft die zeitliche Komponente. Vorübergehend ist eine Veränderung etwa dann, wenn sie sich alsbald selbst auflöst oder nur ganz unerhebliche Verhüllungen oder ähnliches betrifft.[15]

Problematisch bleibt auch nach der Gesetzesänderung der Fall so genannter „reverse graffitis", bei denen eine Oberfläche nicht mit Farbe o. ä. dauerhaft verbunden wird, sondern mithilfe eines Hochdruckwasserstrahls derart gereinigt wird, dass danach ein bestimmtes Bild sichtbar bleibt.[16]

II. Qualifizierte Fälle der Sachbeschädigung

1. Zerstörung von Bauwerken nach § 305 StGB

533 Diese Vorschrift ist allein durch Gesetzeslektüre handhabbar. Eine Zerstörung setzt voraus, dass das Gebäude durch den Eingriff für seine Zwecke unbrauchbar wird.[17] Zu beachten ist im Übrigen, dass § 305 StGB bei einer Zerstörung durch Brandstiftung hinter § 306 StGB zurücktritt.[18]

2. Zerstörung wichtiger Arbeitsmittel nach § 305a StGB

534 Auch hier genügt die Lektüre des Gesetzes. Teilweises Zerstören bedeutet hier, dass Funktionen des Arbeitsmittels vollständig aufgehoben werden.

III. Gemeinschädliche Sachbeschädigung nach § 304 StGB

535 Geschützt wird hier das allgemeine Interesse (→ kein eigentliches Sachbeschädigungsdelikt[19]) an der Erhaltung bestimmter zweckgebundener Gegenstände, z. B. öffentliche Telefonzellen, Verkehrszeichen, Parkbänke etc., nicht aber der Funkstreifenwagen (BGHSt 31, 185), da der einzelne Wagen nicht einem allg. Nutzen der Öffentlichkeit im Sinne eines allg. Zugangs dient. Der Polizeiwagen wurde daher ausdrücklich in § 305a I Nr. 2 StGB aufgenommen!

Entsprechend § 303 II StGB hat der Gesetzgeber auch in § 304 II StGB die Veränderung des Erscheinungsbildes unter Strafe gestellt. Der Sinn dieser Neuregelung ist allerdings nicht erkennbar, weil eine Verunstaltung die Gemeinfunktion nur beeinträchtigen kann, wenn der öffentliche Nutzen des konkreten Gegenstandes gerade sein äußeres Erscheinungsbild betrifft (z. B. bei öffentlichen Denkmälern, bei denen die Ästhetik im Vordergrund steht; vgl. i. Ü. zu einem Fall der Veränderung des Er-

---

15 Näher auch hierzu *Satzger*, Jura 2006, 435.
16 Siehe hierzu *Raschke*, Jura 2013, 87 ff., der ausführt, dass derartige „reverse graffitis" grds. nicht vom Tatbestand des § 303 II StGB erfasst werden.
17 LK-*Wolff*, § 303, Rn. 21.
18 *Sch/Sch/Heine/Bosch*, § 306, Rn. 24.
19 *Wessels/Hillenkamp/Schuhr*, BT/2, Rn. 49; LK-*Wolff*, § 304, Rn. 1.

scheinungsbildes von Verkehrszeichen auch oben Schilderwechsel-Fall, Rn. 448 f.). Bei deren Verunstaltung hat aber die Rspr. wegen Beeinträchtigung des besonderen öffentlichen Zwecks schon immer eine Sachbeschädigung nach §§ 303 I, 304 I StGB angenommen.[20] Wird der öffentliche Zweck durch die Verunstaltung dagegen nicht beeinträchtigt (z. B. Beschmieren von Parkuhren mit Farbe, ohne dass die Funktion der Zeitmessung berührt wird), kommt weder § 304 I StGB noch § 304 II StGB in Frage, weil sich die Veränderung des Erscheinungsbildes auf das Allgemeininteresse nicht auswirkt. Es bleibt dann bei § 303 II StGB! § 304 II StGB läuft damit aber leer, wenn man den Rechtsgüterschutz, den § 304 StGB insgesamt verfolgt, nicht aus dem Auge verlieren will.[21]

---

20 Vgl. BGHSt 29, 134; RGSt 43, 204; LG Bamberg NJW 1953, 998.
21 Zutreffend *Kudlich*, GA 2006, 41; ihm folgend *Satzger*, Jura 2006, 436; a. A. zu Unrecht OLG Hamburg NStZ 2015, 37 m. krit. Anm. *Jäger*, JA 2014, 549 ff.

§ 18 Computerdelikte im weitesten Sinne

Die Delikte zur Bekämpfung der Computerkriminalität haben durch das 41. StrÄndG[1] im Jahre 2007 zahlreiche Änderungen erfahren. Dies diente vor allem der Umsetzung europarechtlicher Vorgaben. Durch eine Vereinheitlichung der einzelnen Landesregelungen soll, zumindest auf europäischer Ebene, eine effektive Bekämpfung der internationalen Computerkriminalität ermöglicht werden.

I. Datenveränderung nach § 303a StGB

Die Vorschrift spielt in Examensklausuren selten eine Rolle. Dennoch sollten einige Grundlagen bekannt sein.

1. Geschütztes Rechtsgut und Verhältnis zu anderen Delikten

536 Geschützt wird durch § 303a StGB nach der h. M. das Interesse des Berechtigten an der unversehrten Verwendbarkeit von Daten.[2] Wegen der Andersartigkeit des geschützten Rechtsguts besteht daher mit §§ 202a, 263a sowie 268 StGB das Verhältnis der Tateinheit.[3] Schwieriger ist dagegen die Bestimmung des Verhältnisses zur Sachbeschädigung nach § 303 StGB. Im Fall der bloßen Datenlöschung (etwa von einem Tonband) wird man § 303a StGB als vorrangig erachten müssen, sodass die tatbestandlich gleichzeitig verwirklichte Sachbeschädigung dahinter zurücktritt bzw. schon tatbestandlich ausscheidet, wenn man die Aufhebung der magnetischen Anordnung für § 303 StGB nicht genügen lässt[4] (**Hinweis:** § 274 I Nr. 1 StGB scheitert hier mangels technischer Aufzeichnung und § 274 I Nr. 2 StGB daran, dass die Daten im Falle ihrer Wahrnehmbarkeit meist den Aussteller nicht erkennen lassen werden, sodass es an der Urkundsvergleichbarkeit fehlt, str.[5]). Anders ist es nur, wenn mit der Löschung zugleich auch die Trägersubstanz (d. h. im Beispielsfall das Tonband selbst) substanziell beeinträchtigt wird, weil dieser Unrechtsgehalt von § 303a StGB allein nicht mehr erfasst wird.[6]

2. Tatobjekt und Tathandlung

537 a) Tatobjekt sind alle nicht unmittelbar wahrnehmbaren Daten, vgl. dazu die Legaldefinition in § 202a II StGB.

b) Als Tathandlungen kommen das Löschen (Unkenntlichmachen), Unterdrücken (Entziehen gegenüber dem Berechtigten), Unbrauchbarmachen (Beeinträchtigung

---

1 BGBl I S. 1786.
2 Vgl. Lackner/Kühl/*Heger*, § 303a, Rn. 1; *Möhrenschlager*, wistra 1986, 141.
3 Vgl. *Fischer*, § 303a, Rn. 16; Lackner/Kühl/*Heger*, § 303a, Rn. 6.
4 Vgl. *Merkel*, NJW 1956, 778; *Lampe*, GA 1975, 16 m. w. N.
5 Vgl. *Hilgendorf*, JuS 1997, 325; a. A. *Lenckner/Winkelbauer*, CR 1986, 827.
6 Wie hier Lackner/Kühl/*Heger*, § 303a, Rn. 6; *Kindhäuser*, LPK, § 303a, Rn. 12; *Hilgendorf*, JuS 1996, 894; a. A. *Krey/Hellmann/Heinrich*, BT/2, Rn. 370; *Lenckner/Winckelbauer*, CR 1986, 831, die immer Tateinheit annehmen wollen.

der Gebrauchsfähigkeit) sowie das Verändern (Herstellen eines neuen Inhalts) von Daten in Betracht.[7] Nach Abs. 3 gilt nun die Strafbarkeit von Vorbereitungshandlungen gemäß § 202c StGB entsprechend (vgl. dazu unten Rn. 541c). Zu beachten ist das Strafantragserfordernis in § 303c StGB.

Das OLG Frankfurt[8] hatte sich mit der Frage zu beschäftigen, ob eine sog. **„Online-Demonstration"** eine Datenveränderung nach § 303a StGB darstellt. Der Fall lag so, dass der Täter dazu aufgerufen hatte, durch massenhaften Zugriff auf die Homepage der Lufthansa eine Blockade dieser Internetseite zu bewirken, um gegen die durch Mitwirkung der Lufthansa bewirkte Abschiebung von Ausländern zu protestieren. Für die Frage, ob damit ein öffentliches Auffordern zu Straftaten nach § 111 I StGB[9] gegeben ist, war von Bedeutung, ob es sich bei dieser Blockade um eine rechtswidrige Tat (vgl. § 11 I Nr. 5 StGB) i. S. d. § 111 I StGB handelt. Das OLG Frankfurt hat eine Anwendung des § 303a StGB auf Fälle von Internetblockaden verneint, da das Merkmal „unterdrücken" nicht gegeben sei, wenn die Daten nur vorübergehend und nicht auf Dauer entzogen werden, da anderenfalls unter Verletzung des ultima-ratio-Grundsatzes auch vollkommen harmlose Aktivitäten in den Tatbestandsbereich des § 303a StGB hineingezogen würden.[10] Dementsprechend wurde im konkreten Fall auch eine Computersabotage nach § 303b I Nr. 1 StGB abgelehnt, da diese Vorschrift auf eine „Tat nach § 303a I StGB" verweist. Auch sei in einer Internetblockade keine Nötigung nach § 240 StGB zu sehen: Für das Merkmal der Gewalt fehle es bereits daran, dass die – wenn auch geringfügige – Kraftentfaltung darauf abzielen muss, beim Opfer eine körperliche Wirkung auszulösen, mithin auf dessen Körper gerichtet sein muss. Die vom BVerfG[11] geforderte physische Zwangswirkung sei daher in Fällen einer Internetblockade nicht gegeben. Schließlich stelle sich die Internetblockade auch nicht als versuchte Nötigung nach §§ 240, 22, 23 StGB dar, da sich die Internetdemonstration zwar an den Abschiebenden richten sollte, die Wirkung des zugefügten Übels auch den Genötigten treffen, aber nicht fortdauern und daher das Opfer nicht zu dem gewollten Handeln veranlasst werden sollte, um das Übel abzuwenden. Insgesamt hat das OLG Frankfurt daher zu Recht § 111 StGB abgelehnt. Eine Verurteilung erfolgte daher nur wegen versuchter Nötigung gegenüber dem Vorstand der Lufthansa, weil der Täter dem Vorstand gegenüber per E-Mail angekündigt hatte, dass er den Aufruf zur Blockade der Homepage nur unter der Bedingung unterlasse, dass die Lufthansa sich künftig nicht mehr an Abschiebungen beteilige. In Betracht kommt jedoch eine Strafbarkeit wegen Computersabotage nach dem neu eingefügten § 303b I Nr. 2 StGB. Allerdings sieht der Gesetzgeber, im Hinblick auf Art. 5 GG in Fällen von E-Mail Massenprotesten den Tatbestand aufgrund fehlender Nachteilszufügungsabsicht als nicht einschlägig an.[12] Somit scheidet vorliegend auch eine Bestrafung nach dem neu eingefügten § 303b I Nr. 2 StGB aus.

---

7 Vgl. Lackner/Kühl/*Heger*, § 303a, Rn. 3; *Wessels/Hillenkamp/Schuhr*, BT/2, Rn. 59 ff.
8 OLG Frankfurt StV 2007, 244 ff.
9 Vgl. zu § 111 StGB auch die aktuelle Entscheidung des OLG Celle NStZ 2013, 720 m. Bspr. *Jahn*, JuS 2014, 463 ff.
10 Ebenso *Hilgendorf*, JuS 1996, 891.
11 BVerfGE 92, 16 ff.
12 BT-Drucks. 16/5449, S. 5.

§ 18 *Computerdelikte im weitesten Sinne*

Merke: Die Infizierung eines Computerprogramms mit einem Virus kann je nach Folge ein Unbrauchbarmachen oder Verändern von Daten sein!

II. Computersabotage nach § 303b StGB

Auch dieser Tatbestand spielt in Examensklausuren kaum eine Rolle.

1. Geschütztes Rechtsgut

538 Geschützt wurde durch die Altfassung von § 303b StGB nur das Interesse von Wirtschaft und Verwaltung an der Funktionsfähigkeit ihrer Datenverarbeitung.[13] Aufgrund der Erweiterung des Tatbestandes auf Private soll jetzt das Interesse der Betreiber und Nutzer von Datenverarbeitungen allgemein an deren ordnungsgemäßer Funktionsweise geschützt sein.[14] Gegenüber § 303a StGB ist § 303b I Nr. 1 StGB spezieller, sodass § 303a StGB verdrängt wird.[15] Auch die Sachbeschädigung nach § 303 StGB wird durch § 303b I Nr. 3 StGB verdrängt, da das Unrecht der Sachbeschädigung bereits regelmäßig in dieser Verhaltensform enthalten sein wird (Konsumtion).[16]

2. Tathandlungen

539 Hier kann bezüglich § 303b I Nr. 1 StGB auf § 303a StGB verwiesen werden (Rn. 537). Bezüglich § 303b I Nr. 3 StGB kann im Wesentlichen auf § 303 StGB verwiesen werden (Rn. 527 ff.).

Neu eingefügt wurde § 303b I Nr. 2 StGB. Dadurch sollen auch solche zu einer Störung einer Datenverarbeitung führenden Fälle unter Strafe gestellt werden, in denen, ohne dass eine der anderen bisher erfassten Tathandlungen einschlägig ist, Daten in Nachteilszufügungsabsicht eingegeben oder übermittelt werden. Dabei sollen an sich neutrale Handlungen, die durch unbefugte oder missbräuchliche Begehungsweise geeignet sind, erhebliche Störungen zu verursachen, umfasst werden.[17] Hierunter fallen vor allem sog. **„Denial-of-Service-Attacken"**, bei denen ein Server durch eine Vielzahl von gleichzeitigen Anfragen überlastet und somit der Zugang für berechtigte Anfragen blockiert oder erschwert wird. Das erforderliche Merkmal der Nachteilszufügungsabsicht entspricht dem in § 274 I Nr. 1 StGB. Zur Strafbarkeit bei Online-Demonstrationen vgl. aber Rn. 537.

Bei allen Tatvarianten muss die Datenverarbeitung von „wesentlicher Bedeutung" für den Betroffenen sein. Bei Privatpersonen muss darauf abgestellt werden, ob die Datenverarbeitung für die private Lebensgestaltung eine zentrale Rolle einnimmt, was z. B. im Rahmen der Erwerbstätigkeit sowie einer künstlerischen oder wissenschaftli-

---

13 Vgl. Lackner/Kühl/*Heger*, § 303b, Rn. 1; *Möhrenschlager*, wistra 1986, 142; noch weitergehend NK-*Zaczyk*, § 303b, Rn. 1.
14 BT-Drucks. 16/3656, S. 13; *Wessels/Hillenkamp/Schuhr*, BT/2, Rn. 62.
15 *Fischer*, § 303b, Rn. 27; Lackner/Kühl/*Heger*, § 303b, Rn. 10.
16 Vgl. *Hilgendorf*, JuS 1996, 1082 ff.; Lackner/Kühl/*Heger*, § 303b, Rn. 8; a. A. *Möhrenschlager*, wistra 1986, 128, 142; *Sch/Sch/Hecker*, § 303b, Rn. 23.
17 BT-Drucks. 16/3656, S. 13; *Rengier*, BT/1, § 26, Rn. 16.

chen Tätigkeit zu bejahen ist.[18] Schließlich muss eine Beeinträchtigung „erheblicher" Art vorliegen, die den reibungslosen Ablauf der Datenverarbeitung stört.

Der bisherige Tatbestand der Computersabotage wird nun in Abs. 2 als Qualifikation mit erhöhter Strafdrohung belegt. Zudem sieht Abs. 4 eine Strafzumessungsregel für besonders schwere Fälle der Computersabotage vor. Abs. 5 verweist auf § 202c StGB für Vorbereitungshandlungen in Fällen des Abs. 1 (vgl. Rn. 541c). Zu beachten ist für die Taten nach Abs. 1 bis Abs. 3 das Strafantragserfordernis nach § 303c StGB.

III. Ausspähen von Daten nach § 202a StGB

Vgl. zu diesem Delikt bereits den beim Diebstahl besprochenen Codekartenmissbrauch **(EC-Karten-Fall)**, im Rahmen dessen diese Vorschrift häufig zu behandeln ist (Rn. 223 f.).

1. Geschütztes Rechtsgut und Verhältnis zu anderen Delikten

§ 202a StGB regelt Fälle der Datenspionage. Geschützt wird durch § 202a StGB nach h. M. das formalisierte Interesse des Berechtigten an der Geheimhaltung nicht unmittelbar wahrnehmbarer gespeicherter oder übermittelter Daten.[19] Wegen der unterschiedlichen Schutzrichtung kann mit §§ 303, 303a, 303b StGB sowie ggf. mit §§ 263a und 274 I Nr. 2 StGB Tateinheit bestehen.[20]

540

2. Tatobjekt

Tatobjekt können nur Daten sein, die nicht unmittelbar wahrnehmbar (vgl. Legaldefinition in § 202a II StGB) und für den Täter nicht bestimmt sind, weil sie nach dem Willen des Verfügungsberechtigten nicht oder nicht mehr in den Handlungsbereich des Täters gelangen sollen.[21] Deshalb wird beim Codekartenmissbrauch (vgl. oben Rn. 223 f.) üblicherweise § 202a StGB nicht einschlägig sein, weil die Fälle regelmäßig so geschildert werden, dass der Berechtigte seine Geheimnummer – etwa mit einem selbstklebenden Zettel – auf der Magnetkarte vermerkt hat. Damit sind die Daten aber unmittelbar wahrnehmbar und fallen nicht in den Schutzbereich des § 202a StGB.

541

Achtung: *§ 202a StGB verlangt darüber hinaus, dass die Daten gegen unberechtigten Zugang besonders gesichert sind. § 202a StGB liegt daher auch dann nicht vor, wenn sich etwa ein Student, der sich nicht die Mühe der Anfertigung einer eigenen Hausarbeitslösung machen möchte, in einem unbeobachteten Augenblick im Bibliothekslesesaal mit Hilfe eines USB-Sticks o. ä. von dem Computer eines Kommilitonen dessen Hausarbeitslösung herunterlädt. Solange nämlich die Datei nicht durch ein Passwort oder Ähnliches gegen den unberechtigten Zugang besonders gesichert ist, ist der Schutzbereich des § 202a StGB nicht betroffen. Die Tatsache, dass die Daten nicht für den*

---

18 BT-Drucks. 16/3656, S. 13.
19 Lackner/Kühl/*Heger*, § 202a, Rn. 1; *Fischer*, § 202a, Rn. 2; vgl. zu Fällen des sog. „Datendiebstahls" *Möhrenschlager*, wistra 1986, 139; *Haft*, NStZ 1987, 9, 10; gegen ihn *Frommel*, JuS 1987, 667, 668.
20 Lackner/Kühl/*Heger*, § 202a, Rn. 8; *Fischer*, § 202a, Rn. 15.
21 Vgl. Lackner/Kühl/*Heger*, § 202a, Rn. 2; *Fischer*, § 202a, Rn. 3, 4.

Täter bestimmt sind, weil sie nach dem Willen des Berechtigten nicht in den Herrschaftsbereich des Täters gelangen sollen, genügt für sich gesehen also nicht.

In mehreren jüngeren Entscheidungen hat der BGH seine Rechtsprechung zur Datenverschaffung mittels manipulierten Kartenlesegerätes an Geldautomaten (sog. **Skimming**) geändert und fortentwickelt. Dabei wird ein Magnetkartenlesegerät z. B. auf den Karteneinzug eines Geldautomaten montiert. Sobald der Bankkunde seine Karte in den Einzug gibt, wird die Karte, bevor sie in den Geldautomaten gelangt, durch das Magnetkartenlesegerät ausgelesen und die Daten vom Täter gespeichert, ohne dass der Kunde dies bemerkt. Die dazugehörige Geheimzahl (PIN) wird dann auf anderem Wege, z. B. durch eine kleine Funkkamera oder eine Tastenfeld-Attrappe, die über dem echten Tastenfeld angebracht wird, in Erfahrung gebracht. Das bloße Auslesen der auf dem Magnetstreifen gespeicherten Daten zur Herstellung einer Kopie (sog. Kartendublette), so der BGH in einer neueren Entscheidung, erfüllt nicht den Tatbestand des § 202a I StGB.[22] Die Daten auf der Karte sind nicht gegen unberechtigten Zugang, sondern lediglich vor unbefugter Verwendung, gesichert. Eine bloße Kopie der Daten ist mit einfachen und handelsüblichen Geräten möglich. Es erfolgt daher keine für den Tatbestand erforderliche Überwindung der Zugangssicherung, sodass ein taugliches Tatobjekt in diesen Fällen ausscheidet.[23] Es ist jedoch i. d. R. eine Strafbarkeit nach §§ 152a, 152b StGB gegeben. Dabei ist zu beachten, dass das bloße Anbringen eines manipulierten Kartenlesegerätes noch kein unmittelbares Ansetzen zur Fälschung von Zahlungskarten darstellt.[24] Dies ist erst der Fall, wenn mit der Fälschungshandlung selbst begonnen wird. Zu bejahen ist dann allerdings eine Strafbarkeit nach § 149 StGB i.V.m. §§ 152a V, 152b V StGB, sowie bei mehreren gewillten Tätern eine Strafbarkeit nach § 30 II StGB.[25] Ein unmittelbares Ansetzen hat der BGH allerdings in einem Fall bereits bejaht, in dem die ausgelesenen Daten von den Tätern an weitere Bandenmitglieder übertragen wurden, die die Kartendubletten unmittelbar erstellen sollten.[26]

3. Tathandlung

541a Sie bestand nach der Altfassung im Sich-Verschaffen der Daten, was voraussetzte, dass der Täter die Verfügungsgewalt über die Daten erlangt hat.[27] Das „bloße" Eindringen in fremde Informationssysteme sollte demnach nicht strafbar sein.[28] Jedoch wurde auch bisher schon vielfach die Ansicht vertreten, dass das sog. Hacking vom Tatbestand umfasst ist, da ein Eindringen ohne Kenntnisnahme in der Praxis kaum vorstellbar ist.[29] Die Neufassung möchte dies nun klarstellen und verlangt „nur" noch ein Sich-Verschaffen des Zugangs zu Daten.[30] Allerdings wird als Eingrenzung des Tatbe-

---

22 BGH NStZ 2011, 154 ff. m. Anm. *Kudlich/Schuhr*.
23 So auch *Jahn*, JuS 2010, 1030 ff.
24 BGH NStZ-RR 2011, 367 f.
25 Nach der h. M. tritt in diesem Fall § 149 StGB hinter § 30 II StGB aufgrund der geringeren Strafandrohung zurück, vgl. BGH NStZ 2010, 209 f.
26 BGH NStZ 2011, 517 f.
27 OLG Celle wistra 1989, 354 f.
28 Vgl. BT-Drucks. 10/5058, S. 28.
29 Vgl. *Fischer*, § 202a, Rn. 10a; *Sch/Sch/Eisele*, § 202a, Rn. 18.
30 Siehe dazu BT-Drucks. 16/3656, S. 9.

standes die Überwindung einer Zugangssicherung gefordert. Eine solche Sicherung liegt vor, wenn Vorkehrungen getroffen werden, die den Zugang zu den Daten ausschließen oder zumindest nicht unerheblich erschweren.[31]

Streitig bleibt weiterhin, ob das sog. **Phishing** unter den Tatbestand des § 202a StGB fällt, vgl. dazu unten Rn. 544 a. E.[32]

Achtung: *Die sog. Softwarepiraterie ist nur strafbar, wenn der Täter eine besondere Kopierschutzvorrichtung ausgeschaltet hat. Zu beachten ist weiterhin, dass „bloße" Raubkopien (z. B. von Softwareprogrammen) i.d.R. nicht den Tatbestand des § 202a StGB erfüllen. Dies käme nur in Betracht, wenn man sich den Zugang zu den Programmdaten (Quellcode) selbst unter Überwindung der dafür vorgesehenen Schutzvorrichtungen verschafft und nicht nur die Raubkopie für die normale Verwendung (z. B. Textverarbeitung) benutzt. In Betracht kommt in diesen Fällen jedoch eine Strafbarkeit nach dem Urhebergesetz (vgl. § 106 UrhG).*[33]

IV. Abfangen von Daten nach § 202b StGB

1. Geschütztes Rechtsgut und Verhältnis zu anderen Delikten

Ebenso wie § 202a StGB schützt auch § 202b StGB das formelle Geheimhaltungsinteresse des Verfügungsberechtigten. Dies allerdings nicht aufgrund der Manifestation des Geheimhaltungswillens, wie im Falle des § 202a StGB, sondern aufgrund des allgemeinen Rechts auf Nichtöffentlichkeit der Kommunikation.[34] § 202b StGB ist vor allem als Ergänzung zur Strafbarkeit des Abhörens von Telefongesprächen zu verstehen. Gegenüber § 201 StGB und § 202a StGB ist § 202b StGB kraft Gesetzes subsidiär.

541b

2. Tatobjekte und Tathandlung

Als Tatobjekt werden alle Arten nichtöffentlicher elektronischer Datenübermittlung (wie z. B. E-Mail, Fax oder Telefon) erfasst. Unerheblich ist, ob die Datenübermittlung kabelgebunden oder drahtlos erfolgt. Entscheidend ist jedoch, dass als taugliches Tatobjekt nur Daten in Betracht kommen, die sich zum Tatzeitpunkt in einem Übermittlungsvorgang befinden oder aus der elektromagnetischen Abstrahlung einer Datenverarbeitungsanlage stammen. Es ist nicht erforderlich, dass die Daten abgespeichert oder aufgezeichnet werden. Ausreichend ist der Erwerb der Herrschaft über die Daten.[35] Entsprechend zu § 201 II Nr. 2 StGB wird nur die nichtöffentliche Übermittlung von Daten, die nicht für den Täter bestimmt sind, erfasst. Dabei ist jedoch zu beachten, dass auch eine Übermittlung im Internet oder in einem Drahtlosnetzwerk

---

31 BT-Drucks. 16/3656, S. 10; *Fischer*, § 202a, Rn. 8 ff., 11b.
32 Eingehend zur Strafbarkeit des Phishing *Goeckenjan*, wistra 2009, 47 ff.; vgl. zu Skimming und Phishing in der Fallbearbeitung *Wörner/Hoffmanns*, Jura 2013, 742 ff.
33 Lesenswert zu den Grundsätzen des Urheberstrafrechts *Klein*, JA 2014, 487 ff.
34 Vgl. BT-Drucks. 16/3656, S. 11.
35 Vgl. BT-Drucks. 16/3656, S. 11.

nichtöffentlich sein kann, dies selbst dann, wenn es sich um Daten öffentlich zugänglicher Art handelt.³⁶ Zu beachten ist wiederrum § 202c StGB.

V. Vorbereiten des Ausspähens und Abfangens von Daten nach § 202c StGB

1. Geschütztes Rechtsgut und Verhältnis zu anderen Delikten

541c Durch die Einführung von § 202c StGB sollen bestimmte besonders gefährliche Vorbereitungshandlungen unter Strafe gestellt werden. Bisher waren solche Verhaltensweisen nur als Beihilfehandlungen nach § 27 StGB strafrechtlich erfasst. Fehlte es an der Haupttat, lag nur eine nicht strafbare versuchte Beihilfe vor. Aufgrund der hohen Gefährlichkeit solcher Tathandlungen wurde daher ein eigenständiges Strafbedürfnis gesehen und der Tatbestand als abstraktes Gefährdungsdelikt ausgestaltet.³⁷ Wird die Straftat tatsächlich durch den Täter begangen, tritt § 202c StGB als mitbestrafte Vortat zurück. Gleiches gilt im Falle der Beihilfe, wenn der Tatbeitrag sich in der Tat nach § 202c StGB erschöpft.³⁸

2. Tatobjekte und Tathandlung

§ 202c I Nr. 1 StGB erfasst das Herstellen, Verschaffen oder Zugänglichmachen von Passwörtern oder sonstigen Sicherheitscodes, wenn die Tathandlung erfolgt, um eine Straftat nach den §§ 202a, 202b StGB bzw. §§ 303a, 303b StGB vorzubereiten. Von § 202c I Nr. 2 StGB werden sog. Hacker-Tools erfasst.³⁹ Dies sind Programme, die den Zweck haben, als Werkzeug zur Begehung der genannten Straftaten zu dienen. Zu beachten ist, dass der Tatbestand durch eine Verweisung auf § 149 II, III StGB die Möglichkeit der tätigen Reue zulässt (vgl. § 202c II StGB). Zur Strafbarkeit des Phishings vgl. unten Rn. 544 a. E.

VI. Datenhehlerei nach § 202d StGB

1. Geschütztes Rechtsgut

541d Der neue Straftatbestand der Datenhehlerei⁴⁰ ist auf den Schutz des formellen Datengeheimnisses ausgerichtet. In Sachverhalten, in denen es bereits zuvor durch eine rechtswidrige Vortat verletzt worden ist, soll der Perpetuierung dieser Verletzung vorgebeugt werden. Der Tatbestand übernimmt daher die Funktion des Tatbestands der Sachhehlerei (§ 259 StGB) und überträgt diese auf den Umgang mit Daten.

---

36 Vgl. BT-Drucks. 16/3656, S. 11.
37 Vgl. BT-Drucks. 16/3656, S. 12.
38 *Rengier*, BT/2, § 31, Rn. 38; *Fischer*, § 202c, Rn. 10.
39 Zur kritischen Auseinandersetzung mit dem Anwendungsbereich dieses Tatbestands siehe *Stuckenberg*, wistra 2010, 41 ff.
40 Instruktiv und zum Teil sehr kritisch zu dieser neuen Vorschrift *Berghäuser*, JA 2017, 244 ff.; *Singelnstein*, ZIS 2016, 432 ff.; *Stuckenberg*, ZIS 2016, 526 ff.

2. Tatobjekte und Tathandlung

Geschützte Tatobjekte sind ausschließlich Daten im Sinne von § 202a II StGB, die überdies nicht allgemein zugänglich sein dürfen und aus einer rechtswidrigen Vortat, etwa einem Geheimnisverrat nach § 17 UWG, erlangt worden sind. Datenhehlerei begeht, wer die Daten sich oder einem anderen verschafft, einem anderen überlässt, verbreitet oder sonst zugänglich macht. Ein Sich-Verschaffen der Daten liegt dann vor, wenn der Täter die Daten in seine tatsächliche Verfügungsgewalt bringt (z. B. indem er die Daten kopiert). Entsprechend werden die Daten einem anderen verschafft, wenn der Täter einem anderen die tatsächliche Möglichkeit eröffnet, über die Daten als eigene zu verfügen (z. B. indem er die Daten an einen anderen weitergibt), wobei man von einem Überlassen spricht, wenn diese tatsächliche Verfügungsgewalt nur vorübergehend eingeräumt wird. Ein Verbreiten setzt voraus, dass die Daten einem größeren, nicht notwendig unbestimmten Personenkreis zugänglich gemacht werden, wobei die Daten in die Sphäre der Nutzer gelangen müssen (so z. B., wenn die vom Täter an die Nutzer versendeten Daten im Arbeitsspeicher deren jeweiligen Rechners festgehalten werden). Demgegenüber genügt es für ein Zugänglichmachen bereits, dass den Nutzern nur die Möglichkeit des Zugriffs eröffnet wird, ohne dass es zu einer solchen, auch nur vorübergehenden Speicherung kommen muss. Bei all diesen Tathandlungen muss der Täter der Datenhehlerei einverständlich mit dem Vortäter zusammenwirken.

3. Subjektiver Tatbestand und Tatbestandsausschluss

In subjektiver Hinsicht muss der Täter nicht nur vorsätzlich, sondern darüber hinaus auch in der Absicht handeln, sich oder einen Dritten zu bereichern oder einen anderen (z. B. durch die öffentliche Bloßstellung der Person) zu schädigen. Bedeutsam ist schließlich vor allem § 202d III StGB, der solche Handlungen vom Tatbestand des Abs. 1 ausnimmt, die ausschließlich der Erfüllung rechtmäßiger dienstlicher oder beruflicher Pflichten dienen. Als Beispiel dafür hat der Gesetzgeber in § 202d III S. 2 Nr. 1 StGB Handlungen von Amtsträgern oder deren Beauftragten genannt, mit denen die Daten ausschließlich der Verwertung in einem Besteuerungsverfahren, einem Strafverfahren oder einem Ordnungswidrigkeitenverfahren zugeführt werden sollen, sowie in § 202d III S. 2 Nr. 2 StGB solche beruflichen Handlungen der in § 53 I S. 1 Nr. 5 StPO genannten Personen, mit denen Daten entgegengenommen, ausgewertet oder veröffentlicht werden. Vom Tatbestand der Datenhehlerei ausgenommen hat der Gesetzgeber auf diese Weise insbesondere den Ankauf illegal erlangter Steuer-CDs durch staatliche Stellen und auch die Verschaffung und Verarbeitung von Datenmaterial durch Personen, die an der Vorbereitung, Herstellung oder Verbreitung von Druckwerken, Rundfunksendungen, Filmberichten oder der Unterrichtung oder Meinungsbildung dienenden Informations- und Kommunikationsdiensten berufsmäßig mitwirken (Tatbestandsausschluss zum Schutz der Pressefreiheit!).[41]

---

41 Zu den vorstehend angeführten Definitionen der einzelnen Tathandlungen der Datenhehlerei s. BT-Drucks. 18/5088, S. 46 f., u. vgl. die Definitionen der gleichlautenden Tathandlungen des § 202c StGB bei LK-*Hilgendorf*, § 202c Rn. 22; NK-*Kargl*, § 202d Rn. 11 ff.; zusf. *Berghäuser*, JA 2017, 244.

VII. Computerbetrug nach § 263a StGB

Vgl. zu dieser Vorschrift bereits den beim Diebstahl besprochenen Codekartenmissbrauch (Rn. 223 f.) sowie die ebenfalls im Rahmen des Diebstahls behandelte Abgrenzung von Diebstahl und Computerbetrug bei der manipulativen Nutzung einer Selbstbedienungskasse (Rn. 210c ff.).[42]

Achtung Klausur: *Schon diese beiden Fälle des Codekartenmissbrauchs und der Selbstbedienungskasse haben gezeigt, dass es bei der Prüfung des § 263a StGB vor allem immer wieder um zwei Probleme geht: Es muss* erstens *bei der unbefugten Verwendung von Daten nach § 263a I Alt. 3 StGB nach h. M. vergleichbar dem Betrug ein* **täuschungsäquivalentes Verhalten** *gegeben sein (beim Codekarten-Fall war dies zu bejahen, beim Selbstbedienungskassen-Fall war dies fraglich; auch die computerspezifische und die subjektive Auslegung sind natürlich in diesem Rahmen in der Klausur zu nennen). Es muss zweitens ebenfalls vergleichbar dem Betrug bei § 263a StGB die* **Vermögensminderung unmittelbar,** *d. h. ohne weitere Zwischenhandlung des Täters, des Opfers oder eines Dritten durch den Datenverarbeitungsvorgang selbst eintreten (das ist beim Codekarten-Fall zu bejahen, weil der Geldautomat das Geld unmittelbar auswirft; dagegen ist dies beim Selbstbedienungskassen-Fall zu verneinen, weil die Kasse nicht den Playboy auswirft). Sich diese beiden Schwerpunkte zu merken, nützt mehr als das Studium zahlreicher Fälle!*

1. Geschütztes Rechtsgut

542 § 263a StGB schützt das Vermögen.[43] Sofern durch die gleiche Handlung bereits ein Diebstahl nach § 242 StGB oder ein Betrug nach § 263 StGB angenommen werden kann, gehen diese Tatbestände dem § 263a StGB grundsätzlich vor (Exklusivitätsverhältnis).[44] Dafür spricht insbesondere, dass § 263a StGB vom Gesetzgeber nur zur Schließung von Strafbarkeitslücken aufgenommen wurde. Kann die Strafbarkeit also bereits wegen Gewahrsamsbruchs oder wegen einer auf Täuschung beruhenden Vermögensverfügung angenommen werden, so hat § 263a StGB keinerlei eigenständige Bedeutung mehr, weil sein Unrechtsgehalt nicht über die genannten Delikte hinausgeht. Allerdings tritt die Unterschlagung wegen formeller Subsidiarität hinter § 263a StGB zurück (vgl. § 246 I a. E. StGB). Fraglich ist allerdings, wie es sich verhält, wenn der Täter zunächst deliktisch eine Bankkarte und die dazugehörige PIN erlangt und anschließend Geld damit abhebt. Bei einer Erlangung durch Diebstahl oder Erpressung ist der BGH in der Vergangenheit davon ausgegangen, dass zusätzlich zu dem zunächst verwirklichten § 242 oder § 253 StGB noch ein in Tatmehrheit dazu stehender § 263a StGB verwirklicht werde. Bei Erlangung von Karte und PIN durch Betrug soll dies aber nach einer neueren Entscheidung des 2. Senats nicht gelten:

---

42 Lesenswert zu Computerbetrug/Diebstahl auch OLG Düsseldorf NJW 2000, 158; *Kudlich*, JuS 2001, 20 ff.; *Kraatz*, Jura 2010, 36 ff.
43 Vgl. dazu BGHSt 40, 334; Lackner/Kühl/*Heger*, § 263a, Rn. 2; NK-*Kindhäuser*, § 263a, Rn. 2; *Wessels/Hillenkamp/Schuhr*, BT/2, Rn. 602. Vgl. zum Computerbetrug bei Abbuchungsauftragslastschrift *Schuhr*, JR 2013, 572.
44 Die Konkurrenzfragen sind im Einzelnen jedoch sehr umstritten, vgl. *Fischer*, § 263a, Rn. 38 m. w. N.; Lackner/Kühl/*Heger*, § 263a, Rn. 29, 30.

Beispiel:[45] S und G nahmen, gemeinsam mit jeweils mindestens einem weiteren Beteiligten in wechselnder Besetzung, älteren Personen die Bankkarte nebst Geheimzahl durch Täuschungshandlungen (sie gaben sich als Mitarbeiter der Bank aus) ab und hoben damit später an Geldautomaten Geld vom Konto der Geschädigten ab.

Lösung: Laut BGH scheidet eine Strafbarkeit wegen Computerbetrugs gemäß § 263a I Var. 3 StGB durch Benutzung einer Code-Karte und dazugehöriger PIN-Nummer aus, wenn diese zuvor im Wege eines Betrugs nach § 263 StGB erlangt wurden. Dies ergebe sich aus einer notwendigen Gesamtbetrachtung des Geschehens, wonach der Täter in einem solchen Fall zwar den berechtigten Inhaber von Bankkarte und Geheimnummer im Sinne von § 263 StGB betrügt, nicht aber zusätzlich den Geldautomaten im Sinne von § 263a StGB, wenn er die echte Bankkarte und die richtige Geheimnummer benutzt. Das ist freilich zweifelhaft, da eher umgekehrt fraglich ist, weshalb durch die Erlangung der Karte bereits eine schadensgleiche Vermögensgefährdung entstanden sein soll. Der eigentliche – auch in der Höhe bezifferbare Schaden – tritt nämlich erst durch die Abhebung ein, sodass das Verhältnis der Tathandlungen geradezu umgekehrt sein sollte. Auch ist es wenig verständlich, dass die Einschlägigkeit des § 263a StGB bei vorangegangener Erpressung bejaht und bei einem vorausgehenden Betrug verneint wird.

Achtung Klausur: *Hat sich der Täter einen Gegenstand bereits nach § 263a I StGB zugeeignet, so kommt eine spätere nochmalige Zueignung nach § 246 StGB nicht mehr in Betracht, weil eine Zueignung nach einer Zueignung nach wohl richtiger Auffassung bereits tatbestandlich ausscheidet.*[46] *In diesem Fall kommt es also nicht mehr auf die Subsidiaritätsklausel des § 246 I StGB an, sondern § 246 StGB ist bereits tatbestandlich ausgeschlossen, sofern man nicht einer Mindermeinung folgt, die das Problem auf Konkurrenzebene lösen will (sog. Konkurrenzlösung, die § 246 StGB gegenüber anderen Vermögensdelikten als mitbestrafte Nachtat betrachtet; jedoch ist dies gegenüber § 263a StGB sogar umstritten, weshalb etwa Ranft sogar einen Vorrang des § 246 StGB annimmt, weil § 263a StGB – wie gesehen – nur Lückenfüllungsfunktion hat).*[47]

2. Tatobjekte und Tathandlungen

a) Tatobjekt ist grundsätzlich das Ergebnis eines Datenverarbeitungsvorgangs, wobei sich aus der Gesetzgebungsgeschichte ergibt, dass nur elektronische Datenverarbeitungsvorgänge und nicht mechanische – wie etwa das Zahlenschloss bei einem Tresor – gemeint sind.[48]

b) In Klausuren spielt vor allem die 3. Alternative, also die unbefugte Verwendung von Daten, eine herausragende Rolle. Umstritten ist dabei vor allem die Auslegung des Merkmals „unbefugt". Dazu werden im Wesentlichen drei Auffassungen vertreten:

– Die erste Auffassung legt das Merkmal wortlautgemäß weit aus und sieht darin jedes Handeln gegen den erkennbaren Willen des Verfügungsberechtigten.[49]
– Eine zweite Auffassung verlangt einschränkend, dass der Täter im Rahmen des Datenverarbeitungsvorgangs einen programmwidrigen Arbeitsvorgang hervorgerufen

---

45 BGH NStZ 2016, 149 m. krit. Anm. *Jäger*, JA 2016, 151 ff.; *Kraatz*, JR 2016, 312 ff.; *Piel*, NStZ 2016, 151 f.
46 Vgl. BGHSt 38, 120; a. A. *Otto*, JZ 1993, 567.
47 *Ranft*, JR 1989, 165.
48 Vgl. *Fischer*, § 263a, Rn. 3.
49 *Bühler*, MDR 1991, 14, 16; *Mitsch*, JZ 1994, 877, 883 f.; *Hilgendorf*, JuS 1997, 130; *Ranft*, JuS 1997, 22.

hat, indem er auf computerspezifische Weise ordnungswidrig auf die Datenverarbeitung einwirkt.⁵⁰
– Eine dritte Auffassung will § 263a StGB näher an den Betrug anlehnen und verlangt einschränkend täuschungsähnliches Verhalten (betrugsäquivalente Auslegung⁵¹), d. h. dasselbe Verhalten müsste gegenüber einem Menschen „als mindestens schlüssige Behauptung der Befugnis zu deuten sein".⁵²
– Stellungnahme: Die besseren Gründe sprechen für die letztgenannte Auffassung. Insbesondere beugt sie einer unangemessenen Ausuferung des Tatbestandes vor und ist allein in der Lage, die mit § 263 StGB bestehende ähnliche Struktur zu wahren.⁵³

544 Zum Ganzen einige Beispiele:

Beispiel 1: A wählte sich mittels einer drahtlosen Netzwerkverbindung in das offene und über einen W-LAN-Router betriebene Funknetzwerk des B ein. Er beabsichtigte, die Internetnutzung ohne Zahlung eines Entgeltes zu erlangen. Strafbarkeit nach dem StGB?⁵⁴

Lösung: Das LG Wuppertal hat hier zu Recht eine Strafbarkeit nach § 202a StGB verneint, da die Daten gerade nicht gegen unberechtigten Zugang besonders gesichert waren. Auch hat es eine Strafbarkeit nach § 202b StGB abgelehnt, da die Nicht-Öffentlichkeit der Datenübermittlung vorliegend zu verneinen sei. Bei objektivem Verständnis seien die IP-Daten an einen zahlenmäßig nicht begrenzten Personenkreis gerichtet und damit auch für den A bestimmt. Auch eine Strafbarkeit wegen Computerbetruges wird vom LG Wuppertal unter Zugrundelegung der betrugsspezifischen Auslegung verneint. Unbefugt ist die Verwendung danach nur, wenn sie gegenüber einer natürlichen Person Täuschungscharakter hätte. An einer solchen täuschungsgleichen Handlung fehle es hier aber, da bei einem unverschlüsselt betriebenen W-LAN dem Klienten durch den Router automatisch eine interne IP-Adresse zugewiesen werde, ohne dass eine wie auch immer geartete Prüfung einer Zugangsberechtigung stattfinde. Dem Einwählen komme daher keinerlei Täuschungswert zu. Schließlich scheitere auch eine Strafbarkeit nach § 265a StGB. Diese setze nicht nur als ungeschriebenes Tatbestandsmerkmal die Entgeltlichkeit der erschlichenen Leistung voraus, sondern es müsse zudem eine Inanspruchnahme unter Umgehung der von dem Berechtigten gegen unerlaubte Benutzung geschaffenen Sicherungsvorkehrungen stattfinden. Hieran fehle es aber gerade aus den soeben genannten Gründen. Ebenfalls nicht gegeben sind die Straftatbestände der Computersabotage und der Datenveränderung, auf die das LG Wuppertal nicht mehr eingegangen ist. Ein tatbestandsmäßiges Verhalten i. S. d. § 303a StGB kommt nämlich nur dann in Betracht, wenn der Täter das offene oder ungeschützte W-LAN-Netz dazu benutzt, um an vorhandenen Daten Manipulationen vorzunehmen, nicht aber, wenn er sich durch das Netz lediglich einen Zugang zum Internet verschaffen will.⁵⁵ Auch § 303b StGB ist tatbestandlich nicht erfüllt, da A nicht durch eine der in § 303b I Nr. 1–3 StGB genannten Handlungen eine Datenverarbeitung, die für B von wesentlicher Bedeutung war, gestört hat.

Beispiel 2: A war freiwillig krankenversichert. Nachdem er die Beiträge nicht zahlte, kündigte ihm die Versicherung und forderte die Versicherungskarte heraus. A benutzte die Karte jedoch

---

50 *Achenbach*, JR 1994, 293, 295; *Arloth*, Jura 1996, 354, 357 f.; *Neumann*, JuS 1990, 535.
51 Näher dazu *Wachter*, NStZ 2018, 241 ff.
52 *Wessels/Hillenkamp/Schuhr*, BT/2, Rn. 613; *Fischer*, § 263a, Rn. 11; Lackner/Kühl/*Heger*, § 263a, Rn. 13; *Mühlbauer*, wistra 403, 244, 248 ff.
53 Wie hier OLG Köln NJW 1992, 125; OLG Karlsruhe StV 203, 168; *Rengier*, BT/1, § 14, Rn. 14; *Wessels/Hillenkamp/Schuhr*, BT/2, Rn. 613; LK-*Tiedemann*, § 263a, Rn. 44; *Fischer*, § 263a, Rn. 11; a. A. NK-*Kindhäuser*, § 263a, Rn. 25; *Mitsch*, BT/II, S. 396; SK-*Günther*, § 263a, Rn. 15 f.
54 LG Wuppertal NJW-Spezial 2010, 729 f.
55 *Bär*, MMR 2005, 438 f.

weiterhin bei Arztbesuchen, bei denen die Karte jeweils in den Computer eingelesen wurde. Die Krankenkasse musste die Behandlungskosten in Höhe von 4000 € nach §§ 72 I, 73 II SGB V erstatten.[56]

Lösung: Hier hat A zwar durch unrichtige Daten (A war in Wahrheit nicht mehr versichert) das Ergebnis eines Datenverarbeitungsvorgangs beeinflusst (§ 263a I Alt. 2 StGB). Dennoch scheitert eine Strafbarkeit nach § 263a StGB an der Unmittelbarkeit des Verfügungsvorgangs, da die Vermögensminderung nicht unmittelbar durch den Computer bewirkt wurde, sondern erst die Leistung des Arztes erfolgen musste. Gegeben ist aber ein Dreiecksbetrug nach § 263 StGB gegenüber dem Arzt und zu Lasten der Krankenkasse. Es sind eine Täuschung über die Versicherteneigenschaft sowie ein entsprechender Irrtum des Arztes durch Vorlage der Karte zu bejahen. Durch die Behandlung verfügte der Arzt auch über das Vermögen der Kasse, weil er sie mit rechtlicher Bindungswirkung nach §§ 72 I, 73 II SGB V zur Erstattung der Behandlungskosten verpflichtete, was nach § 19 VIII BundesmantelvertragÄrzte selbst dann gilt, wenn der Versicherte für den Arzt nicht erkennbar keinen Versicherungsschutz mehr genießt. Die Kasse erlitt daher durch die Erstattung der Behandlungskosten auch einen entsprechenden Schaden.

Beispiel 3: A besorgte sich widerrechtlich das Programm eines Glücksspielautomaten. Dadurch konnte er mit der sog. Risikotaste Gewinne erzielen, weil er mit Hilfe des Programms feststellen konnte, an welcher Stelle sich der „Glücksspielvorgang" gerade befand.[57]

Lösung: Hier kommen die erste und die dritte Auffassung (A verstieß gegen den subjektiven Willen des Berechtigten und er würde einem Menschen gegenüber konkludent die Eingehung des typischen Spielrisikos erklärt haben) zur Annahme des § 263a StGB. Die zweite Auffassung müsste dagegen § 263a StGB verneinen, da der Automat ordnungsmäßig bedient, d. h. nicht ordnungswidrig auf die Datenverarbeitung eingewirkt wurde. Zu folgen ist der dritten Auffassung (s. o.).

Im Übrigen hat der BGH hier eine Strafbarkeit wegen unbefugter Verwertung eines Betriebsgeheimnisses nach § 17 II Nr. 2 i. V. m. I Nr. 1a UWG angenommen, weil Spielprogramme angesichts des berechtigten Geheimhaltungsinteresses Betriebsgeheimnisse seien, die sich A unbefugt verschafft und vorsätzlich und aus Eigennutz verwertet habe.

Zusatzfrage: Hat sich A auch nach §§ 242, 246, 265a StGB strafbar gemacht?

Lösung: Hier gilt das Gleiche wie beim Codekartenmissbrauch durch den Unberechtigten (vgl. also oben Rn. 223 f.).

Hinweis: *Der ganze Problemkomplex ist jedoch noch nicht geklärt und insbesondere durch eine Entscheidung des OLG Celle (vgl. sogleich Schwedische Kronen-Fall, Rn. 546 f.) unklar geworden. Das OLG Celle würde hier nämlich unter Umständen in betrugsnaher Auslegung § 263a StGB doch verneinen, weil es an einer Unmittelbarkeit des „Verfügungsvorgangs" fehlt. Stattdessen will das OLG bei Automatenmanipulationen einen Diebstahl annehmen, womit es sich in der Frage der „Wegnahme" nur scheinbar gegen die Codekarten-Entscheidung des BGH stellt.* 545

Beispiel 4: Der berechtigte Karteninhaber überzieht mit seiner Karte unbefugt sein Konto. Strafbarkeit nach § 263a I Alt. 3 StGB?

Lösung: Dieses Verhalten fällt nach richtiger Auffassung nicht unter § 263a StGB.[58] Zwar wird von einem Teil der Literatur auch in diesem Fall § 263a StGB für einschlägig erachtet, was da-

---

56 Fall nach OLG Hamm NJW 2006, 2341.
57 BGHSt 40, 331 m. Bspr. *Arloth*, Jura 1996, 354; *Achenbach*, NStZ 1996, 538; *Hilgendorf*, JuS 1997, 130; *Mitsch*, JR 1995, 432; *Neumann*, StV 1996, 375; *Ranft*, JuS 1997, 19; *Otto*, JK, § 263a/8.
58 Vgl. BGHSt 47, 160 m. Bspr. *Kudlich*, JuS 2003, 537; *Zielinski*, JR 2002, 342.

mit begründet wird, dass sich der Täter vertragswidrig verhalte.[59] Jedoch widerspricht dem die überwiegende Literatur zu Recht, weil es nicht genügt, dass lediglich eine das Innenverhältnis zwischen Bank und Codekarteninhaber betreffende Befugnis überschritten wird.[60] Der Nichtberechtigte muss vielmehr durch verbotene Eigenmacht in Besitz der Daten gelangt sein. Dies begründet sich aus der Tatbestandsgleichheit zwischen § 263a StGB und § 263 StGB, die einen Vergleich mit der Täuschungssituation beim Betrug erfordert. Letztgenannte Auffassung dürfte auch deshalb der Vorzug zu geben sein, weil anderenfalls das Strafrecht zum Vollstrecker des Zivilrechts würde, d. h. jede Vertragswidrigkeit (u. U. sogar die Weitergabe der Karte an Dritte zum Zwecke einer Geldabhebung aus Gefälligkeit) könnte auf diese Weise in einen Computerbetrug uminterpretiert werden. Das Verhalten fällt vielmehr unter § 266b StGB, weil es dem Untreuetatbestand wesentlich näher steht und § 266b StGB vom Gesetzgeber gerade zur Erfassung dieses Verhaltens eingeführt wurde (historische Auslegung). Allerdings passt § 266b StGB nur, wenn der Berechtigte bei einer Drittbank (Außenverhältnis!) unter Überschreitung der im Innenverhältnis bestehenden Bindungen Geld „zieht". Die Überziehung durch Abhebung bei der eigenen Bank unterliegt dagegen nach Auffassung des BayObLG nicht der Strafbarkeit.[61] Allerdings beruhte die Möglichkeit, sich Geld am Automaten zu ziehen, im Falle des BayObLG auf einem vom Täter bewusst ausgenutzten technischen Defekt des Geldausgabegeräts. In diesem Fall wird man ein Übereignungsangebot der Bank verneinen und damit als Auffangtatbestand § 246 StGB in Erwägung ziehen können. In der Literatur wird für diesen Fall des technischen Defekts sogar teilweise Diebstahl angenommen;[62] dagegen spricht aber, dass für ein fehlendes Einverständnis der Bank keine äußerlich erkennbaren Anzeichen bestehen und daher wohl nicht von einem Gewahrsamsbruch ausgegangen werden darf.

Beispiel 5: A, der am Online-Banking der bundesweit tätigen C-Bank teilnimmt, bekommt von B eine E-Mail zugesandt. Die E-Mail ist täuschend echt mit dem Logo und dem Corporate Design der C-Bank versehen. Ebenso lautet die Absenderadresse zum Verwechseln ähnlich der der C-Bank. In der E-Mail wird A aufgefordert Geheimzahl (PIN) sowie eine Transaktionsnummer (TAN) zu übermitteln, um ein angebliches Sicherheitsproblem zu lösen. A kommt dem nach und übermittelt die Daten. B nutzt diese umgehend, um vom Konto des A, über Zwischenkonten, mehrere tausend Euro abzubuchen (sog. **Phishing**[63]).

Lösung: Durch die Erlangung (1. Tatkomplex) hat sich B des Betruges nach § 263 I StGB schuldig gemacht. Eine Täuschungshandlung sowie ein entsprechender Irrtum bei A liegen vor. Eine Verfügung ist in der Preisgabe der Daten zu sehen.[64] Da die Abbuchung unmittelbar erfolgt, ist auch ein Vermögensschaden in Form einer schadensgleichen Vermögensgefährdung durch die Erlangung der Daten gegeben.[65] Fraglich ist, ob auch eine Strafbarkeit wegen Vorbereitens des Ausspähens von Daten nach § 202c I Nr. 1 StGB vorliegt. Dazu müsste eine Straftat nach § 202a I StGB durch die Erlangung der Daten vorbereitet werden. Teilweise wird argumentiert, dass sich der Täter durch die Herausgabe des Passwortes den späteren Zugang auf die besonders geschützten Kontodaten verschafft.[66] Dies ist jedoch abzulehnen. Die Daten werden nur durch schlichte Täuschung erlangt. Durch die spätere Benutzung von PIN und TAN erhält der Täter Zugang zu den Kontodaten durch bestimmungsgemäße Aufhebung des Zugangsschutzes. Somit liegt § 202a I StGB tatbestandlich nicht vor und konsequenterweise muss auch eine Strafbarkeit nach § 202c I Nr. 1 StGB verneint werden.[67] Zu bejahen ist jedoch vorliegend § 269 I StGB. Da

---

59 Lackner/Kühl/*Heger*, § 263a, Rn. 14; *Maurach/Schroeder/Maiwald*, BT/I, § 41 VI, Rn. 233.
60 *Sch/Sch/Perron*, § 263a, Rn. 11 m. w. N.
61 BayObLG NJW 1997, 3039.
62 *Löhrig*, JR 1999, 362.
63 Ausführlich zu Erscheinungsformen des Phishing siehe *Goeckenjan*, wistra 2009, 47 ff.; interessant auch zur Nutzung fremder Packstationsdaten *Brand*, NStZ 2013, 7 ff.
64 Ablehnend in diesen Fällen *Graf*, NStZ 2007, 129.
65 A. A. hier wohl *Heghmanns*, wistra 2007, 167, 168.
66 *Fischer*, § 202a, Rn. 9a; *Gercke*, CR 2005, 606, 608.
67 So auch *Graf*, NStZ 2007, 129. 131; a. A. *Rengier*, BT/2, § 31, Rn. 39.

die E-Mail des B, die vorgibt von der C-Bank zu stammen, täuschend echt aussieht, ist eine Datenurkunde i. S. v. § 269 I StGB gegeben. Dabei schließt § 269 StGB die Lücke, die § 267 StGB aufgrund fehlender verkörperter Gedankenerklärung bei elektronischer Datenübermittlung hinterlässt.[68] Diese falsche Datenurkunde wurde dem A auch zugänglich gemacht und damit gebraucht. Durch das Einwählen in das Online-Banking des A (2. Tatkomplex) macht sich B zudem wegen Computerbetruges nach § 263a I Alt. 3 StGB durch die unbefugte Verwendung der erlangten Daten strafbar.

Die vierte Alternative des § 263a StGB (sonst unbefugte Einwirkung auf den Ablauf) ist nur Auffangtatbestand, hat also nur Bedeutung, wenn keine der anderen drei Alternativen erfüllt ist.[69] **546**

Hinweis: *Bei den soeben geschilderten Fällen ist die jeweilige Alternative des § 263a StGB genau zu prüfen; insbesondere gilt dies für den Fall von BGHSt 40, 331 (s. o. Rn. 544), weil hier an mehrere Alternativen gedacht werden kann. Der BGH selbst hat die Frage offen gelassen und einfach den Auffangtatbestand der 4. Alternative angewandt (siehe Näheres in der Entscheidung).* **547**

---

68 *Heghmanns*, wistra 2007, 167.
69 Lackner/Kühl/*Heger*, § 263a, Rn. 15; *Wessels/Hillenkamp/Schuhr*, BT/2, Rn. 617; *Sch/Sch/Perron*, § 263a, Rn. 16; *Fischer*, § 263a, Rn. 18.

§ 19 Delikte gegen die Rechtspflege

A. Allgemeines

548 Im Bereich dieser Delikte können vor allem Standardprobleme durchaus zum Examensgegenstand werden.

Wenn in der Klausur ein Sachverhalt geschildert ist, in dem der Täter falsch aussagt, so müssen Sie an folgende Delikte denken: §§ 153 ff., 145d, 164, 258 StGB!

Bedenken Sie: Wenn jemand vor der Polizei oder Staatsanwaltschaft falsch aussagt, so kommen die §§ 153 ff. StGB – darauf kann man in der Klausur kurz hinweisen, um dem Korrektor dieses Wissen anzuzeigen – nicht zur Anwendung, da die Polizei keine zur eidlichen Vernehmung zuständige Stelle ist[1] (häufiger und schwerer Fehler, der regelmäßig zu berechtigt hohen Punktabzügen führt!). In derartigen Fällen kommt – je nach Aussageinhalt – lediglich die Anwendung der §§ 145d, 164, 258 StGB in Betracht, etwa wenn der von der Polizei Befragte lügenhaft einen Unschuldigen als Täter bezeichnet.

Die §§ 153 ff. StGB kommen auch niemals zu Lasten des Angeklagten (lies § 153 StGB!) zur Anwendung. Die Lüge des Angeklagten zur eigenen Verteidigung ist also nicht strafbar (auch nicht als Strafvereitelung nach § 258 StGB, vgl. § 258 I StGB: „... ein anderer ..."), es sei denn, der Angeklagte lenkt den Verdacht auf einen anderen (dann kommen §§ 145d, 164 StGB in Frage).

B. Aussagedelikte nach §§ 153 ff. StGB[2]

I. Allgemeine Probleme

1. Falsche Aussage

549 a) Ob eine Aussage falsch ist, ist für alle Aussagedelikte relevant und wird von der h. M. nach der objektiven Theorie bestimmt. Danach ist eine Aussage falsch, wenn sie inhaltlich nicht mit der Wirklichkeit übereinstimmt (Auseinanderfallen von Wort und Wirklichkeit).[3]

b) Die subjektive Theorie geht demgegenüber davon aus, dass eine Aussage nur dann falsch ist, wenn sie sich inhaltlich nicht mit dem Vorstellungsbild des Aussagenden deckt (Auseinanderfallen von Wort und Wissen).[4]

---

1 Dies folgt aus § 163 III StPO, der nicht auf die unmittelbar nur für Richter geltenden §§ 59 ff. StPO verweist. Für die Staatsanwaltschaft ergibt sich die Unzuständigkeit zur eidlichen Vernehmung bereits direkt aus § 161a I S. 3 StPO.
2 Lesenswert dazu auch der Überblicksbeitrag von *Hettinger/Bender*, JuS 2016, 577 ff.
3 *Sch/Sch/Bosch/Schittenhelm*, vor §§ 153 ff., Rn. 4; *Gössel/Dölling*, BT/1, § 69, Rn. 5; LK-*Ruß*, vor § 153, Rn. 9; *von Heintschel-Heinegg/Kudlich*, § 153, Rn. 7; krit. *Otto*, BT, § 97, Rn. 8; OLG Koblenz JR 1984, 422 m. krit. Anm. *Bohnert*.
4 OLG Bremen NJW 1960, 1827; krit. *Maurach/Schroeder/Maiwald*, BT/II, § 75, Rn. 15.

c) Die Pflichttheorie stellt schließlich darauf ab, ob der Aussagende bei kritischer Prüfung der Erinnerung bzw. der Wahrnehmung das Auseinanderfallen von Aussageinhalt und Wirklichkeit hätte erkennen können.[5]

d) Stellungnahme: Der herrschenden objektiven Theorie dürfte zuzustimmen sein, da nur nach ihr eine sachgerechte Anwendung der §§ 161 ff. StGB möglich ist; diese Vorschriften zeigen, dass einen falschen Eid leistet, wer Wahres zu beschwören glaubt, dies aber in Wahrheit nicht tut. Nach der subjektiven Theorie hätte nämlich der Tatbestand des fahrlässigen Falscheides nur noch einen äußerst schmalen Anwendungsbereich, da er allenfalls bei einem fahrlässigen Sich-Versprechen in Frage käme.[6] Im Übrigen ist auch § 160 StGB nur vor dem Hintergrund der objektiven Theorie verständlich. Denn § 160 StGB meint den Fall, dass der bösgläubige Täter (Hintermann) eine gutgläubige Person (Vordermann) zur Falschaussage verleitet, sodass es sich im Ergebnis um einen gesetzlich geregelten Fall der mittelbaren Täterschaft handelt. Mit der subjektiven Theorie ist dies nicht erklärbar, weil der gutgläubige Vordermann nach dieser Auffassung bereits keine falsche Aussage abgeben würde.[7]

Der Streit wird verdeutlicht durch folgendes

Beispiel: In einem Unterhaltsrechtsstreit eines nichtehelichen Kindes gegen den Beklagten Vater (V) wird die Mutter (M) aufgrund gerichtlichen Beweisbeschlusses auch nach sexuellen Kontakten zu anderen Männern befragt. Sie bestreitet diese unter Eid, weil sie aus Unachtsamkeit davon ausgegangen ist, dass sich ihre kurze Affäre zu X nicht in dem fraglichen Zeitraum, sondern erst später abgespielt hat. Strafbarkeit der M?

550

Lösung: In Betracht kommt Strafbarkeit wegen Meineids nach §§ 153, 154 StGB.

551

Hinweis: *§§ 153, 154 StGB stehen in einem Qualifikationsverhältnis zueinander und sollten daher stets zusammen geprüft werden: Die Aussage unter Eid stellt nämlich gegenüber der uneidlichen Aussage ein „Mehr" dar und umfasst diese, wie sich klar im Fall des Nacheids (= Vereidigung erst nach Aussage) zeigt.[8] Dann kann aber im Fall des Voreids (= Vereidigung vor Aussage) nichts anderes gelten.*

M hat als Zeugin vor Gericht ausgesagt, dass sie im gesetzlichen Empfängniszeitraum keinerlei sexuellen Kontakt zu anderen Männern gehabt habe. Diese Aussage hat sie vor dem zur Eidesabnahme zuständigen Gericht getätigt (der Unterhaltsrechtsstreit wird nicht vor den Gerichten der freiwilligen Gerichtsbarkeit ausgetragen, sondern ist gem. §§ 112 Nr. 1, 231 I, 113 I FamFG Sache der streitigen Gerichtsbarkeit[9]). Fraglich ist jedoch, ob M's Aussage falsch war. Immerhin ist M aufgrund ihrer Unachtsamkeit davon ausgegangen, die Wahrheit zu sagen. Ob eine derartige Divergenz zwischen subjektiver Wahrnehmung und objektiver Sachlage die Falschheit der Aussage berührt, ist umstritten (s. o. Rn. 549). Nach der objektiven Eidestheorie (h. M.) liegt hier eine Falschaussage vor. Nach der subjektiven Theorie liegt hingegen keine Falschaussage vor, da M vorliegend nicht wusste, dass sie objektiv die Unwahrheit sagte. Die Pflichttheorie würde hier zur Annahme einer Falschaussage gelangen, da die M bei gehöriger Prüfung ihrer

---

5 Vgl. hierzu *Otto*, BT, § 97, Rn. 7; *ders.*, JuS 1984, 162; *Schmidhäuser*, BT, § 23, Rn. 10; nahestehend *Dedes*, JR 1977, 444 f.
6 Hierzu etwa *Wolf*, JuS 1991, 177 ff.
7 Vgl. auch *Rengier*, BT/2, § 49, Rn. 8; vgl. auch MüKo-*H.E. Müller*, §153, Rn. 48, der in § 153, Rn. 50 die sog. Wahrnehmungstheorie vertritt.
8 Vgl. Aufbau in *Gössel*, Strafrecht, S. 179 f.; i. Ü. *Gössel/Dölling*, BT/I, § 69, Rn. 44.
9 Insofern braucht auf die Frage, ob eine Vereidigung im Verfahren der freiwilligen Gerichtsbarkeit zulässig ist, hier nicht eingegangen zu werden. Vgl. dazu *Zimmermann*, Praktikum der FG, S. 13, 14; *Schlegelberger*, FG Bd. I, § 15, Rn. 26, 27; ablehn. BGHSt 10, 272.

Erinnerung zur richtigen Einsicht bzgl. ihrer sexuellen Kontakte hätte gelangen können. Für die h. M. spricht die Existenz des § 161 StGB, der voraussetzt, dass eine Aussage auch dann falsch ist, wenn der Aussagende sie subjektiv für richtig hält.[10] § 161 StGB spricht damit sowohl gegen die subjektive Theorie als auch gegen die Pflichttheorie, weil das fehlende Bewusstsein bzw. das herstellbare Bewusstsein, falsch auszusagen, gerade die Fahrlässigkeitssituation des § 161 StGB kennzeichnen.[11] Auch ist § 160 StGB allein mit der objektiven Theorie erklärbar, da durch diese Vorschrift gerade festgestellt wird, dass eine gutgläubige Person, die vom Hintermann benutzt wird, falsch aussagt.[12] M hat nach der zutreffenden objektiven Theorie falsch ausgesagt. Da sie die Falschaussage auch unter Eid abgegeben hat, ist § 154 StGB objektiv erfüllt. Es fehlt jedoch am Vorsatz der M, da sie sich der Tatsache, falsch auszusagen, nicht bewusst war. M hat sich nicht nach §§ 153, 154 StGB strafbar gemacht. Gegeben ist jedoch eine Strafbarkeit der M wegen fahrlässigen Falscheides nach § 161 StGB, da sie aus Unachtsamkeit falsch ausgesagt hat.

Achtung Klausur: *Vorsicht ist hier insofern geboten, als sich die Aussage auf äußere und innere Tatsachen beziehen kann.[13] Betrifft die Aussage nämlich eine innere Tatsache, so fallen objektive und subjektive Theorie denknotwendig zusammen, weil es keine vom inneren Vorstellungsbild trennbare objektive Wirklichkeit gibt.*

Das zeigt folgendes

552 **Beispiel:** Richter R fragt den Zeugen Z, ob er den Angeklagten A am Tatort erkannt zu haben glaubt. Z bejaht dies und beschwört seine Antwort anschließend. Dabei glaubt er tatsächlich, den A am Tatort gesehen zu haben, während sich dieser in Wahrheit – wie sich später durch zahlreiche Zeugenaussagen beweisen lässt – auf einer Urlaubsreise in Italien befand. Strafbarkeit des Z?

553 **Lösung:** Mangels Falschaussage ist bereits der objektive Tatbestand des Meineids nach §§ 153, 154 StGB nicht erfüllt. Hier zielte die Frage des Richters ausschließlich auf das subjektive Vorstellungsbild des Zeugen ab, weil allein seine Erinnerung abgefragt wurde. Gibt der Zeuge sein Vorstellungsbild in Bezug auf Tatzeit und Tatort seiner Erinnerung gemäß wieder, so liegt daher bereits nach der objektiven Theorie keine Falschaussage vor. Zum gleichen Ergebnis kommen hier selbstverständlich auch die subjektive Theorie sowie die Pflichttheorie.

Hinweis: *Es macht also tatsächlich einen Unterschied, ob der Richter den Zeugen nach der Anwesenheit des Täters am Tatort fragt, oder ob der Richter den Zeugen fragt, ob er den Angeklagten erkannt zu haben glaubt. Jedoch liegt dieser Unterschied letztlich in der Natur der Sache, weil der Richter im einen Fall die Wirklichkeit abfragt und im anderen Fall nur die Vorstellung.*

Auch liegt in diesem Fall kein fahrlässiger Falscheid nach § 161 StGB vor, weil Z sein Vorstellungsbild ja richtig wiedergibt.

2. Verpflichtung zur Wahrheit

554 Die in §§ 153 ff. StGB geforderte Wahrheitspflicht betrifft sämtliche Aussagen, die Gegenstand der Vernehmung sind, wobei umstritten ist, ob zum Vernehmungsgegenstand auch solche Tatsachen zählen, die dem gerichtlichen Beweisbeschluss nicht unterfallen. Das zeigt folgender

---

10 Vgl. *Joecks/Jäger*, vor § 153, Rn. 6.
11 Die Pflichttheorie ist bei § 161 StGB freilich genötigt, falsche und sorgfaltspflichtwidrige Aussagen gleichzustellen.
12 *Rengier*, BT/2, § 49, Rn. 8.
13 Zum Begriff der „inneren" Tatsache vgl. *Gössel/Dölling*, BT/1, § 69, Rn. 6; *Küper/Zopfs*, BT, S. 36 f.

Fall 78: In einem Unterhaltsrechtsstreit eines nichtehelichen Kindes gegen den beklagten Vater (V) wird die Mutter (M) als Zeugin über den Mehrverkehr mit V und ihrem Ehemann (E) befragt. Sie sagt wahrheitsgemäß aus, in der gesetzlichen Empfängniszeit zwar mit V, nicht aber mit E Geschlechtsverkehr gehabt zu haben. Ohne danach gefragt worden zu sein, fügt sie spontan und wahrheitswidrig hinzu, in der fraglichen Zeit auch mit keinem anderen Mann verkehrt zu haben und beeidigt daraufhin diese Aussage. Strafbarkeit der M? (**Unterhaltsstreit-Fall II** nach BGHSt 25, 244 ff.)

555

Lösung:

556

I. In Betracht kommt Strafbarkeit der M wegen **Meineids nach §§ 153, 154 StGB**.

1. Objektiver Tatbestand
M hat als Zeugin vor Gericht – einer zur Eidesabnahme zuständigen Stelle – einen Falscheid geleistet, indem sie erklärte, dass sie in der gesetzlichen Empfängniszeit mit keinem anderen Mann sexuellen Kontakt gehabt habe. Die Falschaussage liegt dabei hier sowohl nach der objektiven als auch nach der subjektiven sowie nach der Pflichttheorie vor, da die M sowohl den tatsächlichen Gegebenheiten zuwider als auch entgegen ihrem (reproduzierbaren) Vorstellungsbild ausgesagt hat.
Problematisch ist, dass die M die Aussage nicht im Rahmen des gerichtlichen Beweisbeschlusses, sondern nur beiläufig und spontan gemacht hat. Fraglich ist daher, ob die Äußerung überhaupt noch zum Vernehmungsgegenstand zu zählen ist, auf den sich die Wahrheitspflicht bezieht.
– Nach h. M. ist dies zu verneinen, weil der Beweisbeschluss den Vernehmungsgegenstand vorgebe. Die Wahrheitspflicht könne daher nur durch nachträgliche richterliche Erweiterung des Beweisthemas (etwa wenn sich der Richter die Äußerung noch einmal bestätigen lässt) darauf erstreckt werden.[14]
– Nach einer Mindermeinung unterliegen dagegen auch Spontanäußerungen der Wahrheitspflicht, wenn sie aufgrund prozessualer Verwertbarkeit die gerichtliche Tatsachenfeststellung gefährden.[15] Begründet wird dies damit, dass die §§ 153 ff. StGB als abstrakte Gefährdungsdelikte generell die Reinheit der Tatsachenfeststellung schützen sollen.[16]
– Stellungnahme: Die besseren Gründe sprechen für die h. M., da die prozessuale Verwertbarkeit nichts über die Zugehörigkeit zum Vernehmungsgegenstand auszusagen vermag. Dieser wird vielmehr allein durch den Beweisbeschluss maßgeblich bestimmt, wobei – wie gezeigt – auch eine nachträgliche Erweiterung möglich ist.[17]

2. Ergebnis: M hat sich nicht nach §§ 153, 154 StGB strafbar gemacht, da sich ihre Wahrheitspflicht nicht auf den die Falschaussage betreffenden Prozessteil bezog.

II. In Betracht kommt jedoch eine Strafbarkeit wegen **versuchten Meineids nach §§ 153, 154, 22, 23 StGB**.

1. Nichtvollendung und Versuchsstrafbarkeit sind gegeben (vgl. dazu soeben sowie § 154 I i. V. m. §§ 23 I, 12 I StGB).

2. Tatentschluss
Dieser setzt voraus, dass die M Umstände angenommen hat, bei deren Vorliegen sie einer Strafbarkeit wegen Meineids unterliegen würde. Dies wäre dann der Fall, wenn sie davon ausgegangen ist, der Richter habe ihre Sexualkontakte allgemein zum Vernehmungsgegen-

---
14 Vgl. *Fischer*, § 154, Rn. 6, § 153, Rn. 6; LK-*Ruß*, vor § 153, Rn. 19 ff.
15 Lackner/Kühl/*Heger*, § 154, Rn. 6; SK-*Rudolphi*, vor § 153, Rn. 25 (8. Auflage); inzwischen der h. M. folgend SK-*Zöller*, § 153, Rn. 17.
16 Vgl. *Otto*, JuS 1984, 164, 171.
17 Vgl. auch *Wessels/Hettinger/Engländer*, BT/1, Rn. 827; BGH NStZ 1982, 464.

stand gemacht. Davon kann vorliegend jedoch nicht ohne Weiteres ausgegangen werden. Naheliegender ist die Annahme, dass sich die M durchaus bewusst war, dass der Richter nur nach einem Mehrverkehr mit V und ihrem Ehemann gefragt hatte und sie ihre daraufhin gegebene Aussage durch die Spontanäußerung noch zusätzlich stützen wollte. In diesem Fall hätte sie alle Umstände, die ihre Aussage aus dem Vernehmungsgegenstand und der daraus folgenden Wahrheitspflicht herausheben, erkannt. Die irrtümliche Annahme, ihr Verhalten würde unter §§ 153 ff. StGB fallen, wäre dann lediglich ein strafloses Wahndelikt.[18]

3. Ergebnis: M hat sich auch nicht wegen versuchten Meineids nach §§ 153, 154, 22, 23 StGB strafbar gemacht.

3. Klausurproblem: Meineid Jugendlicher

557 Äußerst umstritten ist die Frage, ob wegen ihrer Jugend noch nicht Eidesfähige (noch nicht 18 bzw. 16 Jahre alt, vgl. § 60 Nr. 1 StPO; § 393 ZPO) nach §§ 153 ff. StGB strafbar sind, wenn sie doch vereidigt werden und die Eideseinsicht trotz ihrer Jugend besitzen. Der BGH hat dies bejaht.[19] Dagegen wenden sich zu Recht weite Teile der Literatur mit der Begründung, dass die Einführung der Altersgrenze im Gesetz eine unwiderlegliche Vermutung schaffe, dass Jugendlichen unter 16 Jahren die erforderliche Einsicht in den ganz besonderen Unrechtsgehalt eines Eidesdeliktes fehlt.[20]

II. Die klausurbedeutsamen Tatbestände

1. Falsche uneidliche Aussage nach § 153 StGB

558 **Merken Sie sich hier nochmals:** Staatsanwaltschaft und Polizei haben nicht die Zuständigkeit zur eidlichen Vernehmung (vgl. § 161a I S. 3 StPO), sodass eine Falschaussage vor diesen Stellen nicht zu einer Bestrafung nach § 153 StGB, sondern allenfalls nach §§ 258, 164, 145d StGB führt.

Da es sich bei § 153 StGB um ein Vorsatzdelikt handelt, muss sich das Vorstellungsbild des Täters auf die Falschheit der Aussage beziehen. Glaubt der Täter hingegen, dass das, was er aussagt, objektiv wahr ist, so kann allenfalls eine fahrlässige uneidliche Falschaussage gegeben sein, die jedoch straflos ist (vgl. § 161 I StGB, der nur den fahrlässigen Falsch*eid* unter Strafe stellt).

Vollendet ist die Tat erst mit Abschluss der Aussage (die sich über mehrere Gerichtstermine hinziehen kann), sodass strafloser Versuch gegeben und § 158 StGB unanwendbar ist, wenn die falsche Aussage vorher berichtigt wird.[21]

---

18 Wie hier zutr. *Krey/Hellmann/Heinrich*, BT/1, Rn. 753; *Kühl*, AT, § 15, Rn. 100; *Otto*, JuS 1984, 164; *Roxin*, JZ 1996, 986 f.; anders hingegen BGHSt 25, 244 (allerdings ohne jede Begründung und Differenzierung).
19 BGHSt 10, 144; übereinst. Lackner/Kühl/*Heger*, § 154, Rn. 2; *Fischer*, § 154, Rn. 14.
20 Vgl. *Krey/Hellmann/Heinrich*, BT/2, Rn. 555; *Maurach/Schroeder/Maiwald*, BT/II, § 75, Rn. 23; *Otto*, JuS 1984, 166; Sch/Sch/Bosch/Schittenhelm, vor § 153 ff., Rn. 25; *Wessels/Hettinger/Engländer*, BT/1, Rn. 836.
21 Vgl. SK-*Zöller*, § 153, Rn. 44; *Rengier*, BT/2, § 49, Rn. 16.

2. Meineid und eidesgleiche Bekräftigung nach §§ 154, 155 StGB

Hier muss der Zeuge oder Sachverständige im Strafprozess bzw. die Partei im Zivilprozess falsch schwören.

559

a) Der Eid muss vor einer zuständigen Stelle geleistet werden (nicht Staatsanwaltschaft oder Polizei; s. o.!). Notwendig ist nach h. M. das Gegebensein der zuständigen Stelle sowie die Beachtung der wesentlichen Formerfordernisse der Eidesleistung (§§ 64 ff. StPO, §§ 481 ff. ZPO).[22]

b) Andere Verfahrensmängel sollen dagegen nach h. M.[23] auf die Tatbestandsmäßigkeit keinen Einfluss haben (z. B. Verletzung der Belehrungspflichten nach §§ 57, 61 StPO, § 383 ZPO oder die Verletzung von Vereidigungsverboten, wie z. B. des § 60 Nr. 2 StPO; vgl. aber zu § 60 Nr. 1 StPO Rn. 557). Nach einer Mindermeinung sollen derartige Verfahrensfehler zu einem Ausschluss der Meineidsbestrafung führen, weil die Rechtspflege nicht schutzwürdig sei, wenn sie gegen ihre eigenen Regeln verstoße.[24] Die h. M. widerspricht dem aber zu Recht, weil Schutzgut der §§ 153 ff. StGB die „Rechtspflege auch als tatsächliche, naturgemäß mangelhafte Erscheinung und nicht nur die prozessordnungsgemäß verfahrende Rechtspflege" sei.[25] Hingewiesen wird dabei zu Recht darauf, dass „dem Gericht die Umstände, die den zur Unverwertbarkeit führenden Verfahrensfehler begründen, bei der Vernehmung noch nicht bekannt sein konnten",[26] etwa wenn sich der Tatverdacht i. S. d. § 60 Nr. 2 StPO erst im Anschluss an die erfolgte Vereidigung herausstellt. Solche Verfahrensfehler können daher allenfalls strafmildernd berücksichtigt werden, d. h. Meineid in einem minder schweren Fall (so entschied etwa der BGH bei der Vereidigung eines Eidesunmündigen; gerade in diesem Fall ist die Rechtsfolgenlösung – so richtig sie im Übrigen ist – jedoch fraglich, weil bei einem Eidesunmündigen nach den Prozessgesetzen das Verständnis vom Wesen und der Bedeutung des Eides kraft unwiderleglicher Vermutung als ausgeschlossen anzusehen ist; siehe bereits o. Rn. 557!).[27]

c) Vorsatz setzt auch bei § 154 StGB die Kenntnis der Falschheit der Aussage voraus. Fehlt diese Kenntnis, so kommt allerdings ein fahrlässiger Falscheid nach § 161 StGB in Betracht. Darüber hinaus ist für den Vorsatz auch erforderlich, dass der Täter davon ausgeht, seine Aussage sei vom Eid gedeckt und gegenüber der zur Eidesabnahme zuständigen Stelle abgegeben.

d) Vollendet ist der Meineid im Falle des Nacheids mit der vollständigen Ablegung der Eidesformel, beim Voreid dagegen bereits mit Abschluss der falschen Aussage.

---

[22] Hierzu auch BGHSt 10, 8, 13; 10, 272, 273; *Sch/Sch/Bosch/Schittenhelm*, vor § 153 ff., Rn. 21.
[23] *Krey/Hellmann/Heinrich*, BT/1, Rn. 754; *Lackner/Kühl/Heger*, vor § 153, Rn. 6; *Fischer*, § 153, Rn. 12; § 154, Rn. 4.
[24] SK-*Rudolphi*, Vor § 153, Rn. 33 f. (8. Auflage); inzwischen der h. M. folgend SK-*Zöller*, § 153, Rn. 32; *Geppert*, Jura 1988, 496; differenz. *Otto*, BT, § 97, Rn. 28.
[25] So ausdrücklich *Sch/Sch/Bosch/Schittenhelm*, vor § 153 ff., Rn. 23 unter Hinweis auf KG JR 1978, 78 m. Anm. *Willms* sowie LK-*Ruß*, vor § 153 ff., Rn. 29.
[26] Vgl. *Sch/Sch/Bosch/Schittenhelm*, vor § 153 ff., Rn. 23 unter Hinweis auf KG JR 1978, 78 m. Anm. *Willms* sowie LK-*Ruß*, vor § 153 ff., Rn. 29.
[27] Wie hier *Sch/Sch/Bosch/Schittenhelm*, vor § 153 ff., Rn. 25; *Maurach/Schroeder/Maiwald*, BT/II, § 75, Rn. 23.

Vorher kann jeweils nur ein Versuch gegeben sein, der im Falle des § 154 StGB wegen seines Verbrechenscharakters strafbar ist.[28] Allerdings ist auch dafür erforderlich, dass der Täter zum Sprechen der Eidesformel unmittelbar angesetzt hat. Dazu ein

Beispiel: Der Vater V des B vereinbart mit A, dass dieser zugunsten des wegen eines Raubes angeklagten B falsch aussagen und einen Meineid schwören soll. Der Richter wird aber schon bei der Aussage misstrauisch und mahnt den A intensiv unter Hinweis auf die mögliche Vereidigung und Strafbarkeit. A korrigiert daraufhin seine Aussage und bekundet wahrheitsgemäß die Täterschaft des B.

Lösung: Hier scheidet eine Versuchsstrafbarkeit des A nach §§ 154 I, 22, 23 StGB aus, da A zur Eidesleistung bezüglich des vom Richter in Aussicht gestellten Nacheids noch nicht unmittelbar angesetzt hat. Auch kommt eine Strafbarkeit nach § 153 StGB wegen uneidlicher Falschaussage nicht in Betracht, da die einheitliche Aussage vor dem Richter von A noch korrigiert und das Delikt daher nicht vollendet wurde; und der strukturell gegebene Versuch des § 153 StGB ist nicht strafbar. Denkbar wäre daher nur eine Strafbarkeit wegen Verbrechensverabredung nach §§ 154 I, 30 II Alt. 1 StGB mit dem Vater (Meineid ist ein Verbrechen). Jedoch liegt diesbezüglich ein freiwilliger Rücktritt des A nach § 31 I StGB vor. Schließlich hat A durch den Beginn der Aussage einen (unbeendeten) Strafvereitelungsversuch nach §§ 258 I, IV, 22, 23 StGB verwirklicht, jedoch ist er auch von diesem strafbefreiend nach § 24 I S. 1 Alt. 1 StGB zurückgetreten. A ist daher straffrei.

e) Beachten Sie vor allem beim Meineid den möglichen Aussagenotstand gem. § 157 StGB! Nach OLG Celle greift § 157 StGB nicht zwischen den Partnern einer nichtehelichen Lebensgemeinschaft, da es an einer planwidrigen Regelungslücke fehle, weil der Gesetzgeber den § 11 I Nr. 1 StGB bewusst nicht dem § 35 StGB angepasst habe.[29] Das Erfordernis der Rechtssicherheit spreche zudem für eine Formalisierung der Anforderungen.

3. Falsche Versicherung an Eides statt nach § 156 StGB

560 Die Vorschrift ist selten Examensgegenstand und es genügt, sie nur zu lesen![30]

4. Berichtigung falscher Angaben nach § 158 StGB

561 Nach dieser Vorschrift kommt eine Strafmilderung bzw. ein Absehen von Strafe in Frage, wenn der Täter seine falsche Angabe im Falle der §§ 153, 154, 156 StGB rechtzeitig (d. h. nach § 158 II StGB: solange die Berichtigung noch verwertet werden kann, aus der Falschangabe kein Nachteil für einen anderen erwachsen ist und gegen den Täter noch keine Anzeige bzw. Untersuchung wegen der Falschangabe erfolgt ist) berichtigt.[31] Allerdings ist zu beachten, dass § 158 StGB vor allem beim vollendeten Aussagedelikt eingreift, während im Falle des Versuches § 24 StGB Anwendung finden kann. Das zeigt folgender

---

28 Der *versuchte* Meineid beginnt im Fall des Nacheids erst mit Beginn der Eidesleistung, also nicht schon mit der Falschaussage – vgl. hierzu BGHSt 1, 241, 243 f.
29 OLG Celle NJW 1997, 1084; a. A. SK-*Zöller*, § 157, Rn. 3.
30 *Gössel/Dölling*, BT/1, § 4, Rn. 47 m. w. N.
31 Vgl. hierzu *Rengier*, BT/2, § 49, Rn. 50 ff.

Fall 79: Zeuge Z sagt wahrheitswidrig zugunsten seines Freundes F aus. Z wird unvereidigt entlassen, in einem späteren Termin jedoch unerwartet nochmals zur Sache befragt und soll nun auch vereidigt werden. Nachdem Z schon begonnen hat, die Eidesformel zu sprechen, kommen ihm moralische Bedenken und er stellt seine Aussage daher unter Eidesleistung richtig. Strafbarkeit des Z? **(Aussagekorrektur-Fall)**

Lösung:

A. Strafbarkeit des Z im ersten Termin
In Betracht kommt eine Strafbarkeit gem. **§ 153 StGB wegen falscher uneidlicher Aussage**.
I Der Tatbestand ist objektiv und subjektiv erfüllt.
II. Rechtfertigungsgründe zugunsten des Z sind nicht ersichtlich.
III. Z handelte auch schuldhaft.
IV. Möglicherweise kommt dem Z aber der persönliche Strafaufhebungsgrund des § 158 StGB zu Gute: Nach dieser Norm kann die Strafe gemildert bzw. sogar erlassen werden, wenn der Täter sie *nach Vollendung* der Falschaussage berichtigt. Vollendet ist die Tat mit Abschluss der Vernehmung, d. h. erst in dem Augenblick, in dem die Vernehmungsperson von der Aussageperson erkennbar keine weiteren Auskünfte verlangt oder die Aussageperson ihrerseits deutlich macht, dass sie ihre Bekundungen endgültig abgeschlossen hat.[32] Z ist im ersten Termin unvereidigt entlassen worden. Für diesen Termin war die Vernehmung abgeschlossen. Z konnte daher seine Aussage im zweiten Termin noch korrigieren, sodass die Möglichkeit einer Strafmilderung oder eines Absehens von Strafe i. S. v. § 158 StGB besteht.

B. Strafbarkeit des Z im zweiten Termin
I. Eine Strafbarkeit des Z wegen **Meineids gem. §§ 153, 154 StGB** scheidet aus, da Z die Eidesformel nicht bis zum Ende ausgesprochen hat.
II. In Betracht kommt aber eine Strafbarkeit wegen **versuchten Meineids gem. §§ 153, 154, 22, 23 StGB**.
1. Es ist nicht zur Vollendung der Tat gekommen. Die Versuchsstrafbarkeit ergibt sich aus § 154 I i. V. m. §§ 23 I, 12 I StGB.
2. Z handelte zum Zeitpunkt der Tatbegehung (nämlich im Zeitpunkt des Versuchsbeginns) mit Tatentschluss, da er gewillt war, einen Meineid zu leisten.
3. In dem Moment, in dem Z begonnen hat, die Eidesformel auszusprechen, hat er i. S. v. § 22 StGB unmittelbar zur Tat angesetzt.
Hinweis: *Falsch wäre es, hier auf den Beginn der Falschaussage abzustellen. Dann müsste nämlich selbst dann ein versuchter Meineid vorliegen, wenn es nicht zur Vereidigung des Täters kommt.*
4. Rechtfertigungs- und Schuldausschließungsgründe sind nicht ersichtlich.
5. Persönlicher Strafaufhebungsgrund gem. § 24 I 1 Alt. 1 StGB: Da der Meineid (anders als die Falschaussage) noch nicht vollendet wurde, konnte Z jedoch durch Abbruch der Eidesformel und Richtigstellung der Aussage strafbefreiend gem. § 24 I 1 Alt. 1 StGB zurücktreten.
Ergebnis: Z ist daher nicht gem. §§ 154, 22, 23 StGB strafbar.

---

32 Vgl. BGHSt 8, 301, 306, 314.

5. Versuch der Anstiftung zur Falschaussage nach § 159 StGB

564 Nach § 30 StGB ist eigentlich nur die versuchte Anstiftung zu einem Verbrechen strafbar. Die versuchte Anstiftung zum Meineid ergibt sich daher aus §§ 154, 30 StGB.

Da der Gesetzgeber jedoch auch die versuchte Anstiftung zur uneidlichen Falschaussage bestraft wissen wollte, hat er § 159 StGB geschaffen, der ausnahmsweise die versuchte Anstiftung zu einem Vergehen unter Strafe stellt.[33] Gleiches gilt in Bezug auf § 156 StGB (vgl. Wortlaut des § 159 StGB).

Beispiel: A bittet seinen als Zeugen geladenen Freund B, für ihn in der Hauptverhandlung vor dem Strafrichter wahrheitswidrig zu seinen Gunsten auszusagen. B tut dies auch, wobei er sowieso schon von Anfang an vorhatte, dem A „aus der Klemme" zu helfen. Eine Vereidigung findet nicht statt.

Lösung: Hier hat sich B nach § 153 StGB wegen uneidlicher Falschaussage strafbar gemacht. Eine Anstiftung des A zu dieser uneidlichen Falschaussage nach §§ 153, 26 StGB scheidet mangels Bestimmung zur vorsätzlichen rechtswidrigen Haupttat aus, weil B omnimodo facturus war. Gegeben ist aber eine versuchte Anstiftung zur uneidlichen Falschaussage nach §§ 153, 159, 30 I StGB, da A nicht strafbefreiend vom Versuch der Anstiftung zur Falschaussage durch Verhinderung der wahrheitswidrigen Äußerung zurückgetreten ist.

565 **Klausurproblem**, das sich nicht ohne Weiteres von selbst erschließt:

Die Rspr. hält eine Bestrafung aus § 159 StGB nur dann für gerechtfertigt, wenn die in Aussicht genommene Haupttat im Falle ihrer Begehung den Tatbestand der §§ 153, 156 StGB voll verwirklicht hätte. Praktische Bedeutung hat dies vor allem bei irriger Annahme der in §§ 153, 156 StGB vorausgesetzten Zuständigkeit (**Beispiel:** A glaubt, dass die Polizei zur eidlichen Vernehmung zuständig wäre und stiftet den B an, dort falsch auszusagen).

Nach BGHSt 24, 38 scheidet eine Bestrafung wegen versuchter Anstiftung gem. § 159 StGB aus, wenn die geplante Haupttat, so wie der Anzustiftende sie begehen sollte, nur zu einem untauglichen (beim Haupttäter straflosen) Versuch der §§ 153, 156 StGB hätte führen können oder nur zu einem solchen geführt hat.[34]

Zwar steht diese teleologische Reduktion des § 159 StGB im Widerspruch zu dem, was bei § 30 I StGB allgemein anerkannt ist,[35] aber dennoch ist sie begrüßenswert, weil das, was vom Tatbestand der §§ 153, 156 StGB für den Täter nicht unter Strafe gestellt ist, nicht zur Strafbarkeit der erfolglosen Anstiftung führen kann.[36]

6. Verleitung zur Falschaussage nach § 160 StGB

566 **Achtung Klausur:** *Auszugehen ist davon, dass § 160 I und II StGB wegen ihrer überaus milden Strafdrohung gegenüber den wesentlich strengeren §§ 153 ff. i. V. m. §§ 26, 30, 159 StGB lediglich eine Ergänzungsfunktion erfüllen. Für § 160 StGB bleibt also*

---

33 Eingehend zu dieser Regelung *Sickor*, ZStW 123 (2011), 284 ff.
34 Zust. *Krey/Hellmann/Heinrich*, BT/1, Rn. 784 ff.
35 Vgl. LK-*Schünemann*, § 30, Rn. 31 f.
36 Diesen Wertungswiderspruch versucht *Rengier* damit zu begründen, dass er die Erklärung vor einer objektiv unzuständigen, aber irrtümlich für zuständig gehaltenen Behörde als Wahndelikt klassifiziert, vgl. BT/2, § 49, Rn. 65 i. V. m. Rn. 25.

nur dort Raum, wo nach allgemeinen Regeln weder Anstiftung noch Versuch der Anstiftung zum jeweiligen Aussagedelikt in Betracht kommen, d. h. wenn der Tatveranlasser die Aussageperson für gutgläubig gehalten hat.[37]

Es handelt sich also um eine Form der gesetzlich geregelten mittelbaren Täterschaft, die an und für sich bei den Aussagedelikten nicht möglich ist, weil der Hintermann ja nicht die für §§ 153 ff. StGB notwendige Pflichtposition besitzt, sodass eigentlich nur Anstiftung als Beteiligungsform in Betracht kommen würde.

War der Wille des Tatveranlassers dagegen darauf gerichtet, den anderen zu einer vorsätzlichen falschen Aussage zu bewegen, greifen die §§ 153 ff., 26; 154, 30 I; 153, 159, 30 I StGB, sodass er wegen Anstiftung bzw. versuchter Anstiftung zum jeweiligen Aussagedelikt strafbar ist.

Das Verhältnis von §§ 153 ff., 26; 153, 159, 30 I StGB einerseits und § 160 StGB andererseits veranschaulicht folgender

Fall 80: A, der am 30.6.2005 einen Raub begangen hat, sagt zu seiner Freundin F, sie müsse vor Gericht bestätigen, dass er am 30.6.2005 zu Hause gewesen ist. Dabei geht er davon aus, dass die F wüsste, dass diese Behauptung nicht stimmt. Tatsächlich nimmt die F aber an, dass A wirklich zu Hause gewesen ist und dies vor Gericht nur von ihr bestätigt haben wolle. Deshalb sagt sie vor Gericht aus, A sei am besagten Tage daheim gewesen. Zu einer Vereidigung kommt es nicht. Strafbarkeit der Beteiligten?
(Freundschaftsdienst-Fall I)

Lösung:

A. Strafbarkeit der F

I. In Betracht kommt eine Strafbarkeit wegen **falscher uneidlicher Aussage nach § 153 StGB**.

1. Die F hat vor einem Richter – einer zur Eidesabnahme zuständigen Stelle (vgl. §§ 57 ff. StPO) – objektiv falsch ausgesagt, indem sie äußerte, A sei am 30.6.2005 zu Hause gewesen.

2. Jedoch handelte die F nicht vorsätzlich, da sie von der Richtigkeit ihrer Aussage ausging. Eine Strafbarkeit nach § 153 StGB scheidet damit aus.

II. Auch scheitert eine Strafbarkeit **nach § 161 StGB**, da eine **fahrlässige Falschaussage** nur im Falle der Vereidigung bzw. einer eidesgleichen Bekräftigung (§§ 154, 155 StGB) unter Strafe gestellt ist.

III. Auch eine Strafbarkeit wegen **Verfolgungsvereitelung nach § 258 StGB** ist zu verneinen, da die F keinen Vorsatz der Strafvereitelung hatte.

Ergebnis: Die F ist nicht strafbar.

B. Strafbarkeit des A

I. Wegen fehlender vorsätzlicher Haupttat scheidet eine **Anstiftung zur falschen uneidlichen Aussage nach §§ 153, 26 StGB** aus.

II. In Betracht kommt jedoch eine Strafbarkeit wegen **versuchter Anstiftung zur uneidlichen Falschaussage gem. §§ 153, 159, 30 I StGB**.

---
37 *Rengier*, BT/2, § 49, Rn. 54 ff.

1. Das Fehlen einer vollendeten Anstiftung (mangels Haupttat) sowie die Strafbarkeit der versuchten Anstiftung (nach § 159 StGB ausnahmsweise auch bei einem Vergehen) sind zu bejahen.

2. A hatte auch Tatentschluss hinsichtlich der Anstiftung zu einer Falschaussage, da er davon ausging, die F wisse von der Unwahrheit ihrer Aussage.

3. Dabei hat A nach seiner Vorstellung auch unmittelbar zur Anstiftung angesetzt, indem er gegenüber der F äußerte, sie müsse bestätigen, dass er am 30.6.2005 den ganzen Tag zu Hause gewesen sei.

4. Rechtfertigungs- und Schuldausschließungsgründe sind nicht ersichtlich.

Ergebnis: A ist daher strafbar wegen versuchter Anstiftung zur uneidlichen Falschaussage nach §§ 153, 159, 30 I StGB.

III. Fraglich ist, ob darüber hinaus auch eine Strafbarkeit nach **§ 160 I StGB wegen Verleitung zur uneidlichen Falschaussage** gegeben ist.

§ 160 I StGB ist ein gesetzlich geregelter Fall der mittelbaren Täterschaft, der vom Gesetzgeber nach h. M. eingeführt wurde, um Strafbarkeitslücken zu schließen.[38] Daraus folgt zweierlei:

1. § 160 I StGB ist jedenfalls einschlägig bei Gutgläubigkeit des Aussagenden, was vorliegend zu bejahen ist.

2. Aufgrund seiner Struktur (Form der mittelbaren Täterschaft) ist darüber hinaus jedoch auch erforderlich, dass der Hintermann den Vordermann für gutgläubig hält. Geht der Hintermann dagegen – wie vorliegend – davon aus, dass der Vordermann bösgläubig ist, so besteht überhaupt keine Strafbarkeitslücke, die § 160 StGB füllen müsste, weil bereits eine Strafbarkeit nach §§ 153, 159, 30 I StGB zu bejahen ist.[39]

Ergebnis: Eine Strafbarkeit nach § 160 I StGB ist nicht gegeben.

Gesamtergebnis: A ist strafbar wegen versuchter Anstiftung zur uneidlichen Falschaussage nach §§ 153, 159, 30 I StGB.

Nach dem vorstehenden Fall ergibt sich, dass für § 160 I StGB vor allem dort Raum ist, wo der Hintermann den Vordermann für gutgläubig hält und der Vordermann tatsächlich gutgläubig ist (strukturell der eigentliche Fall der mittelbaren Täterschaft). Dies wäre im vorhergehenden Fall dann anzunehmen gewesen, wenn A die Vorstellung gehabt hätte, dass die F annahm, er sei am 30.6.2005 zu Hause gewesen und die F auch tatsächlich davon ausgegangen ist. Unter diesen Umständen wäre also eindeutig eine Strafbarkeit nach § 160 I StGB zu bejahen gewesen.

569 Strittig ist dagegen der häufige Klausurfall, dass der Vordermann die Aussage bewusst falsch macht, während der Hintermann davon ausgeht, der Aussagende sei gutgläubig. Dies veranschaulicht folgender

570 **Fall 81:** Wie im vorherigen Fall, allerdings geht A davon aus, dass F seiner Behauptung, zu Hause gewesen zu sein, Glauben geschenkt hat. Tatsächlich wusste die F aber, dass sich der A – wie jeden Donnerstag – mit Freunden herumtrieb. A wird freigesprochen. Strafbarkeit der Beteiligten? **(Freundschaftsdienst-Fall II)**

---

38 Lackner/Kühl/*Heger*, § 160, Rn. 1; *Otto*, BT, § 97, Rn. 83; LK-*Ruß*, § 160, Rn. 1; *Wessels/Hettinger/Engländer*, BT/1, Rn. 864; Matt/Renzikowski/*Norouzi*, § 160, Rn. 1.

39 *Sch/Sch/Bosch/Schittenhelm*, § 160, Rn. 1; *B. Heinrich*, JuS 1995, 1115, 1118; *Gallas*, Engisch-FS, 1969, S. 600, 620; anders *Hruschka*, JZ 1967, 210.

Lösung:

A. Strafbarkeit der F

I. In Betracht kommt eine Strafbarkeit wegen **falscher uneidlicher Aussage nach § 153 StGB**.

1. Die F hat vorsätzlich falsch ausgesagt, da sie entgegen ihrer Vorstellung erklärte, A sei am 30.6.2005 zu Hause gewesen.

2. Rechtfertigungsgründe sind nicht ersichtlich.

3. Denkbar wäre hier aber die Annahme eines entschuldigenden Notstandes nach § 35 I S. 1 StGB, da die F als nahestehende Person möglicherweise verhindern wollte, dass sich die Gefahr einer Inhaftierung (Freiheit gehört zu den notstandsfähigen Rechtsgütern nach § 35 StGB) realisiert. Indessen kann sich für die F hieraus kein Entschuldigungsgrund ergeben, da A durch seine Straftat die Notstandssituation selbst herbeigeführt hat, sodass er nach § 35 I S. 2 StGB duldungspflichtig ist. Diese Duldungspflicht betrifft auch den nahestehenden Angehörigen.[40]

4. Eine Strafmilderung wegen Aussagenotstands nach § 157 StGB ist ebenfalls abzulehnen, da die F nicht Angehörige des A ist (vgl. § 11 I Nr. 1 StGB).

Ergebnis: Die F ist strafbar gem. § 153 StGB.

II. Zu prüfen ist darüber hinaus, ob sich A auch wegen **Strafvereitelung nach § 258 I StGB** strafbar gemacht hat.

1. Durch ihre Falschaussage hat die F bewirkt, dass A freigesprochen wurde. Darin liegt eine vollendete Verfolgungsvereitelung.

2. Die F handelte auch vorsätzlich, da sie den A decken wollte (vgl. Sachverhalt!).

3. Rechtfertigungs- und Schuldausschließungsgründe sind nicht ersichtlich.

4. Auch kommt der persönliche Strafausschließungsgrund des § 258 VI StGB zugunsten der F nicht zum Zuge, da sie keine Angehörige i. S. v. § 11 I Nr. 1 StGB ist. § 258 VI StGB ist insofern enger als § 35 StGB.

Ergebnis: Die F ist strafbar nach § 258 I StGB.

III. In Betracht kommt auch eine Strafbarkeit wegen **Vortäuschens einer Straftat nach § 145d II Nr. 1 StGB**.

Zwar liegt im Verschaffen eines Alibis grundsätzlich die Aussage, dass ein anderer die Tat begangen haben muss. Jedoch ist fraglich, ob hierdurch bereits § 145d II Nr. 1 StGB verwirklicht werden kann.

Teilweise wird hier tatsächlich angenommen, dass die Verschaffung eines Alibis bereits für die Verwirklichung des § 145d II Nr. 1 StGB genügt, weil für die Strafverfolgungsbehörden hierdurch ein höherer Ermittlungsaufwand entsteht.[41]

Die wohl h. M. geht hingegen wohl zu Recht davon aus, dass nicht bereits jede Erschwerung der Ermittlungen eine Strafbarkeit nach § 145d StGB auszulösen vermag, weil keine konkrete falsche Fährte gelegt wird, wenn lediglich ein Alibi zugunsten einer Person gestellt wird.[42]

Ergebnis: Die F ist jedenfalls nach h. M. nicht nach § 145d II Nr. 1 StGB strafbar.

B. Strafbarkeit des A

I. Denkbar wäre eine Strafbarkeit wegen **Anstiftung zur uneidlichen Falschaussage nach §§ 153, 26 StGB**.

---

40 So zumindest die h. M. vgl. *Sch/Sch/Perron*, § 35, Rn. 20a; *Maurach/Zipf*, AT/I, § 34, Rn. 6.
41 *Lackner/Kühl*, § 145d, Rn. 7; *Otto*, BT, § 95, Rn. 19; vgl. auch *Kühl*, JR 1985, 296.
42 BayObLG NJW 1984, 2303; *Sch/Sch/Sternberg-Lieben*, § 145d, Rn. 14; *Stree*, Lackner-FS, 1987, S. 527, 531 ff.

1. Eine vorsätzliche rechtswidrige Haupttat ist gegeben, da die F wissentlich und willentlich zugunsten des A falsch ausgesagt hat.

2. A hat die F auch zu dieser Aussage bestimmt, indem er ihr erklärte, sie müsse vor Gericht bestätigen, dass er am 30.6.2005 zu Hause gewesen ist.

3. A müsste auch doppelten Anstiftervorsatz gehabt haben.

a) Vorsatz hinsichtlich des Bestimmens liegt vor.

b) A handelte jedoch nicht vorsätzlich hinsichtlich des Vorliegens einer vorsätzlichen Haupttat, da er davon ausging, die F sei gutgläubig und sage daher unvorsätzlich falsch aus. Strukturell handelte A damit eigentlich mit Willen zur mittelbaren Täterschaft, sodass man einen Anstiftungswillen allenfalls dann annehmen könnte, wenn man in diesem Willen zur mittelbaren Täterschaft den Anstiftungswillen als mitenthalten betrachten würde, wie dies teilweise mit der Begründung behauptet wird, dass der Anstiftungswille als Minus im Willen zur mittelbaren Täterschaft stecke.[43]

Gleichgültig, ob man dies im Allgemeinen Teil im Verhältnis von § 25 I Alt. 2 zu § 26 StGB annimmt, lässt sich diese Auffassung auf die Aussagedelikte nicht übertragen. Denn die Auffangfunktion und die geringe Strafbarkeit, die § 160 StGB anordnet, zeigt, dass diese Form der mittelbaren Täterschaft gegenüber der Anstiftung nach §§ 153, 26 StGB ein „Weniger" und nicht ein „Mehr" darstellt. Es kann daher nicht angenommen werden, dass in dem Willen des A zur Beherrschung der F der Anstiftervorsatz mitenthalten war.

Eine Strafbarkeit nach §§ 153, 26 StGB scheidet daher aus.

II. Denkbar ist jedoch eine Strafbarkeit wegen **Verleitung zur uneidlichen Falschaussage nach § 160 I StGB**.

1. Die F hat uneidlich falsch ausgesagt, wozu sie auch durch A verleitet, d. h. veranlasst wurde.

2. Fraglich ist jedoch, ob eine Vollendungsbestrafung nach § 160 I StGB möglich ist, wenn der Hintermann nur Gutgläubigkeit des Aussagenden annimmt und der Aussagende in Wahrheit bösgläubig ist.

a) Hier hat der BGH vollendete Verleitung zum Falscheid nach § 160 I StGB (und nicht nur Versuch nach § 160 II StGB) angenommen,[44] weil der Verleitende die Gefährdung der Rechtspflege als von ihm gewollten Erfolg durch Herbeiführung einer objektiv falschen Aussage erreicht hat und die Bewertung seiner Tat nicht daran scheitern kann, dass der Verleitete im Verhältnis zu seiner subjektiven Sicht mehr tut.[45]

b) Nach a. A. ist eine Vollendung des § 160 StGB nicht möglich, wenn der Hintermann den Aussagenden fälschlich für gutgläubig hält. In einem derartigen Fall komme daher nur ein Versuch nach § 160 II StGB in Frage.[46]

c) Stellungnahme: Für die letztgenannte Auffassung ließe sich zwar ins Feld führen, dass eine mittelbare Täterschaft – die § 160 StGB strukturell darstellt – objektiv nicht verwirklicht werden kann, wenn der Hintermann den Vordermann wegen dessen Bösgläubigkeit nicht in der Hand hat.[47] Dieser bei der mittelbaren Täterschaft anerkannte Grundsatz kann jedoch nicht ohne Weiteres auf die Rechtspflegedelikte nach §§ 153 ff. StGB übertragen

---

43 So jedenfalls ein Teil der Literatur im Verhältnis von § 25 I Alt. 2 zu § 26 StGB; vgl. etwa LK-*Schünemann*, § 25, Rn. 147; *Stratenwerth/Kuhlen*, AT, § 12, Rn. 216; *Jescheck/Weigend*, AT, § 62 III 1; a. A. vgl. z. B. SK-*Hoyer*, Vor §§ 26-31, Rn. 42, welcher hierin einen Verstoß gegen den Wortlaut der §§ 26, 27 sieht; siehe auch Lackner/*Kühl*, § 26, Rn. 4.
44 Vgl. BGHSt 21, 116.
45 Dem BGH zust. *Arzt/Weber*, BT, § 47, Rn. 32; *Küper/Zopfs*, BT, S. 144; Lackner/Kühl/*Heger*, § 160, Rn. 4; *Rengier*, BT/2, § 49, Rn. 56; *Sch/Sch/Bosch/Schittenhelm*, § 160, Rn. 9.
46 *Krey/Hellmann/Heinrich*, BT/1, Rn. 765; *Maurach/Schroeder/Maiwald*, BT/II, § 75, Rn. 102; *Schroth*, BT, S. 335; *Wessels/Hettinger/Engländer*, BT/1, Rn. 867.
47 So wohl *Krey/Hellmann/Heinrich*, BT/1, Rn. 765.

werden. Denn die Gefährdung der Rechtspflege tritt unabhängig davon ein, ob der Vordermann gutgläubig oder bösgläubig falsch aussagt. Der eigentliche Unrechtsgehalt des § 160 I StGB bestimmt sich daher ausschließlich nach dem Hintermann, der nur davon ausgehen muss, dass der Aussagende gutgläubig ist. Denn bestraft wird in § 160 StGB die Einstellung des Verleitenden zur Rechtspflege und nicht etwa die diesbezügliche Einstellung des Verleiteten.

Ergebnis: A hat sich wegen vollendeter Verleitung zur Falschaussage nach § 160 I StGB strafbar gemacht.

C. Straftatbestände im Umfeld der Aussagedelikte

I. Falsche Verdächtigung nach § 164 StGB/Vortäuschen einer Straftat nach § 145d StGB

Diese Paragraphen sind eigentlich schon durch bloße Gesetzeslektüre vergleichsweise gut handhabbar. Allerdings muss man in der Klausur diese Vorschriften immer ganz durchlesen!

572

Merken Sie sich aber noch Folgendes:
– § 164 StGB kommt nur dann in Frage, wenn ein bestimmter lebender **anderer** einer rechtswidrigen Tat verdächtigt wird. (Bei einer Selbstbezichtigung kommt daher allenfalls § 145d II Nr. 1 StGB in Betracht. Dagegen meint § 145d I StGB nur den Fall, dass eine angeblich begangene rechtswidrige Tat vorgetäuscht wird, ohne dass ein daran Beteiligter bezichtigt würde).
– Eine Verdächtigung nach § 164 I StGB liegt nur vor, wenn das gesamte tatsächliche Vorbringen des Täters nicht nur nach seiner persönlichen Auffassung, sondern nach objektiv richtiger Würdigung einen Verdacht hervorruft oder verstärkt. Dies zeigt folgendes

Beispiel:[48] Frau B hatte den A bei der Polizei wegen Vergewaltigung angezeigt. Verfolgt wurde die Sache von den Polizeibeamten X und Y. Ohne Genaueres zu wissen, schrieb A daraufhin an den Polizeipräsidenten eine Strafanzeige gegen die Polizeibeamten und erklärte darin, dass von diesen eine „Belastungszeugin aufgebaut und zum sehr großen Teil zur Falschaussage veranlasst worden sei, da sie eine böswillige Strafverfolgung erzielen wollten". Wegen der stark unterschiedlich ausgefallenen Unterschriften der B auf den Vernehmungsprotokollen erklärte er darüber hinaus, dass die Polizeibeamten die Unterschriften der B gefälscht hätten, um ihn zu Unrecht verfolgen zu können. In Wahrheit war alles korrekt verlaufen und die B hatte lediglich wegen ihrer Nervosität bei der Vernehmung mit stark unterschiedlichen Unterschriften unterzeichnet.

Lösung: Das KG verneinte hier eine Strafbarkeit wegen § 164 StGB, da die Behauptungen allgemeiner Natur gewesen seien und daher keine greifbaren Beweise gegen die Polizeibeamten geschaffen wurden. Insbesondere im Hinblick auf die Verfahrenssituation des A waren die Behauptungen nicht geeignet, einen Verdacht einer Straftat gegen die angezeigten Polizeibeamten zu begründen, sondern ließen erkennen, dass es dem A nur um seine eigene Entlastung ging. Auch für eine Strafbarkeit wegen Vortäuschens einer Straftat nach § 145d I Nr. 1 StGB seien die Behauptungen des A zu pauschal gewesen. Darüber hinaus sei auch eine

---
48 KG NStZ-RR 2006, 276 f.

Strafbarkeit wegen Verleumdung nach § 187 StGB zu verneinen, da nicht ersichtlich sei, dass A wider besseren Wissens gehandelt hat. Bezüglich der Strafbarkeit wegen übler Nachrede nach § 186 StGB sei schließlich von einer Rechtfertigung durch Wahrnehmung berechtigter Interessen nach § 193 StGB auszugehen, da zugunsten der freien Meinungsäußerung in Rechnung gestellt werden müsse, dass die Behauptungen im Rahmen eines Ermittlungsverfahrens aufgestellt wurden.

– Ein die Tat wahrheitswidrig leugnender Beschuldigter hält sich auch dann noch im Rahmen zulässigen Verteidigungsverhaltens und macht sich nicht wegen falscher Verdächtigungen strafbar, wenn nach Lage der Dinge nur zwei Personen als Täter in Betracht kommen, das Bestreiten des einen also die Behauptung beinhaltet, der andere sei Täter.[49]

– Nach überwiegend vertretener Ansicht bleibt der leugnende Beschuldigte auch straflos, wenn er über das bloße Bestreiten hinaus die andere Person ausdrücklich der Tat bezichtigt, weil der Beschuldigte dann nur positiv das behauptet, was er mit dem bloßen Leugnen schon zum Ausdruck gebracht hat. Die durch § 164 StGB geschützten Belange der Rechtspflege (Ersparung zusätzlicher Verfolgungstätigkeit) werden dadurch nicht stärker beeinträchtigt.[50] Dies veranschaulicht folgendes

Beispiel:[51] A wurde von dem Polizeibeamten P dabei beobachtet, wie er dem B ins Gesicht schlug. P zeigte den A daher von Amts wegen an. A verteidigte sich in der Hauptverhandlung damit, dass der P die Strafanzeige bewusst wahrheitswidrig deshalb erstattet habe, um ihn willkürlich verfolgen zu können. Zur Bekräftigung legte er sogar noch verschiedene Fotos vom Tatort vor, mit denen er zeigen wollte, dass P ihn überhaupt nicht gesehen haben konnte.

Lösung: Zwar ging das OLG Hamm davon aus, dass die Äußerung des A über das Verhalten des P geeignet war, den Verdacht hervorzurufen, dass sich P wegen Verfolgung Unschuldiger gem. § 344 I S. 1 StGB strafbar gemacht hat. Das jedoch reiche für sich gesehen noch nicht für einen Vorwurf einer Strafbarkeit nach § 164 StGB, weil der Beschuldigte mit der Bezichtigung der Tat nur positiv das behaupte, was er auch durch ein Leugnen zum Ausdruck gebracht hätte. Dennoch sei vorliegend eine Falschverdächtigung nach § 164 StGB gegeben, da A über die positive Behauptung hinaus noch zusätzliche Tatsachen (Beweisfotos) geliefert habe, was auch eine Verfolgungserschwerung darstelle. Dabei habe A auch wider besseren Wissens gehandelt. Folgt man dem OLG Hamm, so ist hier § 164 StGB erfüllt. § 145d I Nr. 1 StGB tritt hinter § 164 StGB zurück. Darüber hinaus liegt durch die Prozessbehauptung eine öffentliche Verleumdung nach § 187 I Alt. 2 StGB vor, die nicht durch Wahrnehmung berechtigter Interessen nach § 193 StGB gerechtfertigt ist, da das bewusste Falschverdächtigen einer Straftat nicht mehr von der nach § 193 StGB erforderlichen Interessenabwägung und vom Schutz des Art. 5 I S. 1 GG gedeckt ist.

Häufiger Klausurfehler: *Wird der Verdacht auf sich selbst gerichtet, so ist § 145d II Nr. 1 StGB nur dann erfüllt, wenn hierbei ein Sachverhalt vorgetäuscht wird, der strafbar ist.*[52]

Beispiel: A ist ohne Fahrerlaubnis gefahren. Seine Ehefrau E, die eine Fahrerlaubnis besitzt, sagt vor der Polizei aus, sie sei gefahren.

Lösung: Hier ist § 145d II Nr. 1 StGB nicht erfüllt, da das Verhalten der Ehefrau, dessen sie sich selbst bezichtigt, in ihrer Person nicht strafbar ist (anders wäre es, wenn auch die

---

49 Vgl. *Fischer*, § 164, Rn. 3a m. w. N.
50 Vgl. MüKo-*Zopfs*, § 164, Rn. 25 m. w. N.
51 Fall nach OLG Hamm, Urt. v. 11.1.2006 – 2 Ws 319/05.
52 OLG Zweibrücken VRS 71, 434; *Geppert*, Jura 2000, 386.

E keine Fahrerlaubnis besitzt[53]). Begründet wird diese Straflosigkeit damit, dass derjenige, der sich eines straflosen Verhaltens bezichtigt, der Rechtspflege gerade Arbeit ersparen will! § 164 StGB passt nicht (vgl. Wortlaut „einen anderen"). Im Übrigen ist Frau E hier auch nicht nach § 258 StGB strafbar, da ihr der persönliche Strafausschließungsgrund des § 258 VI StGB zugute kommt.

- §§ 164 und 258 sind vor § 145d StGB zu prüfen (Wortlaut des § 145d StGB, wonach § 145d StGB von diesen Vorschriften verdrängt wird). Wenn aber § 258 StGB ausscheidet, weil etwa das Angehörigenprivileg nach § 258 V StGB greift, so lebt § 145d StGB wieder auf, sofern § 164 StGB nicht vorliegt.

- **Achtung:** *Umstritten ist, ob auch das Aufbauschen des tatsächlichen Geschehens eine Strafbarkeit nach § 145d I Nr. 1 StGB auslöst, etwa wenn das Opfer einer Körperverletzung nach § 223 StGB fälschlich gegenüber der Polizei behauptet, der Täter habe mit einem Knüppel (§ 224 I Nr. 2 Alt. 2 StGB) zugeschlagen.*

  - Die Rechtsprechung geht dabei davon aus, dass die Grenze der Strafbarkeit erst dann überschritten ist, wenn die Angaben zu einem völlig anderen Gepräge der Tat führen.
  - In der Literatur wird dagegen die Auffassung vertreten, dass eine Verfälschung erst dann zu einer Einschlägigkeit des § 145d StGB führen kann, wenn ein Vergehen als Verbrechen oder ein Antrags- bzw. Privatklagedelikt als Offizialdelikt dargestellt werden.
  - Eine wiederum andere Auffassung stellt darauf ab, ob die vorgetäuschten Umstände von den Strafverfolgungsbehörden ohnehin hätten untersucht werden müssen.
  - Zu folgen ist in diesem Streit der Rechtsprechung. Die letztgenannte Literaturansicht lässt sichere Abgrenzungen kaum zu. Auch findet die Auffassung, die auf die Hochstufung zu einem Verbrechen oder zu einem Offizialdelikt abstellt, im Gesetz keine Stütze. Entscheidend ist vielmehr, ob der Charakter des Delikts geändert wird. Bei einer bloßen Darstellung als Qualifikation wird man dies wohl noch nicht annehmen können. Erst dort, wo sich der Deliktscharakter gänzlich ändert und dadurch ein maßgeblich erhöhter Ermittlungsaufwand erforderlich wird, beginnt die Strafbarkeit nach § 145d StGB.

  Das zeigt auch folgendes

  Beispiel: Der Inhaber eines Ladengeschäfts, in dessen Tür ein Loch geschlagen wurde, gab gegenüber der Polizei wahrheitswidrig an, durch die Öffnung seien auch Waren gestohlen worden.[54] Das OLG Oldenburg lehnte eine Strafbarkeit nach § 145d StGB ab, da aufgrund der Umstände bereits feststand, dass kein Diebstahl stattgefunden habe und deshalb die Aussage auch zu keinen nennenswerten Ermittlungen geführt habe. Anderenfalls wäre § 145d StGB hier zu bejahen.

- Bei Selbstbezichtigung zugunsten Angehöriger kann § 35 StGB problematisch sein.

---

53 Zu einem ähnl. Fall *Kudlich*, BT/2, PdW, S. 138 f.
54 OLG Oldenburg mit Anm. *Hecker*, JuS 2011, 81.

II. Strafvereitelung nach § 258 StGB[55]

573 1. Wichtig ist hier, dass Sie in der Klausur genau bezeichnen, ob Verfolgungs- oder Vollstreckungsvereitelung vorliegt (I oder II)!

Beispiele für *Verfolgungs*vereitelung: Erwirken falscher Zeugenaussage; Verstecken des Täters; Vernichten von Beweismitteln; Fluchthilfe; Falschaussagen, die das Verfahren beeinflussen. Nicht dagegen der Rat zu prozessual zulässigem Verteidigungsverhalten!

Beispiele für *Vollstreckungs*vereitelung (Vereiteln der Vollstreckung einer rechtskräftig gegen einen anderen verhängten und mindestens zum Teil noch nicht vollstreckten Strafe oder Maßnahme): Gefangenenbefreiung; Beiseiteschaffen von Vollstreckungsakten; Verbüßung der Freiheitsstrafe für einen anderen.

574 2. Bei der Zahlung einer Geldstrafe durch einen anderen wurde lange Zeit von einem Teil der Literatur vertreten, dass eine Vollstreckungsvereitelung vorliegen soll, gleichgültig, ob die Zahlung unmittelbar durch den Dritten erfolgt oder der Dritte dem Verurteilten das Geld zur Zahlung überlässt.

Der BGH hat sich aber zu Recht anders entschieden:[56] Voraussetzung für die Beitreibung einer Geldstrafe ist nämlich, dass der Verurteilte nicht zahlt. Zahlt er aber, gleichgültig mit welchen Mitteln, so fehlt es an den Voraussetzungen einer zulässigen Vollstreckung. Daher ist Vollstreckungsvereitelung nur das Ver- und Behindern der Beitreibung der Geldstrafe. Die Realisierung des Strafübels wird dagegen, was die Geldstrafe anbelangt, nicht von § 258 StGB erfasst.[57]

574a 3. Viel diskutiert wird auch die Frage, wann sich ein Strafverteidiger nach § 258 StGB strafbar macht. Grundsätzlich wird dabei unterschieden zwischen prozessrechtsgemäßem und prozessrechtswidrigem Verteidigerverhalten. Ersteres erfüllt nach h. M. bereits nicht den Tatbestand des § 258 StGB. Zur Begründung wird auf eine notwendige teleologische Reduktion des Tatbestands hingewiesen, da der Gesetzgeber in der Strafprozessordnung die Duldung prozessordnungsgemäßen Verhaltens zum Ausdruck bringe.[58] Interessant ist hierzu folgendes aus der neueren Rechtsprechung stammendes

Beispiel: Der Verteidiger eines wegen Steuerhinterziehung verfolgten Mandanten gibt trotz Aufforderung der Staatsanwaltschaft die Steuerunterlagen nicht heraus und behauptet fälschlich darüber hinaus, derartige Belege auch nicht zu haben. Später stellt sich heraus, dass er die Steuerunterlagen die gesamte Zeit über bei sich gelagert und auch ausgewertet hat (**Beschlagnahmeverhinderungs-Fall** nach BGH NJW 2018, 3261[59]).

Lösung: Nach ganz h. M. ist der Strafverteidiger kein bloßer Parteiinteressenvertreter,[60] sondern – wie sich auch aus § 1 BRAO ergibt – unabhängiges Organ der Rechtspflege, sodass er nicht nur seinem Mandanten verpflichtet ist.[61] Sein staatlich gebundener Vertrauensberuf weist

---

55 Eingehend zur Strafvereitelung *Jahn/Palm*, JuS 2009, 408 ff.
56 Vgl. BGH MDR 1991, 268.
57 Krit. hierzu *Hillenkamp*, JR 1992, 74; *Scholl*, NStZ 1999, 599, 603; *Wodicka*, NStZ 1991, 487.
58 Vgl. statt vieler *Wohlers*, StV 2001, 425; *Krekeler*, NStZ 1989, 146; kritisch zu diesem Begründungsansatz *Ernst*, ZStW 125 (2013), 317 ff.; vgl. hierzu auch jüngst LG Augsburg StV 2014, 21 m. Anm. *Tsambikakis*.
59 M. Anm. *Bockemühl*, NStZ 2019, 100; *Jäger*, JA 2019, 154.
60 So aber *Welp*, ZStW 90 (1978), 101, 804.
61 Vgl. BGHSt 12, 369.

ihm daher eine auf Wahrheit und Gerechtigkeit verpflichtete Stellung zu.[62] Nach überwiegender Auffassung ergeben sich dementsprechend die Grenzen zulässigen Verteidigerverhaltens aus dessen strafprozessualen Befugnissen. Man spricht deshalb auch von einer Prozessakzessorietät des § 258 StGB.[63] Zutreffend entscheidet daher der BGH die Frage der Strafvereitelung danach, ob der Verteidiger im vorliegenden Fall das prozessuale Recht für sich in Anspruch nehmen konnte, die Überführungsstücke gegenüber den Verfolgungsbehörden zu verstecken und sogar falsche Angaben hierüber zu machen. Zu Recht kommt der BGH dabei mit der h. L.[64] zu dem Ergebnis, dass sich aus den §§ 53, 97, 160a, 148 StPO keine Befugnisse dieser Art ergeben, weil der Mandant anderenfalls gesuchten Beweisgegenständen über seinen Verteidiger „Asyl" gewähren könnte. Im Ergebnis ist es daher jedenfalls zutreffend, wenn der 2. Senat betont, dass Überführungsstücke nicht unter das Beschlagnahmeprivileg des § 97 I Nr. 3 StPO fallen. Nachvollziehbar ist dabei auch die Begründung, wonach der Regelungszusammenhang mit § 97 I Nr. 1 und 2 StPO zeige, dass sich die Beschlagnahmefreiheit nur auf solche Beweisgegenstände erstrecken soll, die ihre Entstehung dem Vertrauensverhältnis zwischen Verteidiger und Mandanten unmittelbar verdanken, nicht dagegen auf Gegenstände, die unabhängig von diesem Vertrauensverhältnis bereits zuvor existieren. Für die Fallbearbeitung ist daher genau darauf zu achten, ob es sich um spezifisches Verteidigungsmaterial handelt, das erst in der Kommunikation zwischen Verteidiger und Mandanten entstanden ist, oder ob das Herausgabeverlangen der Ermittlungsbehörden reine Geschäftsunterlagen betrifft, die vom Verteidigerprivileg des § 97 StPO und der damit zusammenhängenden §§ 53, 160a, 148 StPO ausgenommen sind. Der BGH ist im vorliegenden Fall daher davon ausgegangen, dass der Verteidiger durch das Zurückhalten der Beweisgegenstände die Verfolgung der Steuerstraftat „zum Teil vereitelt" hat, weil hierdurch die Verurteilung für geraume Zeit verzögert wurde. Jedoch hat *Mitsch*[65] diesbezüglich zu Recht darauf hingewiesen, dass die Verzögerung einer Bestrafung für geraume Zeit keine Teilvereitelung, sondern nach h. M. eine Vollvereitelung darstellt.[66] Eine Teilvereitelung wird nur bejaht, wenn der Täter durch sein Verhalten erreicht, dass die betreffende Person nicht ihrer vollständigen schuldangemessenen Bestrafung zugeführt wird, etwa indem durch eine Falschaussage bewirkt wird, dass einem Angeklagten ein in Wahrheit nicht bestehender Strafmilderungsgrund zugutekommt. Hier hat der Verteidiger jedoch durch das Zurückhalten der Beweismittel eine Strafverfolgung für geraume Zeit gänzlich verhindert. Dies aber stellt nach h. M. eine Vollvereitelung dar.[67]

Achtung Klausur: *Der Fall eignet sich bestens als Vorlage für eine Examensaufgabe. Denn im Originalfall ging es zusätzlich um die Frage, ob der Verteidiger nach § 138a I Nr. 3 StPO vom Verfahren wegen dringenden Verdachts der Strafvereitelung ausgeschlossen werden kann. Gerade dies hat der BGH im konkreten Fall bejaht. Der Sachverhalt kann daher in der Examensklausur auch im Gewande einer StPO-Zusatzfrage erscheinen!*

4. Keinesfalls darf in der Klausur das Täter- und Angehörigenprivileg des § 258 V und VI StGB vergessen werden!

5. Den qualifizierten Tatbestand der Strafvereitelung im Amt nach § 258a StGB können Amtsträger wie etwa Richter, Staatsanwälte, Polizeibeamte usw., nicht jedoch

---

62 Siehe nur BVerfGE 38, 119; *Beulke/Swoboda*, StPO, 14. Aufl. 2018, § 9 Rn. 150 ff.
63 Vgl. dazu etwa *Haas*, FS Maiwald, 2010, 288.
64 Meyer-Goßner/*Schmitt*, StPO, 61. Aufl. 2018, § 97 Rn. 39.
65 *Mitsch*, NJW 2018, 3264.
66 BGHSt 45, 100.
67 Eine Mindermeinung nimmt nur Versuch der Vollvereitelung an, wenn eine Verurteilung lediglich vorübergehend verhindert wird, vgl. etwa *Hardtung*, JuS 1998, 720; *Samson*, JA 1982, 181; *Seebode*, JR 1998, 341.

Anwälte begehen. Der Amtsträger muss zur Mitwirkung bei dem Straf- oder Anordnungsverfahren bzw. zur Mitwirkung bei der Vollstreckung der Strafe oder Maßnahme berufen sein.

Nach Auffassung des BGH[68] begehen Strafvollzugsbeamte einer Justizvollzugsanstalt keine Strafvereitelung durch Unterlassen gem. §§ 258 I Alt. 1, 13 I StGB, wenn sie Misshandlungen von Gefangenen durch andere Vollzugsbedienstete nicht der Anstaltsleitung oder der Staatsanwaltschaft mitteilen. Voraussetzung dafür wäre nämlich, dass die Bediensteten dafür einzustehen hätten, dass der tatbestandsmäßige Vereitelungserfolg nicht eintritt. Denn Rechtsgut des § 258 StGB ist die Strafrechtspflege, sodass eine Garantenpflicht nur denjenigen trifft, dem das Recht die Aufgabe zuweist, Belange der Strafrechtspflege wahrzunehmen oder zumindest zu fördern.

Strafvollzugsbeamte haben insoweit keine Aufgaben der Strafverfolgung wahrzunehmen; auch sind Beamte nicht generell verpflichtet, zu ihrer Kenntnis gelangte strafbare Handlungen anzuzeigen (eine diesbezügliche gesetzliche Regelung ist im Bereich des Strafvollzugs – anders als im Bereich des Wehrrechts, vgl. § 40 WStG: Meldepflicht von Straftaten Untergebener – nicht ersichtlich). Nr. 9 der DSVollz schafft zwar eine Mitteilungspflicht, sie dient aber nur der Gewährleistung eines funktionsfähigen Strafvollzugs, nicht dagegen auch den Belangen der Strafverfolgung. Schließlich können auch allgemeine Zielvorgaben des Strafvollzugs (vgl. § 2 StVollzG) kein Handlungsgebot schaffen, da es sich dabei nur um eine Zielbestimmungsnorm handelt.[69]

Zum Verständnis: Man darf diese Entscheidung freilich nicht fehlinterpretieren. Vollzugsbeamte nehmen natürlich im Rahmen ihres Dienstes, d. h. bei der Bewachung der Gefangenen, sehr wohl Aufgaben der Strafverfolgung wahr. Lassen sie also Gefangene unberechtigt frei, so sind sie wegen Strafvereitelung im Amt gem. §§ 258, 258a StGB strafbar. Schauen sie zu, wie diese entweichen, so sind sie gem. §§ 258, 258a, 13 StGB strafbar. Hier lag der Fall jedoch so, dass sie Straftaten von Kollegen nicht angezeigt haben. Bezüglich deren Strafverfolgung – und das ist die Essenz der Entscheidung – haben die Beamten keine erhöhten Pflichten!

D. Exkurs: Gefangenenbefreiung nach § 120 StGB

Dieser Tatbestand ist trotz seiner geringen praktischen Bedeutung erstaunlich oft Gegenstand von Examensklausuren, wobei die Probleme immer wieder dieselben sind:

I. Fremdbefreiung

577 § 120 StGB erhebt das Verleiten zum Entweichen sowie die Förderung beim Entweichen, die der Sache nach Anstiftungs- bzw. Beihilfehandlung sind, zur Täterschaft.

---

68 BGHSt 37, 226.
69 Vgl. zum Ganzen *Seebode*, JR 1998, 338; ähnlich in Bezug auf Finanzbeamte *Dusch/Rommel*, NStZ 2014, 188 ff.

Grund: Der Gesetzgeber musste hierfür eine eigene Strafbarkeit normieren, weil die Selbstbefreiung – sofern nicht ein Fall des § 121 StGB vorliegt – straflos ist. Um den „Teilnehmer" nicht aus Akzessorietätsgründen ebenfalls straflos zu lassen, hat er sich daher dazu entschlossen, dass Verleiten und Fördern in § 120 StGB eigens unter Strafe zu stellen.

Folgerichtig sollte man nur solche Teilnahmehandlungen als Täterhandlungen i. S. d. § 120 StGB betrachten, die auf Gefangenenseite erfolgen. Teilnahmehandlungen, die auf Täterseite erfolgen, sind dagegen als normale Beihilfe (§ 27 StGB) bzw. Anstiftung (§ 26 StGB) fassbar.

Beispiel: A verschafft dem B Ausbruchswerkzeug, das B dem Gefangenen G ins Gefängnis einschleust. G gelingt daraufhin die Flucht.

Lösung: Hier ist nur B auf Gefangenenseite unmittelbar tätig geworden, sodass er nach § 120 I Var. 3 StGB wegen Förderung strafbar ist. A ist dagegen auf Täterseite tätig geworden und damit nur mittelbar an der Gefangenbefreiung beteiligt, sodass er nach §§ 120 I Var. 3, 27 StGB zu bestrafen ist. G selbst bleibt straffrei.[70]

II. Selbstbefreiung unter Beteiligung anderer

Umstritten ist, inwieweit eine Strafbarkeit des befreiten Gefangenen selbst in Betracht kommt:

1. Eine Strafbarkeit des befreiten Gefangenen als Täter des § 120 StGB kommt nach ganz h. M. nicht in Betracht,[71] wobei dies auch dann gelten soll, wenn der Gefangene zu seiner eigenen Befreiung notwendig einen Mitgefangenen befreien muss (Beispiel: A und B brechen gemeinsam aus dem Gefängnis aus, wobei A dem B absprachegemäß auf den Sims der Gefängnismauer hilft und dann von B hochgezogen wird).[72] Begründet wird diese Straflosigkeit mit der notstandsähnlichen Situation, in der sich der Gefangene befindet und die eine täterschaftliche Bestrafung nach § 120 StGB ausschließt. Die Auffassung, dass bei der gemeinsamen Flucht mehrerer dann § 258 StGB hinsichtlich des anderen Gefangenen in Frage kommt, wie dies etwa *Gropp* annimmt,[73] ist abzulehnen, weil in derartigen Fällen die Strafvereitelung nicht nur zugunsten eines anderen, sondern auch für sich selbst erfolgt, sodass der persönliche Strafausschließungsgrund des § 258 V StGB eingreift.

2. Umstritten ist dagegen, ob eine strafbare Teilnahme des Gefangenen an seiner eigenen Befreiung nach §§ 120, 26, 27 StGB möglich ist.

Beispiel: A fordert B auf, ihm einen Nachschlüssel zu besorgen, damit er aus dem Gefängnis ausbrechen kann. B tut dies. Ist A hier wegen Anstiftung zur Förderung beim Entweichen nach §§ 120 I Var. 3, 26 StGB strafbar?

Lösung:
– Der BGH hält eine Anstiftung (nicht aber eine Beihilfe) für möglich, und zwar unabhängig davon, ob es sich bei dem Angestifteten um einen fluchtteilnahmewilligen Mitgefangenen

---
70 Wie hier *Gössel/Dölling*, BT/1, § 64, Rn. 1; MüKo-*Bosch*, § 120, Rn. 31; *Otto*, BT, § 92, Rn. 8 (m. ähnl. Bsp.).
71 Vgl. BGHSt 4, 400.
72 Vgl. dazu BGHSt 17, 369 m. Anm. *Deubner*, NJW 1962, 2260; *Fischer*, § 120, Rn. 9, jeweils m. w. N.
73 *Gropp*, Deliktstypen mit Sonderbeteiligung, S. 285 ff.

handelt oder nicht.⁷⁴ Dahinter steht wohl der Gedanke, dass der Gefangene den Helfer in Schuld verstrickt.
- Die h. L. lehnt auch eine strafbare Teilnahme des Gefangenen an seiner eigenen Befreiung ab, weil auch hier die notstandsähnliche Situation des Gefangenen zu berücksichtigen sei.⁷⁵
- Stellungnahme: Die besseren Gründe sprechen für die Literaturauffassung. Wenn bereits eine Täterschaft des Gefangenen an seiner Selbstbefreiung ausgeschlossen wird, so sollte eine Anstiftung noch weniger in Betracht kommen. Der Strafgrund der Anstiftung besteht nicht in der Verstrickung anderer in Schuld, sondern in der mittelbaren Rechtsgutverletzung. An einer derartigen mittelbaren Rechtsgutverletzung fehlt es aber gerade, wenn es um die eigene Befreiung des Gefangenen geht, da diese von § 120 StGB gerade nicht erfasst wird. Das Privileg der notstandsähnlichen Situation muss dem Gefangenen daher auch hier zugute kommen.

---

74 Vgl. BGHSt 17, 376.
75 Vgl. nur *Arzt/Weber*, BT, § 45, Rn. 65; *Fischer*, § 120, Rn. 9; LK-*Rosenau*, § 120, Rn. 57; NK-*Ostendorf*, § 120, Rn. 9; SK-*Wolters*, § 120, Rn. 14.

§ 20 Amtsdelikte

I. Geschütztes Rechtsgut und Verhältnis der Delikte untereinander sowie zu anderen Delikten[1]

1. Geschützt ist das Vertrauen in die Unkäuflichkeit von Amtshandlungen sowie in die Sachlichkeit der Amtsausübung.[2]

580

2. Verhältnis der Amtsdelikte untereinander sowie zu anderen Delikten

581

a) §§ 331, 332 StGB erklären den Amtsträger im Falle der Käuflichkeit für strafbar (sog. passive Bestechung).

§§ 333, 334 StGB bilden die Kehrseite und erfassen den Vorteilsgeber (sog. aktive Bestechung).

b) Dabei erfassen §§ 331, 333 StGB die Vorteilsannahme und Vorteilsgewährung für eine pflichtgemäße Dienstausübung, während §§ 332, 334 StGB als Qualifikationstatbestände zu §§ 331, 333 StGB die Bestechlichkeit bzw. die Bestechung im Hinblick auf pflichtwidrige Diensthandlungen unter Strafe stellen.

c) § 336 StGB stellt für die Fälle der aktiven und passiven Bestechung klar, dass eine Diensthandlung auch in einem Unterlassen bestehen kann.[3]

d) Die Strafzumessungsregel des § 335 StGB spielt in der Klausur kaum eine Rolle.

3. Aus dem Verhältnis von Grundtatbestand und Qualifikation **folgt**, dass § 332 StGB den § 331 StGB im Wege der Gesetzeskonkurrenz verdrängt. Ebenso tritt der Grundtatbestand des § 333 StGB gegenüber der Qualifikation nach § 334 StGB zurück.

582

Verlangt der Amtsträger einen Vorteil unter Drohungen, so kann zu § 331 bzw. § 332 StGB zusätzlich § 253 StGB in Tateinheit hinzutreten. Eine Verdrängung findet hier aufgrund der unterschiedlichen geschützten Rechtsgüter, nämlich einerseits Schutz des Vertrauens in das Beamtentum und andererseits Schutz des Vermögens und der persönlichen Freiheit, nicht statt.

4. Neuerungsinhalte durch das Gesetz zur Bekämpfung der Korruption

583

a) Zunächst gilt: die Gesetzesanwendung ist einfacher geworden, weil §§ 331 und 333 StGB sowie §§ 332 und 334 StGB nun spiegelbildlich ausgestaltet sind.

b) Anders als bislang ist jetzt auch die Zuwendung an Dritte als tatbestandsmäßiger Vorteil mitaufgenommen, vgl. §§ 331 bis 334 StGB („für sich *oder einen Dritten*").

c) Der Tatbestand der Vorteilsgewährung gem. § 333 StGB wurde stark erweitert. Bislang fielen unter diesen Tatbestand nur Zuwendungen für künftige, im Ermessen des

---
1 Vgl. hierzu auch den Überblick bei *Löw*, JA 2013, 88 ff.
2 So die ganz h. M.: BGHSt 15, 96; 30, 48; 47, 309; *Otto*, BT, § 99, Rn. 1; *Kindhäuser*, LPK, § 331, Rn. 1; *Wessels/Hettinger/Engländer*, BT/1, Rn. 1179.
3 Dies war freilich immer schon h. A., vgl. LK-*Sowada*, § 336, Rn. 1.

Amtsträgers stehende Diensthandlungen. Jetzt fällt darunter das Versprechen eines Vorteils für jede ordnungsgemäße Dienstausübung, gleichgültig, ob diese künftig oder vergangen, gebunden oder im Ermessen des Amtsträgers steht.

d) Bei der Vorteilsannahme gem. § 331 StGB und der Vorteilsgewährung gem. § 333 StGB wurde das Merkmal der sog. Unrechtsvereinbarung gelockert. Nunmehr sind bereits die Annahme und die Gewährung von Vorteilen strafbar, soweit diese „für die Dienstausübung" des Amtsträgers erbracht werden (§§ 331 I, 333 I StGB). Der Nachweis einer hinreichend bestimmten Diensthandlung als Gegenleistung ist daher nicht mehr erforderlich. Auf diese Weise sollen auch Zuwendungen an den Amtsträger erfasst werden, die zunächst nur der „Verbesserung der Atmosphäre" (sog. „Anfüttern") dienen und lediglich spätere Gegenleistungen vorbereiten sollen.

Achtung: *Anders ist es bei § 331 II StGB und § 333 II StGB, die eine richterliche Handlung betreffen. Da hier das Merkmal „als Gegenleistung dafür" aufrechterhalten wurde, ist hier das Merkmal der Unrechtsvereinbarung enger gefasst, sodass Leistungen zur „Verbesserung der Atmosphäre" hier nicht genügen würden. Im Übrigen ist beim Richter auch an die Rechtsbeugung nach § 339 StGB zu denken, wofür der BGH jedoch einen elementaren Verstoß gegen die Rechtspflege verlangt.*[4]

II. Täter und Teilnehmer

584 §§ 331 ff. StGB legen den möglichen Täterkreis genau fest (lesen Sie dazu auch § 11 I Nr. 2, 3, 4 StGB).[5] Die Tätereigenschaft ist besonderes persönliches Merkmal i. S. d. § 28 I StGB.

Man muss sich klar machen, dass §§ 331, 332 StGB einerseits und §§ 333, 334 StGB andererseits Täterschaft begründen, sodass die Täter dieser Vorschriften nicht zugleich Teilnehmer sein können. Wer also z. B. einem Amtsträger für seine Diensthandlung Geld anbietet, ist nach § 333 StGB strafbar und kann nicht zugleich Anstifter zu § 331 StGB sein; umgekehrt ist der Amtsträger, der sich einen Vorteil für eine Dienstausübung versprechen lässt, nach § 331 StGB strafbar und kann nicht zugleich Anstifter oder Gehilfe zu § 333 StGB sein.[6]

Teilnehmerschaft zu §§ 331, 332 StGB bzw. §§ 333, 334 StGB ist daher grundsätzlich nur durch einen Außenstehenden (d. h. nicht an der Unrechtsvereinbarung Beteiligten) möglich, wobei für das Vorliegen von §§ 331, 332, 26, 27 bzw. §§ 333, 334, 26, 27 StGB von Bedeutung ist, ob der Teilnehmer unmittelbar auf der Seite des Vorteilsnehmers oder des Vorteilsgebers auftritt, mag die Teilnahmehandlung mittelbar auch dem jeweils anderen dienen.[7]

---

4 Vgl. BGHSt 32, 364; s. auch BGHSt 40, 30 bzgl. DDR-Taten; dazu auch *Jäger*, AT, Rn. 18; zu den Anforderungen an den subjektiven Tatbestand der Rechtsbeugung BGH NJW 2014, 1192 m. Bspr. *Jahn*, JuS 2014, 850 ff.
5 Zur Amtsträgereigenschaft nach erfolgter Privatisierung *Zieschang*, StV 2009, 74.
6 Vgl. zum Ganzen Lackner/Kühl/*Heger*, § 331, Rn. 19.
7 Vgl. auch dazu Lackner/Kühl/*Heger*, § 331, Rn. 19.

III. Einzelne Problemlagen anhand von Fällen und Beispielen

1. Täterschaft und Teilnahme

Beispiel: Amtsträger A erteilt dem B eine Gewerbekonzession unter Beachtung aller gewerberechtlicher Vorschriften. B belohnt den A danach mit einem beachtlichen Geldbetrag. Zu der Vorteilsannahme wurde A von seinem Kollegen (K) überredet. Strafbarkeit von A, B und K? 585

Zusatzfrage: Wie ändert sich die Strafbarkeit von A und B, wenn A bei Genehmigungserteilung gewerberechtliche Vorschriften missachtet hat?

Lösung: A ist wegen Vorteilsannahme nach § 331 I StGB für vergangene pflichtgemäße Diensthandlungen (Vorteilsannahme) strafbar. 586
B ist wegen Vorteilsgewährung nach § 333 I StGB strafbar, der nun spiegelbildlich zu § 331 I StGB ausgestaltet ist[8] (**Hinweis:** Vor der Änderung durch das Gesetz zur Bekämpfung der Korruption war A straflos, weil die Vorteilsgewährung nach § 333 I StGB a. F. nur strafbar war, wenn sie sich auf *künftige* pflichtgemäße Diensthandlungen bezog. Dieser wenig verständlichen Strafbarkeitsunterscheidung zwischen Vorteilsgeber und Vorteilsnehmer hat das Gesetz ein Ende bereitet!). B ist nicht zusätzlich wegen Anstiftung zu § 331 StGB strafbar, da die Existenz des § 333 StGB als vorrangige Regelung eine Teilnahmebestrafung ausschließt.
K ist wegen Anstiftung zur Vorteilsannahme nach §§ 331 I, 26, 28 I StGB strafbar, denn als Dritter fällt der Kollege nicht unter § 333 StGB.

Zur Zusatzfrage: Hier ist A gem. § 332 I StGB (Bestechlichkeit) strafbar, weil er für eine pflichtwidrige Diensthandlung einen Vorteil als Gegenleistung angenommen hat. B ist in diesem Fall gem. § 334 StGB wegen Bestechung strafbar.

2. Begriff des Vorteils

Beispiel: Polizist P ermittelt gegen die B. Die B bietet dem P die Gewährung des Geschlechtsverkehrs an, falls er die Ermittlungen beendet. P lehnt ab. Strafbarkeit der B? 587

Lösung: B ist strafbar gem. § 334 I StGB, da auch die Gewährung des Geschlechtsverkehrs einen Vorteil i. S. d. Vorschrift darstellt.[9] Vorteil ist nämlich jede Zuwendung, auf die die Amtsperson keinen rechtlichen Anspruch hat und die die wirtschaftliche, rechtliche oder auch persönliche Lage objektiv messbar verbessert.[10] Nicht ausreichend sind dagegen bloße flüchtige Zärtlichkeiten, während die Befriedigung des Ehrgeizes oder der Eitelkeit des Amtsträgers als Vorteil in Frage kommen soll (sehr zw.).[11] 588

3. Begriff des „Forderns eines Vorteils" nach §§ 331 I, 332 I, III StGB

Fordern i. S. d. Bestechungstatbestände ist nicht nur das ausdrückliche, sondern auch das konkludente Verlangen eines Vorteils für eine dienstliche Tätigkeit. Auch in einer Spendenbitte kann daher ein „Fordern" i. S. d. § 332 I, III StGB liegen, sofern aus der Sicht des Empfängers der Sinn darin zu verstehen ist, dass damit konkludent ein Verlangen eines Vorteils einhergeht. Der BGH hat daher zu Recht den Bürgermeister der Stadt Hildesheim wegen Bestechlichkeit nach § 332 I, III Nr. 2 StGB in einem Fall für strafbar erklärt, in dem dieser im Zuge des Verkaufs eines Energieversorgungsunternehmens einem Kaufinteressenten erklärt hatte, dass die Stadt finanzielle Probleme 588a

---

8 *Sch/Sch/Heine/Eisele*, § 333, Rn. 1; *König*, JR 1997, 397, 400; *Lackner/Kühl/Heger*, § 333, Rn. 1; SK-Stein/*Deiters*, § 333, Rn. 1.
9 Vgl. hierzu BGH NJW 1989, 915; *Gössel/Dölling*, BT/1, § 75, Rn. 10.
10 Vgl. dazu BGH NJW 2001, 2558; OLG Karlsruhe StV 2001, 289.
11 Vgl. BGHSt 14, 128.

bei der Förderung von Schulen und Museen habe und durch Spenden an die Stadt oder einen privaten Förderverein geholfen werden könne.[12] Dabei kam zum Ausdruck, dass im Falle einer beträchtlichen Spende eine Erhöhung des Kaufangebots nicht mehr erforderlich sei. Da der Bürgermeister die gezahlte Spende sodann auch noch einem Förderverein zuleitete, nahm der BGH darüber hinaus auch noch eine Strafbarkeit wegen Treubruchuntreue nach § 266 I Alt. 2 StGB an.

Der Fall zeigt einmal mehr, dass Bestechungsdelikte häufig mit dem Delikt der Untreue zusammenfallen.

4. Unrechtsvereinbarung

589 §§ 331 I und 333 I StGB verlangen nur noch eine „gelockerte" Unrechtsvereinbarung („für die Dienstausübung"), sodass der Vorteil nur in Bezug auf die Dienstausübung zufließen muss. Dagegen ist bei § 331 II StGB und § 333 II StGB eine strikte Unrechtsvereinbarung erforderlich („als Gegenleistung dafür").[13] Die gelockerte Unrechtsvereinbarung der §§ 331 I, 333 I StGB führt freilich zu teilweise bedenklichen Strafbarkeitsausdehnungen[14], die den BGH vor allem in zwei Konstellationen zu einer restriktiven Auslegung bewogen haben. Die erste Einschränkung betrifft die Problematik der Drittmitteleinwerbung an Universitäten. Dazu folgender:

590 **Fall 82:** Der verbeamtete Universitätsprofessor A ist als Arzt an einer Universitätsklinik tätig. Eines Tages bestellt er beim Hersteller H verschiedene Medizinprodukte. Dafür erhält er von H – neben den Produkten und außervertraglich – Zuwendungen für die Forschung, welche er bei der Universitätsverwaltung in Übereinstimmung mit dem hochschulrechtlich vorgeschriebenen Verfahren anzeigt und sich genehmigen lässt. Strafbarkeit der Beteiligten? (**Drittmittel-Fall** nach BGHSt 47, 295[15])

591 Lösung:

A. **Strafbarkeit des A**

I. In Betracht kommt eine Strafbarkeit **wegen Vorteilsannahme nach § 331 I StGB**.

1. Der verbeamtete Universitätsprofessor A ist ein Amtsträger i. S. d. § 11 I Nr. 2a StGB.

2. Fraglich ist jedoch, ob A durch die Zuwendungen selbst einen Vorteil erlangt hat. Insofern könnte man darauf abstellen, dass A durch die Bezuschussung seitens des H seine Karrierechancen und damit seine Reputation verbessert hat. Ob dies tatsächlich der Fall ist, lässt sich aber objektiv schwer messen. Auch darf es einem Amtsträger nicht angelastet werden, wenn er seine forschungsbezogenen Aufgaben nach besten Kräften erledigen will.[16] A hat aber zumindest mittelbar einen Vorteil erlangt, da die Zuwendungen des H die Forschungsbedingungen auf dem Sektor des A verbessert haben. Diesen Vorteil hat A für die Dienstausübung, nämlich für die Auswahl der für die Uniklinik benötigten Produkte, auch angenommen. Fraglich ist jedoch, ob hierdurch eine Unrechtsbeziehung entstanden ist. Dafür würde grundsätzlich zwar bereits genügen, dass A von der Firma H Zuwendungen für

---

12 BGH NStZ 2006, 628 ff.
13 Vgl. *Wessels/Hettinger/Engländer*, BT/1, Rn. 1174; *Krey/Hellmann/Heinrich*, BT/1, Rn. 904.
14 Vgl. dazu auch unter dem Gesichtspunkt der Sozialadäquanz *Valerius*, JA 2014, 561 ff.
15 Vgl. dazu auch *Bruns*, ArztR 2003, 103 ff., 260 ff.; *Kuhlen*, JR 2003, 231 ff.; vgl. zur Einwerbung und Annahme von Drittmitteln auch *Harriehausen*, NStZ 2013, 256 ff.
16 Vgl. BGH NJW 2002, 2804.

die dienstliche Bestellung der Medizinprodukte erhalten hat; jedoch ist mit Blick auf die ratio legis des § 331 StGB eine teleologische Reduktion des Tatbestandes erforderlich, wenn das hochschulrechtlich vorgesehene Verfahren eingehalten wurde. Denn das Vertrauen in die Sachgerechtigkeit und Nichtkäuflichkeit von Entscheidungen wird im Falle der Offenlegung der Drittmitteleinwerbung nicht beeinträchtigt, da auf diese Weise ein größtmögliches Maß an Transparenz sichergestellt ist.[17] Zwar könnte man diesem Aspekt grundsätzlich auch über eine Rechtfertigung des A nach § 331 III StGB Rechnung tragen. Jedoch würde eine derartige Rechtfertigungslösung vernachlässigen, dass die Drittmitteleinwerbung für Forschung und Lehre gerade zu den Aufgaben eines Professors zählt, sodass man von einem sozialadäquaten Verhalten sprechen kann.[18] Insoweit ist es widersinnig, die Wahrnehmung dieser Aufgabe zunächst als tatbestandsmäßig zu „brandmarken" und sodann auf Rechtfertigungsebene doch wieder zu billigen. Auch würde eine derartige Rechtfertigungslösung in solchen Fällen versagen, in denen die Drittmittel vom Amtsträger gefordert werden (vgl. § 331 III StGB: „sich versprechen lässt oder annimmt").
Die teleologische Reduktion auf Tatbestandsebene verdient daher den Vorzug.

Ergebnis: A ist nicht nach § 331 I StGB strafbar.

II. Erst recht scheidet eine Bestrafung wegen **Bestechlichkeit nach § 332 I StGB** aus, zumal dort sogar eine Unrechtsvereinbarung im engeren Sinn verlangt wird und im Übrigen auch eine pflichtwidrige Diensthandlung von Seiten des A nicht angenommen werden kann.

Gesamtergebnis: A hat sich nicht strafbar gemacht.

B. Strafbarkeit des H
Für ihn käme allenfalls eine Strafbarkeit nach **§ 333 StGB** in Betracht, der aus den oben genannten Gründen jedoch entfällt, da § 331 StGB dem § 333 StGB spiegelbildlich entspricht.

Die zweite tatbestandliche Reduktion betrifft die Spendeneinwerbung durch kommunale Wahlbeamte. Dies zeigt folgender

Fall 83: K hatte sich als hauptamtlicher Bürgermeister der Stadt Wuppertal um seine Wiederwahl beworben und eine Spende des Bauunternehmers B in Höhe von 500 000 € für den Oberbürgermeister-Wahlkampf angenommen. Dabei wurde diese Spende über Einzelspender gestückelt und verschleiert. B, der einer anderen Partei angehörte, ging es dabei darum, dass K nach seiner Wiederwahl die bislang sehr investorenfreundliche Politik fortsetzt. Darüber hinaus wollte er erreichen, dass K sich später politisch für die Errichtung eines Factory-Outlet-Center (FOC) einsetzt. Bei der Spende äußerte B allerdings lediglich, dass es ihm um die investorenfreundliche Politik des K gehe. Das FOC erwähnte er dagegen nicht. Dieses wollte er erst später nach der Wiederwahl des K ins Spiel bringen. Strafbarkeit von K und B? (**Fall Kremendahl** nach BGH NStZ 2008, 341 f.[19]).

Lösung:

A. Strafbarkeit des K

I. Durch die **Entgegennahme der Wahlkampfspende** könnte sich K wegen **Vorteilsannahme nach § 331 I StGB** strafbar gemacht haben.

1. Als kommunaler Wahlbeamter ist K Amtsträger i. S. v. § 11 I Nr. 2a StGB und damit tauglicher Täter nach § 331 I StGB.

---
17 Vgl. BGHSt 47, 295 f.; 48, 44; *Otto*, JK 2003, § 331/7; *Rönnau*, JuS 2003, 232 ff.
18 Vgl. dazu *Schroth*, BT, S. 322.
19 Vgl. dazu die Anm. von *Beckemper*, NStZ 2008, 35 f.; *Korte*, NStZ 2008, 341 f.; *Zöller*, GA 2008, 151 ff.; vgl. auch *Satzger*, JK 6/08, StGB § 331/13.

2. Fraglich ist jedoch, ob K durch die Entgegennahme der Parteispende Vorteile für die Dienstausübung angenommen hat.

Hierbei bejaht der BGH zunächst, dass K mit der Parteispende sowohl Vorteile für Dritte (nämlich seine Partei) als auch für sich selbst angenommen hat, da er erkannt habe, dass die Wahlkampfunterstützung aufgrund seiner dienstlichen Stellung als Oberbürgermeister und seiner investorenfreundlichen Politik zugesagt wurde. Der etwaige geheime Vorbehalt, sich von der Spende in späteren Entscheidungen nicht leiten zu lassen, sei demgegenüber irrelevant, weil der Schein der Käuflichkeit hierdurch nicht beseitigt werde.

Was sodann den Bezug der Vorteilsgewährung „für die Dienstausübung" anbelangt, so sei es hinreichend, wenn Gegenleistungen möglicherweise erst in der zukünftigen Amtszeit geleistet werden. Allerdings müsse § 331 StGB nach Ansicht des BGH einschränkend ausgelegt werden, weil Wahlbeamte in einem Zwiespalt zwischen der Annahme zulässiger Parteispenden einerseits und den Anforderungen des § 331 StGB andererseits geraten könnten. Anders als bei der Drittmitteleinwerbung komme es jedoch bei Parteispenden nicht allein darauf an, ob diese ordnungsgemäß verbucht seien (vgl. zur Drittmittelproblematik soeben Rn. 590 f.). An einer Unrechtsvereinbarung fehle es allerdings, wenn mit der Wahlkampfspende lediglich erreicht werden solle, dass eine bisherige, allgemeine Politik (hier Investorenfreundlichkeit) weiter unterstützt werden solle. Anders sei der Fall erst dann zu beurteilen, wenn sich der Amtsträger bereit erkläre, „als Gegenleistung für die Wahlkampfförderung im Falle seiner Wahl eine konkrete, den Interessen des Vorteilsgebers förderliche Entscheidung zu dessen Gunsten zu treffen oder zu beeinflussen". Da K vor Entgegennahme der Wahlkampfspende von der Errichtung des FOC noch nichts wusste, war dies im vorliegenden Fall jedoch zu verneinen.

Ergebnis: Eine Strafbarkeit des K nach § 331 I StGB scheidet aus.

Hinweis: *Man muss sich bewusst machen, dass der BGH mit dieser Entscheidung im Bereich der Parteispenden eine konkretisierte Unrechtsvereinbarung vergleichbar der des § 332 StGB verlangt, obwohl § 331 StGB sonst nur eine gelockerte Unrechtsvereinbarung voraussetzt und die allgemeine Klimapflege genügen lässt. Dementsprechend muss man sich auch davor hüten, die Grundsätze dieser Entscheidung auf andere Beamte zu übertragen. Das Urteil ist vielmehr eine Ausnahmeentscheidung für den Bereich der Parteispenden, bei denen einem Konflikt des Wahlbeamten entgegengewirkt werden soll.*

II. Denkbar wäre jedoch die Bejahung einer **Vorteilsannahme nach § 331 I StGB durch das nachträgliche Behalten** der Spenden, nachdem K erkannt hatte, dass es dem B um die Errichtung des FOC ging.

Auch dies verneint der BGH jedoch. Denn zwar sei es grundsätzlich möglich, einen zunächst gutgläubig erlangten Vorteil nachträglich anzunehmen, nachdem man erkannt hat, dass die Absicht auch auf den Abschluss einer Unrechtsvereinbarung gerichtet war.[20] Ein solches „verspätetes" Annehmen des Vorteils komme jedoch nur in Betracht, wenn der gewährte Vorteil in dem Zeitpunkt, zu dem der Amtsträger die Hintergründe der Zuwendung erkannt hat, noch vorhanden war.

Nach Ausgabe des Spendenaufkommens scheidet daher auch eine Strafbarkeit des K nach § 331 I StGB aus.

Ergebnis: K ist straflos.

B. Strafbarkeit des B

Hier kommt lediglich eine Strafbarkeit wegen **Vorteilsgewährung nach § 333 I StGB** in Betracht.

---

20 Ob der BGH hier tatsächlich eine zulässige Wortlautauslegung betreibt, erscheint freilich sehr fraglich. Denn „behalten" ist nicht „annehmen", sodass man sich hier wohl bereits im Bereich der verbotenen Analogie bewegt.

Diesbezüglich könnte man vorliegend zwar davon ausgehen, dass B mit seiner Spende einen Vorteil gewährt hat, der auf eine konkrete Diensthandlung des K (nämlich die Errichtung des FOC) gerichtet war. Bei einer Unrechtsvereinbarung muss der Anbietende aber auch wollen, dass der Amtsträger die Unrechtsvereinbarung konkreter Art erkennt. Das war bei der Spende nicht der Fall, da B zu diesem Zeitpunkt die geplante Errichtung des FOC noch nicht ins Spiel gebracht hatte.

Ergebnis: Auch B hat sich nicht strafbar gemacht.

Im Übrigen verlangen §§ 331 I und 333 I StGB zwar nur noch eine abstrakte Unrechtsvereinbarung derart, dass der Vorteilsgeber mit dem Ziel handeln muss, auf die künftige Dienstausübung des Amtsträgers Einfluss zu nehmen und/oder seine vergangene Dienstausübung zu honorieren, ohne dass es auf eine auch nur in groben Umrissen feststehende Konkretisierung der dienstlichen Tätigkeit ankommt; jedoch soll das Vorliegen einer derartigen Unrechtsvereinbarung nach einer wichtigen Entscheidung des BGH in umfassender Würdigung aller in Betracht kommenden Indizien beurteilt werden. Ausschlaggebend dafür können sein: Die Beziehung zwischen Amtsträger und Vorteilsgeber, die Vorgehensweise bei der Vorteilsgewährung sowie Art, Wert und Zahl der Vorteile. Zugrunde lag der Entscheidung folgender

591c

Fall 84: Der Vorstandsvorsitzende V des Energieunternehmens EnBW (Mitsponsor der FIFA-WM 2006) ließ an den Ministerpräsidenten und fünf Minister des Landes Baden-Württemberg jeweils zwei Eintrittskarten senden. Alle Mitglieder der Landesregierung hatten auch ohne diese Karten freien Zugang mit Begleitung zu den WM-Spielen, die in Stuttgart ausgetragen wurden. Strafbarkeit des V? (**Freikarten-Fall** nach BGH NStZ 2008, 688 ff.[21])

591d

Lösung:

In Betracht kommt eine Strafbarkeit wegen **Vorteilsgewährung nach § 333 I StGB** durch das Zusenden der Freikarten.

1. Dann müsste den Kabinettsmitgliedern – Amtsträgern nach § 11 I Nr. 2b StGB – durch A ein Vorteil für die Dienstausübung angeboten worden sein. Vorteil ist dabei jede wirtschaftliche, rechtliche oder auch sonstige immaterielle Besserstellung. Vorliegend kommt ein geldwerter Vorteil in Form der Freikarten in Betracht. Dabei spielt es keine Rolle, dass die Regierungsmitglieder auch ohne den V Zugang zu Eintrittskarten gehabt hätten, da es auf hypothetische Erwägungen beim Vorteilsbegriff nicht ankommt.[22] Diese Frage kann allenfalls Auswirkungen auf die Beurteilung der „Unrechtsvereinbarung" haben (vgl. unten). Auch spielt es nach Ansicht des BGH für den Vorteilsbegriff keine Rolle, dass die Wahrnehmung von Repräsentationsaufgaben zu den Dienstpflichten von Regierungsmitgliedern zählt. Dies gelte jedenfalls dann, wenn geldwerte Zuwendungen auch oder gerade der Befriedigung persönlicher Interessen dienen, wie dies beim unmittelbaren Erleben einer Weltmeisterschaft im Stadion der Fall ist.

591e

2. Fraglich ist jedoch, ob der Vorteil für die vergangene oder zukünftige Dienstausübung gewährt wurde. Der BGH betont diesbezüglich die Notwendigkeit eines Gegenseitigkeitsverhältnisses in der Art, dass der Vorteil nach dem ausdrücklichen oder stillschweigenden

---

21 Vgl. dazu auch *Paster/Sättele*, NStZ 2008, 366; *Valerius*, GA 2010, 211 ff.
22 BGH NStZ 2008, 688 ff.

§ 20 *Amtsdelikte*

Einverständnis der Beteiligten seinen Grund gerade in der Dienstausübung hat. Das Ziel der Vorteilszuwendung muss daher sein, dass auf die künftige Dienstausübung Einfluss genommen oder eine vergangene Dienstausübung belohnt werden soll. Der Vorteil muss deshalb zumindest in einem generellen Sinne nach wie vor Gegenleistungscharakter aufweisen. In die Beurteilung haben daher nach Ansicht des BGH Indizien einzufließen, wie die Stellung des Amtsträgers, die Beziehung des Vorteilsgebers zu dessen dienstlichen Aufgaben, die Vorgehensweise bei dem Angebot von Vorteilen sowie die Art, der Wert und die Zahl der Vorteile. Ausgehend hiervon hat der BGH im vorliegenden Fall keine hinreichenden dienstlichen Beziehungen gesehen. Gerade die offene Vorgehensweise sowie der Wert und die Zahl der Vorteile (zwei Karten sowie die Tatsache, dass die Bedachten auch ohnehin Zugang zu Freikarten gehabt hätten), sprächen in der Gesamtschau gegen das Vorliegen einer (sei es auch nur gelockerten) Unrechtsvereinbarung im Sinne eines Gegenseitigkeitsverhältnisses.

Ergebnis: V ist nicht nach § 333 I StGB strafbar.

5. Unrechtsvereinbarung nach §§ 332 I, III, 334 I, III StGB

592 Im Gegensatz zu §§ 331 I, 333 I StGB verlangen die §§ 332 I, 334 I StGB eine Unrechtsvereinbarung in engerem Sinn, da der Vorteil hier als Gegenleistung dafür in Erscheinung treten muss, dass eine konkrete Diensthandlung vorgenommen wurde oder wird, die noch dazu dienstpflichtwidrig sein muss. § 332 III Nr. 2 StGB verschärft diese Haftung zusätzlich noch bei Ermessensentscheidungen: Lassen die Umstände nämlich verschiedene Handlungsweisen des Amtsträgers zu, weil ihm ein Ermessensspielraum eingeräumt ist, so kann er sich nach § 332 III Nr. 2 StGB strafbar machen, wenn er sich durch sein Verhalten ausdrücklich oder stillschweigend bereit zeigt, bei einer zukünftigen Entscheidung nicht ausschließlich sachliche Gesichtspunkte walten zu lassen, sondern die erlangten oder versprochenen Vorteile dabei berücksichtigen will.

593 **Fall 85:** A fährt mit der von der Stadt S in der Rechtsform einer Aktiengesellschaft geführten Straßenbahn, ohne ein Ticket gelöst zu haben. Als er von dem Kontrolleur K der AG erwischt und zur Zahlung von 40 € aufgefordert wird, versucht A den K von einer Verfolgung abzubringen, indem er ihm unter der Hand 10 € anbietet. K lehnt ab und fordert eine Bezahlung der Strafe. Strafbarkeit des A? **(Kontrolleur-Fall)**

Lösung:
In Betracht kommt eine Strafbarkeit des A wegen **Bestechung nach §§ 334 I, III Nr. 1, 336 StGB**.
1. K ist als Kontrolleur Amtsträger i. S. v. § 11 I Nr. 2c StGB, da er dazu bestellt ist, bei einer sonstigen Stelle einer öffentlichen Verwaltung Daseinsvorsorge wahrzunehmen. Die privatrechtliche Organisationsform (AG) ist nach § 11 I Nr. 2c StGB bedeutungslos.
2. Im Anbieten der 10 € ist ein Vorteil für K zu sehen. Als Gegenleistung dafür sollte K von der Verfolgung absehen. Nach § 336 StGB steht dieses Unterlassen einer Diensthandlung ihrer Vornahme gleich.
Fraglich ist jedoch, wie es sich auswirkt, dass K auf das Angebot des A überhaupt nicht eingegangen ist. Insoweit bestimmt § 334 III Nr. 1 StGB, dass es nicht zum Abschluss einer Unrechtsvereinbarung gekommen sein muss, sondern bereits das Anbieten eines Vorteils,

das auf eine Unrechtsvereinbarung zielt, genügt.[23] Damit soll erreicht werden, dass bereits der Schein der Käuflichkeit, der das Vertrauen des Berufsbeamtentums beeinträchtigen könnte, strafbarkeitsbegründend wirkt.
Damit ist der objektive Tatbestand des § 334 I, III Nr. 1 StGB i. V. m. § 336 StGB erfüllt.

3. Auch handelte A mit Tatbestandsvorsatz.

4. Rechtfertigungs- und Schuldausschließungsgründe sind nicht ersichtlich.

Ergebnis: A hat sich nach §§ 334 I, III Nr. 1, 336 StGB strafbar gemacht.

6. Amtsträgereigenschaft

Die Frage der Amtsträgereigenschaft spielt bei den Bestechungsdelikten immer wieder eine ganz entscheidende Rolle. Dabei kann es einerseits um das Problem gehen, ob man bei der Tätigkeit des Täters davon ausgehen kann, dass es sich um eine Handlung als „verlängerter Arm des Staates" handelt. Ausschlaggebend war diese Problematik vor allem in dem erst kürzlich vom BGH beurteilten „Kölner Müllskandal". Zugrunde lag dem folgender

Fall 86: Die Stadt Köln betrieb zusammen mit einem Privaten (P) eine Abfallverwertungsgesellschaft in der Form einer GmbH. Zwar beherrschte die Stadt die Gesellschaft und regelte die Belange durch Abfallsatzungen; jedoch besaß der Private aufgrund seiner Beteiligung am Stammkapital i. H. v. über 25 % eine sog. Sperrminorität, die es ihm ermöglichte, wichtige Entscheidungen zu blockieren. Im Rahmen der Ausschreibung zum Bau einer neuen Müllverbrennungsanlage wurden dem damaligen Geschäftsführer G der Abfallverwertungsgesellschaft sowie dem P Schmiergelder i. H. v. 3 % des Auftragswerts vom Geschäftsführer eines Bauunternehmens angeboten. G ließ sich daher auf eine Manipulation des Ausschreibungsverfahrens ein, die es ermöglichte, dass schließlich die Baufirma als günstigster Bieter den Zuschlag erhielt. In den Preis für den Bau der Anlage, der 400 Mio. € betrug, wurden die Schmiergeldzahlungen i. H. v. 12 Mio. € als Aufschlag eingerechnet. Strafbarkeit des G? (**Kölner Müllskandal-Fall** nach BGH NStZ 2006, 210 ff.[24])

Lösung:

I. In Betracht kommt eine Strafbarkeit des G wegen **Bestechlichkeit nach § 332 I StGB**.

1. Dann müsste G Amtsträger i. S. d. § 11 StGB gewesen sein. In Betracht kommt allenfalls eine „Bestellung" des G zur Wahrnehmung von Aufgaben der öffentlichen Verwaltung bei einer Behörde nach § 11 I Nr. 2c StGB. Diesbezüglich geht der BGH von der organisatorischen Betrachtungsweise aus, derzufolge die Person organisatorisch längerfristig in die Wahrnehmung von Aufgaben der öffentlichen Verwaltung eingebunden sein muss[25] (Gegensatz: funktionale Betrachtung, derzufolge ein privatrechtlicher Auftrag bereits eine Bestellung begründen kann, wenn der Privatmann – ohne längerfristige Einbindung – mit Aufgaben der öffentlichen Verwaltung betraut wird). Dabei genügt aber nicht jede „Bestellung", sondern es muss sich um eine Einbindung in eine „sonstige Stelle des Staates" handeln. Von einer Behördengleichheit kann aber bei einem privatrechtlich organisierten Unternehmen nur ausgegangen werden, wenn das Unternehmen als „verlängerter Arm des Staates" auftritt.

---

23 Vgl. dazu *Sch/Sch/Heine/Eisele*, § 334, Rn. 6 f.
24 Vgl. dazu die Bspr. von *Hohn*, wistra 2006, 321 ff.; *Noltensmeier*, StV 2006, 132 ff.; *Schünemann*, NStZ 2006, 196 ff.; s. auch *Becker*, StV 2006, 263 ff.; *Hoffmann/Mildeberger*, StV 2006, 665 ff.
25 BGH NJW 1998, 2373; BGHSt 43, 96, 105; näher zum Ganzen *Rengier*, BT/2, § 59, Rn. 6 ff.

§ 20 *Amtsdelikte*

> Vorliegend wäre eine solche Annahme zwar deshalb naheliegend, weil die Abfallverwertungsgesellschaft im Bereich der Daseinsvorsorge tätig wurde. Dennoch hat der BGH die Annahme einer „sonstigen Stelle" verneint, weil im vorliegenden Fall ein Privater an dem Unternehmen in einem Umfang beteiligt war, dass er durch eine Sperrminorität wesentliche unternehmerische Entscheidungen mitbestimmen konnte.
>
> **2. Ergebnis:** Folgt man dem BGH, so scheidet eine Strafbarkeit des G wegen Bestechlichkeit aus.
>
> **II.** Zu bejahen ist aber eine Strafbarkeit wegen **Bestechlichkeit im geschäftlichen Verkehr nach § 299 I StGB**, da G ein Angestellter eines geschäftlichen Betriebs war, der sich einen Vorteil versprechen ließ und diesen als Gegenleistung für eine Bevorzugung im Ausschreibungsverfahren angenommen hat.
>
> Anzunehmen ist auch ein schwerer Fall nach § 300 S. 1 StGB, da es sich um einen Vorteil großen Ausmaßes handelte; dies ist ab einer Schadenssumme von 50 000 € zu bejahen (in der Klausur ist dieses Regelbeispiel nach der Schuld zu prüfen, da es ein strafzumessungsrelevantes Merkmal darstellt!).
>
> **III.** Darüber hinaus ist auch eine Strafbarkeit wegen **Untreue nach § 266 StGB** zu prüfen.
>
> **1.** Nicht erfüllt ist vorliegend der Missbrauchstatbestand nach § 266 I Alt. 1 StGB. Die Missbrauchsalternative setzt nämlich voraus, dass der rechtsgeschäftliche Missbrauch der Verpflichtungsbefugnis zu einer wirksamen Verpflichtung des Treugebers führt, was wegen der nach § 138 BGB hier vorliegenden Sittenwidrigkeit aufgrund kollusiven Zusammenwirkens mit dem Geschäftsführer der Baufirma zu verneinen ist.
>
> **2.** Jedoch liegt eine Treubruchsuntreue nach § 266 I Alt. 2 StGB vor, da im Abschluss des um den Schmiergeldanteil übertreuerten Vertrages und den sich daran anschließenden Zahlungen eine Verletzung der Vermögensbetreuungspflicht zu sehen ist, durch die auch ein Vermögensnachteil entstanden ist. Dieser liegt nach Auffassung des BGH bei der Vereinbarung von Schmiergeldzahlungen in Form eines prozentualen Preisaufschlags regelmäßig vor, da zumindest in der jeweiligen Höhe ein Preisnachlass zu erzielen gewesen wäre.
>
> Auch bezüglich dieser Untreue kommt eine Strafschärfung nach § 266 II i. V. m. § 263 III S. 2 Nr. 2 Alt. 1 StGB in Betracht.

593d Zum anderen kann es bei der Frage der Amtsträgereigenschaft auch darum gehen, ob der Täter als solcher in einer Weise in die öffentliche Verwaltung eingebunden ist, dass man ihn als „Amtsträger" i. S. v. § 11 StGB begreifen kann. Diese Problematik spielte eine Rolle in folgendem

594
> **Fall 87:** E war im Angestelltenverhältnis als Leiter der Sportredaktion des Hessischen Rundfunks (HR), einer Anstalt des öffentlichen Rechts, tätig. Er entschied in dieser Funktion über die Auswahl der Sportveranstaltungen, über die berichtet werden sollte, und über den näheren Inhalt der Sportsendungen des HR. Zudem hatte er die Etatverantwortung inne. Für Sportsondersendungen musste E durch Akquisition von Drittmitteln bei Sportveranstaltern, Sponsoren oder Agenturen für eine Deckung der entstehenden Mehrkosten im Haushalt der Redaktion, nach Möglichkeit aber auch der anteiligen Kosten der Produktionsabteilung sorgen. E sollte bei den Verhandlungen mit den Veranstaltern zu Gunsten des HR bis zur Grenze der Gesamtproduktionskosten so hohe finanzielle Beiträge, sog. Beistellungen, wie möglich erzielen. Auf Veranlassung des E gründete F Anfang 2000 als Strohmann die SMP GmbH als Alleingesellschafter, die sich mit der Vermarktung von Sportveranstaltungen befasste. Wirtschaftlich beteiligt waren im Innenverhältnis E und seine Ehefrau sowie die Ehefrau des F. Zwischen 2000 und 2003 verwies E die Sportveranstalter, die Sondersendungen durchführen wollten und zu Zahlungen von Beistel-

lungen bereit waren, darauf, einen Vermittlungsvertrag mit der SMP GmbH anstatt unmittelbar mit dem HR zu schließen. Die SMP GmbH behielt, wie von E beabsichtigt, ohne Wissen des HR von den Zahlungen der Veranstalter in einigen Fällen Beträge ein, die die Höhe einer üblichen Vermittlungsprovision deutlich überstiegen, in anderen Fällen sogar den gesamten Betrag. Hätte E in allen drei Fällen für einen Vertragsschluss des HR mit der SMP GmbH unter marktüblichen Bedingungen gesorgt, hätte der Hessische Rundfunk Mehreinnahmen in Höhe von 265 000 € erzielt. E und seine Frau erhielten aus dem Gewinn der SMP GmbH zwischen 2001 und 2003 ungefähr 300 000 € in drei Zahlungen von jeweils ca. 100 000 €. Diese Zahlungen dienten als Gegenleistung für die Tätigkeit des E, welche dieser beim HR zugunsten der SMP GmbH entfaltet hatte. Strafbarkeit des E? (**Sportredakteur-Fall** nach BGHSt 54, 202 ff.[26])

Lösung:

I. Indem E die Zahlungen aus dem Gewinn der SMP GmbH in den Jahren 2001 bis 2003 vereinbarte und annahm, könnte er sich wegen **Bestechlichkeit nach § 332 I StGB** strafbar gemacht haben.

1. Tatbestandsmäßigkeit

a) Objektiver Tatbestand

aa) Als zentrales Problem des Falles stellt sich die Frage, ob der als Leiter der Sportredaktion beim HR tätige E tauglicher Täter eines Amtsdelikts sein kann. Dazu müsste E Amtsträger i.S.d. § 11 I Nr. 2 StGB sein. Redakteure einer öffentlich-rechtlichen Rundfunkanstalt sind keine Beamten i.S.d. § 11 I Nr. 2a StGB, da dies nur Personen sind, die vom Staat förmlich durch Aushändigung einer Ernennungsurkunde in ein Beamtenverhältnis berufen worden sind.[27] Auch stehen Redakteure in keinem sonstigen öffentlich-rechtlichen Amtsverhältnis i.S.d. § 11 I Nr. 2b StGB, da hiervon nur beamtenähnliche Dienst- oder Treueverhältnisse im Bereich der vollziehenden Gewalt erfasst werden.[28] Eine Amtsträgerstellung des E kann sich somit allenfalls aus § 11 I Nr. 2c StGB ergeben.

Da eine öffentlich-rechtliche Rundfunkanstalt nicht als Behörde eingeordnet werden kann, müsste der HR eine sonstige Stelle sein, die Aufgaben der öffentlichen Verwaltung wahrnimmt. Der BGH führt hierzu aus, dass der öffentlich-rechtlichen Organisationsform bei dieser Bestimmung nur Indizwirkung zukomme. Maßgeblich sei vielmehr, dass unter einer sonstigen Stelle eine behördenähnliche Institution zu verstehen sei, die selbst zwar keine Behörde im verwaltungsrechtlichen Sinn, aber rechtlich befugt sei, bei der Ausführung von Gesetzen und bei der Erfüllung von öffentlichen Aufgaben mitzuwirken. Die öffentliche Aufgabe der öffentlich-rechtlichen Rundfunkanstalten bestehe in der Sicherstellung der unerlässlichen Grundversorgung der Bevölkerung mit Rundfunkprogrammen. Der klassische Auftrag des Rundfunks umfasse nach Ansicht des BGH insoweit auch die Berichterstattung über Sportereignisse, da sich deren Bedeutung nicht in ihrem Unterhaltungswert erschöpfe, sondern darüber hinaus eine wichtige gesellschaftliche Funktion erfülle, indem sie Identifikationsmöglichkeiten im lokalen und nationalen Rahmen biete und Anknüpfungspunkt für eine breite Kommunikation in der Bevölkerung sei. Der Charakter dieser Aufgabenstellung als öffentliche Aufgabe fände im Gegensatz zur Tätigkeit der privaten Anbieter seinen Niederschlag insbesondere in der Finanzierung durch einen Anstaltsnutzungsbeitrag In der Literatur wird die Einstufung der öffentlich-rechtlichen Rundfunkanstalten als sonstige Stelle i.S.d. § 11 I Nr. 2c StGB jedoch teilweise abgelehnt, da Art. 5 I 2 GG die Rundfunkveranstalter vor jeder staatlichen Einflussnahme auf das Programm

---

26 Vgl. dazu auch *Hecker*, JuS 2010, 828 ff.; *Kretschmer*, JR 2010, 127 ff.; *B. Heinrich*, JZ 2010, 529 ff.; *Stoffers*, NJW 2010, 789.
27 Vgl. BGHSt 37, 191 f.; *Sch/Sch/Hecker*, § 11, Rn. 16; *Fischer*, § 11, Rn. 13.
28 Vgl. *Sch/Sch/Hecker*, § 11, Rn. 18; *Walther*, JURA 2009, 421 ff.

schütze.[29] Der BGH tritt dem mit der Begründung entgegen, dass der verfassungsrechtliche Grundsatz der Staatsfreiheit des Rundfunks der Einordnung des Grundversorgungsauftrags als öffentliche Aufgabe der Rundfunkanstalten nicht entgegenstehe. Vielmehr finde die Organisation der öffentlich-rechtlichen Rundfunkanstalten als staatsfreie Anstalten ihre Rechtfertigung in der besonderen Natur der ihnen übertragenen Aufgabe. Nach Ansicht des BGH komme es für § 11 I Nr. 2c StGB zudem nicht darauf an, dass die betreffende Stelle bei der Wahrnehmung öffentlicher Aufgaben derart staatlicher Steuerung unterliege, dass sie bei einer Gesamtbetrachtung der sie kennzeichnenden Merkmale als verlängerter Arm des Staates erscheine. Dieses Kriterium, das vom BGH zur Abgrenzung von staatlichem und privatem Handeln herangezogen wird, sei auf die Erfüllung öffentlicher Aufgaben in Organisationsformen des öffentlichen Rechts nicht übertragbar. Der HR stellt somit eine sonstige Stelle i.S.d. § 11 I Nr. 2c StGB dar.

E, der für die inhaltliche Auswahl und Gestaltung des Programms zuständig war, wurde im Kernbereich des Grundversorgungsauftrags der öffentlich-rechtlichen Rundfunkanbieter tätig und erfüllte somit bei der sonstigen Stelle öffentliche Aufgaben. E ist Amtsträger i.S.d. § 11 I Nr. 2c StGB.

bb) Weiterhin hat der E mit der Vereinbarung und der Annahme der Zahlungen aus dem Gewinn der SMP GmbH einen geldwerten Vorteil für sich und seine Ehefrau angenommen.

cc) Die Zahlungen erfolgten ferner auch als Gegenleistung für die Tätigkeiten des E beim HR.

dd) Die Diensthandlungen des E müssten zudem pflichtwidrig gewesen sein. E verstieß im Hinblick auf die gewährten Geldzahlungen gegen das Gebot der redaktionellen Unabhängigkeit. Des Weiteren handelte E entgegen der ihm erteilten Weisung, möglichst hohe Beistellungen für den HR zu erzielen, da nach den Vertragsgestaltungen ein deutlich über der marktüblichen Agenturprovision liegender Betrag bei der SMP GmbH verblieb. Somit handelte E pflichtwidrig.

b) Subjektiver Tatbestand
E handelte zudem vorsätzlich, insbesondere auch hinsichtlich seiner Amtsträgerstellung.

2. Rechtfertigungs- und Entschuldigungsgründe sind nicht ersichtlich.

3. Auch liegt ein besonders schwerer Fall der Bestechlichkeit nach § 335 I Nr. 1a, II Nr. 1 StGB vor, da sich die Taten des E auf einen Vorteil großen Ausmaßes bezogen. Die Grenze für einen Vorteil großen Ausmaßes liegt bei Vermögenswerten ab 10 000 € (die 50 000 €-Grenze, die beim Betrug gilt, ist hier nicht übertragbar).[30] E nahm drei Zahlungen in einer Höhe von ca. 100 000 € an. Das Regelbeispiel des § 335 I Nr. 1a, II Nr. 1 StGB ist erfüllt.

Ergebnis: E hat sich somit in drei Fällen wegen Bestechlichkeit in einem besonders schweren Fall gem. §§ 332 I S. 1, 335 I Nr. 1a, II Nr. 1 StGB strafbar gemacht.

II. E könnte sich zudem wegen **Untreue nach § 266 I Alt. 2 StGB** strafbar gemacht haben.
E hat mit den Vertragsabschlüssen mit der SMP GmbH den HR rechtsgeschäftlich nach außen nicht wirksam verpflichtet. Vielmehr handelte er mit den Vertretern der SMP GmbH bewusst zum Nachteil des HR, sodass wegen Kollusion dieser nicht wirksam verpflichtet wurde, § 138 BGB. Damit liegt kein Missbrauch der Verpflichtungsbefugnis nach § 266 I Alt. 1 StGB vor. In Betracht kommt daher nur die Treubruchsalternative nach § 266 I Alt. 2 StGB. E hatte auch eine Vermögensbetreuungspflicht gegenüber dem HR, da er als Leiter der Sportredaktion für den Etat verantwortlich war. Ferner ist dem HR ein Vermögensnachteil zugefügt worden, da bereits den Exspektanzen auf die Beistellungen Vermögenswert zukommt. Jedenfalls sind dem HR Mehreinnahmen in Höhe von 265 000 € entgangen.
E handelte vorsätzlich, rechtswidrig und schuldhaft. Zudem liegen die Regelbeispiele des §§ 266 II, 263 III S. 2 Nr. 2 Alt. 1 StGB und §§ 266 II, 263 III S. 2 Nr. 4 StGB vor, da es sich

---

29 *Bernsmann*, Herzberg-FS, 2008, S. 171 ff.; *Hellmann*, wistra 2007, 281 ff.
30 *Fischer*, § 335, Rn. 5 f.

jeweils um einen Vermögensverlust großen Ausmaßes handelt und E seine Befugnisse oder Stellung als Amtsträger missbrauchte.

Ergebnis: E hat sich damit in drei Fällen wegen Untreue in einem besonders schweren Fall gem. §§ 266 I Alt. 2, II, 263 III S. 2 Nr. 4 StGB strafbar gemacht.

III. Gesamtergebnis: E hat sich in drei Fällen wegen Bestechlichkeit in einem besonders schweren Fall gem. §§ 332 I S. 1, 335 I Nr. 1a, II Nr. 1 StGB sowie in drei Fällen wegen Untreue in einem besonders schweren Fall gem. §§ 266 I Alt. 2, II, 263 III S. 2 Nr. 4 StGB strafbar gemacht. § 332 StGB und § 266 StGB stehen dabei zueinander in Idealkonkurrenz.

Hinweis: *Im Jahr 2012 hat der BGH auch entschieden, dass Ärzte, die dem sog. Verfahren des „Verordnungsmanagements" unterfallen, also bestimmte Medikamente eines Herstellers verordnen und von diesem eine prozentuale Beteiligung am jeweiligen Herstellerabgabepreis als Prämie erhalten, weder Amtsträger i. S. v. § 11 I Nr. 2c StGB (da sie keine Aufgaben öffentlicher Verwaltung wahrnehmen) noch Beauftragte i. S. v. § 299 StGB sind. Damit konnten sie nicht in strafrechtlich relevanter Weise bestochen werden.[31] Zur Schließung dieser Strafbarkeitslücke hat der Gesetzgeber nunmehr § 299a und den spiegelbildlichen § 299b StGB geschaffen. Dabei hat der BGH eine Strafbarkeit nach § 263 I StGB oder § 266 I Var. 1 StGB außer Acht gelassen. Gegen eine Strafbarkeit wegen Betruges spricht die mangelnde Stoffgleichheit zwischen dem Prämienvorteil und dem – durch die handelnde Apotheke vermittelten - Preisnachteil der Krankenkassen. Eine Strafbarkeit gem. § 266 StGB ergibt sich nur dann, wenn man eine sich aus § 12 I SGB V resultierende Vermögensbetreuungspflicht des Arztes gegenüber der Krankenkasse annimmt.*

Die Schwierigkeiten bei der Bestimmung der Amtsträgereigenschaft sollen abschließend verdeutlicht werden an nachstehendem

Beispiel: B betreibt ein Ingenieurbüro. Im Jahre 2000 schließt er mit der Stadt Bayreuth einen zivilrechtlichen Werkvertrag, in dem er sich verpflichtet, die öffentlichen Ausschreibungen für Klärwerkseinrichtungen vorzubereiten. Noch im selben Jahr vereinbart der Bauunternehmer A mit B, dass B 3 % der Nettoauftragssumme erhalten solle, wenn er dem A das Budget der öffentlichen Ausschreibung und die Namen der Firmen nenne, die zur Abgabe von Angeboten aufgefordert werden sollten. A nutzte diese Information zu einer Preisabsprache mit den Mitanbietern. Die an B zu zahlenden Beträge wurden in die Angebotssumme eingerechnet. B, der dies wusste, erhielt später von A die vereinbarte Summe. Strafbarkeit des A? **(Planungsingenieur-Fall)**

595a

Lösung: Eine Strafbarkeit wegen Bestechung nach § 334 I StGB scheidet aus. B müsste Amtsträger nach § 11 I Nr. 2c StGB gewesen sein. Zwar nahm er Aufgaben der öffentlichen Verwaltung wahr, es fehlte aber am Merkmal der Bestellung. Er hätte nach der vom BGH verwendeten organisatorischen Betrachtungsweise längerfristig in die Wahrnehmung von Aufgaben der öffentlichen Verwaltung eingebunden sein müssen.[32] Gegeben ist aber eine Anstiftung zu einer Treubruchsuntreue nach §§ 266 I Alt. 2, 26, 28 I StGB, da B durch den Werkvertrag eine Vermögensbetreuungspflicht für die Stadt selbstständig wahrgenommen hat. In seiner Person liegt also eine Treubruchsuntreue als Haupttat vor. Erfüllt ist darüber hinaus ein mittäterschaftlicher (Submissions-)Betrug nach §§ 263, 25 II StGB zusammen mit den anderen Mitbietern.[33] Ebenso

---
31 BGH NJW 2012, 2530.
32 BGH NJW 1998, 2373; BGHSt 43, 96, 105; näher zum Ganzen *Rengier*, BT/2, § 59, Rn. 6 ff; siehe zum Gegensatz der funktionalen Betrachtung den vorhergehenden Fall, Rn. 593b f.
33 Vgl. zum Submissionsbetrug oben bei § 263 StGB, Rn. 360.

sind § 298 I StGB sowie die §§ 299 II, 300 I StGB (Bestechung im geschäftlichen Verkehr in einem besonders schweren Fall) erfüllt.

Auch hatte sich der BGH mit der Frage zu beschäftigen, ob das ehrenamtliche Mitglied eines Gemeinderats in einem „sonstigen öffentlich-rechtlichen Amtsverhältnis" nach § 11 I Nr. 2b StGB steht.[34] Im konkreten Fall hatte sich ein ehrenamtlicher kommunaler Mandatsträger dafür „schmieren" lassen, dass er sich für ein Bauvorhaben eines Baubewerbers einsetzte, diesbezüglich Redebeiträge vorbereitete, notwendige Mehrheiten beschaffte sowie auch selbst für das Bauvorhaben abstimmte. Der BGH hat hier eine Vorteilsannahme nach § 331 StGB abgelehnt, da kommunale Mandatsträger nicht in einem sonstigen öffentlich-rechtlichen Amtsverhältnis stehen. Dies sei nur bei Ministern, Wehrbeauftragten, Notaren oder Notarassessoren der Fall, da sie in einem ähnlichen öffentlich-rechtlichen Amtsverhältnis wie Beamte und Richter stehen. Bei Abgeordneten sei dies jedoch nicht der Fall, wie sich auch aus § 108e StGB ergebe, der die Abgeordnetenbestechung speziell regelt.[35] Auch sei ein Gemeinderatsmitglied nicht i. S. v. § 11 I Nr. 2c StGB „sonst dazu bestellt, bei einer Behörde Aufgaben der öffentlichen Verwaltung wahrzunehmen", da eine organisatorische Eingliederung in die Behördenstruktur gerade fehle und im Gegenteil eine freie Ausübung ihres durch Wahl erworbenen Mandats stattfinde. Auch dies ergebe sich im Übrigen daraus, dass § 108e StGB als grundsätzlich abschließende Sondervorschrift anzusehen sei. Der kommunale Mandatsträger konnte daher nur nach § 108e I StGB strafbar sein, sofern er die Zahlungen für ein bestimmtes Abstimmungsverhalten entgegengenommen hat.[36]

7. Diensthandlung

596 Diensthandlung i. S. d. §§ 331 ff. StGB sind nur „in das Amt einschlagende Handlungen", d. h. Handlungen, die ihrer Natur nach zu dem Amt oder Dienst des Beamten in einer inneren Beziehung stehen und nicht völlig außerhalb seines Aufgabenbereichs liegen.[37]

Im Gegensatz zu den Diensthandlungen stehen sog. private Handlungen eines Beamten, die immer dann gegeben sind, wenn ein Beamter nebenberuflich Privathandlungen vornimmt, die auch jede andere (sachkundige) Person vornehmen könnte. Ein dienstrechtliches Verbot zur Vornahme derartiger privater Handlungen führt hier nicht zur Annahme einer Amtshandlung; auch kann die Entgegennahme eines Entgelts für derartige nebenberufliche Tätigkeiten nicht zu ihrer Qualifizierung als Amtshandlung führen.

Beispiel 1: Ein Lehrer gibt einem Schüler entgegen den Dienstvorschriften gegen Entgelt Nachhilfeunterricht.

Beispiel 2: Ein Kommunalbeamter besorgt einem Besucher gegen Trinkgeld ein Bier.

Anders wäre es, wenn der Kommunalbeamte gegen Entgelt die Bearbeitungsreihenfolge ändert, da eine derartige Tätigkeit nicht von jedermann ausgeübt werden könnte.

---

34 Vgl. BGH NJW 2006, 2050 ff. m. Anm. *Feinendegen*, NJW 2006, 2014 ff.
35 Ausführlich zu § 108e StGB *Satzger*, Jura 2014, 1024 ff.
36 Im konkreten Fall war nicht einmal dies sicher, weshalb der BGH zu weiterer Aufklärung an das LG zurückverwiesen hat.
37 Vgl. dazu BGHSt 3, 145.

§ 21 Straftaten gegen die Umwelt

I. Geschütztes Rechtsgut und Verhältnis zu anderen Delikten

Geschütztes Rechtsgut der §§ 324 ff. StGB ist die Umwelt in ihren unterschiedlichen Medien (Wasser, Boden, Luft) und sonstigen Erscheinungsformen (Tier- und Pflanzenwelt).[1] Aufgrund der unterschiedlichen Rechtsgüter besteht daher nach h. M. Tateinheit mit § 303 StGB, der das Vermögen schützt, sowie § 314 StGB, der Leben und Gesundheit von Menschen schützt.[2] Wegen der gleichen Schutzrichtung tritt dagegen § 326 StGB nach richtiger Auffassung hinter § 324 StGB im Wege der Gesetzeskonkurrenz zurück.[3]

597

II. Die Akzessorietät des Umweltstrafrechts in den §§ 324, 326 I StGB

Nach § 324 StGB wird bestraft, wer unbefugt ein Gewässer verunreinigt oder sonst dessen Eigenschaften nachteilig verändert. Ähnlich bestraft § 326 StGB denjenigen, der unbefugt mit bestimmten Abfällen umgeht.

598

Problem: Kommt es für den Ausschluss des Merkmals „unbefugt" in §§ 324, 326 I StGB auf die verwaltungsrechtliche Wirksamkeit oder auf die materiell-rechtliche Richtigkeit der die Befugnis begründenden Verwaltungsentscheidung an?

Beispiel: A leitet übel riechende Abwässer in die Mosel. Dies tut er aufgrund einer Erlaubnis, die keinen Toxikationshöchstwert enthält und deshalb zwar verwaltungsrechtlich wirksam, materiell-rechtlich aber rechtswidrig war. A waren die schädlichen Wirkungen bekannt, jedoch glaubte er, nur so Arbeitsplätze erhalten zu können.

Lösung: Hier werden im Wesentlichen drei Theorien vertreten:

1. Formelle Akzessorietätstheorie (Lehre von der Verwaltungsakzessorietät)

Nach dieser Theorie ist eine Gewässerverunreinigung (§ 324 StGB) oder eine umweltgefährdende Abfallbeseitigung (§ 326 I StGB) nicht unbefugt, wenn ihr eine verwaltungsrechtlich wirksame, materiell aber unrechtmäßig erteilte Befugnis zugrunde liegt.[4]

599

2. Rechtsmissbrauchstheorie

Nach dieser Theorie ist eine Gewässerverunreinigung oder eine umweltgefährdende Abfallbeseitigung im Grundsatz nicht unbefugt, wenn ihr eine verwaltungsrechtlich wirksame, wenn auch materiell unrechtmäßige Befugnis zugrunde liegt.

600

---

1 Lackner/Kühl/*Heger*, vor § 324, Rn. 7.
2 Lackner/Kühl/*Heger*, § 324, Rn. 18; *Fischer*, § 324, Rn. 11; *Sch/Sch/Heine/Schittenhelm*, § 324, Rn. 18.
3 BGHSt 38, 325; NK-*Ransiek*, § 324, Rn. 79; *Sch/Sch/Heine/Schittenhelm*, § 324, Rn. 18; a. A. Lackner/Kühl/*Heger*, § 324, Rn. 18; a. A. Matt/Renzikowski/*Norouzi/Rettenmaier*, § 324, Rn. 19.
4 Lackner/Kühl/*Heger*, § 324, Rn. 10; vgl. auch *Rudolphi*, NStZ 1984, 193, 196.

Eine Ausnahme besteht jedoch dann, wenn die Befugnis durch Täuschung, Drohung, Bestechung oder kollusives Zusammenwirken von Behörde und Befugnisempfänger herbeigeführt worden ist oder durch ihre Ausnutzung ein unverhältnismäßiger Schaden droht; wegen der dann rechtsmissbräuchlichen Ausübung der Befugnis ist von einer Unerlaubtheit i. S. d. §§ 324, 326 StGB auszugehen.[5]

3. Materielle Akzessorietätstheorie

601 Nach dieser Theorie ist eine Gewässerverunreinigung oder umweltgefährdende Abfallbeseitigung trotz verwaltungsrechtlich wirksam erteilter Befugnis unbefugt i. S. d. §§ 324, 326 StGB, wenn die Befugnis materiell-rechtlich zu Unrecht erteilt wurde.[6]

4. Stellungnahme

602 Gegen die materielle Akzessorietätstheorie spricht, dass das Strafrecht bei den Anforderungen an die Rechtmäßigkeit eines Handelns grundsätzlich nicht über das Verwaltungsrecht hinausgehen darf. Eine rechtliche Wirksamkeit im Verwaltungsrecht sollte daher zumindest auch im Strafrecht prinzipiell Geltung beanspruchen können. Andererseits greift die formelle Akzessorietätstheorie mit ihrer uneingeschränkten Anknüpfung an das Verwaltungsrecht strafrechtlich zu kurz, weil ein Strafbedürfnis auch in Fällen besteht, in denen sich der Täter die verwaltungsrechtlich wirksame Genehmigung erschlichen hat. Schließlich vertritt auch das Gesetz nunmehr in § 330d I Nr. 5 StGB den Standpunkt der Rechtsmissbrauchstheorie, indem es rechtsmissbräuchliches Verhalten mit genehmigungslosem Handeln gleichsetzt.[7] Der Rechtsmissbrauchstheorie dürfte daher insgesamt der Vorzug zu geben sein.

III. Schwerpunkt Allgemeiner Teil

Der Schwerpunkt umweltstrafrechtlicher Fälle wird – sofern sie überhaupt Thema einer Klausur sind – im Allgemeinen Teil des Strafrechts liegen und hier vor allem im Bereich „Täterschaft" und „Unterlassung":

1. Unterlassungstäterschaft kraft Garantenstellung aus Amts- oder Dienstpflichten

603 **Beispiel 1:** A ist Leiter eines Wasserwirtschaftsamtes. Er beauftragt eine Firma mit dem Betrieb eines Entölerbootes, obgleich er weiß, dass deren Boot keine ausreichende Entölung leisten kann. In der Folge kommt es zu Gewässerverunreinigungen.[8]

Lösung: Als Leiter des Wasserwirtschaftsamtes oblag es dem A kraft Gesetzes (nach den Bestimmungen des Wasserhaushaltsgesetzes), die Gewässernutzung unter Kontrolle zu halten (vgl. §§ 6, 8, 100 Wasserhaushaltsgesetz). Aufgrund der gesetzlich fundierten Übernahme von Schutzpflichten ist er daher Garant dafür, dass es zu keinen Gewässerverunreinigungen i. S. d. § 324 StGB kommt.

---

[5] Vgl. *Wohlers*, JZ 2001, 850 ff.; Lackner/Kühl/*Heger*, § 324, Rn. 10; *Paetzold*, NStZ 1996, 170 ff.; a. A. *Rogall*, GA 1995, 299, 311; s. a. *Otto*, Jura 1991, 308, 313 und Jura 1994, 96, 98.
[6] S. hierzu *Lorenz*, DVBl. 1971, 165, 170; vgl. auch Darstellung bei *Sch/Sch/Heine/Schittenhelm*, vor § 324, Rn. 16c.
[7] Vgl. BT-Drucks. 12/7300, S. 25.
[8] Bsp. nach LG Bremen NStZ 1982, 165.

Fraglich ist jedoch, ob die Unterlassungslösung des LG Bremen zutreffend ist. Der BGH[9] hat nämlich in einem ähnlichen Fall eine mittelbare Täterschaft in Erwägung gezogen und die erstinstanzliche Annahme einer Unterlassung wohl zu Recht nicht geteilt, weil der Schwerpunkt des Verhaltens in der Befugniserteilung liegt (siehe sogleich bei den Täterschaftsproblemen!).

Beispiel 2: Bürgermeister B der hessischen Gemeinde G unterlässt es, gegen Gewässerverunreinigungen in seiner Gemeinde vorzugehen, obwohl er von diesen genaue Kenntnis hat.[10]

Lösung: Nach Auffassung des BGH ist der Bürgermeister einer hessischen Gemeinde kraft seiner Garantenstellung im Aufgabenbereich der Abwasserbeseitigung verpflichtet, rechtswidrige – von ortsansässigen Grundstückseigentümern ausgehende – Gewässerverunreinigungen abzuwenden. Unterlässt er dies, so ist er nach §§ 324, 13 StGB strafrechtlich haftbar. Der BGH leitete dabei eine Garantenstellung aus § 18a I 1 WHG und § 1a I WHG (§ 55 I 1 und §§ 1, 6 WHG n. F.) i. V. m. der Möglichkeit des Bürgermeisters zur Durchsetzung dieser Vorschriften nach der hessischen Gemeindeordnung (HGO) her. Der Erlass von Verwaltungsverfügungen und deren Durchsetzung gehören zum Kreis der laufenden Verwaltungstätigkeiten, die der Bürgermeister selbstständig zu erledigen habe (Art. 70 II HGO). Nach *Mülher* gilt Gleiches in Bayern (vgl. Art. 37 III BayGO).[11]

Hinweis: *Der BGH hat hier zu Recht § 324 StGB durch aktives Tun verneint, da die Gemeinde aufgrund ihrer Abwasserbeseitigungspflicht keine Handlungsalternative gehabt hätte, also das Abwasser auch mit Schadstoffinhalten ableiten musste. Ausgehend hiervon bestand das Verwaltungsunrecht des Bürgermeisters nur darin, dass er die Grundstückseigentümer nicht aufgefordert hatte, die Schadstoffeinleitung in das Abwasser zu unterlassen.*[12]

§ 326 I Nr. 3 StGB tritt hinter § 324 StGB zurück, weil letzterer spezieller ist.

2. Täterschaftsprobleme

Nach Auffassung des BGH kann ein Amtsträger, der vorsätzlich eine materiell fehlerhafte Genehmigung zur Umverlagerung von Abfällen einer Sonderabfalldeponie auf eine Hausmüllbeseitigungsanlage erteilt oder als Bediensteter einer beteiligten Fachbehörde durch eine falsche Stellungnahme eine solche Genehmigung vorsätzlich herbeiführt, sowohl Mittäter als auch mittelbarer Täter einer umweltgefährdenden Abfallbeseitigung nach § 326 I StGB sein.[13] (**Hinweis:** *§ 324 StGB ist hier nicht einschlägig, weil es nicht um eine Gewässerverunreinigung geht!*) **604**

Mittäterschaft nimmt er an, wenn zwischen Genehmigungsempfänger und Genehmigungserteiler ein stillschweigendes Einverständnis (gemeinsamer Tatplan) herrscht. Für die gemeinsame Ausführungshandlung sei auch ein Tatbeitrag im Vorbereitungsstadium (d. h. bei der Genehmigungserteilung) ausreichend (strittig, vgl. näher *Jäger*, AT, Rn. 228 ff.). Der Genehmigungsbescheid entlastet den Genehmigungsempfänger in einem solchen Fall nicht, da in Kollisionsfällen die Genehmigung wegen Rechts-

---

9 BGHSt 39, 381 m. Anm. *Horn*, JZ 1994, 636; *Rudolphi*, NStZ 1994, 433 ff.; *Schirrmacher*, JR 1995, 386 ff.; ferner *Wohlers*, ZStW 108 (1996), 61.
10 BGHSt 38, 325.
11 Vgl. *Mülher*, UPR 1990, 371.
12 BGHSt 38, 325 ff.
13 Siehe BGHSt 39, 381 ff. m. Anm. *Horn*, JZ 1994, 636.

missbrauchs jedenfalls nicht als Rechtfertigungsgrund wirken könne (der BGH stellt sich damit auf den Standpunkt der Rechtsmissbrauchstheorie!).

Dagegen soll bei gutem Glauben des Genehmigungsadressaten an die Wirksamkeit der Genehmigung eine mittelbare Täterschaft des Amtsträgers in Frage kommen (der BGH meint hier wohl mittelbare Täterschaft kraft Irrtumsherrschaft), weil sich der Umweltverstoß wegen seines tatsächlichen und rechtlichen Überblicks als sein Werk darstelle. Das ist wohl richtig, denn der Genehmigungsempfänger irrt sich dann über die materielle Rechtmäßigkeit seines Tuns (vgl. *Jäger*, AT, Rn. 238 ff.).

§ 22 Jagdwilderei

I. Geschütztes Rechtsgut

Geschütztes Rechtsgut ist nach h. M. das Aneignungsrecht des Berechtigten,[1] daneben aber auch der Erhalt eines gesunden Wildbestandes.[2] Damit könnte man § 292 StGB im weitesten Sinne – zumindest auch – als Umweltdelikt begreifen, obgleich sich in der Klausur wegen des darüber hinausgehenden Schutzes des Aneignungsrechts des Jagdausübungsberechtigten die größten Schwierigkeiten bei der Abgrenzung zum Diebstahl ergeben (s. u. Rn. 609 ff.).

605

Außerhalb von Jagdbezirken und in befriedeten Bezirken, wie z. B. in Hausgärten, ruht die Jagd.[3] Stellt der Grundeigentümer also hier einem Wild nach, so ist dies allenfalls eine Ordnungswidrigkeit nach § 39 I Nr. 1 BJagdG (h. M.).

II. Der Tatbestand

Hier sind in der Klausur strikt die zwei Alternativen des Tatbestandes zu unterscheiden, wobei die Tat in beiden Alternativen unter Verletzung fremden Jagdrechts begangen werden muss.[4] Täter kann daher u. U. sogar der Jagdberechtigte selbst sein, wenn er z. B. die ihm eingeräumte Abschussbefugnis überschreitet:

606

1. § 292 I Nr. 1 StGB

a) Tatobjekt ist hier das frei lebende jagdbare Wild, § 2 BJagdG. Auf Tiere im Zoo ist dagegen nicht § 292 StGB anwendbar. Vielmehr gelten hier die §§ 242, 246, 303 StGB.[5]

607

b) Tathandlungen:
– Nachstellen = Vorbereiten des Fangens, Erlegens oder sich Zueignens.[6]
  Beispiele: Anpirschen oder Durchstöbern eines Waldes mit feuerbereitem Gewehr (die Strafbarkeit setzt hier also sehr früh ein).[7]
– Fangen = ein Tier lebend in seine Gewalt bringen.[8]
– Erlegen = töten.[9]
– Sich oder einem Dritten (seit Inkrafttreten des 6. StrRG am 1. 4. 1998) zueignen = Gewahrsamsbegründung mit manifestiertem Zueignungswillen.[10]

---

1 Vgl. nur *Fischer*, § 292, Rn. 2 m. w. N.
2 Str., vgl. hierzu *Sch/Sch/Heine/Hecker*, § 292, Rn. 1 f. m. w. N.
3 *Sch/Sch/Heine/Hecker*, § 292, Rn. 6.
4 *Fischer*, § 292, Rn. 6; näher zur Jagdwilderei *Geppert*, Jura 2008, 599 ff.
5 BayObLG JR 1987, 128; BayObLG NStZ 1988, 230.
6 *Mitsch*, BT/II, S. 25; Lackner/Kühl/*Heger*, § 292, Rn. 2; Matt/Renzikowski/*Wietz*, § 292, Rn. 7; krit. hierzu *Küper/Zopfs*, BT, S. 258.
7 LK-*Schünemann*, § 292, Rn. 42.
8 Lackner/Kühl/*Heger*, § 292, Rn. 2.
9 Lackner/Kühl/*Heger*, § 292, Rn. 2; Matt/Renzikowski/*Wietz*, § 292, Rn. 7.
10 Lackner/Kühl/*Heger*, § 292, Rn. 2; vgl. auch *Mitsch*, ZStW 111 (1999), 65, 120.

2. § 292 I Nr. 2 StGB

608 a) Tatobjekt sind hier die herrenlosen, **dem Aneignungsrecht des Jagdberechtigten unterliegenden Sachen**, wie z. B. verendetes Wild, Fallwild (= witterungsbedingt gestorbenes Wild), Abwurfstangen, Vogeleier etc., vgl. § 1 V BJagdG.[11]

b) Tathandlungen:
- Zueignen = wie oben.[12]
- Beschädigen = wie bei § 303 StGB.
- Zerstören = wie bei § 303 StGB.[13]

III. Abgrenzung von § 242 StGB (selten § 246 StGB) einerseits und § 292 StGB andererseits

In Klausuren bildet diese Abgrenzungsfrage bisweilen das entscheidende Problem.

1. Eigentumserwerb durch den Jagdausübungsberechtigten

609 Ein Eigentumserwerb findet dadurch statt, dass der Jagdberechtigte das erlegte Wild in Besitz nimmt; ab diesem Zeitpunkt ist es daher wegen Fremdheit taugliches Diebstahlsobjekt (d. h. mangels Herrenlosigkeit ist § 292 StGB nicht mehr einschlägig!).[14]

Nach wohl h. A. ist die Inbesitznahme durch einen Dritten, solange er nicht im Auftrag des Jagdberechtigten handelt, nicht ausreichend, weil er fremdes Aneignungsrecht verletzt, § 958 II BGB.[15] Beachte daher folgendes

Beispiel: A hat eine Hirschkuh im Jagdrevier des B geschossen. A bringt die Hirschkuh zu seinem Haus, wo sie ihm von C in Kenntnis des Vorgeschehens entwendet/abgekauft wird.

Lösung: Hier ist Jagdwilderei durch C gegeben, weil B als Jagdausübungsberechtigter nicht schon dadurch Eigentum erwirbt, dass irgendein Dritter (hier C) das erlegte Wild in Eigenbesitz nimmt, sondern nur wenn die Besitzbegründung des Dritten zu dem Zweck erfolgt, dem Jagdausübungsberechtigten den Eigenbesitz zu verschaffen. C ist daher strafbar nach § 292 I StGB, weil auch erlegtes Wild zu den Sachen gehört, die nach § 1 V BJagdG dem Aneignungsrecht des Jagdausübungsberechtigten unterliegen (dass die Hirschkuh schon auf dem Grundstück des A lag, ändert nichts am fortbestehenden fremden Jagdrecht, d. h. am Aneignungsrecht des B, das C verletzt; zu der Frage, wie es wäre, wenn C geglaubt hat, A habe die Hirschkuh bei B gekauft, vgl. sogleich Bsp. 1 bei den Irrtümern). Wenn C dem A die Hirschkuh abkauft, liegt bei entsprechender Kenntnis des C Hehlerei nach § 259 StGB vor (Vortat des A: § 292 StGB).

---

11 Vgl. hierzu nur *Fischer*, § 292, Rn. 3.
12 Vgl. hierzu auch OLG Hamm NJW 1956, 881.
13 Vgl. zu den Tathandlungen auch RGSt 4, 262.
14 Wie hier *Otto*, BT, § 50, Rn. 25.
15 Palandt/*Herrler*, § 958, Rn. 4; ebenso *Otto*, BT, § 50, Rn. 25 m. w. N.

2. Irrtum des Täters über das Tatobjekt

Hier sind zwei Irrtümer zu unterscheiden: **610**

a) Der Täter hält Wild für eine fremde Sache

Beispiel:[16] Der Jagdberechtigte B hat einen Hirsch angeschossen, der noch fliehen kann, aber wenig später stirbt. Spaziergänger A findet ihn und nimmt ihn mit, wobei er glaubt, der Jagdberechtigte B habe den Hirsch geschossen und dort hingelegt, um ihn auf dem Rückweg abzuholen.

Lösung: Nach einer Mindermeinung kommt hier trotz des Irrtums vollendete Jagdwilderei in Betracht, da zwischen Eigentum und Aneignungsrecht ein Plus-Minus-Verhältnis bestehe.[17] Die h. M. lehnt diesen Gedanken ab, da § 292 StGB nicht nur das Aneignungsrecht, sondern auch die Hege eines gesunden Wildbestands schütze. Der Diebstahlsvorsatz könne daher nicht zugleich den Wildereivorsatz umfassen.[18]

Ergebnis: Folgt man der vorzugswürdigen h. M., so bleibt nur eine Bestrafung wegen versuchten Diebstahls, §§ 242 I, II, 22, 23 StGB.

b) Der Täter hält eine fremde Sache für Wild

Beispiel: Der Jagdberechtigte B hat einen Hirsch geschossen und zunächst liegen gelassen, um **611** ihn später mit einem Waldfahrzeug abzutransportieren. A findet den Hirsch und geht davon aus, dieser sei vom Jagdberechtigten getroffen worden und auf der Flucht verendet. Der kräftige A schultert den Hirsch und nimmt ihn mit nach Hause.

Lösung: Eine Mindermeinung nimmt auch hier vollendeten § 292 StGB mit Hilfe der Plus-Minus-Theorie an, weil die von A irrig angenommene Wilderei im objektiv erfüllten Diebstahl enthalten sei. Außerdem sei § 292 StGB in allen Alternativen ein Unternehmensdelikt, sodass der Versuch schon als Vollendung strafbar sei. Die h. M. lehnt die Plus-Minus-Theorie auch hier ab, weil § 292 StGB zumindest auch ein eigenständiges Rechtsgut (Wildhege, s. o.) schütze.[19] Dieses Rechtsgut verletzt A im vorliegenden Fall objektiv nicht, sondern er glaubt es nur. Und ein Unternehmensdelikt ist § 292 StGB nur in der Alternative des Nachstellens, nicht aber bei den übrigen Begehungsformen.

Ergebnis: A ist nach h. M. straflos, da es einen Versuch des § 292 StGB nicht gibt.[20]

Wir **merken** uns zu diesen verwirrenden Fällen abschließend noch einmal die Ergeb- **612** nisse der h. M.:

– Glaubt der Täter einen Diebstahl zu begehen, so ist versuchter Diebstahl anzunehmen und *nicht* aufgrund der tatsächlichen Umstände vollendete Jagdwilderei.

– Glaubt der Täter eine Jagdwilderei zu begehen, so ist er straflos und *nicht* aufgrund der eingebildeten Umstände vollendete Jagdwilderei anzunehmen.

– **Begründung:** Plus-Minus-Theorie ist in beiden Fällen abzulehnen.[21]

---

16 Vgl. zu diesem und dem folgenden Bsp. die vergleichbaren Fälle bei *Otto*, BT, § 50, Rn. 29, 30.
17 *Arzt/Weber*, BT, § 16, Rn. 20; Lackner/Kühl/*Heger*, § 292, Rn. 5; *Maurach/Schroeder/Maiwald*, BT/I, § 38, Rn. 20.
18 *Wessels/Hillenkamp/Schuhr*, BT/2, Rn. 460; SK-*Hoyer*, § 292, Rn. 22; NK-*Gaede*, § 292, Rn. 34.
19 Zum Meinungsstand s. unter a), Rn. 610.
20 So auch *Wessels/Hillenkamp/Schuhr*, BT/2, Rn. 459.
21 Vgl. zur Irrtumsproblematik auch Lackner/Kühl/*Heger*, § 292, Rn. 5.

Sachverzeichnis

Die Zahlen verweisen auf die Randnummern des Buches.
Kursiv gesetzte Zahlen verweisen auf Hauptfundstellen.

Abbruch
- der Schwangerschaft 3 f., *25*
- lebenserhaltender Maßnahmen *60, 62 f.*

Abfallbeseitigung 599 ff.
Abgeleiteter Erwerb 403
Abofallen 330
Absatzerfolg 406
Abschluss der Vernehmung 561 ff.
Absetzen 406, 408
Absetzenhelfen 406
Absicht
- der Bereicherung 370, 377f, 409 ff.
- der Besitzerhaltung 306, 309
- der Drittzueignung 215, 240, 293, 309
- der Vorteilssicherung 393, 396
- rechtswidriger Zueignung *215 ff., 230 ff.,* 243
- Absichtsurkunde 429

Absolute Fahruntüchtigkeit 481
Absprachen 360
Abstrakte Gefährdungsdelikte 96, 489, 506, 556
Achtungsanspruch 136, 142
Aids 72, 82 ff.
Aktfotographie 173f
Alibi, Verschaffen eines falschen 570 f.
Alleingewahrsam 201
Amtsanmaßung 380b, 449
Amtsausübung
- bei Vollstreckungshandlungen *127 ff.*
- Rechtmäßigkeit der Amtsausübung 130

Amtsdelikte 580 ff.
- Täterschaft und Teilnahme *584 ff.*

Amtsträger 131, *593a*
Andenken, Verstorbener 186b
Aneignung 215, 219
Aneignungsrechte 184, 605
Anerkennungsprämien 392c f.
Anfahr-Fall 78a f.
Angehörigenprivileg
- bei Strafvereitelung 575

Angriff
- auf Kraftfahrer 467
- tätlicher 132

Ankaufen 405

Anmaßung der Eigentümerrechte 219, 222, 237, 240
Anonymität
- offene und versteckte 430

Anstellungsbetrug 365 ff.
Anti-Blitz-Fall 441 f.
Antiblitzfolien 441 f.
Arbeitskraft 299, 354
Arbeitskrafterpressung 377d
Ärztlicher Heileingriff 73
Aufbauschen des tatsächlichen Geschehens 572
Aufzeichnung, technische 224, 453a
Augenscheinsobjekt 227, 449
Ausnutzen
- der Hilflosigkeit 257
- der Verhältnisse des Straßenverkehrs *469 ff.*
- einer fortwirkenden Zwangslage *290 ff.*

Ausschreibungsbetrug 360
Aussage, falsche uneidliche 558
Aussagedelikte *548 ff.*
- objektive Theorie 549 ff.
- Pflichtentheorie 549 ff.
- subjektive Theorie 549 ff.
- Spontanäußerungen 556
- Verleitung zur Falschaussage *566 ff.*
- Versuchte Anstiftung zur Falschaussage 564 f.

Aussagegegenstand 554 ff.
Aussagekorrektur-Fall 562 f.
Aussetzung *65 ff.*
- Im-Stich-Lassen 67
- Versetzen in hilflose Lage 66
- Gefahrverursachung 68

Ausspähen von Daten *173j*, 224, 540 f.
Aussteller einer Urkunde 430 ff.
Automatenkarte (Geldverkehr) 224
Automatenmissbrauch 224
Autonomie, fehlende 54

Bande
- Begriff 274
- beim Diebstahl 274 f.
- bei der Hehlerei *413*

523

Sachverzeichnis

Bankautomaten 224
Beatmungsgerät, Abschalten 62
Bedeutender Wert 488
Befriedetes Besitztum 173m
Befugnis/Ermächtigungstheorie 237, *341 ff.*
Begünstigung *393 ff.*, 408
– Restitutionsvereitelung 393
Behältnis 253a, 337
– Gewahrsam am Inhalt 190, *201*
Behandlungsabbruch 62 f.
Beifahrer 484, 486
Beibringen 76
Beisichführen (von Waffen etc.) 267, 272, 298
Bekräftigung, eidesgleiche 559
Beleidigung *133 ff.*
– bei Äußerungen im Familienkreis 147
– Formalbeleidigung 144
– Kundgabedelikt 147 f., 159
– tätliche 146
– und Meinungsfreiheit 146
– unter Kollektivbezeichnung 150, 153
– von Personengemeinschaften 151, 153
– von Soldaten der Bundeswehr 152 f.
– Wahrheitsbeweis 143, 145, 166
– Wahrnehmung berechtigter Interessen 149, *169 ff.*
Beobachtung der Wegnahme 204, 211
Bereicherungsabsicht
– beim Betrug 370 ff., 377
– bei der Erpressung 376
– bei der Hehlerei 410 ff.
Berichtigung von Falschaussagen 561 ff.
Berufsbezeichnung, Missbrauch 206 f., 334
Berufsretter 515
Beschädigen 527 ff.
Beschlagnahme (Vortäuschung) 206, 334, 380a f.
Beschlagnahme-Fall 205 f., 334, 380a f.
Beschlagnahmeverhinderungs-Fall 574a
Beschwörungs-Fall 552 f.
Besitz (und Gewahrsam) 179, 181
Besonders schwere Fälle
– des Diebstahls 190, 213, *248 ff.*
– Versuch des besonders schweren Falles des Diebstahls 259 ff.
Bestechlichkeit 581
Bestechung 581
Betätigung (Manifestation) des Zueignungswillens 179, 192
Beteiligung an einer Schlägerei 96
Betreffen auf frischer Tat 307

Betrug 190, *310 ff.*
– Abgrenzung zum Diebstahl 192, *202 ff.*, 315, *332 ff.*
– Abgrenzung zur Erpressung 311, 374
– Abgrenzung zur Untreue 314
– Anstellungsbetrug *365 ff.*
– Ausschreibungsbetrug 360
– Befugnis/Ermächtigungstheorie 341 ff.
– Bettelbetrug 362
– Computerbetrug 210c ff., 224, *542 ff.*, 547
– Dreiecksbetrug 237, *343 ff.*
– Drohung durch Täuschung 312
– Drohung neben Täuschung 313
– Eingehungs- und Erfüllungsbetrug *365 ff.*
– Exklusivitätstheorie 299d, 343
– Forderungsbetrug 204, 333
– Gesamtsaldierung 326
– im gerichtlichen Mahnverfahren 347 ff.
– Irrtum 330, 346
– Kreditbetrug 363
– Lagertheorie 341 ff.
– Makeltheorie 349
– objektiver Schadensbegriff 359 f.
– Provisionsvertreter-Fälle 345 f., 371 f.
– Prozessbetrug 344 ff., 449
– Sammelgaragenfall 342 ff.
– Scheckkartenbetrug 224
– Sicherungsbetrug 230
– Spendenbetrug 362
– Sportwettbetrug 321b
– Submissionsbetrug 360
– Subventionsbetrug 362
– und Unionsrecht 330 f.
– Verfügungsbewusstsein 196, 202 ff., 208
– Vermögensverfügung 315, *331 ff.*
– Zechprellerei 316
Beweggründe, niedrige 15 f., 31, 37a
Beweglichkeit von Sachen 187
Beweisführungsbefugnis 434
Beweisfunktion der Urkunde 427 ff.
Beweiskraft
– öffentlicher Urkunden 434
Beweiszeichen 428
Bewusstloser
– Ausnutzung einer Notlage 257
– Freiheitsberaubung 112
– Gewahrsamswille *179, 200*
– Zwangswirkung (§ 249) 290
Bilddateien-Fall 239a
Blankettfälschung 437 ff.
Bleikristallvasen-Fall 17 f.
Blutalkoholgehalt 481

Blutrache-Fall 15a f.
Böhmermann-Fall 146
Brandgefahr, Herbeiführung 522
Brandlegung 504
Brandstiftung
- besonders schwere *514 ff.*
- einfache *505*
- Entwidmung 509
- fahrlässige 521
- Gefahrzusammenhang 520
- gemischt genutzte Gebäude 512
- mit Todesfolge *518 ff.*
- Schädigung von Rettern 515 f.
- Schutz Tatbeteiligter 508
- schwere *506 ff.*
- Widmung 508 f.
- Wohnung 509
Bremsdefekt-Fall 478 f.
Bremsschlauch-Fall 478 f.
Briefgeheimnis 173i
Bundeswehr-Fall 152 f.

Callgirl-Fall 158 f.
Casanova-Fall 344 f.
Cappy-Fall 286
CD-Fall 203 f.
Computerbetrug 210c ff., 224, *542 ff.*, 547
Computerdelikte *536 ff.*
Computersabotage 537, *538*

Daten 224, 537
Datenhehlerei 541d
Datenlöschung 537
Datenverarbeitung 190, 210e, 231 ff.
Datenveränderung 536 f.
Dauernde Entstellung 86
Deliktsurkunde 429
Demonstrations-Fall 107 f.
Dereliktion 227
Diebesfalle 179 a. E.
Diebstahl
- Abgrenzung zum Betrug 192, *202 ff.*
- Abgrenzung zur Gebrauchsanmaßung 224
- Abgrenzung zur Unterschlagung 179
- besonders schwerer Fall 248 ff.
- Gewahrsamssphäre 181, 199 f., 213
- Herrschaftswille 179, 190, *198*, 200, 208, 227
- Mitgewahrsam 186, 190, 199, *201*, 219

- mittelbare Täterschaft *341 ff.*
- Rückwirkungsfiktion 197, 200
- Vereinigungsformel 215, 217
- Vollendung/Beendigung *211 ff.*, 285
- Wegnahme 179, 190, *197*, 471
- Zueignungsabsicht *215 ff.*, 222, 237 ff.
Diebstahlsarten
- Bandendiebstahl 274 f.
- Diebstahl geringwertiger Sachen 249 ff.
- Diebstahl in mittelbarer Täterschaft 341 ff.
- Diebstahl mit Waffen 267
- Einbruchsdiebstahl 250 f.
- Einsteigediebstahl 251
- Gebrauchsdiebstahl 227
- gemeinschädlicher Diebstahl 256
- Haus- und Familiendiebstahl 176
- räuberischer Diebstahl 211, *303 ff.*
- Trickdiebstahl 202, 332 ff.
- Vorsatzwechsel *262 ff.*
- Wohnungseinbruchsdiebstahl 250, 276
Dienstausübung 583, 591c
Diensthandlung 596
Dienstmützen-Fall 219
Dienstpflichtverletzung 581
Dispositionsfreiheit 310
Dope-Fall 357, 377a
Doppelselbstmord 59
Doppelverwertungsverbot 258, 280
Dreiecksbetrug 237, *343 ff.*
- bei gutgläubigem Erwerb 348 ff.
Dreieckserpressung 377e
Drittbereicherungsabsicht 370, 371 f.
Drittmittel-Fall 590 f.
Drittmittelforschung 590 f.
Drittzueignungsabsicht 215, 240, 293
Drogenschulden-Fall 247a
Drohung
- durch Unterlassen 102
- gegen Dritte 308
- mit einem empfindlichen Übel 100, 126, 375
- mit einem Unterlassen *101*, 375
- mit gegenwärtiger Gefahr für Leib oder Leben 284, 308
Drohversuch-Fall 299a
Durchschrift einer Urkunde 453

EC-Karten-Fall 223 f.
Ehrbegriff 133 ff.
Eidesmündigkeit 557

525

Sachverzeichnis

Eifersucht 31
Eigenbedarfskündigungs-Fall 325 f.
Eigentum 174, 186
Eignungsdelikt 97c, 97e
Einbruchsdiebstahl 250
Einfamilienhaus-Fall 510 f.
Eingehungsbetrug *365 ff.*
Eingriffe, verkehrsfremde 474
Einsperren 112
Einsteigediebstahl 251
Einverständliches Zusammenwirken 401, 405
Einverständnis
– bei der Freiheitsberaubung 116
– beim Gewahrsamsbruch 194, 340, 545
Elektroschocker-Fall 299c f.
Empfindliches Übel 100, 375
Enteignung 215, 219, *222 ff.*
Entführen 119 ff.
Entstellung (§ 226 StGB) 86
Entwidmung 251, 509, 511
Entziehung elektrischer Energie 183
Erfolgshonorar-Fall 322
Erfüllungsbetrug *365 ff.*
– echter Erfüllungsbetrug 365
– unechter Erfüllungsbetrug 365
Erlangt hat 402
Ermöglichungsabsicht 41
Eröffnungswehen 3 f.
Erpresserischer Menschenraub *119 ff.*, 387f
– Drei-Personen-Verhältnis 119
– Zwei-Personen-Verhältnis 119
Erpressung *374 ff.*
– Abgrenzung zum Betrug 311
– Abgrenzung zum Raub *376*, 387
– Dreieckserpressung 377e
– Drohung mit Gefahr für Leib und Leben 379
– finale Verknüpfung von Nötigung und Wegnahme 288 ff.
– objektiver Zusammenhang zwischen Gewalt und Wegnahme 286a ff.
– räuberische 298, 471
Ersatzhehlerei 398, 400
Erschleichen von Leistungen 329
Erwerbsaussichten 357
Euthanasie *60 ff.*
– aktive 62
– indirekte 61
– passive 62
Exklusivitätstheorie 380, 471c, 542

Fahren ohne Fahrerlaubnis 501
Fahrerflucht *490 ff.*
Fahrlässige Tötung 64
Fahrradverleih-Fall 348 f.
Fahruntauglichkeit
– bei Autofahrern 481
– bei elektrischen Rollstühlen 481
– bei Pferdekutschen 481
– bei Radfahrern 481
Falsche Tatsachen 549
Falscher Schlüssel 251
Fälschung
– technischer Aufzeichnungen 453, *453a ff.*
– von amtlichen Wertzeichen 463
– von Geld 457
– von Urkunden *432 ff.*, *440 ff.*
– von Vordrucken für Euroschecks 465
– von Wertpapieren 464
Falschaussage 549 ff.
– Verleitung zur Falschaussage 566 ff.
Falschbeurkundung 434
Falscheid, fahrlässiger 549
Falsche Versicherung an Eides Statt 560
Falschgeld 459
Falschverdächtigung *572 ff.*
Familiendiebstahl 176
Fax 453
Fehlbuchung/Fehlüberweisung *319 ff.*
Fehlbuchungs-Fall 321
Fensterrahmen-Fall 260 f.
Fernziele 106 ff.
Feststellungsberechtiger 496a
Filmentwicklungs-Fall 212 f.
Finalzusammenhang *288 ff.*
Finderlohn-Fall 233
Fleischhammer-Fall 286b f.
Fordern
– eines Vorteils 588a
Formalbeleidigung 144, 170
Fortbewegungsfreiheit 111, *114*
Fotokopie 451 ff.
Freiheitsberaubung *111 ff.*
Freiheitsdelikte *97 ff.*
Freikarten-Fall 591d f.
Freiwilligkeit 332
Fremdheit von Sachen 176, 184, *188*, 191 f., 224
Fremdschädigungsdelikt 315, 337
Fremdtötung
– Abgrenzung zur Selbsttötungsbeihilfe 53, 55
– in mittelbarer Täterschaft 54
Freundschaftsdienst-Fälle 567 f., 570 f.

Sachverzeichnis

Führen von Fahrzeugen 471
Furtum usus (Gebrauchsdiebstahl) 227
Fussballwettskandal-Fall Hoyzer 321a f.
Fußgänger-Fall 475 f.

Garantiefunktion der Urkunde 427
Gaspistole 268, 296
Gattungsschulden 244
GBL-Fall 92 f.
Gebäude
– gemischt genutzte 512
Gebrauchmachen
– von Urkunden 425
Gebrauchsanmaßung
– Abgrenzung zum Diebstahl 227
– Rückführungswille 222
Gebrauchsdiebstahl 227
Gebrauchsfähigkeit von Schusswaffen 267
Gebrauchsunfähigkeit
– dauernde 85b
Gebrauchtwagen-Fall 323 f.
Geburt 3 f.
Gefährdung
– des Straßenverkehrs 130a, *480 ff.*
Gefährdungsdelikt
– abstraktes 96, 489, 506, 513
– konkretes 65, 74, 473, 508
Gefährdungsvorsatz 84
Gefährliche Eingriffe in den Straßenverkehr *473 ff.*
Gefährliches Werkzeug 78
– Diebstahlsgegenstände 272
Gefahrzusammenhang *87 ff.*, 301
Gefangenenbefreiung 577 ff.
Gegengift-Fall 20 f.
Geheimnis 173k
Geiselnahme *119 ff.*
– Dreipersonenverhältnis 119
– Zweipersonenverhältnis 119
Geistiger Diebstahl 432 ff.
Geistigkeitstheorie 430
Geld 455
Geldautomaten-Fall 387e f.
Geldautomatenkarte 224
Geldfälschung *454 ff.*, 547
Geldschulden 247
Geldspielautomat 546 f.
Geldwäsche 414 ff.
– bei Strafverteidigern 419 ff.
Gemäldeabsatz-Fall 407 f.
Gemeingefährliches Mittel 40 f.
Gemeinschädlicher Diebstahl 256

Geringwertigkeit
– bei § 243 II 249
– Vorsatzwechsel *262 ff.*
Gesamtsaldierung 326, 369
Gesamturkunde 227, 450
Geschäftsmäßige Förderung der Selbsttötung 29, 63a ff.
– durch Ärzte und medizinisches Hilfspersonal *63m*
Geschäftsraum 251
Gesundheitsschädigung 72
– schwere 68
Gesundheitsschädliche Stoffe 75
Getreidefeld-Fall 120 ff.
Gewahrsam 174 ff.
– Alleingewahrsam 201
– Begriff *179*
– Bruch 179
– Gewahrsamshüter 201
– Gewahrsamslockerung 200, 210, 335, 337
– Gewahrsams-/Herrschaftswille 179, 190, 198, 200, 208, 227
– Gewahrsamssphäre 181, 199 f., 213
– Herrschaftsverhältnis 198
– Lockerung und Verlust 200, 210
– Mitgewahrsam 190, 199, *201*, 219
– über/untergeordneter Gewahrsam 201
– Verkehrsauffassung 179, 190, 198, 211
Gewalt
– Begriff 99, 108, 110, 476
– durch Unterlassen *290 ff.*
– gegen Dritte 308
– gegen Personen 108, 110, 308
– gegen Sachen 283, *375*
Gewässerverunreinigung 599 f.
Gewerbsmäßig 254
Gewerbsmäßigkeit
– beim Diebstahl 254
– bei der Hehlerei 413
Gewerkschafts-Fall Siemens 391
Gift
– Beibringung 76
Gleichwertigkeit
– von Leistung und Gegenleistung 360, 369
Graffiti(-bekämpfungsgesetz) 529, *532a*
Grausamkeit 39
Gubener Menschenjagd-Fall 89 f.
Gullydeckel-Klau 474

Habgier 30
Hackebeilchen-Fall 85a f.
Hausfriedensbruch 110, *173m f.*, 204, 231

527

Sachverzeichnis

Haus- und Familiendiebstahl 176
Haushaltsuntreue 391
Hehlerei *397 ff.*
– an Ersatzsachen (Surrogaten) 398, *400*
– Bandenhehlerei 413
– gewerbsmäßiges Handeln 413
– Kettenhehlerei 401
– Vortatbeteiligte 399
Heileingriff 73
Heimtückische Tötung *32 ff.*
– bei latenter Angst des Opfers 35
– bei Kleinkindern 36, 37a
Herrenlose Sachen 184, 188
Herrschaftsverhältnis 198
Herrschaftswille 179, 190, *198*, 200, 208, 227
Herstellen unechter Urkunden 431 ff.
Herzschrittmacher-Fall 185 f.
Hilfeleisten 395
Hilflose Lage
– bei Aussetzung 66
Hilfspflicht bei Unglücksfällen 58
Hingabe gegen Hergabe-Fall 587 f.
Hinterlist 79
Hirntod 5
HIV 72, 75, 82 ff.
Höchstpersönlicher Lebensbereich 173d ff.
Hoyzer-Fall 321a f.
Hundehütten-Fall 175 f.

Identität
– Täuschung über 430
– zwischen Getäuschtem und Verfügendem 237, *343 ff.*
Ignorantia facti 330
Inbrandsetzen 503
Informationsfreiheit 173h
Internet-Blockade 537
Inverkehrbringen von Falschgeld
– als echt 458
– durch Weitergabe an eingeweihte Dritte 461
Irrtum
– bei der Jagdwilderei 610 ff.
– beim Betrug *330*, 346
– bei Zweifeln 330
– über die Rechtswidrigkeit der Zueignung 245, 247

Jagdwilderei 605 ff.
– Abgrenzung zum Diebstahl 609
– Plus-Minus-Theorie 610 ff.

Juristischer Vermögensbegriff 351
Juristisch-ökonomischer Vermögensbegriff 353, 377b

Kannibalenfall 41, 49
Kanther-Fall 391a f.
Keller-Fall 277d
Kennzeichen 429
Kindestötung 3
Kirchendiebstahl 255
Klarsichthüllen-Fall 445 f.
Knöllchen-Fall 226 f.
Kochsalz-Fall 75a f.
Kölner Müllskandal-Fall 593b f.
Kollektivbezeichnung 150
Konkretes Gefährdungsdelikt 65, 473, 508
Konkurrenzlösung
– bei Unterschlagung 196, 224
– beim Betrug 312
Kontrolleur-Fall 593
Konzessions-Fall 585 f.
Körperliche Misshandlung 72
Körperlichkeitstheorie 430
Körperverletzung *72 ff.*
– ärztlicher Heileingriff 73
– durch Unterlassen 92
– einfache *72 f.*
– gefährliche 21, *74 ff.*, 90
– gemeinschaftliche 80 ff.
– im Amt 94
– mit Todesfolge *87 ff.*
– schwere 21, *85 ff.*
Kraftfahrzeugrennen 488 ff.
Kreditkarte 224, 363
Kremendahl-Fall 591a f.
Kuhfuß-Fall 295

Labello-Rechtsprechung 295 ff.
Ladendiebstahl 203, 213, 263 ff.
Laepple-Urteil 99, 108
Lähmung 85
Lagertheorie 237, *341 ff.*
Lebensgefährdende Behandlung 18, *82 ff.*
Lebensschutz
– Beginn 3 f.
– Ende 5
Leerspielen von Geldautomaten 546 f.
Leiche
– als Diebstahlsgegenstand 184, 186a
Leichenfledderei-Fall 178 f.

528

Leichtfertigkeit
- beim Raub mit Todesfolge 300
Leistungserschleichung 224, 329
Lenkgetriebe-Fall 380d f.
Letalitätstheorie 88, 90
Liechtenstein-Affäre 377
Lüge, schriftliche 435
Lügner-Fall 496 f.

Makeltheorie 349
Manifestation des Zueignungswillens 179, 192
Mannesmann-Fall 392c f.
Medienfreiheit 173h
Meineid 559
- Jugendlicher 557
Meinungsfreiheit 146 f.
Menschenraub
- erpresserischer 119 ff.
Mietkautionssparbuch 224a
Missbrauch
- von Geldautomatenkarten 224
- von Scheck- und Kreditkarten 224
- von Titeln 334
Missbrauchstatbestand (§ 266 StGB) *388 f.*
Misshandlung, körperliche
- von Schutzbefohlenen 91, 93, 95
Mitbestrafte Nachtat
- beim Betrug 230
- beim Raub 304
Mitgewahrsam 190, 199, *201*
Mitsichführen s. Beisichführen
Mobiltelefon-Fall 209 f., 234 f.
Moos-raus-Fall 246 f.
Motivbündel 49
Motivbündel-Fall 48 f.
Mord
- außergewöhnliche Umstände 38
- Befriedigung des Geschlechtstriebes 29
- Ermöglichungsabsicht 41
- gemeingefährliche Mittel 40
- Grausamkeit 39
- Habgier 30, 49
- Heimtücke 32 ff.
- in Mittäterschaft zum Totschlag *16 ff.*
- Mordlust 28
- niedrige Beweggründe 31
- Rechtsfolgenlösung/ Strafzumessungslösung 38
- täterbezogene und tatbezogene Mordmerkmale *6, 9 ff.*
- Täterschaft und Teilnahme *7 f.*

- Typenkorrektur, negative 38
- Verdeckungsabsicht *42 ff.*
- Verhältnis zum Totschlag *6 ff.*
- Versuchsbeginn bei Grausamkeit *39*
Müllskandal-Fall 593b f.
Munitions-Fall 297 f.
Münzfernsprecher-Fall 189 f.
Myom-Fall 51

Nacheid 551
Nachmachen von Geld 456
Nachrede, üble 139, *154 ff.*, *170*
Nachschlüsseldiebstahl 250
Nachstellung 97a ff.
Nachstellungssuizid-Fall 97g
Namenstäuschung 430
Nichterweislichkeit 139, *162*
Niedrige Beweggründe 31
Nötigung *97 ff.*, 375
- bei Anwaltstätigkeiten 104
- durch Internetblockade 537

Objektive Aussagetheorie 549
Objektive Bedingung der Strafbarkeit
- bei Beteiligung an einer Schlägerei 96
- beim Widerstand gegen Vollstreckungsbeamte 130
- bei übler Nachrede 139, 154
Öffentliche Anlagen, Sammlungen 256
Öffentliche Urkunden 434
Online-Demonstration 537

Parkausweis-Fall 452 f.
Parkkrallen-Fall 375
Patiententestament 63
Perpetuierungsfunktion 427
Perpetuierungstheorie 397, 399
Persönlicher Schadenseinschlag 361
Pfandflaschen-Fall 231a
Pfandkehr 213, *292*
Phishing 541a, 544 a. E.
Ping-Anrufe 321c
Pinganruf-Fall 321d
Planungsingenieur-Fall 595a
Plagiats-Fall 366a
Plattenbau-Fall 391c f.
Polizeikontrolle-Fall 468a f.
Portier-Fälle 291 f., 384 f.
Prinzip der bilanzierenden Gesamtbewertung 362

529

Sachverzeichnis

Privatgeheimnis 173k f.
Privatwohnungseinbruchdiebstahl 277b
Prostituierten-Fall 377c f.
Provisionsvertreter-Fälle 345 f., 371 f.
Prozessbetrug 344 ff., 449, 478 f.
Prüfplaketten-Fall 440
Prüfungsschwindel-Fall 433 f.
Pseudobeschlagnahme-Fall I 206, 334
Pseudobeschlagnahme-Fall II 357, 380a
Pseudoboten-Fall 236 f.
Psychische Zwangswirkung 99, *108 ff.*

Quälen 39, 91

Raser-Fall 488i f.
Raub *281 ff.*
– finale Verknüpfung *288 ff.*
– Fortdauer des Gewalteinsatzes 289 ff.
– Wirkung eines zuvor geübten Gewalteinsatzes 290 ff.
Räuberischer Angriff auf Kraftfahrer *466 ff.*
– besondere Verhältnisse des Straßenverkehrs *469 ff.*
– Verübung eines Angriffs 468
Räuberischer Diebstahl *303 ff.*
– absichtlos doloses Werkzeug 309
– Besitzerhaltungsabsicht 306, 309
– Beteiligung 306
– Betreffen auf frischer Tat 307 ff.
– mittelbare Täterschaft 309
– Vortat 304, 303
Räuberische Erpressung 298, *378 ff.*, 471
Raubkopie-Fall 33 f.
Räumlichkeit 250 f.
Rauschtat vgl. *Jäger*, AT, Rn. 186
Rechtmäßigkeit der Vollstreckungshandlung 130
Rechtsfolgenlösung 38
Rechtswidrigkeit
– der Bereicherung 373
– der Nötigung *104 ff.*, 126
– der Zueignung 179, 243, 247
Reflektoren-Fall 453b f.
Reform der Tötungsdelikte 25a
Regelbeispiele 121, 190, 248
– Versuch *259 ff.*
– Vorsatz *262 ff.*
Relative Fahruntüchtigkeit 481
Repräsentantenhaftung 525
Reverse graffities 532a
Richter-Fall 122 f.

Routenplaner-Fall 330a
Rückbankräuber-Fall 471b f.
Rückbring-Fall 500e f.
Rückführungswille 222
Rücktritt und tätige Reue
– beim Raub mit Todesfolge 300
– beim unerlaubten Entfernen vom Unfallort 500

Sachbeschädigung
– Beschädigen 527 ff.
– Einwilligung 227
– Erheblichkeit 527
– gemeinschädliche 449, 535
– Hinzufügen von Gegenständen 528
– Verunstaltung von Gegenständen 529
– Zerstören 530
– Zustandsveränderungstheorie 529
Sachbetrug 332 ff.
Sache (Begriff) 183
– beweglich 187
– fremde 176, 184, *188*, 190, 192, 224,
– herrenlose Sachen 184
– Tiere 183
Sachentziehung 530
Sachherrschaft s. Herrschaftsverhältnis
Sachsubstanz 215, 219, 222, 227 ff., 231 ff.
Sachwerttheorie 215, *218*, 222, 224, 227 ff., 237
Salatbar-Fall 303a
Sammelgaragen-Fall 342 f.
Sammlung (öffentliche) 256
Schaden s. Vermögensschaden
Schadenseinschlag, individueller 361
Schallwellen-Fall 42a f.
Scheckkarte 224, 363
Scheinwaffe 273, 295
– mit Waffen/gefährlichen Werkzeugen *267 ff.*, *295 ff.*
– mit sonstigen Werkzeugen oder Mitteln 273
Schilderwechsel-Fall 448 f.
Schlafender
– Gewahrsam 200, 204
– Gewalt (§ 249) *113 ff.*, *282*
Schläfer-Fall 113 f.
Schlägerei 96
Schließfach-Fall 336 f.
Schlüssel, falscher 251
Schmähkritik 145
Schmuckabsatz-Fall 411 f.

Schreckschusspistole 296
Schutzbefohlene 95
Schutzgelderpresser-Fall 382 f.
Schutzvorrichtung 252 ff.
Schwangerschaftsabbruch 3 f., *25*
Schwarzfahren 327 ff.
Schwarzfahrer-Fall 328 f.
Schwerer Raub *294 ff.*
Selbstbedienungs-Fälle 191, 193, 195, 263, 265 f.
Selbstbedienungskassen-Fall 210d f.
Selbstbedienungssparkassen-Fall 387b
Selbstbefreiung von Gefangenen
– unter Beteiligung anderer 578 f.
Selbstbegünstigung 394
Selbstbezichtigung 572
Selbstgefährdung
– schädigung 315, 337, 341
Selbsttötung *52 ff.*
– geschäftsmäßige Förderung s. dort
Selbstverbrennungs-Fall 126 f.
Sich-Bemächtigen (Bemächtigungslage) *119 ff.*
Sich-Entfernen 490 ff.
Sicherungsbetrug 230
Sicherungsetikett 253
Sicherungsspinnen-Fall 253a f.
Sicherungsübereignung 390
Sichverborgenhalten 251
Siemens-Fall 392e f.
Simulationsverkaufs-Fall 349a f.
Sittenwidrigkeit
– beim Betrug 354 f.
Sitzblockade 108
Skimming *541*, 223 f.
Solaranlagen-Fall 361b
Sparbuch-Fall *221 f.*, 224a
Spendenbetrug 362
Sportredakteur-Fall 594 f.
Sportwettbetrug s. Betrug
Spurenbeseitigungs-Fall 43 f.
Spycam 173f
Stalking 97a
Stalking-Fall 97d f.
Stellvertretung 436
Sterbehilfe s. Euthanasie
Störsender-Fall 251
Stoffgleichheit 370 ff.
Strafanzeige-Fall 404 f.
Strafvereitelung *573 ff.*
– durch Zahlung einer Geldstrafe 574
– durch Strafverteidiger 574a
– im Amt 576

Strafverteidiger 419 ff.
Strafzumessungsregel 248
Straßenblockadefall 107 f.
Straßenverkehr
– Eingriff 473 ff.
– und Nötigung 104, 476
Straßenverkehrsdelikte *473 ff.*
– bedeutender Wert 488
– Beifahrer 484
– Beinahe-Unfall 479
– Bereiten eines Hindernisses 474
– einverständliche Fremdgefährdung 487
– Einwilligung 487
– Fahruntauglichkeit 481
– grobe Verkehrswidrigkeit 482
– Pervertierung des Straßenverkehrs 474
– Rücksichtslosigkeit 482
– Trunkenheit 489
Straßenverkehrsgefährdung 130a, 480
Strohmann-Fall 517b f.
Submissionsbetrug 360
Subsidiarität
– Unterschlagung *177*, 179, 196
Substanztheorie 215, 222, 227 ff.
Substanzverletzung 527
Suizid s. Selbsttötung
– geschäftsmäßige Förderung
 s. Selbsttötung

Täterschaft und Teilnahme
– beim Diebstahl 242
– bei Mord und Totschlag *7 ff.*, *15 ff.*, 48 f.
Tätlicher Angriff 128, 132a ff.
Täuschung 190, 192
– durch aktives Tun 317
– durch konkludentes Verhalten 194, 196, *318 ff.*, *324*, *329*
– durch Unterlassen 194, *321 f.*, *326*, *329*
– Rechtsgutsbezogenheit 337
Tanken ohne zu bezahlen 191 ff.
Tankkarten-Fall 392a f.
Taschenmesser (als gefährliches Werkzeug) 272
Tatbestandslösung
– bei Unterschlagung 196, 224
Tatsachen 138 f., *141 f.*, 154
– Abgrenzung zu Meinungsäußerung/Werturteil 142, 145, *153*, 316
– äußere/innere Tatsachen 316, 551 f.
– behauptung 138, 170
Tat- und täterbezogene Merkmale *7 ff.*, *15 ff.*, 49

Sachverzeichnis

Täuschung im Rechtsverkehr 452 f.
Taxifahrer-Fälle 469, 470 f.
Technische Aufzeichnung 224, 453
Telefax 453
Tiere
– und Diebstahl 183
Totschlag 26
– Verhältnis zu den §§ 223 ff. StGB 19
– Verhältnis zu den §§ 218 ff. StGB 25
Tötung
– auf Verlangen 20 f., *47 ff.*, 59
– fahrlässige 64
Treubruchstatbestand *390, 392*
Trickdiebstahl 202, *332 ff.*
Trolley-Fall 295a f.
Trunkenheit im Verkehr 489
Trunkenheitsfahrer-Fall 486 f.
Typenkorrektur, negative 38

Übel, empfindliches 100
Überfall 79
Üble Nachrede 139 f., *154 ff.*, *170*
Umschlossener Raum 251
Umweltstraftaten *597 ff.*
– formelle Akzessorietätstheorie 599
– materielle Akzessorietätstheorie 601
– Rechtsmissbrauchstheorie 600
Unbefugte Aufnahmen 173d ff.
Unbefugte Verwendung
– betrugsäquivalente Auslegung 543
Unbefugtheit
– des Handelns 173c, 173g, 543
Unbefugter Gebrauch von Fahrzeugen 500a
– fehlende Befugnis zur Ingebrauchnahme 500d
Unechtheit
– technischer Aufzeichnungen 453
– von Urkunden 431
Uneidliche Falschaussage 558
Unerlaubtes Entfernen vom Unfallort *490 ff.*
– Entfernt werden 494
– Straßenverkehr 498
– Unfall 498
– Unfallbeteiligter 497
– Unfallflucht 490 ff.
– Unfallort 490
– unvorsätzliches Entfernen 499
– Verlassen des Unfallorts als Letzter 495 ff.

– vorsätzliche Schadensherbeiführung 498
– Warte/Vorstellungspflicht 492 f., 496
Unglücksfall 58, 257
Uniboykott-Fall 109 f.
Unmittelbarkeit
– zwischen Verfügung und Schaden *335 ff.*
Unrechtsvereinbarung 354 f., 583, *589 ff.*
Unterdrücken von Urkunden 434, 442
Unterhaltsstreit-Fälle 550 f., 555 f.
Unterlassene Hilfeleistung 58
Unterschlagung 192
– Abgrenzung zum Diebstahl 179
– Auffangtatbestand *177*, 179
– Besitz oder Gewahrsam 179, 181
– Fundunterschlagung 208
– Subsidiaritätsklausel 177, 179, 196
– Verhältnis zur Hehlerei 397
– veruntreuende 210, 392
– Zueignung 179
Untreue
– Gefährdungsschaden 391 f.
– Haushaltsuntreue 391
– Kreditkartenbenutzung nach Tod des Karteninhabers 389a f.
– Missbrauchstatbestand *388 f.*
– Pflichtverletzung, gravierende 389
– Treubruchstatbestand 388, 390, 392
Unwahrheit
– des Urkundeninhalts 435
– einer Behauptung *142*, 144, 165 f., 170
Urkunde
– Begriff *427 ff.*
– Beschädigen 442
– Deliktsurkunde 429
– Echtheit 431
– Entwurf 429
– Gebrauchen 425
– Gedankenerklärung 427
– nachträgliche Veränderung durch Aussteller 443
– Scheinurkunde 453
– Unechtheit 431
– Unterdrückung 213, 224, 227, 237, 434, 442
– Verfälschen 440 ff.
– Verkehrsschild 447 ff.
– Vernichtung 442
– Vordrucke 429, 465
– Zufallsurkunde 429
– zusammengesetzte Urkunde 213, 253, 442
Urkundsdelikte 425 ff.

Sachverzeichnis

Verächtlichmachen 154
Verbotene Kraftfahrzeugrennen 488a ff.
Verdächtigung, falsche *572 ff.*
Verdeckungsabsicht *42 ff.*
- und dolus eventualis 44
- gegenüber Privaten 46
- in Unterlassungsfällen 45
Vereinigungsformel 215, 217
Verfälschen von Geld 457
Verfälschen von Urkunden 440
Verfolger-Fall 302 f.
Verfolgungsvereitelung 573
Verfügung s. Vermögensverfügung
Verfügungs-/Verpflichtungsbefugnis 389
Verfügungsbewusstsein 204, 208
Vergessene/verlorene Sachen 207 f.
Verkehrsanschauung (soziale Zuordnung)
- beim Gewahrsam 179, 190, 198
Verkehrsunfall 498
Verlassen in hilfloser Lage 67
Verleitung zur Falschaussage 566
Verleumdung 140
- öffentl. Begehung 153, 159
Verlust
- eines wichtigen Gliedes 85
Vermögensbegriff *350 ff.*
- juristischer 351
- juristisch-ökonomischer 353, 377b
- wirtschaftlicher 352
Vermögensbetreuungspflicht 388
Vermögensgefährdung 357, *363 ff.*
- Erschleichen einer Unterschriftsleistung 364, 439
- Eingehungs-/Anstellungsbetrug 365 ff.
- Prozessrisiko 372
- bei der Untreue 391
Vermögensminderung 230
Vermögensnachteil 377, *391*
Vermögensschaden 196, *358 ff.*
- Begriff *350 ff.*
- bei Drogenverlust 357, *377a f.*
- bei nichtigen Ansprüchen 354 f.
- bei Rücktritts-/Stornierungsrecht 365
- bei unerlaubtem Besitz 357, *377a f.*
- individueller Schadenseinschlag 361
- Kompensation 219, 349, 365, *369*
- Lehre von der bewussten Selbstschädigung 355
- objektiv-individueller Vermögensvergleich 359 ff.
- Quotenschaden 321c
- trotz gutgläubigen Erwerbs bei geplanter Rückholung 349a f.

- Vermögensgefährdung 357, *363 ff.*
- Zweckverfehlung 362
Vermögensverfügung 210, 227, 230
- Abgrenzung zur Wegnahme *202 ff.*, 283, 471
- bei der Erpressung 292, 376, *383 ff.*
- beim Betrug 219, *332 ff.*
- Freiwilligkeit 332
- Unmittelbarkeit *335 ff.*
- Verfügungsbewusstsein 204, 219
Vernichten von Urkunden 442
Verschaffen (Hehlerei) 403 ff., 408 ff.
Versetzen in hilflose Lage 66
Versicherungsbetrug 525
- in mittelbarer Täterschaft 517b
Versicherungsfall 525
Versicherungsmissbrauch 523 ff.
- Repräsentantentheorie 525
Verteidigerhonorar-Fall 421 ff.
Vertrauensbruch, verwerflicher *32 ff.*
Vertraulichkeit des Wortes 173a ff.
Verunglimpfung
- des Andenkens Verstorbener 41
Verunreinigung von Gewässern 599 f.
Verunstalten 529
Veruntreuende Unterschlagung 210, 392
Verwarnungszettel 226 f.
Verwahrungsbruch 227, 434
Verwaltungsakzessorietät 599
Verwerflichkeit
- der Nötigung *104 ff.*
Verzicht auf lebensverlängernde Maßnahmen 63
Vis absoluta, vis compulsiva 98, *376*, 387
Visakarten-Fall 389a f.
Volksverhetzung vgl. *Jäger*, AT, Rn. 13a f.
Vollrausch vgl. *Jäger*, AT, Rn. 186
Vollstreckungsbeamte 124 ff.
Vollstreckungshandlung 124 ff.
Vollstreckungsvereitelung 573
Vordrucke für Schecks 465
Voreid 551
Vorsatz- und Objektswechsel 262 ff., 279
Vortäuschen
- einer Beschlagnahme 206, 334
- eines Versicherungsfalls 525
- von Straftaten *571 ff.*
- der Begünstigung 394
- der Geldwäsche 416
- der Hehlerei 397 ff., *401 ff.*
- des räuberischen Diebstahls 304
Vorteil *587 ff.*

533

Sachverzeichnis

Waffe
- Begriff 77, 296
- Beisichführen 267
- berufsmäßiges Mitsichführen 268
- Funktionsfähigkeit 258, 298
- Scheinwaffe 273, 295
- Schusswaffe 77
Waffen- und Sprengstoffdiebstahl 258
Warenautomat 224
Wahrheitsbeweis 143, 145, 166
Wahrheitspflicht 346
Wahrnehmung berechtigter Interessen 149, *169 ff.*
Wanderausschank-Fälle 507 f., 519 f.
Warenvorrat 505
Wartepflicht 492 ff.
Wash-Wash-Verfahren 210a f.
Webcam 173f
Wechselgeld-Fall *339 ff.*
Wegnahme 179, 190, *197*, 471
Werkzeug
- Beisichführen 130a, 267, 298
- gefährliches 78, 269
- sonstiges Werkzeug 269 ff.
- Verwendungsabsicht 270
Wertpapierfälschung 464
Wertsummentheorie 244, 247a, 400, 421
Werturteil 138, *145*, 153, 170, 316
Wertzeichenfälschung 463
Wettbetrugs-Fall 321a f.
Wichtiges Glied 85
Widerstand gegen Vollstreckungsbeamte *124 ff.*
- besonders schwere Fälle 130a
- Erweiterung des Schutzbereiches 132b
- Irrtümer des Täters 131 f.
- Rechtmäßigkeitsbegriff 130
- tätlicher Angriff 128
- Verhältnis zu § 240 StGB 124 ff.

Widerstandleisten 128
Wiederholbarkeit der Zueignung 196, 224, 542
Wirtschaftlicher Vermögensbegriff 352
Wohnung 277
Wohnungseinbruchsdiebstahl 250, 276, 277

Zahlungsbereitschaft 192, 196
Zahngold-Fall 186a f.
Zechprellerei 316
Zeitschriftenwerber-Fall 438 f.
Zerstören 530
- von Bauwerken 502
Zeuge 548 ff.
Züchtigungsrecht vgl. *Jäger*, AT, Rn. 165
Zueignung/Zueignungsabsicht *215 ff.*, *227 ff.*, *231a f.*, 234 ff.
- Aneignung 215 ff., 219
- Begriff 222
- Drittzueignungsabsicht 215, 240, 293
- Enteignung 215, 219, 434
- Manifestation der Zueignung 179, 192
- modifizierte 306, 309
- Rechtswidrigkeit der Zueignung 179, 243, 247a
- Vernichtungsabsicht 239a f.
Zugbegleiter-Fall 307a f.
Zufallsurkunde 429
Zusammengesetzte Urkunde 213, 253, *444 ff.*
Zustandsveränderung 529, *532a*
Zwang
- fortdauernder 289
- Wirkungen von aus anderem Grund geübten Zwang 290
Zweck-Mittel-Relation 105, 108
Zweckverfehlung 362
Zweite-Reihe-Rechtsprechung 99, 108

Fit im Straf- und Strafprozessrecht

Prof. Dr. Werner Beulke/
Prof. Dr. Sabine Swoboda
Strafprozessrecht
14. Auflage 2018. € 24,99

„Fazit: Ein echt tolles StPO-Lehrbuch!"
dierezensenten.blogspot.de 7/2017

Prof. Dr. Werner Beulke
Klausurenkurs im Strafrecht I
Ein Fall- und Repetitionsbuch
für Anfänger
7. Auflage 2016. € 20,99

Prof. Dr. Werner Beulke
Klausurenkurs im Strafrecht II
Ein Fall- und Repetitionsbuch
für Fortgeschrittene
3. Auflage 2014. € 20,99

Prof. Dr. Werner Beulke
Klausurenkurs im Strafrecht III
Ein Fall- und Repetitionsbuch
für Examenskandidaten
5. Auflage 2018. € 26,99

Alle Bände der Reihen und weitere Infos unter:
www.cfmueller-campus.de/schwerpunkte und www.cfmueller-campus.de/klausurenkurs

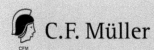 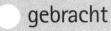

Ihr Recht von A bis Z

Die Reihe „Grundbegriffe des Rechts"

- zentrale Begriffe und Themen
- in alphabetischer Reihenfolge und kommentiert
- wesentliche Inhalte systematisch aufbereitet
- Verknüpfung durch Verweise

Prof. Dr. Wilfried Küper/Prof. Dr. Jan Zopfs
Strafrecht Besonderer Teil
Definitionen mit Erläuterungen
10. Auflage 2018. € 26,99
Auch als ebook erhältlich

„Das von *Küper* 1996 begonnene Projekt eines »Wörterbuchs der wichtigen Begriffe des ›Besonderen Teils«« [...] hat damit in der Bearbeitung von *Zopfs* eine würdige Fortsetzung erfahren, die dieses zu Recht vielgelobte Werk noch einmal verbessert hat. Dem Leser kann dieses Buch auch in der neuen Auflage uneingeschränkt ans Herz gelegt werden."
Prof. Dr. Martin Asholt in GA 5/2017

Alle Bände der Reihe und weitere Infos unter: **www.cfmueller-campus.de/grundbegriffe**

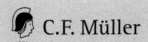